Le TRUFFAUT

40e édition

Ouvrage collectif placé sous la direction de
Patrick Mioulane

Rédacteurs
Pierre Aversenq : pages 80-81, 286-287, 314-315
Daniel Brochard : pages 178-189, 346-348, 360, 361, 364-367, 376, 379, 380-382, 385, 387-391, 393, 394, 396, 397, 399, 401, 403, 404, 406, 408-417, 420-422, 424-439, 441-443, 458, 464, 465, 472-475, 484, 485, 488-525, 530-545, 550-556, 558-563, 565, 567, 569, 570, 571, 573-577, 581-589, 591, 592, 594, 595, 597-609, 612-614, 616, 617, 619-631, 633-636, 638-646, 648, 649, 652-654, 703, 726, 730, 731, 743, 775, 786
Jean-Paul Collaert : pages 130-131, 192-197, 236-239, 246-251
François Couplan : pages 682-731
Alain Delavie : pages 146-151, 156-167, 214-227, 230-233, 347, 349, 350, 351, 357, 360-362, 369-371, 376, 377, 381, 383, 384, 386, 387, 390, 392, 394, 402, 406, 407, 413, 420, 421, 428, 431, 483, 541, 542, 552, 553, 556-558, 561-569, 573-575, 577, 583, 587, 590, 591, 595, 599, 601, 605, 608, 611, 612, 614, 615, 616, 619, 620, 626, 627, 629, 630, 633, 639, 640, 642, 646, 647, 649, 652, 653, 655, 662-665, 670-677, 738
Pierre Ébert : pages 12-53
Jérôme Goutier : 346-371, 382-385, 388, 389, 391-395, 399, 400, 402, 405-407, 409-416, 423, 424, 429, 430, 432, 433, 436, 437, 440-443, 448-465, 470-485, 574, 585, 738-771
Patrick Mioulane : pages 54-79, 84-113, 116-129, 131-153, 155, 170-172, 191, 199, 258-311, 345, 375, 399, 469, 529, 549, 551, 577, 634-636, 662-667, 732-735, 772-805, 808-832
Michel Rocher : pages 554-560, 562, 563, 566, 568, 571, 574, 578-581, 586, 588, 590, 592-595, 597, 603, 604, 606, 607, 609, 610, 611, 617-623, 632, 636, 637, 642, 643, 645, 646, 648, 650-652, 655, 714, 715

Actualisation et mise à jour de la présente édition : Patrick Mioulane

Illustrations
© Agence MAP/Mise Au Point

TRUFFAUT

Conseiller de la rédaction et relecture : Marc Gueguen

LAROUSSE

Direction de la publication : Carola Strang

Direction éditoriale : Catherine Delprat

Édition et coordination : Sylvie Cattaneo-Naves, avec la collaboration de Cécile Beaucourt

Direction artistique : Emmanuel Chaspoul, assisté de Jacqueline Bloch et Cynthia Savage

Conception graphique : Marie-Astrid Bailly-Maître

Mise en page : Sophie Compagne, assistée de Thierry Beauvir

Conception couverture : Killiwatch, sous la direction de Véronique Laporte

Photographie de couverture : 1re et 4e de couv. : © Agence MAP/Mise Au Point

Index : Isabelle Jullien

Dessins : Sylvie Rochart

Création des plans de jardin : Daniel Puiboube

Relecture-correction : Service lecture-correction

Fabrication : Annie Botrel

ISBN : 978-2-03-583566-6

travaux du jardin

AVRIL

Indispensable

Semez les nouvelles pelouses (30 g/m²).

Traitez arbres, arbustes, rosiers et fruitiers avec un produit total lorsque les bourgeons éclatent et à l'apparition des feuilles.

Fertilisez les rosiers avec un engrais spécifique contenant de la magnésie.

Coupez les chaumes desséchés des graminées et la vigne vierge.

Taillez les arbustes de printemps défleuris.

Commencez les pulvérisations de désherbants.

À faire

Scarifiez les pelouses qui ont besoin de retrouver un peu d'éclat. Fertilisez, roulez.

Il est encore temps de semer les annuelles à croissance rapide (clarkia, cosmos, etc.).

Semez les légumes peu frileux (carottes, betteraves) en pleine terre.

Plantez en sol léger les bulbes et tubercules à floraison estivale (glaïeul, dahlia, bégonia).

Buttez les asperges et fertilisez le sol avec du fumier décomposé enrichi d'algues marines.

Si vous avez le temps

Éliminez les écoulements de gomme sur les arbres fruitiers à noyaux.

Divisez les grosses touffes de primevères.

Plantez les arbustes de terre de bruyère.

Coupez les tiges florales fanées des tulipes et des narcisses.

Pulvérisez un désherbant total sur les allées.

Autour des massifs, découpez à la bêche les bordures de la pelouse.

MAI

Indispensable

Plantez les fleurs dans les massifs d'été.

Décorez les bacs et les jardinières du balcon avec des annuelles et des plantes saisonnières.

Tondez le gazon une fois par semaine.

Taillez les haies régulières (thuyas) à la fin du mois dans les régions de climat doux.

Traitez tous les arbres fruitiers avec un produit total au moment de la formation des fruits.

Arrosez toutes les cultures par temps sec.

À faire

Arrachez les bulbes défleuris et transplantez-les dans un coin discret du jardin.

Repiquez en place le plant provenant des semis du mois dernier. Continuez les semis.

Pulvérisez un herbicide sélectif sur la pelouse dès que la température atteint les 15 °C.

Plantez le muguet défleuri à l'ombre fraîche.

Supprimez les drageons de lilas et de noisetier.

Traitez les attaques de pucerons, d'oïdium, de rouille..., dès l'apparition des premiers symptômes.

Si vous avez le temps

Placez des appâts antilimaces dans les massifs.

Greffez les arbres fruitiers que vous aimez, en fente, en couronne et en incrustation.

Plantez les nénuphars et les plantes de bassin.

Posez ou réparez les dallages et pavages.

JUIN

Indispensable

Arrosez systématiquement par temps chaud.

Continuez les semis en les échelonnant.

Fertilisez les jardinières et balconnières.

Taillez les arbustes défleuris pour les rajeunir.

Plantez les bulbes d'automne (Sternbergia, colchique, crocus safran, cyclamen de Naples).

Désherbez soigneusement tous les massifs.

À faire

Éclaircissez les fruits en surnombre.

Éliminez les gourmands qui apparaissent au pied des rosiers. Traitez contre les pucerons.

Plantez des herbes aromatiques et officinales.

Ombrez et aérez la véranda et la serre.

Réduisez les pousses volubiles de la glycine des 2/3 de leur longueur.

Installlez des filets de protection pour protéger les petits fruits des oiseaux (groseilles et framboises).

Construisez les murets, posez les dallages, la clôture et la pergola, installez le bassin.

Si vous avez le temps

Réalisez un compost avec les déchets végétaux.

Pincez les jeunes pousses de pommier et de poirier au-dessus de la quatrième feuille.

Pulvérisez régulièrement de la bouillie bordelaise et un antioïdium sur la vigne.

Semez les dernières annuelles dans les massifs.

entretien et travaux généraux — arbres et arbustes — plantes en pots

Le TRUFFAUT

40e édition

LAROUSSE

21 RUE DU MONTPARNASSE 75283 PARIS CEDEX 06

S o m m

1

2

3

a i r e

5 LES PLANTES DU JARDIN 342

6 LE CAHIER PRATIQUE 806

Comment utiliser *Le Truffaut*

Pour trouver rapidement toutes les informations dont vous avez besoin, suivez le guide !

Vous voulez planifier mois par mois l'entretien de votre jardin ? pages 12 ▶ 52

Pour chaque mois, le calendrier répertorie et explique les tâches indispensables à effectuer et les tours de main à connaître pour entretenir toutes les plantes du jardin : fleurs, arbres, légumes, rosiers... Et pour aller à l'essentiel, les gardes récapitulent les travaux à réaliser sous forme de tableaux.

Vous voulez connaître les principes fondamentaux du jardin ? pages 54 ▶ 112

Les notions botaniques, géologiques ou climatiques qui régissent le jardin et les grands principes de l'art paysager (du jardin classique au jardin japonais) sont expliqués simplement.

Vous voulez restructurer votre jardin ? pages 114 ▶ 166

Toutes les informations techniques et les trucs de pros sont rassemblés pour choisir et installer soi-même tout ce qui se construit au jardin : allées, clôtures, bassins...

Adaptez nos conseils au climat de votre région

Les indications de périodes de plantation, de semis ou de floraison, ainsi que tous les conseils figurant dans les encadrés techniques et la partie « Votre année au jardin » (pages 14 à 51) sont valables pour l'Île-de-France, le Maine, la Normandie, la Picardie, le Poitou, la Sologne, la Touraine, la Vendée. Pour les autres régions, il faut ajuster les dates indiquées :

- **Une semaine plus tôt :** Anjou, Aquitaine, Côtes-d'Armor, Cotentin, Landes.
- **Deux semaines plus tôt :** Bretagne sud, Languedoc, Pays basque, Provence.
- **Trois semaines plus tôt :** Côte d'Azur, Corse littorale, Roussillon.
- **Une semaine plus tard :** Artois, Belgique, Bourbonnais, Champagne, Flandres, Limousin, Luxembourg, Périgord.
- **Deux semaine plus tard :** Alsace, Ardennes, Auvergne, Berry, Bresse, Lorraine, Morvan, Pyrénées, Suisse.
- **Trois semaines plus tard :** Alpes suisses, Dauphiné, Franche-Comté, Jura, Savoie, hautes Vosges.

Le cas particulier de l'Amérique du Nord : soumis à un hiver long et rude, le Québec connaît une saison de végétation courte et tardive, où tout pousse en même temps dans un foisonnement spectaculaire. Il faut compter un retard de végétation d'environ un mois par rapport aux données de ce livre et moduler nos appréciations de rusticité. Mais l'utilisation systématique d'épais paillis d'écorces au pied des plantations, les buttages à l'automne et l'emploi de paillassons et de films de protection permettent de réussir pratiquement les mêmes espèces qu'en Europe.

Vous voulez organiser vos plantations ? pages 168 ▶ 254

Chaque univers du jardin (massifs, haies, pelouse, potager...) fait l'objet d'un développement spécifique qui aborde toutes les étapes, de la création à l'entretien.

Vous voulez maîtriser les techniques de base du jardinage ? pages 256 ▶ 340

Tous les grands « gestes » à connaître sont détaillés pas à pas, en images, de l'entretien des sols à la taille, en passant par les techniques de multiplication et la lutte contre les ennemis et maladies.

Vous voulez tout savoir sur une plante en particulier ?

pages 342 ▶ 771

■ Les 900 fiches permettent de choisir les plantes adaptées à votre jardin et de les entretenir avec succès.
Les listes thématiques facilitent le choix des plantes.

Vous manquez d'inspiration ?

pages 772 ▶ 804

■ Les 30 modèles de jardin offrent de magnifiques exemples de réalisation.

Vous cherchez des réponses rapides à toutes vos questions ?

pages 806 ▶ 860

- Votre jardin en 180 questions-réponses
- Le dictionnaire du jardin
- Le dictionnaire des mots botaniques
- L'index

Au fil des pages, des encadrés à découvrir

Une astuce de professionnel, une précision technique, un geste important décomposé étape par étape, un repère historique... les encadrés regorgent de connaissances.

LE BON OUTIL

Des conseils pour savoir utiliser et choisir les bons outils.

Portrait

Pour aller à la découverte d'une personnalité ou d'un métier.

LE BON GESTE

Les gestes importants expliqués pas à pas et en images pour réussir.

Connaître

Des informations complémentaires pour aller plus loin sur un sujet.

ASTUCE TRUFFAUT

Des trucs et des conseils de professionnels pour jardiner malin.

LE SAVIEZ-VOUS ?

Pour déjouer les idées reçues et les petits pièges du jardin.

HISTOIRE

Des repères pour en savoir plus sur l'art des jardins.

ART DE VIVRE

Pour décoder les tendances du jardin d'aujourd'hui.

En tête, des fiches Fleurs et feuillages et Plantes pour jardin d'eau, des informations importantes

Les pictogrammes V, B, A et Bi sont renforcés par la couleur placée sous le nom de la plante. Certaines plantes peuvent être annuelles ou vivaces. C'est la forme sous laquelle la plante est le plus souvent cultivée qui est alors signalée par le pictogramme, toutes les formes étant décrites dans la fiche.

Vivace — *Agathaea coelestis (Felicia)* **ASTER BLEU DU CAP**

Annuelle — *Ageratum houstonianum* **AGÉRATUM**

Bulbe — *Allium spp.* **AIL D'ORNEMENT**

Bisannuelle — *Bellis perennis* **PÂQUERETTE**

LES PICTOGRAMMES

- hauteur de la plante
- largeur de la plante
- résistance au gel
- exposition ensoleillée
- exposition ombragée
- exposition mi-ombragée
- exposition ombragée ou mi-ombragée
- exposition ensoleillée ou mi-ombragée
- toutes expositions possibles
- plante parfumée
- C plante caduque
- P plante persistante
- SP plante semi-persistante
- P/SP plante pouvant être persistante ou semi-persistante en fonction des conditions
- C/P plante pouvant être caduque ou persistante en fonction des conditions
- C/SP plante pouvant être caduque ou semi-persistante en fonction des conditions
- C/SP/P plante pouvant être caduque, semi-persistante ou persistante en fonction des conditions
- A plante annuelle
- B plante à bulbe ou tubercule
- Bi plante bisannuelle
- V plante vivace

De Georges Truffaut à l'Encyclopédie *Le* TRUFFAUT

Le nom de Truffaut est attaché à l'univers du jardin depuis 1824, date à laquelle Charles Truffaut, éminent botaniste et horticulteur, s'installe à Versailles. En 1897, son arrière-petit-fils, **Georges Truffaut**, crée l'entreprise qui porte son nom. Cet ingénieur agricole, féru de sciences et d'horticulture, développe une activité débordante. Il améliore des plantes, crée de nouveaux produits dont le fameux engrais « Biogine » et fonde, dès 1911, *Jardinage*, la première revue de vulgarisation horticole. À la même période paraît *Comment on soigne son jardin*, première édition d'un ouvrage général qui réunit toutes les connaissances pratiques sur le jardinage acquises par Georges Truffaut. Au fil des ans, plusieurs dizaines d'éditions ont fait de ce livre un très grand « best-seller ».

Depuis qu'elle a créé en 1964 la première Jardinerie française, la société Truffaut a beaucoup progressé, pour devenir aujourd'hui l'un des grands noms de la distribution spécialisée jardin. Parallèlement, les temps ont changé, la passion pour les plantes et le jardin s'est développée. La conception de l'art paysager, les techniques, l'assortiment des plantes ont évolué. Le jardinage s'est débarrassé de sa connotation agricole un peu rébarbative pour devenir une véritable activité de loisir moderne, à la fois plaisante et dynamique.

Pour répondre aux attentes des jardiniers d'aujourd'hui, **Larousse** et **Truffaut** mettent en commun dans cette nouvelle encyclopédie leur savoir-faire, leur expertise et leur passion. Facile à consulter, ***Le Truffaut*** aborde tout ce qui fait l'univers du jardin : les plantes, les techniques, l'aménagement et la décoration. Ouvrage de référence indispensable, c'est aussi un livre plaisir, une source d'inspiration pour tous ceux qui souhaitent embellir leur jardin au fil des saisons.

Votre année au jardin

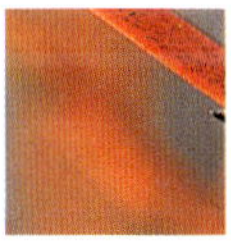

Janvier

Janvier passe pour être le mois le plus froid de l'année. Dans de nombreuses régions, il est difficile de jardiner. Au cœur de l'hiver, la plupart des végétaux sont au repos. Profitez-en pour repenser l'aménagement de votre jardin.

FLEURS

- Dans la serre ou la véranda, rapprochez du vitrage les plantes à massif mises à hiverner pour qu'elles bénéficient du moindre rayon de soleil.
- Dans les parterres de fleurs bisannuelles, passez un coup de griffe pour aérer superficiellement le sol.

▲ En hiver, le jardin est au repos.

- Dans la serre, semez des bégonias.
- Bêchez profondément les massifs et plates-bandes pour préparer les futures plantations à réaliser au printemps.
- Dans les parcelles à labourer, épandez un fertilisant organique à base de fumiers et d'algues ainsi qu'un bon engrais de fond qui seront enfouis au bêchage.

FRUITS

- Terminez les plantations d'arbres fruitiers. Si vous ne pouvez le faire parce qu'il gèle, mettez-les en jauge dès leur réception, en les inclinant légèrement. Recouvrez bien les racines.
- Poursuivez la taille des pommiers et des poiriers conduits en espaliers. Profitez-en pour vérifier les attaches.
- Vérifiez la solidité des tuteurs qui maintiennent les jeunes arbres.
- Grattez les vieilles écorces des arbres.
- Lorsque la température extérieure s'élève au-dessus de 0 °C, pulvérisez un traitement d'hiver en laissant bien ruisseler le produit dans le creux des écorces.

À NE PAS OUBLIER

- Taillez les arbres fruitiers conduits en formes dirigées, palissées ou non.
- Placez les rosiers ou les arbustes à planter en jauge s'il fait très froid et que le sol est gelé ou recouvert de neige.
- Renforcez les voiles de protection autour des plantes fragiles.
- Mettez les points d'eau du jardin en position hors gel, après avoir vidangé de façon systématique les tuyauteries.
- Secouez la neige qui pèse sur les branches des conifères et des arbustes persistants.
- Protégez les bacs et les jardinières installés sur le balcon, la terrasse ou dans le jardin.
- Empêchez la glace d'emprisonner l'ensemble du bassin, en la cassant régulièrement sur les bords, sans pour autant effrayer les poissons.

LÉGUMES

- Protégez les planches de poireaux d'hiver des grosses gelées avec un épais matelas de feuilles mortes et sèches.

• Répandez une fumure organique et poursuivez les labours à grosses mottes.
• Vérifiez les dates de péremption de vos sachets de graines.
• Inspectez les pommes de terre en conservation. Elles ne doivent pas germer.
• Renforcez les diverses protections sur les plantes si le froid s'intensifie.
• Si vous ne pouvez semer en pleine terre, faites-le sous châssis chauffé.
• Semez de préférence des carottes à racines courtes et des radis à forcer.
• Sous abri, semez des laitues précoces de printemps, comme 'Dorée de printemps' ou 'Reine de Mai'.

ARBRES ET ARBUSTES

• Protégez le pied de vos camélias avec de la paille ou des feuilles.
• S'il ne gèle pas, taillez les arbustes dont les fleurs viennent sur les rameaux qui poussent au printemps : buddléia, hibiscus, tamaris d'été.
• Hors période de gel ou de neige, plantez des arbres ou des arbustes.

FLEURS DE SAISON

LES COULEURS DE L'HIVER

Au cœur de l'hiver, certaines plantes n'hésitent pas à braver la froidure. Elles apportent un peu de couleurs au jardin. Chez les plantes vivaces : hellébore ou rose de Noël *(Helleborus niger)*, pétasites, bruyères (*Erica carnea* 'Myretoun Ruby', *Erica* x *darleyensis* 'Jenny Porter'). Parmi les arbustes : camélia, cornouiller mâle *(Cornus mas)*, cognassier du Japon, néflier du Japon *(Eriobotrya japonica)*, mahonia, laurier-tin, jasmin nudiflore, chèvrefeuille d'hiver (*Lonicera fragrantissima* et *Lonicera standishii*). Dans les régions au climat doux, admirez mimosas et amandiers.

LE BON GESTE DU MOIS

TAILLER LES ARBRES FRUITIERS

Sur les arbres fruitiers à pépins, comme les pommiers et les poiriers palissés, appliquez la taille dite trigemme. Ces fruitiers fructifiant en trois ans, cette taille vise à faire évoluer l'œil à bois en bouton à fruits.

1. Conservez un ou deux boutons à fruits.

2. Raccourcissez les rameaux (les pousses à bois) à trois yeux, c'est-à-dire en coupant au-dessus du troisième œil en partant de la base. Le bourgeon terminal donnera un rameau à bois qui servira de tire-sève, celui du milieu deviendra sans doute un dard qui se transformera en bouton à fruits dès l'année suivante.

3. Allongez les branches de 25 cm.

• Plantez au jardin le sapin de Noël acheté en conteneur. Préparez un trou d'au moins 80 cm, en tous sens, apportez de l'engrais pour conifères au fond, tassez au pied et arrosez bien.

ROSIERS

• Ramassez les dernières feuilles qui restent au pied de vos arbustes. Mettez-les en tas sur le compost ou brûlez-les pour éliminer les éventuels parasites.
• Sur les rameaux nus de vos rosiers, effectuez une pulvérisation avec une bouillie bordelaise.
• Retournez la terre des emplacements destinés à recevoir les plantations.
• Plantez vos rosiers à racines nues dès la réception, s'il ne gèle pas.
• Taillez les rosiers arbustes et paysages.

PELOUSE

• Évitez de piétiner le gazon s'il est gelé ou couvert de neige. Si vous devez passer dessus, posez des planches.
• Délimitez avec des piquets de bois les zones de la pelouse plantées de bulbes.
• Attention au sel employé pour déneiger les allées, il risque de brûler la pelouse.
• Notez les emplacements où stagne l'eau. Ils marquent un affaissement du sol qu'il faudra combler de terre fine, humifère et sableuse, à la fin de l'hiver.

FENÊTRES ET BALCONS

• Protégez les arbres ou arbustes plantés en bacs et, en cas de grand froid, enveloppez les ramures des végétaux fragiles.
• En fin de mois, si le temps est doux, installez des primevères ou des pensées.
• Si un froid vif survient, rapprochez les jardinières du mur pour les abriter.

TRAVAUX DIVERS

• Pensez à nourrir les oiseaux du jardin quand la terre est gelée ou enneigée mais, par beau temps, laissez-les se débrouiller seuls !
• Profitez du mauvais temps pour réparer vos outils et votre matériel à moteur.
• Désinfectez les terrines et les poteries, les pieux et les tuteurs.

▲ Un traitement d'hiver sur les fruitiers.

Février

Méfiez-vous de ce mois. Il peut être tour à tour très froid ou se montrer clément. Cela n'empêche pas, çà et là, quelques fleurs de pointer timidement leurs corolles. En cas d'intempéries, jardinez plutôt à l'intérieur et commencez vos achats de graines.

FLEURS

• Nettoyez le pied des plantes bisannuelles et décompactez le sol à la griffe.
• Enlevez les feuilles qui pourrissent sur les plantes sensibles au froid.
• Remettez les vieux pieds de fuchsias en végétation, sur lesquels vous prélèverez des boutures.
• Repiquez en terrine, dans un terreau léger, les bégonias semés le mois dernier.
• Lorsqu'il fait doux, plantez de nouvelles vivaces ou divisez-les.

À NE PAS OUBLIER

- Le soir, renforcez la protection des plantes fragiles installées dans le jardin ou sur le balcon (voile d'hivernage).
- Refermez les aérations de la serre ou de la véranda en fin de journée.
- Effectuez les plantations arbustives si la nature du sol (léger, poreux) et la température (hors gel) le permettent.

• En situation abritée, semez des pieds d'alouette et des pavots, ainsi que des pois de senteur. Pour ces derniers, prévoyez un bon support.

FRUITS

• Par temps doux, poursuivez la plantation de vos fruitiers.
• Taillez les arbustes à fruits rouges tels que les framboisiers et les groseilliers.
• Poursuivez la taille des poiriers et des pommiers. Sur les formes palissées, attachez les rameaux qui restent.
• Effectuez une pulvérisation de bouillie bordelaise sur vos pêchers. Traitez également les pruniers et les cerisiers avec un produit total.
• Sous un climat doux, taillez les oliviers en pensant à bien aérer le centre.

LÉGUMES

• Plantez l'ail rose et les échalotes à 15 cm sur le rang (en sol léger seulement). Espacez les lignes de 20 cm.

▲ Par temps doux, plantez les vivaces.

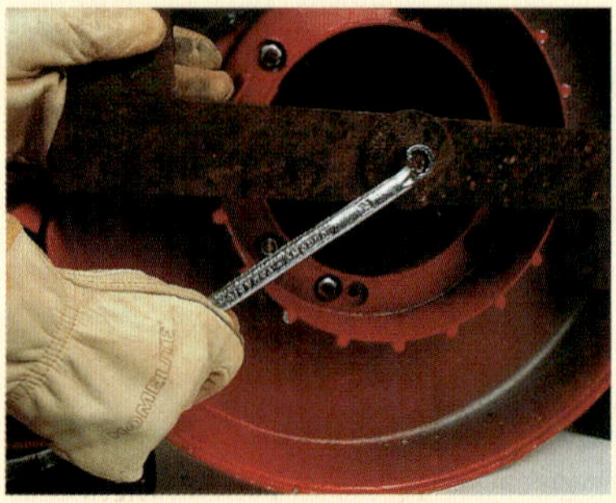

▲ Affûtez la lame et nettoyez le carter.

▲ Sur les framboisiers, éliminez le vieux bois.

- Terminez le labour du potager.
- Plantez les asperges dans un sol léger bien labouré. Buttez les touffes anciennes.
- Ameublissez en surface la planche de fraisiers avec une griffe.
- Semez des poireaux précoces à la fin du mois ('Bleu de Solaise').
- Divisez les souches de rhubarbe.

ARBRES ET ARBUSTES

- Faites des boutures de forsythias en prélevant la partie médiane des rameaux. Bouturez aussi les deutzias, les tamaris, les spirées et les seringats.
- Taillez les clématites à floraison estivale, comme 'Ville de Lyon'. Protégez le pied avec une tuile plate.
- Nettoyez les touffes d'hortensias en coupant les rameaux secs et les plus vieux, tout en dégageant le centre.

CONIFÈRES

- Taillez les conifères qui deviennent trop envahissants comme les genévriers rampants ou certains *Chamaecyparis*. Mastiquez soigneusement les plaies.

ROSIERS

- Après le 15 de ce mois, dans la plupart des régions à hiver doux, commencez à tailler les rosiers buissons. Laissez de trois à quatre branches avec deux et quatre yeux selon la vigueur du pied.
- Épandez un engrais spécial rosiers, puis bêchez légèrement pour l'enfouir sans abîmer les racines.
- Poursuivez les plantations des rosiers à racines nues. Procédez à un bêchage profond des massifs. Apportez une fumure organique de fond (fumier).
- Contrôlez la bonne fixation, sur leur support, des rosiers conduits en tiges et remplacez les attaches si nécessaire.

PELOUSE

- Pour combattre la mousse, les mauvaises herbes et fertiliser le gazon, épandez à la volée un produit complet : engrais-désherbant-antimousse.
- Effectuez les découpes autour des massifs avec un tranche-bordure.

FENÊTRES ET BALCONS

- Par temps froid, renforcez les protections placées autour des bacs et des jardinières (plaques de polystyrène).
- Lorsqu'il ne gèle pas, plantez des bisannuelles telles que primevères, pensées, giroflées, myosotis, pâquerettes.
- Rénovez les treillages et leurs armatures en les enduisant de deux couches de peinture, après les avoir bien poncés.

FLEURS DE SAISON

ELLES AIMENT LE FROID !
Chez les plantes bulbeuses, découvrez, en ce moment, les floraisons des crocus rouges *(Bulbocodium vernum)*, des crocus printaniers *(Crocus vernus)*, des aconits d'hiver *(Eranthis hyemalis)*, des iris bulbeux (*Iris reticulata, unguicularis* et *danfordiae*) et des perce-neige. Parmi les arbustes, vous pouvez continuer à admirer les fleurs des cornouillers mâles et des jasmins nudiflores, et découvrir celles des corylopsis, des hamamélis jaunes et rouges qui se jouent des gelées, et les chatons soyeux des saules marsaults *(Salix caprea)*. Certains arbustes persistants fleurissent aussi. C'est le cas de l'andromède *(Pieris japonica)* et du skimmia, tandis que le laurier-tin poursuit sa floraison.

TRAVAUX DIVERS

- Avant que les mauvaises herbes lèvent, désherbez les allées. Travaillez un jour où le vent ne souffle pas trop fort pour que le produit ne soit pas entraîné vers les abords de l'allée.
- Donnez la tondeuse à réviser.

LE BON GESTE DU MOIS

LA DIVISION DES TOUFFES

Cela permet de rajeunir efficacement les plantes vivaces âgées de plus de cinq ans. Attention, la division des iris s'opère, elle, en août.

1. Arrachez la totalité de la touffe au moyen d'une fourche-bêche. Prélevez la totalité des racines avec précaution, sans les abîmer.

2. Divisez la touffe en plusieurs éclats à l'aide d'une serpette ou d'un bon couteau. Chacun des morceaux ainsi prélevé doit posséder quelques racines et des bourgeons bien apparents. Choisissez, de préférence, des éclats situés sur la périphérie de la touffe. Plantez dans une terre bien labourée, aérée et enrichie d'un bon terreau.

1

2

Mars

Petit à petit, la nature s'éveille. À la fin du mois, nous serons au printemps. Restez toutefois prudents, car des froids assez rigoureux peuvent encore se produire. Mais dans les massifs et sur le balcon, les floraisons se font de plus en plus nombreuses.

▲ Taillez les rosiers arbustifs et les anciens.

FLEURS

• Surveillez la météo et dès que les fortes gelées ne sont plus à craindre, enlevez les protections placées sur les plantes insuffisamment rustiques.

• Par un labour superficiel, enfouissez une fumure organique (fumier décomposé + algues) au pied des pivoines.

• Épandez au pied des iris un engrais pour fleurs, à raison de 50 g/m².

• Poursuivez la mise en place des vivaces à floraison d'été et d'automne.

• Sous abri, semez les annuelles telles que pétunias, sauges, œillets d'Inde, verveines, bégonias, lobélias, etc. Si l'on vous les propose en plants, attendez le mois prochain pour décorer vos massifs, même si le temps vous paraît clément.

• En pleine terre, au pied d'une clôture, d'un treillage ou d'une tonnelle, semez des pois de senteur ou du houblon. Dans les massifs abrités, jetez à la volée des graines de clarkia, de pied-d'alouette, de nigelle, de chrysanthème annuel.

• Dans les régions tempérées, plantez les bulbes à floraison estivale et automnale. Ailleurs, attendez le mois prochain.

• Sur les pieds-mères hivernés, prélevez les boutures de chrysanthèmes, de fuchsias, de lantanas, d'anthémis. Placez-les ensuite dans une miniserre.

• Pincez les boutures de géraniums pour les inciter à s'étoffer et à mieux fleurir.

FRUITS

• Arrêtez les traitements d'hiver.

• Terminez les dernières plantations d'arbres présentés à racines nues.

• Arrosez abondamment (20/30 l) pour aider l'émission de jeunes radicelles ce qui facilite la reprise du sujet.

À NE PAS OUBLIER

- Aux heures les plus chaudes, ouvrez les aérations de la serre ou de la véranda.
- Terminez la taille des rosiers et de la vigne avant le départ de la végétation.
- Avant la première tonte, inspectez la pelouse pour enlever cailloux, objets divers et jouets d'enfants.
- Protégez les cultures florales et légumières avec des appâts contre les limaces.
- Luttez contre les ennemis et maladies qui commencent à apparaître sur les végétaux d'ornement : cloque sur bouleau, corynéum sur laurier palme, brunissure des aiguilles du thuya, sans oublier les maladies fréquentes des rosiers.

SPÉCIAL CLIMAT RUDE

Laissez passer le dégel avant d'entreprendre les moindres travaux. Si vous recevez des végétaux aux feuilles gelées, ne les mettez pas au chaud, mais laissez-les revenir doucement à leur état normal, dans un abri juste maintenu hors gel, avant de les planter.

- Plantez les arbustes à petits fruits rouges : framboisiers, cassissiers, groseilliers, myrtilles, caseille, tayberry, etc.
- Apportez un engrais azoté au pied des arbres pour stimuler leur démarrage.
- Par beau temps, secouez légèrement les branches des noisetiers afin que le pollen se disperse bien et féconde les petites fleurs femelles sur le même arbre.
- Sur les poiriers, effectuez une pulvérisation avec une bouillie à base de cuivre.
- Avec les sarments issus de la taille, faites des boutures de vigne.
- Taillez les myrtilles âgées de plus de 3 ans, en éliminant le vieux bois.
- Sur les arbres palissés, attachez les rameaux au fur et à mesure de leur développement, mais sans les serrer.
- En fin de mois, lorsque les gelées ne sont plus à craindre, greffez en fente ou en incrustation les cerisiers.

LÉGUMES

- Si vous avez planté l'ail en novembre dernier, c'est le moment de provoquer le démarrage de cette culture. Épandez un peu de nitrate de soude, de nitrate de chaux ou d'engrais « coup de fouet ».
- Procédez à l'œilletonnage des pieds d'artichauts. Repiquez-les aussitôt les plants dans une terre bien ameublie et amendée. Arrosez abondamment.
- Effectuez un bêchage léger (à la fourche bêche) entre les pieds de fraisiers, après avoir épandu un engrais spécial fraisiers, à raison de 50 g/m^2.
- Au cours de ce mois, pensez à semer les poireaux, que vous repiquerez fin juin pour la récolte d'automne et d'hiver.
- Plantez des pommes de terre en disposant les germes vers le haut, à 15 cm de profondeur, dans une terre bien fumée.
- Dans une miniserre placée au chaud, effectuez les premiers semis de tomates.
- Plantez l'oignon blanc et l'ail rose.
- Semez : laitue pommée, betterave rouge, chicorée, salsifis, fève.

ARBRES ET ARBUSTES

- Taillez les hibiscus et les buddléias.
- Dès que les camélias sont défleuris, taillez-les, juste pour les équilibrer.
- Terminez la plantation des arbustes caducs à racines nues. Le mois prochain, ils devront être livrés en conteneurs.
- Plantez les arbustes persistants. Ils sont toujours livrés en motte ou en conteneur.
- Remplacez vos arbustes de terre de bruyère dépérissants ou morts. Changez le substrat avant de mettre en place de nouvelles plantes. Vérifiez le drainage.
- Nettoyez le lierre palissé sur le mur ou sur la clôture, supprimez les feuilles mortes et taillez les pousses trop longues.
- En climat doux, effectuez la taille des mimosas dès qu'ils sont défleuris.

▲ La plantation d'une jeune touffe d'armoise.

- Traitez vos lauriers-roses avec une bouillie à base de cuivre, comme la bouillie bordelaise, pour combattre la bactériose, une grave maladie, surtout pour les variétés à fleurs roses.
- Taillez toutes les haies. Aidez-vous d'un cordeau tendu à la hauteur désirée pour conserver une coupe rectiligne. Broyez les déchets et compostez les.
- Taillez la glycine en coupant court les pousses latérales et palissez les rameaux, en les répartissant harmonieusement sur le support qui doit être très solide.

LE BON GESTE DU MOIS

LA TAILLE DE LA VIGNE

1. Elle se pratique en début de mois avec trois objectifs : nettoyer la plante, obtenir une fructification dans l'année et favoriser la naissance d'un rameau dit de remplacement pour la saison suivante.

2. La taille consiste à supprimer les rameaux (sarments) qui ont fructifié et à couper, à 2, 3 ou 4 yeux, les rameaux de remplacement générés par la taille de l'année précédente. Selon les variétés, la hauteur de coupe à pratiquer est différente : pas assez ou trop taillée, votre vigne risque de ne pas fructifier. Taillez à un œil les variétés 'Chasselas doré', 'Chasselas rose royal', 'Portugais bleu'. Taillez à deux yeux : 'Gamay', 'Madeleine noire', 'Madeleine royale'. Taillez à 3 ou 4 yeux : 'Muscat blanc de Frontignan', 'Muscat de Hambourg', 'Amandin', 'Dattier', etc.

3. Une fois taillée, la vigne a une silhouette nette et propre, très dégarnie.

▲ Commencez les semis sous abri en mars.

• Épandez un engrais spécial au pied des conifères. Enfouissez-le avec un bon coup de griffe. Arrosez si le sol est sec.
• Plantez les grimpantes en prévoyant leur support. Fixez les rameaux avec des attaches solides, sans trop les serrer.

ROSIERS

• Au pied des rosiers, dégagez la butte de terre mise en place avant l'hiver pour les protéger du froid.
• Dans toutes les régions, terminez la taille des rosiers buissons et ensuite procédez à celle des rosiers grimpants remontants. Taillez toujours au-dessus d'un œil dirigé vers l'extérieur. Après cette opération, bêchez légèrement le massif après avoir épandu un engrais spécial rosiers. Brûlez les tailles pour éliminer les parasites qui auraient pu y séjourner pendant l'hiver.
• Plantez les rosiers lianes pour couvrir un vieux tronc ou un bâtiment peu esthétique. Donnez-leur beaucoup d'espace car ils atteignent facilement 6 à 10 m de longueur.
• La période de plantation des rosiers à racines nues se termine. Raccourcissez les branches et pralinez les racines en les trempant dans un mélange d'eau, de boue et de fumier.
• Taillez les rosiers arbustifs. Éliminez les vieilles branches pour rajeunir la plante et aérez le centre des touffes.

PELOUSE

• Préparez le terrain destiné à être ensemencé. Faites un bon labour, puis griffez le sol pour en extraire les cailloux, les racines. Tassez ensuite avec un rouleau dont le poids n'excède pas 80 kg, puis ratissez pour niveler de nouveau et décroûter la terre. Semez ensuite et recouvrez les graines de quelques millimètres de terreau finement tamisé.

FLEURS DE SAISON

UN GOÛT DE PRINTEMPS

Tout doucement, les floraisons se font plus nombreuses. Chez les plantes vivaces, on remarque le beau bleu lumineux de cette hépatique, les thlaspis et leurs fleurs blanches, les minuartias, plantes de rocailles toutes blanches, les omphalodes des sous-bois aux fleurs d'un bleu céleste, les pachysandras, merveilleuses plantes d'ombre aux discrètes fleurs blanches, et les primevères habillées de fleurs pourpres (*Primula denticulata* 'Rubin'). Parmi les arbustes, ce groseillier d'ornement *(Ribes sanguineum)* arbore de belles grappes roses, l'amélanchier se pare de fleurs blanches parfumées, le cognassier du Japon, de fleurs roses, blanches ou rouges. Les mimosas, aux nombreuses espèces et cultivars, sont tous à fleurs jaunes. Fleurissent aussi les bruyères *(Erica carnea)*, le romarin bleu mauve, les pruniers *(Prunus triloba)*, aux jolis pompons roses, sans oublier celui qui annonce vraiment le printemps : le forsythia, d'un beau jaune d'or très éclatant.

▲ Épandez un engrais antimousse gazon.

▲ Scarifiez le gazon pour rajeunir la pelouse.

Roulez pour que les graines adhèrent et arrosez en pluie fine.
• Sur les pelouses anciennes, épandez un désherbant sélectif pour éliminer les mauvaises herbes. Les plus grosses (pissenlit, plantain, chardon, armoise, etc.) peuvent être arrachées à la main, avec une gouge ou un couteau.
• La mousse traitée le mois dernier est maintenant brûlée. Extirpez-la avec un râteau à gazon ou une lame émousseuse montée sur la tondeuse.
• Pour régénérer un gazon ancien, passez un aérateur et un scarificateur.
• Faites un épandage d'engrais coup de fouet ou d'engrais gazon à action rapide.
• Commencez les premières tontes en réglant la coupe assez haute pour éviter le bourrage sous le carter car l'herbe est bien grasse en ce moment. Roulez pour rechausser les plants soulevés par le gel.

FENÊTRES ET BALCONS

• Sur les terrasses ou les balcons, plantez les arbustes en bacs. Choisissez des espèces élevées en conteneurs, leur reprise sera plus facile.

• Dans les jardinières, nettoyez les plantes bisannuelles, primevères, pensées, etc., en enlevant les feuilles mortes ou desséchées par le froid. Avec la main, tassez la terre autour des plantes soulevées par le gel.

• Si la pluie ne parvient pas directement sur vos plantations, pensez à les arroser régulièrement. Apportez un peu d'engrais plantes de balcon à celles qui restent en place en permanence. Griffez la terre des bacs pour la décroûter et favoriser l'aération des racines.

• Procédez au remplacement de la terre des arbres élevés en bacs : conifères, camélias, rhododendrons ou lauriers, soit en rempotant, soit en surfaçant s'il n'est pas possible de sortir la plante de son contenant. Prenez garde à ne pas endommager les racines. Tassez bien la terre. Arrosez ensuite abondamment.

TRAVAUX DIVERS

• Inspectez les branches de vos arbres. Si vous remarquez des nids de chenilles, coupez les extrémités des rameaux et brûlez-les.

• En fin de mois, traitez (fongicide) poiriers et pommiers contre la tavelure.

• Dans les régions atlantiques, enlevez les protections placées en début d'hiver sur les végétaux fragiles. C'est le cas des fuchsias rustiques comme *Fuchsia magellanica* 'Riccartonii'. Découvrez également les palmiers, les bananiers de pleine terre, comme le *Musa basjoo*, les agrumes, ainsi que le tronc des *Lagerstroemia* conduits en haute tige.

• Nettoyez les bancs de pierre, les dallages, voire les soubassements ou la couverture de tuiles de la maison, pour faire disparaître la mousse. Mais attention, n'employez pas de sulfate de fer : il tache de rouille tous ces matériaux. Utilisez un nettoyeur haute pression en réglant la force du jet en fonction du support pour ne pas l'endommager.

• Avant que votre compost se garnisse de tontes de gazon, retournez tout ce que vous y avez mis depuis l'automne. Ajoutez une poignée de sulfate d'ammoniaque ou d'un activateur de décomposition, à chaque lit de 20 cm d'épaisseur.

• Modulez le chauffage de votre abri vitré en fonction de la température extérieure. En serre froide, le minimum doit être compris entre 5 °C et 8 °C

• Posez les dallages et construisez les murets, c'est une saison très propice.

▲ Remaniez le tas de compost pour l'aérer.

▲ Donnez un engrais spécifique aux conifères.

LE BON GESTE DU MOIS

LES SEMIS DE PRINTEMPS

En situation abritée, il est temps d'effectuer les premiers semis en place de fleurs annuelles telles que centaurées, clarkias, pieds-d'alouette, coquelicots. Préparez le sol en le bêchant sur 20 cm de profondeur, en brisant bien les mottes. Effectuez ensuite un griffage pour affiner la terre, enlever les cailloux et les racines et bien niveler le terrain. Finissez cette préparation par un ratissage pour que la couche de terre superficielle soit le plus fine possible.

1. Semez très clair (en répartissant régulièrement les graines), à la volée, pour limiter le nombre des jeunes plants à supprimer par la suite. Si les graines sont trop fines pour être manipulées facilement, mélangez-les avec du sable fin ou utilisez un petit semoir du commerce.

2. Recouvrez le semis d'une pellicule de 1 à 2 cm de terreau finement tamisé.

3. Tassez le sol avec une batte à semis.

4. Arrosez en pluie fine pour ne pas déplacer les graines.

1

2

3

4

Avril

« Il n'est si gentil mois d'avril qui n'ait son chapeau de grésil », dit le proverbe. Ce mois-ci voit l'éclatement des bourgeons et des boutons floraux, mais également le retour de quelques journées fraîches, et de pluies froides. Semez, repiquez au jardin. Soyez cependant prudents et conservez quelques protections sur les espèces fragiles.

FLEURS

- Terminez la plantation des massifs de vivaces avec des plants en godets.
- Plantez les petits tubercules d'anémones.
- Divisez les grosses touffes de primevères. Faites de même avec les pieds de lavande et de vivaces à floraison tardive.
- Préparez massifs et plates-bandes destinés à recevoir les plantes à massif d'été. Semez directement en place, dans un sol léger et bien travaillé, le pavot de Californie, la gaillarde annuelle, le dimorphotéca, l'alysse maritime, la capucine, la centaurée, le clarkia, les immortelles, le muflier, la nigelle, le lin, l'amarante, le cosmos, la gypsophile et le zinnia.
- Surveillez les boutures de plantes à massif d'été effectuées en fin d'hiver, sous abri. Elles doivent avoir repris.
- Aérez dans le cours de la journée les jeunes cultures encore sous abri.
- Plantez les bulbes d'été : glaïeuls, cannas, lis, dahlias, bégonias tubéreux, sparaxis, tigridia, vallota, etc. Si vous souhaitez en obtenir des fleurs à couper, échelonnez votre plantation, en mettant en terre vos bulbes tous les quinze jours, ce mois-ci et le mois prochain. N'oubliez pas de placer un tuteur (bambou) au pied des plus grandes espèces.

▲ Coupez les fleurs fanées des narcisses.

À NE PAS OUBLIER

- Effectuez les semis de gazon en début de mois sur un sol bien préparé.
- Tondez les pelouses toutes les semaines.
- Taillez les arbustes à floraison printanière dès qu'ils sont défleuris.
- Combattez les limaces et les escargots.
- Arrosez le pied des légumes repiqués.
- Retournez régulièrement le tas de compost et tamisez-le si nécessaire.
- Plantez les premières fleurs annuelles sur les balcons les plus abrités.
- Traitez préventivement rosiers, arbres et arbustes contre les insectes et les maladies.
- Désherbez les cours et les allées.

- Coupez les tiges florales fanées des narcisses et des tulipes, ne touchez pas aux feuilles et n'arrachez pas tout de suite les bulbes, attendez le mois de juin.

FRUITS

- Arrosez bien les jeunes plantations. Éliminez les herbes qui poussent alentour.
- Vérifiez les arbres attachés sur des tuteurs qui ne doivent pas frotter sur le tronc. Au besoin, utilisez des liens renforcés de mousse pour éviter les blessures.
- Greffez en couronne poiriers et pommiers si des branches ont été cassées.
- Dans les régions fraîches, placez des auvents au-dessus des espaliers de pêchers ou des vignes palissées afin de les protéger efficacement contre les dernières gelées qui sont aussi les plus redoutables.
- Semez les pépins ou les noyaux des fruitiers déjà stratifiés pour obtenir des francs à greffer l'année prochaine.
- Traitez les arbres à noyaux avec un fongicide contre la cloque, le corynéum, le monilia, l'anthracnose, etc.
- En fin de mois, pulvérisez sur les pruniers et les pommiers un insecticide de contact contre le carpocapse.
- Combattez les premières colonies de pucerons sur les cerisiers avec un insecticide spécifique, inoffensif pour les abeilles et autres insectes utiles.
- Dans le Midi, taillez les agrumes, orangers et citronniers. Aérez le centre des ramures, donnez une forme régulière.
- Faites un éclaircissage sur les pêchers en enlevant les fruits en surnombre.
- Repiquez les boutures de groseilliers.
- Attachez sans les serrer, les pousses des formes fruitières palissées, au fur et à mesure qu'elles se développent.
- Lorsque le local de conservation des fruits est vide, nettoyez-le et désinfectez-le avec de l'eau de Javel.

LÉGUMES

- Semez directement en place les betteraves et les carottes, ou en pépinière les choux de Bruxelles, les choux d'été et d'automne, les laitues et les pissenlits, qui seront repiqués à leur emplacement définitif lorsque les plants auront atteint une dizaine de centimètres de hauteur.
- Semez des pois à grains ridés, plus sucrés que les variétés à grains ronds.
- Plantez les céleris raves et les céleris à côtes dans un sol très humifère.
- Mettez en place les choux fleurs en les espaçant de 60 cm de distance.
- Recouvrez la plantation de fraisiers avec de la paille hachée, de l'écorce de pin broyée ou de la paillette de lin.
- En fin de mois, dans les régions à climat doux, commencez les plantations de tomates et même de melon.

▲ Un rosier grimpant palissé avec de l'osier.

▲ Désherbez soigneusement les jardinières.

LE BON GESTE DU MOIS

LA PLANTATION DES DAHLIAS

1. Préparez le terrain par un bêchage profond, en situation aussi ensoleillée que possible. Apportez du fumier bien décomposé, déshydraté ou un compost bien réduit. Recouvrez d'un peu de terre.

2. Mettez les tubercules en place en les posant à plat dans le trou et recouvrez de 10 cm de terre. Pour les plantes issues de boutures, 5 cm suffisent. Il est possible de diviser ces tubercules, mais veillez à ce que chacun des éclats comporte deux ou trois yeux. Disposez à ce moment-là des tuteurs solides (un par emplacement) : en les installant après la plantation, vous risqueriez d'abîmer les tubercules charnus de dahlias.

3. Arrosez copieusement. Par la suite, veillez à arroser sans mouiller le feuillage.

4. Vous pouvez éventuellement disposer des granulés anti-ongeurs. Survelllez aussi les attaques des pucerons et des limaces. En fin d'automne, avant les gelées, vous arracherez les tubercules. Coupez les tiges à 15 cm de la souche et stockez au sec.

1

2

3

4

▲ C'est le bon moment pour planter les rhododendrons.

- Effectuez un premier semis de persil dans un endroit bien ensoleillé.
- Buttez les pieds d'asperges, de haricots et de pommes de terre durant la croissance des pousses.
- Désherbez régulièrement les planches d'ails, d'oignons ou d'échalotes.
- Éclaircissez les jeunes semis.

ARBRES ET ARBUSTES

- Couvrez les massifs de plantes de terre de bruyère d'une épaisse couche de compost organique non calcaire.
- Effectuez un traitement contre l'oïdium sur les *Lagerstroemia* et les houx.
- Procédez à la taille des corêtes du Japon et des spirées.
- Marcottez les boules de neige, la glycine, le forsythia, les groseilliers.
- Arrosez les arbustes plantés récemment, la terre ne doit pas se dessécher.
- Effectuez la première taille sur les haies de thuyas, de chamaecyparis ou d'ifs.
- Plantez les résineux après avoir fait tremper le conteneur pendant quelques minutes pour imbiber la motte.
- Traitez les conifères (surtout le thuya) avec un insecticide contre le bupreste.

ROSIERS

- Vous pouvez encore mettre en place des rosiers, à condition d'utiliser des plantes élevées en conteneurs.
- Surveillez la feuillaison et effectuez les premiers traitements contre la maladie des taches noires. Utilisez un fongicide spécifique à pulvériser trois fois à dix ou quinze jours d'intervalle.
- Binez le sol des nouvelles plantations.
- Palissez les pousses des rosiers sarmenteux au fur et à mesure de leur croissance, le plus horizontalement possible.
- Sur la terre, épandez un matelas de paillis fait d'écorces de pin, de paillettes de lin ou de coques de cacao.

LE BON GESTE DU MOIS

LA PRÉPARATION DES MASSIFS

Les plantes saisonnières, à floraison estivale et automnale, doivent être mises en place dans un sol bien labouré.

1. Effectuez un bêchage profond d'une bonne vingtaine de centimètres, en brisant bien les mottes. Enlevez les cailloux et les racines des mauvaises herbes. Profitez-en pour épandre un engrais complet spécial pour fleurs, riche en acide phosphorique et en potasse, assez pauvre en azote.

2. Griffez profondément le terrain pour émietter finement la terre, passez l'outil dans le sens de la longueur, puis de la largeur pour une meilleure efficacité. Si le massif est rond ou ovale, vous pouvez lui donner un profil bombé. S'il s'agit d'une plate-bande adossée à une haie ou à un mur, la partie arrière sera un peu plus haute que le devant pour mettre en évidence les fleurs.

3. Ratissez sans creuser pour bien niveler et éliminer les derniers petits cailloux et autres débris, puis tracez les lignes de plantation, surtout si vous devez reproduire un dessin précis. Disposez les plantes en quinconce plutôt qu'en ligne trop régulière, le résultat sera plus joli, plus naturel surtout.

1

2

3

▲ Plantez les tomates dans les climat doux.

PELOUSE

- Effectuez une scarification en long et en large, juste après une tonte.
- Passez l'aérateur si le terrain est lourd et tassé, pour apporter de l'air aux racines et bien décompacter.
- Épandez un engrais azoté à action rapide comme le sulfate d'ammoniaque.
- Désherbez les pelouses avec un herbicide sélectif pour gazon. Procédez environ deux jours après une tonte.
- Découpez le gazon autour des arbres, des arbustes plantés en isolé et des massifs. Utilisez un tranche bordures.
- Chaque semaine, tondez votre gazon. Les nouvelles pelouses seront coupées avec une lame neuve, très bien affûtée. Roulez ensuite, c'est excellent.

FENÊTRES ET BALCONS

- Préparez les jardinières pour les plantations de fleurs qui auront lieu dans la deuxième quinzaine du mois. Changez la terre des bacs pour un nouveau terreau. N'oubliez pas de prévoir un drainage.
- Semez des plantes condimentaires, si vous ne disposez pas de jardin potager.
- Changez les camélias de bac, dès la fin de la floraison. Utilisez une terre acide.
- Enlevez les bulbes de tulipes et de narcisses avec leurs racines. Replacez-les en jauge dans un coin du jardin, pour leur permettre de reconstituer leurs réserves.
- Décorez votre balcon avec des arbustes robustes : bambous, lauriers-tins. Semez des plantes grimpantes annuelles pour garnir les rambardes.

TRAVAUX DIVERS

- Arrêtez le chauffage de la serre ou de la véranda dès que la température extérieure le permet et aérez aux heures les plus chaudes de la journée.
- Ombrez le côté est le matin, le côté ouest ensuite, le sud toute la journée.
- Détruisez les mauvaises herbes dans les massifs, avec une spécialité à base de Glyphosate, mais sans jamais entrer en contact avec les plantes cultivées.
- Effectuez un traitement insecticide contre les otiorhynques qui s'attaquent aux troènes et aux rhododendrons.
- Nettoyez les tuteurs avec de l'eau de Javel en les trempant toute une nuit.
- Affûtez les lames de tous les outils tranchant en utilisant une pierre à grain fin bien huilée ou une meule douce.
- Renouvelez votre stock d'engrais.

▲ Ombragez les semis dans la véranda.

▲ Protégez les vivaces avec un anti-limaces.

FLEURS DE SAISON

UNE AVALANCHE DE FLEURS

Toutes les bulbeuses printanières garnissent massifs, pelouses et balcons : fritillaires, jacinthes, narcisses, tulipes, scilles, muscaris. Chez les plantes vivaces, on admire les corbeilles d'or aux fleurs jaunes, la corbeille d'argent, le gazon d'Espagne *(Armeria maritima)* blanc ou rose, les asters de printemps blancs *(Aster alpinus)* ou bleu malvacé *(Aster tongolensis)*, l'aubriète aux fleurs roses ou bleues, les premières clochettes de muguet, le cœur de Marie *(Dicentra spectabilis)* rose et blanc, la pulsatille à fleurs violettes, les campanules, etc. C'est le temps de l'apothéose des pensées et des primevères. Parmi les arbustes à floraison jaune, citons : l'azalée à feuilles caduques, l'épine vinette, la coronille, le cytise. Ceux à floraison bleue sont : les céanothes *(Ceanothus impressus)*, le lilas, les pervenches. Ceux à floraison rouge sont : *Magnolia liliiflora* 'Nigra', les rhododendrons, les pivoines, etc. L'aronia, l'oranger du Mexique, le deutzia, la boule-de-neige, le seringat sont blancs, tandis que l'arbre de Judée *(Cercis siliquastrum)*, le kalmia, *Magnolia soulangeana* et *Tamarix africana* sont roses.

Mai

Tout éclate, tout pousse dans le jardin, et le muguet avec ses clochettes immaculées sonne les beaux jours. Pourtant, prenez garde, nous sommes en période de lune rousse qui peut, dit-on, « geler les plantes par la pousse ».

FLEURS

- Dans une terre humifère et riche, mettez en place les plantes estivales.
- En situation ombragée, plantez des bégonias tubéreux, des impatiences ou des fuchsias.
- Sarclez entre les pieds de plantes vivaces pour empêcher que les mauvaises herbes ne viennent tout envahir.
- Coupez les tiges des vivaces ayant terminé leur floraison, comme les aubriètes, les corneilles d'or ou les iris dont vous devez laisser les feuilles intactes.
- Poursuivez les semis de fleurs annuelles en place. Si la levée est importante, éclaircissez en laissant un plant tous les 30 à 40 cm environ.
- Continuez la plantation des bulbes d'été en les échelonnant bien.

▲ Taillez les haies régulières dès que les jeunes pousses mesurent 15 cm de long.

FRUITS

- Creusez des cuvettes autour des jeunes arbres pour retenir l'eau d'arrosage (au moins 10 l par semaine).
- Apportez, par pulvérisation, un engrais foliaire sur la frondaison des arbres âgés.
- Ramassez et brûlez les jeunes fruits tombés sur le sol. Ils peuvent être parasités.
- Enlevez les fruits des très jeunes arbres. Sur les autres, procédez à un éclaircissage après la chute physiologique normale qui est observée en ce moment au pied de l'arbre.
- À la fin du mois, ensachez les fruits des

À NE PAS OUBLIER

- Le soir, en début de mois, surtout si le temps est dégagé, protégez les plantes un peu fragiles comme les concombres, les tomates, les aubergines. Réalisez cette protection avec une toile, une cloche en plastique ou un tunnel de forçage.
- Aérez la serre ou la véranda, à la fois dans la partie basse et en faîtage.
- Effectuez vos plantations florales, de préférence par temps couvert.
- Enlevez les fleurs fanées des géraniums.
- Si vous possédez un petit étang, une mare, un plan d'eau peuplé de poissons, plantez quelques espèces immergées comme le mouron d'eau *(Callitriche vernalis)*, l'élodée du Canada *(Elodea canadensis)* ou le potamot *(Potamogeton)*.
- Éparpillez des granulés antilimaces dans les massifs si le temps est très humide. Respectez bien la dose prescrite.

▲ Supprimez les fleurs fanées des bruyères.

arbres en espalier (poiriers, pêchers...).

- Installez des pièges à phéromones dans la ramure des pommiers et des pruniers pour capturer les carpocapses.
- En début, puis en fin de mois, effectuez un traitement fongicide sur les arbres à noyaux pour lutter contre la cloque, le corynéum et le monilia.
- Sur les vieux arbres, remplacez les branches cassées et chancreuses en réalisant des greffes en couronne.
- Ébourgeonnez la vigne et taillez en vert tous les sarments inutiles.

LÉGUMES

- Semez les chicorées 'Witloof' destinées à devenir des endives l'hiver prochain.
- Semez des radis tous les 10 ou 12 jours pour obtenir une récolte échelonnée.
- Après avoir placé les tuteurs, plantez vos tomates dans un sol bien préparé.
- En pépinière, semez des choux brocolis. La plantation aura lieu en juillet.
- Sarclez entre les rangs de bulbes potagers : ails, oignons ou échalotes.
- Semez de la tétragone, après avoir fait tremper les graines dans de l'eau tiède, pendant 24 heures.
- Dans les régions à climat doux, taillez les pieds de tomates, à une feuille au-dessus du 3e bouquet floral. Enlevez tous les bourgeons se développant à l'aisselle des feuilles ou à la base des grappes.
- Arrosez copieusement toutes les cultures du potager (en pluie).
- Repiquez choux-fleurs et choux d'automne tous les 40 cm.

ARBRES ET ARBUSTES

- Plantez les arbustes élevés en conteneurs. Avant de retirer la plante de son contenant, faites-la tremper quelques minutes. Arrosez copieusement.
- Enlevez les fleurs fanées des rhododendrons et des azalées rustiques, sans casser les deux bourgeons naissant juste au-dessous du pédoncule floral. Ce sont les fleurs pour l'an prochain.

▲ Il est temps de repenser le tracé des massifs.

▲ Apportez un produit antichlorose aux hortensias dont les feuilles jaunissent.

LE BON GESTE DU MOIS

ÉCLAIRCISSAGE, ÉBOUTONNAGE

L'éclaircissage permet de limiter le nombre de jeunes fruits pour en obtenir de plus gros. Il se pratique surtout sur les arbres en espaliers, et consiste à ne garder qu'un ou deux fruits par bouquet floral.

1. Sur le poirier, supprimez, ce mois-ci, le ou les fruits placés au centre du bouquet, à l'aide d'un petit sécateur ou d'un greffoir.

2. Sur le pommier, faites le contraire, en ne gardant que les deux fruits du centre et bourgeonnez les pousses inutiles. Sur le pêcher, laissez un fruit tous les 10 cm environ le long de chaque branche.

3. Sur les fruitiers palissés, pincez les jeunes pousses verticales.

4. L'éboutonnage est réservé aux roses, dahlias, œillets et aussi aux chrysanthèmes dont on ne veut conserver qu'une très grosse fleur sur la tige. L'opération consiste à supprimer tous les organes floraux situés autour du bouton central et portés par des pédoncules secondaires. Elle est très efficace sur les rosiers à grandes fleurs.

1

2

3

4

▲ L'abondance des fleurs permet de faire des bouquets.

▲ Traitez les rosiers avec un produit total.

- Taillez les haies et les arbustes défleuris.
- Épandez un produit antichlorose riche en fer assimilable (chélates de fer) au pied des hortensias jaunis.
- Limitez la végétation des palissades de lierre ou de chèvrefeuille, en coupant toutes les pousses de la partie supérieure.
- Taillez les bruyères *(Erica darleyensis)* qui ont terminé leur floraison.
- Traitez les thuyas et les chamaecyparis contre le bupreste. La larve de ce coléoptère vit dans le bois et provoque le dessèchement des branches.
- Taillez vos haies de conifères si vous n'êtes pas encore intervenu cette année.
- Surveillez les apports d'eau des plantations récentes pour assurer leur reprise.

ROSIERS

- Enlevez les fleurs fanées en coupant deux feuilles en dessous de la fleur ou du bouquet, pour favoriser la remontée et éboutonnez les rosiers à grandes fleurs.
- Dès leur apparition, supprimez à leur point de départ les pousses (gourmands) nées sous le bourrelet de greffage.
- Plantez les rosiers cultivés en conteneurs, mais enlevez les premières fleurs présentes sur les rameaux.
- Sur un bon support, attachez en éventail les pousses des rosiers sarmenteux au fur et à mesure de leur croissance. Ne serrez pas trop les liens.
- Pulvérisez préventivement un fongicide contre la maladie des taches noires.
- Surveillez les attaques des pucerons.

LE BON GESTE DU MOIS

L'ENTRETIEN DU GAZON

1. Tondez au moins une fois par semaine, pour obtenir un véritable tapis et ne pas être gêné par une trop grande hauteur d'herbe à couper. Réglez la tondeuse, de façon à ne pas supprimer plus du tiers de la hauteur du gazon. Tondez en longues bandes droites, en évitant de marcher au même endroit, et recoupez sur les zones de passage, pour ne pas laisser de parties non tondues. Travaillez toujours sur une pelouse sèche. Ramassez les coupes et portez-les sur le tas de compost. Si vous les laissez sur place, vous risquez de provoquer l'apparition de maladies.

2. Une fois par mois, après la tonte, roulez votre pelouse pour favoriser l'enracinement.

3. Une ou deux fois par an, selon l'âge du gazon, passez le rouleau aérateur pour décompacter le sol et le scarificateur pour extirper les mousses ; ils donneront une seconde jeunesse à votre gazon en le régénérant totalement.

4. Arrosez quotidiennement s'il fait chaud, si possible le soir, pour limiter l'évaporation.

1

2

3

4

▲ Ensachez les beaux fruits.

▲ Plantez les glaïeuls.

▲ C'est le temps de la décoration estivale du balcon.

PELOUSE

- Tondez au moins une fois par semaine.
- Effectuez un désherbage sélectif, deux jours après une tonte.
- Passez le rouleau sur les jeunes gazons pour provoquer le tallage, c'est-à-dire l'émission de nouveaux bourgeons à l'aisselle des feuilles, ce qui entraîne le grossissement en épaisseur de la touffe.

FENÊTRES ET BALCONS

- Effectuez les plantations de fleurs saisonnières. Évitez de trop les serrer.
- Réalisez des suspensions avec des plantes retombantes : verveines, fuchsias, géraniums, lobélias...
- Plantez des légumes à petit développement dans des bacs, ainsi que diverses plantes aromatiques.
- Palissez en éventail les grimpantes sur leurs supports, au fur et à mesure de leur développement. Ne serrez pas les liens.
- Couvrez d'écorces de pin ou d'un paillis décoratif la surface des bacs.

TRAVAUX DIVERS

- Installez un système d'irrigation par goutte-à-goutte sur votre terrasse ou votre balcon et automatisez-le.
- Nettoyez régulièrement votre tondeuse : son moteur, la bougie, le filtre à air, le carburateur.
- Binez régulièrement le sol des massifs.
- Divisez les grosses touffes de nénuphars qui fleurissent de façon éparse.
- Marcottez par couchage les plantes grimpantes (clématite) et les arbustes à rameaux souples (rhododendron).
- Commencez les grands travaux : pose des dallages, installation de la clôture, mise en place de l'arrosage enterré, construction des murets et des escaliers.
- Luttez contre les taupes avec des pièges, des fusées, des vers empoisonnés ou les très efficaces systèmes pyrotechniques.

▲ Plantez les pétunias dans les massifs d'été.

FLEURS DE SAISON

COCKTAIL PARFUMÉ

Ce mois-ci débute une symphonie de couleurs et de senteurs. Admirez les anémones, les tulipes tardives, les premiers érémurus, les fritillaires impériales et méléagres, les ornithogales et bien sûr l'iris, fleur reine du mois de mai.

Les plantes vivaces sont de plus en plus nombreuses à fleurir : ancolies, campanules, catananches, centaurées, chrysanthèmes *(Chrysanthemum coccineum)*, corydalis, cœur-de-Marie, digitales, doronics, iris, lupins, pivoines, véroniques.

Parmi les arbustes à floraison printanière, citons les formes caduques d'azalées (mollis et Exbury), la coronille, le cytise et le mahonia qui colorent l'espace de jaune. Parmi les porteurs d'une floraison bleue, nous avons les céanothes *(Ceanothus thyrsiflorus)*, *Teucrium fruticans*, les pervenches et les très jolies clématites de Jackmann. Pour une floraison rouge, choisissez les pommiers d'ornement *(Malus 'Royalty')*, les rhododendrons. Les deutzia, magnolia *(Magnolia stellata et soulangeana)*, viornes *(Viburnum plicatum)* sont blancs. L'arbre de Judée, les pruniers, le lilas et le tamaris *(Tamarix africana)* sont couverts de jolies fleurs roses.

Juin

Juin est le plus beau mois de l'année dans le jardin. Les jours sont les plus longs. Les roses s'épanouissent, qu'elles soient remontantes ou non. Les pelouses sont d'un vert tendre. C'est le temps des premières récoltes, mais on sème aussi pour les saisons à venir...

▲ Pincez les cordons de pommiers.

FLEURS

• En début de mois, terminez toutes vos plantations de fleurs annuelles.

• Semez celles qui fleuriront à votre retour de vacances : cosmos, julienne de Mahon, scabieuse, souci, chrysanthème à carène, pied d'alouette, etc.

• En pépinière, semez les bisannuelles qui seront plantées en automne : campanules, digitales, myosotis, pâquerettes, pensées.

• Coupez maintenant les feuillages desséchés des bulbes de printemps arrachés le mois dernier. Rangez-les dans un local sain et sec, en notant bien sur chacun d'eux le nom de la variété.

• Prélevez des boutures sur les pousses latérales des œillets ainsi que sur les plantes de rocaille non ligneuses.

• Posez des tuteurs discrets au pied des grandes plantes vivaces, en veillant à ne pas abîmer les racines.

• Pincez les chrysanthèmes pour qu'ils s'étoffent et buttez les pois de senteur.

• À l'ombre, semez des plantes vivaces. Les plus anciennes, qui sont maintenant défleuries, peuvent être divisées si elles sont devenues trop grosses.

• Binez les massifs pour décroûter la terre, ce qui permet à l'eau de s'infiltrer.

FRUITS

• Pincez, à cinq feuilles, les rameaux de pommiers et de poiriers nés dans la saison. Pincez également la vigne à deux feuilles au-dessus de la dernière grappe.

• Ensachez les poires 'Passe-Crassane', 'Doyenné du Comice' et 'Fertilia'.

• Taillez en vert les actinidias, en coupant les pousses, juste au-dessus de la cinquième feuille comptée après le dernier fruit. Les pousses non fertiles sont réduites de la moitié de leur longueur.

À NE PAS OUBLIER

- Traitez vos géraniums contre la rouille.
- Combattez le ver de la framboise en effectuant au moins trois pulvérisations d'insecticide à base de pyrèthre, entre 7 et 10 jours d'intervalle.
- Chaque semaine, tondez la pelouse avec une lame toujours bien affûtée.
- Sarclez la terre des massifs floraux et les plates-bandes du potager pour enlever les mauvaises herbes.
- Ébourgeonnez régulièrement les pieds de tomates pour favoriser les fruits.
- Ombrez la serre et la véranda.

▲ Taillez les pousses inutiles sur les tomates.

• Couvrez les groseilliers d'un filet pour protéger les grappes des oiseaux.
• Si vous ne l'avez pas encore fait, terminez la taille des agrumes : orangers, citronniers, bigaradiers, kumquats, etc.
• Étayez avec une armature en bois les branches trop chargées de fruits.

LÉGUMES

• Avant le 15, semez les variétés de haricots destinées à être consommées en grains (nains ou à rames).
• Cessez les cueillettes d'asperges vers le 15 et laissez les plantes se développer à leur guise. Traitez la criocère.
• Arrosez vos cultures, de préférence le soir, en évitant de mouiller les feuillages.
• Repiquez des plants de laitue tous les quinze jours pour étaler les récoltes.
• Semez des oignons blancs à confire. Serrez les graines pour limiter le développement et obtenir des petits bulbes.
• Effectuez un ou deux traitements insecticides sur les plants de poireaux en place (contre la teigne du poireau).
• Semez du persil, en faisant tremper les graines 24 heures dans l'eau tiède, et du cerfeuil en situation ombragée.
• N'oubliez pas la taille sur les melons.
• Ébourgeonnez les tomates et taillez au-dessus du troisième ou du quatrième bouquet de fruits.
• Après les arrosages ou une pluie, passez le sarcloir pour décroûter la terre et bien aérer les racines.

RÉCOLTES

Poursuivez la cueillette des fraises et des artichauts. C'est le temps des carottes, des betteraves, des choux-fleurs, des choux cabus, des oignons blancs et des poireaux. Les laitues, les chicorées scaroles, les épinards et les fèves donnent à plein, comme les petits pois à grains ronds et mangetout. Dans le verger, cueillez les cerises, les framboises, les groseilles et les premières pêches.

▲ Coupez les choux au ras du sol.

LE BON GESTE DU MOIS

PLANTER DES NÉNUPHARS

Si vous plantez des nénuphars dans une pièce d'eau naturelle, assurez-vous que la profondeur est suffisante pour la variété choisie. Les espèces naines se contentent de 25 cm d'eau, les plus grandes nécessitent une immersion de 80 cm à 1 m de profondeur au minimum.

Utilisez des grands pots de terre cuite, des bacs en ciment ou, encore mieux, des paniers spéciaux en matière plastique ajourée. Évitez le bois, qui se détériore beaucoup trop vite.

1. Dans le fond du contenant, placez des gravillons ou des billes d'argile. Remplissez-le ensuite avec un compost spécial pour plantes aquatiques. Vous pouvez aussi utiliser une terre de jardin additionnée de terreau bien décomposé, mais indemne de fumure organique pour éviter la pollution de l'eau.

2. Placez le nénuphar dans le centre du pot et comblez avec le mélange. Recouvrez d'un grillage à mailles très fines pour éviter que la terre du dessus ne s'échappe du pot.

3. Dans le centre, découpez une ouverture pour laisser passer les feuilles et les fleurs. Répartissez les tiges autour du pot.

4. Placez ensuite votre plantation dans le bassin en laissant lentement pénétrer l'eau dans la terre. Si vous devez installer le pot au centre du bassin, posez-le sur 2 bambous maintenus parallèles et faites-le doucement glisser dans l'eau.

1

2

3

4

▲ Taillez les buis et les ifs en boule ou en cône.

▲ Supprimez les fleurs fanées des rosiers.

▲ Traitez les rosiers contre les pucerons.

ARBRES ET ARBUSTES

- Poursuivez la taille des arbustes ayant terminé leur floraison, tels les seringats, les deutzias, les viornes à fleurs, les spirées 'Vanhouttei', les cytises. Procédez à la taille des buis et des ifs en formes régulières : cônes, boules, etc.
- Taillez votre glycine, si vous n'avez pu le faire au début du printemps.
- Arrosez régulièrement et abondamment tous les arbustes à floraison estivale.
- Appliquez un désherbant sélectif au pied des arbustes, dans les massifs et les haies. Pulvérisez le produit sur le sol propre, c'est un anti germinatif.
- Arrachez les semis naturels, les rejets et les pousses au pied des arbres.

CONIFÈRES

- Le soir, bassinez la ramure des conifères : sapins, faux-cyprès, genévriers, surtout s'ils ont été plantés récemment.
- Surveillez les attaques d'acariens sur *Picea pungens*. Traitez en cas de besoin.
- Donnez un peu d'engrais spécial conifères au sujet qui manquent de vigueur.
- Ramassez les aiguilles de pin qui acidifient le sol et faites-les composter.

ROSIERS

- Effectuez une pulvérisation avec un fongicide contre la maladie des taches noires. Cette maladie cryptogamique apparaît lorsque la température est voisine de 25 °C et qu'il y a risque de pluie.
- Faites un paillis d'écorces de pin ou de paillettes de lin au pied des rosiers nains.
- Marcottez vos rosiers sarmenteux, en couchant une tige dans le sol.
- Arrosez au pied, sans jamais mouiller le feuillage (cela favorise le marsonia).
- Enlevez les roses passées, en coupant la tige à trois ou quatre feuilles sous la fleur fanée. Cela stimule la remontée.

PELOUSE

- Épandez sur la pelouse humide un engrais azoté, comme le sulfate d'ammoniaque, ou un engrais spécial pour gazon, à raison de 25 g/m^2. Il assurera une croissance régulière et une meilleure résistance au piétinement.
- S'il fait chaud et sec, utilisez une tondeuse mulching dont le principe consiste à pulvériser l'herbe coupée qui retombe sur le sol. En fanant, les brins apportent un peu d'azote à la pelouse.

FLEURS DE SAISON

IL N'Y A PAS QUE LES ROSES !

Les vedettes du jardin sont à coup sûr les rosiers, comme cette rose 'Critérion' au coloris très chaud. Pourtant, les plantes bulbeuses sont vraiment dignes d'admiration : agapanthe, érémurus, lis blanc *(Lilium candidum)*, lis hybride, oxalis rose. Les belles plantes vivaces du moment sont *Astrantia major*, blanc, l'achillée 'Cloth of Gold', jaune, ou 'Cerise Queen', rouge, les astilbes aux fleurs à panache vivement coloré, le cosmos 'Chocolat' aux fleurs pourpres, les campanules à feuilles de pêcher, l'euphorbe polychrome, le penstémon 'Hidcote Pink' aux grandes grappes de fleurs rose vif. Parmi les arbustes à floraison jaune, nous trouvons le baguenaudier *(Colutea arborescens)*, le genêt à balais *(Cytisus scoparius)*, le phlomis et le genêt d'Espagne *(Spartium junceum)*, et dans les floraisons bleues, le buddléia, le céanothe, l'hortensia. Le callistemon et l'hibiscus de Syrie *(Hibiscus syriacus)* sont rouges. En blanc, nous avons *Abelia grandiflora*, les bruyères *(Erica vagans)*, le seringat des jardins *(Philadelphus grandiflorus)*, et à floraison rose, l'abélia 'Edward Goucher', le weigélia, l'escallonia et le laurier-rose.

• Arrosez abondamment, de préférence le soir. Comptez de 3 à 5 litres d'eau par mètre carré selon la nature du sol.
• Vers la mi-juin, arrêtez les semis de gazon car il fait trop chaud. Vous les reprendrez après le 15 août.
• Poursuivez les désherbages sélectifs.
• Scarifiez les vieilles pelouses à régénérer.

FENÊTRES ET BALCONS

• Terminez les plantations des rebords de fenêtres. Choisissez des pots bien fleuris pour en profiter tout de suite.
• Arrosez, tous les 2 ou 3 jours, bacs et jardinières selon la température.
• Commencez les apports d'engrais soluble ou plantez des engrais bâtonnets en périphérie des racines.
• Enlevez du bout des doigts les fleurs dès leur défloraison pour favoriser le départ de nouveaux boutons.
• Traitez vos rosiers régulièrement avec un produit total. Ils sont plus fragiles sur un balcon qu'au jardin.
• Pincez les géraniums-lierres pour provoquer le départ de nombreuses ramifications qui vont porter des fleurs.
• Palissez les plantes grimpantes.

▲ Arrosez et fertilisez les plantations sur le balcon.

TRAVAUX DIVERS

• Remaniez votre tas de compost.
• Par temps chaud, oxygénez l'eau du bassin en faisant fonctionner une pompe.
• Éliminez les lentilles d'eau.
• Profitez de la période estivale pour vérifier l'installation électrique de vos châssis, si vous les chauffez avec cette énergie.
• Dépoussiérez les murets, les escaliers, les dallages, avec un aspirateur, puis passez un nettoyeur haute pression.
• Utilisez une débroussailleuse portée pour entretenir les sous-bois, les talus, les fossés, les gués, les berges du bassin, etc.
• Installez un programmateur d'arrosage, c'est un accessoire indispensable.

LE BON GESTE DU MOIS

TUTEURAGE ET PALISSAGE

Le tuteurage est une opération qui consiste à aider les plantes à se tenir droites, soit pour résister au vent, soit pour éviter qu'elles ne se courbent sous leur propre poids. Pensez à placer le tuteur dans le trou avant d'installer la plante : il sera maintenu en place plus solidement et les racines ne seront pas endommagées.

1. Dans le potager, les tomates sont tuteurées avec des bambous, des piquets métalliques ou des tuteurs à réserve d'eau.

2. Les haricots grimpants sont installés sur des tuteurs droits (des rames) réunis à leur sommet pour former une pyramide ou sur des formes en spirale. Les branches souples des framboisiers doivent être palissées sur des fils de fer tendus tous les 50 cm.

3. Au jardin d'agrément, les plantes vivaces hautes sont soutenues par des armatures métalliques en cercle fixées sur des piquets droits. Les branchages de bouleau, fichés dans le sol au centre d'une touffe, sont également efficaces et très économiques.

4. Les plantes sarmenteuses qui ne s'accrochent pas d'elles-mêmes (comme les rosiers, le jasmin d'hiver...) ont besoin d'un support. Attachez les pousses au fur et à mesure de leur croissance, avec un lien en plastique, sans trop serrer pour ne pas les étrangler. Les plantes volubiles comme le houblon doivent aussi être attachées pour orienter leur développement.

1

2

3

4

Juillet

Juillet est l'un des plus beaux mois de l'été, sinon l'un des plus chauds. Il appelle au repos, à la détente. C'est le temps des fleurs et des récoltes, c'est le temps des senteurs et des saveurs. Admirez, profitez pleinement de ces plaisirs que vous apporte votre jardin.

▲ Tournez les courgettes sur elles-mêmes pour les cueillir sans blesser la plante.

FLEURS

- Arrosez les dahlias à l'engrais soluble.
- Coupez au ras du sol les tiges défleuries des plantes vivaces.
- Coupez les glaïeuls dès que le fleuron de la base est épanoui, les autres fleuriront progressivement dans le vase.
- Procédez à la division des touffes de plantes vivaces telles que l'alysse, l'arabis, l'aubriète, les campanules.
- Sur vos asters d'automne, effectuez un traitement préventif contre l'oïdium.
- Ébourgeonnez et éboutonnez les dahlias et les chrysanthèmes.
- Posez des tuteurs sur les plantes à hautes tiges. Utilisez des bambous.
- Apportez un bon engrais minéral équilibré aux iris que vous ne divisez pas.
- Arrosez dès que le besoin s'en fait sentir, le soir, sans mouiller les fleurs.
- En pépinière, semez les bisannuelles (myosotis, pensées), dans des terrines ou en place après avoir bien retourné le sol. Arrosez en pluie fine et ombrez.

FRUITS

- Sur les troncs ou à la base des arbres, coupez à ras les pousses qui sont nées depuis le printemps.
- Poursuivez la taille en vert sur les espèces conduites en espalier.
- Quinze jours avant la récolte, enlevez les feuilles qui masquent les pêches.
- Ramassez les fruits tombés sur le sol avant leur maturité pour les consommer en compote ou les éliminer (véreux).
- Cueillez les cerises, en évitant de casser les pousses qui les portent. Ce sont elles qui seront garnies de fruits l'an prochain.
- Greffez en écusson les fruits à noyaux.
- Taillez les framboisiers non remontants.

LÉGUMES

- Semez poireaux, laitue, radis d'hiver et faites une dernière saison de haricots.
- Combattez les altises sur choux, radis, navets avec un insecticide de contact.

À NE PAS OUBLIER

- Traitez les massifs et les haies de thuyas et de chamaecyparis contre le bupreste, avec un insecticide à base de cyperméthrine.
- Traitez les pommes de terre contre le mildiou, avec un produit à base de cuivre.
- Protégez vos jeunes cultures contre les brûlures du soleil en les abritant des rayons directs avec un voile.
- Coupez les tiges couvertes de pucerons.

• Récoltez les bulbes potagers. Laissez-les sécher sur le sol, puis en plein air à l'ombre, avant de les rentrer.
• Éclaircissez les semis de carottes.
• Plantez les fraisiers non remontants.

ARBRES ET ARBUSTES

• Pincez la glycine à cinq ou six yeux ou faites des marcottes avec les branches qui se trouvent près du sol.
• Le soir de préférence, bassinez le feuillage des arbustes persistants plantés au printemps ainsi que celui des conifères bleus.
• Coupez les rameaux des espèces défleuries. Profitez-en pour redonner une forme harmonieuse à l'ensemble en dégageant bien le centre de la ramure.
• Désherbez le pied des haies vives.
• Sur les conifères qui brunissent, effectuez des arrosages avec un fongicide contre le phytophthora.

ROSIERS

• Taillez les rosiers non remontants, coupez les rameaux secondaires entre le tiers et la moitié de leur longueur.
• Éliminez les gourmands au ras du sol et les fleurs fanées à trois feuilles dessous.

PELOUSE

• Continuez les tontes et les découpes.
• Arrosez souvent et abondamment.
• Cessez les apports d'engrais et les traitements.

FENÊTRES ET BALCONS

• Protégez les plantes fragiles des rayons du soleil les plus ardents.
• Enlevez les tuteurs des géraniums-lierres et pincez-les pour qu'ils forment de grandes cascades fleuries.
• Arrosez les jardinières tous les soirs.
• Nettoyez les plantes de leurs fleurs fanées avec des petits ciseaux.
• Griffez la terre des bacs pour enlever la croûte superficielle qui durcit.

TRAVAUX DIVERS

• N'oubliez pas d'installer un système d'arrosage automatique si vous partez prochainement en vacances.
• Passez un coup de peinture et de l'antirouille sur les clôtures.
• Débroussaillez dans les endroits où la tondeuse ne peut accéder.
• Nettoyez le bassin des lentilles d'eau.
• Installez un bain d'oiseau dans un endroit discret du jardin.
• Badigeonnez les liserons en fleurs avec un herbicide à base de Glyphosate.

FLEURS DE SAISON

QUAND L'ÉTÉ EST LÀ

Les floraisons sont nombreuses ! Toutes les fleurs annuelles, comme ce gazania, sont éclatantes. Parmi les plantes vivaces s'épanouissent des acanthes, des ancolies 'Nora Barlow' aux pompons rouge rosé, des campanules des Carpates aux clochettes bleu azur, du delphinium 'Géant Pacific Astolat', rose cyclamen, ou 'Black Night', violet foncé. Parmi les arbustes, le millepertuis, le laurier-rose, la potentille, le spartium sont à floraison jaune. L'althaea *(Hibiscus syriacus)* et la lavande sont à floraison bleue. Parmi les floraisons rouges, l'hortensia, la spirée 'Anthony Waterer' et le weigélia sont spectaculaires. L'oranger du Mexique, les cistes et le yucca sont blancs, et le buddléia, les céanothes, l'indigoféra, les hortensias et les lavatères, roses.

LE BON GESTE DU MOIS

POSER UN ARROSAGE AUTOMATIQUE

Évitez la corvée de l'arrosage en installant vous-même un réseau enterré.

1. Réalisez un plan du jardin, en respectant les proportions. Notez les contours des parties à desservir : pelouses, massifs d'arbustes, haies, etc. Pour définir le type et le nombre d'arroseurs, faites-vous conseiller par un revendeur et lisez les notices des fabricants. Contrôlez la pression et le débit de votre installation. Sachez qu'il faut un minimum de 3 bars de pression pour actionner un arroseur « canon ».

2. Ouvrez à la pioche les tranchées nécessaires et installez les tuyaux. Donnez une légère pente à vos saignées pour qu'elles se dirigent vers un point bas dans le jardin où vous pourrez effectuer une vidange complète de l'installation avant l'hiver.

3. Répartissez ensuite vos arroseurs. S'ils sont installés dans une pelouse, veillez à ce qu'ils ne dépassent pas le niveau du gazon s'ils restent en permanence dans le sol. Procédez à des essais avant de remblayer les tranchées pour vérifier l'absence de fuites et le bon emplacement des appareils.

4. Complétez votre installation en la branchant sur un programmateur relié à une sonde d'humidité fichée dans le sol.

1

2

3

4

Août

Écrasé par la chaleur aoûtienne, le jardin semble être en vacances. Les hampes florales se laissent nonchalamment bercer par une douce brise et les fruits mûrissent au soleil. Vous aussi, prenez du repos. Mais n'oubliez pas, chaque soir, d'apporter un peu d'eau aux fleurs et aux légumes assoiffés.

▲ Bornez les poireaux lors du repiquage.

À NE PAS OUBLIER

- Oxygénez le bassin en laissant couler un tuyau d'eau fraîche ou en installant une pompe aspirante et refoulante.
- Ébourgeonnez les pieds de tomates.
- Sarclez la terre du potager ou des massifs floraux pour limiter les pertes en eau.
- Placez les beaux fruits et les grappes de raisin dans des sacs de papier.
- Désherbez le jardin de rocaille.

FLEURS

- Cueillez les immortelles à bractées, les graminées en fleurs et les statices pour faire des bouquets secs.
- Ôtez les fleurs fanées pour aider la remontée. Nettoyez aussi les vivaces en supprimant feuilles et fleurs fanées. S'il ne reste plus rien, marquez leur emplacement d'un repère, afin de pouvoir les repérer lors des labours d'hiver.
- Attachez les tiges de dahlias sur leur tuteur et traitez les pucerons.
- Semez vivaces et bisannuelles.
- À partir du 15, supprimez les boutons floraux des chrysanthèmes à grandes fleurs sauf le terminal (bouton couronne).
- Faites des boutures de géraniums.

FRUITS

- Pulvérisez un acaricide sur les pommiers, les poiriers, les cerisiers.
- Poursuivez la taille en vert des arbres conduits en espalier et des pêchers.
- Traitez la vigne contre le mildiou. Renouvelez cette intervention dans le courant du mois. Dès que les grains ont la grosseur d'un pois, pratiquez le ciselage des grappes sur les cultures conduites en cordon ou en tonnelle.
- Marcottez les groseilliers par buttage.
- Taillez les actinidias en coupant sévèrement les pousses non florifères.

RÉCOLTES

Tout arrive à maturité au potager : les aubergines, les courgettes et les poivrons, les carottes et les navets, les choux, les cornichons, les melons et les pastèques, les tomates et le fenouil, les laitues, les scaroles et le cresson des jardins, les oignons et les échalotes, les derniers pois et les haricots. Au verger, c'est le temps des reines-claudes, des pêches, des pommes et des poires.

▲ Habillez le feuillage des boutures de thuyas.

LÉGUMES

- Semez des épinards dans un lieu frais et ombragé, sur un sol assez compact.
- Semez la mâche sans trop préparer le terrain. Elle préfère un sol compact.
- Repiquez en place les poireaux, les laitues et les choux (toutes variétés).
- Taillez l'extrémité de la tige des tomates et attachez les pousses.
- En climat doux, semez des carottes demi-longues, à récolter en mars.
- Semez en place la laitue d'hiver, les radis d'automne, les navets d'hiver, l'oseille, la chicorée frisée. Éclaircissez.
- Récoltez les pommes de terre. Laissez-les deux ou trois jours à ressuyer sur le sol avant de les rentrer.
- Nettoyez les feuilles séchées des pieds d'artichauts, coupez les hampes florales.

ARBRES ET ARBUSTES

- Bouturez vos arbustes à feuillage persistant : fusains, aucubas...
- À partir du 15, réduisez les arrosages des plantes de terre de bruyère.
- Coupez les jeunes pousses des pyracanthas palissés le long d'un mur, à cinq ou six yeux de leur point de naissance.
- Taillez les arbustes dont la floraison est terminée. Coupez court les jeunes pousses et aérez le centre de la touffe.

CONIFÈRES

- Faites des boutures de thuyas. Prélevez l'extrémité des rameaux non aoûtés.
- Traitez à l'Aliette contre la maladie du dépérissement (phytophthora).

ROSIERS

- Arrosez en cas de sécheresse importante. Sur une terre humide, épandez un engrais rosiers à raison de 40 g par mètre carré. Enfouissez-le par un griffage.
- Surveillez les attaques d'araignées rouges, traitez si nécessaire.
- Supprimez les gourmands.

PELOUSE

- Poursuivez les tontes du gazon et arrosez. Traitez en cas d'invasion d'aoûtats.
- Après le 15, reprenez les semis des nouvelles pelouses (nord de la France).

FLEURS DE SAISON

SOUS LE SOLEIL...

Les annuelles sont en fleurs : bégonias, sauges, ageratums, cléomes, gauras, etc. Chez les plantes vivaces, l'alchémille *(Alchemilla mollis)* aux fleurs jaune soufre, la campanule des murs *(Campanula muralis)*, le géranium vivace aux couleurs variées, le pentstemon 'Hidcote Pink' à fleurs rose vif s'épanouissent dans les massifs. Parmi les arbustes, le cassia et le fremontodendron sont jaunes, *Perovskia atriplicifolia* 'Blue Spire', le faux indigo *(Amorpha fruticosa)* et *Caryopteris* x *clandonensis* bleuissent.

FENÊTRES ET BALCONS

- Enlevez les feuilles et les fleurs fanées.
- Tous les 15 jours, apportez un engrais liquide sur un terreau déjà humide.
- Remuez le paillis mis sur la surface des pots et des jardinières pour le décompacter.
- Soutenez les tiges des plantes retombantes et bassinez les plantes grimpantes.

LE BON GESTE DU MOIS

DIVISER LES IRIS

Pratiquez maintenant cette opération pour régénérer les touffes des iris âgés de plus de quatre ans et qui fleurissent mal.

1. Arrachez l'ensemble de la touffe à l'aide d'une fourche-bêche et ne conservez que les plus beaux rhizomes situés sur le contour. Séparez-les en prenant garde à ne pas endommager les racines.

2. Sur les gros rhizomes, vous pouvez supprimer l'extrémité des racines. Saupoudrez les plaies occasionnées par la division avec de la poudre de charbon de bois ou enduisez-les d'un mastic cicatrisant.

3. Coupez également une partie du feuillage. Enterrez les iris de 2 ou 3 cm seulement. Ne replantez pas de rhizome en isolé, mais faites des groupes de 3 à 5 rhizomes, le bourgeon tourné vers l'extérieur. Vous obtiendrez ainsi de belles taches de couleur.

4. Mouillez abondamment à l'arrosoir.

1

2

3

4

Septembre

Après la chaleur de l'été et le farniente, le jardin retrouve une seconde jeunesse. C'est la rentrée : le gazon reprend de la vigueur, de nouvelles fleurs apparaissent, les récoltes vont bon train. À cheval sur l'été et l'automne, septembre est un mois charnière. Il est encore temps de semer des plantes à végétation rapide, mais vous devez aussi songer à préparer le jardin au repos hivernal.

À NE PAS OUBLIER

- Ressemez les pelouses trop dégradées.
- Effectuez une dernière découpe des bordures le long des massifs.
- Enlevez le blanc badigeonné en début de saison sur les verres de la serre.
- Commandez sans tarder les bulbes à floraison printanière (tulipes, jacinthes).
- Bouturez les géraniums.
- Rentrez le mobilier de jardin.
- Préparez le forçage des bulbes.
- Bouturez les hortensias sous abri.
- Plantez les iris d'eau.
- Procédez au chaulage de votre terre si elle est trop argileuse ou trop acide.
- Commandez rapidement vos rosiers. Les catalogues paraissent ce mois-ci.
- Nettoyez régulièrement le carter de la tondeuse et les organes du moteur.
- Apportez un peu de nourriture aux poissons.
- Placez de l'antilimaces au pied des plantes à feuilles tendres et des légumes.

FLEURS

- Coupez au ras du sol les tiges défleuries des plantes vivaces.
- Enlevez les fleurs fanées et les feuilles desséchées sur les plantes annuelles.
- Semez des pois de senteur en place, dans un endroit bien abrité.
- Effectuez les boutures d'anthémis, de fuchsia, de pélargonium, etc.
- Préparez un abri pour entreposer vos chrysanthèmes à la fin de ce mois.
- Divisez les touffes d'œillets mignardises.
- Combattez la rouille sur les roses trémières par une pulvérisation de fongicide tous les 15 jours s'il fait chaud et sec.
- Déplacez les pieds de pivoines herbacées si elles ne fleurissent plus.
- Commencez à mettre en place les plantes vivaces, sans trop les serrer. Pensez à leur développement futur.
- Repiquez les bisannuelles semées en août (myosotis, pensée, pâquerette).
- Composez des massifs avec des fleurs d'automne : asters, anémones du Japon, graminées, tricyrtis, etc.

▲ Supprimez les fleurs fanées sur les vivaces.

- Plantez des choux décoratifs et des cinéraires maritimes pour l'hiver.
- Repiquez les boutures de géraniums.
- Semez les plantes de rocaille dans une terrine qui sera placée au frais cet hiver.
- Achetez les bulbes de printemps.

FRUITS

- Enlevez les derniers sacs posés sur les fruits pour qu'ils se colorent bien.
- Détruisez les fruits tombés naturellement. Ils contiennent de nombreux parasites ou des germes de maladies.
- Dégagez les grappes de la treille. Enlevez les feuilles qui les préservaient du soleil pour que les grains soient sucrés.
- Cueillez les fruits lorsqu'ils sont parvenus à point. Ils doivent se détacher naturellement de l'arbre, sans effort.
- Coupez les derniers gourmands qui se développent au pied des arbres et les petits rameaux qui ont poussé sur les troncs.
- Taillez les cassissiers et les groseilliers.
- Marquez les branches mortes pour les repérer cet hiver lorsque vous élaguerez.
- Plantez de nouvelles planches de fraisiers avec des plants sélectionnés.
- Préparez le local de conservation des fruits en désinfectant les étagères et les caisses. Faites brûler du soufre.
- À la fin du mois, commencez à préparer les trous de plantation pour les nouveaux sujets. La terre gagne à s'aérer.

RÉCOLTES

Au potager, comme dans le verger, tout est à point. Arrachez les céleris raves, coupez les choux-fleurs et les choux de Milan, cueillez les haricots verts ou ceux à consommer en grains frais ou en sec. Rentrez les pommes de terre dans une cave sèche. Poursuivez la récolte des : tomates, aubergines, courgettes, concombres, courges spaghetti. Ramassez vos premiers potirons et choux rouges. Régalez-vous avec les chicorées à feuilles, les laitues et les batavias, le cresson et la roquette. Commencez à mettre en culture les premières endives. Terminez le ramassage des oignons blancs et de couleur, et des échalotes de semis. Au verger, cueillez les pommes, les poires, les pêches, les quetsches, les amandes, les noisettes, les figues et le raisin.

▲ Avec septembre apparaissent les premières floraisons d'automne. C'est l'apogée des dahlias.

LÉGUMES

- Poursuivez les arrosages, mais opérez en milieu de matinée de préférence, pour éviter un refroidissement nocturne.
- Ne mouillez pas le feuillage des courges et des potirons pour ne pas favoriser le développement de l'oïdium.
- Sarclez pour conserver la fraîcheur.
- Éclaircissez entre 5 et 10 cm environ, la mâche semée le mois dernier.
- Mettez en pots quelques touffes de plantes condimentaires : persil, estragon, ciboulette pour continuer la récolte.
- Enlevez des feuilles de tomates, en commençant par la base des plantes.
- À la fin du mois, vous les ramasserez toutes et placerez celles qui sont encore vertes sur le rebord d'une fenêtre pour qu'elles finissent de mûrir.
- En pépinière abritée, semez les choux de printemps, l'oignon blanc hâtif, les laitues d'hiver, l'épinard d'automne, les radis de tous les mois et d'hiver.
- Procédez à l'étiolement des céleris à côtes en liant les feuilles.
- Arrachez les pommes de terre pour la consommation hivernale.
- Œilletonnez les pieds d'artichauts.
- Donnez de l'engrais aux poireaux.

ARBRES ET ARBUSTES

- Épandez un engrais complet organique à décomposition lente sur les massifs de terre de bruyère, puis griffez.
- Poursuivez le bouturage des arbustes à feuillage persistant (à l'étouffée).
- Rassemblez les catalogues automne-hiver des pépiniéristes et commencez à faire votre choix parmi les espèces que vous allez planter l'année prochaine.
- Dans le jardin, marquez les emplacements des futures plantations. En fin de mois, commencez à creuser les trous.
- Taillez les arbustes à floraison estivale. N'hésitez pas à supprimer totalement une bonne partie des branches âgées et veillez à bien dégager le centre.
- Taillez toutes les haies avant l'hiver. Passez un bon coup de binette au pied et posez un film de paillage.

CONIFÈRES

- Bouturez les cyprès, les ifs et les thuyas, en terrine à l'étouffée.
- Taillez les haies de conifères, plantées dans les régions aux hivers précoces.
- En fin de mois, commencez les planta tions ou transplantez les sujets qui se trouvent à l'étroit dans un massif.

ROSIERS

- Contre la rouille, effectuez une ou deux pulvérisations avec un fongicide. Traitez les feuillages, les rameaux et le sol.

• Vérifiez les attaches des rosiers conduits en tige ainsi que celles des rosiers sarmenteux (grimpants).
• Palissez obliquement ou en spirale les jeunes pousses nées cette année.
• Apportez de la magnésie dans les massifs (un engrais pour rosiers), enfouissez-la par un léger griffage de la terre.
• Ramassez les feuilles tombées sur le sol et brûlez-les pour éviter la propagation des maladies ou des insectes qui y séjournent. Ne les compostez pas.

PELOUSE

• Effectuez une scarification sur les pelouses anciennes pour les régénérer. Cette opération permet également d'éliminer une bonne partie de la mousse et les mauvaises herbes.
• Tondez régulièrement votre gazon qui connaît une bonne repousse, la terre retrouvant une humidité correcte.
• Poursuivez le semis des nouvelles pelouses (en moyenne, 30 g/m^2).
• Épandez un engrais azoté, comme le sulfate d'ammoniaque, pour faire reverdir la pelouse si elle a bien jauni cet été.
• Passez un rouleau aérateur et épandez un peu de sable qui se glissera dans les trous, ce qui évitera à la terre de se recompacter trop vite.
• Faites une découpe des bordures.

▲ En fin de mois, commencez à planter les conifères.

FENÊTRES ET BALCONS

• Poursuivez le nettoyage régulier des plantes fleuries et des jardinières.
• Arrosez une fois dans le mois avec un engrais soluble pour fleurs. Stoppez ensuite les apports définitivement.
• Freinez la végétation des plantes grimpantes en les pinçant souvent.
• Remplacez les fleurs annuelles trop dégarnies par des plantes d'automne comme les chrysanthèmes, les asters nains, les dahlias, et des feuillages.

LE BON GESTE DE LA SAISON

POSER UN DALLAGE

C'est le bon moment pour réaliser vous-même une petite terrasse ou aménager une allée.

1. Commencez par faire un décaissement d'une vingtaine de centimètres de profondeur. Remplissez cette petite fosse par un « hérisson » composé de morceaux de briques, de tuiles, de gros cailloux, sur environ 10 cm de hauteur. Tassez le hérisson, puis nivelez-le. Utilisez une grande règle et un niveau à bulle pour bien vérifier la régularité et la planéité de la surface.

2. Avant de couler la chape, arrosez abondamment le hérisson : le béton doit adhérer parfaitement à cette première couche.

3. Étalez ensuite la chape de béton en nivelant et en lui donnant une légère pente pour que les eaux de pluie puissent ruisseler. Pour que le ciment servant à coller les dalles adhère bien à la chape, n'oubliez pas de faire des stries lors du lissage.

4. Posez ensuite les dalles, une à une, en vérifiant à chaque fois le niveau pour éviter de créer des creux entre plusieurs dalles. Pour obtenir des joints constants, placez des petites cales de bois entre chacune d'elles. Aidez-vous d'un maillet de bois pour bien placer les éléments.

Réalisez les joints une semaine plus tard et nettoyez avec un balai.

▲ Palissez solidement les rosiers grimpants.

▲ Luttez contre les limaces sur les hostas.

☞ LE BON GESTE DU MOIS

FABRIQUER SON COMPOST

La récupération des déchets du jardin ou de la maison permet, à faible coût, de fabriquer un humus indispensable au jardin. Choisissez un endroit éloigné de la maison, dans un angle du jardin, car un tas de déchets n'est jamais très joli. Vous entasserez vos déchets sur le sol pour que les insectes puissent monter dans le tas et broyer les déchets. Entourez l'emplacement d'un muret, puis plantez des arbustes à feuillage persistant pour dissimuler l'ensemble. Ce compost peut aussi être réalisé dans un silo spécial à compost ou bien dans un cadre de rondins de bois.

1. Entreposez les détritus putrescibles par couches horizontales : restes d'épluchage, fanes de légumes, tontes de gazon, taille des haies d'arbustes... Évitez d'incorporer sur le tas les feuilles de rosiers ou d'arbres fruitiers qui risquent d'abriter des parasites, ainsi que des branchages trop gros ou des mauvaises herbes.
2. Tous les 20 ou 25 cm d'épaisseur, arrosez avec un activateur de décomposition. Le tas ne doit jamais sécher.
3. Tous les mois ou tous les deux mois, remuez le tas. Votre humus sera prêt dans six mois. Il vous servira à enrichir la terre de votre jardin ou le terreau de vos pots.

- Rempotez les arbustes de terre de bruyère (rhododendrons, azalées, piéris, *Enkianthus*, etc.) élevés en bac.
- Décroûtez la surface des jardinières avec une griffe ou une fourchette.

TRAVAUX DIVERS

- Surveillez les températures nocturnes et fermez les aérations de la serre ou de la véranda dès que le thermomètre descend à l'extérieur en dessous de 10 °C.
- Avec une débroussailleuse, nettoyez les sous-bois, les talus et les parties délaissées ou peu accessibles du jardin.
- Commencez à ramasser les premières feuilles qui tombent sur le sol. Si elles sont bien saines, portez-les sur le tas de compost pour fabriquer un bon terreau.
- Passez un désherbant total dans les allées où la végétation commence à repartir. Utilisez un pulvérisateur.
- Dès que les récoltes sont faites, passez la motobineuse dans le potager.
- Broyez les tailles de haie et les déchets végétaux du jardin et mettez-les sur le compost en ajoutant un activateur de décomposition (sulfate d'ammoniaque).
- Faites réviser votre motoculteur et votre tronçonneuse pour être certain qu'ils démarreront au printemps, à la première sollicitation du lanceur.
- Enlevez les feuilles fanées des plantes aquatiques pour éviter qu'elles ne se décomposent dans l'eau et n'entraînent son croupissement malodorant.
- Si la température extérieure reste élevée, oxygénez régulièrement l'eau du bassin avec une pompe.
- Apportez de l'engrais complet à action lente aux bonsaïs. Les billes poreuses comme l'Osmocote sont parfaits.

FLEURS DE SAISON

L'AUTOMNE EN BEAUTÉ

Les rosiers remontants sont à nouveau en pleine floraison, tout comme les plantes annuelles. Chez les vivaces : les asters et les chrysanthèmes, les coréopsis, érigérons, hélianthes, et les sédums sont au mieux de leur floraison. Parmi les couleurs jaunes chez les arbustes, nous admirons, ce mois-ci, le millepertuis et les potentilles. À floraison bleue, nous avons le plumbago arbustif *(Ceratostigma wilmottianum)*, la céanothe 'Gloire de Versailles' *(Ceanothus* x *delilianus)* et le tibouchina *(Tibouchina urvilleana)*. À floraison rouge, parlons du lilas des Indes *(Lagerstroemia indica)*, de *Lespedeza thunbergii* et du grenadier *(Punica granatum 'Pleniflora')*. L'*Abelia* x *grandiflora* 'Francis Mason', l'*Osmanthus heterophyllus* sont blancs; les véroniques 'Great Orme' et 'Pointe du Raz', et le tamaris *(Tamarix ramosissima)* 'Pink Cascade' ont des coloris roses.

Octobre

Les feuillages couleur feu de l'automne percent les brumes. Tout doucement, ils se détachent des branches et viennent mourir sur le sol. Loin d'être triste, octobre est l'un des plus beaux mois de l'année. Appréciez-le.

FLEURS

- Arrachez les annuelles qui sont maintenant arrivées en fin de végétation.
- Plantez des chrysanthèmes à petites fleurs et des feuillages persistants.
- Mettez en place les bisannuelles du printemps : pensées, myosotis, giroflées, pâquerettes, primevères.

À NE PAS OUBLIER

- Rentrez les plantes aquatiques gélives.
- Désinfectez les tuteurs.
- Plantez tous les bulbes de printemps.
- Ramassez les fruits tombés au sol et enlevez ceux qui restent momifiés.
- Videz votre bassin s'il ne contient pas de poissons et remplissez-le à nouveau après la chute des feuilles.
- Rentrez le matériel d'arrosage.
- Posez des protections hivernales sur les plantes les plus fragiles.
- Mettez des appâts empoisonnés contre les rongeurs : souris, rats, mulots.

- Traitez les asters contre l'oïdium.
- Coupez les tiges des dahlias défleuris. Puis arrachez les souches à la fourche-bêche. Laissez-les sécher quelques jours à l'air libre, avant de les ranger en clayettes, dans un local sec et aéré.
- Plantez les bulbes à floraison printanière : tulipes, narcisses, jacinthes, crocus, scilles, muscaris, fritillaires, etc.
- Poursuivez la mise en place des nouveaux massifs de pivoines.
- En climat doux, plantez des lis en terre légère, sans humidité stagnante en hiver.
- Enlevez les bulbes à floraison estivale en coupant la tige florale, mais laissez les feuilles se dessécher d'elles-mêmes.
- Mettez en pots les chrysanthèmes cultivés en pleine terre. Rentrez les pots dans un local clair, mais abritez-les de la lumière si leur floraison est en avance. Aérez au maximum.
- Multipliez par division les grosses touffes de plantes vivaces.
- Prélevez des boutures de géraniums et faites-les raciner en godets.

▲ En terre acide à l'ombre, plantez un camélia.

FRUITS

- Taillez les arbres fruitiers à noyaux.
- Pour piéger la cheimatobie, entourez les troncs d'abricotiers, de cerisiers, de pruniers et de pommiers d'un collier englué.
- Récoltez tous les fruits pour la conservation. Rentrez-les dans un local frais, sec et aéré. Ne gardez que les fruits sains.
- Contre le puceron lanigère, pulvérisez un insecticide sur les pommiers.
- Récoltez les grappes de raisin. Pour les conserver quelques semaines, mettez un peu de cire sur le pédoncule.

▲ Stockez les potirons dans un endroit aéré.

• Préparez les trous de plantation pour les arbres à installer en novembre.
• Dans les régions au climat doux, effectuez un traitement insecticide contre la mouche de l'olivier.
• Sur les mûres sans épines, éliminez les pousses qui ont fructifié. Palissez sur un support solide celles qui restent.
• Supprimez à leur point de naissance les branches basses des noyers.
• Marquez les branches à élaguer.
• Taillez les actinidias à deux yeux.
• Faites des boutures à bois sec avec les groseilliers et les cassissiers.
• Dans le Midi, plantez les agrumes.
• Terminez la plantation des fraisiers sur un film de paillage.
• Commandez les arbres et les arbustes à planter au cours de l'hiver.

LÉGUMES

• Coupez au ras du sol les tiges des asperges et brûlez-les.
• Repiquez des oignons blancs en vue d'une consommation en avril prochain.
• Recouvrez les pissenlits avec de la terre légère, afin de les faire blanchir.
• Arrachez tous les légumes racines.
• Supprimez les tiges d'artichauts ayant fructifié, et coupez les feuilles situées à la périphérie de la touffe.
• Éclaircissez les semis d'épinards.
• Commencez l'arrachage des chicorées Witloof en vue de produire des endives.

FLEURS DE SAISON

POUR ÉGAYER LA GRISAILLE

Parmi les plantes vivaces, les floraisons se font rares. On remarque les aconits *(Aconitum carmichaelli)* aux fleurs violettes, les asters d'automne, les asters étoilés aux fleurs blanches, les chrysanthèmes variés, les colchiques et les anémones du Japon rosées, les coréopsis aux fleurs jaunes, les montbretias *(Crocosmia masonorum)*, les vergerettes *(Erigeron glaucus)*, les *Lobelia siphilitica* à fleurs bleues, les scabieuses *(Scabiosa graminifolia)*. Parmi les arbustes, la potentille *(Potentilla fruticosa)* 'Arbuscula' épanouit ses fleurs jaunes. La véronique est bleue. Les camélias *(Camellia sasanqua)* 'Hiryu' et 'Yuletide', et les bruyères *(Erica cinerea)* 'Katinka' sont rouges. Admirons l'arbre aux fraises *(Arbutus unedo)*, à floraison blanche, et la bruyère d'Irlande *(Erica vagans)* 'George Underwood', à floraison rose.

LE BON GESTE DU MOIS

DRAINER UN TERRAIN

Le meilleur moyen d'assainir un terrain dont l'humidité stagnante est fréquente, consiste à poser des drains qui permettront à l'eau en surplus d'être bien évacuée.

1. Commencez par ouvrir à la pioche des tranchées parallèles ou en oblique, dans le sens de la plus forte pente du terrain. Une profondeur de 50 à 80 cm est suffisante. Mais il faut qu'elles soient suffisamment profondes pour se trouver en dessous du niveau des racines. Plus le sol est imperméable, plus ces tranchées doivent être rapprochées. Une distance de 5 à 10 m est correcte. Toutes vos tranchées doivent converger vers un point bas, où vous aménagez un puisard, qui sert à évacuer l'eau vers les égouts, soit naturellement, soit au moyen d'une pompe de relevage. Si votre terrain est plat, donnez une pente à vos tranchées pour provoquer le ruissellement. Dans le fond de la tranchée, faites un lit de sable grossier ou de petits graviers. Placez ensuite vos drains en plastique. Il s'agit de tuyaux perforés qui filtrent l'eau. Si nécessaire, utilisez des manchons comme raccord entre deux drains.

2. Nettoyez soigneusement les drains avec un balai : lors de la pose, ils ont pu être obstrués par le sable ou les petits graviers déposés au fond de la tranchée.

3. Recouvrez les drains d'un feutre de jardinage. Il évite l'obstruction des trous de captage par de la terre ou tout autre débris. Rebouchez enfin vos tranchées.

4. Si vous ne souhaitez pas creuser un puisard, vous pouvez également raccorder vos tranchées sur la canalisation d'évacuation des eaux pluviales.

1

2

3

4

▲ Ramassez les feuilles mortes et portez-les sur le compost.

• Rentrez les courges et les potirons dans un local sec et sain, bien aéré.
• Étalez le fumier ou le compost et commencez les labours sur les parcelles libres.
• Faites blanchir les chicorées scaroles en posant un pot retourné sur le cœur de la salade ou en attachant les feuilles.
• Repiquez les choux-fleurs.
• Sous châssis ou sous tunnel, semez des radis (variétés à forcer).
• Semez des pois à grains ronds et mangetout en poquet dans un sol sain.
• Semez les fèves et du cresson de jardin (cresson alénois) dans le Midi.

ARBRES ET ARBUSTES

• Plantez les camélias dans un terreau acide et les rhododendrons, piéris, etc. dans de la terre de bruyère pure.

▲ Arrachez les bulbes d'été défleuris.

• En fin de mois, commencez à tailler les arbustes ayant fleuri cet été.
• Consultez les catalogues des pépiniéristes et commandez, pour le mois prochain, les nouveaux arbustes à planter.
• Prélevez des pousses des arbustes caducs pour le bouturage printanier. Mettez-les en jauge au pied d'un mur.
• Procédez à la toilette de vos hortensias, taillez les fleurs fanées et raccourcissez d'un tiers les pousses qui les ont portées.
• Marquez à la craie les branches qui devront être élaguées cet hiver.

CONIFÈRES

• Plantez les conifères avant qu'il gèle. N'oubliez pas de poser en même temps des tuteurs ou des haubans sur les plus grands sujets. Tassez bien la terre autour du pied et arrosez copieusement.
• Préparez les tranchées destinées à recevoir les haies de thuyas ou de chamaecyparis. Ameublissez bien le sol.
• Effectuez un épandage d'engrais binaire sur vos thuyas, à raison de 120 g/m^2.
• Placez une protection contre les fortes gelées près des plus jeunes sujets.

☞ LE BON GESTE DU MOIS

PLANTER DES BULBES

1. Pour réaliser un massif de bulbes de printemps avec des tulipes, des narcisses ou des jacinthes, commencez par répartir les bulbes sur le sol avant de les planter. Espacez-les de 10 à 15 cm, en évitant les formes trop rectilignes. Faites des taches pour que cela soit plus esthétique.
2. Pour les enfoncer dans le sol, vous pouvez utiliser un plantoir ordinaire ou un plantoir spécial bulbes. La profondeur de plantation à respecter est égale à deux fois la hauteur du bulbe. Terminez en tassant pour que la terre adhère au bulbe. Vous pouvez aussi placer les bulbes dans un panier en plastique, qu'il faut enterrer ensuite. De cette façon, vous pourrez les retirer facilement pour faire de jolies compositions florales au printemps.
3. Les crocus, scilles et autres petits bulbes sont de préférence plantés sur une pelouse. Pour que la répartition soit le plus naturelle possible, jetez-les en l'air par poignées et placez-les là où ils sont tombés. Vous pouvez aussi essayer d'en découper à la bêche une petite partie en forme de H, que vous rabattez à droite et à gauche comme un tapis. Ameublissez la terre, ajoutez du sable et plantez vos bulbes. Replaquez le gazon, tassez et arrosez.

1

2

3

▲ Arrachez les géraniums pour l'hivernage.

▲ Plantez les fraisiers en tassant bien la terre.

▲ Récoltez les jacinthes d'eau, très frileuses.

ROSIERS

- Enlevez les fleurs passées pour prolonger la floraison jusqu'aux fortes gelées.
- Commencez la plantation des rosiers commercialisés à racines nues.
- Enlevez les châssis placés sur les boutures effectuées à la fin de l'été.
- Lorsque les rosiers buissons sont complètement défleuris, coupez toutes les tiges uniformément à 40 cm du sol.
- Désherbez les massifs et brûlez les mauvaises herbes arrachées.
- Préparez les futurs massifs par un bon labour, en incorporant du fumier sec.
- Parcourez les catalogues des spécialistes, puis effectuez votre commande.
- En fin de mois, buttez les rosiers pour protéger les pieds des gelées hivernales.

PELOUSE

- Arrachez les mauvaises herbes à larges feuilles avec un échardonnoir.
- Au début du mois, épandez un engrais antimousse gazon. Répartissez bien les granulés à la dose indiquée sur la boîte.
- Pratiquez les dernières tontes. Rehaussez la hauteur de coupe pour que le gazon ne soit pas trop ras durant l'hiver. De cette façon, il résistera mieux aux fortes gelées et restera plus vert.
- Effectuez une dernière découpe des bordures avec le tranche bordure.
- Plantez des petits bulbes qui fleuriront cet hiver et au printemps : perce-neige, muscaris, crocus, scilles, etc.
- Ramassez les feuilles mortes avant qu'elles ne pourrissent.

FENÊTRES ET BALCONS

- Arrachez les fleurs annuelles pour mettre à leur place des bisannuelles et des bulbeuses. Allégez bien le sol.
- Changez la terre de vos bacs, elle est usée après une saison de culture.
- Ne remplissez plus d'eau les réserves des bacs et placez-les sous des auvents.
- Plantez des arbustes persistants pour obtenir un décor permanent.
- Effectuez une taille légère d'équilibrage sur les plantes grimpantes.
- Démontez le système d'arrosage au goutte-à-goutte, vidangez-le et rangez-le dans un endroit frais et sec.

TRAVAUX DIVERS

- Désinfectez votre serre avant l'hivernage avec un fumigène.
- Changez les verres cassés de votre abri vitré et vérifiez les joints d'étanchéité.
- Vérifiez le bon fonctionnement de votre motoculteur et de votre tronçonneuse, leur saison d'emploi commence.
- Arrachez et rempotez les plantes fragiles que vous souhaitez hiverner, comme les fuchsias ou les pélargoniums.

▲ Récoltez le chasselas en ce moment.

- Réalisez un drainage avec des canalisations si votre sol est trop humide.
- Vérifiez que les descentes d'eau et les gouttières ne sont pas obstruées par les feuilles mortes tombées des arbres.
- À la fin du mois, emmaillotez les plantes frileuses : bananiers, lagerstroemias, palmiers, agrumes, oliviers, etc.
- Désinfectez les tuteurs qui ont servi cet été, avec un produit désinfectant comme le grésil ou, tout simplement, avec de l'eau de Javel (dilution à 15 %).
- Préparez les trous de plantation.

RÉCOLTES

Au potager, tous les légumes doivent être ramassés sauf la mâche, les poireaux, les salades d'hiver et les choux de Bruxelles. Vous pouvez laisser en place (en les protégeant avec un tunnel) et continuer à récolter : carottes, céleris raves, navets. C'est la fin des aubergines et des poivrons dans les régions tempérées, des betteraves, des courges et des concombres, des haricots à écosser, des tomates et de la tétragone. Ramassez les potirons et rentrez-les dans une cave saine.

Au verger, récoltez les coings et les dernières figues. Appréciez les dernières framboises et les noisettes. Cueillez les grappes de raisin, les poires et les pommes pour la conservation hivernale.

Novembre

Mois de grisaille, novembre apporte pluies, gelées et, parfois, neige. Les journées sont courtes. La nature entre en sommeil, et prend ses quartiers d'hiver. Procédez aux dernières récoltes, protégez du froid les plantes fragiles. Occupez-vous de votre jardin d'intérieur.

FLEURS

• Coupez au ras du sol toutes les tiges des plantes vivaces qui ont désormais terminé leur saison de végétation.

• Marquez d'un tuteur les emplacements dégarnis de végétation.

• Plantez rapidement les fleurs bisannuelles avant les gelées.

• Pensez à arracher les bulbes de glaïeuls et les rentrer avant les froids.

• Arrachez les souches de cannas, après avoir coupé les tiges, et laissez-les sécher sous un abri frais, mais sec.

• Plantez les plantes bulbeuses de printemps (tulipes, narcisses, jacinthes).

• Plantez des camassias, des fritillaires ou des ails d'ornement entre les touffes dans les massifs de plantes vivaces.

• À la fin du mois, coupez les tiges des chrysanthèmes défleuris. Conservez les pieds-mères sous un châssis froid.

• Semez des pois de senteur et des capucines en terre légère, au pied d'un mur, et en situation bien abritée.

• S'il ne gèle pas, continuez la division des vivaces. Replantez aussitôt. Arrosez.

• Cueillez les dernières fleurs à bouquets secs en plein milieu de journée.

À NE PAS OUBLIER

- Plantez les arbres et les arbustes.
- Vidangez les canalisations de votre installation d'arrosage enterré.
- Protégez les plantes non rustiques.
- Traitez les amandiers contre le corynéum.
- Videz votre réserve à compost avant d'y apporter les feuilles nouvelles.
- Couvrez les bassins pour éviter que les feuilles ne viennent faire croupir l'eau.
- Luttez contre les mulots avec des appâts.
- Nettoyez votre motoculteur ou votre motobineuse après chaque sortie.
- Affûtez la chaîne de la tronçonneuse.
- Désinfectez à l'eau de Javel tous les supports et les tuteurs avant de les ranger à l'abri des intempéries.

▲ En sol sain, plantez des caïeux d'ail rose.

▲ Coupez les tiges fanées des plantes vivaces.

• Faites sécher les fleurs à bouquets, la tête en bas, dans un local sec et ventilé.

FRUITS

• En fin de mois, taillez les pommiers et les poiriers conduits en forme palissée.
• Coupez les tiges desséchées des framboisiers et les parties qui ont fructifié.
• Plantez les arbres fruitiers. Apportez un bon engrais de fond dans le trou de plantation. N'oubliez pas le tuteur.
• Plantez les groseilliers, après les avoir taillés à cinq yeux. Conservez cinq branches par touffe, pas plus.
• Commencez les élagages de tous les arbres conduits en haute tige.
• Ramassez les fruits jonchant le sol, ceux qui sont momifiés sur l'arbre, ainsi que les feuilles mortes, puis brûlez-les.
• Avec une serpette, nettoyez les plaies chancreuses sur les pommiers. Désinfectez, puis protégez le bois à vif avec du goudron de Norvège.

LÉGUMES

• Après avoir enlevé la butte, effectuez un bêchage entre les rangées d'asperges.
• En début de mois, arrachez les racines de chicorées Witloof. Coupez les feuilles, puis placez-les en cave, dans du sable, pour en faire des endives.
• Prolongez la récolte du persil en protégeant quelques pieds sous un abri en plastique ou derrière une fenêtre.
• Terminez la protection des pieds d'artichauts en les buttant, puis en les recouvrant de feuilles ou de paille.
• Enlevez les feuilles abîmées des céleris à côtes. Relevez les autres en faisceau, puis entourez le pied d'un paillasson.
• En début de mois, entre les pieds d'épinards, épandez un engrais azoté, par exemple du sulfate d'ammoniaque à raison de 15 g/m².
• Dans les régions au climat doux, et dans une terre fraîche, semez des fèves d'Aguadulce ou de Séville.
• Plantez l'ail rose et l'échalote dans un terrain léger et bien exposé.

FLEURS DE SAISON

... ET FRUITS COLORÉS

Quelques bisannuelles, comme les pensées, montrent leurs calices colorés, mais rares sont les plantes vivaces qui se parent encore de jolis tons. Admirez néanmoins les derniers chrysanthèmes, les cierges d'argent *(Cimicifuga simplex)* aux épis retombants blanc pur, les roses de Noël *(Helleborus niger)*, les *Lobelia* x *girardii* aux fleurs violet pourpré, les lis des cafres *(Schizostylis coccinea)* 'November Cheer' aux épis rose clair et les bruyères *(Erica carnea)*. Les floraisons d'arbustes sont rares, mais les fruits des *Malus* 'Golden Hornet' et 'John Downie', des pyracanthas, des skimmias, des houx et des rosiers rugueux *(Rosa rugosa)*, par exemple, apportent quelques notes vives et colorées.

LE BON GESTE DU MOIS

ÉLAGUER UN ARBRE

L'élagage est une opération simple à réaliser soi-même. Elle vise à supprimer les branches mortes et à redonner une silhouette équilibrée à un arbre. Prenez cependant quelques précautions avant de travailler.

Assurez votre stabilité, ne coupez pas en position de déséquilibre et utilisez des outils très coupants. Si vous vous servez d'une tronçonneuse, prenez un outil très léger et évitez les modèles électriques, car vous serez gênés par le fil d'alimentation.

1. Avec la scie, commencez par effectuer une entaille sous la branche. Dès que le bois serre l'outil, terminez par le dessus. Choisissez bien l'endroit où elle doit tomber. Il est préférable, parfois, de couper en plusieurs morceaux une grosse branche plutôt que de vouloir tout faire tomber d'un coup. Ne coupez ni trop près ni trop loin du tronc si vous devez enlever une branche entière.

2. Pour les branches plus petites (moins de 5 cm de diamètre), utilisez un ébrancheur qui démultiplie la force.

3. Parez la plaie au couteau (retaillez-la en la lissant) pour qu'elle soit nette.

4. Enfin, recouvrez les plus grosses plaies avec un mastic arboricole ou un produit cicatrisant qui évitera que des parasites ne viennent infester le bois laissé à nu.

1

2

3

4

▲ Peu de plantes sont encore fleuries, les couleurs de l'automne viennent des feuillages et des fruits.

▲ Protégez les jeunes arbres du froid.

• Si vous conservez les légumes racines en place, recouvrez-les de paille pour les protéger du gel ou creusez un silo.
• Commencez les labours d'hiver, sans briser les mottes ni même niveler le sol, le gel hivernal s'en chargera.

ARBRES ET ARBUSTES

• Procédez à la taille des arbustes à floraison estivale ou automnale.
• Épandez un fertilisant organique ou un engrais complet organo-minéral dans les massifs et enfouissez-le par un labour superficiel. Prenez garde à ne pas endommager les racines.
• Faites des trous de plantation de 80 cm de côté sur autant de profondeur.

SPÉCIAL CLIMAT RUDE

Installez de solides protections pour couper les vents froids et violents. Vérifiez les attaches des végétaux tuteurés et haubanés. Tant que l'épaisseur de neige ne dépasse pas 50 cm, évitez de marcher sur les pelouses. Enlevez la neige qui recouvre les abris vitrés et secouez les branches des arbres. Si les végétaux sont enrobés de glace, laissez-la en place, elle constitue une excellente protection contre les très grands froids.

Améliorez la terre avec un fertilisant organique si elle est de mauvaise qualité.
• Plantez les arbres et les arbustes à racines nues, après avoir enrichi le sol avec un engrais de fond.
• Placez les graines à semer au printemps en stratification dans une terrine remplie de sable. Enterrez-la face au sud.
• Pulvérisez un fongicide à base d'oxychlorure de cuivre sur les lauriers-roses, pour lutter contre les taches foliaires.
• Plantez rapidement les rhododendrons et piéris en terre de bruyère pure et en situation mi-ombragée.
• Vérifiez les attaches sur les tuteurs.

CONIFÈRES

• Mettez en place la plupart des espèces, sauf dans la moitié nord de la France où il faut attendre le printemps.
• Vérifiez les haubans qui maintiennent les jeunes arbres, pour éviter les blessures dues aux colliers trop serrés.
• Dans les régions tempérées, terminez la taille des haies de thuyas, d'ifs, de cyprès ou de chamaecyparis.

ROSIERS

• Poursuivez les plantations après avoir fait tremper une dizaine de minutes les racines dans une boue de pralinage.
• Buttez les pieds des rosiers en place.
• Taillez du tiers de leur longueur toutes les pousses des rosiers arbustes.
• Vérifiez les attaches des rosiers sarmenteux. Attention aux étranglements.
• Dans les régions froides, entourez le tronc des rosiers tiges d'un épais manchon de paille protecteur.
• Rabattez, à 40 cm du sol, toutes les tiges défleuries. Brûlez les coupes.

PELOUSE

• Préparez le terrain pour les futures pelouses, en labourant bien le sol et en extrayant les racines des mauvaises herbes ainsi que les plus gros cailloux. Laissez le gel briser les mottes. Enfouissez en même temps un engrais complet.

▲ Plantez la haie mixte sur un film plastique.

▲ Commencez les labours d'hiver au potager.

• Ramassez les feuilles, pour éviter leur décomposition sur place.
• Arrêtez les tontes et rangez votre tondeuse après lui avoir offert une bonne révision chez un spécialiste de la marque.
• Effectuez des perforations en profondeur, pour que l'eau et les engrais descendent au contact des racines.
• Délimitez les emplacements où le gazon est défaillant pour le remplacer par des plantes vivaces tapissantes ou des arbustes rampants.

FENÊTRES ET BALCONS

• En bacs, plantez des arbustes persistants : fusains, conifères, bambous nains (*Pleioblastus, Sasa, Shibataea, Arundinaria, Bambusa glaucescens,* etc.).
• En régions froides, protégez d'un voile les bacs contenant des arbustes fragiles : lauriers-roses, orangers, citronniers.

▲ Plantation d'un sapin bleu, nain.

• Terminez la plantation des jardinières avec des bisannuelles, des vivaces et des bulbes à floraison printanière.
• Plantez des rosiers miniatures.
• Griffez la surface des bacs et complétez avec un terreau pour plantes de balcon s'il en manque plus de 1 cm.
• Dans les situations ventées, rassemblez tous les bacs et jardinières le long du mur de l'habitation.

LE BON GESTE DU MOIS

PLANTER UN ARBRE À RACINES NUES

Les arbres livrés en racines nues se mettent en terre à partir de ce mois-ci (hors période de gel). Avant de planter, coupez les racines meurtries ou brisées, mais conservez le maximum de chevelu : ce sont les fines racines qui assurent la reprise. Taillez également la partie aérienne pour l'équilibrer et diminuer le nombre de pousses à nourrir au printemps. Cette opération s'appelle « l'habillage ».

1. Faites tremper de 15 à 20 minutes le système radiculaire dans une boue de pralinage composée de bouse de vache, de terre et d'eau (des formules prêtes à l'emploi sont disponibles en jardinerie). Ce pralinage des racines est important, car il assure une meilleure reprise du sujet.

2. Répartissez bien à plat les racines dans le fond du trou de plantation et recouvrez de terre fine en la faisant glisser entre les racines.

3. Tassez bien la terre tout autour, avec le pied.

4. Arrosez copieusement, même s'il pleut. Cela permet à la terre de se faufiler partout et de se coller aux racines pour une meilleure reprise. Attachez l'arbre sur son support s'il est palissé ou sur le tuteur que vous aurez pris soin de mettre en terre avant la plantation. Ne serrez pas trop fort.

1

2

3

4

TRAVAUX DIVERS

• Faites la vidange de votre système d'arrosage enterré. Coupez toutes les arrivées d'eau. Protégez le compteur s'il est situé à l'extérieur.
• Nettoyez les vitres de la serre ou de la véranda à l'extérieur et à l'intérieur.
• Contrôlez le chauffage afin qu'il n'y ait pas d'excès et qu'il soit régulier.
• Rangez les tuyaux d'arrosage à l'abri du gel après les avoir vidangés.
• Désinfectez tous les tuteurs avec de l'eau de Javel à 15 % et rangez-les.
• Commencez les gros travaux de transformation de votre jardin.
• Pratiquez les élagages, les abattages et les grosses coupes de bois.
• Rangez le bois mort. Broyez les petits rameaux. Mettez sur le compost.
• Nettoyez le bassin des feuilles mortes.
• Graissez les outils de coupe.

Décembre

En décembre, le jardin s'est habillé de givre ou de neige, et son accès est souvent difficile. Rendez-lui visite tout de même, pour vérifier les protections des plantes fragiles et récolter quelques légumes tardifs ou un bouquet de rameaux couverts de jolies baies colorées.

▲ Enlevez le gui, plante parasite des arbres.

À NE PAS OUBLIER

- Contrôlez l'état sanitaire des fruits et des légumes entreposés en cave.
- Terminez la protection des plantes fragiles.
- Enlevez la neige sur les branches d'arbres.
- Épandez du sel pour faire fondre la neige, mais prenez garde à ne pas en mettre à proximité des plantations.
- Chaulez les sols trop argileux.
- Dans la véranda, traitez contre les aleurodes et piégez-les avec un appât jaune.

FLEURS

- Terminez d'installer les protections contre les gelées. Sur les massifs de vivaces, étalez une couche de paille ou de tourbe blonde sèche.
- Lorsque le sol n'est pas gelé, faites un petit labour d'entretien en incorporant un engrais à décomposition lente.
- Soignez les pieds-mères sur lesquels vous prélèverez les boutures.
- Commencez à dessiner les futurs massifs et consultez les catalogues des marchands grainetiers pour faire le choix des variétés qui vous sèmerez au printemps.
- Semez en caissette des plantes alpines.

FRUITS

- Coupez les branches d'abricotiers qui se sont desséchées cet été (apoplexie).
- Sur les pommiers, supprimez le gui.
- Enduisez les grosses plaies (chancre, élagage) avec un mastic protecteur antichancre ou du goudron cicatrisant.
- Frottez les troncs couverts de mousse.
- Pulvérisez un produit de traitement d'hiver sur les abricotiers, les cerisiers, les pommiers, les poiriers.
- Prélevez des rameaux destinés au greffage en fente ou en couronne. Enterrez-les verticalement dans du sable, au pied d'un mur orienté au nord.
- Apportez une fumure organique bien décomposée au pied des arbres, et enfouissez-la par un labour superficiel.
- Taillez et bouturez les figuiers.
- Surveillez l'état sanitaire des fruits mis en conservation. Éliminez les tachés.
- Grattez les écorces pour extirper les parasites et enlever les lichens.

SPÉCIAL CLIMAT RUDE

Couvrez tous les abris vitrés avec des paillassons. Retirez la neige qui les recouvre pour diminuer le poids tout en évitant la casse. Vérifiez la protection des végétaux emmaillotés.

- Commencez la taille trigemme sur les formes palissées. Vérifiez les attaches.

LÉGUMES

- Arrachez les poireaux et placez-les en jauge, pour libérer la place à bêcher.
- Couchez les choux dans une tranchée, la tête dirigée vers le nord.
- Bêchez ou labourez à grosses mottes en terrain lourd, si la terre n'est pas gelée ou couverte de neige.
- Enlevez les feuilles abîmées des choux de Bruxelles pour dégager les petites pommes et les exposer au gel.
- Hâtez la production à venir de fraisiers en les recouvrant d'un coffre et d'un châssis ou d'un tunnel plastique.
- Protégez les salades encore en culture.
- Continuez le forçage des endives.

ARBRES ET ARBUSTES

- Taillez sévèrement les bougainvillées. N'hésitez pas à raccourcir les pousses qui ont fleuri, à deux yeux seulement de leur point de départ. Elles refleuriront mieux.
- Élaguez les vieux arbres et les arbustes.
- Prélevez des pousses sur les arbustes caducs pour réaliser des boutures.
- Dans les massifs de terre de bruyère, épandez un engrais organique riche en phosphore et en potasse.
- Secouez la neige accumulée sur les branches pour qu'elles ne cassent pas.
- Bêchez superficiellement sur 50 cm de large, de chaque côté des haies de thuyas ou de chamaecyparis, après avoir épandu un engrais organique.

ROSIERS

- Faites une butte de terre légère au pied des jeunes plantations de manière à protéger du froid le point de greffage.
- Poursuivez les plantations par temps doux, sans oublier de praliner les racines.
- Apportez un engrais rosiers dans le massifs et labourez en surface.

PELOUSE

- Terminez le ramassage des feuilles.
- Ne piétinez pas la pelouse en cas de neige, vos pieds s'y imprimeraient.
- Dans un terrain lourd, évitez de marcher aux mêmes endroits par temps de pluie. Posez des planches sur le sol.
- Faites réviser votre tondeuse.

FENÊTRES ET BALCONS

- Contre le vent froid, installez un rideau de protection sur la rambarde du balcon.
- Décrochez les pots. Posez-les sur le sol et entourez les jardinières de plaques de polystyrène expansé. Nettoyez les pots vides et rangez-les, classés par tailles.

TRAVAUX DIVERS

- Évitez l'emprise du gel sur le bassin en disposant des fagots verticalement.
- Balayez la neige dans les allées.

FLEURS DE SAISON

BELLES SOUS LE GIVRE

Les fleurs des plantes vivaces se font très rares. Seule la rose de Noël *(Helleborus niger)* défie le froid ainsi que les bruyères d'hiver *(Erica carnea)*. Vous pouvez admirer certains arbustes : les floraisons jaunes des chimonanthes *(Chimonanthus fragrans)* et des jasmins d'hiver *(Jasminum nudiflorum)*. D'autres ont encore une fructification de toute beauté. C'est le cas des pyracanthas, cotonéasters, mahonias, skimmias, du houx et du gui.

LE BON GESTE DU MOIS

PROTÉGER LES PLANTES

Certaines plantes fragiles qui ne peuvent être rentrées demandent à être protégées sur place. Sachez que la plante doit pouvoir « respirer » sous sa protection pour ne pas pourrir. Plusieurs solutions s'offrent à vous en fonction des végétaux à protéger.

1. Les plus grandes peuvent être abritées par un auvent fait de canisses, que vous placez tout autour. Si elles sont près d'un mur, vous pouvez aussi installer une couverture horizontale. Vous pouvez les emmailloter dans un voile de protection hivernale. C'est le cas des camélias, des rosiers conduits sur tige, par exemple. Pensez à aérer de temps en temps.

2. Les végétaux les plus bas sont recouverts de paille ou de feuilles à décomposition lente (platane, charmille) pour éviter le pourrissement (ou même de leurs propres feuilles).

3. Vous pouvez aussi, pour les graminées, relever leurs longues feuilles et les attacher tout simplement à leur sommet.

4. Le tronc des arbres fragiles (*Lagerstroemia*, *Musa*, palmiers) peut être enserré dans un manchon de paille et un film plastique pendant les fortes gelées.

Enfin, vous pouvez également faire une butte de terre légère au pied des petits arbustes et des jeunes rosiers.

1

2

3

4

LE PENSE-BÊTE DU DÉBUTANT

Janvier

- Protégez les plantes fragiles. Recouvrez-les avec un voile ou de la paille dès que la température descend sous les - 5 °C.
- Plantez temporairement dans une tranchée (on dit « mettre en jauge ») les plantes qui vous sont livrées par temps de gel.
- Secouez la neige qui pèse sur les branches des conifères et des arbustes persistants.
- Formez au pied des rosiers buissons une butte de 20 cm de terre pour protéger le point de greffe du gel.
- Enveloppez les pots dans du plastique bulles maintenu par du voile d'hivernage pour leur éviter d'éclater sous l'action du gel.
- Plantez des primevères et des pensées dans les massifs.

Février

- Taillez les rosiers buissons et grimpants remontants dans la seconde quinzaine du mois lorsqu'il ne gèle pas.
- Marquez bien la limite des massifs en découpant à la bêche les bordures du gazon.
- Taillez la vigne par beau temps, ainsi que les arbustes à petits fruits (groseillier, framboisier).
- Plantez des pensées dans les jardinières.
- Terminez la taille fruitière avant le 15 du mois.
- Plantez les rosiers, c'est la bonne période.
- Taillez hortensia et *Hydrangea*, en éliminant les branches âgées de plus de trois ans.
- Traitez la pelouse contre les mousses.

Mars

- Semez en pleine terre les fleurs annuelles rustiques (clarkia, souci, nigelle, cosmos, etc.).
- Semez en pleine terre les légumes suivants : épinard, fève, pois.
- Terminez la taille de la vigne et des pêchers.
- Procédez à la grande toilette du jardin : nettoyez dallages et bancs, éliminez toutes les plantes qui n'ont pas supporté l'hiver et les feuillages abîmés.
- Pulvérisez un produit total (insecticide et fongicide) sur les arbres fruitiers et les rosiers.
- Taillez le buddléia, le chèvrefeuille 'Halleana', la clématite.
- Effectuez une première tonte (pas trop courte) du gazon.

Avril

- Semez les nouvelles pelouses (30 g/m²).
- Traitez tous les arbres, les arbustes, les rosiers et les fruitiers avec un produit total lorsque les bourgeons éclatent et à l'apparition des feuilles.
- Coupez les chaumes desséchés des graminées et la vigne vierge.
- Taillez, sans tarder, les arbustes de printemps défleuris.
- Commencez les pulvérisations de désherbants.
- Fertilisez les rosiers avec un engrais spécifique contenant de la magnésie.
- Semez les annuelles à croissance rapide (clarkia, cosmos, chrysanthème, etc.).
- Plantez en sol léger les bulbes et tubercules à floraison estivale (glaïeul, dahlia, bégonia, etc.).

Mai

- Plantez les fleurs dans les massifs d'été.
- Décorez les bacs et les jardinières du balcon avec des annuelles et des plantes saisonnières.
- Tondez le gazon une fois par semaine.
- Taillez les haies régulières (thuyas) à la fin du mois dans les régions de climat doux.
- Traitez tous les arbres fruitiers avec un produit total au moment de la formation des fruits.
- N'oubliez pas d'arroser toutes les cultures par temps sec.
- Plantez le muguet défleuri à l'ombre fraîche.
- Traitez les attaques de pucerons, d'oïdium, de rouille…, dès l'apparition des premiers symptômes.

Juin

- Arrosez systématiquement par temps chaud, le soir, si possible.
- Continuez les semis en les échelonnant.
- Fertilisez les jardinières et balconnières.
- Taillez les arbustes défleuris pour les rajeunir.
- Plantez les bulbes d'automne (*Sternbergia*, colchique, crocus safran, cyclamen de Naples).
- Désherbez soigneusement (à la main) tous les massifs.
- Plantez des herbes aromatiques et officinales.
- Éliminez les gourmands qui apparaissent au pied des rosiers. Traitez contre les pucerons.
- Réalisez un compost avec les déchets végétaux.

Juillet

- Arrosez abondamment tout le jardin, de préférence le soir, « à la fraîche ».
- Tondez la pelouse souvent, pas trop court et arrosez régulièrement, à raison de 3 à 5 l/m^2.
- Divisez et replantez les grosses touffes d'iris.
- Désherbez soigneusement allées et massifs.
- Semez en place les légumes d'automne : épinard, mâche, navet, radis noir, etc.
- Taillez les tomates en ne laissant que trois ou quatre bouquets de fleurs sur la tige principale.
- Fertilisez une fois par semaine toutes les plantes en pots sur le balcon.
- Plantez les bulbeuses d'automne (colchique).
- Taillez les pousses trop longues de vigne vierge.

Août

- Binez pour décroûter la surface du sol et arrosez quotidiennement le jardin et le balcon si la température dépasse les 25 °C.
- Taillez les rosiers non remontants (anciens), en réduisant de moitié les pousses défleuries.
- Installez un système d'arrosage automatique sur le balcon (goutte à goutte) et programmez celui du jardin avant de partir en vacances.
- C'est l'époque idéale pour tailler les haies régulières (thuyas).
- Taillez la lavande après avoir récolté les fleurs.
- Complétez les massifs avec des plantes d'arrière-saison : reine-marguerite, célosie, etc.
- Éliminez régulièrement les fleurs fanées.

Septembre

- Rénovez les vieilles pelouses (scarification, fertilisation, aération), semez les nouvelles.
- Remplacez les fleurs d'été déjà fanées par des plantes plus tardives ou même d'automne.
- Bouturez vos pélargoniums préférés.
- Effectuez la toilette générale de rentrée dans tout le jardin et sur le balcon : désherbez bien, éliminez feuilles mortes et fleurs fanées.
- Plantez les vivaces rustiques et les bisannuelles.
- N'hésitez pas à tailler court les arbustes d'été défleuris.
- Désormais, les arrosages s'effectuent le matin.
- Plantez conifères et rhododendrons.
- Installez un système d'éclairage dans le jardin.
- Effeuillez les tomates pour les faire mûrir.

Octobre

- Plantez les bulbes à fleurs de printemps (tulipes, narcisses, crocus, jacinthes, muscaris).
- Éliminez les plantes fanées dans les jardinières et remplacez-les par des espèces d'automne.
- Taillez légèrement les arbustes à floraison estivale (*Caryopteris*, *Althaea*, fuchsia, etc.) pour bien former leur silhouette.
- Ramassez les feuilles mortes et compostez-les.
- Plantez les bulbes de printemps.
- Commencez les plantations d'arbres et d'arbustes à la fin du mois.
- Semez sous abri (tunnel, châssis) les choux, carottes et salades de printemps.
- Faites la dernière tonte (courte) de la pelouse.

Novembre

- C'est l'époque idéale pour planter tous les arbres et arbustes.
- Labourez toutes les parcelles libres, sans briser les mottes et en apportant un fertilisant.
- Scarifiez et ensuite, terreautez votre pelouse abîmée.
- Rentrez les géraniums et les plantes fragiles à l'abri du froid.
- Récoltez et brûlez les fruits momifiés.
- Paillez la mâche pour la récolter tout l'hiver.
- Plantez des bulbes printaniers dans le gazon : crocus, perce-neige, narcisses...
- Rabattez maintenant toutes les vivaces qui brunissent.
- Élaguez les grands arbres pour les aérer et reconstituer une silhouette équilibrée.

Décembre

- Taillez les arbres fruitiers à pépins (taille trigemme), en commençant par les poiriers.
- Placez l'installation d'arrosage hors gel.
- Protégez toutes les plantes fragiles avec des paillis, des manchons, des films, des voiles d'hivernage.
- Continuez la plantation si le temps le permet.
- Protégez les camélias des vents froids.
- Plantez des primevères et des pensées sur le balcon.
- Rangez la tondeuse pour l'hiver dans un endroit sec, non poussiéreux et hors gel.
- Enveloppez la ramure des rosiers tiges et pleureurs dans un paillasson protecteur.

1 Introduction au jardin

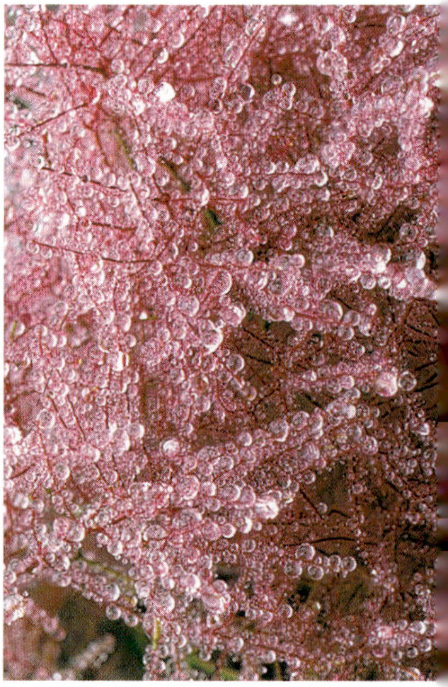

Qu'est-ce qu'un jardin ?

Petit coin de nature aménagé par l'homme pour son propre plaisir ou son bénéfice, le jardin est l'image même de l'utopie, du rêve inaccessible, de la quête permanente de beauté et de perfection que chacun recèle en soi. C'est ce qui en fait le charme et la diversité, la richesse et la sérénité. Il y a un grand bonheur à cultiver son jardin.

ASTUCE TRUFFAUT

L'eau étant la première source de vie, intégrez un bassin dans votre jardin et vous allez observer en quelques mois l'apparition de nombreux animaux, y compris des grenouilles qui viendront le coloniser comme par enchantement. Il suffit qu'un bon équilibre biologique s'installe et c'est un monde fourmillant de vie qui s'ouvre à vous.

D'abord il y eut l'Éden

Projection idéale d'un monde paisible et harmonieux, le jardin est dans son acception première le paradis terrestre. Ne qualifie-t-on pas ce dernier de jardin d'Éden ? Par extension cette image est devenue celle d'un lieu de délices, avec une idée d'opulence et de prospérité, symbolisée par le fameux verger où poussaient des pommes d'or.

On parle aussi souvent d'un « éden de verdure » pour qualifier le jardin, signe du besoin de la présence de végétaux dans notre environnement. C'est ce qui conduit à la philosophie écologiste : la Terre est un jardin, l'homme est son jardinier.

Le jardin des hommes

Conquérant de sa planète, l'homme est la seule espèce animale qui n'a eu de cesse de s'éloigner de la nature, au point même de la détruire sans compter, jusqu'à une récente prise de conscience de sa fragilité et de son inestimable valeur. Notre jardin n'est pas l'*hortus* des romains, espace ouvert qui a donné le mot horticulture, mais le *gardinus*, qui désigne un endroit clos. À ce sujet, la définition du dictionnaire est éloquente. Le jardin est : *un espace généralement clos où l'on cultive des végétaux utiles ou d'agrément*. Il y a donc une idée de protection contre l'environnement extérieur, humain ou naturel.

Propriété privée

Pour vivre heureux, vivons caché dit le célèbre adage et assurément le jardin a largement contribué à en justifier le propos. Bien que cette pratique soit surtout le propre des pays latins, la première tâche à laquelle s'attelle un propriétaire est de clore son espace. Délimiter son terrain par une haie, matérialiser son chez soi en posant une barrière, c'est manifester sa méfiance face aux étrangers et chercher à se protéger de la nature sauvage.

Le jardin n'interfère pas avec l'environnement, il en crée un nouveau façonné à l'image de son propriétaire, qui peut y libérer sa personnalité et y extérioriser toutes ses fantaisies, pour ne pas dire parfois ses fantasmes.

C'est là que se manifeste la notion de « jardin secret » car c'est souvent à travers son jardin qu'une personne laisse percevoir sa valeur profonde et la richesse de ses sentiments intimes.

Le jardin espace de vie

La notion très contemporaine de « cocon », d'espace familial privé, où l'on exprime librement ses propres valeurs, se retrouve bien dans la définition basique du jardin.

Après avoir longtemps été une source vitale produisant les fruits et les légumes qui permettaient d'échapper à la famine, le jardin, c'est-à-dire le jardin vivrier, source de vivres, est devenu un terrain de loisir et de convivialité.

On ne conçoit plus aujourd'hui le jardin comme un lieu de labeur, mais de détente. Il est aménagé comme une véritable maison en plein air avec un lieu de réception où l'on reçoit famille et amis pour des déjeuners autour du barbecue. On y ajoute un ou plusieurs coins repos discrets et ombragés pour la lecture, le farniente, la méditation ou le marivaudage. Avec le fort développement actuel de la piscine, le jardin permet aussi de s'adonner au sport et au jeu, sans oublier le portique, le bac à sable et autres jeux pour enfants.

Le jardin espace vert

Même si les Japonais nous ont prouvé qu'il était possible de composer de remarquables jardins sans la moindre présence végétale, la philosophie zen du jardin sec, composé de pierres et de graviers, s'adapte assez mal avec le quotidien des européens.

Le jardin contemporain est avant tout un « espace vert ». Cette notion de verdure est capitale car elle est basée sur un besoin quasi charnel d'une présence végétale. L'être humain peine à vivre dans un environnement totalement artificiel. Dans les zones très urbanisées, la population est plus stressée, moins épanouie. Signe flagrant, la quasi-totalité des habitations contemporaines accueillent des plantes vertes. Même les villes les plus bétonnées plantent des alignements d'arbres sur les trottoirs ou décorent les talus et les terrasses avec des arbustes. La quête du vert fait aujourd'hui partie de l'urbanisation.

Le jardin des cultures

Pour revenir à la définition première, le jardin est aussi un lieu de culture. Culture spirituelle à l'évidence, mais aussi culture au sens des opérations propres à permettre le développement des plantes et à en exploiter les qualités. Le jardinier utilise et met en œuvre différentes techniques qui lui permettent de faire prospérer les végétaux qu'il a mis en place. Le jardin est donc un endroit d'expérimentation et d'échanges, car l'expérience de l'un est toujours profitable à l'autre. Les jardiniers adorent d'ailleurs échanger leurs petits secrets et leurs tours de main.

▲ Le jardin moderne est un espace de vie.

LE SAVIEZ-VOUS ?

LE JARDIN EST-IL ÉCOLOGIQUEMENT CORRECT ?

Sur un plan purement théorique, le jardin est une aberration écologique, puisqu'il accueille et rassemble des végétaux venus des quatre coins du monde, cherchant, grâce à l'habileté du jardinier, à les faire cohabiter. Le jardin introduit des espèces exotiques et les impose dans un biotope où la végétation indigène est souvent qualifiée de « mauvaises herbes ». Le jardinier provoque des modifications de la nature du sol pour acclimater les différentes espèces et s'adapter à leurs exigences. Mais le jardin est aussi une incroyable source de biodiversité, un lieu riche et varié qui reste aujourd'hui dans les villes le seul refuge pour la faune sauvage et joue un rôle capital de « poumon vert », les plantes étant par nature dépolluantes et source d'oxygène. Le jardin permet aussi d'accueillir des plantes devenues rares ou même disparues dans la nature et d'assurer leur pérennité.

Le jardin des plantes

Dans un jardin, le monde végétal croît dans toute sa beauté et son étonnante complexité car un jardin réussi associe la plupart des catégories de plantes : arbres, arbustes, conifères, fleurs, feuillages, etc. Il compose un paysage en dégradé de hauteurs et en nuances de couleurs, qui exige l'emploi d'une grande diversité d'espèces.

De plus, tout jardinier possède un tempérament de découvreur et de collectionneur. Il suffit pour s'en convaincre d'acheter son premier rosier. Après avoir contemplé sa floraison, vous n'aurez de cesse d'en désirer un autre pour doubler votre plaisir, et puis encore un autre parce que vous serez tombé amoureux d'une image vue dans un livre ou dans un magazine. Redoutables séductrices, il est impossible d'échapper aux plantes, dès lors que l'on se sent une âme jardinière.

À moins qu'il ait une pure vocation de collection botanique, un jardin n'a rien d'une accumulation hétéroclite de végétaux. La sélection végétale doit être guidée par un sens esthétique et s'intégrer dans un concept global qui dessine un paysage, d'où le mot paysagiste pour désigner le concepteur de jardin.

▲ C'est au potager que l'on découvre tout le sens du travail d'amélioration végétale.

Le jardin du progrès

Grâce aux botanistes voyageurs qui, aux XVIIIe et XIXe siècles, ont rapporté des quatre coins du globe la plupart des petites merveilles que nous cultivons couramment dans nos jardins ; grâce aux horticulteurs qui ont croisé et sélectionné sans relâche les plantes en vue de les améliorer ; grâce aux jardiniers qui par leur curiosité et leur sens de l'observation ont su découvrir des mutations de toute première importance ; grâce aux chercheurs qui perpétuent aujourd'hui le lent travail de l'amélioration variétale : sans ces personnages d'exception, nos jardins auraient piètre figure.

Pour s'en convaincre, prenons l'exemple du potager. Si nous devions consommer uniquement des plantes indigènes, manqueraient dans nos assiettes : l'ail (Asie centrale), l'artichaut (Afrique), l'aubergine (Inde), le basilic (Inde), le chou-fleur (Chypre), la ciboulette (Sibérie), la citrouille (Amérique centrale), le concombre (Inde), la courgette (Mexique), l'épinard (Iran), le fenouil (Moyen-Orient), la fève (Asie), le fraisier (Amérique du Sud), le haricot (Amérique du Sud), la laitue (Asie), la mâche (Afrique du Nord), le maïs (Amérique centrale), le melon (Inde), l'oignon (Iran), la pastèque (Afrique), le persil (Sardaigne), le piment (Amérique du Sud), le poireau (Moyen-Orient), la pomme de terre (Pérou), la tomate (Amérique du Sud). D'autre part, sans amélioration horticole, la carotte ne serait pas rouge, mais blanche (panais). On mangerait de la chicorée amère au lieu des endives, les tomates auraient la grosseur d'une noisette. La laitue et la plupart des salades seraient amères, les radis très piquants, et les haricots durs et filandreux, au goût aigre.

Connaître

LE JARDIN ET LA BIODIVERSITÉ

Il n'existe sans doute pas de biotope aussi riche et diversifié qu'un jardin généreusement planté. L'habileté du jardinier permet la cohabitation d'espèces qui n'auraient jamais dû se rencontrer, tout simplement parce qu'elles proviennent de continents et de zones climatiques différentes. Dans une rocaille par exemple, on réussira avec le même bonheur des plantes alpines, himalayennes ou andines, qui pourront même être associées à des espèces poussant normalement dans des sous-bois de plaine ou au bord des étangs. Mais la biodiversité du jardin passe aussi par l'amélioration végétale et la notion d'hybrides. Pensez simplement aux milliers de variétés de roses. Sans la créativité des obtenteurs et le talent des jardiniers, elles n'auraient jamais vu le jour et le genre *Rosa* se contenterait de ses quelque 100 espèces. C'est le cas aussi au potager où les légumes s'améliorent sans cesse.

▲ Un simple point d'eau démontre de manière éclatante que le jardin est un biotope complexe et très profitable à la faune indigène.

Le jardin en mouvement

Au vu de tout ce qui a été dit précédemment, il apparaît d'évidence qu'un jardin est un monde complexe et en permanente évolution. Réussir un jardin c'est refuser une image figée, même si elle est idyllique. Déplacer, remplacer, modifier l'aspect des végétaux est une constante chez le jardinier. Le jardin n'est jamais le même, son aspect fluctue selon les saisons, mais aussi avec l'influence des conditions climatiques. Il y a des années plus propices que d'autres pour les prunes, les roses, les pommes de terre ou les feuillages d'automne. C'est le concept très contemporain du jardin en mouvement, qui subit à la fois les caprices de la nature et les fantaisies du jardinier.

Le jardin des cinq sens

Imaginé par le célèbre paysagiste Gilles Clément, cette idée d'un jardin où s'expriment tous nos sens est à la fois simple et ambitieuse. À l'évidence, chacun a envie d'admirer l'harmonie d'un beau massif, d'apprécier la caresse d'un feuillage duveteux, de s'extasier sur un parfum, de savourer un fruit juteux et sucré et de succomber à la mélodie du murmure de l'eau. Mais conjuguer toutes ces sensations à la fois, tout en leur permettant de s'exprimer sans se nuire, confine à l'art extrême.

On y parvient en multipliant les thèmes, en compartimentant le jardin, en intégrant dans le jardin d'ornement les plantes du verger et du potager, et surtout en sélectionnant les espèces.

Le jardin demain

Deux tendances opposées vont s'exprimer en matière de jardin dans les prochaines décennies. D'abord le renforcement de la définition de base, à savoir le lieu clos et planté. Face à l'insécurité des villes et à la croissance tentaculaire des grandes métropoles, le jardin est un havre de paix et de plaisir.

Mais il faut compter aussi sur la prise de conscience de la fragilité de la nature et la nécessité d'en réserver la richesse et l'authenticité. Certains jardins seront demain des conservatoires de l'écosystème, des zones protégées où la nature sauvage reprendra ses droits et où pourra être sauvegardée la flore locale ou ce qui en reste. Mais qui sait, peut-être que les deux tendances réussiront à cohabiter ? Ce serait un nouveau miracle réussi par les jardiniers.

▶ Le jardin est le moyen d'apprivoiser et de magnifier la nature en toute sérénité.

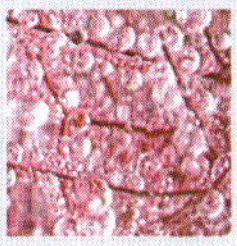 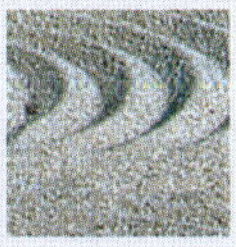 

COMPRENDRE LE JARDIN

Le jardin est un milieu sophistiqué qui met en scène la nature et la contraint à se plier à nos caprices. D'ailleurs, sur le plan écologique, on peut aller jusqu'à dire qu'il est une hérésie, puisqu'il élimine de manière systématique la quasi-totalité des espèces spontanées. Clin d'œil significatif, les plantes naturelles y prennent le nom de « mauvaises herbes », comme si la nature sauvage avait une mauvaise influence dans le jardin. Plutôt que de rechercher les bonnes plantes à adapter dans un type de terrain, nous préférons transformer la structure du sol afin de satisfaire nos caprices et nos goûts, quitte à les abreuver dès qu'il fait chaud, les abriter aux premiers frimas, bref, à les placer dans des conditions souvent artificielles pour qu'elles survivent. De plus, les plantes cultivées sont regroupées en massifs rassemblant des espèces originaires de contrées fort différentes, dont les exigences spécifiques sont parfois assez éloignées.

Toutes ces particularités font que les cycles et les équilibres naturels sont fortement bouleversés par les actions du jardinier. Mais en dépit de tous ces artifices, le jardin montre un surprenant respect pour la nature. Il l'embellit selon nos propres goûts, la façonne à travers des critères le plus souvent subjectifs comme l'esthétique, mais il respecte l'essentiel : la vie. C'est pourquoi un jardin bien équilibré est aussi un havre de paix et de bonheur pour la faune sauvage. Pour devenir un lieu de repos, de tranquillité et de beauté, le jardin se doit d'être la synthèse réussie de ses composantes naturelles, des rêves, de la volonté et des efforts du jardinier.

Les cycles naturels

La vie du jardin est soumise au rythme des saisons. Chacune marque une étape particulière dans le développement et la croissance des plantes et se caractérise par des conditions climatiques bien typées. Un jardin doit être décoratif tout au long de l'année, grâce à un choix judicieux des espèces utilisées.

ASTUCE TRUFFAUT

Pensez à utiliser en abondance des plants fleuris, pour bien marquer les différentes saisons et profiter en permanence d'un maximum de couleurs dans le jardin.

Les saisons

Printemps, été, automne, hiver, rythment la vie du jardin et les actions du jardinier. Le printemps est la période des semis et des plantations, le moment de la mise en place et de la préparation des cultures. C'est à cette période que tout se décide. En été, on profite de ses efforts, le jardin est à son apogée de floraisons. C'est la manne des récoltes au potager et au verger. En automne, le jardin tire sa révérence dans une explosion de feuillages colorés. C'est le temps des grands nettoyages et de certaines plantations. En hiver, les plantes se reposent, le jardinier surveille et protège ses cultures du froid.

Printemps, joli temps

Annonçant la fin de l'hiver, le printemps dure de l'équinoxe de mars jusqu'au solstice de juin, soit exactement 92,81 jours. Béni par les jardiniers, le printemps est caractérisé par un radoucissement des températures, il coïncide avec le redémarrage de la végétation, la nouvelle feuillaison des espèces caduques et la prolifération des premières fleurs. C'est une période d'intense activité dans le jardin (semis, plantations, tailles, etc.).

Été, chaleur et récoltes

Progression logique du printemps vers le beau temps et les fortes chaleurs, l'été commence au solstice de juin pour se terminer à l'équinoxe de septembre. C'est la saison la plus longue, avec une durée de 93 jours et 15 heures. Marqué par les vacances, l'été est l'apogée de la beauté du jardin avec de très nombreuses floraisons et surtout d'abondantes récoltes de légumes et de fruits. Côté activité, c'est une période d'entretien intense, avec surtout des arrosages et du désherbage.

Automne coloré

Moment de nostalgie, retour à la réalité du travail, après la détente des vacances, l'automne est sans doute une des plus belles saisons pour le jardin. Magie des feuillages qui s'enflamment, intensité des dernières floraisons, profusion des récoltes, c'est aussi le moment de penser à l'hiver avec les premières fraîcheurs qui rappellent la nécessité de protéger les plantes fragiles. C'est aussi une période privilégiée pour réussir les plantations des bulbes, des arbres et des arbustes. L'automne s'écoule entre l'équinoxe de septembre et le solstice de décembre. Sa durée moyenne est de 89 jours et 19 heures. Une de ses particularités est de débuter par des jours de longueur égale aux nuits, qui ensuite décroissent jusqu'à l'arrivée de l'hiver.

▲ Tulipes, bisannuelles et azalées symbolisent le printemps.

Hiver reposant et froid

Redouté pour ses frimas et ses précipitations souvent désagréables, l'hiver est fort heureusement la plus courte des saisons de l'hémisphère boréal. Il commence au solstice de décembre pour se terminer à l'équinoxe de mars. Sa durée moyenne est de 89 jours environ. Pendant cette période, la Terre se trouve sur son orbite la plus proche du soleil. Mais son inclinaison par rapport à notre étoile entraîne l'arrivée de rayons obliques assez peu efficaces sur le plan thermique. Les plantes ont cessé de croître. Elles sont en arrêt de végétation pour mieux résister aux basses températures. Côté jardin, c'est le moment de tout bien nettoyer.

▲ L'été : une profusion de fleurs.

▲ L'automne illumine le jardin de couleurs.

▲ En hiver, le jardin reste décoratif.

▲ L'observation du ciel est utile au jardinier. Il lui indique la prochaine évolution climatique.

La météo et le climat

Les caprices du ciel ont une influence très forte sur l'aspect de nos jardins. Ce n'est pas par hasard si les pelouses et les *mixed-borders* anglaises ont acquis une renommée internationale. Elles doivent en partie leur beauté au talent des paysagistes d'outre-Manche, mais aussi et surtout au climat tempéré et humide qui caractérise la plupart des régions de Grande-Bretagne. Rien n'est plus favorable à la croissance des plantes qu'un climat océanique, l'humidité atmosphérique étant un des facteurs principaux pour la prolifération des végétaux. En dépit de sa superficie relativement faible, la France montre des zones climatiques variées et bien marquées.

▼ La durée moyenne de l'insolation estivale par régions.

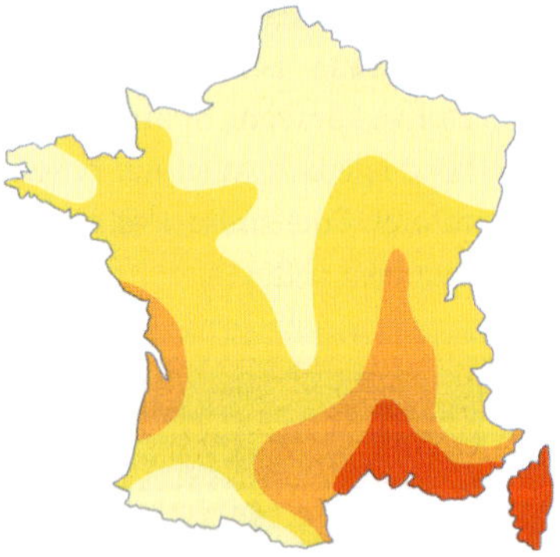

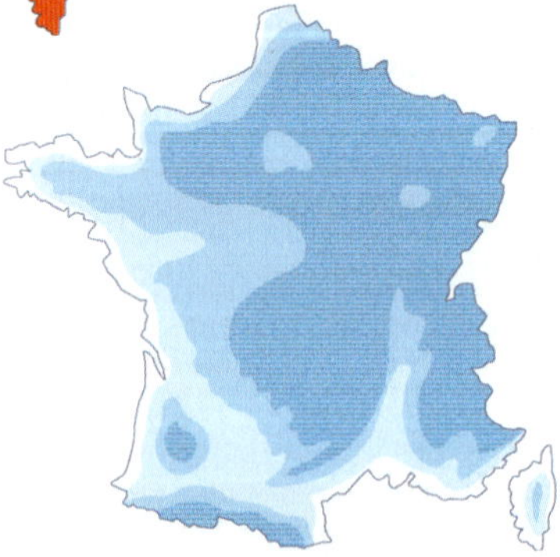

▲ La date moyenne de la dernière gelée par zones.

Le climat océanique

Influencé par les courants marins, c'est un juste équilibre entre douceur et humidité. La caractéristique principale est la faible amplitude thermique annuelle et des précipitations réparties tout au long de l'année. Ce sont toutes les régions côtières de l'ouest qui bénéficient de ce climat. Mais en raison de l'absence de barrières naturelles, son influence se fait sentir assez loin à l'intérieur des terres (jusqu'à une centaine de kilomètres). À titre d'exemple, Brest est sous l'influence caractéristique d'un climat océanique avec une moyenne de températures de 6 °C en janvier et de 16 °C en août.

Côté jardin, les climats océaniques sont les plus propices à la culture d'une très large palette de plantes et à l'introduction d'espèces délicates. Il suffit d'une exposition abritée des vents pour créer un microclimat favorable à la culture de végétaux d'origine subtropicale. Les mimosas et les eucalyptus, par exemple, poussent fort bien en Bretagne. Les régions océaniques peuvent avoir une avance de végétation de sept à dix jours sur la zone climatique de référence moyenne.

Le climat continental

Typique des régions d'Europe centrale, il se caractérise par les grandes différences de températures entre l'hiver et l'été et des saisons bien marquées. L'essentiel des précipitations est concentré sur l'hiver, avec une période d'enneigement non négligeable. La France n'est pas soumise à un climat continental aussi marqué que la Pologne, par exemple. Mais toute la moitié est de notre pays se trouve sous l'influence de ce type de climat. La Champagne, l'Alsace, la Franche-Comté, l'Auvergne, etc., sont des exemples caractéristiques. Les températures peuvent atteindre - 20 °C au cœur de l'hiver et dépasser les 30 °C en plein été. Côté jardin, il est impératif de choisir des plantes rustiques sous ces climats. Il faudra prévoir des protections hivernales sous forme de voiles, lits de paille ou de feuilles mortes, et un système d'arrosage efficace en été. Ces régions sont propices à la culture des plantes à croissance rapide. Elles réussissent aux fleurs à bulbes et aux arbres fruitiers.

Le retard du démarrage de la végétation est compris entre dix jours et vingt jours dans les régions de climat continental, comparé à la zone climatique moyenne de référence.

Le climat méditerranéen

Considérées comme des régions privilégiées, les zones côtières bordant la Méditerranée sont pourtant soumises à rude épreuve. Un été torride et sec, un hiver doux, mais souvent pluvieux, avec des vents dominants très violents. La moyenne des températures hivernales à Marseille est proche de 8 °C. Elle atteint 25 °C en août. Ce type de climat n'est pas spécifique de nos contrées. On le rencontre aussi dans la région du Cap en Afrique du Sud, au Chili, en Californie et autour de Perth et d'Adélaïde en Australie.

L'avantage pour le jardinier est la possibilité de cultiver un bon nombre d'espèces exotiques en les mettant à l'abri des vents. Cactées, plantes grasses, palmiers, agrumes, bougainvillées, se plaisent dans les régions méditerranéennes. On y rencontre aussi une flore spécifique, comme l'olivier, le chêne vert et le chêne-liège, la canne de Provence, la coronille, le cyprès, le pin parasol, le pittosporum, le laurier-rose, etc.

Les jardins méditerranéens ont un style et un aspect bien particuliers, du fait de la présence de plantes incultivables dans les autres régions de France. C'est sans doute ce qui fait leur charme, car ils nous dépaysent. Sur le plan pratique, il est important de les

▲ En montagne, les plantes sont plus petites.

cloisonner avec des haies pour créer des brise-vent efficaces et de prévoir un système d'arrosage automatique, afin de pallier les déficiences du ciel. Les méthodes et les périodes de culture sont différentes en raison de l'avance considérable que prend la végétation au printemps, et de sa très brève période de repos. Les régions soumises au climat méditerranéen ont une avance de végétation de 15 à 20 jours sur la zone climatique de référence moyenne.

Le climat montagnard

Le climat montagnard se caractérise par la longueur de l'hiver et la présence prolongée d'un manteau de neige ou d'un sol gelé. On le rencontre dans les régions situées au-delà de 500 m d'altitude, et plus on s'élève, plus ses particularités s'accentuent. Dans ces régions, les précipitations sont nettement supérieures à la moyenne. L'été est court et rarement très chaud, souvent ponctué d'orages violents. Les différences de température avec les zones de plaine sont très sensibles puisque l'on perd en moyenne 1 °C chaque fois que l'on s'élève de 300 m.

Le décalage dans le démarrage de la végétation peut dépasser un mois par rapport à la zone de référence moyenne. Côté jardin, il faut cultiver des plantes d'altitude, espèces qui se sont adaptées à ce type de climat, ou des annuelles à pousse très rapide, car la saison de culture est courte.

Le climat moyen

Ce n'est pas une réalité météorologique, mais une base pratique. On considère comme climat moyen de la France toute la zone de l'Île-de-France, de l'Orléanais et de la Touraine. Il s'agit de régions où s'équilibrent les influences océaniques et continentales. Elles sont considérées comme une base zéro pour les indications de périodes culturales et pour les dates des diverses interventions de jardinage. Ce postulat, commun à la plupart des ouvrages traitant du jardinage, a été adopté dans l'ensemble de ce livre pour des raisons de logique et de commodité.

▶ Sous une influence maritime, le climat s'humidifie et la température moyenne s'élève.

Les sols

À la fois support et source de nourriture pour les plantes, le sol est un milieu complexe où interfèrent des notions de chimie, de microbiologie, de physique que seule l'expérience du jardinier permet de bien contrôler. L'équilibre du sol est fragile, c'est pourquoi vous devez y prêter un soin tout particulier.

ASTUCE TRUFFAUT

Une terre n'est jamais parfaite, et surtout, elle évolue en permanence en fonction des plantes qu'elle supporte. Pensez à l'amender et la fertiliser pour chaque culture.

Les sols argileux

On dit qu'une terre est argileuse quand elle renferme de 30 à 45 % de sables très fins, réunis par de l'argile. Cette dernière est une roche sédimentaire pâteuse, dont les particules minuscules ont des propriétés colloïdales. L'argile joue le rôle d'un mortier qui agglutine tous les grains de sable en un amalgame compact. Elle présente aussi la particularité de coaguler le carbonate de chaux (calcaire), ce qui entraîne la formation de mottes.

Les terres argileuses sont lourdes, car elles se gorgent d'eau et se collent aux outils quand on les travaille. Ce sont des sols riches et fertiles, surtout en potasse, mais ils ont du mal à se réchauffer au printemps, entraînant des retards dans la végétation.

Améliorer les sols argileux

Des apports réguliers de matières organiques permettront d'enrichir la couche d'humus et d'alléger la terre. Un chaulage tous les trois ans, à raison de deux poignées de chaux éteinte par mètre carré, est fortement conseillé. En cas d'humidité stagnante, il faut envisager de mettre en place un système de drainage. Les labours s'effectueront en automne pour un ameublissement par le gel.

Les sols calcaires

Souvent considérées comme une calamité par les jardiniers, ces terres renferment de 12 à 30 % de carbonate de chaux. Ce dernier est toujours associé à de l'argile, ce qui donne des terres compactes, collantes et difficiles à travailler quand elles sont mouillées. Ces terres dites crayeuses se dessèchent rapidement en été, se craquelant de manière caractéristique. Un des aspects classiques des sols calcaires est la présence abondante de cailloux qui remontent en permanence à la surface et gênent le passage des outils. On peut reprocher aux terres calcaires une certaine instabilité qui favorise la pénétration de la gelée en profondeur, surtout au printemps. C'est pourquoi la végétation est plutôt tardive dans ce type de sol. Les éléments minéraux sont mal retenus. De ce fait, les terres calcaires sont plutôt pauvres, même si l'activité microbienne y est naturellement intense.

Le calcaire actif gêne souvent l'assimilation du fer chez les végétaux. Il s'ensuit une carence appelée chlorose, avec jaunissement caractéristique du feuillage, les nervures restant vertes.

Contrairement à une idée souvent répandue, les terres calcaires ne sont pas pauvres quand on sait bien les travailler. Le calcaire sert d'aliment aux plantes. Il favorise la décomposition de la matière organique et permet l'assimilation de certains engrais.

En raison de la présence de nombreux cailloux, il est toujours difficile de travailler les terres calcaires avec des outils motorisés (motobobineuse).

Améliorer les sols calcaires

La plupart des plantes d'ornement appréciées dans le jardin étant un peu calcifuges, la tâche primordiale est de corriger le pH, en faisant des apports massifs de matières organiques acides. La tourbe blonde ou la terre de bruyère siliceuse conviennent bien. L'humus améliorant la capacité de rétention en eau des terres calcaires, vous pouvez aussi utiliser du fumier de bovins bien décomposé. La mise en valeur d'un sol calcaire nouvellement acquis peut se faire par une culture d'engrais verts.

Il sera nécessaire de fertiliser régulièrement ces terres, car elles perdent assez vite leurs réserves nutritives. Évitez aussi les façons culturales trop profondes qui ont tendance à provoquer la remontée des pierres à la surface. Cultivez des plantes bien adaptées à ces sols : chou, cerisier, abricotier, noyer, forsythia, seringat, lilas, clématite, plantes de rocaille et, bien sûr, la vigne.

Connaître

▶ LA FLORE DES SOLS ARGILEUX

On reconnaît bien un sol argileux aux grosses mottes compactes et collantes qu'il forme. En raison de sa richesse naturelle, la flore spontanée y est sans doute moins caractéristique que dans les autres types de terre. Les plantes les plus fréquemment rencontrées sont des espèces appréciant l'humidité et un peu d'acidité.
Le liseron abonde et s'enracine profondément, de même que l'armoise, la grande oseille, le pissenlit et le tussilage (pas-d'âne). L'abondance des graminées est aussi un signe des terres argileuses, beaucoup de prairies naturelles se formant dans ce type de sol. Elles sont souvent accompagnées de légumineuses, notamment du trèfle et du lotier. Côté arbres et arbustes, les charmes, les hêtres et les chênes sont fréquents, ainsi que les houx, les prunelliers, les églantiers, les pommiers et les poiriers.

Le liseron est très envahissant.

Le pissenlit est facile à éliminer.

Le coquelicot est commun en sol calcaire.

La moutarde améliore le sol calcaire.

◀ LA FLORE DES SOLS CALCAIRES

Outre leur couleur claire, leur texture friable et la présence de cailloux, les terres calcaires sont assez faciles à reconnaître par la présence de la flore sauvage. Toutes les plantes qui y poussent spontanément sont dites calcicoles. La moutarde sauvage, le coquelicot, le bleuet, toutes sortes de chardons, les renoncules, le trèfle blanc, la camomille sauvage sont les plantes les plus communes dans les terres calcaires. Elles viennent souvent envahir les cultures et peuvent être parfois considérées comme des mauvaises herbes. Les arbres sont représentés par le noyer, l'érable, le cerisier, le tilleul, le sorbier, l'aubépine. La présence de clématite sauvage *(Clematis vitalba)* est significative d'un sol calcaire. S'il y a une bonne richesse en humus dans le sol, des violettes peuvent pousser en abondance. Côté conifères, l'if est très fréquent. Dans les sols argilo-calcaires, on rencontre aussi le chêne, le charme et le hêtre. Dans le Midi où les terres calcaires sont abondantes, la végétation se signale par une abondance de genévriers, de cistes de Montpellier et de pins laricio.

◀ La lande de Sologne avec ses bruyères et ses bouleaux est typique des sols sableux.

Les sols sableux

Appelés aussi sols siliceux, ils contiennent plus de 70 % de sable siliceux aux grains plus ou moins fins. Ces terres sont faciles à travailler, car les outils s'y enfoncent sans difficulté et parce qu'elles ne collent pas. En revanche, elles sont très instables, car leurs particules légères s'envolent sous l'effet du vent. Très perméables, les terres sableuses ont du mal à retenir l'eau qui passe au travers comme dans un filtre, entraînant sur son passage les matières fertilisantes minérales. Cela explique pourquoi les sols siliceux sont rarement très fertiles et nécessitent un entretien permanent.

Connaître

▶ LA FLORE DES SOLS SABLEUX

La bruyère tétragone aime le sable.

L'ajonc, très épineux, vit en sol sec.

Les terres siliceuses sont une aubaine pour le jardinier qui peut les transformer assez facilement en sol de grande qualité pour la plupart des plantes d'ornement. On reconnaît la tendance sableuse d'un sol à la présence de plantes qui aiment l'acidité et supportent bien la sécheresse. Les plus caractéristiques sont : la digitale, l'ajonc, le genêt, la fougère, la bruyère. Certaines de ces plantes attestent de la présence d'humus. La giroflée ravenelle et la petite oseille sont aussi présentes dans ce type de sol, de même que l'armoise et certaines graminées. Côté grands végétaux ligneux, la présence de châtaignier, bouleau, peuplier, pin maritime, est significative. Au jardin, vous cultiverez de préférence les espèces acidophiles comme les hortensias, camélias, rhododendrons, toutes les sortes de fougères, les anémones du Japon, les andromèdes, etc. N'oubliez par que les sols sableux constituent des terrains privilégiés pour réussir tous les bulbes.

La présence de mousse indique humus, humidité et acidité.

Les fougères sont abondantes dans les sols humifères, à l'ombre.

◀ LA FLORE DES SOLS HUMIFÈRES

Toutes les plantes que l'on rencontre spontanément en forêt sont typiques des sols riches en humus. Les plus courantes sont les fougères, les bruyères, les genêts, et dans les zones très humides la mousse, les plantes carnivores (Drosera), les joncs, les carex, les roseaux. Si l'humus s'associe à du sable, vous avez toutes les chances de rencontrer des colchiques et des cyclamens d'Europe, souvent des ronces. Dans les terres qui mêlent humus et argile, on trouve une végétation plus abondante dominée par les aulnes, les saules et les peupliers. Si la saison est pluvieuse, les champignons se développent en abondance. Dans les jardins, où sont pratiquées habituellement les fumures organiques, on redoutera les invasions de prêles, des plantes assez décoratives, mais dont il est difficile de se débarrasser. Côté plantes ornementales, toutes les espèces dites de terre de bruyère conviennent à merveille, de même que la culture des salades de toutes sortes.

L'aspect des sables est très différent d'une terre à l'autre. Certains sont fins, et ce sont les meilleurs ; d'autres prennent la forme de gros grains et de cailloux et ils ont une valeur médiocre pour la culture. Les sols sableux se réchauffent vite, ce qui améliore la précocité des cultures, mais il convient de prendre garde aux risques de sécheresse en été.

Améliorer les sols sableux

Il faut commencer par apporter une quantité importante de matière organique qui va jouer un rôle modérateur et servir d'éponge naturelle pour retenir l'eau et les matières fertilisantes. Beaucoup de sols siliceux étant acides, utilisez de préférence des fumiers décomposés plutôt que des produits tourbeux. Si le sable est quasiment pur, vous pouvez envisager des apports de terre limoneuse argilo-calcaire. Cette terre sera épandue en couche uniforme de 10 cm d'épaisseur sur le sol d'origine et incorporée à l'aide d'une motobineuse, dont les fraises rotatives permettent un mélange homogène.

Installez un système d'arrosage automatique dans les terres sableuses et programmez une distribution fréquente de l'eau, mais en quantité assez faible. Vous éviterez ainsi les déperditions inutiles. La fertilisation se fera pendant la végétation, avec des engrais à action rapide qui sont assimilés tout de suite par les plantes, sans risque de lessivage.

Les sols humifères

On pourrait les appeler terres de forêt, car elles se forment souvent sous le couvert des arbres. Constituées de la décomposition des matières organiques végétales, ces terres sont très riches en humus (au moins 20 %), le reste étant constitué de sable et d'argile. En général, leur réaction est acide.

Les terres humifères sont toujours de couleur foncée. L'exemple le plus connu est le terreau qui provient de la transformation des débris végétaux. Les terres qui se forment sur un sous-sol imperméable sont souvent gorgées d'eau, car l'humus peut retenir plus de 100 % de son propre poids en eau. On qualifie ces terres noires et détrempées de marécageuses. Elles sont alors peu propices à la mise en culture sans un assainissement coûteux.

Riche en carbone et en azote organique, l'humus intervient de manière importante dans l'alimentation des plantes. Il agit comme une réserve nutritive, en transformant la matière organique, non assimilable par les plantes, en éléments minéraux dont elle va se nourrir. Les terres humifères se réchauffent rapidement et donnent une végétation précoce. Elles se dessèchent vite en été, d'où la nécessité de prévoir des systèmes d'arrosage automatique.

▲ Les terrains forestiers sont caractéristiques des terres humifères, où l'environnement est très fragile et instable.

Améliorer les sols humifères

Cela passe obligatoirement par un chaulage, tous les deux ou trois ans, pour rapprocher le pH de la neutralité. Il faut ensuite envisager des apports de terre argilo-calcaire afin de redonner du corps et un lien à ce sol par trop instable. L'assainissement par drainage des zones trop humides est aussi obligatoire, sinon elles demeurent incultivables.

Les façons culturales doivent être de préférence superficielles et effectuées plutôt au printemps. Il vous faudra prévoir des apports d'engrais minéraux réguliers, si possible riches en phosphates et surtout dans des formules qui soient immédiatement assimilables. Enfin, n'oubliez pas de stabiliser ces terres par le passage régulier d'un rouleau.

▲ L'azote (N) accélère la pousse des feuilles et des tiges.

Les éléments de la fertilité

Les plantes sont de véritables usines chimiques qui utilisent pour se nourrir certains éléments minéraux du sol. Les racines puisent les substances sous forme liquide et les véhiculent jusqu'aux feuilles qui se chargent, grâce à leur chlorophylle, et en présence de lumière, de la transformation en matières organiques « consommables ». En apparence simple, la fonction nutritionnelle de la plante est compliquée à cause de tout ce qui se passe dans le sol et qu'elle ne peut pas contrôler. C'est au jardinier d'apporter à ses cultures tout ce dont elles ont besoin sous la forme la plus facilement assimilable.

L'azote (N)

Gaz inerte contenu à 79 % dans l'air atmosphérique, l'azote est l'élément de base de toute la nutrition végétale. Il est désigné sur les boîtes d'engrais par son symbole chimique : N. La plupart des plantes ne peuvent absorber l'azote de l'air. Seules les légumineuses font exception, grâce à la présence de bactéries particulières sur leurs racines. Dans le sol, l'azote se trouve sous trois formes distinctes : l'azote organique, provenant directement de la décomposition des matières vivantes, l'azote ammoniacal, qui est le stade intermédiaire de la minéralisation et l'azote nitrique, soluble et instable, qui peut être utilisé directement par les plantes.

L'azote entre dans la composition de tous les tissus végétaux. C'est la substance de croissance, celle qui accélère le développement des feuilles et des tiges. Très facilement entraîné dans les couches profondes du sol par les pluies ou les eaux d'arrosage, l'azote doit être apporté régulièrement aux plantes, car le sol a beaucoup de mal à le fixer dans sa forme assimilable. Les engrais complets utilisés dans un jardin contiennent de l'azote. On le trouve en général

▲ L'acide phosphorique (P) agit sur la floraison.

▲ La potasse (K) rend des fruits goûteux.

LE SAVIEZ-VOUS ?

LA RÉACTION CHIMIQUE DU SOL

La terre, comme toute autre matière, réagit sur le plan chimique de manière neutre, alcaline (on dit aussi basique), ou acide. La mesure de cette réaction est définie par le pH ou potentiel hydrogène. Le pH a une grande importance sur la nutrition des plantes, car c'est de lui que dépend ou non la possibilité d'assimilation des éléments minéraux.

Les meilleures terres de jardin ont un pH proche de la neutralité, de préférence légèrement acide. Sur l'échelle de mesure du pH la neutralité parfaite est de 7. On considère toutefois qu'une terre est neutre quand son pH est compris entre 6,5 et 7,5. Au-dessus de 8, le sol est fortement basique et nécessite obligatoirement un amendement de tourbe acide. En dessous de 5, on se trouve dans des terres très acides qui conviennent, par exemple, aux rhododendrons.

La mesure du pH d'un sol peut s'effectuer à l'aide de kits d'analyse comprenant des réactifs colorés. Pour obtenir une bonne mesure, il faut utiliser des échantillons de terre sèche.

sous plusieurs formes, afin que leur action soit de plus longue durée. Attention, évitez les excès d'azote. Ils risquent de provoquer un déséquilibre dans la végétation.

L'acide phosphorique (P)

Le phosphore joue un rôle important dans le développement du système racinaire de la plante. Cette dernière l'absorbe sous forme d'anhydride phosphorique (P_2O_5), plus communément désigné sous le terme générique d'acide phosphorique. Sur les boîtes d'engrais, il est symbolisé par la lettre P. Le phosphore est l'élément majeur de la floraison, dont il hâte la précocité. C'est un agent favorable à la bonne fécondation et un élément de résistance naturelle aux maladies très important. Dans le sol, le phosphore est souvent combiné avec de la chaux. Les acides organiques contenus dans l'humus parviennent à le rendre soluble, donc assimilable. Plus les engrais phosphatés sont finement moulus et bien mélangés avec la terre, et plus la plante peut en disposer aisément.

Le potassium (K)

Très important pour la fructification, cet élément est utilisé par les plantes sous forme de monoxyde de potassium (K_2O) désigné plus souvent sous le terme de potasse. Il est symbolisé sur les boîtes d'engrais par la lettre K. La potasse favorise la formation des réserves et donne leur goût bien sucré aux fruits. C'est l'élément majeur de la qualité. Elle gère aussi l'accumulation des sucres sous forme d'amidon dans les grains, les tubercules et les racines. La présence de potasse est aussi nécessaire dans l'utilisation de l'azote par la plante. Elle donne leur rigidité aux tiges et aux branches et joue aussi un rôle dans la résistance aux maladies.

La potasse est un élément naturellement soluble, mais le sol a tendance à le retenir par son pouvoir absorbant. Les terres argileuses sont naturellement riches en potasse. En revanche, celles qui manquent de calcaire en sont pratiquement dépourvues.

▲ Un manque d'oligo-éléments perturbe la plante et provoque une carence.

Les oligo-éléments

Ces substances chimiques contenues en quantités souvent infinitésimales dans le sol ont été conjuguées à tous les temps par les marques d'engrais, sans jamais expliquer vraiment leur rôle. Il est tellement complexe qu'on ne sait pas toujours l'expliquer en détail. Le fait est que, sans ces oligo-éléments, la plante se carence et dépérit. Le magnésium, absorbé sous forme d'oxyde (magnésie), est un constituant primordial de la chlorophylle. Il agit aussi sur la floraison. Le fer sert à la synthèse de la chlorophylle : l'excès de calcaire empêche son assimilation. Le bore contribue à la formation des sucres et de la cellulose, il manque souvent dans les sols calcaires. Le zinc intervient dans la croissance ; le cuivre et le molybdène dans l'assimilation de l'azote et de la potasse.

LE BON GESTE

Un kit d'analyse pour le pH.

◀ **ANALYSER LA TERRE**

Si la flore spontanée, l'apparence, la texture et le toucher de la terre peuvent donner des indications sur sa nature physique, seule une analyse approfondie permet d'en connaître la composition et la réaction chimiques pour en connaître la fertilité.
La solution la plus complète consiste à confier des échantillons de terre à un laboratoire spécialisé dans l'analyse agricole. Il pourra vous fournir un bilan détaillé de votre sol indiquant même le pourcentage des principaux oligo-éléments. Pour obtenir une analyse assez précise, il convient d'effectuer diverses ponctions en plusieurs endroits du jardin. Mélangez ensuite les échantillons obtenus de manière aussi homogène que possible et confiez au laboratoire un échantillon d'environ un kilo. Il ne doit y avoir ni herbe ni larves pour que l'analyse se déroule dans les meilleures conditions.
Si vous n'êtes pas curieux de connaître les moindres détails de la nature de votre terre, vous pouvez pratiquer vous-même l'analyse grâce à des kits que l'on trouve dans le commerce. Ils fonctionnent à partir de réactifs colorés, dont la teinte vire selon la présence de tel ou tel élément dans le sol. Ce type de test est assez fiable en ce qui concerne le pH. Il peut aussi vous indiquer la richesse dans les principaux éléments fertilisants.

Le jardin au naturel

Désireux de respecter son environnement et de protéger la nature, le jardinier d'aujourd'hui est tenté de remettre en question les techniques de jardinage qui font appel aux produits de l'industrie. Il cherche à privilégier des méthodes dites « douces », qui intègrent le jardin dans un concept écologique global.

ASTUCE TRUFFAUT

L'eau étant un des plus grands enjeux économiques et humains du XXIe siècle, toutes les méthodes qui permettent de l'économiser au jardin sont les bienvenues. La pose d'un paillis organique de 10 cm d'épaisseur autour des cultures réduit très sensiblement l'évaporation et maintient le sol frais.

La voix de la raison

Vouloir bannir d'un revers de main tous les produits et les techniques modernes sous prétexte de respecter la nature, c'est tout simplement gommer cent siècles de civilisation ! En revanche, utiliser aveuglément la technologie, sans se soucier de l'impact de nos actions sur l'environnement, est aujourd'hui totalement irresponsable.

C'est en se basant sur ce constat simple que doit s'inscrire une approche raisonnable mais moderne du jardinage. Il est inimaginable de vouloir « retourner à la nature », ce qui serait revenir au stade de l'homme des cavernes. En revanche, il est grand temps de prendre conscience de notre responsabilité dans la dégradation des espaces naturels et des éléments moteurs de la vie (notamment l'air et l'eau). C'est dans ce contexte que s'inscrit le jardinage durable.

Attention en revanche de ne pas céder aux chimères du « bio-intégrisme ». On ne peut pas obtenir de résultats pérennes dans un jardin sans jamais nourrir les plantes ou les soigner. De plus, il faut se défaire de l'idée fausse insinuant que dans la mesure où un produit est naturel, il est sain et sans danger. Les pires poisons se trouvent dans la nature, souvent sous la forme innocente de jolies fleurs...

Les grands principes

Le jardinage au naturel est basé sur l'équilibre qui s'instaure lorsque les conditions de vie d'un milieu donné ont réussi à atteindre l'harmonie. Cela signifie qu'il faut que tous les ingrédients soient présents dans la recette afin d'éviter tout risque de déséquilibre qui déclenche une catastrophe.

Par exemple, l'amélioration du sol doit privilégier la dégradation naturelle des matières organiques et minérales par les micro-organismes. C'est un processus lent et complexe, mais qui tend à produire une terre vivante et fertile.

Dans le même esprit, on ne cherchera pas à éradiquer les ennemis des cultures, mais à les attirer sur d'autres végétaux ou à faire en sorte que leur population soit maintenue à un niveau supportable pour les végétaux cultivés.

Sept bonnes pratiques

Respectez ces quelques conseils de base de manière à pratiquer un jardinage « raisonnablement bio ».

- **Privilégier les plantes solides.** C'est-à-dire les espèces rustiques, bien adaptées au climat local et au sol d'origine de votre jardin.
- **Jouer la biodiversité.** En évitant la dominance de certaines espèces. Par exemple, bannissez la haie monospécifique pour privilégier la haie vive, composée de diverses sortes d'arbustes. Préférez à la roseraie une intégration des rosiers dans les divers massifs de plantes vivaces et d'arbustes.
- **Accueillir la vie.** En plantant des végétaux qui attirent les animaux utiles pour le jardinier (hérissons, oiseaux insectivores, grenouilles, crapauds, abeilles, etc.). Les arbustes à baies et les fleurs mellifères sont indispensables.
- **Respecter la rotation des cultures.** En faisant se succéder des plantes qui ne puisent pas les mêmes types de minéraux dans le sol et ne risquent donc pas de provoquer une carence à la longue.
- **Utiliser les plantes compagnes.** Ce sont celles dont la présence est bénéfique à d'autres, souvent parce qu'elles éloignent leurs ennemis, comme l'œillet d'Inde qui est répulsif pour les pucerons et les nématodes (vers du sol), ou la bourrache et la prêle qui réduisent la prolifération de nombre d'insectes.
- **Effectuer des traitements doux.** Utilisez des produits non toxiques comme les pyrèthres naturels et savon noir liquide comme insecticides, soufre et bouillie bordelaise (cuivre) comme fongicides, goudron végétal (goudron de Norvège) comme mastic à cicatriser.
- **Fabriquer son compost.** Le recyclage est un des principes du jardinage au naturel. Toutes les matières végétales (tontes, feuilles, branches broyées, épluchures, etc.) ou animales (fumier) pouvant être récupérées sont compostées.

▲ Les œillets d'Inde éloignent les pucerons.

▲ Le marc de café apporte des oligo éléments.

▲ Une tige de tomate posée sur un chou est un répulsif pour la piéride.

LE BON GESTE

LE PURIN D'ORTIE

Consistant à faire macérer 1 kg d'orties dans 10 l d'eau, durant une quinzaine de jours dans un récipient non métallique, le purin d'orties est un bon fortifiant végétal qui stimule la croissance et la résistance naturelle contre les ennemis et les maladies. Cette macération (1) très malodorante est réalisée avec la grande ortie *(Urtica dioica)*, une plante qui prospère dans les sols humifères, frais et riches. Une fois le purin d'ortie prêt, il faut le filtrer (2) et toujours l'employer dilué entre 20 et 50 % selon les cultures à fertiliser. Les jardiniers « bio » n'hésitent pas à parler « d'élixir végétal ». Ils jettent des orties sur leur tas de compost pour accélérer le processus de décomposition. Les orties hachées sont utilisées en couverture des sols calcaires pour améliorer l'assimilation du fer par les plantes.

1

2

Jardiner avec la Lune

L'influence de la Lune se fait sentir sur la Terre dans de nombreux domaines. Au jardin, l'observation semble montrer qu'il existe des interactions complexes entre les mouvements de cette planète et la croissance des plantes. Certains jardiniers en ont déduit quelques principes fondamentaux de culture.

ASTUCE TRUFFAUT

La batavia est considérée comme une des plantes les plus sensibles aux cycles lunaires. On dit qu'il faut la semer et la repiquer la veille de la pleine lune sinon les récoltes peuvent être divisés par trois ! Pour éviter que la laitue ne monte à graines, on conseille de la semer le quatrième jour avant la pleine lune. À vos calendriers !

Un monde empirique

La Lune a depuis toujours inspiré les jardiniers. En raison de son cycle particulier qui agit sur les marées, voire sur le caractère des humains, notre satellite naturel influence certainement aussi la croissance des plantes. Mais il n'existe aucune étude scientifique permettant de préciser l'interaction précise des cultures avec la Lune. Toutes les données sur le sujet sont donc empiriques, pour ne pas dire souvent fantaisistes, surtout lorsqu'elles se doublent avec des considérations zodiacales. Le calendrier lunaire est divisé en treize lunaisons commençant en mars et dont la dernière est toujours incomplète.

Mouvements lunaires

La Lune effectuant une ellipse autour de la Terre, sa position apparente dans le ciel n'est jamais la même. À partir de la pleine lune et durant un peu plus de 13 jours, l'astre effectue un mouvement ascendant (lune montante), qui s'inverse ensuite pour une durée similaire (lune descendante). Ce sont ces deux phases bien particulières qui sont prises en compte par les jardiniers.

Pour déterminer si la Lune est montante ou descendante, commencez par repérer son emplacement par rapport à un élément fixe du paysage. Puis, vingt-six heures plus tard, observez-la à nouveau du même endroit. Si la Lune

▲ Semez les oignons en lune descendante.

apparaît plus haute que le point de repère, elle est en phase montante ; si elle semble plus basse, elle se trouve en phase descendante.

Ne confondez pas lune montante et descendante avec lune croissante et décroissante. Le phénomène croissant et décroissant correspond à la modification de l'aspect du disque lunaire par rapport à l'éclairage qu'il reçoit (pleine lune, demi-lune, premier quartier, sans lune, second quartier). Ce mouvement apparent a beaucoup moins d'interaction avec les plantes que le cycle montant et descendant.

Un principe simple

Un repère mnémotechnique permet d'accorder sans difficulté vos opérations de jardinage avec la Lune : plantez et récoltez en phase descendante les légumes « de terre », c'est-à-dire les légumes racines, les oignons, les poireaux, les pommes de terre, l'ail.
Opérez en phase montante avec les légumes « de ciel » comme les salades, les cucurbitacées, les tomates. Les semis se réalisent surtout « lune montante », pour stimuler le phénomène de croissance. On dit également que les traitements sont beaucoup plus efficaces lorsque la Lune est ascendante. Les tailles et les greffes sont plutôt pratiquées en phase descendante, de même que tous les travaux relatifs à la préparation du sol et à la fertilisation.

▲ Les salades se plantent en lune montante.

La lune rousse

Cette période particulière commence à la nouvelle lune qui suit Pâques et finit à la nouvelle lune suivante, soit une durée de trois semaines à un mois environ, comprise entre le 15/20 avril et le 10/20 mai. Durant l'époque de la lune rousse, il est fréquent que les jeunes pousses des plantes soient « roussies », en raison des forts écarts de température qui sont enregistrées entre le jour et la nuit. Certains disent aussi à cause du rayonnement de la pleine lune.

Un peu d'astrologie

Il existe 12 groupes d'étoiles, les constellations zodiacales, devant lesquels passe toujours la Lune lors de son périple autour de la Terre. Certains jardiniers ont constaté que chaque constellation influençait les plantes de façon spécifique sur les racines, sur les feuilles, sur les fleurs ou sur les fruits.
La Lune agirait sur les racines et les tubercules lorsqu'elle « traverse » le Taureau, la Vierge, le Capricorne. Elle bénéficie aux feuilles, aux tiges et aux branches lorsqu'elle est en phase avec le Cancer, le Scorpion et les Poissons. Elle profite aux fleurs lorsqu'elle se trouve devant le Cancer, le Scorpion et les Poissons. Les fruits et les graines profitent de l'alignement de la Lune avec le Bélier, le Lion et le Sagittaire.

LE SAVIEZ-VOUS ?

LES CYCLES LUNAIRES

Satellite naturel de la Terre, la Lune est née, il y a 4,6 milliards d'années, en même temps que notre planète. C'est un astre de 3 476 km de diamètre, dont la température à la surface varie de + 120 à -180 °C. Sa distance par rapport à la Terre varie. Elle est au minimum de 356 375 km, et au maximum de 406 720 km. La Lune tourne sur elle-même, mais sa rotation s'accomplit dans le même temps et le même sens que la révolution sidérale, c'est-à-dire l'intervalle de temps qui sépare deux passages consécutifs de la planète sur le même point de son orbite. En conséquence, la Lune expose toujours la même face en direction de la Terre. Le cycle lunaire, c'est-à-dire le temps de circonvolution de la Lune autour de la Terre est de 27 j 12 h 43 mn 11,5 s.
Le mois lunaire, (ou lunaison), c'est-à-dire la période qui sépare deux pleines lunes est en moyenne de 29,53 jours.

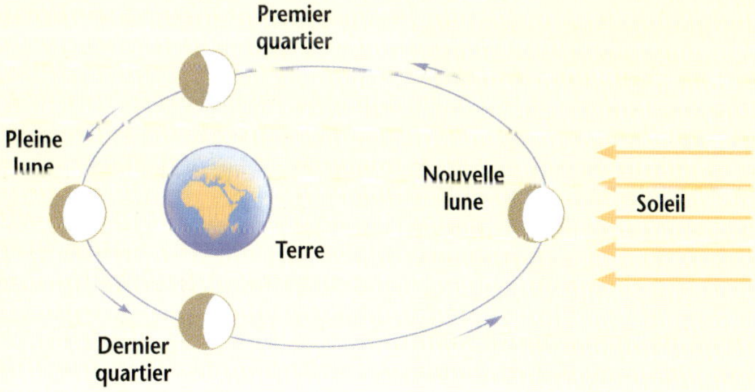

Qu'est-ce qu'une plante ?

Pour la plupart des gens, la définition d'une plante se limite souvent à : « un être vivant de couleur verte ». Pourtant, parmi les divers éléments qui caractérisent un végétal, les racines, les feuilles, les bourgeons, les fleurs et les fruits sont des organes spécifiques qui permettent de le distinguer à coup sûr.

ASTUCE TRUFFAUT

Les graines (ici *Paeonia mlokosewitschii*) ne transmettent pas toujours fidèlement les caractères de la plante sur laquelle on les a prélevées. En effet, elles sont le résultat d'une fécondation et leur génome est la combinaison de celui de leurs deux parents. Seule la multiplication végétative (bouture, greffe) vous garantit une bonne conformité.

450 000 plantes supérieures

Le monde végétal est une importante division du règne vivant qui regroupe les plantes. Ce sont des êtres, le plus souvent chlorophylliens et fixés au sol, dotés d'une mobilité réduite, qui présentent la particularité de se nourrir de sels minéraux et de gaz carbonique.

Les botanistes estiment le nombre d'espèces de plantes entre 350 000 et 450 000, dont 250 000 à fleurs.

Les végétaux possèdent en commun avec les animaux la présence dans leurs cellules de bactéries captives. Appelées mitochondries, elle produisent de l'énergie biochimique, en synthétisant l'adénosine triphosphate.

Les chloroplastes, qui sont également des bactéries, ne se trouvent que chez les végétaux. Ils contiennent la chlorophylle. Ce phénomène d'association de deux êtres, vivant l'un dans l'autre sans relation de parasitisme, mais dans le cadre d'échanges profitables à chacun, s'appelle l'endosymbiose.

Les scientifiques classent aujourd'hui les champignons dans une branche spécifique qui est considérée plus proche des animaux que des plantes.

Ce que nous nommons communément « plantes » est désigné dans le langage scientifique par « Trachéophytes », à savoir : prêles, fougères, Gymnospermes et Angiospermes (plantes à fleurs).

La fleur est l'organe sexuel de la plante
La partie externe de la fleur est formée de **sépales**, généralement verts, dont l'ensemble est appelé le **calice** ; et de **pétales**, le plus souvent colorés, qui constituent la **corolle**. Les fleurs sont portées par un **pédoncule**. Elles peuvent être solitaires ou regroupées à plusieurs en une inflorescence (grappe, épi, panicule, cyme, corymbe, ombelle, etc.).

Les étamines sont mâles, les carpelles femelles
Élément mâle de la fleur, l'**étamine** est formée par une partie filiforme, le **filet**, qui porte à son extrémité des sacs, les **anthères**, qui libéreront le pollen le moment venu. Le **carpelle** est constitué d'une partie ronde, l'ovaire, qui contient l'ovule. À son extrémité, le **stigmate** est la partie collante où se dépose le pollen. L'ensemble des carpelles constitue le **pistil**.

LE SAVIEZ-VOUS ?

LES NOMS DES PLANTES

Les botanistes utilisent une nomenclature latine pour distinguer et nommer les plantes, ce qui permet d'utiliser les mêmes noms dans tous les pays du monde. Le principe est assez simple. Les plantes dont les caractères sont très voisins et que l'on pourrait qualifier de sœurs, nièces ou cousines germaines, portent un nom propre que l'on appelle le genre : par exemple, *Campanula*. Les différentes *Campanula* ont un prénom que l'on désigne par espèce, comme : *Campanula medium*, *C. glomerata*, *C. lactiflora*. Les genres voisins, aux noms différents, *Codonopsis*, *Platycodon*, etc., sont réunis dans une même famille *(Campanulaceae)*.

La feuille alimente la plante en sucres
La couleur verte signale la présence de **chlorophylle**, pigment responsable de la photosynthèse. Par ce phénomène spécifique des plantes, le gaz carbonique de l'air, avec l'eau du sol, est transformé en oxygène et en sucres, en utilisant l'énergie solaire. La feuille assure aussi la respiration et la transpiration.

Le bourgeon donnera une feuille ou une fleur
À l'endroit où la feuille est attachée à la tige se trouve un **bourgeon** (œil axillaire), qui peut évoluer en **tige** feuillée ou en **fleur**. On trouve à l'extrémité de la tige un bourgeon plus gros, le bouton terminal, qui assure la croissance.

La tige porte les feuilles et les bourgeons
Qualifiée d'**herbacée** lorsqu'elle est tendre ou de **ligneuse** si elle est rigide, la tige est plus ou moins développée selon les plantes. Le tronc d'un arbre est aussi une tige. Elle contient des tissus conducteurs de sève brute (eau chargée de sels minéraux), véhiculée jusqu'aux feuilles.

Les racines fixent la plante et absorbent l'eau
Plus ou moins blanchâtres et ramifiées, les racines développent à leur extrémité des **poils** qui permettent l'absorption de l'eau et des matières minérales du sol. Les grosses racines principales sont nommées **pivot** (carotte).

L'air et l'eau

Éléments indispensables à la vie, l'air et l'eau jouent un rôle capital pour les plantes. Dans le jardin, il n'est pas toujours facile de les maîtriser car ils font partie du milieu naturel. L'air assure à la fois la respiration et la nutrition des végétaux, tandis que l'eau leur permet de puiser les sels minéraux du sol.

ASTUCE TRUFFAUT

Dans les jardins de ville et les zones où l'air est pollué ou chargé de particules, privilégiez les plants au feuillage épais et vernissé comme le houx, le mahonia, l'aucuba, l'osmanthus, etc. La couche cireuse, qui recouvre ce type de feuilles, les protège très efficacement contre les effets des polluants atmosphériques et des fumées.

De l'air sans courants d'air

L'air est le mélange gazeux qui constitue l'atmosphère terrestre. Il est composé en majorité d'azote (entre 78 et 79 %), d'oxygène (environ 21 %) de gaz carbonique (environ 0,03 %) et de différents gaz rares : argon, hélium, krypton, néon, xénon. L'air renferme aussi un pourcentage variable de vapeur d'eau, de l'hydrogène et de l'ozone. Un litre d'air pèse 1,293 g.

L'air est utilisé par tous les êtres vivants pour la respiration qui se traduit par une consommation d'oxygène (O_2) et un rejet de gaz carbonique (CO_2). Mais grâce au phénomène de photosynthèse (ou assimilation chlorophyllienne), les plantes sont capables de prélever le gaz carbonique de l'air et de produire de l'oxygène. Elles jouent donc un rôle épurateur de l'air de tout premier ordre.

▲ La pluie est l'apport d'eau le plus bénéfique.

Dans le jardin, il faut installer les végétaux dans des endroits bien aérés, suffisamment espacés pour que la circulation de l'air s'effectue sans contrainte. En effet, les lieux confinés sont propices au développement de nombreuses maladies cryptogamiques.

Si vous constatez un développement chétif avec un feuillage épars et parfois même des marques brunes, il est possible que la plante soit mal exposée. Il suffit bien souvent de placer un coupe-vent à proximité (grillage à maille fine, arbuste persistant résistant) pour que tout rendre dans l'ordre.

Les brise-vent

Dans les zones exposées aux forts mouvements d'air, il est indispensable de protéger le jardin avec des brise-vent. Contrairement à une idée reçue, un mur ou une palissade est le plus mauvais des brise-vent. L'air remonte le long de toute clôture étanche, accélérant sa vitesse au passage. Il poursuit sa course sans être freiné, créant même des tourbillons sur une distance égale à deux fois la hauteur du mur.

Un bon brise-vent doit avant tout être perméable, son rôle étant de ralentir le flux d'air, en l'obligeant à effectuer un parcours complexe, par exemple dans une ramure très dense. En fonction de son épaisseur et de sa constitution, elle peut assurer une protection contre le vent sur une distance comprise entre 20 et 30 fois sa hauteur. Cela signifie qu'un rideau végétal de 3 m de haut est efficace sur 60 à 90 m de long, ce qui suffit à la plupart des jardins.

Une plante, c'est de l'eau

Constituant majoritaire de tous les êtres vivants, l'eau est présente chez les végétaux entre 90 % (feuille tendre, fruit) et 15 % (graine fine). L'eau du sol contenant des matières minérales dissoutes est absorbée par les racines (sève brute). Puis, au niveau des feuilles, elle s'enrichit de carbone et de sucres sous l'effet de la photosynthèse, devenant la sève élaborée. On estime qu'une plante a besoin de 300 à 700 g d'eau pour fabriquer 1 g de masse végétale sèche.

La consommation d'eau par les végétaux se fait également par évaporation. On estime qu'un grand arbre adulte, couvert de 700 000 feuilles, évapore jusqu'à 1 000 m^3 d'eau (1 million de litres) entre avril et septembre. Cette déperdition est nécessaire pour que le vide créé dans les vaisseaux provoque un phénomène de dépression qui enclenche le pompage par les racines.

▲ Haubanez les conifères dans les lieux ventés.

L'eau dans le sol et l'air

La terre du jardin joue naturellement un rôle de réservoir d'eau. Le pouvoir de rétention en eau du sol est lié à sa constitution physique. Plus les particules sont petites et plus elles retiennent l'eau (par tension moléculaire), mais sans permettre aux plantes d'en disposer aisément. C'est l'eau contenue dans les interstices se trouvant entre les particules terreuses qui est surtout captée par les racines. Il est donc important que la terre du jardin soit composée de différentes matières aux textures variées.

On considère qu'une terre argileuse retient jusqu'à 150 l d'eau/m^3, tandis qu'un sol sableux n'en garde que 20 l. Seuls 20 à 30 % de cette eau sont immédiatement assimilable par les cultures.

La vapeur d'eau contenue dans l'air (hygrométrie) est aussi très utile aux plantes car elle limite leur transpiration ; mais en excès elle favorise le développement des maladies cryptogamiques.

LE SAVIEZ-VOUS ?

LE VENT EST REDOUTABLE

Mouvement d'air plus ou moins rapide se déplaçant d'une zone de hautes pressions vers une zone de basses pressions, le vent est un phénomène localisé qui peut dans certains cas prendre beaucoup d'ampleur (par exemple le Mistral dans le sud de la France). Les plantes se montrent très sensibles au vent, qui a pour premier effet de créer une sensation de refroidissement et de provoquer le dessèchement du sol et une forte transpiration des plantes.

Les plantes exposées aux courants d'air ou aux vents dominants présentent une croissance irrégulière, voire une ramure contournée et se montrent plus sensibles au gel. Dans les zones irrégulièrement ventées, la floraison est fortement diminuée, retardée ou absente. Beaucoup de plantes à floraison précoce comme le camélia doivent être abritées du vent sous peine de voir leurs boutons floraux avorter avant l'épanouissement.

Les auxiliaires du jardinier

La faune sauvage a beau être discrète, elle vient logiquement hanter le jardin lorsqu'il est planté de manière généreuse et variée. Si certains de ces « passagers clandestins » sont plutôt indésirables, de nombreux mammifères, oiseaux, batraciens, reptiles et insectes s'avèrent très utiles pour le jardinier.

ASTUCE TRUFFAUT

Favorisez la présence des oiseaux dans votre jardin en disposant ici et là des mangeoires qui seront remplies uniquement en hiver. Vous trouverez dans les jardineries des assortiments de graines parfaitement étudiés pour les besoins de ces compagnons charmants, qui constituent les meilleurs des insecticides naturels à partir du printemps.

Les mammifères

Nombre de mammifères qui fréquentent les jardins sont peu recommandables comme le renard, superbe mais destructeur de volatiles, et les divers rongeurs (campagnol, mulot, ragondin, loir, lérot). Et même si la taupe est un insectivore, elle fait plutôt la terreur des amateurs de pelouse que le bonheur des jardiniers. Quant à l'écureuil, c'est un rongeur sympathique, mais sans effet positif (ni négatif) dans le jardin.

Le hérisson. Insectivore nocturne au corps entièrement recouvert de piquants, il se nourrit principalement d'insectes (surtout des larves), d'escargots, de limaces, mais il ne dédaigne pas à l'occasion croquer une vipère ou de jeunes mulots ou campagnols. Le hérisson étant victime de ses promenades nocturnes le long des routes, essayez de le retenir dans votre jardin en lui offrant un abri constitué d'un lit de paille recouvert de branchages entassés (fagots) sur 5 à 6 niveaux et disposé en bordure d'une haie. Le hérisson est un animal protégé en France.

La musaraigne. Insectivore qui passe souvent pour un rongeur, en raison de sa petite taille et de sa longue queue, on la reconnaît à son museau très pointu, parfois minuscule (certaines espèces ne pèsent que 2 ou 3 g). C'est un ardent consommateur de

▶ La musaraigne est un petit mammifère insectivore qui mange aussi des escargots.

larves d'insectes et de limaces. Attention, elle peut provoquer de gros dégâts dans les élevages d'escargots.

Les mustélidés. Souvent qualifiés de « puants », ce sont la belette, la fouine et le putois. Ils sont injustement pourchassés car on leur reproche leur tempérament sanguinaire et (avec raison) de détruire des nichées d'oiseaux. Toutefois leur régime alimentaire est surtout constitué de rongeurs des champs (mulots et campagnols). La fouine est un des rares prédateurs du rat d'égout (surmulot).

Les chauves-souris. Ces mammifères qui se raréfient sont d'excellents auxiliaires *(voir encadré)*. Toutes les espèces sont protégées par la loi.

Bannir les traitements

Il va de soi que, si vous cherchez à développer la présence de mammifères insectivores (et d'oiseaux) dans votre jardin, les traitements insecticides doivent être totalement proscrits (même ceux effectués avec des produits naturels ou réputés non toxiques). La présence des auxiliaires devrait être suffisante pour maintenir la population d'insectes à un niveau supportable par les cultures.

Les reptiles

Même si pour nombre de personnes la seule vue d'un serpent suffit à déclencher un réflexe d'autodéfense, il faut bien accepter l'évidence : les reptiles comptent parmi les plus importants consommateurs de rongeurs. Ce sont donc les amis du jardinier.

Les serpents. En raison de son caractère dangereux la vipère ne sera pas tolérée dans le jardin. Dans la mesure du possible ne la tuez pas, mais chassez-la avec un bâton, elle ira se cacher dans un endroit plus tranquille. Faites de même pour la couleuvre de Montpellier, la couleuvre d'esculape et le zaménis (couleuvre verte et jaune) qui sont des serpents assez impre ssionnants et au caractère irascible. En revanche, la couleuvre à collier, la couleuvre vipérine et la coronelle lisse sont des hôtes discrets et tout à fait tolérables.

Les lézards. Excellents chasseurs d'insectes, ils ne posent aucun problème dans le jardin, habitant surtout les décombres, les rocailles et les murs. Notez qu'en dépit de son aspect serpentiforme, l'orvet est bel et bien un lézard, aussi utile que ses congénères à pattes.

▲ Un petit tas de bois pour abriter le hérisson.

Connaître

LES CHAUVE-SOURIS

Les chauves-souris constituent l'ordre des Chiroptères qui, avec 932 espèces (dont 30 en Europe), occupe la deuxième position pour la diversité, après les rongeurs, dans la classe des Mammifères. Dotées d'ailes membraneuses, les chauves-souris sont les seuls mammifères aériens. Certaines espèces tropicales sont végétariennes et jouent un rôle pollinisateur de premier ordre (en particulier pour les baobabs ou certains grands cactus à fleurs nocturnes). Mais la plupart sont insectivores, notamment toutes celles qui vivent en Europe. Elles capturent leurs proies en plein vol, principalement les papillons nocturnes dont un bon nombre constituent des ravageurs pour les cultures. Les chauves-souris jouent à ce titre un rôle très utile pour le jardinier car leur appétit est considérable. Par exemple, une colonie de 500 grands murins *(Myotis myotis)* aura bien gobé une tonne d'insectes à la fin de l'été ! Pour attirer les chauves-souris, il faut une abondante végétation. Des arbres comme le saule, le tilleul et tous les fruitiers, dont les fleurs restent odorantes la nuit, constituent des terrains de chasse très prisés par les espèces indigènes.

▲ Le rouge-gorge mange des insectes, des larves, des vers et quelques baies.

▲ La mésange bleue, fort commune dans les jardins, a un régime très éclectique.

Les oiseaux du jardin

Hormis les bouvreuils et parfois les mésanges qui peuvent faire quelques dégâts sur les bourgeons des arbres fruitiers si le printemps est froid et tardif, les oiseaux sont plutôt des hôtes plaisants dans les jardins.

Les espèces insectivores sont les plus intéressantes pour le jardinier. Elles consomment jusqu'à leur propre poids par jour en larves et insectes divers. Il ne faut pas non plus négliger l'intérêt des rapaces, en particulier des chouettes, qui consomment une quantité impressionnante de petits rongeurs.

Parmi les oiseaux les plus utiles pour les jardins, voici ceux que vous devriez pouvoir observer sans peine :

- **L'accenteur mouchet.** Plutôt sédentaire, mais n'appréciant par les hivers froids, ce petit oiseau brun à la poitrine grise apprécie les haies très denses car il est très craintif. Il mange surtout des insectes et des larves durant l'été.
- **Le gobe mouche gris.** Visitant les jardins d'avril à septembre, ce petit oiseau au plumage terne est un extraordinaire chasseur d'insectes, qu'il happe en plein vol. Il niche dans la vigne vierge.
- **La grive musicienne.** Brun chamoisé tacheté de noir, cet oiseau sédentaire à l'Ouest fréquente les grands buissons. À son menu, beaucoup d'escargots.
- **La huppe fasciée.** Ce grand oiseau, caractéristique avec son plumage brun rosé et sa grande huppe couronnée de noir, vit dans les plus grands arbres de mai à octobre. Il mange des larves.
- **La mésange bleue.** Ce superbe petit oiseau, présent toute l'année, montre un ventre jaune vif et une tête à calotte bleue. Surtout insectivore, elle extrait les larves des écorces, mais passe au régime végétarien par temps de disette.
- **La mésange charbonnière.** Sédentaire, commune dans les vergers et les jardins, elle a la tête chapeautée de noir. Elle niche dans le creux des arbres et mange chenilles et pucerons.
- **Le pic-vert.** Sédentaire, mais très timide, cet oiseau grimpeur à la robe verte et tête rouge passe son temps à extraire les insectes xylophages dans les écorces des grands arbres.
- **Le rouge-gorge.** Sédentaire, mais absent sur la Côte d'Azur, c'est un des oiseaux les plus familiers en hiver. Tout petit, il est inimitable avec son plastron rouge orangé. Il consomme surtout des insecte, des larves, des vers.
- **Le rouge-queue à front blanc.** Présent seulement d'août à octobre, il se reconnaît à sa poitrine rose et son masque noir. Il niche dans les trous d'arbres et consomme insectes et larves.
- **Le rouge-queue noir.** De couleur gris-noir avec la queue rouge, c'est un migrateur qui niche dans les murs.
- **Le torcol fourmilier.** Gris-brun tacheté de blanc, c'est un oiseau migrateur qui niche dans les creux naturels des arbres, surtout au verger. Il consomme essentiellement des fourmis.
- **Le traquet pâtre.** Sédentaire dans l'Ouest et dans le Midi, c'est un petit oiseau noir à la poitrine orange, avec une queue courte et dressée. Il fréquente les haies vives dans les grandes propriétés, mangeant essentiellement des insectes et leurs larves.

Connaître

LES BATRACIENS (AMPHIBIENS)

Ces hôtes du jardin aquatique comptent parmi les meilleurs auxiliaires du jardinier, car ils font une véritable razzia dans les populations d'insectes, limitant entre autres et de façon efficace, la pullulation des moustiques. Six espèces de grenouilles peuvent peupler le bassin : la grenouille agile, de couleur brune, qui ne vit dans l'eau qu'au printemps pour la période de frai. La grenouille des champs, brun-roux, reconnaissable à son museau pointu. La grenouille de Lesson, vert ponctué de brun, très bruyante la nuit. La grenouille rieuse, la plus grande (jusqu'à 17 cm), vert tacheté de plus foncé, au coassement très puissant. La grenouille rousse, brun rougeâtre, au grand museau arrondi, ne vit dans le bassin qu'au printemps. La grenouille verte, la plus commune, aux très gros yeux dorés, vit en colonies importantes et bruyantes. Les salamandres sont rares dans les jardins car elles préfèrent les décombres. En revanche les tritons font d'excellents hôtes du bassin, consommant des insectes. Les crapauds, dont on rencontre communément 6 espèces, mangent de nombreux vers, des limaces et des escargots.

▲ Le syrphe est un prédateur des pucerons.

▲ Déposez des larves de coccinelles sur le rosier.

▲ La coccinelle mange 100 pucerons par jour.

LE SAVIEZ-VOUS ?

LES ABEILLES

Pollinisateurs de toute première importance et productrices de miel, les abeilles sont assurément les insectes les plus utiles. La colonie de 50 000 à 60 000 individus (essaim ou ruche) compte surtout des ouvrières, quelques centaines de mâles ou faux-bourdons (dépourvus de dard) et une reine. Les ouvrières, qui vivent entre quatre et six semaines, butinent dès qu'elles atteignent vingt et un jours. Après deux ou trois semaines d'un travail harassant passé à récolter pollen, nectar, eau et résine, l'ouvrière meurt d'épuisement. Lorsqu'elle visite les fleurs, l'abeille dépose involontairement sur le pistil le pollen dont les grains se sont accrochés à son abdomen velu. C'est ainsi qu'elle participe activement au « mariage des fleurs ». La reine des abeilles, au corps plus allongé, a pour seul rôle la reproduction. Elle pond jusqu'à 1 500 œufs par jour en plein été, cette incroyable fécondité étant nécessaire pour compenser la vie brève des ouvrières.

Les insectes utiles

Si nombre d'insectes sont indésirables dans les jardins parce qu'ils se nourrissent des plantes, certaines espèces, notamment parmi les carnivores, sont de précieux auxiliaires à l'efficacité souvent redoutable. Coccinelles, demoiselles, punaises, syrphes, sont les insectes les plus utiles et les plus fréquents.

Auxiliaires sélectionnés

On trouve désormais dans le commerce des insectes, des acariens, des vers et des bactéries spécialement destinés à la lutte biologique. Ils sont encore l'apanage des professionnels, mais on devrait pouvoir bientôt en utiliser certains dans les jardins d'amateurs.

On trouve déjà des larves de coccinelles ***Harmonia axyridis*** et ***Adalia bipunctata*** qui consomment 15 pucerons par jour. Une nouvelle race de coccinelle aux ailes atrophiées, nommée 'Coccibelle' a été sélectionnée par l'INRA. Ne volant pas, cet auxiliaire reste plus longtemps sur la plante, rendant sa présence plus efficace.

- ***Cryptolaemus montrouzieri.*** C'est une coccinelle qui mange les adultes de cochenilles farineuses, quasiment impossibles à traiter chimiquement. Associez-lui ***Leptomastix dactylopii***, un hyménoptère minuscule qui pond dans le corps de la cochenille et dont la larve se nourrit de son hôte.
- ***Encarsia formosa.*** C'est une minuscule guêpe qui pond dans les aleurodes (mouches blanches). Ses larves dévorent les organes de leur hôte. Comptez trois Encarsia par adulte d'aleurode, avec quatre lâchers à une semaine d'intervalle, pour une élimination totale des ravageurs. Pour une bonne efficacité, il faut une température de 22 °C le jour, et de plus de 10 °C durant la nuit.
- ***Heterorhabditis megidis.*** Ces nématodes parasitent, puis empoisonnent les otiorhynques, coléoptères dont l'adulte découpe le bord des feuilles des arbustes et la larve dévore les racines.
- ***Neodryinus typhlocybae.*** C'est une petite guêpe qui parasite efficacement les larves de cicadelle, la redoutable *Metcalfa pruinosa*, venue d'Amérique, qui sévit dans la région Rhône-Méditerranée, attaquant surtout arbres, arbustes, fruitiers et vignes.
- ***Phasmarhabditis hermaphrodita.*** C'est un nématode (ver minuscule) qui pénètre dans le corps de la limace par les voies naturelles et libère une bactérie toxique qui tue rapidement le gastéropode, régulant bien les populations.

Les araignées

Comment peut-on croire que ces êtres effrayants puissent être utiles ? Et pourtant, les araignées avec leur 8 pattes (les insectes n'en ont que 6) sont des prédateurs redoutables, importants consommateurs de moustiques et de pucerons ailés (ceux qui vont fonder de nouvelles colonies). Hormis la malmignatte qui habite dans le Midi, les araignées de France sont inoffensives pour les humains. Ne détruisez pas les toiles que vous rencontrez dans le jardin, ce sont des pièges à insectes efficaces.

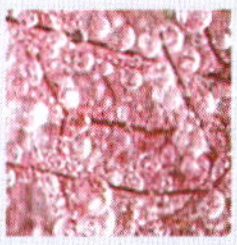 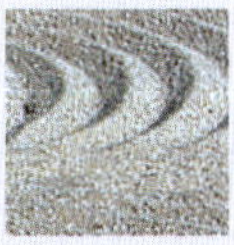 

COMPOSER UN JARDIN

Le développement du jardinage sur le plan technique est lié à l'évolution de l'agriculture. Depuis que l'être humain a commencé à travailler le sol dans le but d'y faire pousser les plantes qu'il voulait et non celles que la nature lui imposait, il a commencé à jardiner. D'abord vivrière, la culture des premiers hommes a suivi l'évolution des mœurs, du savoir et des civilisations, pour s'intéresser tout doucement aux plantes ornementales. Il est sûr que l'art paysager est lié à l'architecture.

La recherche de l'esthétisme en matière d'association et de disposition des plantes a commencé il y a plus de cinq mille ans. Les Égyptiens sont les premiers paysagistes connus. Ils décoraient les abords de leurs temples de généreuses plantations. Ensuite vinrent les Babyloniens et leurs célèbres jardins suspendus, puis les Perses et les Romains. On retrouve dans la civilisation romaine de nombreuses mosaïques représentant des jardins. Elles témoignent du niveau exceptionnel de raffinement et de créativité qu'avaient atteint les paysagistes de l'époque. À la chute de l'Empire romain, l'Europe régressa sur le plan culturel et c'est en Chine et au Japon que les jardins connurent un grand développement. La Renaissance remit à l'honneur le goût du beau et les Italiens associèrent l'art et le jardin dans un même concept. Il fallut attendre Le Nôtre, Versailles et Vaux-le-Vicomte pour que la France obtienne ses lettres de noblesse dans la grande histoire des jardins.

Depuis le XVIIe siècle, l'art paysager appartient entièrement au patrimoine culturel de l'humanité. Il évolue grâce au talent de grands créateurs, qui savent nous montrer le monde végétal sous ses plus beaux atours.

Imaginez votre jardin

Un jardin se construit comme un tableau, en remplissant une surface nue par des formes et des couleurs. Le plan de votre jardin est la première étape de sa création. Même s'il n'est pas respecté à la lettre par la suite, il est très utile d'en définir les grandes lignes.

ASTUCE TRUFFAUT

Si vous ne savez pas dessiner, sachez qu'il existe dans le commerce des cédéroms qui vous permettent de créer votre jardin sur ordinateur et de le moduler à votre goût, tout en évitant les erreurs.

Si l'imagination, la fantaisie, la créativité font les plus beaux jardins, l'improvisation conduit souvent à l'échec. Sans vouloir à tout prix plagier les paysagistes dont le talent consiste à faire vivre un jardin sur un bout de papier, en prévoyant les moindres détails, il est bon de partir d'un tracé. Vous allez y présenter les grandes lignes structurelles de votre décor, à commencer par les voies de déplacement : allées, sentiers, chemins et les aires de séjour : parking, terrasses, coins repos. Vous indiquerez aussi les constructions importantes : murets, bassins, rocaille, escalier, clôture, pergola, etc.

La bonne échelle

Le dessin d'un plan de jardin vous permet d'éviter les erreurs habituelles de surplantation de la surface. Utilisez un rapport d'échelle de 1/100, soit 1 cm pour représenter un mètre. À l'aide d'un compas, il est alors facile de tracer l'encombrement normal d'un arbre à l'âge adulte. Sachant par exemple qu'un cèdre va couvrir au moins 10 m de diamètre, il suffit de tracer sur le plan un cercle de 10 cm pour visualiser l'importance qu'occupera l'arbre dans quelques années.

Vous allez aussi répartir les masses de manière équilibrée en les visualisant bien sur le dessin. Les allées trop importantes ou trop nombreuses pourront être effacées d'un coup de gomme. Vous pourrez aussi délimiter la forme et les dimensions des massifs pour qu'ils s'intègrent bien dans l'ensemble.

Portrait

Une réalisation du paysagiste belge Piet Blanckaert.

LE PAYSAGISTE : UN AIDE PRÉCIEUX

Créateur et concepteur de jardins, le paysagiste vous fera gagner beaucoup de temps par son intervention. Il vous évitera souvent de faire de grossières erreurs qui nuisent à l'esthétique générale de votre jardin et vous entraînent par la suite dans des dépenses importantes. Vous pouvez utiliser un paysagiste en tant que conseil pour améliorer le plan que vous avez dessiné. Il peut également matérialiser tout le concept graphique de votre espace, en se fondant sur les indications que vous lui fournirez. Vous pouvez aussi le laisser libre d'exprimer sa créativité. Cela vous permettra de comparer son plan à celui que vous imaginiez. Cette solution est souvent intéressante car elle permet par la suite d'associer la logique, le sens pratique et les goûts du propriétaire avec la sensibilité artistique et le talent créatif du paysagiste. N'hésitez pas à mettre plusieurs professionnels en concurrence. Comme dans toutes les corporations, on rencontre des niveaux de valeur très différents. Le travail avec un paysagiste est surtout une affaire de sensations, où il importe de parler le même langage.

La simplicité avant tout

Contentez-vous d'une esquisse qui va définir le style général du jardin : lignes et angles droits ou courbes voluptueuses ? Effets de perspective ou de cloisonnement ? Surface centrale dégagée ou plantations généreuses et denses ? Toutes ces réponses vous sont fournies par le dessin. Mais à chaque fois, n'en choisissez qu'une seule. Ne compliquez pas le tracé et ne surchargez pas le plan. Vous aurez tout loisir de faire évoluer l'idée directrice au moment des plantations et en fonction de la croissance des végétaux.

Un jardin n'est jamais figé, il évolue au fil du temps et des saisons. Le plan en est l'ossature, pas la « substantifique moelle ». La difficulté consiste toutefois à se projeter dans l'avenir. Ne limitez pas votre création aux besoins de l'instant et surtout à vos moyens actuels. Si vous rêvez d'un bassin, d'une pergola, d'une piscine, prévoyez son emplacement. Il sera toujours possible de composer un décor saisonnier en attendant de pouvoir réaliser les travaux. Ne soyez pas modeste, rêvez, consultez des magazines et des livres illustrés pour vous inspirer des plus célèbres créations. La patience et la persévérance sont les vertus essentielles côté jardin.

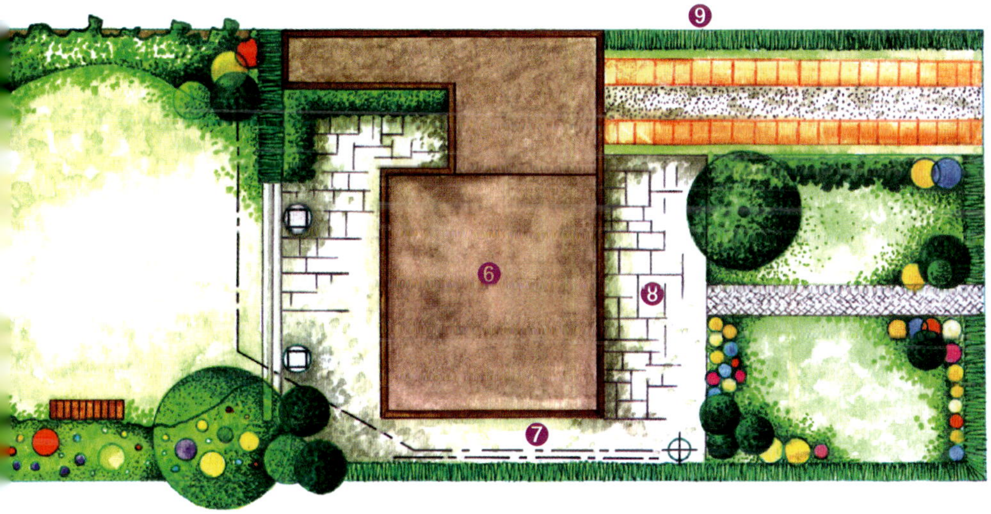

1. Un espace de stockage, un abri de jardin ou un tas de compost.
2. Le gazon est représenté en dégradé de gris ou de couleurs.
3. Pergolas et structures en bois sont symbolisées par des pointillés.
4. Un bassin ou une piscine.
5. Les arbres et arbustes sont dessinés sous forme de cercles numérotés qui renvoient à la liste jointe au plan.
6. Maison et dépendances sont représentées par la forme et la surface qu'elles occupent au sol, le jardin s'articule autour.
7. Les passages des réseaux d'eau et d'électricité doivent aussi figurer sur un plan à part.
8. La symbolique des dallages.
9. La haie fait une bande tramée.

▲ Le jardin structuré s'inspire des anciennes compositions avec leurs lignes géométriques et leur construction articulée autour d'un axe central. Il donne une impression de grand raffinement, mais nécessite un entretien suivi.

Le jardin en formes

La composition d'un jardin doit être travaillée en perspective pour la forme générale et en relief pour les volumes. Les premiers jardins ont été tracés avec des formes géométriques, sans doute pour affirmer la domination du paysagiste sur la nature. Les lignes droites, les angles, les cercles parfaits, les ellipses calculées au plus juste génèrent une impression d'ordre bien établi qui rassure. On se retrouve dans un environnement bien maîtrisé. C'est l'affirmation de la suprématie de l'humain sur son domaine. Conçus jadis pour exprimer et sublimer la grandeur et les fastes des riches demeures ou les splendeurs des châteaux, les jardins aux tracés géométriques reviennent à la mode. On a redécouvert les vertus de la ligne droite, en se rappelant qu'il s'agissait du plus court chemin pour aller d'un point à un autre. La superficie de nos jardins modernes se réduisant comme peau de chagrin, on se plaît aujourd'hui à les diviser en petits carrés bien rectilignes. Cette technique permet

▲ Un tracé simple en courbes gracieuses.

d'augmenter visuellement les surfaces de plantation en raison du tracé plus compliqué. En revanche, on conserve un cheminement simple et pratique, grâce aux allées en lignes droites.

Les formes du jardin doivent être d'abord justifiées par des critères esthétiques. La répartition des masses est la première esquisse à faire sur le plan. Évitez les écueils classiques des alignements trop raides ou la division de toute la superficie en parcelles identiques. Par exemple, on ne trace pas l'allée principale en plein milieu du jardin. Il suffit de la décaler légèrement de l'axe de symétrie pour commencer à donner un certain caractère d'originalité à la composition.

Un jardin prend forme naturellement, à partir des cloisonnements formés par les éléments fixes : allées, bâtiments, et diverses constructions (piscine, abri, pergola, murets, etc.). Si vous ne pouvez, bien sûr, déplacer tout ce qui est en dur, vous pouvez facilement jouer sur le tracé des circulations, afin d'obtenir l'équilibre recherché dans la forme de votre jardin.

N'oubliez pas aussi qu'il est bon de réaliser un cloisonnement. L'ensemble d'un jardin (même petit) ne doit pas forcément répondre à un seul et même style de tracé. Une petite barrière, une haie, un chemin principal peuvent être l'occasion de passer d'un style géométrique à un concept plus souple.

S'inspirer de la nature

On dit souvent que l'on doit aux paysagistes anglais du XVIIIe siècle d'avoir « réinventé la nature » dans le jardin. En fait, le jardin à l'anglaise est une simple adaptation en souplesse d'un jardin géométrique. On adoucit les courbes, on leur donne une certaine langueur et des rayons inégaux afin d'éviter les alignements et de casser les perspectives. En plantant leurs parcs de grands arbres majestueux et en laissant les fleurs sauvages transformer les grandes pelouses en prairies, les paysagistes britanniques de jadis ont fait semblant de s'inspirer de la nature. Ils ont apporté une véritable révolution dans le concept paysager en Europe à cette époque et jusqu'au début des années 1980, le jardin à l'anglaise était devenu l'archétype de la réalisation de bon goût.

Mais pour réussir un jardin tout en courbes, il faut de l'espace. Le grand art du jardin à l'anglaise est de composer des massifs en forme de S dont les deux demi-boucles sont inégales. Or, pour réussir visuellement un tracé de ce type, il faut disposer d'au moins 30 m, la première courbe ayant 20 m de diamètre et la seconde 10 m ou *vice versa*. On ne retrouve plus ces dimensions dans la plupart des jardins privés contemporains, c'est pourquoi ce type de composition se fait plus rare aujourd'hui, hormis dans les parcs, les jardins publics et les arboretum.

Les maîtres en matière d'expression naturelle dans un jardin sont incontestablement les Japonais. Depuis le Xe siècle, ils ont appris à sublimer les imperfections de la nature pour leur donner une dimension artistique. Il y a une inspiration mystique dans les formes du jardin japonais. Mais on peut apprécier l'harmonie très sobre des compositions et la perfection de la répartition des masses dont l'apparent déséquilibre fait en réalité toute la réussite. Bien adaptés à des petites surfaces, les jardins japonais ont beaucoup inspiré nos paysagistes contemporains. En incorporant quelques éléments naturels dans un tracé géométrique classique, on obtient le profil simplifié du jardin moderne, à savoir un délicieux compromis entre douceur et sévérité.

▲ Le jardin paysager libère les lignes du tracé et l'organisation des plantations. Des masses s'élèvent en dégradé autour d'une zone centrale dégagée, semée de gazon.

Des mélanges subtils

Aujourd'hui, le jardin n'applique plus dans son tracé de règles strictes et bien établies. Il fait appel à tout ce qu'il y a de meilleur dans les différents courants paysagers qui ont marqué la grande histoire des jardins. On cherche à adapter les formes du jardin au mode de vie contemporain. Décontracté, libre et vivant, avec un soupçon de sérieux et de rigueur, le jardin du XXIe siècle essaye d'accorder la simplicité avec la qualité du décor, et le plaisir des plantes à la facilité d'entretien. Il ne se veut en aucun cas monotone, cassant une ligne trop rigide par une courbe, ou ponctuant ici et là d'une plante taillée des sinuosités farfelues. Un jardin où tout est permis, mais toujours avec goût. C'est aussi l'époque de l'entretien facile, jardin plaisir qui se conjugue avec loisir.

▲ Un jardin très contemporain de style naturel.

▶ Le tracé du jardin moderne : libres lignes géométriques et plantations.

▲ Les massifs surélevés créent du volume sur un terrain plat.

Le jardin en volumes

Contrairement à ce que l'on pourrait penser, il est beaucoup plus difficile de composer un joli jardin sur un terrain plat que dans un terrain en pente. Le moindre décrochement dans la topographie du terrain est propice à des créations originales et décoratives. Toutes les constructions lourdes comme les murets ou les escaliers ne se justifient que dans un terrain en mouvement. Mouvement ne signifie pas montagnes russes. Un léger vallonnement est toujours très agréable à l'œil, surtout dans les grands jardins. Une butte de terre permet de couper la perspective et de rapprocher l'horizon. Elle cache ce qu'il y a dans le vallon en arrière-plan, ce qui permet de découvrir de nouvelles parties du jardin au fur et à mesure de la promenade. Le jardin à surprises est une notion qui est trop rarement mise en pratique. C'est dommage, car on applique ici avec les volumes le même principe qu'avec le changement de formes ou le cloisonnement par des sentiers, des bordures ou des haies. Les diverses possibilités offertes ici étant très complémentaires et pouvant s'associer pour les besoins esthétiques de la composition.

• **Sculpter le jardin.** Si vous n'avez pas la chance de disposer d'un terrain en pente ou vallonné, il faut imaginer les moyens de rompre sa platitude. Pour créer des mouvements de terrain, vous avez deux solutions : apporter de la terre en plus pour faire des buttes ou creuser pour constituer des vallons et des pentes. Vous combinerez les deux méthodes pour faire des économies,

LE SAVIEZ-VOUS ?

Les plantes taillées en boule créent un effet de volume souple et très élégant.

Les sapins coniques amplifient l'espace.

LE VOLUME DES PLANTES

Les mouvements de terrain ne sont pas les seuls moyens pour créer des effets de volume dans le jardin. Les plantations jouent un rôle capital, pas seulement par leurs dimensions, mais surtout par leurs silhouettes variées.

Des espèces couvre-sol, plantées en grand nombre, dégagent l'espace visuel et donnent l'impression d'agrandir la superficie. Le même phénomène se remarque avec la pelouse. À l'opposé, il suffit de couper la perspective par la présence d'un arbre isolé, d'un grand arbuste ou d'une haie, pour créer une sorte d'écrin avec une ambiance intimiste. Les plantes fastigiées attirent le regard vers le ciel. Elles donnent une impression de majesté en élargissant bien la perspective. Dans un petit jardin, elles peuvent remplacer un arbre, occupant moins de place pour un effet visuel similaire. Les formes taillées en boule sont très utiles dans les petits jardins. Elles permettent de modeler des silhouettes à la fois compactes et élégantes qui structurent bien la composition, tout en lui permettant d'affirmer une certaine personnalité. L'association de plantes à la silhouette arrondie et de formes fastigiées ou coniques est toujours intéressante. On évite ainsi les alignements monotones par leur trop grande régularité. N'oubliez jamais que les plantes poussent et que leur volume évolue avec le temps.

▲ Les murs de soutènement sont décoratifs dans ce jardin en pente.

tout en améliorant le sol d'origine du jardin. L'important est de plutôt creuser la partie centrale du jardin, afin de dégager la vue, et au contraire de surélever les pourtours pour donner de l'ampleur et une plus grande présence aux plantations.

Les paysagistes emploient souvent la locution : sculpter un jardin. C'est dire tout le talent qu'ils mettent dans cette tâche et toute l'importance qu'ils lui donnent. Il ne s'agit pas de créer des déclivités importantes, il faut toujours rester pratique. Mais un simple décrochement de la hauteur d'une marche suffit souvent à tout changer dans la configuration des plantations et dans le résultat esthétique d'ensemble du jardin. La composition doit s'inspirer de la décoration de la maison où les meubles n'occupent jamais les mêmes volumes et où l'ensemble de l'espace n'est jamais entièrement rempli.

La qualité du sol joue aussi un rôle important. Dans les terrains lourds et mal drainés, évitez de constituer des creux profonds, où l'eau risquerait de stagner. Vous pouvez aussi les transformer en bassin ou en jardin de marais, en imperméabilisant le sol avec de l'argile. Louez un engin de terrassement si les travaux sont importants. Il suffit de quelques minutes pour manier une pelle mécanique avec aisance.

LE BON GESTE

RÉALISER UN PIQUETAGE

De la théorie à la pratique, il y a le passage obligé par la matérialisation sur le terrain du travail à effectuer.

1. Plantez des piquets pour définir les niveaux que vous souhaitez obtenir. Dans les parties à creuser, dégagez la terre sur une petite surface et placez un piquet aussi gros que possible au bon niveau. C'est toujours la partie supérieure du piquet qui donne l'indication permettant de visualiser le mouvement global.

2. Ne vous fiez pas complètement aux indications portées sur le plan de votre jardin. Il ne faut pas hésiter à tricher un peu pour accentuer un effet de perspective, ou créer un trompe-l'œil par un mouvement en butte un peu plus fort que prévu. Le piquetage permet aussi de matérialiser sur le terrain l'emplacement des allées et des massifs, tout en leur donnant leur niveau définitif. Pour bien vous repérer, vous pouvez employer des piquets de couleurs différentes.

3. La terre qui est extraite des parties à creuser peut être transportée dans les endroits à surélever si elle est de qualité convenable. N'oubliez pas que la pose des dallages ou la stabilisation des allées entraîne l'extraction d'un important volume de terre. Tenez-en compte avant d'envisager un apport de terre complémentaire. Mieux vaut effectuer l'ensemble des terrassements d'abord, et calculer ensuite le volume nécessaire. Pensez qu'il se produit toujours un tassement d'environ 10 % de l'épaisseur rapportée. Les apports de terre nouvelle seront superficiels, avec de préférence un terreau riche, léger, drainant et humifère qui pourra être incorporé au sol d'origine pour l'améliorer.

4. Vous pouvez enfin obtenir un effet de volume par la création d'un massif surélevé. Posez les éléments de bordures (rondins, piquets, traverses de chemin de fer) et remplissez le volume avec de la bonne terre.

▶ Dans une rocaille, le mouvement est donné par la pente, les roches et les plantes.

▲ Ce massif jaune doré, composé de choisya, fusain, iris et euphorbe est chic, tonique et élégant. Une réussite tout en finesse et en subtilité.

Bien utiliser les couleurs

L'harmonie des teintes est tout aussi importante dans la réussite d'un jardin que le tracé de la structure. Le choix des couleurs et la manière de les associer définissent une ambiance qui se transmet de manière forte dans l'ensemble de la composition.

La cacophonie de couleurs est à bannir, de même que l'association de teintes trop vives, comme le rouge et l'orangé. Attention aussi aux mauvais mélanges que constituent le rouge vif et le bleu ou le jaune et le rose très pâle par exemple. Limitez à deux couleurs plus le blanc, le nombre de teintes utilisées dans un massif. Essayez d'obtenir une dominante avec une proportion bien nette de la tonalité que vous privilégiez, toutes nuances étant possibles.

Le choix des couleurs dépend aussi de l'exposition des plantes. Le rouge est toujours plus éclatant en plein soleil tandis que le blanc ou le jaune pâle s'apprécient bien mieux dans un lieu ombragé ou en lumière tamisée.

• **Les couleurs chaudes.** Elles sont représentées par les rouges, les jaunes, et les orangés qui sont l'association des deux premières teintes. Si le jaune est souvent la couleur du printemps avec beaucoup de fleurs, qui s'épanouissent dans les tons d'or en début de saison, le rouge est plutôt la couleur de l'été. Lumineuses, toniques, dynamiques, les teintes chaudes égayent le jardin et renforcent l'impact des floraisons. Mais attention à ne pas ressentir une certaine agressivité avec le rouge. Pour en apprécier toutes les qualités, les couleurs chaudes doivent recevoir la pleine lumière. Une exception toutefois pour les feuillages dorés, dont la teinte subtile est beaucoup mieux mise en valeur à mi-ombre. Sachez en outre que, trop éclairées, la plupart de ces variétés se décolorent rapidement ou régressent en reverdissant.

▲ Un massif rouge créé par le paysagiste Timothy Vaughan.

▲ Un jardin de curé en nuances de roses et de mauves.

• **Les couleurs tendres.** Il s'agit surtout des roses et des mauves, et de toutes ces nuances subtiles que l'on rassemble sous l'appellation de pastel. Très prisés ces dernières années, surtout par les femmes, on les associe avec le plus grand bonheur aux blancs pour un effet plus lumineux. Ces teintes de charme ont un côté apaisant. Elles conviennent très bien aux compositions sauvages ou naturelles, car elles sont la couleur dominante des fleurs des champs. En raison de leur délicatesse, les couleurs pastel doivent être de préférence appréciées de près. Il en existe des nuances infinies, ce qui permet de créer des compositions riches et variées. Ne composez jamais de massifs entièrement roses, ils auraient l'air insipide. Enrichissez-les par quelques notes de mauve, de bleu, ou de violet.

• **Les couleurs froides.** Il s'agit essentiellement des bleus et des violets, mais aussi des tons argentés que l'on trouve chez de rares fleurs (*Stachys* et *Verbascum* par exemple), et sur de très nombreux feuillages. Les bleus semblent toujours sombres dans un jardin, c'est pourquoi ils s'associent à merveille avec le jaune ou le gris argenté. Vous placerez de préférence les fleurs bleues sous un feuillage léger, afin que l'influence du ciel n'éteigne pas l'éclat du coloris. Les teintes froides sont reposantes et très appréciées au printemps. Il ne faut toutefois pas les utiliser en masses trop importantes, car elles peuvent engendrer une certaine nostalgie et même avoir un aspect inquiétant, presque maléfique. Il existe aussi des plantes à feuillage glauque pouvant entrer dans cette catégorie. Ces nuances métalliques sont beaucoup plus courantes dans le jardin que les bleus très purs réservés à de rares plantes, comme le delphinium, l'iris, l'aconit, la campanule et l'exceptionnel pavot bleu de l'Himalaya *(Meconopsis betonicifolia)*.

• **Les couleurs neutres.** Il s'agit des verts et du blanc qui, dans le jardin, ne se comportent pas comme une teinte dominante, même s'il est tout à fait possible de réaliser de superbes jardins monochromes blancs ou verts.

On peut les associer à toutes les autres couleurs pour nuancer légèrement les compositions, adoucir les dominantes, éclairer certaines teintes trop sombres (bleus, rouges ou violets notamment). Un jardin réussi ne devant jamais être une explosion de teintes trop vives, pensez à mettre en valeur de beaux feuillages ou des fleurs blanches dans tous les massifs. Ils vont apporter une note de détente et d'apaisement. Si vous composez un jardin tout blanc, le feuillage jouera un rôle prépondérant dans la mise en valeur des fleurs. Pensez à utiliser des plantes à feuilles panachées de crème ou d'argent pour le plus grand raffinement possible. Dans toute composition paysagère, la proportion de feuillage doit dominer le volume des fleurs.

▲ La simplicité de la nature s'exprime dans un jardin en camaïeu de verts.

▲ Du blanc est nécessaire pour égayer et éclairer un jardin bleu.

▲ Le bleu et le jaune s'associent à merveille dans un contraste élégant.

Associer les couleurs

Il est rare qu'un jardin soit entièrement monochrome. Le plus souvent, on cherche à grouper plusieurs couleurs tout en donnant une dominante à la composition, avec une même teinte couvrant la moitié ou un tiers de la superficie totale du massif. Les choix les plus classiques, en ce domaine, sont le rose soutenu et le rose, le rouge et le rose tendre, le jaune ou l'orangé et le bleu.

Mais de la théorie à la pratique il y a souvent un pas difficile à franchir. En effet, toutes les couleurs se déclinent à l'infini à travers des nuances plus que subtiles. L'éclairage vient modifier l'aspect coloré de façon sensible au cours de la journée. Très blanche et pratiquement neutre au petit matin, la lumière solaire évolue vers le jaune pour montrer une tendance franchement dorée en fin de journée. Observez aussi la couleur d'une fleur en plein soleil, elle est subitement différente si un nuage passe. La couche atmosphérique qui joue un rôle de filtre des rayons lumineux a tendance à les orienter vers le bleu. Les jardins ombragés produisent spontanément une dominante bleue. Il est donc très subtil d'y utiliser cette couleur, afin de renforcer la coloration naturelle. Une des bases de la réussite consiste à ne pas éparpiller les plantes, pour ne pas diluer les teintes. L'effet de masse est toujours plus spectaculaire, mais il dépend des plantes employées. S'il suffit de quelques fleurs rouges pour obtenir un résultat fort, et même souvent agressif, il faudra en revanche utiliser au moins une surface double de fleurs blanches pour parvenir à une impression visuelle suffisante. Attention aussi à la grosseur de chaque fleur, un dahlia cactus donne forcément une impression plus puissante qu'une simple pâquerette ou même un œillet. Occupez une surface plus importante avec les petites espèces.

Essayez aussi de respecter la dominante naturelle des saisons dans votre choix de couleurs. Par exemple le blanc, le rose et le jaune égayent le printemps. Le rouge, le jaune et le bleu aiment la chaleur de l'été. Les orangés, mauves, violets, pourpres sont bien mis en valeur à l'automne. Quant à l'hiver, il est essentiellement placé sous le signe des fleurs jaunes, la plupart des espèces qui fleurissent à cette saison ayant une dominante dorée.

▶ La dominante blanche est renforcée par les fleurs bleues *(Chenies Manor)*.

LE SAVIEZ-VOUS ?

▲ **FEUILLAGES EN COULEURS**

L'éclat coloré n'est pas l'apanage des fleurs. On oublie trop souvent que les plantes d'ornement nous offrent de très beaux cultivars à feuillages panachés, dorés, argentés ou bleutés, y compris les incroyables nuances d'or et de cuivre dont se parent certaines plantes à l'automne. La gamme des feuillages colorés s'est considérablement enrichie d'hybrides nouveaux ces dernières années. On trouve même certaines formes tricolores, où se mêlent le rose, le crème et le vert (*Acer negundo* 'Flamingo', par exemple). Un effet spectaculaire garanti.

▲ Un massif en délicat camaïeu de roses voit son intensité renforcée par des feuillages panachés.

L'effet de contraste

C'est l'art d'opposer des couleurs qui se heurtent et d'obtenir quand même un résultat intéressant sur le plan esthétique. Par exemple, un jaune d'or et un rouge sang, ou un bleu azur et un rose bonbon. Le but de cette mise en scène est de choquer l'œil. Elle doit donc être placée dans un endroit stratégique du jardin, mais ne pas occuper une trop grande surface, afin de ne pas générer une réaction de rejet.

L'effet de contraste ne concerne pas que les couleurs violentes. Il n'y a rien de tel, pour éclairer une zone de feuillage à l'ombre, que de l'associer avec une plante pourpre foncé (*Ajuga* ou *Tiarella*, par exemple). Cette dernière teinte rend beaucoup plus lumineux les verts pâles ou tendres.

Dans le même esprit, mais dans un registre complètement différent, les fleurs blanches vont illuminer un massif rouge foncé ou bleu et permettre à l'œil de distinguer certains détails dans les nuances des teintes ou les formes des fleurs. Cette opposition est toujours bénéfique, surtout dans les massifs exposés en plein soleil, où la blancheur des fleurs est vite écrasée par la lumière. La présence voisine d'une teinte sombre permet au blanc de retrouver un peu de matière et d'affirmer une plus grande présence dans sa texture. Pensez à l'apprécier dans sa transparence ; en contre-jour, il laisse très joliment filtrer la lumière.

Camaïeux délicats

Décliner tout un massif en différentes nuances d'un même coloris est un exercice de style dans lequel sont passés maîtres les jardiniers anglais. Difficile dans l'absolu, cette harmonie en dégradés est rendue plus aisée dans sa réalisation grâce au développement de l'offre des plants fleuris dans le commerce. Vous pouvez choisir avec précision les teintes que vous désirez et définir sur place, dans la jardinerie, la composition de votre massif. Mais, si vous souhaitez de grands effets, vous serez sans doute obligé de compléter vos plantations par des semis en place. Méfiez-vous alors de certaines photos qui parent les sachets de graines. Les couleurs sont souvent moins toniques dans la réalité. La difficulté viendra aussi des risques de modulation des couleurs liés à la qualité du sol. Une terre neutre de pH 7 vous garantira le moins de variations possibles. Pour qu'il soit réussi, un camaïeu doit décliner différentes nuances du plus clair au plus foncé. Vous pouvez y ajouter un peu de blanc pour un effet lumineux.

▶ Pour le plein soleil : un contraste osé mais réussi de couleurs fortes.

Histoire des jardins

L'histoire des jardins est intimement associée à celle des hommes. Elle est née avec l'humanité et le fameux concept du jardin d'Éden. Ensuite, les jardins ont suivi les chemins de la civilisation, réussissant à accorder comme par magie les deux notions opposées du labeur et du loisir pour évoluer aujourd'hui vers l'idée du plaisir absolu.

ASTUCE TRUFFAUT

C'est à André Le Nôtre (1613-1700) que l'on doit la notion moderne de paysagisme. En devenant le maître incontesté de la perspective, il a non seulement inventé le jardin à la française, mais il a surtout contribué à modeler le paysage et à y intégrer des jardins dans un concept global. Il a été le premier véritable « architecte/paysagiste ».

Le jardin des dieux

C'est la religion qui a inventé le concept du jardin, non pas la chrétienté avec son jardin d'Éden, mais les Égyptiens et les Mésopotamiens qui ont été les premiers à clore des terrains dans l'enceinte des temples pour y cultiver des plantes (fleurs, légumes et fruits) qui étaient offertes aux divinités.

Le jardin privé ornemental a sans doute vu le jour à Thèbes, la célèbre cité de Haute-Égypte, à l'époque de grande prospérité commerciale du Nouvel Empire (1580-1085 av. J.-C.). Les riches marchands construisaient des propriétés somptueuses décorées de palmiers, d'arbres fruitiers et de bassins.

De la Grèce à Rome

Il semble que les Grecs de l'Antiquité aient été plus botanistes et phytothérapeutes que jardiniers. Il est vrai que le manque d'eau chronique en Grèce et les connaissances encore rudimentaires en hydraulique ne facilitaient pas la création de jardins.

C'est dans les fastes de la Rome conquérante que le véritable jardin d'agrément se développe. Le commerce florissant sur tout le pourtour de la Méditerranée permet les premières acclimatations de plantes exotiques. Les plantes taillées sont mises à l'honneur, l'art topiaire est créé. Le jardin devient un lieu de symbolisme.

▶ Le premier pas vers le jardin moderne a été le parc à l'anglaise des XVIIIe et XIXe siècles.

Du côté de l'Orient

Le Coran, qui fut écrit un demi-siècle après la mort de Mahomet (en 632), décrit des jardins avec des arbres fruitiers, des plantes parfumées et des bassins, pour évoquer le paradis.

Les jardins avec fontaines, bassins, patios et pavillons pour la détente, sont présents dans tous les palais historiques du monde arabe. Leur influence s'étend jusqu'à l'Occident avec la conquête de l'Espagne et le chef-d'œuvre du jardin mauresque que sont l'Alhambra et le Generalife à Grenade.

Jardins d'Asie

Le jardin chinois, qui se révèle dès le Xe siècle, magnifie la nature tout en l'emprisonnant dans un espace clos et souvent secret. Il met en lumière un monde imaginaire riche en symbolique. L'apogée du jardin chinois se produit lors de l'époque Ming (1368-1644).

Le jardin japonais, qui trouve sa voie entre les XIVe et XVIe siècles, s'inspire de son voisin chinois, mais il en simplifie le tracé, jusqu'à l'épuration absolue du jardin zen. On y associe la religion, la méditation et les traditions.

Jardins médiévaux

Époque sombre et violente, le Moyen Âge est peu propice au développement des jardins. Ce sont surtout des lieux de production, protégés par les hauts murs des châteaux forts. C'est dans la quiétude des cloîtres que se développent les « jardins de simples », jardins de plantes et d'herbes médicinales.

Dès le XVIe siècle, de grands jardins au tracé géométrique font leur apparition en France autour des châteaux et en Italie dans les palais florentins, prémices du futur jardin à la française.

Jardins contemporains

Prenant le contre-pied des jardins très architecturés de Le Nôtre, les Anglais s'inspirent du jardin chinois pour retrouver leur inspiration dans la nature. C'est l'époque des grands parcs paysagers qui préfigurent les jardins d'aujourd'hui, beaucoup moins conformistes que les créations historiques.

Le jardin du XXIe siècle est un espace de liberté et de créativité. C'est l'heure du mouvement, du dépaysement, de l'expression des cinq sens et d'un certain retour au naturel à peine domestiqué.

HISTOIRE

LES GRANDES ÉTAPES

- **2800 avant J.-C.** Premiers jardins avec palmiers dans l'Égypte antique.
- **1300 avant J.-C.** Les Égyptiens cultivent à Thèbes de la vigne en espaliers et créent des jardins avec des bassins.
- **1000 avant J.-C.** Premiers jardins clos dans les temples de Mésopotamie.
- **580 avant J.-C.** Nabuchodonosor II fait créer les jardins suspendus de Babylone.
- **300 - 200 avant J.-C.** Apogée des jardins de la Grèce antique avec la réalisation de jardins totalement hors sol.
- **50 avant J.-C. - 100 ap. J.-C.** Apogée du jardin de la Rome antique avec le développement du jardin purement ornemental.
- **750 - 1250** Développement des jardins de l'islam à partir de Bagdad.
- **1200 - 1500** Développement des jardins médiévaux dans les cloîtres et les abbayes. On y utilise des plantes officinales.
- **1348** Inauguration des jardins du Generalife d'inspiration mauresque à Grenade.
- **1500 - 1750** Âge d'or des jardins japonais à Kyoto, création des jardins zen.
- **1500 - 1730** Apogée des jardins turcs à Constantinople (Istambul).
- **1550 - 1650** Développement des jardins de la Renaissance italienne.
- **1656 - 1661** En créant le parc de Vaux-le-Vicomte, André Le Nôtre invente le concept du jardin à la française.
- **1662 - 1704** Réalisation des jardins de Versailles. Il sont les plus célèbres du monde.
- **1750 - 1880** Développement des jardins paysagers à l'anglaise.
- **1890 - 1926** Aménagement des jardins romantiques de Giverny par Claude Monet.
- **1981** Invention du « land art » par des paysagistes allemands. Le jardin apporte une nature artistique dans la ville.

Le jardin classique

Expression triomphante de la nature dominée par l'homme, le jardin classique ne laisse pas la moindre place au hasard et à la fantaisie. Tout y est taillé, aligné, dressé, ciselé, domestiqué, pour un résultat un peu pompeux et d'une grande sophistication. Mais il y a du charme, de l'élégance, et un réel sens artistique dans ce jardin.

ASTUCE TRUFFAUT

Pour donner une touche de classicisme à votre jardin, rien ne vaut la présence d'une fontaine en pierre. On trouve aujourd'hui de superbes copies de modèles d'époque réalisées en pierre reconstituée, qui se patine bien avec le temps et ne craint pas le gel. Pour la vieillir très vite, badigeonnez-la de yaourt.

Inspiration orientale

Il est sûr que le jardin classique européen tire ses sources dans les créations orientales, elles-mêmes inspirées des jardins babyloniens. Les points d'évidence en sont le tracé géométrique et l'eau, qui pour les musulmans est le symbole de la vie et un élément de purification.

L'islam prohibant toute représentation fidèle des êtres vivants, le tracé des jardins islamiques est découpé en parcelles rectangulaires ou carrées. Il est probable que les croisades effectuées entre les XIe et XIIIe siècles aient eu une influence sur le découpage en carrés des jardins médiévaux, les Turcs étant déjà à l'époque des jardiniers experts.

Architecture et jardin

Il ne faut pas oublier qu'au début du XVe siècle, qui marque le début du développement des jardins classiques européens, l'assortiment végétal était très réduit, avec une priorité pour les légumes et les fruits. Les plantes ornementales étaient prélevées dans la nature. Coquelicot, primevère, muguet, pâquerette, bouillon blanc, églantier, étaient les fleurs les plus courantes. Il est donc logique que le jardin ait d'abord été un travail d'architecture, d'où l'importance des lignes qui dessinent des motifs, mais aussi des accessoires « en dur » : balustrades, fontaines, pergolas, vasques, pots, statues.

Dès le règne de Charles VII

Nous sommes au XVe siècle, en pleine guerre de Cent ans, le roi Charles VII (1403-1461) a confié ses armées à Jeanne d'Arc en 1429. Les prémices du jardin français datent de cette époque. En France, à Anet, Beauregard, Blois, Fontainebleau, Gaillon et en Italie à Rome et à Florence, les jardins se dessinent en parterres et plates-bandes géométriques, ponctués d'ifs et de buis taillés et décorés de vases en bronze et de statues de marbre.

Les jardins vont prendre une grande expansion en Italie où débute la période de la Renaissance. Il faudra plusieurs décennies pour que ce mouvement artistique conquiert toute l'Europe, mais au XVIe siècle, des jardins avec bassins, fontaines, statues, potées et parterres géométriques fleurissent tant en France qu'en Angleterre. C'est aussi l'époque des entrelacs de buis et des broderies végétales qui dessinent les blasons des grands de ce monde.

Le XVIe siècle marque aussi la création des tout premiers jardins botaniques. Ils naissent en Italie, dans les facultés de médecine de Pise et de Padoue, présentant un tracé en carrés.

Le génie de Le Nôtre

Jusqu'aux chefs-d'œuvre d'André Le Nôtre que sont Vaux-le-Vicomte et Versailles, le jardin servait d'ornement ou d'écrin à une construction. C'était un élément rapporté. Le génie de l'architecte jardinier du Roi-Soleil a été d'intégrer le jardin dans son environnement. Le Nôtre a donc été le premier vrai paysagiste. Sa science de la perspective, du trompe-l'œil et de l'effet de surprise a fait naître et immortaliser un nouveau style : le jardin la française.

Bien sûr, c'est la « folie des grandeurs » de Louis XIV qui permit à Le Nôtre d'exprimer la quintessence de son talent, en créant d'immenses avenues bordées d'arbres parfaitement taillés ou en structurant le jardin de cabinets, de berceaux, de grottes, de labyrinthes et de bosquets.

Le Nôtre eut pour premier mérite de réduire la profusion d'objets décoratifs qui nuisait à l'harmonie des jardins de l'époque. Il dit d'ailleurs au retour d'un voyage en Italie, « n'avoir rien trouvé qui fut digne de son attention ». Il manquait à ces jardins un principe global d'ordonnancement et une intégration esthétique dans l'espace.

▲ Les broderies de buis de Vaux-le-Vicomte.

▲ L'imposante statuaire de Versailles.

ART DE VIVRE

STATUAIRE ET TOPIAIRE

Trouvant son inspiration dans les jardins de l'Antiquité, le jardin classique ne lésine pas sur les figures allégoriques. Statues d'éphèbes, de muses et de dieux de la mythologie sont généreusement employées au point même de surcharger le décor comme c'est le cas dans de nombreuses villas florentines. La statuaire est même renforcée par les fontaines, gargouilles et bassins surélevés qui sont le propre des créations des XVIIe et XVIIIe siècles. Au XIXe siècle, ils seront remplacés par des kiosques et des fabriques, évoquant souvent un temple romain. Le jardin classique étant conçu selon un principe géométrique, même les végétaux doivent s'inscrire dans cet esprit. C'est pourquoi ils sont systématiquement taillés. D'abord dans des formes géométriques simples, notamment en rideau pour générer la perspective. Mais c'est aussi à cette époque qu'est inventée la broderie végétale.

L'architecture des plantes

Un des points particuliers du jardin à la française est l'utilisation des végétaux comme éléments architecturaux. On y voit proliférer la charmille qui n'était guère utilisée auparavant. Disposés en hauts murs végétaux, en galeries, en voûtes, en colonnades, les arbres structurent le jardin et lui offrent une personnalité jamais décelée jusqu'alors.

Le style « à la française » s'est perpétré après Le Nôtre durant la première moitié du XVIIIe siècle, séduisant l'Europe avec entre autres le somptueux jardin du palais de Schönbrun à Vienne (Autriche), dont les broderies de Jean Trehet cherchaient à imiter Versailles ou les jardins de la Granja près de Ségovie en Espagne, qui comptent parmi les plus beaux d'Europe.

Le jardin à l'anglaise

Cherchant dans la nature ses sources d'inspiration, bannissant les lignes géométriques pour laisser s'exprimer l'opulence sensuelle des courbes, le jardin à l'anglaise a révolutionné le concept paysager en Europe. Il a beaucoup évolué et reste aujourd'hui encore un modèle pour les créations contemporaines.

ASTUCE TRUFFAUT

Une des grandes innovations du jardin à l'anglaise a été d'utiliser les feuillages comme élément de décor à part entière. C'est pourquoi les Britanniques utilisent beaucoup de plantes à feuillage coloré ou panaché dans leurs jardins. Lorsqu'ils sont persistants, ils apportent une note de gaieté lumineuse en hiver et de fantaisie en été.

Un jardin de bonne nature

Prenant le contre-pied de Le Nôtre auquel ils reprochaient d'avoir massacré la nature en l'assujettissant à la règle et à l'équerre, considérant le style du jardin à la française comme ennuyeux et qualifiant les arbres taillés de « puérilités ornementales », des paysagistes britanniques ont souhaité, au milieu du XVIIIe siècle, abolir « la tyrannie de la règle et du compas ».

Le précurseur du jardin à l'anglaise est William Kent (1685-1748), qui en 1710, créa les premiers jardins « anglo-chinois » sous le prétexte d'embellir la nature. Ces jardins étaient d'ailleurs parés de ponts et de pavillons ou de pagodes de style chinois, ou de temples grecs. William Kent était aussi un artiste peintre. Il fit ressentir dans ses compositions le délicieux contraste des coteaux et des vallons qui s'unissent imperceptiblement l'un à l'autre, en créant des ondulations de terrain. Il met aussi en évidence l'effet « point d'orgue » d'un bosquet d'arbres, qui placé au loin attire le regard.

William Kent créa une révolution dans sa façon d'utiliser l'eau. Il bannit les canaux, les bassins circulaires, les fontaines et les cascades retombant sur des escaliers de marbre pour dessiner des ruisseaux qui serpentent et des étangs aux rives en méandres.

L'abolition de la clôture

Le premier pas vers le jardin à l'anglaise est à porter au crédit de Charles Bridgeman (1690-1738), qui fut le premier à bannir les plantes taillées, mais surtout qui débarrassa les jardins de leurs enceintes murées, pour les remplacer par des fossés. Un jardin sans clôture devenant contigu avec la nature environnante (à l'époque la pression urbaine était quasi inexistante), il était normal d'accorder l'intérieur avec l'extérieur de la propriété.

Paysagiste de génie

Le style inventé par William Kent va prendre toute sa dimension et passer à la postérité grâce à un de ses disciples, Lancelot Brown (1716-1783). Ce dernier, maître jardinier à Hampton Court, réussit à la perfection l'intégration des grands parcs de l'époque dans le paysage environnant, créant dans sa carrière plus de 170 jardins dont certains des plus célèbres d'Angleterre comme Alnwick Castle, Blenheim Palace, Chatsworth, Chillington Hall, Longleat, Sheffield Park, Stowe, Warwick Castle, etc. Brown, qui était surnommé « Capability » en raison de son immense talent, est considéré comme le « Le Nôtre anglais ».

▲ Le jardin à l'anglaise contemporain avec ses mixed-borders de plantes vivaces.

L'art de la courbe

Partant du principe défendu par William Kent que « la nature a horreur de la ligne droite », le jardin à l'anglaise est tracé avec des allées sinueuses, des grands parterres tortueux et de vastes surfaces gazonnées. Totalement intégré à son environnement, on l'appelle aussi « jardin paysager ». Ce style, précurseur du jardin moderne, a été privilégié dans les premiers jardins d'ornement populaires qui se sont développés en Europe de l'Ouest à partir des années 1950.

Fleurs en mélange

Le jardin anglais est aussi réputé pour ses harmonies de couleurs, l'utilisation subtile des feuillages, la mise en valeur des textures et des formes et ses savantes associations végétales. La mixed-border en est la parfaite illustration, toujours copiée, jamais égalée. Il s'agit d'une plate-bande adossée qui mélange diverses plantes vivaces avec un rythme et un sens de l'harmonie qui confinent à l'œuvre d'art. En raison de ses exigences en matière d'entretien, la mixed-border est un peu passée de mode.

HISTOIRE

LA FOLIE DES VERRIÈRES

Précédées par les orangeries des grands châteaux, les premières grandes serres privées ont fait leur apparition en Angleterre dès 1833, suite à la fabrication en Lorraine d'un verre laminé de qualité. La maîtrise de la fabrication du verre et de l'acier et l'abolition en 1845 de l'impôt sur le verre ont permis aux architectes du XIXe siècle de créer des maisons de verre souvent impressionnantes. C'était la fameuse période des monumentales serres conservatoires victoriennes, des grandes découvertes, des voyages botaniques, des chasseurs d'orchi-

dées et des introductions de nombreuses plantes rares, avec un engouement formidable pour tout ce qui était exotique. À cette époque où la verrière était devenue un élément de standing, les grandes familles se disputaient l'honneur de posséder la plus incroyable maison de plantes et la collection la plus riche. Les bouleversements sociologiques du début du XXe siècle ont plongé la véranda dans l'oubli jusqu'à la fin des années 1970. Entre temps, le concept s'est profondément modifié et démocratisé. La véranda joue aujourd'hui le rôle de pièce supplémentaire entre la maison et le jardin. C'est un endroit lumineux, décontracté, accueillant, propice à l'installation d'une végétation prolifique. La véranda fait la transition entre la maison et le jardin. Une véritable pièce où l'on vit dehors.

Le jardin japonais

Expression sublimée du sens artistique de la nature, le jardin japonais est un univers complexe et parfois un peu énigmatique pour le public occidental. Mais la paisible harmonie qui y règne, le sens des volumes et des proportions qui confine à la perfection, laissent difficilement insensible et invitent à la méditation.

ASTUCE TRUFFAUT

Pour « japoniser » un coin de jardin, il suffit souvent d'un simple accessoire, comme la vasque d'ablutions en pierre ou « tsukubai », agrémentée de sa louche en bambou. Posez-la au détour d'un chemin, près d'une touffe de fougère ou à côté d'une azalée japonaise. Au Japon, elle est placée dans le jardin du thé, pour accueillir le visiteur.

Une histoire millénaire

À partir du VIe siècle, les Japonais s'intéressèrent à l'art du jardin, déléguant des missions en Chine pour en étudier toutes les subtilités. Le véritable jardin japonais naquit au VIIIe siècle, à l'époque Nara. Ils se sophistiquèrent au cours des siècles suivants pour atteindre déjà un haut degré de perfection à l'époque Heian (794- 1085). Mais ils restaient encore très inspirés par la Chine et adoptaient les principes du *feng-shui* qui veut que toute construction devienne une partie intégrante de l'environnement. À cette époque, les jardins étaient élaborés par les plus grands peintres et les poètes.

L'art du jardin

Les Japonais ont toujours considéré que la nature renfermait l'essence même du beau. Les rites de leur civilisation donnent beaucoup d'importance à l'esthétisme. C'est pourquoi leurs jardins sont de véritables œuvres d'art d'une conception complexe et raffinée.

Pour un Occidental, il est inutile de chercher les symboles qui se cachent dans un jardin ou de découvrir la signification souvent ésotérique des scènes qui le composent. Il suffit d'admirer le paysage comme un tableau vivant, en sachant bien que rien n'est dû au hasard, les moindres éléments ayant été mis en place par l'homme.

Le paysagiste japonais s'invente des mondes et il les reproduit en les miniaturisant. Ainsi un bassin devient la mer, un rocher une montagne, un tapis de mousse une prairie, un arbre une forêt.

La beauté dans la simplicité

Dans le code complexe qu'ont élaboré au fil des siècles les paysagistes japonais, une constante demeure : la simplicité. Rien ne vient jamais renforcer l'expression d'un sujet. Tout est dans l'art de suggérer plutôt que de montrer et il n'est surtout pas question de démontrer. Depuis le XVIe siècle, le jardinier japonais respecte le précepte de Soami : « saisir, par l'intermédiaire des choses les plus ordinaires, le secret de la nature et sa véritable essence ».

Le jardin japonais maîtrise les dispositions asymétriques et se valorise avec la patine du temps. Il utilise les nombres symboliques du *feng-shui* : 7, 5, 3, pour créer les groupements de roches ou de végétaux, assurant ainsi une disposition asymétrique.

L'eau, élément majeur

Avec les pierres, les mousses, les bambous et les arbres, l'eau fait partie des éléments de base du jardin japonais.

Dès que sa superficie le permet, le jardin accueille un bassin ou un étang. Il existe plus de 700 jardins d'eau au Japon. Les berges sont plantées d'iris, de pins à cinq aiguilles *(Pinus parviflora)* d'azalées taillées en boules ou d'érables du Japon *(Acer palmatum)*.

▲ Les Japonais taillent toutes les plantes, y compris les espèces à fleurs comme les azalées.

Plantes sculptées

L'âme du jardin japonais s'exprime par ses pierres, mais surtout par ses arbres aux formes contournées qui tout en paraissant souffrir le martyre, dégagent une impression de sérénité et d'harmonie. Adoptant les mêmes principes que les techniques du bonsaï, la taille dégage la ramure, en magnifie le port et fait ressortir la personnalité de la plante. Les érables sont les seules espèces à ne pas subir de taille.

Symbolique du jardin sec

Le Japon a recensé sur son territoire 323 jardins secs *(kare sansui)* que l'on qualifie souvent en Occident de « jardins zen » parce qu'ils sont l'émanation de cette philosophie épurée. Le bouddhisme zen s'est implanté au Japon à la fin du XIIe siècle. La création de jardins secs s'est affirmée comme un art indépendant dans la seconde moitié de l'époque Muromachi (au tout début du XVe siècle). Les créations de jardins zen mondialement célèbres comme le Daisen-in ou le Ryoan-ji datent de la fin du XVe siècle. Ces jardins créent une atmosphère suggestive de pureté, où l'esprit n'est pas détourné par une présence opulente.

◀ Le jardin sec est riche en symboles variés.

ART DE VIVRE

LE JARDIN CHINOIS

Idéalisation de la nature à travers une projection toute personnelle fortement chargée de mysticisme, le jardin chinois est un univers magique et parfois même inquiétant, totalement recréé par l'homme. On y côtoie des représentations animistes, des génies grimaçants, des sculptures de dragons, des temples à offrandes au milieu de bassins que l'on tranchit sur des ponts de bois pour atteindre des îles décorées de pagodes ou de pavillons et plantées d'arbres sculptés comme des bonsaïs. La pierre est omniprésente dans le jardin chinois, roche ciselée et creusée par l'érosion, que l'on utilise comme un élément de décor au même titre qu'une statue ou pour y incruster quelques fougères.

Le jardin du voyageur

Sans les exceptionnels botanistes explorateurs qui, entre 1750 et 1850, ont sillonné la planète au cours d'expéditions périlleuses, découvrant et rapportant des milliers de végétaux, le jardin contemporain ferait pâle figure. Profitez de toutes ces découvertes pour composer un étonnant kaléidoscope exotique.

ASTUCE TRUFFAUT

Pour être assuré de donner une touche d'exotisme à votre jardin, plantez-y une fougère arborescente. *Dicksonia antartica* est l'espèce la plus rustique (-7 °C). Installez-la dans un endroit abrité, dans une terre très humifère et plutôt acide. De mai à octobre, munissez la plante d'un système d'arrosage au goutte à goutte avec brumisateur.

Plantes du bout du monde

L'exotisme est profondément inscrit dans l'histoire des jardins et plus de 80 % des plantes que nous y cultivons (y compris les fruits et les légumes) sont d'origine étrangère. Mais la notion primaire d'exotisme, qui évoque des contrées lointaines, doit être associée à l'image des tropiques, c'est-à-dire à une flore exubérante et originale, pour que le jardin vous donne vraiment l'impression de vivre ailleurs.

La notion d'opulence est importante et des feuillages amples, des plantes de grande taille ou des fleurs spectaculaires serviront de base à votre décor de jardin à but d'évasion.

La notion de rusticité

Le premier frein à la création d'un jardin « exotique » est la résistance des plantes au froid. Ne vous fiez surtout pas aux médias qui annoncent en permanence le réchauffement de la planète. Même s'il est tout à fait réel, il ne se traduit pas par des constantes, bien au contraire. Les risques de gelées sévères sont encore bien présents dans bon nombre de régions.

La tolérance des plantes au froid dépend avant tout de l'exposition (il faut éviter les vents et offrir un maximum de soleil) et de la nature du sol. Dans une terre sèche, la résistance au gel est toujours très supérieure.

Le décor de base

À l'évidence, pour les habitants des régions septentrionales, l'image végétale de l'exotisme est le palmier. C'est la plante qu'il faut accueillir en premier pour transformer le décor en paysage tropical. Dans pratiquement toutes les régions vous pouvez accueillir un palmier moulin *(Trachycarpus exelsa)*. C'est le plus résistant (jusqu'à -15 °C).

Les bambous vont aussi constituer la base du décor permanent. De très nombreuses espèces, y compris des formes géantes de 18 à 20 m de haut, comme *Phyllostachys bambusoides* ou *Phyllostachys nigra*, résistent à -18 °C.

Venu d'Australie, l'eucalyptus, avec son feuillage persistant bleuté et son écorce magnifique, apporte une note dépaysante qu'il ne faut pas négliger. *Eucalyptus gunnii* résiste à -15 °C.

Terriblement exotique avec son immense feuillage, le bananier fait partie des espèces à utiliser en priorité. *Musa basjoo*, le bananier japonais tient à -10 °C, se montrant rustique jusqu'en Touraine. Ailleurs, il faut butter le pied et l'envelopper dans un voile.

Des plantes grimpantes de grande taille seront laissées libres de pousser.

▲ Dans les régions du littoral, accueillez *Cordyline australis, Opuntia, Watsonia, Yucca.*

Décoration saisonnière

Hormis dans les régions du bord de mer où nombre de plantes tropicales peuvent être acclimatées avec bonheur, partout ailleurs, le jardin exotique sera limité à la belle saison (de mai à octobre). À moins de vouloir « faire du genre », ne cherchez pas à respecter un environnement particulier. Au contraire, associez toutes les plantes que vous pourrez dans l'opulence la plus totale.

Anisodontea, *Cestrum*, datura, érythrine, laurier rose, *Leonotis*, *Plumbago*, *Solanum*, *Sparmannia*, *Streptosolen*, *Thunbergia*, sont à privilégier comme saisonnières exotiques.

▲ Une pergola couverte d'une bougainvillée.

Plantes géantes

Pour apporter une touche d'exotisme au jardin, utilisez des plantes opulentes et d'aspect spectaculaire.

Le bocconia *(Macleaya cordata)* est une vivace pouvant atteindre 2,50 m de haut, à feuilles palmées, de couleur bronze et fleurs en plumes grises.

Le gunnéra *(Gunnera manicata)* est une des vivaces les plus impressionnantes avec ses longs pétioles épineux portant des feuilles arrondies de 1 m à 1,50 m de diamètre. Un peu frileux.

La ligulaire *(Ligularia przewalskii)* est une vivace rustique qui atteint 2 m de haut. Fleurs jaunes en été.

La vipérine géante *(Echium pininiana)* est une bisannuelle dont les inflorescences bleues atteignent 3 m. Idéale pour les jardins du bord de mer.

ART DE VIVRE

UN JARDIN MAURESQUE

Toujours situé dans un univers clos de mur, le jardin d'inspiration islamique s'illustre idéalement dans un patio. Il est occupé dans sa partie centrale par un point d'eau. Il peut s'agir d'une fontaine, d'un bassin ou d'une succession de bassins reliés par des canaux. Les jets d'eau sont tout à fait appropriés. Hormis pour les parties consacrées aux cultures, le sol est dallé. Pour être tout à fait dans le style, utilisez des petits carreaux et composez des motifs géométriques ou disposez-les en mosaïque. N'utilisez pas plus de deux couleurs, toujours dans des tons discrets : blanc, gris, noir, bleu ou vert.

Côté plantations, toute la végétation peut fort bien être disposée hors sol. Dans tous les cas, il doit y avoir des plantes en pots, de préférence des agrumes ou des oliviers, mais également des palmiers, voire des grenadiers ou des amandiers. La décoration florale est superflue, mais elle peut être présente et composer un motif régulier.

Le jardin des cinq sens

Notion paysagère très contemporaine qui évoque un accomplissement total avec en filigrane une forte sensualité, le jardin des cinq sens est l'aboutissement logique d'une réflexion profonde sur la philosophie que transmet la pratique du jardinage. Mais c'est aussi l'occasion de créer un espace ludique et enchanteur.

ASTUCE TRUFFAUT

Pour profiter vraiment de leurs fragrances et en découvrir toute la subtilité, rapprochez les plantes parfumées des voies de passage. Les plus odorantes vous inciteront à vous arrêter pour mieux en découvrir les secrets, tandis que les plus discrètes se trouveront à portée de main pour froisser un feuillage ou humer de tout près une fleur délicate.

Le goût

Le nombre de plantes comestibles qu'il est possible de cultiver dans le jardin est considérable. Légumes, fruits, plantes condimentaires sont les plus intéressants. N'hésitez pas à les disséminer dans le jardin d'ornement, vous ferez des rencontres gourmandes au fil de vos promenades. La mode est aussi à la consommation des fleurs *(voir encadré)*.

Sans être véritablement comestibles, certaines plantes se prêtent bien à être goûtées. Les jeunes tiges tendres laissent souvent s'écouler un jus sucré, à la fois délicieux et désaltérant. Assurez-vous bien sûr que vous grignotez une plante réputée non toxique !

L'odorat

Les plantes à parfum sont bien évidemment les plus stimulantes et les plus enivrantes. Les senteurs sont plus ou moins puissantes. Certaines se décèlent à plusieurs mètres de distance (tilleul, jasmin), d'autres au contraire nécessitent qu'on les frotte avec les doigts (pélargonium). Les parfums se déclinent en nuances très variées : fraîches, vertes, fruitées, fleuries, épicées, lourdes, capiteuses, entêtantes, poudrées, vanillées, citronnées, boisées.

Dans le jardin il faut absolument éviter les cacophonies parfumées car elles peuvent devenir désagréables. Distancez donc les espèces odorantes.

LE SAVIEZ-VOUS ?

FLEURS COMESTIBLES

• **Capucine** C'est la plus « goûteuse » de toutes les fleurs avec une saveur assez poivrée qui rappelle le cresson, en un peu plus fort. Elle se consomme crue dans les salades et accompagne agréablement les poissons blancs et les viandes froides. Les boutons peuvent être confits dans du vinaigre comme des câpres ou cristallisés au sucre.

• **Fleur de courgette** Prélevez uniquement les fleurs mâles (portées par un fin pédoncule), pour laisser les fleurs femelles développer des fruits. D'une saveur fine et veloutée, douce au palais, on les consomme surtout cuites, le plus souvent farcies avec du riz, du fromage et de la viande hachée ou avec des anchois et du basilic. Vous pouvez aussi en faire des beignets sucrés ou salés.

• **Pensée** Cette violette hybride n'a pas grand goût, mais ses couleurs décorent de façon incomparable les salades composées et les salades de fruits. Pour découvrir une saveur subtile, préférez-lui la véritable violette odorante dont vous ponctuerez la crème à la vanille pour une sensation d'une rare délicatesse.

Bien d'autres fleurs sont comestibles notamment l'acacia (en beignet), la bourrache (cristallisée au sucre), le chèvrefeuille (pour parfumer le thé), le chrysanthème (dans la soupe).

Les plantes ne dégagent pas toujours des odeurs agréables. Par exemple les pétunias mouillés sentent franchement la vieille chaussette, de même que les fleurs sèches du laurier tin ! Certaines qui attirent les insectes, comme l'aristoloche ou le stapélia dégagent une odeur putride. Les fleurs femelles du ginkgo sont franchement pestilentielles. Les feuilles diosma sentent la transpiration et celles du buis rappellent le pipi de chat !

Les effluves odorantes du jardin doivent aussi être prises en compte comme la senteur fraîche et tonique du gazon juste tondu ou le bon parfum d'humus d'un paillis nouvellement étendu. Mettez aussi le nez dehors le soir après une journée de canicule ou tout juste après la pluie, c'est vraiment délicieux.

L'ouïe

Hormis quelques branches qui craquent, et le sifflement du vent dans les feuillages, le monde végétal est fort peu bruyant. C'est surtout l'eau qui dans le jardin nous fait tirer l'oreille. Le clapotis d'une cascade ou d'une gargouille, le tintement de la pluie qui frappe un récipient métallique, le glouglou du jet d'eau génèrent des sons fort agréables.

Le babillage des oiseaux est également un son qui égaye bien le jardin, à condition qu'il ne soit pas nocturne comme celui du rossignol !

Le toucher

C'est un sens que l'on maîtrise et perçoit assez mal mais qui pourtant est d'une importance capitale dans notre comportement. Le rapport le plus sensuel avec le jardin n'est-il pas de malaxer la terre entre les doigts ?

Le contact avec les végétaux nous transmet instantanément un rapport affectif. Doux, lisse, soyeux, chaud, velouté, souple, mousseux, la réaction est positive. Rêche, rugueux, dur, piquant, coupant, urticant et la plante donne une mauvaise impression.

Le toucher joue aussi un rôle essentiel dans les sensations que procure le jardinage. Le contact du manche lisse d'un outil en bois est différent de la fraîcheur du métal ou du satiné assez impersonnel d'un plastique.

La vue

C'est à l'évidence le sens qui nous est le plus utile pour apprécier un jardin. Dans ce domaine, ce n'est pas la vue qui compte, mais le regard que l'on pose sur les choses. L'œil peut être aussi bien perçant et s'attarder sur un détail que panoramique et englober toute une scène dans son ensemble. La perception de l'instant est alors bien différente.

Pour que la contemplation d'un jardin soit agréable, n'utilisez pas trop le blanc dans les régions très ensoleillées car il génère un effet de brillance.

▶ Un mélange de plantes aux textures différentes incite à les toucher.

Le jardin champêtre

Puisant sa source d'inspiration dans la campagne environnante, ce jardin cherche à faire corps avec son environnement, mais sans pour autant s'y confondre. C'est un lieu simple et sobre mais où l'opulence n'est pas absente car il est surtout chargé de produire des fruits et des légumes pour toute la famille.

ASTUCE TRUFFAUT

Dans un jardin champêtre, faites pousser des arbustes dont les baies vont attirer les oiseaux. Vous pouvez avantageusement grouper différentes espèces dans des haies libres qui assureront un rôle décoratif, brise-vent et de refuge pour la gent ailée. Aubépine, cotonéaster, épine vinette, houx, prunellier *(notre photo)*, ronce, sureau, viorne.

Vivre à la campagne

Ces jardins, qualifiés aussi de « ruraux » ou de « campagnards », s'intègrent au mieux dans le paysage régional. Leur composition est aussi simple que possible, mais contrairement aux jardins naturels ou sauvages, ils n'ont pas pour but d'imiter la nature.

Le jardin champêtre privilégie une palette de plantes rustiques. Il s'entoure de haies vives, composées d'espèces décoratives et parfois comestibles (ronce, prunellier, arbousier, etc.). Variées, nuancées, denses et conservant leur forme naturelle, ces haies libres ont pour but de fondre le jardin dans l'environnement, mais aussi de constituer un refuge pour les oiseaux et divers animaux sauvages utiles comme le hérisson. Le jardin champêtre fourmille de vie. Les papillons volettent de fleur en fleur, les oiseaux babillent un peu partout, les lézards se réchauffent sur les pierres, et les hérissons pataouds jouent les visiteurs du soir.

Dans les régions naturellement riches en plans d'eau, le jardin champêtre doit se mettre au diapason en intégrant un grand bassin. Il accueillera un héron ou des canards de passage, vous donnant le plaisir permanent de jouer les naturalistes.

Le concept graphique du jardin champêtre consiste à souligner les charmes de la campagne et à les valoriser par une plantation plus dense ou plus appropriée. Par exemple en Bretagne, genêts et ajoncs, communs dans les landes alentour, feront partie du décor, égayés par une profusion de rhododendrons, bruyères, camélias et autres arbustes de terrains acides.

Dans les régions de montagne, le style rocaille sera de rigueur. Utilisez obligatoirement des pierres de la région. Au milieu d'un paysage de champs et de prairies, une grande pelouse sera soulignée par des massifs d'arbustes à fleurs, en majorité caducs et de vivaces toutes simples, comme les leucanthèmes (marguerites), les achillées, les lupins, les campanules, etc.

Si l'environnement est plutôt boisé, reproduisez un jardin d'ombre, avec des fougères, des arbustes de terre de bruyère, des fleurs à bulbes, des couvre-sols. En bref, sachez fondre le jardin dans le décor, tout en lui donnant une personnalité grâce à un bon choix de plantes judicieusement arrangées.

▲ La beauté et la richesse du jardin ne gomment pas le rôle pratique de la propriété rurale.

Le respect du paysage

La réalisation d'un jardin champêtre se justifie surtout si vous bénéficiez d'un beau panorama sur la campagne environnante et que votre jardin est visible des alentours. Il serait tout à fait incongru de planter un bosquet de rhododendrons dans un paysage calcaire, ou une abondance de feuillus dans un environnement de conifères. Ce choix n'est pas seulement esthétique, mais aussi parfois géographique et botanique. Inutile d'envisager de faire pousser des oliviers dans le Beaujolais ou de réussir des mirabelles sur la Côte d'Azur !

Le jardin champêtre doit s'accorder avec la maison. Si cette dernière adopte nettement le style régional, il faut l'entourer d'un jardin qui saura la mettre en valeur sans choquer. Ne craignez pas d'être limité dans votre assortiment végétal. Beaucoup de plantes « passe partout » conviennent au jardin champêtre. C'est le cas de nombreux arbustes à fleurs (forsythia, cognassier du Japon, groseillier à fleurs, buddléia, seringat, deutzia, noisetier, spirée, lilas, exochorda, tamaris, etc.), des rosiers à fleurs simples, des arbres fruitiers et de la plupart des plantes vivaces.

Les bulbes à fleurs de printemps conviennent tous, hormis peut-être les tulipes perroquets et les grandes fritillaires, par trop sophistiquées. Pour l'été, lin bleu, clarkia, nigelle de Damas, julienne des jardins, pavot de Californie, chrysanthème à carène, chrysanthème des moissons, pied d'alouette annuel, peuvent être mélangés et semés à la volée un peu partout pour composer une prairie fleurie des plus colorées.

ART DE VIVRE

LE JARDIN DE CURÉ

Remis au goût du jour après avoir bien failli disparaître, le jardin de curé est l'archétype du jardin rural par son aspect non conformiste, et son rôle à la fois décoratif et vivrier. Par définition, le jardin de curé est celui qui permettait d'assurer la subsistance du curé du village.

On y trouve donc des légumes, des fruits, des plantes aromatiques pour la cuisine, trois ou quatre pieds de vigne pour le vin de messe, quelques simples (plantes officinales) pour guérir les maux courants et des fleurs pour la décoration de l'autel et de la sacristie. Bien souvent les jardins de curés accueillent aussi un petit élevage (poules pondeuses et lapins), voire une ruche. Aujourd'hui, on qualifie de « jardins de curé » les plantations assez hétéroclites, denses, qui confinent au capharnaüm végétal, mais composées uniquement de plantes rustiques, faciles, sans sophistication. Cela ne veut pas dire pour autant que le jardin de curé est mal entretenu, bien au contraire. La mauvaise herbe n'y est pas de mise !

Le jardin sauvage

Intégré à la nature ou évoquant un coin de paysage naturel, ce jardin est assurément le plus difficile à réaliser et surtout à entretenir. En associant dans une subtile alchimie des plantes décoratives et des espèces indigènes, il entretient savamment le déséquilibre, tout en faisant oublier la main de l'homme.

ASTUCE TRUFFAUT

Souvent considérés comme des mauvaises herbes, les chardons ne manquent pourtant pas d'atouts décoratifs. Leur feuillage très découpé, parfois bleu ou argenté, fait merveille au soleil. Leurs fleurs en capitules, souvent accompagnées de grandes bractées, peuvent être séchées. Elles se conservent alors plus d'un an dans un bouquet sec.

La nature est un artiste

Les plus belles harmonies se découvrent dans les espaces sauvages qui combinent un sens extraordinaire de l'équilibre, du rythme et des couleurs. C'est pourquoi les paysagistes ont depuis toujours recherché leur inspiration dans les bois, les montagnes, les plaines, les champs, les vallons, etc.

Contrairement à ce que laisse supposer son appellation, un jardin naturel n'est pas né spontanément au gré de la fantaisie créatrice des éléments. C'est un jardin, un vrai, avec toutes ses subtilités et ses nuances. Il est façonné par la main experte de l'homme, qui essaye de faire oublier sa présence…

Un art difficile

Copier la nature et réussir un jardin d'apparence spontanée n'est pas à la portée du premier venu car dans son apparente anarchie le monde vivant joue une partition bien orchestrée. On entend et l'on apprécie sa mélodie, mais impossible d'en lire les notes.

Le jardin au naturel est très exigeant sur le plan de l'entretien car on a remplacé ici toute la flore sauvage par des espèces plus subtiles, plus décoratives, mais souvent moins vigoureuses. Il faut faire face à la concurrence très rude des « mauvaises herbes », qui n'ont de mauvaises que le nom, cherchant à occuper un terrain qui leur appartenait avant que l'être humain, perturbateur comme à son habitude, ne décide d'en faire son jardin. De manière paradoxale, un jardin naturel génère une lutte incessante contre cette nature que l'on cherche à copier.

Pour aller plus loin dans l'analyse, le jardin sauvage cherche à sublimer la nature. Il veut la montrer sous ses plus beaux atours, en la débarrassant de ce côté anarchique qui a tendance à choquer ce sens de l'ordre et de l'organisation profondément humain. L'à-peu-près, le sous-entendu, le suggéré font vraiment partie du domaine de l'art et de la sensibilité individuelle.

Dans un jardin sauvage, le premier principe à appliquer est la variété et l'abondance. C'est bien connu, la nature à horreur du vide. Il faut donc couvrir généreusement toute la surface à décorer. Pour cela, employez des plantes vivaces tapissantes au grand pouvoir couvrant. Laissez d'abord les végétaux s'accorder entre eux et occuper leur territoire. Attendez deux saisons avant d'intervenir dans l'ordre et la répartition des plantes, par des tailles, sévères s'il le faut. Appréciez et respectez le travail de la nature qui aura eu le temps d'esquisser une ébauche pour vous désigner les plantes qui vous offriront la meilleure harmonie de formes. À vous ensuite de la ciseler.

LE SAVIEZ-VOUS ?

LES PLANTES MÉDICINALES

Beaucoup de plantes sauvages possèdent de réelles propriétés officinales. Certaines et non des moindres (digitale, colchique) renferment des poisons violents et il ne faut donc pas les cultiver à des fins thérapeutiques. En revanche, vous pouvez accueillir sans crainte : la **camomille**, qui forme des touffes de fleurs blanches fort décoratives et dont l'infusion de fleurs favorise la digestion. La **consoude**, opulente à feuillage tacheté et fleurs rose pourpré, dont le rhizome mucilagineux s'applique en compresse sur les brûlures et les plaies. L'**achillée mille-feuille**, petite vivace aux feuilles très découpées et aux ombelles de fleurs blanches, aux vertus antiseptiques. La **reine-des-prés**, buissonnante, aux longs épis blancs, vaporeux, très efficace contre la cellulite. La **pervenche**, plante rampante à fleurs bleues, qui sert à abaisser la tension.

Les éléments naturels

Les êtres vivants, et en particulier les végétaux, doivent dominer de manière flagrante dans le jardin d'inspiration sauvage. Mais on peut aussi y trouver l'eau, la pierre et le bois. L'eau s'intègre le mieux dans ce type de jardin sous forme vive : source, ruisseau ou cascade. Des bâches en plastique habilement dissimulées par des cailloux, des rochers et des plantes, donnent l'illusion d'un trou d'eau naturel. La présence aquatique ne doit pas être dominante, juste suggérée pour apporter un peu de fraîcheur et justifier la présence de fougères, de trolles, de primevères, d'hostas, d'alchémilles, etc.

La pierre forme une ponctuation dans la déclinaison des massifs. Elle souligne un contour, marque un détour, matérialise un dénivelé. Elle peut aussi remplacer l'élément liquide sous la forme d'une rivière sèche, dont le côté aride sera pondéré par la présence de graminées ornementales.

Le bois s'emploie sous forme de souches, de troncs, de racines. Couvrez partiellement les éléments en bois de végétation, pour mieux les intégrer dans la composition. Un dallage ou un escalier en rondins de châtaignier sont cohérents dans un jardin sauvage.

Côté harmonie générale, rien ne vaut pour l'illustrer cette phrase du comte de Buffon : « *Une mouche ne doit pas tenir dans la tête d'un naturaliste, plus de place qu'elle n'en tient dans la nature.* » Appliquez ce principe et tout vous semblera beaucoup plus simple pour réussir vos compositions paysagères, avec l'apparence du naturel.

◀ Laissez pousser des fleurs dans une prairie.

Jardin de ville et contemporain

Pouvant permettre tous les excès puisqu'il n'a pas à s'intégrer dans un environnement naturel, le jardin urbain est le préféré des paysagistes les plus créatifs, qui peuvent donner libre cours à leur imaginaire. On peut aussi le concevoir de manière très classique pour le seul plaisir de se façonner un coin de nature.

ASTUCE TRUFFAUT

Les bonsaïs conviennent idéalement au jardin de ville parce qu'ils n'y sont pas incongrus. Ils évoquent même par leur petite taille l'énorme pression que fait peser le développement urbain sur la nature. Accueillez bien sûr des espèces d'extérieur, qui seront rassemblées sur des étagères ou disposées dans un petit jardin japonais.

Une bouffée d'air pur

Le développement des zones urbaines dès la fin du XIXe siècle a entraîné une concentration importante de population sur des surfaces restreintes. Domaine du verre et du béton, la ville était devenue un univers artificiel, oppressant pour ses habitants. Les urbanistes se sont rendu compte des besoins de verdure des citadins et une importante politique de création et de rénovation d'espaces verts s'est mise en place dans la plupart des grandes métropoles. Les décorations florales municipales ont permis une prise de conscience à titre individuel de la nécessité de développer un décor végétal.

Un petit bijou

En ville, les jardins privés sont rares, ils dépassent rarement 300 m^2, avec une moyenne proche de 100 m^2. Posséder un jardin en ville est un privilège considérable. La moindre des choses est de transformer ce petit coin de verdure, en un havre de paix et de beauté.

Le jardin de ville est presque toujours clos de murs ou encadré par des constructions. Dans cet écrin, vous allez pouvoir sophistiquer le jardin à merveille. Inutile de se fondre dans un environnement naturel comme le veut la tradition paysagère. Vous pouvez donner libre cours à votre imagination et, sans choquer personne, créer un jardin dans le style qu'il vous plaira. À la limite, l'idéal est même d'aller jusqu'au bout de vos délires, le jardin en ville devenant une sorte de théâtre qui permet de vous évader en oubliant complètement le contexte du lieu.

Commencez par dissimuler les murs alentour en plantant la périphérie de votre petit domaine avec des grands arbustes et des conifères. Une proportion de un tiers de plantes persistantes, contre deux tiers de caduques, permet d'obtenir une forte structure permanente de feuillages. Si vous manquez de place, utilisez des plantes grimpantes. Elles appliquent leurs rameaux sur les murs, les habillant de verdure, sans occuper une surface au sol importante.

▲ Bien protégé derrière ses hauts murs le jardin de ville peut accueillir des plantes frileuses.

Le jardin de ville est le lieu privilégié pour l'utilisation des treillages décoratifs. Les jardineries en proposent de toutes sortes. Posez-les sur tous les murs aveugles, dans les endroits peu éclairés ou mal exposés, n'offrant pas des conditions satisfaisantes pour le bon développement des plantes. L'utilisation des treillages trompe-l'œil permet aussi d'agrandir visuellement les limites du jardin.

Le raffinement des détails

Pour rester en phase avec le mode de vie particulier de la ville, le jardin urbain réussi est aussi soigné et sophistiqué que possible. Sa petite taille vous permet de le composer avec le plus grand soin, sans dépenser une fortune et surtout de l'entretenir à la perfection sans y passer tous vos moments de loisir. Le besoin d'espace et d'air étant très important en ville, le jardin doit présenter une large partie dégagée afin que l'on puisse y circuler librement.

Réduisez la zone dégagée pour lui donner une forme de couloir et générer une perspective. Pour ce faire, plantez de généreux massifs sur la périphérie de la propriété. Ou bien, créez des différences de niveaux (la hauteur de 2 ou 3 marches suffit) et composez un jardin différent dans chacune des parties ainsi obtenues. Autre astuce pour rendre le jardin de ville plus généreux, compliquez et allongez les circulations, en multipliant les décrochements et les obstacles. Les massifs seront disposés en îlots, autour desquels vous pourrez vous déplacer. Utilisez de nombreuses potées qui couperont le chemin principal.

Jouez aussi la variété et la générosité dans le domaine végétal. Utilisez au maximum les plantes saisonnières (annuelles, bisannuelles, fleurs à bulbes) pour que le jardin change de visage plusieurs fois dans l'année et se pare de couleurs fortes qui lui donneront un aspect plus tonique.

Comble de sophistication, n'oubliez pas le petit coin potager et les plantes condimentaires. Rien ne surpasse le plaisir de croquer une salade bien tendre ou des tomates juteuses à souhait, qui ont poussé dans votre jardin, surtout s'il se trouve dans un environnement qui a oublié la nature.

ART DE VIVRE

LE JARDIN DE WEEK-END

Dans la mesure où l'on ne peut s'en occuper au mieux que deux jours par semaine, le jardin de week-end (ou de résidence secondaire) est un peu une gageure. Les nombreux ouvrages sur le sujet n'ont jamais réussi à résoudre cette quadrature du cercle, à savoir : comment réussir un beau jardin sans avoir à l'entretenir.
Dans la pratique, il faut avant tout choisir des plantes rustiques, résistantes aux maladies, qui ne demandent aucun soin, et privilégier les espèces à croissance lente. Il faut accepter de partager le jardin (du moins partiellement) avec les plantes sauvages et bannir toute idée de jardin bien léché, au tracé régulier et aux contours impeccables. Ne cultivez pas de légumes, hormis les artichauts, mais accueillez des plantes condimentaires et des fleurs à bulbes.

2 L'aménagement du jardin

LES ÉLÉMENTS DE MAÇONNERIE

Une des différences majeures entre un jardin et un espace naturel garni de végétaux est son architecture. Dans une composition paysagée, rien n'est laissé au hasard. Tout s'articule autour d'un squelette constitué par le tissu des allées et les diverses constructions en dur. Car un massif, s'il n'est pas appuyé sur un élément bâti, paraît vite incongru. Il suffit qu'il s'adosse à un mur pour que sa présence devienne évidente, comme naturelle.

Murs, murets, escaliers donnent du volume au jardin en permettant des mouvements de terrain et des dénivellations, tandis que les dallages fournissent du caractère à l'ensemble. Ils s'habillent sans problème de plantes, pour disparaître en beauté sous les fleurs. De même, tonnelles et pergolas sont les éléments du charme et du romantisme. Supports logiques des grandes lianes langoureuses, ces constructions permettent aussi de créer de subtils contrastes entre les zones d'ombre et de lumière. Elles invitent également à la détente et à la flânerie. Plus pragmatiques, clôtures et portails ont d'abord une vocation utilitaire. Il faut pourtant peu de chose pour bien les intégrer au jardin et leur permettre de personnaliser la propriété avec une élégance stylée.

Toujours dans un esprit de farniente, meubles, parasols et bancs invitent à la contemplation ravie des massifs du jardin. Leurs formes, leurs couleurs, la richesse et la variété des plantes qui les composent sont la clé de la réussite et l'expression de votre personnalité. L'éclairage, enfin, donne la touche finale aux ambiances nocturnes et sublime les jardins en redessinant leurs formes.

Le tracé des allées

Zones de circulation privilégiées du jardin, les allées ont un rôle pratique mais aussi esthétique. Les lignes qu'elles tracent définissent souvent la position des massifs, leurs dimensions et leurs formes. Il est donc important de les intégrer dans un plan général de la composition du jardin pour un résultat harmonieux.

ASTUCE TRUFFAUT

Pensez à simplifier au maximum le cheminement et à réduire les distances sur les voies les plus passagères. À ce titre, la ligne droite est souvent la meilleure solution. Le revêtement du sol doit être stable, non glissant et régulier pour faciliter le passage.

Le tracé des allées est sans doute un des points les plus délicats dans la création d'un jardin. Pour privilégier l'esthétique on peut être tenté d'oublier volontairement les voies de passage. Ce serait une grave erreur car le jardin deviendrait très vite une vitrine et non un lieu à vivre où il fait bon se promener. Commencez toujours par penser à l'allée qui conduit de la rue à l'entrée de la maison et au garage. Son tracé aboutit forcément à un portail ménagé dans la clôture. C'est la position de ce dernier qui va définir logiquement le tracé de l'allée. S'il se trouve face au garage, un tracé en ligne droite s'impose. Si le portail est décalé par rapport à l'axe de la maison ou à l'entrée du garage, vous pouvez envisager une courbe. Mais attention, si la longueur à parcourir en ligne droite est inférieure à 10 m, un tracé sinueux risque de paraître incongru. Pour dessiner un S élégant, dont la courbe n'est pas trop accentuée, vous devez disposer d'au moins 30 m. Les deux boucles du S devront former des arcs de cercle de diamètre inégal (c'est plus esthétique).

Les allées rectilignes ont l'avantage d'accroître la perspective. C'est un point fort dans un petit jardin. Vous pouvez encore accentuer cet effet en réduisant la largeur de l'allée vers l'arrière-plan. Pour être perceptible sans

▶ Les allées en courbes sont toujours très élégantes.

choquer, la différence doit être de 10 % environ, soit de 30 cm pour une allée de 3 m de large et de 10 m de longueur. La réduction de largeur doit être symétrique de part et d'autre de l'axe central de l'allée, sinon vous obtenez un effet tronqué assez peu agréable au regard.

Les allées stabilisées

Ce sont les voies carrossables qui doivent disposer d'une assise suffisante pour supporter le passage fréquent de véhicules lourds. Cela concerne également les parkings et le trottoir devant la propriété. La stabilisation consiste à creuser d'abord toute la surface à 35 cm de profondeur. Remplissez d'une couche de 20 cm d'épaisseur de cailloux et de mâchefer qui seront vigoureusement tassés. Couvrez avec un grillage à béton, puis coulez du béton liquide en terminant par une chape de 3 cm d'épaisseur. Il vous reste alors 12 cm pour réaliser un revêtement solide et esthétique, en dalles ou en briques par exemple. Il peut être posé plus tard, en fonction de l'état de vos finances. En revanche, si vous avez l'intention de poser des pavés, mieux vaut les intégrer tout de suite dans la fondation, sans passer par l'étape intermédiaire de la chape de béton.

Vous avez intérêt à stabiliser toutes les allées principales et la terrasse selon le même principe, mais avec une fondation moins épaisse (10 cm de gravats suffisent). La pose des dalles sur béton n'est pas obligatoire pour cet usage, mais elle est recommandée.

Une allée bien pensée

Une allée ne doit pas avoir un profil totalement plat. Il faut toujours prévoir une forme légèrement bombée afin que l'eau de pluie s'écoule sur les bords extérieurs et soit absorbée par les plantations environnantes.
Même chose dans la longueur : ne cherchez pas à tout construire de niveau. Une pente d'évacuation des eaux de 1 % doit être prévue. Elle doit si possible aboutir à un regard intégré dans le sol et relié à une canalisation conduisant à un puisard. Attention, sachez qu'il est interdit de se raccorder au réseau du tout-à-l'égout dans la plupart des municipalités. Renseignez-vous auprès de la mairie pour connaître les dispositions et réglementations locales à ce sujet.

Le revêtement d'une allée principale doit être solide, élégant et rugueux. Évitez les dallages gélifs, en particulier les calcaires. Le marbre, les carrelages et l'ardoise sont déconseillés parce qu'ils sont assez glissants.

Pensez aussi à créer des décrochements dans le tracé de l'allée principale pour y planter quelques végétaux.

LE SAVIEZ-VOUS ?

LES BONNES DIMENSIONS D'UNE ALLÉE

Si la longueur d'une allée a surtout une importance pratique et esthétique, sa largeur définit évidemment son potentiel d'utilisation. Pour le passage d'une voiture, il faut compter un minimum de 3 m de large. C'est d'ailleurs la largeur standard d'un portail. Si vous possédez une grosse berline ou un break, il serait même conseillé d'augmenter la largeur de l'allée jusqu'à 4 m. Attention aussi à son tracé qui doit être aussi simple que possible pour ne pas obliger à des manœuvres délicates. La pente ne doit pas dépasser 10 %, afin d'éviter tout problème en cas de sol gelé en hiver.

Les allées piétonnières peuvent avoir des dimensions variables selon leur usage. Pour circuler avec une tondeuse, une brouette, un motoculteur, comptez un minimum de 1,50 m de large. Veillez à ce que le sol soit bien stabilisé et le revêtement aussi régulier que possible. Si vous possédez une tondeuse autoportée (sur laquelle on s'assoit), une largeur de 2 m semble un minimum.
Les allées de circulation piétonne mesureront au minimum 80 cm de largeur. Les plus passagères atteindront 1,50 m, de façon que deux personnes puissent s'y croiser sans se gêner. Veillez à la bonne régularité du revêtement.
Les petits sentiers secondaires, les passages entre les rangs de légumes dans le potager peuvent être limités à 50 cm de large. Mais leur usage sera surtout esthétique et très limité en pratique.

▲ Une allée secondaire doit toujours être discrète.

Les allées secondaires

Le jardin doit être sillonné de passages pratiques, plus ou moins dissimulés dans la végétation, qui permettent d'accéder à toutes les plantations pour leur entretien. Le réseau d'allées secondaires doit être conçu de manière à pouvoir effectuer une visite complète du jardin « les pieds au sec ». C'est beaucoup plus difficile à dire qu'à faire, car dans tout jardin digne de ce nom, les plantations évoluent au fil des années. Cela oblige donc à créer en permanence de nouvelles allées ou sentiers. Tracer des voies de passage sur plan demande un respect des proportions, des lignes et des mouvements, et relève donc plus du sens esthétique que du sens pratique. Pour connaître à coup sûr l'emplacement idéal des allées, le mieux est de ne rien tracer au départ et d'accepter dans un premier temps de chausser les bottes pour circuler dans le jardin. Très vite, les allées vont se dessiner d'elles-mêmes. Vous les verrez se marquer sur le sol meuble ou sur la pelouse à la suite de vos passages répétés. C'est là, et nulle part ailleurs, qu'il faut les implanter. Vous pouvez bien sûr dévier légèrement pour l'esthétique, tant satisfaire. D'un côté, vous avez envie de passer dans des coins et recoins afin de découvrir toutes les richesses du jardin, de l'autre, il faut gagner du temps et aller droit au but. Les solutions à adopter dépendent de la superficie du jardin. Dans les grands espaces de 1000 m^2 et plus, il est impensable de concevoir un réseau d'allées idéal. Il se transformerait vite en toile d'araignée à la fois complexe et inesthétique. Dans ce cas, vous réalisez un ou plusieurs chemins qui conduisent à la maison, à l'abri de jardin et aux endroits indispensables comme la commande principale de l'arrosage, la terrasse, l'aire de jeu, le coin repos, etc. Ensuite, vous utilisez la pelouse comme voie traversière et accès aux massifs.

▲ Un sentier pénètre dans la végétation.

◀ Ce petit passage secret est une trouée dans la verdure foisonnante.

Dans les petits jardins, il peut être astucieux de dessiner un réseau d'allées assez complexe. Tout simplement pour donner l'impression d'une plus grande superficie en allongeant les parcours. Il suffit pour cela d'obliger à tourner autour de chaque massif. Vous obtenez ainsi une parfaite délimitation des plantations qui prennent un aspect bien structuré, et un accès pratique à tous les endroits nécessitant un entretien suivi.

Les sentiers

Il est évident que toutes les allées secondaires ne doivent pas avoir la même importance. Dans le cas d'un réseau complexe de circulations, il faut privilégier les sentiers, qui sont des passages étroits et discrets au milieu de la végétation. Un ensemble d'allées est comme la ramure d'un arbre. L'allée secondaire part de l'allée principale et le sentier vient se greffer sur une allée secondaire. L'important est de ne pas rompre le réseau, sinon il n'a plus aucun sens. On ne crée jamais un passage pour le plaisir, mais pour des raisons logiques. S'il

▲ Le gué doit être stable, large, non glissant.

semble normal qu'une allée secondaire permette une certaine aisance quand on l'emprunte, il n'en est pas de même pour le sentier. Ce dernier peut être un passage secret qui s'enfonce au milieu de la végétation pour aboutir nulle part, simple prétexte pour un bain de verdure et de nature. Le sentier va vous conduire à un banc, une statue, une fontaine. Il peut aussi traverser une haie pour vous emmener dans une autre partie du jardin au décor complètement différent. C'est la voie détournée pour accéder aux massifs et au potager. Il serpente, il s'alanguit, il est ponctué de détours et de surprises. Il n'a même pas besoin d'un revêtement pratique et confortable, il lui suffit d'être le fil d'Ariane qui guide vos pas à la découverte du jardin.

Le pas japonais

C'est la version orientale du sentier, avec tout ce que cela comporte de raffinement, de subtilité et de complexité. Au Japon, c'est le chemin qui mène à la maison de thé. On le parsème d'embûches avec des dénivelés, des blocs irréguliers, etc., pour qu'une fois arrivé au but, on en goûte encore plus le calme et les délices. Occidentalisé, le pas japonais est un sentier ponctué de dalles irrégulières, espacées de la distance d'un pas (60 cm). Il peut traverser une pelouse, un massif, un bosquet. Très discret, il s'intègre parfaitement à l'environnement du jardin et offre de bonnes possibilités de plantations.

▶ Le pas japonais est élégant, mais pas toujours pratique à emprunter.

Le gué

C'est un passage sur l'eau, plus discret qu'un pont, mais tout aussi pratique. Il convient aux petits jardins et crée une excellente liaison entre le bassin et le reste du jardin. Le gué est un chemin de dalles composé de blocs solides de 40 cm de largeur minimum. Il est aussi possible d'utiliser des traverses de chemin de fer ou des blocs de pierre naturelle. Si la largeur du bassin est inférieure à 3 m, le gué paraîtra incongru, la solution la plus logique étant de contourner le plan d'eau.

Dans une pièce d'eau de 4 à 8 m de large, créez un gué tout droit. Au-dessus, un décrochement est possible s'il est motivé par la présence d'un obstacle ou d'une plante.

LE SAVIEZ-VOUS ?

LES BORDURES

Une allée prend un aspect beaucoup mieux fini quand elle est complétée de part et d'autre par une bordure. Cette dernière n'a pas besoin d'être très présente visuellement. Il est même préférable qu'elle se fonde dans le décor afin de ne pas souligner lourdement la présence de l'allée. La solution la plus simple est de faire appel aux végétaux. Une petite haie de buis taillé, des lavandes ou des santolines sont parfaites. Vous pouvez aussi utiliser des couvre-sol pour les petits sentiers ou les allées très larges. De cette manière, on perd la notion de contours et la construction fait corps avec les plantations. Dans les jardins structurés, vous préférerez souvent les bordures construites. Un petit muret de 10 à 20 cm de hauteur (au maximum le dixième de la largeur de l'allée) permet de réaliser des plantations surélevées ou d'utiliser des plantes retombantes, toujours élégantes. Des rondins de bois disposés à des hauteurs inégales s'associent joliment aux briques ou donnent un cachet rustique aux allées gravillonnées. Vous pouvez aussi utiliser des traverses de chemin de fer de récupération. C'est du meilleur goût dans les jardins contemporains ou rustiques, et la pose est à la fois simple et rapide.

Dalles et dallages

Revêtement des allées, des sentiers, des terrasses et des aires dégagées, les dallages peuvent être constitués de matériaux très différents. Choisissez-les en fonction du style de votre maison et du budget dont vous disposez. Recherchez une certaine unité, en évitant de trop mélanger les matériaux.

ASTUCE TRUFFAUT

Le dallage est un investissement important. Rien ne vous oblige à le poser tout de suite. Vous pouvez laisser une chape de béton sur les allées, en attendant de disposer du budget nécessaire pour daller.

Éléments plats et solides de dimensions variables, les dallages peuvent être constitués de matériaux très divers que vous choisirez en fonction de l'aspect final désiré. Un bon conseil au départ : les éléments du dallage ne doivent pas être trop petits pour obtenir un effet aussi décoratif que possible.

La pierre naturelle

C'est le matériau le plus riche pour ce qui concerne la variété des formes, des textures, des couleurs... et des prix. Les pierres les moins chères sont les calcaires, qui, pour les régions aux hivers rigoureux, présentent l'inconvénient d'être gélifs. Les pierres les plus onéreuses sont les quartzites taillées, mais ce sont des matériaux quasiment indestructibles. La pierre naturelle s'intègre parfaitement dans tous les styles de jardins, classiques ou modernes.

La pierre reconstituée

Fabriqué à partir de poussières ou de fragments de pierre agglutinés par des résines, ce matériau a fait d'énormes progrès ces dernières années. Certaines fabrications ressemblent à s'y méprendre à des pierres naturelles et se patinent tout aussi bien. Avantages : un prix plus bas, et surtout une régularité d'épaisseur et de dimension des plaques qui facilite énormément la pose.

Les pavés

En quartzite ou en granite, ce sont des blocs pratiquement cubiques. Les pavés anciens polis par le temps font des dallages remarquables dans les jardins ; il est possible de les appareiller dans des motifs très variés. Malheureusement, ces matériaux de récupération coûtent fort cher, à moins de pouvoir les acquérir directement sur un chantier. Les pavés neufs demandent au moins deux ans avant de se ternir et de s'intégrer vraiment bien dans le jardin. Les pavés présentent un avantage : ils ne doivent pas obligatoirement être posés sur du béton. Ils ont une longévité exceptionnelle.

La brique

C'est un matériau très utilisé comme dallage dans le jardin en raison de son prix assez avantageux et de son bel aspect flammé qui s'intègre parfaitement avec une maison moderne ou rustique. Les briques pleines type « brique de Vaugirard », sont les plus utilisées. Elles mesurent 11 x 22,5 x 5,5 cm. Elles permettent de nombreux motifs en chevrons, croisés, en quinconce, etc. Un autre avantage de la brique est sa facilité d'association avec un autre matériau : pierre ou bois pour composer un dallage original.

Le bois

Ce matériau est sobre et élégant. L'efficacité des traitements antifongiques étant aujourd'hui très bonne, il n'y a plus de problème majeur à utiliser du bois à l'extérieur. Les bois durs exotiques, le pin imprégné à cœur, le bois de coffrage pour le bâtiment résistent au moins quinze à vingt ans aux intempéries. Les dallages en bois sont souvent réservés aux bons bricoleurs car il s'agit d'appareillages sur mesure. L'avantage majeur est de pouvoir lui faire épouser les formes les plus compliquées.

Le béton

C'est le matériau moderne par excellence, le moins cher aussi. Les dalles de béton peuvent être brutes ou gravillonnées. Dans le premier cas, elles parviennent à se patiner au bout de cinq à six ans pour prendre l'aspect d'une pierre grise, comme du grès. Les dalles en béton existent dans des formes standard, mais il est aussi possible de les couler vous-même dans des moules en bois pour réaliser vos propres créations. Les dalles gravillonnées conviennent surtout aux jardins modernes et aux petites surfaces.

Les pavés autobloquants sont également en béton. Il en existe de formes très différentes et de couleurs variées. C'est une solution économique pour un dallage important.

LE BON GESTE

LA POSE SUR BÉTON

Pour les voies de passage très fréquentées, les terrasses, et toutes les allées où circulent des véhicules, la pose des dalles sur béton est indispensable. Bien posé, un dallage sur béton ne demande aucun entretien et dure plusieurs dizaines d'années.

1. Commencez par creuser le sol sur une profondeur de 20 à 35 cm selon l'épaisseur de l'assise que vous souhaitez donner. Comblez la fondation avec des gravats, des cailloux, du mâchefer, des briques concassées, etc.

2. Couvrez le tout avec un grillage à béton. Coulez alors un béton liquide composé de 8 brouettes de sable pour un sac de ciment. Lissez grossièrement la surface. Une fois cette chape sèche (minimum 48 heures), vous pouvez poser les dalles avec du béton plus gras (5 brouettes de sable pour un sac de ciment).

3. Mouillez bien le sol pour que la prise soit parfaite. Vérifiez souvent le niveau. Faites les joints une semaine plus tard avec du béton gras, liquide.

1

3

▲ Le béton gravillonné convient aux petits sentiers.

▲ La brique flammée est à la fois moderne et rustique.

▲ Le bois est idéal dans les jardins de style contemporain.

▲ Les pavés autobloquants en béton sont faciles à poser.

▲ Dans le jardin du paysagiste Timothy Vaughan, un opus romain en pierre de Bretagne.

▲ Un dallage d'ardoise en *opus incertum*.

Les appareillages

Le dallage est une véritable mosaïque qui peut prendre des aspects très différents selon la manière dont ses éléments sont disposés. Il n'y a pas de limite à la créativité en matière de dallage puisqu'il est même possible d'associer plusieurs matériaux. Évitez toutefois les motifs trop compliqués, car les dallages doivent toujours rester discrets et donner une impression d'homogénéité. Nous vous conseillons toutefois de ne pas habiller toutes les terrasses et les allées avec le même type de dallage. Vous éviterez ainsi l'uniformité et surtout vous pourrez créer des compositions de styles différents. Il suffit de faire varier l'appareillage pour qu'un dallage prenne une autre apparence.

• **L'*opus incertum*.** Il utilise des pierres naturelles de formes et de dimensions différentes. Les bords sont irréguliers et les épaisseurs variables. C'est un des dallages les moins chers, mais il n'est pas très facile à mettre joliment en œuvre. Pour obtenir un aspect esthétique, il est important d'associer en permanence de très grosses dalles à des morceaux de petite taille. Veillez aussi à ce que les joints soient aussi étroits que possible. Sur ce type de dallage, il y a toujours un peu de perte au moment de la pose en raison de la forme disparate des pierres. Commandez une surface de pierres de 10 % supérieure à celle à couvrir.

• **L'*opus* rives sciées.** C'est une amélioration de la formule précédente. Les dalles sont toujours de dimensions et de formes irrégulières, mais elles ont des bords bien droits. Cela donne des triangles et des trapèzes qui facilitent grandement la pose et surtout la régularité des joints. Les ardoises et les schistes sont le plus souvent présentés ainsi. Il faut disposer d'une tronçonneuse à disque pour retailler les pierres avec régularité en cas de besoin.

• **L'*opus* romain.** C'est un appareillage de dalles rectangulaires et carrées de dimensions différentes. Cette présentation est proposée avec les pierres naturelles, la pierre reconstituée et même les dalles en béton. Le résultat est beaucoup plus cossu que l'*opus incertum*, mais le prix de revient au mètre carré peut atteindre le double. Un des gros avantages est de n'avoir à retailler qu'un minimum de pierres. Pour un beau résultat, il faut croiser les joints le plus possible et faire varier les dimensions des blocs. Les joints doivent avoir la même largeur. Pour vous faciliter la tâche, découpez des baguettes de bois de 1 cm de largeur que vous placez entre chaque dalle. Ce type d'appareillage est conseillé pour les grandes terrasses et les allées principales dans les styles classiques et modernes.

• **Le dallage à l'antique.** C'est une variante de l'*opus* romain, la différence étant l'utilisation de dalles de dimensions presque identiques. Elles sont, en général, posées en quinconce avec des joints très étroits ou côte à côte. Pour un bon résultat, il faut obligatoirement utiliser des dalles de grande taille. Le minimum est de 50 cm de côté. En raison du

▲ Dalles naturelles en quartzite jaune.

poids important du matériau, on se contente souvent de poser le dallage à l'antique sur du sable et de laisser la mousse ou des pâquerettes s'installer dans les joints. Attention, si vous utilisez de la pierre naturelle, le prix est d'au moins 30 % supérieur à celui de l'*opus* romain. En revanche, cela ne pose pas de problème avec les dalles de béton. C'est aussi le style le plus approprié pour l'appareillage des dallages en grès vitrifié (carrelages d'extérieur).

• **Le dallage en bandes.** Il s'agit de blocs rectangulaires dont la largeur est constante (15, 30 ou 40 cm), mais la longueur variable (jusqu'à 1 m pour les plus grands). Ce dallage est surtout destiné aux allées secondaires. On le pose en lignes dans le sens du cheminement, ou en bandes transversales. Les joints sont inutiles. Veillez à associer des blocs de longueurs différentes de manière que les lignes de rupture se croisent le plus souvent. C'est beaucoup plus joli une fois mis en place. Le dallage en bandes se pose plutôt sur béton afin d'accroître encore son homogénéité. Il convient parfaitement au style contemporain.

• **Le pavage.** Les pavés sont rarement posés sur béton. L'appareillage le plus simple consiste à les disposer les uns contre les autres en veillant simplement à ce qu'ils soient à peu près de niveau. Mais en raison de leurs dimensions réduites, ils permettent de réaliser toutes sortes de motifs, sorte de dallage mosaïque, toujours très élégant. La pose en « écailles de poisson » ou « queue de paon » est constituée de demi-cercles successifs. Il est aussi possible de réaliser des cercles concentriques et surtout d'associer des éléments de brique ou de bois dans l'appareillage. L'effet est alors très luxueux, mais le prix de revient est à la hauteur du résultat.

• **Les damiers.** Très élégants, ils sont réalisés avec des dalles carrées de dimensions identiques. Il s'agit le plus souvent de dalles en béton ou en grès émaillé. Les joints peuvent être alignés ou croisés pour un aspect beaucoup plus élégant. Ce type de dallage convient aux grandes terrasses, mais il peut aussi être entrepris pour lier des massifs de formes irrégulières. Dans ce cas, on obtient un effet de contraste très intéressant.

• **Les chevrons.** Ce type d'appareillage est surtout employé avec les briques et les pavés autobloquants. Il suffit de partir en oblique et de poser le second élément en angle droit, à la moitié de la longueur du premier. Le seul problème est la nécessité de faire de nombreuses coupes pour obtenir des bordures régulières. Une variante est la disposition en escalier. Il suffit de partir parallèlement à la bordure extérieure et de croiser les briques ou les pavés autobloquants à 90°. Ces appareillages ne sont possibles qu'avec des éléments standardisés de longueur identique. Il est aussi possible de les croiser deux par deux ce qui fait un joli motif ressemblant à un carrelage.

LE BON GESTE

LA POSE SUR SABLE

3

Si la mise en œuvre d'un dallage sur béton vous semble trop compliquée, il est toujours possible de réaliser une pose sur sable. Cette technique concerne uniquement les gros blocs de pierre naturelle d'au moins 3 cm d'épaisseur, les dalles de béton de 40 cm de côté et plus, les pavés et les pavés autobloquants. Il est indispensable que chaque dalle pèse suffisamment lourd pour qu'elle garantisse une certaine stabilité.

1. Vous décaissez le sol sur 25 cm de profondeur et le stabilisez avec un hérisson de gravats de 15 à 18 cm d'épaisseur.
2. Étalez ensuite du sable de carrière sur toute la surface et posez les dalles dessus en veillant à ce qu'elles soient bien de niveau. Utilisez un maillet en bois pour bien les asseoir sur le sol. Il ne faut surtout pas qu'elles bougent.
3. Ajustez le bon niveau du sable. Les joints peuvent être remplis avec du terreau afin d'y semer du gazon ou des pâquerettes.

▲ Des pavés anciens aux joints engazonnés.

▲ Un dallage de quartzite en *opus* romain.

▲ L'aspect élégant du dallage en bandes.

L'éclairage du jardin

Grâce à un savant jeu d'ombres et de lumières, une installation d'éclairage extérieur transforme le jardin en un univers magique dès le crépuscule. Quels que soient les appareils choisis, il est nécessaire de connaître un certain nombre de normes techniques, afin de concevoir une installation qui respecte les règles de sécurité.

ASTUCE TRUFFAUT

Non seulement un photophore crée une ambiance festive et accueillante dans un jardin, mais il peut servir d'antimoustique efficace grâce à des bougies imprégnées de citronnelle. Il existe aussi de nombreux modèles de torches dans lesquelles on fait brûler des huiles parfumées, telle l'essence de citronnelle, un bon répulsif naturel.

Que la lumière soit

Dans nombre de propriétés, l'éclairage extérieur se limite au chemin qui mène de l'entrée jusqu'à la maison, avec une prédilection pour les appliques posées sur les montants du portail et sur la façade de la maison.

Pourtant, tout peut être éclairé dans le jardin : un arbre, un coin de massif, un détour d'allée, un escalier, un porche, une pergola, une statue, un bassin, la terrasse, etc. Mais en revanche, tout ne doit pas être illuminé. Vous devez jouer avec subtilité entre l'ombre et la lumière afin de créer une ambiance un peu mystérieuse. Dans tous les cas, privilégiez l'éclairage des passages.

Sécurité d'abord

Vous trouverez dans certaines jardineries des kits d'éclairage basse tension (24 V). Ils sont faciles à monter par un amateur et d'une utilisation sans risque, mais il s'agit surtout de matériel d'appoint. Si vous optez pour un éclairage de jardin fonctionnant à l'énergie solaire, il faut bien sûr que le capteur reçoive le plus possible de lumière et soit nettoyé régulièrement. Prévoyez un éclairage électrique de secours (batterie).

Un éclairage occasionnel pour dîner dehors de temps à autre, ou pour accueillir des amis lors d'une soirée, sera assuré par des photophores ou des torches de jardin qui créent une ambiance agréable, de même que les lampes tempêtes ou les lanternes de jardin. Mais attention à bien les éloigner de tout objet inflammable.

Pour une installation durable et de qualité, faites appel à un électricien qualifié. Assurez-vous que les équipements électriques proposés pour une utilisation dans le jardin sont bien garantis pour un usage extérieur (norme NF EN 60598-2-1). Ils doivent être systématiquement reliés à la terre et à des fusibles, et appartenir à un circuit d'alimentation séparé, issu directement du tableau général de répartition. Un disjoncteur différentiel haute sensibilité (30 mA) protégera tout le circuit. Les connexions électriques ne doivent pas être enterrées, mais réalisées sur les bornes dont disposent les luminaires.

Les câbles doivent être d'une seule longueur et enterrés entre 60 et 80 cm de profondeur (1 m dans les zones de passage des voitures), protégés dans des gaines étanches (TPC) de couleur rouge (norme NF EN 50086-2-4), elles-mêmes couvertes par un grillage en plastique de couleur rouge (norme NF T 54-080) qui empêchera de les couper accidentellement lors de travaux. Il faut utiliser des câbles spécifiques pour les canalisations électriques enterrées, par exemple des modèles série U 1000 R2V, (norme NF C 32-321). Leur longueur et leur section doivent être suffisantes pour que la chute de tension entre l'appareil d'éclairage et le disjoncteur ne soit pas supérieure à 3 %. Il faut aussi prévoir un disjoncteur divisionnaire, adapté à la section des câbles, pour protéger le circuit enterré de tous les risques de surcharges électriques.

▲ Le bassin est un des points stratégique à éclairer dans le jardin. Pour le décor et la sécurité.

Des appareils adaptés

Une fois le réseau électrique mis en place, vous devez choisir des luminaires destinés à un usage extérieur. Ces appareils sont à la fois protégés contre les projections d'eau (cette particularité est confirmée par la présence de deux triangles sur la fiche des caractéristiques du modèle) et contre les chocs mécaniques (code IK 07). Les appareils d'éclairage de classe II, qui bénéficient d'une double isolation, ne nécessitent par de raccord à la terre.

Automatiser l'éclairage

Une installation d'éclairage de jardin se veut en premier lieu pratique, car elle sert à matérialiser les obstacles, à faciliter la circulation et à préciser les lieux dangereux (bassin, escalier). Une bonne solution consiste à utiliser un système de mise en route télécommandé pour l'entrée du jardin et automatique pour les autres parties. Une pile photovoltaïque peut commander l'éclairage dès le crépuscule.

ART DE VIVRE

LAMPES ET LUMINAIRES

Pour un effet de surprise et de mystère, les luminaires peuvent être dissimulés. Mais vous pouvez essayer de les mettre en valeur pour les utiliser comme des objets ornementaux parfois insolites. Les grands lampadaires balisent les allées et peuvent créer un effet de perspective. Les bornes ponctuent les allées et matérialisent les escaliers. Des projecteurs orientés de bas en haut éclairent les éléments décoratifs (fontaine, statue, grand arbre). Il faut compter au moins 2 x 100 W pour éclairer un arbre. Des projecteurs étanches seront intégrés dans le bassin ou la piscine, avec des effets colorés ou pas.

Le choix des ampoules est très important par rapport à l'effet que vous souhaitez créer. Pour mettre en valeur des conifères bleus, utilisez des lampes à ballon fluorescent ; pour les arbres pleureurs, des halogènes (lampes à iode) ; pour les feuillages cuivrés ou pourpres, des lampe à sodium haute pression ; pour les feuillages jaunes, des lampes sodium basse pression, et pour les feuillages verts des lampes à décharge à iodures métalliques.

Les murs et murets

Éléments de soutènement ou de clôture, les murs et les murets doivent avoir une présence limitée dans le jardin. Trop présents, ils donnent une impression de lourdeur et d'écrasement. Bien utilisés, ils peuvent jouer un rôle majeur dans la décoration, surtout si vous faites pousser des plantes entre les pierres pour les habiller de «vivant».

ASTUCE TRUFFAUT

Prévoyez un drainage efficace à la base des murets de soutènement. Il faut, en effet, éviter les infiltrations d'eau toujours dangereuses pour la solidité de la construction.

Le muret de soutien

Il sert dans les terrains en pente à maintenir la terre, en créant une terrasse artificielle et un décrochement plat qui va être utilisé comme une terrasse pour circuler ou établir des plantations. Dans le même esprit, le muret de soutènement peut renforcer un talus ou border un remblai. Ces murs de rupture de pente évitent les glissements de terrain. Pour conserver un bon aspect esthétique, ce muret ne doit pas dépasser 2 m de hauteur. Son épaisseur est de 40 cm pour 1 m de hauteur et de 60 cm s'il atteint 2 m. Prévoyez un renfort tous les 80 cm avec un fer à béton piqué verticalement dans la fondation. Il sera intégré dans la construction pour la rigidifier. Ce type de mur est d'abord construit avec des éléments utilisés dans le bâtiment : briques creuses ou

▲ Un petit muret en traverses de chemin de fer.

parpaings. Il est ensuite habillé d'un parement de pierre ou de brique. Il est aussi possible de le construire entièrement avec des moellons de pierre naturelle appareillés de manière que les joints en béton demeurent invisibles. C'est beau, durable, mais assez cher.

Le massif surélevé

Le muret est utilisé ici comme artifice pour créer un effet de relief. C'est aussi un excellent moyen pratique pour composer un massif de plantes de terre de bruyère dans un jardin au sol calcaire. Vous bâtissez un muret de 50 à 80 cm de hauteur selon un tracé établi à l'avance. Il vous suffit ensuite de remplir la partie située en arrière de la construction avec de la terre appropriée à la culture envisagée. Cette technique du massif surélevé, beaucoup utilisée en Angleterre, permet d'augmenter le volume des plantations. Elle est aussi prisée par les personnes âgées ou handicapées qui peuvent plus facilement entretenir les plantations surélevées.

Les traverses de chemin de fer, les briques ou la pierre naturelle conviennent idéalement pour cet usage. Pour un bon effet esthétique, un muret de massif surélevé doit avoir une longueur d'au moins dix fois sa hauteur. Par exemple, il mesurera au minimum 5 m de long pour une hauteur de 50 cm. Ménagez des ouvertures tous les 2 m à la base de la construction afin que l'eau puisse s'écouler facilement. Pour éviter que ces barbacanes ne s'obstruent, placez un morceau de gouttière en plastique à l'intérieur.

Réussir la construction

La pose d'un muret est toujours un travail de maçonnerie. Elle commence par la réalisation d'une fondation solide, indispensable si le muret dépasse 80 cm de hauteur. Une chape de béton de 15 à 20 cm d'épaisseur, renforcée par des fers à béton, est parfaite. Elle doit être un peu plus large

▲ Un beau muret de pierre en mœllons réguliers, habillé d'une végétation variée.

que la mesure définitive du muret. Il ne faut jamais monter un mur dans un plan vertical, mais l'incliner légèrement en arrière. Cette pente appelée « fruit » est idéalement de 10 %, soit un décalage de 10 cm entre le haut et le bas pour un mur de 1 m de hauteur.

Le montage « en pierres sèches », consistant à empiler les blocs les uns sur les autres sans aucun scellement, est limité aux petites constructions de moins de 1 m de hauteur. Long et réclamant beaucoup de précision, il est à réserver à un professionnel. Il vaut mieux donner l'apparence de la pierre sèche en posant les moellons le long d'un mur en parpaings et en les scellant à l'arrière avec du béton. N'oubliez pas de mouiller le support pour une bonne jonction. Insérez des petits éclats de pierre entre les gros blocs, cela donne un aspect plus rustique à votre appareillage.

▲ Un muret de brique fleuri d'un géranium vivace qui retombe gracieusement.

LE BON GESTE

◄ **UN MURET FLEURI**

Vous pouvez habiller le faîtage du mur avec des plantes à port souple et retombant, mais il est encore plus agréable d'intégrer des fleurs dans le mur lui-même. Pour cela, ménagez des niches de 15 cm de large à divers endroits du mur en « oubliant » une ou deux briques, ou un moellon. Le trou est rempli de bonne terre additionnée d'un peu de corne en poudre, et il n'y a plus qu'à planter.

Le jardin de rocaille

Évoquant un éboulis rocheux dans un coin de montagne, le jardin de rocaille est une des formes de jardins les plus extravagantes, mais aussi les plus spectaculaires. La grande difficulté consiste à lui donner une impression de naturel absolu, sinon il paraît incongru. Faire appel à un professionnel est souvent la meilleure solution.

ASTUCE TRUFFAUT

La rocaille est un endroit privilégié pour accueillir une foule de plantes rares ou délicates comme, ci-dessus, le pavot bleu de l'Himalaya *(Meconopsis betonicifolia)*. En effet, il est possible de créer des microclimats particuliers, en orientant habilement les roches, et de faire varier la composition du sol.

S'inspirer de la nature

La rocaille est la vision souvent idéalisée d'un petit coin de montagne transformé en collection botanique. La principale difficulté vient du fait qu'il n'existe pas de modèle car chaque jardin alpin est unique en raison de la disposition toujours aléatoire des matériaux qui le constituent.

Un jardin de rocaille, c'est un éboulis de roches, l'évocation d'un ruisseau de montagne ou d'une cascade, la transposition d'un coin de nature dans votre jardin. Pour réussir cet exploit, il faut d'abord ne pas voir trop grand (ni trop petit) et surtout bien intégrer la rocaille dans le contexte du jardin.

Volume et mouvement

Il n'est pas de belle rocaille sur un terrain plat, parce que le paysage montagnard n'est fait que de pleins et de déliés. Dans un premier temps, il faut donc commencer par sculpter le terrain, lui donner du mouvement afin que la structure minérale trouve une bonne assise et une présence logique.

Une rocaille réussie donne rarement une impression d'éruption, mais représente plutôt le chaos né de cette éruption et par conséquent un decrescendo de pierres dont il faut trouver le point d'orgue. Il peut s'agir d'un talus, d'un muret, d'un escalier ou d'une faille creusée dans le terrain.

En revanche, évitez de composer la rocaille en partant d'une butte de terre, même importante (par exemple celle qui a été obtenue après avoir creusé le sous-sol et les fondations de la maison). Dans ce cas, on obtient plutôt une sorte de « tas de caillou fleuri » plutôt qu'un véritable jardin de rocaille.

▲ Un ruisseau qui serpente dans l'éboulis de roches agrémente très joliment une rocaille.

Quelques règles de base

Une rocaille réussie s'inscrit dans la logique du jardin. Elle doit donner l'impression de faire partie intégrante du lieu et surtout pas d'y avoir été rapportée. Pour ce faire, définissez d'abord l'emplacement. L'axe principal de la rocaille ne doit pas coïncider avec celui de la maison ni surtout se retrouver comme point central du jardin.

Créez des vallonnements doux et progressifs et non des escarpements abrupts, à moins d'y être obligé en raison de la configuration très pentue du terrain. À moins que la maison ait été bâtie dans un point bas du terrain (ce qui est assez rare), la rocaille ne doit pas constituer un écrin autour de l'habitation, mais être le point de départ d'une promenade qui aboutira en pente douce au niveau zéro de la propriété.

Adossez toujours la rocaille à un point fixe : haie, mur, construction. Utilisez des blocs rocheux de dimensions très variables et constituez des empilages solides « en escalier », de manière à pouvoir accéder sans danger à toutes les parties. La constitution de gradins de roches est une des meilleures manières pour éviter les fautes de goût, à conditions de privilégier l'irrégularité des lignes et des volumes.

Quelles plantes choisir ?

La classique erreur consiste à transformer la rocaille en une cacophonie de couleurs criardes, avec des végétaux un peu trop voyants du genre aubriète, corbeille d'or, thlaspi, campanule, phlox, œillet, azalée japonaise, etc.

Jouez au contraire sur la discrétion, la douceur, la tendresse avec des plantes en demi-teintes comme les ancolies des Alpes, les petits bulbes de collection, l'andromède, des bruyères, des chardons, des géraniums vivaces, des gentianes, des hellébores, des violettes et toutes les plantes réputées délicates, voire difficiles.

Composez la structure des plantations avec des conifères nains ou des arbustes semi-prostrés qui vont accentuer le côté dépouillé de la composition minérale. Laissez les plantes tapissantes habiller la roche à leur guise.

N'oubliez pas l'eau

Une rocaille se termine presque toujours dans son point bas par un bassin. Elle est l'occasion rêvée pour faire serpenter un ruisseau ou dégouliner une cascade, ne vous privez pas de ce plaisir. C'est un moyen de la rendre plus attrayante.

LE SAVIEZ-VOUS ?

UN CHOIX DIFFICILE POUR LES ROCHERS

La règle de base pour la rocaille est l'uniformité des roches. La pire faute de goût serait de réunir plusieurs variétés de minéraux et de les associer dans un assemblage hétéroclite et choquant. L'idéal consiste à utiliser en priorité les roches de votre région, voire celles que vous avez pu extraire de votre propre terrain au moment des fondations de la maison par exemple. Si vous ne disposez pas de pierres « naturelles » sur votre domaine, essayez de trouver une carrière dans les environs. Sinon, achetez des blocs (c'est très onéreux, notamment en raison du transport) dont la couleur s'harmonise le mieux avec les matériaux utilisés pour la maison ou les dallages du jardin. Enfin, sachez que l'on sait aujourd'hui imiter la pierre à la perfection par la projection de béton sur une armature de grillage et de plâtre.

Les escaliers de jardin

Voies de passage très pratiques dans les jardins en forte pente, les escaliers font aussi partie du décor. Les matériaux utilisés confèrent un style particulier à la construction et participent à la composition paysagère de l'endroit. Mais pour être réussi, un escalier se doit toujours d'être discret, et bien sûr utile...

ASTUCE TRUFFAUT

Un escalier de jardin ne doit pas compter plus d'une douzaine de marches. Si la pente à habiller est très grande, prévoyez un ou deux paliers. Cette zone d'arrêt aura pour largeur, la valeur moyenne de trois marches mises bout à bout.

Quelques mesures pratiques

La longueur d'un escalier de jardin doit être de deux à trois fois supérieure à sa hauteur pour éviter qu'il ne soit trop raide. La partie de l'escalier où se pose le pied est la marche ou giron. Sa profondeur doit être comprise entre 30 cm et 45 cm. Certains escaliers de jardin réalisés en pente douce sont composés de marches plus longues. La bonne dimension est plus difficile à calculer, car il faut pouvoir poser le pied dessus, puis faire un pas complet et passer ensuite à l'autre marche. La longueur du pas étant différente en montant ou en descendant, la mesure idéale est située entre 1 m et 1,20 m. Avant de passer à la maçonnerie, faites des essais sur au moins trois marches creusées dans le sol, en empruntant l'escalier dans les deux sens. La hauteur de chaque marche est appelée la contremarche. Elle doit être régulière et comprise entre 10 cm et 18 cm. Jamais un escalier de jardin ne doit avoir de marches de plus de 20 cm de hauteur. La largeur de l'escalier sera d'au moins 80 cm pour qu'il soit pratique d'y circuler.

La mise en œuvre

La forme d'un escalier se construit toujours en commençant par la base, en revanche, les contremarches se coulent du haut vers le bas de manière à ne pas

▲ Un escalier en brique très chic.

▲ Escalier rustique en bois et gravillons.

▲ Dalles et traverses en bois : une réussite.

risquer de les toucher au cours des travaux. Mesurez la hauteur de la dénivellation. Elle vous donne le nombre de contremarches nécessaires. Pour 90 cm, il vous en faut 6 de 15 cm de hauteur. Si la dimension ne tombe pas juste, « trichez » sur la première et la dernière contremarche. Par exemple pour 1 m, vous en réalisez 6. Quatre de 17 cm et la première et la dernière de 16 cm. En multipliant le nombre de marches par leur longueur vous obtiendrez l'étalement de votre escalier. Attention, il y a toujours une marche de moins que le nombre de contremarches (règle des intervalles). Matérialisez l'emplacement de chaque marche par un cordeau tendu entre deux piquets sur la bonne largeur. Creusez alors le sol en prévoyant une petite rigole de 10 cm de profondeur pour la fondation. Coulez du béton ou montez un petit appareillage de moellons. Dans le cas d'une marche dallée, le niveau supérieur de la contremarche doit se situer à 4 ou 5 cm sous le niveau définitif de manière à prévoir l'épaisseur de la dalle. Laissez bien sécher pendant au moins deux jours, puis habillez les marches comme s'il s'agissait de la pose d'un dallage.

Les finitions

Il est toujours bon de prévoir une partie dallée sur les parties haute et basse situées avant l'escalier. Cela finit joliment la construction, tout en évitant au sol d'être trop durement piétiné. On utilise en général le même revêtement que les marches, mais ce n'est pas obligatoire. Il est inutile d'habiller les bords des escaliers en pente douce (dont la longueur est supérieure à deux fois et demie la hauteur), les plantations suffisent. En revanche, dès que la déclivité est plus raide, il convient de consolider les côtés avec un muret latéral que l'on appelle le limon.

Si vous devez emprunter l'escalier avec une tondeuse ou une brouette, prévoyez une rampe sur le côté. La pente doit être régulière et ne pas excéder 10 %. Le fleurissement de l'escalier se fait sur chaque côté. Il est aussi possible de prévoir des zones non dallées, dans les marches, pour y planter des fleurs.

LE BON GESTE

UNE CONSTRUCTION FACILE POUR TOUS

La pose d'un escalier de jardin en dur n'est pas à la portée du premier bricoleur venu. En revanche, l'utilisation de rondins de bois, de traverses de chemin de fer ou de morceaux de jeunes troncs d'arbres ne pose guère de problème.

1. Faites votre calcul du nombre de marches et de leur longueur selon les méthodes expliquées dans cette page. Il suffit ensuite de sculpter le sol à la bêche pour découper la forme de l'escalier.

2. Posez un rondin horizontal à chaque décrochement. Il sera maintenu par des piquets plantés de chaque côté de l'escalier et enfoncés de manière que leur niveau soit légèrement inférieur à celui de la marche. L'avantage est une bonne solidité et une parfaite discrétion. Il suffit de mesurer à chaque fois la largeur de la marche et de scier le rondin à la dimension nécessaire.

3. Par mesure de précaution, vous pouvez traiter le bois avec un produit fongicide. Mais, si vous utilisez du pin imprégné ou du châtaignier, cette précaution est inutile. La marche sera en terre tassée.

Clôtures et portails

Matérialisation de la propriété, la clôture assure une protection contre les intrus. Elle doit aussi être décorative pour souligner en beauté les contours du jardin. À observer les constructions disparates qui fleurissent dans les banlieues, on pourrait dire que la clôture est un mal nécessaire dans une propriété individuelle.

ASTUCE TRUFFAUT

Avant de monter votre clôture, informez-vous à la mairie pour savoir s'il est nécessaire de faire une demande de permis de construire.

Quelques règles de base

Une clôture ne doit pas transformer votre petit domaine en camp retranché. Même si l'opinion des passants vous importe peu, il est vrai que la vision extérieure que l'on a d'une propriété a tendance à exprimer le caractère de ses habitants. Il faut également tenir compte de l'environnement en essayant d'intégrer la construction avec le style régional et les bâtiments alentour. La clôture doit aussi être proportionnée avec les dimensions de votre propriété et l'apparence de la maison. Par exemple une balustrade en pierre de style florentin paraîtra complètement incongrue à côté d'un pavillon de banlieue. Pour éviter toute faute de goût, essayez de retrouver dans la clôture un élément de la maison. Par exemple si les rebords de

▲ Élégante, exotique et discrète : la clôture en bambous.

fenêtre sont en brique, vous pouvez faire un muret dans ce matériau. Si les linteaux de fenêtre sont en poutre de chêne, utilisez du bois de même couleur. Si la maison est construite en pierres apparentes, retrouvez-les dans la clôture. Dans tous les cas, optez pour la légèreté. La clôture souligne les contours du jardin. C'est une bordure élégante, comme le cadre d'un joli tableau. Limitez par conséquent sa hauteur et son ampleur, et même si vous souhaitez être complètement abrité d'un environnement hostile ou peu attractif, ne dépassez pas 1,50 m de hauteur dans la partie construite. Il vous suffira de la doubler d'une haie pour oublier les bruits de la ville ou le voisinage indésirable. Attention à l'uniformité. Il suffit d'un décrochement, d'une niche, d'un décalage de hauteur, voire d'un ornement (objet décoratif sur le faîtage d'un mur, treillage, œil-de-bœuf, etc.) pour que la clôture prenne un visage plus accueillant.

▲ Généreusement fleurie d'impatiens et d'hibiscus, cette barrière toute simple prend un aspect accueillant. La clôture qui disparaît en partie dans la végétation semble plus discrète.

Le choix des matériaux

Tous les éléments de construction peuvent être utilisés pour réaliser une clôture. On construit un muret de 50 cm à 1 m de hauteur, sur lequel vient se fixer une barrière ou une grille. Ces dernières sont proposées en dimensions standard par des fabricants spécialisés, ou même dans les jardineries.

• **Le bois.** C'est le matériau traditionnel par excellence. Il peut prendre toutes les formes, toutes les couleurs et toutes les dimensions. On l'utilise souvent à la campagne pour les barrières rustiques. Il s'accommode aussi très bien des pavillons modernes. Il faut préférer le bois naturel teinté par une lasure au bois peint. En effet, ce dernier s'écaille assez vite et nécessite un entretien plus contraignant. Sur une clôture en bois naturel traité, il suffit de repasser deux couches de produit tous les quatre à cinq ans. Sur une clôture peinte, comptez la même fréquence d'intervention, mais avec en prime un ponçage complet.

▲ Une jolie barrière rustique en bois traité à cœur.

• **Le plastique.** Très en vogue, il offre l'avantage de ne nécessiter aucun entretien. Le matériau est le plus souvent du PVC extrudé blanc ou blanc cassé, teinté dans la masse. La clôture plastique se marie bien avec les petits pavillons à l'architecture simple. Elle peut être associée à un mur crépi, à un soutènement en pierres reconstituées ou même à des briques. Le matériau a tendance à ternir avec le temps ce qui rend son apparence moins artificielle. Un simple brossage avec une éponge humide ou l'utilisation d'un nettoyeur haute pression suffit à son entretien. Le seul défaut majeur est le manque de rigidité ce qui limite les hauteurs et son efficacité protectrice.

LE SAVIEZ-VOUS ?

OCCULTATION ET BRISE-VENT

Le rôle de la clôture est aussi de se mettre à l'abri des regards indiscrets. Il suffit souvent de la doubler d'une haie pour se retrouver derrière un rempart de verdure à la fois efficace et agréable. Toutefois, dans les petits jardins et sur les balcons, le manque de place limite l'usage de la haie. Il est alors possible d'utiliser des canisses, des claies ou des grillages d'occultation en plastique dont les mailles fines laissent passer la lumière mais coupent la vue. Il existe aussi des modèles assez sophistiqués dont le rôle de brise-vent est très efficace. On ne peut pas dire que ces accessoires soient vraiment élégants. C'est pourquoi, il faut toujours les habiller d'une jolie plante grimpante annuelle comme un pois de senteur ou une cobée, ou bien les doubler avec des arbustes.

▲ Le fer forgé convient au style classique.

▲ Une belle arche en pierre signale l'entrée.

▲ Des panneaux de sapin avec un joli rosier.

• **Le fer forgé.** Assez triste chez la plupart des modèles industrialisés, ce matériau est utilisé artisanalement pour les grandes grilles. Il est possible d'obtenir de très jolies choses en y mettant le prix. Les grilles en fer forgé s'associent bien avec les murets en brique pour les maisons de caractère. Côté entretien, il faut prévoir un ponçage complet, un traitement antirouille et une peinture tous les dix ans.

• **Le grillage.** Pratique, rapide à installer, assez bon marché, c'est le moins esthétique des matériaux, même si de gros progrès ont été faits dans ce domaine. Il faut le réserver à l'entourage des côtés de la propriété et l'habiller tout de suite avec de jolies plantes grimpantes.

Les portails

Véritables portes d'entrée sur le jardin, ce sont des ouvertures logiques dans une clôture. On pose le plus souvent un portail principal à deux ventaux de 3 à 3,50 m de largeur pour l'entrée de la voiture. Il peut être complété par un portillon de 1 à 1,30 m de largeur correspondant à l'entrée des piétons. Portails et portillons gagnent à être posés en retrait de la clôture ou de façon désaxée. Ils créent ainsi une rupture agréable dans la construction. Veillez toutefois à vérifier que l'orientation du portail pour les voitures est logique par rapport à l'axe de la voie publique. Il faut pouvoir sortir facilement de la propriété tout en ayant une bonne visibilité sur les deux côtés de la route.

Sur le plan esthétique, le portail se trouve dans les mêmes conditions qu'une fenêtre par rapport à la façade de la maison. Ses dimensions doivent être en proportions harmonieuses avec le reste de la construction. Le maximum acceptable est un tiers de la longueur de la clôture. Si vous avez une toute petite façade, il faudra vous résoudre à un portail de dimensions réduites ou utiliser un modèle qui s'intègre complément dans la clôture. C'est le cas par exemple des barrières métalliques avec ouverture à glissière.

Les claustras

Il s'agit de clôtures ajourées modulables par panneaux que l'on utilise surtout pour la décoration intérieure du jardin. Les claustras sont aussi très employés sur les terrasses ou les grands balcons. En fait, le claustra est comme une cloison dans le jardin. Il sépare, mais n'obstrue pas. Le regard doit pouvoir le traverser. On l'utilise souvent comme support pour les plantes grimpantes. Attention, il ne convient qu'aux espèces de vigueur moyenne comme les clématites à grandes fleurs, les rosiers grimpants modernes ou les lianes annuelles (pois de senteur, mina, cobée, capucine, etc.).

◀ Les clôtures basses en treillis de bois peuvent être utilisées à l'intérieur du jardin pour séparer des zones distinctes.

▲ Un mignon portillon d'entrée en fer forgé.

Les accessoires pratiques

Une clôture est toujours complétée par quelques accessoires bien utiles. Elle doit indiquer le numéro de votre adresse de façon bien visible.

Une boîte aux lettres est indispensable. Attention, La Poste exigent aujourd'hui des dimensions standard. Renseignez-vous. Il existe des boîtes aux lettres encastrables dans les pilastres du portail ou des modèles entièrement apparents. Ces derniers peuvent être plus discrets s'ils sont partiellement intégrés à la végétation. Une sonnette est aussi très utile. Il faut la relier à un système d'interphone si vous ne pouvez voir l'entrée de la propriété depuis la maison. Il existe aussi des portiers vidéo très pratiques qui vous permettent de voir votre interlocuteur tout en parlant avec lui. Dans ce cas, le dispositif d'ouverture du portail se fait depuis la maison, grâce à un système de gâche électrique ou par une commande à rayons infrarouges. Veillez à bien intégrer ces accessoires dans les pilastres du portail ou le mur de la clôture afin de dissuader toute velléité de vandalisme.

La sécurité

Même s'il est plus efficace de défendre la maison contre le vol par des systèmes placés à l'intérieur, il est prudent de protéger votre propriété par des moyens de prévention ou d'alerte contre les éventuelles intrusions. Les barbelés, les grilles à pointes, les tessons de bouteille placés sur la clôture donnent une allure de camp militaire trop décevante. Attention aussi à ces signes de protection trop visibles. Ils peuvent avoir un effet inverse en attirant les maraudeurs qui suspectent qu'une propriété si bien défendue recèle de nombreux trésors.

Le système de portier vidéo que nous avons évoqué dans le paragraphe précédent est sans doute la solution la plus commode et la plus fiable. Vous pouvez le coupler avec un système d'éclairage automatique du jardin et de la porte d'entrée. Il est déclenché par le simple passage devant une cellule photoélectrique. L'effet de surprise est total et très dissuasif vis-à-vis des intrus. Le système doit être placé à 1 m du sol, afin que les chats errants ou votre chien ne provoquent pas sa mise en route à tout instant.

Sachez enfin que si vous avez posé des pièges dans votre propriété, il faudra en signaler l'existence par des panneaux bien visibles.

LE SAVIEZ-VOUS ?

LA LÉGISLATION

50 cm au moins pour les arbustes.

2 m de distance pour les arbres

Les problèmes de voisinage constituent la majorité des plaintes traitées en France par les tribunaux.

La législation est pourtant claire. Tout propriétaire peut clore son héritage, sauf servitude de passage (article 647 du Code rural). Dans les villes et les campagnes, tout mur servant de séparation entre bâtiments (jusqu'à l'héberge), et entre cour et jardin, est présumé mitoyen s'il n'y a titre ou marque du contraire. (article 653). Toute clôture est réputée mitoyenne s'il n'y a titre, prescription ou marque du contraire (article 666). La clôture mitoyenne doit être entretenue à frais communs, mais le voisin peut se soustraire à ses obligations en renonçant à la mitoyenneté (article 667). La distance légale de plantation des arbustes ne dépassant pas 2 m de haut est de 50 cm de la limite séparative des deux propriétés. Pour les espèces dépassant 2 m, la distance minimum entre deux propriétés est de 2 m, sauf règlements particuliers et usages reconnus (article 671).

Viennent ensuite de nombreuses réglementations locales ou des usages connus. Un permis de construire est presque toujours exigé pour les clôtures de 2 m de hauteur et plus. Attention aussi aux zones classées par les Monuments historiques, où les contraintes sont toujours assez fortes. Si votre portail débouche sur la voie publique, il doit s'ouvrir vers l'intérieur de la propriété. La clôture est la matérialisation officielle des limites d'une propriété privée. Son franchissement constitue un délit.

LES LIEUX DE VIE

Le jardin est le lieu où s'exercent les efforts du jardinier, mais il est aussi un endroit propice à la flânerie, au repos et au jeu. Les massifs, les haies, les grands arbres, les éléments de maçonnerie contribuent tous à structurer l'ensemble et à délimiter des espaces dévolus à différentes activités, qu'elles soient de loisirs ou qu'elles concernent l'entretien du jardin.

L'abri de jardin, bien que sa fonction soit exclusivement utilitaire, peut devenir un élément de décoration si l'on prend le temps d'y faire grimper des plantes fleuries, ou de le dissimuler derrière une haie ou un bosquet.

Tonnelles et pergolas, couvertes de lianes et de plantes grimpantes, dans le prolongement de la maison ou campées dans un coin du jardin, créent des refuges ombragés où il fait bon se glisser au plus fort de l'été. Le coin repos est l'élément clé du jardin moderne. Installé sur une pelouse ou un dallage, au milieu d'un camaïeu de verts ou d'une explosion de couleurs, autour d'une table en bois ou d'un banc de pierre, il est le reflet de la personnalité de ses propriétaires.

Serres et vérandas sont des lieux protégés, signes de douceur de vivre pour les hommes comme pour les plantes. Espaces de transition entre l'intérieur et l'extérieur, elles permettent de protéger les semis, les boutures, ainsi que les espèces qui supportent mal les frimas. Elles fournissent à leurs occupants les plaisirs combinés de la chaleur, de la lumière et d'une vue panoramique sur la nature environnante. Sous leurs baies, plaisir et labeur se côtoient. La piscine quant à elle, symbole de farniente, déploie ses formes bleues dans les jardins ensoleillés. Discrète ou orgueilleuse, elle imprime sa marque sur l'espace et modèle son caractère.

Tonnelles et pergolas

Constructions indispensables des jardins romantiques, tonnelles et pergolas reviennent à la mode car elles créent, à peu de frais, de jolies structures décoratives dans une propriété. Ce sont les supports privilégiés des plantes grimpantes et l'occasion de créer des zones de détente, où il fait bon passer quelques instants à l'ombre.

ASTUCE TRUFFAUT

Méfiez-vous des plantes trop puissantes comme la glycine ou la bignone qui peuvent tordre ou même casser les montants d'une pergola. Des espèces très lourdes comme l'actinidia demandent aussi un support d'une grande solidité.

Tonnelle et pergola sont deux constructions légères à claire-voie, dont la définition est assez proche. La première est plutôt composée de treillage ou de montants fins en métal. Couverte d'une végétation généreuse, elle forme un berceau qui sert d'abri. La pergola est plus imposante que la tonnelle. Elle est en général réalisée à partir d'éléments en bois, poutrelles et poteaux. Quand la pergola possède des montants en pierre et reprend des motifs architecturaux de l'Antiquité, par exemple des colonnes corinthiennes, elle prend le nom de « fabrique ». Ce type de construction était très prisé dans les grands jardins « à l'anglaise » du XIXe siècle.

Construction de transition

La pergola est presque toujours attenante à un mur en dur. Elle sert souvent de transition entre la maison et le jardin, ombrageant la terrasse dans les régions méditerranéennes, ou est utilisée comme aire de dégagement semi-couverte dans les zones au climat moins clément.

Dans le jardin contemporain, la pergola est aussi utilisée pour accompagner quelques instants le visiteur qui pénètre dans le jardin. La construction est reliée à un portillon qui matérialise l'entrée piétonne de la propriété.

▲ Une pergola aux colonnes de pierre.

▲ Une tonnelle couvertes de roses à l'Haÿ.

▲ Une tonnelle couverte de cytises.

Le jardin secret

La tonnelle a presque toujours une présence architecturale moins forte que la pergola. Tout simplement parce que ses montants sont d'un faible diamètre. Sans une couverture végétale, l'œil la traverse sans s'y arrêter. C'est pourquoi la tonnelle est le plus souvent installée hors des axes principaux. On la repousse dans les angles du jardin ou à l'extrémité des allées. Elle devient alors un petit observatoire secret où l'on peut contempler tout le jardin sans être vu. Dans les petits jardins, une tonnelle peut remplacer la pergola pour créer une arche de verdure. Ses montants plus étroits donnent une plus grande impression de légèreté à la construction. L'intégration sur le plan visuel est plus facile, car les volumes semblent moins écrasés par la structure métallique de faible section.

Les tonnelles peuvent être de véritables œuvres d'artisanat de ferronnerie. Les motifs les plus fantaisistes sont possibles. Nous vous invitons toutefois à jouer la simplicité pour une meilleure association avec le décor végétal. Il existe aussi des tonnelles proposées en dimensions standard. Certaines sont de simples arches métalliques, idéales pour jouer les supports des petites plantes grimpantes. D'autres peuvent être habillées d'une toile démontable pour se transformer en petit kiosque ombragé.

LE BON GESTE

L'ENTRETIEN DE LA PERGOLA

1. Si la pergola est fabriquée en bois traité avec une finition naturelle, il n'y a pratiquement pas d'entretien à prévoir. Le passage de deux couches de lasure incolore une fois tous les deux ou trois ans est toutefois conseillé. Le produit renforce la protection du bois contre les agressions extérieures. Les modèles couverts d'une peinture s'écaillent après quatre ou cinq ans. Il faut alors les poncer et les repeindre entièrement. C'est indispensable car la peinture joue souvent un rôle imperméabilisant pour le bois.

2. Les tonnelles métalliques conservent leur peinture une dizaine d'années. Leur rénovation passe obligatoirement par un ponçage. Vérifiez chaque année la bonne solidité du scellement et de la visserie. En fin de saison, nettoyez les plantes grimpantes et taillez les rameaux trop longs.

3. Vérifiez avec soin que des pousses trop vigoureuses ne soient pas parvenues à tordre ou abîmer les montants de la construction.

Conseils pratiques

Pour avoir une apparence agréable et bien équilibrée, une pergola ne doit pas être construite avec des montants verticaux trop gros. Une section de 10 cm est suffisante. La hauteur de la pergola doit être comprise entre 2,50 m et 3 m. Plus haute, elle donnera une impression trop monumentale. Pour éviter que les supports horizontaux ne soient trop massifs, l'écartement entre les poteaux ne doit pas excéder 3 m. Des fermes destinées aux charpentes conviennent bien. Utilisez pour le « toit » des chevrons de 20 cm de large et de 5 cm d'épaisseur.

Les abris de jardin

La petite maison des outils est souvent l'endroit le plus secret du jardin. On y range en priorité les outils et les produits, dans un joyeux capharnaüm d'accessoires et de gadgets. L'abri de jardin peut devenir le lieu privilégié de vos expériences et de vos projets, car c'est un havre de tranquillité.

ASTUCE TRUFFAUT

Veillez à ce que l'accès à l'abri de jardin soit bien dégagé et relié par une allée d'au moins 1,50 m de large. Il faut également prévoir une aire bien plane et nue devant l'entrée qui sera encadrée de plantations la mettant en valeur.

L'abri de jardin classique est une construction démontable proposée en kit. C'est la maison des outils, le lieu de stockage des produits et des terreaux. En bois ou en métal, l'abri de jardin mesure au minimum 1,80 m de côté à la base et 2,10 m de hauteur. Sachez qu'on a toujours tendance à voir trop petit en matière d'abri de jardin. Il ne suffit pas de pouvoir y mettre des outils, encore faut-il y avoir accès avec un minimum de confort. Si vous êtes obligé de vous glisser entre la bêche et le râteau en vous contorsionnant pour attraper le sécateur ou la scie égoïne, vous oublierez très vite d'utiliser l'abri de jardin. Pensez aussi aux dimensions de la porte. Sur beaucoup de modèles préfabriqués, la hauteur de l'ouverture principale est de 1,80 m environ. Cela peut s'avérer un peu juste pour les personnes de grande taille. La largeur compte aussi. Pour ranger une tondeuse, il faut une ouverture d'au moins 1 m de large, sinon c'est peu pratique.

Le choix de l'emplacement

Le lieu d'installation de l'abri de jardin doit répondre à des considérations pratiques. Il doit être d'un accès aisé, toujours sur terrain plat. Il faut prévoir une zone dégagée de 2 m au moins devant la porte, ce qui permet une bonne aisance de mouvement avec les grands outils, la brouette, la tondeuse ou le motoculteur. Cet endroit doit être dallé, de manière à pouvoir l'emprunter par tous les temps, sans se salir. Vous pouvez l'habiller extérieurement avec du treillage pour que s'y accroche une plante grimpante. En raison du bruit désagréable fait par les gouttes de pluie sur les abris métalliques, il est bon de prévoir une couverture végétale complète de la construction. Un *Polygonum baldschuanicum*, un chèvrefeuille ou une aristoloche ont la vigueur nécessaire. Pensez aussi à agrémenter les environs immédiats avec de jolies potées, un massif de fleurs à couper, des plantes condimentaires, etc.

Des accessoires utiles

Pour que l'abri de jardin remplisse complètement son rôle utilitaire prévoyez un aménagement minimum à l'intérieur. Une fenêtre au moins est indispensable pour aérer et apporter un peu de lumière dans la journée. Il est bon de prévoir une arrivée électrique avec un éclairage intérieur, mais aussi une ou deux prises de courant. Cela vous permettra de brancher un taille-haies ou un coupe-bordures et de permettre la recharge des outils fonctionnant sur une batterie.

Une ou deux étagères sont utiles dans l'abri de jardin. S'il n'y a rien de prévu par le fabricant, utilisez les étagères en fer forgé que l'on trouve maintenant dans le commerce. Les modèles d'angles sont particulièrement bien adaptés à un abri de jardin. Il serait souhaitable de prévoir une tablette repliable. Elle vous servira pour les rempotages ou les préparations de traitements. Pensez aussi à installer des crochets à l'arrière de la porte. Vous y placerez les gants, le tablier, et autres vêtements de travail.

Un point d'eau est indispensable au voisinage de l'abri de jardin. Il permet de brancher un tuyau d'arrosage, de remplir un arrosoir, de nettoyer les outils et les bottes, de rincer le pulvérisateur, etc. Pour une bonne esthétique, il existe des fontaines en fonte qui peuvent être adossées à l'angle de l'abri de jardin. Prévoyez un système d'évacuation des eaux usées. Une grille pour le nettoyage des chaussures et un tire-bottes font aussi partie des accessoires pratiques indispensables.

La maison des enfants

Une petite cabane est le refuge secret des enfants. Ils adorent jouer entre eux dans ce lieu intime, hors de la surveillance des parents. Il existe de nombreux modèles préfabriqués dans le commerce. Les plus décoratifs sont en bois, les plus pratiques en plastique. Placez-les au milieu d'une végétation très généreuse, ne comprenant aucune plante toxique ou épineuse. Attention aussi aux espèces dont les fleurs ou les fruits attirent les abeilles et les guêpes. Choisissez un endroit désaxé par rapport à la maison, mais visible depuis la pièce où vous passez le plus de temps (cuisine ou séjour). Un bac à sable est un accessoire très prisé et sans danger.

LE BON GESTE

◄ UN RANGEMENT BIEN ORDONNÉ

Pour éviter d'entasser les outils, il suffit d'installer des porte-outils sur les murs et des panneaux de rangement. Pour un accès rapide à l'outillage de base, celui-ci doit être placé au milieu de l'abri de jardin. L'équipement utilisé ponctuellement ou épisodiquement sera rangé dans les angles. Pensez à stoker les produits de traitement et les engrais hors de portée des enfants.

HISTOIRE

LES KIOSQUES

Défini comme « un pavillon ouvert de tous côtés, dont la toiture est portée par des piliers », le kiosque a connu une grande vogue dans les jardins anglais au milieu du XVIIIe siècle. On lui donnait souvent à l'époque un aspect exotique avec un toit en forme de pagode, ou antique avec des colonnes corinthiennes en guise de piliers. Aujourd'hui, le kiosque revient à la mode, mais dans une forme plus édulcorée. On utilise souvent le fer forgé pour les montants et du bois ou du papier bitumé pour la toiture.

Un kiosque est très décoratif, à condition d'être situé dans un endroit dégagé qui permette d'en apprécier la silhouette de loin. On le place souvent sur une position surélevée de manière à pouvoir bénéficier d'une vue panoramique sur tout le jardin. C'est aussi un lieu privilégié pour l'observation d'une pièce d'eau. Dans tous les cas, cette construction ne peut concerner les petits jardins. Dans les superficies réduites, il faut placer le kiosque au bout du jardin, de préférence à l'extrémité d'une allée rectiligne pour accroître l'effet de perspective. Le kiosque peut servir de coin repas en plein air. Il doit être installé près de la maison, ou être accessible par une large allée sur laquelle on peut pousser une desserte à roulettes.

Le coin repos

Le jardin moderne n'est plus un lieu de labeur. Les produits, les techniques, les outils ont évolué pour permettre au jardinier de profiter de ses plantations. Le jardin d'aujourd'hui se pare de bancs, de hamacs, de parasols, et de salons de jardin pour passer de bons moments de détente en plein air...

ASTUCE TRUFFAUT

Si vous disposez de peu de place, achetez plutôt des meubles pliants. Ils pourront être rangés sans occuper trop de volume, dès que vous n'en aurez plus besoin.

L'emplacement privilégié est la terrasse située dans le prolongement de la maison. C'est en général une grande aire dégagée qui permet d'installer sans problème un salon de jardin avec table, fauteuils et même chaises longues. Si vous êtes l'heureux propriétaire d'une piscine, vous aménagerez ses alentours en coin repos, avec parasols et chaises longues. Pensez aussi à ponctuer ici et là le cheminement dans le jardin d'un banc, afin de mieux profiter des plus belles plantations.

Le mobilier de plein air

Les meubles de jardin sont fabriqués dans quatre matériaux principaux : le bois, la résine, le métal et la pierre reconstituée ; chacun convient à certains styles de jardins.

• **Le bois.** Idéal pour donner un aspect cossu au décor, très facile à intégrer parmi les plantations, agréable au toucher et confortable, il est travaillé dans des lignes sobres et plaisantes. Les qualités sont très différentes, et il ne faut pas hésiter à choisir du mobilier haut de gamme assez onéreux pour ne pas être déçu. Il faut distinguer les meubles peints de ceux en finition naturelle. Dans le premier cas, le seul avantage est de pouvoir personnaliser la couleur de son mobilier. Les teintes vert sombre ou bleu foncé sont les plus appréciées.

Les meubles standard peints en blanc sont rarement d'une qualité durable. Le défaut est la nécessité de rénover le mobilier tous les cinq à sept ans quand le revêtement coloré est écaillé. Les meubles en finition naturelle sont le plus souvent en teck, en *red cedar* (un genévrier d'Amérique) ou en pin traité par imprégnation à cœur. Ils ne demandent pas d'entretien, présentant seulement le défaut de ternir avec le temps, mais cette teinte un peu grise s'harmonise parfaitement à l'ambiance naturelle d'un jardin où les objets se patinent au fil des saisons.

• **La résine.** On l'appelle vulgairement « plastique », mais c'est faire fi du travail qualitatif réalisé par bon nombre de grandes marques. On trouve bien sûr des meubles de jardin synthétiques de très bas de gamme, mais aussi des résines superbes, épaisses, homogènes, d'une parfaite finition. Ce matériau a remplacé presque partout le bois peint en blanc. Il en a l'aspect, mais pas les inconvénients. Les meubles en résine ne nécessitent aucun entretien, si ce n'est un dépoussiérage de temps en temps avec une éponge humide. Un bon matériau pour les jardins modernes, les terrasses et le bord des piscines.

• **Le métal.** Du fer forgé à l'aluminium laqué en passant par la fonte, on dispose de beaucoup de choix dans ce matériau. Les meubles métalliques reprennent souvent le style « années 30 » des bistrots parisiens ou des sièges que l'on trouvait dans les squares. On trouve aussi des modèles aux lignes épurées très contemporaines. L'avantage est un aspect agréable et une bonne tenue dans le temps, si le matériau a subi un traitement protecteur soigné. C'est l'idéal pour les petites surfaces en raison de la légèreté des montants des chaises et des tables. La peinture doit être refaite tous les cinq à sept ans après ponçage.

• **La pierre reconstituée.** Elle reprend souvent des motifs Renaissance et donne un aspect assez pompeux au mobilier. Son avantage majeur est son exceptionnelle durée dans le temps et l'absence totale d'entretien. En revanche, le poids est considérable et le toucher plutôt froid et rugueux.

ART DE VIVRE

COIN BARBECUE ET AIRE DE JEUX : DEUX ZONE STRATÉGIQUES

Saine, agréable et conviviale, la cuisine en plein air est un plaisir au jardin. Aménagez le coin barbecue près de la maison, en l'intégrant à la terrasse pour un accès facile. Plantez autour du barbecue des buissons décoratifs et des espèces aromatiques. Vous le protégerez contre le vent, tout en respectant le décor. Si vous avez de jeunes enfants, pensez à leur aménager un coin spécifique. Bien niché dans la verdure, il sera aussi discret que possible afin de ne pas jurer dans le décor du jardin. Des plantations denses de végétaux non toxiques, sans épines et qui n'attirent pas les insectes permettent de créer un microclimat à l'abri du vent. Le sol doit être laissé en gazon rustique supportant le piétinement. Un portique avec balançoire, un bac à sable, une table de ping-pong, un jeu de boules ou de croquet sont les plus appréciés.

Hamacs et parasols

Ce sont les éléments passe-partout de la détente au jardin. Les hamacs s'accrochent dans les arbres entre deux branches fourchues ou bien sont montés sur un support métallique. Ils sont très confortables quand on est installé dedans, mais gare à leur instabilité chronique ! Les parasols peuvent être pliants et fixés sur des supports lestés. On apprécie de plus en plus les très grands modèles dont la structure en bois est vraiment décorative. Imputrescibles, ils restent installés dans le jardin tout l'été.

▲ Un espace détente au cœur des plantes.

▲ La simplicité d'une halte agréable.

▲ Un coin repos structuré par des topiaires.

La véranda

Les différences entre la serre et la véranda sont infimes quant à leurs possibilités d'utilisation pour les plantes. La véranda se conçoit comme une véritable pièce à vivre, en prolongement de l'habitat principal. Elle y est reliée par une porte-fenêtre. La serre est plutôt un abri et un lieu de culture indépendant auquel on accède par le jardin.

ASTUCE TRUFFAUT

Citronniers, orangers, pamplemoussiers et mandariniers se cultivent très bien à l'intérieur, offrant le plaisir de leurs fleurs parfumées et de leurs fruits colorés. Mais pour bien fleurir, ils demandent un repos hivernal marqué. Si votre véranda est chauffée en hiver, installez-les plutôt à l'abri du gel dans une serre froide ou sur votre balcon.

Les possibilités d'utilisation et d'agencement d'une véranda sont multiples. Vous pouvez la transformer à volonté en conservatoire pour plantes, en orangerie, en jardin d'hiver ou en verrière tropicale. Vous pouvez aussi réduire la présence du végétal et utiliser cette extension de la maison comme une pièce supplémentaire accueillante, où il fait bon vivre toute l'année. Il suffit d'équiper votre pièce vitrée avec le mobilier adéquat pour aménager une salle à manger, un salon reposant, une salle de bains, une chambre à coucher ou une salle de jeux et de détente. Les constructeurs de vérandas accentuent aujourd'hui leur communication sur

▲ Le jardin d'hiver est une généreuse véranda serre.

▲ Quand elle s'ouvre complètement sur le jardin, la véranda est un endroit où l'on a envie de passer beaucoup de temps.

▲ La verrière offre toute l'année un cadre de vie protégé et reposant.

cet aspect de la verrière et sur sa convivialité exceptionnelle. L'idéal est d'obtenir un juste milieu entre le mobilier et les plantes. Évitez les tapis et les meubles fragiles, choisissez des espèces de culture facile. La plupart des plantes d'intérieur conviennent. Préférez celles qui atteignent un développement moyen pour faciliter les mouvements dans la pièce, tout en laissant de l'espace pour agencer les meubles.

L'installation des plantes

Profitez du moindre espace pour disposer des végétaux, tout en gardant une circulation facile au centre de la pièce. Le long des murs opposés aux parois vitrées, plantez des arbres ou des plantes grimpantes, directement en pleine terre. À leurs pieds, tapissez le sol avec des végétaux rampants tels que l'helxine, le *Ficus pumila*, les petits lierres et les misères. Implantez également quelques petites plantes fleuries au port buissonnant, pour étoffer l'ensemble et donner un air de profusion colorée. Tout autour de la pièce, vous pouvez prévoir quelques jardinières fixes, en veillant à ne pas condamner les accès vers le jardin. Toutes les autres plantes seront installées dans des pots, les plus grandes dans des bacs que vous pourrez déplacer au fil des saisons pour créer un décor sans cesse renouvelé. Comme dans un jardin, regroupez les plantes par affinités et respectez les perspectives. Les espèces les moins volumineuses doivent être installées au premier plan, près du passage, à l'avant des sujets plus encombrants. Pensez aux bacs à réserve d'eau, très pratiques en cas d'absences fréquentes. Les petites potées peuvent être regroupées sur des étagères mobiles ou fixées. Une disposition superposée est très décorative. Elle permet d'accueillir un plus grand nombre de plantes sur une même surface. Occupez les parties supérieures de votre véranda avec des suspensions, idéales pour les végétaux retombants ou au port largement évasé, comme les néphrolepis ou les broméliacées. Pour faciliter l'entretien de ces plantes « filles de l'air », installez un arrosage par goutte-à-goutte ou un système de poulies, qui permettent de monter et descendre les contenants à votre hauteur.

ART DE VIVRE

LA MAISON JARDIN

Une véranda conçue dans les règles de l'art et bien agencée doit créer une transition parfaite entre la maison et le jardin environnant. Ce n'est pas seulement une pièce dédiée aux plantes, mais une véritable extension de la maison. Vous devez avoir l'impression de vivre à l'extérieur, tout en restant à l'abri des caprices du temps. Prévoyez une communication permanente entre le reste de la maison et cette pièce. Une grande porte vitrée s'ouvrant largement vers l'extérieur garantit un confort optimal l'été. Installez un système d'ombrage performant et facile à régler. Maintenez une température hivernale supérieure à 15 °C le jour, afin de pouvoir y séjourner confortablement toute l'année tout en profitant de la vue sur le jardin. Ne sélectionnez que des plantes robustes qui supportent une hygrométrie moyenne telles que les : dracaena, caoutchouc, beaucarnéa, pothos, aspidistra, pachira, phalangère, plantes grasses, sansévièria, schefflera, syngonium, *Ficus benjamina*, asparagus, et des potées fleuries pour adapter le décor au fil des saisons. La véranda doit être considérée comme une pièce-jardin.

Soins et entretien

Les soins à prodiguer aux végétaux installés dans la véranda diffèrent peu de ceux des plantes de la maison. Mais il est beaucoup plus facile d'agir et d'intervenir, sans trop se soucier des dégâts occasionnés par un éventuel excès d'eau, qui s'écoule des pots après l'arrosage ou qui ruisselle le long du feuillage, après un bassinage généreux. En raison des conditions environnantes plus favorables qu'à l'intérieur, les plantes ont tendance à pousser très vite et un peu dans tous les sens, vers la lumière. Vous devez les tailler pour leur conserver des dimensions raisonnables, compatibles avec la survie de leurs proches voisines et avec vos activités dans la véranda. À la fin de l'hiver, lors des rempotages et des surfaçages, faites des apports d'engrais organiques solides (corne torréfiée, sang desséché ou guano). Leur action est puissante mais progressive dans le temps, avec des effets qui interviennent encore plusieurs semaines après l'application. Dans un coin de la pièce, prévoyez une table de rempotage et un meuble de rangement, fermant à clé, où sera stockée toute la panoplie nécessaire aux soins quotidiens des plantes (petits outils, gants, arrosoir, étiquettes, liens, produits de traitement, engrais, etc.). C'est un accessoire pratique, dont on a toujours besoin.

Les différents modèles

Bien choisir le modèle de véranda correspondant à ses besoins et ses désirs est particulièrement important, car les structures diffèrent considérablement par l'architecture et la superficie. Cela va de la petite construction proposée en kit jusqu'à la verrière imposante, qui évoque les fastes de l'époque victorienne. N'oubliez pas de faire une demande de permis de construire. Dès qu'il est accordé, vous disposez d'une année pour bâtir votre véranda.

La forme de la structure importe peu pour la culture des plantes, mais vous devez pouvoir y circuler à votre aise. Prévoyez une hauteur minimale de 2,50 m, l'idéal étant un faîtage de 3 à 4 m si vous souhaitez faire pousser des arbres tropicaux tels que les palmiers. Pour faciliter l'entretien, évitez une construction tarabiscotée, avec des coins et des recoins. Une forme géométrique simple se révèle beaucoup moins chère à la construction et plus facile à aménager.

Le choix des matériaux

Ils doivent être adaptés au style architectural de la maison. L'aluminium, et depuis quelques années le bois, remportent tous les suffrages. L'acier reste l'apanage des très grandes vérandas. L'aluminium offre des qualités de souplesse, de résistance, et il n'exige aucun entretien. Il est proposé en finition naturelle, anodisée (incolore, noir ou bronze), ou bien laquée (en blanc ou marron essentiellement, mais tous les coloris sont possibles pour les constructions sur mesures). Pour une ossature solide, esthétique et durable, utilisez du bois exotique dur, traité par imprégnation sous pression. Pour la toiture, le verre est le matériau le plus transparent, mais sa fragilité le limite de préférence aux parties verticales de la véranda. Si vous souhaitez réaliser un bâtiment aux parois tout en verre, utilisez un verre feuilleté épais pour le toit et des doubles vitrages sur les côtés pour isoler votre pièce. Le polycarbonate et le polymétacrylate, moins esthétiques, mais légers et non coupants, garantissent une très bonne isolation et une excellente résistance aux chocs. Ils sont utilisés pour les toitures des vérandas de style moderne. Il faut assurer également

▲ L'idéal est d'intégrer la véranda au cœur de la végétation du jardin, pour un effet plus naturel.

▲ Aérez pour renouveler l'air ambiant.

une bonne étanchéité au niveau des raccords entre les profilés et les surfaces transparentes. C'est souvent le point faible des vérandas.

Le bon emplacement

Il est souvent imposé par la disposition originelle de la maison quand la véranda est construite ultérieurement. Excepté dans le Midi, évitez une exposition en plein nord, trop froide en hiver dans la plupart des régions. L'exposition directe au sud, est partout insupportable au cœur de l'été. Une situation intermédiaire à l'est, au sud-est ou au sud-ouest est idéale.

Les installations obligatoires

La véranda doit être bien équipée pour avoir droit au titre de pièce à vivre.

- **L'aération et la ventilation** : comme pour la serre, l'aération de la véranda est primordiale pour renouveler l'air ambiant. Elle évite un échauffement excessif et la formation de condensation sur les parois internes. Dans la conception de votre structure, prévoyez une large porte, des fenêtres sur le toit (en priorité) et sur les panneaux latéraux, avec une surface ouverte supérieure à 10 % de la superficie totale des vitres.

La ventilation est un complément très utile qui permet d'homogénéiser les différentes couches d'air à l'intérieur de votre véranda. L'air doit être brassé régulièrement, sans turbulence excessive. Vous pouvez installer un ventilateur dans la partie supérieure centrale de la pièce, pour une plus grande efficacité, ou des systèmes à air pulsé couplés à des humidificateurs. L'important est de brasser l'air, et non de créer des courants frais, néfastes à la plupart des plantes.

- **Le chauffage** : la régulation de la température est un problème majeur dans la véranda où il fait souvent trop chaud en été et froid en hiver. Installez un chauffage d'appoint, réglé par un thermostat pour maintenir une température nocturne hivernale au minimum hors gel. Un radiateur électrique de type radiant est idéal. Dans la journée, dès que les rayons du soleil caressent les vitres de la véranda, l'effet de serre entraîne un réchauffement important et rapide qui permet souvent de se passer du chauffage.

- **L'ombrage** : au moment de la construction de votre véranda, prévoyez l'installation de stores pour limiter les hausses excessives de température. L'idéal est de prévoir des claies extérieures, avec un système de commande électrique de l'enroulement qui permet de les faire fonctionner de l'intérieur du bâtiment. Ce procédé pratique est malheureusement très coûteux. Les stores intérieurs ont le défaut de ne pas empêcher la surchauffe de la pièce par les rayons du soleil, et leur maniement est problématique quand la végétation s'est beaucoup développée.

Pour assurer un complément d'ombrage, plantez à proximité un arbre à feuilles caduques, tel que le robinier, le frêne, ou le liquidambar, à l'exclusion de tous les arbres fruitiers. Cet arbre doit se trouver à 5 m environ de la pièce pour éviter que les racines n'abîment les fondations et que des branches ne risquent de tomber sur la toiture. Dans les grandes vérandas, servez-vous des plantes grimpantes vigoureuses, comme la passiflore, la suzanne-aux-yeux-noirs, la vigne, le tetrastigma ou la bougainvillée, pour ombrer certaines parties et pour offrir un refuge aux végétaux originaires des sous-bois tropicaux.

- **L'éclairage** : ne négligez pas l'éclairage de votre véranda. En hiver, la nuit tombe très vite, et en été il fait bon y flâner tard le soir. Installez un système adapté à la forte humidité ambiante et ne placez pas vos plantes à moins de 40 à 50 cm des sources d'éclairage pour éviter les brûlures de feuillage. Vous pouvez prévoir un éclairage d'appoint de « type horticole » (tubes fluorescents, lumière du jour, spots halogènes ou lampes à vapeur de mercure) pour favoriser la croissance de certaines plantes.

▲ Les montants métalliques doivent être repeints tous les cinq ans environ, avec un anti-rouille.

Serres de jardin

Véritable maison pour les plantes, la serre comble les rêves les plus fous du jardinier, en lui permettant de réussir les espèces les plus délicates, de prolonger ou d'anticiper les floraisons et les récoltes, mais aussi de conserver d'une année sur l'autre les pieds mères des végétaux trop frileux pour rester dehors en hiver.

ASTUCE TRUFFAUT

Les mouches blanches ou aleurodes des serres sont très virulents dans les abris vitrés ou protégés par un film plastique. En pompant la sève des plantes comme le font les pucerons, ils les épuisent. Assez résistants aux insecticides, les aleurodes sont irrésistiblement attirés par les appâts jaune vif enduits de glu disponibles en jardinerie.

L'effet de serre

Grâce à la transparence de son revêtement, qu'il s'agisse de verre ou de plastique, la serre se laisse pénétrer par les rayons solaires, qui sont des radiations à ondes courtes (les ultraviolets par exemple). Ces radiations atteignent le sol et en relèvent la température, et elles se diffusent sous forme d'un rayonnement à grande longueur d'onde (infrarouge) qui est arrêté par la surface vitrée. Les calories sont donc piégées. Le niveau de la température s'élève sous la verrière, c'est le fameux « effet de serre », qui dans l'atmosphère est provoqué par la couche de vapeur d'eau et le gaz carbonique contenu dans l'air.

Bien choisir l'implantation

La serre doit être construite dans un endroit dégagé du jardin, de préférence orientée est-ouest afin de bénéficier d'un ensoleillement régulier toute la journée. Évitez les zones trop ventées. Il faut bannir l'orientation plein sud, hormis dans les régions les moins ensoleillées, sinon c'est une fournaise en été. Dans le Midi et le Sud-Ouest, installez la serre plein nord ou est.

Dimensions et matériaux

Ne voyez pas trop petit : 3 m de large au moins, car il faut pouvoir travailler à l'aise. Comptez une surface minimale de 10 à 12 m^2, l'idéal étant de 15 à

20 m². La hauteur est souvent négligée par les fabricants. Pour que les plantes se développent en beauté, il faut que le faîtage atteigne au moins 3 m.

- **Le bois :** c'est un matériau chaud, esthétique, mais qui vieillit vite et se déforme en fonction de l'humidité et de la température. Il existe des serres en teck ou en *red cedar* américain. Les parties en bois doivent être enduites d'un lasure tous les trois à cinq ans.
- **L'aluminium :** c'est le matériau le plus utilisé aujourd'hui, même par les professionnels. Léger et d'une grande insensibilité à la corrosion, il ne nécessite pas d'entretien particulier une fois posé. Les usines fabriquent aujourd'hui des profilés qui intègrent les joints d'étanchéité. La technique de l'aluminium laqué permet de colorer les profilés pour un aspect plus décoratif.
- **La ferronnerie :** inspirés des serres du XIXe siècle, les modèles en acier reviennent à la mode. Ce matériau permet la réalisation de montants très décoratifs, d'une section inférieure à ceux en bois ou en aluminium, avec des arrondis, des torsades, des volutes, des rosaces et autres motifs superbes. Cela donne un aspect de légèreté à la construction. Le défaut de l'acier c'est la rouille. Traité, galvanisé, puis couvert d'une peinture polyuréthane cuite au four, il résiste une dizaine d'années à la corrosion. Mais il faudra tôt ou tard envisager un ravalement. Constructions haut de gamme, les serres en acier sont toutes réalisées sur mesures.
- **Le vitrage :** beaucoup de serres ont remplacé le verre par le polycarbonate ou le métacrylate, matériaux synthétiques dotés d'une bonne transparence, plus légers que le verre et incassables. Ils présentent l'inconvénient d'un ternissement inévitable à la longue... Les panneaux synthétiques seront utilisés dans les régions où la grêle est fréquente. Du verre de 3 mm d'épaisseur est suffisant. Les panneaux seront aussi grands que possible afin d'améliorer la luminosité. Sur les charpentes en aluminium, les vitres sont maintenues avec des clips inoxydables. Pour éviter les courants d'air et les infiltrations d'eau, les vitres doivent se chevaucher de 12 mm, ou être posées sur des cornières.

Les doubles vitrages garantissent une meilleure isolation, même s'ils font perdre un tout petit peu de luminosité. Il faut être assuré de la parfaite étanchéité entre les deux parois de verre afin d'éviter les apparitions d'algues vertes.

LE BON GESTE

L'AÉRATION : LE SECRET DE LA RÉUSSITE

Milieu confiné, l'atmosphère de la serre deviendrait vite irrespirable sans un renouvellement régulier de l'air qui joue également un rôle important dans la régulation thermique. L'aération permet également de contrôler le degré hygrométrique qui règne sous la verrière et d'empêcher que se forme en permanence de la condensation sur les vitres, ce qui favorise grandement le développement des maladies cryptogamiques.

La serre doit être munie d'au moins deux vasistas à ouverture automatique. Ils fonctionnent grâce à un piston qui est actionné par un liquide ou un gaz qui se détend ou se contracte en fonction de l'élévation ou de la diminution de la température ambiante. De préférence installez le système à l'opposé des vents dominants. Un système d'extracteur contrôlé par thermostat peut aussi être utilisé. Dans les serres en plastique, l'aération ne peut être réalisée que par l'ouverture de la porte et la mise en place d'un ventilateur.

▲ Évitez les forts écarts de température.

Des éléments essentiels

L'accessibilité est un point capital. La serre doit posséder des grandes baies coulissantes qui s'ouvrent sur le jardin.

- **L'eau :** un point d'eau est indispensable. Installez le robinet à l'intérieur, pour l'utiliser en toutes saisons.
- **L'électricité :** l'éclairage, les systèmes de chauffage, les programmateurs d'ombrage, d'arrosage ou de ventilation consomment de l'énergie électrique. Toutes les prises et les câbles d'alimentation doivent être étanches et l'installation raccordée à la terre.

De précieux accessoires

La serre est vendue nue. Il faut compter dans votre budget quelques éléments pratiques indispensables.

- **Les tablettes :** fixes ou démontables, en bois, en plastique ou en aluminium, elles servent de supports aux cultures. La hauteur des tablettes doit être de 75 à 80 cm et leur largeur de 1 m pour faciliter l'entretien.
- **Les étagères :** compléments des tablettes, elles sont posées plus haut. D'une largeur moindre, elles reçoivent les potées, les plantes retombantes, les produits, les outils et les accessoires.
- **Le chauffage :** non chauffée, une serre à simple vitrage montre une différence de température de 2 à 3 °C avec l'extérieur durant la nuit ou par temps très couvert, de 5 °C avec les modèles à double vitrage. Un chauffage est donc indispensable pour maintenir la serre hors gel. Un système électrique par rayonnement donne les meilleurs résultats dans les abris vitrés.

La piscine

Rêve devenu de plus en plus accessible, la piscine est un plan d'eau dédié aux loisirs, qui joue aussi un rôle esthétique de premier plan dans le jardin. De par sa superficie importante, elle nécessite un aménagement paysager bien spécifique, de même qu'un système de protection vis-à-vis des enfants.

ASTUCE TRUFFAUT

Pour limiter l'entretien de la piscine et surtout l'engorgement des filtres, plantez à proximité des espèces à feuilles persistantes, en privilégiant celles dont le feuillage vit assez longtemps comme ici le lin de Nouvelle-Zélande *(Phormium)* ou les arbustes à feuilles larges comme le laurier. En revanche, évitez bambous et conifères.

Un réel investissement

Même si elle a tendance à se démocratiser, la piscine reste un investissement assez important, mais elle valorise considérablement la propriété.

Le prix de base affiché pour la piscine (même s'il est dit « tout compris » avec les accessoires) ne tient jamais compte des frais d'implantation et d'aménagement du terrain (dégagement, dessouchage, nivellement, terrassement, adductions d'eau et d'électricité). Il faut les évaluer à environ la moitié de l'investissement global pour une piscine enterrée et à un quart du prix du kit pour une piscine hors sol. Mais vous pouvez opérer par étapes.

Formalités d'usage

Aucune autorisation n'est nécessaire pour l'installation d'une piscine hors sol, même de façon permanente.

Pour la moindre piscine enterrée, un permis de construire doit être déposé à la mairie. Les travaux doivent ensuite être déclarés auprès du centre des impôts dans les 90 jours qui suivent leur achèvement (la piscine est soumise à l'impôt foncier).

Dans les régions où les risques d'incendies de forêts sont très élevés, les piscines doivent être maintenues remplies durant tout l'été, car elles peuvent servir de source d'appoint pour l'approvisionnement en eau des pompiers.

Les piscines hors sol

Ce sont des bassins en dur ou gonflables posés directement sur le sol, avec pour seul terrassement un nivellement soigné du terrain. La profondeur d'eau des piscines hors sol étant limitée à 90 cm, elles conviennent bien aux familles ayant de jeunes enfants.

De nombreux modèles sont proposés en kit qu'il est possible de monter soi-même en un week-end en se faisant aider par une autre personne. Il faut respecter scrupuleusement le mode d'emploi (le plus souvent sous forme d'une cassette vidéo) pour éviter tout problème après la mise en service. Le plus important est d'assurer une parfaite planéité du sol et de le couvrir d'une couche homogène de sable fin qui masque toutes les aspérités aiguës.

Hormis les petits bassins gonflables, les piscines hors sol doivent être considérées comme des installations fixes qui sont maintenues en eau toute l'année, car une succession de montages et de démontages abîme la structure et le liner, tout en gâchant beaucoup d'eau.

Les piscines enterrées

Ce sont de installations fixes qui nécessitent des travaux de terrassement importants. Même s'il est possible de les construire soi-même, la sagesse consiste à faire appel à un installateur professionnel qui, en cas de problème (notamment dans un sol instable), saura réaliser les aménagements nécessaires et vous fera bénéficier d'une garantie. Une piscine « en dur » a une durée de vie quasi illimitée. Pour les modèles « liners », il faut changer la bâche tous les dix ans.

L'emplacement

Une piscine enterrée de 4 x 8 m est un minimum, l'idéal se situant à 5 x 10 m ou 6 x 12 m. Compte tenu de la plage de dégagement indispensable d'au moins 2 m de large et de la terrasse solarium qui est le complément indispensable du bassin, il faut disposer au minimum d'une surface double de celle du plan d'eau pour bien intégrer la piscine dans le jardin. L'idéal consiste à ne pas l'éloigner de la maison.

▲ Une couverture de protection semi-rigide.

▲ Une clôture pour dissuader les plus jeunes.

L'entretien

Même si beaucoup d'opérations sont automatisées, la maintenance de la piscine requièrent une attention soutenue. Le nettoyage quotidien ne prend que quelques minutes et assure l'élimination des dépôts. Contrôlez aussi le pH et le taux de produit désinfectant.

La sécurité

La loi du 3 janvier 2003 oblige les propriétaires de piscines, enterrée ou semi-enterrées, à prévoir un dispositif de sécurité visant à prévenir les risques de noyade (tous les types de piscines y sont soumis à partir du 1er janvier 2006). L'idéal bien sûr est de cerner le bassin (à plus de 2 m du bord) avec une clôture de 1 m de haut minimum, dont les mailles ne doivent pas dépasser 12 cm de large. L'accès au bassin doit être contrôlé par un portillon fermant à clé. Les bâches semi-rigides à arceaux renforcées, capables de supporter le poids d'un humain, constituent une solution plus légère, mais valable, à condition que les performances du modèle choisi soient bien garanties.

ART DE VIVRE

SPA ET JACUZZI : POUR BOUILLONNER DE PLAISIR

Spa et jacuzzi désignent la même chose, à savoir un bac équipé de jets à pression, procurant des massages ou des bouillonnements très relaxants. Le mot « jacuzzi » qui fait désormais partie du langage commun était au départ un nom de marque déposé. Longtemps, les spas ont fait partie des accessoires complémentaires de la piscine. Construits en dur, nécessitant un système de canalisations et une installation électrique assez complexes, ils étaient posés par les pisciniers.

Depuis peu, on trouve des spas destinés à être installés hors sol dans le jardin. Il suffit de raccorder ces modèles à une prise d'eau et de les brancher sur le secteur pour qu'ils soient aussitôt prêts à l'emploi. Leur habillage en bois les prédestine à une intégration harmonieuse dans une grande terrasse. L'effet esthétique est indéniablement réussi, surtout que le spa gagne à être entouré d'une opulente végétation persistante pour lui conférer un minimum d'intimité.

LE JARDIN D'EAU

Source de vie, de fraîcheur, d'inspiration et de beauté, l'eau est un élément déterminant dans la sensualité d'un jardin. Qu'il soit stagnant ou animé, le milieu liquide est un pôle d'attraction. Il fait paraître plus grands les petits jardins, grâce à l'effet de miroir. Les frondaisons des arbres et les nuages viennent se refléter dans l'eau, créant un effet de trompe-l'œil qui amplifie le volume et la profondeur. Dans les propriétés plus vastes, le plan d'eau est un décor reposant bien qu'animé. Il sert de point de rencontre à la faune sauvage qui vient s'y abreuver. Il nous offre l'occasion d'être le spectateur privilégié de scènes bucoliques enchanteresses, et donne l'impression parfois de retrouver les origines du monde.

Si le bassin demeure l'élément principal du décor aquatique dans un jardin, il peut être complété par de nombreux artifices. Cascades, ruisseaux, jets et jeux d'eau animent et personnalisent la scène. Qu'il soit modeste ou de grande taille, le jardin d'eau devient très vite un des points clés de votre jardin, car il permet de composer mille scènes charmantes avec des plantes souvent très spectaculaires. Il peut aussi accueillir une faune variée : poissons, grenouilles, et même canards pour les plus grands bassins.

Contrairement à une idée reçue, le jardin aquatique n'entraîne aucune contrainte particulière et s'entretient aisément. S'il est bien conçu au départ, il se transforme vite en un écosystème équilibré qui fonctionne et se développe en parfaite autarcie.

Les plaisirs de l'eau

Le milieu aquatique est une source de vie intense, variée et passionnante. Un bassin change complètement le visage du jardin. Il y crée une ambiance de fraîcheur bien particulière, qui invite à la détente et à l'évasion. Le décor végétal paraît plus vivant, plus dynamique.

ASTUCE TRUFFAUT

On a souvent tendance à réaliser un premier bassin trop petit. Plus les dimensions sont réduites, plus l'équilibre biologique est difficile à obtenir. Alors, faites une grande pièce d'eau et vive la folie des grandeurs !

Les dimensions idéales

Source d'ambiances d'une diversité infinie, à privilégier pour créer un climat animé et tonique, le bassin peut s'intégrer dans n'importe quel type de paysage. Pour profiter des charmes de l'eau et de ses jeux d'ombre et de lumière, nul besoin de constructions imposantes. Le bassin doit toujours avoir une forme et une envergure en parfaite harmonie avec le paysage qui l'entoure. La longueur et la largeur maximales doivent être inférieures ou égales au tiers des mesures du terrain. Dans certaines petites cours ou patios, le point d'eau peut, sans choquer, occuper une position dominante. Attention, un petit bassin,

▲ Un gué en pierres habille joliment les grands bassins.

dont le volume est inférieur à 5 m^3, demande beaucoup plus d'entretien et de soins qu'un modèle plus vaste. En effet, l'équilibre biologique n'est à peu près stable que dans les grands espaces aquatiques. Le choix des plantes va être fonction de la dimension du bassin. Par exemple, le feuillage d'un seul pied de nénuphar ou d'*Iris pseudoacorus* occupe facilement une surface de 2 m^2 en l'espace d'une saison.

La bonne profondeur

La hauteur d'eau conditionne l'établissement d'un équilibre biologique stable et durable dans le bassin. Une faible profondeur de l'eau subit et transmet rapidement la moindre variation de température extérieure. Une eau profonde constitue une barrière thermique, suffisante pour atténuer les changements brusques de température, toujours néfastes pour la vie animale aquatique. En été, l'eau reste plus fraîche et mieux oxygénée. En hiver, les couches les plus profondes du bassin conservent une température positive constante, même quand la surface est prise par les glaces. Si vous laissez des poissons dans le bassin toute l'année, une profondeur minimale de 60 à 90 cm est nécessaire pour les garantir du froid hivernal. Une grande masse d'eau présente l'inconvénient de se réchauffer plus lentement au printemps. Ce phénomène provoque un retard de végétation et des floraisons plus tardives.

Pour limiter cet effet négatif, le bassin doit présenter des étages de différentes profondeurs. Ces paliers aménagés offrent une grande diversité de biotopes pour la faune et permettent d'accueillir des plantes aux exigences diverses.

Même si vous n'avez qu'un tout petit jardin, profitez de l'eau pour créer une ambiance nouvelle, plus animée. Elle transformera le lieu en le rapprochant de la nature. Le moindre point d'eau dans un jardin ou sur une terrasse exerce un attrait très fort sur tout le décor alentour.

▲ Un bassin est toujours un élément décoratif majeur, même en automne.

▲ Une fontaine oxygène l'eau.

▲ Un pont crée une ambiance charmante.

LE SAVIEZ-VOUS ?

LE MIROIR DU JARDIN

Un bassin peut s'intégrer dans n'importe quel type de paysage, tout en le transformant visuellement. Un terrain en longueur paraît beaucoup moins long si une grande pièce d'eau le traverse dans sa largeur. Inversement, un bassin étroit et au profil allongé augmente l'effet de perspective en attirant loin le regard. Le miroitement et la transparence de la surface liquide sont pour beaucoup dans ces effets visuels qui apportent une autre dimension dans le paysage du jardin. Par ses propriétés réfléchissantes, l'eau participe aux jeux d'ombre et de lumière. Elle crée sans arrêt de nouvelles atmosphères, parfois mystérieuses ou un rien inquiétantes, mais le plus souvent bienfaisantes et apaisantes. Elle reflète la profondeur du ciel et la richesse de son environnement proche. Elle en renvoie des images changeantes, atténuées ou accentuées selon la force du soleil, mais toujours pleines de charme. L'eau en mouvement dans une cascade ou une fontaine capte la lumière d'une façon différente de l'eau dormante. C'est une source d'ambiances d'une diversité infinie, à privilégier pour créer un climat animé et tonique.

LE BON GESTE

ÉCLAIRAGE ET JEUX D'EAU

Avec leurs possibilités de réglage du débit, de la hauteur et de la forme des jets, les jeux d'eau créent des spectacles rafraîchissants. La hauteur du jet ne doit pas dépasser 70 % du diamètre du bassin. Comme les cascades et les fontaines, les jets assurent un mouvement qui oxygène le milieu aquatique et contribue à l'établissement de l'équilibre biologique. Ne plantez pas la zone située sous la pluie de gouttelettes d'eau. Côté éclairage, laissez des coins dans l'ombre. Illuminez les cascades, la fontaine ou le jet d'eau, en utilisant des spots immergeables. Prévoyez un éclairage des abords du bassin pour la sécurité. Tout le matériel d'éclairage doit être étanche et relié à la terre.

Les différents accessoires

Certains aménagements, pratiques et esthétiques, complètent le décor créé par le jardin aquatique. Ponts, pas japonais, gués, ruisseaux, cascades, fontaines, jeux d'eau et de lumière sont autant de réalisations qui apportent un supplément de vie dans cette mise en scène harmonieuse de l'eau. En faisant évoluer votre pièce d'eau par l'ajout d'un accessoire, n'oubliez pas de bien l'intégrer dans le style du jardin.

• **La cascade.** Quelles que soient les dimensions de votre pièce d'eau, il est toujours possible d'installer une cascade. Elle apporte une touche de gaieté et d'animation, et le mouvement d'eau permet une meilleure oxygénation du milieu liquide. La réalisation d'une cascade est simple. Si votre terrain est plat, vous devez créer un relief. Il suffit de quelques roches, de gros cailloux, d'un muret ou d'un peu de béton. Une bâche souple en polyéthylène s'adapte aux moindres contours du tracé et sa pose est facile. Il existe des structures préformées rigides, en polyester ou en polyéthylène, qui reproduisent le relief d'une cascade.

À défaut de source naturelle, prévoyez une pompe qui puise l'eau dans la partie la plus basse de la pièce d'eau, pour la refouler au niveau le plus haut. Le modèle de pompe et le matériau choisis pour réaliser la cascade conditionnent le débit, la sonorité et l'aspect esthétique de cette mise en scène. Le bruit reste discret si la hauteur de la chute d'eau est inférieure à 30 cm.

• **La vasque.** Il existe une grande diversité de contenants étanches susceptibles d'être utilisés comme bassins. Abreuvoirs, auges en pierre, bassines ou tonneaux peuvent être reconvertis pour réaliser un petit jardin aquatique. Augmentez leur étanchéité en enduisant les parois intérieures avec une feuille de plastique alimentaire, sans effet toxique. Vous pouvez choisir des bacs en pierre reconstituée, en forme de coupes aplaties pour les modèles modernes. De dimensions variables (de 30 cm à 1,20 m de diamètre), ces vasques s'installent facilement dans le jardin ou sur une terrasse.

• **Le simple trou d'eau.** Il doit s'intégrer à la végétation. Installez-le au point le plus bas de votre terrain, où les eaux de ruissellement s'accumulent. Dissimulez les contours du récipient dans la terre avec quelques blocs de pierre pour donner à l'ensemble un aspect plus naturel, comme s'il s'agissait d'une source.

• **La fontaine.** Cet ornement, qui peut être adossé contre un mur ou disposé au point de rencontre de plusieurs allées, existe sous un grand nombre de

▶ Plus vraie que nature, une cascade créée par le paysagiste Georges Paquereau.

▲ Les bassins s'accordent avec tous les styles de jardin.

▲ Un bain d'oiseaux très discret.

formes, de dimensions, de matériaux et de styles. Une fontaine sculptée peut constituer le point fort de votre composition aquatique, en occupant le centre du bassin. Elle est alimentée par une pompe fonctionnant en circuit fermé. Attention, les plantes aquatiques émergées n'apprécient pas le jet d'eau qui s'écoule en permanence sur leur feuillage (surtout les nénuphars).

• **Le ruisseau de jardin.** Il est réservé aux grandes propriétés, où il serpente parmi les courbes du paysage. Simple filet d'eau ou véritable petit cours d'eau, le ruisseau peut relier plusieurs bassins, situés à des niveaux différents, ou traverser une rocaille ou le jardin. Une pièce d'eau installée en contrebas assure la collecte terminale des eaux. Il suffit de poser une pompe immergée dans le bassin et de la relier par un tuyau au point de départ du ruisseau, pour assurer le retour de l'eau vers la source. Attention, la déclivité doit être faible pour conserver un débit suffisant. Habillez les berges de votre ruisseau avec des massifs et des touffes de plantes aquatiques ou de terrains humides pour faciliter sa combinaison avec le décor environnant.

• **La source.** Rare à l'état naturel vous pouvez en simuler l'existence, en alimentant un trou d'eau avec une pompe immergée et un jet bouillonnant. L'eau doit sourdre doucement du sol, ou apparaître au milieu d'un groupe de pierres. Elle peut déborder dans une vasque et fonctionner en circuit fermé, ou bien alimenter un bassin. On peut créer un jardin de marais en laissant déborder l'eau. Le sol doit être assez perméable pour éviter de devenir un bourbier.

• **Les ponts et les gués.** Les passages piétonniers invitent à découvrir de près la vie aquatique. Ils permettent un entretien plus facile de la pièce d'eau. Prolongements logiques d'une allée du jardin, ils doivent en conserver le même style. Envisagez la conception et la réalisation de ces structures en même temps que celle du bassin. Le pont implique une grande envergure de la pièce d'eau qu'il enjambe (au moins cinq à six fois sa largeur), avec un point plus étroit pour permettre son installation. Ce passage constitue une pièce maîtresse du jardin aquatique. Sa réalisation est coûteuse. Elle exige une consolidation des berges de la pièce d'eau et le choix de matériaux robustes pour assurer la sécurité des personnes qui utilisent le pont.

Quand le plan d'eau est peu profond, remplacez le pont par un gué. Celui-ci peut être confectionné avec des pierres naturelles, des billes de bois ou des structures en béton. Prévoyez un revêtement antidérapant, assez rugueux. La taille et l'écartement des éléments choisis doivent permettre une progression facile. Comptez une largeur de dalle minimale de 40 à 50 cm et un espacement maximal de 50 à 60 cm entre deux éléments successifs.

◀ Une pompe à eau à l'ancienne alimente un petit bassin.

Le choix et l'emplacement

Un point d'eau est toujours un élément fort dans un jardin. C'est un pôle d'attraction qui doit être mis en évidence et placé à un endroit stratégique afin d'en profiter le plus possible. Il permet aussi de composer de jolis massifs dans son environnement immédiat avec des plantes assez originales.

ASTUCE TRUFFAUT

Évitez la présence trop proche d'un grand arbre caduc dont les feuilles viendraient souiller l'eau en automne et vous donneraient un surcroît de travail.

Le lieu : un choix décisif

L'emplacement du bassin doit prendre en compte l'exposition, le relief particulier et les dimensions du terrain, le meilleur point de vue pour observer la pièce d'eau, la proximité du réseau d'alimentation et de l'électricité, la possibilité d'évacuer facilement les eaux de vidange et la sécurité.

Plus l'espace est restreint, plus la pièce d'eau a une influence sur l'environnement immédiat. Respectez l'esprit du lieu pour permettre une bonne intégration visuelle de la zone aquatique dans le jardin.

Dans les régions à fortes précipitations, évitez d'installer le bassin sur le chemin d'écoulement des eaux de pluies. Vous devez savoir que la moindre pièce d'eau stagnante attire souvent les moustiques, qui prolifèrent rapidement pendant la belle saison. Éloignez le bassin de la maison pour ne pas être gêné par leur présence en été. Le bassin se dispose, de préférence au soleil, dans un lieu pas trop aride pour éviter l'évaporation trop rapide. À l'ombre, il y a des risques de prolifération d'algues vertes.

Les différentes formes

Le style du bassin est affaire de goût personnel. Il faut impérativement l'adapter en fonction des caractéristiques de votre jardin et du style architectural de votre maison. Inspirez-vous des courbes naturelles du relief de votre terrain. Il est plus logique d'installer un point d'eau dans la partie la plus basse du paysage et de faire courir un petit ruisseau à partir du haut d'un talus ou d'un muret pour aboutir dans un bassin de réception en contrebas.

Les formes peuvent être géométriques ou naturelles, avec des courbes souples. Évitez les méandres et les découpes compliquées. Les bassins géométriques sont parfaits pour les jardins contemporains ou de style classique. Réservez les formes libres aux grands espaces ou à des scènes sauvages. Une forme régulière trop raide peut toujours être modifiée ultérieurement par l'ajout d'une abondante végétation sur les berges. Un contour libre est plus difficile à corriger après la construction. Dans un petit espace, le bassin devient la pièce maîtresse du décor. Privilégiez une forme simple.

Les matériaux

Le béton armé, obtenu par l'association d'un liant (le ciment), de sable, de gravillons, d'eau et d'une armature en ferraille, a été longtemps préféré en raison de sa solidité et de sa longévité. Grâce à la technique du coffrage, il se prête à toutes les formes. Son coût relativement élevé et les importants travaux de terrassement qu'il entraîne expliquent sa désaffection actuelle, au profit de matériaux synthétiques moins chers et plus faciles à poser.

Certains bassins préformés sont réalisés en PVC rigide, en général de couleur foncée noire ou grise. Cette matière est solide, imputrescible, traitée pour résister aux rayons ultraviolets et au gel. On peut lui préférer le polyester armé, d'une résistance à toute épreuve mais doté d'une certaine souplesse qui lui permet de supporter les déformations induites par le gel ou par un échauffement excessif. Ce matériau est parfois proposé dans des teintes vives, à éviter pour la construction d'un jardin aquatique de type naturel.

▲ Un petit bassin géométrique.

▲ Le bassin en « liner » avec sa margelle dallée.

Les bâches souples, spécialement conçues pour la réalisation de bassins, sont proposées en PVC souple, en butyle de caoutchouc, très résistant et d'une grande longévité (environ cinquante ans) ou en polyéthylène, moins cher, mais beaucoup plus fragile et sensible aux moindres coupures.

L'argile est une substance naturelle imperméable et plastique. Peu onéreuse, elle peut être employée pour réaliser des étangs naturels. Mais sa fiabilité est moins bonne que celle des autres matériaux.

La bonne exposition

Choisissez un terrain dégagé, à l'abri des vents forts. Un minimum de six heures d'ensoleillement par jour est indispensable pour la croissance de la grande majorité des plantes aquatiques et pour l'établissement d'un bon équilibre biologique. Évitez la proximité des arbres et surtout des grands conifères, qui font une ombre dense toute l'année, propice aux lentilles d'eau. Attention aux excès de chaleur. Ils entraînent une importante évaporation qui nécessite des remplissages réguliers en été.

Ne négligez pas la sécurité

Si la famille compte des jeunes enfants (de moins de cinq ans) il est obligatoire d'isoler le bassin et de l'entourer avec une barrière. Prévoyez une hauteur minimale de 1,20 m et un portillon d'accès, muni d'un dispositif de fermeture à clé efficace. Vous pouvez installer des filets, qui couvrent tout ou partie de la surface de l'eau. Il est plus prudent d'aménager une large zone d'eau peu profonde sur le pourtour du bassin, avec des pentes douces qui permettent de sortir facilement une personne ou un animal tombé dans l'eau.

Toutes les surfaces d'accès autour d'un bassin ou d'une piscine doivent être stables et non glissantes. Utilisez pour cela des matériaux rugueux. Si le jardin est fréquenté le soir, éclairez les abords de la pièce d'eau et les différents chemins d'accès. Souscrivez une assurance responsabilité civile, pour couvrir les éventuels accidents, imprévisibles, occasionnés parfois à des tiers, comme une fuite d'eau importante.

▲ Un petit trou d'eau, niché dans un coin secret du jardin, invite à la relaxation.

La création et l'entretien

L'installation d'un bassin représente un travail non négligeable puisqu'il faut fouiller le sol sur une surface conséquente et à bonne profondeur. Mais à moins de réaliser une construction en dur, la création du bassin proprement dit est à la portée de tous, et son entretien, un vrai plaisir.

ASTUCE TRUFFAUT

Lors de la préparation du terrain, veillez à ce qu'il ne reste pas de caillou pointu qui risquerait de percer les parois du bassin. Tapissez toutes les parties de la fouille avec un feutre jardin pour une bonne protection.

Les bassins « liners »

Pour la création d'un bassin, l'utilisation d'un film souple (nommé aussi « liner ») est de plus en plus fréquente, tant par les professionnels que par les jardiniers amateurs. Son faible coût et sa facilité d'installation sont ses principaux atouts. Les bâches sont proposées en pièces rectangulaires prédécoupées ou au mètre, à partir de grands rouleaux de 4 à 8 m de large. Toutes les réalisations sur mesure sont également possibles, les fabricants soudant alors plusieurs morceaux pour obtenir la surface désirée. Un liner pèse de 1 à 1,5 kg au m^2. Dans le cas d'une grande pièce d'eau, l'aide de plusieurs personnes est nécessaire pour le porter. Choisissez un modèle de 0,5 mm d'épaisseur pour un petit bassin, de 1 mm pour une surface moyenne et de 1,5 mm sur terrain caillouteux ou pour les grandes éten-

▲ Le « liner » est maintenu par des dalles.

▶ Pour les grandes pièces d'eau, le liner est le meilleur rapport qualité/prix.

dues d'eau de plus de 100 m². Pour connaître la surface totale de bâche nécessaire, mesurez la longueur et la largeur, en rajoutant à chaque fois 30 cm, en prévision des rebords de fixation sur le pourtour. Multipliez ensuite ces dimensions pour obtenir la surface à plat. Pour tenir compte du volume (surface creuse), mesurez la profondeur maximale du bassin que vous multipliez par la surface plane. Sur le plan pratique, arrondissez toujours à la valeur supérieure. Additionnez les deux résultats et vous avez enfin la bonne superficie à acheter.

Par exemple pour un bassin de 4 m de long, 3 m de large et 50 cm de profondeur dans la partie la plus basse, vous obtenez : (4 + 0,30) x (3 + 0,30) = 14,19 m² (surface plate) et 14,19 x 0,50 = 7,09 m² (surface creuse), ce qui donne un besoin théorique de 14,19 + 7,09 = 21,28 m², soit en pratique 22 m². Si vous n'achetez pas une bâche sur mesures, c'est la longueur et la largeur qui comptent, sans oublier la profondeur. Pour obtenir une mesure pratique, il suffit d'additionner la longueur, deux fois la plus grande profondeur et deux fois le rebord, soit : 4 + 0,30 + 0,30 + 0,50 + 0,50, égal à 5,60 m de long ; et 3 + 0,30 + 0,30 + 0,50 + 0,50, égal à 4,60 m de large. Vous devez par conséquent acheter un morceau de 5 m de longueur, coupé dans un rouleau de 8 m de large. Cela fait une chute importante, mais c'est une contrainte imposée par la standardisation. Dans ce cas précis, vous pourrez agrandir le bassin, ce qui est toujours une bonne chose. Achetez aussi un feutre de protection en fibre non tissée imputrescible, de la même dimension.

À l'aide d'une cordelette et de piquets, délimitez sur le sol le périmètre extérieur du bassin et de ses berges. Creusez une fosse en respectant le contour tracé. Les parois du trou doivent être légèrement inclinées vers l'extérieur. Créez des paliers de 35 à 40 cm de large, à différentes profondeurs adaptées aux espèces que vous souhaitez cultiver.

Ôtez les pierres, les racines et tous les objets tranchants susceptibles d'abîmer la bâche. Vérifiez en plusieurs endroits l'horizontalité des bords, avec un niveau à bulle posé au centre d'une grande planche soutenue par les rebords du bassin. Déposez une couche d'environ 5 cm de remblai (sable ou terre fine) sur le fond et les parois, puis passez un rouleau pour tasser le tout. Recouvrez et tapissez toute la surface (fond et parois) avec plusieurs épaisseurs de papier journal ou mieux, un feutre non tissé. Dépliez la bâche et tendez-la du mieux que vous pouvez. La présence de plis est inévitable. Remplissez avec un tuyau d'arrosage placé au centre de la bâche. Sous le poids de l'eau, le « liner » se met progressivement en place, en épousant toutes les formes du trou. Attendez quelques jours avant de fixer la berge en enterrant le rebord de la bâche dans une petite tranchée.

Il faut ensuite penser à disposer une margelle de pierres, de dalles ou de traverses de chemin de fer qui dissimulera la bâche, tout en la protégeant du piétinement. Prévoyez toute la tuyauterie nécessaire pour vidanger le bassin avant de l'installer définitivement.

LE BON GESTE

UN BASSIN PRÉFABRIQUÉ

Stabilisez le fond de la forme.

Légers, très faciles à manipuler, ces bassins, le plus souvent en polyester, offrent une bonne résistance aux chocs. Totalement imputrescibles, résistant au gel et aux rayons ultraviolets, ils sont proposés sous diverses formes, le plus souvent irrégulières et dans des dimensions toujours limitées. La finition la plus discrète est celle qui imite la pierre. La pose est similaire à celle des « liners ».

1. La première étape consiste à creuser une forme qui va contenir toute la structure. Prévoyez une largeur d'environ 15 cm de plus que la dimension du bassin.

2. Pensez à placer un bon lit de drainage de 15 cm de cailloux, en cas de débordement du bassin ou pour le vidanger facilement.

3. Couvrez d'un feutre qui va servir d'amortisseur. Posez le bassin, en vérifiant l'horizontalité. Tassez la terre autour des parois. Remplissez.

▲ Un bassin géométrique en béton.

Un bassin en béton

Le béton offre l'avantage d'une grande longévité. Mais ce revêtement est sensible aux brusques changements de température qui provoquent des dilatations. Ces dernières sont à l'origine de l'apparition de fissures, ainsi que les mouvements naturels du terrain, fréquents en période de sécheresse.

LE SAVIEZ-VOUS ?

LA PLANTATION

Elle s'effectue en avril et en mai. Prévoyez une couche de substrat de 20 cm de profondeur au fond ou sur les berges. Il s'agit d'un mélange à parts égales de bonne terre argileuse, de terreau et de tourbe, additionné d'un engrais organique à décomposition lente. Évitez la présence de matière organique non décomposée, qui provoquerait la pollution de l'eau. Installez les plantes en respectant la hauteur d'immersion et les distances d'écartement spécifiques pour chaque espèce. Les plantes aquatiques oxygénantes peuvent être installées dans des paniers ou déposées en bottes de quelques tiges lestées avec un caillou au fond du bassin. Cultivez les espèces non rustiques dans des pots afin de pouvoir les mettre à l'abri du froid en hiver.

Prévoyez une armature solide de la structure pour atténuer ces problèmes.

La réalisation d'un bassin en maçonnerie représente un investissement assez lourd. Une épaisseur minimale de 10 à 15 cm de béton armé est indispensable pour assurer une bonne résistance à la forte pression exercée par l'eau. Pour la réalisation d'un petit bassin, une bétonnière électrique est bien suffisante.

La construction d'une grande pièce d'eau (une surface de plus de 15 m^2) exige une livraison par camion malaxeur. Tout le bassin doit être coulé en un seul bloc dans un coffrage de bois, les raccords étant toujours des sources de fuites ou de fissures. La masse de béton est rapidement mise en place, parce que la prise est rapide (de 2 à 5 heures maximum). Il est pratique d'utiliser du béton à projeter. Prévoyez un joint de dilatation en résine pour un bassin dépassant 5 m de largeur. Comptez trois semaines pour que le béton durcisse et sèche. Rincez plusieurs fois avant de remplir. Vidangez totalement après quelques jours et rincez encore. Procédez ensuite aux plantations et au remplissage définitif.

L'entretien du bassin

Le milieu aquatique de la pièce d'eau artificielle est très sensible aux variations de l'environnement. Un entretien régulier au fil des saisons s'avère indispensable. Il ne s'agit pas de tâches bien compliquées, hormis le nettoyage complet avec vidange, qui est quasiment inutile si l'équilibre biologique est bien entretenu (eau claire inodore).

• **La filtration.** Le filtre immergé (à charbon actif ou laine de perlon) a une action mécanique. Il nettoie en retenant les particules organiques en suspension dans le milieu liquide. Il brasse l'eau, favorisant son oxygénation et la régulation de sa température. Utilisez ce système pour les bassins de moins de 20 m^3. Certains modèles assurent une filtration biologique. Les déchets d'origine animale ou végétale sont transformés en substances assimilables par les plantes grâce à un support de filtration qui contient des bactéries. Choisissez un modèle qui permette la filtration de la totalité de l'eau du bassin en trois heures au maximum.

▲ Ramassez les feuilles mortes dans le bassin.

• **L'aération.** Si vous constatez que les poissons restent en surface et viennent happer de l'air, l'eau de votre bassin doit être insuffisamment oxygénée. Ceci peut résulter d'un échauffement excessif de l'eau, d'une surpopulation de poissons, d'une pollution accidentelle, d'une prolifération d'algues ou d'un manque de plantes oxygénatrices. La présence d'un jet d'eau, d'une fontaine ou d'une cascade, actionnés par des pompes, est un bon moyen d'apporter de l'oxygène en permanence.

• **La destruction des algues.** Un fort ensoleillement et une teneur élevée de l'eau en matières organiques, provoquent l'apparition des algues. D'aspect filamenteux, elles recouvrent les végétaux aquatiques et forment une mousse verdâtre flottante. L'utilisation d'un algicide résout provisoirement le problème mais la cause de la prolifération n'est pas éliminée. Ôtez les touffes d'algues, à la main ou avec un râteau. Limitez le nombre des poissons.

Nourrissez-les sans excès. Installez une filtration puissante. Augmentez aussi le nombre de plantes oxygénatrices.

• **L'hivernage.** Au début de l'automne, retirez les végétaux non rustiques pour les mettre sous abri chauffé (*Pitsia stratiotes*, jacinthe d'eau, etc.). Sur la berge, installez un épais paillis sur les souches de plantes fragiles (gunnéra, canne de Provence) après les avoir rabattues très court. Arrêtez tous les jeux d'eau. Le filtre extérieur, les pompes et la tuyauterie, qui restent en place toute l'année, doivent être isolés du gel. Quand la surface du bassin gèle, versez un peu d'eau chaude pour faire quelques trous dans la glace. Cela va favoriser l'oxygénation de l'eau. La couche glacée ne doit pas être brisée violemment car cela effraie les poissons. Par précaution, installez à la surface de l'eau un fagot de branches ou des bouteilles de plastique à demi remplies pour atténuer la pression exercée par la glace contre les parois du bassin. Ne nourrissez les poissons, en très faibles quantités, que pendant les périodes hors gel.

• **Le nettoyage.** Pendant la belle saison, surveillez et taillez les plantes envahissantes. Ôtez les fleurs fanées. Éliminez les lentilles d'eau avec une épuisette ou une fourche recouverte d'un grillage à mailles très fines. Enlevez les fragments de végétaux morts tombés dans l'eau. À l'automne, tendez un filet fin au-dessus d'un petit bassin pour retenir les feuilles provenant des arbres voisins.

• **Les apports d'eau.** L'eau du bassin s'évapore constamment et les plantes en puisent une quantité non négligeable au printemps et en été. Quand le point d'eau n'est pas alimenté par une source ou une fontaine, procédez à des ajustements réguliers, par petites quantités, pour ne pas modifier la température du milieu aquatique. L'idéal est d'installer un compensateur de niveau, avec flotteur qui permet des remises à niveau automatiques. Il se branche directement sur une arrivée d'eau et se dissimule parmi les plantes.

• **La vidange.** Lors de la construction d'un bassin en dur, prévoyez un système de vidange afin de pouvoir nettoyer les parois une fois par an ou de le vider en hiver pour éviter les risques de gel. La vidange est exceptionnelle pour les pièces d'eau de plus de 20 m³. Elle est obligatoire quand on constate une pollution importante ou une fuite d'eau. Vidangez les « liners » tous les cinq ans pour effectuer un grand nettoyage. Si votre bassin n'a pas de bonde, utilisez une pompe. Certains modèles supportent une eau chargée en matières organiques. Ils sont recommandés pour les bassins au fond vaseux. Maintenez la crépine d'aspiration à 10 cm de la couche de vase pour éviter qu'elle ne se bouche.

▲ Une astuce pour immerger le nénuphar.

• **Le curage.** Sa fréquence dépend de la dimension de la pièce d'eau. Un petit bassin s'encrasse plus rapidement. Dans un étang, il faut une quinzaine d'années pour accumuler 50 cm d'épaisseur de vase sur le fond. Réalisez le grand nettoyage de la pièce d'eau en automne, la vie aquatique, très active au printemps, sera moins perturbée. Vidangez jusqu'à ce qu'il ne reste plus que quelques centimètres d'eau, puis transférez les poissons et les plantes aquatiques dans un bassin provisoire rempli avec l'eau vidangée (par exemple une bâche maintenue par des parpaings). Nettoyez ensuite les parois de votre bassin à l'aide d'une brosse non abrasive, une pelle en plastique et un jet d'eau. Éliminez la vase en excès (laissez 20 cm d'épaisseur) et replantez. Vérifiez l'état du matériel immergé. Ensuite, remplissez et laissez reposer l'eau dix jours avant de réintroduire les poissons dans le bassin.

• **Le changement de terre.** Profitez d'une vidange du bassin pour changer le substrat installé sur le fond et rempoter les plantes installées dans des contenants. Renouvelez le sol dès que les végétaux présentent une croissance et une floraison plus réduites.

LE BON GESTE

LA PLANTATION DES NÉNUPHARS

La plantation des nénuphars dans des contenants individuels ajourés permet de contrôler et de limiter leur croissance (les plantes aquatiques sont vite envahissantes).

1. Posez le rhizome à plat et recouvrez-le avec cinq centimètres de substrat (consistant, riche et humifère) en laissant dépasser le bourgeon terminal.

2. Couvrez la surface du pot d'un lit de graviers, avec un grillage pour éviter de troubler l'eau avec la terre. Dans un grand plan d'eau naturel, entourez le rhizome du nénuphar avec une plaque de gazon qui va lui servir de premier substrat.

3. Lestez avec une pierre et immergez le tout à l'emplacement choisi.

1

La faune aquatique

Un bassin, même modeste, devient vite un univers fascinant parce qu'il accueille une vie riche et variée. Nombre d'invertébrés apparaissent naturellement comme par magie, contribuant de façon importante à l'équilibre du jardin aquatique. Quant aux poissons, leur ballet coloré est un spectacle qui ne lasse pas.

ASTUCE TRUFFAUT

Nourrissez les poissons du bassin, et notamment les espèces précieuses, comme ici une carpe koï, avec des aliments en paillettes du commerce. Ils sont parfaitement dosés pour répondre aux besoins spécifiques des poissons et ne polluent pratiquement pas l'eau du bassin. Les apports de nourriture doivent cesser dès que la température de l'eau descend sous les 8 °C. Ils seront plus importants au printemps et en automne qu'en été.

Une foule d'insectes

Comme s'ils étaient guidés par un sixième sens, les libellules et nombre de coléoptères aquatiques (dytique, notonecte, naucore, acilie sillonné, etc.) viennent rapidement coloniser le bassin dès que l'équilibre naturel s'y est instauré. Vous allez aussi rapidement observer les curieuses régates des hydromètres ou des gerris, dont les longues pattes effilées donnent l'impression qu'ils rament à la surface.

Trois espèces de libellules fréquentent couramment le bassin de jardin. La plus fine est la demoiselle, appelée aussi parfois zygoptère. Le mâle est bleu, la femelle turquoise ou violette. La plus ventrue est la libellule déprimée ou anisoptère, avec un renflement bleu clair chez le mâle, brun chez la femelle. Cette espèce effectue du sur place pour happer les mouches en plein vol. La plus spectaculaire est la grande aeschne, qui atteint 10 cm d'envergure. Son corps léopard noir et jaune est reconnaissable entre tous.

Il est parfois possible d'observer l'argyronète, une étonnante araignée aquatique qui tisse sous l'eau une toile en forme de cloche. Elle la remplit d'air en utilisant son abdomen, ce qui lui permet de pouvoir chasser à l'affût insectes et crustacés, sans être obligée de remonter régulièrement à la surface.

Batraciens coassant

Crapauds, grenouilles et tritons sont à même de coloniser spontanément votre bassin. Ils pourront s'y sédentariser, à condition que la profondeur soit suffisante pour qu'ils hivernent sans risque (minimum 60 cm). N'étant que partiellement aquatiques, les batraciens ont besoin d'une rive en pente douce (de 5 à 15 cm de profondeur) où ils prendront de longs bains de soleil. Une abondante végétation immergée (élodées, par exemple) leur servira de support pour sortir de l'eau, tout en étant propice à leur reproduction, les têtards pouvant s'y abriter.

Les batraciens consomment des quantités d'insectes, ce qui vous garantit de l'absence de moustiques s'ils sont présents en nombre suffisant. En revanche, mieux vaut que le bassin ne se trouve pas trop près de la maison, car les chants d'amour des amphibiens par les belles nuits d'été comptent parmi les plus bruyants du monde animal.

Sachez que tous les batraciens font partie en France des espèces protégées. Il n'est donc pas permis de les capturer dans la nature et de les transporter pour en peupler votre bassin.

▲ La grenouille verte est un très gros consommateur de petits insectes.

▲ Le canard mandarin en habit de samouraï.

Poissons multicolores

Si vous pouvez éviter qu'un héron ne considère votre bassin comme son territoire de pêche favori, n'hésitez pas à y intégrer des poissons. Les carassins dorés (poissons rouges) et autres petits poissons japonais (oranda, télescope, tête de lion) se contentent d'une surface de 5 m². En revanche, les somptueuses carpes koï, qui peuvent atteindre 80 cm de long et vivre soixante-dix ans, ont besoin d'au moins 20 m², l'idéal étant 50 m².

Shubunkins, carassins, koïs, sont parfaitement rustiques. En revanche, les petits poissons japonais redoutent que l'eau ne descende sous les 10 °C.

Pourquoi pas des canards ?

Si vous disposez d'une grande pièce d'eau (minimum 25 m²) et peu profonde (de 20 à 50 cm), ainsi qu'une vaste surface dégagée alentour (comptez environ 100 m²), vous pouvez accueillir un couple de canards d'ornement : sarcelle, carolin, mandarin. Si vous préférez les colverts, mieux vaut un étang d'environ 100 m², car c'est le plus grand des canards européens. Ces palmipèdes ont besoin de plantations abondantes sur les berges afin d'y trouver refuge et d'y nidifier. Il est bon de leur prévoir un abri surélevé construit en bois au bord de l'eau.

◀ Les shubunkins sont des poissons solides.

LE SAVIEZ-VOUS ?

INSECTES UTILES

Le bassin héberge certains insectes utiles pour le jardinier dont les libellules. Sous leur allure de gracieuse demoiselle aux ailes diaphanes, les libellules sont de redoutables prédateurs à tous les stades de leur évolution. La larve capture des proies aquatiques, notamment des moustiques, grâce à son « masque », une arme unique dans le monde des insectes. Il s'agit de la lèvre inférieure rétractile et munie d'une paire de crochets. Replié sous la tête lorsque la libellule est au repos, le masque est projeté vers l'avant à la rapidité de l'éclair pour se saisir de sa proie. Chez la demoiselle *(notre photo)*, l'accouplement est une véritable parade qui donne lieu à des positions de contorsionnistes très graphiques, où le mâle saisit la tête de la femelle avec la base de son abdomen.

3 Les grands univers du jardin

LES MASSIFS

Associations de plantes en fonction de leurs couleurs, de leurs tailles, de leurs formes et de leurs textures, les massifs constituent l'ossature et la structure du jardin. Ils sont à l'origine du plaisir de nos sens : la vue bien sûr, mais aussi l'odorat lorsqu'il s'agit de plantes parfumées, et parfois le toucher, puisque certaines plantes appellent les caresses. La science du jardinier consiste non seulement à les composer, mais aussi à les disposer dans l'espace. Si des règles de base régissent les assemblages de plantes, ces derniers sont l'occasion de laisser libre cours à la créativité et à l'inventivité. Les massifs peuvent adopter des formes régulières, géométriques, soit pour évoquer les jardins classiques, soit pour contribuer à la construction des jardins de style contemporain. Ils peuvent aussi se faire irréguliers, évoquant ainsi les créations des paysagistes anglais du XIXe siècle. Parfois, les massifs prennent des airs de joyeux désordre, qui masquent en réalité de savantes compositions.
Le massif n'est jamais un élément figé. Ses couleurs évoluent au fil des saisons, sa forme et sa hauteur changent à mesure que croissent les plantes qui le constituent. Le jardinier doit savoir adapter les associations de plantes aux impératifs de la nature et connaître les périodes de floraisons des espèces qu'il utilise, pour que ses massifs restent tout au long de l'année un véritable spectacle. Les bulbes au printemps, les annuelles en été, certaines vivaces et les feuillages persistants tout au long de l'année sont autant de richesses à la disposition du jardinier qui souhaite faire de son petit coin de nature une source d'émerveillement sans cesse renouvelée.

Massifs et plates-bandes

Essentiels dans la composition d'un jardin, les massifs associent des plantes selon les couleurs, les hauteurs, les formes et les textures des différentes espèces qui les composent. Ils structurent le jardin et lui donnent son caractère, tout en faisant évoluer les harmonies de couleurs au fil des saisons.

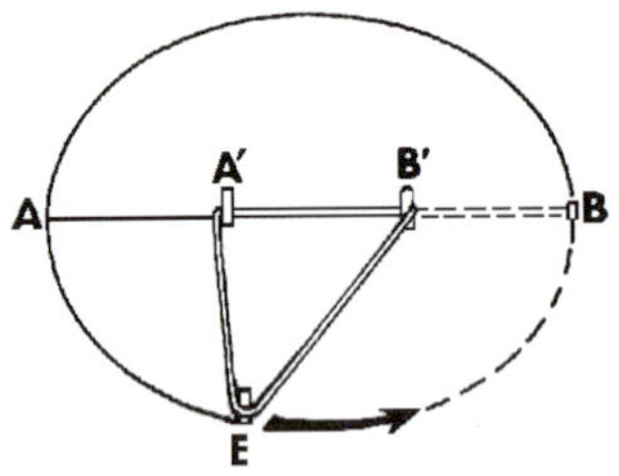

ASTUCE TRUFFAUT

Forme très prisée dans les jardins à la française, l'ellipse se trace à partir d'une ligne centrale divisée en trois parties égales. Les piquets en A' et B' servent d'axe à un cordeau dont la longueur est le double de la distance A'B'. Il suffit de le faire tourner en le tendant bien pour tracer la forme.

Dans un jardin, les plantes doivent être groupées en massifs, afin de donner une certaine impression d'organisation et de créer des effets de masse. Par définition, le massif regroupe plusieurs plantes. Il peut s'agir de la même espèce, mais c'est plus souvent une association de végétaux très différents. Toute la science du jardinier consiste à marier, avec équilibre et sens artistique, les plantes qui constituent les massifs. La première règle est la plus logique : c'est la déclinaison des hauteurs. On plante toujours les espèces les plus grandes à l'arrière-plan et les plus petites devant. Selon son importance, un massif pourra être composé de deux à quatre rangs de plantation. Évitez la rigidité dans le dégradé des hauteurs. Il peut y avoir quelques vagues pour rompre la monotonie en créant un relief assez varié.

Autre principe essentiel : l'effet de masse. Ne disposez pas les fleurs en rangs d'oignons comme les légumes du potager. Répartissez-les de manière uniforme sur toute la surface qui leur est dévolue. À l'intérieur de cette surface, chaque sujet sera disposé en quinconce par rapport à ses voisins. C'est le meilleur moyen pour éviter les alignements. Pour obtenir visuellement un effet de masse, chaque plante doit occuper au moins 1 m^2. Il s'agit d'une valeur moyenne, le secret de la réussite d'un massif étant un déséquilibre harmonieux entre chaque espèce. Enfin, et surtout, évitez la cacophonie des couleurs.

Les massifs saisonniers

Ces décorations temporaires sont composées au printemps de fleurs à bulbes : tulipes, narcisses, jacinthes, muscaris, fritillaires, crocus, et de bisannuelles : myosotis, pensées, giroflées, pâquerettes. En été, place aux annuelles : pétunias, bégonias, œillets d'Inde, sauges, mimulus, mufliers..., et aux plantes saisonnières (ou plantes molles) : géraniums, lantanas, anthémis, héliotropes, fuchsias. Vous pouvez prolonger jusqu'aux premières gelées la fête colorée des floraisons, avec des chrysanthèmes à petites fleurs.

Les massifs saisonniers apportent un changement régulier et un brin de fantaisie dans le jardin. Vous pouvez les transformer à votre guise d'une année sur l'autre. Pensez aux compositions monochromes, faites varier les styles en passant d'une organisation très structurée avec des motifs répétitifs à un décor plus naturel composé d'espèces qui se sèment en place. Et surtout, n'oubliez pas les feuillages. Un massif réussi comprend au maximum deux tiers de fleurs, sinon, il devient agressif au regard et d'une lourdeur qui frôle le mauvais goût. Outre la nécessité de les renouveler deux fois par an, l'inconvénient des massifs saisonniers est leur aspect nu durant l'hiver. C'est pourquoi nous vous conseillons de limiter leur proportion dans un jardin, tout au plus à la moitié de la surface totale des massifs dans un petit jardin jusqu'à 500 m², et au quart dans une propriété plus vaste.

Les massifs permanents

Composés de plantes vivaces et surtout d'arbustes et de conifères, ils constituent la structure de base de toutes les plantations. Pour qu'ils soient intéressants à toutes les saisons, les massifs permanents doivent être composés d'environ deux tiers d'espèces à feuillage persistant.

Les formes caduques seront surtout choisies parmi les espèces à fleurs. Utilisez des arbustes pour composer le fond du décor et plantez des vivaces sur les deux premiers rangs. N'oubliez pas les espèces couvre-sol qui font une liaison élégante entre toutes les plantations. Ponctuez votre décor de plantes à feuillage coloré ou panaché, notamment de conifères et de graminées ornementales. Ces végétaux égaieront le jardin pendant les périodes pauvres en floraisons. C'est aussi le cas de certains arbustes caducs comme le saule 'Hakiro Nishiki', les érables 'Flamingo' et les photinias 'Red Robin' dont les jeunes feuilles sont très colorées à leur apparition au début du printemps. Pensez à varier les silhouettes en créant des oppositions : plantes opulentes avec des sujets en colonnes, espèces globuleuses avec des formes étalées, feuillages amples et plantes très fines, etc.

Les massifs mixtes associent des plantations permanentes avec des fleurs saisonnières. C'est la grande tendance actuelle dans les petits jardins. La technique consiste à se fonder sur une plantation permanente pas trop dense et à « boucher les trous » à chaque saison avec les espèces éphémères. Avec ce procédé, le jardin est sans cesse changeant et toujours très plaisant.

▲ Un massif d'été avec fuchsias et œillets d'Inde.

◀ Un « mixed-border » très réussi avec hostas, phormium, hémérocalles, alchemilles, campanules, véroniques, etc.

▲ Chez André Ève : vivaces et rosiers.

▲ Un massif d'été avec hélénies et rudbeckias.

▲ Tulipes, fritillaires, muscaris au printemps.

LE SAVIEZ-VOUS ?

DIMENSIONS ET HARMONIE

Les bonnes proportions d'un massif sont avant tout une question de coup d'œil. Tout dépend du recul dont on dispose et de l'axe principal dans lequel on contemple le massif. Si vous le voyez dans un axe perpendiculaire aux plantations, sa largeur doit être environ le triple de sa hauteur. Pour avoir une vision globale, vous devez être placé à une distance d'environ la moitié de la largeur du massif. Si le décor est observé en perspective, il faut renforcer l'arrière-plan avec des plantes spectaculaires et colorées afin d'attirer le regard vers le fond.

Les végétaux les plus clairs doivent être placés à l'arrière car ils créent un effet visuel fort, même de loin. En revanche, les bleus ou les rouges sont mieux appréciés de près, car ce sont des teintes à réaction vive.

La forme et le tracé

Il faut peu de chose pour réussir un jardin. Il suffit déjà de ne pas essaimer les massifs au petit bonheur sur la pelouse, comme on le voit trop souvent. Il y a deux principes à respecter. D'abord, un massif doit avoir un point d'appui. Il s'adosse à un mur ou une haie, prolonge la courbe d'une allée ou vient y mourir en dégradé. Il relie deux arbres ou grands arbustes isolés, il habille un bassin ou une construction. Sa présence doit avoir une certaine logique. Le second point concerne les proportions. On ne ponctue pas le jardin de petits îlots étriqués, mais plutôt de masses aux surfaces importantes, qui divisent le terrain de manière bien nette sur le plan visuel. Et pour la touche finale, vous devez vous arranger pour que tout semble s'articuler avec logique. L'homogénéité est le secret de la réussite des massifs. Une plantation qui s'arrête net au bord d'une allée, sans se prolonger de l'autre côté, paraît inachevée et bancale. La subtilité consiste à couper la symétrie en ne donnant pas la même importance aux deux morceaux du massif. Même dans un jardin géométrique, les lignes doivent toujours être coupées.

▲ Ce joli massif printanier au tracé régulier associe tulipes, myosotis et pensées.

Un autre secret de la composition paysagère est la simplicité. À l'apogée du jardin à la française, les paysagistes maîtrisaient si bien la perspective et l'équilibre des lignes, que leurs jardins, aussi travaillés et sophistiqués fussent-ils, parvenaient à s'intégrer à merveille dans le paysage naturel. Puis, les Anglais ont découvert le charme des courbes, et leurs compositions ont pris des rondeurs, tout en gardant la simplicité des lignes de Le Nôtre.

Le jardin contemporain sait associer, avec subtilité, la sobriété de la ligne droite et la rigueur des angles avec la douceur languissante des courbes. C'est là tout son charme et sa complexité. La réussite passera par un tracé rigoureux des parties fixes et construites et par une plus grande fantaisie dans le dessin des plantations. L'important pour finir est une certaine recherche d'unité. Il faut que tous les éléments constitutifs du jardin aient une certaine cohésion. Vous ne pouvez pas bien marier un massif arrondi avec un parterre carré. En revanche, si vous les dessinez comme les pièces d'un puzzle qui pourraient s'emboîter en les rapprochant, vous verrez tout devenir plus harmonieux.

Sachez que les parties en vis-à-vis dans un jardin doivent se refléter un peu comme un miroir, c'est-à-dire se ressembler, mais en sens inverse. Par exemple un massif en S dont la plus grande courbe est la boucle du bas sera opposé à une forme similaire, mais dont la courbe large est sur la boucle du haut. Vous pouvez aussi composer vos massifs comme des damiers dont les cases ont des dimensions différentes qui se répètent de temps en temps.

▲ Des massifs réguliers dans un jardin très structuré.

▲ Un massif mixte au tracé libre.

Les massifs réguliers

Ils sont tracés de manière géométrique, à partir d'éléments carrés ou rectangulaires. Les cercles et les ellipses sont réservés à des motifs centraux. Ce sont des formes à manier avec précaution car elles ne sont pas très faciles à intégrer dans une composition globale. Dans un massif régulier contemporain, le tracé est rectiligne, mais pas la plantation. Cela le distingue du jardin à la française classique, où tous les végétaux étaient taillés, façonnés selon des motifs bien précis. Aujourd'hui, on borde des carrés avec du buis, de la lavande ou de la santoline bien taillés, on ponctue les angles des massifs avec des cônes ou des boules de buis, mais on les plante d'espèces un peu folles où l'on retrouve des graminées, des vivaces aux floraisons légères et même des couvre-sols. La régularité vient aussi dans la répétition du motif de plantation et dans la limitation des couleurs. Une teinte forte dominante associée à une couleur blanche suffit.

Les massifs irréguliers

Ils s'inspirent du tracé en courbes plus ou moins accentuées que prônaient les paysagistes anglais du XIXe siècle. Ces formes souples conviennent surtout aux grands jardins et aux terrains vallonnés dont elles rappellent les courbes naturelles. On les a beaucoup utilisées dans les petites propriétés privées, mais en banalisant beaucoup le tracé. Il s'agissait simplement de repousser les massifs sur la périphérie de la propriété et de jouer uniquement sur un tracé irrégulier. La pelouse occupait le centre du terrain jusqu'au bord des plantations. Aujourd'hui, cette manière de dessiner le jardin est tombée en désuétude. On préfère créer des courbes à partir des voies de circulation et les prolonger par des plantations de part et d'autre. Ces dernières sont utilisées de façon à s'étendre naturellement, ce qui fait perdre la rigueur originelle du tracé. On laisse même des espèces tapissantes mordre sur la voie de passage afin que les contours deviennent aussi flous que possible. Cette technique donne même de très bons résultats dans les jardins aux tracés rectilignes. Ils perdent de leur rigueur, tout en conservant leur aspect pratique avec des circulations logiques.

▲ Un massif d'été avec rosiers, buddleias, coréopsis et perovskias. Une ambiance très reposante.

Compositions et associations des massifs

Le dessin harmonieux des massifs ne suffit pas à leur réussite. Le plus important est la manière de les composer. Il est toujours possible de « tricher » sur un tracé maladroit, en laissant la végétation se développer pour gommer les contours. En revanche, il est beaucoup moins évident, ou en tout cas moins rapide, de faire évoluer l'équilibre des plantations. Un massif se compose comme un tableau. Les lignes sont données par le tracé, mais toute l'expression, les sensations, la poésie et le charme sont le fait des plantes qui le composent. Si vous manquez de connaissances en matière végétale, inspirez-vous des nombreux exemples qui illustrent cet ouvrage, ainsi que de ceux des magazines.

Dans un premier temps, laissez-vous séduire visuellement comme par une œuvre d'art. Un massif réussi doit combler votre perception esthétique personnelle. Si vous ressentez profondément la beauté d'une composition, n'hésitez pas à la reproduire dans votre jardin, elle s'y trouvera forcément bien. Comme une recette de cuisine que l'on modifie toujours en y ajoutant sa petite touche personnelle, le plan-patron d'un massif ne sera jamais reproduit à la lettre. En matière de composition paysagère, il n'y a pas de règle stricte, c'est l'inspiration qui compte et l'expression de la sensibilité de chacun.

• **La disposition des plantes.** La première difficulté que l'on rencontre au moment de réaliser un massif est le choix du nombre de végétaux à utiliser. Pour les massifs permanents, il y a un décalage entre la photographie d'une ravissante composition de trois à cinq ans et les jeunes plantes encore frêles que vous allez acheter. Il est très important de tenir compte de la taille et du volume des plantes à l'âge adulte. Aidez-vous pour cela des très nombreuses fiches descriptives que vous trouverez dans ce livre. En théorie, l'idéal est de planter dès le départ chaque espèce, en l'espaçant de ses voisines, de manière que chaque plante puisse se développer sans gêner l'autre. En pratique, cela donne une plantation maigre et dégarnie qui n'a rien de bien séduisant pendant deux à trois ans au moins. Il est donc obligatoire de composer et de « forcer un peu la dose » au départ, dans le but d'étoffer le massif et de lui donner tout de suite un aspect ornemental. La solution la plus astucieuse consiste à planter les arbustes dès le départ au bon écartement. En effet, une transplantation est toujours une opération délicate et qui nécessite de gros efforts. En revanche, vous pouvez vous montrer plus généreux avec les fleurs. Ne serrez pas trop les vivaces, elles poussent toujours beaucoup plus vite qu'on ne s'y attend. Comblez tous les espaces vides avec des fleurs saisonnières. Les bulbes conviennent bien pour le printemps, surtout les espèces qui se naturalisent. Elles s'accorderont ensuite avec les autres plantes, pour que chacune occupe sa place.

▶ Une ambiance naturelle et légére avec astilbe, crambe, digitale.

Le décalage dans les périodes de végétation permet ces associations. Utilisez un maximum d'annuelles pour l'été. Beaucoup se sèment directement en place (clarkia, cosmos, nigelle, souci, eschscholtzia, capucine, immortelle, godétia, némésia, etc.). Il suffit de jeter des graines dans les espaces libres entre les plantes permanentes, pour créer une végétation généreuse et décorative. Ce type de réalisation donne un résultat riche et très naturel. Si vous

▲ Un massif d'été régulier est difficile à réussir.

▲ Un massif de feuillages avec des aromatiques.

▲ Une opposition entre fleurs et feuillages.

préférez des compositions plus structurées avec des motifs aux dessins travaillés, utilisez des plants fleuris. Ils présentent l'avantage de réaliser une décoration immédiate avec un contrôle parfait sur les coloris.

La mise en place s'effectue par groupes d'une même espèce qui créent des taches de couleur. Disposez les plantes sur le sol avant de les mettre en terre. Évitez les alignements, c'est plus esthétique. Il suffit de respecter les hauteurs de chaque espèce pour composer joliment le massif. Attention, la tendance actuelle est à la nanification des plantes. Les hauteurs ne sont pas toujours mentionnées sur les étiquettes qui accompagnent les plants.

C'est ainsi que vous pouvez vous retrouver avec des mufliers, des roses d'Inde ou des tabacs de 30 à 40 cm de hauteur, au lieu des races de 60 à 80 cm que vous escomptiez. Demandez des précisions dans le magasin afin d'éviter toute erreur.

• **Les formes et les textures.** Ces notions assez subtiles sont rarement prises en compte et c'est dommage. La couleur ne suffit pas à créer un joli massif. C'est en associant des plantes de silhouettes différentes, en faisant varier la forme des feuilles et leur aspect que vous obtiendrez un complet raffinement du massif. Des plantes à port pleureur comme les amarantes queues-de-renard sont très jolies en compagnie d'espèces érigées comme les cléomes par exemple. L'ampleur des feuilles de l'amarante contraste fort bien avec les découpes fines de la cléome. L'aspect duveteux des amarantes queues-de-renard rouges ressort parfaitement à côté des fleurs blanches et ébouriffées des cléomes. Pensez aussi aux feuillages. L'opulence des hostas se marie fort bien avec la finesse des astilbes. La générosité des *Heuchera* 'Palace Purple' et leur feuillage pourpre assez large fait merveille avec un gypsophile très fin ou un *Crambe cordifolia*. Le tout peut être rehaussé du feuillage doré d'une lysimaque. Les compositions sont infinies, l'important c'est qu'elles ne soient jamais monotones. La rigueur d'une sauge rouge ne doit pas être associée à la raideur d'un œillet d'Inde. Mieux vaut les marier avec la fantaisie d'un pétunia ou la finesse graphique d'un anthémis. Les feuillages sombres de certains fuchsias seront éclairés par la présence de pélargoniums panachés. Des plantes tapissantes comme les géraniums vivaces gagnent à être rehaussées d'espèces fastigiées comme des graminées, des fougères, des ancolies ou des lupins.

Une plantation n'est jamais figée. Même les massifs saisonniers peuvent évoluer. Par exemple les mimulus, les nigelles, les godétias terminent leurs floraisons début août. Il est alors temps de les remplacer par des dahlias nains, des célosies ou des amarantes qui prolongent leur épanouissement jusqu'à l'automne. Avec les plantes vivaces, il faudra prévoir la division des touffes trop envahissantes et vous pourrez toujours changer les dispositions dans le courant de l'hiver.

ART DE VIVRE

LE RETOUR DE LA MOSAÏCULTURE

Cette technique de plantation consiste à créer des motifs avec des annuelles à végétation basse. Vous pouvez composer de véritables dessins figuratifs, ou jouer sur des motifs géométriques. Très prisée dans les villes, la mosaïculture revient dans nos jardins contemporains, car elle se prête bien à la décoration raffinée des petits jardins structurés en été.

LES ROSIERS

C'est au XVIIe siècle que le terme de roseraie est apparu, les rosiers s'imposant peu à peu dans les jardins comme des objets précieux que tout jardinier, amoureux de son art, se devait de collectionner. Cette plante vigoureuse, adaptable à presque toutes les conditions de culture, est vite devenue une vedette des jardins d'été.

De juin jusqu'à septembre, les roses offrent une multitude de variétés qui déclinent les coloris du blanc au rouge, en passant par toute la gamme des roses, du jaune le plus vif au saumoné le plus pâle. Elles flirtent même parfois avec les bleus et les mauves les plus audacieux. Les formes et les dimensions des rosiers sont telles qu'il est possible de les adapter à toutes les tailles de jardins et à tous les usages : en massifs, en couvre-sols, rosiers pour fleurs coupées, couvre-murs, tonnelles et pergolas, bordures et rocailles, rosiers habillant une clôture, se faufilant dans un arbre, égayant un balcon. Ils se marient à merveille avec des annuelles ou des vivaces, pour créer des contrastes colorés saisissants ou des harmonies étonnantes.

S'ils sont relativement tolérants quant au sol et à l'exposition, les rosiers requièrent, lors de la plantation et à chaque saison, l'attention du jardinier. Plante délicate sans être difficile, un rosier donne le meilleur de lui-même s'il est correctement nourri, traité contre ses ennemis et régulièrement taillé. De nouvelles variétés voient le jour chaque année, permettant au jardinier de faire sans cesse de nouvelles découvertes.

Les familles de roses

Il n'est pas une fleur qui ne rassemble autant de passion que la rose. Reine des jardins et des bouquets, elle symbolise la beauté, le charme, l'amour. Venue de la nuit des temps, la rose présente mille formes, mille couleurs et s'accommode de toutes les situations climatiques.

ASTUCE TRUFFAUT

Les roses anciennes sont non remontantes. Mais il existe aujourd'hui des variétés modernes dont les fleurs ressemblent à ces vieilles roses. Associez-les entre elles !

Il était une fois... C'est toujours ainsi que commencent les belles histoires : celle de la rose en est une. Une longue histoire qui remonte à la nuit des temps. Si les Grecs et les Romains ont été les premiers à parler véritablement de la rose, on est presque certain que cette fleur existait bien avant que l'Homme fut Homme. Composée de cinq pétales, elle vivait à l'état sauvage dans l'hémisphère Nord de notre globe. Il faut remonter au Moyen Âge pour voir apparaître, en Europe, les premières roses cultivées. Communes dans les pays du Moyen-Orient, ce sont les croisés qui en furent les « importateurs ». On leur reconnaissait alors des vertus

▲ *Rosa canina* 'Andersonii'.

▲ *Rosa noisettiana.*

▲ *Rosa* x *'centifolia'.*

médicinales, mais la beauté de la fleur, et quelquefois son parfum, amenèrent nos aïeux à s'y intéresser de plus près. Au XIXe siècle, quelques pépiniéristes, surtout français, commencèrent à semer puis à croiser leurs résultats, dans le but de créer de nouvelles variétés. C'est ainsi que sont nées les roses anciennes puis modernes qui décorent nos jardins.

Selon leur origine, ou leur forme, les rosiers sont classés en différents groupes bien définis.

• **Les rosiers galliques.** Ce sont peut-être les plus anciens rosiers véritablement cultivés, dérivés de *Rosa gallica*. De nombreuses variétés ont été produites mais sont aujourd'hui presque toutes disparues. Ces rosiers forment des buissons très ramifiés, aux fleurs peu parfumées et aux pétales allant du rose foncé au pourpre.

• **Les rosiers de Damas.** Rapportés du Moyen-Orient par les croisés, ces rosiers sont buissonnants, pourvus de branches souples à fleurs semi-doubles, rose plus ou moins foncé, très parfumées.

• **Les rosiers blancs.** Très proches de l'églantine sauvage *(Rosa canina)*, les rosiers blancs sont arbustifs, à fleurs rose pâle ou blanches et odorantes.

• **Les rosiers à cent feuilles.** Appelée 'Rose de Hollande', *Rosa x centifolia* est née en Hollande au XVIIe siècle. Les tiges sont très souples et supportent difficilement le poids des fleurs. Ces dernières forment une boule, qui est creuse au centre, d'un rose plus ou moins foncé. Le parfum est capiteux.

• **Les rosiers de Portland.** On doit à la duchesse de Portland l'introduction en Angleterre de ces rosiers, dont il ne reste aujourd'hui que très peu de variétés. Ces rosiers ont l'avantage d'être remontants. Ils portent des fleurs semi-doubles à doubles, roses et très parfumées.

• **Les rosiers Bourbons.** Née dans l'île de la Réunion, alors appelée île Bourbon, au début du XIXe siècle, *Rosa x borboniana* présente des fleurs semi-doubles ou doubles, rose carmin foncé, au parfum trés puissant.

• **Les rosiers Thé.** Originaires de Chine, les rosiers Thé doivent leur nom au fait qu'ils étaient transportés dans des paniers ayant contenu des feuilles de thé, ce qui leur procurait une odeur très caractérisque. Ces rosiers sont peu rustiques, ce qui explique qu'ils aient pratiquement disparu.

• **Les hybrides remontants.** Très populaires au siècle dernier, ils portent des fleurs cramoisies très parfumées. Leur port est assez raide. Ils ont pratiquement disparu au profit des hybrides de Thé.

• **Les hybrides de Thé.** Nés du croisement des roses Thé avec les hybrides remontants, ils sont à l'origine de la plupart des variétés aujourd'hui cultivées. La première d'entre elles fut 'La France', obtenue par le pépiniériste français Guillot, en 1867.

• **Les rosiers floribundas.** En croisant des rosiers polyanthas avec des hybrides de Thé, le Danois Poulsen obtint des rosiers aux nombreuses fleurs réunies en bouquets, malheureusement sans parfum. Les coloris sont extrêmement variés.

Portrait

Champ de roses chez Reuter

LES OBTENTEURS

C'est à partir du XVIIe siècle que quelques jardiniers et pépiniéristes commencèrent réellement à s'intéresser à l'hybridation des différentes espèces de roses entre elles. Leur but : obtenir des variétés plus résistantes aux conditions climatiques ou aux maladies, à la floraison plus longue et abon dante, aux corolles plus parfumées, épanouies dans des coloris très divers. C'est aujourd'hui une activité florissante où les Français jouent un rôle de premier plan. Des noms comme Meilland, Reuter, Delbard, Dorieux, Laffay, Adam, Laperrière, Gaujard, Orard, Guyot, Pernet-Ducher, pour n'en citer que quelques-uns, resteront à jamais gravés dans l'histoire de la rose. Aujourd'hui protégées, les variétés nouvelles ne peuvent être multipliées qu'avec l'accord de l'obtenteur.

Les rosiers dans le jardin

On a coutume de dire que la première fleur que plante un nouveau jardinier est une rose. C'est dire toute l'importance que représente cette plante dans la décoration de notre environnement. En massif ou en haie, au pied d'un mur ou d'une pergola, elle joue toujours un rôle essentiel !

ASTUCE TRUFFAUT

Dans un massif, évitez de planter vos rosiers trop serrés. Il faut un minimum de distance de 50 cm entre les pieds pour que les travaux culturaux ne soient pas gênés.

Un jardin de roses

Il est tout à fait possible d'avoir un jardin planté uniquement de roses. C'est le propre d'une roseraie. Mais l'hiver, faute de feuilles et de fleurs, les massifs sont tristes et sans intérêt esthétique. Il est donc nécessaire de les associer à d'autres plantes qui prendront le relais et conserveront au jardin un bel aspect. Cependant, les formes et les dimensions des rosiers sont telles qu'il est possible de les installer dans les moindres recoins du jardin, y compris sur une terrasse ou un balcon. Couvre-sol, buisson, arbustif, grimpant, à fleur unique ou en bouquet, le rosier s'accommode de toutes les situations. Associé à des arbustes ou à des

▲ Des rosiers greffés sur tiges donnent de la hauteur aux massifs.

▶ Accrochez vos massifs de rosiers à un élément du décor.

plantes vivaces, il entre dans la composition de décors originaux. Le choix des variétés est aujourd'hui tel qu'il y en a pour tous les goûts, pour tous les styles. Tout jardin se doit d'accueillir des rosiers.

Le massif de rosiers

C'est l'emploi le plus classique que l'on puisse faire des rosiers. Pour effacer un peu de sa banalité, faites preuve d'originalité. Évitez surtout les massifs placés en isolé sur une pelouse. Accrochez-les à une haie, un escalier, un groupe d'arbres ou d'arbustes, dessinez-les le long d'une allée ou d'une terrasse. Plantez, de préférence, des variétés buissonnantes, toutes de la même hauteur. Constituez des taches homogènes, sans mélange de coloris. Il faut au minimum quatre à cinq pieds par couleur pour obtenir un effet de masse, agréable à l'œil. Évitez aussi de mélanger des variétés à fleurs en bouquets et des variétés à grandes fleurs. En revanche, rien ne vous empêche de placer, dans le milieu du massif, pour lui donner un peu plus de volume et de hauteur, des rosiers sur tige, au port en boule ou retombant, palissés sur une armature métallique. Mais il faut qu'ils soient tous du même coloris.

Vous pouvez aussi, dans un massif, associer des plantes vivaces à vos rosiers. Constituez des petits groupes de trois à quatre pieds, au minimum, pour éviter qu'ils se trouvent noyés dans la profusion de feuilles et de fleurs des vivaces. Pensez également aux mélanges de couleurs. Faites en sorte qu'il n'y ait pas d'oppositions trop criardes. Il est préférable que les tons soient complémentaires, ou bien jouez sur les coloris pastel.

▲ Les rosiers s'intègrent à tous les styles de jardin.

LE SAVIEZ-VOUS ?

LES ROSERAIES

Il existe, en France, quelques grandes roseraies où sont conservées des variétés anciennes de roses, mais où l'on peut aussi admirer les créations les plus récentes. En visitant ces collections, vous pourrez facilement faire votre choix. Voici les roseraies les plus connues :

Bagatelle : située dans le bois de Boulogne, à Paris ; roses modernes et nouvelles.

L'Haÿ-les-Roses : dans le Val-de-Marne, au sud de Paris ; roses anciennes et récentes. Une merveille aux mois de mai et de juin.

Orléans : au sud de la ville, dans le parc de la Source ; des roses modernes et nouvelles.

Parc de la Tête-d'Or : à Lyon ; de très belles présentations de roses anciennes et nouvelles.

Chalon-sur-Saône : beaucoup de roses anciennes et modernes.

Les rosiers en couvre-sol

De nombreuses variétés de rosiers rampants permettent de constituer des tapis sur des terrains pentus ou au pied des grands arbres. Constitués de longs rameaux souvent couverts de petites feuilles et de fleurs miniatures, ils s'étalent sur le sol, cachant complètement la terre. Guidez-les au moyen de petits piquets recourbés que vous placez sur les tiges. N'hésitez pas aussi à tailler les quelques branches qui se redressent de temps en temps. Sachez, enfin, que les rosiers couvre-sol demandent peu d'entretien et produisent un effet très spectaculaire un véritable tapis de fleurs.

Les rosiers pour fleurs coupées et bouquets

Coupées lorsque le bouton est prêt à éclore, les roses forment de jolis bouquets qui peuvent durer plus d'une semaine en vase si vous pensez à rafraîchir la coupe tous les jours et à changer souvent l'eau. Mais pour réaliser le bouquet, installez de préférence un massif spécialement réservé à cet effet. Cela vous évitera de prélever vos fleurs un peu partout dans le jardin, au risque de « casser » un bel effet. Choisissez des variétés à grandes fleurs, parfumées. Mais si vous aimez les bouquets miniatures, bien garnis, ou si vous souhaitez réaliser des chemins de table, mieux vaut avoir des variétés à fleurs groupées que vous serrerez les unes contre les autres pour obtenir une boule bien compacte. Choisissez aussi des variétés à fleurs semi-doubles ou doubles. Les roses à fleurs simples sont moins jolies en bouquets. Installez votre massif « spécial fleurs à couper » dans un coin du jardin, où le fait d'être de temps en temps dénudé ne nuira pas au décor environnant. Le mieux est encore de le placer dans le potager, où les quelques fleurs qui seront sur les pieds en attente d'être prélevées donneront un peu de gaieté et de couleurs aux plantations légumières.

Les rosiers couvre-mur

Les rosiers grimpants sont faits pour habiller les vieux murs et cacher une façade parfois décrépie. Ils n'auront cependant une bonne tenue que si vous leur offrez une armature sur laquelle vous attacherez les rameaux au fur et à mesure de leur croissance. Mieux vaut choisir un support solide, car il est prévu pour rester en place de longues années. Installez aussi un treillage décoratif qui continuera à bien habiller le mur en hiver, lorsque le rosier aura perdu son feuillage. Attention, tous les rosiers grimpants n'ont pas la même croissance, certains ne dépassant pas 2 m de hauteur. Il est préférable de choisir des variétés aux rameaux coureurs dont les tiges dépassent 4 à 5 m de longueur pour obtenir une très bonne couverture. De plus, sachez que les rosiers offrent l'avantage, par rapport aux autres plantes grimpantes, de ne pas endommager le mur car ils ne possèdent pas de crampons, ni de ventouses et, comme ils sont caducs, la façade peut respirer plus facilement. Enfin, lorsque le rosier est âgé, il peut être parfois nécessaire de planter un jeune sujet à son pied car la base des vieilles tiges a tendance à se dégarnir et à être moins florifère.

▲ Une tonnelle de roses très romantique.

▲ Une vieille grille habillée de roses.

Une clôture de roses

Les rosiers arbustifs, appelés aussi « rosiers paysages », forment de très belles haies fleuries. Ils permettent ainsi de remplacer les éternels thuyas, troènes et autres lauriers par une abondante végétation couverte d'une multitude de fleurs simples ou doubles. D'une hauteur de 1 à 2 m, ils produisent également de nombreux rameaux qui s'enchevêtrent les uns dans les autres, formant un mur infranchissable. Couvertes d'une grande quantité d'épines, ces haies peuvent cependant être dangereuses, en présence de jeunes enfants. En hiver, certaines espèces, comme les rugosa, conservent de jolis fruits colorés. Vous pouvez toutefois associer à cette haie des arbustes à feuillage persistant ou à rameaux colorés, afin de garder un aspect décoratif durant la mauvaise saison. Sachez aussi que ces rosiers pour haies forment un bel ensemble avec des barrières rustiques.

Tonnelles et pergolas

Constituée d'une armature en bois ou en métal, la tonnelle est un élément décoratif des jardins romantiques. Couverte de roses, elle forme un abri ou un petit tunnel végétal au-dessus d'une allée. La plupart des grimpants sont conseillés pour couvrir une tonnelle, mais il est préférable de choisir des rosiers lianes, très volubiles, dont les rameaux peuvent atteindre de 5 à 6 m de longueur. De cette façon, il est facile d'obtenir un très bon couvert, abondamment fleuri. Une pergola ou un pylône seront habillés de la même façon. Pensez à palisser les rameaux au fur et à mesure de leur croissance et à tailler ceux qui s'échappent de la forme. Quelques rameaux volages ne sont pas cependant inutiles pour éviter une forme trop guindée. Sachez aussi qu'il est préférable d'avoir des variétés dont la rose reste assez fermée pour limiter la présence d'abeilles ou autres insectes butineurs, surtout si vous utilisez votre tonnelle comme couverture d'une aire de repos. Une idée : associez rosiers et plantes grimpantes telles que glycines ou clématites, l'effet décoratif est de très haute tenue.

Bordures et rocailles

• **Plus trapus que les rosiers couvre-sol,** les rosiers miniatures permettent de réaliser des petites bordures, fleuries du printemps jusqu'à l'entrée de l'hiver. Hauts de 30 à 40 cm, ces rosiers forment des boules assez compactes, s'étalant peu. Leurs fleurs sont très nombreuses, petites, simples ou en pompons. Tous les coloris sont présents, du jaune au rouge en passant par l'orangé et le rose. Le parfum est inexistant. Ils présentent aussi l'avantage de demander peu de soins, la taille se résumant à maintenir une forme régulière. Plantez-les assez serrés, tous les 20 cm à 30 cm pour que les touffes se rejoignent et forment une ligne continue.

• **Dans une rocaille,** faites des petites taches d'au moins quatre à cinq rosiers miniatures, tous de la même couleur, bien serrés les uns contre les autres, en les appuyant contre un gros rocher. La terre s'asséchant vite dans une rocaille, surveillez l'arrosage car le système racinaire ne leur permet pas d'aller puiser l'eau profondément. Nettoyez aussi régulièrement les rameaux défleuris afin de favoriser la remontée. Attention, dans une rocaille, il n'est peut-être pas nécessaire de leur conserver une forme bien régulière comme dans une bordure, un peu de fantaisie est même tout à fait conseillée.

▲ Sur un balcon : des rosiers compacts.

Arbres et balcons

• **Habillez le tronc d'un arbre mort,** dont vous aurez conservé quelques branches pour servir de support, avec un rosier sarmenteux. Placé dans un sujet vivant, un rosier liane procure un effet très spectaculaire, donnant à l'ensemble un côté très naturel. Choisissez une variété vigoureuse, donnant des rameaux d'au moins 5 à 6 m de longueur pour qu'ils puissent s'enchevêtrer facilement dans la ramure. Chaque printemps, apportez un bon engrais car la concurrence avec l'arbre est assez inégale. Et, en été, surveillez l'arrosage.

• **Sur un balcon.** Sur une petite surface comme un balcon, placez des rosiers dans une jardinière ou un bac. Ils apporteront de la couleur à vos fenêtres si vous surveillez régulièrement leur végétation, car les conditions sont un peu plus dures que dans un jardin. L'arrosage est, entre autres, important et, l'hiver, une protection est souvent nécessaire. Choisissez des rosiers miniatures qui poussent dans un pot de fleurs. Sur les grandes terrasses, vous pouvez utiliser des rosiers buissons ou des grimpants pour habiller un treillage, mais évitez les variétés trop vigoureuses. La taille vous permet cependant de maintenir la végétation dans des proportions raisonnables.

▲ Les rosiers arbustifs constituent de très jolies haies, hautes de 1,50 à 1,80 m, et fleuries une grande partie de l'année.

La culture des rosiers

Qu'ils soient proposés « à racines nues » prêts à planter ou en conteneurs, les rosiers gagnent à être plantés par temps doux, de novembre à mars. Achetez des variétés clairement dénommées, créées de préférence par des obtenteurs célèbres. Sélectionnez des plants à la ramure solide dont les branches sont disposées en gobelet ouvert.

ASTUCE TRUFFAUT

Choisissez de préférence un rosier greffé sur *Rosa canina*, car il s'adaptera facilement à toutes les natures de sol et à toutes les conditions climatiques, chaudes ou froides.

Sachez qu'en général les rosiers aiment les situations ensoleillées, les sols plus lourds que légers, une nourriture bien équilibrée et une surveillance régulière de leur état phytosanitaire. Dès la plantation, pliez-vous à leurs exigences et vous serez vite récompensé par la bonne santé de leur feuillage, par l'éclat de leurs corolles et par le parfum enivrant délivré par leurs pétales.

La terre idéale

Une terre légèrement argileuse, qui retient l'humidité et la nourriture, convient très bien à un rosier. Acidophile, il redoute les terres calcaires. Si telle est la vôtre, faites un apport de tourbe brune ou de terre de bruyère lors de la plantation. En faisant une analyse de votre sol, vous connaîtrez la quantité d'amendement à apporter. Si votre terrain est sablonneux, mélangez-lui du terreau de feuilles ou du fumier bien décomposé ce qui améliore sa texture et facilite sa rétention en eau et en éléments nutritifs. Enfin, si votre sol est imperméable, toujours très humide, mélangez-lui un peu de sable ou de tourbe blonde pour favoriser son aération et diminuer les risques de compactage. Dans les zones forestières où le sol est riche en humus, apportez de la terre de jardin pour éviter les attaques de pourridié.

Une bonne exposition

L'idéal est une exposition sud-est ou sud-ouest qui leur évite le soleil direct lorsqu'il est au zénith, au milieu de la journée, mais qui leur permet de profiter de toute sa chaleur. Placez-les également à l'abri des grands vents et des fortes pluies. Si vous plantez des rosiers grimpants, prenez garde aux murs blancs qui réfléchissent la lumière et la chaleur du soleil, entraînant des brûlures sur le feuillage et un flétrissement rapide de la floraison.

▲ Arrosez les rosiers sans mouiller le feuillage.

▲ Au printemps, apportez un engrais complet.

Une nourriture équilibrée

Sans engrais, les rosiers restent chétifs et ne produisent que des petites fleurs. Apportez-leur un fertilisant du commerce, spécifique et équilibré. L'azote leur donnera de la vigueur ; l'acide phosphorique assurera la solidité des tiges ; et la potasse, une floraison éclatante et importante. En mars, apportez un engrais « coup de fouet » enfoui par un labour léger pour ne pas endommager les racines. Fin avril, apportez un engrais complet pour activer la croissance. Incorporez-le par un griffage. Renouvelez cette opération, fin août, pour aider la remontée de la floraison.

Arroser et palisser

Le rosier a toujours besoin d'eau. Cet apport de liquide est d'autant plus important qu'il est en pleine floraison. En terre légère, faites des apports fréquents, en petite quantité pour éviter que l'eau migre vers le sous-sol avant d'avoir été absorbée. Dans une terre lourde, espacez vos arrosages et faites-les copieux. Ne mouillez pas le feuillage pour diminuer les risques de maladies cryptogamiques.

Pour les formes palissées, attachez solidement les rameaux sur les supports avec des liens en plastique, au fur et à mesure de leur développement. Ne serrez pas trop pour éviter l'étranglement des tiges qui vont grossir.

LE BON GESTE

LA PLANTATION D'UN ROSIER À RACINES NUES

1. Commencez par creuser un trou d'au moins 50 cm de côté et de profondeur. Il est important que les futures racines trouvent autour d'elles un sol bien meuble.

2. Préparez ensuite le rosier en coupant l'extrémité des racines pour les rafraîchir et en diminuant un peu la longueur des tiges pour qu'elles ne mesurent plus qu'une bonne vingtaine de centimètres. Supprimez le bois sec et les parties abîmées ou blessées, si cela n'a pas déjà été fait par le pépiniériste.

3. Dans le fond du trou, mettez une bonne poignée d'engrais complet et recouvrez d'un peu de terre. Placez ensuite votre rosier au centre du trou, en veillant à ce que le point de greffe se trouve juste au niveau du sol. Aidez-vous du manche d'un outil pour vérifier ce niveau de façon simple et pratique.

4. Comblez enfin le trou, en émiettant bien les mottes pour que la terre glisse facilement entre les racines. Avec le pied, tassez autour du rosier et aménagez une petite cuvette que vous allez remplir d'eau, même si la terre est humide. Surveillez souvent cette humidité, c'est elle qui favorise l'émission des radicelles et assure l'installation définitive du rosier.

LE BON GESTE

LA TAILLE DES BUISSONS

1. Qu'ils soient à grandes fleurs ou à fleurs groupées, les rosiers buissons se taillent toujours entre février et mars, selon les régions. La taille consiste à conserver, le plus près possible du bourrelet de greffe, un certain nombre de bourgeons, ou yeux, qui émettront des rameaux porteurs de fleurs. Plus le rosier est vigoureux, plus vous conserverez d'yeux. Un nombre de cinq à six est toutefois suffisant. Sur un rosier moins vigoureux, conservez seulement trois ou quatre départs.

2. Dans tous les cas, faites en sorte que le bourgeon terminal soit orienté vers l'extérieur et dégagez le centre de la touffe en supprimant les rameaux placés au milieu. Coupez également les tiges mortes et les plus vieilles branches pour rajeunir votre rosier.

Entretenir le sol

Le pied des rosiers doit rester constamment propre. Pour éliminer les mauvaises herbes qui gênent la végétation du rosier, vous pouvez utiliser la binette. Mais l'importance du feuillage, la présence des aiguillons sur les tiges et la fragilité des boutons et des fleurs rendent cette opération assez délicate. Il est alors préférable d'utiliser un désherbant sélectif, c'est-à-dire un produit destiné à l'entretien des massifs de rosiers. Ce produit se présente sous forme de poudre mouillable appliquée au pulvérisateur, ou en granulés que l'on épand au mois de mars, sur un sol préalablement nettoyé. Il bloque la germination des graines enfouies dans le sol et permet ainsi de conserver une terre toujours nette, vous épargnant la toujours triste corvée de binette. Dernière opération du sol : le décroûtage. L'action de la pluie et de l'eau d'arrosage entraîne la création d'une croûte superficielle de la terre qui bloque l'aération du sous-sol et gêne la pénétration des engrais. Pour supprimer cette croûte, passez un bon coup de binette ou, mieux encore, de griffe à trois dents, en croisant les passages. N'oubliez pas d'effectuer ce travail régulièrement, surtout en été.

Le nettoyage des rosiers

Durant la période de végétation, suivez vos rosiers régulièrement. L'opération la plus importante est la suppression des fleurs fanées. C'est elle qui conditionne, en grande partie, la remontée de la floraison. Sur les rosiers à fleurs solitaires, coupez au-dessus de la troisième ou quatrième feuille située sous la fleur fanée. À la base de cette feuille naîtra un nouveau rameau porteur d'un bouton floral.

Sur les rosiers à fleurs groupées, supprimez les bouquets dès qu'ils fanent, en les coupant au-dessus de la troisième feuille située immédiatement sous le bouquet. La suppression des fleurs fanées évite aussi la production de fruits qui épuisent la plante.

Certains rosiers ont tendance à émettre, en dessous du point de greffe, des rejets ou gourmands qui affaiblissent le pied. Il est important de les couper dès leur apparition, car ils sont souvent vigoureux et pourvus de nombreuses épines. Pour opérer, dégagez bien le pied du rosier jusqu'à ce que vous trouviez le point d'origine du gourmand. Taillez avec un bon sécateur et enduisez la plaie avec un produit cicatrisant avant de la recouvrir de terre. Sur les rosiers tiges greffés en tête, c'est-à-dire en haut du tronc, il se développe parfois des départs de gourmands sur ce tronc. Supprimez-les vite car ils épuisent, eux aussi, très vite le rosier.

L'éboutonnage est une opération qui se pratique sur les rosiers à grandes fleurs. Il s'agit de supprimer les éven-

▶ Le binage aère le sol et favorise la pénétration de l'eau en profondeur.

▲ En octobre, taillez à 40 cm du sol.

tuels boutons qui se développent en double ou en triple à l'extrémité des rameaux autour du bouton central. En ne laissant que ce dernier sur la tige (bouton couronne), vous concentrez le maximum de sève sur un seul bouton floral, ce qui permet d'obtenir une corolle plus grosse. L'éboutonnage est obligatoire sur les rosiers que vous cultivez dans un carré destiné à la production de fleurs coupées.

L'intérêt d'un paillis

Le paillage des massifs permet d'empêcher le développement des mauvaises herbes et de diminuer l'évaporation de l'eau. Pour le pratiquer, épandez de la paille (il en faut une dizaine de centimètres d'épaisseur), des écorces de pin concassées (comptez de 5 à 8 cm), de la tourbe blonde (une épaisseur de 5 à 6 cm suffit) ou un compost bien décomposé (une dizaine de centimètres). Évitez les tontes de gazon car, en se décomposant, elles dégagent de la chaleur, ce qui est préjudiciable aux racines des rosiers. Elles risquent aussi d'apporter des maladies.

Protection hivernale

La plupart des rosiers installés dans les jardins sont des variétés rustiques, capables de résister aux gelées hivernales. Il est cependant préférable de les préparer à passer l'hiver sans risque.

Lorsque la floraison est terminée, rabattez une partie de leurs rameaux en les coupant à une quarantaine de centimètres de hauteur. Cela vous évitera de conserver des branches dégarnies et inesthétiques tout l'hiver. Ensuite, il est important que le bourrelet de greffe soit protégé des grosses gelées. Pour cela, relevez la terre au pied du rosier pour constituer une butte d'une vingtaine de centimètres de hauteur. En sol lourd et compact, faites cette butte avec de la terre légère.

Vous pouvez également emmailloter la base et le centre de la touffe du rosier avec de la paille que vous attacherez pour éviter qu'elle se disperse avec le vent. Au printemps, retirez cette butte de terre pour empêcher le départ de gourmands sur le point de greffe.

Pour les rosiers tiges, où la greffe se trouve en haut du tronc, la seule façon de les protéger est d'emmailloter la tête du rosier avec un voile de protection hivernale. Pour travailler plus facilement, coupez une partie des rameaux afin d'avoir une forme régulière.

Au cours de l'hiver, lorsque le temps est beau et clément, découvrez cette protection dans la journée, afin d'aérer le rosier. Évitez les manchons constitués de films en plastique car ils produisent de la condensation à l'intérieur (ou il faut choisir un modèle perforé).

▲ Coupez régulièrement les fleurs fanées.

Enfin, pour protéger les rosiers grimpants du froid, vous pouvez fabriquer une sorte d'auvent que vous placez au-dessus et devant l'arbuste. N'oubliez pas de butter leurs pieds comme pour les formes buissonnantes.

LE BON GESTE

LA TAILLE DES GRIMPANTS

Si les rosiers grimpants non remontants sont taillés après la floraison, les grimpants remontants sont coupés, comme les rosiers buissons, en février ou en mars.

1. Commencez par supprimer, le plus près possible de la base, les vieilles branches qui ont une couleur brune et un bois qui paraît sec. Gardez, au contraire, les tiges bien vertes et dressées que vous palisserez sur le support. Les tiges anciennes, qui sont conservées, sont rabattues d'environ un quart de leur longueur, de préférence au-dessus d'un œil dirigé vers l'extérieur.

2. Sur ces branches qui constituent la charpente de votre rosier, rabattez également les quelques départs importants de rameaux. Comptez deux ou trois yeux par future tige, le dernier étant évidemment dirigé vers l'extérieur. Plus votre rosier est vigoureux, plus vous pouvez conserver de branches et de départs sur ces rameaux. Si vous en gardez trop, la floraison sera moins abondante et les fleurs nettement plus petites.

3. Terminez en répartissant les branches en éventail et en vérifiant que les attaches n'étranglent pas.

LES HAIES

Spécificité du paysage de bocage, la haie fait partie des éléments de base dans l'organisation du jardin. Cette succession d'arbustes alignés est essentiellement utilisée comme un mur végétal pour réaliser l'entourage de la propriété. Rempart naturel contre les intrusions, mais aussi contre le vent et le bruit, la haie de grands arbustes ou de conifères est le premier investissement « plantation » qui est réalisé dans les nouveaux jardins. Par manque de connaissance des très nombreuses espèces disponibles, ou volonté de simplification à outrance, le fait est que la haie française d'aujourd'hui se résume souvent à un alignement, assez triste, d'une seule espèce plantée en rang d'oignons.

Il y a pourtant mille façons de concevoir une haie, à commencer par un mariage entre plusieurs types de plantes, comme nous l'offre l'exemple du bocage. La haie uniforme et monotone ne présente pas que des inconvénients esthétiques, elle se montre aussi plus vulnérable aux attaques parasitaires et aux maladies. Le concept moderne du rideau de verdure se veut plus riche, plus varié, plus créatif. L'idée forte de la haie d'aujourd'hui consiste à associer, dans une même plantation assez serrée, divers végétaux qui supportent bien les tailles, mais qui possèdent chacun un atout décoratif évident : floraison, feuillage coloré en automne, écorce ornementale, fructification spectaculaire, etc. Le mélange subtil de ces différentes espèces, dans une composition équilibrée qui tient compte des harmonies de couleurs, et de la mise en évidence des textures et des formes, donne à la haie ses lettres de noblesse. Cela lui permet de se fondre avec bonheur dans le décor général du jardin d'ornement.

Les usages de la haie

À l'origine, destinée à préciser les limites d'un champ ou d'une propriété, la haie a évolué dans son concept moderne vers une plantation décorative. Selon ses dimensions, elle protège, abrite, délimite, sépare, découpe, met en valeur, habille, agrémente, ou nous gratifie de ses fruits décoratifs ou comestibles.

ASTUCE TRUFFAUT

La haie doit être comme une parure, à la fois légère et discrète. Évitez les grands murs de végétation, uniformes et tristes, en mélangeant plusieurs espèces dans la haie.

Les haies d'ifs sont les plus réputées mais, à cause de leur croissance lente, on leur préfère souvent les charmilles ou les thuyas. Rien ne vous empêche de leur substituer les éléagnus ou les lauriers-tins, qui fleurissent par ailleurs fort joliment. Ces haies de soutien n'ont pas besoin d'être très hautes : 2 m suffisent. N'oubliez pas de laisser un petit sentier entre la haie et les premières fleurs, de façon à assurer l'entretien.

Protéger le jardin

Cependant, la première fonction de la haie reste la défense du jardin contre les incursions. Le charme du bocage, qu'il soit breton ou limousin, vient de ces haies régulièrement taillées pour fournir du petit bois ; elles sont composées d'épines blanches et noires, c'est-à-dire d'aubépines et de prunelliers. Dans les années 1960, cette idée a été reprise avec les buissons ardents. Difficile d'imaginer une haie plus efficace, car les épines sont acérées ! Au point que l'on en néglige parfois la taille, un peu pénible, ce qui conduit à des haies trop hautes et dégingandées. Or, cet arbuste n'est beau que s'il est taillé deux fois par an, en mars, et juste après la floraison, en respectant les bouquets de fruits. Il parvient ainsi à conserver une silhouette bien dense, et se révèle infranchissable. Désormais les

▲ Plantes vivaces et haie d'ifs.

▲ Haie libre : pyracantha, hêtre, etc.

▲ Le buis se prête à toutes les formes.

▲ Une haie brise-vent variée.

berbéris ont pris le relais, surtout sous leur forme pourpre, mais il suffit aussi d'oublier la taille une année pour retrouver de grands arbustes un peu fous l'année suivante.

S'abriter du vent

Une autre fonction de la haie consiste à s'abriter des vents désagréables. Une haie filtre d'autant mieux le vent qu'elle est perméable. L'effet brise-vent est ainsi plus perceptible avec des haies caduques qu'avec des persistants, qui créent une zone de remous derrière eux. Le peuplier sera donc préféré au cyprès, qui est en outre particulièrement sensible au chancre. Si les peupliers vous paraissent trop hauts, voire inquiétants, ne cherchez pas à les limiter par des tailles répétées, mais remplacez-les par des aulnes, des charmes pyramidaux ou des chênes fastigiés, à la forme élancée.

Créer l'intimité

Ceci reste la fonction essentielle des haies. Si vous vous entendez bien avec votre voisin, vous pouvez planter une haie mitoyenne en partageant les frais d'installation. Si l'on préfère planter chez soi, on n'oubliera pas de respecter les distances de plantation réglementaires, prises depuis la limite des deux terrains, et qui sont de 0,50 m pour une haie inférieure à 2 m et de 1,50 m au-delà. Vous serez avisés d'augmenter cette distance de 0,50 m, pour compenser la croissance en largeur, et passer de l'autre côté afin de la tailler régulièrement. L'expérience prouve qu'une haie caduque est tout aussi efficace pour préserver son intimité qu'une haie persistante, le réseau de brindilles étant suffisant pour brouiller le regard. Une extraordinaire palette se propose, avec des arbustes à feuillage décoratif, ou bien à floraison spectaculaire, pour ne pas parler de ceux qui donnent des fruits en automne. Une telle haie est moins efficace qu'une haie persistante quand il s'agit de diminuer le bruit. Un feuillage large est alors requis, comme celui du laurier-cerise ou du *Viburnum rhytidophyllum*, un peu triste si on laisse la poussière s'y accumuler. Préférez alors le feuillage lisse des aucubas, et parmi eux, ceux à feuillage vert, plus élégants que les panachés habituels. Mélangés à des bambous, ces aucubas peuvent diminuer de quelques décibels les bruits ambiants.

LE SAVIEZ-VOUS ?

UN REFUGE POUR LES OISEAUX

Beaucoup d'oiseaux adorent nicher dans les arbustes, y trouvant un abri contre les chats maraudeurs, mais aussi des fourches de branches idéalement placées. Ils y puisent aussi leur pitance, avec baies et insectes au menu quotidien. Plus une haie est mélangée, plus elle est accueillante. Changez de regard sur les cornouillers et les églantiers sauvages. Quelques coups de sécateur permettent de les domestiquer.

▲ La haie structure le jardin au fil des saisons et lui donne son caractère.

Les visages de la haie

Laissée naturelle ou travaillée par la main experte du jardinier, la haie prend des aspects très différents. Le choix se fait sur des bases esthétiques ou pour répondre à des besoins pratiques. Pensez aussi à composer la haie avec des plantes différentes, c'est décoratif et plus vivant.

ASTUCE TRUFFAUT

Évitez les plantations linéaires et créez des décrochements ou des mouvements pour mieux personnaliser la haie. C'est tout simple, mais très efficace.

La haie libre

Très variée, une haie vive s'adapte à tous les styles. La haie libre est un simple alignement d'arbustes d'une ou plusieurs essences, poussant librement, avec juste une taille d'équilibre de temps à autre. C'est une haie idéale pour un jardin campagnard, où elle détonnera moins que la sempiternelle haie de thuyas. Noisetiers ou charmes, lilas ou cornouillers forment ainsi de grandes haies rondes du plus bel effet. Seul inconvénient : elles prennent de la place. Vous pouvez mélanger plusieurs essences, des forsythias avec des groseilliers à fleurs par exemple, avec, par endroits, des noisetiers pourpres ou des troènes, non taillés, pour profiter de leur floraison estivale. Pensez à mélanger plusieurs variétés d'un même arbuste : des houx et troènes de diverses panachures, choisyas verts et dorés.

La haie taillée

Elle convient mieux aux jardins classiques, ou encore à un environnement urbain. À la campagne elle paraît déplacée, à moins que vous adoptiez une taille en dôme, comme dans le Limousin, où l'aubépine est ainsi modelée autour des pâturages. Vous pouvez alterner des parties régulières et des espaces libres, foisonnants. Ces contrastes animent un jardin. Les buis sont les rois de la situation. Leur rigueur crée de savoureux effets avec des arbustes aux formes alanguies comme les hamamélis ou les magnolias qu'il serait regrettable de tailler. Une autre idée : faire courir un haie basse taillée au cordeau entre des arbres tiges. Imaginez une haie d'ifs limités à 1,40 m entre des pommiers tiges, des cerisiers du Japon, ou des tilleuls, eux-mêmes taillés en rideau, à 2 m de hauteur.

Le dessin de la haie peut également créer la surprise. Plutôt que de planter une ligne, créez des décrochements en créneaux ou des ondulations au sol. Vous y installerez des îlots de plantes vivaces d'une seule variété ou encore des groupes de rosiers ou de pivoines. La haie peut également comporter des chicanes, des trouées ou des passages mystérieux, afin d'étonner le promeneur.

La haie gourmande

Pensez à composer une haie avec des arbres fruitiers. Il suffit pour cela d'adopter des formes plates, comme les espaliers, les U simples ou doubles, les cordons, et de les conduire sur plusieurs rangs de fils de fer tendus entre des poteaux. Pommiers et poiriers se prêtent bien à cet usage. Taillez les prolongements des grandes branches, pour éviter l'emballement de la végétation vers le haut, qui déforme ce genre de haie. Mélangez les variétés pour obtenir des récoltes successives. Au pied de ces haies, vous pouvez installer des narcisses, qui ne feront guère concurrence aux arbres fruitiers, et fleuriront en même temps qu'eux, pour un printemps magique.

Le système de palissage à plat peut être repris pour des espèces à fruits décoratifs, comme les buissons ardents, le pommier Evereste, le *Cotoneaster horizontalis*, ou encore des camélias 'Donation', aux branches assez souples pour être guidées. Vous obtiendrez une haie plate, qui ne « mangera » pas tout l'espace du jardin.

Vous pouvez également palisser des mûres sans épines, qui constitueront de belles draperies de feuillage avant de vous procurer des baies délicieuses en gelées. Mais la reine sera sans conteste la vigne, qui aime ce genre de position. Limitez son développement durant les premières années, pour obtenir une couverture assez dense de tout l'espace disponible sur les fils. Une vigne peut couvrir de 4 à 5 m de long sur 2 m de hauteur, en quelques années.

La haie en mélange

Dans les jardins contemporains, un nouveau type de haie est en train de naître, il mélange un peu tous ces genres. Nous ne sommes plus choqués de voir des arbres fruitiers pousser parmi des arbustes décoratifs. Les rosiers sont utilisés pour constituer des haies de grande qualité, ils sont associés à des plantes vivaces, qui viennent cacher leur base parfois dégarnie : sauges, rues et anémones du Japon sont parfaites dans cet emploi. Il suffit de les installer à 1 m de distance des rosiers, qui seront eux-mêmes plantés à 1,50 m les uns des autres. Choisissez des rosiers « paysages », qui poussent vigoureusement et ne demandent même pas de taille pour donner une masse dense et très fleurie. Rien ne vous interdit de disposer, non loin de là, quelques buis bien nets ou des potées débordantes de pélargoniums, pour un été fleuri.

▲ Peu d'entretien pour cette haie naturelle.

Une foule d'arbustes de format réduit peuvent servir à créer des haies de séparation. La lavande forme une haie de 1 m de haut au maximum, qui ceinturera en beauté un potager. Les berbéris pourpres, choisis parmi des variétés de faible développement, apporteront couleur et netteté au tracé du jardin. Plus nobles d'aspect, les houx mettent des années à rendre les mêmes services, mais leur robustesse est exemplaire. Même les variétés panachées conservent leur beauté inaltérable.

▲ Dans le style classique, ifs et buis taillés.

▲ Des conifères en liberté : une très jolie idée.

▲ Berbéris, cotonéasters et cyprès.

La création et l'entretien

Une haie est faite pour vivre de longues années. Les soins à lui apporter au moment de la plantation revêtent donc une très grande importance. Ensuite, vous modulerez la forme de la haie à votre convenance, selon le style choisi et vos disponibilités.

ASTUCE TRUFFAUT

Choisissez un taille-haie à lame courte pour les formes régulières. La maniabilité en est meilleure, tout comme la précision de coupe, et avec moins d'efforts.

Les principes essentiels

Une belle haie a une silhouette fournie et dense. Tout se joue dès la plantation dont la préparation est essentielle. Outre les soins apportés lors de la mise en place, le désherbage et l'arrosage sont essentiels pour la bonne reprise. Tout sera simplifié si vous plantez sur un film de plastique noir, qui sera ensuite dissimulé par des écorces de pin. Vous pouvez aussi pailler sur 15 cm d'épaisseur. Les déchets de tonte de gazon peuvent servir à cet usage, à condition de les remuer de temps à autre pour éviter qu'ils ne se compactent. Si malgré vos efforts, le chardon et le liseron font leur apparition, traitez

▲ Les conifères ont besoin d'un engrais spécifique à apporter au printemps.

avec un herbicide à base de glyphosate. Placez un cache au bout de la lance de votre pulvérisateur, pour concentrer le produit sur les herbes à traiter. Il existe des désherbants en granulés, mais leur usage n'est recommandé que 2 ou 3 ans après la plantation, le temps que les racines soient implantées en profondeur.

L'arrosage est primordial durant la première année. Il est préférable d'arroser épisodiquement mais en abondance, plutôt que l'inverse. Comptez un arrosoir de dix litres ou son équivalent par pied. Vous pouvez également vous contenter de poser un système d'arrosage au goutte-à-goutte, et d'ouvrir l'eau une fois par semaine pendant une heure. Ces séances d'arrosage couplées à un paillage assureront un démarrage rapide de la végétation.

Une taille efficace

Vous risquez d'être tentés de laisser pousser la végétation le plus vite possible pour obtenir votre haie rapidement. Cette erreur courante entraîne une végétation clairsemée. Commencez à tailler dès la première saison, en retenant cette règle simple : chaque année, la haie doit perdre la moitié de sa nouvelle pousse. Si vous taillez en juin, il est facile de repérer la végétation née depuis le printemps. Elle est d'un vert, nettement plus vif que l'ancienne, chez les plantes persistantes. Coupez la moitié, et renouvelez l'opération en septembre. La haie va s'étoffer dès la base, les branches formant très tôt des ramifications. Ce conseil est valable autant pour les conifères que pour les arbustes caducs, même si ces derniers sont prévus pour former une haie libre.

Après quelques années, assuré du bon déploiement en largeur de votre haie, vous pourrez la laisser filer librement. La taille se résume alors à une sorte d'élagage pratiqué en fin d'hiver ou en août, qui consiste simplement à éliminer les rameaux du centre, le vieux bois et toutes les branches qui paraissent abîmées.

▲ La taille de formation : un travail qui nécessite beaucoup d'habileté.

▲ Le taille-haie sans fil est très pratique.

Une haie très stricte doit être taillée au moins deux fois dans l'année. C'est le cas du buis, que l'on taille en juin, après la première pousse, puis de nouveau en septembre, afin qu'il puisse ensuite passer l'hiver en gardant une forme impeccable. Évitez de tailler pendant les périodes de canicule ou de grand froid, qui fragilisent les plantes.

Pour obtenir une belle haie, il convient de lui donner une forme légèrement penchée, tel un mur qui aurait du « fruit », comme disent les maçons. La base reçoit de la lumière et a moins tendance à se creuser. Taillez plus sévèrement au-dessus de 1,50 m, quitte à dégarnir momentanément le haut de la haie, qui se repeuple vite. Une haie négligée depuis des années peut même être reprise brutalement jusqu'au tronc, sauf lorsqu'il s'agit de conifères autres que l'if. Une charmille, un troène ou des lauriers-cerises par exemple, peuvent ainsi retrouver équilibre et bonne figure.

☞ **LE BON GESTE**

UNE PLANTATION RÉUSSIE

1. Commencez par bêcher ou par passer le motoculteur sur toute la longueur de la future haie, et sur une largeur d'au moins 1,50 m. Dans la plupart des cas, la haie est formée d'un seul alignement d'arbres ou d'arbustes. Il est rare de procéder à une plantation sur deux rangs, excepté dans le cas de haies composées d'un mélange de différentes espèces. Dans ce cas, il faut encore augmenter la largeur travaillée pour passer à 2 m, les rangs étant séparés d'un mètre.

2. Procédez à une fertilisation de fond, à base d'engrais organique, à moins que vous ne disposiez de fumier de ferme bien composté. Il sera apporté à la dose d'une brouette tous les 2 m. Enfouissez la fumure par un second bêchage, qui précédera la plantation proprement dite de quinze jours à un mois. Hormis les engrais dits de fond ou longue durée, l'engrais chimique est peu utile à la plantation. Il sera toujours temps d'en apporter ensuite, une fois par an. En revanche, un peu de corne torréfiée au fond du trou est tout à fait valable.

3. La plantation sur film plastique noir permet d'éviter le désherbage et de réduire les arrosages en été. Posez le plastique avant la plantation, qui se fera dans des encoches bien espacées. Veillez à bien enfouir les bords du plastique, pour qu'il n'offre pas de prise au vent. Terminez par un arrosage copieux.

LA PELOUSE

Si les jardiniers anglais sont passés maîtres dans l'art de réaliser des pelouses qui ressemblent à un velours de verdure, cela n'est pas dû seulement à leur talent, ou au climat favorable de leur contrée. Les paysagistes britanniques ne considèrent pas la pelouse comme de l'herbe, mais comme une culture à part entière, qu'il faut préparer, soigner et entretenir avec une attention particulière. Sans même faire une comparaison trop savante, il faut bien avouer qu'il existe une grande différence entre ce que nous appelons, avec une fausse pudeur, la pelouse « rustique », et un vrai tapis vert ornemental. Conscients des difficultés que rencontrent la plupart des jardiniers amateurs pour réaliser une belle pelouse, les professionnels semenciers ont travaillé d'arrache-pied ces dernières années pour améliorer la qualité du gazon. Ils ont obtenu des variétés plus fines, plus belles, plus faciles à cultiver, et surtout bien plus tolérantes aux conditions climatiques et à la qualité des sols.

Le gazon est par ailleurs contrôlé de manière draconienne par des instances officielles. Ces dernières comparent les nouvelles « créations » avec les variétés déjà existantes et effectuent un tri régulier dans les catalogues des plantes autorisées à la commercialisation. Seules les meilleures sont retenues. Vous pouvez donc être assuré que votre future pelouse sera de meilleure qualité que l'ancienne, à condition bien sûr de suivre attentivement les conseils prodigués dans les pages suivantes. Un gazon s'installe pour une bonne dizaine d'années : cela vaut bien un petit effort de préparation.

Les usages de la pelouse

La pelouse représente le moyen le plus économique et le plus rapide pour habiller la propriété d'une verdure agréable. Par sa finesse et sa faible hauteur, elle dégage les perspectives et crée des points de temporisation dans le tracé général du jardin.

ASTUCE TRUFFAUT

L'engazonnement d'une surface comprise entre un tiers et la moitié de la superficie totale de votre propriété garantit un bon équilibre entre la pelouse et le reste.

Une pelouse est un terrain planté d'une herbe courte et dense. Elle forme un tapis homogène, grâce à l'association des différentes espèces de graminées qui constituent le gazon. Ces dernières sont choisies et dosées selon leur aptitude à répondre à différents besoins : sol, climat, facilité d'entretien, usage, finesse. Une seule graminée ne pourrait répondre à tous ces critères. Les compositions sont donc des mélanges subtils, établis d'après divers paramètres pensés en fonction de différents cas de figure : sport, détente, ornement, ombre, talus, terrain sec, etc. À chaque utilisation correspond un mélange au dosage bien spécifique.

La pelouse décor

Elle se compose d'espèces de gazon à feuillage fin comme l'agrostide et les fétuques rouges gazonnantes et demi-traçantes. La préparation du sol doit être soignée, car l'installation de ce type de gazon est lente et sujette à l'envahissement par les mauvaises herbes. Un semis en automne est préférable. La pelouse décor demande à être coupée ras et bien entretenue, pour rester verte et dense toute l'année. Tondez au moins une fois par semaine, arrosez et fertilisez, car le faible développement du feuillage a pour conséquence un système racinaire réduit. Ce type de gazon craint le piétinement, mais il dure longtemps s'il est bien entretenu. Un désherbage sélectif, trois mois après le semis, est conseillé.

La pelouse détente

Elle est constituée du gazon d'agrément, celui qui supporte un entretien moins fréquent et un piétinement moyen, tout en restant d'une bonne qualité esthétique. Il sait s'adapter à des contraintes variées de terrain et de climat. Un bon équilibre de variétés lui permet de répondre à des conditions d'implantation fort différentes. Le ray-grass anglais et la fétuque rouge traçante s'y retrouvent en forte proportion, avec le pâturin des prés et l'agrostide en complément. La hauteur de tonte sera un peu plus élevée que pour la pelouse décor, de 30 à 50 mm environ, ce qui permet d'obtenir un chevelu racinaire plus développé et une plante plus robuste. La fréquence des tontes doit être hebdomadaire au printemps, mais se limiter à la quinzaine ensuite. L'apport d'un engrais à libération lente s'effectue deux fois par an, au début du printemps et à l'automne.

La pelouse sport

Elle est très solide pour accueillir les jeux des enfants, sans se dégarnir rapidement. Les graminées sont choisies en fonction de leur résistance au piétinement et à l'arrachement. Ray-grass anglais et pâturin des prés s'y retrouvent en forte proportion : le premier pour sa rapidité de repousse, le second pour son important chevelu racinaire. Il est également possible d'incorporer de la fétuque élevée, dont les nouvelles variétés, plus fines, conservent leur qualité de résistance. Contrairement aux pelouses d'ornement, qui montrent une certaine fantaisie dans les formes et les contours, le terrain de jeu demande une surface large et dégagée, ce qui facilite d'ailleurs l'entretien. La hauteur de tonte doit être d'environ 50 mm pour permettre un bon ancrage des racines. Le passage de la tondeuse peut être bimensuel. Eau et engrais sont à dispenser d'autant plus généreusement que la pelouse est piétinée. Le passage d'un scarificateur au printemps permet de décompacter le sol et de l'aérer.

◀ Le gazon d'ornement fin, homogène et très dense doit être tondu court.

▲ La pelouse est idéale pour lier les massifs.

▲ L'allée gazonnée est élégante et simple.

L'allée gazonnée

Pour créer un passage agréable dans le potager ou entre deux zones de plantations importantes, voire donner à un chemin un aspect végétal qui s'intègre dans le décor ambiant, il est possible d'avoir recours à une allée gazonnée. Elle ne pourra pas supporter la même fréquence de passage qu'un chemin dallé ou gravillonné, mais restera en bon état si le drainage a été bien réalisé et si l'entretien est constant. N'oubliez pas, lors de son installation, de bomber légèrement son profil pour faciliter l'écoulement de l'eau. Ray-grass anglais, pâturin des prés et fétuque élevée sont les composants d'une bonne formule pour cet usage. La tonte sera la même que celle d'une pelouse de détente, tout en mettant l'accent sur le roulage qui permet de bien ancrer les graminées au sol. La découpe des bordures est nécessaire à la finition de ce type d'allée, à moins qu'un dallage en délimite les côtés. Comme pour toute pelouse, il est exclu de marcher sur une allée gazonnée recouverte de neige, ou durant toutes les périodes de gel.

Lier les massifs

La pelouse est toujours présentée comme l'écrin du jardin. Elle permet de mettre en valeur les massifs floraux et de créer une unité végétale, qui, les reliant les uns aux autres, apporte à la composition toute son harmonie. Pour constituer un beau décor, la pelouse doit présenter des contours irréguliers et une étendue variable. La couleur verte du gazon est reposante et met en valeur les coloris des fleurs et des plantations. Cette pelouse peut supporter quelques passages, mais elle n'est pas destinée à être piétinée. Sa composition

▲ Dans le jardin de Snowshill Manor, une superbe pelouse habille un talus très pentu.

comporte du ray-grass anglais choisi parmi les nouvelles variétés à feuilles fines, et des fétuques rouges en fort pourcentage. Son entretien sera comparable à celui d'un gazon décor. Mais compte tenu de la présence de ray-grass anglais, qui pousse vite, la tonte sera assez rase et donc fréquente. Cela évitera d'empiéter sur la végétation située en bordure et la mettra au contraire en valeur. Un apport d'engrais à libération lente est souhaitable une à deux fois par an, de préférence au printemps.

La pelouse sur talus

Les eaux de pluie ravinent plus vite un talus sans végétation. Son engazonnement est une solution intéressante, à condition que la pente ne soit pas trop forte. Au-delà de 25°, l'entretien de la pelouse deviendra aléatoire. Mieux vaut alors avoir recours à des plantes couvre-sol. La tonte classique pouvant s'avérer difficile, il est bon de choisir une tondeuse sur coussin d'air. La formule du gazon doit comporter des espèces à bon enracinement, mais à pousse lente. Le pâturin des prés vient en tête, avec un complément de fétuque rouge traçante et un petit pourcentage de ray-grass anglais, pour couvrir rapidement le sol. Cette composition, une fois installée, acceptera un espacement des tontes tous les mois, la coupe se faisant à 50 mm de hauteur. Ne tassez pas trop le pâturin au sol au moment du semis, afin de ménager quelques aspérités qui retiendront les graines sur la pente. Vous pouvez utiliser des rouleaux de gazon en les maintenant en place par de petits piquets, placés en haut de talus, pendant le temps nécessaire à l'enracinement.

Les pelouses à l'ombre

L'ombre peut provenir d'un mur, d'un grand arbre ou d'un sous-bois. Si les arbres sont à feuillage persistant et à système racinaire proche du sol, comme les conifères, l'absence de lumière est aggravée par la concurrence de leurs racines qui captent l'humidité existante. Avec les pins, l'acidification du sol appauvrit rapidement la terre. Seule la fétuque ovine peut résister, mais c'est une graminée fine qui couvre assez mal le sol. Dans les autres cas, c'est au contraire l'humidité, alliée au manque d'aération, qui contrarie la croissance du gazon. Ray-grass anglais et fétuques rouges sont valables, à condition d'avoir bien ameubli et drainé le sol, ce qui empêchera la mousse de s'installer.

Deux apports d'engrais annuels sont indispensables. Réglez la tondeuse en position haute en évitant si possible tout piétinement sur ce type de gazon. Dans les cas les plus critiques, il est possible de remplacer la pelouse par des plantes couvre-sol, du trèfle blanc ou du lierre rampant par exemple.

Les gazons du Midi

Chaleur excessive et sécheresse sont les deux ennemis du gazon. Il est donc difficile d'obtenir, sous le climat méditerranéen, une pelouse aussi verte et dense que celles des régions océaniques. Pour une pelouse composée avec les graminées classiques, le choix se porte sur les fétuques rouges et la fétuque élevée, avec un petit pourcentage de ray-grass anglais qui sert de plante de couverture lors de l'installation. Mais l'arrosage devra être régulier et copieux, ce qui n'est pas toujours réalisable. La tonte ne sera pas rase,

▲ Gare aux mousses en situation ombrée.

surtout en été, un minimum de 50 mm étant souhaitable. Cette formule peut aussi être utilisée dans les autres régions présentant des conditions de climat difficiles et sèches, pour des terrains très asséchants ou sans possibilités d'arrosage.

Il est possible, dans le Midi, de composer des pelouses avec d'autres graminées, comme le kikuyu, le cynodon ou le zoysia. Très résistantes à la sécheresse, ces plantes sont malheureusement fort sensibles au froid et le gel les détruit sans repousse possible. Pour un couvert non piétiné, préférez l'achillée millefeuille, solide et décorative.

Les dallages gazonnés

Le gazon met beaucoup plus en valeur un dallage qu'un simple liant de ciment ou de terre. Qu'il s'agisse d'un pas japonais, d'un *opus incertum* ou de pavés disposés régulièrement, l'engazonnement peut être réalisé, à condition de fournir aux graminées un minimum d'espace en largeur et en profondeur. Les joints doivent avoir au moins 3 cm et l'épaisseur de terre ne doit surtout pas être inférieure à 10 cm, ce qui exclut tout ciment entre les dalles. Pour être drainant, le substrat est aéré avec du sable, mélangé à un bon terreau. Bien tassé avant le semis, il doit se trouver à un niveau inférieur de 1 cm à celui des dalles. Le choix des graminées, la fréquence de la tonte et l'entretien sont ceux d'une pelouse décor, avec une hauteur de coupe de 20 mm et des arrosages fréquents en période chaude.

Pour des surfaces réduites, il est possible de remplacer le gazon par la sagine, que l'on plante en petites touffes espacées. Son développement est rapide et parfois envahissant. En revanche, elle ne demande aucune tonte.

La pelouse fleurie

La mode est aux pelouses fleuries et aux fleurs sauvages. Il ne s'agit pas réellement d'une formule de gazon, mais de l'association de plusieurs dizaines de fleurs annuelles, bisannuelles ou vivaces, à la floraison échelonnée. Leur semis doit être traité à la manière d'un gazon classique, avec la même préparation du sol. Il est possible, mais pas indispensable, d'ajouter lors du semis de 1 à 2 g au m^2 de fétuque ovine, graminée à faible développement. Le choix d'une pelouse fleurie implique l'absence de tout désherbage sélectif par la suite. La tonte est remplacée par un fauchage deux fois par an. Il faut limiter cette solution à des petites surfaces ou à des taches irrégulières sur une vaste pelouse. Autre possibilité : la plantation dans le gazon existant de bulbes qui se naturalisent facilement (crocus, narcisse, perce-neige, scille, tulipe botanique). Pour leur permettre de refleurir en abondance l'année suivante, ne coupez pas le feuillage avant qu'il ne soit jauni, donc ne tondez pas.

La pelouse sur terrasse

Pour tentante qu'elle soit, cette réalisation reste conditionnée par des limites techniques : charge maximale autorisée, étanchéité, drainage, arrosage. Il est préférable de confier cette implantation à un professionnel, ne serait-ce que pour des raisons de responsabilité. L'épaisseur de terre ne doit pas être inférieure à 10 cm pour que le gazon puisse se maintenir. La solution du drainage passe par l'emploi de matériaux légers, imputrescibles et incompressibles. Des techniques nouvelles permettent de réaliser des petites superficies avec des plaques de gazon. Elles sont cultivées dans des bacs en polystyrène remplis de tourbe, qui permettent d'obtenir un poids inférieur à 40 kg au m^2. L'effet est immédiat et, déjà implantées dans leur substrat, les graminées peuvent se contenter d'une moindre épaisseur de terre. La composition à retenir ne comprend que des fétuques rouges et ovines, en excluant obligatoirement le ray-grass anglais. Une bonne solution consiste à employer des plaques de gazon. La tonte sera rase et, au minimum, hebdomadaire pour obtenir un bon résultat esthétique avec une herbe bien compacte.

▲ Le gazon du Midi doit être très arrosé.

▲ La pelouse fleurie pour un jardin champêtre.

▲ Le gazon, joint naturel pour les dalles.

La composition du gazon

La qualité des plantes qui entrent dans la composition du gazon est déterminante pour l'aspect final de la pelouse. Les variétés modernes ont acquis une finesse inégalable, grâce à une sélection rigoureuse. Aussi, certaines sont mieux adaptées aux conditions d'emploi et de culture difficiles.

ASTUCE TRUFFAUT

Les graines fines, comme celles de l'agrostide qui pèsent 30 fois moins que le ray-grass, sont les plus coûteuses, d'où la différence de prix entre les mélanges.

Le ray-grass anglais

Son principal avantage est une installation rapide qui lui permet de germer, dans de bonnes conditions, en quatre à cinq jours. Il couvre le sol, dès la deuxième semaine du semis, empêchant la prolifération des mauvaises herbes annuelles. Peu exigeant sur la qualité du sol, le ray-grass accepte de s'installer partout, même en terrain lourd et argileux. Il tolère la sécheresse et les zones légèrement ombragées. Sa résistance au piétinement est bonne, avec une réimplantation rapide après un usage intense. Toutes ces qualités expliquent sa présence dans la majorité des formules de gazon. Ses inconvénients résident dans une pousse rapide qui nécessite des tontes rapprochées, et une vigueur importante qui risque de devenir agressive envers les autres espèces du gazon. Le feuillage du ray-grass est moins fin que celui des autres espèces. Sa couverture du sol n'est pas parfaite, même si les nouvelles variétés s'installent mieux. C'est l'espèce dont la sélection a le plus avancé pour donner de nouvelles variétés.

Les fétuques rouges

Présentes dans la quasi-totalité des formules, elles sont au nombre de trois sous-espèces : les fétuques rouges traçantes, demi-traçantes et gazonnantes.

Caractérisées par un feuillage fin et dense, elles poussent lentement et demandent peu d'entretien. Elles sont moins vigoureuses que le ray-grass anglais. Peu résistantes au piétinement, les fétuques sont sensibles à certaines maladies. Elles s'adaptent bien aux sols légers et tolèrent l'ombre. La fétuque rouge traçante est la plus utilisée pour sa bonne rusticité et une meilleure résistance à la sécheresse. Mais son feuillage est moins fin et son tapis moins dense que les autres fétuques. Ces dernières donnent un gazon très esthétique, fin, qui couvre généreusement le sol et accepte d'être tondu ras. Elles sont la base des pelouses décor. La demi-traçante résiste bien aux sols salés et aux embruns.

Le pâturin des prés

L'émission de rhizomes lui permet de bien s'accrocher au sol et de tisser un chevelu de racines important. Le pâturin des prés est souvent la base des gazons en plaques, pour la bonne tenue qu'il confère aux rouleaux. Sa résistance au piétinement le fait apprécier dans les mélanges pour terrains de jeu et de sport. Il se régénère rapidement après une agression et résiste bien à l'arrachement.

Le pâturin des prés supporte mieux la chaleur que l'humidité. Il requiert un arrosage suivi et une bonne fertilisation. Il donne de très bons résultats en région méditerranéenne s'il bénéficie d'arrosages réguliers. Son principal inconvénient réside dans sa lenteur d'installation qui le fait vite étouffer par les autres graminées. Sa présence dans une composition implique un pourcentage d'au moins 40 % pour lui permettre de bien s'installer.

La fétuque élevée

Issue de variétés destinées à l'ensemencement des prairies, la fétuque élevée a beaucoup évolué grâce à la recherche. Ses nouvelles variétés sont bien adaptées à l'utilisation spécifique du gazon.

▲ Le ray-grass anglais est la graminée à pousse rapide la plus utilisée pour le gazon.

▲ La fétuque rouge est une espèce fine, excellente pour couvrir le sol.

C'est l'espèce des conditions extrêmes. Elle résiste aussi bien à la sécheresse qu'à la submersion temporaire, à la chaleur qu'au froid et aux maladies. Sa présence est surtout intéressante pour les climats méditerranéens, où elle entre souvent dans les formules utilisées pour les terrains de sport. Son inconvénient majeur est une implantation lente et difficile.

La fétuque élevée résiste mal aux tontes trop rases et sa durée de vie en est fortement perturbée. Les nouvelles variétés bénéficient d'un feuillage nettement plus fin que les précédentes, ce qui permet d'obtenir un gazon plus dense.

L'agrostide

Un feuillage d'une rare finesse et une excellente densité en font la graminée des gazons de prestige. Sa croissance est lente et elle supporte les tontes les plus rases, jusqu'à 3 mm. Si le climat est humide, elle peut se montrer un peu trop agressive envers les autres graminées. La résistance au piétinement de l'agrostide est faible, ce qui doit l'exclure des terrains de jeu. Elle supporte mal la sécheresse et apprécie par conséquent des arrosages et un entretien réguliers. La finesse de ses graines demande une attention particulière lors de la préparation du sol et du semis. Des deux sous-espèces, agrostide tenue et agrostide stolonifère, seule la première est utilisée dans les compositions pour gazons, la seconde étant réservée à certains greens de golf.

La fétuque ovine

Elle donne un gazon dense à feuilles fines enroulées, d'une très bonne pérennité. Sa résistance aux maladies et à la sécheresse en fait une plante rustique qui s'accommode d'un entretien limité et de sols pauvres. Mais son installation est délicate et elle craint la concurrence des autres graminées. La fétuque ovine ne résiste pas du tout au piétinement, ce qui la limite aux pelouses d'ornement, particulièrement en zones ombragées. La sous-espèce fétuque ovine durette présente les meilleures qualités.

La fléole

Des deux espèces courantes : fléole des prés et fléole bulbeuse, c'est cette dernière que l'on utilise dans le gazon, car la fléole des prés offre un feuillage large, vert pâle, inesthétique.

Avec sa pousse lente et sa bonne pérennité, la fléole bulbeuse donne un gazon assez grossier, mais au bon comportement hivernal et résistant au piétinement. Sa très faible productivité en semences la rend peu disponible dans le commerce.

La création de la pelouse

Une pelouse s'installe pour une bonne dizaine d'années. Il est donc important de bien préparer le terrain, car ce travail va conditionner la bonne tenue du gazon par la suite. Cette opération est à la portée de tous, il suffit de suivre les étapes pas à pas et d'y consacrer un peu de temps.

ASTUCE TRUFFAUT

Pour réussir un beau gazon, il faut savoir prendre son temps et ne pas vouloir à tout prix un résultat immédiat. N'oubliez surtout pas de bien désherber au départ.

La préparation du terrain

Le travail commence par le tracé des limites de la pelouse. Il doit être aussi simple que possible, en évitant les massifs trop sinueux qui compliqueraient son entretien futur. Ensuite, tout le terrain doit être labouré sur 20 cm de profondeur. Utilisez la bêche pour les petites surfaces. À partir de 100 m^2, l'emploi d'une motobineuse est conseillé. Profitez de cette opération pour enlever les pierres, souches d'arbres et racines de mauvaises herbes. C'est aussi le moment de drainer les terres lourdes et de procéder à l'installation d'un réseau d'arrosage enterré. Vous pouvez aussi en profiter pour installer un éclairage d'ambiance à basse tension.

Il est important que l'ensemble du terrain destiné à la pelouse soit d'une qualité homogène, toute différence se répercutant par la suite sur la couleur et la santé du gazon. Dans un sol hétérogène, le brassage devra être minutieux. Employez une motobineuse, dont les couteaux rotatifs sont efficaces pour mélanger les particules de terre.

L'idéal est de retourner la terre à grosses mottes à l'automne, puis de finir la préparation du terrain et de semer au printemps, d'avril à juin. Il est possible de semer le gazon au début de l'automne, en septembre-octobre. La terre est encore chaude, la sécheresse n'est plus à craindre, de même que la concurrence des mauvaises herbes annuelles. La pelouse s'installera avant l'hiver pour occuper plus vite le terrain.

- **L'élimination des mauvaises herbes :** le labour permet d'extirper les adventices en place. Mais de nombreuses graines subsistent dans le sol. En laissant le terrain se reposer deux à trois semaines, on permet leur germination. Dès que ces plantes ont deux feuilles, la pulvérisation d'un désherbant systémique (type glyphosate) permet de les détruire. Le semis est possible deux semaines après ce traitement. Si quelques annuelles subsistent, les premières tontes en viendront à bout.
- **L'amélioration du sol :** d'origine organique, fumier déshydraté, compost, terreau favorisent la rétention en eau des terres légères, améliorent l'activité biologique du sol et facilitent l'absorption des engrais. La tourbe aère les sols lourds et donne du corps aux terres sableuses. Ces éléments sont à incorporer à la terre au moment du labour.
- **Le nivellement :** il a pour but de modeler le terrain pour lui donner un aspect plus vallonné, par exemple. À l'inverse, quand le sol présente des creux et des bosses, il faut le mettre à niveau et l'égaliser pour obtenir une surface plane, plus facile à entretenir. La motobineuse permet, par passages croisés successifs, d'obtenir cet effet.
- **Le griffage :** il permet de parfaire le nivellement du sol. Avec une griffe à quatre dents (ou croc à fumier), émiettez les mottes de terre et gommez les petites différences de niveau. Travaillez en croix, c'est-à-dire en passant l'outil dans le sens de la largeur, puis dans la longueur du terrain.
- **Le ratissage :** c'est une opération de fignolage en surface. Il s'effectue aussi en travail croisé. Le râteau extrait du sol les derniers cailloux et permet de le niveler de manière impeccable. De cette finition dépend l'aspect esthétique final de la pelouse. Utilisez un râteau à 14 dents, ou un balai à gazon à 22 dents, plus souple à l'usage et qui ne risque pas de creuser la terre.
- **Le roulage :** il est indispensable, car les graines doivent s'installer dans un sol suffisamment ferme. Le rouleau doit être lourd, environ 100 kg. Opérez par temps sec pour que la terre ne colle pas dessus. Pour les petites surfaces, ce tassage peut s'effectuer au pied, à l'aide de planchettes fixées par des attaches. Le tassage idéal ne laisse pas les talons s'imprimer sur le sol. La future pelouse résistera mieux au piétinement et conservera son profil régulier. Juste avant le semis, passez le balai à gazon pour gratter la surface sur quelques millimètres. Ceci permet de faciliter l'adhérence des graines au sol. Elles ne seront pas déplacées par le vent, ou un orage, avant de germer.

Le semis

Le semis à la main à la volée est difficile à réussir de façon homogène. Pour la pelouse, il est préférable de recourir à un semoir qui donne un résultat plus régulier. À l'aide de cordeaux ou de tasseaux de bois, délimitez des bandes de la largeur de l'outil. Effectuez un passage croisé pour une meilleure répartition. Il est bon de brasser les graines avant de les semer pour rétablir l'homogénéité du mélange. Les doses varient de 30 à 40 g/m² selon la composition. Un premier essai sur 1 m² permet de se rendre compte de la densité à obtenir. Plus les graines sont fines (agrostide, fétuque ovine), plus la quantité à semer sera faible. Le semis de graines fines est facilité en les mélangeant avec du sable fin. Le ray-grass anglais pur se sème à la dose moyenne de 50 g au m². La pelouse sera délimitée, sur l'ensemble de son pourtour, par un sillon de 2 cm dans lequel vous ferez couler un filet de graines semées plus dru.

Le placage

Au lieu de semer des graines, il est possible de plaquer des rouleaux de gazon cultivés spécialement à cette intention. Cette formule, malgré un prix de revient plus élevé, présente de nombreux avantages : l'effet est immédiat avec une pelouse praticable dans des délais très courts. Le placage peut s'effectuer presque toute l'année. Le terrain doit être préparé comme pour un semis traditionnel : labour, amendement, nivellement, épierrage, roulage et surfaçage. Les plaques de gazon seront commandées au dernier moment, lorsque le terrain est prêt à les recevoir. Les rouleaux ne se conservent bien que 24 à 48 heures. Les bandes de gazon se posent sur le sol comme des lés de moquette, côte à côte et bout à bout. Elles se découpent avec un couteau, pour suivre les contours des massifs ou des constructions. Effectuez un roulage pour bien les faire adhérer au sol. Un arrosage copieux termine l'opération. Attendez une petite semaine, avant de marcher sur la pelouse.

▲ Préparez le sol sans oublier de l'amender.

▲ Roulez pour lui donner une bonne stabilité.

L'entretien de la pelouse

Une attention régulière et des soins appropriés sont le secret de la réussite d'un superbe gazon durable et bien vert. Hormis l'arrosage qui est commun à toutes les cultures du jardin, la plupart des tâches d'entretien de la pelouse sont bien spécifiques et font appel à un équipement spécialisé.

ASTUCE TRUFFAUT

Installez un système d'arrosage automatique enterré. C'est le meilleur moyen pour économiser du temps et conserver une pelouse bien verte en toute saison.

La tonte

Sa fréquence varie selon les périodes de l'année, la qualité recherchée et l'utilisation de la pelouse. Au printemps et à l'automne, les graminées poussent vite, il faut tondre souvent. Pendant l'été, les tontes seront espacées pour permettre au gazon de mieux résister à la chaleur. En moyenne, tondez chaque semaine. Avec cette fréquence, la coupe n'enlève qu'une petite partie du feuillage, sans traumatisme pour la plante. Il ne faut jamais couper plus d'un tiers de la longueur du brin d'herbe à chaque fois. Si la pousse a été trop rapide ou l'entretien négligé, il faudra passer la tondeuse plusieurs fois, à un ou deux jours d'intervalle souhaité. Cette hauteur sera de 4 à 5 cm pour un terrain très fréquenté ou une aire de jeu, de 3 cm environ pour une pelouse d'ornement. La tonte s'effectue sur une pelouse sèche pour faciliter le ramassage. Une lame bien affûtée garantit une coupe franche. Après avoir dégagé les contours des obstacles, la tondeuse est passée en bandes parallèles au sens alterné, pour obtenir un bel effet visuel.

L'arrosage

Les apports d'eau permettent de conserver au gazon un bel aspect vert, signe de sa bonne santé. L'arrosage est nécessaire dès que la température dépasse

▲ Tondez au moins une fois par semaine.

20 °C ou que le sol est asséché par le vent. Pour que l'eau pénètre en profondeur jusqu'aux racines, il est nécessaire d'apporter de 3 à 4 litres au m^2. Les installations d'arrosage enterré permettent la bonne humidification du gazon, sans intervention humaine autre que la programmation du débit et de la fréquence d'arrosage. Il est recommandé d'arroser copieusement à chaque fois, à raison d'une demi-heure par endroit. Intervenez de préférence en soirée, ou de nuit pendant la période estivale. Au printemps, mieux vaut arroser dans le courant de la matinée. Un gazon coupé très ras dispose de moins de réserves dans son système racinaire. Il a donc besoin d'être arrosé plus souvent qu'une pelouse tondue plus haut.

La fertilisation

Un gazon ras demande à être bien nourri par un apport d'engrais plus fréquent qu'un gazon haut. L'azote assure aux graminées une croissance régulière, une meilleure résistance au piétinement, un plus bel effet décoratif. On retrouve cet élément dans toutes les formulations d'engrais sous le symbole N. L'azote doit être rapidement assimilable (azote nitrique) lors d'une utilisation en début de printemps, ou pour faire repartir la pelouse après un usage trop intense. Il est préférable d'utiliser un engrais à libération progressive et prolongée, qui permet d'apporter à la pelouse cette nourriture au fur et à mesure de ses besoins. Dans ce cas, il suffit de deux apports à la dose de 5 kg pour 100 m^2, au début du printemps et à l'automne. L'engrais gazon est également proposé en mélange avec un désherbant sélectif ou un antimousse.

Le terreautage

Un apport de terreau au printemps est utile à toute pelouse parfaitement entretenue et tondue ras. Cette opération lui permet de bénéficier d'un supplément de matières organiques qui garantissent un meilleur développement du système racinaire des graminées du gazon. Le terreautage est également utilisé pour rénover une vieille pelouse ou lors d'un nouveau semis sur des parties dénudées (sursemis). Il ne s'impose pas pour les gazons sur lesquels les déchets de tonte ne sont pas ramassés. Épandez uniformément sur la pelouse une couche de 3 cm d'épaisseur de terreau fin.

Le nettoyage

Même bien entretenue, une pelouse se salit par des déchets végétaux, feuilles mortes ou brins d'herbe. Le passage d'une tondeuse avec un bac de ramassage permet de réaliser le gros du travail de nettoyage. La pelouse sera d'autant plus belle que le gazon coupé est enlevé à chaque passage de la tondeuse. Cela évite feutrage et maladies, tout en contribuant à une esthétique impeccable. En été, vous pouvez utiliser les systèmes « mulching » qui broient finement l'herbe, la laissant se redéposer entre les brins de gazon. Pour les petites surfaces, le balai à gazon est choisi à dents souples en éventail et tenu incliné à 45°. Pour les grandes superficies, il existe des balayeuses à gazon, à brosses rotatives, poussées à la main ou attelées derrière une tondeuse autoportée. Les souffleurs-aspirateurs sont très efficaces pour la mise en tas et le ramassage des feuilles mortes.

Connaître

Il faut éliminer la mousse.

Une attaque de rhizoctonia.

◀ LES ENNEMIS ET MALADIES DU GAZON

En dehors des mauvaises herbes traitées au désherbant, le gazon peut être envahi par la mousse, surtout à l'ombre et dans une terre mal drainée ou acide. La lutte la plus courante consiste à épandre du sulfate de fer. Attention aux dallages qui se rouillent au contact de ce produit. Il est préférable d'employer des spécialités à base de dichlorophène, de combattre l'humidité par un bon drainage et de chauler le sol. Pour gagner du temps, certains produits combinent l'action antimousse à un désherbant et même à un engrais.

Les maladies sont graves pour les pelouses fines tondues très ras. Dans les gazons d'agrément ou de sport, les graminées, plus vigoureuses, supportent mieux ces attaques. Les principales maladies du gazon sont : le fil rouge ou corticium, la fusariose, la rouille, l'helminthosporiose, le rhizoctonia et les ronds de sorcières. Un bon entretien évite souvent leur apparition. La lutte curative n'est guère envisageable dans un jardin d'amateur.

Les fourmis d'Argentine sont friandes des graines lors du semis. Traitez préventivement avec un insecticide. Les taupinières sont disgracieuses sur une pelouse et risquent d'endommager la lame de la tondeuse. La présence de taupes sur un terrain est due à l'abondance de vers de terre qui ont le mérite d'aérer la terre. Détruire les vers a pour conséquence de chasser les taupes et de risquer de voir le terrain se colmater. Le piégeage des taupes est le seul moyen de lutte efficace, mais il demande une certaine habitude pour la mise en place.

Le regarnissage

Certaines parties de la pelouse souffrent plus que d'autres et laissent apparaître des surfaces dénudées inesthétiques. Cela peut être le résultat du débordement de l'essence de la tondeuse, du nivellement des taupinières, d'un piétinement intense ou de la brûlure occasionnée par l'urine des animaux domestiques. Une réfection locale de la pelouse est souvent suffisante. Le griffage du sol élimine les parties mortes du gazon. Le nivellement est obtenu par un apport de terreau dans les creux et un décapage des bosses. La formule de graines à utiliser pour regarnir ce terrain est composée uniquement de ray-grass anglais, en deux ou trois variétés aux qualités complémentaires. La rapidité d'installation de cette graminée permet de couvrir les espaces libres en une à deux semaines. Pour faciliter le semis et accélérer encore la germination, certaines compositions sont réalisées avec des graines enrobées d'une fine coque d'argile contenant un fertilisant. Une fois installé, le gazon de regarnissage suit le même rythme d'entretien que l'ensemble de la pelouse.

Le roulage

Le rouleau termine le nivellement du sol lors de la création de la pelouse. En période d'entretien, il permet à l'herbe, déchaussée après une période de gel ou d'utilisation intensive, de reprendre contact avec la terre et favorise son bon enracinement. Son emploi est surtout utile en terre légère, sablonneuse, à raison d'une fois par mois, après la tonte, pendant la période de pousse active. En terre lourde, le rouleau s'utilise surtout après la période hivernale. Un passage trop fréquent risque de colmater la terre et de la rendre trop imperméable. Les tondeuses à lames hélicoïdales sont munies, à l'arrière, d'un petit rouleau qui rechausse l'herbe sans tasser le sol.

L'aération

Pour un parfait développement des racines et une bonne santé du gazon, le sol doit être aéré avec de bons échanges entre l'air et l'eau. L'aération facilite également la pénétration des engrais jusqu'aux racines. Elle se pratique à l'aide d'appareils équipés de pointes qui forent des trous dans la pelouse. Les sols lourds demandent au moins deux interventions par an : au début du printemps pour décompacter le sol tassé par la période hivernale et le gel, puis en automne après l'épandage de l'engrais de fond. Un léger sablage après l'aération permet de remplir les trous pour éviter qu'ils ne se rebouchent trop vite. Le matériel est très divers : il va de l'aérateur à moteur jusqu'aux patins à fixer par des sangles sous la chaussure. Il existe un modèle de rouleau muni de quatre rangées de pointes, ce qui permet de réaliser roulage et aération dans le même passage.

L'entretien des bordures

C'est le petit détail qui donne son aspect soigné à la pelouse. Le long des murs, grillages, troncs d'arbres, les coupe-herbe à fil nylon permettent la tonte de l'herbe sans risque ni effort. Les cisailles à gazon sont intéressantes pour les petites surfaces qui nécessitent une bonne précision de coupe. Un espace libre de terre nue, entre la pelouse et les arbres ou les massifs, facilite l'entretien et la pénétration de l'eau. La découpe des bordures se réalise avec un dresse-bordure, outil à main dont la lame semi-sphérique tranche le gazon sur toute son épaisseur avec sa motte de terre. Pour suivre plus facilement les contours irréguliers d'un massif, un tuyau d'arrosage posé sur le sol sert de guide pour la découpe.

L'amendement du sol

Cette opération s'apparente au terreautage, mais son action est plus complète. Il s'agit de corriger les défauts de la composition du sol en réalisant des apports de matières organiques ou de sable. Vous pouvez utiliser un bon compost de fumier dans les terres trop légères et pauvres. Il servira à retenir l'eau pour que la pelouse jaunisse moins rapidement. À l'inverse, dans les

▲ Scarifier élimine les mousses et rajeunit.

▲ Utilisez un rouleau lourd, rempli de sable.

▲ Procédez au sablage après l'aération.

▲ Le désherbage au pulvérisateur.

▲ Le tranche-bordure à moteur : efficace.

LES BONS OUTILS

◀ LA PANOPLIE DE LA PELOUSE

La tondeuse est l'élément incontournable pour l'entretien d'une pelouse. Il faut la choisir en fonction de la superficie à tondre et du type de gazon souhaité : moteur à essence pour les grandes surfaces, électrique pour les pelouses inférieures à 500 m^2.

L'épandeur sur roues est un petit semoir à ouvertures réglables, utilisé pour la distribution régulière des graines, lors du semis, et la répartition homogène des engrais en période d'entretien.

La finition de la tonte, autour des obstacles, est réalisée à l'aide de cisailles à gazon ou de coupe-herbe à fil, appareils munis en général d'un moteur électrique. Les bordures peuvent être taillées avec un dresse-bordure, sorte de bêche avec une lame en forme de croissant de lune, ou avec un coupe-bordure à moteur.

L'aérateur est le plus souvent un rouleau muni de pointes qui perforent le sol pour permettre une meilleure entrée de l'eau et de l'air. Le même travail peut être réalisé avec des patins hérissés de pointes ou les dents d'une fourche.

Optez pour un scarificateur à moteur électrique ou thermique, selon la grandeur du terrain. Les modèles à dents articulées doivent être réservés aux sols pierreux.

Le râteau à gazon est droit, large, à dents fixes, et légèrement recourbées. Il est destiné au ramassage de l'herbe sur un sol souple. Le balai à gazon possède des dents en fils plats ou ronds, mais souples et disposées en éventail. Ils sont à utiliser de préférence pour le ramassage des tontes et des feuilles sur un sol dur.

Aspirateur et souffleur à moteur extirpent sans effort les déchets végétaux, des zones les plus difficiles d'accès. Ils s'utilisent surtout en automne.

Un arroseur canon posé sur un chariot lourd ou un trépied ou bien intégré à un système d'arrosage enterré est le plus efficace pour la pelouse. Pour l'arrosage automatique, il est souvent rétractable, se soulevant par la pression de l'eau. Sa portée est importante : jusqu'à 15 m de rayon, mais il nécessite de la pression (3 bars).

terres compactes et argileuses, du sable bien granuleux va avoir un effet décompactant. Effectuez les amendements à l'automne ou au début du printemps, de préférence après avoir passé le scarificateur dans les sols légers, et l'aérateur en terre lourde.

Le désherbage

Il a pour but de conserver son aspect esthétique à la pelouse, mais aussi d'éviter aux graminées la concurrence des mauvaises herbes qui auraient vite fait de prendre la place du gazon. Un gazon bien entretenu, arrosé, fertilisé, lutte naturellement, et avec une certaine efficacité, contre les adventices. Les plantes annuelles qui poussent au démarrage de la pelouse ne résistent pas aux premières tontes. C'est sur un gazon fatigué, trop utilisé, couvrant insuffisamment le sol, que le désherbage doit s'appliquer. Pour les grandes plantes, comme le pissenlit, un arrachage à la main, au couteau ou à la gouge à asperges est possible pour les petites surfaces. L'utilisation de désherbants sélectifs pour gazon est nécessaire dans les autres cas. Il sera appliqué, dans le courant du printemps, toujours sur sol humide.

La scarification

Sur une vieille pelouse, les racines superficielles s'entremêlent et ont tendance à remonter pour former un feutre, source d'humidité et siège de maladies. La scarification a pour but de détruire cette végétation aérienne qui provoque l'asphyxie des racines. Elle consiste à couper cet enchevêtrement dans lequel la mousse vient souvent s'installer. Les petites surfaces peuvent être traitées avec un râteau scarificateur aux dents pointues et coupantes qui extirpent le feutre. Les scarificateurs à moteur réussissent un travail assez spectaculaire qui laisse sur le sol une masse d'herbe arrachée, qu'il est nécessaire de ratisser rapidement. La rénovation de la pelouse sera alors complétée par un semis de regarnissage avec des graines enrobées et un léger terreautage en surface.

FENÊTRES, BALCONS, TERRASSES

À la ville ou à la campagne, fenêtres, balcons et terrasses fleuries habillent de couleurs les abords des maisons, créant une douce transition entre l'intérieur et l'extérieur. Suspensions, appliques, pots et jardinières débordant de corolles et de feuillages égayent les fenêtres les plus modestes, font le plaisir des habitants et des passants, et améliorent ainsi le cadre de vie. Elles procurent au jardinier amateur un plaisir renouvelé, à mesure qu'évoluent les compositions, au fil des saisons. On peut y jouer en toute simplicité des harmonies ou des contrastes, et même oser la présence de certains fruits et légumes. Le balcon est un espace de repos et de détente, où il est possible de créer un véritable jardin miniature. En laissant libre cours à votre imagination, en jouant sur la taille et la forme des contenants, en composant des associations de plantes d'après leurs couleurs et leurs textures, vous pouvez le transformer en un petit coin de paradis. Plus ambitieuse, la terrasse peut prendre l'allure d'un vaste coin de verdure, où toutes les fantaisies sont permises. Pourquoi ne pas y installer une composition de bonsaïs d'extérieur ? Lieu de passage et de repos situé entre la maison et le jardin à la campagne, elle peut, à la ville, prendre l'allure d'un jardin à part entière et rappeler les jardins suspendus de Babylone.

Bien sûr, la culture en pot et en jardinière exige de respecter certaines règles de sécurité et demande une attention soutenue et des soins particuliers. Cultivées dans des contenants comme en pleine terre, les plantes ont besoin de vous pour rester en bonne santé : arrosage, fertilisation, traitement et taille sont les clés de la réussite.

Les fenêtres fleuries

Ouverte sur l'extérieur, la fenêtre est le lien entre la maison et le jardin. Elle peut s'orner de fleurs pour composer un ensemble généreux et riche en couleurs. Une simple balconnière procure au jardinier un grand plaisir, renouvelé à mesure que les compositions changent, au fil des saisons.

ASTUCE TRUFFAUT

Pour obtenir une floraison abondante et prolongée, supprimez les premiers boutons de fleurs sur les jeunes plants fraîchement repiqués et ôtez ensuite régulièrement les fleurs fanées avant l'apparition des graines.

La plus modeste des fenêtres est immédiatement mise en valeur lorsqu'elle est habillée de fleurs colorées et de feuillages aux textures et aux formes variées. Vous pouvez modifier ce petit jardin au fil des saisons, et au gré de votre humeur. Une petite potée, une jardinière ou un panier suspendu, et le décor est vite planté, pour le plaisir de toute la famille et de vos amis.

Proportions et formes

Le choix des contenants est le plus souvent imposé par la place disponible contre la fenêtre. C'est en jouant sur la forme des plantes que vous donnerez à la composition ses proportions les plus harmonieuses. La base du pot ou de la jardinière ne doit pas déborder du rebord de la fenêtre.

Pour éviter des arrosages trop fréquents, dus au manque de terre, évitez les jardinières de moins de 15 cm de largeur. Si l'espace est trop exigu, choisissez, selon vos préférences, des pots en matière plastique, plus légers, ou bien en terre cuite, souvent plus jolis. Évitez les végétaux qui se développent trop en hauteur ou en largeur. Ils gênent la pénétration de la lumière à l'intérieur de la maison. Ils augmentent considérablement la prise au vent et empêchent souvent la fermeture des persiennes.

▲ Par sécurité, accrochez les bacs à l'intérieur.

Accrochage et sécurité

Avant de décorer une fenêtre, il est nécessaire de prendre en compte la largeur du rebord, l'obligation de fermer les volets, la facilité d'accès à la jardinière pour les soins réguliers d'arrosage ou d'entretien, et le développement ultérieur des végétaux. N'oubliez surtout pas les règles minimales de sécurité. Il est toujours préférable d'accrocher potées et jardinières à l'intérieur du balcon. Les branches souples des espèces retombantes créeront le décor vers l'extérieur (surfinias, par exemple). En cas de chute d'un contenant et d'accident causé à une tierce personne, vous êtes seul responsable vis-à-vis de la loi. Tous les pots et les jardinières doivent donc être solidement fixés pour résister aux intempéries (attention aux vents avec les contenants en plastique) ou au passage éventuel d'un chat. Cela rend nécessaire des points d'ancrage sur la balustrade ou un treillage, par exemple. L'arrosage est un point critique, surtout dans un immeuble, où il faut éviter l'écoulement direct de l'eau chez le voisin du dessous ou dans la rue. Pour éviter ces désagréments, installez des soucoupes suffisamment larges et hautes pour chacun des contenants. Vérifiez aussi annuellement la solidité et la qualité des systèmes d'accrochage. Remplacez-les s'ils sont rouillés.

Le décor installé à la fenêtre demande une attention constante et un renouvellement saisonnier. Le printemps et l'été offrent les plus belles floraisons, mais on peut réaliser des cultures toute l'année en jouant avec les feuillages, et en associant des plantes vivaces, des bulbeuses, des annuelles et des petits arbustes. Réalisez votre composition en fonction de l'exposition de votre fenêtre. Une orientation en plein soleil est le domaine privilégié des pélargoniums et des plantes méditerranéennes, comme les lantanas, les héliotropes, les anthémis ou les gazanias. À l'ombre, retenez les impatiens, les fuchsias ou les bégonias tubéreux. Pendant la belle saison, surveillez régulièrement le développement de vos plantations. Prévoyez des arrosages fréquents – quotidiens par temps chaud et sec. Une fois par semaine, faites des apports d'engrais liquide, toujours sur une terre humide. Effectuez une petite inspection chaque jour pour ôter les fleurs fanées.

LE SAVIEZ-VOUS ?

DES PLANTES POUR CHAQUE SAISON

Au printemps, réalisez une décoration avec des primevères acaules, des pâquerettes, des pensées ou des violettes cornues, du myosotis, des crocus, des narcisses miniatures, des jacinthes et des iris nains. Pour l'été, vous avez le choix entre les nombreuses variétés de pélargoniums zonales ou lierres, les pétunias, les surfinias, les lobélias, les verveines, les bacopas et les impatiens. Pour la beauté des feuillages, plantez des coléus, des phalangères, des hélichrysums, des cinéraires et quelques espèces condimentaires (thym, basilic et origan). En automne, privilégiez les bruyères, les véroniques et les minichrysanthèmes. Pour l'hiver, préférez des plantes à feuillage persistant, comme des petits fusains, des lierres, des conifères miniatures et des bruyères carnées.

▶ La fenêtre fleurie de pétunias et géraniums.

LE BON GESTE

LES SUSPENSIONS

L'élégance des potées suspendues est à l'origine de l'engouement pour ce mode de culture. Elles permettent d'augmenter la surface fleurie, en utilisant tout l'espace de la fenêtre. Pour réaliser une suspension, vous avez le choix entre différents contenants, du simple pot en terre ou en plastique avec une soucoupe incorporée, au panier de fil de fer rempli de mousse ou d'un fond de tourbe compressée. Veillez à fixer la composition à l'abri des vents les plus violents. Pour obtenir un développement bien homogène des plantes, évitez d'accoler la suspension trop près du mur. Le frottement du panier contre la paroi gêne la croissance. Un système de poulie permet de descendre la potée pour faciliter l'arrosage. Installez les plantes retombantes sur les bords et celles au port plus droit sur le dessus du panier. N'hésitez pas à planter serré. Une suspension est plus spectaculaire lorsqu'elle déborde de fleurs de tous les côtés.

Une saison, un décor

Le manque de place n'interdit pas la diversité et l'originalité. Au fil des saisons, vous pouvez varier presque à l'infini votre décor entre ciel et terre. Voici quelques suggestions à adapter en fonction de l'exposition de votre fenêtre, de l'espace dont vous disposez et de vos préférences.

Vous pouvez changer les plantations périodiquement pour marquer la succession des saisons et donner une impression de plus grande variété à votre petit jardin. Narcisses, jacinthes, muscaris, crocus et autres plantes à bulbes offrent une première explosion de fleurs dès la fin de l'hiver. Plantez les bulbes très serrés et longtemps à l'avance pour obtenir une floraison généreuse. Les annuelles, les fuchsias et les pélargoniums sont les rois incontestés des chaudes journées estivales.

Chrysanthèmes, cyclamens, colchiques, bidens et bruyères prolongent les floraisons jusqu'aux premières gelées. L'hiver est une saison ingrate, car peu de plantes résistent au gel des racines, mal protégées par la faible épaisseur du sol dans les pots. Essayez une symphonie de persistants alliée à des pensées.

Ambiances monochromes

Le rebord d'une fenêtre est l'emplacement idéal pour composer facilement des associations monochromes, difficiles à réaliser sur de grands espaces. Quelques espèces végétales permettent de créer une ambiance originale, très forte, chaleureuse et éclatante si elle est teintée de rouge, d'orange ou de jaune. Elle est plus douce, charmante et reposante quand elle décline les tons de blanc ou de rose, et beaucoup plus froide lorsqu'elle joue les harmonies de bleus ou de violets. N'oubliez pas le vert, la teinte la plus naturelle. Elle se décline à l'infini et produit des effets subtils.

Jouez les contrastes

À l'opposé, vous pouvez marier différentes couleurs de fleurs et de feuillages pour obtenir une scène moins monotone. Un tel mélange réclame beaucoup de goût pour ne pas devenir criard. Vous apprécierez la délicatesse des teintes douces et pastel. Les associations de couleurs chaudes comme le rouge ou le jaune sont du plus bel effet en plein soleil. À l'ombre, privilégiez des teintes froides telles que le bleu, le violet et le gris argenté. Utilisez les verts et le blanc pour créer une liaison entre des teintes s'opposant trop violemment. Plantez les espèces par petits groupes pour obtenir un effet d'abondance et pour accentuer chaque couleur.

Une fenêtre de verdure

Quelle que soit la composition réalisée sur le rebord d'une fenêtre, les feuillages font toujours partie de l'ornementation. Ils forment de véritables écrins. Beaucoup de végétaux ont des

▶ Impatiens, calcéolaire, rudbeckia, sanvitalia.

▲ Pétunia, lobélia, sauge, agératum, lychnis.

▲ Capucine, ciboulette, fraisier, mélisse, sauge.

▲ Narcisse et muscaris : au printemps.

feuilles et un port d'une rare élégance, qui suffisent à donner à la plante un aspect très ornemental. En les associant, vous pouvez obtenir une jardinière insolite, aux effets remarquables, qui se prolongent des mois durant. Les formes, les structures, les textures et les coloris des feuillages offrent une infinité d'arrangements, qui évoluent et se métamorphosent au fil des saisons. Vous pouvez réaliser un décor monochrome, à dominantes verte ou jaune, bleue, pourpre ou gris argenté. Ces associations, assez difficiles à réaliser, demandent une parfaite connaissance des végétaux, de leur évolution dans le temps, ainsi que des conditions climatiques. En effet, certains gris, par exemple, blanchissent sous l'effet du soleil en été, mais deviennent franchement verts, dès que le temps est plus humide. Attention, on se lasse rapidement de ces camaïeux monotones. Préférez les mélanges harmonieux où les feuillages jaunes dispensent lumière et chaleur, où les verts offrent une palette de contrastes subtils et reposants. Les bleus et les gris servent de faire-valoir aux blancs et aux dorés. Les rouges pourpres viennent en contraste avec les autres végétaux tout en les éclairant. N'oubliez pas les feuillages panachés qui, utilisés par petites touches, ravivent discrètement les couleurs de l'ensemble de la composition.

Fruits et légumes

Les plantes ornementales ne sont pas forcément les seuls hôtes d'un mini-jardin sur fenêtre. Joignez l'utile à l'agréable, les parfums et les saveurs à la beauté des feuillages et des floraisons. Réalisez une jardinière gourmande. Il n'y a qu'un petit nombre d'espèces de légumes ou de fruitiers qui conviennent à ce mode de culture particulier. Les radis, les laitues à couper, les petites tomates-cerises ou poires, les piments, la ciboulette, le persil et les fraisiers donnent les plus belles récoltes. Pour obtenir une cueillette suffisante, utilisez une jardinière d'au moins 25 cm de profondeur, remplie d'un mélange bien drainé. Il sera riche, constitué à parts égales de terre de jardin et de terreau de fumier. Avant la plantation, enrichissez le substrat avec un engrais organique adapté. Pour les tomates et les fraisiers, il faut un fertilisant plus concentré en potasse. Les condimentaires et les salades préfèrent l'azote des engrais organiques : corne torréfiée ou sang desséché.

▶ Des fraisiers en jardinière, c'est facile.

Un jardin au balcon

Espace déjà confortable, le balcon permet de créer un vrai jardin en bacs et en jardinières en jouant sur les volumes, les formes et la disposition des contenants. On peut y loger un petit salon de jardin et y couler des moments paisibles à contempler ses plantations bien à l'abri des regards indiscrets.

ASTUCE TRUFFAUT

N'alignez pas les jardinières en rang d'oignon, créez des décrochements et différents étages de plantation. Vous constaterez que le décor du balcon prend une tout autre allure et s'embellit.

Un étonnant microclimat

Chaque balcon offre des conditions climatiques spécifiques, en raison de sa structure plus ou moins ouverte et dégagée, et de son exposition, souvent très variable au cours de la journée et des saisons. La proximité d'un autre immeuble ou de grands arbres à feuilles caduques et le déplacement du soleil dans le ciel au cours des saisons le font passer d'une exposition très ensoleillée en hiver, à la mi-ombre ou à l'ombre totale au cœur de l'été. Apprenez à connaître votre environnement pour obtenir les meilleurs résultats. Lorsque vous composez votre décor végétal, n'oubliez pas que les végétaux recherchent la lumière. Les plantes retombantes vont s'empresser de pousser vers l'extérieur et seuls vos voisins profiteront de leur belle floraison. Sur

▲ Le balcon doit être accessible de la maison.

LE SAVIEZ-VOUS ?

LES BRISE-VENT

Pour protéger vos plantes et rendre plus agréable le séjour sur votre balcon, doublez les rambardes avec un brise-vent. Cette protection doit laisser passer la lumière et s'intégrer à l'environnement car elle est un des éléments du décor. L'écran ne doit pas être total, car le vent a la fâcheuse habitude de contourner l'obstacle pour créer des turbulences. Utilisez une barrière ajourée qui filtrera les courants d'air et laissera passer une petite brise agréable. Selon le style de votre maison et de votre balcon, choisissez un matériau naturel (lattes de châtaignier, claie en bambou, claustra en bois exotique, brandes de bruyères, etc.) ou un maillage en matière plastique, plus facile à poser et d'une esthétique moderne. Vous pouvez doubler ce premier écran par un rideau végétal. Les thuyas, juniperus, aucubas et bambous conviennent parfaitement, sans oublier les chèvrefeuilles et les clématites qui trouvent là un support parfait pour étaler leurs belles et généreuses floraisons.

▲ La pergola augmente la surface à décorer.

la rambarde du balcon, prévoyez toujours quelques plantes trapues à port dressé. Vous aurez ainsi une profusion de fleurs, bien visible de l'intérieur du balcon. Si votre façade est très ensoleillée, elle subira une réverbération intense et un échauffement excessif de l'atmosphère et des murs. Vous pouvez atténuer ce phénomène, en installant une petite pergola si la structure est ouverte, ou un store, qui permet de moduler à volonté la lumière reçue.

Attention aux surcharges

Avant de commencer vos plantations, et de transformer votre balcon en jungle exubérante, renseignez-vous sur ses capacités de charge et sa résistance maximale au poids. Dans les immeubles récents, la plupart des balcons en béton armé suspendus sur le vide peuvent supporter une charge maximale de 350 kg/m^2. Au moment d'évaluer le poids des éléments installés sur votre balcon, n'oubliez pas que la terre humidifiée se gorge d'eau et pèse beaucoup plus lourd après un arrosage abondant ou une forte pluie. Si vous craignez d'atteindre le poids limite, utilisez des contenants en plastique, allégez le sol avec de la vermiculite ou des billes de polystyrène et remplacez les gravillons du drainage par des billes d'argile expansée, plus légères. Quelles que soient les capacités de votre structure, installez les jardinières et les pots les plus lourds le long des murs de soutien ou au-dessus de piliers porteurs.

L'évacuation des eaux

L'eau d'arrosage ou de pluie ne doit pas stagner ni inonder votre voisin du dessous. Vis-à-vis de la loi, la personne ayant la jouissance du balcon est seule responsable des nuisances et des dommages occasionnés au voisinage. Prévoyez des soucoupes suffisamment grandes pour permettre des arrosages copieux en été, sans le moindre débordement. Attention : selon la nature du sol, l'eau met toujours un laps de temps, plus ou moins long, avant de s'écouler par le fond du pot. Arrosez plusieurs fois de suite, en petites quantités. Les suspensions posent souvent problème car leur fond est rarement hermétique et les douches sont fréquentes lors de l'arrosage. Une bonne solution consiste à utiliser des bacs à réserve d'eau, qui permettent aussi de réduire la fréquence des apports quand il fait beau et chaud.

LE BON GESTE

UN BALCON BIEN PLANTÉ

Les espèces indiqués pour le rebord des fenêtres conviennent aux balcons. Mais l'espace disponible étant plus important, vous pouvez en profiter pour augmenter la quantité et les dimensions des pots ou des jardinières, et planter davantage de végétaux . Au soleil, vous pouvez ajouter des surfinias, très exubérants, des verveines cascades, des brachycomes, des sauges variées et des anthémis. À mi-ombre, vous obtiendrez une floraison généreuse et prolongée si vous cultivez des fuchsias, des impatiens de Nouvelle-Guinée et des bégonias tubéreux à port retombant.

▲ Détente avec les pétunias, surfinias, bidens et diascias.

▲ Surfinia, rudbeckia, solanum.

▲ Un vrai jardin sur le balcon.

La superficie d'un balcon permet d'héberger un plus grand nombre de variétés de plantes que sur une fenêtre, ce qui offre de réelles possibilités d'aménagement paysager. Aux annuelles et aux petites plantes bulbeuses, vous pouvez associer un assortiment de vivaces, des arbustes ou même des arbres miniatures, et des plantes grimpantes pas trop envahissantes. Changez de décor en créant des balcons à thèmes, différents d'une année ou d'une saison sur l'autre. Sortez des sentiers battus et testez de nouvelles espèces. En matière de culture sur balcon, il reste beaucoup à découvrir et il est encore possible d'innover. Mais n'oubliez jamais de respecter les contraintes de l'environnement et de prodiguer des soins réguliers à votre petit jardin suspendu. Une semaine de vacances peut anéantir tous vos efforts par un simple manque d'arrosage.

◀ Campanule, viola, phlox, œillet, lavatère.

Un petit coin repos

Véritable prolongement de l'appartement, le balcon est une pièce supplémentaire, où il fait bon vivre et se reposer aux heures les plus chaudes de la journée et de la nuit. Réservez un espace dégagé pour installer un fauteuil, ou une table et des sièges pour y manger et s'y reposer. Les rayons les plus brûlants du soleil seront arrêtés par un store fixé solidement dans les murs ou par un simple parasol. Il est indispensable de bien ancrer ce dernier en raison de sa prise au vent importante. Prévoyez un éclairage d'appoint pour les longues soirées d'été. Placé à l'extérieur, il offre l'avantage d'attirer les insectes et d'éviter l'envahissement de la maison par les moustiques.

Une jungle de fleurs

Les amoureux des plantes utiliseront le moindre espace au sol, sur la rambarde et les murs du balcon, sans oublier les paniers suspendus au plafond, pour composer un foisonnement de feuillages et de fleurs. Semez ou plantez des cobées, du houblon panaché ou doré, des capucines des Canaries, pour réaliser en quelques semaines des festons de verdure, toujours plus spectaculaires à mesure que l'été avance. Complétez cette nature généreuse avec des plantes qui fleurissent de façon permanente, comme les surfinias, les pélargoniums à fleurs simples pour le plein soleil ou les fuchsias pour la mi-ombre. Un tel arrangement exige des arrosages copieux, à raison d'une à deux fois par jour par temps chaud et sec ! Pensez à vos voisins, et contrôlez

LE SAVIEZ-VOUS ?

LES BALCONS GOURMANDS

Un potager sur le balcon avec légumes et plantes condimentaires.

Groseilles, framboises et fraises.

Les balcons ouverts et ensoleillés peuvent accueillir un petit potager qui vous surprendra par des récoltes régulières et savoureuses. Cependant, pour obtenir un tel résultat, vous devez surveiller et entretenir régulièrement vos cultures, plus fragiles et délicates que les potées fleuries. Prévoyez des arrosages quotidiens et des apports d'engrais une fois par semaine en été. Installez vos légumes dans des contenants aussi larges et profonds que possible (au minimum 20 cm de diamètre). Le mélange, à base de terre de jardin, de terreau humifère et de sable, doit être bien drainé et copieusement enrichi de fumier décomposé. Toutes les plantes condimentaires peuvent être installées sur le balcon, au soleil. Isolez la menthe et la mélisse car leurs racines sont trop envahissantes. En mai, plantez du basilic, des poivrons, des laitues à couper, des petits concombres et des pieds de tomates, choisies parmi les variétés à fruits petits ou moyens. Évitez les légumes à racines, à l'exception des radis ronds. Pour le régal de vos enfants, vous pouvez ajouter des fraisiers et quelques groseilliers. Mais pas de plantation trop dense. Chaque plante doit pouvoir se développer complètement sans gêner sa voisine.

de temps en temps le développement de votre mini-jungle, pour éviter tout débordement intempestif.

Ambiance tropicale

Un balcon chaud et ensoleillé, à l'abri des courants d'air froid, peut accueillir pendant toute la belle saison des plantes exotiques à la croissance souvent rapide et aux floraisons exceptionnelles. Cette sortie estivale très bénéfique permet, à la plupart des plantes d'intérieur, de retrouver force et beauté. Le choix est vaste : hibiscus, petits bananiers, papyrus, passiflores, asparagus, bougainvillées, abutilons, plumbagos, phormiums, sans oublier toutes les plantes grasses, non piquantes de préférence. Les zones à l'ombre accueilleront certaines fougères, les phalangères, les misères, les aspidistras, les fatsias et les fatshedera. Installez dans un coin un bac rempli d'eau pour entretenir une atmosphère plus humide. Un pied d'héliotrope, quelques pélargoniums à feuillage odorant et un datura apporteront une note parfumée qui s'intensifie à la tombée de la nuit.

D'une saison à l'autre

Dans la même année, il n'est pas utile de bouleverser complètement l'agencement de votre balcon pour changer de décor. Il suffit d'enlever ici et là une potée, pour la remplacer par un autre récipient qui contiendra une nouvelle plante, caractéristique de la saison. Changez aussi la disposition des bacs. La grosse potée de narcisses peut, par exemple, céder la place à une touffe de sauges ou de pétunias, eux-mêmes remplacés à l'automne par des chrysanthèmes, qui précéderont des hellébores, symboles de Noël et de l'hiver. Ces petites modifications rompent la monotonie et donnent toujours envie de passer quelques instants quotidiens sur le balcon. Les plantations évolutives vous permettent également de vous familiariser avec un plus grand nombre de végétaux, et pourquoi pas, de commencer une petite collection, comme si vous aviez un vrai jardin !

▶ Un petit coin de travail parmi les fleurs de fin d'été : hélianthus et rudbeckia.

Un jardin en terrasse

La terrasse peut se transformer en véritable jardin, créant artificiellement un petit espace de nature au cœur de la ville ou en prolongement de la maison. Toutes les fantaisies et les idées créatives peuvent s'y exprimer. C'est une question d'imagination, de passion... mais aussi de budget.

ASTUCE TRUFFAUT

Automatisez l'entretien de votre terrasse. Un simple goutte-à-goutte et un programmateur suppriment la corvée de l'arrosage.

Le choix des matériaux

Avant toute chose, il faut réaliser la structure de la terrasse en veillant à conserver une harmonie de style avec le reste de la maison et du jardin. Les matériaux ont une importance sur le plan technique et esthétique. Vous avez le choix entre des caillebotis, des briques, des pavés, des dallages en ciment, en pierre naturelle ou reconstituée, et des carrelages. Quel que soit le matériau choisi, il faut le poser sur un lit de sable ou sur une chape de béton. Certaines grandes terrasses, parfaitement étanchéifiées, peuvent accueillir une pelouse. Facile à installer avec les rouleaux de gazon prêts à la pose, elle exige une couche de terre minimale de 20 cm et des soins d'entretien réguliers. Dans ce cas, les plantations sur dalles ne nécessitent pas de bacs, mais une épaisseur de terre supérieure (40 cm). On utilise alors un substrat très allégé avec des matériaux synthétiques qui retiennent l'humidité, tout en permettant une bonne aération des racines.

L'aménagement

Pots, bacs, jardinières et mobilier d'extérieur entrent dans la composition du décor de votre terrasse. Pour les contenants, prenez en compte les exigences des plantes que vous souhaitez cultiver. Plus le végétal devient grand, plus le pot doit être profond, afin d'assurer une bonne croissance mais aussi une certaine stabilité en cas de vent. Les bacs en plastique sont légers, facilement maniables et bon marché, mais pas toujours très décoratifs. Les poteries en terre cuite, beaucoup plus esthétiques mais plus onéreuses, sont fragiles. Elles ne résistent guère aux chocs et au gel. Les contenants en bois sont élégants, mais ils doivent être réservés aux terrasses protégées des intempéries. Quant aux bacs en ciment ou en pierre, leur poids très élevé limite leur utilisation aux terrasses de plain-pied. Avant d'arrêter votre choix définitif, sachez qu'il faut assortir les contenants et leurs soucoupes au style général de la maison. Les plantations sont regroupées en massifs, le plus souvent étagés par des bacs de hauteurs différentes, pour augmenter l'effet de relief. Autre élément du décor, le mobilier contribue aussi à l'agrément de la terrasse. Il doit être pratique, esthétique et confortable. Prévoyez une répartition harmonieuse entre l'espace imparti aux plantes (au moins les deux tiers de la surface), et celui réservé aux meubles. Sur une grande surface, vous pouvez même envisager la construction d'un barbecue, à l'abri du vent.

▲ Une belle terrasse en ville, transformée en jardin de détente.

À l'abri du vent, des regards

Il est nécessaire d'installer des brise-vent pour atténuer les courants d'air, souvent très violents sur le toit d'un immeuble. Vous pouvez utiliser de grands treillages à mailles fines, aux formes originales et décoratives. Ils filtrent le vent sans obstruer la vue sur l'environnement de la terrasse. Si besoin, doublez-les avec un rideau de plantes robustes (aucubas, lauriers-tins, bambous, conifères, etc.). En plein sud, une pergola assure une excellente protection contre le soleil excessif de l'été, sans provoquer une impression de confinement. Utilisez-la pour faire grimper quelques lianes faciles comme les chèvrefeuilles, les clématites ou le houblon doré.

Il est parfois agréable de se soustraire aux regards du voisinage. Pour cela, réalisez un écran très efficace et esthétique, avec une association de panneaux en matériaux naturels (lattes de châtaigniers, brandes de bruyères, canisses en roseaux, claustras ou lattis en bois, palissades de bambous, etc.), et des arbustes à feuillage persistant de différentes hauteurs, plantés assez serrés.

LE SAVIEZ-VOUS ?

POIDS, ÉTANCHÉITÉ, SÉCURITÉ

Avant d'aménager votre terrasse, pensez à son utilisation future (importance des plantations et de la fréquentation) pour évaluer sa capacité de charge et procéder à d'éventuels travaux de consolidation. Une résistance de 500 kg/m^2 est un minimum pour réaliser un jardin suspendu. Vérifiez la bonne évacuation des eaux de ruissellement, grâce à une pente de 1 à 2 %. Les grandes surfaces sont morcelées par des caniveaux couverts de grilles métalliques et reliés aux gouttières. Les terrasses situées sur le toit d'un immeuble doivent être parfaitement étanches sur le sol et les rebords, jusqu'à une hauteur de 20 cm. On utilise le plus souvent des feutres enduits de bitume. Prévoyez un contrôle annuel et un renouvellement de la couche étanche tous les dix ou quinze ans.

LE BON GESTE

DES PLANTES POUR LA TERRASSE

Au soleil, essayez : les rosiers miniatures, les touffes de lavande, les lis, une petite collection de sauges, quelques arbustes « exotiques », comme l'oranger du Mexique, les daturas, les agrumes et même le mimosa. De belles touffes de bambous, des buis soigneusement taillés permettent de structurer l'espace, et de mettre en valeur l'exubérance de certaines fleurs au port plus échevelé. Vous pouvez installer quelques fruitiers nains (cerisier, pêcher ou petit pommier) qui donnent une récolte délicieuse, à défaut d'être abondante.

À mi-ombre, disposez : plusieurs potées d'hostas, des camélias à floraison hivernale, des *Rhododendron yakushimanum*, des hortensias, des bruyères, des aucubas à feuillage vert brillant et des fusains. Pensez aussi aux conifères nains qui offrent l'avantage de présenter un aspect immuable au fil des saisons.

Les soins et l'entretien

Le balcon ou la terrasse réclament les mêmes soins que les plantations en pleine terre, avec toutefois une meilleure accessibilité et un nombre très réduit de tâches lourdes et pénibles. En revanche, il faut être beaucoup plus présent, car le volume de terre limité oblige à des interventions fréquentes.

ASTUCE TRUFFAUT

Utilisez des pots, des jardinières et des paniers suspendus dotés d'une réserve d'eau, si vous devez vous absenter fréquemment pour de petites périodes de 8 à 10 jours au maximum.

Il suffit d'un équipement minimal pour bien entretenir un balcon ou une terrasse : un transplantoir, un arrosoir, un pulvérisateur, une paire de ciseaux, un sécateur, une serfouette et une griffe à une main. Côté accessoires : terreau, sable, tourbe, billes d'argile expansée, différents contenants avec leurs soucoupes et leurs supports respectifs, quelques tuteurs et systèmes de palissage, sans oublier des liens, toujours utiles pour diriger les tiges.

Une plantation réussie

Attendez que les gelées soient terminées avant de commencer à jardiner sur votre balcon. Les jeunes plantes nouvellement mises en pot sont sensibles au froid nocturne, compte tenu du faible volume de terre qui enveloppe leurs racines. Pour ne pas salir le sol pendant les travaux de repiquage et de rempotage, étendez une bâche plastifiée sur laquelle vous vous installerez pour effectuer toutes les opérations de jardinage. Vous n'aurez pas à craindre de renverser quelque chose. La particularité de la culture en bacs et en jardinières est le faible volume de substrat dont dispose la plante. Concentrée dans les parois du récipient, la terre se tasse au fur et à mesure des arrosages. Veillez à un bon drainage en prévoyant un lit de 2 à 3 cm de billes d'argile

LE BON GESTE

CONFECTIONNEZ UNE JARDINIÈRE

1. Vérifiez que le fond troué du contenant permet l'évacuation de l'eau. Sinon, faites quelques trous avec la pointe d'un gros tournevis. Versez une couche de drainage au fond du récipient, sur une épaisseur de 2 à 3 cm. Étalez un morceau de feutre horticole par-dessus. Remplissez la jardinière au deux tiers avec le mélange terreux, en recouvrant les parois.

2. Commencez la plantation après avoir trempé les plants pour humidifier la motte. Installez sur le pourtour les plantes à port retombant, puis les végétaux les plus grands au centre de la composition.

3. Ajoutez le substrat, en tassant bien avec les mains pour que la terre adhère aux racines et qu'il ne se forme pas de poches d'air, néfastes à la reprise. Arrosez et installez la jardinière à son emplacement définitif.

expansée au fond de chaque contenant. Évitez les substrats trop lourds et compacts, provoquant l'asphyxie des racines. Quand vous pressez le terreau au creux de la main, il ne doit pas s'agglomérer en grosses mottes, mais bien s'effriter. Pour les grands volumes, ajoutez au terreau de base des matériaux qui allègent, comme la vermiculite ou la perlite. Cela permet une bonne aération du substrat.

Les végétaux qui composent un décor saisonnier doivent donner un effet maximal sur une très courte période. Ils sont plantés assez serrés. En revanche, gardez de l'espace autour des plantes vivaces, des arbustes à fleurs ou à feuillage persistant et des fruitiers nains pour favoriser leur développement et de belles récoltes. Pour faciliter la reprise, il est bon de tremper dans l'eau la motte de la jeune plante pendant quelques minutes afin qu'elle s'imbibe en profondeur. Évitez les repiquages en plein soleil, aux heures les plus chaudes de la journée. Les plantes souffrent et ont du mal à reprendre vigueur. Terminez vos plantations par des apports d'eau abondants, en veillant à ne pas déplacer la terre ni à découvrir les racines. Redressez ensuite les sujets mal fixés dans le sol meuble et détrempé par l'arrosage.

Les petits soins au quotidien

Visitez votre balcon tous les jours pour inspecter vos plantations. Intervenez rapidement en cas de problème. Remplacez les plantes chétives ou abîmées, ôtez les feuilles mortes et les fleurs fanées, ce qui prolonge la durée des floraisons. Vérifiez que la surface du sol n'est pas trop dure. Une fois la terre desséchée, l'eau d'arrosage a du mal à pénétrer en profondeur. Un petit coup de griffe ou de râteau est une solution simple, rapide et efficace. N'hésitez pas à donner un petit coup de balai sur le sol pour éliminer la poussière, et surtout les nombreux déchets végétaux, sources de maladies quand on les laisse sur place. Par temps chaud, humidifiez le revêtement de votre terrasse pour augmenter l'humidité atmosphérique. Cette précaution permet de réduire les attaques d'araignées rouges, toujours dévastatrices et difficiles à éliminer quand elles se sont installées. Quant aux mauvaises herbes, n'attendez pas qu'elles aient développé une trop grosse racine pour les arracher, vous risqueriez de bouleverser inutilement les plantations et de nuire à leur bonne croissance.

▲ Désherbez très soigneusement sur le balcon.

▲ Supprimez les fleurs fanées.

▲ Décroûtez souvent le sol.

Arrosage et fertilisations

Il n'y a pas de beau balcon fleuri, ni de superbe jardin sur terrasse, sans des soins réguliers et attentifs. En été, les plantes cultivées hors sol ne supportent pas d'être laissées à l'abandon au-delà d'une journée, sans l'aide d'un système d'arrosage automatique. À l'usage, vous constaterez vite que les petites exigences bien légitimes de vos cultures sont aussi le moyen de les observer et les apprécier davantage.

L'alimentation régulière en eau et en substances nutritives est capitale pour toutes les plantes cultivées sur une terrasse ou un balcon. En effet, elles ne peuvent étendre leur racines pour aller puiser ailleurs les éléments qui ne sont pas contenus dans le bac. L'arrosoir est le système le moins coûteux et le plus simple à utiliser pour irriguer vos plantations. Choisissez un modèle avec un long col, qui permet d'atteindre facilement tous les végétaux. En été, l'arrosage devient vite fastidieux quand le nombre des contenants est important. Les vacances et les absences représentent une véritable difficulté, car le sol peut sécher en quelques heures. Les bacs à réserve d'eau et l'automatisation de l'arrosage par un système de goutte-à-goutte programmé résolvent la plupart des problèmes. Testez votre installation longtemps avant votre départ pour ne pas avoir la désagréable surprise de trouver des dégâts au retour, à cause d'un mauvais réglage. L'arrosage automatique peut être couplé avec un diffuseur d'engrais. Dans ce cas, employez une formule d'engrais présentant un dosage égal d'azote, de phosphore et de potassium, les plantes puiseront ce dont elles ont besoin. La fertilisation manuelle avec des engrais granulés longue durée est aussi une solution en cas d'absence. Sinon, utilisez les engrais liquides. Ils peuvent être dilués à la dose préconisée par le fabricant et utilisés tous les huit à dix jours, ou bien dosés à raison d'un bouchon pour dix litres d'eau et employés à chaque arrosage, même quotidien. Cette dernière solution est très efficace car elle assure une fertilisation régulière.

Taille et palissage

Après la plantation, supprimez toutes les fleurs épanouies ou prêtes à s'ouvrir. Ce petit geste facilite la reprise des plants et vous garantit une floraison ultérieure plus généreuse. La plupart des jeunes plantes annuelles doivent être pincées au-dessus de la deuxième ou troisième feuille. Elles prennent un port trapu et ramifié plus élégant.

Les arbustes à feuillage persistant peuvent être taillés pour contenir un développement excessif, ou pour leur

LE BON GESTE

RÉALISER UNE SUSPENSION FLEURIE

1. Garnissez le fond du support avec un tapis de 2 à 3 cm d'épaisseur de mousse ou de fibre de coco. Un fond de tourbe compressée, achetée dans le commerce, convient bien. Sur la mousse, installez une feuille de plastique perforée de petits trous pour retenir la terre. Remplissez les deux tiers du contenant avec un mélange léger, constitué de terreau de fumier, de tourbe et de sable par tiers.

2. Plantez en premier les espèces qui doivent garnir le centre de la composition, puis celles qui retomberont par-dessus le bord. Pour obtenir une véritable boule de verdure et de fleurs, vous pouvez installer quelques pieds de végétaux à port très souple et pleureur (lobélia, verveine cascade, fuchsia, géranium-lierre, hélichrysum, glechoma, surfinia, etc.) directement sur le fond du panier, en perçant la couche de mousse et la feuille plastifiée. Complétez le remplissage du mélange terreux en tassant légèrement, afin que le sol adhère aux racines.

3. Arrosez avec précaution mais abondamment, et renouvelez fréquemment cette opération. Le sol sèche toujours très vite dans une suspension. Il doit rester frais en permanence, tant que la reprise des plantes n'est pas constatée.

4. Accrochez votre composition en prenant garde de ne pas casser les pousses. Pour finir, arrangez un peu les tiges et les feuillages en les orientant pour qu'ils couvrent tout le volume disponible.

▲ L'arrosage est quotidien sur un balcon en été : opérez de préférence le soir.

▲ Fertilisation obligatoire pour les jardinières.

▲ Traitez préventivement, une fois par mois.

donner une forme particulière. Les topiaires sont à la mode et séduisent par leur architecture inhabituelle, utile pour structurer un espace. Ils doivent bénéficier d'une attention soutenue et régulière, avec des tailles fréquentes. Les débutants peuvent commencer avec un *Lonicera nitida*, un fuchsia ou un anthémis conduit sur tige et déjà formé en boule. L'effet décoratif est immédiat, mais se limite à une saison.

Les grimpantes seront palissées en orientant leurs branches obliquement au fur et à mesure de leur croissance, ce qui ralentit leur développement souvent un peu trop délirant. N'hésitez pas à couper les pousses trop longues qui se dirigent chez le voisin.

En fin de saison, arrachez les plantes annuelles et rabattez les vivaces, qui s'épuisent inutilement à produire des fruits et des graines. Cette taille est une véritable cure de rajeunissement et provoque souvent une nouvelle remontée de la floraison.

Maladies et traitements

Le microclimat particulier qui règne sur un balcon ou une terrasse et la promiscuité des végétaux favorisent le développement rapide et la propagation des parasites et des maladies, difficiles à déloger quand ils se sont bien installés. Il vaut mieux prévenir que guérir, d'autant plus que la plupart des produits de traitement ont une plus grande faculté d'empêcher la venue du mal que de l'éradiquer. Les pucerons s'éliminent facilement car ils sont bien visibles sur les jeunes pousses. Les ennemis les plus redoutables sont les araignées rouges, les cochenilles et les aleurodes (mouches blanches). Faites très attention avec les fuchsias et toutes les plantes de la famille des Solanacées, telles que les tabacs, les pétunias, les daturas, les solanums et autres piments. Ce sont de véritables terrains d'élevage pour les mouches blanches.

Côté maladies, il faut surtout redouter l'oïdium (blanc) dont le feutrage grisâtre envahit feuilles et tiges par temps humide. Il existe des produits spécifiques très efficaces. À la fin de l'automne, nettoyez et désinfectez tous vos outils avec de l'alcool. Lavez les contenants vides avec de l'eau javellisée. Ne réutilisez pas un substrat usagé, mieux vaut le renouveler chaque année. Ne replantez jamais la même espèce au même endroit d'une année sur l'autre, pour éviter la diffusion des maladies.

L'hivernage

Il faut protéger les espèces les plus frileuses qui restent en place toute l'année sur votre balcon ou votre terrasse. Commencez par rapprocher les potées des murs d'habitation. Enveloppez les contenants les plus fragiles avec du plastique à bulles d'air ou des plaques de polystyrène expansé qui isolent bien. Vous pouvez utiliser de la paille, mais il faut la couvrir avec des voiles de forçage pour qu'elle ne s'envole pas au moindre souffle de vent. La protection doit couvrir le collet de la plante et même tout le feuillage quand il s'agit de plantes non rustiques comme le pélargonium ou le fuchsia. Mais il faut pouvoir l'enlever facilement, dès que le temps se radoucit, pour éviter l'étiolement du végétal et pouvoir arroser la potée de temps à autre, toujours en période hors gel. Évitez que les bacs à réserve d'eau soient exposés à la pluie.

Les contenants

Hormis sur de très rares terrasses où il est possible de planter des végétaux en pleine terre grâce à des artifices complexes (étanchéité, drainage, substrat allégé, etc.), les décors de fenêtres, balcons ou terrasses sont réalisés hors sol, dans des récipients (pots, bacs, vasques, jardinières, etc.) qui prennent le nom générique de contenants.

ASTUCE TRUFFAUT

Faites oublier la présence des contenants, en utilisant des plantes légères et retombantes (*Bidens*, verveine, *Scaevola*, *Sutera*, etc.), qui vont déborder des limites du pot, du bac ou de la jardinière, pour donner à la composition une impression d'opulence. C'est la seule façon pour que vos décors donnent l'impression d'un jardin à part entière.

Le choix des matériaux

Il n'existe pas de contenant idéal. Tout dépend du style de votre décor, des plantes que vous allez cultiver et bien entendu de votre budget…

• **La terre cuite :** sous l'appellation générique de « poterie » on trouve des produits de qualité très variable, dont le premier point à vérifier est la garantie du fabricant vis-à-vis du gel. Les modèles aux parois épaisses sont en général plus résistants.

• **Le plastique :** souvent avantageux côté prix, ce matériau offre l'avantage d'une totale insensibilité aux conditions climatiques et d'une grande légèreté. Grâce à la technique du « rotomoulé », on trouve aujourd'hui des pots énormes et très légers, ce qui facilite grandement leur maniement.

• **Le bois :** très décoratif, mais peu résistant aux outrages du temps, on trouve de grands bacs en bois de chêne, de châtaignier, de pin traité à cœur ou de teck qui tiennent plus de dix ans dans le jardin sans nécessiter d'entretien.

• **La pierre :** réservée aux auges, aux vasques et aux bacs reprenant des motifs florentins, c'est un matériau d'une grande longévité et qui se patine.

• **Le métal :** revenu à la mode, avec le zinc, le fer forgé ou la fonte, il permet des motifs « fantaisie » pour un prix souvent avantageux. Sa durée de vie est limitée.

Les différents modèles

Jardinière, pot, bac, vasque, jarre, vase, panier, corbeille, auge, les types de contenants sont légion. Optez pour des formes géométriques simples.

• **Rectangulaire :** c'est le propre de la jardinière ou du bac dont la longueur doit être en moyenne égale à deux fois la largeur pour une belle esthétique. On y plante surtout des végétaux de petite taille, disposés en mélange nuancé, comme dans un massif.

• **Carré :** c'est une forme réservée aux bacs de grande taille. On devrait plutôt dire cubique, car en général la hauteur est égale aux côtés. C'est le récipient idéal pour accueillir un grand arbuste ou un petit arbre, avec des plantes basses et retombantes tout autour.

• **Rond :** c'est la forme dévolue aux pots, aux vasques, aux paniers, etc. Le principal avantage du contenant rond est l'absence d'angle, ce qui permet aux plantations d'occuper plus facilement tout le volume disponible.

Les bonnes dimensions

La réussite des plantes cultivées hors sol ne dépend pas du matériau utilisé pour les contenants, mais de leurs dimensions, rarement suffisantes.

• **La longueur :** en théorie elle est illimitée et l'on observe parfois dans certaines constructions modernes des bacs courant tout le long de la façade. Plus un contenant est long et plus le motif des plantations doit être soigné sous peine de paraître banal.

• **La largeur ou le diamètre :** c'est le paramètre qui impose le style du décor. En fonction de son importance, vous pourrez planter 1, 2 ou 3 rangs de végétaux. Un contenant de moins de 20 cm de diamètre est à proscrire car les plantes vont se trouver trop à l'étroit. De 20 à 25 cm, vous pouvez accueillir une ligne de plantes annuelles ou vivaces ou deux rangs de bulbes. Entre 25 et 35 cm, vous planterez au premier plan des espèces retombantes et en arrière un groupe de plantes dressées. Entre 35 et 50 cm, vous pouvez accueillir un arbuste et deux rangées de plantes herbacées.

• **La profondeur :** elle est déterminante pour le type de végétaux que vous allez utiliser. Moins de 20 cm, hormis des petits bulbes et des plantes naines (bégonias, agératums), rien ne tient. De 20 à 30 cm, accueillez toutes les plantes herbacées mesurant jusqu'à 60 cm de haut environ. De 30 à 40 cm, vous pouvez réussir les vivaces et les arbustes jusqu'à 1 m de haut. De 40 à 50 cm, la plupart des espèces, y compris des petits arbres, conviennent.

▲ Sur un balcon disposez les contenants sur plusieurs niveaux pour créer du volume.

ART DE VIVRE

LES APPLIQUES

Destinées à être vissées dans un mur ou accrochées à un treillage ou sur des volets non utilisés, les appliques sont des contenants très discrets, souvent décoratifs par eux-mêmes. Il existe des modèles en plastique, en terre cuite, en zinc dans lesquels on cultive directement les plantes. Mais les appliques se limitent parfois à des supports décoratifs en fer forgé destinés à recevoir des contenants de type classique.

Les appliques ne doivent pas être utilisées en trop grand nombre, sous peine de donner l'impression d'une opulence sans structure qui confine souvent au mauvais goût. Leur rôle principal est d'égayer une partie un peu trop monotone de la façade de la maison ou d'un mur habillé de treillage.

Le point important à vérifier est la solidité de la fixation. Utilisez des chevilles très largement surdimensionnées par rapport au poids théorique de l'applique avec son terreau humide et ses plantes.

Le second problème vient du volume de terre assez réduit que renferme ce type de contenant. Le dessèchement du terreau par temps chaud sera très rapide, ce qui vous oblige à utiliser des végétaux résistant aux conditions difficiles ou à automatiser l'arrosage.

La disposition

Beaucoup de balcons ou de terrasses très fleuris paraissent banals en raison de l'aspect trop linéaire des contenants. Vous devez considérer l'espace à décorer comme un jardin à part entière et donc dans ce contexte penser à occuper l'espace dans les trois dimensions (hauteur, largeur et longueur). Pour cela, utilisez des étagères qui vont permettre de créer des compositions sur plusieurs niveaux. Posez sur des colonnes de différentes hauteurs les pots contenant des plantes retombantes. Accrochez des suspensions à côté des fenêtres ou sur des éléments de pergola. Ces structures légères et ornementales jouent un rôle très important pour cadrer le décor de votre balcon. Les bacs d'au moins 40 cm de haut seront posés sur le sol.

Les bonsaïs d'extérieur

Arbres cultivés en pots, les bonsaïs sont des sculptures vivantes dont les formes s'inspirent de la nature. Il ne s'agit pas de plantes torturées car, comme le dit justement Rémy Samson, père du développement du bonsaï en France : « Personne ne peut supporter la torture pendant un siècle et encore moins mille ans.»

ASTUCE TRUFFAUT

Vous éviterez le développement des araignées rouges en vaporisant abondamment le feuillage de votre bonsaï tous les jours en été, avec une eau non calcaire. N'oubliez pas de mouiller non seulement le dessus, mais aussi le revers des feuilles. Opérez de préférence le soir « à la fraîche ».

Les bonsaïs d'extérieurs sont les hôtes privilégiés d'une terrasse ou d'un balcon. Ils aiment être exposés à mi-ombre, à l'abri du soleil brûlant et des vents violents trop desséchants. N'oubliez jamais que ce sont avant tout des arbres, et qu'ils peuvent vivre très longtemps. La gamme des arbres et arbustes susceptibles d'être formés en bonsaïs est très vaste. Les plantes à feuillage naturellement petit, telles que les genévriers, certains pins, quelques érables, le charme, les ormes, le zelkova, le pommier, certaines azalées et les hêtres donnent les meilleurs résultats. Les fleurs et les fruits conservent toujours leur taille normale. Les pyracanthas, les cotonéasters, les cognassiers du Japon, les jasmins et la glycine donnent des sujets superbes. Tout le travail d'art consiste à sublimer le port et la silhouette de l'arbre pour en tirer la meilleure harmonie dans un esprit de respect de la nature.

Le mélange de terre idéal

Pour un arbre à feuilles caduques, préférez un substrat composé d'une moitié de terre de jardin non calcaire, d'un quart de sable de rivière et d'un quart de terreau horticole. Les conifères se contentent d'un sol constitué de trois quarts de terre de jardin et d'un quart de sable de rivière non calcaire. Les arbres à fleurs et à fruits seront cultivés dans un mélange à parts égales de terreau horticole et de terre de jardin. Un trou de drainage au fond du contenant est indispensable pour permettre l'évacuation de l'eau d'arrosage. Disposez un fin grillage sur le trou de drainage pour retenir les particules de terre les plus fines.

Les soins courants

Les bonsaïs exigent un entretien très suivi. L'arrosage est une opération délicate. Il ne faut jamais laisser la terre se dessécher complètement et se décoller des parois du pot. Quelle que soit la saison, seule la surface doit s'assécher entre deux arrosages. Bassinez et arrosez le feuillage quand la plante se trouve à l'abri du soleil. Évitez de mouiller les fleurs. Utilisez toujours une eau douce non calcaire, à température ambiante. En hiver, arrosez en période hors gel avec une fréquence moindre (une fois par semaine), car l'arbre est au repos. Au printemps et en été, l'arrosage peut être biquotidien s'il fait très chaud.

Les apports d'engrais sont indispensables pendant la période de croissance, à raison d'une ou deux fois par mois. Utilisez un engrais composé organique, présenté sous forme de granulés à action lente et progressive. Il ne faut pas fertiliser le sol d'un bonsaï récemment rempoté ou malade.

La taille de formation permet de miniaturiser et de façonner la plante pour lui donner un style, choisi selon les prédispositions naturelles du végétal. Cette opération s'effectue en hiver pour les espèces caduques, au printemps et à l'automne pour les conifères. Elle est complétée par une taille régulière des nouvelles pousses pendant la période de végétation.

La ligature du tronc et des branches modèle l'arbre et ralentit sa croissance. En hiver, posez des fils de cuivre ou de laiton, toujours de bas en haut, sans trop les serrer ni les croiser. Respectez la courbe naturelle du tronc et des branches. Maintenez les ligatures quatre à dix mois.

Tous les deux ou trois ans, il faut rempoter votre bonsaï pour renouveler le sol et procéder à la taille des racines. Cette dernière est obligatoire pour réduire le développement de la plante. Effectuez cette opération avant le départ de la végétation. Dans certains cas, sur les bonsaïs persistants déjà très développés, on peut pratiquer un effeuillage total pendant la végétation. Il permet l'apparition de jeunes pousses.

▲ Un érable pourpre et une forêt de frênes.

▲ Taillez avec des outils japonais.

LE SAVIEZ-VOUS ?

Chokkan — *Shakan* — *Tachiki* — *Sokan* — *Hôkidachi* — *Sekijôju* — *Kengai* — *Yose-Ue*

LES FORMES

Quelle que soit l'espèce ou la variété cultivée, le bonsaï doit répondre à des critères esthétiques précis. Il doit exprimer toute la beauté et la vigueur de l'arbre épanoui dans son milieu naturel. Classés en mini-bonsaïs (moins de 23 cm), moyens bonsaïs (de 23 à 50 cm) et grands bonsaïs (de 50 à 120 cm de haut), ces arbres miniatures sont aussi répertoriés par des styles, correspondant à diverses formes d'arbres. L'école japonaise en a identifié et décrit une vingtaine, dont :

Chokkan : le tronc de l'arbre est parfaitement droit. Le port des branches est en plateau.

Shakan : le tronc penche légèrement.

Tachiki : c'est une forme droite non classique avec un tronc aux sinuosités harmonieuses. Les branches sont horizontales.

Sokan : deux troncs partent d'une même souche et développent des ramures.

Hôkidachi : c'est la forme en balai. Toutes les branches dessinent une boule au sommet du tronc vertical et droit.

Sekijôju : les racines sont en grande partie apparentes et se développent à l'air libre autour d'un rocher avant de s'enfoncer dans le sol.

Kengai : le tronc est penché et retombe le long du contenant, souvent étroit et élevé. L'ensemble de la ramure évoque une gracieuse cascade.

Yose-Ue : la potée représente une petite forêt. Elle est composée d'un nombre impair d'arbres de la même espèce dont les hauteurs forment un dégradé.

La culture sous abris

À l'abri sous une verrière, les plantes trouvent des conditions optimales d'humidité et d'éclairement. Cela permet de cultiver des espèces délicates. Nous vous prodiguons, ici, quelques bons conseils spécifiques pour réussir vos cultures dans la serre ou la véranda, un lieu béni pour toutes les plantes.

ASTUCE TRUFFAUT

Gare aux excès d'humidité ! Les plantes ne doivent pas toucher le vitrage, sous peine de voir leur feuillage rapidement taché de moisissure. Pensez également à bien ventiler la serre, sans créer de courants d'air.

Les conditions de culture

Le terreau des pots doit être léger, aéré, bien retenir l'eau. La richesse en éléments fertilisants doit être bonne, car les plantes en serre poussent plus vite qu'à la maison. Utilisez un substrat indemne de graines de mauvaises herbes et de parasites. La culture en conteneurs est le meilleur procédé pour faire pousser dans une serre un grand nombre de plantes différentes, car elle permet d'occuper tout l'espace utile. Pour le rempotage, prévoyez une surface de travail réservée, avec une table où tout le matériel nécessaire sera stocké. Les substrats doivent être conservés au sec dans leurs sacs d'origine. Il en est de même pour les produits de traitement et les engrais.

Il est bon de disposer d'un grand bac où il sera possible de procéder au nettoyage des outils et surtout des pots. Ces derniers doivent être plongés pendant une journée dans une solution d'eau de Javel avant d'être réutilisés. Cette précaution est une des meilleures méthodes pour éviter la propagation des maladies. Répartissez les plantes de manière à ce que les feuillages ne touchent pas les parois en verre. Vous éviterez ainsi les brûlures par le soleil en été, ou le gel en hiver. Veillez à ce que toutes les plantes soient visibles et accessibles pour simplifier l'entretien.

LE BON GESTE

CALENDRIER DE CULTURE EN SERRE

Printemps

Serre froide : rempotez les plantes d'orangerie. Augmentez la fréquence des arrosages et commencez les premiers apports d'engrais. Aérez si nécessaire. Maintenez un léger chauffage durant la nuit.

Serre tempérée : rempotez les plantes vertes. Installez l'ombrage. Mettez en végétation les plantes bulbeuses à floraison estivale (dahlias, cannas, glaïeuls). Aérez s'il fait chaud. Donnez de l'engrais aux plantes en pleine croissance. Semez les légumes frileux (tomates, aubergines, poivrons, melons, concombres) et la plupart des plantes annuelles pour massifs. Bouturez les calcéolaires, anthémis, fuchsias, géraniums, hélio tropes, destinés aux massifs. Rempotez les boutures et semis réalisés les mois précédents. Installez les dans la serre froide.

Été

Serre froide : nourrissez les plantes en croissance. Semez des bisannuelles (pensées, myosotis, pâquerettes). Bouturez des plantes à massifs pour former des pieds-mères. Bouturez les plantes herbacées (géraniums, œillets, etc.) à la fin de l'été et les jeunes pousses aoûtées des arbustes à feuillage persistant.

Serre tempérée : arrêtez le chauffage. Aérez et ombrez. Arrosez et bassinez fréquemment. Donnez de l'engrais une fois tous les deux arrosages. Videz la serre et nettoyez tout de fond en comble. Effectuez les réparations de structure en cas de besoin et vérifiez le bon état du chauffage. Donnez souvent de l'engrais liquide à toutes les plantes.

Automne

Serre froide : rempotez les bisannuelles. Semez en terrines des fleurs annuelles rustiques. Terminez le bouturage des plantes à massifs. Retirez les ombrages. Allumez le chauffage pour maintenir une température minimale hors gel. Rentrez les plantes d'orangerie. Diminuez les arrosages pour les pieds-mères qui vont hiverner.

Serre tempérée : rentrez toutes les plantes que vous avez sorties en mai. Continuez les arrosages et les bassinages, ainsi que l'aération par beau temps. Stoppez les apports d'engrais. Commencez à chauffer. Ôtez les ombrages. Lavez les vitres pour laisser passer toute la lumière. Empotez les premiers bulbes forcés.

Hiver

Serre froide : isolez et chauffez pour maintenir l'ambiance hors gel. Arrosez très peu. Aérez si le temps le permet. Nettoyez régulièrement les plantes en repos. Empotez les annuelles rustiques. Nettoyez et désinfectez le matériel inutilisé. Réduisez les arrosages au minimum.

Serre tempérée : chauffez continuellement et aérez aux heures les plus chaudes de la journée. Arrosez peu. Nettoyez le feuillage jauni des plantes rentrées en octobre. Mettez en végétation quelques plantes de serre froide pour les bouturer : coléus, fuchsias, anthémis, etc. Éloignez les plantes des parois. Espacez les plantes pour qu'elles profitent d'un éclairement maximal.

Bien utiliser l'eau

Installez une arrivée d'eau dans votre serre, vous éviterez ainsi d'avoir à dérouler des tuyaux. Pour la serre, préférez un arrosoir de 3 ou 6 litres avec un long bec. L'arrosage automatique est très utile, car il permet de s'absenter sans risque et d'arroser les plantes de manière plus précise, quand il est enclenché en fonction de la température ambiante. L'inconvénient, c'est qu'avec ce système toutes les plantes reçoivent la même quantité d'eau, quels que soient leurs besoins respectifs. Il existe cependant différentes techniques et possibilités.

- **L'arrosage par brumisation** est effectué par des asperseurs montés sur un réseau de tuyaux semi-rigides. Il peut être couplé à un système de goutte-à-goutte.
- **L'arrosage au goutte-à-goutte** permet d'arroser chaque plante individuellement. C'est une bonne solution pour les jardins d'hiver où les grands sujets sont plantés en pleine terre. C'est plus compliqué pour les pots, car il faut installer de un à trois goutteurs par pots.
- **L'arrosage par capillarité** est obtenu en installant les potées sur un matelas de sable, une feuille de tissu synthétique ou des mèches de coton constamment humides.

Vous devez faire des apports de substances nutritives, quand les végétaux sont en pleine croissance. Préférez les engrais solides organiques au printemps, et les engrais liquides pendant la saison chaude. Donnez toujours le fertilisant après un arrosage.

▲ Conservez les géraniums en serre froide.

▲ Les semis précoces réussissent bien en serre.

LE POTAGER

Si le potager a un peu perdu de son importance depuis l'après-guerre et les temps de pénurie, il connaît actuellement un regain d'intérêt et retrouve son éclat car la France reste un pays de gourmets. Le potager rebute parfois, car il évoque des alignements de légumes ponctués de tuteurs et enlaidis par des accessoires bricolés ou en plastique. Pourtant, si l'on veut bien revenir aux sources et restituer au potager sa structure classique, on s'apercevra qu'il s'agit d'un des plus beaux endroits du jardin. Bien conçu et cultivé avec méthode, un jardin de légumes peut être productif toute l'année et suffire largement pour la consommation de toute la famille. Le choix des variétés est aussi important que l'étalement de la période des semis pour un bon échelonnement des récoltes.

La dimension réduite des jardins actuels ne permet pas toujours de créer un vrai potager. Faut-il pour autant se priver de légumes ? Au-delà des considérations pratiques, le potager peut se transformer en un lieu de fantaisie. Si l'on considère la beauté indéniable des formes et des couleurs de floraison des différentes variétés, on est vivement tenté de les incorporer au jardin tel qu'il existe, entre les plantes vivaces et les arbustes, ou en les égayant de bulbes et d'annuelles. Variation sur le thème du jardin de curé, le jardin de légumes peut prendre les formes les plus variées, à condition de respecter certaines règles rationnelles d'association et de rotation des cultures. Vous obtiendrez ainsi une illustration du « jardin des cinq sens », où le plaisir prend le pas sur l'idée de productivité.

L'emplacement du potager

Même si les légumes ont fait ces dernières années une entrée triomphale dans le jardin d'ornement, le potager est souvent disposé à part, dans un endroit délimité par des haies ou des arbres fruitiers. Cela permet une conduite plus rationnelle de la production et une rotation des cultures contrôlée, sans pour autant bannir l'esthétique.

ASTUCE TRUFFAUT

La délimitation des planches de culture, qui pour des raisons pratiques doivent mesurer de 1 m à 1,30 m de large et de 5 à 10 m de long (ce sont les dimensions qui correspondent aux voiles et tunnels), est réalisée de façon précise et rapide avec un cordeau. Une fois le fil bien tendu, vous creusez un sillon avec la serfouette et le tracé est bon !

La situation dans le jardin

Le potager est un des lieux du jardin les plus exigeants en matière de main-d'œuvre. La vieille habitude consistant à repousser les légumes tout au fond du jardin n'est pas compatible avec le rythme trépidant de la vie moderne. Il faut que le potager se trouve au plus près de la maison être utiliser efficacement.

Un petit carré de légumes et de bonnes herbes donnant directement sur la cuisine ou entourant le coin barbecue est sans doute la situation idéale.

Pour que l'entretien du potager ne se transforme pas en corvée, veillez à sa bonne accessibilité. L'allée qui conduit au jardin de légumes doit mesurer au moins 1,50 m de large afin que vous puissiez passer aisément avec une brouette ou une motobineuse. Le sol sera bien stabilisé et recouvert d'un matériau solide, facile d'entretien et praticable par tous les temps (surtout pas de pelouse ou de gravillons).

L'exposition

La quasi-totalité des légumes sont des plantes de plein soleil. Certains comme les aubergines, melons, piments, tomates, etc., ont même besoin d'une très forte lumière et de chaleur. Dans les emplacements mi-ombragés, vous réussirez bien : céleri à côtes, cerfeuil, chou-fleur, ciboulette, cresson alénois, épinard, laitue batavia, laitue à couper, mâche, menthe, navet, oseille, persil, pimprenelle, raifort, raiponce, scorsonère, topinambour.

Il faut éviter les lieux trop ventés ou les protéger par des haies brise-vent. Dans ce cas, augmentez les dimensions de 2 m au moins de chaque côté.

Un emplacement orienté sud ou sud-est convient idéalement dans les régions situées au nord de la Loire ; dans la moitié méridionale de l'Hexagone, un potager exposé à l'est convient bien.

La qualité du sol

Le potager doit être installé dans la partie la plus riche du jardin. Les terres de remblai hétérogènes et caillouteuses, les sols très sableux, pauvres et secs sont inadéquats pour les légumes.

De généreux amendements organiques avec du compost et des fertilisants à base de fumier et d'algue sont l'assurance d'une bonne production. Ces apports doivent être renouvelés chaque année en automne afin d'entretenir un bon taux d'humus dans le sol et d'assurer une excellente activité microbienne.

Le profil du terrain doit aussi être plat pour que l'entretien du potager ne se transforme pas en corvée. Dans les jardins naturellement en pente, il faut ménager des terrasses successives.

Les dimensions

Oubliant que la nature est généreuse, on a souvent « les yeux plus gros que le ventre » en matière de potager. la culture des légumes étant assez exigeante avec le jardinier, il ne sert à rien de passer des heures à entretenir et récolter des légumes qui finiront à la poubelle ou sur le tas de compost faute d'avoir pu être consommés.

Sachez qu'un lopin de terre de 10 m de côté est bien suffisant pour assurer la production légumière d'une famille de quatre personnes. Si vous ajoutez les pommes de terre à votre liste de légumes, un terrain de 15 x 10 m sera grandement suffisant.

Deux plants de tomate, 1 m linéaire de haricots, de petits pois ou de poireaux, 50 cm de navets ou de betteraves, de 60 à 80 cm de carottes, assurent la consommation courante pour une personne. Doublez la quantité si vous avez le temps de faire des conserves ou de congeler. Côté chou, melon, courge, concombre et potiron, un seul pied par personne suffit.

Attention aussi aux salades qui doivent être consommées rapidement lorsqu'elles sont pommées. Les barquettes de 24 plants, couramment proposées dans le commerce, vous imposent de manger de la salade midi et soir pendant douze jours sans interruption !

L'arrivée d'eau

C'est le point primordial pour un entretien serein. Dès que vous avez choisi l'emplacement pour le potager, il faut prévoir de l'alimenter en eau.

Afin de vous garantir à la fois pression et débit, branchez l'alimentation du potager sur une dérivation située le plus près possible de l'arrivée d'eau principale. Utilisez un tuyau en polyéthylène semi-rigide de 25 mm de diamètre, qui aboutira à une bouche d'eau

Connaître

POTAGER EN CARRÉ

Cette technique originale a été créé il y a plus de vingt ans par Mel Bartholomew, un jardinier américain. Il a défini une unité de base de 1,20 x 1,20 m se divisant en 16 cases de 30 cm de côté. À partir de ce mini-potager, vous pouvez cultiver tous les légumes et surtout les associer de manière à obtenir une occupation idéale de la surface, tout en limitant aussi la production à la consommation familiale. Une case de 30 cm peut contenir 25 radis ou mâches (en 5 rangées espacées de 5 cm), 16 carottes ou navets longs (en 4 rangées), 9 poireaux, cerfeuil, persil ou betterave longue (en 3 rangées), 5 betteraves plates, navets ronds, fenouil, radis noir, ail, oignon, céleri branche (les planes étant disposées en croix comme sur un dé), 1 laitue, chicorée, poivron, aubergine, tomate, chou, planté au centre du carré et accompagné éventuellement de radis dans les angles.

▶ Le secret d'un potager réussi est la bonne occupation de toute la surface disponible.

Le style du potager

Le potager s'inscrit aujourd'hui dans le contexte global du jardin. Si un tracé géométrique reste à l'évidence le plus rationnel pour la facilité d'accès et d'entretien, il ne faut pas négliger pour autant l'aspect esthétique. Il existe de nombreuses méthodes pour personnaliser votre potager. Découvrez-les dans ces pages...

ASTUCE TRUFFAUT

Les buis taillés en boules, en cônes ou en spirales font partie des éléments de structure du potager classique. Ils lui apportent une simplicité élégante et raffinée servant à délimiter les angles des planches et les axes des allées principales. Vous pouvez avantageusement remplacer les buis par du laurier-sauce dans les régions au climat doux.

Rationaliser la culture

La culture des légumes nécessitant des interventions fréquentes et régulières (binage, sarclage, arrosage, repiquage, buttage, etc.), le tracé du potager doit être aussi simple que possible. Les formes géométriques de base (carré, rectangle ou cercle) conviennent le mieux et s'inscrivent aisément dans le dessin général d'un jardin.

La planche est l'unité de culture la plus traditionnelle. Il s'agit d'une parcelle de 1 m à 1,30 m de large et de 5 à 10 m de long. La largeur est choisie de manière à ce que vous puissiez intervenir aisément jusqu'au centre de la planche, sans avoir à marcher dedans. La longueur correspond à celle de nombreux accessoires utiles pour le potager (film de paillage, voile de forçage ou d'hivernage, tunnel plastique, etc.). La planche accueille les cultures saisonnières et de rotation assez rapide.

L'emplacement des planches évolue chaque année et même en cours de saison, ce qui crée un rythme dans le potager, évitant un aspect statique. Dans le même temps, ce système permet de pratiquer de façon judicieuse la rotation des cultures.

Le carré caractérise l'emplacement dévolu à une culture spécifique, dont la présence est permanente (par exemple les artichauts, la rhubarbe, ou certaines aromatiques) ou du moins assez longue comme les tomates, les choux, les courges, les potirons, les melons, etc. Un carré n'est pas forcément de forme carrée, mais il est toujours délimité par une bordure fixe, le plus souvent en buis. Mais la rue, la santoline, la lavande peuvent aussi convenir, de même qu'un cordon de pommier.

Un carré mesure le plus souvent 1 m de côté. Pour des raisons pratiques, il ne faut pas dépasser 1,20 m : considérez que les bordures accroissent naturellement la largeur de la parcelle.

L'avantage de la planche est de permettre l'accès direct avec des outils importants (motoculteur, brouette) ce qui n'est pas possible avec le carré, qui nécessite des interventions manuelles.

▲ Le potager traditionnel avec son tracé en lignes parallèles est très décoratif en plein été.

Des circulations pratiques

Chaque planche potagère ou chaque carré doit être entouré par un sentier de 30 cm de large, qui garantit une bonne accessibilité pour le travail d'entretien et la récolte. Le plus souvent on se contente pour créer le chemin de damer au pied la terre d'origine et de le couvrir d'une couche de mulch d'écorces ou de paillettes de lin. C'est simple, assez esthétique, naturel, avec la possibilité d'enfouir en fin de saison les matériaux de couverture utilisés. Mais ce revêtement s'avère très insuffisant dans les sols lourds, les voies de passage devenant boueuses à la moindre pluie. Dans ce cas, il faut le couvrir « en dur » avec des dalles ou des planches juste posées sur le sol (attention aux irrégularités, qui peuvent se transformer en obstacles et provoquer des chutes accidentelles).

Les allées menant aux différents carrés de légumes doivent mesurer entre 80 cm et 1 m de large, pour garantir le libre accès aux engins motorisés. Leur tracé doit être fixe, ce qui permet de les stabiliser.

Un des dessins les plus rationnels pour le potager consiste à le diviser en quatre zones principales entourées d'allées stabilisées, chacune de ces parcelles pouvant, à volonté, être occupées par des planches ou des carrés.

LE SAVIEZ-VOUS ?

LA CULTURE SURÉLEVÉE S'INSPIRE DU MOYEN ÂGE

La quête humaine du moindre effort n'est pas l'apanage des Temps modernes. Dans les jardins du Moyen Âge, la disposition des cultures dans des carrés bordés de plessis (tressage de saule ou de châtaignier) permettait de les surélever de 15 à 20 cm, ce qui avait deux avantages. À l'évidence une meilleure accessibilité des plantes, d'où des tâches d'entretien moins pénibles (binage, désherbage) et une récolte facilitée. Mais aussi, et c'est plus astucieux, la possibilité de changer aisément le sol sans avoir à creuser. Cette technique permet de réaliser un potager de qualité quelle que soit la nature de la terre d'origine, et ceci d'une manière très rapide. Il suffit de délimiter les carrés ou les planches de culture avec les bordures en bois, puis de les remplir avec un bon terreau enrichi de fumier décomposé et d'engrais complet. Si vous avez pris soin au préalable de couvrir la surface avec un feutre, les mauvaises herbes seront rares.

Le potager/verger

Une des solutions les plus avantageuses pour donner du caractère à un potager de style classique consiste à l'associer à des arbres et des arbustes fruitiers, qui vont lui donner du volume et une structure intéressante.

Un fuseau ou une quenouille planté au centre de quatre carrés permet de créer un motif élégant.

Les planches bordant une allée principale peuvent être soulignées sur les côtés par des cordons de pommier. Et une bordure de fraisiers peut être plantée le long de chaque planche potagère.

Des palmettes fruitières peuvent délimiter le pourtour du potager, tout en assurant un rôle de brise-vent assez efficace. S'il est clôturé, habillez le grillage avec des mûres sans épines.

Le jardin de légumes

Concept évolué du jardin de curé où légumes, fleurs, aromatiques et plantes officinales se mélangeaient allégrement, le jardin de légumes intègre les plantes potagères dans un cadre ornemental. C'est une belle illustration du fameux « jardin des cinq sens » où le plaisir prend le pas sur l'idée de productivité.

ASTUCE TRUFFAUT

Pour limiter les traitements dans le potager, utilisez des « plantes compagnes », espèces réputées répulsives pour certains ennemis des cultures. C'est le cas de l'œillet d'Inde peu apprécié des nématodes, ces redoutables vers microscopiques qui attaquent les racines. La rue est répulsive pour les pucerons, la menthe éloigne les fourmis.

Les légumes dans le décor

Avec la réduction inévitable de la surface des jardins de ville ou des périphéries urbaines, le potager a du mal à s'intégrer dans son concept traditionnel. Un potager classique avec ses cultures linéaires est difficile à intégrer dans une propriété couvrant moins de 500 à 800 m^2. Alors pourquoi ne pas concevoir un concept global de jardin « à vivre » où toutes les catégories de végétaux s'associent et s'expriment aussi bien pour le plaisir des yeux que du goût et même de l'odorat.

Dans ce contexte, le légume ou la plante condimentaire prend une nouvelle dimension, celle de sa valeur esthétique, en même temps que se perd la notion d'exploitation rationnelle dans un but purement économique. Bien évidemment toutes les espèces ne se prêtent pas à cet usage.

On va privilégier les plantes au feuillage ample et spectaculaire, comme les cardons, les artichauts, la rhubarbe ; celles qui offrent naturellement une forme bien structurée, comme les choux, les salades ; d'autres dont les fruits apportent une note colorée ou originale comme les tomates, les courges, les aubergines et les piments. N'oubliez pas aussi la fantaisie volubile des haricots et des pois à rames ainsi que des courges à petits fruits.

▲ Une composition de dahlias, betteraves, fenouil, maïs et cannas.

▲ Un jardin en trois parties : ornementale, aromatique et potagère.

Des variétés ornementales

Certains légumes apportent une note décorative très originale. C'est le cas par exemple des poirées (bettes) à cardes jaunes, rouges ou roses comme 'Bright Lights'. Les chicorées italiennes comme 'Melrose', 'Palla Rossa', 'Rouge de Trévise' avec leur feuillage rouge pourpre et blanc ainsi que l'étonnante 'Variegata de Castelfranco', panachée de rouge et de crème, sont remarquables dans un jardin d'ornement. Il en est de même pour les laitues à couper qu'elles soient blondes ou rouges, frisées ou à feuilles de chêne. Choux rouges et choux frisés apportent une note d'originalité dans un massif, de même que l'étonnante pomme en forme de pyramide du chou brocoli 'Minaret' ou le pourpre foncé de 'Red Arrow'. Pensez aussi au feuillage très fin du fenouil ou de l'aneth pour donner un ton de légèreté décontractée à un groupe végétal. Le maïs peut assurer un fond de massif remarquable, surtout les variétés à épis rouges comme 'Sweet Scarlet'. Parmi les plantes comestibles les plus ornementales, le physalis ou coqueret nous offre ses calices rouge orangé en forme de lanterne chinoise en septembre et octobre. Ne négligez surtout pas les tomates qui forment des buissons opulents. Les variétés à fruits jaunes comme 'Golden Königin', 'Lemon Boy', 'Lemon Tree', ou 'Poire jaune' sont une source permanente d'étonnement.

Les légumes et les fleurs

Pour que le jardin de légumes soit à la fois productif et ornemental, jouez sur les associations. Groupez toujours plusieurs légumes pour créer un effet de masse, mais aussi pour simplifier les récoltes. Considérez les légumes comme des plantes temporaires qui permettront de renouveler plusieurs fois le décor du massif. C'est un peu de travail supplémentaire, mais l'occasion de faire rapidement évoluer le jardin. Par exemple, les laitues récoltées courant juin seront remplacées par des fleurs estivales un peu tardives comme les Scaevola.

Parmi les associations intéressantes, retenez les choux à feuilles glauques ou pourpres qui conviennent idéalement avec les annuelles tardives comme les dahlias nains ou peuvent être accompagnés de capucines. Plantez des fleurs légères comme les *Gaura* ou les *Cosmos* au milieu d'un groupe d'artichauts. Décorez un grillage avec un haricot grimpant à cosse panachée de rose comme 'Acrobaleno' ou 'Bingo', associé à une cobée aux fleurs automnales bleu violacé. Habillez une tonnelle avec des courges ou des concombres associés d'ipomées. Utilisez le persil frisé avec des agératums pour les bordures.

LE SAVIEZ-VOUS ?

ASSOCIEZ SEULEMENT LES PLANTES COMPATIBLES

Des siècles d'observation ont permis aux jardiniers de constater que la proximité de certaines plantes est bénéfique à d'autres espèces et qu'il existe aussi des « incompatibilités d'humeur ». Par exemple l'**aubergine** apprécie la présence du haricot et du poivron. L'**épinard** vit bien avec les : choux, concombre, laitue, pois, poireau, radis. Le **radis** pousse mieux en compagnie des : betterave, carotte, concombre, épinard, haricot, laitue, melon, pois. Ces trois plantes ainsi que la plupart des légumes ne supportent pas la présence proche de la **pomme de terre**. Le **pois** réussit avec les : aubergine, carotte, chicorée, citrouille, concombre, courge, épinard, haricot, maïs, poivron, radis. Le tournesol peut lui servir de tuteur et l'ombrager de façon bénéfique. En revanche, évitez la proximité des : ail, ciboulette, oignon, poireau. La **tomate** est stimulée par les : asperge, basilic, carotte, céleri, concombre, haricot, oignon, persil, poivron, mais elle redoute la proximité immédiate des : choux, fenouil et maïs.

La rotation des cultures

Les légumes restant rarement plus d'une saison en place, ils libèrent d'autant plus rapidement le terrain qu'ils sont de nature précoce et de croissance rapide. Dans le potager, les cultures se renouvellent donc en permanence, ce qui nécessite une vraie planification car certaines espèces ne doivent pas se succéder.

ASTUCE TRUFFAUT

Faites régulièrement reposer les parcelles de votre potager en réalisant une « jachère », c'est à dire une période sans récolte. Vous pouvez en profiter pour fertiliser naturellement le terrain, en y semant un engrais vert. Choisie de préférence parmi les légumineuses (sainfoin, luzerne, trèfle, phacélie), cette culture enrichit le sol en azote.

La guerre des plantes

Lorsqu'une espèce végétale occupe un terrain, elle cherche à se l'approprier afin de privilégier ses descendants, dans une finalité de colonisation qui est le propre du monde végétal. Pour ce faire, elle émet dans le sol des toxines, substances chimiques complexes et souvent encore mal connues, qui ont pour rôle principal de gêner la progression de ses concurrentes.

C'est pourquoi il ne faut surtout pas au potager cultiver deux fois au même emplacement un légume similaire,et donc pratiquer ce que l'on appelle la rotation des cultures. Dans l'absolu, il serait même souhaitable que des plantes de la même famille ne se retrouvent pas avant trois ou quatre ans sur la même parcelle. Par exemple les Fabacées (légumineuses) comme la fève, le haricot, le pois, doivent être suivies par des Alliacées (ail, échalote, oignon, poireau), qui laisseront la place à des Solanacées (aubergine, piment, pomme de terre, tomate) puis à des Brassicacées (carotte, chou, navet, radis), puis enfin à des Cucurbitacées (concombre, courge, melon, potiron).

La rotation des cultures évite aussi les risques de dissémination par le sol de maladies graves, certaines étant spécifiques comme la hernie du chou, ou certaines maladies à virus par exemple.

La rotation des cultures

Légumes	Rotations (en année)	Cultures précédentes	Cultures suivantes	Bon à savoir
Ail	*5 ans*	*Légumes fruits*	*Légumes graines*	*Ne pas cultiver ensuite oignon ou poireau.*
Aubergine	*5-6 ans*	*Légumes racines*	*Légumes bulbes*	*Ne pas cultiver ensuite de concombre (virus).*
Betterave	*3 ans*	*Légumes graines*	*Légumes fruits*	*Ne pas cultiver ensuite de pomme de terre.*
Carotte	*4 ans*	*Légumes graines*	*Légumes fruits*	*Incorporer au sol une fumure organique.*
Céleri branche	*5 ans*	*Lég. graines/bulbes*	*Lég. graines/fruits*	*Ne pas cultiver ensuite de carotte.*
Céleri rave	*4-5 ans*	*Lég. graines/bulbes*	*Lég. graines/fruits*	*Ne pas planter après la carotte.*
Chicorée frisée	*2 ans*	*Lég. graines/bulbes*	*Lég. graines/fruits*	*Une plante peu épuisante pour le sol.*
Chou vert	*7 ans*	*Lég. graines/bulbes*	*Lég. graines/fruits*	*Ne pas cultiver après le navet.*
Chou de Bruxelles	*7 ans*	*Lég. graines/bulbes*	*Lég. graines/fruits*	*Éviter les sols trop riches en azote.*
Chou-fleur	*7 ans*	*Lég. graines/bulbes*	*Lég. graines/fruits*	*Semer de la mâche entre les rangs.*
Concombre/ Cornichons	*4 ans*	*Légumes racines*	*Légumes bulbes*	*Attendre 5 ans entre concombre et melon.*
Courgette	*2-4 ans*	*Légumes racines*	*Légumes bulbes*	*À éviter après melon et concombre (oïdium).*
Échalote	*5 ans*	*Légumes fruits*	*Légumes graines*	*Ne pas cultiver ensuite ail, oignon, poireau.*
Épinard	*4 ans*	*Lég. graines/bulbes*	*Lég. graines/fruits*	*Ne pas cultiver après du concombre (virus 1).*
Fenouil	*3 ans*	*Lég. graines/bulbes*	*Lég. graines/fruits*	*Ne pas cultiver après les choux.*
Fève	*3 ans*	*Légumes bulbes*	*Légumes feuilles*	*Ne pas cultiver près des oignons.*
Haricot vert	*2 ans*	*Légumes bulbes*	*Légumes feuilles*	*À l'ombre des rames, plantez des salades.*
Haricot blanc	*2 ans*	*Légumes bulbes*	*Légumes feuilles*	*Ne pas cultiver après la pomme de terre.*
Laitue	*2-3 ans*	*Lég. graines/bulbes*	*Lég. graines/fruits*	*À cultiver près des choux et des fraisiers.*
Mâche	*Aucune*	*Lég. graines/bulbes*	*Lég. graines/fruits*	*À semer parmi les choux et les carottes.*
Melon	*4 ans*	*Légumes racines*	*Légumes bulbes*	*Ne pas cultiver après la tomate.*
Navet	*4 ans*	*Légumes graines*	*Légumes fruits*	*Ne pas semer après les choux et radis.*
Oignon	*4-5 ans*	*Légumes fruits*	*Légumes graines*	*Ne pas cultiver près des légumineuses.*
Persil	*1 ans*	*Lég. graines/bulbes*	*Lég. graines/fruits*	*Ne pas cultiver juste après la carotte.*
Poireau	*5 ans*	*Lég. graines/bulbes*	*Lég. graines/fruits*	*À planter après des épinards, navets et carottes.*
Petit pois	*5 ans*	*Légumes bulbes*	*Légumes feuilles*	*Ne pas semer près de l'ail, de l'échalote ou de l'oignon.*
Pissenlit	*Aucune*	*Lég. graines/bulbes*	*Lég. graines/fruits*	*Ne pas cultiver près d'autres salades.*
Poivron/Piment	*3-4 ans*	*Légumes racines*	*Légumes bulbes*	*Ne pas cultiver après le concombre.*
Pomme de terre	*4-5 ans*	*Légumes racines*	*Légumes bulbes*	*Ne pas cultiver après tomate et betterave.*
Radis	*Aucune*	*Légumes graines*	*Légumes fruits*	*Ne pas cultiver après les choux.*
Salsifis	*Aucune*	*Légumes graines*	*Légumes fruits*	*Ne pas cultiver après l'endive et la carotte.*
Tomate	*4 ans*	*Légumes racines*	*Légumes bulbes*	*Ne pas cultiver après l'aubergine et le piment.*

LE VERGER

Ce n'est pas un hasard si tant de souvenirs d'enfance tournent autour d'un cerisier : les arbres fruitiers évoquent tellement l'idée de paradis terrestre qu'on ne saurait vraiment s'en passer. D'autant qu'ils apportent aussi l'ombrage et la beauté, par la splendeur de leur floraison printanière : des pommiers ou des poiriers adultes valent bien des magnolias, et les cerisiers à fruits sont au moins aussi beaux que leurs cousins japonais, à la vocation uniquement décorative. Il est ainsi tentant de combiner plusicurs plaisirs en plaçant des arbres fruitiers aux endroits clés du jardin. D'autant que l'on trouve aujourd'hui dans le commerce des fruitiers de toute forme et de toute taille, qui permettent de profiter de leurs charmes, même dans les plus petits jardins. Les arbres nains, qui ne dépassent pas un mètre cinquante de haut au bout de dix ans, présentent en effet une floraison et une fructification comparables à celles des arbres de taille classique, et ils offrent l'avantage de pouvoir être cultivés en pot.

Outre la plantation, facile, mais qui nécessite la connaissance de quelques gestes de base, l'arbre fruitier nécessite des soins assidus, mais sans contrainte. Un arrosage régulier pendant les premières années et une taille annuelle suffisent, auxquels il faut bien sûr ajouter une attention aux attaques de maladies, champignons ou ravageurs spécifiques.

La récolte est bien sûr le moment le plus délicieux de la culture des arbres fruitiers. Source de joie pour toute la famille, elle est l'occasion de s'adonner au plaisir des compotes et des confitures, et de constituer des réserves de fruits que l'on pourra déguster tout l'hiver.

Le jardin des délices

Le jardin contemporain se conçoit comme un univers qui flatte les cinq sens. Outre le plaisir de goûter, de croquer, qu'il procure, un arbre fruitier a aussi des vertus ornementales. Les buissons de petits fruits peuvent ainsi former des haies décoratives, et les formes naines agrémenter les petits jardins.

ASTUCE TRUFFAUT

Au moment d'acheter vos arbres fruitiers, pensez à la pollinisation. Certaines variétés ont besoin d'autres arbres de même espèce, à proximité, pour donner des fruits.

Même si la place manque, il ne doit pas être impossible de combiner plusieurs plaisirs en installant des arbres fruitiers aux endroits clés du jardin. On retrouve ainsi la structure des jardins de curé d'autrefois, où fleurs, fruits et légumes se partageaient l'espace en toute bonhomie. D'ailleurs, l'ingéniosité des pépiniéristes met à notre disposition des formes d'arbres plus ou moins encombrantes, qui permettent d'en profiter même dans de tout petits jardins.

Des arbres au format réduit

Ces petits miracles sont rendus possibles par l'achat d'arbres greffés sur des porte-greffes à faible végétation : plutôt que de partir en bois et en grandes branches, qui mettent longtemps à donner des fleurs puis des fruits, on obtient des formes adultes de façon anticipée, capables de fleurir en moins de trois ans. Avec quelques bons soins, qui vont du tuteurage, rendu nécessaire par la faiblesse des racines, jusqu'aux paillages et traitements de base, on obtient des récoltes appréciables, sans avoir besoin de sortir la grande échelle. Même les cerisiers peuvent rester dans des dimensions raisonnables, à condition de les choisir greffés sur Sainte-Lucie, un porte-greffes de faible végétation, convenant bien aux petits jardins.

À l'opposé, si vous recherchez de grands arbres avec un vrai tronc, comme on en voit dans les prairies bocagères, tournez-vous vers des arbres greffés sur franc, c'est-à-dire sur des sujets obtenus à partir de pépins, toujours très vigoureux. Les pépiniéristes mettent des années à les former, ce qui explique leur coût relativement élevé. Mais une fois installés, et après quelques années nécessaires pour la bonne reprise, que vous favoriserez encore par un paillage et des arrosages copieux en été, à vous les belles récoltes, qui donnent envie de se lancer dans les confitures et, pourquoi pas, la fabrication de jus de fruits et de cidre.

▲ Quelques pommiers en fleurs dans un pré.

Entre ces deux extrêmes figurent les formes moyennes, comme les quenouilles ou les fuseaux, et les demi-tiges, qui présentent un tronc assez court. Intermédiaires au point de vue de la végétation, ces formes demandent quelques années de plus pour s'installer. Mais ensuite, on n'a guère de peine à les maintenir dans leur encombrement initial. On ne peut rêver mieux pour ponctuer une grande allée, ou encore pour marquer les angles d'une pelouse, dans un jardin champêtre. Entre ces fuseaux, vous planterez des pivoines et le spectacle sera particulièrement ravissant au printemps. À moins que vous ne préfériez les asters pour un automne plein de tendresse. Des narcisses et des tulipes à fleurs de lis feront merveille au pied de ces petits arbres, à condition de créer des masses importantes. Dans un souci de gain de place, le jardin fruitier d'aujourd'hui accueille aussi les légumes et profite dans le même temps d'un surcroît d'arrosage et de la fertilisation.

Connaître

LES FORMES FRUITIÈRES

Un cordon à deux bras.

La palmette Verrier à quatre branches.

Le fuseau ou la quenouille.

La demi-tige : un tronc de 1,30 m.

On peut très bien acheter un arbre greffé d'un an, qui ressemble à une baguette haute d'un mètre et demi, sans grandes ramifications. Il s'agit du scion, forme de base. Mais souvent, on se procure des arbres déjà formés, que le pépiniériste a conduits par des tailles successives.

Les cordons n'ont qu'un tronc et de courtes ramifications latérales. Ils peuvent présenter un ou deux bras, et sont courbés à angle droit, à 0,40 ou 0,80m de hauteur environ.

Les palmettes sont des formes plates, à deux ou quatre branches. Elles sont utiles pour garnir des murs ou des espaliers.

Les fuseaux et **quenouilles** ont un tronc court et plusieurs branches charpentières partant dans toutes les directions. Ils atteignent 3 m de haut.

Les arbres demi-tiges ont un tronc de 1 m à 1,30 m de haut et forment ensuite une grosse tête prolifique, pouvant atteindre 3 m, à portée de main ou d'escabeau.

Les arbres-tiges sont les plus grands de tous, et atteignent de 5 à 6 m de haut. Certains peuvent culminer à plus de 10 m, dans le cas de poiriers vigoureux, comme les poires Curé. Ils donnent de gros rendements mais la récolte requiert une échelle.

La vigne est vendue en jeune plant, à former soi-même ou en vieux ceps.

Tous les arbres fruitiers sont greffés, hormis les petits fruits, qui sont généralement bouturés (framboisiers, cassissiers, mûriers...).

Organisez les plantations

• **Le bon emplacement.** Pas de bons fruits sans soleil. Vous choisirez donc des emplacements dégagés pour installer vos arbres fruitiers. Seuls les framboisiers se contentent d'une demi-journée de soleil, mais c'est encore au détriment de leur saveur. Les arbres fruitiers n'aiment guère la concurrence des autres plantes, y compris l'herbe. Si vous plantez sur gazon, décapez ce dernier sur un cercle d'un mètre de rayon. Cette simple précaution permettra au jeune arbre de pousser sans contrainte, au lieu de végéter misérablement. Évitez de planter juste derrière un arbre fruitier mort brutalement ou de vieillesse, même si vous enlevez le maximum de racines, ce qui est un travail rebutant au possible. Des tronçons porteurs de maladies resteront en terre et contamineront le jeune plant. D'autre part, le sol est probablement épuisé. Il vaudrait mieux planter des arbres d'ornement, pour jouer l'alternance, ou encore planter un arbre fruitier d'une autre espèce : un pommier après un prunier par exemple. Mais attention, les racines de cerisiers dégagent dans le sol des substances toxiques pour les autres essences, et votre nouvelle plantation risque de

▲ Le poirier nain 'Garden Pearl'.

s'en ressentir pendant plusieurs années. On a moins de problèmes après des pommiers, mais là encore, attendre deux ou trois ans n'est pas une précaution inutile.

• **Des racines bien installées.** À quelle distance faut-il planter les arbres fruitiers ? On parle souvent de 5 m, mais ceci concerne surtout les grandes formes. Les fuseaux peuvent parfaitement être installés à 2,50 m les uns des autres, les cordons à 1,50 m et les palmettes à 1 m. Si la place ne manque pas, prévoyez un peu plus, les fruits recevront plus de soleil et seront encore plus riches en saveurs.

Les arbres fruitiers sont avant tout... des arbres et, en tant que tels, demandent une terre meuble sur une certaine profondeur. Cependant, inutile d'exagérer : si vous creusez trop profondément, vous créez une sorte de puisard qui sera plus néfaste que confortable pour les racines. Préparez vos trous de plantation bien à l'avance, en septembre pour une plantation hivernale par exemple. Ne mélangez pas la terre du dessus, riche et de couleur foncée, avec celle du dessous. Apportez une dose copieuse d'engrais organique complet, et éliminez toutes les racines de mauvaises herbes vivaces que vous rencontrerez.

Quand vous achetez vos arbres, regardez toujours en priorité les racines. Il est bon qu'elles soient saines, humides ou fraîches. La période de plantation idéale s'étend de novembre à mars pour les arbres vendus à racines nues, et de février à avril pour les conteneurs. Cette dernière présentation ne convient que pour les petites formes,

LE BON GESTE

UNE PLANTATION RÉUSSIE

1. Creusez un trou de plantation nettement plus grand que la future motte de racines. Ce n'est pas forcément la peine de descendre beaucoup, mais il faut ameublir en largeur, sur un rayon d'un mètre.

2. Inspectez le chevelu des racines, et supprimez celles qui sont abîmées, noires ou déchiquetées.

3. Préparez une boue liquide appelée pralin, que l'on trouve toute prête dans le commerce, et laissez tremper les racines pendant une bonne heure dans un grand seau. Elles seront ainsi enrobées par une

fine pellicule de boue, et la reprise a de grandes chances d'être plus rapide.

4. Installez la motte et vérifiez que l'arbre ne sera ni trop enterré, ni trop superficiel. En particulier, il ne faut surtout jamais enterrer le point de greffe qui se reconnaît à un renflement. Dans le cas contraire, des racines vigoureuses surgiront à ce niveau et entraîneront une croissance démesurée des arbres, et une mise à fruit retardée de plusieurs années.

5. Puis, glissez la terre fine entre les racines, et terminez par un copieux arrosage de dix litres qui va combler les vides. L'arbre doit tenir tout seul. À défaut, installez un tuteur, surtout s'il s'agit d'un arbre-tige.

▲ Tenez le sol propre au pied de vos arbres fruitiers. C'est essentiel pour leur bonne croissance.

car les arbres-tiges élevés en conteneurs n'offrent pas toujours la croissance attendue. Dans leur cas, il faudra redoubler de soins.

Si vous ne pouvez pas procéder à la plantation immédiatement après l'achat ou la réception des arbres, entreposez-les dans une jauge, c'est-à-dire un coin de jardin ameubli où vous serrez les arbres les uns contre les autres, en les couchant légèrement.

• **Les premières années.** Les soins les plus importants concernant l'après-plantation restent les arrosages, qui seront réguliers durant les deux premières années. Dès la plantation, un ou deux arrosoirs de 10 litres viendront tasser la terre autour des racines, pour leur plus grand bien. Puis, un arrosage copieux par semaine, dès le mois de mai, permettra une reprise vigoureuse. Si vous habitez une région ventée, un tuteurage évitera que les arbres ne prennent du gîte. Attendez cependant deux ou trois mois avant de commencer à attacher les arbres car le sol peut encore jouer.

Faut-il mettre de l'engrais dès le début ? Ceci n'est pas une mauvaise chose si la terre présente une carence particulière, ce qu'aura démontré une analyse de sol préalable. Mais dans un vieux jardin, une fumure de fond à base organique suffit le plus souvent, relayée tous les printemps par l'apport d'une boîte de conserve d'engrais complet, que les pluies feront descendre au niveau des racines. Ne chahutez pas ces dernières en bêchant, car une bonne part reste en surface. Les binages seront superficiels. Pour lutter contre les mauvaises herbes durant la première année, adoptez un paillage à base de carton ou de plastique noir que vous recouvrirez de tontes de gazon, pour le coup d'œil.

LE SAVIEZ-VOUS ?

LES FRUITIERS NAINS

Depuis quelques années, les arbres fruitiers nains ont fait leur apparition sur le marché : ils n'ont subi aucun traitement chimique pour rester dans cet état mais présentent une particularité génétique : les entrenœuds qui séparent les bourgeons sont plus réduits que chez les arbres normaux, d'où leur taille, qui ne dépasse pas 1,50 m au bout de dix ans. Pour autant, la floraison et la fructification sont comparables à celles d'arbres adultes. Ponctuez-en les massifs de fleurs car ils sont magnifiques au printemps. Mais leur meilleur emploi reste la culture en grands pots, d'au moins 40 cm de diamètre, où ils peuvent rester cinq ans sans rempotage.

▲ Gare aux chutes, mais quel plaisir de manger des mirabelles juteuses et sucrées dans l'arbre !

L'entretien au quotidien

• **La taille.** Une fois mis en place, les arbres fruitiers demandent peu de soin : chacun connaît des pommiers vieux d'un demi-siècle qui donnent encore régulièrement des sacs entiers de pommes, sans le moindre traitement. Cependant, pour obtenir des fruits de façon régulière, il est recommandé de tailler. Si l'arbre est déjà formé, il suffit de rabattre la production de nouveaux bois juste au-dessus de celle de l'année précédente. De la sorte, les bourgeons situés à la base se mettent à donner des fruits plus vite. De plus, votre cordon ou votre palmette conservera sa forme. Les arbres conduits sur tige ou demi-tige se contentent d'une sorte d'élagage, tous les deux ans, qui consiste à enlever en priorité les branches sèches ou malades, atteintes de chancre par exemple, des boursouflures de l'écorce causées par des champignons.

Chez les arbustes à petits fruits, on cherchera à donner de l'air aux touffes et à les rajeunir, en éliminant les branches charpentières des groseilliers et cassissiers, âgées de plus de trois à quatre ans.

Pour le framboisier, c'est toute la production de l'année précédente qui disparaîtra, hormis pour les races remontantes, c'est-à-dire celles qui produisent à nouveau en été, et dont on conservera chaque printemps une moitié des cannes intactes car, après la première récolte, une nouvelle floraison se produira sur des ramifications secondaires.

Les arbres à noyaux n'aiment guère la taille qui prédispose à des écoulements de gomme et fait souvent dépérir les branches. On notera cependant que les tailles pratiquées en plein été, juste au moment de la récolte par exemple, sont assez bien supportées. Ainsi, même des abricotiers peuvent rester dans des dimensions raisonnables si on les taille en juillet. Ensuite, ils produiront bien plus.

Une technique trop rarement utilisée permet de contrôler la vigueur des arbres, c'est l'arcure. Elle consiste à courber les branches raides en attachant leur extrémité à un crochet solidement fiché dans le sol, ou encore en tendant une ficelle attachée autour d'une grosse pierre. Une branche ainsi courbée se garnit de boutons à fleurs qui donnent des fruits dès la deuxième année d'arcure.

• **Les traitements.** Les fruits sont très appréciés des insectes, tandis que quantité de champignons causent des dégâts à la végétation. Les plus graves varient selon les variétés, mais la tavelure, l'oïdium, la moniliose, la cloque, les pucerons et les vers des fruits sont la hantise des arboriculteurs. Au jardin, il s'agit d'obtenir un équilibre entre les insectes nuisibles et leurs ennemis, et de conserver les arbres dans un état de santé satisfaisant, sans pour autant noyer le jardin sous les produits chimiques. C'est pourquoi le programme de traitements sera raisonné : on ne traite les insectes que si les pullulations sont importantes et risquent de compromettre la vigueur de l'arbre. C'est le cas

▲ Taille d'été : on raccourcit les pousses qui se sont développées au printemps.

▲ Les fruits ensachés sont protégés des attaques des guêpes et des taches.

parfois des pucerons sur les nouvelles pousses des jeunes arbres. Les guêpes seront capturées avec des pièges remplis d'un mélange sucré. Les acariens, qui causent des décolorations grises sur les feuilles en été, seront chassés avec des pulvérisations fréquentes d'eau. Un traitement polyvalent en fin d'hiver aide à maintenir un bon équilibre.

Priorité aux variétés saines

Pour limiter les maladies dues à des champignons, on repérera tout d'abord la sensibilité des diverses variétés, certaines étant pratiquement indemnes de tavelure ou supportant la cloque sans dépérir. Si vous souhaitez néanmoins cultiver une variété dont la sensibilité est avérée, adoptez un programme de traitements réguliers : une pulvérisation de bouillie bordelaise à la chute des feuilles et à nouveau au moment où les bourgeons se gonflent ; un traitement polyvalent en juin contre tavelure et moniliose. Lisez bien les prescriptions portées sur les boîtes et n'augmentez jamais les doses, cela ne sert strictement à rien et c'est néfaste pour l'environnement.

L'arrosage est nécessaire durant les premières années, et on peut ensuite s'en dispenser à condition de pailler le sol au pied des arbres. Ce paillage consiste en une couche de compost grossier, de fumier pailleux ou de tontes de gazon. Dessous, la terre reste fraîche, et les mauvaises herbes ont moins tendance à pousser.

Un traitement localisé au glyphosate sera peut-être nécessaire pour vous débarrasser du liseron, en juillet. Munissez la lance du pulvérisateur d'un cache qui évitera toute projection sur les feuilles des arbres. Évitez de piétiner à l'aplomb des arbres, car c'est là que se développe la majorité des racines nourricières. Surveillez que les attaches des premières années n'étranglent pas les branches ou le tronc, et que les étiquettes n'abîment pas l'écorce. Vous aurez sûrement à renouveler l'étiquetage au bout de quelques années, car l'expérience prouve que la mémoire fait parfois défaut, surtout si l'on est un peu collectionneur. Or, rien n'est plus désagréable que de ne pas pouvoir se souvenir du nom d'une variété exquise que tout le monde vous réclame. Vous pouvez cependant offrir des greffons, c'est-à-dire des extrémités de branches de l'année que l'on prélève en plein hiver pour greffer en fente en mars-avril. Avec un peu de pratique, c'est une technique que l'on parvient à maîtriser et qui permet de multiplier le nombre de variétés disponibles au jardin, en installant des variétés différentes sur le même arbre. Ainsi vous faciliterez la pollinisation, car les fleurs de la plupart des arbres fruitiers apprécient de recevoir le pollen d'une autre variété pour être fécondées, et donc donner des fruits. Or, la place manque pour installer ainsi des couples féconds. En surgreffant, vous contournerez cette difficulté.

▲ Un traitement préventif avec produit huileux est efficace en fin d'hiver.

▲ Un rameau arqué vers le bas produit des fruits plus rapidement.

▲ Un fruitier à l'ancienne aux claies garnies.

Récolter au bon moment

La récolte est le moment le plus délicieux de la culture des arbres fruitiers. Testez le bon stade en vérifiant la fermeté des fruits. Les cerises et la plupart des petits fruits rouges se dégustent bien mûrs, les pommes se cueillent au moment où la peau se couvre d'une pellicule cireuse, et quand elles se détachent bien de l'arbre, entre début septembre et fin octobre selon la variété. Les poires demandent à être cueillies puis laissées à mûrir, hormis pour les variétés précoces qui se mangent rapidement, car elles ont tendance à blettir et à devenir cotonneuses. Enfin, le raisin cueilli avec un morceau de tige peut se conserver plusieurs semaines si on laisse tremper cette tige dans un verre d'eau.

Les fruits d'hiver se stockent dans une pièce spéciale appelée fruitier ou, à défaut, dans un coin de garage où l'on aura installé des étagères coulissantes. De la sorte, on peut contrôler l'état des fruits, et supprimer au premier coup d'œil ceux qui pourrissent.

La taille des arbres fruitiers

Hormis ceux qui sont cultivés en formes libres (pleins-vents), les arbres fruitiers sont soumis à des tailles régulières. Elles visent à favoriser la production fruitière, tout en respectant la silhouette particulière de l'arbre. Les interventions sont différentes selon les espèces et beaucoup moins difficiles que ce que l'on fait croire.

ASTUCE TRUFFAUT

La sève produisant un effet corrosif sur le métal, nombre de sécateurs sont revêtus d'une couche d'un matériau protecteur (Téflon par exemple). Si tel n'est pas le cas (le plus souvent avec des modèles professionnels), il suffit de conserver l'outil avec la lame immergée dans de l'huile végétale, ce qui l'empêchera de rouiller.

La taille des arbres à pépins

Pommiers et poiriers cultivés en formes semi-libres (fuseau, quenouille, gobelet) ou palissées (haies fruitières formées de palmettes ou de cordons) sont soumis à une taille de fructification précise.

Le but consiste à éliminer toutes les pousses en surnombre et à raccourcir toutes celles qui présentent un potentiel de fructification, afin que les fruits soient portés le plus près possible des branches charpentières.

La bonne époque

Intervenez de début décembre à début février, par beau temps, non gélif, en commençant par les poiriers, les pommiers étant naturellement plus tardifs. Il est indispensable que les divers organes soient bien visibles et faciles à distinguer pour tailler au bon endroit.

La technique à employer

La taille de fructification des pommiers et des poiriers est dite « taille trigemme » parce qu'elle est basée sur le principe d'une taille à 3 yeux (trigemme = 3 yeux) consistant à ne laisser que trois bourgeons par pousse.

Le mode de fructification

La mise à fruit normale des pommiers et des poiriers demande trois ans. La première année, l'arbre émet une

▲ Défourcher les rameaux.

▲ Tailler les rameaux à 3 yeux.

▲ Ne laisser que le bouton à fruit.

▲ Allonger l'extrémité de 25 cm.

pousse portant des feuilles qui, en hiver, laisse apparaître des yeux à bois régulièrement répartis sur le rameau. Selon la quantité de sève qu'ils vont recevoir, les yeux à bois vont donner à nouveau une pousse feuillée ou un petit bouquet de feuilles s'épanouissant sur un support assez court. L'œil qui se développe au centre est plus gros qu'un œil à bois, triangulaire et pointu. C'est un dard. Ce dard est un organe instable capable, en fonction de la quantité de sève reçue, de régresser en pousse feuillée ou d'évoluer en bouton à fruit, ou bouton à fleurs car il va donner d'abord des fleurs avant de porter des fruits. Le bouton à fruit (appelé aussi lambourde lorsqu'il est porté par un pédoncule court) est un organe irréversible, qui s'épanouit toujours en un bouquet de fleurs.

La technique de taille

Les pousses à bois, c'est-à-dire les rameaux qui portent uniquement des yeux à bois, sont taillés à 3 yeux. Une taille à 3 yeux consiste à ne laisser que trois bourgeons, c'est-à-dire un moignon de branche de 5 à 7 cm environ, que l'on appelle une coursonne.

Les pousses portant un dard sont elles aussi taillées à 3 yeux. Toutefois, il faut éviter que le dard ne se retrouve à l'extrémité de la coursonne. Cela aurait pour effet de provoquer le développement d'une pousse feuillée. Il faut alors couper plus long, sur un œil à bois.

Les boutons à fruits sont laissés seuls (vous pouvez en conserver deux sur une même coursonne si l'arbre est vigoureux). Toutes les parties se trouvant au-dessus sont supprimées.

Les bourses présentent la particularité de développer directement des organes fertiles. Il faut les conserver précieusement, en coupant simplement leur extrémité (rafraîchissement).

Les prolongements des branches charpentières sont « allongés » d'environ 25 cm, soit la longueur du sécateur. Il faut tailler au-dessus d'un œil qui soit dirigé dans le sens opposé de direction naturelle du rameau. C'est-à-dire que vous coupez à droite si la branche part vers la gauche et inversement. Cela permet d'assurer une croissance bien droite de la branche principale.

LE SAVIEZ-VOUS ?

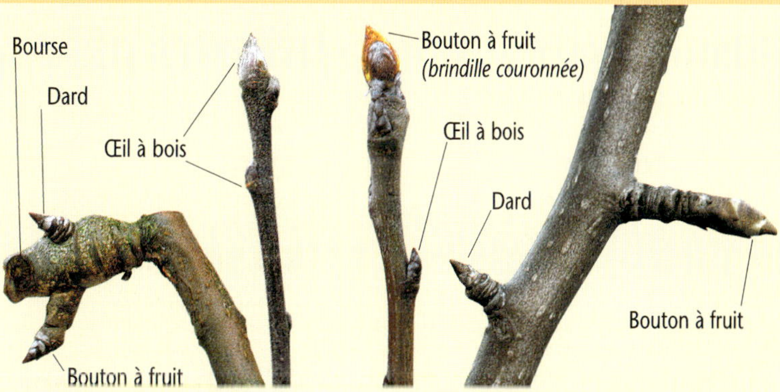

SAVOIR RECONNAÎTRE LES ORGANES DES ARBRES FRUITIERS À PÉPINS

Pour bien tailler les pommiers et les poiriers, il importe de savoir distinguer les différents yeux (bourgeons) que portent les arbres en hiver. Les **yeux à bois**, qui vont produire des pousses feuillées, se présentent comme de simples renflements pointus. Ce sont les yeux les plus petits. Les **dards**, qui constituent l'étape évolutive vers le bouton à fruit, se présentent sous une forme pointue et triangulaire. Ils sont souvent portés par un pédoncule court et ridé. Les **boutons à fruits** (on dit aussi bouton à fleur ou lambourde) sont les plus gros. Renflés, arrondis, couverts de grosses écailles, ils sont portés sur des pousses latérales (coursonnes) ou à l'extrémité d'un rameau grêle (brindille couronnée). La **bourse** est l'emplacement d'une fructification précédente. C'est un organe spongieux qui porte des dards et/ou des boutons à fruits.

▲ La taille est peu appréciée par les cerisiers.

▲ Taille à 2 yeux de la vigne.

La taille des arbres à noyaux

Abricotier, cerisier, prunier craignent beaucoup la taille, qui provoque obligatoirement des sécrétions de gomme, substance ambrée, collante, qui peut servir d'abri à de nombreux parasites. C'est pourquoi on évite dans la mesure du possible de tailler les arbres fruitiers à noyaux.

La meilleure solution consiste, lorsqu'ils sont jeunes, à pratiquer une bonne taille de formation, pour éviter que les branches charpentières ne poussent trop en hauteur sans se ramifier. Cette taille est réalisée en hiver.

Sur les arbres adultes, s'il faut tailler, opérez de fin août à mi-septembre, lorsque le phénomène de sève descendante favorise la cicatrisation.

La taille de la vigne

Dès la fin janvier, lorsque les bourgeons sont bien apparents, taillez la treille. La vigne ne fructifiant que sur des pousses de l'année, il faut éliminer systématiquement les sarments qui ont porté des grappes, ce qui entraîne des coupes importantes à réaliser souvent avec un sécateur à deux mains (ébrancheur).

Les pousses qui n'ont pas encore produit sont taillées à 2 yeux. Celui situé à l'extrémité du rameau va développer le sarment fructifère. L'œil se trouvant à la base du courson (la partie laissée sur le cep après la taille) formera la pousse de remplacement.

Il est préférable de tailler le sarment de vigne sur le nœud du troisième bourgeon. Cela permet de réduire l'intensité des pleurs, ces écoulement de sève très liquide qui sont naturels mais ont tendance à épuiser les plantes.

Dans le courant de la saison, il faudra éliminer les tiges souples qui se développent sur le cep et raccourcir de la moitié de leur longueur les sarments volubiles devenant envahissants.

La taille du kiwi

Actinidia deliciosa, la liane qui produit les kiwis est une plante volubile d'une extrême vigueur qui nécessite plusieurs intervention de taille dans l'année.

La plante demande environ cinq ans de culture avant de produire ses premiers fruits. Contentez-vous de palisser les jeunes pousses sur leur support et réduisez éventuellement leur longueur de moitié dans le courant juin si la plante est trop vigoureuse.

▲ Même durant l'été, taillez les kiwis.

Chez les plantes qui ont produit, une taille hivernale de fructification s'impose. Les boutons à fleurs apparaissent comme des renflements importants. Ils doivent être laissés, bien sûr, en taillant à 2 yeux au-dessus. Toutes les pousses latérales non fructifères sont coupées à seulement 2 yeux.

Durant la période de croissance, il sera utile de tailler, au-dessus de la quatrième feuille, les pousses accompagnant les fruits. Toutes les tiges volubiles seront coupées une ou deux fois de la moitié de leur longueur.

La taille du groseillier

Chez les groseilliers, les organes fertiles apparaissent sur les pousses de un, deux ou trois ans. La production est beaucoup plus faible sur les branches âgées de plus de trois ans. Il est donc indispensable d'éliminer le vieux bois afin de renouveler en permanence la ramure et d'assurer une fructification abondante.

La taille se pratique courant février, en éliminant les rameaux âgés, à l'écorce crevassée, au profit des tiges plus jeunes (à l'écorce claire). Il faut aussi veiller à bien équilibrer l'arbuste et à lui donner une forme de gobelet évasé, bien dégagé au centre. Évitez de laisser pousser les groseilliers de façon trop touffue, sinon la production sera amoindrie.

Toutes les pousses conservées sont rabattues à environ 30 à 40 cm du sol, de manière à favoriser le développement important de nouvelles tiges.

Les groseilliers à maquereau se taillent de la même manière, mais plutôt entre fin août et début septembre. Il faut porter des gants, car les bourgeons portent un aiguillon acéré à la base.

La taille du cassissier

Pour les botanistes, le cassissier est tout simplement un groseillier à fruits noirs. Son mode de végétation étant en tout point similaire à celui du groseillier à grappes, le principe et la méthode de taille sont identiques.

▲ Taillez les cassissiers en février/mars.

▲ Rajeunissez chaque année les framboisiers.

▲ Taille hivernale du framboisier.

Toutefois, le cassissier étant un peu plus précoce, la taille peut commencer dès le mois de janvier, si les températures sont suffisamment clémentes.

En raison de sa vigueur en général moindre, le cassissier peut être rabattu plus court, entre 20 et 30 cm de haut.

La taille du framboisier

Les framboisiers sont des ronces *(Rubus idaeus)* à la végétation drageonnante, envahissante. La taille est nécessaire pour limiter l'extension de la touffe, mais aussi pour supprimer le bois mort qui se forme toujours en quantité importante, car les tiges sont bisannuelles.

• **Les framboisiers non remontants** représentent la forme classique de la plante, dont les pousses se développent la première année, fructifient la seconde, puis se dessèchent et meurent. On les qualifie de monocarpiques, car ils ne fructifient qu'une seule fois. Les variétés les plus réputées dans cette catégorie sont : 'Malling Promise', 'Malling Exploit', 'Lyod George'.

À partir de l'automne, supprimez toutes les pousses qui ont fructifié (elles se repèrent facilement puisqu'elles ont séché). Conservez de 6 à 8 beaux drageons par touffe, puis éliminez les autres. Palissez ensuite les tiges conservées sur une armature de fils de fer, tendus horizontalement à 40, 80 et 120 cm du sol. Taillez chaque rameau à 90 cm de hauteur, de façon à le palisser sur le second fil de l'armature. Une variante, dite « taille anglaise », consiste à conserver une pousse intacte sur deux, et à tailler l'autre entre 30 et 40 cm du sol. Avec cette méthode, la récolte est plus échelonnée, les drageons taillés plus court fructifiant plus tardivement.

• **Les framboisiers remontants** (ou bifères). Chez ces variétés, qui sont les plus appréciées des amateurs, en raison de leur production échelonnée, les jeunes drageons de l'année produisent déjà une première fois à leur extrémité, en septembre, sur des pousses axillaires. Ils portent à nouveau des fruits en juillet de l'année suivante, avant de se dessécher et de mourir. Les variétés remontantes courantes sont : 'Heritage', 'September', 'Zeva'.

La taille se pratique de novembre à février. Coupez les pousses de l'année en dessous de la partie qui a fructifié en septembre. Sélectionnez les 6 à 10 plus vigoureuses qui seront taillées à 90 cm de haut, comme pour les framboisiers non remontants. Supprimez les autres drageons ainsi que les pousses qui ont fructifié deux fois et sont toutes sèches.

LE BON GESTE

LA TAILLE DU PÊCHER

Le pêcher présente la particularité de porter des fruits sur les pousses de l'année précédente (bois de deux ans). Tous les rameaux qui ont fructifié meurent. Le premier travail consiste donc à éliminer le bois mort pour effectuer un nettoyage de l'arbre. Ce travail gagne à être réalisé en automne, avant la chute des feuilles. La taille de fructification intervient en février/mars au moment où les boutons floraux commencent juste à rosir. Les rameaux qui ne portent pas de boutons floraux sont appelés des pousses à bois. Taillez-les à deux yeux de la base. Les rameaux mixtes possèdent à la fois des fleurs et des yeux à bois. Il faut les couper au-dessus du troisième bouquet de fleurs. Entre fin mai et mi-juin, vous couperez toutes les pousses à bois au-dessus de la cinquième feuille et vous éliminerez celles qui accompagnent les fruits, afin de concentrer toute la sève sur les pêches et obtenir une plus belle récolte.

4 Savoir jardiner

LES SOLS

À la fois support et source de nourriture pour les plantes, le sol est un milieu complexe où interfèrent des notions de chimie, de microbiologie, de physique que seule l'expérience du jardinier permet de bien contrôler.

Les sols minéraux résultent de l'érosion des roches. On les classe selon la taille et la composition de leurs particules en sol argileux, sol calcaire, sol sableux, sol humifère. Peu de jardins disposent d'un sol limoneux, fertile et bien drainé, idéal pour la plupart des plantes, mais il existe plusieurs moyens d'améliorer la terre de votre jardin. La préparation du terrain, qui peut comprendre le labour, le griffage, le piochage, le ratissage et toutes les opérations d'entretien courant, est un des éléments clés de la réussite d'une culture. Le sol doit être bien travaillé pour que les racines des plantes puissent s'y installer rapidement et y puiser toutes les substances nécessaires. L'amélioration physique d'un sol se traduit par l'incorporation dans la terre de diverses substances permettant un meilleur équilibre de la structure, choisies en fonction du type de terre que l'on désire modifier : on parle alors d'amendement. En revanche, si le sol manque de sels minéraux, nécessaires à la bonne santé des plantes, il est alors recommandé de procéder à des apports d'engrais, appelés aussi fertilisants.

Sachez enfin qu'une terre n'est jamais parfaite, et surtout, qu'elle évolue en permanence en fonction des plantes qu'elle supporte. Pensez à l'amender et à la fertiliser pour chaque culture, en fonction des espèces que vous désirez installer et de leurs besoins.

La préparation du terrain

La préparation du terrain est un des éléments clés de la réussite d'une culture. Le sol doit être bien travaillé pour que les racines des plantes puissent s'y installer rapidement et y puiser toutes les substances nécessaires. La qualité de la terre d'un jardin est souvent révélatrice de la compétence du jardinier.

ASTUCE TRUFFAUT

Pensez à nourrir et à amender la terre chaque fois que vous la travaillez. C'est la régularité de vos apports de matières organiques fertilisantes qui permet de l'enrichir efficacement et pour longtemps.

Le labour

C'est l'action de retourner la terre. Dans le langage du jardinier, on dit surtout bêchage, puisqu'on utilise plutôt une bêche qu'une charrue. Mais les termes sont synonymes car les résultats sont identiques. Le labour casse la croûte superficielle du sol, ce qui permet à l'air et à l'eau de mieux y pénétrer. Il joue un rôle d'ameublissement en cassant les mottes. C'est un excellent moyen de reconstituer naturellement la flore microbienne. On pratique deux types de labours. Le premier s'effectue à l'automne, sans casser les mottes. C'est le gel qui s'en charge durant l'hiver, assurant ainsi un bon ameublissement en profondeur. Les labours de printemps sont plus superficiels et réalisés en émiettant bien. Ils sont utilisés pour

▲ Le piochage est nécessaire pour les sols durs qui n'ont pas été travaillés depuis longtemps.

la mise en culture immédiate. On profite des labours pour enfouir les amendements organiques et les engrais longue durée. Dans un jardin d'ornement, le labour n'a pas besoin d'être réalisé à la charrue. En revanche, cela peut être utile au potager. Si vous cultivez beaucoup de légumes, pensez donc à vous équiper d'un motoculteur puissant qui puisse labourer, vous ne le regretterez pas.

Le griffage

Pratiqué après le labour, il permet de bien casser les mottes et de renforcer l'ameublissement sur une vingtaine de centimètres de profondeur. On obtient le même résultat avec des outils motorisés en utilisant une fraise qui tourne à grande vitesse. Pour être efficace, le griffage doit être réalisé en croix, c'est-à-dire en passant l'outil dans le sens de la longueur, puis de la largeur du terrain. Un griffage réalisé par une main experte permet de niveler assez précisément le terrain. On utilise aussi cette technique pour enfouir les engrais à action rapide (engrais de couverture) ou les herbicides sélectifs.

▲ Le griffage émiette bien la terre en profondeur tout en extrayant les cailloux.

Le piochage

C'est une tâche rarement évoquée dans les manuels de jardinage, car on considère le plus souvent la pioche comme un outil de terrassier. Vous en aurez assurément besoin lors des travaux d'aménagement de votre jardin. On l'emploie chaque fois qu'il n'est pas possible de pénétrer aisément la terre avec le fer de la bêche. Le piochage est utile pour creuser les fondations des murets, les trous et les tranchées avant la mise en place des haies, des arbres, etc. On a aussi l'habitude de piocher le fond des trous de plantation afin d'augmenter la profondeur de l'ameublissement. Si vous avez du terrain à décaper, remplacez la pioche par une houe qui est un outil au fer large et recourbé : c'est fatiguant mais efficace.

LE SAVIEZ-VOUS ?

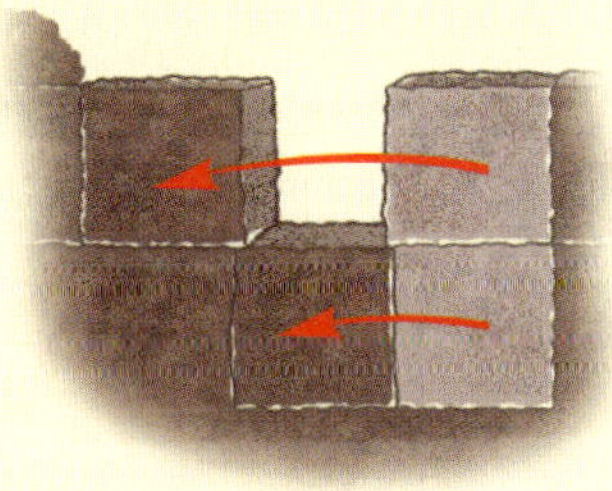

LE DOUBLE BÊCHAGE

Appelée aussi défoncement, cette opération consiste à ameublir le sol sur 40 à 50 cm de profondeur, sans mélanger les couches de terre de nature différente. Travaillez avec une jauge ouverte « en escalier », comme le montre le dessin ci-contre.

LES BONS OUTILS

POUR BIEN PRÉPARER LE SOL

Une motobineuse permet de gagner beaucoup de temps et d'économiser des efforts importants.

La bêche est l'outil de base du jardinier. Elle sert à retourner la terre, découper les bordures, creuser les trous de plantation, etc. On l'appelle « louchet » quand le fer est emmanché avec une douille qui se prolonge par une longue bague sur le manche. Le louchet est conseillé pour travailler les terres lourdes et collantes.

La fourche-bêche est indispensable en sol caillouteux ou dur car il est plus facile de l'enfoncer. On l'utilise aussi pour les labours superficiels dans les massifs (béquillage), afin de ne pas abîmer les racines.

La pioche est employée lors des plantations d'arbres ou d'arbustes, pour creuser les terres compactes et ameublir le fond des trous. Elle sert aussi à l'arrachage. Choisissez un modèle assez léger à fer pointu.

La griffe à quatre dents ou **croc à fumier**. Pour l'ameublissement du sol, il faut utiliser un modèle aux dents fines et arrondies. Les crocs à dents plates servent à défricher.

La pelle à fer arrondi. Elle est très utile pour modeler le sol en arasant les buttes. C'est aussi le meilleur outil pour l'excavation de la terre dans les tranchées et les trous de plantation.

Le ratissage

C'est l'opération de finition lors de la préparation d'un lit de semences. Le ratissage est une action superficielle qui vise à débarrasser la terre des mottes et cailloux qui subsistent après le passage de la griffe. Pour réaliser ce travail efficacement, il faut tenir le râteau aussi verticalement que possible, exactement comme un balai. De cette manière, les dents se retrouvent presque parallèles à la surface et elles ne risquent pas de creuser le sol. Opérez par petits mouvements saccadés d'avant en arrière. Il faut un certain entraînement pour parvenir à une bonne maîtrise.

▲ Le nettoyage des massifs se pratique régulièrement et en toutes saisons.

Les opérations d'entretien

Le jardinage vous semblera bien plus agréable si vous disposez d'une bonne panoplie d'outils à la fois solides, légers et bien adaptés aux différentes opérations à pratiquer dans le jardin. Plusieurs interventions sont à effectuer régulièrement sur le sol.

• **Le nettoyage.** C'est plus un travail de surveillance et d'action ponctuelle qu'une véritable opération à programmer à l'avance. Le nettoyage est composé de multiples petites tâches différentes dont fait partie en premier lieu le désherbage. Nettoyer, c'est couper les parties fanées ou abîmées, arracher les plantes mortes, ramasser les feuilles à l'automne, ôter les déchets de tonte sur la pelouse, brosser les dallages, dépoussiérer la clôture et les meubles de jardin, etc.

• **L'épierrage.** C'est une opération fastidieuse, mais indispensable dans les sols très caillouteux (terres à vigne par exemple). Elle s'effectue manuellement au cours des labours, des griffages et des ratissages. Les petits cailloux peuvent être laissés dans le sol car ils contribuent à sa bonne aération. En revanche, dès qu'ils dépassent 2 cm de diamètre, il faut les éliminer, car ils rendent pénibles les opérations de plantation, de binage et de sarclage. Soyez patient, car les pierres ont tendance à remonter progressivement en surface. Il faut donc plusieurs années avant d'avoir épierré complètement un terrain.

▲ Débarrassez la pelouse des détritus.

▲ Plombez les semis avec le dos du râteau.

• **Le décapage.** Ce travail se réalise à la création du jardin. Il consiste à éliminer la végétation spontanée existante en enlevant le sol sur une épaisseur de 5 à 10 cm environ. On décape aussi les vieilles pelouses envahies de mousse avant de les refaire. La partie éliminée peut être mise à décomposer sur le tas de compost. Dans ce cas, il est bon de faire des couches avec les parties enherbées placées l'une sur l'autre. La terre obtenue après un an est appelée « loam ». Riche et compacte, elle peut entrer pour un tiers dans la composition des substrats pour les géraniums ou les plantes de la maison. Le décapage du sol s'effectue à la houe. C'est un travail assez pénible mais utile. Il est presque toujours nécessaire de faire un apport de terre ensuite. Réalisez-le uniquement après avoir bien labouré le terrain pour qu'il perde sa compacité.

• **Le ratissage.** Nous avons vu un aspect du ratissage dans la partie concernant la préparation du sol (voir ci-dessus). On ratisse également pour l'entretien. Un coup de râteau redonne une nouvelle jeunesse à une allée gravillonnée, il renforce le cachet d'un massif quand il n'y a pas de plantes couvre-sol. Le ratissage fait aussi partie des opérations de nettoyage puisque le râteau est utilisé pour ramasser les feuilles. Sur la pelouse, utilisez un

« balai à gazon ». Il s'agit d'un râteau à dents souples en métal ou en plastique qui ont l'avantage de bien extraire les déchets entre les brins d'herbe, sans les abîmer.

• **Le plombage.** C'est une intervention qui se pratique au moment du semis. Elle consiste à donner de la cohérence au sol en le tassant superficiellement. Pour les semis en lignes dans le potager ou en pépinière, utilisez le dos du râteau, en tapotant doucement sur la terre du lit de semences. Pour les semis en place à la volée, vous pouvez employer un rouleau ou, si la surface est peu importante, une batte en bois. Cet outil en miniature sert également pour la préparation d'un semis en terrine. Il est aussi possible de rouler une bouteille en verre sur le sol, le résultat obtenu est très homogène.

• **Le binage.** C'est l'action de décroûter superficiellement le sol avec une binette, une griffe à trois dents ou un cultivateur. C'est une opération importante qui permet l'aération de la terre au niveau des racines. Un binage est aussi indispensable avant un arrosage en été afin que l'eau ne ruisselle pas sur le sol. L'intérêt du binage est mis en évidence par l'adage souvent vérifié : « un binage vaut deux arrosages ». Pour prolonger l'effet du binage, il est bon de pailler le sol après.

• **Le sarclage.** Souvent confondu avec le binage, il utilise les mêmes outils, mais son but est d'éliminer les mauvaises herbes en les sectionnant au niveau du collet. Il est conseillé ensuite de passer le râteau afin d'extraire les adventices éliminées. En effet, certaines sont si coriaces qu'elles parviennent à s'enraciner de nouveau si on les laisse sur le sol. Un ratissage permet aussi de laisser le sol avec un aspect impeccable après le sarclage. Il est bon de sarcler les mauvaises herbes dès leur levée pour un résultat plus efficace et une intervention moins pénible. Comptez trois sarclages par an dans les massifs d'arbustes : en mai, en juin et en septembre, mais jusqu'à un par mois dans les jardins de vivaces ou le potager.

• **Le fraisage.** C'est un travail effectué à la motobineuse. Il regroupe en une seule action les interventions de binage, de sarclage et même de labour et d'émiettage, selon la profondeur à laquelle on l'effectue. Plus les couteaux rotatifs de la machine tournent vite et plus la terre est émiettée finement. Pour des raisons pratiques, on fraise surtout le potager, le pied des arbres fruitiers et toutes les cultures en alignement. Il faut éviter de réaliser ce travail près des plantes à racines traçantes et superficielles. Méfiez-vous aussi des risques de propagation des mauvaises herbes vivaces comme le liseron ou le chiendent. Elles sont multipliées par le fraisage qui, en hachant les racines, les transforme en une multitude de petites boutures qui ne manquent pas de bourgeonner dans les semaines suivantes.

LES BONS OUTILS

▼ POUR ENTRETENIR LE JARDIN

La binette se caractérise par sa lame plate reliée au manche en bois avec un col de cygne. Elle sert à décroûter le sol et à sarcler les mauvaises herbes.

Le râteau sert à réunir les déchets et à niveler la terre en finesse.

La griffe à trois dents sert à aérer le sol entre les plantations. C'est aussi un bon outil désherbeur car elle permet de bien soulever les racines, et donc d'arracher la plante dans son ensemble.

Le cultivateur est une griffe dont les dents sont terminées par des socs en forme de fer de lance. La plupart des modèles sont modulables. Ils peuvent s'équiper de une, de trois ou de cinq dents, selon le travail à effectuer.

La ratissoire est destinée au sarclage des mauvaises herbes. On l'utilise en poussant, à l'inverse de la binette qui demande un effort de traction. C'est un outil idéal pour l'entretien des allées.

▲ Le binage décroûte la surface du sol.

▲ Sarclez des mauvaises herbes à la binette.

▲ Le fraisage émiette la terre et bine.

L'amélioration physique du sol

Quand la technique d'amélioration structurelle d'un sol se traduit par l'incorporation dans la terre de diverses substances permettant un meilleur équilibre de la structure, on parle d'amendement. Cette opération a pour but de faire varier le pourcentage des principaux constituants de base du sol.

ASTUCE TRUFFAUT

Les feuilles constituent une excellente matière première pour le compost. Utilisez seulement celles des arbres et des arbustes bien sains. Par précaution, ne compostez pas les feuilles des rosiers et des fruitiers qui peuvent renfermer des germes de maladies.

L'amendement permet à une terre d'être moins compacte, plus fine ou plus granuleuse, d'offrir une meilleure rétention de l'eau et des éléments fertilisants, de se dessécher moins rapidement l'été, d'être plus facile à travailler, etc. Le but étant d'aboutir à la presque mythique « terre franche », dont rêvent tous les jardiniers.

La terre franche contient 65 % de sable, 20 % d'argile, 10 % de calcaire et 5 % d'humus. C'est en quelque sorte la terre idéale, un peu comme celle des grandes plaines limoneuses du nord de la France ou de certaines régions céréalières. Mais l'amendement ne suffit pas à obtenir une terre franche. Il faut aussi travailler le sol de manière à bien l'ameublir, l'aérer, le décompacter, l'émietter. Labour, griffage, épierrage, émiettage, roulage, mais aussi, dans des cas extrêmes, sous-solage et drainage entrent dans les opérations d'amélioration physique du sol. On nomme plus communément ces interventions des « façons culturales ».

Ces façons culturales font également partie des opérations courantes d'entretien du jardin, mais elles servent aussi à l'incorporation des amendements dans le sol.

Les amendements organiques

Ce sont les plus importants, car ils concernent tous les types de terres, excepté les sols forestiers ou humifères. Les amendements organiques ont pour but essentiel d'apporter de l'humus. Ce dernier va desserrer l'argile, donner du corps aux terres légères en agglomérant les grains de sable. Il va agir comme une éponge pour constituer des réserves d'eau et apporter une quantité importante de micro-organismes indispensables à la fertilité. On utilise différents amendements organiques.

• **Le fumier.** C'est le produit ancestral à tout faire du jardinier. Constitué par les litières des animaux d'élevage, il présente des différences de qualité notoires selon sa provenance, mais contient en moyenne de 28 à 30 % de matière organique. Le fumier de mouton est le plus riche, suivi de celui de cheval. On utilise surtout le fumier de bovin, qui est plus facile à se procurer, mais aussi le moins concentré en matières fertilisantes.

Le fumier doit toujours être utilisé après un compostage de six mois minimum. De cette manière, il ne risque pas de brûler les cultures, ni d'entraîner de pourritures, du fait de sa décomposition incomplète. On trouve dans le commerce des fumiers en sacs, prêts à l'emploi. Certains sont même présentés sous forme de granulés déshydratés, pour une utilisation plus pratique. La dose moyenne à utiliser est de 300 à 600 g par m², selon l'état du sol à améliorer.

• **Les composts.** On englobe sous ce terme, un peu galvaudé, tous les produits de la décomposition de résidus divers : herbe, feuilles, paille, algues, branchages, écorces pour les produits les plus nobles, mais aussi parfois détritus ménagers. Méfiez-vous des composts dont l'origine n'est pas précisée dans les moindres détails. En effet, il y a des tentatives de commercialisation de certaines boues organiques en provenance de stations d'épuration ou d'usines de traitement des ordures ménagères. Ces produits sont tout à fait impropres à un bon amendement du jardin, car ils contiennent des éléments toxiques.

Vous pouvez réaliser votre propre compost en entassant les déchets de la tonte du gazon, les feuilles mortes, les épluchures de légumes, les litières de la basse-cour, les résidus de grande taille passés au broyeur, etc. Constituez des couches de 20 cm d'épaisseur environ, intercalées avec de la paille. Tassez bien le tout et arrosez avec un produit activateur (en général du sulfate d'ammoniaque) à la dose de 1 kg par m³ de déchets. Vous obtiendrez un compost utilisable en 8 à 12 mois. Pensez à le tamiser avant de l'incorporer à la terre du jardin, à la dose de deux à trois pelles par m².

• **Les amendements composés.** En théorie, on pourrait leur donner le nom de compost, puisque la définition de ce terme est un mélange de matières organiques de provenances différentes. Mais ces produits associent dans leur composition du fumier, de la tourbe, des algues, des écorces, ce qui les classe un peu à part, car ils ont en plus de leur rôle d'amélioration physique du sol une influence réelle sur la fertilisation. On pourrait aussi les appeler les reconstituants du sol par l'effet tonique qu'ils apportent aux cultures. Ces produits naturels mais concentrés s'utilisent à la dose moyenne de 500 g par m². Employés régulièrement, ils procurent un effet bénéfique, spectaculaire dans le jardin et stimulent la croissance des plantes.

Les amendements calcaires

Destinés aux sols sableux et humifères, ils peuvent aussi être employés en terres argileuses, car le calcaire a un rôle décoagulant. On désigne en général l'apport calcique sous le terme générique de chaulage.

La chaux éteinte est la forme la plus économique. On l'emploie à la dose moyenne de 100 g par m², soit environ trois à quatre poignées. Ce produit doit être enfoui dans le sol par un griffage ou le passage d'une motobineuse. Il existe aussi dans le commerce des amendements calcaires cristallisés, d'emploi plus pratique. Il ne faut pas abuser des chaulages qui, selon le dicton populaire « enrichissent le père et ruinent le fils ». En effet, il y a un risque de déséquilibrer le pH et surtout de provoquer un déséquilibre dans les réserves d'azote. Les amendements calcaires présentent l'inconvénient d'accélérer certaines combinaisons chimiques, qui libèrent des quantités d'azote trop importantes que les plantes ne peuvent assimiler.

▲ Incorporez au sol un bon amendement organique, avant chaque mise en culture.

▲ Le fumier doit toujours s'utiliser bien décomposé pour éviter les maladies.

Les engrais

Appelés aussi fertilisants, les engrais sont la nourriture des plantes. Ils jouent un rôle sur la chimie de la terre, en augmentant la quantité de sels minéraux disponibles. Les plantes absorbant toujours leur nourriture sous forme dissoute, les engrais doivent donc être solubles dans l'eau.

ASTUCE TRUFFAUT

Les perles d'engrais caractérisées par leur membrane poreuse, libèrent lentement les matières fertilisantes selon la température ambiante et de l'humidité du sol. Ce sont des engrais sans risques, à utiliser en une seule application par an.

La plupart des engrais du commerce sont des produits composés des trois substances principales : azote (N), acide phosphorique (P) et potasse (K). On les appelle « engrais complets ». Il existe aussi des engrais dits « simples » qui renferment une seule substance. C'est le cas de la corne torréfiée (12 % d'azote), du sang desséché (10 % d'azote), du sulfate d'ammoniaque (21 % d'azote) ou du sulfate de potassium (50 % de potasse).

Les engrais s'utilisent lors de la plantation pour créer une réserve nutritive dans le sol. Ils sont aussi apportés au printemps pour aider au départ de la végétation. Respectez les conditions d'application et les dosages indiqués.

▲ On jette les engrais en granulés en pluie fine sur le sol.

Les différents types de compositions

• **Les engrais organiques.** Ils proviennent de substances issues de matières vivantes : la corne, le sang, les tourteaux, les déchets de cuir ou de plumes, le guano, etc. Leur action est lente car ils doivent subir une transformation par les micro-organismes du sol pour devenir assimilables.

• **Les engrais minéraux.** Ils proviennent de substances minérales puisées dans le sol comme les gisements de potasse ou les phosphates naturels.

• **Les engrais organo-minéraux.** Associant des substances minérales et organiques, ils ont une action progressive et présentent souvent l'avantage d'être bien tolérés par les plantes (pas de risque de brûlure).

• **Les engrais de synthèse.** Appelés engrais chimiques, ce sont les plus utilisés, parce qu'ils permettent un dosage précis, avec des formulations adaptées aux besoins spécifiques des cultures. Ils présentent l'avantage de pouvoir être enrichis en oligo-éléments et en substances de complément comme la magnésie. Certains engrais sont aussi associés à des insecticides ou à des désherbants pour gagner un temps précieux dans l'application.

Les différents types d'actions

• **Les engrais « coup de fouet ».** Ce sont des produits contenant de l'azote sous forme nitrique dont l'efficacité est instantanée. Ils s'emploient au printemps pour stimuler la croissance des jeunes plantes.

• **Les engrais à action prolongée.** Ce sont les formulations les plus courantes, qui contiennent de l'azote sous forme nitrique et ammoniacale. La fertilisation se prolonge sur une période plus ou moins longue, qui peut atteindre trois mois et plus pour les engrais de fond que l'on incorpore au moment des labours ou à la plantation.

• **Les engrais longue durée.** Ils possèdent une formulation complexe de l'azote qui se libère lentement dans le sol au fur et à mesure des besoins de la plante. Ce sont des engrais d'entretien pratiques car une application par an est suffisante.

▲ L'engrais universel est d'un emploi pratique et simple sur toutes les cultures.

Les différentes présentations

La plupart des engrais sont présentés sous forme de granulés que l'on jette en pluie fine sur le sol. Ils sont enfouis par un léger griffage. Il est bon de prévoir un arrosage si le sol est sec afin d'éviter les risques de brûlure.

• **Les engrais liquides.** Ils sont très prisés pour les plantes d'intérieur et la fertilisation des bacs et des jardinières. En général, ils doivent être dilués avant l'emploi. Les engrais liquides sont appliqués en moyenne une fois par semaine, après un arrosage à l'eau claire pour éviter les risques de brûlure. Vous pouvez aussi réduire la dose à un bouchon d'engrais pour 10 litres d'eau et utiliser cette solution à chaque arrosage. C'est très efficace et sans risque.

Connaître

QUELQUES CONSEILS

Les boîtes d'engrais portent des mentions qui vous permettent de mieux comprendre la destination du produit. Les trois chiffres indiqués dans la composition représentent le pourcentage des trois éléments principaux : N (azote), P (phosphore) et K (potassium), toujours exprimés dans cet ordre. Il peut y avoir aussi du soufre, de la magnésie, des oligo-éléments. Le reste n'est que le support du produit, destiné à faciliter son application. Il est plus aisé de répartir une poignée de granulés sur 1 m^2 que l'équivalent d'une cuillère à café ! La comparaison des concentrations avec le prix de vente peut vous donner une bonne idée de la compétitivité du produit, par rapport à une marque concurrente. Mais il faut aussi tenir compte de la technologie, par exemple les engrais longue durée qui ne demandent qu'une application par an sont forcément plus chers.

▲ Les engrais présentés sous forme de poudre soluble ou de micro-granulés.

• **Les engrais solubles.** Ce sont des poudres ou des cristaux que l'on dissout dans l'eau. Ils se caractérisent par une forte concentration, d'où une grande efficacité. Il est nécessaire de bien remuer la solution, afin de bien dissoudre le produit avant l'emploi. Une variante est la pastille effervescente qui se délite seule dans l'eau.

• **Les engrais en bâtonnets.** Ils sont réservés aux plantes en pots et en jardinières. Ils sont très faciles d'emploi puisqu'il suffit de piquer le bâtonnet dans le sol au bord du pot, pour fertiliser la plante pendant deux à trois mois. Leur défaut est la localisation du produit et les risques de contact direct avec les racines. C'est pourquoi il est préférable de les utiliser sur des plantes récemment rempotées.

• **Les engrais foliaires.** Ce sont des liquides ou des poudres solubles qui sont appliqués en pulvérisation directe sur le feuillage qui les absorbe. Ces engrais offrent l'avantage d'être bien tolérés par les plantes les plus fragiles, en particulier les orchidées et les broméliacées. Ils sont aussi très intéressants pour certains légumes comme les concombres, les melons, les tomates et les aubergines.

Nous vous conseillons de stocker vos engrais dans un local sombre, sec et frais. Conservez-les toujours dans leur emballage d'origine et veillez à bien refermer la boîte ou le bidon après usage pour que le produit conserve toutes ses propriétés. Placez-les hors de portée des très jeunes enfants.

Les engrais spécialisés

Pour faciliter la tâche du jardinier amateur, les fabricants d'engrais ont décliné des gammes complètes de produits destinés à des cultures spécifiques. On trouve ainsi des engrais gazons, rosiers, géraniums, conifères, légumes, plantes vertes, plantes fleuries, fruits, fraisiers, agrumes, tomates, cactées, orchidées, hortensias, etc.

Chacun de ces produits est dosé selon les besoins spécifiques de la plante. Ainsi, les engrais tomates et fraisiers sont plus riches en potasse, les engrais gazons forcent sur l'azote, les engrais rosiers contiennent toujours de la magnésie, etc. Cependant ne croyez pas qu'un engrais géraniums est incompatible avec d'autres cultures. Vous pouvez parfaitement l'utiliser sur toutes les fleurs du balcon et même dans les massifs d'annuelles ou de vivaces du jardin. Le titre du produit est seulement indicatif, il n'a rien de restrictif.

Par exemple, vous pouvez fort bien utiliser les engrais fraisiers pour tous les types de productions fruitières, surtout pour les arbustes à petits fruits comme les framboisiers, groseilliers et cassissiers. Les engrais tomates conviennent idéalement aux melons, aubergines, poivrons, concombres, courges et potirons. Les engrais hortensias présentent la particularité de ne pas contenir de substances alcalines. Ils vont bien pour toutes les plantes de terre de bruyère et les espèces acidophiles comme les magnolias et les camélias par exemple. Les engrais conifères sont aussi utilisables sur tous les arbres d'ornement. Les engrais rosiers conviennent aussi très bien aux arbustes à fleurs, etc. Tous ces engrais s'utilisent de préférence en entretien sur les plantes déjà bien installées.

• **Les engrais universels.** Appelés aussi « engrais complets » dans certaines marques, ils ont surtout pour but l'amélioration générale du terrain avant la mise en culture. Ce sont des produits souvent avantageux sur le plan financier, et dont l'action est assez progressive. Ils complètent la fumure organique au moment de la plantation. On les appelle parfois « engrais de fond » parce qu'ils sont incorporés plus profondément dans le sol que les engrais d'entretien. Ces derniers prennent le nom d'« engrais de couverture ».

• **Les engrais insecticides.** On les trouve sous forme de bâtonnets pour les plantes de la maison, mais aussi en « engrais traitement du sol », très pratiques pour éliminer les larves d'insectes lors de la préparation des lits de semences des planches potagères ou des massifs. Ces produits ont une action préventive. Il existe aussi des formulations « engrais insecticide du sol fraisiers » qui ont les mêmes applications.

• **Les engrais désherbants.** Ils concernent surtout les produits pour le gazon. Ces produits associent un engrais complet et une ou plusieurs matières actives désherbantes qui détruisent les mauvaises herbes à larges feuilles, tout en préservant les graminées. L'avantage est de réaliser deux opérations en une seule application. Pour une bonne efficacité, ces produits ne doivent pas être appliqués avant la mi-avril. En effet, la destruction des mauvaises herbes s'opère mieux quand elles sont en pleine végétation. Précaution importante : appliquez le produit sur un sol humide pour éviter les brûlures. Certaines formulations mixtes (engrais et désherbant) existent aussi pour les arbustes et les rosiers. Elles doivent être appliquées sur un sol exempt de mauvaises herbes, car le principe actif du désherbant veille à empêcher la levée des adventices.

• **Les engrais antimousse.** Ce sont des produits destinés au gazon. La plupart contiennent entre 20 % et 30 % de sulfate de fer ajouté à un fertilisant azoté. L'avantage est que la mousse est éliminée en même temps que la croissance du gazon est stimulée. Cela permet à ce dernier de reconquérir l'espace laissé libre par la mousse détruite. On applique le produit à la fin de l'hiver ou en automne. Les plus sophistiqués des produits composés ajoutent un antimousse à un engrais désherbant gazon pour une triple action. Il existe des produits à quadruple action avec engrais rapide, engrais longue durée, désherbant et antimousse.

• **Les engrais bleuissants.** Ils sont réservés aux hortensias dont on souhaite obtenir des fleurs d'un bleu parfait. Ils peuvent être utilisés en pots ou en pleine terre. La matière fertilisante est additionnée d'oligo-éléments qui bleuissent les fleurs.

• **Les engrais reverdissants.** Destinés aux plantes de terre de bruyère et aux espèces qui craignent le calcaire (certains rosiers, les poiriers, etc.), ils contiennent, en plus des fertilisants, du chélate de fer, la seule matière vraiment efficace contre la chlorose.

Connaître

LES ENGRAIS VERTS

Un engrais vert occupe le terrain.

La technique des engrais verts consiste à cultiver des plantes à croissance rapide et à les enfouir dans le sol à l'apogée de leur croissance. C'est un moyen rapide et facile d'enrichir le sol en azote et en humus. On utilise le plus souvent des légumineuses (trèfle violet, vesce, pois fourrager, trèfle incarnat, lupin blanc, féverole, etc.) en raison de leur faculté à fixer l'azote atmosphérique sur les nodosités de leurs racines. D'autres plantes comme la moutarde, le sarrasin, la navette ou le radis fourrager sont aussi employées. Il est possible de semer au début du printemps pour enfouir l'engrais vert en fin d'été, ou de semer en été pour un enfouissement au début du printemps suivant. Ce dernier s'effectue en pleine période de floraison, les plantes possédant à ce moment un maximum de réserves nutritives. Fauchez-les avec une tondeuse puissante, puis passez un motoculteur muni d'une charrue. Un véritable labour est préférable à un retournement du sol par une fraise ou une motobineuse.

La pratique des engrais verts est une bonne façon de réaliser une jachère dans un jardin potager, ou de fertiliser un verger. Cette technique remplace avantageusement les apports de fumier quand ce précieux produit n'est pas disponible.

Quelques conseils d'emploi

La grande majorité des engrais proposés dans le commerce sont prêts à l'emploi. Seuls les engrais solubles ou liquides doivent être dilués avant leur application. Pour les plantes en pots, la fréquence des apports d'engrais avec un dosage standard est au maximum d'un arrosage sur deux, ou d'une fois par semaine. Les plantes délicates ou les moins gourmandes, comme les orchidées, les broméliacées, les cactées et plantes grasses par exemple, n'ont besoin que d'une fertilisation mensuelle. Les apports d'engrais sur les cultures se font uniquement pendant la période de végétation. Toutefois, il est bon d'incorporer des engrais de fond au moment des labours d'automne ou de la préparation du sol pour les semis et les plantations. Les doses sont le plus souvent indiquées en grammes sur les paquets. Pour une bonne utilisation pratique, on peut estimer qu'une poignée représente entre 30 g et 50 g environ. L'engrais ne doit pas être apporté sur les jeunes semis et les plantes nouvellement rempotées ou plantées. Attendez en moyenne un mois avant de fertiliser. Même chose pour les sujets malades ou ayant subi un problème végétatif (coup de froid, brûlure, taille sévère, etc.). Fertilisez de préférence le matin quand le sol est humide de rosée. Enfouissez toujours les granulés par un griffage superficiel, puis arrosez.

▲ Dosez l'engrais foliaire dans le pulvérisateur.

▲ L'engrais « rosiers » contient de la magnésie.

▲ Fertilisez les bulbes pendant la floraison.

LES GESTES DE BASE

Sous le terme de « jardinage », on englobe généralement l'ensemble des gestes, des plus simples aux plus complexes, qui permettent de créer un jardin et de prodiguer tous les soins nécessaires à la bonne santé des plantes qui le composent. De la plantation à la taille, en passant par l'arrosage, les semis, le bouturage, le greffage, le marcottage et la récolte, les techniques fondamentales, si elles paraissent complexes au débutant, ne sont finalement pas si difficiles à maîtriser lorsqu'on en connaît les impératifs de base et que l'on dispose des outils adéquats.

Si la création d'un jardin représente une mise en œuvre assez considérable, avec des efforts physiques importants et des investissements conséquents, l'entretien est surtout affaire d'observation. La tâche principale du jardinier consiste à maintenir l'équilibre fragile des plantations en veillant à leur bonne santé générale et à ce que les espèces les plus vigoureuses n'éradiquent pas les plus faibles. En vous promenant régulièrement dans votre jardin et en observant attentivement vos plantations, vous saurez d'instinct ce qu'il est nécessaire de faire, et à quel moment. Couper une fleur fanée ou un rameau mort, arracher une mauvaise herbe deviennent ainsi autant de gestes agréables et gratifiants, puisqu'ils assurent la pérennité de vos compositions. Au fil des saisons, vous prendrez le pouls de votre jardin et apprendrez à bien connaître les différentes espèces dont il est composé, ainsi que les soins qui sont nécessaires à chacune d'elles.

La plantation

Planter est une des opérations de jardinage les plus agréables et les plus valorisantes. Le contact simultané avec la terre et le végétal est très gratifiant, d'autant que les résultats sont souvent rapides. Planter c'est facile, mais une bonne connaissance des différentes techniques augmentera considérablement vos chances de réussite.

ASTUCE TRUFFAUT

Plus une plante est jeune et tendre et plus elle est sensible au dessèchement liée à l'évaporation naturelle. Lors du repiquage des plantules de légumes à racines nues (choux, poireaux et salades), supprimez une partie du feuillage (environ 1/3) pour réduire la surface d'évaporation. C'est ce que l'on appelle « l'habillage » en langage jardinier.

La bonne époque

« À la Sainte Catherine, tout bois prend racine »! Cet adage né de la sagesse populaire a été quelque peu oublié ces dernières années. C'est bien dommage, car les plantes mises en terre durant la période de repos végétatif (d'octobre à début mars) ont suffisamment de temps pour s'installer confortablement et pour démarrer avec plus de vigueur au printemps. Mettez en place en automne tous les arbres et les arbustes caducs, les rosiers, les grimpantes, les plantes vivaces, les bulbes à floraison printanière. En revanche, mieux vaut attendre le printemps pour les espèces fragiles et frileuses, les arbustes à feuillage persistant, les bulbes à floraison estivale, les fleurs annuelles. Quant aux conifères et aux rhododendrons ils apprécient une plantation en septembre et octobre.

▶ Un bon apport de terreau favorise la reprise.

▲ Démêlez les racines avec une fourchette si la motte est serrée et forme un chignon.

▲ Placez l'arbuste au centre du trou, la partie supérieure de la motte légèrement enterrée.

▲ Avec le pied, tassez bien autour de la plante pour lui offrir une très bonne assise.

Quelques bons conseils

Plantez de préférence par temps brumeux, frais, mais hors gel, et si possible sans vent. Opérez dans le milieu de la matinée, lorsque le sol s'est un peu réchauffé et avant les premiers rafraîchissements de la soirée.

Tenez compte de la croissance future de vos arbres. Ceux que vous achetez sont encore des « bébés » et ils vont prendre de l'ampleur. Éloignez de la maison et des bâtiments, les espèces à port étalé ou évasé et à racines traçantes (saules, peupliers).

Faites si possible livrer les arbres, et ne les transportez pas sur le toit de votre voiture. À 130 km/h, une température de 0 °C équivaut à -8 °C environ, d'où des risques importants de lésions.

Tout arbre doit être attaché à un support solide placé face aux vents dominants. Plantez le tuteur dans le trou avant la mise en place. Ne serrez pas trop les liens autour du tronc car il va grossir.

Pour une plantation bien réussie, enterrez la motte ou la partie haute des racines de 1 à 5 cm. Vérifiez que les tiges et les troncs soient plantés bien droit, sinon, leur croissance sera ralentie. Attachez un petit caillou au bout d'une ficelle pour constituer un fil à plomb fort pratique.

- **La haie.** La plantation sur un film de paillage (en plastique ou en fibres naturelles) permet d'économiser 30 % d'eau d'arrosage et d'éviter l'invasion rapide par les mauvaises herbes.
- **Les plantes greffées.** Enterrez le bourrelet (point de greffe) de 3 à 5 cm.
- **Les plantes grimpantes.** Disposez les racines à plat, dans un sol meuble et riche. Le long d'un treillage, dirigez les rameaux en éventail, pour leur offrir le meilleur ensoleillement possible. Sur un pylône, ils seront enroulés en spirale.
- **Les vivaces caduques (souche enterrée) et les bulbes.** Repérez-les avec une étiquette en bois ou en plastique, qui portera à l'encre indélébile l'inscription du nom complet et de la couleur de chaque espèce.

Les différentes plantations

Selon les plantes, les époques et les méthodes de culture,ainsi que la présentation du végétal dans le commerce et sa technique de plantation peuvent varier sensiblement.

- **Racines nues :** les plantes cultivées en pleine terre sont présentées avec leurs racines à l'air libre. Il faut les mettre en place durant la période de dormance, après avoir praliné les racines.
- **Motte :** les plantes cultivées en plein champ sont arrachées avec un bloc de terre qui entoure les racines. Il faut les mettre en place seulement durant la période de dormance.
- **Conteneur :** les plantes sont élevées et vendues dans un récipient en plastique qui renferme toutes leurs racines. On peut les planter toute l'année.
- **Prêt à planter :** les plantes ont les racines protégées dans de la tourbe tenue par un filet biodégradable, pour une plantation instantanée et facile durant la période de dormance.

LES BONS OUTILS

PLANTOIR OU TRANSPLANTOIR ?

Le plantoir est un outil fusiforme à l'extrémité pointue, fabriqué entièrement en métal ou bien en bois, avec la pointe renforcée de métal. Le transplantoir est une sorte de « pelle » miniature, dont il existe des modèles forgés avec un manche en bois, qui permettent de travailler dans les sols les plus durs.

Le plantoir est utilisé pour le repiquage des plants à racines nues (surtout les légumes) et pour la plantation des petits bulbes (crocus, anémone, scille, oignon blanc, etc.). Le transplantoir permet de creuser un trou plus large pour la mise en place des jeunes plants présentés en motte. Dans un sol meuble, plantez l'outil verticalement, tirez vers vous, glissez la plante dans le trou, et le tour est joué !

▲ Ameublissez le fond du trou, puis épandez un engrais de fond à action lente.

▲ Dépotez délicatement les plantes présentées en conteneurs. La motte ne doit pas se briser.

▲ Fixez d'abord le tuteur dans le sol pour éviter de blesser les racines de l'arbre.

Les étapes de la réussite

• **1.** Désherbez, puis creusez un trou, de 1 m de diamètre et 80 cm de profondeur pour un arbre, 60 cm de côté et 50 cm de profondeur pour un arbuste, 40 cm pour un rosier. Laissez le trou à l'air libre durant deux à trois semaines, pour que le sol s'aère en profondeur et profite d'un ameublissement naturel.

• **2.** Émiettez la terre qui a été retirée du trou. Débarrassez-la des cailloux, des morceaux de racines et autres débris. Si le sol d'origine est lourd et collant, mélangez-le en quantités égales avec du sable de rivière grossier, de la tourbe et un fertilisant organique à base de fumier et d'algue. Dans une terre légère et sableuse, incorporez seulement l'amendement organique, à raison de 300 à 500 g environ par plante.

• **3.** Plantez solidement un tuteur et haubannez-le. C'est obligatoire pour tout jeune arbre de plus de 1 m de haut et pour les conifères.

• **4.** Si l'arbre ou l'arbuste est présenté à racines nues, taillez les racines pour éliminer les parties abîmées ou mal positionnées, équilibrer leur longueur et en rafraîchir l'extrémité, c'est l'habillage.

• **5.** Plongez les racines nues dans un pralin. Il s'agit d'une bouillie organique qui forme une enveloppe superficielle, empêchant les racines de se dessécher et facilitant la reprise. Fabriqué autrefois avec de la bouse de vache et de la terre glaise, le pralin se prépare maintenant à partir de produits du commerce à diluer dans l'eau, ou à défaut, en mélangeant dans un seau d'eau un peu de terre et une poignée d'engrais organique.

• **6.** Avec les plantes en conteneur, dégagez la motte en frappant le pot tout autour, puis faites-la tremper dans un seau d'eau, jusqu'à ce qu'il ne s'échappe plus de bulles d'air. Ceci indique alors que la terre est bien réhydratée. Procédez de même si la plante a été vendue avec une motte enveloppée d'un filet.

• **7.** Si les racines sont très emmêlées et forment un « chignon », effilochez-les avec les dents d'une griffe et passez dessus la lame du sécateur pour les libérer et leur permettre de bien redémarrer une fois en terre. Un gros chignon de racines, qui occupe toute la partie inférieure de la motte, sera éliminé.

• **8.** Jetez de la terre bien émiettée au fond du trou pour qu'elle forme un dôme permettant aux racines de se retrouver à la bonne profondeur.

• **9.** Positionnez la plante au milieu du trou et disposez les racines en position naturelle, bien étalées tout autour ou bien posez la motte à plat sur la terre.

• **10.** Remplissez le trou avec le reste de la terre, en faisant glisser les particules entre les racines car il ne faut pas laisser de poches d'air. Au besoin, aidez-vous d'un bâton.

• **11.** Tassez avec la main ou le pied, sans trop compacter le sol, puis creusez une petite cuvette au pied de la plante.

LE SAVIEZ-VOUS ?

DISTANCES DE PLANTATION

La grande majorité des nouvelles plantations concernant des jeunes plantes, vous devez tenir compte de leur développement futur afin de ne pas les planter trop serrées. Font exception les bulbes à fleurs et les plantes de haies qui gagnent à former des ensembles compacts. Pour une approche rapide et pratique, considérez que le bon écartement est compris entre le quart et la moitié de la hauteur adulte, soit de 5 à 10 m pour un érable. Attention à la législation, qui impose de respecter une distance de plantation minimale par rapport à la limite des propriétés. Elle est de 2 m si les plantations risquent de dépasser 2 m de hauteur et de 50 cm pour les végétaux de moins de 2 m de haut à l'âge adulte. Placée sur la ligne séparative entre votre terrain et celui du voisin, la haie sera toujours considérée comme mitoyenne.

▲ Tout en maintenant l'arbre bien droit, recouvrez les racines de terre légère.

▲ Tassez au pied pour faire pénétrer les particules de terre. Formez une cuvette.

▲ Arrosez copieusement dans la cuvette et attachez l'arbre au tuteur sans le serrer.

• **12.** Une fois la plante en place, taillez les plus grandes branches pour équilibrer la ramure, éliminer les pousses en excès ou en surnombre. Ne les réduisez pas de plus d'un tiers de leur longueur.

• **13.** Arrosez abondamment (comptez au moins 10 l pour un arbuste ou un rosier, le double pour un arbre).

• **14.** Attendez deux ou trois jours pour attacher le tronc le long du tuteur. Utilisez un lien assez souple, par exemple du métal capitonné de mousse, pour ne pas blesser l'écorce.

Cas particuliers

Voici des conseils spécifiques pour chaque grand groupe de plantes.

• **Arbres et conifères.** Plantés en automne, ils ancrent profondément leurs racines dans le sol, pour une meilleure vigueur. Dans les régions froides, attendez le printemps pour mettre en place les conifères.

• **Arbustes.** Plantez en automne les espèces à feuillage caduc, afin qu'elles aient le temps de bien s'enraciner, ce qui leur permettra un démarrage précoce. Dans les régions au climat doux, plantez aussi les persistants. Ailleurs attendez le début du printemps.

• **Fruitiers.** En les plantant à l'automne, vous gagnez un an, avec une fructification dès la saison suivante, pour les arbres âgés de trois ans au moins.

• **Grimpantes.** Contrairement à une idée reçue, les lianes sont assez lentes à s'installer. Plantez-les en automne, vous gagnerez en vigueur et en précocité, d'où une bien meilleure croissance dès le printemps suivant. Les espèces frileuses comme la bignone ou l'aristoloche seront plantées au printemps.

• **Haies.** Plantez dès le début de l'automne les espèces à feuillage persistant pour un effet immédiat. Déjà bien installées à l'entrée de l'hiver, les plantes pourront jouer instantanément leur rôle de brise-vent et de protection du jardin. Un avantage appréciable.

• **Rosiers.** Ils gagnent à être installés dans les massifs le plus tôt possible à l'automne, pour passer l'hiver sans encombre et bien s'enraciner. Ils se montrent ensuite plus vigoureux, plus florifères et plus résistants aux maladies, et offrent une floraison plus précoce.

• **Terre de bruyère.** Pour isoler azalées et rhododendrons du calcaire qui les fait jaunir, tapissez le trou de plantation avec un feutre jardin et remplissez-le avec de la terre de bruyère pure.

LE BON GESTE

PLANTER UN ROSIER À RACINES NUES

Même si les présentations en conteneurs et en « prêt à planter » sont de plus en plus courantes, encore une majorité de rosiers sont vendus à racines nues dans un sachet illustré de la photographie de la variété.

Plantez tant que les bourgeons ne se sont pas développés. Si les racines donnent l'impression d'être sèches, plongez le rosier dans un seau d'eau durant toute une nuit.

1. Après avoir creusé un trou de plantation et bien amélioré la terre (nombre de rosiers craignant le calcaire, il est bon de faire un généreux apport de terreau), pralinez les racines en veillant à ce que toute la partie souterraine, jusqu'au collet, soit complètement recouverte d'une bonne couche de cette bouillie organique qui stimule le développement des radicelles.

2. Chez les rosiers tiges, il est souvent nécessaire d'éliminer les racines qui se forment au niveau du bourrelet de greffe (phénomène d'affranchissement). Sans cette précaution, vous provoquerez le développement d'un grand nombre de gourmands qui risquent d'épuiser la plante.

Après la plantation, arrosez et paillez le pied.

L'eau et l'arrosage

Comme tous les êtres vivants, les plantes sont constituées en grande majorité d'eau. Certaines espèces herbacées contiennent plus de 90 % de liquide dans leurs tissus. Il est donc légitime qu'elles en manifestent le besoin auprès du jardinier par des besoins d'arrosage très réguliers.

ASTUCE TRUFFAUT

Pour tester facilement la bonne humidité d'un sol, il suffit d'enfoncer un piquet à 20 cm de profondeur. S'il ressort sans être couvert de terre, c'est qu'il y a sécheresse.

Association de deux atomes d'hydrogène et d'un atome d'oxygène, l'eau est le constituant principal de la matière végétale. Elle entre pour 60% dans la constitution des tissus ligneux (le bois) et pour 80% dans la masse des feuilles. Les fruits très juteux, comme les tomates, sont constitués de plus de 95% d'eau. Même les graines en apparence très sèches renferment entre 10 % et 15% d'eau. La plante absorbe de l'eau par ses racines qui agissent comme des pompes naturelles. Elle en perd par transpiration à travers les pores (lenticelles) de ses feuilles et de ses tissus souples. On estime qu'un grand arbre de 20 m de hauteur évapore annuellement 1 000 tonnes d'eau, ce qui représente des besoins journaliers énormes.

L'art de s'adapter

Toutes les plantes n'ont pas les mêmes besoins en eau, loin s'en faut. En fait, la plupart ont mis au point d'ingénieux systèmes pour se protéger contre la dessiccation. Un des plus simples est l'écorce des arbres qui offre un véritable rempart thermique aux vaisseaux contenant la sève. Certaines plantes du désert ont des tissus externes durs comme du cuir et d'une épaisseur telle qu'aucune goutte d'eau ne peut les traverser. Autre astuce efficace : la forme des feuilles. Plus ces dernières sont grandes et plus elles sont soumises à l'évaporation. Avec leurs aiguilles, les conifères ne connaissent pas ce problème et les cactus encore moins.

Des réserves dans le sol

Pour assurer l'alimentation normale en eau de tout le couvert végétal, le sol se comporte comme une éponge naturelle. C'est ce que l'on appelle la « capacité de rétention en eau », ou le « pouvoir absorbant ». L'eau circule entre les particules terreuses. Plus ces dernières sont fines, et moins l'eau est disponible pour les plantes. En revanche, une terre compacte aux limons de faible diamètre retient plus d'eau qu'une terre sableuse aux grains épais. L'important, c'est la quantité potentiellement disponible pour les plantes, que l'on nomme aussi réserve utile. Il s'agit de la masse d'eau que le sol permet aux végétaux de puiser. Au-delà d'un certain seuil, les minéraux conservent le liquide pour eux seuls et la terre devient aride. On constate ce phénomène avec certains produits comme les hydrorétenteurs qui effectivement absorbent beaucoup d'eau (jusqu'à quatre cents fois leur volume), mais qui ont beaucoup de mal à la restituer aux plantes, d'où leur très faible intérêt agronomique.

▲ Rosée du matin sur des aiguilles de pin.

Une plante qui a soif

Les cellules végétales sont capables de se gonfler et de se rétracter dans certaines proportions sans inconvénient pour leur survie. La latitude de ce phénomène est variable d'une espèce à l'autre. Certaines plantes peuvent prendre un aspect totalement fané et reprendre leur turgescence normale après un bon bain de quelques dizaines de minutes. C'est le cas par exemple de la plupart des arbustes d'ornement. Chez d'autres, et plus particulièrement les plantes aux tiges très fines, les lésions sont souvent irréversibles. Ne tentez pas l'expérience avec un capillaire ou une impatiens.

LE BON GESTE

LES POMPES

L'arrosage du jardin peut se faire par l'intermédiaire d'une pompe qui puise dans une étendue d'eau disponible (mare, forage, etc.). Les pompes de surface permettent d'aspirer de l'eau jusqu'à une profondeur maximale de 7 m. Pour des forages plus profonds, il faut utiliser une pompe immergée d'une puissance importante.

Dans le cas d'une mauvaise alimentation par le réseau, une pompe sert également à augmenter la pression pour favoriser le bon fonctionnement de certains gros arroseurs (de type canon, par exemple). Pour choisir la puissance de la pompe, vous devez tenir compte de la hauteur d'aspiration et de refoulement, ainsi que de la longueur de tuyau que vous allez devoir dérouler. Achetez toujours un modèle de plus forte puissance que le strict nécessaire, afin de ne pas le faire tourner en permanence au maximum de sa capacité.

LE SAVIEZ-VOUS ?

L'EAU ET LA SÈVE

Les végétaux se nourrissent des matières minérales du sol qu'ils puisent sous forme liquide. L'eau est alors le véhicule des éléments fertilisants, c'est la sève brute ou sève montante. Une fois transformées par l'action de la photosynthèse, les matières nutritives sont transportées, toujours sous forme liquide, au niveau de chaque cellule par la sève élaborée (sève descendante). Cela explique en partie les besoins considérables des plantes en liquide.

▲ Une brumisation est idéale pour rafraîchir la végétation à la fin d'une journée chaude.

Bien arroser

Opération d'entretien en apparence banale, l'arrosage est trop important pour être traité à la légère. On a souvent l'impression que mouiller le sol avec un jet d'eau pendant quelques minutes est suffisant. En fait, pour être efficace, un bon arrosage doit représenter entre cinq et dix litres par m^2 selon les cultures. Cela peut paraître faible, mais si votre compteur d'eau délivre 1 m^3 par heure et que l'arroseur utilisé couvre 100 m^2, il faudra compter un temps d'arrosage de trente minutes à une heure. On est donc souvent loin du compte, surtout quand on opère sur la pelouse avec un arroseur canon qui couvre 300 à 400 m^2. En reprenant le cas de figure précédent, c'est en moyenne deux heures que devra tourner l'arroseur !

L'eau de ville étant de plus en plus onéreuse, il est important d'éviter l'évaporation. Les arrosages de printemps et d'automne auront lieu de préférence le matin quand le jour vient de se lever et que les gelées ne sont plus à craindre. En été, vous arroserez de préférence en fin de journée, « à la fraîche », et même la nuit. Pour cela il suffit de posséder un dispositif de programmation pour que l'installation se mette en route toute seule.

Ne vous inspirez surtout pas des exemples vus dans les espaces verts publics. En raison de la disponibilité des jardiniers, les massifs et les pelouses sont souvent arrosés en pleine journée, même en cas de soleil intense.

Non seulement, il y a des pertes importantes d'eau, mais les gouttelettes qui ruissellent sur les feuilles sont autant de loupes qui intensifient l'insolation et risquent de provoquer des brûlures sur la plante.

▶ Arrosez après la plantation.

Les techniques d'arrosage

Le mode d'arrosage le plus naturel est la pluie. Mais ce n'est pas le seul moyen dont disposent les plantes pour s'abreuver. Elles pompent aussi l'eau qu'elles trouvent retenue par le pouvoir absorbant du sol ou qui remonte par capillarité entre les particules de terre. Sachez que les racines se développent en fonction de l'humidité contenue dans le sol. Si vous n'arrosez que superficiellement, le système racinaire de la plante ne sera pas assez profond pour résister correctement à une période de sécheresse. C'est pourquoi un arrosage doit être copieux et espacé, plutôt que parcimo-

LE SAVIEZ-VOUS ?

LES EXCÈS D'ARROSAGE

Il est fréquent que les plantes de serre ou de véranda soient trop arrosées, surtout en période hivernale. Cela entraîne des asphyxies des racines très graves. Les symptômes d'un excès d'eau sont assez voisins de ceux de la soif. La plante flétrit, semble molle, presque fanée. Si cet aspect coïncide avec une terre humide, il faut absolument laisser sécher le substrat pendant deux à trois semaines minimum. Très souvent, la plante a du mal à repartir ensuite, présentant des nécroses et des pourritures.

nieux et fréquent. Cela dépend également de la nature du sol. Dans une terre sableuse, à faible pouvoir rétenteur, vous éviterez les déperditions d'eau en limitant les quantités de chaque apport. Vu la nature filtrante du sol, la pénétration de l'eau en profondeur sera toujours bonne. À l'inverse, dans une terre argileuse, il ne faudra pas hésiter à beaucoup mouiller, tout en espaçant les arrosages. En effet, la rétention en eau par le sol étant très forte, une plante peut souffrir de soif alors que la terre contient encore 15 % d'humidité.

Côté pratique, vous saurez s'il faut arroser ou non en piquant dans le sol, entre 30 cm et 40 cm de profondeur, un tuteur en bois non raboté. S'il présente de bonnes traces d'humidité ou de la terre adhérente quand vous le remontez, il n'est pas utile d'arroser. Si le bois reste sec, il est grand temps de mettre en route les arroseurs.

• **L'arrosage par aspersion.** C'est la technique la plus utilisée. Elle s'inspire de la pluie, en projetant de l'eau sur les plantes sous forme de gouttes plus ou moins grosses. Toute la partie aérienne est mouillée. Cette technique offre l'avantage de permettre l'arrosage de superficies importantes en une seule fois, grâce à divers modèles d'arroseurs (voir pages suivantes). Les plantes sont bien rafraîchies, l'eau ne ruisselle pas trop sur le sol et ne provoque pas de tassement superficiel. Le fait de mouiller le feuillage est néfaste à certaines plantes sensibles aux maladies cryptogamiques comme les tomates, les rosiers et les arbres fruitiers, entre autres.

• **L'arrosage par ruissellement.** C'est une forme d'irrigation très pratiquée en grandes cultures, un peu moins au jardin. Il s'agit de conduire l'eau jusqu'aux plantes à travers un réseau de petits canaux. Cette technique est possible au potager et au verger quand les plantes sont disposées en rangs réguliers. Elle offre l'avantage d'une faible manipulation et d'un arrosage directement au pied. En revanche, dans les sols friables, cette méthode peut provoquer une forte érosion, et dans les terres compactes, un tassement supplémentaire de la surface du sol.

• **L'arrosage au pied des plantes.** De plus en plus pratiqué, grâce au développement des systèmes de goutte-à-goutte, il existe aussi des tuyaux poreux qui laissent suinter l'eau. On

◀ Le goutte-à-goutte : économie d'eau.

▲ L'arrosage par aspersion rafraîchit bien.

réalise également un arrosage au pied quand on mouille les cultures avec un arrosoir sans pomme, ou en laissant s'écouler un tuyau. Les avantages sont multiples : une précision de la distribution de l'eau pratiquement plante par plante, une possibilité d'intervention ponctuelle sur les cultures au moment où elles en ont besoin et un apport d'eau sans mouiller le feuillage. Si le débit est faible, il n'y a aucun risque de ruissellement et le sol reste impeccable.

• **L'arrosage par immersion.** C'est une technique pratiquée uniquement pour les cultures en pots. Elle consiste à tremper le récipient pendant quelques minutes, le temps qu'il s'imbibe complètement du liquide. Selon l'état de dessèchement du sol et le volume du contenant, il faut entre cinq et vingt minutes pour obtenir une complète saturation en eau du substrat. Il est ensuite nécessaire de laisser ressuyer la culture avant de la remettre en place.

▲ L'arroseur rotatif fonctionne en basse pression.

▲ L'arrosage enterré entièrement programmé garantit une pelouse verte toute l'année.

On utilise aussi cette méthode lors de la plantation des sujets en conteneurs afin de bien imbiber la motte pour une meilleure reprise. Notez que l'arrosage par immersion est la seule bonne solution pour mouiller efficacement les substrats riches en tourbe blonde.

• **La brumisation.** C'est un complément important de l'arrosage, qui consiste à vaporiser de fines gouttelettes d'eau sur les parties aériennes des plantes. On pratique surtout cette technique dans la maison pour augmenter l'hygrométrie. Ceci évite le jaunissement et le dessèchement des feuilles. Les plantes amies de la fraîcheur, comme les rhododendrons et les camélias, peuvent en bénéficier lors des plus chaudes journées de l'été.

▲ Le tuyau percé : un arrosage très fin.

Les arroseurs de surface

Ces appareils, qui se branchent sur un tuyau, sont destinés à disperser l'eau dans le jardin. Ils fonctionnent selon des principes mécaniques et hydrauliques, leurs mécanismes étant le plus souvent mus sous l'effet de la pression. Le choix des arroseurs est très vaste, mais ils se définissent à travers quatre catégories bien différentes.

• **Les arroseurs statiques.** Ce sont les plus simples, car ils n'ont pas de mécanisme. C'est la forme particulière de la chambre où arrive l'eau ainsi que la buse de sortie qui donnent la forme au jet. La plupart du temps, la surface couverte est circulaire. Ces arroseurs offrent l'avantage de fonctionner à très basse pression (à partir de 1 bar), mais ils ne couvrent que de petites surfaces de 2 à 3 m de diamètre environ.

▲ L'arroseur canon pour les grandes pelouses.

• **Les arroseurs rotatifs.** Appelés aussi « tourniquets », ils sont munis de bras tournant sur un axe. La rotation est produite sous l'effet de la pression. La dimension des bras ainsi que la hauteur du support de ces arroseurs conditionnent la superficie de travail. Elle peut atteindre une dizaine de mètres de diamètre. Ces appareils sont munis à leur extrémité de buses orientables et réglables, ce qui permet d'obtenir une dispersion plus ou moins fine. Les arroseurs rotatifs fonctionnent très bien à partir d'une pression de 1,5 bar. On les utilise en particulier pour l'arrosage des massifs floraux.

• **Les arroseurs oscillants.** Ce sont les seuls à couvrir une superficie rectangulaire ou carrée, ce qui les destine en premier lieu aux jardins structurés ou aux potagers. La rampe d'arrosage, perforée ou munie de buses, est soumise à un mouvement constant de va-et-vient. Il est engendré par une turbine hydraulique qui fonctionne grâce au débit de l'eau. La mise en marche est obtenue à partir d'une pression de 1 bar, mais il est bon de disposer de 2 bars pour obtenir une couverture optimale. La portée atteint 20 m de longueur sur 10 m de largeur. Ces modèles peuvent se régler sur quatre à six zones différentes.

▲ L'arrosage avec un oscillant produit une pluie fine : un appareil idéal pour le potager.

• **Les arroseurs canons.** Appelés aussi « cracheurs », ils sont les plus puissants. Ils lancent un jet de manière saccadée sur une distance pouvant dépasser 15 m de rayon. Les modèles sur trépied peuvent couvrir jusqu'à 700 m², avec une pression de service de 3 bars minimum. Ces arroseurs offrent aussi l'avantage d'être réglables par arcs de cercle, ce qui permet de couvrir des zones spécifiques avec une grande précision. On les utilise surtout pour les pelouses et les massifs d'arbustes. En effet, employés pour les massifs de fleurs, leur jet très puissant risquerait de les abîmer.

L'arrosage automatique

Bien qu'il soit possible d'automatiser une installation d'arrosage classique à l'aide de programmateurs simples, on comprend dans le terme arrosage automatique les systèmes enterrés et les goutte-à-goutte. Ils peuvent être couplés dans un même jardin.

L'arrosage enterré est composé de plusieurs réseaux de canalisations souterraines, reliés à des arroseurs qui fonctionnent en même temps. Ces derniers ne sont pas forcément du même modèle. Ils peuvent couvrir des surfaces circulaires et des fractions de cercle. Les arroseurs sont posés de manière qu'ils affleurent la surface du sol. Lors de la mise en eau, ils sont soulevés sous l'effet de la pression. À la fin de leur travail, ils se rétractent dans leur logement. Les systèmes de goutte-à-goutte, très économes en eau, sont surtout utilisés pour les arbustes et les haies. Ils fonctionnent à très basse pression. On peut les programmer et les coupler à des brumisateurs, ou à des asperseurs de petite puissance, appareils parfaits pour l'arrosage des massifs de fleurs et des jardinières. Ils conviennent aussi à l'arrosage des haies.

LES BONS OUTILS

◀ **LES TUYAUX**

Le transport de l'eau dans le jardin se fait par deux types de tuyaux différents : des modèles souples pour l'arrosage classique de surface, des tuyaux semi-rigides en polyéthylène pour le goutte-à-goutte et l'arrosage enterré.

Dans le premier cas, il existe de nombreuses possibilités, les tuyaux armés étant à préférer en raison de leur meilleure rigidité. Les tricotés sont armés de fibres polyester en mailles extensibles. Ce sont des tuyaux assez souples, agréables à utiliser. Les guipés sont renforcés par des fibres de polyester croisées avec un maillage externe ou interne. Ces tuyaux sont parfaits en cas de forte pression, mais ils sont plus raides que les tricotés. Les tressés constituent un compromis entre les deux précédents. Le maillage polyester est renforcé. On voit se multiplier les tuyaux dont l'âme est en PVC avec un tressage, recouvert d'une gaine extérieure en caoutchouc synthétique. Ces tuyaux sont plus lourds et moins faciles à couder, mais plus solides. Il existe aussi des tuyaux avec renforts internes qui théoriquement ne peuvent s'obstruer en cas de coude ou de pincement. Plus chers que les modèles standard, ils sont moins souples à l'usage.

L'entretien au quotidien

Le jardinage est fait de mille et une petites attentions. C'est l'observation de vos plantations qui doit vous conduire à intervenir pour qu'elles soient toujours plus belles et mieux mises en valeur. Il n'y a rien de très technique dans tout cela, plutôt du sens pratique et de l'observation.

ASTUCE TRUFFAUT

Il suffit de visiter votre jardin le matin et le soir à la belle saison pour effectuer les opérations d'entretien courant. Promenez-vous parmi les plantes, observez-les bien et vous saurez tout de suite ce qu'il y a à faire. Arrachez une mauvaise herbe, en passant, coupez une fleur fanée, un rameau mort, et le jardin sera toujours superbe.

Intervenir sur les plantes

Dans un jardin, la végétation montre qu'elle est bien vivante en se développant allègrement. La croissance des plantes est d'autant plus généreuse que le sol est régulièrement fertilisé, arrosé et travaillé. Pour limiter cette volonté d'expansion, il y a de nombreuses interventions à effectuer.

• **Le pincement.** C'est l'action de réduire la longueur d'une jeune pousse. Contrairement à ce que suppose ce terme, on utilise rarement les ongles pour pincer les plantes. L'emploi de petits ciseaux, d'un sécateur, d'un greffoir ou de tout autre outil tranchant est bien préférable, car la

▲ L'ébourgeonnement supprime des jeunes pousses inutiles ou mal placées.

LE BON GESTE

LES PROTECTIONS HIVERNALES

1. Les plantes de climat doux supportent mal les hivers de nos régions continentales. Il suffit souvent d'un simple paillis pour les mettre à l'abri du froid. Pour beaucoup d'espèces peu rustiques la destruction de la partie aérienne est normale et sans conséquence. C'est le cas pour les gunnéras ou les kniphofias.

2. Les protections hivernales doivent laisser la plante respirer tout en évitant la stagnation de l'humidité. Les films étanches en plastique sont à proscrire. Préférez les voiles non tissés. La fibre de bois, la paille hachée, les feuilles mortes sèches, le papier de journal, la tourbe blonde sèche, la sciure et les copeaux sont les matières les plus utilisées.

3. Il n'est pas toujours utile de recouvrir complètement la plante. Pour les rosiers, il suffit que le bourrelet de greffe soit mis à l'abri du gel. Le maintien des protections se fait par un buttage, la pose d'un film en plastique ou d'un grillage fin, la couverture avec une grosse potée, ou la ligature avec des liens. Retirez les protections dès que le temps le permet. C'est le seul moyen pour éviter la pourriture.

coupe est plus nette. Le pincement se pratique durant la période de végétation en coupant toujours au-dessus d'une feuille. Cette intervention provoque le développement des yeux axillaires se situant à la base du pétiole. On peut donc affirmer qu'un pincement est destiné à provoquer la ramification d'une plante. C'est une opération importante pour stimuler la floraison et favoriser la fructification.

• **L'ébourgeonnement.** Dans le langage technique du jardinier, le bourgeon désigne une pousse de l'année encore tendre. Le bourgeon tel qu'on l'entend habituellement est appelé « œil ». L'ébourgeonnement consiste donc à éliminer des jeunes pousses inutiles. Cette suppression radicale distingue ce travail du pincement.

• **La suppression des fleurs fanées.** C'est un nettoyage, mais aussi le moyen de favoriser l'épanouissement des boutons encore immatures. C'est la meilleure façon pour prolonger la longévité des massifs.

• **L'éboutonnage.** Très pratiqué sur les rosiers à grandes fleurs et les gros dahlias, il consiste à éliminer les boutons floraux qui poussent latéralement sur une tige. Ainsi, la sève se concentre sur le bouton principal qui en profite mieux et donne une fleur plus grosse. Une intervention idéale pour les plantes à bouquets.

• **L'ombrage.** Indispensable par les plus chaudes journées d'été, surtout sur les jeunes plantes, les semis et les boutures, il est obtenu en posant des paillassons sur la serre ou les châssis, en blanchissant le vitrage de la véranda ou en déroulant des claies. Un lit de paille ou de feuilles de fougère constitue un ombrage efficace sur les cultures de pleine terre.

• **L'émoussage.** Réalisé en hiver, il consiste à éliminer les mousses qui se développent sur les troncs et les branches des arbres, ou dans le gazon. Pour ce dernier, il existe des produits efficaces, comme le sulfate de fer. Pour les arbres, opérez à la main, en grattant les écorces avec une brosse métallique. Les produits de traitement à base de colorants nitrés qui avaient une bonne efficacité sur les mousses et les lichens ont été retirés du commerce.

• **La mise en jauge.** Il s'agit d'une plantation temporaire dans une tranchée prévue à cette intention pour les plantes qui ne peuvent être mises en place à cause du gel lors de la livraison ou d'un manque de temps.

▲ La mise en jauge des arbustes en attente de plantation est nécessaire en hiver.

▲ Le pincement d'une tige provoque de nouvelles ramifications souvent productives.

▲ Le ramassage des feuilles est l'une des tâches importantes de l'automne. Utilisez un souffleur.

Interventions ponctuelles

L'entretien du jardin nécessite parfois des actions bien particulières en fonction de la saison ou des cultures. Ce sont des tâches nécessaires et rarement très compliquées.

• **Le ramassage des feuilles.** C'est une opération indispensable à l'automne pour la bonne esthétique du jardin, mais aussi pour la santé des plantes qui le composent. Il n'est pas possible de laisser les feuilles joncher le sol car, en se décomposant, elles sont envahies de champignons qui peuvent devenir pathogènes. Une pelouse qui resterait couverte de feuilles tout l'hiver devrait obligatoirement être refaite au printemps. Utilisez des balais à gazon et des souffleurs pour mettre les feuilles en tas. Il existe aussi des modèles qui aspirent. Ils conviennent bien aux petits jardins. Les feuilles provenant d'arbres bien sains peuvent être mises à composter. N'utilisez pas celles des arbres fruitiers et des rosiers, ni les aiguilles de conifères.

• **Rechausser les bulbes.** C'est l'action de remettre dans le sol les oignons à fleurs qui ont été soulevés par le gel au cours de l'hiver. Ce travail s'effectue à la main en appuyant simplement sur le bulbe. Il est bon ensuite de couvrir la culture avec une couche de tourbe bien sèche.

• **Le béquillage.** C'est un bêchage superficiel effectué à la fourche-bêche dans les massifs ou au pied des arbres fruitiers. Le béquillage se pratique en fin d'hiver après le nettoyage complet du jardin et les différentes tailles d'entretien. Il a pour but de décompacter le sol qui a été piétiné autour des plantes. On profite en général de cette intervention pour enfouir un engrais complet.

• **Le buttage.** C'est un travail que l'on réalise surtout au potager, mais aussi sur les rosiers. Il a deux buts essentiels : le blanchiment et la protection contre le froid. Butter une plante, c'est ramener de la terre sur son pied en une petite butte de 10 à 15 cm de hauteur. L'opération s'effectue avec une binette ou bien une houe. Il existe aussi des outils butteurs qui se présentent sous la forme de deux socs réunis en V. Il suffit de les déplacer par traction pour qu'ils soulèvent la terre. On les utilise uniquement pour les plantations en lignes. Le buttage de blanchiment se pratique sur les poireaux, les pommes

▲ Le béquillage se pratique en hiver entre les arbustes, à la fourche-bêche.

▲ La débroussailleuse à moteur est la faux du jardinier moderne.

▲ D'une pression de doigt, rechaussez les bulbes dans le sol à la fin de l'hiver.

▲ Le buttage des asperges permet de récolter des turions bien blancs.

de terre, les asperges, les pissenlits. Le buttage de protection réalisé en automne concerne les rosiers, les artichauts, les phormiums, les gynériums, etc. Pour cette opération, veillez à utiliser de la terre fine et légère pour éviter les risques de compactage qui favorisent l'apparition des pourritures.

• **Le roulage.** Lors des semis de gazon, le passage d'un rouleau lourd est obligatoire pour obtenir une bonne stabilisation du sol. Il est conseillé de le remplir avec du sable. Pour un semis de fleurs ou de légumes, le cylindre rempli d'eau a un poids suffisant. Le rouleau se passe également sur la pelouse déjà installée afin de provoquer le développement en épaisseur des touffes de gazon (tallage). Il est aussi utilisé après l'hiver sur les sentiers et les allées en terre non stabilisés pour les remettre à niveau.

• **Le débroussaillage.** Cette tâche fait à la fois partie du nettoyage et du désherbage. Elle est surtout nécessaire dans les résidences secondaires ou les nouvelles propriétés non encore plantées. La faux traditionnelle est de plus en plus souvent remplacée par la débroussailleuse portée. Il s'agit d'un outil équipé d'un petit moteur à deux temps qui fait tourner un axe au bout duquel on peut placer différents outils pour faucher, couper des rejets ligneux, éliminer des ronces, etc. La débroussailleuse est un outil puissant qu'il faut utiliser avec précaution. C'est l'engin idéal pour entretenir les fossés, les sous-bois, les talus, les zones incultes, etc. Dans les grandes propriétés, vous pourrez utiliser une débroussailleuse tractée, sorte de tondeuse surpuissante qui coupe et broie les broussailles en un passage.

• **Le compostage.** C'est le stockage des déchets organiques en vue de leur décomposition pour l'obtention du compost. Les feuilles mortes, les tontes de gazon, les épluchures de légumes, le fumier de la basse-cour, la sciure de bois, le broyat des branches taillées, etc., peuvent être utilisés. En revanche, n'y mettez pas de fruits tachés ou abîmés ni de légumes pourris. Vous risqueriez de contaminer le compost avec des germes de maladies. Placez le tas de compost dans un endroit discret du jardin, mais facilement accessible avec une brouette. Entassez les déchets par couches de 20 cm alternées avec la même épaisseur de paille ou de tourbe blonde. Saupoudrez chaque lit d'éléments à composter avec un produit activateur qui accélère la décomposition (en général du sulfate d'ammoniaque). Terminez en arrosant le tas, sans que l'eau ruisselle. Ensuite couvrez l'ensemble afin que la fermentation se déroule sans problème et que les matières se trouvent à l'abri des pluies. Il faut compter entre six mois et quinze mois pour obtenir un produit utilisable. Il devra être préalablement composté.

LE BON GESTE

PALISSAGE ET TUTEURAGE

1. Toutes les plantes dont les tiges manquent de rigidité nécessitent d'être accrochées à un support. On parle de tuteurage quand il s'agit d'un piquet, d'une rame, d'un échalas. On adopte le terme de palissage quand la plante est attachée à un mur, un treillage, un grillage ou un filet à ramer.

2. Le tuteurage est aussi nécessaire au moment de la plantation des jeunes arbres. Il faut penser à piquer le tuteur au fond du trou avant d'y installer la plante. De cette manière, il se trouve plus solidement ancré et il n'y a pas de risque d'abîmer les racines.

3. Les plantes sont attachées à leur support avec différents types de liens souples. On trouve dans le commerce des attaches en plastique crantées très pratiques qui s'adaptent à tous les diamètres de plantes et de tuteurs. Il existe aussi des colliers métalliques, capitonnés de mousse synthétique. Ils sont surtout destinés aux arbres pour éviter de blesser l'écorce. Ne serrez jamais un lien autour de la plante. Il faut laisser la possibilité au rameau de grossir, sans qu'il risque de s'étrangler. Sinon cela provoque une crevasse inesthétique avec blessure de la branche qui peut mourir.

Le désherbage

Opération d'entretien destinée à éliminer les mauvaises herbes, le désherbage est la tâche la plus répétitive au jardin. En pleine saison, des plantes comme le liseron poussent presque à vue d'œil. Heureusement, il existe des produits herbicides pour faciliter le travail du jardinier et lui faire gagner du temps et de l'efficacité.

ASTUCE TRUFFAUT

Pour répartir efficacement un désherbant, tout en économisant du produit, utilisez un pulvérisateur. Optez pour un modèle muni d'un cache à l'extrémité de la lance, afin d'éviter les éclaboussures.

Le désherbage manuel

Assez fastidieux, le désherbage manuel n'apporte pas toujours des résultats durables. Les mauvaises herbes annuelles sont détruites, mais les espèces vivaces s'en portent souvent mieux. Il faut donc les arracher et intervenir quand les jeunes plantes viennent de sortir de terre. Leurs racines sont moins profondément ancrées dans le sol et il est alors plus facile de les extraire complètement.

Le paillage du sol

La présence d'un paillis va empêcher le développement des mauvaises herbes au pied des arbres, des haies ou dans les massifs. Il s'agit d'une couche homogène de paille broyée, tontes de gazon, copeaux de bois, tourbe, paillettes de lin, écorces de pin, ou d'un film plastique. Dans les massifs d'arbustes, les matériaux grossiers sont à privilégier. Des produits plus fins conviennent mieux au pied des plantes herbacées. Le paillage permet des économies d'eau en limitant son évaporation. La structure du sol en surface est mieux protégée du tassement. Les paillis organiques se dégradent et se transforment en humus, utile aux plantes. Les écorces ont beaucoup de succès, car elles sont aussi décoratives. Mais leur efficacité reste liée à l'épaisseur de la couche qui doit être de 10 à 15 cm. Le paillage est souvent envisagé pour une courte durée. Il va limiter le développement des mauvaises herbes et réduire les opérations manuelles au cours des premières années qui suivent l'implantation des arbustes.

L'emploi d'herbicides

Afin d'éviter tout accident sur les végétaux, leur utilisation doit être précise et respecter à la lettre les doses et les préconisations d'emploi indiquées sur les emballages.

• **Le désherbage avant culture.** Il est fréquent de refaire une pelouse qui s'est petit à petit transformée en un parterre de chiendent. En l'absence de désherbage préalable, les mauvaises herbes vivaces seront propagées par les outils lors du travail du sol. Les seuls désherbants utilisables sont des produits qui se dégradent vite et ne laissent aucun résidu dans la terre. Utilisez des herbicides à absorption foliaire, dont les plus efficaces, en raison de leurs propriétés systémiques, sont à base de glyphosate.

• **Le désherbage des gazons.** Dans une pelouse constituée de graminées, il est tout à fait possible de combattre les plantes à feuilles larges (dicotylédones). C'est un désherbage sélectif. Il se pratique au printemps quand la température ambiante atteint au minimum 15 °C. Il existe de nombreux désherbants gazon dans le commerce.

▲ Un désherbage annuel suffit pour les allées.

▲ Le sarclage est un désherbage manuel.

Ces produits étant puissants, il est recommandé d'attendre une année après le semis du gazon pour les employer, à moins de choisir un désherbant spécifique « jeune gazon ».

La mousse peut être éliminée à la fin de l'hiver, en épandant à l'arrosoir du sulfate de fer dilué dans de l'eau (avec un dosage de 25 g par litre d'eau pour 1 m^2) ou un autre antimousse.

Des formules incorporées à des engrais (engrais désherbant gazon) peuvent aussi être utilisées sur sol humide.

• **Le désherbage des sols propres.** Ces produits, appelés « antigerminatifs » s'appliquent sur un sol exempt de mauvaises herbes et soigneusement émietté. À la faveur des pluies, ces herbicides s'infiltrent dans les premiers centimètres du sol et empêchent pendant plusieurs mois la germination et la levée des mauvaises herbes. Ces produits s'utilisent sur les arbustes, les rosiers ou certains légumes. Les désherbants du potager ne s'emploient que sur certaines cultures et à des périodes bien précises de leur développement. Les asperges, les betteraves, les carottes, les pommes de terre, les céleris, les poireaux, les fraisiers, les oignons et les échalotes peuvent être désherbés chimiquement.

• **Le désherbage des allées.** Ici, l'objectif est double : détruire les mauvaises herbes déjà développées et empêcher la levée de nouvelles indésirables. En l'absence de toute culture, il faut employer un désherbant total à utiliser avec précaution. Tout surdosage, ou la moindre application, à proximité d'une culture, peut avoir de lourdes conséquences si des racines absorbent l'herbicide. Ces produits ne s'emploient jamais sous la frondaison des arbres et il faut se tenir au minimum à 25 cm des bordures de gazon. La meilleure période d'utilisation est le démarrage de la végétation, hors période de pluie.

• **Le désherbage des broussailles et la dévitalisation des souches.** Il s'agit de détruire des plantes ligneuses ou très coriaces qui nécessitent l'emploi de produits systémiques. Le débroussaillant s'applique à la fin de l'été ou à l'automne, en période de « sève descendante », environ une semaine après avoir coupé la végétation à quelques centimètres du sol.

Pour éviter les rejets des souches après l'abattage d'un arbre vivant, il faut badigeonner à l'automne la partie coupée avec un produit dévitalisant ou du chlorate de soude.

▲ Désherbage avec des granulés.

▲ Certains herbicides sont prêts à l'emploi.

Les semis

Le semis est une vraie partie de plaisir pour le jardinier car c'est un moment exaltant d'espoir et d'émotion. Voir les graines lever et se transformer en plantules fragiles, que l'on va repiquer délicatement, procure une rare satisfaction. C'est aussi le moyen le plus économique pour obtenir les fleurs et les légumes dont vous avez besoin.

ASTUCE TRUFFAUT

Avec les grosses graines comme les pois de senteur, les capucines, les melons, etc., il est très pratique d'utiliser des pastilles de tourbe. Vous les trempez dans l'eau, elles gonflent et se transforment en une petite motte souple dans laquelle il suffit d'enfoncer la graine. Ce système évite tout stress pour la plante au moment du repiquage.

Facile et avantageux

Le semis consiste à placer les graines dans des conditions idéales pour qu'elles germent et développent des plantules. Mode de multiplication très économique, le semis vous permet de produire un grand nombre de plantes pour un investissement initial faible. Un sachet de graines coûte en moyenne entre 1 € et 4 € selon les espèces et les variétés choisies. Les moins chères correspondent à des variétés classiques qui font partie du domaine public. C'est le cas par exemple des : radis 'De 18 jours', chou de Milan 'Gros des vertus', persil 'Commun', muflier 'Géant varié', capucine 'Simple variée', etc.

Les conditions de la réussite

Pour une bonne levée, les graines doivent être semées sur un sol souple, fin et léger, ferme et bien lissé. Il est parfois nécessaire de les faire tremper dans de l'eau tiède pendant vingt-quatre à soixante-douze heures avant le semis, surtout pour les arbres, mais aussi pour le persil. Sans cette précaution, la levée est irrégulière voire nulle. En effet, certaines graines se caractérisent par une dormance profonde ou un tégument très dur qui doit être ramolli, sans quoi le germe de la plantule ne peut le traverser.

Pour lever, les graines ont besoin d'un taux élevé d'humidité et d'une certaine température qu'elles ne trouvent pas toujours en début de saison, d'où la nécessité de les semer à la maison ou dans la serre.

Les semis sous abri

Tous les semis précoces de janvier à la mi-mars doivent être effectués dans un endroit hors gel. L'idéal est une serre ou une véranda dont la température est maintenue autour de 15 °C. À la maison, choisissez la pièce la moins chauffée, et placez obligatoirement vos cultures tout près de la fenêtre.

Si la lumière n'influence pas la germination, elle s'avère ensuite capitale pour le développement des plantules.

Le substrat idéal pour réussir les semis est un mélange par moitié de sable de rivière fin et de tourbe blonde. Vous pouvez aussi utiliser du terreau et de la vermiculite dans les mêmes proportions ou un terreau « de semis » du commerce que vous allégerez avec 1/4 de sable pour éviter les risques de moisissure des plantules (fonte des semis).

Semer en terrine

La terrine, récipient large et plat muni d'orifices, permettant l'écoulement de l'eau d'arrosage en excès, est le plus pratique pour les semis sous abri.

Commencez par la mise en place d'une couche drainante de 3 cm d'épaisseur au fond du récipient. Utilisez des billes d'argile expansée, des gravillons ou des tessons de poterie.

Remplissez avec le substrat. L'idéal consiste à utiliser jusqu'aux 3/4 de la hauteur le mélange brut, puis de le cribler sur un tamis à mailles moyennes.

LE BON GESTE

LE REPIQUAGE : UNE OPÉRATION IMPORTANTE ET MÉTICULEUSE

Toutes les plantes semées sous abri nécessitent un ou plusieurs repiquages. Cette opération consiste à transplanter la plantule dans un nouveau substrat et un contenant différent. La première intervention se pratique très tôt, dès que deux vraies feuilles sont formées, car le substrat utilisé pour le semis n'est pas à même de nourrir la plantule. À ce stade juvénile la plante est très fragile. Utilisez une fourchette ou un petit outil en forme de pelle pour soulever la plante sans en abîmer la racine. Avec un crayon bien taillé, faites un trou profond et glissez la plantule dedans, en veillant à ce que la racine reste bien droite. Pour le premier repiquage, mélangez sable, tourbe et terreau par tiers. Pour le second, un terreau de rempotage convient bien.

Avec une règle en bois, nivelez la surface de la terrine en effectuant des petits mouvements de va-et-vient pour bien aplanir le terreau et extraire les mottes. Puis tassez en douceur avec une petite planchette de bois. Il faut en effet une certaine fermeté au niveau du sol pour que la germination se fasse bien.

Éparpillez les graines à la surface de la terrine, en veillant à les disperser de manière homogène. Aidez-vous en improvisant un semoir avec une feuille de papier ordinaire pliée 4 fois. Vous obtenez une sorte de rigole dans laquelle vous déposez alors les graines. Tapotez ensuite sous la rigole avec le bout des doigts pour que les graines tombent doucement à la surface de la terrine.

Il n'est pas obligatoire de vider la totalité du sachet dans le même récipient. Il est même conseillé d'échelonner le semis pour prolonger le plaisir.

Recouvrez la semence avec du terreau que vous passerez au crible fin. L'épaisseur de la couche doit être le double de celle des graines. Les semences très fines comme celles du bégonia ou du pétunia ne sont pas recouvertes.

Arrosez votre semis en vaporisant dessus un fin brouillard, à l'aide d'un pulvérisateur ou bien imbibez le substrat en immergeant la terrine des 3/4, pendant une bonne demi-heure.

Indiquez le nom de la plante et la date du semis sur une étiquette en bois piquée dans un coin de la terrine.

Recouvrez avec un film plastique, une plaque de verre ou le dôme transparent d'une miniserre. Maintenez la culture à l'étouffée jusqu'à la levée des graines, en la découvrant durant au moins quatre heures par jour pour éviter qu'une ambiance trop confinée ne favorise la fonte des semis et l'étiolement des plantes.

▲ Tassez la surface du terreau.

▲ Éparpillez les graines en douceur.

▲ Recouvrez-les de terreau fin.

▲ Placez la culture sous verre.

LE SAVIEZ-VOUS ?

LES HYBRIDES

Produit du croisement entre deux variétés, l'hybride réunit nombre de qualités de ses deux parents, ce qui le rend évidemment supérieur. Chez les hybrides F1 (1re génération) on observe même une régularité étonnante dans la population et un phénomène de vigueur et de productivité accrues que l'on nomme « heterosis ». Les hybrides F1 sont par exemple incomparables pour composer un massif homogène ou pour parvenir tous à maturité en même temps, ce qui est avantageux si vous avez décidé de congeler ou de mettre en conserve la récolte.

Bien entendu, la qualité se paye au prix fort et par exemple chez le radis une variété hybride F1 comme 'Tinto' coûte 3 € le sachet de 1 500 graines, tandis que le banal 'De 18 jours' est proposé à 1€ les 20 g, soit 2 400 graines ! Le prix est justifié entre autres par la nécessité de réaliser les croisements manuellement.

Les semis à l'extérieur

Qualifiés aussi de « semis en pleine terre », ils concernent les plantes rustiques ou celles dont la durée de culture est très courte. Vous pouvez semer à l'extérieur fleurs et légumes, entre la mi-mars et le début septembre. On distingue trois grandes techniques pour la répartition des graines.

- **Le semis à la volée** consiste à éparpiller les graines sur toute la surface dévolue à la culture (sous abri on réalise toujours un semis à la volée). L'exemple le plus évident est le semis du gazon. Selon la superficie à ensemencer, les graines sont délicatement réparties du bout des doigts ou avec un semoir ou bien projetées sur le sol d'un généreux mouvement de bras vers l'avant (le geste auguste du semeur).
- **Le semis en ligne** s'emploie surtout pour les légumes. La semence est disposée au creux d'un sillon (ou rayon) dont la profondeur, comprise entre 0,5 et 3 cm, est proportionnelle au diamètre de la graine ou au type de culture (les carottes par exemple se sèment plus profond que les salades). Le sillon est tracé avec la langue de la serfouette le long d'un cordeau bien tendu.
- **Le semis en poquet** est une variante du semis en ligne. Elle concerne les grosses graines (capucine, courge, haricot, melon, petit pois, pois de senteur), réparties dans le sillon, en petits tas de 3 à 5, espacés de la distance souhaitée pour la culture.

Les semis en place

Réalisés à la volée, en ligne ou en poquets, en fonction du type de culture, les semis en place sont les plus faciles. En effet, les graines sont semées sur l'emplacement où va se dérouler tout leur cycle de culture. Un éclaircissage est souvent nécessaire *(voir encadré)*.

Pour réussir un semis en place, la terre doit être de très bonne qualité et une préparation minutieuse du lit de semences est indispensable.

Commencez par un **labour profond** en émiettant soigneusement les mottes, en extrayant les cailloux ainsi que les racines de mauvaises herbes. Au cours de ce travail, incorporez au sol un bon fertilisant organique à base de fumier et d'algue (300 g/m^2).

Griffez en profondeur avec un croc à fumier (4 dents) ou un cultivateur (de 3 à 5 dents) pour bien ameublir et extraire les derniers cailloux.

Ratissez en tenant verticalement l'outil (comme un balai) de manière à laisser la surface aussi régulière que possible. Éliminez bien les mottes.

Roulez pour donner de l'assise au sol s'il est très souple. Un rouleau rempli d'eau convient bien (pour la pelouse, il est préférable qu'il contienne du sable). Passez l'outil en long et en large sur la planche de culture.

Dispersez les graines en essayant de les disséminer de la manière la plus homogène possible. Il faut éviter qu'elles tombent en groupe compact

▲ Certaines annuelles comme les lavatères se sèment directement en place, à la volée.

▲ La plupart des légumes à graines fines sont semées en ligne, en les dispersant bien.

▲ Le semis en poquet consiste à grouper de 3 à 5 graines en petits tas (pois, haricot).

qui aurait du mal à lever. Pour les semis en ligne, utilisez un semoir qui vous fera économiser de la semence.

Si le sol du jardin est lourd, compact, humide, videz dans le fond du sillon un **lit de sable de rivière** fin, de 2 à 3 cm d'épaisseur.

Recouvrez le semis avec un terreau léger tamisé, puis tassez (plombez) avec le dos du râteau pour être certain que les graines se trouvent bien au contact du sol et non pas dans une poche d'air, qui aurait un effet desséchant.

Terminez par **un arrosage** en pluie fine avec un asperseur ou la pomme d'un arrosoir. Comptez 5 l/m².

Que semer en place ?

Les plantes à semer en place sont généralement de culture facile.

- **Légumes** : betterave, carotte, cerfeuil, chicorée sauvage, chicorée witloof (endive), ciboulette, laitues d'automne, épinard, fève, haricot, mâche, navet, oignon, oseille, persil, pissenlit, pois, radis, salsifis, scorsonère, thym.
- **Fleurs** : adonide goutte de sang, alysse odorant, balsamine, belle-de-jour, capucine, centaurée annuelle, chrysanthème annuel, clarkia, coquelicot, cosmos, godétia, haricot d'Espagne, houblon du Japon, immortelle, julienne de Mahon, lavatère, lin, linaire, malope, némophile, nigelle, pavot de Californie, pied d'alouette annuel, pois de senteur, pourpier, réséda, souci, tournesol.

▲ Le plombage consiste à tasser la surface du sol avec le dos du râteau, après avoir semé.

LE BON GESTE

ÉCLAIRCISSAGE OU DÉMARIAGE

Il est rare qu'un semis en place ait permis la répartition homogène des graines. Lors de la levée, on constate souvent une végétation assez drue, avec des plants qui se gênent. L'éclaircissage (que l'on devrait appeler démariage, le terme éclaircissage étant réservé au verger, lorsqu'on élimine les fruits en surnombre) consiste à libérer des espaces parmi les plantules, en éliminant les moins bien placées. La distance d'éclaircissage est souvent exprimée en « doigts », la largeur du doigt d'un adulte (soit environ 2 cm) étant facile à prendre en compte. C'est ainsi que l'on démarie à 1 doigt les radis, à 2 doigts les carottes, à 3 doigts les navets et les betteraves et à une main (environ 10 cm) les salades. Cette opération doit être réalisée dès que les plantules ont développé 3 ou 4 feuilles et peuvent être aisément saisies avec la main. Conservez de préférence les sujets les plus forts et les mieux formés, poussant bien droit.

Les semis en pépinière

Utilisant principalement la technique du semis en ligne, le semis en pépinière est destiné à produire une plante qui sera repiquée environ un mois après la levée. La pépinière est un carré de culture bien exposé et abrité des vents.

Beaucoup de semis en pépinière (surtout de légumes) étant précoces, il est bon de prévoir la présence d'un châssis ou d'un tunnel, ce qui permettra de réaliser des cultures hâtées.

L'avantage du semis en pépinière est son aspect économique, car tous les plants sont repiqués et constituent donc potentiellement une plante adulte, ce qui n'est pas le cas avec le semis en place que l'on doit éclaircir.

Les plants repiqués sont d'une manière générale plus vigoureux que ceux qui ont été cultivés en place, hormis pour les espèces qui ne supportent pas d'être repiquées, comme les carottes dont les racines deviennent fourchues.

Les plants produits en pépinière en pleine terre sont moins fragiles que ceux obtenus sous abri. Leur système racinaire notamment est beaucoup plus développé. Le moment du repiquage est aussi moins exigeant que celui des plants cultivés sous abri.

Que semer en pépinière ?

Il s'agit en général de plantes dont la rusticité n'est pas totale ou dont le cycle de culture est relativement long.

- **Légumes** : céleri à côtes, céleri rave, chicorée frisée et scarole, chou brocoli, chou de Bruxelles, chou fleur, chou pommé, chou rave, fenouil, laitue de printemps et d'été, pissenlit, poireau, poirée, romaine, tétragone.
- **Fleurs** : achillée, amarante, ancolie, balsamine, camomille, célosie, cobée, coloquinte, datura, digitale, dolique, giroflée, gypsophile, héliotrope, julienne des jardins, kochia, mimulus, muflier, myosotis, némésie, œillet, pâquerette, pavot, pensée, penstemon, pied d'alouette vivace, reine-marguerite, ricin, rose trémière, rudbeckia annuel, sauge, scabieuse, silène, statice, tabac d'ornement, violette.

Soins après le semis

Une fois les graines mises en terre, il faut entretenir une bonne humidité du sol, mais sans détremper. Un léger paillis avec des éléments fins (sapinette, paillette de lin) est très valable. Il faut aussi éliminer les mauvaises herbes dès qu'elles apparaissent. Ne pas fertiliser.

Le bouturage

Technique de multiplication végétative des plantes, le bouturage consiste à provoquer l'enracinement d'un fragment de tige, de feuille ou de racine. C'est une solution simple, dont le principal avantage réside dans la reproduction de toutes les caractéristiques de la plante mère : port, couleur, vigueur.

ASTUCE TRUFFAUT

Pour augmenter vos chances de réussite, bouturez toujours des jeunes pousses latérales situées à l'extrémité de la plante et n'ayant pas encore porté de fleurs.

Le bouturage est un clonage, c'est-à-dire une réplique fidèle de la plante mère, puisqu'il ne nécessite pas d'intervention sexuée. Le code génétique du nouveau sujet est le même que celui du végétal d'origine. C'est pourquoi vous ne devez bouturer que les plantes les plus vigoureuses et les plus florifères. Ne prélevez que des parties parfaitement saines.

Les boutures de rameaux

Ce sont les plus courantes. Elles consistent à utiliser un fragment d'une jeune branche pour lui faire émettre des

▶ Habillez le feuillage de la bouture pour éviter qu'il ne flétrisse.

LES BONS OUTILS

POUR UN BOUTURAGE RÉUSSI

La réussite des boutures est conditionnée par l'utilisation d'un minimum d'outils, de produits et d'accessoires.
Un petit sécateur, des ciseaux, des lames de rasoir vont servir au prélèvement et à la préparation des boutures. Ils doivent être toujours très propres. Désinfectez-les, de temps en temps, à l'alcool à 90°.
Les très fines racines émises par la bouture ont besoin d'un environnement léger et bien poreux. **Un substrat** constitué d'un mélange de sable et de tourbe blonde par moitié est l'idéal. Évitez les terreaux dont la consistance trop compacte est favorable au développement des pourritures. Pour toutes les boutures délicates, utilisez de **la poudre d'hormones** (Rootone F). Ce produit vendu en sachets ressemble à de la farine tamisée. C'est une forme concentrée de la substance que sécrète naturellement la plante pour s'enraciner. Il suffit de plonger la partie inférieure de la bouture dans cette poudre pour qu'elle recouvre les tissus d'une fine pellicule stimulant l'émission des racines. Enfin, n'oubliez pas les indispensables miniserres au couvercle transparent.

▲ Les boutures à bois sec sont réalisées durant l'hiver avec les espèces caduques.

▲ Plantez les boutures d'arbustes dans un substrat léger de sable et de tourbe.

racines. Une bouture mesure en moyenne 15 cm de longueur. Pour schématiser, on peut dire que plus elle est courte et plus les chances de reprise sont grandes. Par exemple des plantes comme les bruyères, les berbéris, les fuchsias donnent de meilleurs résultats avec des boutures de 8 à 10 cm de longueur seulement. D'une manière générale, utilisez toujours la partie médiane du rameau en éliminant les deux extrêmes, trop dure pour la base et trop molle pour l'extrémité.

• **La bouture simple** se résume à couper la bouture de part et d'autre d'une feuille ou d'un œil (bourgeon). Vous éliminez les feuilles sur les deux tiers du rameau, à partir de la base, et piquez directement la bouture dans le sol, sans autre préparation. Cette technique concerne la plupart des plantes.

• **La bouture à talon** consiste à détacher le rameau avec un morceau d'écorce de la branche qui le supporte (entre 1 cm et 2 cm de longueur). Cette partie de bois plus dur permettra un meilleur enracinement de certains persistants comme le pyracantha, le houx, le céanothe, le thuya, le cyprès, etc.

Selon l'époque et le stade végétatif des plantes, on distingue trois techniques de bouturage.

• **Le bouturage herbacé** se pratique dans le courant du printemps, quand les nouvelles pousses, déjà bien développées, sont encore souples. L'avantage est une reprise rapide. Après avoir arrosé, il est indispensable de placer la culture sous une protection complètement fermée (c'est la bouture à l'étouffée), afin de maintenir un degré hygrométrique élevé qui empêchera les rameaux encore tendres de faner. Un film plastique, une bouteille d'eau minérale coupée en deux, ou une miniserre conviennent bien.

Les boutures herbacées se pratiquent avec de nombreuses plantes : dahlia, chrysanthème, anthémis, œillet, millepertuis, spirée, seringat, weigélia, certains rosiers, etc.

• **Le bouturage demi-aoûté** utilise les jeunes pousses qui sont en train de durcir pour prendre une texture ligneuse (bois). Il s'effectue à l'étouffée, entre la mi-août et la fin septembre. Vous utiliserez cette technique notamment pour les géraniums, les arbustes à feuillage persistant, les thuyas, etc.

• **Le bouturage à bois sec** se pratique avec les arbres et arbustes caducs après la chute des feuilles. Les rameaux coupés et préparés sont mis en jauge au pied d'un mur orienté au nord, en attendant leur repiquage en pleine terre au printemps suivant.

◀ Les boutures herbacées réussissent mieux à l'étouffée sous une cloche.

▲ La bouture de rhizomes de gingembre.

▲ La bouture de feuille de papyrus.

▲ Bouturage de la couronne d'ananas.

▲ La jeune apparaît en un mois environ.

Les boutures de feuilles

Les rameaux, qui constituent les parties les plus couramment utilisées pour le bouturage, ne sont pas toujours disponibles. C'est le cas par exemple des plantes dites acaules (sans tige) comme certains bégonias, les saintpaulias, quelques plantes grasses, etc. Il n'y a plus qu'à employer des feuilles. Rares sont les plantes du jardin qui se propagent aisément par cette technique. En revanche, elle est très utilisée pour les espèces cultivées à la maison. La technique utilisée dépend de la forme des feuilles. Pour les petites espèces, comme les saintpaulia, piléa, pépéromia, le plus simple est de prélever la feuille avec son pétiole et de piquer ce dernier verticalement dans un substrat de sable et de tourbe. Il est important de l'enterrer complètement jusqu'à la naissance du limbe. Pour les feuilles plus grandes comme celles des *Begonia rex* et des streptocarpus, le plus simple consiste à prélever une feuille entière et à l'appliquer à plat à la surface du sol. La reprise sera meilleure si vous incisez légèrement les nervures principales avec une lame de rasoir ou un greffoir.

Les *Begonia rex* et *massangeana* font l'objet d'une technique particulière appelée le « triangle de nervures ». Il s'agit de découper la feuille en fragments présentant au moins un point de jonction entre deux nervures. Les boutures de 3 à 4 cm de long sont alors piquées verticalement dans le substrat.

Les feuilles des papyrus, sansévièria et saintpaulia, peuvent être bouturées dans l'eau. Le sansévièria présente la particularité de ne pas reproduire les marges jaunes de ses feuilles avec cette méthode. Quant au papyrus, il faut couper ses feuilles de manière à former une petite étoile de 10 cm de diamètre environ. Réduisez aussi la longueur du pétiole, puis plongez cette bouture dans une coupelle remplie d'eau, avec le pétiole dirigé vers le haut. Cette technique « tête en bas » ne s'applique pour aucune autre plante, dont il faut d'ordinaire bien respecter le sens de la végétation. À signaler une autre originalité rencontrée chez certains kalanchoes et bryophyllums, chez *Asplenium bulbiferum* et *Tolmiea menziesii*. Ces plantes que l'on appelle « vivipares » présentent la particularité d'émettre des rejetons miniatures directement sur leurs feuilles. Il suffit de les détacher et de les repiquer pour les propager par le plus simple bouturage de feuille qui soit. Toutes les boutures de feuilles réussissent mieux dans une ambiance humide, à l'étouffée, et dans un substrat de sable et de tourbe, allégé par la présence de vermiculite ou de petites billes de polystyrène expansé.

Les boutures de racines

Cette technique assez méconnue est pourtant fort pratique pour propager certaines plantes vivaces, comme les phlox, lupin, pavot, soleil, acanthes, crambe, etc., ou même des arbres et des arbustes, comme les lilas, framboisier, aralia, rhus, paulownia, céanothe, etc. Ce bouturage profite de la propriété qu'ont certaines plantes de bourgeonner directement sur les racines. Bouturez pendant la période de végétation en utilisant des racines assez jeunes, mais déjà assez dures. Coupez des tronçons de 5 cm de longueur. Les plus fins sont posés à plat à la surface d'une terrine remplie d'un substrat léger. Les plus gros morceaux sont piqués verticalement dans un pot en tenant compte du sens normal de la végétation. Une bonne astuce : pour éviter de planter une bouture de racine à l'envers, coupez toujours la partie supérieure perpendiculairement et la partie inférieure en biseau, ce qui vous permettra en plus de l'enfoncer plus facilement dans le pot. Attention, les plantes multipliées par cette technique ont tendance à devenir très drageonnantes et donc envahissantes.

Les tronçons de tiges

Cette technique assez délicate intéresse certaines plantes de la maison, comme les dracaena, dieffenbachia, yucca, philodendron, cordyline, etc. Elle offre l'avantage de rajeunir les sujets trop dégarnis et d'obtenir un nombre important de jeunes plantes. Il suffit de couper une branche ayant perdu la plupart de ses feuilles et de la tronçonner en petits morceaux de 4 à 5 cm de longueur. Chacun doit présenter au moins trois nœuds, c'est-à-dire les marques de l'emplacement d'anciennes feuilles. C'est sur ces petits renflements que les racines vont se former. Incisez légèrement l'écorce avec une lame de rasoir et appliquez de la poudre d'hormones sur cette partie. Posez ensuite les tronçons à plat, sur un substrat léger dans une terrine, ou mieux dans une miniserre chauffante. Chaque fragment est enterré de moitié seulement. Arrosez et placez à l'étouffée dans une pièce bien chauffée. Comptez environ 30 % de réussite.

LE SAVIEZ-VOUS ?

MAÎTRISER TEMPÉRATURE ET HUMIDITÉ

La bouture doit vivre sur ses réserves durant toute la période de formation de ses nouvelles racines. Pour aider la plante à rester en vie, il faut lui apporter une bonne humidité ambiante et une certaine chaleur. C'est pourquoi la plupart des boutures réussissent mieux sous abri. Il peut s'agir d'une simple miniserre du commerce, d'un châssis, d'une serre ou d'une véranda. Veillez à ce que les boutures ne soient pas en contact avec le plastique ou le verre sur lequel se concentre l'humidité, vous risqueriez de les faire pourrir. La réussite se manifeste par une bonne stabilité des boutures, dont l'aspect ne se modifie pas. L'apparition de petits bourgeons, puis de feuilles, est significatif de la reprise. Il faut alors sortir la culture de son milieu confiné, mais toujours lui offrir une protection contre le froid. Ne tardez pas à repiquer ou à rempoter les boutures dans un substrat plus consistant, par exemple un mélange par tiers de sable de rivière, de terreau forestier et de tourbe blonde.

Des boutures originales

Il existe bien d'autres méthodes de bouturage. Savez-vous, par exemple, que la plantation d'un tubercule de pomme de terre n'est ni plus ni moins qu'un bouturage ? Le tubercule étant une tige renflée et gorgée de réserves, le fait de le faire germer dans le sol est bien un bouturage. Dans le même principe, vous pouvez bouturer à la maison, dans l'eau, un tubercule de patate douce ou faire germer un rhizome de gingembre. Ils donneront des plantes originales, et vous permettront de faire des observations intéressantes qui passionneront les enfants.

Les ananas non traités peuvent donner lieu à une bouture étonnante. Il suffit de couper la couronne de feuilles avec une épaisseur d'environ 1 cm de chair et d'écorce pour obtenir une bouture. Laissez-la à l'air libre pendant une journée afin qu'il se forme une pellicule cicatricielle sur la partie coupée. Posez ensuite cette bouture à plat sur le substrat d'un grand pot. Arrosez et recouvrez la culture d'un pochon plastique hermétique. Entretenez une bonne humidité et, après trois mois environ, la plante émettra de nouvelles feuilles vert glauque, signe de la reprise. Il sera temps alors de la rempoter.

▲ Bouture de feuille de *Begonia rex* : incisez les nervures.

▲ Bouturage de feuilles du saintpaulia.

Le greffage

Technique de multiplication de haut niveau, le greffage consiste à provoquer la soudure d'un fragment de plante (le greffon) sur une autre (le porte-greffe). On l'utilise chaque fois que le semis n'est pas fidèle et le bouturage trop difficile. Il permet aussi d'adapter certaines plantes à des sols ou des climats particuliers.

ASTUCE TRUFFAUT

Pensez à désinfecter vos outils de greffage, en frottant les lames avec un coton imbibé d'alcool à 90°. C'est un des secrets de la réussite. Cette opération doit être effectuée chaque fois que vous changez de plante. C'est le meilleur moyen pour éviter la propagation des maladies bacteriennes et à virus.

Le greffage est couramment pratiqué pour multiplier les rosiers, les arbres fruitiers, les variétés d'arbustes et d'arbres à feuillage coloré ou panaché et à port pleureur.

Pour toutes les greffes, vous devez veiller à ce que greffon et porte-greffe soient compatibles. Ils doivent appartenir à la même espèce, ou tout au plus à la même famille végétale. L'idéal est d'utiliser comme porte-greffe des jeunes plantes de la même espèce issues de semis (on les appelle des francs). Dans ce cas, il n'y a pratiquement pas de problème de compatibilité. Les greffons sont toujours constitués par de jeunes pousses prélevées à l'extrémité des branches. Elles doivent être vigoureuses et correspondre parfaitement à la variété à propager.

La greffe en écusson

C'est la technique la plus répandue et la plus simple. Elle consiste à glisser sous l'épiderme du porte-greffe un lambeau d'écorce muni d'un œil que l'on appelle l'« écusson ». Cette greffe se pratique uniquement sur les jeunes sujets, le diamètre du porte-greffe ne devant pas excéder 2 cm. Vous pouvez pratiquer au printemps. La greffe est alors dite « à œil poussant », car l'écusson produit une pousse dès qu'il s'est soudé. De juillet à septembre, la greffe est appelée « à œil

▲ La greffe en couronne utilise plusieurs greffons, insérés sous l'écorce d'une grosse branche.

dormant », car sa croissance ne se produit qu'au printemps suivant. Cette dernière technique est la plus employée.

L'écussonnage se pratique de la façon suivante : l'écorce du porte-greffe est incisée en forme de T avec la pointe du greffoir. Utilisez la spatule de l'outil pour soulever délicatement le fin épiderme. Débarrassez le rameau greffon de ses feuilles, mais conservez les pétioles. Soulevez l'écusson en faisant glisser la lame du greffoir sous l'écorce. Il ne faut pas creuser afin de ne pas trancher le bois dur. Maintenez l'écusson par le fragment de pétiole et glissez-le dans le T du porte-greffe en veillant à ce que l'œil soit dirigé vers le haut. Ligaturez solidement avec du raphia humide ou le lien en plastique souple qu'utilisent les professionnels.

La greffe en couronne

Réservée à la réparation de branches cassées ou au surgreffage d'arbres ou d'arbustes adultes, la greffe en couronne se pratique en avril-mai. Commencez par rabattre la branche à l'endroit où vous souhaitez la greffer. Faites une coupe bien perpendiculaire qui sera parée à la serpette. Les greffons doivent être en dormance. Ils sont prélevés durant l'hiver et mis en jauge dans du sable. L'écorce du porte-greffe est incisée verticalement et décollée d'un côté avec la spatule du greffoir. Le greffon est taillé en biseau à l'opposé d'un œil, dans la partie médiane du rameau. Il doit comporter trois yeux bien développés. Glissez-le dans l'entaille du porte-greffe, jusqu'à ce que l'œil opposé au biseau affleure la surface de coupe de la branche. Répétez l'opération en posant un greffon tous les 3 à 5 cm de distance tout autour de la branche. Ligaturez, puis mastiquez toutes les parties à vif.

▲ Pour la greffe en écusson, l'écusson est soulevé en tirant avec la lame du greffoir.

▲ Le greffon est ensuite inséré sous l'écorce du porte-greffe.

▲ La greffe est finalement ligaturée avec du raphia humide.

LE BON GESTE

LA GREFFE EN FENTE

Très utilisée pour les plantes ornementales et pour surgreffer un sujet dont l'écusson n'a pas repris, la greffe en fente se pratique courant avril ou entre fin août et mi-septembre.

1. Le porte-greffe doit mesurer entre 1,5 cm et 3 cm de diamètre. Il est rabattu horizontalement à la hauteur désirée, puis fendu verticalement en son milieu à l'aide d'une serpette de jardinier. La coupe ne doit pas dépasser 5 à 6 cm de longueur. Attention à ne pas provoquer l'éclatement du bois. Les greffons sont prélevés sur des rameaux dormants, conservés en jauge tout l'hiver. Taillez en biseau de part et d'autre d'un œil bien formé, afin d'effiler le bois.

2. Faites ensuite pénétrer le greffon dans la fente du porte-greffe en veillant à ce que les écorces des deux plantes coïncident. Ligaturez avec force pour réduire au maximum l'ouverture de la fente.

3. Badigeonnez avec du mastic à greffer. La reprise a lieu, en un mois environ, avec le bourgeonnement de l'œil.

La greffe en anglaise

Surtout utilisée pour la vigne, cette méthode connaît diverses variantes, mais on emploie principalement la « greffe en anglaise compliquée », qui, à vrai dire, n'est pas si compliquée que cela. L'important est que le greffon et le porte-greffe aient le même diamètre. On utilise en général des rameaux dont le diamètre ne dépasse pas 2 cm. Les deux éléments à greffer sont tranchés en biseau allongé, à l'opposé d'un œil. Pour vous faciliter la tâche, faites l'entaille du bas vers le haut, en partant de la droite vers la gauche si vous êtes droitier et en sens inverse si vous êtes gaucher. Ce repère est important car les deux biseaux doivent être identiques pour bien s'assembler. Dans la greffe en anglaise simple (surtout employée pour les abricotiers et les clématites), qui se pratique en mars, les deux parties à vif sont appliquées l'une contre l'autre. C'est la ligature qui maintient l'assemblage. Dans la greffe en anglaise compliquée, qui s'effectue plutôt sous abri en janvier et février, chaque élément est fendu verticalement sur 1 à 2 cm de longueur. La coupe s'effectue aux deux tiers supérieurs du biseau. Greffon et porte-greffe peuvent ainsi être encastrés l'un dans l'autre, ce qui solidifie l'assemblage et ne nécessite pas de ligature. Aucune greffe en anglaise n'est mastiquée.

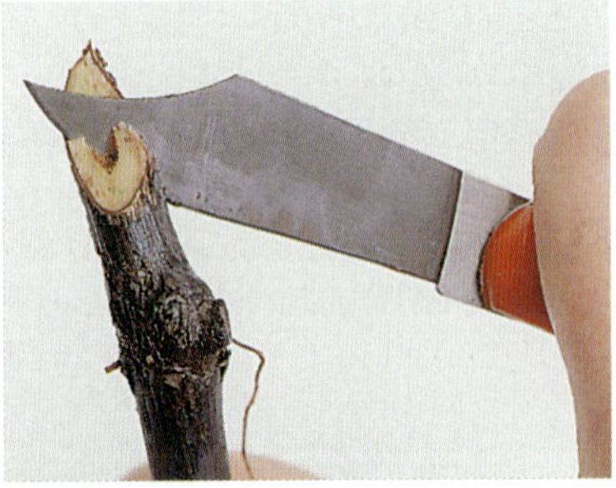

▲ Greffe en anglaise compliquée : greffon et porte-greffe sont fendus verticalement.

▲ L'assemblage en emboîtement de la greffe en anglaise compliquée.

La greffe en incrustation

Surtout employée pour les arbres fruitiers à noyaux, cette technique est une variante de la greffe en fente. Les professionnels l'utilisent beaucoup pour obtenir des pruniers, abricotiers ou cerisiers sur tige. L'avantage réside en une grande précision dans l'assemblage. En revanche, il faut une certaine pratique pour la réussir. Opérez en avril après les gelées printanières ou dans la première quinzaine de septembre. Le porte-greffe, qui doit mesurer moins de 3 cm de diamètre, est rabattu horizontalement à l'emplacement désiré pour la greffe. Entaillez un côté de l'écorce en forme de triangle, sans atteindre le cœur du rameau. Le greffon est pris parmi des rameaux mis en jauge en hiver s'il s'agit d'une greffe de printemps. Si vous opérez en septembre, utilisez une pousse de l'année déjà aoûtée (assez dure). Taillez deux biseaux à la base d'un œil, de manière à obtenir un triangle saillant qui va venir s'insérer dans la fente du porte-greffe. L'idéal est que la partie taillée du greffon soit légèrement plus grosse que l'entaille du porte-greffe. Cela permet de le faire pénétrer en force (pas trop quand même) afin d'obtenir un assemblage solide et d'éviter les parties vides qui nuisent à la reprise. Le greffon doit mesurer une dizaine de centimètres de longueur et comporter trois yeux bien développés. Ligaturez sans trop serrer et couvrez l'assemblage avec une couche de mastic.

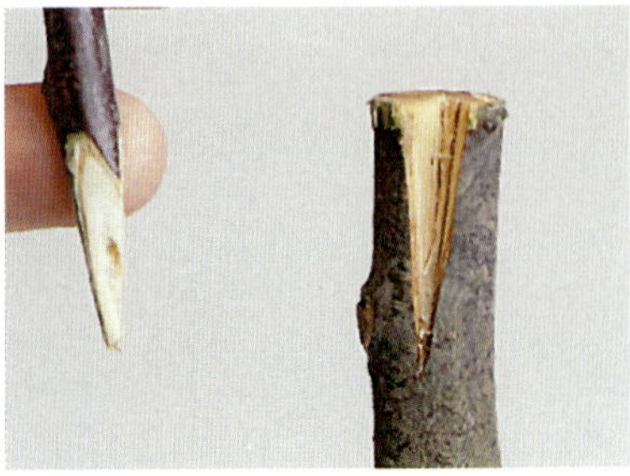

▲ La greffe en incrustation : des incisions en triangle de taille identique.

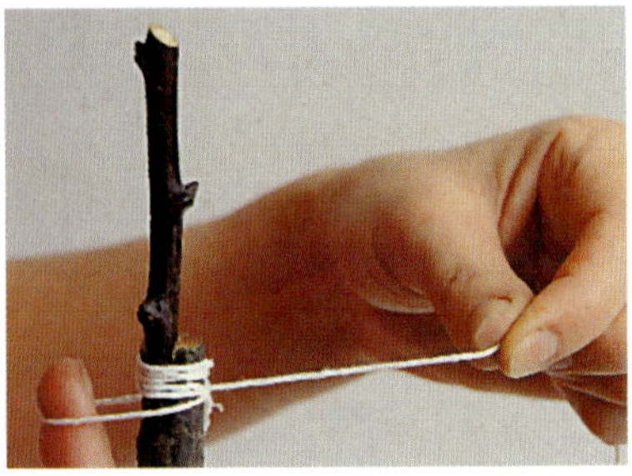

▲ Une ligature s'impose sur la greffe en incrustation, mais inutile de trop serrer.

LES BONS OUTILS

POUR LE GREFFAGE

Pour réussir les greffes, vous devez utiliser des outils bien adaptés, parfaitement affûtés et surtout d'une grande propreté. N'hésitez pas à nettoyer les lames avec de l'alcool à 90° avant chaque utilisation. Attention aussi à la rouille qui réduit l'efficacité.

La panoplie de base se compose **d'un greffoir**, de préférence muni d'une spatule pour soulever plus facilement les écorces. **Une serpette** de jardinier servira pour la greffe en fente et pour parer les plaies des gros sujets. **Une scie** et **un sécateur** sont utiles pour rabattre les porte-greffe.

▲ Pour la greffe en placage, appliquez les deux plantes l'une contre l'autre.

▲ Une bonne ligature au fil de laine, et la greffe en placage est terminée.

▲ Pour la greffe de côté sous écorce, incisez le sujet superficiellement en oblique.

▲ Mettez le greffon en place dans la fente et ligaturez-le solidement.

La greffe en placage

Cette méthode très utilisée pour les plantes ornementales se pratique en appliquant deux rameaux l'un contre l'autre. Beaucoup de variétés d'arbres ou de conifères à feuillage coloré ou à port pleureur sont multipliées de cette manière. On pratique au printemps, en utilisant souvent le principe de la « greffe marcotte », c'est-à-dire sans que le greffon soit détaché de la plante mère. Le porte-greffe est un jeune plant cultivé en godet mesurant 20 cm de hauteur minimum. Vous éliminez les feuilles sur 10 cm de longueur, à partir de la base ou dans la partie médiane de la tige. L'écorce est incisée verticalement sur 5 cm de long. L'entaille doit être superficielle. Le greffon est choisi sur une branche souple, et préparé de la même manière que le porte-greffe. Les deux parties à vif sont mises en contact, puis ligaturées solidement avec du raphia, de la laine ou du fil de lin. Le masticage n'est pas obligatoire, mais recommandé pour éviter les risques de maladies.

La reprise a lieu après un mois environ. Elle se manifeste par la croissance du greffon qui développe des jeunes pousses. Pour les greffes marcottes, attendez l'automne avant de sevrer la nouvelle plante. Pour les greffes en placage par rameau détaché, il est préférable de conserver la culture sous abri dans une ambiance humide pendant deux à trois mois. Ensuite étêtez légèrement le porte-greffe, de manière à privilégier la croissance du greffon. La plante n'est vraiment autonome que l'année suivante.

La greffe de côté sous écorce

Très employée pour les arbres et les conifères, en particulier les formes à feuillage bleuté, cette greffe s'utilise le plus souvent sur des petits sujets en multiplication. Elle sert également pour reconstituer une branche sur un arbre fruitier ou pour rendre fertile certains rameaux. Dans ce dernier cas, c'est un bouton à fruit qui est greffé.

L'intervention a lieu en février ou en mars sous abri chauffé. Elle peut se pratiquer à la maison dans une pièce claire. Commencez par éliminer les feuilles poussant à la base du porte-greffe. Ensuite, fendez obliquement la tige principale sur 2 cm de longueur en veillant à ne pas atteindre le cœur du rameau. Sur les arbres plus âgés qui sont surgreffés de cette manière, l'incision est un H horizontal qui permet de bien soulever l'écorce pour y glisser le greffon. Ce dernier est un fragment de jeune pousse mesurant de 5 à 7 cm de longueur. Sa base est finement taillée en biseau, de part et d'autre d'un œil ou d'un groupe de feuilles, pour obtenir une mince languette. Glissez le greffon dans l'entaille du sujet. Ligaturez avec de la laine ou bien un fil de coton ou de lin. Les jeunes plantes ne sont pas engluées. En revanche, pour les surgreffages, un peu de mastic est une bonne précaution. Les jeunes plantes sont cultivées en pots pendant un à deux ans et maintenues sous châssis afin qu'une gelée ne risque pas de casser la soudure encore fragile. Les porte-greffe sont rabattus au-dessus du point de greffe dès que le greffon commence à pousser.

Il existe d'autres méthodes de greffage, certaines très compliquées, comme la greffe en placage à cheval réalisée pour les rhododendrons, ou les greffes en placage d'anneaux d'écorce. Dans tous les cas, la greffe est une chirurgie végétale passionnante que nous vous encourageons à essayer.

Le marcottage

Parmi les diverses méthodes de multiplication végétative, le marcottage compte parmi les plus sûres pour un amateur. Alors, ne vous privez surtout pas du plaisir de propager les plantes que vous aimez, ou tout simplement de leur offrir une petite cure de jeunesse car c'est aussi une bonne raison pour propager les plantes du jardin.

ASTUCE TRUFFAUT

Certaines plantes dites drageonnantes ou stolonifères comme par exemple : fraisier, tolmiéa, framboisier, lilas, hortensia grimpant *(notre photo)*, présentent la particularité de former des marcottes naturelles. Il suffit de détacher et de repiquer une tige rampante ou souterraine munie d'un bourgeon et de la repiquer dans un bon substrat.

Qu'est-ce que marcotter ?

Le marcottage consiste à provoquer l'enracinement d'une partie d'un végétal (en général un rameau) sans que cette pousse ait été séparée de la plante mère (à l'inverse du bouturage).

Les chances de reprise sont bien supérieures dans la mesure où la marcotte continue à être alimentée en sève durant tout le processus d'enracinement.

Le marcottage est peu usité par les professionnels, car il produit un petit nombre de nouveaux sujets et demande souvent plus de temps que la bouture.

Il faut aussi disposer de plantes souples ou à la végétation traçante, ce qui limite les candidats au marcottage,

▲ Marcottage par buttage du cognassier.

avec une prédilection pour les plantes grimpantes. Notez que les variétés panachées ou dorées ne se reproduisent pas toujours fidèlement par marcotte (elles redonnent souvent un feuillage vert).

▲ Marcottage aérien d'un rameau de lilas.

Les diverses méthodes

On compte 6 façons de procéder à un marcottage selon les types de plantes.

• **Marcottage en cépée** : il consiste à couvrir presque entièrement un arbuste d'une butte de terre et d'attendre que les rameaux ensevelis produisent des racines. On l'utilise pour les : cognassier, figuier, noisetier, prunier arbustif.

• **Marcottage par couchage** : c'est la technique la plus courante (développée dans l'encadré ci-dessous). On l'emploie pour les arbustes souples : céanothe, viorne, mimosa, *Plumbago*, bougainvillée, hortensia grimpant, etc.

• **Marcottage à long bois** : c'est une variante de la technique précédente, qui consiste à enterrer la plus longue portion possible du rameau, ce qui va provoquer le bourgeonnement de plusieurs yeux et donc l'obtention de plusieurs plantes. Il convient bien au chèvrefeuille et à la vigne.

• **Marcottage en pot** : encore une version du marcottage par couchage, mais les tiges sont mises à raciner dans des pots, ce qui permet d'éviter certaines courbures difficiles et d'utiliser des pousses situées dans la partie médiane de la plante. On propage surtout ainsi les clématites et la vigne.

• **Marcottage en serpenteau** : appelé aussi « marcottage en arceau », il consiste à coucher plusieurs fois une très longue branche sarmenteuse pour obtenir plusieurs marcottes sur le même pied *(grande photo à gauche)*. Il convient à la glycine, l'aristoloche, l'Akebia, les ronces, la bignone.

• **Marcottage aérien** : une branche est incisée longitudinalement sur 5 cm, la plaie ouverte étant enduite d'hormone de bouturage. On l'enveloppe dans un sachet contenant de la mousse humide. Les racines apparaissent en deux à trois mois (lilas, aralia, érable).

LE SAVIEZ-VOUS ?

GREFFE MARCOTTE DE MIMOSA

Cette technique mise au point par M. Lambert à Nice en 1892 consiste à greffer en approche par placage deux plantes qui continuent à être alimentées par leurs racines. Le greffon est une pousse de la variété à propager, le porte greffe, un plant en pot de mimosa des quatre saisons *(Acacia retinodes)*, qui présente la particularité de tolérer les sols calcaires. Les écorces des deux plantes sont détachées sur 10 cm de long dans le plan vertical, puis les deux parties sont appliquées l'une sur l'autre et ligaturées. Réalisée en juin/juillet, la greffe est reprise fin septembre/octobre. Il suffit alors de sevrer de la plante mère le greffon alimenté désormais par le porte-greffe.

☞ LE BON GESTE

MARCOTTAGE PAR COUCHAGE

1. Au printemps, sélectionnez une jeune branche souple à la base de l'arbuste (ici un rhododendron) et coupez quelques feuilles dans la partie médiane du rameau. Incisez aussi l'écorce.

2. Creusez une petite tranchée de 5 à 7 cm de profondeur. Appliquez de la poudre d'hormone de bouturage sur les incisions. Enterrez cette partie dans la tranchée et maintenez la branche en place avec des cavaliers solidement enterrés.

3. Relevez à la verticale (ou presque) l'extrémité du rameau qui vient d'être marcotté et attachez-le alors à un tuteur. Arrosez et veillez à maintenir le sol humide durant toute la saison. Si le besoin s'en fait sentir, buttez légèrement.

4. Entretenez le sol bien propre autour de la marcotte et assurez-vous que la branche coudée se développe normalement, signe que tout se passe bien. À l'automne de la seconde année, vérifiez la présence de racines et sevrez la branche.

La division

Il s'agit sans aucun doute de la méthode de multiplication la plus simple et la moins onéreuse car elle ne nécessite absolument aucun accessoire. La division se pratique surtout pour limiter l'expansion des plantes vivaces les plus conquérantes. C'est une multiplication végétative, elle respecte les variétés.

ASTUCE TRUFFAUT

Profitez de la division naturelle des bulbes à fleurs comme les tulipes ou les narcisses pour enrichir votre collection en récoltant les bulbilles que la plante forme systématiquement après avoir fleuri. Attendez toutefois que les feuilles soient fanées (courant juillet) avant de les prélever, sinon elles ne seront pas suffisamment bien formées.

Efficace et facile

Sous le terme générique de « division » les jardiniers réunissent différentes opérations : éclatage, drageonnage, fragmentation, œilletonnage, séparation de rejets ou de stolons. Elles se distinguent par les types de fragments de plantes utilisés et la présence ou non de racines, mais leur finalité est la même, à savoir limiter l'expansion de la plante mère et la rajeunir pour qu'elle soit plus productive ou plus florifère.

Cette technique très simple est le mode de multiplication le plus accessible aux débutants, surtout qu'une division réalisée au bon moment donne des résultats voisins de 100 %.

Cure de jouvence

Un des premiers avantages des techniques de division consiste à provoquer un réel rajeunissement de la plante. Il suffit en effet de prélever les parties les plus jeunes (selon les végétaux elles se trouvent au centre ou à la périphérie de la touffe) et d'éliminer la vieille souche.

La division joue aussi un rôle prophylactique important, c'est-à-dire qu'elle assure le maintien de la plante dans le meilleur état sanitaire. En effet, il est aisé, en divisant, d'éliminer les parties mortes, abîmées ou malades et de bien retirer les mauvaises herbes qui se sont nichées au cœur même de la souche et que la binette n'a pu atteindre.

LE BON GESTE

DIVISION DE LA TOUFFE RHIZOMATEUSE DE CIBOULETTE

Il est très important de pratiquer la division de toutes les plantes vivaces condimentaires comme la ciboulette, mais aussi : absinthe, angélique, cerfeuil musqué, consoude, estragon, livèche, mélisse, menthe, origan, oseille, rhubarbe, sauge, serpolet, thym, verveine. L'opération se déroule au printemps (avril). Elle a pour but de réduire l'ampleur des touffes et de les rajeunir en provoquant l'émission de nombreuses nouvelles pousses, plus tendres, plus parfumées.

1. Avec une bêche au fer bien affûté, tranchez verticalement au beau milieu de la touffe. Extrayez une des deux parties du sol et laissez l'autre en place, tout en l'ayant réconfortée avec un peu de terreau disposé autour de ses racines blessées.

2. Séparez à la main des petites touffes de ciboulette, en sélectionnant au moins un groupe d'une douzaine de feuilles à chaque fois. Avec un couteau de jardinier affûté, tranchez dans la masse des racines et réservez chaque nouveau plant ainsi obtenu.

3. À l'aide de ciseaux de jardinage, coupez les racines à la moitié de leur longueur et faites de même avec les feuilles (vous pouvez même les réduire des 2/3). C'est l'habillage qui va aider à la reprise.

4. Plantez chaque nouvelle touffe de ciboulette dans sol humifère et bien drainé, en enterrant toute la partie claire de la base des feuilles. Espacez chaque plant de 15 à 20 cm. Terminez par un copieux arrosage. La prochaine récolte pourra avoir lieux dans cinq à six semaines.

Quelques inconvénients

La division ne concerne pas toutes les plantes loin s'en faut. Seules les vivaces à souche fibreuse, rhizomateuse ou semi-ligneuses peuvent être divisées, ainsi que certaines bulbeuses et les arbustes qui émettent des rejets.

Le défaut de la division, c'est qu'elle a tendance à stimuler le comportement drageonnant (et donc envahissant) des plantes propagées par cette méthode. À éviter avec le lilas et le framboisier

La division des vivaces

Elle se pratique de préférence après la floraison, même si les espèces automnales peuvent être plus avantageusement divisées au printemps lorsque les jeunes pousses commencent à poindre. La technique est celle présentée pour la ciboulette *(voir encadré ci-dessus)*. Les vivaces rhizomateuses comme les iris gagnent à être divisées tous les trois à cinq ans, selon leur vigueur. Il ne faut pas trop enterrer la souche.

La division des bulbes

La séparation des bulbilles (ou caïeux) est la méthode normale de propagation des plantes à bulbes. Hormis pour les espèces qui se naturalisent bien, il est préférable de cultiver les jeunes plantes obtenus à part. Il faut compter de trois à six ans selon les espèces pour obtenir un bulbe prêt à fleurir.

Chez la jacinthe, l'incision en croix de la base du bulbe permet d'obtenir souvent la formation de bulbilles.

▲ Division par incision du bulbe de jacinthe.

▲ Division d'une touffe de vivace *(Carex)*.

La division des arbustes

Lorsque l'on sépare des souches ligneuses, l'opération prend le nom d'éclatage. Il est préférable d'opérer au printemps et de ne pas installer les éclats tout de suite en pleine terre, mais en pot durant toute une saison, ce qui permettra de les soigner avec plus d'attention. Habillez bien les racines car elles émettent beaucoup de chevelu.

La taille

La taille peut être assimilée à une chirurgie réparatrice ou esthétique pour les plantes du jardin, car elle permet de remodeler la forme des végétaux et provoque généralement une repousse spectaculaire. Suivez attentivement nos conseils et vous constaterez que tailler est beaucoup plus simple que vous ne le supposiez.

ASTUCE TRUFFAUT

Effectuez toutes les tailles importantes pendant le repos de la végétation. Les plantes supporteront beaucoup mieux l'intervention sans risque d'être parasitées.

La taille consiste à couper des parties plus ou moins importantes du végétal. Vous pouvez ainsi réduire la longueur d'une branche ou d'une pousse pour qu'elle se ramifie, équilibrer l'ensemble de la ramure, modeler la forme générale, éliminer totalement un rameau inutile, chétif, disgracieux ou mal placé, etc. Contrairement à ce que l'on pourrait croire, la taille stimule fortement la croissance du végétal. Plus vous coupez court (dans des limites raisonnables tout de même) et plus la plante repousse avec vigueur. C'est pourquoi il faudra toujours tailler plus long les plantes à forte croissance et plus court les sujets chétifs.

Les principes fondamentaux

C'est l'œil situé à l'extrémité de la portion de rameau restée sur la plante qui va recevoir le maximum de sève et assurer de nouveau la croissance de l'organe. Il faut donc tailler au-dessus d'un bourgeon, ou d'une feuille, puisque cette dernière possède des yeux situés à la base du pétiole (yeux stipulaires). Coupez en biseau à 5 mm environ au-dessus de l'œil. La partie basse du biseau sera située à l'opposé de l'œil, de manière à laisser l'eau de pluie s'écouler sans risquer de noyer le bourgeon. Pour obtenir une coupe bien nette, orientez le sécateur de telle manière que la lame glisse le long du bois qui reste sur la plante. On dit souvent de tailler à deux yeux ou à trois yeux. Cela signifie qu'il faut couper au-dessus du deuxième ou troisième bourgeon (ou feuille), compté à partir de la base du rameau. Attention, le jardinage n'a rien à voir avec des mathématiques appliquées. Le nombre d'yeux conservés est moins important que leur position sur la branche. Si vous désirez allonger une branche vers la droite, il faut couper au-dessus d'un œil orienté dans cette direction. Pour obtenir un rameau bien droit après plusieurs tailles (cas d'une palmette fruitière, par exemple), il est nécessaire de tailler sur un œil de droite, puis de gauche, alternativement d'une année sur l'autre. La taille est aussi une opération de rajeunissement pour les plantes. Un des principes de base consiste à éliminer les vieux rameaux (écorce brune ou grise) au profit des plus jeunes (écorce verte). C'est important car, si vous ne taillez pas, les branches se lignifient et se dégarnissent progressivement de la base. Dans le cas de vieux arbustes laissés à l'abandon plusieurs années ou de rosiers aux grosses branches noueuses, il faut rabattre. Cela signifie une taille sévère avec la suppression de plus de la moitié de la longueur du rameau. Dans certains cas, on effectue un recépage, c'est-à-dire une taille complète de toute la partie aérienne de la plante au ras du sol. Attention, seules les espèces produisant des rejets depuis la souche peuvent être traitées de cette façon.

On pratique aussi une taille au moment de la plantation des arbres et des arbustes présentés à racines nues. Cette opération consiste à réduire la longueur de la ramure au maximum du quart de sa longueur. On fait de même pour les racines. Cela a pour effet de faciliter la reprise en stimulant la repousse des parties qui ont été taillées. L'habillage a aussi pour but de bien équilibrer la plante afin qu'elle pousse par la suite de manière harmonieuse. Une chose importante : vous devez habiller la ramure et les racines dans les mêmes proportions en même temps, sinon vous provoqueriez un déséquilibre entre la croissance souterraine et aérienne, et la reprise serait plus lente.

Un autre principe de base dans la taille est la simplification de la ramure. Ne conservez qu'un seul départ de rameau sur le même point d'insertion (très important chez la glycine par exemple). Évitez aussi que les branches de force égale se croisent. Cherchez enfin à bien aérer le centre de la ramure pour que le soleil puisse pénétrer le

☞ LE BON GESTE

LA PROTECTION DES PLAIES

Les tissus de la plante laissés à vif après la taille sont des portes ouvertes pour la pénétration des parasites.

1. Ne laissez jamais un moignon sur la plante. Il est important de parer à la serpette toutes les plaies de plus de 1 cm de diamètre. Cela évite de laisser en place des tissus hachés et par conséquent fragilisés. Couvrez ensuite les parties à vif avec un produit cicatrisant. Il s'agit souvent de mastic que l'on applique avec une spatule ou un petit morceau de bois.

2. Il existe aussi des goudrons en bombe, très pratiques mais assez salissants. N'hésitez pas à faire déborder la protection sur l'écorce située autour de la plaie.

1

2

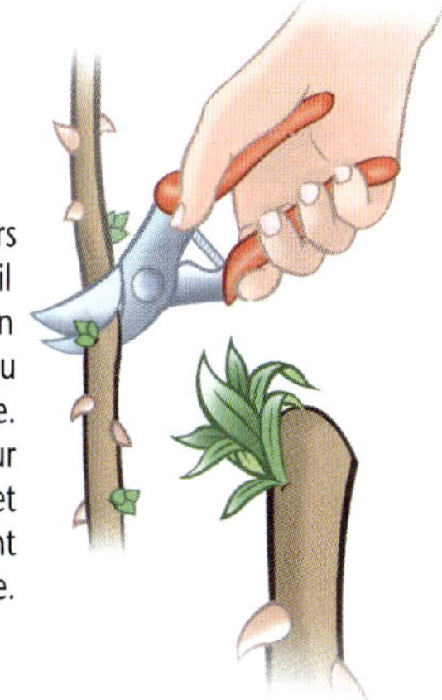

▶ Coupez toujours au-dessus d'un œil (bourgeon) en orientant la base du biseau vers l'arrière. Utilisez un sécateur bien aiguisé et parfaitement propre.

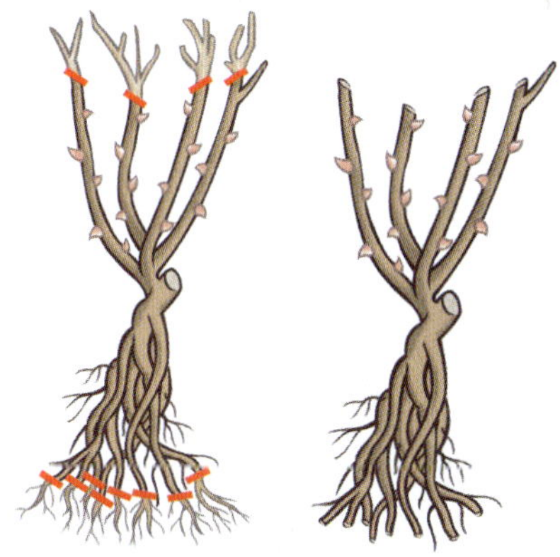

▲ La taille d'un arbuste avant la plantation prend le nom d'habillage. Elle consiste à équilibrer la ramure et à réduire son volume.

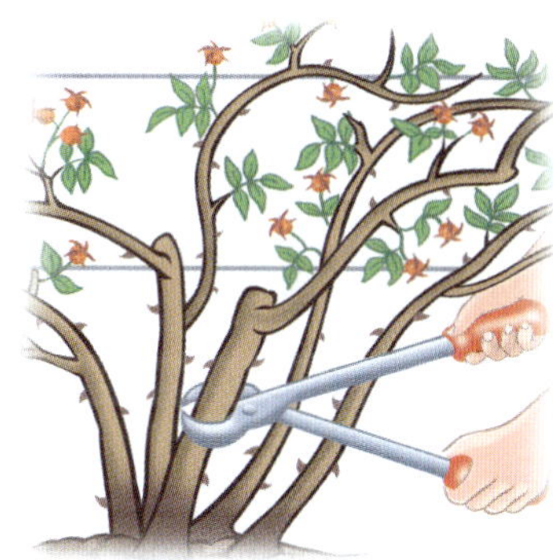

▲ Véritable cure de jouvence pour les plantes, la taille a pour principe de toujours privilégier les jeunes pousses au détriment des branches âgées. Ces dernières qui se dégarnissent de la base doivent être coupées au plus près du sol.

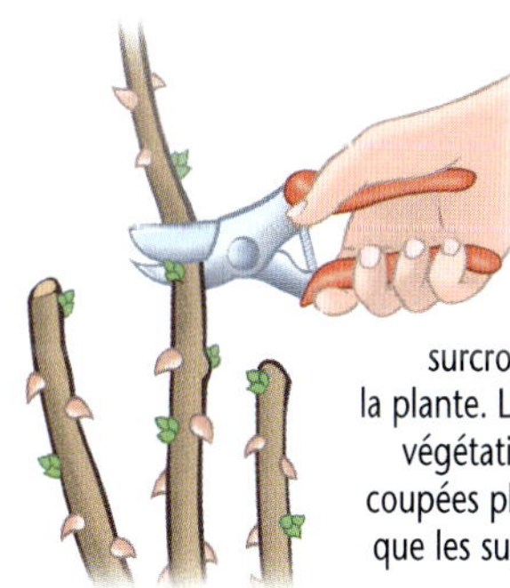

◀ La taille insuffle un surcroît de vigueur à la plante. Les espèces à la végétation frêle seront coupées plus sévèrement que les sujets vigoureux.

▲ La taille de nettoyage consiste à éliminer les inflorescences fanées ainsi que les branches mortes ou malades. C'est une intervention à pratiquer sur les arbustes tout au long de la période de végétation.

▲ L'élagage est la taille des arbres de plein-vents. Cette opération consiste à réduire la longueur des branches et à bien alléger la ramure pour que le soleil pénètre à l'intérieur de la frondaison. Un travail surtout hivernal.

▲ Le rajeunissement d'un arbre consiste à éliminer toutes les branches en surnombre en cherchant à privilégier les plus jeunes au détriment des parties anciennes et dénudées. Respectez l'équilibre de la silhouette naturelle.

cœur de la plante et faciliter la floraison et la mise à fruits. En fait, une plante bien taillée doit être harmonieuse, avec une charpente équilibrée autour de son axe de symétrie. La ramure doit être bien étagée, avec une répartition régulière des branches. Tout ce qui donne une impression de fouillis n'est pas bon. N'hésitez pas à prendre du recul pendant le travail, afin d'apprécier l'équilibre de la plante dans son ensemble.

Les méthodes de taille

Il faut distinguer les tailles d'entretien, qui se pratiquent plutôt pendant la période de végétation, des tailles de formation. Ces dernières interviennent de préférence au cours de l'hiver car elles sont plus sévères. Dans tous les cas, le premier travail consiste à dégrossir la plante, en éliminant les pousses en surnombre. Cela permet de bien dégager les rameaux qui font l'objet de l'intervention. Sachez que la taille est avant tout une question de logique et d'évaluation personnelle. Il existe quelques principes assez rigides pour tailler les rosiers ou les arbres fruitiers notamment, mais ils doivent toujours être interprétés car la nature est souvent fantaisiste et semble s'amuser à piéger le jardinier avec des cas particuliers.

• **Les tailles d'entretien.** Elles concernent surtout les arbustes. Pour simplifier, on peut les diviser en deux catégories : les arbustes à floraison printanière et les arbustes à floraison estivale. Dans les deux cas, il faut intervenir après la floraison. Les arbustes de printemps sont des espèces fleurissant sur des pousses de un à trois ans. Ils se taillent tous les deux à trois ans, selon leur rapidité de croissance. Le travail consiste à privilégier les nouveaux départs qui fleuriront l'année suivante et à éliminer toutes les branches de plus de trois ans. Vous les reconnaîtrez à leur diamètre important, mais surtout parce qu'elles portent au moins deux ramifications secondaires. Coupez-les à leur point de naissance.

La taille des arbustes à floraison estivale est pratiquée en automne et en hiver. Il s'agit de plantes fleurissant sur les pousses de l'année. Vous pouvez vous référer au principe de base appliqué aux rosiers buissons. Il consiste à rabattre toutes les branches à deux ou trois yeux de leur point de départ. Cette taille très sévère a pour but d'éviter l'allongement inutile de la souche qui ne produit pas de rejets et a tendance à se dégarnir.

Sur les arbustes très vigoureux, il importe de réaliser un allègement de la silhouette. Il s'agit d'éliminer un maximum de brindilles et de pousses secondaires chétives.

Parmi les tailles d'entretien, il faut aussi mentionner la suppression des gourmands, sur les rosiers, les lilas et les noisetiers. Il s'agit de rejets du porte-greffe qui épuisent inutilement la plante. Vous devez les couper aussi près que possible de leur point de départ. La taille d'entretien consiste aussi à supprimer le bois mort. Cette intervention a un but esthétique mais aussi sanitaire. En effet, les ennemis des arbres et des arbustes profitent souvent de ces parties faibles pour envahir le bois sain. Sur les espèces à feuillage caduc, opérez pendant la végétation afin de mieux repérer les parties à éliminer. Coupez au ras du bois vivant (de couleur claire) et ne laissez pas de moignon sur la plante.

• **Les tailles de formation.** Elles ont pour objet la création de la silhouette de la plante. Les plus complexes concernent les formes palissées des arbres fruitiers : palmettes, U, cordons. Mieux vaut les acheter déjà formés et vous contenter de conserver la silhouette définie par des pincements, des ébourgeonnements et la fameuse taille trigemme.

Vous pouvez en revanche former la ramure d'un arbre libre. En partant d'une simple pousse, vous conservez dans le courant du printemps les trois branches latérales qui se développent à l'extrémité de la longue tige. Toutes les autres sont éliminées à leur point de départ. N'oubliez pas de tuteurer le futur tronc afin qu'il reste bien vertical. L'hiver venu, vous réduisez les trois branches principales (charpentières) du tiers de leur longueur. Pour un arbre à port étalé, il faut couper au-dessus d'un œil dirigé vers le sol. Pour obtenir un arbre fastigié, coupez sur un œil orienté vers le ciel. Ces branches vont se ramifier durant la saison suivante en donnant de nouvelles pousses. Veillez à leur bon équilibre. L'hiver de la troisième année, vous taillez pour éliminer les pousses en surnombre et accorder toutes les longueurs. Ensuite, laissez faire la nature et contentez-vous d'équilibrer la longueur des branches, pour éviter tout désordre dans la végétation et obtenir une jolie silhouette.

• **L'élagage.** C'est la taille des grands arbres, qui conjugue à la fois la formation de la silhouette et l'entretien général de la plante. Ne vous inspirez surtout pas de ce qui est souvent fait dans les villes avec les arbres d'alignement. L'élagage n'a rien d'un jeu de massacre. Le recépage de la ramure au niveau du tronc doit être considéré comme une intervention exceptionnelle. En revanche, vous pouvez réduire la longueur de la ramure jusqu'à un tiers tous les ans, sans risque pour l'arbre. Si vous hésitez devant l'importance de l'intervention, faites appel à une entreprise spécialisée.

• **La taille et la loi.** L'article 673 du Code rural précise : « Celui sur la propriété duquel avancent les branches des arbres, arbustes et arbrisseaux du voisin, peut contraindre celui-ci à les couper. » Cela signifie que vous n'avez nul droit de prendre l'initiative de couper vous-même une branche qui vous gêne, ou d'abîmer un arbre. En passant outre, vous pouvez être poursuivi au titre de l'article R 40 du Code pénal. Il punit de 1 500 à 6 000 euro d'amende, et de huit jours à trois mois de prison, ceux qui « auront abattu, mutilé, écorcé ou coupé de manière à le faire périr, un arbre qu'ils savaient appartenir à autrui ».

▲ L'éclaircissage est une forme d'élagage qui peut aussi prendre le nom d'aération ou d'allégement de la silhouette. Il s'agit d'éliminer une pousse secondaire sur deux, de manière à rendre l'arbre moins touffu.

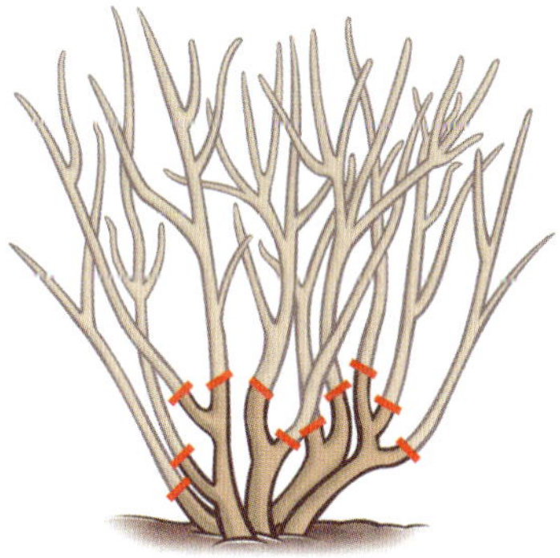

▲ Les arbustes fleurissant sur des rameaux de l'année, comme le buddleia, le fuchsia ou le caryoptéris, sont taillés très sévèrement en fin de saison. Allongez les jeunes pousses de deux yeux pour conserver une forme compacte et vigoureuse.

▲ Attention au danger que représente une branche qui tombe. Elle peut aussi rebondir sur le sol. Il est conseillé d'attacher chaque branche avant de la sectionner, et de la faire guider par un assistant lors de sa chute.

☞ LES BONS OUTILS

POUR LA TAILLE ET L'ÉLAGAGE

• L'outil de taille le plus employé est le **sécateur**. Il doit être léger et d'une longueur adaptée à celle de votre main. Pour les branches de 1 à 3 cm de diamètre, utilisez un **ébrancheur**, sécateur que l'on manie à deux mains. Certains modèles, agréables à manier, permettent la démultiplication de l'effort. Les haies régulières se taillent avec une **cisaille** ou un **taille-haie** à lames courtes, pour une meilleure précision. Pour couper les branches très hautes sans avoir à monter sur une échelle, utilisez un **échenilloir**, sorte de sécateur monté sur un manche télescopique et actionné par une cordelette.

• Pour l'élagage, la **tronçonneuse** ou **l'élagueur pneumatique** offrent une efficacité incomparable, mais doivent être maniés avec beaucoup de précaution. Choisissez une tronçonneuse compacte et légère si vous devez monter dans l'arbre. Le **croissant**, sorte de serpe en demi-lune, reste l'outil classique. Monté sur un long manche, il permet de trancher d'un seul coup une branche de 3 à 4 cm de diamètre. Les **scies** de jardinier à lame étroite et légèrement recourbée servent à sectionner des branches plus importantes. Certains modèles sont montés sur un manche télescopique afin de pouvoir travailler depuis le sol. Une **serpe** ou une **hachette** peuvent compléter cette panoplie, surtout pour débiter les branches déjà coupées.

La taille des topiaires

Indémodables et de plus en plus prisés, les arbustes ciselés en formes géométriques ou fantaisies nécessitent un entretien régulier pour conserver leur silhouette élégante. C'est le coup d'œil et le tour de main du jardinier qui élèvent la topiaire au niveau de l'art. Un art où chacun de nous est maître sculpteur.

ASTUCE TRUFFAUT

Grâce à des armatures préfabriquées, aux formes originales et variées, chacun peut s'adonner à l'art topiaire avec bonheur. Il suffit d'enfermer une jeune plante (le plus souvent un buis) dans son carcan de grillage et de laisser faire la nature. La plante va habiller sa gangue métallique et même déborder. Il suffit alors de tailler ce qui dépasse.

Les principes de la taille

L'art topiaire repose uniquement sur la bonne conduite de la taille. Tailler n'est pas mutiler. C'est orienter habilement l'énergie de la plante pour lui éviter un développement anarchique et permettre une croissance régulière, harmonieuse et maîtrisée.

Les bourgeons situés à l'apex des pousses (à l'extrémité) recevant le maximum de sève, la plupart des arbustes poussent surtout verticalement. Résultat, ils ont tendance à se dégarnir assez vite de la base. En taillant, vous provoquez la croissance des pousses latérales, ce qui provoque un rééquilibrage (dichotomie) et stimule la pousse de jeunes feuilles.

Quelques conseils de base

Taillez toujours en bonne connaissance de cause, en essayant de vous projeter dans l'avenir. Vous devez toujours vous poser la question suivante : en coupant ici que va-t-il se produire ? C'est ainsi que vous serez capable de justifier le moindre geste de taille.

Intervenez plusieurs fois dans l'année, mais laissez toujours un intervalle d'au moins trois mois entre deux tailles importantes, les plantes ayant besoin de reprendre un peu de vigueur.

Ne taillez pas en période de gel ou de canicule. Après l'intervention, arrosez la plante et apportez-lui un engrais complet dès la semaine suivante.

Utilisez toujours des outils parfaitement affûtés dont les lames sont bien propres. Il serait prudent de nettoyer les lames à l'alcool à 90°, lorsque vous passez d'une plante à une autre ou après toute intervention.

La bonne pratique

La taille d'un topiaire s'apparente à celle d'une haie, mais elle nécessite une intervention dans toutes les dimensions de l'espace (pour une haie, on se contente de fignoler une face, deux tout au plus). Il est donc indispensable de tourner autour de l'arbre à sculpter et de prendre régulièrement du recul par rapport au travail afin d'obtenir une perception d'ensemble.

Ne vous fiez pas seulement à votre œil, même si vous possédez déjà une certaine expertise. Aidez-vous de tous les accessoires pratiques que sont les guides en bois, les calibres en plastique, les cordeaux et même le niveau à bulle ou le fil à plomb.

Pour tailler des plantes au carré et former des angles bien droits, il faut poser un tasseau à l'horizontale sur deux piquets à la hauteur souhaitée pour la taille et laisser pendre un fil à plomb. Ils seront vos guides pour diriger le mouvement de la cisaille.

La taille en courbe est relativement facile et permet une approche plus approximative. Il existe des guides en plastique, mais ils imposent un diamètre précis qui correspond rarement à celui de votre plante. Le mieux consiste donc à travailler au jugé, en commençant par la partie centrale (la plus renflée). Ciselez une ligne qui vous servira de référence. Ensuite, travaillez dans les deux directions à la fois, en progressant à la même vitesse vers la gauche et la droite, pour une meilleure homogénéité.

Pour les boules, commencez par le point central supérieur, puis descendez petit à petit de chaque côté pour obtenir un anneau bien symétrique. Effectuez ensuite la même opération à 90° de la première et terminez par les quartiers.

LES BONS OUTILS

LA PANOPLIE DE BASE POUR TAILLER DES TOPIAIRES

1

▶ L'EMPLOI DES CISEAUX

Les pousses très tendres des jeunes conifères (ici un *Cupressus macrocarpa* 'Goldcrest') n'offrent pas beaucoup de résistance aux ciseaux de jardinage. Toutefois, vous avez intérêt à travailler comme sur notre illustration avec un modèle muni d'un ressort dont la puissance de coupe est redoutable, sans qu'elle nécessite beaucoup d'effort de la part de l'utilisateur. Cet outil est un bon compromis entre les ciseaux classiques et le sécateur, qui est fait pour couper des bois dur et ne convient donc pas à cet usage. Les jeunes pousses des *Ilex crenata*, souvent proposés en « nuages », sont taillées idéalement avec ce type de ciseaux dont les lames très plates et fines épousent bien les courbes et permettent de couper avec rapidité et précision. Les meilleurs modèles sont japonais.

2

▶ LA CISAILLE À MOUTONS

Appelé aussi « forces » cet outil était jadis utilisé pour tondre la laine des moutons. Il est constitué de deux lames bien affûtées qui, sous la pression des doigts, glissent l'une sur l'autre et reprennent leur position initiale par un effet de ressort. Outre la très grande précision de travail qu'il permet, car on le tient bien en mains, et il ne nécessite que peu d'effort, cet outil garantit une coupe impeccable et très propre. On l'utilise surtout pour tailler les buis au printemps, afin de trancher net les nouvelles pousses, sans éborgner le feuillage comme le ferait une cisaille, moins précise. Les forces se jouent aussi du lierre et de toutes les plantes herbacées, mais elles ne conviennent pas aux pousses ligneuses qui glissent le long des lames très lisses.

3

▶ LES CISAILLES DE JARDIN

Pour l'art topiaire, les cisailles à haies classiques ne conviennent pas dans la majorité des cas. En effet, si elles offrent bien toutes les garanties d'efficacité et permettent une coupe nette et rapide, elles manquent de précision. Toutefois, il existe des petits modèles à lames courtes (20/30 cm) que l'on peut utiliser avec bonheur pour toutes les opérations de dégrossissage ou de formation dès que l'on dispose d'une armature pour éviter les coupes inopportunes. L'avantage de cet outil qui s'utilise à deux mains est le gain de temps très net et une fatigue beaucoup moindre à la longue.

Pour bien travailler les topiaires, il faut aussi vous munir de pinces à bonsaïs (surtout pour la taille en nuages). Elles permettent de trancher des rejets ligneux au ras de leur point d'insertion sur la branche. Bannissez les outils motorisés, hormis les petits coupe-bordures à batterie, dont les lames en cisailles courtes sont très pratiques.

La récolte et la conservation

La récolte est l'aboutissement de tous les efforts du jardinier et sa plus grande récompense. Mais pour garantir une bonne productivité, il faut respecter quelques règles, sans oublier de manipuler les produits de la récolte avec précaution, afin de pouvoir les conserver plus longtemps.

ASTUCE TRUFFAUT

Ne secouez jamais les arbres pour faire tomber les fruits à maturité. Leur chute provoque des chocs sur l'épiderme qui nuisent à leur bonne conservation.

Un point ardu concerne le moment optimal pour la récolte. Pour les fruits, c'est assez simple, il suffit qu'ils se détachent facilement de l'arbre et qu'ils présentent une jolie coloration indiquant leur passage à la maturité. Pour les légumes, c'est plus délicat. On peut être tenté de repousser en permanence le moment dans le but d'obtenir des produits toujours plus gros. Si c'est valable avec les potirons, éventuellement avec les salades que l'on peut préférer bien pommées, c'est en revanche plus contestable avec les haricots, les

▶ La paraffine sur le pédoncule évite l'évaporation et le dessèchement.

carottes ou les radis, qui durcissent ou dont le goût devient plus fort et souvent plus amer en vieillissant.

La récolte

La méthode la plus simple est le ramassage au sol des fruits tombés. C'est une pratique que l'on n'utilise plus que pour les fruits secs : châtaignes, noix, noisettes, etc. La cueillette manuelle est la technique la plus courante pour tous les fruits frais du verger et les légumes du potager. Il faut saisir la partie à récolter avec la plus grande délicatesse, du bout des doigts ou dans le creux de la main pour ne pas en abîmer l'épiderme. Pour les pommes, les pêches, les prunes, les tomates, effectuez un lent mouvement rotatif du poignet et le fruit se détachera tout seul. Pour les poires, les cerises, les concombres, les poivrons et tous les fruits à pédoncule, posez un doigt sur ce dernier, puis faites un mouvement de levier vers le haut.

La récolte des fleurs pour les bouquets se pratique de préférence en fin de journée l'été, et en début d'après-midi au printemps et en automne. L'important est d'éviter l'humidité qui nuit à la longévité en vase.

La conservation

La difficulté avec les pommes et les poires vient de la différence importante entre le moment de maturité « physiologique », qui correspond à la récolte proprement dite, et la maturité « gustative » période à laquelle les fruits sont bons à consommer. Le décalage pouvant dépasser un mois, ces variétés doivent être mises en conservation. Dans un local frais, obscur, bien aéré, dont l'humidité atmosphérique est maintenue à 60 %, vous pouvez parvenir à garder des fruits jusqu'au mois de mars. Le sol doit être en terre ou couvert de sable comme dans une cave à vin, les murs seront blanchis à la chaux. Pour éviter les risques de pourriture rapide, faites brûler du soufre une fois par semaine dans le local de conservation (on l'appelle communément« fruitier »). Une température moyenne de 8 à 12 °C est idéale. Elle ne doit jamais atteindre 0 °C, ni dépasser 15 °C avec des variations toujours très lentes.

Les fruits sont entreposés sur des clayettes ajourées, ou bien dans des cagettes en bois ou en polystyrène tapissées de papier journal. Ils ne doivent pas se trouver en contact les uns avec les autres. Vous obtiendrez une meilleure tenue en plongeant l'extrémité du pédoncule dans de la paraffine. Pour le raisin, l'extrémité du sarment portant la grappe est plongée dans de l'eau contenant du charbon de bois. Seuls les fruits parfaitement sains ne présentant ni taches ni déformations sont mis en conservation. Une visite journalière est indispensable pour éliminer toute pomme ou poire présentant des signes de dégradation. Chaque année en fin de printemps, le fruitier sera nettoyé de fond en comble à l'eau de Javel afin d'éliminer tout germe pathogène. Certains légumes d'hiver peuvent se conserver dans les mêmes conditions en cave. Il s'agit notamment des courges et des potirons, des légumes racines (betteraves, carottes, navets, radis noirs) qui peuvent aussi être placés en silo. Les cardons sont également rentrés fin octobre, arrachés avec une grosse motte de terre pour qu'ils continuent doucement à blanchir. Les pommes de terre ont besoin d'une faible température et d'une complète obscurité pour ne pas germer. Vous pouvez aussi prolonger leur conservation grâce aux produits antigermination qui sont très efficaces. L'ail et l'échalote seront suspendus dans un grenier bien aéré et frais.

▲ Les fruits sont conservés en clayettes et à l'obscurité dans un local frais.

LE BON GESTE

1

2

POUR LA RÉCOLTE

1. Dès que les arbres sont imposants, il faut utiliser **une échelle**. Les modèles doubles en aluminium sont les plus utilisés car ils se déplacent facilement et sont très légers. Si vous ne vous sentez pas à l'aise dans les airs ou si vous êtes sujet au vertige, utilisez des **cueille-fruits** placés au bout de longues perches télescopiques.

2. Les cueille-fruits sont le plus souvent constitués d'une couronne métallique crénelée, prolongée par une poche de tissu. Vous heurtez la branche avec la partie solide de l'outil et le fruit tombe dans la poche. Pour les poires, préférez **« la main de velours »**, une variante avec des doigts métalliques souples réunis par un fil que vous actionnez depuis le sol. Une fois les doigts passés autour du fruit, tirez sur la corde : cela produit un resserrement et il suffit d'un mouvement de traction pour détacher le fruit.

LES ENNEMIS ET MALADIES DU JARDIN

Les **mauvaises herbes** sont le premier ennemi du jardinier. Il leur livre une lutte de chaque instant pour les éliminer et permettre ainsi la croissance des cultures. Souvent moins visibles mais parfois bien plus dévastateurs, les ennemis des plantes sont des créatures (des **insectes** surtout) qui se nourrissent des végétaux et les abîment en perturbant leur croissance. Les **maladies**, quant à elles, sont dues à des champignons, à des bactéries, à des virus ou à divers organismes qui colonisent un ou plusieurs sujets.

Afin d'éviter toute erreur et de démasquer rapidement le coupable d'un problème de santé sur une plante, une petite enquête sur le terrain s'impose dès l'observation des premiers troubles. Les éléments importants à noter sont la localisation du symptôme (feuilles, tiges, racines ou fruits) et sa description (enroulement, décoloration, dessèchement, galle, chancre...). Ce n'est qu'à partir d'un **diagnostic** fiable et précis que des soins adaptés pourront être mis en œuvre, qu'ils soient chimiques ou biologiques.

Mais la prévention demeure le meilleur moyen de lutte. De bonnes pratiques culturales et une **hygiène** simple au jardin diminuent les risques d'affections chez les végétaux. N'achetez que des plantes saines, vigoureuses, aux racines robustes, et choisissez de préférence des cultivars résistant aux maladies. Pour ne pas risquer de **troubles** physiologiques, sélectionnez des plantes adaptées aux conditions particulières de votre jardin. Enfin, apportez-leur tous les soins dont elles ont besoin pour être au mieux de leur forme : une plante en pleine santé sera plus apte à se défendre contre une attaque extérieure, quelle qu'elle soit.

Les mauvaises herbes

Les mauvaises herbes sont les passagers clandestins du jardin. Elles s'y invitent et s'y installent, gênant le développement des cultures. Elles vont jusqu'à les étouffer dans un débordement de vigueur qu'il est souvent difficile de maîtriser. Une lutte permanente dont le jardinier ne sort pas toujours vainqueur...

ASTUCE TRUFFAUT

Si vous avez des doutes concernant une plante inconnue dans le jardin, ne l'arrachez pas comme une mauvaise herbe. Attendez qu'elle soit bien développée.

Des plantes envahissantes

Une herbe est considérée comme mauvaise par le jardinier si elle pousse sans être désirée. Ainsi, le millepertuis *(Hypericum calycinum)* utilisé en couvre-sol sur un talus devient une mauvaise herbe quand il envahit la pelouse à proximité. Les mauvaises herbes, appelées aussi « adventices », possèdent quelques atouts pour proliférer. Beaucoup forment des graines qui persistent dans le sol plusieurs dizaines d'années, tout en conservant leur faculté germinative. Certaines espèces sont dotées d'un potentiel de multiplication impressionnant. Un plant de chénopode produit 4 000 graines et un pied

▲ Le laiteron âpre pousse dans les sols compacts et riches et plutôt argileux.

▲ La moutarde des champs est facile à arracher.

▲ Le mouron rouge est envahissant.

▲ La véronique bleue est très résistante.

d'amarante peut porter parfois jusqu'à 50 000 graines ! Les mauvaises herbes utilisent des systèmes astucieux pour se déplacer (parachute du pissenlit, luzerne accrochée sur le pelage des animaux, fruits de la ronce mangés par les oiseaux...) et ainsi mieux essaimer, à leur guise, dans tous les jardins.

Des plantes indésirables

En se développant, les mauvaises herbes concurrencent les végétaux cultivés. Elles détournent à leur profit l'eau et les éléments fertilisants contenus dans le sol. Il est d'usage, dans un jardin potager ou au pied de jeunes plantations, de maintenir un sol propre dépourvu de végétation afin de limiter les pertes d'eau. Les mauvaises herbes occupent rapidement tout l'espace aérien et font ombrage aux plantes voisines, les empêchant de prospérer. Ce type de concurrence est fréquent dans les semaines qui suivent le semis d'un jeune gazon. Certaines espèces comme les liserons, la clématite ou la bryone utilisent les arbustes comme tuteurs et contrarient leur développement. Toutefois, la nuisance la plus évidente dans les jardins est certainement d'ordre esthétique. Un massif de rosiers envahi de mauvaises herbes, une allée enherbée, un gazon sans graminées... donnent une apparence négligée.

Connaître les mauvaises herbes

Afin de maîtriser le développement excessif des adventices et mettre en œuvre des moyens de lutte appropriés, il faut connaître les différentes espèces.

Il est d'usage de distinguer deux grandes familles de plantes : les Monocotylédones et les Dicotylédones. Les premières sont des plantes à feuilles étroites et à nervures parallèles, comme les graminées (chiendent, ray-grass). Les Dicotylédones se distinguent par leurs feuilles à limbe étalé et à nervures ramifiées : le pissenlit, le plantain, le rumex et le trèfle en font partie.

Une mauvaise herbe vivace est capable de se régénérer à partir d'un fragment de ses tissus laissé dans le sol. Il peut s'agir de rhizomes chez le chiendent ou le liseron, de stolons chez la potentille ou la renoncule rampante, ou encore de bulbes et de bulbilles chez l'oxalis en corymbe. Certaines ont des racines très profondes comme les armoises, ou les chardons les prêles ou les consoudes, et résistent mieux aux désherbants.

Une mauvaise herbe annuelle doit fleurir et former des graines dans l'année, afin de propager son espèce. C'est le cas de la mercuriale, de la renouée des oiseaux, de la capselle bourse-à-pasteur, du pâturin annuel ou de la stellaire intermédiaire (le mouron). Les mauvaises herbes annuelles sont généralement plus faciles à éliminer.

Il faut savoir apprécier la texture des tiges de la mauvaise herbe à éliminer. Certaines par exemple peuvent être partiellement lignifiées comme chez la ronce. Pour détruire de telles plantes, un débroussaillant sera nécessaire. D'une manière générale, mieux vaut éliminer les mauvaises herbes quand elles sont jeunes avec un système racinaire encore peu développé.

▲ Le chardon des champs est une mauvaise herbe vivace des sols alcalins.

Les ennemis du jardin

Lorsqu'un arbre, un arbuste ou une plante du jardin est malade, le souci de tout bon jardinier est d'en identifier rapidement la cause. Il peut s'agir d'un parasite ou d'un ravageur qui se nourrit du végétal ou se développe à ses dépens... Dans tous les cas, il faut agir vite, efficacement, mais sans excès de zèle.

ASTUCE TRUFFAUT

Certaines plantes sont réputées répulsives pour les insectes ravageurs. C'est le cas de l'œillet d'Inde qui éloigne de façon assez efficace les pucerons, de même que les menthes. On dit que tous les *Allium* (ail, ciboulette, poireau, et aux décoratifs) préviennent le mildiou, la tavelure et la rouille.

Les insectes et les acariens

Ces animaux qui pullulent dans tous les jardins sont le plus souvent de taille réduite. Dotés de régimes alimentaires très divers, seuls certains d'entre eux mangent des plantes. Les uns, équipés de stylets piqueurs-suceurs, se nourrissent de sève ou des contenus cellulaires. Ils affaiblissent les plantes attaquées, décolorent ou déforment les feuilles et les jeunes pousses. C'est la sève élaborée, riche en substances nutritives, qui est convoitée. Les insectes piqueurs-suceurs rejettent le plus souvent les sucres en excès, provoquant d'abondants écoulements de miellat sur les plantes attaquées. Les autres, munis de fortes mandibules, découpent et broient les tissus végétaux. Les insectes « défoliateurs » s'attaquent aux jeunes pousses et au feuillage. Les « xylophages » investissent l'intérieur des branches et des rameaux dans lesquels ils creusent des galeries qui bloquent la sève. Les « terricoles » se nourrissent des racines ou du collet. Animaux à sang froid, tous voient leur activité varier en fonction des conditions de température. C'est au cours du printemps et de l'été que les attaques sont les plus virulentes.

Avant d'atteindre l'état adulte, un insecte doit impérativement passer par plusieurs stades de développement successifs : l'œuf, la larve, la nymphe puis enfin l'adulte. Certains, comme les pucerons, ne subissent pas de modifications morphologiques importantes lors de ce cycle. En revanche, chez les papillons une véritable métamorphose intervient entre la larve et l'adulte. Ainsi, une chenille peut être nuisible en dévorant des feuilles, alors que le papillon adulte reste inoffensif. À l'état adulte, la plupart des insectes sont pourvus d'organes leur permettant une grande mobilité : 2 paires d'ailes et 3 paires de pattes. Ils disposent également d'organes sensoriels performants : les yeux et les antennes. Ces dernières semblent jouer un rôle très important dans la communication entre les sujets d'une même famille. Parmi les insectes et les acariens, nombre d'entre eux, mangeurs d'organismes nuisibles, sont de précieux auxiliaires du jardinier.

▲ Le doryphore, un ravageur des cultures.

Les bactéries et les virus

De taille extrêmement réduite, ces micro-organismes peuvent être responsables de redoutables affections. Dépourvus de toute mobilité, ainsi que de moyens de pénétration dans les tissus végétaux, ils utilisent le plus souvent un vecteur animal (certains pucerons ou cicadelles, l'homme et son sécateur...) pour infester leurs hôtes. Une fois à l'intérieur, ces micro-organismes se développent sans qu'il soit possible de les combattre car il n'existe pratiquement pas de substances actives. Il faut souvent éliminer la plante atteinte pour éviter la propagation de la maladie. Seules des mesures préventives peuvent être envisagées : traitement des insectes vecteurs, achat de plants sains ou de graines certifiées, désinfection des outils de taille ou de greffage, etc. Fort heureusement, de telles maladies restent peu fréquentes en général localisées et rarement très virulentes dans les jardins d'amateurs.

Les champignons

Considérés aujourd'hui comme distincts du monde végétal, les champignons ne sont pas des plantes, en raison de leur absence de photosynthèse. Incapables de fabriquer leurs propres constituants, ils doivent les prélever sur d'autres organismes. Certains champignons inoffensifs se nourrissent de matières organiques mortes, d'autres s'installent sur des végétaux bien vivants qu'ils parasitent. Les maladies les plus fréquentes sont occasionnées par des champignons microscopiques, très difficiles à observer à l'œil nu. Le mycélium, constitué d'un important réseau de fins filaments translucides, se répand à l'intérieur des tissus de la plante parasitée. Des petites fructifications apparaissent sur les organes attaqués. Elles libèrent des spores à maturité, facilement entraînées par le vent. Des températures clémentes et de l'humidité permettent leur germination et une nouvelle infection.

C'est au cours du printemps, lors des périodes pluvieuses, que les maladies cryptogamiques sont les plus abondantes et les plus virulentes. Elles doivent, de préférence, être traitées préventivement, car il est très difficile de les déloger une fois que le champignon a pénétré les tissus de la plante.

Les rongeurs

Représentés par les souris et les rats, très redoutés à la maison, mais aussi par les mulots, campagnols, lérots, loirs et lapins, très actifs au jardin, ce sont des destructeurs des récoltes entreposées et des jeunes récoltes. Ils se combattent facilement par la pose d'appâts à base de produits anticoagulants.

▲ Les virus créent une dégénérescence (céleri).

▲ L'oïdium (ou blanc), maladie cryptogamique.

▲ Le mulot, un rongeur amateur de légumes.

Les ennemis et maladies des feuilles

Tendres et charnues à souhait, les feuilles sont les organes de prédilection pour la plupart des animaux ravageurs des cultures. Les plus nombreux et les plus fréquents sont des insectes dont la présence est parfois très visible ou au contraire fort discrète, mais il faut aussi craindre les acariens par temps sec.

▲ Attaque d'acariens sur des feuilles de haricot.

▲ Le miellat sucré des aleurodes attire les fourmis.

▲ Une attaque d'alternariose sur une orchidée.

Acariens

Proches des araignées, puisqu'ils possèdent huit pattes, les acariens sont des animaux de petite taille (0,5 mm à l'état adulte) et de teinte rouge brique à jaune clair selon les espèces.

Symptômes : les feuilles attaquées se décolorent, jaunissent ou prennent un aspect plombé (par exemple la « grisette » du pommier). On peut apercevoir parfois de très fines toiles entre les rameaux. La plante dépérit très vite.

Époque des dégâts : à partir de la fin du printemps et pendant tout l'été par temps chaud et sec.

Plantes sensibles : les pommiers, les agrumes, le charme, les rosiers, les palmiers, le tilleul, les épicéas et de très nombreuses plantes à massif.

Gravité : sur les espèces herbacées et les plantes de la maison, les attaques d'acariens peuvent être catastrophiques. Sur les arbres et les arbustes, seules les infestations répétées sont vraiment graves, souvent fatales.

Conditions favorables : les acariens affectionnent les températures élevées, supérieures à 20 °C. Ils redoutent les ambiances humides.

Précautions à prendre : des brumisations régulières et généreuses contrarient le développement des acariens.

Traitement : dès l'apparition des premiers symptômes, il faut effectuer deux traitements espacés de cinq à sept jours, avec un acaricide spécifique à base de dicofol. Renouvelez un mois plus tard.

Aleurodes

Originaires d'Amérique centrale, ces insectes appelés aussi « mouches blanches » sont de petite taille (de 1 à 3 mm). Ils volettent en grand nombre autour des plantes attaquées. Très prolifiques, ils pullulent rapidement.

Symptômes : les plantes deviennent collantes et cessent de pousser. Les feuilles se couvrent d'un champignon noir et collant : la fumagine.

Époque des dégâts : dès la fin de l'hiver dans la serre et à la maison. Au début de l'été dans le jardin.

Plantes sensibles : pratiquement toutes les plantes herbacées d'extérieur et d'intérieur, et quelques arbustes (troène, hibiscus, lilas, etc.).

Gravité : les plantes atteintes sont affaiblies et peu attrayantes. Sans traitement efficace, elles finissent par mourir d'épuisement.

Conditions favorables : étant donné leurs origines, les aleurodes préfèrent les fortes chaleurs. C'est dans les serres chaudes qu'ils se trouvent le mieux.

Précautions à prendre : vérifiez au moment de l'achat d'une plante d'intérieur qu'elle soit parfaitement indemne de « mouche blanche ».

Traitement : effectuez une série de quatre traitements, à trois jours d'intervalle avec un insecticide contre les pucerons. Piégez les aleurodes avec une plaque jaune vif enduite de glu.

Alternariose

Cette maladie redoutable est occasionnée par divers champignons microscopiques du genre *Alternaria.*

Symptômes : des taches brunes au centre clair apparaissent sur les feuilles. Elles peuvent se couvrir, par temps humide, d'un feutrage brun. Les feuilles se dessèchent ou pourrissent, et tombent.

Époque des dégâts : le printemps.

Plantes sensibles : les plantes potagères (céleri, carotte, persil, chou) et les plantes à massif (pélargonium, œillet, cinéraire, zinnia).

Gravité : la maladie reste généralement limitée aux feuilles basses. Elle est dangereuse sur les semis.

Conditions favorables : un temps très humide et doux.

Précautions à prendre : coupez les premières feuilles atteintes. Au potager, évitez le retour chaque année d'une culture sensible sur la même planche.

Traitement : deux à trois applications préventives espacées de dix jours, avec un fongicide « antipourriture ».

Anthracnose

Les champignons responsables de cette maladie printanière s'attaquent chacun à un groupe de plantes bien spécifique.

▲ L'anthracnose provoque ces taches, assez fréquentes sur le noisetier.

Symptômes : de grandes plages brunes nécrosées apparaissent sur les feuilles. Sur certains arbres et arbustes elles restent localisées aux nervures principales. Les tiges et les rameaux sont atteints. La plante s'affaiblit.
Époque des dégâts : les champignons contaminent les plantes très tôt en saison, au moment de leur débourrement. Les symptômes apparaissent au cours des mois d'avril et de mai.
Plantes sensibles : au potager; pois, melon, fraisiers et haricots craignent l'anthracnose, tout comme les arbres; saule, platane et noyer.
Gravité : bien que spectaculaire, cette maladie endommage peu les arbres. Les jeunes plants de pois et de haricots touchés peuvent être détruits.
Conditions favorables : les anthracnoses affectionnent les printemps chauds et humides. Sur le platane, en revanche, les dégâts sont plus importants avec des températures basses.
Précautions à prendre : il est préférable d'utiliser des semences potagères traitées et de choisir des variétés résistantes. Sur les arbres, les rameaux porteurs de chancres doivent être coupés.
Traitement : à la fin de l'hiver, une pulvérisation de bouillie bordelaise est efficace sur les arbres. Deux à trois pulvérisations espacées de dix jours après l'apparition des jeunes feuilles avec un fongicide « légumes » éviteront l'invasion par le champignon.

Black-rot

Tristement célèbre sur la vigne, la maladie du black-rot ne doit pas être confondue avec le mildiou.
Symptômes : de grandes plages de forme irrégulière, anguleuse, et de teinte rouge envahissent les feuilles. Des petites ponctuations noires sont parfois visibles sur les zones nécrosées.
Époque des dégâts : les contaminations ont lieu dès l'apparition des jeunes feuilles. Les taches foliaires se développent au cours du printemps.
Plantes sensibles : la vigne et le marronnier ont chacun leur propre black-rot.
Gravité : bien que spectaculaire, le black-rot est rarement dommageable pour les plantes. Sur la vigne des dessèchements de grappes sont possibles.
Conditions favorables : les printemps très pluvieux favorisent les infections.
Précautions à prendre : le champignon se conservant au cours de l'hiver sur les feuilles tombées au sol, ces dernières doivent être ramassées et brûlées.
Traitement : des traitements d'hiver à la bouillie bordelaise sont possibles. Sur les jeunes feuilles, un fongicide sera efficace de manière préventive.

▲ Le black-rot, une maladie très fréquente sur le marronnier.

Chenilles

Un très grand nombre de chenilles ravagent les cultures. Ce sont des larves de papillons diurnes ou nocturnes.
Symptômes : grandes mangeuses de feuilles, elles perforent ou découpent l'épiderme des feuilles.
Époque des dégâts : c'est au printemps qu'elles sont le plus voraces. Certaines, comme les hyponomeutes et les chenilles processionnaires du pin, se développent en hiver.
Plantes sensibles : certaines chenilles défoliatrices sont spécifiques. On en trouve sur le pin, le chou, le mûrier, le peuplier, etc. Mais presque toutes les plantes peuvent être plus ou moins attaquées par des chenilles, les arbres fruitiers étant assez sensibles.
Gravité : sur les arbres ou les arbustes, les défoliations répétées épuisent fortement la plante.
Précautions à prendre : les jeunes chenilles peuvent être éliminées des plantes à la main (portez des gants). Certaines se regroupent dans des nids au bout des branches. Les nids doivent toujours être coupés et brûlés.
Traitement : toutes les chenilles sont sensibles aux insecticides polyvalents du commerce, notamment ceux à base de pyréthrinoïdes de synthèse. Effectuez trois pulvérisations consécutives.

▲ Une dentelle de feuilles provoquée par des chenilles.

▲ En action : la larve de la tenthrède du peuplier.

▲ Ces feuilles de chou sont trouées par les piérides.

Cloque

Très spectaculaire et redoutable pour les arbres fruitiers, la cloque est occasionnée par un champignon parasite microscopique, le *Taphrina deformans*.

Symptôme : les jeunes feuilles, fraîchement apparues, se déforment, s'épaississent et prennent des couleurs vives (rouge violacé). Lors de fortes attaques, elles se dessèchent et tombent.

Époque des dégâts : principalement au début du printemps.

Plantes sensibles : les pêchers sont les plus touchés, surtout en Île-de-France. Les pruniers et les amandiers le sont également. Un champignon voisin, mais peu courant, se rencontre sur le peuplier (la cloque dorée).

Gravité : lors de fortes attaques, les jeunes pêchers peuvent être très affectés et dépérir. La récolte est souvent compromise. La cloque est une maladie redoutable sur les pêchers nains cultivés en bacs sur le balcon.

Conditions favorables : un temps froid et humide, au moment de l'apparition des jeunes feuilles.

Précautions à prendre : le ramassage des feuilles à l'automne limitera les contaminations futures. Les pousses atteintes peuvent être coupées et brûlées.

Traitement : la bouillie bordelaise est recommandée à l'automne pour favoriser la chute des feuilles et cicatriser les branches. Renouvelez l'application en fin d'hiver, lors du gonflement des bourgeons. Dès l'apparition des jeunes feuilles, faites de trois à quatre traitements espacés chacun d'une semaine, avec un fongicide « anticloque » à base d'oxychlorure de cuivre.

Cochenilles

Pratiquement immobiles, ces insectes prennent des formes curieuses : « coquille de moule », amas blancs cotonneux, corps cireux et bombé, etc.

Symptômes : installées sur les feuilles, les pousses ou les branches, les cochenilles prélèvent la sève élaborée. Les plantes sont affaiblies, deviennent parfois collantes et se couvrent de fumagine. Des rameaux feuillés se dessèchent parfois.

Époque des dégâts : les plantes d'intérieur sont infestées toute l'année. Au jardin, les dégâts importants se rencontrent vers la fin du printemps.

Plantes sensibles : les cornouillers, le tilleul, les groseilliers, le mûrier, les houx, le laurier-rose, les camélias, le fusain du Japon, le lilas, le sophora, le pommier, le poirier, l'hortensia, les cactées, les agrumes, l'olivier, les palmiers, etc.

Gravité : lors de fortes infestations, un arbre ou un arbuste peut dépérir complètement. C'est le cas du fusain du Japon et de certains conifères.

Conditions favorables : les cochenilles préfèrent les fortes températures et des atmosphères confinées à l'hygrométrie importante.

Précautions à prendre : les rameaux couverts de cochenilles doivent être coupés, puis brûlés lors de la taille hivernale. Il ne faut pas hésiter à se débarrasser d'une plante trop infestée.

Traitement : en hiver, une pulvérisation d'un anticochenille à base d'huile blanche est recommandée. C'est au cours des mois de mai et de juin que les traitements avec un insecticide polyvalent sont les plus efficaces, quand les larves éclosent. Appliquez deux pulvérisations à une demi-heure d'intervalle.

Doryphores et chrysomèles

Ce groupe de coléoptères porte des couleurs vives et métalliques à l'âge adulte. Les larves, et parfois les adultes, sont de redoutables défoliateurs.

Symptômes : peu discrètes, les larves dévorent en plein jour les feuilles et les jeunes pousses. Elles laissent parfois les nervures principales, donnant au feuillage un aspect de dentelle.

Époque des dégâts : essentiellement le printemps et l'été.

▲ La très redoutable cloque du pêcher.

▲ Une attaque de cochenilles farineuses.

▲ Une forte attaque de cochenilles à boucliers.

▲ L'étonnante larve rose du doryphore est encore plus redoutable que l'adulte.

▲ Les limaces grises font de gros dégâts dans les salades et sur toutes les feuilles tendres.

Plantes sensibles : il existe une multitude de chrysomèles qui s'attaquent chacune à une famille végétale ou à un genre précis. On trouve dans ce groupe : le doryphore de la pomme de terre, la galéruque de l'orme, l'altise de l'iris ou celle des crucifères, etc.

Gravité : en cas de forte pullulation, une plante peut être entièrement défeuillée. Au potager la récolte des pommes de terre est très compromise. Les arbres, les arbustes, les fleurs attaqués sont franchement affaiblis.

Conditions favorables : chaleur et sécheresse conjuguées favorisent le développement de toutes les chrysomèles.

Précautions à prendre : les larves ainsi que les œufs peuvent être récoltés manuellement et détruits.

Traitement : il suffit de deux ou trois pulvérisations d'un insecticide polyvalent ou d'origine naturelle pour détruire ces insectes nuisibles. Un traitement préventif est efficace sur la pomme de terre au printemps.

Limaces et escargots

Les gastéropodes sont des animaux au corps mou, qui se déplacent en rampant sur un large pied musclé.

Symptômes : boulimiques, les limaces dévorent les épidermes foliaires et les jeunes pousses. Elles laissent derrière elles une traînée brillante : le mucus.

Époque des dégâts : surtout au printemps et à l'automne dès que l'humidité ambiante est forte.

Plantes sensibles : toutes les espèces potagères et les jeunes pousses florales sont visitées et dévorées.

Gravité : les jeunes plants repiqués et les plantules issues de semis peuvent être entièrement détruits.

Conditions favorables : c'est après une pluie que les limaces se manifesteront, car elles ne peuvent se déplacer que sur une fine pellicule d'eau.

Précautions à prendre : au cours de la journée, il est possible de piéger les limaces sous des abris (tuiles, planches) dans des récipients remplis de bière. Un paillage fin contrarie leurs déplacements, de même que la cendre de bois.

Traitement : un antilimace granulé est à épandre obligatoirement autour des plantes les plus menacées.

Maladie des taches noires

Cette affection est occasionnée par un champignon microscopique appartenant au genre *Marssonina*. Cette maladie est bien connue sur le rosier. On l'appelle très souvent : marsonia.

Symptômes : la maladie débute sur les feuilles basses qui se couvrent de grosses taches noires bien rondes. Le limbe jaunit et sèche rapidement puis les feuilles tombent. En cours de saison, les pieds de rosiers peuvent perdre entièrement leur feuillage.

Époque des dégâts : le printemps et l'été par temps humide.

Plantes sensibles : principalement les rosiers. Des maladies aux symptômes voisins se rencontrent sur le peuplier, le bouleau et l'érable.

Gravité : privées de leurs feuilles, les plantes atteintes par le marsonia s'affaiblissent progressivement.

Conditions favorables : des pluies régulières, et des températures clémentes au printemps, favorisent le développement de la maladie.

Précautions à prendre : l'enlèvement des feuilles tombées au sol est impératif. Les variétés les moins sensibles sont à privilégier (roses modernes).

Traitement : seuls les traitements préventifs sont vraiment efficaces. Pulvérisez tous les 15 jours, de fin mars à fin mai, un des nombreux fongicides proposés dans le commerce sous le nom de « maladie des rosiers ».

▲ La maladie des taches noires sur le rosier.

▲ Les chenilles mineuses sont plus spectaculaires que redoutables.

▲ Ces feuilles de rosier sont rongées par les otiorhynques.

▲ Le mildiou de la vigne peut entraîner de graves dégâts.

▲ L'oïdium est très virulent sur le mahonia surtout en automne.

Mineuses

L'insecte adulte (une mouche ou un papillon) pond son œuf à l'intérieur de la feuille. La jeune larve vit alors en mineuse et fore une galerie entre les deux épidermes foliaires.

Symptômes : sur les feuilles attaquées apparaissent des zones boursouflées, plus claires. Ces « mines » sont de formes et de tailles très variables : en étoile, en serpentin, en cercle, en taches, etc.

Époque des dégâts : pendant toute la saison de végétation.

Plantes sensibles : de très nombreuses espèces de fleurs, arbres et arbustes sont attaquées. Les marronniers et les houx sont particulièrement sensibles.

Gravité : les mineuses sont plus spectaculaires que vraiment dangereuses.

Conditions favorables : par temps doux, humide et dans les serres et abris.

Précautions à prendre : contentez-vous, le plus souvent, d'enlever les quelques feuilles atteintes.

Traitement : en cas de forte attaque, seule une pulvérisation d'un insecticide systémique est efficace.

Mildiou

Très répandue sur la vigne et la pomme de terre, cette maladie reste relativement peu commune dans les jardins.

Symptômes : des taches claires, huileuses, apparaissent sur les feuilles. Au revers, un léger feutrage blanc, dense, est visible. La lésion s'étend et se nécrose, petit à petit la feuille se dessèche.

Époque des dégâts : surtout au printemps et en automne.

Plantes sensibles : le mildiou ne se rencontre au jardin que sur la vigne, la tomate et la pomme de terre.

Gravité : la récolte est compromise, la plante fortement attaquée peut mourir.

Conditions favorables : pour leur développement, les mildious ont besoin d'une forte humidité.

Précautions à prendre : il faut veiller à ne pas planter trop serré, tout en évitant de cultiver les plantes sensibles dans les zones trop humides.

Traitement : à titre préventif des applications régulières de bouillie bordelaise sont efficaces. Une fois la maladie déclarée, l'emploi d'un produit « anti-mildiou » curatif s'impose. Le produit doit être pulvérisé tous les dix à quinze jours pendant tout le cycle de culture.

Oïdium

Souvent appelé la maladie du « blanc », l'oïdium est extrêmement fréquent. Chaque plante ou presque est attaquée par un oïdium spécifique.

Symptômes : un feutrage blanc, d'aspect farineux tapisse les feuilles, les nouvelles pousses et les boutons floraux. Les jeunes feuilles attaquées se déforment et se perforent parfois.

Époque des dégâts : peu exigeants en eau, les oïdiums se développent pendant toute la belle saison.

Plantes sensibles : les plus fréquemment visitées sont les rosiers, les pommiers, le laurier-cerise, le chêne, le mahonia, le fusain, le lagerstroemia, les berbéris, les bégonias, les phlox, les asters, les dahlias, la vigne.

Gravité : les arbres ou les arbustes peuvent être affaiblis, la floraison des rosiers est diminuée. Les plantes herbacées sont plus gravement touchées.

Conditions favorables : les ambiances confinées, une certaine fraîcheur et de l'air chargé d'humidité.

Précautions à prendre : les jeunes pousses contaminées peuvent être coupées. En hiver, les rameaux couverts de mycélium blanc sont à éliminer. Choisissez des variétés peu sensibles à l'oïdium (rosiers, fruitiers).

Traitement : il existe de nombreux produits actifs. Ils sont systémiques et recommandés contre les maladies des rosiers. Le soufre conserve une bonne efficacité en traitement de printemps.

Otiorhynques

Ces petits charançons (de 5 mm à 1 cm de long), aux mœurs nocturnes, provoquent sur les haies et en pépinière des dégâts considérables.

Symptômes : les adultes découpent le bord des feuilles, alors que les larves vivent dans le collet des plantes et provoquent leur dessèchement subit.

Époque des dégâts : au printemps (racines) et en été (feuilles).

Plantes sensibles : de nombreux arbustes, notamment les troènes et le lilas, et quelques plantes annuelles et vivaces. Les fraisiers sont aussi atteints.

Gravité : les larves invisibles au collet des plantes sont plus nuisibles que les adultes sur les feuilles.

Conditions favorables : les plantes élevées dans un mélange tourbeux, notamment en jardinières, sont plus facilement attaquées par les larves.

Précautions à prendre : lors de la décoration des jardinières, il est préférable de remplacer l'ancien terreau par un nouveau substrat tout neuf.

Traitement : au moment de la plantation, et à plusieurs reprises au cours du printemps, il faut incorporer dans le sol un insecticide en granulés.

Psylles

Ces insectes sont très proches des pucerons avec lesquels on les confond souvent. Contrairement aux larves statiques, les adultes sont très mobiles. Ils sautent et volent facilement.

Symptômes : sur le lilas d'Espagne ou le laurier-sauce, les feuilles attaquées se déforment et s'enroulent. Sur le poirier ou l'arbre de Judée, d'abondants écoulements de miellat ont lieu.

Époque des dégâts : mai et juin.

Plantes sensibles : poirier, figuier, arbre de Judée, frêne, lilas d'Espagne, laurier-sauce, buis, etc.

Gravité : les écoulements de miellat sont le plus gênants, car ils entraînent souvent l'apparition de la fumagine, sorte de charbon noir et collant.

Conditions favorables : lorsque le printemps est chaud, les attaques sont nettement plus virulentes.

Précautions à prendre : des traitements insecticides inconsidérés détruisent les auxiliaires très efficaces. Utilisez des produits qui les protègent.

Traitement : en cas de forte attaque, un insecticide polyvalent est efficace.

Pucerons

Regroupés en colonies sur les jeunes pousses, les pucerons sont de teinte très variable : noir, vert, gris cendré, rose, jaune ou mauve. Certains portent des ailes. Ils sucent la sève des plantes.

Symptômes : les feuilles et les jeunes pousses attaquées se recroquevillent et s'enroulent. Du miellat s'écoule, sur lequel se développe la fumagine.

Époque des dégâts : durant toute la période de végétation.

Plantes sensibles : aucun végétal n'est épargné par les pucerons. Certaines plantes sont plus souvent attaquées : althéa, rosier, genêt, capucine, dahlia, fève, haricot, chou, pommier, poirier, cerisier, érable, tilleul, groseillier.

Gravité : même si les attaques de pucerons sont spectaculaires, les plantes sont le plus souvent assez peu affectées. Mais les pucerons transmettent les maladies à virus, d'où la nécessité de les combattre de manière efficace.

Conditions favorables : à la suite d'un hiver doux, les attaques de pucerons sont virulentes et très précoces.

Précautions à prendre : coupez et brûlez les jeunes pousses atteintes et déformées par les piqûres des pucerons.

Traitement : l'emploi d'un insecticide spécifique « pucerons » est recommandé en pulvérisations espacées de 5 à 8 jours. Les produits d'origine naturelle sont efficaces, mais d'un effet de choc seulement. Un lâcher de coccinelles comme la «Coccibelle » qui ne vole pas, est possible lorsque l'attaque se limite à quelques plantes.

Rouilles

Aisément reconnaissables par leurs pustules arrondies de teinte orangée, les rouilles sont des maladies très fréquentes au jardin d'ornement.

Symptômes : sur la face supérieure des feuilles apparaissent des petites ponctuations jaune-orangé. Des pustules garnissent le revers des feuilles.

Époque des dégâts : printemps et été.

Plantes sensibles : de nombreuses plantes peuvent être attaquées : les rosiers, le mahonia, le buis, le millepertuis, la pervenche, les chrysanthèmes, les œillets, la rose trémière, la menthe, les pélargoniums, le poireau, l'ail, etc. Quelques arbres sont touchés : les saules, le prunier, le cytise, le peuplier.

Gravité : les plantes attaquées sont généralement peu affectées (chute prématurée des feuilles), mais elles deviennent rapidement inesthétiques.

Conditions favorables : temps chaud et humide, ambiance confinée.

Précautions à prendre : le champignon se conservant en hiver sur les feuilles tombées au sol. Elles doivent être ramassées et brûlées pour éviter de transmettre la maladie.

Traitement : dès l'apparition des premières pustules, un traitement avec un fongicide « maladie des rosiers » enrayera le développement de la rouille. Des applications répétées, tous les quinze jours, sont souvent nécessaires sur les rosiers et la rose trémière qui, pour un meilleur résultat, doivent être traités de manière préventive, dès le départ de la végétation.

▲ Une invasion de psylles, adultes et larves est toujours assez grave.

▲ Un sabot de Vénus attaqué par les pucerons verts.

▲ Les dégâts d'une attaque des pucerons du groseillier.

▲ Une feuille de haricot couverte de pustules de rouille.

Connaître

UN CHARBON NOIR : LA FUMAGINE

Certaines plantes sont sujettes à ces fameux dépôts noirs, charbonneux, qui recouvrent leur feuillage vers la fin du printemps (le camélia, le laurier-rose, etc.). Particulièrement inesthétique, ce feutrage a tendance à étouffer la plante, qui ne peut plus réaliser normalement sa photosynthèse. La fumagine vient en fait s'installer sur le miellat, substance riche en sucres et rejetée par les pucerons, les psylles ou encore certaines cochenilles. Cette pellicule noire se décolle aisément en grattant avec l'ongle, le champignon restant bien à l'extérieur des tissus de la plante sans la parasiter. En combattant l'insecte nuisible, la fumagine va progressivement disparaître.

Septoriose

Cette maladie due à un champignon du genre *Septoria*, est très redoutée par les producteurs de chrysanthèmes.

Symptômes : des petites taches brunes apparaissent d'abord sur les feuilles basses. Elles gagnent petit à petit l'ensemble du limbe et la feuille se dessèche entièrement. La plante souffre.

Époque des dégâts : au printemps.

Plantes sensibles : le céleri, le marronnier et les chrysanthèmes sont les plus régulièrement attaqués.

Gravité : les plantes très atteintes sont affaiblies et moins productives. La croissance est presque nulle.

Conditions favorables : l'humidité favorise les attaques de septoriose.

Précautions à prendre : tous les déchets de culture doivent être retirés à l'automne. À la suite d'une attaque sévère, il est préférable de ne pas renouveler la culture sur la même planche.

Traitement : des pulvérisations préventives avec un fongicide polyvalent limiteront les attaques. Il est aussi nécessaire de désinfecter les substrats.

Thrips

Ces petits insectes, bruns ou noirs, vivent cachés sous les feuilles et à l'intérieur des fleurs. Il sont vraiment redoutables...

Symptômes : les feuilles attaquées prennent des reflets argentés et sèchent. Les fleurs sont parfois déformées.

Époque des dégâts : à la fin du printemps et durant tout l'été.

Plantes sensibles : de nombreuses plantes potagères (tomate, pois, oignons, poireau), quelques arbustes (laurier-tin, lilas, troène) et des plantes florales (glaïeul, iris, reine-marguerite).

Gravité : en serre, les dégâts sont très importants, voire catastrophiques. Au jardin, les plantes résistent mieux.

Conditions favorables : la sécheresse et les fortes températures favorisent le développement des thrips qui se reproduisent alors très vite.

Précautions à prendre : ne plantez pas de bulbes provenant de glaïeuls attaqués, car les thrips se conservent en hiver entre leurs écailles. Au moment du stockage des bulbes, enduisez-les systématiquement d'une couche de poudre insecticide. Coupez les feuilles attaquées et brûlez-les.

Traitement : dès l'apparition des premiers dégâts, un traitement avec un insecticide polyvalent est indispensable. Plusieurs applications à quelques jours d'intervalle sont nécessaires.

Tigres

Ces petites punaises aux ailes transparentes et aplaties vivent en colonie aux revers des feuilles qu'elles piquent et ponctionnent de leur sève.

Symptômes : sous l'action des piqûres répétées, les feuilles se décolorent et jaunissent. Leur face inférieure est garnie de petites ponctuations noires qui sont les déjections de ces ravageurs.

Époque des dégâts : de la fin du printemps au milieu de l'été.

Plantes sensibles : les rhododendrons, le platane, les cotonéasters, les pyracanthas, le poirier et le pommier sont les plus fréquemment attaqués.

Gravité : les fortes attaques affaiblissent les plantes qui deviennent alors inesthétiques et poussent mal.

Conditions favorables : les hivers doux et peu pluvieux limitent la mortalité naturelle des tigres.

Précautions à prendre : il faut veiller à ne pas introduire de rhododendrons déjà contaminés (feuilles tachées) dans un massif de terre de bruyère.

Traitement : dès les premiers symptômes, il est conseillé d'effectuer une pulvérisation, avec un insecticide polyvalent, en prenant soin de bien traiter le revers des feuilles. C'est en effet à cet endroit que se concentrent les populations les plus fortes de ces insectes.

▲ La septoriose du marronnier.

▲ Une attaque de thrips sur de jeunes lilas.

▲ Le tigre pique les feuilles de pommier.

Les ennemis et les maladies des racines

Tous les problèmes souterrains sont très difficiles à combattre, car lorsque les plantes manifestent leurs symptômes sur la partie aérienne et nous alertent, il est bien souvent trop tard. Mieux vaut donc agir de façon préventive, mais c'est toujours délicat.

▲ Le campagnol, cocasse et gourmand.

▲ La courtilière est redoutée au potager.

Campagnols

Le campagnol des champs et le campagnol terrestre (rat taupier) infestent certains jardins. Ils sont de teinte jaune grisâtre et mesurent de 10 à 15 cm de long, le plus gros étant le rat taupier.

Symptômes : les racines et les écorces sont rongées à la base. La destruction des racines (avec des traces des dents bien visibles) entraîne leur dessèchement subit. Les galeries superficielles du campagnol des champs endommagent sérieusement une pelouse.

Époque des dégâts : de la fin de l'hiver au milieu du printemps.

Plantes sensibles : tous les légumes.

Gravité : les pullulations de campagnols sont toujours redoutables.

Conditions favorables : c'est à la suite d'un hiver doux que les attaques sont les plus virulentes.

Précautions à prendre : évitez les paillages et disposez un fin grillage à la base des troncs. Un chat peut être un bon chasseur de campagnols.

Traitement : la chlorophacinone est actuellement la seule matière active anticoagulante homologuée sur les rongeurs d'extérieur. Appâts à base de blé.

Courtilière

C'est un insecte aux mœurs nocturnes. Proche du grillon, la courtilière mesure de 4 à 5 cm de long. Elle est équipée à l'avant de puissantes pattes fouisseuses et se déplace rapidement.

Symptômes : en creusant ses galeries souterraines, l'insecte soulève les semis et sectionne les racines, tubercules et bulbes dont elle se nourrit.

Époque des dégâts : au cours du printemps et au début de l'été.

Plantes sensibles : toutes les plantes potagères ainsi que les massifs de fleurs saisonnières à tiges tendres.

Gravité : exceptionnellement, des carrés entiers au potager peuvent être entièrement détruits.

Conditions favorables : les terres riches et humifères.

Précautions à prendre : piégez l'insecte au printemps, en enterrant des récipients de plastique aux parois lisses, juste à la surface du sol.

Traitement : les appâts insecticides sont efficaces. Ils doivent être épandus à la fin d'une journée chaude.

Nématodes

De la taille d'un cheveu, ces vers vivent dans le sol ou dans les terreaux et envahissent les racines des plantes. Les attaques de nématodes sont surtout fréquentes dans les cultures intensives.

Symptômes : la plante jaunit et flétrit. Sur les racines apparaissent des petites galles. Certains nématodes provoquent le pourrissement des racines.

Époque des dégâts : pendant toute la durée de la végétation.

Plantes sensibles : presque tous les végétaux peuvent être attaqués.

Gravité : les infestations de nématodes restent peu fréquentes. Un sol contaminé le reste pendant plusieurs années. Les traitements s'avèrent toujours difficiles à mettre en œuvre.

Conditions favorables : les nématodes se développent le mieux dans les sols légers et humides. Ils s'abritent souvent dans le compost.

Précautions à prendre : les végétaux atteints doivent être arrachés puis brûlés. Leur compostage n'est pas possible. Pour les plantes fleuries et les plantes d'intérieur, mieux vaut utiliser un terreau du commerce sans le mélanger avec la terre du jardin. Dans un sol contaminé, un labour profond effectué en été détruit un grand nombre de nématodes.

Traitement : un changement de la terre du massif ou de la planche de culture est idéal. Il est possible d'ensemencer le sol avec une poudre contenant des nématodes prédateurs (auxiliaires).

▲ Les nématodes attaquent les racines.

▲ Le phytophthora dessèche les rameaux.

▲ Le pourridié des racines détruit la plante.

Phytophthoras

Appartenant à la famille des mildious, maladies qui apparaissent sur les feuilles, ces champignons microscopiques s'attaquent aux systèmes racinaires. Rares dans les jardins, ils se rencontrent fréquemment en pépinière et en jardinière.

Symptômes : la plante semble manquer d'eau, ses feuilles se flétrissent aux heures chaudes, elle peut se dessécher subitement. Sur les conifères, des rameaux fanent et brunissent en partant de la base de l'arbre. Les racines et le collet sont entièrement pourris.

Époque des dégâts : c'est à l'arrivée des fortes températures que les premiers signes sont bien visibles.

Plantes sensibles : très nombreuses. Mais dans les jardins, seules les plantes de terre de bruyère (Éricacées) et parfois les *Chamaecyparis* sont affectés.

Gravité : il s'agit d'une des maladies les plus graves en pépinières. Les plantes atteintes meurent.

Conditions favorables : le phytophthora se développe dans les sols très humides, compacts, asphyxiants. On le rencontre plus souvent en bac et en pot qu'en pleine terre où il est assez rare.

Précautions à prendre : lors de la réalisation de la fosse de terre de bruyère, un système de drainage s'impose. Une plante atteinte doit être arrachée puis brûlée, les pieds voisins traités.

Traitement : certains fongicides spécifiques à base de foséthyl d'aluminium (Aliette) s'appliquent en arrosage, à raison de quatre à cinq passages par an. Seuls les traitements préventifs sont réellement efficaces. Traitez systématiquement les rhododendrons en bacs.

Pourridiés racinaires

Ces redoutables maladies souterraines sont occasionnées par des champignons à chapeau qui poussent à l'automne au pied de leurs victimes. Parmi eux, l'armillaire couleur de miel reste le plus fréquent. Ces champignons propagent très rapidement leur mycélium dans le sol.

Symptômes : le champignon gagne le système racinaire et finit par le détruire. L'arbre contaminé pousse difficilement et ses branches dépérissent petit à petit. Parfois, on constate un dessèchement complet. Un feutrage blanc très dense à forte odeur de champignon apparaît à la base de l'arbre, juste sous l'écorce qui se décolle.

Époque des dégâts : surtout au printemps, après un hiver humide, mais aussi au début de l'automne.

Plantes sensibles : tous les végétaux du jardin sont attaqués, mais surtout les Rosacées et les Éricacées.

Gravité : les plantes atteintes sont condamnées. La maladie peut s'étendre et gagner d'autres végétaux.

Conditions favorables : les attaques démarrent souvent à partir d'une vieille souche. Dans les terres humides, étouffantes, le champignon se développe plus facilement. Les arbres affaiblis ou porteurs de blessures sur leurs racines sont attaqués de préférence.

Précautions à prendre : abattez un arbre malade et arrachez la souche et les racines. Dans ce sol contaminé, aucune plantation ne pourra être effectuée. Une tranchée d'isolement, de la profondeur et de la largeur d'un fer de bêche, autour de l'arbre malade limitera la propagation du champignon.

Traitement : seul un changement complet de la terre est valable.

Taupe

Carnivores, les taupes se nourrissent de grandes quantités de vers de terre et de larves en tout genre. Adaptées à la vie souterraine, elles forent de nombreuses galeries à la recherche de leur nourriture. Très robustes, les taupes ne souffrent aucunement d'hémophilie, contrairement à ce que l'on croit souvent.

Symptômes : les taupes évacuent la terre en surface. Les taupinières défigurent les surfaces engazonnées et les terrains sont entièrement défoncés.

Époque des dégâts : toute l'année, à l'exception de la période hivernale.

Plantes sensibles : les taupes sont exclusivement insectivores et ne s'attaquent pas directement aux végétaux.

Gravité : la taupe n'est pas un véritable nuisible. Elle perturbe seulement l'esthétique du jardin.

▲ Une galerie de taupe creusée sous un dallage.

▲ Les taupinières font de gros dégâts dans les pelouses.

▲ La taupe est un mammifère souterrain presque aveugle.

▲ Le taupin commun est un gros coléoptère.

Conditions favorables : les taupes envahissent surtout les jardins fertiles et les pelouses arrosées.
Précautions à prendre : arasez les taupinières au râteau, pour ne pas abîmer la lame des tondeuses.
Traitement : les pièges sont valables, mais ils sont difficiles à mettre en place. La lutte à l'aide de vers artificiels empoisonnés est peu efficace.

Taupin

Très caractéristique, la larve du taupin est de teinte jaune, assez allongée et de forme cylindrique. Elle est appelée « ver fil de fer » et vit plusieurs années dans le sol.
Symptômes : les larves mangent les racines des plantes et pénètrent même à l'intérieur du collet ou dans les tubercules. Très rapidement, la plante attaquée flétrit et se dessèche. Les tubercules perforés pourrissent.
Époque des dégâts : de la fin du printemps au milieu de l'été.
Plantes sensibles : au potager surtout, les pommes de terre, les salades, les carottes, les asperges, les fraisiers, les légumineuses (pois, haricots, fèves).
Gravité : les attaques sont très localisées mais les plantes atteintes sont presque toujours condamnées.
Conditions favorables : les « vers fil de fer » apprécient l'humidité et la richesse d'un sol humifère.
Précautions à prendre : en cas d'infestation, privilégiez la culture de la tomate ou des crucifères (choux, radis).
Traitement : au moment du semis ou dans le trou de plantation, épandez un insecticide en granulés.

Tipules

Sortes de gros moustiques appelés aussi « cousins », les tipules se montrent inoffensives pour l'homme. Les larves de teinte gris-marron sont de gros asticots qui vivent dans le sol.
Symptômes : les larves se nourrissent de racines et de tubercules. La nuit, elles montent à la surface du sol où elles s'attaquent à la base des tiges.
Époque des dégâts : toute l'année, mais les attaques les plus importantes ont lieu au printemps.
Plantes sensibles : les graminées du gazon, les pervenches, les pommes de terre et les betteraves.
Gravité : en cas d'attaque en nombre, les dégâts sur une pelouse peuvent nécessiter une réfection complète.
Conditions favorables : c'est dans les lieux humides et assez frais que les tipules se plaisent le mieux.
Précautions à prendre : lors de la réfection d'un gazon, il est préférable de réaliser un labour au début de l'été, afin de détruire de nombreuses larves de tipules qui peuvent y subsister.
Traitement : dès les premiers dégâts, il faut épandre sur le sol un appât granulé insecticide et bien l'enfouir.

Ver blanc

La larve du hanneton, appelée « ver blanc » est blanche avec l'extrémité du corps noirâtre. Elle vit dans le sol et se recourbe en arc dès qu'elle est mise à jour. Elle vit cinq ans dans le sol.
Symptômes : les vers blancs dévorent avidement les racines et les tubercules. Les morsures ou les trous sont nettement plus gros que ceux occasionnés par les attaques du « ver fil de fer ».
Époque des dégâts : dès le début du printemps et jusqu'à la fin de l'été.

▲ La tipule, une sorte de moustique géant.

Plantes sensibles : tous les végétaux herbacés du jardin, parfois même les racines d'arbustes sont attaquées.
Gravité : les dégâts peuvent être importants. Les jeunes plantes atteintes sont souvent condamnées.
Conditions favorables : c'est généralement à proximité des bandes boisées où se réfugient les adultes, que les attaques de vers blancs sont les plus fréquentes.
Précautions à prendre : des binages ou des sarclages répétés au cours de l'été limitent considérablement les populations larvaires.
Traitement : dès les premiers dégâts, l'épandage au sol d'un insecticide en granulés est possible. Lors des « années à hannetons », ce traitement peut être mis en œuvre préventivement. Il est aussi possible de récolter un maximum d'adultes et de les brûler.

▲ Le ver blanc ronge les racines.

Les ennemis et les maladies des tiges

Parties vitales de la plante, la tige, les rameaux ou le tronc sont fort heureusement, rarement malades. Mais lorsqu'un insecte ou un champignon les parasite, il s'ensuit de graves affections, difficiles à soigner avec une réelle efficacité.

▲ Le bupreste provoque des brunissements.

▲ Le capricorne est un redoutable xylophage.

Buprestes

Ces insectes coléoptères, aux couleurs métallisées, sont de redoutables ravageurs dont les larves blanches et de forme aplatie creusent les troncs.

Symptômes : les branches se dessèchent subitement et brunissent. Juste sous l'écorce, une galerie sinueuse de 2 à 3 mm de large, garnie de sciure, est occupée par la larve.

Époque des dégâts : toute l'année, mais les attaques sont plus marquées en plein été par temps chaud.

Plantes sensibles : les *Thuja plicata* 'Atrovirens' sont couramment attaqués par un bupreste *(Palmar festiva)*. Les *Chamaecyparis* et les *Juniperus* sont également sensibles. Certains chênes sont attaqués par une autre espèce de bupreste dont les dégâts sont similaires.

Gravité : les attaques de buprestes sont très graves. Ce sont eux qui provoquent le dépérissement des conifères et tout particulièrement des thuyas.

Conditions favorables : c'est dans les haies monospécifiques que les attaques sont les plus spectaculaires.

Précautions à prendre : il faut éviter de planter des haies de *Thuja plicata* 'Atrovirens' dans les régions infestées. Dès qu'un dessèchement survient, la branche doit être coupée, car cela permet de piéger la larve dans sa galerie.

Traitement : des traitements répétés au cours de l'été, avec un insecticide polyvalent, sont parfois préconisés. Cette lutte est souvent peu probante.

Capricornes

Facilement reconnaissables à leur corps allongé et à leurs très longues antennes, les capricornes occasionnent des dégâts sur les arbres du jardin.

Symptômes : des dessèchements de branches peuvent survenir, mais le plus souvent les capricornes sont décelés par des amas de sciure au pied des arbres ou des gros trous dans l'écorce. Certaines espèces attaquent aussi les charpentes des maisons.

Époque des dégâts : du début du printemps à la fin de l'été.

Plantes sensibles : les chênes, les peupliers, les noisetiers, les saules et l'eucalyptus ont chacun à subir les attaques d'espèces différentes de capricornes dont la biologie est toutefois très voisine.

Gravité : très dommageables sur les vieux chênes qui peuvent en mourir, les attaques de capricornes sont souvent plus localisées sur les autres arbres.

Conditions favorables : le capricorne du chêne ne s'installe que sur les arbres affaiblis, vieillissants ou malades.

Précautions à prendre : il faut stimuler la vigueur des arbres (fertilisation, arrosage, amendements organiques) afin de renforcer leurs défenses naturelles. Les branches desséchées sont coupées. Une taille est assez favorable.

Traitement : aucun traitement direct n'est efficace dès que l'insecte a pénétré à l'intérieur même du bois.

Chancres

Ces redoutables maladies sont occasionnées par des champignons qui parasitent le bois vivant. La maladie du corail, le chancre cortical du cyprès, font aussi partie de ces affections.

Symptômes : des branches ou des rameaux se dessèchent. L'écorce se craquelle, des bourrelets se forment, des

▲ Le chancre peut détruire l'arbre entier.

petites ponctuations colorées peuvent apparaître. Sur les conifères de la résine s'écoule par les parties blessées.

Plantes sensibles : châtaignier, érable, marronnier, albizia, sophora, cyprès, leyland, pin noir, séquoia, pommier, etc.

Gravité : très difficiles à soigner, les chancres peuvent entraîner la mort de l'arbre ou de l'arbuste.

Conditions favorables : des blessures favorisent la pénétration des champignons dans le bois vivant.

Précautions à prendre : les rameaux porteurs de chancres sont à supprimer. Il est recommandé de tailler les arbres sensibles à ces maladies en l'absence de pluie. Les outils doivent être désinfectés.

Traitement : les jeunes chancres peuvent être curetés et badigeonnés d'un mastic fongicide. Des pulvérisations préventives au printemps limitent les infections (surtout sur les conifères). Sur les pommiers, l'application de bouillie bordelaise, à la chute des feuilles, est fortement recommandée.

Criocères

Ces jolis insectes aux couleurs vives lorsqu'ils sont adultes, donnent naissance à des larves particulièrement voraces. Il en existe plusieurs espèces.

Symptômes : les feuilles, puis les tiges et les fleurs sont entièrement dévorées par des larves très actives.

Époque des dégâts : au cours du printemps principalement.

Plantes sensibles : les lis et les asperges sont les plantes les plus fréquemment envahies.

Gravité : les plantes attaquées peuvent être totalement détruites.

Conditions favorables : les lis blancs sont les plus attractifs pour les criocères.

Précautions à prendre : les adultes, aisément visibles, peuvent être récoltés à la main et détruits.

Traitement : une pulvérisation d'un insecticide polyvalent ou d'origine naturelle est efficace, à condition de la répéter plusieurs fois au cours du printemps, à 10 jours d'intervalle.

▲ La criocère du lis est un coléoptère.

▲ Feu bactérien sur un cotonéaster.

Feu bactérien

Occasionnée par la bactérie *Erwinia amylovora*, cette maladie est redoutable car elle s'étend rapidement et ne peut être traitée de façon curative.

Symptômes : dès l'apparition des premières chaleurs, des rameaux ou des jeunes pousses se dessèchent brutalement. La tige ou le bois prend une teinte noire, huileuse. La plante paraît brûlée, elle meurt rapidement.

Époque des dégâts : de la fin du printemps au milieu de l'été.

Plantes sensibles : seules certaines rosacées peuvent être contaminées : aubépine, cognassier du Japon, cotonéaster, pommier, poirier, pyracantha. Les rosiers et les spirées sont épargnés.

Gravité : le feu bactérien est extrêmement dangereux, car la maladie est incurable et contagieuse sur les cultures.

Conditions favorables : la pluie, le vent, les insectes, les plaies de taille contribuent à disséminer la maladie.

Précautions à prendre : les branches et les rameaux desséchés doivent être coupés au plus vite. Les arbres ou les arbustes les plus atteints sont supprimés et brûlés. Désinfectez les outils de taille à l'alcool à brûler. Lors des plantations, il faut privilégier les variétés résistantes disponibles. Renseignez-vous bien lors de l'achat.

Traitement : des pulvérisations lors de la floraison avec un fongicide cuprique, (bouillie bordelaise) évitent l'introduction des bactéries par les fleurs.

Flétrissement

Cette maladie cryptogamique, due à un champignon du genre *Ascochyta*, provoque aussi des taches noires.

Symptômes : la plante attaquée flétrit brutalement sans aucun signe avant-coureur et se dessèche.

Époque des dégâts : pendant toute la durée de la végétation.

Plantes sensibles : surtout les *Clematis jackmanii* et *Clematis montana*, mais aussi l'hortensia, le lilas, le pin, le chrysanthème, l'abricotier, etc.

Gravité : la maladie est heureusement localisée à une ou deux branches, rarement sur la totalité de la plante.

Conditions favorables : un sol compact, asphyxiant, humide.

Précautions à prendre : coupez les pousses flétries et mastiquez bien les plaies lors de la taille. Drainez le sol.

Traitement : pulvérisez une bouillie bordelaise au tout début de la végétation, répétez par temps pluvieux.

▲ Le flétrissement de la clématite : brutal.

Fonte des semis et des boutures

Ces maladies au développement fulgurant ne s'intéressent qu'aux toutes jeunes plantes. De nombreux champignons provoquent les mêmes affections : *Phytophthora, Pythium, Botrytis,* etc.

Symptômes : attaquée au niveau du collet, la jeune plantule s'effondre subitement. Sur les boutures affectées, la base de la tige devient noire.

Époque des dégâts : dans les toutes premières semaines qui suivent le semis, le repiquage ou le bouturage.

Plantes sensibles : aucun végétal n'est potentiellement épargné.

Gravité : des terrines entières peuvent être détruites. La progression de la maladie est très rapide.

Conditions favorables : les basses températures et la présence d'eau stagnante au pied des plantes.

Précautions à prendre : les terrines et les outils utilisés pour le rempotage doivent être désinfectés. Il est recommandé d'employer un terreau léger.

Traitement : vous pouvez mélanger au substrat une poudre fongicide, mais c'est rarement efficace.

Gomme

Très fréquents sur certains arbres, les écoulements de gomme sont en fait une réaction de défense du végétal face à une agression. Les épanchements de résine chez les conifères sont comparables.

Symptômes : des petites mouchetures, des tortillons ou des « poches » de gomme sont possibles. Ils proviennent tous de fissures ou de blessures apparues dans le bois (tentative de pénétration d'un insecte ou d'un champignon, éclatement de l'écorce, etc.).

Époque des dégâts : toute l'année.

Plantes sensibles : tous les *Prunus* sont sujets à la gommose, car ils fabriquent naturellement cette substance dans leurs tissus. Sur les vieux cerisiers, les écoulements de gomme très fréquents indiquent un affaiblissement de l'arbre.

Gravité : la gomme n'est pas dangereuse, elle protège la plante, mais un fort écoulement l'épuise.

Conditions favorables : la gomme s'écoule le plus souvent au niveau d'une ramification (fourche).

Précautions à prendre : sur les jeunes cerisiers, il faut éviter d'avoir un trop grand nombre de branches charpentières insérées au même niveau. Cela provoque des fissures dans l'écorce, propices aux écoulements de gomme.

Traitement : le grattage doit être superficiel, car il a tendance à contrarier cette défense naturelle.

Lapins

Ces mammifères rongeurs se révèlent être de grands nuisibles dans les jardins, en raison de leur pullulation rapide.

Symptômes : les lapins mangent les feuilles, les pousses, les tiges et même l'écorce de certains arbres ou arbustes. Les plantes à massifs ou potagères peuvent être entièrement détruites.

Époque des dégâts : les dégâts les plus importants ont lieu durant les hivers rigoureux, ou au début du printemps.

Plantes sensibles : pratiquement tous les végétaux herbacés peuvent être grignotés. Les pommiers, les cerisiers ainsi que les conifères ont une écorce très sensible à l'attaque de ces rongeurs.

Gravité : certaines années, les dégâts sont considérables, surtout dans les jeunes plantations arboricoles.

Conditions favorables : une population de lapins trop importante, en raison de l'absence de prédateurs, et de faibles disponibilités alimentaires permettent d'expliquer l'ampleur des dégâts de certaines années.

Précautions à prendre : la meilleure solution consiste à clôturer le jardin ou le carré du potager, en enterrant le grillage de 40 cm. Des manchons de protection peuvent être disposés autour des arbres lors de leur plantation.

Traitement : des répulsifs peuvent être badigeonnés sur les troncs ou sur des cordelettes tendues autour des massifs. Leur efficacité reste variable d'un jardin à l'autre, et de courte durée. La présence d'un chien est assez valable.

Scolytes

Ces coléoptères de petite taille (de 3 à 10 mm) sont des insectes foreurs. Les larves se développent sous les écorces où elles creusent des galeries très ramifiées d'aspect caractéristique.

Symptômes : des branches ou des rameaux se dessèchent. À leur base ou sur leur écorce, de nombreux petits trous apparaissent, d'où s'échappe une sciure fine, signe de la présence des insectes à l'intérieur du bois.

▲ La fonte des semis est souvent due au substrat trop compact.

▲ La fonte des boutures de géraniums : trop d'humidité.

▲ La gommose du cerisier épuise doucement la plante.

▲ Les terriers de lapins bouleversent le pied des arbres.

▲ Les dégâts des larves de scolytes.

Époque des dégâts : du début du printemps au milieu de l'été.
Plantes sensibles : tous les arbres et les arbustes forestiers et d'ornement.
Gravité : les parties atteintes ne peuvent pas être soignées. Si les scolytes envahissent le tronc d'un arbre, il est presque toujours condamné.
Conditions favorables : seuls les arbres ou les arbustes affaiblis sont attaqués. Les scolytes sont des parasites de faiblesse ou de vieillesse.
Précautions à prendre : les branches atteintes doivent être coupées au niveau des parties saines, et brûlées rapidement. Il faut accroître la résistance du végétal par des mesures culturales (arrosage, fertilisation, amélioration du sol, etc.). Taillez court les jeunes rameaux pour stimuler la vigueur.

Connaître

MOUSSES ET LICHENS

Aux expositions ombragées et dans les zones humides, les arbres se voient souvent envahis par les mousses et les lichens. Végétaux primitifs, ils réalisent leur propre photosynthèse, et ne se comportent donc pas en parasite. Ces organismes, appelés des épiphytes, ne nuisent pas à l'arbre, ils l'utilisent seulement comme un support. Il arrive cependant que certains insectes réfugiés sous les mousses et les lichens soient épargnés par les traitements. Il est donc recommandé de les éliminer. Mais si vous soignez bien vos plantes, la destruction des mousses (souvent esthétiques) ne se justifie pas.

▲ La larve de la teigne du poireau mine les tiges.

Traitement : aucun traitement n'est vraiment valable contre les scolytes. Vous pouvez essayer d'extraire les larves avec des fils de fer recourbés.

Teignes

Ces larves de petits papillons sont réputées pour leur voracité. Souvent en groupe, la teigne du poireau s'attaque aux feuilles et à la tige.
Symptômes : le « ver du poireau » vit en mineuse dans les feuilles. Ces dernières se perforent, se décolorent puis se dessèchent. Lorsque la larve atteint le fût, la pourriture du plant est possible.
Époque des dégâts : la teigne du poireau se rencontre dès le début du printemps mais les dégâts les plus importants ont lieu à la fin de l'été. Toutes les cultures de poireaux doivent être protégées contre cet insecte.
Plantes sensibles : l'oignon, la ciboulette, les alliums d'ornement et surtout le poireau sont attaqués par la teigne.
Gravité : les plantes peuvent être entièrement détruites. La lutte est difficile.
Conditions favorables : les hivers doux permettent des attaques précoces encore plus graves.
Précautions à prendre : surveillez la culture de très près. Dès les premiers symptômes, coupez les feuilles atteintes. En cas de forte attaque sur de jeunes poireaux, il est possible de rabattre les plants très court.
Traitement : les insecticides sont efficaces s'ils sont pulvérisés avant la pénétration des teignes dans les feuilles. Dans les régions infestées, il est prudent de pratiquer des traitements réguliers avec un insecticide polyvalent (produit recommandé pour le jardin potager). Trempez les jeunes plants dans une solution insecticide lors du repiquage.

Vers gris

Ces vers de couleur gris-marron sont les larves de papillons très communs : les noctuelles. De mœurs terricoles, ils vivent dans les premiers centimètres du sol, restant invisibles pour le jardinier.
Symptômes : les vers gris dévorent la base de la tige ou le collet des plantes, ce qui provoque leur flétrissement subit et inattendu, et la mort de la plante.
Époque des dégâts : du début du printemps jusqu'à la fin de l'été.
Plantes sensibles : toutes les plantes à massif (vivaces ou saisonnières) et les potagères peuvent être attaquées. Piments et fraisiers sont très sensibles.
Gravité : les végétaux atteints sont systématiquement perdus et doivent être détruits. Attention, l'insecte passe très vite aux plantes voisines.
Conditions favorables : une terre sèche irrégulièrement travaillée.
Précautions à prendre : des binages répétés parviennent à détruire les vers gris dans la partie superficielle du sol.
Traitement : en cas de menace, il est préférable d'incorporer au sol, lors de la plantation, un insecticide en granulés. Dès l'apparition des premiers dégâts, épandez en surface un appât insecticide spécifique pour les vers gris.

▲ Le ver gris, larve de la noctuelle.

Les ennemis et les maladies des fruits

En raison de leur saveur sucrée et de leur bonne valeur énergétique, les fruits attirent bon nombre d'insectes et divers animaux qui se chargent souvent de les manger avant le jardinier. Le fruit est un organe fragile contenant beaucoup d'eau. C'est pourquoi de nombreux champignons, dont des pourritures, le menacent durant toute sa longue période de maturation.

▲ La larve du balanin parasite les noisettes.

Balanin

Ce petit charançon des plus discrets, dépose ses œufs à l'intérieur de certains fruits secs. Les larves viennent rapidement à bout des amandes, pour ne laisser que l'enveloppe du fruit.

Symptômes : les fruits sont vidés de leur contenu. Un orifice de sortie bien rond apparaît nettement. Les fruits contaminés peuvent chuter précocement.

Époque des dégâts : au cours de l'été.

Plantes sensibles : la noisette est particulièrement touchée. Un insecte similaire sévit sur le châtaignier.

Gravité : une forte infestation compromet sensiblement la récolte.

Conditions favorables : les attaques de balanin sont plus importantes à la suite des hivers doux.

Précautions à prendre : vers la fin de l'été, la larve tombe au sol et s'enterre. Un bêchage hivernal l'expose au froid et aux oiseaux insectivores.

Traitement : aucun produit insecticide n'est vraiment efficace contre le balanin dans le jardin d'amateur.

Carpocapse

Ce papillon en apparence inoffensif dépose ses œufs au printemps sur les feuilles et les jeunes fruits. Les petites chenilles, de teinte rosée, pénètrent rapidement dans les fruits. Elles vivent aux dépens de la pulpe, puis sortent du fruit et se réfugient sur les écorces pour y passer l'hiver. Ces insectes ravageurs sont particulièrement redoutés par les producteurs de pommes et de poires.

Symptômes : les fruits attaqués présentent un minuscule orifice, d'où s'échappe une sciure humide. Le centre du fruit est parcouru par une galerie occupée par la chenille du carpocapse. Les fruits fortement creusés peuvent tomber prématurément. Ils sont fortement dépréciés pour la consommation.

Époque des dégâts : c'est à la fin du printemps et au cours de l'été que les fruits deviennent véreux.

Plantes sensibles : surtout les pommiers et les poiriers, mais aussi les noyers, les châtaigniers, les cognassiers et les pruniers.

Gravité : les fruits sont potentiellement encore consommables (compote, confiture) mais fortement dépréciés.

Conditions favorables : dans les vergers, en culture intensive, les attaques sont les plus importantes.

Précautions à prendre : les fruits tombés au sol doivent être rapidement ramassés et détruits.

Traitement : le papillon et les jeunes chenilles sont éliminés par des pulvérisations d'un insecticide polyvalent en mai et en juillet. Des « pièges à carpocapse » peuvent être disposés dans les arbres. Des traitements aux huiles en hiver permettent de détruire l'insecte qui s'abrite sous les écorces.

Cécidomyie

Ce tout petit moucheron dépose ses œufs sur les fleurs des poiriers. Les petits asticots rougeâtres vivent à l'intérieur des jeunes poires. L'insecte se protège dans le sol en hiver.

Symptômes : certains fruits sont hypertrophiés et très déformés. On parle alors de fruits calebassés. Parfois, ils restent tout petits, ils noircissent en mai ou en juin et tombent.

▲ Une noix dévorée par le carpocapse.

▲ La cécidomyie attaque aussi les feuilles.

▲ Les guêpes s'attaquent aux fruits bien mûrs.

▲ L'hoplocampe parasite les jeunes poires.

▲ L'éclatement des tomates est un excès d'engrais azoté.

Époque des dégâts : du début du printemps (pontes) jusqu'à la récolte.
Plantes sensibles : le poirier uniquement. 'Crassane' et 'Beurré d'Amanlis' sont les plus couramment attaquées.
Gravité : le nombre de fruits parasités reste en général assez faible.
Conditions favorables : c'est dans les cultures professionnelles intensives que les attaques sont les plus importantes.
Précautions à prendre : les fruits déformés d'aspect caractéristique doivent être vite enlevés et détruits.
Traitement : pulvérisez un insecticide avant et après la floraison.

Guêpes et frelons

Appartenant à la même famille, guêpes et frelons sont des insectes sociaux. Au printemps, ils fabriquent un nid où les femelles déposent leurs œufs. Habituellement carnassiers, ils ne dédaignent pas à l'occasion de se nourrir de produits sucrés. Au verger, les fruits bien mûrs peuvent être dévorés si la récolte tarde trop.

Symptômes : les guêpes et les frelons découpent les épidermes et sucent la pulpe sucrée des fruits à maturité. Un fruit peut être dévoré en quelques jours. S'il n'est qu'entamé, il sera envahi par les fourmis, les mouches ou les abeilles.
Époque des dégâts : au cours de l'été.
Plantes sensibles : surtout les pommes, les poires et les raisins tardifs.
Gravité : certaines années orageuses, les dégâts sont importants. Une récolte peut être totalement anéantie.
Conditions favorables : guêpes et frelons sont surtout nombreux au cours des étés chauds et secs.
Précautions à prendre : des pièges à guêpes peuvent être disposés dans les arbres. Les insectes viendront se noyer dans un liquide sucré. L'ensachage des fruits à l'approche de la récolte est un moyen de protection fastidieux, mais particulièrement efficace.
Traitement : des insecticides spécifiques sont disponibles dans le commerce. Pour la destruction des nids ou guêpiers, le produit doit être appliqué la nuit lorsque tous les insectes sont rentrés. Ces insecticides ont une action de choc. Les insectes touchés meurent immédiatement. Portez des vêtements protecteurs comme ceux utilisés par les apiculteurs. Il est aussi possible de faire appel aux pompiers si les nids sont difficiles d'accès et, dans tous les cas, pour les frelons.

Hoplocampe

C'est une sorte de petite mouche à quatre ailes. L'hoplocampe visite les arbres fruitiers lors de la floraison et pond ses œufs à la base des sépales. Les chenilles pénètrent à l'intérieur des jeunes fruits, qu'elles dévorent. Une même chenille passe successivement dans trois à cinq fruits. On les appelle parfois « vers cordonniers ».

Symptômes : les fruits ne grossissent pas et on remarque un orifice parfaitement rond cerclé de noir. Les fruits atteints tombent prématurément.
Époque des dégâts : au cours du printemps et jusqu'à l'été.
Plantes sensibles : surtout les pommiers, les poiriers et les pruniers de toutes les variétés.
Gravité : les attaques d'hoplocampes sont généralement limitées dans les jardins. Le nombre de fleurs détruites est peu important. Le plus souvent, c'est un moyen d'éclaircissage naturel dont il ne faut pas négliger le rôle.
Conditions favorables : lorsque le printemps est plutôt sec.
Précautions à prendre : les fruits atteints doivent être ramassés et détruits pour limiter l'attaque.
Traitement : une pulvérisation d'un insecticide polyvalent, à la chute des premiers pétales, permettra de limiter les attaques d'hoplocampes.

LE SAVIEZ-VOUS ?

L'ÉCLATEMENT DES FRUITS

À l'approche de la maturité, certains fruits voient leur épiderme se déchirer. Ce phénomène, fréquent sur les cerises, s'observe parfois également sur les prunes. En cas de pluies abondantes, l'éclatement intervient à l'approche de la récolte. Sur les poires et les pommes, des crevasses se forment parfois en cours de saison, occasionnées le plus fréquemment par la tavelure.

Loir et lérot

Ce sont surtout les lérots qui sont à craindre dans les jardins. Les loirs, quant à eux, préfèrent les ambiances forestières. Le lérot se reconnaît grâce à sa bande noire au niveau des yeux (il a des lunettes) et à sa queue poilue.

Symptômes : amateurs de fruits frais, les lérots peuvent même s'attaquer certaines années à la récolte sur pied.

Époque des dégâts : automne, hiver.

Plantes sensibles : tous les fruits.

Gravité : il est rare de voir une récolte entièrement détruite. Souvent, les dégâts les plus importants ont lieu dans les locaux de conservation et les bâtiments où les lérots endommagent les matériaux d'isolation thermique.

Conditions favorables : les fruitiers, greniers et silos sont surtout visités en cas d'hivers très froids.

Précautions à prendre : au printemps, disposez des pièges dans les greniers et les soupentes.

Traitement : la pose d'appâts empoisonnés se révèle efficace. Il faut utiliser des fruits frais (bananes) imbibés d'un anticoagulant spécifique.

Maladie criblée

Cette affection, occasionnée par un champignon *(Coryneum)*, s'attaque aussi bien aux feuilles qu'aux fruits.

Symptômes : sur les feuilles, des ponctuations rouges à violacées apparaissent. Progressivement, ces petites taches se nécrosent et tombent, formant de nombreuses perforations. Sur les fruits attaqués, des taches brunes sont nettement visibles et une goutte de gomme s'écoule parfois. Les fruits fortement atteints sont déformés, inconsommables. Sur le pêcher, divers dessèchements de rameaux restent possibles.

Époque des dégâts : la maladie se développe au cours du printemps.

Plantes sensibles : tous les *Prunus*. Les arbres fruitiers à noyaux, le laurier palme et le laurier du Caucase sont le plus souvent infestés.

Gravité : en cas de forte attaque sur les fruits, la récolte peut être compromise.

Conditions favorables : le champignon se développe par temps doux, lors des périodes pluvieuses.

Précautions à prendre : les feuilles atteintes doivent être ramassées et brûlées. Sur le pêcher, les rameaux porteurs de chancres seront éliminés.

Traitement : à la chute des feuilles et juste avant le débourrement des arbres au printemps, traitez au cuivre (bouillie bordelaise). Par la suite, faites de deux à trois pulvérisations espacées de dix jours, avec un fongicide. Désinfectez les outils de taille, mastiquez les plaies.

▲ Le lérot, un grand amateur de fruits.

▲ Maladie criblée sur une feuille de cerisier.

▲ Monilia sur une pomme 'Canada'.

Moniliose

Ces champignons microscopiques appartenant au genre *Monilia* peuvent infecter les fleurs au printemps et coloniser les fruits, les faisant pourrir à maturité.

Symptômes : une tache arrondie apparaît et se couvre progressivement d'une moisissure beige. Les fleurs se dessèchent, se regroupent en « paquets », interdisant la formation des fruits. Parfois, des rameaux feuillés se dessèchent. Des écoulements de gomme apparaissent à leur base.

Époque des dégâts : au début du printemps et à l'approche de la récolte par temps humide et assez frais.

Plantes sensibles : les arbres fruitiers à noyaux, surtout les variétés à floraison précoce. Les cerisiers à fleurs y sont aussi très sensibles.

Gravité : les fruits sont inconsommables, la récolte peut être anéantie.

Conditions favorables : une forte humidité est nécessaire. Une blessure permet la contamination d'un fruit. La moniliose peut également se développer lors de la conservation des fruits.

Précautions à prendre : éliminez les momies, ces fruits desséchés restés sur l'arbre à l'automne. Éclaircissez quand les jeunes fruits sont trop nombreux.

Traitement : des applications de cuivre en hiver sont recommandées, ainsi qu'un traitement fongicide « anti-pourriture » pendant la floraison.

Mouches des fruits

La plus célèbre est la mouche de la cerise, *Rhagoletis cerasi*. Les mouches adultes, de petite taille, volent à partir de la mi-mai et pondent leurs œufs dans les cerises matures qui deviennent véreuses.

Symptômes : en apparence saines, les cerises sont colonisées par un petit asticot blanchâtre qui se nourrit de la pulpe autour du noyau. Les pêches et les abricots infestés pourrissent.

Époque des dégâts : de la fin mai à la fin juin par temps doux.

Plantes sensibles : il existe une mouche qui sévit sur l'olivier. La mouche méditerranéenne s'attaque aux pêchers et aux abricotiers. Les cerises tardives sont plus sensibles que les variétés précoces.

Gravité : la récolte est compromise.

Conditions favorables : les mouches pullulent lors des printemps et des étés chauds. Les attaques sont plus sévères dans la moitié sud de la France.

Précautions à prendre : plantez des variétés précoces dans les régions où sévissent les mouches des fruits.

Traitement : ils sont difficiles à mettre en œuvre, car les périodes de vol des mouches varient selon les années. L'usage d'un insecticide de contact, homologué pour cet usage, limite les dégâts. Il existe des auxiliaires.

Pourriture grise

Champignon très fréquent, le *Botrytis cinerea* peut s'attaquer à de très nombreuses plantes. Il s'installe sur les tiges et les feuilles, mais c'est sur les fleurs et les fruits qu'il est le plus redoutable.

Symptômes : des taches brunes apparaissent sur les fruits et se couvrent progressivement de coussinets grisâtres, caractéristiques de la pourriture grise.

Époque des dégâts : lors des étés chauds et humides.

Plantes sensibles : les plantes potagères craignent la pourriture grise, mais les dégâts sont plus importants sur les fraisiers et la vigne. Les fleurs à massifs ou en jardinières sont aussi infestées.

▲ Piège attractif pour la mouche des cerises.

▲ Pourriture grise sur une grappe de raisin.

Gravité : les fruits atteints sont irrécupérables et la pourriture grise progresse très vite d'un fruit à l'autre.

Conditions favorables : c'est dans les atmosphères confinées, dans les serres ou les châssis peu aérés que le *Botrytis* s'installe de préférence. Les végétaux plantés trop serrés sont infestés. Les excès d'humidité favorisent la maladie.

Précautions à prendre : il faut enlever les organes attaqués et desserrer les plantes. Réduisez les arrosages. Aérez souvent les serres et les châssis. Évitez de mouiller le feuillage lors des arrosages. Ne laissez pas les plantes mouillées dans un lieu confiné.

Traitement : pour être efficace, il doit être accompagné de mesures prophylactiques. Deux ou trois applications, à une semaine d'intervalle, de fongicides suffisent généralement à prévenir la maladie lorsque le temps est humide.

Tavelure

Occasionnée par un champignon du genre Venturia, cette maladie est redoutée par les producteurs de pommes et de poires. Elle est présente tous les ans au printemps sur les arbres fruitiers.

Symptômes : les jeunes fruits sont maculés de petites taches brun olivâtre. Par la suite, les fruits se déforment et se crevassent. Les feuilles attaquées se couvrent de taches vert olive et peuvent tomber prématurément.

Époque des dégâts : au printemps.

Plantes sensibles : les pommiers et les poiriers sont les plus sensibles, surtout 'Golden delicious', 'Reinette blanche du Canada' ou 'Passe Crassane'.

Gravité : la récolte est compromise certaines années. Les arbres défeuillés dans le courant de l'été sont affaiblis.

Conditions favorables : les printemps pluvieux favorisent les contaminations. Les arbres plantés dans des zones humides sont les plus attaqués.

Précautions à prendre : ramassez les feuilles tombées au sol, ainsi que les fruits tavelés qu'il faut brûler.

Traitement : pour les arbres sensibles, des traitements préventifs sont nécessaires au départ de la végétation. Le cuivre s'utilise à la chute des feuilles et jusqu'à la floraison. Par la suite, pour une attaque déclarée, une intervention rapide et répétée avec un fongicide de synthèse doit s'imposer.

▲ Une poire cabossée par la tavelure.

Les ennemis et maladies des fleurs

Assez peu nutritives et se protégeant souvent efficacement de manière naturelle, par leurs couleurs vives et leur parfum qui peut avoir un effet répulsif, les fleurs sont, et c'est heureux, assez rarement attaquées par des ravageurs ou des maladies graves.

Cétoine dorée

Ce coléoptère *(Cetonia aurata)* qui est parfois appelé « hanneton des roses », apparaît d'avril à juin dans le jardin.

Symptômes : ne sachant butiner, l'insecte adulte ronge les parties reproductrices de la fleur dont il se nourrit.

Époque des dégâts : en mai/juin à l'apogée de la floraison.

Plantes sensibles : surtout les roses, de préférence de couleur jaune clair, mais aussi lilas, troène et pyracantha.

Gravité : les dégâts sont limités, excepté lorsque l'infestation est importante.

Conditions favorables : la cétoine aime le soleil. En dehors du jardin, elle vit sur les chardons et les inflorescences des ombellifères, sur les fleurs du sureau, de l'aubépine, et de l'églantier.

Précautions à prendre : intervenez avant que l'insecte n'ait pondu. Ne jetez pas les fleurs abîmées sur le tas de compost car c'est le lieu de prédilection pour le développement des larves.

Traitement : l'insecticide est inutile. Les cétoines sont assez grosses (3 cm) pour être prélevées à la main et détruites.

Dessèchement

Provoquée par une chaleur excessive et souvent un manque d'eau, cette affection témoigne d'une erreur de culture.

Symptômes : des brunissures apparaissent ici et là sur la fleur encore en bouton ou à peine éclose. Elle fane avant son complet épanouissement.

Époque des dégâts : surtout lors des étés chauds et secs.

Plantes sensibles : toutes.

Gravité : importante, tout dépend du nombre de fleurs affectées et de la nature de l'origine du problème.

Conditions favorables : un sol léger, pauvre en matière organique, une exposition trop fortement ensoleillée.

Précautions à prendre : entretenez une bonne humidité, paillez le sol avec un mulch organique.

Traitement : coupez les fleurs atteintes. Si les symptômes sont apparus sur des fleurs printanières, veillez à ce qu'il ne s'agisse pas de l'effet d'un courant d'air frais ou d'une exposition au vent dominant qui dessèche tout.

Forficule

Appelé souvent « perce-oreilles », *Forficula auricularia* est un insecte dermaptère au régime végétarien.

Symptômes : les pétales sont rongés et découpés en forme de demi-lune.

Époque des dégâts : de mai à septembre, toujours pendant la nuit.

Plantes sensibles : toutes les espèces de petite taille peuvent être attaquées, la forficule étant un insecte rampant.

Gravité : très faible, toujours localisée. Toutefois, la forficule peut être le vecteur de maladies à virus.

Conditions favorables : un sol humide et humifère, la présence de débris organiques, de pierres et de feuilles mortes qui lui servent d'abri.

Précautions à prendre : il faut surtout s'employer à éviter les infestations importantes. Contrairement à une idée reçue, cet insecte est en tout point inoffensif, même s'il est muni de cerques (pinces) impressionnantes qu'il utilise rarement.

Traitement : il est inutile de traiter à moins de constater une invasion. Dans ce cas utilisez une poudre insecticide ou une bombe pour insectes rampants.

▲ Une cétoine dorée dans une rose.

▲ Dessèchement d'une fleur de rhododendron.

▲ Une forficule femelle aux cerques droites.

▲ Dégâts du gel sur un rhododendron.

▲ Tache de botrytis sur une fleur de cyclamen.

▲ Une virose assez décorative sur une tulipe.

Gel

Lorsque la température tombe brutalement au cours du printemps, les boutons floraux peuvent être mis à mal.

Symptômes : les boutons brunissent et ramollissent, les pétales des fleurs écloses flétrissent très rapidement.

Époque des dégâts : en octobre et surtout de mars à début mai.

Plantes sensibles : toutes les espèces à floraison tardive ou précoce.

Gravité : variable selon l'intensité du froid, par exemple une plante frileuse sortie trop tôt peut mourir.

Conditions favorables : un ciel dégagé durant la nuit, un fort degré hygrométrique, un peu de vent.

Précautions à prendre : installez les plantes concernées dans un endroit abrité, enveloppez-les d'un voile.

Traitement : coupez les parties abîmées, donnez de l'engrais dès que le temps se radoucit pour stimuler un bon redémarrage de la végétation.

Pourriture grise

Un champignon *(Botrytis cinerea)* détruit rapidement les fleurs lorsque l'humidité ambiante est trop forte.

Symptômes : des ponctuations brunes ou blanches apparaissent sur les boutons ou les pétales qui sont ensuite envahis par un feutrage gris.

Époque des dégâts : surtout au printemps par temps frais et humide ou toute l'année en serre et véranda.

Plantes sensibles : cyclamen, lis, pivoine, mais toutes les fleurs peuvent être attaquées.

Gravité : la fleur est détruite ; chez les plantes herbacées, la mort est certaine.

Conditions favorables : une forte humidité, une atmosphère confinée.

Précautions à prendre : bien aérer les verrières, ne pas mouiller les fleurs.

Traitement : impossible.

Virose

Divers virus provoquent des déformations et des décolorations sur les plantes avec des fleurs aux teintes aberrantes.

Symptômes : des panachures inhabituelles apparaissent sur les pétales.

Époque des dégâts : durant toute la période de croissance de la plante.

Plantes sensibles : toutes, mais surtout tulipe, lis, pétunia, pélargonium.

Gravité : la plante est dévalorisée.

Conditions favorables : les pucerons et les thrips propagent les viroses, de même que les outils mal nettoyés.

Précautions à prendre : arrachez les plantes atteintes, ne les multipliez pas.

Traitement : seule la sélection variétale permet de freiner l'expansion des viroses. Achetez des plants de qualité.

LE SAVIEZ-VOUS ?

NE MOUILLEZ PAS LES FLEURS

D'une manière générale toutes les fleurs sont sensibles à la pluie. Le choc des gouttelettes d'eau sur les pétales fragiles provoque des lésions qui se traduisent par des taches circulaires décolorées ou au contraire plus foncées que la teinte de la fleur. Très souvent elles évoluent en une attaque de pourriture grise. Lorsque la fleur n'est encore qu'en bouton, il lui arrive de ne pas réussir à s'épanouir et de se flétrir au bout de son pédoncule.

Les rosiers, les camélias et les pivoines redoutent tout particulièrement que l'on mouille leurs fleurs lors de l'arrosage. En raison de la grosseur de leurs corolles aux pétales très doubles, l'eau est retenue et son poids n'est plus supporté par le pédoncule qui se plie. La fleur « pique du nez » de manière inesthétique.

Notez que chez le camélia, des conditions humides provoquent souvent la rouille de la fleur, due au développement d'un champignon pathogène *Ciborinia camelliae*.

Bien soigner les plantes

Pour un jardin bien portant, « mieux vaut prévenir que guérir », toutes les interventions sur les plantes étant beaucoup plus efficaces et plus faciles avant l'apparition des maladies ou des dégâts des ravageurs. Rosiers, conifères, arbres fruitiers et légumes sont à surveiller de très près...

ASTUCE TRUFFAUT

Traitez au gonflement des bourgeons au printemps, puis à l'apparition des feuilles et après la floraison et vous aurez assuré une très bonne protection préventive.

Des mesures de prévention

Bien souvent, les remèdes chimiques ne s'avèrent efficaces qu'accompagnés de mesures prophylactiques et culturales. Un des principes de base est la taille sanitaire. Elle consiste à enlever les organes malades ou à brûler les plantes attaquées. Cette action est complétée par un ramassage systématique des feuilles tombées. Les champignons se conservent au cours de l'hiver sur les feuilles desséchées. Il est donc préférable de ne pas utiliser ces feuilles pour la confection du compost. Le ramassage des chenilles et des insectes, surpris en flagrant délit d'attaque des plantes, suffit parfois à stopper net leur développement. Prenez soin de bien désinfecter les outils avant de tailler, de bouturer ou de greffer, ainsi que les terrines de semis ou les pots utilisés. Enfin, assurez-vous du bon état sanitaire des plantes lors de leur achat. Choisissez, si possible, des végétaux peu ou pas sensibles aux affections parasitaires. Il existe des variétés de pyracanthas résistantes au feu bactérien et à la tavelure ; certains ormes sont insensibles à la graphiose, et certains cyprès, au coryneum.

Les traitements phytosanitaires

Chaque produit de traitement dispose d'un mode d'action particulier. Assurez-vous de son efficacité contre le parasite identifié. Pour être actifs, les traitements doivent s'effectuer à une période précise et être souvent répétés. La réglementation en matière d'utilisation des pesticides précise que tout produit phytosanitaire doit avoir un numéro d'autorisation de vente. C'est une sorte de garantie officielle de la conformité du produit à un usage donné.

La préparation de la bouillie

Aujourd'hui, la technique de poudrage a pratiquement disparu pour laisser place à la pulvérisation. Les produits doivent être ajoutés à l'eau en un mélange homogène. Lors de la préparation, il est recommandé de porter des gants de caoutchouc. Les fabricants proposent des conditionnements en sachets-doses ou en micros-bouteilles, mais certains produits exigent des préparations spécifiques comme les pesticides huileux. Il est préférable d'effectuer le mélange dans un seau à part. Une fois prête, la bouillie doit être utilisée immédiatement et entièrement mais ne pas être jetée.

L'art de bien soigner

Une bonne pulvérisation exige le respect de quelques règles simples. Pour les traitements fongicides et insecticides, la lance doit être équipée d'une buse réglable, afin de permettre la formation de fines gouttelettes. Il faut que le pulvérisateur soit parfaitement propre. Il ne doit pas y avoir de vent pour éviter la dérive du produit, pas de températures trop élevées afin de ne pas brûler les feuilles, ni de rosée qui risquerait de diluer les substances actives. La pulvérisation doit être régulière et bien pénétrante pour atteindre le revers des feuilles. Quand quelques gouttes commencent à ruisseler au bout des feuilles, suspendez la pulvérisation afin d'éviter un surdosage. S'il pleut dans les heures qui suivent le traitement, son effet sera certainement diminué, voire annulé. Après l'application, n'évacuez jamais le surplus de bouillie à l'égout. Il faut vidanger la cuve sur la terre nue. C'est pourquoi mieux vaut préparer juste la quantité de bouillie nécessaire pour le traitement afin de ne pas polluer avec un excès de produit.

▲ Effectuez un traitement insecticide du sol avant le semis.

▲ Les bombes aérosols : pour les interventions ponctuelles.

Stockez les produits dans un endroit frais mais où il ne gèle pas, et dans un meuble fermé à clé, hors de portée des enfants. Débarrassez-vous des produits inutilisés au bout de deux ans. Confiez-les à une déchetterie spécialisée ou à un centre de collecte. Conservez chaque produit dans son emballage d'origine pour éviter tout risque de confusion et pour pouvoir disposer en permanence des conseils d'application et de dosage fournis par le fabricant.

Les pulvérisateurs

Trois types de pulvérisateurs peuvent être utilisés. Les modèles à gâchette sont généralement réservés pour les plantes d'intérieur ou les jardinières. Grâce à leur jet réglable, de fines brumisations sont possibles. Les pulvérisateurs à pression préalable (contenant de 2 à 12 litres) restent les plus utilisés par les amateurs. Très pratiques, ils s'emploient pour les traitements antiparasitaires et les applications de désherbants. Les pulvérisateurs à pression entretenue, de grande contenance (de 10 à 18 litres), sont portés sur le dos. La pression est obtenue en actionnant en permanence un levier. Ces appareils permettent de faire varier à tout moment le débit de la pulvérisation. Il est notamment possible de traiter à très faible pression, ce qui est recommandé pour le désherbage. S'équiper de deux appareils distincts, l'un pour le désherbage et l'autre pour les traitements fongicides et insecticides, reste vivement conseillé, afin d'éviter les mélanges accidentels de produits incompatibles.

▲ Poudrez les bulbes avant de les mettre en conservation.

▲ Les poudres mouillables doivent être bien mélangées.

Les insecticides

APPELLATION	MODE D'ACTION	USAGE
« Insecticide polyvalent »	Par contact	Chenilles défoliatrices et insectes piqueurs.
« Anticochenilles »	Par asphyxie de fin d'hiver sur les arbres fruitiers.	Cochenilles et traitements.
« Antipucerons »	Par contact	Produit ne détruisant que les pucerons et épargnant les auxiliaires.
« Insecticide systémique »	Agit après ingestion	Insectes piqueurs suceurs.
« Appât insecticide »	Agit après ingestion	Vers gris (noctuelles).
« Insecticide granulé »	Par contact et ingestion	Insectes du sol.
« Araignées rouges »	Par contact	Acariens.

Les fongicides

APPELLATION	MODE D'ACTION	USAGE
Bouillie bordelaise	Préventif	Mildiou et maladies des arbres fruitiers.
Soufre	Préventif et curatif	Oïdium.
« Antipourriture »	Préventif et curatif	Pourriture grise, moniliose, fonte des semis.
« Maladies des rosiers »	Préventif et curatif	Oïdium, rouille, anthracnose, maladie des taches noires.
« Antimildiou »	Préventif et curatif	Mildiou foliaire.
« Anticloque »	Traitement préventif	Cloque du pêcher.
« Fongicide polyvalent »	Traitement préventif	Nombreuses maladies : tavelure, anthracnose, rouille, septoriose, etc.

Un peu d'histoire

La lutte contre les grands fléaux parasitaires n'est pas récente. L'arsenic et le soufre étaient déjà employés dans l'Antiquité. Au XVIIIe siècle, le jus de tabac servait à combattre les attaques de pucerons sur les arbres fruitiers. À partir du milieu du XIXe siècle, l'emploi de certains produits s'est progressivement généralisé. Quelques substances d'origine naturelle ont encore beaucoup de succès : la bouillie bordelaise à base de sulfate de cuivre pour combattre le mildiou de la vigne ; le soufre pour lutter contre l'oïdium ; la nicotine et les pyréthrines naturelles comme insecticides. Il faudra attendre le début des années cinquante pour voir apparaître les pesticides de synthèse, entièrement fabriqués en laboratoire. Depuis, la gamme ne cesse de s'étoffer pour répondre aux besoins croissants de l'agriculture. En raison de leur grande toxicité et des risques écologiques qu'ils engendraient, certains produits ont été retirés du marché. C'est le cas du parathion, du thirame et du D.D.T. notamment. Dans les gammes « jardins d'amateur », les pesticides disponibles sont réputés peu toxiques pour l'homme et dépourvus d'effets secondaires néfastes pour l'environnement. Leur concentraion est souvent plus faible que celle des produits à usage agricole ou professionnel.

Les différentes substances

Les produits phytosanitaires sont classés en fonction des organismes qu'ils combattent. Les insecticides sont destinés à lutter contre les insectes. Les acaricides agissent spécifiquement contre les acariens encore appelés « araignées rouges » ou « araignées jaunes ». Les fongicides détruisent les champignons parasites. D'autres substances restent moins connues : les molluscicides combattent les limaces et les escargots, les nématicides éliminent les nématodes, les rodonticides sont destinés à détruire les rongeurs, etc.
Les préparations mixtes, qui associent fongicides et insecticides sont appelées « produits totaux ». Ceux-ci sont très pratiques, car ils ne nécessitent pas l'identification précise du ravageur ou de la maladie pour se montrer efficaces. Leur action est plutôt préventive. Ils s'emploient surtout au printemps en appliquant plusieurs fois le traitement à huit ou dix jours d'intervalle.

Au cœur du produit, la substance active

Un produit phytosanitaire doit son efficacité à la matière active qu'il contient.

Présente en faible quantité dans la plupart des produits, cette molécule chimique permet la réussite du traitement. La concentration de la matière active est homologuée officiellement. Elle ne doit pas être modifiée. Les matières actives sont classées selon leur degré de toxicité. Les plus dangereuses sont réservées aux professionnels. Dans les gammes de produits de jardin, on trouve des substances signalées d'un X orange qui peuvent être nocives ou irritantes. D'autres ne sont pas classées sur le plan toxicologique. Dans tous les cas, respectez scrupuleusement les mentions qui sont portées sur le paquet. La grande majorité des produits est formulée en poudre ou en liquide, pour être par la suite mélangée à l'eau. Certains, notamment les insecticides du sol et des herbicides, se présentent en granulés à épandre sur le sol. Il existe aussi des sachets-doses dont l'emballage est soluble. Ils sont pratiques pour éviter toute manipulation du produit.

L'action des produits

En fonction de ses caractéristiques physico-chimiques, la matière active peut pénétrer à l'intérieur de la plante où elle est véhiculée par la sève. Ce type de produit est appelé systémique. Il circule dans toute la plante. S'il s'agit d'un insecticide, les ravageurs s'intoxiquent lorsqu'ils s'alimentent. Un champignon parasite installé dans les tissus de la

▲ Le blanchiment des troncs élimine certains parasites.

▲ Une barrière antilimaces autour des plantes vivaces.

plante sera éliminé par un fongicide systémique. De tels produits sont recommandés pour les traitements curatifs, c'est-à-dire pour éliminer une maladie déclarée. Les substances dites de contact restent à la surface des feuilles traitées. Elles ne peuvent enrayer une infection d'origine interne. Il faut les réserver aux traitements préventifs ou à la lutte contre les insectes installés sur les plantes. Ces produits redoutent les pluies qui vont les lessiver ou les diluer. Ils ne protègent pas non plus les jeunes pousses qui apparaissent après le traitement. A priori moins intéressants, les traitements de contact gardent cependant un sérieux avantage. Comme ils ne pénètrent pas dans les tissus internes, les fruits et les légumes peuvent être mangés après un simple lavage.

Une recherche complexe

L'existence d'un produit phytosanitaire commence par une découverte dans un laboratoire. Dès qu'une molécule présente des propriétés intéressantes, elle est protégée par un brevet. Ce dernier garantit à l'obtenteur la protection des droits sur sa découverte pendant 20 ans. Il faudra une dizaine d'années d'études et de recherches avant de voir l'apparition du produit sur le marché. Celle-ci n'est possible qu'après l'obtention d'une autorisation de vente. Le produit doit être reconnu efficace, dépourvu d'effets secondaires sur l'environnement et peu toxique. C'est une véritable garantie pour le jardinier. La « spécialité », c'est-à-dire la substance active et ses adjuvants, fait l'objet de surveillances constantes. L'administration délivre des autorisations de vente portant la mention : « emploi autorisé au jardin ». Beaucoup de molécules ont été interdites ces dernières années, signe de l'évolution des mentalités dans ce domaine, et d'une volonté de protection des utilisateurs et de notre environnement.

▲ Une bande de glu élimine les chenilles en automne.

▲ La suppression des pousses attaquées est efficace.

▲ Appliquez un mastic cicatrisant sur toutes les plaies.

5 Les plantes du jardin

LES ARBRES

Pièces maîtresses dans le décor du jardin, les arbres lui donnent de l'ampleur et de la majesté. Éléments vénérables et imposants, ils dégagent une personnalité incomparable. Leur seule présence est un spectacle. Profitez-en pour décliner alentour une composition de fleurs et de feuillages que les arbres sauront mettre en valeur, tout en la dominant. Pas besoin de mesurer vingt mètres de hauteur pour être reconnu ou identifié comme arbre. Tout est affaire de proportions. Un cèdre paraîtra un arbre gigantesque dans un jardinet de banlieue, tandis qu'un cytise sera assimilé tout au plus à un arbrisseau s'il se trouve dans un grand parc. En fait, un arbre est, comme le souligne le dictionnaire : « un végétal de taille élevée possédant une structure ligneuse ». Pour être plus précis, disons que tout végétal de plus de trois mètres de haut, présentant un tronc bien apparent, peut se prévaloir du nom d'arbre. Mais lorsque la plante forme des troncs multiples, elle appartient plutôt à la catégorie des grands arbustes ou des arbrisseaux.

Merveilles d'équilibre et de raffinement, les grands arbres sont des êtres fantastiques, ils nous font rêver par leur faculté de traverser les siècles, embellissant un peu plus chaque année. Ces végétaux vénérables méritent une place de choix dans votre jardin.

Dépassant rarement les dix mètres de hauteur à l'âge adulte, les petits arbres, véritables modèles réduits mais élégants, sont très appréciés dans nos jardins contemporains exigus. On retrouve dans leur silhouette de la majesté et ils offrent assez d'ampleur pour ombrager efficacement une terrasse ou un coin repos.

Acer spp.
ÉRABLE

J F M A **M** **J** J A S O N D

10/30 m — 3/12 m — C

Ces arbres opulents de la famille des Sapindaceae se parent de flamboyantes couleurs automnales.

Acer platanoides

Description : les érables sont précieux par la rapidité de leur croissance (de 1 à 2 m par an). Leurs feuilles opposées, découpées en formes très variées selon les espèces, prennent de jolies teintes en automne. Les fruits, caractéristiques, sont munis d'ailes foliacées. Les érables sont tous rustiques et de culture facile.

Sol : toutes les terres fertiles, profondes sont acceptées par la plupart des érables, mais un sol frais leur convient mieux.

Exposition : soleil direct non brûlant ou mi-ombre légère. Pas de vent très fort.

Culture et entretien : maintenez le sol humide durant les deux premiers étés suivant la plantation. Une taille de formation s'impose chez les jeunes sujets, puis élaguez tous les trois ans. Ne taillez pas après décembre car la sève monte très tôt.

Espèces et variétés : il existe 150 espèces. *Acer buergerianum (trifidum)* (de 4 à 6 m), à port érigé, feuilles à trois lobes, lie de vin en automne, écorce décorative. *Acer cappadocicum* l'érable de Colchide (15 m), à porté étalé, feuilles à 5 ou 7 lobes, jaunes en automne ; 'Aureum' (10 m), à feuilles jaunes au printemps et en automne ; 'Rubrum' (12 m), arrondi, à feuilles rouge vif au printemps, vert bronze en été, jaune d'or en automne. *Acer davidii* (10 m), à l'écorce rouge striée de blanc. *Acer ginnala* (6 m), aux feuilles profondément découpées, rouge vif à l'automne ; 'Compactum' (2 m), en touffe érigée, feuillage rouge cuivré en automne. *Acer griseum* (10 m), à l'écorce couleur cannelle qui s'exfolie en lambeaux s'enroulant sur eux-mêmes. Les feuilles, à trois folioles, prennent de jolies teintes rouges et orangées en automne. *Acer negundo* (15 m) développe des feuilles composées ; 'Aureovariegatum' (8 m), à feuilles panachées de jaune ; 'Flamingo' (6 m), aux feuilles bordées de blanc et de rose ; 'Variegata', panaché de crème. *Acer platanoides*, l'érable plane (de 20 à 25 m), très vigoureux, jaune en automne. *Acer pseudoplatanus*, l'érable sycomore (de 20 à 30 m), au feuillage vert sombre. *Acer rubrum*, l'érable rouge (20 m), aux feuilles à revers glauque, est rouge écarlate en automne. *Acer saccharinum*, l'érable argenté (de 20 à 30 m), au feuillage à revers argenté, est orange en automne.

Acer griseum

Utilisation : isolé, idéal pour l'ombrage.

Notre conseil : élaguez les érables tous les 3 à 5 ans à la fin de l'hiver pour bien aérer leur ramure et la réduire en longueur.

➤ ***Acer japonicum*** et ***Acer palmatum*** voir **p. 448**.

Aesculus hippocastanum
MARRONNIER

J F M A **M** J J A S O N D

10/30 m — 6/15 m

Arbre majestueux de la famille des Sapindaceae, le marronnier porte des épis de fleurs superbes.

Description : le marronnier est un arbre très imposant, apprécié pour sa croissance rapide et son port assez étalé. En mai, sa floraison blanche ou rouge est prodigieuse. Le nom botanique *Aesculus* est celui que Pline a donné à un chêne à fruits comestibles : *Quercus aesculus*, souvent confondu avec le marronnier.

Sol : profond, riche, frais, neutre.

Culture et entretien : laissez pousser l'arbre librement sans intervenir. Propagez les marronniers par semis au printemps, après stratification hivernale des graines. Faites d'abord germer les marrons en pot.

Espèces et variétés : *Aesculus hippocastanum* (de 20 à 30 m), le marronnier commun, est souvent remplacé dans les jardins par le cultivar 'Baumannii' (10 m), à fleurs doubles et sans fruits. Le superbe *Aesculus* x *carnea* (20 m) se distingue par ses longues grappes dressées de fleurs roses de 20 cm de long. 'Briottii' (de 15 à 20 m) se pare d'un rose plus intense.

Utilisation : le marronnier est un arbre à isoler dans un très grand jardin.

Notre conseil : préférez les espèces à fleurs doubles. Leur floraison est plus longue et elles ne donnent pas de fruits.

Aesculus x *carnea*

Ailanthus altissima
AILANTE

J F M A M J J A **S O** N D

15/25 m — 8/10 m

Cet arbre peu courant, au feuillage doré en automne, appartient à la famille des Simaroubaceae.

Ailanthus altissima

Description : originaire de Chine, ce très bel arbre aux feuilles composées de nombreuses folioles, comme celles du noyer, a tendance à drageonner. De croissance rapide (de 3 à 4 m en 4 ans), il prend un port semi-étalé. En septembre et octobre, les plants femelles s'ornent de curieux fruits (samares) d'un brun-rouge très vif.

Sol : toutes les terres même pauvres et sèches conviennent à l'ailante.

Exposition : le plein soleil, mais sans chaleur excessive pour éviter les brûlures.

Culture et entretien : supprimez les drageons à leur point de naissance, dès qu'ils atteignent 30 cm de hauteur.

Espèces et variétés : le genre *Ailanthus* renferme cinq espèces. Seul *Ailanthus altissima* (ou *glandulosa*) est cultivé.

Utilisations : en isolé, c'est l'arbre idéal pour créer un ombrage agréable au-dessus d'un coin repos. Plantez-le assez loin de la maison en raison de son fort développement et de son caractère traçant.

Notre conseil : pour obtenir des feuilles énormes (jusqu'à 1 m de long), cultivez des jeunes sujets dans un sol riche et rabattez-les chaque année en mars.

Albizia julibrissin
ARBRE DE SOIE

J F M A M **J J A S** O N D

8/12 m — 6/10 m

Appelé également « acacia de Constantinople », cet arbre venu de Perse appartient aux Fabaceae.

Description : la cime étalée de l'albizia est ravissante de juin à septembre, lorsqu'elle se couvre de pompons soyeux blanc rosé, formés d'un gros bouquet d'étamines. Les feuilles composées, divisées en petites folioles arrondies, sont très gracieuses.

Sol : fertile, perméable, même calcaire.

Exposition : chaude, ensoleillée, à l'abri du vent, dans un emplacement bien dégagé : l'albizia a besoin de lumière pour bien se développer. Il craint le gel. Dans la région parisienne, cultivez l'arbre de soie dans un lieu bien abrité.

Culture et entretien : semez en caissettes en avril, sous châssis. Repiquez les jeunes plants dans des godets et conservez-les dans un emplacement protégé du soleil brûlant, jusqu'à la mise en place en automne dans les régions à climat doux.

Variétés : 'Pourp Rey' à fleurs rouges ; 'Rosea' ou 'Nemu' est une variété japonaise plus rustique, à fleurs rose carminé vif ; 'Ombrella', au remarquable port en ombrelle, porte des fleurs rouge vif agréablement parfumées.

Utilisations : sujet isolé, arbre d'ombrage.

Notre conseil : une taille sévère provoque de nombreux rejets vigoureux.

Albizia julibrissin

Alnus spp. AULNE

J F **M A** M J J A S O N D

8/18 m | 6/8 m

Arbre de la famille des Betulaceae. L'aulne pousse dans l'hémisphère Nord, les Andes et le Pérou.

Alnus viridis

Description : ce bel arbre caduc aime surtout les climats frais et humides. Rustique, de croissance plutôt rapide, il vit souvent centenaire. Les chatons mâles sont longs et pendants, les fleurs femelles prennent l'aspect de cônes qui persistent sur l'arbre.

Sol : toute bonne terre bien travaillée, sauf calcaire. L'aulne est idéal pour les sols détrempés, même pauvres.

Exposition : soleil pas trop desséchant.

Culture et entretien : laissez l'arbre pousser à sa guise, sans intervenir.

Espèces et variétés : *Alnus cordata*, l'aulne de Corse (de 10 à 18 m), conserve ses feuilles vertes jusqu'en novembre. Il souffre des gelées printanières. *Alnus glutinosa* (de 8 à 15 m), superbe en mars-avril avec ses chatons jaunes. *Alnus incana*, l'aulne blanc (de 10 à 20 m), à l'écorce gris clair. Ses feuilles ont un revers argenté.

Utilisations : plantation en isolé, rideau brise-vent, arbre d'alignement en ville.

Notre conseil : vous enrichirez naturellement un sol pauvre en y cultivant des aulnes dont les racines transforment l'azote de l'air en protéines utiles.

Betula spp. BOULEAU

8/20 m | 5/10 m

Arbres des contrées septentrionales, les bouleaux sont très rustiques. Ils font partie des Betulaceae.

Description : arbres caducs, rustiques, les bouleaux sont fort attrayants par la couleur blanche de leur écorce. D'un port souple et gracieux, on les apprécie aussi pour leurs feuilles légères qui prennent un coloris jaune doré en automne. Ils offrent une croissance rapide (4 m en 5 ans).

Sol : toute bonne terre profonde et fraîche, de préférence humifère.

Exposition : soleil pas trop brûlant en été.

Culture et entretien : tuteurez les jeunes arbres dont l'enracinement est très superficiel. Arrosez régulièrement en été, traitez contre les pucerons et les thrips.

Espèces et variétés : *Betula ermanii* (12 m), à l'écorce blanc crème et rose, rameaux brun-orangé. *Betula nigra*

Betula papyrifera

(20 m), dont le tronc orange rosé, teinté de noir, s'exfolie. Il est tout doré en automne. *Betula papyrifera* (20 m), à écorce blanche, lisse et soyeuse, feuillage jaune en automne. *Betula pendula*, le bouleau commun (20 m), à écorce blanche, feuillage léger, rameaux fins et souples. *Betula utilis* (12 m), très beau en hiver, avec une écorce brun clair puis blanc argent qui s'exfolie.

Utilisations : isolé, cépées de trois à cinq sujets. Bosquets sur talus.

Notre conseil : plantez des bouleaux pour former un contraste lumineux avec des conifères à feuillage sombre.

Betula pendula

Brahea armata
PALMIER BLEU

J F M A M J J A S O N D

6/12 m — 3/5 m — - 10 °C

Appartenant à la famille des Arecaceae, ce palmier assez solide est apprécié pour sa couleur bleue.

Description : de croissance relativement lente, le palmier bleu est originaire du Mexique (Basse-Californie). Le stipe (le tronc des palmiers) est massif, élargi à la base. Les feuilles palmées sont couvertes d'une cire gris-bleu argenté. Les spectaculaires inflorescences de 5 m et plus, composées de fleurs crème, apparaissent sur les sujets adultes. Elles sont suivies de petits fruits ronds, marron.

Sol : riche, profond, léger, sablonneux, acide ou neutre, très bien drainé.

Exposition : chaude et ensoleillée.

Culture et entretien : coupez chaque année en hiver les palmes abîmées pour bien dégager le stipe (tronc). Arrosez les jeunes sujets lorsqu'il fait très chaud.

Espèces et variétés : ce genre comprend 13 espèces. *Brahea edulis*, la seule cultivée couramment, porte une large couronne de feuilles palmées, glauques et coriaces. Il pousse assez vite.

Utilisations : en isolé, alignement, bac.

Notre conseil : une longue et forte chaleur estivale est nécessaire pour que ce palmier se développe vraiment bien.

Brahea armata

Butia eriospatha

Butia capitata
PALMIER VINAIGRE

J F M A M J J A S O N D

3/6 m — 2/5 m — - 15 °C

Espèce solide appartenant à la famille des Arecaceae, c'est un sujet d'aspect exotique, élégant.

Description : originaire du Brésil et de l'Uruguay, ce beau palmier forme une large couronne de quarante à cinquante feuilles palmées de 1,5 à 2 m de long. D'abord dressées, elles s'inclinent ensuite vers le sol. Les sujets âgés portent en été des inflorescences de 1,5 m de long, composées d'une multitude de fleurs crème. Les fruits de 3 cm de diamètre sont comestibles.

Sol : profond, bien drainé.

Exposition : chaude, en plein soleil.

Culture et entretien : la croissance est lente les premières années, fertilisez régulièrement. On peut cultiver *Butia capitata* en pleine terre dans la zone de l'olivier et sur le littoral atlantique. Arrosez généreusement par temps sec et chaud.

Espèces et variétés : le genre *Butia* comprend 8 espèces. Il a donné naissance à de nombreux hybrides obtenus par croisements avec les genres *Jubaea* et *Syagrus*. Parmi les variétés de *Butia capitata*, 'Subglobosa', 'Virescens' et 'Strictior' se distinguent par le port et la couleur.

Utilisations : sujet isolé, alignement, bacs.

Notre conseil : traitez préventivement le butia contre les papillons (*Paysandisia*) qui attaquent le cœur des palmiers.

Carpinus betulus
CHARME BLANC

J F M **A M** J J A S O N D

10/20 m — 5/10 m — C

Ce bel arbre caduc et rustique de la famille des Betulaceae vit sauvage en Europe et en Asie Mineure.

Description : de croissance rapide (3 m en 5 ans), le charme blanc porte des feuilles ovales, dentelées qui jaunissent en automne, puis prennent un ton tabac, restant fripées sur l'arbre jusqu'à la fin février (feuilles marcescentes).

Sol : riche, frais, argileux, même calcaire.

Exposition : lumineuse, pas trop chaude.

Culture et entretien : laissez l'arbre prendre sa forme naturelle. Taillez à volonté les sujets cultivés en haie.

Multipliez le charme par boutures de jeunes pousses de 15 cm de long, en août, dans la tourbe blonde, à l'étouffée.

Espèces et variétés : *Carpinus betulus* 'Fastigiata' (de 10 à 15 m), à port érigé.

Utilisations : grandes haies taillées dans des formes régulières (charmille).

Notre conseil : plantez le charme en isolé dans un jardin de taille moyenne. Sa silhouette bien nette est très attrayante.

Carpinus betulus

Catalpa bignonioides 'Aurea'

Catalpa bignonioides
CATALPA

J F M A M **J J** A S O N D

6/15 m — 5/10 m — C

Les catalpas sont des arbres chinois et américains, appartenant à la famille des Bignoniaceae.

Description : *Catalpa bignonioides* forme un petit arbre bien équilibré, à la cime arrondie, très étalée. Sa croissance est rapide (de 2 à 3 m par an) et spectaculaire. En juin-juillet, de grandes grappes de fleurs blanches se développent sur le bois de l'année. Les imposantes feuilles en forme de cœur, très décoratives, naissent tard au printemps. Elles exhalent une odeur désagréable lorsqu'on les froisse.

Sol : riche, frais, bien drainé, calcaire.

Exposition : en plein soleil, à l'abri des gelées tardives et des vents violents.

Culture et entretien : tuteurez les jeunes plantations durant les trois premières années. Taillez court chaque hiver. Éliminez les cochenilles avec un produit de traitement d'hiver. Si le printemps est très humide, traitez l'oïdium avec du soufre ou un fongicide « blanc du rosier ».

Espèces et variétés : *Catalpa bignonioides* (de 8 à 15 m), aux fleurs blanches tachetées de pourpre et de jaune, donne des fruits en haricot après un été chaud. 'Aurea' (de 10 à 12 m), à feuilles jaune d'or au printemps, apprécie la mi-ombre. 'Nana', le catalpa boule (de 4 à 6 m), forme une sphère compacte qui ne fleurit pas. *Catalpa bungei* (6 m), dont les petites fleurs blanches sont tachetées de pourpre.

Utilisations : en isolé ou en alignement.

Notre conseil : pour favoriser une floraison abondante, plantez le catalpa dans l'endroit le mieux exposé de votre jardin.

Celtis australis
MICOCOULIER DE PROVENCE

J F **M A** M J J A S O N D

10/20 m — 8/15 m — C

Appréciant le climat du Midi, cet arbre de la famille des Ulmaceae, résiste bien à la pollution.

Description : originaire du sud de l'Europe et d'Asie Mineure, le micocoulier est un arbre vigoureux. Le feuillage caduc, d'abord vert clair, fonce en vieillissant. Les fleurs vertes insignifiantes apparaissent en même temps que les feuilles au printemps. Elles sont suivies de petits fruits, globuleux, noirâtres, à gros noyau dur, qui parviennent à maturité en automne.

Sol : une terre profonde, restant fraîche l'été et bien drainée l'hiver.

Exposition : en plein soleil, uniquement dans les régions au climat doux.

Culture et entretien : la plantation s'effectue de préférence au printemps. Maintenez

Cercis siliquastrum

Celtis bungeana

un tuteur durant les premières années. Une taille d'équilibrage est souvent nécessaire durant la période de repos végétatif. Arrosez par temps de canicule. Pour propager le micocoulier, semez en pépinière au début du printemps, après avoir stratifié les graines dans du sable tout l'hiver. La germination est souvent longue (levée en 12 à 18 mois). Cultivez les jeunes plants en pot et protégez-les tout l'hiver durant les deux premières années.

Espèces et variétés : *Celtis occidentalis*, le micocoulier de Virginie, est plus rustique, de même que *Celtis bungeana*. Ils portent un beau feuillage vert vif et se caractérisent par une écorce rugueuse, grisâtre.

Utilisations : en isolé ou en alignement.

Notre conseil : rustique jusqu'à l'Île-de-France, *Celtis australis* ne supporte pas les climats plus rigoureux. Sa région de prédilection reste toutefois la Provence.

Cercis siliquastrum
ARBRE DE JUDÉE

J F M A M J J A S O N D

5/8 m | 3/5 m | C

Cet arbre élégant, rustique, facile et florifère fait partie de la famille des Fabaceae (légumineuses).

Description : en avril-mai, l'arbre de Judée porte à même le bois des fleurs rose pourpré. Les feuilles rondes qui apparaissent ensuite se colorent d'or en automne. D'un port élégant, l'arbre prend de l'ampleur avec l'âge. Il atteint environ 3 m en 4 ans.

Sol : plutôt neutre, riche et profond.

Exposition : en plein soleil, dans un endroit abrité des vents froids.

Culture et entretien : paillez les jeunes plants en hiver pour les protéger des fortes gelées. Une taille courte chaque année après la floraison maintient une forme arbustive buissonnante.

La multiplication s'effectue par semis au printemps. Entreposez les graines durant deux mois dans du papier humide au réfrigérateur (5 °C) et trempez-les toute une nuit dans l'eau chaude avant de les installer dans une terre très légère.

Variétés : 'Alba' est une forme élégante à fleurs blanches.

Utilisations : en isolé, en fond de massif.

Notre conseil : achetez cet arbre en conteneur, il n'aime pas être transplanté.

Chamaerops humilis
PALMIER NAIN

J F M A M J J A S O N D

3/6 m | 2/4 m | P | – 15 °C

Seul genre de la famille des Arecaceae originaire d'Europe, c'est aussi un des plus rustiques.

Description : le palmier nain forme des touffes denses, constituées de plusieurs stipes assez minces, souvent obliques. De croissance rapide, il développe des rejets dès la troisième année. Les feuilles palmées, arrondies, vert clair sur le dessus, sont argentées au revers. Les palmiers nains sont unisexués (dioïques).

Sol : très bien drainé, sableux.

Exposition : abritée, en plein soleil.

Culture et entretien : ce palmier résiste jusqu'à – 15 °C en sol très sec. Installez les sujets cultivés en bac à l'abri des vents froids. Aucune taille n'est vraiment nécessaire, supprimez seulement les palmes desséchées. Apportez de l'engrais en été.

Espèces et variétés : le genre *Chamaerops* comprend une seule espèce, mais de nombreuses variétés, dont une d'origine marocaine, à feuilles presque bleues.

Utilisations : massif, sujet isolé, bac.

Notre conseil : paillez bien le pied à l'automne dans les régions froides. Attention, l'humidité est plus redoutable que le gel.

Chamaerops humilis 'Glauca'

Chionanthus virginicus
ARBRE À FRANGES

J F M A **M** J J A S O N D

3/8 m — 3/5 m — C

Pas assez connu, ce petit arbre de la famille des Oleaceae est une splendeur lorsqu'il fleurit en mai.

Chionanthus virginicus

Description : venu d'Amérique du Nord, ce petit arbre parfaitement rustique développe une ramure bien ramifiée. Il offre à l'âge adulte une jolie floraison blanche en mai, suivie de fruits bleu-noir. Les feuilles oblongues jaunissent en automne. La croissance est assez rapide (50 cm par an).
Sol : riche, frais, bien drainé, humifère.
Exposition : lumineuse sans être brûlante, bien à l'abri des vents forts.
Culture et entretien : arrosez copieusement et paillez durant les premiers étés avec du compost à demi décomposé. Taillez en été en coupant les rameaux qui ont fleuri de la moitié de leur longueur. Avant de semer les graines au printemps, placez-les dans du papier absorbant humide que vous maintiendrez ainsi durant trois mois au réfrigérateur (stratification).
Espèces et variétés : on ne cultive que l'espèce type *Chionanthus virginicus.*
Utilisations : en isolé, au bord d'un ruisseau ou d'une pièce d'eau, sur terrasse.
Notre conseil : cultivez cette espèce sous un climat continental où elle fleurit mieux que dans les zones maritimes.

Cladrastis lutea
VIRGILIER

J F M A M **J** J A S O N D

8/12 m — 6/10 m — C

Ce petit arbre à fleurs de la famille des Fabaceae offre de multiples atouts ornementaux et culturaux.

Description : lorsqu'il est adulte, ce bel arbre caduc, très rustique malgré son origine (sud-est des États-Unis), exhibe en juin de superbes grappes retombantes de fleurs blanches et parfumées. La floraison n'est malheureusement pas régulière dans les régions du Nord, mais le beau feuillage d'un vert frais, qui jaunit intensément en automne, suffit à en faire une vedette du jardin. Le genre *Cladrastis* possède des rameaux cassants, comme le précise son nom dérivé du grec *klados*, rameau, et *thraustos*, fragile. Soyez patient pour la floraison. La plupart des virgiliers n'épanouissent pas leurs jolies panicules avant l'âge de quinze ou vingt ans.
Sol : riche, profond, bien amendé.
Exposition : ensoleillée, plutôt chaude.
Culture et entretien : protégez les jeunes arbres du gel avec un bon paillis posé au pied en automne. La taille est inutile.
Espèces et variétés : on ne cultive que l'espèce type, *Cladrastis lutea.*
Utilisations : en isolé, arbre d'ombrage.
Notre conseil : le virgilier forme plusieurs troncs. Si vous souhaitez n'en conserver qu'un, supprimez les moins vigoureux en juillet pour éviter les écoulements de sève.

Cladrastis lutea

Cornus spp.
CORNOUILLER

J F M **A M** J J A S O N D

4/15 m — 3/8 m — C

Ce genre important de la famille des Cornaceae renferme quelques espèces formant des petits arbres.

Description : originaires d'Europe, du Japon, de Corée ou d'Amérique du Nord, les cornouillers arborescents forment une cime buissonnante ou étalée selon les espèces. De croissance assez lente (environ 3 m en 5 ans), ils sont très décoratifs au printemps, avec leur floraison éclatante en ombelles plates *(Cornus controversa)* ou en glomérules entourés de quatre grandes bractées blanches, ivoire ou roses (*Cornus florida* et *kousa*). Certains *(Cornus mas)* épanouissent dès février des nuées de petites fleurs jaunes portées sur les tiges nues. En automne, le feuillage prend des couleurs flamboyantes. Les fruits décoratifs sont parfois comestibles (cornouilles) et utilisables en confitures, gelées ou sirop. Les cornouillers possèdent des vertus toniques, astringentes. Leur écorce est fébrifuge.
Sol : riche, frais, bien drainé, obligatoirement acide et humifère.

Cornus florida

Exposition : mi-ombre ou même ombre légère, bien à l'abri du vent.

Culture et entretien : achetez des sujets greffés qui fleurissent en deux à trois ans, ou il vous faudra attendre de sept à quinze ans pour profiter de fleurs avec des plantes bouturées. Plantez de novembre à février lorsqu'il ne gèle pas. Arrosez tous les dix jours par temps sec au printemps et maintenez le sol humide durant les premiers étés. Fertilisez après la floraison, avec un engrais pour rhododendrons. Conservez le port naturel des arbres et limitez la taille à une simple mise en forme harmonieuse après la floraison. Luttez contre les cochenilles en pulvérisant un insecticide huileux durant l'hiver.

Pour la multiplication, les graines récoltées à maturité en fin d'été sont mises à stratifier dans du sable durant deux ans. Semez-les ensuite en place en octobre, la levée se produit au printemps. Greffage en fente l'année suivante en mai ou en écusson à œil dormant dans le courant juillet.

Espèces et variétés : chez *Cornus florida*, qui forme un petit arbre arrondi, à grandes bractées, 'Cherokee Chief' est rose vif. 'Rubra', d'un joli rose, porte des jeunes feuilles rougeâtres. Chez *Cornus kousa*, au port plus érigé et aux fleurs nombreuses, mais de taille moyenne, choisissez 'Gold Star', de croissance lente, à feuilles vertes au cœur jaune, ou 'Satomi', à fleurs rouges. *Cornus kousa* var. 'Chinensis' est une forme vigoureuse (10 m de haut) à fleurs un peu plus grandes. Son cultivar 'Milky Way', de croissance rapide, épanouit de grandes fleurs blanches et porte de beaux fruits rouges. *Cornus mas* 'Aurea' (de 5 à 6 m), à feuilles teintées de jaune. 'Aureoelegantissima' (de 2 à 3 m) doit être abrité du soleil vif, ses feuilles sont panachées de jaune et de rose.

Cornus kousa 'Chinensis'

'Variegata' (de 5 à 6 m) est une très jolie forme à feuillage marginé de blanc, qui porte de nombreux fruits. *Cornus nuttallii*, originaire de l'ouest des États-Unis, se pare d'or et de rouge en automne, ce qui en fait tout son intérêt. Sa floraison blanc crème évoluant vers le rose est aussi très décorative. Ces inflorescences en glomérules sont suivies d'une production de petits fruits rouge orangé. *Cornus controversa* (de 8 à 12 m) se reconnaît à ses rameaux horizontaux, qui portent des ombelles de fleurs blanches en mai. 'Variegata', au feuillage panaché crème très lumineux, pousse très lentement.

Utilisations : en isolé, haie libre, arrière-plan de massifs. Associez *Cornus controversa, florida, kousa* et *nuttallii* aux azalées, piéris et rhododendrons, pour un décor unique au printemps et en automne. Le mariage avec des espèces persistantes : houx, laurier-tin, choisya, nandina, camélia, met bien en valeur la floraison.

Notre conseil : en fin d'été, épandez du sulfate de potassium au pied, afin de favoriser et de vivifier la coloration automnale.

Cornus mas

Cornus nuttallii

Crataegus laevigata

Crataegus spp. AUBÉPINE

J F M A **M** J J A S O N D

4/10 m | 3/8 m | C

Ces petits arbres épineux de la famille des Rosaceae, séduisent par leurs fleurs et leurs fruits.

Description : originaires de l'hémisphère Nord, les aubépines sont très rustiques. Elles forment des petits arbres bien ramifiés, à la floraison éclatante en mai, suivie de baies rouges, bleues ou jaunes en septembre. Le feuillage se colore parfois de rouge en automne.

Sol : ordinaire, même pauvre et calcaire.

Exposition : au soleil ou à mi-ombre.

Culture et entretien : plantez de préférence en automne. Pour former une aubépine en arbre, réduisez le buisson à une tige unique après la plantation. Coupez tous les rejets à leur point de naissance.

Espèces et variétés : *Crataegus laevigata* (de 4 à 5 m), aux fleurs rose intense début mai. 'Paul Scarlet' (5 m), aux fleurs très doubles, rouge vif, en mai-juin, résiste au feu bactérien. 'Crimson Cloud' (de 7 à 8 m), à fleurs simples, rouges à centre blanc. *Crataegus monogyna* (de 8 à 10 m), aux fleurs blanches, parfumées, en mai, suivies de baies rouges. *Crataegus coccinea* (de 4 à 6 m), à fleurs blanches en bouquets et baies écarlates.

Utilisations : en isolé, haie défensive.

Notre conseil : plantez les aubépines dans les régions épargnées par le feu bactérien.

Davidia involucrata ARBRE AUX MOUCHOIRS

J F M A **M** J J A S O N D

10/15 m | 6/10 m | C

Cet arbre très original de la famille des Cornaceae gagnerait à être plus connu car il est superbe !

Description : originaire de Chine, très rustique, mais encore peu connu, le *Davidia* est intéressant pour son joli feuillage, son port majestueux et son tronc qui le font ressembler à un tilleul. On l'apprécie surtout pour sa floraison en mai, accompagnée de bractées blanches pendantes qui font penser à une pluie de mouchoirs. Il faut hélas attendre de 10 à 12 ans avant de le voir fleurir ! La croissance est relativement lente (de 3 à 4 m en 6 à 7 ans).

Sol : riche, profond, humifère, bien travaillé, assez humide, pas trop calcaire.

Exposition : au soleil non brûlant ou à mi-ombre, bien à l'abri des vents forts.

Culture et entretien : plantez au début du printemps. Paillez les jeunes plants en hiver, et entourez-les d'un voile au printemps pour les protéger des gelées tardives. Arrosez et tuteurez durant les premières années. La taille est inutile.

Espèces et variétés : on ne cultive que l'espèce type, *Davidia involucrata.*

Utilisations : en isolé sur pelouse, dans un endroit bien exposé aux regards.

Notre conseil : plantez l'arbre aux mouchoirs sur un promontoire, afin de pouvoir admirer sa floraison par-dessous.

Davidia involucrata

Embothrium coccineum ARBRE DE FEU DU CHILI

J F M A **M J** J A S O N D

5/10 m | 3/6 m | P

Cet extravagant spécimen de la famille des Proteaceae séduit par sa floraison au coloris lumineux.

Description : ce petit arbre à la silhouette bien ramifiée doit son nom commun à sa floraison écarlate, qui resplendit en mai-juin. Il est doté d'un joli feuillage vert foncé, brillant. Peu rustique, il se cultive surtout sur la côte atlantique (Bretagne).

Sol : frais en été, bien drainé durant l'hiver, franchement acide, pas trop riche.

Exposition : soleil non brûlant ou mi-ombre douce, à l'abri des vents froids et secs et des fortes gelées. Une forte humidité ambiante est très appréciée.

Embothrium coccineum

Culture et entretien : paillez le pied chaque hiver, même sous un climat doux, arrosez par temps sec. La taille est inutile. La multiplication s'effectue par séparation des drageons produits à la base du tronc.

Espèces et variétés : on ne cultive que l'espèce type, *Embothrium coccineum.*

Utilisations : en isolé dans un petit jardin ou en arrière-plan d'un grand massif.

Notre conseil : dans les régions au climat bien tempéré, plantez un *Embothrium* avec *Abutilon vitifolium*, *Eucryphia* (blancs) et *Rhododendron augustinii* (bleu).

Eucalyptus spp. EUCALYPTUS

15/30 m | 6/15 m | P | – 20 °C

On compte plus de 600 espèces d'eucalyptus, arbres aromatiques de la famille des Myrtaceae.

Description : les eucalyptus sont surtout originaires d'Australie, quelques espèces venant de Nouvelle-Guinée. L'attrait essentiel de ces grands arbres persistants est leur feuillage glauque, argenté ou gris-vert. Leur écorce superbe s'exfolie en vieillissant. Les fleurs sont rares sous nos climats.

Sol : bien drainé, assez sec de préférence.

Exposition : en plein soleil, à l'abri des vents violents et froids (bois cassant).

Culture et entretien : plantez au début du printemps, puis laissez faire la nature, la croissance est très rapide. Inutile de tailler. Arrosage et fertilisation facultatifs. Après une forte gelée, vous pouvez couper au ras du sol.

Eucalyptus nidens

Espèces et variétés : 3 espèces, originaires de Tasmanie, résistent à – 20 °C : *Eucalyptus gunnii*, le plus répandu ; *Eucalyptus dalrympleana*, aux feuilles gris-vert naissant bronze ; *Eucalyptus urnigera*, à l'écorce grisâtre qui s'exfolie. *Eucalyptus niphophila*, colonnaire, à feuillage bleuté, résiste aussi.

Utilisations : plantez en grand rideau, en groupe, ou en isolé. Les eucalyptus font merveille dans les scènes à dominante blanche ou argentée. Ils apportent une touche d'exotisme dans le jardin.

Notre conseil : *Eucalyptus gunnii* supporte le recépage (taille au ras du sol) en mars, ce qui lui permet alors de former un buisson touffu de 3 m de haut.

Fagus sylvatica HÊTRE COMMUN

J F M **A M** J J A S O N D

15/40 m | 8/20 m | C

Grand arbre forestier de la famille des Fagaceae, le hêtre est apprécié au jardin pour sa forme pourpre.

Description : partiellement marcescentes, les feuilles ovales, ondulées, permettent

Fagus sylvatica

de conserver un bon écran en hiver. Le hêtre donne des fruits (faines) contenant une amande dont on tire une huile alimentaire d'un goût très agréable.

Sol : frais, même pierreux et calcaire.

Exposition : au soleil ou à mi-ombre.

Culture et entretien : taillez une fois par an en coupant les vieux rameaux pour favoriser le développement de nouvelles pousses. Vous limitez ainsi la croissance de l'arbre et pouvez le conduire en haie. Dans ce cas, plantez à 80 cm de distance.

Variétés : 'Purpurea', au feuillage printanier pourpre. 'Purpurea Latifolia', aux feuilles assez larges, rouge clair au printemps, pourpre très foncé en été et en automne. 'Tricolor', aux premières feuilles pourpres, maculées de blanc avec le bord rose.

Notre conseil : arrosez par forte sécheresse, car le hêtre supporte mal le sec.

Fagus sylvatica 'Purpurea'

Fraxinus americana

Fraxinus excelsior
FRÊNE COMMUN

J F M **A M** J J A S O N D

Hauteur : 10/30 m — Largeur : 5/15 m — ☼ — C

Très répandu dans le nord de l'Europe, cet arbre rustique fait partie de la famille des Oleaceae.

Description : en hiver, le frêne se singularise par ses bourgeons noirs. Les feuilles composées, très élégantes, naissent tard, en mai, mais tiennent jusqu'au début de l'hiver. Croissance rapide (5 m en 5 ans).
Sol : riche, profond, humide ou calcaire.
Exposition : au soleil sans vent violent.
Culture et entretien : laissez le frêne pousser naturellement sans aucun soin.
Variétés : 'Diversifolia' (de 20 à 25 m), à feuilles simples ou trifoliées, dentées. 'Jaspidea' (20 m), au bois jaune et aux jeunes pousses dorées. 'Pendula' (de 8 à 10 m), vigoureux, au port pleureur.
Utilisations et associations : en isolé, alignement, brise-vent, bosquet.
Notre conseil : traitez préventivement contre l'oïdium, car le frêne y est sensible.

Ginkgo biloba
ARBRE AUX 40 ÉCUS

J F M **A M** J J A S O N D

Hauteur : 15/30 m — Largeur : 6/10 m — ☼ — C

Arbre très décoratif appartenant à la famille des Ginkgoaceae, c'est un véritable fossile vivant.

Description : arbre sacré en Orient, le ginkgo, seul survivant végétal après l'explosion atomique d'Hiroshima, est une gymnosperme caduque, très rustique, qui étonne par la coloration, jaune d'or en automne, de ses larges feuilles en forme d'éventail. Sa croissance est très lente les premières années, puis elle s'accélère.
Sol : profond, bien drainé, le ginkgo tolère le calcaire et la sécheresse, mais il ne supporte pas l'humidité stagnante.
Exposition : au soleil non brûlant. Très bonne résistance à la pollution de l'air.
Variétés : 'Fastigiata Blagon', au port plus étroit, convient mieux dans un jardin d'amateur. 'Autumn Gold' et 'Tremonia' sont des sélections mâles.
Culture et entretien : plantez au printemps des arbres jeunes, élevés en motte ou en conteneur. Tuteurez, arrosez.
Utilisations : en isolé, groupe de trois à cinq sujets. Très bonne aptitude au bonsaï.
Notre conseil : préférez une forme de sexe mâle car les fruits des ginkgos femelles dégagent une odeur fétide.

Ginkgo biloba

Gleditsia triacanthos
FÉVIER D'AMÉRIQUE

J F M A M **J** J A S O N D

Hauteur : 10/25 m — Largeur : 6/15 m — ☼ — C

Cet arbre élégant mais épineux, de la famille des Fabaceae, résiste parfaitement à la pollution de l'air.

Description : facilement reconnaissable à ses longues épines, simples ou à trois pointes, qui apparaissent à même le tronc et les rameaux, cet arbre rustique revêt en mai un feuillage composé vert clair, très lumineux, qui devient jaune vif en automne. Après une floraison très discrète en juin, mûrissent d'étonnantes gousses spiralées, acajou, de 30 cm de long. Venu du centre et de l'est des États-Unis, le févier aime les étés chauds. De croissance rapide, il atteint de 10 à 25 m de haut en 15 ans.
Sol : riche, profond, plutôt sableux, pas trop humide. Le calcaire est bien accepté.
Exposition : soleil léger, à l'abri du vent.
Culture et entretien : plantez de préférence en automne. Si vous plantez le févier en haie, taillez-le sévèrement

Gleditsia triacanthos

chaque année, car il a tendance à se dégarnir du bas. Arrosage et fertilisation ne sont pas utiles dans des conditions normales de culture et de température.

Variétés : voici des formes de féviers qui ne portent pas d'épines : 'Inermis' (de 15 à 20 m), au port élégant, assez frêle ; 'Shademaster' (de 6 à 8 m), au feuillage vert foncé, doré en automne ; 'Sunburst' (10 m), au port pyramidal, dont les feuilles naissent jaune vif, puis évoluent en jaune doré cuivré à l'automne.

Utilisations : en isolé, alignement, haie.

Notre conseil : réservez les féviers épineux aux seules haies défensives.

Jacaranda mimosifolia
JACARANDA

J F M A **M J J** A S O N D

8/15 m · 6/10 m · - 5 °C

Bel arbre tropical de la famille des Bignoniaceae, il enchante par sa floraison bleue très spectaculaire.

Description : ce bel arbre d'origine sud-américaine développe une ramure très étalée, arrondie, garnie d'un feuillage caduc très découpé. De la fin du printemps à l'été, les fleurs bleu-mauve sont regroupées en grappes très gracieuses.

Sol : riche, frais et bien drainé.

Exposition : abritée du vent froid, très ensoleillée. Ne pas exposer au gel.

Culture et entretien : le jacaranda ne peut être cultivé en pleine terre que dans les régions à climat très doux. Ailleurs, plantez-le dans un bac et installez-le dehors de mai à octobre. Hivernez en véranda.

Espèces et variétés : sur les 50 espèces connues, on ne cultive en Europe que *Jacaranda mimosifolia*, les autres étant trop frileuses.

Utilisations : sujet isolé, arbre d'alignement, convient en bac sur terrasse.

Notre conseil : évitez des tailles trop fréquentes qui réduisent la floraison.

Jacaranda mimosifolia

Kalopanax septemlobus
KALOPANAX

J F M A M J J A **S** O N D

6/10 m · 5/8 m · - 10 °C

Ce petit arbre épineux de la famille des Araliaceae est idéal en ville car il résiste à la pollution de l'air.

Kalopanax pictus 'Maximowiczii'

Description : l'apparence exotique du kalopanax est due à ses feuilles profondément lobées qui atteignent 30 cm de diamètre. Son tronc et ses rameaux épineux en font une plante défensive efficace. Ce petit arbre assez rustique vient du Japon, de l'est de la Russie, de Corée et de Chine. En septembre, il produit de grandes ombelles aplaties de fleurs blanches, suivies de fruits bleu-noir. Croissance lente.

Sol : riche et frais, même pauvre et alcalin.

Exposition : soleil et chaleur obligatoires.

Culture et entretien : arrosez et paillez les premiers étés pour maintenir une bonne humidité. Il est souhaitable de pratiquer une taille courte des jeunes rameaux entre novembre et février pour conserver une forme assez compacte.

Espèces et variétés : cet arbre est aussi proposé sous le nom de : *Acanthopanax ricinifolius* ou *pictus*. 'Maximowiczii' a des feuilles encore plus découpées.

Utilisations : en isolé ou associé à des conifères. Pour accroître l'effet exotique, plantez le kalopanax avec bambous, eucalyptus, palmiers, cycas et gunnéras.

Notre conseil : ne vous inquiétez pas si les feuilles tombent lors d'un été sec, arrosez copieusement et tout ira bien.

Koelreuteria paniculata
SAVONNIER

J F M A M J J A S O N D

8/10 m — 5/8 m

Cet arbre peu connu de la famille des Sapindaceae est idéal dans un petit jardin car il reste compact.

Description : originaire d'Extrême-Orient, ce petit arbre rustique, caduc, à la cime arrondie, porte un joli feuillage penné, d'un vert un peu gris, qui jaunit en automne. À la mi-juillet, il s'orne de panicules très légères de fleurs jaunes, parfumées. Elles sont suivies en septembre-octobre de capsules rouges ou jaunes. Croissance assez lente (2 m en 5 ans).

Sol : riche, léger, drainé, non calcaire.

Exposition : soleil, chaleur, pas de vent.

Culture et entretien : protégez les jeunes plants du gel et tuteurez-les. La taille est inutile. Fertilisez au printemps. Semez les graines à maturité en octobre-novembre dans un pot que vous laisserez dehors tout l'hiver. Les boutures de racines sont très faciles à réussir à la fin de l'hiver.

Variétés : 'Fastigiata' (10 m) forme une superbe colonne étroite. C'est une forme encore peu courante.

Koelreuteria paniculata

Utilisations : en isolé dans les petits jardins.

Notre conseil : attention, les fleurs demandent de la chaleur pour s'épanouir en masse et résistent très mal au vent.

Laburnum spp.
CYTISE

J F M A M J J A S O N D

5/8 m — 3/5 m

Petit arbre très élégant de la famille des Fabaceae, le cytise est apprécié pour sa floraison d'or.

Description : arbre caduc, très rustique, au port ample et souple, il se couvre au printemps de la pluie d'or de ses longues grappes pendantes. Les gousses qui suivent en été contiennent des graines toxiques. Les espèces les plus communément cultivées sont originaires du centre et du sud de l'Europe. Croissance rapide (1 m par an).

Sol : une bonne terre de jardin bien travaillée, même calcaire ou caillouteuse.

Exposition : soleil non brûlant.

Culture et entretien : tuteurez les jeunes arbres jusqu'à ce qu'ils aient formé un tronc assez solide. La taille est inutile.

Espèces et variétés : *Laburnum alpinum* (de 5 à 10 m), aux longues grappes (de 15 à 40 cm) de fleurs jaunes parfumées, en mai-juin. *Laburnum anagyroides* (de 5 à 8 m), aux grappes jaunes, inodores, pendantes, courtes (de 10 à 25 cm), en avril-mai. *Laburnum* x *watereri* 'Vossii' (5 m), hybride compact des deux espèces précédentes, porte des grappes très longues (50 cm) et parfumées en mai.

Utilisations : en isolé, haie libre, fond de massif. Plantez un cytise sur un tapis de *Ceanothus thyrsiflorus* 'Repens' ou près d'un gros buisson ou d'un conifère bleu.

Notre conseil : en cas d'attaque de chenilles mineuses (taches spiralées sur les feuilles de juin à septembre), pincez les feuilles cloquées avec les doigts pour écraser les cocons. Brûlez les feuilles tombées. Pulvérisez dès le début du printemps un insecticide à titre préventif.

Laburnum x *watereri* 'Vossii'

Liquidambar styraciflua
COPALME D'AMÉRIQUE

J F M A M J J A S O N D

8/20 m — 4/7 m

Arbre décoratif de la famille des Hamamelidaceae, on le cultive pour ses belles couleurs d'automne.

Description : cet arbre américain, caduc et rustique, offre un spectacle superbe en automne, lorsque son feuillage vire au doré, puis à l'écarlate carminé, mêlé de pourpre violacé et parfois de noir. Le tronc bien droit, à l'écorce crevassée, donne à l'arbre un port majestueux. Croissance très lente (de 5 à 6 m en 20 ans).

Sol : frais, profond, peu calcaire.

Exposition : au soleil, à l'abri du vent fort, avec beaucoup d'espace alentour.

Culture et entretien : à la plantation, veillez à ne pas briser la motte de terre autour des racines. Arrosez bien les premières années. Ensuite, il n'y a rien à faire.

Variétés : 'Lane Roberts' (de 10 à 20 m), rouge écarlate très foncé en automne. 'Worplesdon' (de 10 à 25 m), vert tendre, virant à l'orange-jaune. 'Albomarginata

Liquidambar styraciflua

Manon', au feuillage vert bleuté, marginé de blanc.

Utilisations et associations : isolé, c'est un bon arbre d'ombrage. Pour un bel effet automnal, plantez un liquidambar avec un *Liriodendron tulipifera*, si possible au bord d'une pièce d'eau.

Notre conseil : laissez grimper une clématite à petites fleurs dans le liquidambar pour créer un effet ravissant.

Liriodendron tulipifera
TULIPIER DE VIRGINIE

J F M A M J J A S O N D

15/25 m 8/15 m C

Ce grand arbre qui appartient à la famille des Magnoliaceae porte des feuilles d'une forme unique.

Descriptions : cet arbre rustique, originaire de Virginie, forme un grand houppier arrondi très équilibré. Les fleurs en forme de tulipe, qui s'ouvrent en juin juillet, se font hélas attendre plus de 20 ans ! Les feuilles, simples, découpées, tronquées, vont du jaune d'or au brun tabac en automne. La croissance est plutôt rapide.

Sol : riche, profond, frais, consistant mais meuble, bien amendé en matières organiques, non calcaire de préférence.

Exposition : au soleil, à l'abri des vents.

Culture et entretien : pour réussir la transplantation du tulipier, procédez en mars-avril, avec des arbres élevés en motte ou en conteneur. Ne cassez pas la motte. Arrosez très copieusement. Paillez les jeunes plants car ils sont sensibles aux gelées. N'effectuez pas d'élagage important, juste une taille d'équilibrage.

Variétés : 'Aureomarginatum' (de 15 à 20 m), aux feuilles bordées de jaune, surtout au printemps. 'Fastigiatum' (de 20 à 25 m), à la silhouette bien érigée.

Utilisations : le tulipier de Virginie est un arbre qui, par son ampleur, ne réussit qu'en plantation isolée, dans un endroit bien dégagé où il fera apprécier son port.

Notre conseil : laissez se développer des branches basses à partir du tronc, afin de profiter davantage de la floraison superbe, mais aux couleurs discrètes.

➤ *Malus* x voir **Arbustes**.

Liriodendron tulipifera

Melia azedarach
MARGOUSIER

J F M A M J J A S O N D

8/15 m 4/8 m C

Ce petit arbre très élégant, de la famille des Meliaceae, se cultive uniquement sous un climat doux.

Description : commun en Amérique tropicale, le margousier est pourtant originaire d'Inde et de Chine. Cet arbre caduc et peu rustique est très gracieux par son feuillage découpé, joliment denté. Sa floraison en panicules lâches, mauve violacé, parfumés, est suivie, en été, de fruits arrondis jaunes. Croissance très rapide.

Melia azedarach

Sol : assez riche, profond et frais.

Exposition : en plein soleil, dans un lieu chaud et abrité des vents forts et frais. Sur la côte atlantique jusqu'à Cherbourg, palissez-le contre un mur exposé plein sud.

Culture et entretien : arrosez et paillez les premiers étés. Protégez du vent, car le bois est cassant. Sous un climat froid, cultivez le margousier en bac que vous rentrerez dans une véranda hors gel en hiver.

Espèces et variétés : les cultivars sont frileux et quasiment ignorés en Europe.

Utilisations : en isolé ou en arrière-plan de massif. En bac sur terrasse plein sud.

Notre conseil : pour un développement rapide et une floraison exubérante, arrosez généreusement par temps sec.

Morus kagayamae

Morus spp.
MÛRIER

J F M A M J J A S O N D

6/15 m — 5/10 m — C

Très apprécié dans le Midi, cet arbre de la famille des Moraceae produit des fruits comestibles.

Description : avec leur feuillage luxuriant qui jaunit en automne et leur port compact, les mûriers sont de beaux arbres caducs. Ils donnent des petits fruits comestibles, juteux, sucrés mais très salissants. Croissance lente (5 m en 20 à 25 ans).
Sol : riche, profond, alcalin, bien drainé.
Exposition : chaude et ensoleillée.
Culture et entretien : à la plantation, manipulez délicatement les racines charnues, cassantes. La taille est inutile. Toutes les espèces se bouturent facilement. Il suffit de prélever un jeune rameau en septembre ou au printemps, et de le piquer en terre, pour qu'il prenne racine.
Espèces et variétés : *Morus alba*, le mûrier blanc (de 10 à 15 m), à feuillage vert clair et fruits blanc rosé. *Morus nigra*, le mûrier noir (de 10 à 15 m), au feuillage vert foncé et fruits rouge sombre. *Morus kagayamae*, ou *bombycis* (6 m), aux grandes feuilles très découpées, jaune d'or en automne.
Utilisations : en isolé sur une pelouse. C'est un bon arbre d'ombrage avant que ne survienne la période de fructification.
Notre conseil : **les sexes étant séparés (sauf chez le mûrier noir), plantez un pied de chaque sexe pour récolter des fruits, ou un seul mûrier mâle pour décorer.**

Nyssa sylvatica
NYSSA (TUPÉLO)

J F M A M J J A S O N D

12/20 m — 6/8 m — C

Pas très connu, cet arbre de la famille des Cornaceae offre un des plus beaux feuillages d'automne.

Description : venu d'Asie, cet arbre caduc au port élancé porte des feuilles au pétiole teinté de rouge, qui deviennent jaunes, puis rouge carmin en automne. Les fleurs verdâtres, insignifiantes, sont suivies de fruits ovales et bleutés.
Sol : frais et humide, jamais compact.
Exposition : ensoleillée et bien dégagée.
Culture et entretien : une taille de formation est nécessaire au début. Ensuite, laissez l'arbre se former naturellement.
Espèces et variétés : il existe 6 espèces. *Nyssa aquatica* (12 m) et *Nyssa sinensis* (15 m), à feuilles plus grandes, se teintent d'écarlate à reflets violacés en automne.
Utilisations : en isolé, visible de loin.
Notre conseil : **dans un jardin très humide, voire marécageux, c'est un arbre idéal s'il bénéficie d'assez d'espace.**

Nyssa sylvatica

Olea europaea
OLIVIER

J F M A M J J A S O N D

12/20 m — 10/12 m — P — - 10 °C

Symbole de paix et de longévité, cet arbre de la famille des Oleaceae réussit surtout dans le Midi.

Description : caractéristique des régions méditerranéennes, l'olivier porte des feuilles persistantes, allongées, coriaces, d'un joli gris argenté. Les petites fleurs blanches apparaissent à l'aisselle des feuilles, d'avril à juin. Les fruits comestibles mûrissent entre septembre et décembre.
Sol : profond, bien drainé, calcaire, même pauvre, sec et caillouteux.
Exposition : chaude et très ensoleillée.
Culture et entretien : à la plantation, faites un apport de matière organique et d'engrais de fond. Maintenez le point de greffe à 5 cm au-dessus du sol. Taillez tous les ans au début du printemps pour supprimer les branches grêles et stériles. En bac, protégez l'olivier des froids vifs en le couvrant complètement (y compris le pot) d'un voile d'hivernage. Attention à l'humidité, plus redoutable en hiver que le gel.
Variétés : 'Aglandau', huile et olives vertes. Résiste au froid, tendance à l'alternance. 'Bouteillan', croissance très rapide, rendement en huile élevé. 'Grossane', grand arbre résistant au froid et à la sécheresse, sensible à la teigne. Olives noires de table ou huile. 'Lucques', arbre assez compact. Fruit à chair fine, idéal comme olive verte de table. Résistant au froid, sensible à la mouche. 'Picholine' : c'est la principale variété française, utilisée en fruit vert ou pour l'huile. Peu résistant au froid et à la sécheresse. 'Salonenque', résistant au froid et à la sécheresse. Olive verte et huile. Productivité élevée, résiste au froid et aux maladies. 'Tanche' ('Olive de Nyons'), excellentes olives noires et huile très fine. Moyennement résistant au froid et à la sécheresse, tolère mal le vent et craint la mouche.
Utilisations : sujet isolé, verger, bac.

Olea europaea

Olives vertes

Notre conseil : les oliviers sont souvent autostériles. Plantez les pollinisateurs (10 % de l'oliveraie) du côté du vent dominant pour que leur pollen soit entraîné vers les fleurs à féconder. 'Cayon' est la variété la plus utilisée à cet effet.

Ostrya carpinifolia
CHARME HOUBLON

J F M **A M** J J A S O N D

8/15 m — 5/8 m

Pas assez connu, cet arbre de la famille des Betulaceae est à la fois facile, décoratif et très original.

Description : proche parent du charme, ce bel arbre est irrésistible au printemps, avec ses longs chatons mâles pendants, composés de petites fleurs blanc verdâtre. En automne pendent des fructifications à l'aspect de fruits de houblon, sur le fond jaune d'or du feuillage. La croissance est assez rapide et régulière. Très rustique.

Sol : riche, plutôt sec, argileux ou calcaire.

Exposition : ensoleillée, non brûlante.

Culture et entretien : laissez faire la nature, la taille est inutile et le charme houblon résiste aux maladies. Multipliez facilement ce bel arbre, en août, par des boutures de jeunes rameaux, laissées un bon mois à l'étouffée sous plastique.

Espèces et variétés : on ne cultive que l'espèce type, *Ostrya carpinifolia*.

Utilisations : en isolé, rideau, alignement. Arbre idéal dans les jardins de particuliers.

Ostrya carpinifolia

Notre conseil : si vous souhaitez planter un charme dans un jardin du Midi, préférez *Ostrya carpinifolia* qui offre un effet similaire, mais résiste beaucoup mieux à la sécheresse et à la chaleur que *Carpinus*.

Oxydendron arboreum
OXYDENDRON

J F M A **M J** J A S O N D

8/12 m — 4/6 m

Pas assez planté, cet arbre de la famille des Ericaceae porte un des plus beaux feuillages d'automne.

Description : appelé aussi *Andromeda arborea*, cet arbre de haute taille dans son pays d'origine, l'Amérique du Nord, reste plus compact chez nous. Paré d'une écorce profondément fissurée, il porte de longues feuilles étroites, vert foncé, qui virent au jaune puis au rouge vif en automne. En mai-juin, les fleurs blanches sont réunies en panicules pendantes de 20 à 25 cm de longueur.

Sol : terre de bruyère restant fraîche.

Exposition : ensoleillée, non brûlante.

Culture et entretien : une taille de formation lors de la plantation. Tuteurez. Ne laissez pas le sol se dessécher en été.

Espèces et variétés : il n'existe que l'espèce type, *Oxydendron arboreum*.

Utilisations : en arrière-plan dans un massif de terre de bruyère, associé avec *Hamamelis*, *Enkianthus*, *Fothergilla*.

Notre conseil : abritez des vents froids.

Oxydendron arboreum

Paulownia tomentosa

Paulownia tomentosa
ARBRE IMPÉRIAL

J F M **A M** J J A S O N D

10/15 m — 8/10 m — C

Cet arbre majestueux de la famille des Paulowniaceae résiste bien à la pollution atmosphérique.

Description : originaire de Chine, cet arbre caduc, très rustique, porte de très grandes feuilles de plus de 30 cm de diamètre. En avril-mai, avant l'apparition du feuillage, il développe des panicules de fleurs parfumées, d'un bleu héliotrope intense, très décoratives. Croissance très rapide (de 4 à 7 m en 3 ans).

Sol : riche, profond, humifère, assez frais, bien drainé, pas trop lourd.

Exposition : plein soleil, à l'abri des vents froids et des gelées printanières.

Culture et entretien : vous pouvez rabattre le paulownia chaque année pour qu'il forme un buisson aux feuilles énormes, sinon, laissez faire la nature.

Espèces et variétés : *Paulownia tomentosa* (ou *imperialis*) est résistant aux parasites et à la pollution. *Paulownia fortunei* 'Fast Blue', au port en forme de colonne pyramidale régulière, fleurit trois semaines avant *tomentosa*, en panicules parfumées.

Utilisations : en isolé, arbre d'alignement, d'ombrage. Plantez une glycine au pied, son parfum et ses couleurs s'harmonisent bien avec les fleurs du paulownia.

Notre conseil : ne mettez pas les feuilles du paulownia sur le tas de compost, car elles ont du mal à bien se décomposer en raison de leurs fortes nervures.

Phoenix canariensis
DATTIER DES CANARIES

J F M **A** M J J A S O N D

10/15 m — 8/10 m — P — -8 °C

Ce généreux palmier d'aspect très exotique ne réussit bien que sur le littoral de la Méditerranée

Description : commun sur la Côte d'Azur, ce grand palmier est doté d'un stipe massif, brun foncé, portant les cicatrices des anciennes feuilles. Les palmes vertes, brillantes, en panache, atteignent 4 m de long. Les sujets mâles adultes développent de courtes inflorescences crème dans le courant du printemps. Les pieds femelles ont des fleurs jaune orangé et portent des petites dattes sans grande saveur en été. De croissance rapide et facile, mais frileux, le dattier peut fleurir dès sa dixième année.

Sol : riche, drainé, profond, neutre.

Exposition : plein soleil, avec une bonne aération. Ne pas exposer au gel.

Culture et entretien : protégez les jeunes plants du froid tant qu'ils n'ont pas formé un stipe solide (tronc). Taillez les palmes de la base chaque année en hiver lorsqu'elles jaunissent. Dans le Midi, *Phoenix canariensis* se ressème spontanément. Les graines germent en deux mois.

Espèces et variétés : *Phoenix dactylifera*, le palmier dattier, a un stipe plus mince. Il demande un climat très chaud et sec, indispensable pour que les dattes mûrissent. *Phoenix roebelenii* ne dépasse pas 3 m de hauteur. Cultivez-le à l'intérieur ailleurs que sur le littoral méditerranéen.

Utilisations : sujet isolé, alignement, bac.

Notre conseil : ce palmier supporte bien la transplantation, quelle que soit sa taille.

Phoenix canariensis

Platanus x *hispanica*
PLATANE

20/35 m — 10/20 m — soleil — C

C'est un géant de la famille des Proteaceae. On le plante dans les villes, dont il tolère la pollution.

Description : cet hybride rustique développe une belle couronne ronde, garnie de feuilles palmées, découpées, dorées en automne. Son écorce gris-beige, décorative, s'exfolie par plaques. La croissance est rapide (de 8 à 10 m en 5 ans).

Sol : frais, profond, bien drainé, riche.

Exposition : en plein soleil, dans un emplacement chaud de préférence.

Culture et entretien : plantez à l'automne et tuteurez les jeunes plants. Faites une taille d'équilibrage les premières années. Pulvérisez un insecticide contre le tigre du platane. Cette punaise cachée au revers des feuilles forme de grandes plaques blanchâtres, maculées de débris noirâtres.

Espèces et variétés : on cultive essentiellement *Platanus* x *hispanica (acerifolia)*.

Utilisations : en isolé, alignement, rideau.

Notre conseil : limitez les tailles et surtout protégez les plaies avec un mastic cicatrisant pour éviter le chancre coloré.

Platanus x *hispanica*

Populus spp.
PEUPLIER

J F **M** A M J J A S O N D

20/30 m — 6/10 m — soleil — C

Ces grands arbres à l'aspect léger de la famille des Salicaceae sont appréciés pour leur vive croissance.

Description : arbres imposants au port fastigié et à la croissance très rapide (de 5 à 7 m en 4 à 5 ans), les peupliers sont très rustiques, puisqu'ils viennent des régions septentrionales de l'hémisphère Nord.

Sol : assez riche, bien travaillé, neutre, frais (mais sans humidité stagnante).

Exposition : bien dégagée, au soleil.

Culture et entretien : arrosez et paillez les premiers étés. Taillez en hiver pour équilibrer Traitez l'été contre les chenilles. En cas de chancre bactérien, coupez les rameaux, grattez les plaies, et imprégnez-les d'un fongicide à base de cuivre.

Espèces et variétés : il existe 35 espèces. *Populus alba* 'Nivea', le peuplier blanc de Hollande (25 m), au feuillage gris, à revers blanc, jaune en automne. *Populus nigra* 'Italica', le peuplier d'Italie (30 m), au port fastigié. *Populus tremula*, le tremble (30 m), au feuillage vibrant sous la brise. *Populus trichocarpa*, le baumier (30 m), au très joli feuillage à revers argenté, doré en automne. 'Fritzi Pauley' est résistant aux maladies (chancre, marssonina). 'Aurora', aux feuilles marquées de crème.

Utilisations : en isolé, rideau, alignement. Excellents brise-vent de grande taille.

Notre conseil : si vous manquez de place dans le jardin, méfiez-vous des espèces drageonnantes comme le peuplier d'Italie ou le peuplier baumier. Il faut les réserver aux grands espaces bien dégagés.

Populus candicans 'Aurora'

Prunus nipponica var. *kurilensis*

Prunus spp.
CERISIER À FLEURS

J F M A M J J A S O N D

4/15 m   3/12 m

Ces arbres très décoratifs de la famille des Rosaceae sont les tout premiers à fleurir dans le jardin.

Description : originaires des régions tempérées de l'hémisphère Nord, les cerisiers d'ornement sont remarquables par leur floraison printanière, mais aussi par leur écorce décorative. L'espèce la plus spectaculaire à ce sujet est *Prunus serrula*, dont le tronc et les branches de couleur brun acajou voient la partie superficielle de l'écorce se détacher du bois en longues bandes horizontales, s'enroulant sur elles-mêmes. Chez la plupart des cerisiers d'ornement, les rameaux se garnissent, avant les feuilles, d'une abondante floraison blanche ou rose, parfois double, très spectaculaire. Les feuilles ovales, dentées, rougeâtres à la naissance chez certaines espèces, se teintent d'orangé puis d'écarlate à l'automne. Chez les cerisiers d'ornement, la fructification est plutôt insignifiante, voire absente. Croissance assez rapide (de 3 à 4 m en 5 ans).

Sol : riche, profond, bien drainé, neutre. Une terre argilo-siliceuse convient bien.

Exposition : soleil pas trop brûlant. Évitez le vent fort qui nuit à la floraison.

Culture et entretien : plantez de préférence en automne. Tuteurez les jeunes arbres, arrosez bien et paillez s'il fait sec. En hiver, supprimez les branches mortes. Taillez le moins possible et n'oubliez pas

Prunus 'Accolade'

de couvrir les plaies avec un mastic cicatrisant, car les cerisiers ont tendance à sécréter de la gomme et se montrent sensibles aux attaques des insectes du bois (scolytes, zeuzères). Traitez contre les pucerons au printemps. Pour éviter les maladies, traitez avec un produit total au moment du gonflement et de l'éclatement des boutons floraux. Contre la criblure *(Coryneum)*, pulvérisez un fongicide de novembre à janvier.

Espèces et variétés : 'Accolade' (de 5 à 7 m), hybride de *Prunus sargentii* et *Prunus subhirtella*, à port évasé, fleurs roses semi-

Prunus subhirtella 'Stellata'

Prunus serrulata

Prunus serrula

Prunus sargentii

Prunus x 'Amanogawa'

doubles en bouquets pendants en avril, peut être cultivé en buisson. 'Hally Jolivette' (de 4 à 5 m), à port arrondi, petites fleurs doubles, blanches à cœur rose, en avril-mai. 'Kiku Shidare Sakura' (de 4 à 8 m), très étalé (de 6 à 10 m de large), aux rameaux pleureurs un peu raides, porte des fleurs rose foncé fin avril. *Prunus nipponica* var. *kurilensis* (5 m) forme une véritable boule de neige en avril. *Prunus* x *subhirtella* 'Pendula Rubra' (de 3 à 5 m), un petit arbre pleureur, à petites fleurs rose foncé, très fines, fin mars. *Prunus* x *subhirtella* 'Autumnalis' (de 4 à 6 m), à fleurs blanches de novembre à mars, feuillage jaune orangé en automne. *Prunus sargentii*, appelé parfois *Prunus serrulata* 'Sachalinensis' (de 12 à 15 m), s'étale avec ampleur. Il porte des fleurs roses simples, qui s'épanouissent en avril, en même temps que le feuillage bronze. Très belle couleur d'automne. *Prunus* x *serrulata* est un grand arbre généreux qui a donné naissance à de nombreuses variétés d'origine japonaise. 'Amanogawa', de forme érigée, serrée, à fleurs rose clair, odorantes, en avril-mai, ne dépasse pas 8 m. 'Kanzan' (de 12 à 15 m), le plus spectaculaire des cerisiers du Japon, à fleurs roses, doubles, peut aussi être conduit en buisson. 'Royal Burgundy' (de 4 à 6 m) est similaire à 'Kanzan', mais avec un feuillage pourpre. 'Shirotae' (de 4 à 8 m), au port étalé, avec des rameaux légèrement arqués, beau feuillage jaune d'or en automne, fleurs en grappes généreuses blanc pur en avril-mai. *Prunus maackii*, à fleurs blanches, est un petit cerisier à écorce jaune-brun qui se détache par bandes. *Prunus padus*, le merisier à grappes (de 10 à 15 m), offre une abondance de fleurs blanches en mai, même à mi-ombre. 'Le Thourei' est une sélection à port plus compact et ramure conique. 'Colorata' offre un feuillage pourpre cuivré au printemps, qui devient vert foncé pourpré en été. Fleurs en grappes pendantes rose vif dès la mi-avril. *Prunus serrula* (7 m), à fleurs blanches en avril-mai, écorce brun acajou.

Utilisations : en isolé, haie libre, rideau, ombrage, fond de massif. Pour obtenir un effet coloré presque toute l'année, associez les *Prunus* à des fleurs à bulbe de printemps, puis à des fleurs saisonnières estivales, que l'arbre ombragera légèrement. Les variétés les plus petites réussissent bien en bac de 40 cm de côté.

Notre conseil : en février, composez un superbe ikebana. Coupez des rameaux boutonnés et placez-les en vase à l'intérieur, dans une pièce pas trop chauffée où ils s'épanouiront très rapidement.

Pyrus salicifolia

Pyrus spp.
POIRIER D'ORNEMENT

J F **M A** M J J A S O N D

6/12 m — 4/8 m — soleil — C

Rarement cultivé sous ses formes décoratives, cet arbre appartient à la famille des Rosaceae.

Description : peu connus et pourtant très rustiques, les poiriers d'ornement sont originaires des régions tempérées d'Europe et d'Asie. Ils offrent une superbe floraison blanche à boutons roses et un feuillage souvent gris argenté, qui se colore joliment en automne. Leur silhouette à la ramure bien ciselée est appréciée en hiver. Croissance assez rapide, culture facile.

Sol : pas trop riche, mais bien travaillé, plutôt sec. Évitez l'excès de calcaire.

Exposition : soleil non brûlant. Lieu aéré.

Culture et entretien : tuteurez les jeunes arbres, paillez et arrosez les premiers étés.

Espèces et variétés : *Pyrus calleryana* 'Chanticleer' (de 8 à 10 m), au port étroit, presque en colonne, offre de très belles couleurs d'automne jusqu'en décembre, floraison en mars-avril. 'Red Spire' (10 m), aux teintes automnales encore plus éclatantes. *Pyrus nivalis* (de 6 à 10 m), aux fleurs blanc pur apparaissant en même temps que le feuillage blanc laineux. *Pyrus salicifolia* 'Pendula' (de 5 à 7 m), très élégant par son port et son feuillage argenté.

Utilisations : en isolé, haie libre, fond de massif. Avec leur feuillage souvent argenté, les poiriers d'ornement mettent bien en valeur les fleurs bleues. Associez-les à des eucalyptus pour un effet insolite. Pour donner un air de fête à votre jardin au printemps, mariez les poiriers d'ornement à des lilas, des seringats, des cerisiers et des pruniers à fleurs.

Notre conseil : traitez contre la tavelure au départ de la végétation, à trois reprises, avec un fongicide de synthèse. Pulvérisez de la bouillie bordelaise en automne avant et après la chute totale des feuilles.

Quercus spp.
CHÊNE

15/50 m — 10/20 m — soleil — C

Cet arbre vénérable de la famille des Fagaceae est le plus grand et le plus majestueux de nos feuillus.

Description : le roi des forêts se décline en 450 espèces, toutes admirables par leur port ample, élégant, imposant, et leurs couleurs d'automne. Les feuilles sont diversement découpées selon les espèces.

Quercus suber

Quercus robur 'Concordia'

Le fruit (gland) est décoratif lorsqu'il est vu de près. Croissance pas très rapide.
Sol : riche, profond, humifère, consistant mais bien drainé, plutôt neutre.
Exposition : de préférence au soleil, dans un lieu bien dégagé, visible de loin.
Culture et entretien : plantez de préférence en automne en tuteurant les jeunes plants, puis laissez faire la nature. La taille est inutile, excepté sur les jeunes arbres qui ne poussent pas de façon équilibrée. Pour multiplier les chênes, semez les glands en pot en automne. Laissez la culture dehors en hiver, arrosez. En mars, placez sous châssis ou tunnel à 10 °C.
Espèces et variétés : les chênes forestiers sont trop volumineux et de croissance trop lente pour convenir au jardin. Préférez : *Quercus cerris*, le chêne chevelu (de 20 à 30 m), brun en automne, idéal en sol calcaire. *Quercus coccinea*, le chêne écarlate (25 m), rouge vif en automne, pour sols secs, non calcaires. *Quercus frainetto*, le chêne de Hongrie (de 20 à 30 m), aux feuilles de 15 à 20 cm de long, très découpées. *Quercus ilex*, le chêne vert (de 15 à 20 m), persistant épineux, pour l'Ouest et le Midi. *Quercus palustris*, le chêne des marais (de 20 à 30 m), aux feuilles très découpées, rouges en automne, pour sol humide. *Quercus suber*, le chêne-liège, (de 10 à 15 m), à feuillage persistant.
Utilisations : isolé, alignement, ombrage.
Notre conseil : le chêne de nos forêts se prête bien à la culture en bonsaï. C'est la meilleure façon de l'accueillir au jardin.

Robinia pseudoacacia 'Frisia'

Robinia pseudoacacia
FAUX ACACIA

J F M A M **J** J A S O N D

10/15 m — 5/8 m — soleil — C

Cet arbre gracieux à la silhouette légère fait partie de la famille des Fabaceae. Solide, il réussit partout.

Description : venu des États-Unis, ce bel arbre caduc au tronc crevassé se pare d'un feuillage léger. Il porte des grappes de fleurs blanches ou roses, parfumées, en juin. Très rustique, il s'est naturalisé en Europe et peut vivre plusieurs siècles.
Sol : léger, sec, caillouteux, peu calcaire.
Exposition : soleil, à l'abri des vents forts.
Culture et entretien : plantez en automne, tuteurez, puis laissez faire.
Variétés : 'Bessoniana' (de 10 à 15 m), à port arrondi. 'Frisia' (10 m), jaune doré l'été. 'Twisty Baby' (3 m), une forme naine aux rameaux ondulés, idéale en pot. 'Casque Rouge' (10 m), à fleurs roses.
Utilisations : en isolé sur pelouse, arbre d'alignement. Mettez en valeur cette très belle espèce sur un fond de conifères.
Notre conseil : ne fertilisez pas le sol, car dans une terre trop riche le robinier fleurit mal, devient trop grand. Attention, il casse facilement sous l'action du vent.

Salix 'Tortuosa'

Salix spp.
SAULE

J F M A M J J A S O N D

2/20 m | 2/20 m

Originaires de l'hémisphère Nord, tous les saules sont caducs et rustiques. Famille des Salicaceae.

Description : il existe 300 espèces de saules, arbres ou arbustes dioïques (pieds mâles et femelles séparés) à feuillage caduc et croissance rapide, indigènes dans le monde entier, sauf en Australie. Leur port souple, leur bois souvent coloré, leur feuillage parfois argenté et leurs chatons sont leurs meilleurs arguments au jardin.

Sol : frais, voire humide, assez lourd, riche, mais de préférence non calcaire.

Exposition : au soleil dans un endroit aéré. Un climat frais, humide est apprécié.

Culture et entretien : plantez de préférence en automne. Arrosez et paillez les jeunes sujets. Pour limiter le développement, rabattez périodiquement et sévèrement la totalité des branchages pour former ce que l'on appelle un « têtard », sorte de moignon à partir duquel poussent de nombreux rameaux. Une taille courte de ce type est souvent le meilleur moyen de circonscrire les attaques d'anthracnose (taches noires, crevasses).

Espèces et variétés : *Salix alba* (25 m), blanc au feuillage argenté, vient bien en sol sec, même léger ; 'Calva Liempde' (25 m), érigé, vigoureux, très utilisé pour les haies brise-vent, variété mâle aux chatons décoratifs en avril-mai, feuilles lancéolées vert argenté ; var. *sericea*, le saule blanc royal (15 m), touffu, aux feuilles gris argenté. *Salix babylonica* (de 10 à 15 m), à port pleureur, jeune bois vert jaunâtre, chatons vert argenté ; 'Crispa' (10 m), aux feuilles enroulées en spirale. *Salix daphnoides* (8 m), à port érigé, puis étalé, aux jeunes pousses pourpres, chatons gris en février. *Salix caprea*, le saule marsault (de 6 à 8 m), forme un petit arbre compact aux rameaux rouge brunâtre, aux chatons très décoratifs en février. *Salix matsudana* (de 6 à 10 m), à écorce jaune, a une forme élancée aux très jolis chatons ; 'Tortuosa', aux branches spiralées d'une rare originalité. *Salix pentandra* (10 m), à port étalé, au feuillage ovale comme celui du laurier, chatons décoratifs au printemps. *Salix* x *sepulcralis* 'Chrysocoma' (de 20 à 25 m), pleureur, son bois est jaune d'or et son feuillage vert pâle, coloré de jaune en automne. *Salix viminalis*, l'osier, (de 4 à 6 m), forme un arbre au port dressé, très touffu. 'Jaune de Falaise', aux rameaux jaune verdâtre. 'Rouge ardennais', aux tiges rougeâtres.

Utilisations : en isolé, au bord d'une pièce d'eau. Laissez les grands saules se développer librement pour former un écran à l'effet brise-vent efficace. Les saules pleureurs, arbres imposants, ne prennent toute leur ampleur que dans les très grands jardins, au bord de l'eau.

Notre conseil : ramassez les feuilles tombées en automne et brûlez-les si l'arbre a présenté des taches noires (anthracnose) ou jaune orangé (rouille) durant sa végétation. Une fois toutes les feuilles tombées, traitez à la bouillie bordelaise. Rabattez sévèrement les saules tortueux ou à feuillage coloré chaque hiver.

Salix babylonica

Schinus molle

Schinus molle
FAUX POIVRIER

J F M A M J J A S O N D

8/20 m 3/6 m

Arbre exotique à port souple de la famille des Anacardiaceae, son feuillage exhale une odeur poivrée.

Description : ce bel arbre à feuillage persistant porte des rameaux très souples, retombants, garnis de feuilles composées de folioles étroites gris-vert. Les minuscules fleurs jaunes sont réunies en grappes. Elles apparaissent de juin à septembre et donnent des petits fruits rouges au goût poivré (poivre rose).

Sol : bien drainé, même un peu sec.

Exposition : chaude, ensoleillée ou mi-ombre, à l'abri des vents frais.

Culture et entretien : plantez au printemps, mais réservez le faux poivrier pour les régions au climat très doux. Cet arbre de croissance rapide pousse assez mal en bac. Inutile de tailler. Fertilisez en automne.

Espèces et variétés : on recense 30 espèces de *Schinus*, natives du Mexique et d'Amérique du Sud. *Schinus terebenthifolius* produit des fruits rouges, irritants.

Utilisations : sujet isolé, alignement.

Notre conseil : les fruits qui restent longtemps accrochés aux branches peuvent être utilisés pour confectionner des bouquets séchés odorants et des pots pourris.

Sophora japonica
SOPHORA DU JAPON

J F M A M J J A S O N D

8/20 m 5/10 m

Surtout cultivé dans sa forme à port pleureur, ce bel arbre fait partie de la famille des Fabaceae.

Description : originaire de Chine et de Corée, cet arbre élégant est caduc et rustique. D'une croissance rapide et régulière, son tronc tortueux et crevassé est décoratif. On cultive le sophora du Japon pour sa forme à port retombant et au feuillage composé vert foncé. La floraison est rarement observée en culture chez cette espèce. Les autres sophoras sont plus frileux, mais appréciés pour leurs fleurs.

Sol : riche et bien drainé, plutôt frais.

Exposition : bien dégagée, ensoleillée, en situation chaude de préférence.

Culture et entretien : plantez en automne, tuteurez, arrosez et paillez.

Espèces et variétés : 'Pendula' (de 6 à 8 m) est un sujet pleureur pittoresque, formant une tonnelle naturelle. *Sophora tetraptera,* aux fleurs jaunes somptueuses, est plus rare, mais il craint le froid.

Utilisations : en isolé. Adoptez le sophora dans les régions chaudes, sa floraison y est magnifique. *Sophora tetraptera* gagne à être palissé contre un mur.

Notre conseil : ne plantez pas le sophora près d'un puits car toutes les parties de l'arbre contiennent un principe fortement purgatif, et l'eau deviendrait laxative.

Sophora japonica 'Pendula'

Sorbus aucuparia

Sorbus spp.
SORBIER

J F M A M J J A S O N D

5/15 m 3/6 m

Cet arbre très rustique de la famille des Rosaceae est apprécié pour ses fruits et sa coloration d'automne.

Description : le genre *Sorbus* comprend 100 espèces, réparties dans tout l'hémisphère Nord. La plupart sont caduques, rustiques, attrayantes par leurs fruits décoratifs appréciés des oiseaux et leurs belles couleurs d'automne. De croissance assez rapide, le sorbier a besoin d'espace.

Sol : riche, profond, acide et bien drainé.

Exposition : bien ensoleillée, sans être brûlante. Les hivers froids sont appréciés.

Culture et entretien : plantez à la fin de l'automne, après la fructification. Tuteurez les jeunes plants et arrosez-les bien les premières années. Inutile de tailler, mais supprimez et brûlez les rameaux qui se dessèchent brutalement et meurent.

Espèces et variétés : *Sorbus aucuparia,* le sorbier des oiseleurs (de 5 à 15 m), convient aux sols très acides. Il porte un feuillage penné, roux en automne, et des baies rouges de fin juillet à septembre. 'Golden Wonder' (de 8 à 10 m) aux fruits jaunes. 'Joseph Rock' (de 6 à 10 m) aux fruits jaune ambré. 'White Wax' (de 3 à 6 m) à fruits blancs. *Sorbus aria,* l'alisier (5 m), porte un feuillage simple, vert à revers blanc et feutré, devenant fauve clair en automne, et des baies rouges. Idéal en bord de mer, il convient aux sols calcaires.

Utilisations : en isolé, ou en alignement.

Notre conseil : les formes à fruits blancs ou jaunes restent plus longtemps décoratives, car les oiseaux sont plus attirés par les baies rouges ou orange.

Tilia petiolaris

Trachycarpus fortunei

Tilia spp.
TILLEUL

J F M A M J J A S O N D

15/30 m | 10/20 m | C

Cet arbre commun, de la famille des Malvaceae, donne des fleurs aux vertus officinales apaisantes.

Description : grand arbre majestueux, présent dans les régions tempérées de l'hémisphère Nord, le tilleul est caduc et rustique. Au début de l'été, il embaume avec ses innombrables petites fleurs jaunes, appréciées des abeilles.

Sol : riche, profond, bien drainé, pas trop sec, la terre calcaire est bien tolérée.

Exposition : ensoleillée mais non brûlante, ou la mi-ombre légère.

Culture et entretien : plantez de préférence en automne, tuteurez et pratiquez une taille de formation pour bien équilibrer la ramure. Traitez les pucerons.

Espèces et variétés : *Tilia cordata* (30 m), à petites feuilles et au port gracieux, convient aux sols calcaires. *Tilia platyphyllos* (30 m), le plus répandu en Europe, est drageonnant et porte de grandes feuilles. Il est sensible aux pucerons et à la sécheresse. *Tilia tomentosa* (30 m), au port pyramidal, se pare de feuilles gris-vert à revers argenté qui deviennent jaune d'or en automne. Il convient aux sols calcaires.

Utilisations : en isolé, rideau, alignement.

Notre conseil : si vous pratiquez l'apiculture, les tilleuls seront très appréciés, sauf *Tilia tomentosa*, *Tilia* x *euchlora* et 'Petiolaris', dont les feuilles sécrètent une substance narcotique pour les abeilles.

Trachycarpus fortunei
PALMIER CHANVRE

J F M A M J J A S O N D

7/15 m | 2/3 m | P | -15 °C

C'est le plus rustique de tous les Arecaceae. Il peut réussir en pleine terre jusqu'en Île-de-France.

Description : synonyme : *Chamaerops exelsa*. Originaire du centre de la Chine et du nord de l'Inde, on l'appelle aussi « palmier de Chine » ou « palmier moulin ». Il est planté dans toutes les zones tempérées du globe car il réussit dans des régions aux hivers assez vifs. Il forme un stipe de 7 à 8 m de haut, avec une large couronne de feuilles vert foncé, arrondies et palmées. Les *Trachycarpus* sont dioïques (pieds mâles et femelles séparés).

Sol : riche, acide, toujours humide en été.

Exposition : ensoleillée ou légèrement ombragée, plutôt au nord dans le Midi, abritée du vent (il abîme les feuilles). Les climats trop chauds et secs sont à proscrire.

Culture et entretien : plantez au printemps, arrosez beaucoup en été.

Espèces et variétés : il existe 8 espèces. *Trachycarpus martianus* est une forme très décorative qui atteint 10 m de haut, mais peu résistante au froid.

Utilisations : sujet isolé, alignement, bac.

Notre conseil : si vous habitez une région plutôt froide, optez pour ce palmier. Enveloppez-le en hiver avec un voile d'hivernage. Évitez surtout l'humidité stagnante lorsqu'il fait froid et les vents forts.

Ulmus spp.
ORME

10/30 m | 5/8 m | C

L'orme revient au jardin avec des formes résistant à la graphiose. Un arbre de la famille des Ulmaceae.

Description : ce superbe arbre champêtre a été décimé par une maladie cryptogamique : la graphiose. Il existe heureusement des espèces et des hybrides récents, qui résistent à la maladie. Tous les ormes sont caducs, rustiques, originaires des régions tempérées de l'hémisphère Nord. Croissance rapide (de 3 à 4 m en 5 ans).

Sol : riche, profond, frais, humifère.

Exposition : ensoleillée, sans vent fort.

Culture et entretien : plantez en automne, tuteurez, arrosez et paillez. Supprimez et brûlez les rameaux secs.

Espèces et variétés : *Ulmus parvifolia*, l'orme de Chine (de 15 à 20 m), porte des petites feuilles qui restent vertes longtemps en automne. Hybrides résistant à la graphiose : 'Sapporo Autumn Gold' (de 8 à 12 m) aux feuilles vert lustré, qui naissent teintées de rouge, et sont jaune-vert en automne. 'Resista Sapporo Gold 2' (10 m) au feuillage doré en automne. 'Jacqueline Hillier' (de 3 à 5 m), une forme compacte à toutes petites feuilles.

Utilisations : en isolé, alignement, rideau.

Notre conseil : en bord de mer, plantez des ormes, ils supportent les vents forts.

Ulmus carpinifolia 'Wredei'

Washingtonia filifera
PALMIER JUPON

10/20 m | 3/4 m | P | - 8 °C

Ce très grand palmier plutôt rustique se caractérise par des filaments spiralés sur les feuilles.

Washingtonia robusta

Description : originaire de Californie et du Mexique, le washingtonia développe un stipe épais, élargi à la base et de croissance rapide. La couronne de feuilles est constituée d'un grand nombre de palmes vert clair, ornées de filaments blanchâtres très allongés et bouclés. Les anciennes feuilles séchées restent sur le stipe, formant une masse compacte (jupon).

Sol : bien drainé, profond, riche, léger.

Exposition : chaude et très ensoleillée. Les embruns sont bien tolérés.

Culture et entretien : la rusticité est correcte jusqu'à – 8 ou – 9 °C, à condition que le sol reste sec. Le washingtonia apprécie des arrosages copieux et des apports d'engrais en été. Prévoyez la protection d'un voile en hiver sous un climat frais.

Espèces et variétés : le genre est formé de deux espèces. *Washingtonia robusta* est un palmier gracile, très élancé, au stipe mince, qui peut dépasser 20 m de haut. Sa croissance est très rapide, mais il est un peu moins rustique que *Washingtonia filifera* à préférer sous nos climats.

Utilisations : sujet isolé, alignement, bac.

Notre conseil : ne taillez pas les feuilles sèches, car elles protègent le palmier du froid et de la plupart des maladies.

Zelkova carpinifolia
ORME DE SIBÉRIE

15/25 m | 10/15 m | C

Peu planté dans les jardins, ce bel arbre de la famille des Ulmaceae est incomparable en automne.

Description : originaire du Caucase, ce très bel arbre caduc, drageonnant, est parfaitement rustique. Le port est majestueux, avec un tronc court et des branches bien dressées. On le cultive pour son superbe feuillage jaune doré en automne. Croissance lente (10 m en 20 ans).

Sol : riche, profond, frais, neutre.

Exposition : soleil non brûlant ou mi-ombre, à l'abri des vents forts.

Culture et entretien : plantez en automne, arrosez et paillez en été. Inutile de tailler. En automne, multipliez le zelkova par semis en pot. Protégez les jeunes plants des gelées en les plaçant sous châssis.

Espèces et variétés : on cultive surtout *Zelkova carpinifolia*. *Zelkova serrata* 'Village Green' est résistant à la graphiose

Utilisations : en isolé ou en bosquet. C'est aussi un très bon arbre d'ombrage.

Notre conseil : attention, les *Zelkova* sont aussi sensibles à la graphiose que les ormes. Choisissez des variétés résistantes.

Zelkova carpinifolia

Bien choisir vos arbres

Les grands arbres (plus de 10 m à l'âge adulte)

Acer spp. érable
Aesculus hippocastanum marronnier
Ailanthus altissima ailante
Alnus spp. aulne
Betula spp. bouleau
Carpinus betulus charme blanc
Cercis siliquastrum arbre de Judée
Cladrastis lutea virgilier
Davidia involucrata arbre aux mouchoirs
Eucalyptus gommier
Fagus sylvatica hêtre blanc
Fraxinus excelsior frêne commun
Ginkgo biloba arbre aux 40 écus
Gleditsia triacanthos févier d'Amérique
Liquidambar styraciflua copalme d'Amérique
Liriodendron tulipifera tulipier de Virginie
Morus spp. mûrier
Ostrya carpinifolia charme houblon
Paulownia tomentosa paulownia
Platanus x acerifolia platane
Populus spp. peuplier
Prunus spp. cerisier à fleurs
Quercus spp. chêne
Robinia pseudoacacia faux acacia
Salix spp. saule
Sophora japonica sophora du Japon
Sorbus spp. sorbier
Tilia spp. tilleul
Ulmus spp. orme
Zelkova carpinifolia orme de Sibérie

Les petits arbres (moins de 10 m à l'âge adulte)

Aesculus parviflora pavier blanc
Amelanchier spp. amélanchier
Catalpa bignonioides catalpa commun
Cercidiphyllum japonicum katsura
Chionanthus virginicus arbre à franges
Cornus florida cornouiller
Cotinus obovatus fustet d'Amérique
Crataegus spp aubépine
Crinodendron hookerianum arbre à lanternes
Embothrium coccineum arbre de feu du Chili
Eucryphia glutinosa eucryphia
Halesia tetraptera arbre aux cloches d'argent
Kalopanax pictus acanthopanax
Koelreuteria paniculata savonnier
Laburnum spp. cytise
Ligustrum lucidum troène de Corée, troène du Yunnan
Malus x pommier d'ornement
Melia azedarach lilas des Indes
Prunus spp. prunier et cerisier d'ornement
Pyrus spp. poirier d'ornement
Salix spp. saule
Staphylea colchica staphylier de Colchide, nez coupé
Styrax japonica styrax

Les grands arbres à écorces remarquables

Acer capillipes érable jaspé de rouge
Acer davidii érable de David
Acer griseum érable gris
Acer grosseri var. *hersii* érable peau de serpent
Acer pensylvanicum érable de Pennsylvanie
Acer rufinerve érable jaspé de gris
Betula spp. bouleau
Castanea sativa châtaignier
Cedrela sinensis acajou de Chine, cédrèle
Eucalyptus spp. gommier bleu
Fagus sylvatica hêtre blanc
Fraxinus exelsior 'Jaspidea' frêne
Juglans ailantifolia noyer à feuilles d'ailante
Liquidambar styraciflua copalme d'Amérique
Nothofagus obliqua faux hêtre oblique
Phellodendron amurense arbre liège de Chine
Platanus x *acerifolia* platane
Populus canescens peuplier grisard
Prunus avium merisier
Quercus suber chêne-liège
Robinia pseudoacacia acacia, robinier
Salix alba var. *vitellina* saule pleureur doré
Sorbus aucuparia sorbier des oiseaux
Stewartia sinensis stuartia
Zelkova serrata orme de Sibérie

Les grands arbres à floraison ou fructification intéressante

Aesculus hippocastanum **marronnier blanc**
Aesculus x *carnea* **'Briotii' marronnier rouge**
Ailanthus altissima **ailante**
Alnus incana **aune blanc**
Alnus glutinosa **aune glutineux**
Cercis siliquastrum **arbre de Judée**
Cladrastis lutea **virgilier**
Fraxinus ornus **frêne à fleurs**
Gleditsia triacanthos **févier d'Amérique**
Jacaranda mimosifolia **jacaranda**
Liriodendron tulipifera **tulipier de Virginie**
Magnolia grandiflora **magnolia à grandes fleurs**
Morus alba **mûrier blanc**
Morus nigra **mûrier noir**
Ostrya carpinifolia **charme houblon**
Paulownia tomentosa **arbre impérial**
Prunus spp. **cerisier à fleurs**
Robinia pseudoacacia **faux acacia**
Schinus molle **faux poivrier**
Sorbus spp. **sorbier**
Tilia spp. **tilleul**

Les petits arbres à écorces remarquables

Arbutus andrachne **arbousier de Chypre, arbousier grec**
Arbutus x *andrachnoides* **arbousier hybride**
Corylus avellana 'Contorta' **noisetier tortueux**
Ehretia dicksonii **cabrillet à grandes feuilles**
Kalopanax pictus **acanthopanax**
Lagerstroemia indica **lilas d'été**
Parrotia persica **parrotie de Perse**
Prunus maackii **'Amber Beauty' abricotier de Mandchourie**
Prunus serrula **cerisier du Tibet**
Salix acutifolia 'Pendulifolia' **saule pleureur à feuilles aiguës**
Sophora japonica **sophora**

Les petits arbres à floraison ou fructification intéressante

Aesculus parviflora **pavier blanc**
Albizia julibrissin **acacia de Constantinople**
Amelanchier spp. **amélanchier**
Catalpa bignonioides **catalpa commun**
Cornus florida **cornouiller à fleurs**
Cornus kousa **cornouiller chinois**
Chionanthus virginicus **arbre de neige, arbre à franges**
Citrus spp. **bigaradier, oranger, pamplemoussier**
Crataegus laevigata **'Paul's Scarlet' aubépine rouge**
Crinodendron hookerianum **arbre aux lanternes**
Davidia involucrata **arbre aux mouchoirs**
Diospyros kaki **kaki**
Embothrium coccineum **arbre de feu du Chili**
Eucryphia glutinosa **eucryphia**
Halesia tetraptera **arbre aux cloches d'argent**
Hippophae rhamnoides **argousier**
Idesia polycarpa **idesia**
Koelreuteria paniculata **savonnier**
Laburnum anagyroides **cytise**
Laburnum x *watereri* 'Vossii' **cytise**
Lagerstroemia indica **lilas d'été**
Malus spp. **pommiers à fleurs**
Melia azedarach **lilas des Indes**
Prunus spp. **pruniers et cerisiers à fleurs**
Pyrus spp. **poirier d'ornement**
Sophora japonica **sophora**
Staphylea colchica **staphylier de Colchide, nez coupé**
Styrax japonica **styrax**
Tamarix spp. **tamaris**

  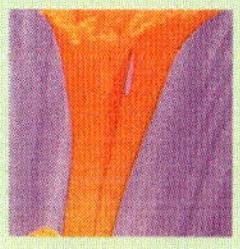

LES ARBUSTES

Indispensables à la décoration des jardins, les arbustes sont appréciés pour leur grande diversité. Ils offrent un large choix de formes, de silhouettes, de couleurs et de floraisons. La pratique et le langage du jardinier ont complètement inversé la définition des termes arbustes et arbrisseaux que donnent les ouvrages de botanique. Botaniquement parlant, un arbuste est un végétal de petite taille (moins de quatre mètres de haut), dont les tiges ligneuses se ramifient dès la base. Le terme d'arbrisseau est réservé aux grands arbustes qui peuvent former des troncs courts en vieillissant, et dont la hauteur ne dépasse pas dix mètres.

Dans le langage courant, on ne fait guère la différence, et tous les végétaux ligneux à troncs multiples sont réunis sous le terme générique d'arbustes. Les uns et les autres s'associent à merveille dans tous les massifs, et le jardinier trouve beaucoup de plaisir à les cultiver. Leur atout majeur est la longévité et la grande facilité d'entretien. Une fois bien en place, les arbustes demandent peu de soins, tout au plus une taille de temps en temps. Leur système racinaire profond n'exige pas d'arrosages trop fréquents, excepté certaines espèces, et la plupart sont peu sujets aux attaques parasitaires graves. Pour simplifier, disons que les arbustes sont les plantes rêvées pour le jardinier pressé ou paresseux.

Volontaires et généreux, ils donnent le meilleur d'eux-mêmes, sans qu'il soit nécessaire de leur prêter beaucoup d'attention. Pourvu que le sol soit riche et l'exposition convenable, ils poussent, fleurissent et fructifient, se développant d'année en année pour atteindre leur apogée entre cinq et quinze ans.

Abelia chinensis
ABÉLIA

J F M A M **J J A** S O N D

1,5 m — 1 m — C

Ces arbustes de la famille des Caprifoliaceae se déclinent en une trentaine d'espèces très florifères.

Description : parfait pour les petits jardins, l'abélia, aux feuilles opposées, ovales, pointues, porte tout l'été des fleurs d'un rose très tendre, au léger parfum. Il développe de nouvelles pousses rougeâtres, fort décoratives, au printemps. Originaire de la Chine, il est rustique dans le Sud et dans l'Ouest jusqu'en Île-de-France. Croissance assez rapide (la taille adulte est obtenue en 5 à 6 ans).

Sol : plutôt léger, le calcaire est bien accepté. L'abélia se montre très tolérant.

Exposition : plein soleil, à l'abri des fortes gelées (minimum - 10 °C). Le vent est bien toléré, de même que le bord de mer.

Culture et entretien : plantez en toute saison les abélias proposés en conteneur, près d'un mur au sud dans les régions assez froides. Éclaircissez les pousses en surnombre après la floraison. Supprimez le vieux bois ainsi que les tiges faibles au tout début du printemps.

Multiplication : petites boutures (10 cm) semi-ligneuses, en juillet, à chaud.

Abelia x grandiflora

Espèces de variétés : 'Edward Goucher', un hybride compact aux feuilles semi-persistantes, vert vif, bronze à leur naissance, donne une profusion de fleurs rose lilas durant tout l'été. *Abelia* x *grandiflora* est plus vigoureux, à port ample (2 m de haut et de large), feuilles semi-persistantes. 'Francis Masson', à port semi-retombant, feuillage panaché d'or, fleurs roses. 'Prostrata', très étalé, 60 cm de haut.

Utilisations : en isolé, massif, haie libre. Associez cet arbuste au *Leycesteria formosa (Desmodium)* qui contraste par ses fleurs pourpres et ses fruits de couleur prune.

Notre conseil : dans les régions aux hivers froids, palissez l'abélia contre un mur exposé plein sud et paillez le pied avec du compost. Abritez-le des vents froids.

Abutilon vitifolium
ABUTILON

J F M A **M J J A S O** N D

2/4 m — 2/3 m — P — 0 °C

Cet arbrisseau frileux de la famille des Malvaceae apprécie les régions du bord de mer ou la véranda.

Description : natif du Chili, buissonnant, il développe de larges feuilles palmées, duveteuses, vert clair, et une abondante floraison bleu lavande de mai à octobre. Hors gel, le feuillage est persistant. Par temps plus froid, il tombe en partie.

Sol : en pot, un mélange bien drainé composé par tiers de terre de jardin, de terreau de fumier et de sable. Dans le jardin, une terre souple, riche et profonde.

Exposition : soleil direct non brûlant. Seuls les hivers de la Côte d'Azur et des zones abritées de la Bretagne sont tolérés.

Culture et entretien : dans les régions à hiver froid, installez l'abutilon en véranda pendant la mauvaise saison ou palissez-le contre un mur au sud, en ajoutant un bon paillage au pied. En bac, donnez de l'engrais pour plantes fleuries une fois par semaine de mai à octobre. Rempotez au printemps, après avoir taillé les branches des deux tiers de leur longueur.

Multiplication : semez à chaud à la fin de l'hiver, puis repiquez en godets, mainte-

Abelia chinensis

Abutilon x hybridum

Abutilon vitifolium

nus sous abri. Mettez en place en mai. Le bouturage d'extrémités de tiges feuillées non aoûtées donne d'excellents résultats.
Espèces et variétés : var. *album*, à fleurs blanches. 'Veronica Tennant', à fleurs mauves de 10 cm de diamètre. *Abutilon* x *hybridum*, à feuilles tachetées et fleurs en cloches orange, résiste en pleine terre sur la Côte d'Azur. Ailleurs, hivernez en véranda.
Notre conseil : si vous cultivez l'abutilon en pot, arrosez-le avec une eau douce non calcaire. Traitez préventivement une fois par mois contre les pucerons et les araignées rouges, très virulents.

Acacia dealbata

Acacia dealbata
MIMOSA

J F M A M J J A S O N D

3/12 m — 2/5 m — P — - 7 °C

Ce très bel arbre de la famille des Fabaceae est un des rares à fleurir en plein hiver et à embaumer.

Description : originaire d'Australie, le mimosa développe un feuillage fin, très découpé, vert-gris. La floraison très parfumée, en longues panicules de petites fleurs (glomérules) à l'aspect de pompons jaune d'or, apparaît de décembre à mars.
Sol : terre riche, drainée. *Acacia dealbata* ne supporte pas la présence de calcaire. Dans un terrain alcalin, choisissez des plants greffés sur *Acacia retinodes*.
Exposition : chaude et ensoleillée. Sans protection, rusticité seulement sur le littoral.
Culture et entretien : les racines du mimosa n'aiment pas se sentir à l'étroit. Si vous le cultivez en pot, prévoyez un contenant de grande taille, style bac à oranger. Après la floraison, coupez tous les rameaux ayant porté des fleurs à la moitié de leur longueur. Arrosez généreusement et fertilisez au printemps et en été.
Espèces et variétés : il existe plus de 1000 espèces d'acacias, la plupart étant typiques des zones tropicales semi-arides. 'Mirandole', à croissance très rapide et feuilles étroites, est un des plus rustiques. 'Gaulois Astier', plus tardif, à croissance rapide, avec de grosses inflorescences. *Acacia retinodes* et ses variétés 'Glauca', 'Imperialis', 'Lisette', etc., sont les célèbres mimosas des quatre saisons, très cultivés dans le Midi pour la fleur coupée. Résistant au calcaire, ils fleurissent sporadiquement toute l'année avec un pic en été.
Utilisations : haie, isolé, potée, bouquet.
Notre conseil : le mimosa se ressème et drageonne lorsqu'il se plaît, au point de devenir très envahissant. Achetez de préférence des sujets greffés, plus florifères.

Aesculus parviflora

Aesculus parviflora
PAVIER BLANC

J F M A M J **J A** S O N D

3 m — 10 m — C

Cet arbuste de la famille des Sapindaceae forme un buisson touffu, bien plus large que haut.

Description : ce petit marronnier arbustif et très drageonnant surprend par sa floraison blanche tardive en juillet et en août. Son joli feuillage naît de couleur bronze avant de verdir et se colore superbement de jaune à l'automne. L'espèce, originaire du sud-est des États-Unis, est parfaitement rustique. Croissance assez lente, avec des tiges verticales peu ramifiées.

Sol : profond, frais, humifère. Un labour profond est conseillé avant la plantation.

Exposition : soleil direct peu ardent ou mi-ombre même assez intense.

Culture et entretien : arrosez et paillez les premiers étés. Fertilisez au printemps.

Multiplication : les graines venant rarement à maturité (sauf dans le Midi), séparez les nombreux drageons entre fin novembre et début mars.

Espèces et variétés : on ne cultive que l'espèce type. Les quinze autres espèces de marronniers sont toutes des arbres.

Utilisations : en isolé, en massif avec des vivaces. Réservez de l'espace tout autour et plantez-le en sol acide à proximité d'un *Hydrangea* 'Blue Wave' à fleurs bleues et associez au pied des jacinthes sauvages.

Notre conseil : taillez en février en éliminant les vieilles tiges au ras du sol.

Alyogyne huegelii
ALYOGYNE

J F M A **M J J A S O** N D

1/2 m — 1/2 m — P — 0/5 °C

Proche des hibiscus, cet arbuste de la famille des Malvaceae réussit en plein air sur la Côte d'Azur.

Description : originaire d'Australie, ce petit arbuste ramifié porte des feuilles pubescentes vert foncé, découpées et crispées. Les grandes fleurs roses ou mauves apparaissent pratiquement toute l'année.

Sol : en pot, un mélange très riche de terreau de fumier, de terre de jardin et de sable par tiers. Au jardin, une terre profonde, bien drainée, assez sableuse.

Exposition : le plein soleil non brûlant.

Culture et entretien : au printemps et en été, fertilisez une fois par mois et maintenez le sol humide. Rempotez tous les ans au printemps, en rabattant les tiges des deux tiers de leur longueur.

Espèces et variétés : il existe 4 espèces. 'Santa Cruz', très florifère, mauve pourpré. *Alyogyne hakeifolia,* au feuillage fin comme une fougère, avec de grandes fleurs simples bleues à cœur rouge.

Utilisations et associations : en massif avec divers arbustes méditerranéens : laurier-rose, *Solanum, Lochroma, Cestrum, Anisodontea,* ou en pot comme plante estivale à hiverner dans une véranda.

Notre conseil : enlevez les fleurs fanées et traitez régulièrement contre les pucerons.

Alyogyne huegelii

Amelanchier lamarckii

Amelanchier spp.
AMÉLANCHIER

J F M **A** M J J A S O N D

2/8 m — 2/8 m — C

Très rustique et de culture facile, ce grand arbuste de la famille des Rosaceae, enchante le printemps.

Description : voilà de charmants arbustes ou même des petits arbres, de croissance rapide, au port léger et gracieux. Leurs jolies fleurs simples en avril sont suivies de fruits comestibles. Les couleurs d'automne (écarlate, pourpre et orangé) sont superbes dès septembre. Les espèces sont surtout répandues en Amérique du Nord, mais on en trouve en Europe et en Asie.

Sol : toute bonne terre de jardin bien drainée, même calcaire. En sol humide, retenez *Amelanchier canadensis.* En sol sec, optez plutôt pour *Amelanchier lamarckii.*

Exposition : soleil ou mi-ombre, sous un climat de préférence assez humide.

Culture et entretien : paillez en mai, éliminez les nombreux drageons. Fertilisez au printemps. Taillez juste pour équilibrer la ramure et aérer la silhouette.

Espèces et variétés : il existe 25 espèces. *Amelanchier canadensis* (de 2 à 8 m) donne des grappes de fleurs blanches en avril-mai, puis des fruits noirs. *Amelanchier laevis* (de 3 à 6 m), superbe en avril avec ses fleurs blanches, parfumées, et le jeune feuillage d'un joli rose. *Amelanchier lamarckii* (de 4 à 6 m) se couvre de fleurs blanches de fin avril à début mai. Fruits noirs, sucrés, juteux.

Utilisations : en isolé ou en fond de massif. Superbe en haie libre.

Notre conseil : gare à l'oïdium ! Pulvérisez un fongicide spécifique (soufre ou produit anticryptogamique « blanc du rosier ») si le printemps est doux et humide.

Anisodontea x hypomadarum
ANISODONTÉA

J F M A **M J J A S O** N D

1,8 m — 1,5 m — P — - 5 °C

Ce sous-arbrisseau buissonnant de la famille des Malvaceae porte une profusion de fleurs en été.

Description : appelée aussi *Anisodontea capense* ou *Malvastrum capense*, cette plante hybridée avec des espèces sud-africaines prend un port très ramifié. Le feuillage trilobé bien vert est porté par des tiges grêles, velues. De très nombreuses petites fleurs roses se succèdent en permanence pendant toute la belle saison.

Sol : léger, bien drainé. En pot : terreau, sable et terre de jardin en mélange.

Exposition : plein soleil, pas trop brûlant dans un endroit protégé des froids et des vents dominants. L'anisodontéa ne supporte l'hiver que sur la Côte d'Azur.

Culture et entretien : installez l'anisodontéa en pleine terre dans la seconde quinzaine de mai. Rentrez-le dans la véranda avant la fin octobre. Rabattez sévèrement toute la végétation fin février. En pot, donnez un engrais pour plantes fleuries tous les quinze jours, de mai à octobre. Rempotez en mars. Maintenez le substrat humide sans le détremper, pendant la période de croissance. En hiver, laissez sécher le sol avant d'arroser.

Espèces et variétés : il existe 19 espèces. *Anisodontea capensis* a des feuilles plus petites et des fleurs rouge pourpré.

Utilisations : en isolé, massif, potée.

Notre conseil : sélectionnez la tige principale la plus forte, palissez-la sur un tuteur et formez un sujet à la silhouette d'un petit arbre avec la ramure arrondie.

Aralia spinosa

Aralia spinosa
ANGÉLIQUE ÉPINEUSE

J F M A M J J **A** S O N D

3/7 m — 2/4 m — C

Solide, drageonnant, épineux, cet arbuste de la famille des Araliaceae est de culture très facile.

Anisodontea x hypomadarum

Description : appelé aussi « bâton du diable » ou « massue d'Hercule », cet arbrisseau développe de grandes feuilles piquantes sur le dessus. Sa tige très robuste est garnie d'épines. Son ample feuillage prend de jolies couleurs automnales. En août, les petites fleurs sont réunies en grosses panicules vaporeuses.

Sol : une terre de jardin assez légère.

Exposition : la mi-ombre légère dans un climat plutôt frais et humide.

Culture et entretien : plantez de préférence en automne. Paillez lorsque l'été est chaud et sec. Taillez les tiges qui nuisent à la silhouette générale, notamment les pousses vertes chez les variétés panachées.

Espèces et variétés : il existe 40 espèces. *Aralia elata* porte des tiges moins piquantes et des feuilles plus grandes. 'Aureovariegata', panaché de jaune crème. 'Variegata', marginé de blanc crème.

Utilisations : en isolé ou haie défensive.

Notre conseil : offrez à l'angélique épineuse une situation bien abritée des vents pour éviter que ses grandes feuilles ne se déchirent. Le bouturage de racines est un mode de multiplication très aisé.

Arbutus unedo
ARBOUSIER

J F M A M J J **A S O N D**

3/6 m — 2/4 m — P — - 8 °C

Cet arbuste très ramifié, de la famille des Ericaceae, porte en hiver des fruits comestibles et colorés.

Description : commun dans les jardins de la moitié sud de la France et du littoral atlantique, l'arbousier forme un buisson compact. Les feuilles elliptiques sont légèrement dentées sur les bords, luisantes sur le dessus. Les rameaux et le tronc se parent d'une écorce rougeâtre. Les fleurs, mellifères et semblables à des clochettes de muguet, apparaissent fin août. Elles laissent la place à de petites boules rouges, qui ressemblent à des fraises rouge orangé de 3 cm de diamètre, comestibles, savoureuses à maturité.

Sol : tout convient, même les terres calcaires, si elles sont bien drainées.

Exposition : mi-ombre (sous le couvert de grands arbres), bien abritée du froid.

Culture et entretien : à la plantation, procédez à une taille de formation, puis laissez pousser l'arbuste en forme libre. Pour une haie, espacez les pieds d'environ 1 m. Les premières années, en cas de grosses gelées, couvrez le pied avec de la paille.

Espèces et variétés : il existe 14 espèces. 'Rubra' est une variété plus compacte et plus rustique, à fleurs rosées et fruits plus petits que le type. *Arbutus andrachne* forme un petit arbre de 6 m de haut, décoratif par son écorce rouge.

Utilisations : en haie libre, massif, isolé.

Notre conseil : achetez toujours les arbousiers en pot ou en conteneur, car leurs racines n'aiment pas être dérangées, ce qui rend la transplantation délicate.

Arbutus unedo

Asimina triloba

Asimina triloba
ASIMINIER, PAW-PAW

J F M A **M J** J A S O N D

3/5 m — 3/6 m — C

Pratiquement inconnu, cet arbuste de la famille des Anonaceae donne des fruits comestibles de qualité.

Description : originaire du sud des États-Unis, où il se comporte comme un petit arbre, l'asiminier se contente dans nos régions de buissonner, formant une touffe érigée à la silhouette plus ou moins pyramidale. Les feuilles, alternes, obovales, atteignent 30 cm de long. Elles se parent d'une jolie teinte jaune d'or en automne. Les fleurs, plutôt solitaires, de 5 cm de diamètre, sont composées de six pétales brun pourpré. En automne, apparaissent des fruits ovoïdes ou en forme de bouteille de 8 à 15 cm de long, à l'épiderme gris-vert qui jaunit à maturité. La chair, très riche et sucrée, a un goût agréable qui évoque à la fois la banane et la papaye.

Sol : acide, riche, humifère, profond.

Exposition : ensoleillée sans être brûlante.

Culture et entretien : plantez à l'automne, en incorporant au sol un bon amendement organique à base de fumier. Paillez le pied au printemps pour conserver une bonne fraîcheur au sol. Taillez au début du printemps pour aérer la forme.

Espèces et variétés : il existe 8 espèces. Seul *Asimina triloba* est cultivé.

Utilisations : en isolé, à présenter comme une curiosité, ou dans le verger.

Notre conseil : rustique jusqu'à – 30 °C, cet arbuste devrait connaître un grand succès, car il renferme un principe 300 fois plus efficace pour combattre le cancer que le Taxol (extrait de l'if).

Aucuba japonica
AUCUBA DU JAPON

J F M A M J J A S O N D

1,5/3 m — 1/2 m — P

Cet arbuste de la famille des Garryaceae est apprécié en ville pour sa résistance à la pollution

Description : très rustique, buissonnant, l'aucuba porte des feuilles opposées, coriaces, lustrées, panachées ou maculées de jaune ou de blanc. Les pieds sont dioïques, il faut donc un plant mâle et un plant femelle pour obtenir une fructification en petites boules rouges de 1 à 2 cm de long, entre novembre et avril.

Sol : une bonne terre de jardin, fraîche.

Exposition : mi-ombre à ombre.

Culture et entretien : évitez de tailler cet arbuste, sauf pour lui conserver une forme équilibrée. Pour constituer une haie, plantez un pied tous les 80 cm à 1 m sur le rang. Inutile de fertiliser.

Espèces et variétés : il existe 4 espèces. 'Crotonifolia', aux feuilles légèrement dentées et panachées d'un jaune soutenu, forme femelle. 'Variegata', un peu plus grand que le type mais moins coloré. 'Rozannie', compact, vert foncé brillant, fructification abondante.

Utilisations : en massif d'arbustes variés, haie libre, balcon, terrasse.

Notre conseil : lors de la plantation, apportez un fertilisant organique à base de fumier. C'est un des meilleurs arbustes à planter au nord.

Aucuba japonica

Azara serrata

Azara serrata
AZARA

J F M A M J J A S O N D

2/4 m — 2/3 m — P — - 10 °C

Cet arbuste frileux de la famille des Salicaceae est surtout cultivé dans les régions méditerranéennes.

Description : originaire du Chili, ce bel arbuste porte un feuillage alterne, coriace, ovale, denté, vert brillant. La floraison estivale jaune évoque celle du mimosa, sans en avoir l'éclat et le parfum.

Sol : installez l'azara dans une terre profonde, riche, fraîche et non calcaire.

Exposition : chaude, sans soleil trop fort.

Culture et entretien : l'azara peut être cultivé en Île-de-France, au pied d'un mur exposé au sud. Dans les régions plus fraîches, hivernez-le en véranda. Rabattez en mars toutes les tiges de moitié. Multiplication par bouturage de tiges en été.

Espèces et variétés : il existe 10 espèces. *Azara microphylla* est plus rustique, avec une floraison de février à avril, au subtil parfum de vanille. Sa forme panachée 'Variegata' pousse lentement.

Utilisations : sujet isolé, bac, orangerie.

Notre conseil : en hiver, protégez le pied des azaras avec une épaisse litière de paille, de compost ou de feuilles sèches.

Bambusa vulgaris 'Aureovariegata' (tropical)

Bambusa spp.
BAMBOU

Hauteur : 8/15 m — Largeur : 2/5 m — Soleil — P

Ce bambou touffu de la famille des Poaceae développe des cannes lisses, solides et très décoratives.

Description : originaire des contrées tropicales, ce genre comprend surtout des espèces frileuses. Mieux vaut limiter les *Bambusa* aux grands jardins du sud de la France. Les chaumes (tiges) atteignent une dizaine de centimètres de diamètre. Les feuilles, étroites et allongées, sont insérées sur des nœuds couverts de petits poils bruns. L'installation est lente, il faut attendre deux ou trois ans pour voir apparaître les premières ramifications.

Sol : profond, humide sans excès, fertile.

Exposition : ensoleillée et chaude.

Culture et entretien : il suffit de ramasser les feuilles séchées qui s'entassent entre les cannes. Multiplication par division de touffes en juillet.

Espèces et variétés : il existe 120 espèces, la plupart tropicales et souvent très curieuses, comme *macroculmis* qui peut grandir de 20 m en 40 jours, et dont les chaumes atteignent 20 cm de diamètre ! *Bambusa glaucescens* vient très bien en bac et peut résister jusqu'à – 10 °C environ, de même que ses variétés 'Alphonse Karr' et 'Golden Goddess'. *Bambusa ventricosa* se distingue par ses entre-nœuds renflés. C'est une espèce très frileuse. *Bambusa multiplex* 'Elegans' est un petit bambou compact, à port naturellement retombant. Craignant le gel, il doit être hiverné dans la véranda. Résistant à 0 °C, *Bambusa arundinacea* porte des épines acérées. Il résiste bien à la sécheresse.

Utilisations : haie, rideau de verdure, décor des balcons et des terrasses.

Notre conseil : faites un bon apport de fumier décomposé lors de la plantation des bambous. Paillez la souche si des gelées sont annoncées. Ne vous laissez pas envahir par les rhizomes et cassez les jeunes pousses dès qu'elles pointent.

Berberis spp.
ÉPINE-VINETTE (BERBÉRIS)

J F **M A M** J J A S O N D

Hauteur : 50 cm/3 m — Largeur : 50 cm/2 m — Soleil/mi-ombre — C/P

Ces arbustes épineux de la famille des Berberidaceae font d'excellents sujets dans les haies défensives.

Description : originaire des régions tempérées de tous les continents, les berbéris se caractérisent par leurs feuilles alternes, simples, groupées en petits bouquets ou transformées en épines. Les fleurs jaunes ou orangées sont printanières, suivies de baies roses, rouges ou bleu-noir.

Sol : de préférence frais et bien drainé. Le calcaire est accepté, de même que les terres pauvres et caillouteuses.

Exposition : plein soleil de préférence, mais la mi-ombre est bien tolérée. Les berbéris résistent bien à la pollution.

Culture et entretien : plantez toute l'année les sujets proposés en conteneur.

Berberis darwinii

Berberis thunbergii 'Atropurpurea'

Berberis buxifolia 'Nana'

Arrosez copieusement et souvent lors des deux premiers étés. Inutile de fertiliser. Chez les berbéris plantés en haie, équilibrez la silhouette au printemps et en septembre. Dans les haies libres, égalisez la ramure après la floraison, pour donner à l'arbuste une forme arrondie, équilibrée.

Espèces et variétés : il existe 450 espèces. *Berberis buxifolia* (2 m), persistant, aux feuilles arrondies aux bords lisses, semblables à celles du buis, est peu épineux. Son abondante floraison printanière jaune-orangé est suivie d'une production de petites baies bleues ; 'Nana' (50 cm) est plus compact. *Berberis darwinii* (2 m), persistant, très ramifié, au port souple, est une splendeur en avril et en mai, lorsqu'il exhibe ses fleurs jaune orangé, suivies de jolies baies bleues. *Berberis julianae* (3 m), persistant, très épineux, buisson dense, aux longues feuilles piquantes, qui rougissent à l'automne, jolis bouquets de fleurs jaunes en mai, fruits noir bleuté. *Berberis* x *media* 'Red Jewel' (1 m), persistant, feuillage brillant, fleurs jaunes. *Berberis* x *ottawensis* 'Auricoma' (2,5 m), caduc, très épineux, à port dressé, feuillage pourpre foncé ; 'Superba' (2 m), à port semi-retombant, rouge pourpre, puis cramoisi à l'automne. *Berberis* x *stenophylla* (2 m), persistant, aux rameaux brun rougeâtre et aux fleurs jaune d'or très abondantes ; 'Crawley Gem' (50 cm), très compact, aux grappes généreuses jaune orangé. *Berberis thunbergii* (2 m), caduc, se distingue par ses variétés à feuilles et rameaux rouges ; en mars, il se couvre de petites fleurs en clochettes jaunes qui, en automne, laissent la place à des baies rouges ; 'Atropurpurea', très dense, aux feuilles rouge pourpre foncé ; 'Atropurpurea Nana' (50 cm), très compact, arrondi ; 'Dart's Purple' (80 cm), de croissance lente, très épineux, rouge foncé ; 'Red Chief', à feuilles et rameaux rouge foncé, atteint 3 m ; 'Rose Glow', aux jeunes feuilles panachées rose et blanc.

Utilisations : haies défensives ou de bordure, massifs d'arbustes. Plantez les formes naines en bac sur une terrasse ou un balcon. Associez les berbéris à feuillage pourpre à des espèces argentées ou dorées pour créer un joli camaïeu.

Notre conseil : *Berberis darwinii* étant peu rustique, réservez-le au Midi et aux régions de l'Ouest. Les berbéris étant très résistants aux parasites, aux maladies et à la pollution, ils conviennent tout particulièrement pour les jardins en ville.

Beschorneria yuccoides
BESCHORNÉRIA

J F M A **M J J** A S O N D

1,5/2 m | 1 m | P | -7 °C

Cette vivace buissonnante et succulente de la famille des Asparagaceae évoque un yucca.

Description : originaire du Mexique, le beschornéria forme une grande rosette de feuilles souples, linéaires, arquées, d'un vert bleuté un peu grisâtre. L'inflorescence arquée (panicule), rouge corail, qui émerge du cœur du feuillage mesure près de 2 m de haut. Les fleurs de 8 à 10 cm de long, pendantes, jaune verdâtre, sont accompagnées de bractées rouge violacé.

Sol : toute terre sableuse et bien drainée.

Exposition : un emplacement dégagé, chaud et ensoleillé, abrité des vents.

Culture et entretien : dans les régions aux hivers froids, cultivez le beschornéria comme les agaves et les cactées, en l'abritant dans une serre froide pendant la mauvaise saison. C'est une plante très résistante à la sécheresse qui convient bien aux jardins du bord de mer.

Espèces et variétés : il existe 7 espèces. Seul *Beschorneria yuccoides* est utilisé comme plante ornementale.

Utilisations : talus aride, massif de plantes succulentes, sujet isolé, bac.

Notre conseil : évitez l'humidité stagnante, à l'origine du jaunissement du feuillage. Traitez les cochenilles.

Beschorneria yuccoides

Brugmansia

Brugmansia spp.
DATURA ARBORESCENT

J F M A M J J A S O N D

3/5 m — 2/3 m — SP — -5 °C

Ces grands arbustes de la famille des Solanaceae développent de superbes fleurs en trompettes.

Description : appelés aussi « trompettes des anges », ces arbustes sont originaires des régions subtropicales d'Amérique. Les grandes feuilles alternes, duveteuses, sont ovales et dentées. Les fleurs odorantes et très colorées, en longs cornets, apparaissent de juin jusqu'aux gelées.

Sol : riche, profond, il doit rester frais en été, mais bien s'assécher durant l'hiver.

Exposition : chaude et ensoleillée, si possible au pied d'un mur orienté au sud.

Culture et entretien : plantez en mai, en pleine terre ou dans un pot de 25 à 40 cm de diamètre. Arrosez chaque soir par temps chaud et sec. Fertilisez tous les quinze jours de mai à septembre avec un engrais « agrumes ». En octobre, rentrez les plantes dans un abri hors gel. Laissez au sec. Rempotez en mars, après avoir rabattu les tiges sévèrement. Bouturez les jeunes tiges en été à l'étouffée. Taillez court au tout début du printemps.

Espèces et variétés : il existe 5 espèces. *Brugmansia arborea*, à port ample, fleurs blanches de 15 cm. *Brugmansia aurea*, aux fleurs jaune crème de 20 cm, parfumées la nuit, assez tardives. *Brugmansia* x *candida*, aux très longues feuilles (50 cm), trompettes blanches ; 'Grand Marnier', à fleurs de 30 cm de long, parfumées, d'un rose orangé nuancé ; 'Knightii', à fleurs blanches, très doubles. *Brugmansia sanguinea*, aux fleurs rouge-orangé de 25 cm de long. *Brugmansia suaveolens*, aux fleurs blanches, intensément parfumées la nuit. *Brugmansia versicolor*, aux fleurs blanches de 40 cm qui fanent orange.

Utilisations : en bac, massifs saisonniers.

Notre conseil : ces plantes sont très toxiques, éloignez-les des jeunes enfants.

Brunfelsia pauciflora
HIER, AUJOURD'HUI, DEMAIN

J F M A M J J A S O N D

1/1,5 m — 1 m — P — 0 °C

Cet arbuste tropical de la famille des Solanaceae tient en plein air dans certains jardins du Midi.

Description : originaire du Brésil, cet arbuste touffu, bien ramifié, porte des feuilles simples, coriaces, elliptiques, de 10 à 15 cm de long, vert foncé. Les fleurs plates changent de teinte : d'abord violettes, puis bleues, elles deviennent blanches en l'espace de trois jours. Dehors, la floraison apparaît de mai à juillet.

Brunfelsia calycina

Sol : riche, humifère, profond, bien drainé, avec un apport de corne torréfiée et de sang desséché au printemps.

Exposition : plein soleil toute l'année. La plante doit être protégée du froid.

Culture et entretien : hormis dans les jardins les mieux exposés de la Côte d'Azur, il est impératif de rentrer le brunfelsia dans une véranda à partir du 15 octobre. Bassinez fréquemment le feuillage. Chez les sujets cultivés en pot, donnez un engrais « rosiers » une fois par semaine, de mai à septembre. Rempotez tous les ans, après avoir rabattu les tiges à la moitié de leur longueur. Laissez la terre du pot légèrement sécher entre deux arrosages.

Espèces et variétés : il existe 40 espèces. Seul *Brunfelsia pauciflora* est couramment proposé (comme plante en pot).

Utilisations : dans un jardin méditerranéen avec des palmiers ou comme décoration saisonnière en pot sur terrasse.

Notre conseil : utilisez une eau non calcaire pour l'arrosage et la brumisation.

Buddleja spp.
ARBRE À PAPILLONS

J F M A M J J A S O N D

3/4 m — 2/3 m — C

Cet arbuste souple de la famille des Scrophulariaceae fleurit sans problème dans tous les jardins.

Description : fleuri de juillet à octobre, ce bel arbuste originaire du centre et de

Buddleja alternifolia

Buddleja davidii 'Border Beauty'

l'ouest de la Chine est tout à fait rustique. D'un port élégant, il porte des panicules de fleurs dressées, dont l'odeur agréable attire les papillons. Feuilles opposées, ovales, dentées, de 20 cm de long, gris-vert. L'arbuste atteint sa taille adulte en 4 à 5 ans.

Sol : profond, drainé. Une terre pauvre, calcaire ou crayeuse est bien acceptée.

Exposition : plein soleil, pas trop ventée.

Culture et entretien : plantez de préférence en automne. Taillez court toutes les pousses de l'année entre novembre et février. Boutures herbacées en mai-juin.

Espèces et variétés : il existe 100 espèces. *Buddleja davidii* a donné naissance à de nombreux cultivars : 'Black Knight', pourpre très foncé ; 'Empire Blue', bleu, port érigé ; 'Harlequin', panaché de blanc crème, fleurs rouge pourpré, peu vigoureux ; 'Île-de-France', longues panicules (jusqu'à 70 cm !) violet intense à gorge jaune ; 'Nanho Purple', violet pourpré à œil orange, port étalé ; 'Opéra', très vigoureux, fleurs violet pourpré ; 'White Profusion', grandes panicules blanc pur à œil jaune.

Utilisations : talus, haie libre, fond de massif. Groupez plusieurs variétés différant par leur période de floraison.

Notre conseil : **plus vous rabattez court le buddléia durant la période de repos végétatif, et plus la repousse est importante, vigoureuse et la floraison généreuse.**

Buxus sempervirens
BUIS

50 cm/2 m — 50 cm/1 m — P

Cet arbuste très compact de la famille des Buxaceae est idéal pour former des sculptures végétales.

Description : caractéristique des jardins à la française, le buis est un arbuste au bois très dur, portant des feuilles coriaces, arrondies et luisantes, vert foncé dessus, plus claires au revers, de 2 à 4 cm de long. De croissance très lente, il vit très longtemps. Floraison insignifiante.

Sol : ordinaire, même sec et calcaire.

Exposition : soleil léger ou mi-ombre.

Culture et entretien : pour obtenir une haie basse, plantez les pieds à 25 cm les uns des autres ; pour une haie haute, espacez-les de 80 cm. Pratiquez la taille en février avant le démarrage de la croissance et début septembre. Arrosez bien et paillez si le temps est chaud et sec.

Espèces et variétés : il existe 70 espèces, mais on cultive surtout *Buxus sempervirens* et ses cultivars : 'Elegans', aux feuilles marginées de blanc crème. Pour garder un bel aspect à cet arbuste, supprimez les quelques rameaux verts qui apparaissent chaque année ; 'Pyramidalis', idéal pour la conduite en boule ou en cône, feuilles vert franc ; 'Rotundifolia', à petites feuilles arrondies, très solide, idéal en bac ; 'Suffruticosa', le buis à bordures, reste très compact, ne dépassant pas 1 m de haut.

Utilisations : haies de bordures régulières, sujets de formes géométriques, topiaires.

Notre conseil : **le buis compte parmi les arbustes les plus résistants aux maladies et à la pollution, cultivez-le dans les jardins de ville. Attention en bordure d'allée, il craint beaucoup les désherbants.**

Buxus sempervirens

Calliandra tweedii

Caesalpinia gilliesii
OISEAU DE PARADIS

J F M A M **J J A S** O N D

2/3 m — 1/2 m — – 5 °C

Ce très élégant arbuste de la famille des Fabaceae porte des fleurs aériennes et gracieuses.

Description : encore parfois proposé sous son ancienne appellation, *Poinciana gilliesii*, cet arbuste originaire d'Argentine et d'Uruguay développe un feuillage alterne plumeux, très découpé. En été, des fleurs jaunes à longues étamines rouge vif apparaissent en grappes de 20 à 40 cm de long, portées à l'extrémité des branches.

Sol : léger, souple, profond, bien drainé, mais restant frais durant l'été.

Exposition : chaude et très ensoleillée.

Culture et entretien : plantez de préférence au printemps. Par temps chaud et sec, arrosez copieusement tous les deux jours et paillez le pied de l'arbuste. En dehors de la Côte d'Azur, hivernez le *Caesalpinia* en serre froide. Limitez la taille à un équilibrage de la silhouette.

Espèces et variétés : il existe 70 espèces. *Caesalpinia pulcherrima*, le petit flamboyant, est très voisin de l'oiseau de paradis, mais plus grand. L'espèce indienne *Caesalpinia sepiaria*, qui prend l'apparence d'une liane arbustive épineuse de 6 à 8 m de long, se couvre de fleurs jaunes du printemps jusqu'à l'été. De longues gousses pendantes succèdent aux fleurs. C'est une plante à cultiver dans la véranda.

Utilisations : en massif, bac, serre froide.

Notre conseil : après la floraison, taillez les sujets cultivés en bac en coupant les pousses de la moitié de leur longueur.

Caesalpinia gilliesii

Calliandra haematocephala
CALLIANDRA

J F M A M **J J A** S O N D

1/3 m — 1/2 m — 0 °C

Cet arbuste tropical de la famille des Fabaceae, réussit dans les zones abritées de la Côte d'Azur.

Description : appelé aussi « arbre aux houppettes » au Brésil, son pays d'origine, c'est un arbuste peu ramifié, au port étalé en forme de parasol. Les feuilles alternes sont composées d'un grand nombre de folioles vert franc. La floraison en pompons rouge vif est très originale.

Sol : léger, souple, riche en humus. En pot, un mélange de terre de jardin, de terreau de fumier et de sable à parts égales.

Exposition : une lumière tamisée, mais avec quelques heures quotidiennes de plein soleil en début de journée.

Culture et entretien : seuls les jardins les plus privilégiés peuvent accueillir un calliandra en pleine terre. La plupart du temps, cultivez-le en bac qui sera sorti de mai à octobre. Rempotez, au printemps, après avoir rabattu les branches à la moitié de leur longueur. Arrosage modéré : laissez le sol s'assécher avant d'apporter de l'eau. Donnez de l'engrais tous les quinze jours en été aux plantes en pot.

Espèces et variétés : il existe 200 espèces. *Calliandra tweedii* (inga), rouge, est aussi proposé par certaines pépinières du Midi.

Utilisations : en massif exotique avec *Cassia*, *Pentas*, fougère arborescente, *Brugmansia*, agapanthe, *Cestrum*, etc.

Notre conseil : traitez les pucerons et les cochenilles durant la période d'hivernage.

Callicarpa bodinieri CALLICARPA

J F M A M J J A **S O N D**

2/3 m — 2 m — C

Cet arbuste de la famille des Verbenaceae se pare d'étonnantes baies rose à violet en automne.

Description : buissonnant, à port dressé, cet arbuste porte des feuilles opposées, simples, elliptiques, de 15 à 20 cm de long, qui se colorent de jaune à l'automne. La floraison, en juillet, n'offre guère d'intérêt, mais la fructification violette, portée par les rameaux une partie de l'hiver, est très décorative.

Sol : profond, riche, souple, non calcaire.

Exposition : ensoleillée et chaude.

Culture et entretien : plantez en automne. Taillez après l'hiver en donnant une forme plus esthétique à l'arbuste.

Espèces et variétés : il existe 140 espèces. *Callicarpa bodinieri* est le plus robuste, mais il nécessite un été chaud pour bien fructifier ; 'Profusion' est le plus généreux. *Callicarpa japonica* 'Leucocarpa', plus petit (1,5 m), à fruits blancs. *Callicarpa dichotoma*, compact (1,2 m), violet.

Utilisations : en massifs, bouquet.

Notre conseil : les callicarpas sont assez frileux. Plantez-les dans un endroit abrité des vents froids en hiver.

Callicarpa americana

Callistemon laevis

Callistemon citrinus RINCE-BOUTEILLES

J F M A **M J J A S** O N D

1,5/3 m — 2 m — P

Cet arbuste de la famille des Myrtaceae réussit bien dans les jardins du Midi aux sols secs.

Description : cet arbuste australien au port un peu raide porte des feuilles alternes, gris-vert, coriaces, ovales, lancéolées, de 6 à 10 cm de long. Les petites fleurs aux étamines rouge vif démesurées, sont groupées en épis cylindriques très lumineux, de 5 à 10 cm de long.

Sol : humifère, drainé, plutôt acide.

Exposition : chaude et ensoleillée, contre un mur orienté au sud ou à l'ouest.

Culture et entretien : en dehors des régions méditerranéennes où il vit bien en pleine terre, installez le callistemon à l'extérieur à partir du 15 mai. Pour la culture en pot, utilisez un contenant de 25 à 40 cm de diamètre. Arrosez abondamment par temps chaud et sec, avec une eau non calcaire. De mai à septembre, donnez tous les quinze jours un engrais liquide. Dans les régions froides, hivernez entre 5 et 10 °C, dans une véranda. Semis en mars ou boutures à talon en été.

Espèces et variétés : il existe 25 espèces. 'Splendens' est une forme compacte, qui sent la citronnelle lorsqu'on froisse le feuillage. *Callistemon laevis* offre une floraison remontante du printemps à l'automne ; 'Little John' est apprécié pour sa taille réduite (1 m de haut), son feuillage argenté et sa floraison printanière rouge vif. *Callistemon pallidus*, au port souple, possède des jeunes pousses duveteuses, il vient bien en bac ; 'Perth Pink', semi-retombant, aux jeunes pousses rouges. *Callistemon viminalis*, au port échevelé, est garni d'un feuillage fin, très élégant ; 'Captain Cook', pendant, à longues feuilles.

Utilisations : en massif, bac, serre froide.

Notre conseil : taillez les jeunes pousses ayant fleuri, en les coupant environ 10 cm sous l'inflorescence fanée. Ne laissez pas les fruits se former, ils épuisent la plante.

Calycanthus occidentalis

Calycanthus floridus ARBRE AUX ANÉMONES

J F M A **M J J** A S O N D

2/3 m — 2/3 m — soleil — C

Peu connu, cet arbuste de la famille des Calycanthaceae porte une jolie floraison, très originale.

Description : de culture facile, ce bel arbuste caduc et rustique, appelé aussi « calycanthe », vient du sud-est des États-Unis. Feuilles opposées, duveteuses, ovales. Les fleurs solitaires, brun-rouge, aux nombreux pétales et sépales, exhalent une odeur de fraise. L'écorce aromatique s'emploie comme substitut de la cannelle. La taille adulte est atteinte en 5 à 6 ans.

Sol : riche, frais, profond, humifère, pas trop calcaire, bien drainé en hiver.

Exposition : soleil, à l'abri des vents froids.

Culture et entretien : plantez au début du printemps et laissez pousser l'arbuste naturellement en effectuant juste une taille de nettoyage si nécessaire. Les graines mûrissant rarement sous nos climats, le plus simple est de multiplier le calycanthe par prélèvement des drageons.

Espèces et variétés : il existe 3 espèces. *Calycanthus occidentalis* fleurit plus longtemps dans des tons brun pourpré.

Utilisations : en isolé, massif d'arbustes à fleurs et de vivaces, haie libre.

Notre conseil : évitez de planter des calycanthes dans les haies situées à proximité des pâtures, car les graines sont toxiques pour les bovins et les moutons.

Caragana arborescens CARAGANA, ACACIA JAUNE

J F M A **M J** J A S O N D

2/4 m — 2 m — soleil — C

Ce grand arbuste de la famille des Fabaceae peut former un petit tronc. Il est très facile à cultiver.

Description : vigoureux, buissonnant, épineux, cet arbuste originaire de Sibérie est très rustique. Les feuilles alternes, pennées, à folioles étroites, très gracieuses. prennent de jolies teintes jaune d'or en automne. L'écorce verte devient brune en vieillissant. Des fleurs jaunes, papilionacées, apparaissent en mai, en bouquets.

Sol : indifférent, même calcaire s'il est sain.

Exposition : ensoleillée, non brûlante. Les vents froids ne posent pas de problème.

Culture et entretien : plantez en automne. En hiver, taillez les rameaux placés au centre de la touffe pour l'aérer.

Espèces et variétés : il existe 80 espèces, mais *Caragana arborescens* est la plus cultivée ; 'Lorbergii', au feuillage très fin qui rappelle un peu les frondes de fougères ; 'Pendula', au port pleureur ; 'Walker', greffé sur une petite tige, il porte des rameaux et des feuilles très fins.

Utilisations : en isolé pour admirer pleinement son feuillage d'automne.

Notre conseil : plantez un caragana dans les endroits inhospitaliers, il réussira.

Caragana arborescens

Caryopteris x clandonensis 'Heavenly Blue'

➤ ***Carpinus betulus*** voir **Arbres**.

Caryopteris x clandonensis CARYOPTÉRIS

J F M A M J J **A S** O N D

1/2 m — 2/3 m — soleil — C

Ce gracieux arbuste de la famille des Verbenaceae est apprécié pour sa floraison bleue en fin de saison.

Description : ce petit arbuste asiatique est aussi appelé « barbe-bleue ». Le feuillage opposé, simple, gris-vert est aromatique. La floraison en bouquets aux longues étamines dure jusqu'au début de l'automne.

Sol : riche, profond, bien drainé, calcaire.

Exposition : chaude et abritée du vent.

Culture et entretien : plantez au printemps. Paillez en hiver. Apportez un engrais et taillez très court en mars.

Espèces et variétés : il existe 6 espèces. *Caryopteris* x *clandonensis* (1 m), rustique, fleurs bleu violacé, feuillage à revers argent ; 'Heavenly Blue' (80 cm), bleu vif ; 'Kew Blue' (1 m), bleu foncé très intense ; 'Grand Bleu' (1 m), compact, bleu roi ; 'First Choice' (50 cm), bleu profond ; 'Summergold' (50 cm), feuillage doré. *Caryopteris incana* (2 m), assez frileux, aux fleurs bleu-violet vif en octobre.

Utilisations : en massif avec des vivaces. Mariez ce bel arbuste à des potentilles et des rosiers remontants blancs ou jaunes.

Notre conseil : s'il se forme des taches jaunâtres sur les feuilles (virus de la mosaïque), arrachez et brûlez la plante.

Cassia corymbosa

Cassia spp. (Senna)
CASSE, CASSIER, SÉNÉ

J F M A M J J A S O N D

1/2 m · 1/2 m · P · 0 °C

Ces arbustes et arbrisseaux de la famille des Fabaceae résistent dans les jardins de la Côte d'Azur.

Description : ces grands arbustes tropicaux, dont certaines espèces appartiennent désormais au genre *Senna*, développent de longues feuilles alternes, pennées. Les fleurs jaune d'or sont réunies en grappes de 15 à 30 cm de long.

Sol : profond, bien drainé, pas trop riche. En pot, un mélange de terreau, de sable de rivière et de terre de jardin par tiers.

Exposition : chaude, ensoleillée, abritée.

Culture et entretien : sur la Côte d'Azur plantez en pleine terre au printemps. Ailleurs, hivernez les plantes dans la véranda entre 5 et 10 °C (le feuillage devient caduc). Ne pas trop arroser ; l'eau calcaire est bien acceptée. Donnez de l'engrais pour rosiers tous les 15 jours, d'avril à septembre. Rempotez en mars, après avoir taillé les tiges au tiers de leur longueur pour favoriser la floraison.

Espèces et variétés : il existe 750 espèces. *Cassia corymbosa (Senna)*, semi-érigé, est assez rustique (3 m). *Cassia didymobotrya* (1,5 m), ample, aux épis dressés.

Utilisations : en isolé dans un massif exotique avec palmier ou en véranda.

Notre conseil : installez le cassier dans le jardin de mai à la mi-octobre.

Ceanothus spp.
CÉANOTHE

J F M A M J J A S O N D

1/3 m · 1/2 m · C/P

Ces arbustes d'aspect variable de la famille des Rhamnaceae sont appréciés pour leur belle floraison.

Description : arbustes ou arbrisseaux caducs originaires d'Amérique du Nord et du Mexique, les céanothes portent des feuilles alternes, entières, dentées, coriaces et gaufrées chez les espèces persistantes. Ces dernières fleurissent au printemps en petits épis compacts bleus. Les céanothes caducs s'épanouissent en été dans des tons bleu clair ou rose. Certains céanothes gagnent à être palissés.

Sol : léger, bien drainé, pas trop calcaire.

Exposition : plein soleil ou mi-ombre légère. Une situation chaude est recommandée pour les céanothes persistants, par exemple l'appui d'un mur au sud.

Culture et entretien : plantez de préférence au printemps ou en septembre (espèces persistantes). Arrosez les deux premiers étés suivant la plantation. La taille est superflue chez les céanothes persistants, mais coupez les tiges desséchées et les rameaux latéraux pour favoriser la formation des boutons floraux. Les espèces caduques sont rabattues sévèrement début avril à 5 cm du vieux bois.

Espèces et variétés : il existe 55 espèces.

• **Céanothes persistants :** *Ceanothus arboreus* 'Trewithen Blue'(4 m) porte des panicules bleues de 15 cm de long en mai. *Ceanothus burkwoodii* (2 m), à petites fleurs bleues en juin et juillet. *Ceanothus impressus* 'Puget Blue' (1 m), petits bouquets bleu foncé en mai, forme compacte. *Ceanothus thyrsiflorus* (1 m), petits bouquets bleus innombrables en mai ; 'Cascade', à port retombant, fleurs bleu très foncé ; 'Repens', à port étalé.

• **Céanothes caducs :** *Ceanothus* x *delilianus* 'Comtesse de Paris' (1,2 m), caduc, fleurs bleu indigo de juin à août ; 'Gloire de Versailles' (1,2 m), fleurs bleu ciel en été ; 'Topaze' (1 m), compact, fleurs bleu foncé en été. *Ceanothus* x *pallidus* 'Marie Simon' (1 m), caduc, épis terminaux roses de juin à septembre.

Ceanothus impressus

Utilisations : talus ensoleillés, massifs bordures, murs et clôtures, bacs.

Notre conseil : si l'hiver a endommagé certaines branches, n'hésitez pas à rabattre le céanothe près du sol, pour favoriser le départ de nouvelles pousses.

Ceanothus thyrsiflorus 'Repens'

Ceanothus x pallidus 'Marie Simon'

Cercidiphyllum japonicum
CERCIDIPHYLLUM

8/15 m | 3/5 m | C

Cet arbrisseau de la famille des Cercidiphyllaceae peut être conduit comme un petit arbre très élégant.

Description : originaire du Japon et de Chine, c'est un grand arbuste très rustique, qui forme petit à petit un tronc unique. Le feuillage opposé, en cœur, naît rouge en mars-avril, puis verdit avant de se teinter de jaune, rouge, orange et écarlate en automne. Il dégage alors une odeur prononcée de pain d'épice chaud, d'où son nom vernaculaire « d'arbre caramel ». Croissance rapide (3 m en 5 ans).

Sol : riche, profond, assez frais, neutre.

Exposition : soleil ou mi-ombre, dans un environnement assez humide.

Culture et entretien : plantez en automne. Tuteurez les jeunes arbres et protégez-les des gelées printanières.

Espèces et variétés : il existe une seule espèce. 'Magnificum' (de 6 à 10 m) offre des feuilles plus grandes et un tronc lisse. 'Pendulum' est une forme à port pleureur.

Utilisations : en isolé, sous-bois, bord d'étang. L'association avec un *Cornus,* un *Nyssa,* un *Amelanchier,* un fusain d'Europe et un *Liquidambar* permet de créer un bosquet aux superbes teintes automnales.

Notre conseil : pour obtenir des couleurs d'automne plus soutenues, plantez l'arbre caramel dans un sol humide et acide. L'été, maintenez le sol toujours frais.

Cercidiphyllum japonicum

Cestrum aurantiacum

Cestrum spp.
CESTRUM

J F M A M J J A S O N D

1,5/3 m | 1/2 m | C/SP | − 5 °C

Cet arbuste frileux de la famille des Solanaceae réussit en pleine terre uniquement dans le Midi.

Description : originaire du Mexique, le cestrum forme un buisson aux feuilles alternes, simples, malodorantes. Les fleurs tubulaires, très nombreuses, sont rouge pourpre, orange ou jaunes selon les espèces et souvent parfumées.

Sol : fertile, bien drainé, assez profond. En pot, un mélange de terre de jardin siliceuse et de terreau à parts égales

Exposition : chaude et ensoleillée.

Culture et entretien : plantez en plein air en mai. Par temps chaud et sec, arrosez copieusement. Fertilisez tous les quinze jours de mai à septembre les sujets cultivés en pot. L'hiver, gardez les plantes à l'abri du gel dans la véranda, en réduisant les arrosages. Multiplication par bouturage des jeunes tiges en août.

Espèces et variétés : il existe 175 espèces. *Cestrum aurantiacum,* d'un jaune orangé éclatant. *Cestrum elegans,* rouge pourpré à rose, fruits décoratifs pourpres. *Cestrum* 'Newellii', à la floraison rouge, résiste jusqu'à – 10 °C. *Cestrum nocturnum,* le galant de nuit aux fleurs blanc crème qui dégagent un puissant parfum épicé la nuit.

Utilisations : massif, bac, mur fleuri.

Notre conseil : taillez court les branches en fin d'hiver pour une bonne floraison.

Chaenomeles speciosa
COGNASSIER DU JAPON

J F M A M J J A S O N D

80 cm/1,5 m | 1/3 m | C

Cet arbuste épineux de la famille des Rosaceae est apprécié pour sa belle floraison colorée très précoce.

Chaenomeles speciosa 'Cardinalis'

Description : l'arbuste très buissonnant, aux branches souples, étalées, porte des feuilles alternes, ovales, dentées, vert foncé et lustrées. Les fleurs d'un joli coloris rose-pourpre s'épanouissent avant les feuilles. Les fruits d'automne en forme de coings sont odorants, comestibles en gelée. Ils persistent longtemps sur les branches après la chute des feuilles.
Sol : ordinaire, moyennement calcaire.
Exposition : soleil doux, mi-ombre.
Culture et entretien : plantez en automne. Taillez les branches disgracieuses après la floraison. Sur les arbustes palissés, rabattez les rameaux à quelques yeux de la branche principale en mai.
Espèces et variétés : il existe 3 espèces. *Chaenomeles speciosa* et *C. japonica* à la floraison plus rouge sont les plus cultivés. Leur croisement *Chaenomeles* x *superba* a donné naissance à de nombreux cultivars : 'Cameo', rose-orangé semi-double, étalé, compact ; 'Crimson and Gold', étalé, cramoisi à étamines jaune d'or ; 'Elly Mossel', rouge feu, assez compact ; 'Flocon Rose', blanc mêlé de rose tendre, semi-érigé ; 'Stanford Red', rouge foncé, à port évasé.
Utilisations : en isolé, bac sur terrasse, bordure de massif, palissé le long d'un mur.
Notre conseil : évitez de planter les variétés épineuses à proximité des terrains de jeux fréquentés par les enfants.

Chimonanthus praecox
CHIMONANTHE ODORANT

J F M A M J J A S O N D

2/4 m | 3 m | C

Cet arbuste compact de la famille des Calycanthaceae fleurit en plein hiver, d'où son grand intérêt.

Description : originaire de Chine, cet arbuste érigé est idéal pour le Sud et l'Ouest. Les feuilles, opposées, coriaces, apparaissent après les fleurs. Pendantes, au séduisant parfum de miel, elles sont cireuses, d'un jaune soufre teinté de pourpre. Cet arbuste de croissance assez rapide atteint sa taille adulte en 5 à 6 ans.

Chimonanthus praecox

Sol : ordinaire, profond, frais, drainé.
Exposition : soleil, à l'abri des vents froids.
Culture et entretien : plantez au printemps. Protégez bien les jeunes plants des gelées. Taillez sans excès, juste pour équilibrer l'arbuste après la floraison. Fertilisez et paillez en été. Multiplication facile par semis des graines dès leur maturité.
Espèces et variétés : il existe 6 espèces 'Grandiflorus', à fleurs jaune plus foncé, teintées de rouge. 'Luteus', à grandes fleurs, tardives, d'un jaune cireux uniforme.
Utilisations : en isolé, massif, haie libre.
Notre conseil : plantez le chimonanthe tout près de la maison ou le long d'un passage pour mieux profiter de son parfum.

Choisya ternata
ORANGER DU MEXIQUE

J F M A M J J A S O N D

1,5/2 m | 2/3 m | P

Cet arbuste compact de la famille des Rutaceae se pare de fleurs abondantes au parfum d'oranger.

Description : originaire du Mexique, cet arbuste porte des feuilles opposées, luisantes, palmées, avec 3 ou 4 lobes, aromatiques lorsqu'on les froisse. Les fleurs blanches, très parfumées, apparaissent en avril-mai et remontent souvent en automne.
Sol : normal, léger, sans trop de calcaire.
Exposition : plutôt ensoleillée et abritée.

Choisya ternata

Choisya ternata 'Sundance'

Culture et entretien : plantez au printemps, taillez en été. Coupez les rameaux épars et ceux qui ont été endommagés par les gelées hivernales. En haie libre, comptez un pied tous les 60 à 80 cm.
Espèces et variétés : il existe 8 espèces. *Choisya ternata* est le plus cultivé, ainsi que les cultivars 'Sundance', à feuillage doré. 'Aztec Pearl', à feuilles finement découpées, est une forme hybride ; 'Goldfingers' est identique, mais doré.
Utilisations : massifs, bacs sur terrasse, fleurs coupées, haies libres fleuries.
Notre conseil : l'oranger du Mexique est un arbuste facile à cultiver sur une terrasse ou un balcon. Plantez-le dans un bac de 30 cm de profondeur au moins et surveillez l'humidité de la terre durant l'été.

Cistus creticus

Cistus x *hybridus*
CISTE

J F M A M J J A S O N D

30 cm/2 m 60 cm/1,5 m P

Cet arbuste frileux de la famille des Cistaceae résiste très bien à la sécheresse et fleurit abondamment.

Description : originaires des régions méditerranéennes, ces arbustes à feuillage persistant et à port buissonnant portent des feuilles opposées, entières, à la texture souvent collante. Les fleurs à 5 pétales, en coupe, d'aspect chiffonné, ne durent qu'une journée, mais elles se renouvellent sans cesse pendant deux mois entre avril et juillet selon les espèces.

Sol : le milieu naturel des cistes est une terre sèche et pauvre. Ils réussissent bien dans un sol neutre, sableux, bien drainé.

Exposition : chaude et très ensoleillée. L'hiver, les cistes résistent à – 10 °C environ dans un terrain qui ne conserve pas l'eau.

Culture et entretien : en avril-mai, plantez en pleine terre des plants cultivés en conteneur. Inutile de fertiliser. Taillez après la floraison pour conserver un port touffu à la plante. Semez en mars. Bouturez les cistes hybrides en été sous châssis.

Espèces et variétés : il existe 20 espèces et un nombre considérable d'hybrides dont les fleurs se déclinent dans les tons de blanc, de rose ou de rouge. *Cistus* x *aguilarii* (1 m) étalé, grandes fleurs blanches en été, frileux (– 5 °C). *Cistus albidus* (1 m), feuillage argenté, duveteux. *Cistus creticus* (1 m), compact, rose pourpré en été. *Cistus hirsutus* (80 cm), blanc en mai-juin, feuilles étroites. *Cistus ladanifer* (1,5 m), compact, blanc maculé de brun en mai. *Cistus* x *pulverulentus* 'Sunset' (70 cm), rose vif pourpré de mai à juillet.

Utilisations : en massif, couvre-sol, rocaille.

Notre conseil : attention, certains cistes comme *Cistus crispus, hirsutus* et *salvifolius* sont calcifuges. Il faut les planter dans une terre de bruyère sableuse.

X *Citrofortunella mitis*
CALAMONDIN

J F M A M J J A S O N D

1/3 m 1/2 m P 0 °C

Hybride de kumquat et de Citrus, cet arbuste de la famille des Rutaceae se couvre de fruits.

Description : appelé aussi *Citrus mitis*, cet arbuste compact porte des feuilles alternes, oblongues, brillantes et coriaces. Les fleurs blanches, parfumées, apparaissent toute l'année. Elles donnent des petits fruits non comestibles, ronds, orange vif, plus abondants au cœur de l'hiver.

Sol : enrichi de fumier décomposé, souple, profond, bien drainé, plutôt acide.

Exposition : chaude, ensoleillée. Hormis sur la Côte d'Azur, hiverner en véranda.

Culture et entretien : sortez le calamondin de mai à octobre. En pot, laissez la terre sécher entre deux arrosages. Utilisez une eau non calcaire pour éviter la chlorose. Au printemps et en été, donnez de l'engrais pour agrumes tous les quinze jours et un produit antichlorose si les feuilles jaunissent. Une fois par mois, inspectez les tiges et le revers des feuilles pour détecter la présence de cochenilles.

Espèces et variétés : il n'existe qu'une seule espèce, x *Citrofortunella mitis*. 'Tiger', à feuilles panachées de blanc, et 'Variegata', à feuilles ponctuées de blanc et fruits striés de vert, sont plus fragiles.

Utilisations : massif saisonnier, potée.

Notre conseil : rempotez chaque année en mars et taillez légèrement à ce moment pour bien équilibrer la ramure.

Clerodendrum spp.
CLÉRODENDRON

J F M A M J J A S O N D

1,5/3 m 1/2 m C

Quelques espèces de ces arbustes de la famille des Verbenaceae s'adaptent dans nos jardins.

Description : les clérodendrons arbustifs rustiques sont originaires de Chine. Les feuilles opposées, de 15 à 20 cm de long,

X Citrofortunella mitis

Clerodendron trichotomum

ovales, dentées, sentent mauvais lorsqu'on les froisse. En automne apparaissent des fleurs roses ou blanches bien parfumées en bouquets. Elles sont suivies de baies décoratives cramoisies ou bleues. La taille adulte est atteinte en 5 à 6 ans.
Sol : assez riche, bien drainé, profond.
Exposition : soleil ou mi-ombre légère.
Culture et entretien : plantez au printemps. Paillez le pied en hiver. Multiplication par drageons en mars-avril.
Espèces et variétés : il existe 100 espèces, la plupart tropicales. Au jardin cultivez : *Clerodendrum trichotomum* (2 m), à fleurs blanches en août-septembre, suivies de baies bleu vif. 'Fargesii' (3 m), plus rustique, aux baies abondantes. *Clerodendrum bungei* (3 m) est plus frileux (– 8 °C), mais il repousse à la base après avoir gelé. Fleurs rose violacé en août-septembre.
Utilisations : fond de massif, haie libre. Associez les clérodendrons au *Leycesteria formosa* et au *Cornus florida* pour un effet automnal d'une très grande originalité.
Notre conseil : rabattez à la fin de l'hiver les jeunes tiges des trois quarts de leur longueur afin de conserver une forme compacte et de favoriser la floraison.

Clethra alnifolia
CLÉTHRA

J F M A M J J A S O N D

2/3 m 2/3 m C

Cet arbuste de sous-bois, de la famille des Clethraceae, est surtout préconisé pour sa floraison tardive.

Clethra alnifolia

Description : originaire de l'est des États-Unis, cet arbuste drageonnant, aux rameaux bien érigés, porte des feuilles alternes, obovales, de 5 à 10 cm de long, semblables à celles de l'aulne. Elles prennent un joli coloris jaune doré en automne. Floraison en grappes duveteuses, blanches et odorantes, de 8 à 15 cm de haut.
Sol : siliceux, acide, avec un apport de tourbe lors de la plantation. La culture en terre de bruyère pure est aussi valable.
Exposition : de préférence à mi-ombre sous un couvert de grands arbres caducs.
Culture et entretien : plantez au printemps. Coupez les inflorescences fanées et, en hiver, supprimez les vieilles tiges, en privilégiant les nouveaux drageons.
Espèces et variétés : il existe 60 espèces. On distingue deux catégories de cléthras :
• **Parmi les espèces à feuilles glabres :** en plus de l'espèce *alnifolia* dont il existe une variété à fleurs rosées, 'Rosea', citons : *Clethra barbinervis* ou *canescens*, au port moins dressé que le précédent mais tout aussi décoratif, dont les feuilles rougissent en automne.
• **Parmi les espèces à feuilles tomenteuses :** *Clethra acuminata*, qui atteint 5 m et forme dès juillet des grappes de 20 cm de long, et *Clethra tomentosa*, qui ne dépasse pas 2,5 m et fleurit plus tard, offrent une floraison très parfumée ; mais ils sont frileux (– 5 °C).
Utilisations : massif de terre de bruyère en compagnie d'azalées à feuilles caduques, *Hamamelis*, *Fothergilla*, *Enkianthus*.
Notre conseil : *Clethra alnifolia* supportant bien la culture en bac, utilisez-le pour garnir une terrasse ou un patio.

Colutea arborescens
BAGUENAUDIER

J F M A M J J A S O N D

3 m 2 m C

Cet arbuste très solide de la famille des Fabaceae est à conseiller aux jardiniers débutants ou négligents.

Description : originaire du sud de l'Europe, cet arbuste à tiges duveteuses porte des feuilles alternes, composées de fines folioles d'un vert intense. Les fleurs en grappes jaunes, portées à l'aisselle des feuilles, donnent dès juillet des gousses renflées de 6 à 8 cm de long, vert pâle, translucides, qui rougissent en automne.
Sol : léger, calcaire, même pauvre.
Exposition : ensoleillée, même aride et ventée. La mi-ombre légère est tolérée.
Culture et entretien : plantez en automne, inutile de fertiliser. Coupez les branches trop fortes ou trop faibles de façon à bien réguler la végétation.
Espèces et variétés : il existe 25 espèces. Seul *Colutea arborescens* est cultivé parce qu'il est le plus rustique.
Utilisations : en massif d'arbustes variés, haie libre, arbuste isolé dans un petit jardin.
Notre conseil : *Colutea arborescens* résistant à tout, plantez-le dans les jardins soumis aux embruns ou en ville car il supporte aussi très bien la pollution de l'air.

Colutea arborescens

Cordyline australis

Cordyline australis
CORDYLINE

J F M A **M J J** A S O N D

2/6 m · 1/2 m · P · 0 °C

Cette plante étonnante de la famille des Asparagaceae donne un aspect très exotique au jardin.

Description : originaire de Nouvelle-Zélande et d'Australie, cet arbuste qui forme un tronc à l'écorce fissurée porte de longues feuilles glauques, rubanées, coriaces, réunies en gros bouquets à l'extrémité des branches. La floraison en panicules terminales blanc crème, parfumées, de 1 m de long, apparaît de mai à juillet, chez des sujets âgés.

Sol : une bonne terre de jardin bien drainée. Pour les plantes cultivées en pot, ajoutez 50 % de terreau pour agrumes.

Exposition : ensoleillée et chaude.

Culture et entretien : plantez en mai. Donnez un engrais liquide tous les quinze jours aux cordylines en pot. En hiver, conservez les potées en serre froide, entre 5 °C et 7 °C, en laissant la terre sécher (un arrosage par mois). Taille inutile.

Espèces et variétés : il existe 15 espèces. Seul *Cordyline australis* est cultivé au jardin. 'Purpurea', à feuilles rouge violacé. 'Aureo-Striata', au feuillage tricolore, panaché de crème et de rose saumon.

Utilisations : massif, balcon, serre froide.

Notre conseil : idéale pour les jardins du littoral atlantique, cette espèce résiste bien aux vents marins chargés de sel, même lorsqu'ils sont très violents.

Cornus alba
CORNOUILLER

J F M A **M J** J A S O N D

2/3 m · 2/3 m · C

Cet arbuste très solide de la famille des Cornaceae convient à tous les jardins car il réussit bien partout.

Description : originaire de Sibérie et du nord de la Chine, cet arbuste porte des feuilles opposées tachées de blanc, de jaune ou de rose selon les espèces et les variétés. Il prend de belles teintes cuivrées en automne. Les rameaux vivement colorés sont appréciés pour leur effet hivernal. Les fleurs en cymes aplaties cèdent la place à des baies bleutées en août.

Sol : toutes les terres conviennent, même sèches, pauvres, caillouteuses ou calcaires.

Exposition : mi-ombre ou plein soleil.

Culture et entretien : plantez en automne. Inutile de fertiliser. Chaque année, en mars, rabattez sévèrement les vieux rameaux près de la souche pour obtenir de nouvelles pousses colorées.

Espèces et variétés : il existe 45 espèces. *Cornus alba* se décline en nombreux cultivars. 'Elegantissima', aux feuilles bordées de blanc, devient orange en automne. Le feuillage de 'Gouchaultii' est taché de rose, de jaune et marginé de jaune. 'Sibirica', aux rameaux rouge corail très lumineux en hiver. *Cornus stolonifera* 'Flaviramea' se distingue par son écorce jaune. 'Kelsey', à feuilles d'un beau rouge vif en automne. *Cornus sanguinea* 'Mid Winter Fire', à l'écorce jaune orangé mêlé de rouge.

Cornus alba 'Elegantissima'

Utilisations : en massif, devant des persistants au feuillage sombre, pour faire mieux ressortir les coloris des feuilles et des rameaux. Haie libre en mélange.

Notre conseil : plantez un minimum de trois pieds de la même variété pour obtenir un effet visuel plus attractif.

Cornus alba 'Sibirica'

Coronilla emerus

Corylopsis spp. CORYLOPSIS

J F **M A** M J J A S O N D

1,5/3 m — 1,5/3 m — mi-ombre — C

Cet arbuste de la famille des Hamamelidaceae porte des feuilles ressemblant à celles du noisetier.

Description : originaire de l'Himalaya, de Chine et du Japon, ce bel arbuste au port très évasé porte des feuilles alternes qui deviennent complètement dorées en automne. Les fleurs en grappes pendantes, jaune pâle, au parfum puissant, sont souvent portées avant les feuilles.

Sol : riche, frais, humifère, acide ou neutre. Un apport de tourbe est conseillé.

Exposition : mi-ombre, dans un emplacement bien abrité des vents froids.

Culture et entretien : plantez au printemps. Arrosez régulièrement et paillez en été pour maintenir le sol frais. Taillez après la floraison pour équilibrer la ramure.

Espèces et variétés : il existe 10 espèces. *Corylopsis pauciflora* (2 m), aux nombreuses grappes jaune primevère en mars-avril. *Corylopsis sinensis* (4 m), très rustique, au port bien ouvert, fleurs jaune citron en avril. *Corylopsis willmottiae* (4 m), à fleurs jaune pâle en mars.

Utilisations : massif d'arbustes ombragé en association avec des plantes de terre de bruyère et des bulbes à floraison précoce.

Notre conseil : achetez le corylopsis en fleur, car on constate d'un sujet à l'autre, des variations dans l'intensité des coloris.

Corylopsis willmottiae

➔ **Cornus spp.** voir **Arbres**.

Coronilla spp. CORONILLE

J F M A **M J J A S** O N D

2 m — 1 m — plein soleil — C/P

Cet arbuste buissonnant de la famille des Fabaceae est apprécié pour sa floraison très abondante.

Description : originaire d'Europe du Sud, cet arbuste, aux feuilles alternes, composées, de 3 à 6 cm de long, se pare d'une floraison jaune vif en ombelles axillaires, de longue durée, surtout dans les jardins du Midi. La taille adulte est obtenue en 4 ans.

Sol : sec, caillouteux, même pauvre.

Exposition : plein soleil, très chaude.

Culture et entretien : plantez au printemps et arrosez un peu le premier été. Taille inutile. Bouturez des pousses non florifères de juillet à septembre, sous un sac en plastique fermé hermétiquement.

Espèces et variétés : il existe 20 espèces. *Coronilla emerus* (ou *Hippocrepis emerus*), la « coronille des jardins », caduque, est la plus rustique. *Coronilla valentina*, indigène en Corse, est persistante, mais assez frileuse, ses fleurs plus précoces sont parfumées ; 'Glauca' (80 cm), à port compact et feuillage vert bleuté ; 'Variegata', à feuillage panaché blanc-crème ; 'Citrina', à fleurs jaune pâle.

Utilisations : massif, talus sec, rocaille, bordure, culture en bac sur balcon. Pour un bel effet printanier, mariez la coronille avec un romarin ou un ciste.

Notre conseil : pour conserver une forme plus compacte et régulière, vous pouvez tailler la coronille après la floraison en réduisant de la moitié de leur longueur les rameaux qui ont porté des fleurs.

Corylus maxima 'Atropurpurea'

Cotinus obovatus

Corylus maxima 'Purpurea'
NOISETIER POURPRE

J F M A M J J A S O N D

3/4 m | 3 m | C

Ce grand arbuste de la famille des Betulaceae est surtout cultivé pour le décor, mais il fructifie bien.

Description : cet arbuste européen à la ramure généreuse porte des feuilles alternes, arrondies, de 5 à 8 cm de long, d'un rouge pourpre foncé toute l'année. Monoïque, il présente sur une même branche les fleurs femelles, petites, à style rouge, et les fleurs mâles, constituées de chatons pendants de 5 cm de long, rougeâtres. Très bonnes noisettes en automne.

Sol : frais, léger, même un peu calcaire.

Exposition : bien ensoleillée.

Culture et entretien : plantez en automne. Supprimez les drageons. Chez les jeunes sujets, rabattez les pousses de moitié pour accélérer la ramification.

Espèces et variétés : *Corylus colurna* 'Te Terra Red' est un autre noisetier à feuilles bien pourpres au printemps qui se nuancent de vert au cours de l'été.

Utilisations : en isolé, massif, haie libre. Belle association avec un feuillage doré.

Notre conseil : en hiver, lorsque viennent les fleurs en chatons, coupez quelques rameaux pour composer un bouquet d'intérieur original et de longue durée.

Cotinus spp.
ARBRE À PERRUQUES

J F M A M J J A S O N D

3/10 m | 2/6 m | C

Cet arbuste imposant de la famille des Anacardiaceae se pare d'une floraison vaporeuse et durable.

Description : cet arbuste, qui forme facilement un tronc, porte des feuilles alternes, rondes, de 4 à 8 cm de diamètre, qui exhalent une odeur de térébenthine lorsqu'on les froisse. D'un vert clair glauque durant la saison, elles deviennent orangé à rouge sang en automne. Les inflorescences, en panache duveteux de 30 cm de long, rose, durent très longtemps.

Cotinus coggygria

Sol : bien drainé, même calcaire.

Exposition : ensoleillée, non brûlante.

Culture et entretien : plantez en automne. Au printemps, rabattez tous les rameaux de l'année à 10 cm de leur point de naissance. C'est la seule solution pour obtenir un arbuste bien buissonnant.

Espèces et variétés : il existe 2 espèces. *Cotinus coggygria* est surtout cultivé dans sa variété *purpureus*, aux inflorescences plus rouges que le type ; 'Flame', à feuilles vertes virant au rouge orangé, fleurs rose pourpré ; 'Golden Spirit', à feuillage doré ; 'Royal Purple', au feuillage pourpre avec un liseré rose sur le pourtour ; 'Rubrifolius', aux feuilles rouges, puis ombrées de vert, orange et rouges en automne. *Cotinus obovatus* forme un petit arbre aux couleurs exceptionnelles.

Utilisations : en isolé sur une pelouse ou à l'entrée du jardin, en arrière d'un massif.

Notre conseil : traitez contre l'oïdium par temps sec sur les feuillages pourpres.

Cotoneaster lacteus

Cotoneaster spp.
COTONÉASTER

J F M A **M J** J A S O N D

Hauteur	Largeur	Exposition	
50 cm/4 m	2/4 m		C/P

De culture très facile, ces arbustes de la famille des Rosaceae sont à recommander aux débutants.

Description : arbustes buissonnants rustiques, à port dressé ou étalé, les cotonéasters portent des feuilles alternes, entières, ovales, de longueur variable selon les espèces. Les fleurs simples à 5 pétales, blanches ou roses, dépassent rarement 1 cm de diamètre. Les fruits en drupes colorées sont très appréciés des oiseaux.

Sol : très tolérants, les cotonéasters poussent partout, même dans le calcaire.

Exposition : soleil ou mi-ombre légère. Évitez les expositions trop ventées.

Culture et entretien : plantez toute l'année les sujets en conteneur. Inutile de fertiliser. En mars, taillez juste pour équilibrer et harmoniser la silhouette.

Espèces et variétés : il existe 200 espèces. L'offre proposée par les pépiniéristes s'est réduite, en raison de la sensibilité de certaines espèces au feu bactérien. Parmi les cotonéasters caducs : *Cotoneaster horizontalis* (50 cm), assez étalé, à toutes petites feuilles, abondante fructification, très résistant au froid ; 'Variegatus', à feuilles panachées de crème ; 'Wilsonii', au feuillage d'un rouge intense en automne. *Cotoneaster lacteus* (3 m), buissonnant, très florifère, à fruits rouges. Parmi les espèces persistantes : *Cotoneaster dammeri* (20 cm de haut, 2 m de large), couvre-sol très florifère, à baies rouge corail ; 'Eichlolz', ou *Cotoneaster radicans* (40 cm), à feuillage plus foncé, fruits plus sombres et plus précoces ; 'Green Carpet' (15 cm de haut, 1 m de large), tapissant, à feuilles arrondies, fruits rouges ; 'Radicans', à feuilles plus petites que celles de l'espèce type ; 'Schoon' (60 cm), à feuilles plus grandes, fruits rouges, très résistant au feu bactérien ; 'Skogholm', ou 'Skogholmen' (40 cm), à silhouette prostrée assez touffue, toutes petites feuilles vert foncé lustré, idéal pour les talus. *Cotoneaster franchetii* (2 m), souple, à feuillage semi-persistant par temps froid, velouté, argenté au revers, fruits rouge orangé, parfait pour les haies. *Cotoneaster microphyllus* (50 cm), compact, vert foncé ; 'Streib's Findling' (20 cm), tapissant, compact, idéal en bac.

Utilisations : massif d'arbustes et de vivaces, haie libre en mélange, haie taillée, garniture de talus (espèces couvre-sol), rocaille, bac sur balcon ou terrasse.

Notre conseil : plantes mellifères, les cotonéasters attirent les insectes. Évitez de les planter trop près d'une habitation.

▸ ***Crataegus spp.*** voir **Arbres**.

Cotoneaster franchetii

Cotoneaster dammeri

Cotoneaster horizontalis 'Wilsonii'

Crinodendron hookerianum

Crinodendron hookerianum
CRINODENDRON

J F M A **M J** J A S O N D

3/5 m — 2/3 m — mi-ombre — P

Cet arbuste assez rare de la famille des Elaeocarpaceae réussit bien surtout sur la côte atlantique.

Description : peu rustique, cet arbrisseau originaire du Chili porte un feuillage alterne, vert foncé, très étroit, de 5 à 12 cm de long. Les fleurs vermillon, en forme de lanterne couleur fuchsia, portées par un long pédoncule, sont réunies en bouquets retombants. Croissance plutôt lente.

Sol : riche et frais, obligatoirement acide.

Exposition : ombre légère ou mi-ombre. Plantez le crinodendron dans un endroit bien aéré, dégagé des autres végétaux.

Culture et entretien : plantez au printemps. Paillez chaque hiver, même par temps doux. Arrosez par temps sec. Taille inutile. Multiplication par boutures en pot à la fin de l'été, hivernées dans la véranda.

Espèces et variétés : il existe 2 espèces. Seul *Crinodendron hookerianum* est cultivé.

Utilisations : en isolé ou palissé contre un mur, à proximité d'*Hydrangea petiolaris* ou d'une clématite aux fleurs blanches.

Notre conseil : il est préférable de cultiver cet arbuste dans une véranda si des gelées inférieures à – 7 °C sont à craindre.

Cycas revoluta
CYCAS

2 m — 2 m — soleil — P — – 8 °C

Cette plante primitive de la famille des Cycadaceae est trop souvent classée à tort parmi les palmiers.

Description : originaire du Japon, cette plante dioïque (il existe des pieds mâles et des pieds femelles) forme un tronc épais, portant à son extrémité une large couronne de feuilles rigides, coriaces et finement découpées de folioles linéaires. Les inflorescences en forme de cônes apparaissent au milieu de la rosette de feuilles.

Sol : profond, bien travaillé, sain, ou en pot dans un mélange de terreau de tourbe, de sable de rivière et de terre de jardin.

Exposition : lumière très forte toute l'année, mais en évitant le plein soleil aux plus chaudes heures de la journée.

Culture et entretien : plantez en pleine terre au printemps, uniquement dans les jardins de la Côte d'Azur. Ailleurs, cultivez en pot, à sortir dans le jardin de mai à octobre. Hivernez dans une véranda entre 5 et 10 °C. Donnez un engrais organique pour plantes vertes une fois par mois, de mai à septembre. Rempotez en mars, lorsque les racines sortent du pot. Conservez le substrat humide, sans le détremper, pendant la période de croissance. En hiver, un arrosage par mois.

Espèces et variétés : il existe 15 espèces, mais on cultive seulement *Cycas revoluta*.

Utilisations : en isolé sur pelouse dans un jardin méditerranéen. En bac sur terrasse. Belle association avec les palmiers et toutes sortes de plantes succulentes.

Notre conseil : maintenez une forte hygrométrie en été, en brumisant souvent le feuillage. Les plantes de la famille des *Cycadaceae* sont toutes protégées, à l'exception de *Cycas revoluta*, certaines étant en voie de disparition.

Cycas revoluta

Cytisus scoparius

Cytisus spp.
GENÊT

J F M A M J J A S O N D

1/2 m 1/2 m C

Cet arbuste élégant de la famille des Fabaceae se fait apprécier pour sa floraison très généreuse.

Description : petits arbustes assez compacts, mais d'aspect léger en raison de leurs feuilles peu nombreuses, les genêts sont le plus souvent caducs. Les tiges souples portent des feuilles alternes, étroites, simples ou trifoliées. Les fleurs papilionacées, souvent parfumées, sont solitaires ou réunies en grappes. La taille adulte est obtenue en 5 ans.

Sol : sec, pauvre, sablonneux, très léger. Le calcaire est toléré, l'acidité préférée.

Exposition : plein soleil, même chaude.

Culture et entretien : plantez toute l'année les genêts proposés en conteneur. En cas d'hiver rigoureux, rabattez à la base les tiges noircies. Taillez sévèrement la plante après la floraison pour éviter la fructification (production des gousses), qui épuise vite la plante. Vous pouvez réunir les tiges que vous avez coupées pour fabriquer de bons balais de jardin.

Espèces et variétés : il existe 50 espèces. *Cytisus battandieri* (genêt ananas), à grappes de fleurs estivales, frileux, atteint 5 m. *Cytisus praecox* (1,2 m), port compact, étalé, très florifère ; 'Albus', à fleurs blanches ; 'Allgold', encore plus compact ; 'Hollandia', à fleurs rouges et roses très nombreuses. *Cytisus* x *racemosus*, le genêt de Teneriffe (1,2 m), à fleurs odorantes en grappes, frileux. *Cytisus scoparius*, le genêt à balai, est proposé sous ses formes hybrides : 'Andreanus', aux fleurs jaune d'or à ailes pourpres ; 'Burkwoodii', érigé, touffu, à fleurs ocre et rouge ; 'Cornish Cream', à fleurs crème ; 'Golden Sunlight', vigoureux, à port retombant, à fleurs jaune d'or en mai ; 'La Coquette', à fleurs jaunes, roses et orange, vigoureux. 'Palette', rouge, rose et orangé, solide.

Utilisations : massif, rocaille, talus, jardin sauvage. La plupart des genêts viennent bien en bac de 30 cm de profondeur.

Notre conseil : achetez les genêts alors qu'ils sont en fleur, afin de choisir avec précision votre couleur préférée.

Daphne spp.
DAPHNÉ

J F M A M J J A S O N D

50 cm/1 m 50 cm/1 m C/P

Ces arbustes souvent éphémères, de la famille des Thymelaeaceae exhalent un parfum d'exception.

Description : formant un petit buisson, aux feuilles alternes, simples, vert foncé, les daphnés portent des fleurs tubulaires, cireuses, à 4 lobes, rose carmin.

Sol : humifère, neutre, frais, bien drainé.

Exposition : soleil léger ou mi-ombre.

Culture et entretien : plantez au printemps, ne laissez pas le sol se dessécher (un paillis organique est conseillé). Taille inutile, excepté pour éliminer les rameaux morts. Fertilisez les sujets en pot en été.

Espèces et variétés : il existe 50 espèces. *Daphne arbuscula* (15 cm), persistant, à fleurs rose foncé. *Daphne mezereum*, ou bois gentil (1 m), caduc, floraison hivernale rose violacé. *Daphne odora* (1 m), persistant, floraison printanière très parfumée ; 'Aureomarginata', au feuillage panaché.

Utilisations : associez les daphnés avec des bruyères pour protéger le pied de la chaleur et de la sécheresse estivale.

Notre conseil : bouturez les daphnés en été car ces plantes sont assez éphémères et meurent brutalement.

Daphne cneorum

Desmodium penduliflorum
LESPEDEZA

J F M A M J J A S O N D

C

2 m | 2/3 m

Ce bel arbuste souple de la famille des Fabaceae forme une touffe à port retombant, très florifère.

Description : originaire du nord de la Chine et du Japon, moyennement rustique, cet arbuste appelé aujourd'hui par les botanistes *Lespedeza thunbergii* est très spectaculaire à l'automne, lorsque ses tiges arquées croulent sous des panicules roses de 10 à 15 cm de long.

Sol : riche, léger, profond, humifère.

Exposition : plein soleil pour une bonne floraison, dans un endroit abrité du gel.

Desmodium penduliflorum

Culture et entretien : plantez au printemps, paillez le pied en hiver. En mars, rabattez les tiges de l'année précédente au ras du sol pour que l'arbuste conserve une forme compacte. Pour le multiplier, arrachez une racine en avril et coupez-la en plusieurs segments que vous mettrez à bourgeonner dans un pot à la maison.

Espèces et variétés : il existe 40 espèces. On ne cultive que *Lespedeza thunbergii.*

Utilisations : massif, rocaille, haie composée. Mariez le desmodium à des asters de même couleur, ou bien à un phormium pourpre et à un arbuste doré comme *Physocarpus opulifolius* 'Dart's Gold'.

Notre conseil : attention aux gelées printanières qui peuvent être destructrices.

Deutzia x *rosea* 'Carminea'

Deutzia spp.
DEUTZIA

J F M A M J J A S O N D

C

1/3 m | 1,5/4 m

Ce généreux arbuste de la famille des Hydrangeaceae réussit dans tous les jardins et fleurit beaucoup.

Description : très rustiques, les deutzias sont de charmants arbustes caducs, pas trop grands, appréciés pour leur floraison abondante, blanche, rose ou pourpre. Les feuilles opposées, ovales, sont dentées. Ils atteignent leur taille adulte en 5 à 7 ans.

Sol : profond, consistant, pas trop riche, frais, le calcaire est bien toléré.

Exposition : soleil ou mi-ombre légère.

Culture et entretien : plantez de novembre à mars, arrosez bien les premiers étés. Taillez chaque année les rameaux, juste après la floraison, en rabattant les rameaux défleuris au plus près de leur point de naissance. Bouturez en juillet les espèces peu vigoureuses, les autres en hiver.

Espèces et variétés : il existe 60 espèces. *Deutzia gracilis* (1 m), à fleurs blanches en mai-juin, joli port arqué. *Deutzia* x *hybrida* 'Mont Rose' (2 m), à fleurs rose tendre en juin. *Deutzia* x *magnifica* (2 m), à port érigé, fleurs doubles, blanches. *Deutzia* x *rosea* 'Carminea' (1 m), à port retombant, fleurs rose vif. *Deutzia scabra* 'Candidissima' (3 m), à port raide mais ramifié, fleurs blanc pur en mai-juin ; 'Plena', à fleurs très doubles, roses, atteint 3 m ; 'Pride of Rochester' (2 m), à fleurs doubles, blanc rosé. 'Tourbillon Rouge' (1,5 m), à fleurs rouge foncé.

Utilisations : massif, haie libre. Plantez en compagnie de weigélias ou de rosiers arbustifs qui fleuriront en même temps.

Notre conseil : abritez les deutzias des vents du nord qui nuisent à la floraison.

Dorycnium hirsutum (Lotus)
DORYCNIUM

J F M A M J J A S O N D

P

30/60 cm | 80 cm/1 m | – 10 °C

Ce petit arbuste de la famille des Fabaceae est surtout utilisé comme couvre-sol dans les jardins du Sud.

Description : cet arbrisseau méditerranéen à port étalé est désormais appelé *Lotus hirsutus* par les botanistes. Il porte un feuillage alterne, penné, velu, argenté. La floraison blanche teintée de rose est suivie de fruits rouges assez décoratifs.

Sol : léger, bien drainé, sec, même pauvre. Un sol caillouteux et un endroit brûlant rendent la plante plus belle.

Exposition : chaude, en plein soleil.

Culture et entretien : plantez au printemps. Taille, apports d'eau et engrais sont superflus. Contentez-vous de désherber. Paillez le pied en automne.

Espèces et variétés : il existe 150 espèces dans le genre *Lotus*. 'Fréjorgues', au port étalé, fleurs blanc rosé dès la mi-mai.

Utilisations : bordure, talus, rocaille, potée.

Notre conseil : associez l'argent du feuillage du dorycnium à des euphorbes pourpres ou à *Agave americana* (bleuté).

Dorycnium hirsutum

Drimys winteri 'Colorata'

Drimys winteri
DRIMYS (TASMANNIA)

J F **M A M J** J A S O N D

3/5 m · 2/3 m · P · – 8 °C

Cet arbuste touffu de la famille des Winteraceae est cultivé pour ses fleurs et ses feuilles aromatiques.

Description : originaire d'Amérique du Sud, cet arbrisseau assez frileux est surtout destiné aux jardins du Midi ou de l'Ouest, où il sera placé le long d'un mur exposé au sud. Les feuilles alternes, elliptiques, dégagent lorsqu'on les froisse une forte odeur poivrée. Les fleurs blanches, étoilées, portées en bouquets, sentent le jasmin.

Sol : acide et frais, par exemple de la terre de bruyère et du terreau en mélange.

Exposition : ensoleillée et abritée du froid.

Culture et entretien : plantez au printemps. Pour conserver une forme élégante, taillez après la floraison les branches disgracieuses. Paillez en hiver.

Espèces et variétés : il existe 30 espèces. *Drimys colorata*, appelé désormais *Pseudowintera* (1 m), à feuillage jaune-vert marqué de rose et de rouge. *Drimys lanceolata* (4 m), aux jeunes rameaux et pétioles rouges, fleurs en bouquets blancs suivis de fruits globuleux, noirs. *Drimys winteri* (6 m), à longues feuilles coriaces, fleurs parfumées blanc ivoire.

Utilisations : plantez ce bel arbrisseau dans un massif de terre de bruyère, avec azalées, piéris, *Fothergilla* et *Enkianthus*.

Notre conseil : douchez le feuillage chaque soir après une forte chaleur estivale car le drimys aime la moiteur.

Elaeagnus spp.
ÉLÉAGNUS, CHALEF

J F M A **M J** J A S **O N** D

2/5 m · 1/4 m · C/P

Ces arbustes variés de la famille des Elaeagnaceae sont très utilisés pour les haies et brise-vent.

Description : arbustes touffus ou arbrisseaux formant un petit tronc, les chalefs portent un feuillage alterne, lancéolé, vert ou argenté. La floraison, très discrète, a lieu à l'automne chez les espèces persistantes et à la fin du printemps chez les caduques. Elle dégage un léger parfum.

Sol : ordinaire, sableux, même sec et pauvre. Évitez les terres trop calcaires.

Exposition : soleil, mi-ombre, les vents forts et les embruns sont bien tolérés.

Culture et entretien : plantez toutes l'année les sujets en conteneur. Pour favoriser la ramification les premières années suivant la plantation, rabattez les pousses, d'un tiers de leur longueur et faites une taille d'équilibrage chaque printemps pour conserver une forme régulière.

Espèces et variétés : il existe 45 espèces. *Elaeagnus angustifolia* (6 m), l'olivier de Bohème, à rameaux couverts de petites épines, feuillage argenté au revers, floraison estivale blanc jaunâtre, est caduc et assez rustique, mais il préfère nettement les jardins du littoral ; 'Quicksilver' (3 m), drageonnant, pyramidal, à pousses argentées. *Elaeagnus* x *ebbingei* (3 m), à feuillage persistant, légèrement bleuté, est accompagné, en automne, de nombreuses fleurs très odorantes ; 'Gilt Edge', plus compact, porte des feuilles au centre vert foncé, marginées de jaune ; 'Limelight' présente des feuilles argentées, marquées d'une panachure centrale dorée. *Elaeagnus macrophylla*, persistant au port plutôt étalé, avec de grandes feuilles dont les jeunes sont argentées. *Elaeagnus multiflora* (2 m), le goumi du Japon, caduc, à feuilles au revers argenté, fleurs jaunes odorantes. *Elaeagnus pungens* 'Frederici' (2 m), à petites feuilles

Elaeagnus angustifolia

Elaeagnus x *ebbingei*

Elaeagnus x *ebbingei*

persistantes, étroites, jaune crème au bord vert ; 'Maculata' (2 m) se distingue par ses feuilles coriaces, au cœur jaune vif bordé d'un mélange de vert et de jaune.

Utilisations : haie brise-vent *(Elaeagnus angustifolia)*, haie défensive, massifs dans les jardins du bord de mer. Excellente association avec *Escallonia*, *Olearia*, *Tamaris* et *Griselinia*.

Notre conseil : totalement insensibles à la pollution atmosphérique, les éléagnus à feuilles persistantes font d'excellentes haies dans les jardins abrités en ville.

Elsholtzia stauntonii

Erythrina latissima

Elsholtzia stauntonii
ELSHOLTZIA

J F M A M J J A S O N D

1,5 m 2 m S

Ce sous-arbrisseau de la famille des Lamiaceae possède des feuilles très aromatiques et de jolies fleurs.

Description : originaire du nord de la Chine, ce petit arbuste très rustique est intéressant par sa floraison tardive en épis terminaux de 10 à 20 cm de haut, rose pourpré clair. Le feuillage opposé, lancéolé, dégage une odeur de menthe lorsqu'on le froisse. Sous un climat froid, les tiges disparaissent totalement en hiver.

Sol : riche et bien drainé, argilo-siliceux.

Exposition : plein soleil, non brûlante.

Culture et entretien : plantez au printemps. Paillez chaque hiver, rabattez les tiges au ras du sol en mars-avril. Bouturez de jeunes pousses en juin dans un substrat léger à base de sable et de tourbe blonde.

Espèces et variétés : il existe 35 espèces. *Elsholtzia stauntonii* est la seule couramment cultivée dans les jardins du Midi. 'Alba' est un cultivar aux fleurs blanches.

Utilisations : massif, bordure, bac sur terrasse. Créez une jolie scène automnale dans les régions au climat doux, en plantant au pied de l'elsholtzia des bulbes de *Schizostylis coccinea* rose pâle, d'*Amaryllis belladona* rose vif et de *Nerine* x *bowdenii* à fleurs blanches ou roses.

Notre conseil : vous pouvez considérer l'elsholtzia comme une plante vivace herbacée à installer dans une mixed-border avec des phlox et des anémones du Japon.

Erythrina crista-galli
ÉRYTHRINE CRÊTE-DE-COQ

J F M A M J J A S O N D

1/3 m 1,5 m -7 °C

Cette plante tropicale de la famille des Fabaceae porte d'étonnantes fleurs charnues d'un rouge corail.

Description : parfois nommée « arbre corail », « érythrine corail » ou « bois immortel », cette plante arbustive est originaire du Brésil. Elle forme une souche ligneuse vivace d'où émergent des tiges annuelles épineuses, couvertes de feuilles éparses et coriaces, vert glauque, dont les folioles ovales, aux pétioles épineux, mesurent de 5 à 12 cm de long. Les grandes fleurs rouge vif à écarlate foncé sont réunies en grappes semi-pendantes de 30 à 70 cm de long.

Sol : plantez dans une terre riche, profonde et bien drainée. Ajoutez du fumier bien décomposé chaque année en mars.

Exposition : très ensoleillée, chaude mais non brûlante, abritée du vent et du gel.

Culture et entretien : installez la plante à l'extérieur en avril-mai, en pleine terre dans les régions chaudes ou en bac de grand volume ailleurs. Arrosez beaucoup par temps chaud et sec. À l'automne, protégez la souche avec une couche épaisse de feuilles mortes ou de tourbe. Hivernez les potées en serre froide, à 5 °C.

Espèces et variétés : il existe 120 espèces toutes tropicales, certaines comme *Erythrina variegata* étant cultivées comme plantes d'intérieur. L'hybride *Erythrina* x *bidwillii* (*E. crista-galli* x *E. herbacea*) forme des grappes terminales dressées, rouges.

Utilisations : sujet isolé, massifs, bacs.

Notre conseil : au printemps, rabattez toutes les pousses d'*Erythrina crista-galli* à 20 cm de la souche.

Escallonia spp.
ESCALLONIA

J F M A M **J J A** S O N D

2/3 m | 2/3 m | P

Ces arbustes touffus et florifères de la famille des Escalloniaceae sont très appréciés en bord de mer.

Description : originaires d'Amérique du Sud, les escallonias forment des buissons compacts, bien ramifiés qui préfèrent les jardins de la moitié sud de la France. Les feuilles alternes ou verticillées, coriaces, ovales, sont vert brillant. La floraison estivale en corolle tubulaire ou en coupe forme de petits bouquets dans les tons blancs, roses ou rouges selon les variétés.

Sol : terre de jardin fertile bien drainée, de préférence un peu acide ou neutre.

Exposition : ensoleillée et assez chaude.

Culture et entretien : plantez au printemps. Pour constituer une haie, distancez les pieds de 60 à 80 cm. Apportez un engrais pour rosiers au printemps. Taillez pour équilibrer la silhouette en février et en septembre. Paillez le pied en hiver.

Espèces et variétés : il existe 22 espèces. *Escallonia* x *langleyensis* (2 m), aux longs rameaux arqués, couverts de fleurs rose carmin ; 'Donard Seedling' (2,5 m), rose clair et parfumé. *Escallonia rubra* var. *macrantha* (3 m) fleurit rose vif en grappes terminales ; 'Red Dream', fleurs et tiges rouge rosé. *Escallonia* x 'Donard Radiance' (1,5 m), compact, à fleurs rose foncé brillant, précoces ; 'Pride of Donard' (1,5 m), très touffu, rouge vif.

Utilisations : haies fleuries, libres ou taillées. Bacs sur terrasse.

Notre conseil : c'est un des meilleurs arbustes pour les haies en bord de mer.

Eucryphia glutinosa
EUCRYPHIA

J F M A M J **J A** S O N D

4/6 m | 2/3 m | P | – 10 °C

Cet arbrisseau de la famille des Cunoniaceae devrait être plus connu, car c'est une merveille.

Description : originaires du Chili ou d'Australie, les eucryphias forment de

Eucryphia glutinosa

grands arbustes ou même des petits arbres à port étroit. En dépit d'une floraison somptueuse, blanc pur, ils sont quasi inconnus. Le feuillage opposé, simple, coriace, vert intense, est glauque au revers. Il se colore de rouge orangé en automne. Croissance lente (4 m en 10 ans).

Sol : frais, léger, acide, profond, frais.

Exposition : soleil et chaleur obligatoires. De rusticité moyenne, les eucryphias sont à réserver aux zones les mieux protégées des jardins du littoral atlantique.

Culture et entretien : plantez au printemps. Paillez l'été pour ombrager les racines et les maintenir au frais, l'hiver pour protéger de la gelée. Un apport d'engrais est utile au printemps. Favorisez la floraison en pinçant l'extrémité des jeunes rameaux avant la reprise de la végétation au printemps. Sinon, ne taillez pas.

Espèces et variétés : il existe 6 espèces. *Eucryphia glutinosa* est la plus rustique. Les fleurs aux étamines proéminentes atteignent 7 cm de diamètre. *Eucryphia* x *nymansensis* est cultivé en Angleterre, où il fleurit à la fin de l'été et en automne.

Utilisations : en isolé, grand bac, arrière-plan de massif d'arbustes. Associez-le avec *Crinodendron* et *Embothrium*.

Notre conseil : en cas d'hiver froid, taillez toutes les branches au printemps pour provoquer l'apparition de nouvelles pousses à la base et sur le bois.

Escallonia x hybrida

Euonymus spp.
FUSAIN

J F M A M J J A S O N D

50 cm/4 m | 1/2 m | C/P

Ces arbustes d'aspect très variable de la famille des Celastraceae sont appréciés pour leurs couleurs.

Description : arbustes ou petits arbres rustiques, les fusains portent des feuilles opposées, ovales, simples, dentées ou crénelées, qui chez les espèces caduques prennent des teintes exceptionnelles en automne. Floraison insignifiante, fructification colorée très décorative, surtout chez le fusain d'Europe.

Sol : toute terre de jardin bien drainée.

Exposition : soleil (fusains persistants) ou mi-ombre légère (fusains caducs).

Culture et entretien : plantez à l'automne les espèces caduques, au printemps les fusains persistants. Pratiquez une taille d'entretien et de nettoyage dès que les feuilles sont tombées pour conserver une forme harmonieuse. En haie, espacez les pieds de 80 cm.

Espèces et variétés : il existe 175 espèces. *Euonymus alatus* (2 m), caduc, au feuillage automnal superbe où se mêlent rose, violet, orangé et pourpre. Les rameaux étalés, parfois ailés, lui donnent une forme évasée. *Euonymus europaeus* (3 m), caduc, appelé aussi « bonnet carré » pour ses grappes de fruits originaux roses ou rouges qui laissent apparaître en s'ouvrant un arille orange. Les feuilles se colorent de jaune et de rouge en automne ; 'Atropurpureus' vire au rouge violacé ; 'Red Cascade' (3 m), aux fruits plus rouges que le type, mais l'arille reste orangé. *Euonymus fortunei* (4 m), persistant, aux rameaux souples que l'on peut palisser, feuilles coriaces ; 'Coloratus' (4 m), à feuilles vert foncé devenant rouges en hiver ; 'Emerald Gaiety' (1 m), à port étalé, feuilles bordées de blanc crème ; 'Emerald'n Gold' (1 m), à feuilles panachées de jaune vif ; 'Minimus' (15 cm de haut, 80 cm de large), prostré, aux rameaux se marcottant naturellement, feuilles vert foncé, rougissant à l'automne. 'Sunspot' (40 cm), aux feuilles avec une macule centrale jaune. *Euonymus japonicus* (4 m), persistant, de croissance rapide, portant des feuilles obovales vert foncé brillant et des fruits décoratifs au coloris rosé en automne ; 'Aureomarginatus', à feuilles marginées de jaune vif ; 'Bravo' (1,5 m), à petites feuilles vert foncé marginées de blanc crème ; 'Président Gauthier', à feuillage bordé de blanc crème. *Euonymus phellomanus* (4 m), caduc, aux rameaux ailés, devient écarlate en septembre-octobre. *Euonymus verrucosus* (2,5 m), caduc, se pare en automne de nuances lilas pâle et jaunes.

Utilisations : massif d'arbustes, haies taillées ou libres en mélanges, culture en bac pour les cultivars nains. Habillage des clôtures ou des talus pour les formes rampantes que l'on peut palisser.

Notre conseil : coupez les branches avant que les fruits soient totalement ouverts pour en faire de jolis bouquets. Attention, toute la plante contient des principes toxiques qui peuvent provoquer des troubles intestinaux. Ne laissez pas les jeunes enfants à proximité des fruits colorés qui évoquent des bonbons.

Euonymus europaeus

Euonymus japonicus

Euonymus alatus

Exochorda spp.
EXOCHORDA

J F M **A M** J J A S O N D

2/4 m — 2/4 m — ☼ — C

Ces grands arbustes de la famille des Rosaceae sont remarquables pour l'abondance de leurs fleurs.

Description : arbustes très rustiques venus du nord de l'Asie, les exochordas prennent une silhouette ample et légère. Les feuilles alternes, entières sont légèrement dentées. Les grandes fleurs simples, d'un blanc immaculé, couvrent l'ensemble de la ramure au printemps. Croissance rapide (la taille adulte est obtenue en 4 à 5 ans).

Sol : bien drainé, léger, pas trop calcaire.

Exposition : ensoleillée, non brûlante.

Culture et entretien : plantez en automne. Arrosez et paillez les premiers étés. Taillez juste après la floraison pour équilibrer la ramure et aérer la plante.

Espèces et variétés : il existe 4 espèces. *Exochorda* x *macrantha* 'The Bride' (1,5 m) est un petit arbuste à port pleureur, à grandes fleurs. *Exochorda racemosa* (3 m), drageonnant, au port étalé, très florifère, d'un blanc pur.

Utilisations : haies libres, massifs d'arbustes. Mettez en valeur la floraison en isolant le sujet sur une pelouse.

Notre conseil : faites un paillis organique chaque année au printemps pour conserver le sol frais tout en évitant la chlorose.

Exochorda macrantha 'The Bride'

Forsythia spp.
FORSYTHIA

J F **M A** M J J A S O N D

1,5/4 m — 2/4 m — ☼/◐ — C

Cet arbuste buissonnant de la famille des Oleaceae est un des tout premiers à fleurir au jardin.

Description : les fleurs d'or du forsythia marquent le réveil du printemps. Très rustique et de croissance rapide (taille adulte en 3 à 5 ans), il porte des rameaux vert clair, couverts de lenticelles. Feuilles opposées, ovales, vert clair.

Sol : riche de préférence, assez frais.

Exposition : plein soleil ou mi-ombre.

Culture et entretien : plantez en automne. Arrosez bien et paillez les premiers étés. Tous les 4 ou 5 ans, rajeunissez les sujets très vigoureux en les rabattant au sol, juste après la floraison.

Espèces et variétés : il existe 7 espèces. *Forsythia* x *intermedia* (de 2 à 3 m), hybride vigoureux, érigé et florifère, dont les meilleures variétés sont : 'Lynwood' (2,5 m), aux grandes fleurs jaune intense ; 'Spring Glory' (2 m), à petits bouquets de fleurs jaune pâle. *Forsythia suspensa* (3 m), à port souple, idéal pour le palissage, mais peu florifère ; 'Nymans' (4 m), aux grandes fleurs jaune pâle, parfumées. 'Marée d'or' et 'Mêlée d'or' (1,5 m) sont des hybrides compacts, qui conviennent bien à la culture en bac.

Utilisations : haies libres, massifs et potées. Créez une jolie scène printanière avec des jacinthes et des scilles bleues.

Notre conseil : dès la mi-janvier, coupez des branches de forsythia et laissez-les s'épanouir dans un vase à la maison.

Forsythia x *intermedia*

Fothergilla major
FOTHERGILLA

J F M A M J J A S O N D

1/3 m 1/2 m -7 °C

Cet arbuste au port gracieux de la famille des Hamamelidaceae prend de superbes couleurs d'automne.

Fothergilla major

Description : d'un port assez lâche et irrégulier, les fothergillas portent des feuilles alternes, veinées et gaufrées, semblables à celles de l'aulne, vert foncé brillant sur le dessus et glauques en dessous. Les jeunes rameaux sont couverts d'un léger duvet. En automne, le feuillage prend de jolis tons qui évoluent du jaune à l'orangé puis au rouge. Les fleurs blanches, odorantes, en épis dressés de 5 à 10 cm de long, présentent des étamines proéminentes.
Sol : siliceux, acide et frais.
Exposition : mi-ombre à ombre.
Culture et entretien : plantez en automne. Inutile de fertiliser. Une petite taille d'entretien après la floraison suffit.
Espèces et variétés : il existe 2 espèces. *Fothergilla major*, à grandes feuilles, est le plus vigoureux, avec de grands épis floraux. *Fothergilla gardenii* est similaire mais de taille plus petite (moins de 1,5 m).
Utilisations : second rang d'un massif de terre de bruyère, avec camélia, *Styrax*, *Hamamelis*, *Pieris*. Rocaille, potée.
Notre conseil : paillez le pied au printemps avec du compost à demi décomposé pour conserver le sol frais durant l'été et gêner les mauvaises herbes.

Fuchsia magellanica
FUCHSIA DE MAGELLAN

J F M A M J J A S O N D

1/2 m 1/2 m -10 °C

Chez ces arbustes de la famille des Onagraceae, il existe une espèce rustique dans les régions littorales.

Description : très élégant avec ses fleurs rouges, cet arbuste forme des buissons souples, gracieux, très florifères. Les feuilles opposées, ovales, de 2 à 6 cm de long, montrent des nuances rouges au revers. Les fleurs tubulaires, pendantes, rouge foncé, sont nuancées de rose pâle.
Sol : humifère, léger, riche, bien drainé.
Exposition : soleil doux, mi-ombre.
Culture et entretien : plantez au printemps. Pour constituer une haie, comptez un pied tous les 60 à 80 cm. En fin d'automne, rabattez toutes les tiges à 10 cm du sol. Hivernez en véranda s'il fait froid.
Espèces et variétés : il existe 100 espèces de fuchsias. Seul *Fuchsia magellanica* est rustique. 'Riccartonii' développe des fleurs rouge et violet pourpré.
Utilisations : petites haies fleuries, potées, belle association avec de grands asters, des marguerites d'automne, des euryops.
Notre conseil : en hiver, couvrez le pied de paille ou de feuilles mortes.

Fuchsia magellanica 'Riccartonii'

Garrya elliptica

Garrya elliptica
GARRYA

J F M A M J J A S O N D

2/4 m 2/3 m P

Cet arbuste fort peu connu, de la famille des Garryaceae est à la fois solide et très décoratif en hiver.

Description : pouvant former un petit arbre aux feuilles opposées, simples, coriaces, le garrya se pare chez les pieds mâles de longs chatons grêles, argentés, pendants, qui atteignent 30 cm de long en climat chaud. Les inflorescences sont dressées et plus petites chez les plantes

Genista x 'Porlock'

Grevillea juniperina

femelles. Originaire de Californie, le garrya est assez frileux. De croissance rapide, il atteint 1,5 m de haut en 3 ans.
Sol : léger, bien drainé, assez pauvre et plutôt sec, mais profondément travaillé.
Exposition : soleil ou mi-ombre légère.
Culture et entretien : plantez au printemps. Paillez le pied chaque hiver pour protéger du froid. La taille est superflue.
Espèces et variétés : il existe 13 espèces. 'James Roof', variété mâle, à grandes feuilles coriaces et longs chatons (30 cm).
Utilisations : palissé sur un mur ou un claustra, en arrière-plan de massif.
Notre conseil : le garrya supporte mal la transplantation, achetez-le en conteneur.

Genista spp. GENÊT NAIN

J F M **A M J J** A S O N D

30 cm/3 m — 30 cm/2 m — C

Ces arbustes de la famille des Fabaceae, d'aspect très varié, se couvrent totalement de fleurs.

Description : buissons compacts ou arbrisseaux souples au feuillage alterne, très fin et parfois absent, ces genêts sont difficiles à distinguer du genre *Cytisus*. Toutefois, leur origine méditerranéenne en fait des plantes plus frileuses, qui réussissent bien dans les jardins du littoral. Les fleurs papilionacées sont le plus souvent jaunes.
Sol : léger, siliceux, plutôt sec, même pauvre. Le calcaire est bien accepté
Exposition : chaude et ensoleillée.
Culture et entretien : plantez au printemps. Les genêts supportent bien la taille, mais il ne faut pas couper sur le vieux bois. Paillez en automne pour protéger du froid.
Espèces et variétés : il existe 90 espèces. *Genista hispanica* (80 cm), épineux, forme un coussin compact, couvert de fleurs en été. *Genista* x 'Lydia' (50 cm), à port étalé, inerme, à floraison printanière. *Genista pilosa* 'Vancouver Gold' (30 cm), prostré, tapissant, inerme, floraison à la fin du printemps. *Genista* x 'Porlock' (1,5 m), buissonnant, léger, gracieux, fleurs très précoces en grappes pendantes. *Genista tinctoria* (1 m), le genêt des teinturiers, buissonnant, floraison de mars à juin ; 'Royal Gold' (60 cm), très florifère.
Utilisations : bordure, couvre-sol, talus, muret, rocaille, massif de vivaces, potée fleurie avec des fleurs saisonnières
Notre conseil : protégez le pied du froid en hiver par un bon paillis organique.

Grevillea robusta GRÉVILLÉA

J F M A **M J J** A S O N D

1/2 m — 60 cm/1 m — P — -7 °C

Cet arbuste souple et touffu de la famille des Proteaceae convient bien dans les jardins du littoral.

Description : d'origine australienne, le grévilléa forme un buisson de feuilles alternes finement ciselées, parfois piquantes. Les épis de fleurs tubulaires se parent d'étamines souvent recourbées.
Sol : terre fraîche, acide et bien drainée.
Exposition : plein soleil, à l'abri des vents forts. Une forte chaleur est appréciée.
Culture et entretien : plantez au printemps ou sortez les potées en mai. Arrosez par temps sec. Fertilisez les plantes en pot tous les quinze jours en été. Dans le Midi, laissez le grévilléa dehors en hiver, le long d'un mur au sud, la souche protégée par un paillis, ou hivernez dans une véranda.
Espèces et variétés : Il existe 250 espèces. *Grevillea rosmarinifolia* (de 60 à 120 cm), au feuillage ressemblant à celui du romarin, à floraison printanière rouge, est le plus rustique (- 10 °C) ; 'Robyn Gordon' fleurit plus longtemps. *Grevillea robusta* (de 6 à 12 m), au feuillage découpé qui évoque celui des fougères, fleurs jaune-orangé. *Grevillea juniperina*, aux feuilles fines, piquantes, fleurs rouges.
Utilisations et associations : massif exotique avec des palmiers, serre froide.
Notre conseil : arrosez avec une eau non calcaire, pour éviter la chlorose.

Griselinia littoralis 'Variegata'

Griselinia littoralis
GRISÉLINIA

2/4 m	1,5/2 m		P	- 12 °C

Cet arbuste compact de la famille des Griseliniaceae convient surtout pour les jardins du bord de mer.

Description : originaire de Nouvelle-Zélande, cet arbuste dioïque (il existe des pieds mâles et des pieds femelles) forme un buisson touffu aux feuilles alternes, épaisses, ovales, de 5 à 8 cm de long. Les fleurs sont insignifiantes. Les baies oblongues de 0,5 cm de long, noir violacé, apparaissent en automne.

Sol : toute bonne terre, même calcaire.

Exposition : chaude, en plein soleil.

Culture et entretien : plantez au printemps. Arrosez régulièrement, surtout les sujets plantés dans un bac. Pas de taille.

Espèces et variétés : il existe 6 espèces. On cultive surtout *Griselinia littoralis*, au feuillage vert jaunâtre ; 'Variegata', panaché de jaune, de blanc et de vert ; 'Dickson's Cream', panaché de crème. *Griselinia lucida*, plus petit (2 m), aux feuilles vert foncé brillant, assez épaisses.

Utilisations : planté en bord de mer, le grisélinia résiste bien aux embruns. On l'emploie surtout comme haie décorative ou brise-vent. Culture en bac possible.

Notre conseil : dans les régions au climat frais, abritez le grisélinia dans une véranda en hiver. De mai à octobre, sortez la plante dans le jardin, en plein soleil.

Halesia spp.
ARBRE AUX CLOCHES D'ARGENT

J F M **A M** J J A S O N D

3/6 m	6/8 m		C

Cet élégant arbrisseau de la famille des Styracaceae gagnerait à être plus cultivé, il est superbe !

Description : originaire du sud-est des États-Unis, ce grand arbuste, qui forme vite un petit tronc, est très rustique. Il porte des clochettes retombantes blanches, à quatre pétales, tout au long des rameaux. Le feuillage alterne, ovale, de 5 à 12 cm de long, jaunit en automne. Fruits ailés. Croissance rapide.

Sol : riche, léger, frais, acide, sablonneux.

Exposition : au soleil ou à l'ombre légère, bien à l'abri des vents.

Culture et entretien : plantez à l'automne. Paillez les jeunes plants au printemps. Raccourcissez les pousses après la floraison, juste pour équilibrer la ramure. Multiplication par semis. Pour favoriser la germination des graines récoltées à maturité en octobre, semez-les en pot que vous conserverez entre 15 °C et 25 °C pendant trois mois, puis enfermez-les au réfrigérateur durant trois mois entre 1 °C et 5 °C. Semez sous abri en avril à 15 °C.

Espèces et variétés : il existe 5 espèces. *Halesia carolina* (5 m) est très florifère, à port étalé. *Halesia monticola* (6 m), d'aspect similaire, est plus vigoureux, mais un peu moins florifère ; var. *vestita* f. *rosea*, à fleurs rose tendre. *Halesia diptera* (3 m) est plus compact, mais moins rustique.

Utilisations : isolé, haie libre, massifs de terre de bruyère. Mariez les *Halesia* à des rhododendrons, des hamamélis, des *Styrax*, des camélias ou des piéris qui ont des exigences culturales similaires.

Notre conseil : douchez le feuillage après une journée très chaude, car les *Halesia* apprécient une ambiance humide.

Halesia carolina

Hamamelis x intermedia 'Jelena'

Hamamelis x intermedia 'Diane'

Hamamelis spp.
HAMAMÉLIS

J F M A M J J A S O N D

3/5 m 3/5 m C

Ce grand arbuste de la famille des Hamamelidaceae offre une des plus belles floraisons hivernales.

Description : rustique, au joli port étalé, formant parfois un petit tronc, l'hamamélis est natif de l'ouest et du centre-ouest de la Chine. Ses grandes feuilles alternes, ovales, de 5 à 10 cm de long, virent au jaune cuivré en automne. Les fleurs filiformes jaunes, orange ou rouges, insérées sur les rameaux, ressemblent à des araignées. Croissance lente (1 m en trois ans).

Sol : riche, assez frais, humifère, acide ou neutre. Un apport de tourbe ou de terre de bruyère est conseillé à la plantation.

Exposition : soleil non brûlant ou mi-ombre légère, la floraison et les couleurs d'automne sont réduites à l'ombre.

Culture en entretien : plantez en automne. Paillez les premiers étés pour maintenir le pied au frais. Ne taillez pas de manière systématique, mais conservez un bon équilibre en éliminant ou en réduisant les rameaux disgracieux.

Espèces et variétés : il existe 6 espèces. *Hamamelis mollis* 'Brevipetala', érigé à petites fleurs jaune orangé. 'Coombe Wood', à fleurs un peu plus grandes. 'Goldcrest', aux fleurs d'un jaune d'or intense, teintées de rouge à la base. 'Pallida', à fleurs jaune soufre. *Hamamelis* x *intermedia* est une forme hybride vigoureuse ; 'Arnold Promise' est compact (1,5 m), à fleurs jaune foncé ; 'Diane', à fleurs jaunes ; 'Jelena', orangé ; 'Primavera', doré, très florifère.

Utilisations : isolé dans un endroit bien dégagé, sur un fond de conifères ou de persistants. Plantez toujours à proximité de la maison pour profiter du parfum.

Notre conseil : si les feuilles restent jaunes en été, c'est que la terre est trop calcaire. Changez l'hamamélis de place et plantez-le dans une fosse remplie de terre de bruyère et de terreau forestier.

Hebe spp.
VÉRONIQUE ARBUSTIVE

J F M A M J J A S O N D

20 cm/2 m 60 cm/1,5 m P

Cet arbuste compact de la famille des Scrophulariaceae prend des aspects différents selon les espèces.

Description : les *Hebe* sont des arbustes décoratifs par leurs feuilles opposées, entières, en écailles ou lancéolées, et par leurs fleurs en épis dressés, roses, mauves ou blancs. Buissonnants, compacts, de croissance lente, ils viennent bien en pot.

Sol : tout sol fertile, pas trop lourd, jamais détrempé. Le calcaire est bien toléré.

Exposition : chaude, au soleil ou à mi-ombre, bien à l'abri du vent.

Culture et entretien : plantez au printemps. Arrosez et paillez les premiers étés après la mise en place. Les apports d'engrais sont inutiles, hormis pour les sujets en pot. Rabattez les vieilles tiges pour provoquer le départ de nouveaux rameaux. Multiplication par boutures d'extrémité de tiges en fin d'été.

Espèces et variétés : il existe 100 espèces. *Hebe armstrongii (Hebe ochracea)* (50 cm) ressemble à un conifère, avec son feuillage jaune-roux, et son port ramifié en éventail. Petites fleurs blanches estivales, à anthères pourprées. Croissance très lente (20 cm en 4 à 5 ans) ; 'James Stirling', aux reflets dorés. *Hebe* x *andersonii* 'Variegata' (2 m), aux rameaux pourpre foncé, porte des épis violet clair à la fin de l'été. *Hebe brachysiphon* (1 m) forme un buisson arrondi aux toutes petites feuilles vert foncé, fleurs blanches en été. *Hebe cupressoides* (1,2 m), compact, aux fleurs bleu pâle à violacé. *Hebe pinguifolia* (40 cm), très compact, feuilles bleu-gris, fleurs blanches en mai-juin. *Hebe salicifolia* est blanc. Il existe diverses formes hybrides : 'Autumn Glory' (60 cm) fleurit bleu-pourpre ; 'La Séduisante' (1 m), fleurs pourpre foncé de juillet à octobre ; 'Midsummer Beauty' (2 m), très florifère, aux longs épis pourpre violacé.

Utilisations : bordure de massif, rocaille, potée. Associez les *Hebe* à des bruyères, des asters, des choux d'ornement, des conifères nains, diverses graminées.

Notre conseil : dans la moitié nord de la France, installez les *Hebe* en bacs dans une véranda dès la fin octobre.

Hebe x 'Midsummer Beauty'

Hebe x *andersonii* 'Variegata'

Hibiscus syriacus 'Oiseau Bleu'

Hibiscus syriacus
ALTHÉA, MAUVE EN ARBRE

J F M A M J J A S O N D

2/3 m — 1,5/2,5 m — C

Cet arbuste bien érigé de la famille des Malvaceae se pare en été de très nombreuses fleurs en coupe.

Description : cet arbuste très rustique, originaire de Chine, est prisé pour sa floraison prolifique estivale, qui dure jusqu'en octobre. L'espèce type porte des fleurs violettes, à cœur plus foncé. Feuilles simples, alternes, crénelées, vert foncé. Croissance assez lente (1,5 m en 3 ans).

Sol : frais, riche, bien drainé, de préférence neutre, même si le calcaire est toléré.

Exposition : bien ensoleillée, aérée.

Culture et entretien : plantez en automne, arrosez bien en été. Taillez au printemps les pousses de l'année précédente (gris clair). Multiplication par bouturage de rameaux dénudés (bois sec) en novembre.

Espèces et variétés : parmi les 200 espèces connues, seul *Hibiscus syriacus* est vraiment rustique. On cultive essentiellement des hybrides. À fleurs simples : 'Diana', blanc pur ; 'Hamabot', lilacé avec le centre carmin ; 'Oiseau Bleu', bleu-violet à œil plus foncé ; 'Pink Giant', rose foncé ; 'Red Heart', blanc à œil rouge ; 'Russian Violet', à grandes fleurs mauve foncé ; 'William R. Smith', un des plus beaux blancs ; 'Woodbridge', rouge. À fleurs doubles : 'Duc de Brabant', rouge foncé, avec quelques lignes blanches ; 'Jeanne d'Arc', fleurs semi-doubles blanches ; 'Lady Stanley', blanc rosé à centre rouge foncé ; 'White Chiffon', blanc.

Utilisations : isolé, massif, haie libre. On peut former l'arbuste sur un petit tronc, en pinçant les branches latérales.

Notre conseil : dans les régions aux étés frais et humides, préférez les formes à fleurs simples aux hibiscus à fleurs doubles. Ils s'épanouissent mal s'ils manquent d'un ensoleillement intense.

Hippophae rhamnoides
ARGOUSIER

J F M A M J J A S O N D

4/5 m — 2/3 m — C

Ce grand arbuste épineux de la famille des Elaeagnaceae, qui résiste quasiment à tout, est idéal en haie.

Description : cet arbuste buissonnant, dioïque, produit des fruits jaune orangé clair de septembre à mars sur les pieds femelles. Son feuillage alterne, allongé, gris sur le dessus et argenté dessous, est porté par des rameaux épineux.

Hippophae rhamnoides

Sol : ordinaire ou sableux, bien drainé. Les terres pauvres et calcaires sont acceptées.

Exposition : bien ensoleillée. L'argousier convient très bien aux jardins des régions tempérées et situés en bord de mer, car il résiste sans problème aux embruns.

Culture et entretien : plantez en automne, entre 60 et 80 cm de distance pour les sujets en haies. Taillez régulièrement les pousses latérales pour favoriser une végétation plus dense.

Espèces et variétés : il existe 3 espèces, mais on ne cultive que *Hippophae rhamnoides*, aux fleurs très mellifères.

Utilisations : haies vives naturelles, haies défensives, rideaux brise-vent, massif en mélange destiné à attirer les oiseaux.

Notre conseil : pour obtenir un véritable mur défensif, coupez les rameaux sur un tiers de leur longueur, dès la plantation.

Hypericum
MILLEPERTUIS

J F M A M J J A S O N D

30 cm/2 m — 1/2,5 m — P/SP

Ces arbustes très diversifiés de la famille des Hypericaceae sont appréciés pour leur culture facile.

Description : la floraison jaune d'or, de longue durée, fait le succès des milleper-

Hypericum calycinum

Hypericum patulum 'Hidcote'

tuis, petits arbustes très rustiques. Certains portent des fruits décoratifs en automne. Les feuilles, simples, sont ovales, opposées. La taille adulte est obtenue en 4 ans.
Sol : bien drainé, frais, riche, humifère.
Exposition : plein soleil ou mi-ombre.
Culture et entretien : plantez en automne ou au printemps. Fertilisation inutile. Taillez court à la fin de l'hiver.
Espèces et variétés : il existe 400 espèces. *Hypericum androsaemum* 'Gladys Brabazon' (70 cm), feuillage panaché de blanc et de rose ; 'Toutesaine' (1 m), aux fleurs jaunes de juin à septembre, fruits rouges puis noirs en automne. *Hypericum calycinum* (30 cm) fleurit jaune de juillet à octobre. *Hypericum* x *inodorum* 'Elstead' (1 m), aux petites fleurs jaune pâle de juillet à octobre, fruits saumon. *Hypericum* x *moserianum* (50 cm), très bon couvre-sol ; 'Tricolor', à feuilles tachetées de rouge, de rose et de jaune. *Hypericum olympicum* (30 cm), à petites feuilles glauques et fleurs jaune vif. *Hypericum patulum* 'Hidcote' (2 m), à grandes fleurs jaunes tout l'été.
Utilisations : talus, rocaille, bordure. Associez le millepertuis au bleu d'un *Caryopteris* ou au violet d'un buddléia.
Notre conseil : traitez contre la rouille.

Ilex spp.
HOUX

J F M A M J J A S O N D

2/6 m — 1/3 m — P

Ce grand arbuste de la famille des Aquifoliaceae porte souvent des feuilles piquantes utiles en haies.

Description : décoratif par son feuillage et par sa production de petits fruits rouges en hiver, le houx est un arbuste ou un arbrisseau dioïque. Seuls les pieds femelles produisent des fruits rouges en septembre, mais il faut au moins un pied mâle pour assurer la fécondation. Les feuilles alternes, simples, vert foncé luisant sur les espèces types, sont bordées de dents très épineuses chez certaines espèces. Il existe des houx à feuilles caduques, mais ils sont rarement cultivés. Floraison insignifiante, blanc crème.
Sol : riche, humifère, pas trop calcaire.
Exposition : soleil léger ou mi-ombre.
Culture et entretien : plantez en automne ou au printemps. Pour obtenir une haie touffue, espacez chaque pied de 1 m. Taillez une fois par an, au printemps, pour que l'arbuste conserve un bel aspect.

Ilex aquifolium 'Silver Queen'

Espèces et variétés : il existe 400 espèces. *Ilex aquifolium* est le houx commun ; 'Alaska', très piquant, est une forme femelle aux nombreux fruits rouge vif ; 'Argenteomarginata' (ou 'Albomarginata'), aux feuilles bordées de blanc, fruits rouge corail ; 'Ferox Argentea', aux petites feuilles couvertes d'épines sur la face supérieure ; 'Madame Briot', aux feuilles épineuses maculées de jaune ; 'Silver Queen', panaché de blanc. *Ilex crenata* porte des petites feuilles non épineuses qui ressemblent à du buis ; 'Golden Gem', très compact (50 cm), est idéal en bac.
Utilisations : haies défensives, sujets isolés, topiaires *(Ilex crenata)*, bouquets.
Notre conseil : installez les variétés panachées en situation abritée, car elles sont relativement sensibles au froid.

Ilex aquifolium 'Golden Queen'

Indigofera heterantha

Indigofera spp.
INDIGOTIER

J F M A M J J A S O N D

1/2 m 1/2 m C

Cet arbuste subtropical de la famille des Fabaceae est très cultivé dans les jardins du Midi.

Description : moyennement rustiques, les indigotiers portent un feuillage alterne, penné, et de belles grappes compactes, dressées, formées de fleurs rose pourpré sur les pousses de l'année. Croissance rapide.

Sol : sec, bien drainé en hiver, assez riche.

Exposition : chaude et abritée, au soleil.

Culture et entretien : plantez au printemps, de préférence le long d'un mur au sud. Ailleurs que sur la Côte d'Azur, hivernez en véranda. Fin mars, coupez les branches qui ont été abîmées par le gel. Multiplication par semis ; avant, trempez les graines dans l'eau pendant une nuit.

Espèces et variétés : il existe 700 espèces. *Indigofera heterantha (gerardiana)* est le plus cultivé. *Indigofera hebepetala*, à fleurs tardives, rouge carmin, est rustique. *Indigofera decora*, plus trapu (60 cm), à fleurs rouge cramoisi en plein été. *Indigofera potanii*, à port étalé (2,5 m de large, 1,5 m de haut), fleurs roses.

Utilisations : massif méditerranéen, habillage d'un petit mur, potées.

Notre conseil : le feuillage n'apparaissant qu'en mai-juin, plantez des bulbes printaniers au pied des indigotiers pour créer un bel effet décoratif en début de saison.

Kerria japonica

Kerria japonica
CORÊTE DU JAPON

J F M A M J J A S O N D

1,5/3 m 1/2 m C

Cet arbuste buissonnant de la famille des Rosaceae fait partie des incontournables du printemps.

Description : cet arbuste drageonnant, touffu, au port irrégulier, porte des feuilles alternes, vert clair, gaufrées. Le corête du Japon se couvre, dès le début du printemps, tout le long des rameaux de un an, de très nombreuses fleurs de 3 à 4 cm de diamètre, en coupe ou en pompons plus ou moins serrés, jaune soutenu.

Sol : ordinaire, souple, bien drainé, riche.

Exposition : soleil léger ou mi-ombre.

Culture et entretien : plantez en automne, de préférence le long d'un mur dans les régions très fraîches. Après la floraison, rabattez les tiges d'un tiers de leur longueur. En haie libre, plantez un pied tous les 80 cm. Paillez au printemps.

Espèces et variétés : il n'existe qu'une espèce : *Kerria japonica*. 'Golden Guinea', à grandes fleurs simples de 6 cm de diamètre ; 'Picta', forme compacte (1 m), à feuilles tachetées de blanc crème, frileux ; 'Pleniflora', formant de gros pompons de 5 cm de diamètre ; 'Variegata', aux feuilles marginées de blanc, fleurs simples.

Utilisations : massifs, haies libres.

Notre conseil : chaque année, rabattez les vieilles tiges au ras du sol pour que l'ensemble reste bien compact et fourni.

Kolkwitzia amabilis
KOLKWITZIA

J F M A M J J A S O N D

2/3 m 2/3 m C

Cet arbuste généreux de la famille des Caprifoliaceae forme un buisson très florifère au printemps.

Description : originaire de Chine, cet arbuste aux tiges souples se couvre de nuées de fleurs roses en clochettes de 1 à 2 cm de long. Les feuilles opposées, ovales, pointues sont vert tendre. La taille adulte est obtenue en 5 à 6 ans.

Sol : une terre moyenne, même calcaire.

Exposition : soleil filtré ou ombre douce.

Culture et entretien : plantez de préférence en automne. Après la floraison, taillez les branches des deux tiers de leur longueur. Éliminez le vieux bois. Multiplication par séparation de drageons en automne ou boutures à talon de jeunes pousses en été à l'étouffée.

Espèces et variétés : il n'existe qu'une espèce : *Kolkwitzia amabilis*. 'Pink Cloud' a des fleurs d'un rose plus soutenu, dont le feuillage se teinte de pourpre en automne.

Utilisations : isolé, massif, haie libre.

Notre conseil : tuteurez les jeunes pousses vigoureuses dès la base, pour éviter qu'elles ne soient arrachées par le vent ou les violentes pluies d'orage.

Kolkwitzia amabilis

Lagerstroemia indica

Lagerstroemia indica
LILAS DES INDES

J F M A M J J A S O N D

1/5 m 1/4 m C

Ce bel arbuste vigoureux de la famille des Lythraceae porte de longues grappes de fleurs estivales.

Description : originaire d'Asie et d'Australie, le lilas des Indes peut former un petit arbre. Les feuilles opposées, oblongues, vert foncé, se teintent de rouge feu à l'automne. L'écorce est marbrée comme celle du platane. Floraison en panicules terminales de couleurs vives.

Sol : terre riche, profonde, humifère, non calcaire et pas trop sèche durant l'été.

Exposition : chaude et ensoleillée.

Culture et entretien : plantez au printemps. Résistant à la pollution et aux embruns, le *Lagerstroemia* peut se cultiver en pleine terre dans le Midi, sur le littoral atlantique et dans le Sud-Ouest. Chaque année, enrichissez la terre autour de la souche, avec du fumier décomposé et du terreau de feuilles. Taillez au printemps, en ne laissant que deux ou trois yeux par branche. Traitez contre l'oïdium.

Espèces et variétés : il existe 50 espèces, mais seuls les hybrides de *Lagerstroemia indica* sont rustiques. 'Catawba', pourpre foncé, feuillage orangé en automne ; 'Coccinea', rouge sang ; 'Jacqueline Desmartis', rose vif ; 'Lie de Vin', rouge-grenat ; 'Majestic Orchid', violet foncé ; 'Monbazillac', rose clair ; 'Nivea', blanc ; 'Powatan', lavande ; 'Rosea Nova', rouge brillant ; 'Superviolacea', violet vif ; 'Terre Chinoise', violet foncé. Certains cultivars ont un port nain (de 1 à 1,5 m de haut) : 'Berlingot Menthe', rose marginé de blanc ; 'Petite Orchid', violet foncé ; 'Petite Red', rouge. La série 'Summer Charm' est une génération d'hybrides plus résistants (– 20 °C) : 'Hopi', rose nacré, le plus rustique de tous ; 'Lipan', lavande, aux fleurs énormes ; 'Natchez', blanc, le plus facile à faire fleurir ; 'Zuni', lavande rosé, compact, au feuillage d'automne orange vif.

Utilisations : sujet isolé (sur tige), buissons fleuris dans les massifs d'arbustes, petits arbres d'alignement, bacs.

Notre conseil : dans les régions au climat froid, enveloppez tout l'hiver l'ensemble de la ramure dans un voile d'hivernage.

Lavandula angustifolia 'Hidcote'

Lavandula spp.
LAVANDE

J F M A M J J A S O N D

30 cm/1 m 60 cm/1 m P

Ce sous-arbrisseau de la famille des Lamiaceae forme une touffe arrondie, compacte, très florifère.

Description : originaire des régions méditerranéennes, la lavande est parfaitement rustique. Elle épanouit de nombreux épis de fleurs bleu lavande en été. Le feuillage

Lavandula x *intermedia* 'Dutch'

gris argenté s'harmonise très bien avec le bleu mauve de la floraison estivale. Les feuilles opposées, linéaires, sont aromatiques. Les fleurs en épis terminaux sont très parfumées et mellifères.

Sol : calcaire, profond, bien drainé, même sec, pauvre et caillouteux.

Exposition : plein soleil, le plus chaud possible, même dans un lieu aride.

Culture et entretien : plantez au printemps entre 40 et 60 cm de distance. Taillez en mars en forme arrondie. Après la floraison, supprimez les hampes florales et taillez les rameaux qui s'échappent de la touffe, pour lui conserver une silhouette sphérique. Ne pas trop arroser.

Espèces et variétés : il existe 25 espèces. La lavande vraie *(Lavandula angustifolia)* se décline en nombreux cultivars : 'Grosso', très odorant, à grosses fleurs violet foncé ; 'Hidcote', compact (60 cm), très touffu, au feuillage bleuté, fleurs violet foncé ; 'Munstead', nain (45 cm), aux fleurs bleu violacé, feuillage vert cendré. Le lavandin (*Lavandula* x *intermedia*) est plus prolifique. Il fleurit plus tard, mais est moins parfumé ; 'Dutch', à feuillage bleuté, fleurs bleu clair ; 'Seal', à fleurs violet pâle. La lavande papillon *(Lavandula stoechas ssp. pedunculata)* fleurit dès le mois de mai, les épis étant accompagnés de bractées.

Utilisations et associations : rocaille, bordure, massif, bouquets secs. Une haie basse de lavande souligne bien une allée ou délimite un carré de fleurs ou de légumes.

Notre conseil : coupez les fleurs fanées au fur et à mesure, afin de favoriser les floraisons. Ne taillez pas sur le vieux bois.

Lavatera spp.
MAUVE EN ARBRE

J F M A M **J J A S** O N D

↕ 1,5/3 m ↔ 2/3 m ☼ P

Ces sous-arbrisseaux éphémères de la famille des Malvaceae portent une multitude de fleurs en été.

Description : originaire du sud de l'Europe et des côtes atlantiques, ce buisson à port érigé fleurit tout l'été jusqu'aux gelées. Les feuilles, alternes, sont palmées et lobées. Fleurs en entonnoir de 5 à 8 cm de diamètre. Une plante idéale en bord de mer, où elle se naturalise parfaitement.

Sol : léger, bien drainé, sablonneux, profond, même pauvre et sec.

Exposition : soleil, à l'abri des vents violents et des grands froids (- 15 °C).

Culture et entretien : plantez au printemps, paillez le pied toute l'année. Taillez très court en novembre ou en mars.

Espèces et variétés : il existe 25 espèces, certaines simplement annuelles. *Lavatera arborea* est assez éphémère ; 'Variegata' à des feuilles tachées de blanc. *Lavatera thuringiaca* 'Barnsley' est blanc rosé ; *Lavatera olbia* 'Rosea', rose intense ; 'Burgundy', rouge carminé.

Utilisations : massif avec des vivaces, haie libre. En bord de mer, associez les lavatères à des abélias et des tamaris.

Notre conseil : protégez le pied en hiver.

Lavatera thuringiaca 'Barnsley'

Leptospermum scoparium 'Red Damask'

Leptospermum scoparium
LEPTOSPERMUM

J F M **A M J J** A S O N D

↕ 1/2 m ↔ 1/2 m ☼ P

Ces arbustes australiens de la famille des Myrtaceae sont frileux, mais bien adaptés au bord de mer.

Description : formant une touffe dense, le leptospermum se couvre en été de nombreuses fleurs à cinq pétales, qui cachent presque le feuillage. Les feuilles alternes, colorées, peuvent être linéaires ou ovales, mais se terminent toutes par une épine.

Sol : légèrement acide, humifère, souple.

Exposition : plein soleil et climat doux.

Culture et entretien : plantez au printemps. Conservez une forme régulière en coupant les rameaux disgracieux en hiver.

Espèces et variétés : il existe 80 espèces. *Leptospermum scoparium* est le plus courant avec ses cultivars, 'Chapmanii', à fleurs roses ; 'Crimson Glory', compact, à fleurs doubles rouge écarlate ; 'Jubilée', à feuilles rougeâtres et fleurs doubles rose foncé ; 'Martini', compact, à feuilles vert grisâtre, fleurs simples roses ; 'Nicholsii', à feuilles bronze, fleurs rouges ; 'Red Damask' rose à cœur sombre ; 'Snow Flury', à feuillage gris, fleurs doubles, blanc pur. *Leptospermum humifusum* (20 cm), couvre-sol à feuilles vert foncé et fleurs blanches en juin. *Leptospermum lanigerum* 'Silver Sheen', à port dressé, feuillage duveteux, argenté, petites fleurs blanches en été.

Utilisations : massif ou haie décorative avec *Raphiolepis, Olearia, Escallonia, Abelia.* Culture en bac sur terrasse.

Notre conseil : si vous habitez la moitié nord de la France, cultivez le leptospermum dans un bac que vous rentrerez l'hiver dans la véranda, maintenue hors gel.

Leycesteria formosa
ARBRE AUX FAISANS

J F M A M **J J A S** O N D

↕ 1,5/2 m ↔ 1,5/2 m ☼/◐ C

Cet arbuste ramifié de la famille des Caprifoliaceae porte de curieuses fleurs qu'aiment bien les oiseaux.

Description : cet arbuste chinois est prisé pour ses inflorescences pendantes aux fleurs blanches entourées de bractées pourpres, auxquelles succèdent de jolis fruits prune. Ses rameaux creux gèlent parfois jusqu'au sol, mais au printemps il en naît d'autres très vigoureux. Les feuilles opposées, entières sont ovales, pointues. Il atteint sa taille adulte en 4 à 5 ans.

Leycesteria formosa

Sol : riche et bien drainé, avec un généreux apport de fertilisant organique.
Exposition : soleil léger ou mi-ombre dans un endroit abrité des fortes gelées.
Culture et entretien : plantez au printemps. En mars-avril, rabattez les tiges abîmées par le froid hivernal, ainsi que toutes celles qui ont porté des fleurs. Multiplication par marcottage en septembre, en plaquant au sol une tige maintenue par une grosse pierre. Attendez le mois de mai suivant avant de sevrer et de transplanter les jeunes plants enracinés.
Espèces et variétés : il existe 6 espèces. On cultive surtout *Leycesteria formosa* et ses cultivars beaucoup plus rares : 'Golden Lantern', aux feuilles jaunes, très beau ; 'Purple Rain' aux rameaux pourpres et fleurs violet foncé.
Utilisations : isolé, fond de massif, haie fleurie. Valorisez ce superbe arbuste, en l'isolant dans un lieu dégagé ou près d'un passage. Accompagnez-le de rosiers arbustifs blancs ou rose clair.
Notre conseil : paillez la souche en automne avec 15 cm de matière organique à demi décomposée (mulch).

Ligustrum spp.
TROÈNE

J F M A M **J J** A S O N D

1/3 m — 60 cm/2 m — C/SP/P

Ces arbustes très communs de la famille des Oleaceae rendent de précieux services pour les haies.

Description : originaire d'Extrême-Orient ou d'Europe, le troène est un grand classique des haies persistantes. Les feuilles opposées, entières, ovales, sont vert moyen, un peu pointues. Les fleurs forment des grappes blanches, coniques et terminales, parfumées. Fruit en baie noire.
Sol : toute bonne terre même calcaire.
Exposition : soleil ou mi-ombre douce.
Culture et entretien : plantez au printemps ou en automne et rabattez de moitié les rameaux, pour provoquer le départ de nombreuses pousses. De temps en temps, coupez plus sévèrement, en revenant près du tronc, pour que l'arbuste ne se dégarnisse pas de la base. En haie, espacez les pieds de 60 à 80 cm. Paillez les premiers étés. Dans l'Est et le Nord, cultivez *Ligustrum lucidum* en pot que vous rentrerez en hiver dans la véranda.
Espèces et variétés : il existe 50 espèces. *Ligustrum delavayanum*, persistant, en boule, idéal pour les topiaires. *Ligustrum lucidum*, persistant, au feuillage vert foncé, brillant, ferme. Le vieux tronc est cannelé. Belles panicules de fleurs blanches à la fin de l'été ; 'Tricolor', aux feuilles étroites, vert foncé, marginées de jaune crème pâle et teintées de rose lorsqu'elles sont jeunes. *Ligustrum ionandrum*, persistant, idéal pour les topiaires. *Ligustrum japonicum*, persistant, utilisé en haie ; 'Aureum', à feuillage doré ; 'Rotundifolium', compact, à feuillage épais, crispé. *Ligustrum ovalifolium*, semi-persistant ; 'Aureum', à feuilles panachées de jaune d'or.
Utilisations : haie libre, haie taillée, bordure, rocaille, topiaire, bac.
Notre conseil : n'achetez pas de trop petits sujets de *Ligustrum lucidum* car, plus fragiles, ils peinent à s'installer. Ils doivent mesurer au moins 1 m de hauteur.

Ligustrum japonicum

Lonicera nitida 'Baggesen's Gold'

Lonicera spp.
CHÈVREFEUILLE ARBUSTIF

J F M A M J J A S O N D

50 cm/3 m — 1/2 m — C/P

Ces arbustes d'aspect variable, de la famille des Caprifoliaceae, sont utilisés en haies ou en massifs.

Description : vigoureux et rustiques, les chèvrefeuilles arbustifs forment des buissons assez denses et ramifiés. Les feuilles, opposées, sont portées par un pétiole très court. Certaines espèces épanouissent des fleurs parfumées en hiver ou au printemps, suivies de baies rondes et rouges en été. Croissance rapide (la taille adulte est obtenue en 4 à 5 ans).

Sol : ordinaire, consistant, mais bien drainé, profond, frais, même calcaire.

Exposition : mi-ombre ou soleil léger.

Culture et entretien : plantez en automne ou au printemps, arrosez en été. Comptez 50 cm de distance entre les pieds pour les sujets plantés en haie. Taillez les rameaux juste après l'hiver, en éliminant le bois âgé. Taillez deux ou trois fois par an les *Lonicera* plantés en haie régulière. Bouturage facile en fin d'été.

Espèces et variétés : il existe 180 espèces de *Lonicera*, la plupart grimpantes. Parmi les chèvrefeuilles arbustifs, choisissez : *Lonicera fragrantissima*, caduc, semi-retombant, à fleurs blanc nacré, parfumées en hiver. *Lonicera nitida*, persistant, très touffu, à toutes petites feuilles vert sombre, idéal en haie ; 'Baggesen's Gold', à feuillage plus ou moins doré selon la saison ; 'Elegant', aux rameaux arqués qui conviennent à la conduite en haie libre ; 'Maigrün', compact, évasé, aux feuilles plus larges, vert clair brillant, très rustique. *Lonicera pileata*, persistant, à port compact, étalé, petites feuilles ovales, fruits bleu foncé, bon couvre-sol. *Lonicera tatarica*, caduc, à fleurs blanches et roses au printemps ; 'Alba', à fleurs blanches ; 'Arnold' Red', à fleurs rose très foncé et grosses baies ; 'Hack's Red', touffu, aux étonnantes fleurs rose-pourpre foncé. Il existe aussi des formes hybrides comme 'Winter Beauty', caduc, compact, à floraison hivernale blanche, parfumée.

Lonicera tatarica 'Hack's Red'

Utilisations : massif, haie libre, haie taillée. Mariez le rose foncé du chèvrefeuille de Tartarie au blanc du deutzia et du seringat et au rose pâle d'un weigélia.

Notre conseil : en raison de son petit développement, vous pouvez utiliser *Lonicera nitida* en bac sur une terrasse.

Luma apiculata
MYRTE

J F M A M J J A S O N D

4/6 m — 3/4 m — P

Ce bel arbrisseau de la famille des Myrtaceae est apprécié dans les jardins du Midi pour sa floraison.

Description : appelé aussi *Myrtus luma*, ce grand arbuste originaire du Chili développe souvent un tronc à l'écorce couleur cannelle, marquée de crème et de citron, qui s'écaille, laissant apparaître une surface grisâtre. Les feuilles opposées, coriaces, elliptiques, de 1 à 3 cm de long, sont vert foncé. Jolies petites fleurs blanches, en coupe, aux étamines très apparentes. Fruits en baies violettes.

Sol : une bonne terre de jardin bien travaillée, fraîche et amendée en humus.

Exposition : chaude, en plein soleil.

Culture et entretien : plantez au printemps et paillez. Pour une haie, espacez chaque pied de 1 m. Coupez en fin d'été les rameaux trop grands, pour équilibrer la silhouette. Protégez du froid, en palissant l'arbuste le long d'un mur au sud.

Espèces et variétés : il existe 4 espèces de *Luma*, genre récemment distingué des *Myrtus*. *Luma apiculata* est le plus cultivé. 'Glanleam Gold' porte des feuilles jaune crème. Très proche, le myrte commun, *Myrtus communis*, qui atteint 4 m, fleurit blanc en été. Ses feuilles exhalent un parfum aromatique lorsqu'on les froisse.

Utilisations : haie libre, massif, topiaire.

Notre conseil : réservez cet arbuste à la Bretagne ou aux régions à climat doux.

Luma apiculata

Mahonia x *media* 'Buckland'

Mahonia aquifolium

Mahonia spp.
MAHONIA

J F M A M J J A S O N D

1,5/2 m 1/2 m P

Ces arbustes touffus, piquants, de la famille des Berberidaceae sont faciles à cultiver et passe-partout.

Description : le nom *Mahonia* a été donné à cet arbuste en l'honneur de Bernard Mc Mahon, horticulteur américain (1755 - 1816). Buissonnants, touffus, les mahonias sont proches des berbéris, mais avec des feuilles plus grandes et piquantes, les rameaux étant dépourvus d'épines. Les feuilles alternes, composées, avec un nombre impair de folioles, ont une texture coriace. Elles rougissent souvent en hiver. Les fleurs très précoces, en grappes ou en épis, sont toujours jaunes. Fruits en baie noire ou bleu foncé, qui lui valent son nom de « vigne de l'Orégon ».

Mahonia japonica

Sol : neutre ou calcaire, frais mais dépourvu d'humidité excessive. Très tolérants sur la qualité du sol, les mahonias préfèrent une terre plutôt sableuse. Les mahonias à feuilles très longues apprécient un sol humifère et un peu acide.

Exposition : le mahonia supporte indifféremment le plein soleil ou l'ombre dense. Les formes à longues feuilles comme 'Charity' sont plus frileuses. Plantez-les de préférence près d'un mur bien abrité.

Culture et entretien : plantez en automne ou au printemps. Paillez le pied des espèces à grandes feuilles. Taillez après la floraison pour conserver une forme régulière et harmonieuse à la touffe. Les mahonias sont souvent attaqués par l'oïdium, mais les traitements fongicides du commerce sont efficaces en application préventive. La rouille, qui produit des petites ponctuations orangées à la face inférieure des feuilles, est assez commune. Traitez dès les premiers symptômes.

Espèces et variétés : il existe 70 espèces. *Mahonia aquifolium* est le plus répandu. Très résistant au froid (– 20 °C), au vent et à la pollution, c'est une forme à croissance rapide, très drageonnante. Fleurs odorantes, en mars avril, en grappes pyramidales de 10 cm ; 'Apollo', au port globuleux plus trapu (1 m), son feuillage est plus large et d'un vert plus brillant, floraison jaune foncé. Il convient en bac ; 'Undulata' (2 m), plus touffu, à port arrondi et croissance lente. Les feuilles épineuses, ondulées, prennent une coloration brun rougeâtre en automne. *Mahonia japonica*, aux feuilles pennées à folioles coriaces bordées d'épines. Les fleurs en grappes de 15 à 20 cm sont jaune citron. Elles sentent le muguet ; 'Bealei', au panache de grandes feuilles à l'extrémité des tiges. Floraison en longs épis jaune citron odorante. *Mahonia* x *media* résulte d'un croisement spontané entre *Mahonia lomariifolia* et *Mahonia japonica*, apparu en 1955 dans les jardins de Windsor en Angleterre ; 'Buckland' développe des feuilles de 50 à 70 cm ; 'Charity', aux feuilles de 50 cm, très découpées. Ses fleurs jaune vif, de novembre à février, en longues grappes pendantes, de 20 à 30 cm de long, exhalent un parfum de muguet ; 'Lionel Fortescue', érigé, à longues fleurs ; 'Winter Sun', similaire au précédent, mais aux feuilles plus coriaces.

Utilisations : isolé, massifs d'arbustes, haies en mélange, bacs, bouquets de branches fleuries en hiver. Il est possible de cultiver *Mahonia aquifolium* pour retenir les talus, en raison de ses propriétés drageonnantes. Dans ce cas, on le taille court chaque année après la floraison. Il peut aussi former des petites haies défensives en raison de son feuillage épineux.

Notre conseil : ne plantez pas trop serré dans les massifs, car les mahonias prospèrent mieux dans un environnement aéré. Rabattez les vieux sujets, car ils ont tendance à se dégarnir de la base.

Malus floribunda

Malus toringoides 'Prince Wolkonsky'

Malus spp.
POMMIER À FLEURS

J F M **A M** J J A S O N D

2/7 m 2/5 m C

Arbustes ou arbres de la famille des Rosaceae, les pommiers à fleurs donnent aussi des fruits colorés.

Description : originaires des régions tempérées de l'hémisphère Nord, les pommiers d'ornement sont appréciés pour leur port compact, arrondi et leurs dimensions réduites, très pratiques pour un petit jardin. Ils poussent moins vigoureusement que les cerisiers ou les pruniers à fleurs, atteignant moins de 10 m de hauteur à l'âge adulte. La plupart des espèces prennent une forme naturellement buissonnante chez les jeunes sujets, puis elles développent un petit tronc en vieillissant.
Les feuilles alternes, ovales, dentelées, de 5 à 10 cm de long, prennent de belles teintes mordorées en automne.

Bien qu'assez éphémère et fragile (elle est vite abîmée par la pluie et le vent), la floraison des *Malus* constitue leur premier atout. Les espèces et les différents hybrides sont blancs, roses ou rouges. Après trois ou quatre années de culture, les pommiers d'ornement se couvrent littéralement de fleurs, juste avant l'apparition du feuillage ou en même temps. Les fleurs des *Malus* sont bien caractéristiques des Rosacées, avec leurs cinq pétales et leurs étamines jaune d'or, formant une corolle de 2 à 5 cm de diamètre. Elles sont groupées en petits bouquets.

La floraison est suivie de nombreux fruits décoratifs, de 2 à 3 cm de diamètre, qui persistent longtemps sur les branches. Les petites pommes, orangées ou rouges, sont rarement intéressantes sur le plan culinaire. Tout au plus peut-on en faire des gelées lorsqu'elles sont bien mûres.

Un des avantages des *Malus* d'ornement sur les variétés de pommiers à fruits est leur caractère autofertile. Il n'est donc pas nécessaire de planter deux arbres pour obtenir une abondance de fruits. La croissance est assez rapide, le pommier d'ornement atteignant sa taille adulte en 7 ans.

Sol : tout bon sol de jardin bien préparé, même un peu calcaire. Un apport d'amendement organique (un fertilisant à base de fumier et d'algues) et un engrais de fond à action lente sont conseillés au moment de la plantation. Le pommier d'ornement montre une préférence pour les sols souples, assez riches et frais.

Exposition : soleil non brûlant dans un endroit abrité des vents dominants, qui nuisent beaucoup à la floraison.

Culture et entretien : plantez de préférence à l'automne et jusqu'en mars. Arrosez bien par temps chaud et sec. Tuteurez les jeunes arbres pour qu'ils développent un tronc bien droit.

Si vous installez le pommier d'ornement sur une pelouse, ne laissez pas l'herbe l'envahir. Dégagez le sol autour du pied sur un rayon de 60 cm environ, cela facilitera aussi l'arrosage. À la fin du printemps, disposez un paillis de compost pour maintenir une bonne fraîcheur.

Contrairement aux pommiers à fruits, les *Malus* d'ornement n'exigent aucune taille spécifique. Contentez-vous d'éliminer les rameaux morts et d'équilibrer la ramure à la fin de l'hiver. Toutefois, les jeunes plantes vendues sous forme de scions (jeune arbre greffé portant une seule tige) doivent être rabattus à 60 cm du sol après la reprise. L'année suivante, toutes les pousses latérales seront ramenées en 30 cm seulement de leur point de départ. C'est la seule bonne méthode pour obtenir un sujet touffu et bien équilibré.

Tous les pommiers d'ornement que l'on trouve dans le commerce sont multipliés par greffage en écusson pour les sujets buissonnants ou en fente pour ceux qui sont proposés sur tige. L'écussonnage se pratique en juillet-août sur des semis de pépins de deux ans (francs). La greffe en fente est réalisée au printemps (avril-mai). Comme tous les pommiers, les *Malus* d'ornement sont menacés par divers ennemis et maladies (pucerons, acariens, chenilles, oïdium, tavelure surtout). Pour éviter tout problème, effectuez un programme complet de traitements préventifs avec un produit total. Intervenez au moment du gonflement des bourgeons, lors de l'éclatement des bourgeons (débourrement), à la chute des pétales floraux et lorsque les fruits atteignent 1 cm de diamètre.

Malus 'Evereste'

Espèces et variétés : il existe 35 espèces de *Malus* dont le pommier à fruits. On cultive surtout dans un but ornemental des formes hybrides comme : 'Cheal's Weeping' (4 m), au port pleureur, dont les longs rameaux retombants au feuillage pourpre au printemps, puis bronze, portent des fleurs simples, rose cramoisi. Fruits rouge violacé de septembre à décembre ; 'Coccinella' (5 m), à port érigé et fleurs rose carmin. Les petits fruits rouge violacé persistent tout l'hiver ; 'Comtesse de Paris' (5 m), à port dressé, évasé, bien ramifié de la base et fleurs blanc rosé. Innombrables fruits jaunes de 3 cm de diamètre durant tout l'automne ; 'Crittenden' (6 m), à port ample, fleurs blanc rosé, magnifique fructification rouge brillant ; 'Echtermeyer' (3 m), à port pleureur et feuillage pourpré. Fleurs rose vif suivies de fruits rouge foncé. 'Evereste', une obtention de l'INRA (de 3 à 6 m), au port semi-étalé. Très nombreuses fleurs blanches et feuillage doré en automne. Les fruits jaune orangé, qui persistent sur l'arbre jusqu'en février, sont comestibles (en gelée) ; 'Golden Hornet' (5 m), au port vertical et à fleurs blanches. Très grosses production de fruits jaune orangé de septembre à décembre ; 'John Downie' (de 3 à 4 m), au port arrondi et à fleurs blanches. Fruits très nombreux, orange vif à rouge de septembre à décembre ; 'Lemoinei' (de 4 à 6 m), à feuilles pourpres et fleurs rouge intense très nombreuses. Fruits bronze ; 'Nicoline' (5 m), à port colonnaire, compact, et très nombreuses feuilles rouge foncé. Fruits de même couleur de septembre à décembre ; 'Pom Zai' (1,5 m), nain, arrondi, aux boutons roses qui s'ouvrent en corolles blanches, fruits orange. Il convient bien en bac ; 'Profusion' (de 4 à 6 m), au feuillage vert pourpré, fleurs rouges début mai, fruits rouges ; 'Red Sentinel' (4 m), au port compact, dressé, bien ramifié et feuillage vert. Fleurs blanches, fruits rouge vif ; 'Royalty' (de 4 à 6 m), au feuillage vert bronze virant au rouge pourpre et fleurs simples, pourpre cramoisi. Petits fruits rouge sombre de septembre à décembre ; 'Van Eseltine' (6 m), à port érigé et fleurs rose carmin semi-doubles. Fruits jaunes et rouges, assez peu nombreux. Parmi les espèces botaniques, cultivez : *Malus floribunda* (de 3 à 5 m), à port bien étalé, touffu, un des plus précoces. Les boutons rose foncé s'ouvrent en corolles rose pâle, fruits jaunes. *Malus sargentii* (4 m), buissonnant, étalé, fleurs blanches suivies de fruits rouge foncé qui restent longtemps sur l'arbre ; 'Tina' (2,5 m), arrondi, au port souple, fleurs d'abord blanc rosé, puis blanc pur, fruits rouge brillant assez épars. *Malus toringoides* (8 m), à port étalé, fleurs blanc crème assez tardives, petits fruits

Malus 'Golden Hornet'

ovoïdes, jaunes ; 'Prince Wolkonsky', plus compact (5 m), à fleurs blanches nuancées de rose. *Malus* x *zumi* var. *calocarpa* (4 m), à port bien étalé, retombant, fleurs en grappes blanc pur, fruits rouges de bonne tenue.

Utilisations : isolé, haie libre, grands massifs, bacs sur terrasse pour les formes naines. Plantez les pommiers à fleurs près du verger, car ils améliorent la pollinisation des pommiers à fruits.

Notre conseil : achetez vos pommiers à fleurs en conteneur au moment de la floraison pour choisir avec précision la couleur de la variété. Placez un tuteur durant les premières années de croissance afin que le tronc se développe bien droit.

Malus 'Lemoinei'

Malvaviscus arboreus

Malvaviscus arboreus
HIBISCUS DORMANT

J F M A M J J A S O N D

1,5/3 m 1/2 m 0 °C

Très proche des hibiscus, cet élégant arbuste de la famille des Malvaceae n'ouvre pas ses fleurs.

Description : originaire du Mexique, il est appelé hibiscus dormant parce que ses fleurs pendantes, rouge vermillon vif, de 3 à 6 cm de long, restent fermées, comme si elles se reposaient. C'est un arbuste buissonnant, aux feuilles alternes, simples, dentées, vert clair. Il faut le réserver aux zones les plus abritées de la Côte d'Azur. Lorsqu'il est cultivé en serre, la floraison apparaît sporadiquement toute l'année.

Sol : riche, profond, humifère, frais, mais drainé. En pot, un mélange de terreau de tourbe, de sable de Loire et de terre de jardin à parts égales, enrichi de 15 % d'un fertilisant organique à base de fumier.

Exposition : le plein soleil toute l'année, ne pas exposer au gel. Même dans le Midi, plantez l'hibiscus dormant au pied d'un mur bien exposé (sud-ouest).

Culture et entretien : plantez au printemps ou sortez les potées dans le jardin à partir de la mi-mai. Chez les plantes en pot, donnez de l'engrais pour rosiers tous les quinze jours d'avril à septembre. Rempotez au printemps et taillez les tiges des deux tiers de leur longueur à la fin de l'hiver.

Espèces et variétés : il existe 3 espèces. Seul *Malvaviscus arboreus* est couramment cultivé dans les jardins du Midi.

Utilisations : massif, en association avec *Cestrum, Iochroma, Medicago, Metrosideros, Luma, Leonotis*, coronille, etc.

Notre conseil : **couvrez la plante d'un voile d'hivernage dès que la température ambiante se rapproche de 5 °C.**

Metrosideros carmineus
MYRTE ÉCARLATE

J F M A M J J A S O N D

1/3 m 1/2 m - 5 °C

Cet arbuste aromatique de la famille des Myrtaceae se pare d'une floraison exceptionnelle.

Description : originaires de Nouvelle-Zélande, les *Metrosideros* cultivés en Europe sont des sélections assez résistantes au froid. Les feuilles opposées, elliptiques sont coriaces. La floraison qui recouvre tout l'arbuste est formée de pétales insignifiants, mais d'étamines proéminentes et colorées, qui donnent à la plante une apparence très originale.

Metrosideros carmineus 'Ferris Wheel'

Sol : une bonne terre de jardin enrichie d'un fertilisant organique à base de fumiers et d'algues. En pot, un mélange par moitié de terre de jardin sableuse et de terreau de rempotage, avec une ou deux poignées de fumier déshydraté.

Exposition : chaude et bien ensoleillée, à l'abri des vents violents, frais et secs.

Culture et entretien : plantez au printemps ou sortez les potées à partir de la mi-mai. Ne pas exposer au gel, hiverner dans une véranda à 5 °C. Ne laissez pas sécher le sol pendant la floraison, mais ne mouillez pas les fleurs pour qu'elles durent plus longtemps. Apportez un engrais pour rosiers en mars. Traitez les cochenilles sur les plantes cultivées sous serre.

Espèces et variétés : il existe 50 espèces. *Metrosideros carmineus* 'Ferris Wheel' est un arbuste compact qui se couvre totalement de fleurs rouge carmin en mai-juin. *Metrosideros kermadecensis* 'Variegata' (2 m), à feuilles panachées de jaune clair, fleurs rouges en été. *Metrosideros robustus* forme un petit arbre sur la Côte d'Azur, fleurs rouges ; 'Aureus', à fleurs jaune doré.

Utilisations : massifs exotiques, bacs.

Notre conseil : **les potées fleuries proposées dans le commerce sont destinées à la décoration temporaire des terrasses. Dans une véranda, la floraison des *Metrosideros* est nettement prolongée.**

Nandina domestica
BAMBOU SACRÉ

J F M A M J J A S O N D

1,5/2 m 1/3 m – 10 °C

Cet arbuste au port érigé de la famille des Berberidaceae est apprécié pour son feuillage léger.

Description : originaire du Japon et de Chine, le nandina porte des feuilles

Nandina domestica 'Fire Power'

alternes, pennées, aux folioles étroites. D'abord rougeâtres lorsqu'elles sont jeunes, les feuilles deviennent vert foncé durant l'été, puis virent au pourpre en automne. La floraison blanche, en grappes de 20 à 30 cm de long, est plutôt sans intérêt. Mais les fruits qui suivent sont constitués de baies rouge-pourpre réunies en grappes pendantes, très décoratives.

Sol : profond, souple et bien drainé.

Exposition : plein soleil, à l'abri des froids vifs et des vents dominants desséchants.

Culture et entretien : plantez au printemps. Protégez du froid en hiver par un bon paillis. La taille se limite à éliminer en hiver le bois mort et les rameaux en surnombre ou trop chétifs.

Espèces et variétés : il existe une seule espèce, *Nandina domestica*. 'Fire Power' (60 cm), dont le feuillage vernissé devient orangé en automne ; 'Pygmaea' (50 cm), aux feuilles panachées de blanc.

Utilisations : haie mixte ou de séparation, massifs d'arbustes, bac sur terrasse, les formes naines en couvre-sol ou bordure.

Notre conseil : apportez un bon paillis organique en automne et maintenez-le en place durant toute l'année.

Nerium oleander

Nerium oleander
LAURIER-ROSE

J F M A M **J J A S O** N D

2/5 m — 1,5/3 m — soleil — P — -7 °C

Cet arbuste frileux et très florifère de la famille des Apocynaceae est idéal dans les jardins du Midi.

Description : arbuste vigoureux originaire de Chine, le laurier-rose porte des feuilles verticillées par trois ou opposées, coriaces, allongées, vert tendre. De juin à octobre, des bouquets de fleurs en entonnoir, aux couleurs tendres, s'épanouissent en abondance à l'extrémité des branches.

Sol : une terre de jardin bien drainée. Pour les sujets en pot, un mélange par tiers de terreau, de terre de jardin et de sable.

Exposition : chaude et ensoleillée, les embruns et les vents forts sont tolérés.

Culture et entretien : plantez au printemps, cultivez le laurier-rose en bac dans les régions froides. En mars ou en avril, rempotez et taillez les branches d'un tiers de leur longueur. De mai à octobre, installez le laurier-rose à l'extérieur. Arrosez copieusement par temps chaud et sec, et donnez de l'engrais liquide tous les dix jours. À l'automne, hivernez dans une véranda hors gel, en arrosant peu.

Espèces et variétés : il existe une seule espèce, *Nerium oleander*.

- **Cultivars parfumés à fleurs doubles :** 'Géant des Batailles', rouge foncé rayé de blanc ; 'Tamouré', rouge foncé ; 'Louis Pouget', rose foncé ; 'Roseum Plenum', rose abricot foncé ; 'Provence', rose saumoné.
- **Cultivars parfumés à fleurs simples :** 'Alsace', blanc ; 'Émilie', rose rayé de blanc ; 'Hardy Pink', rose clair ; 'Italia', rouge vif ; 'Sœur Agnès', blanc. Formes naines à fleurs simples pour la culture en pot : 'Minouche, rose vif ; 'Petite Salmon', rose saumoné ; 'Isabelle', blanc pur ; 'Maravenne', rouge carmin.

Utilisations : massif, haie, bac sur terrasse, excellent brise-vent en bord de mer.

Notre conseil : surveillez le feuillage pour détecter la présence fréquente de cochenilles. Le laurier-rose étant très toxique, il faut l'installer loin des jeunes enfants.

Olearia spp.
OLÉARIA

J F M A **M J J A** S O N D

1/5 m — 1/4 m — soleil — P — -10 °C

Cet arbuste compact, arrondi, de la famille des Asteraceae est idéal pour une haie en bord de mer.

Description : originaires d'Australie et de Nouvelle-Zélande, les oléarias sont des arbustes frileux, à la silhouette arrondie. Les feuilles alternes, étroites, petites, sont souvent argentées et duveteuses au revers. Les très nombreuses fleurs blanc jaunâtre, ressemblant à des petites marguerites, sont groupées en bouquets.

Sol : ordinaire, frais et bien drainé.

Exposition : chaude et ensoleillée, les vents forts et les embruns sont acceptés.

Culture et entretien : plantez au printemps. Pour une haie comptez un pied tous les 80 cm. Laissez la plante en forme libre en taillant le moins possible.

Espèces et variétés : il existe 130 espèces. *Olearia* x *haastii* (2 m), aux feuilles vert foncé et luisantes sur le dessus, grisâtres dessous. *Olearia macrodonta* 'Major' (5 m), vert et argent, idéal en bord de mer. *Olearia traversii* (5 m), vert clair sur la face supérieure, blanc argenté au revers. *Olearia virgata* (2 m), gris-vert, à fleurs blanches parfumées, est très compact.

Utilisations : haies brise-vent dans les jardins du bord de mer. Bacs sur terrasse.

Notre conseil : après l'hiver, coupez les branches abîmées, près de la souche.

Olearia virgata

Osmanthus x *burkwoodii*

Parrotia persica
PARROTIE DE PERSE

J F M A M J J A S O N D

5/8 m 3/5 m C

Ce grand arbuste de la famille des Hamamelidaceae porte un des plus beaux feuillages colorés d'automne.

Description : connu aussi sous le nom d'« arbre de fer », le parrotia, originaire du nord de l'Iran, peut former un petit tronc à l'écorce lisse se détachant par plaques. Il porte, avant les feuilles, des petites fleurs à anthères rouges qui donnent des fruits en capsule. Les feuilles alternes, simples, sont vert foncé et légèrement pubescentes. En automne, elles se nuancent de jaune orangé puis virent carrément au rouge.
Sol : plutôt acide, humifère, frais, léger.
Exposition : mi-ombre ou soleil doux.
Culture et entretien : plantez en automne et paillez le pied avec du compost ou du mulch d'écorce. Les premières années, pratiquez une taille de formation.
Espèces et variétés : il n'existe qu'une seule espèce, *Parrotia persica*. 'Vanessa', qui a une silhouette plus fastigiée ; 'Pendula', compact (1,5 m), à port pleureur ; 'Compacta', à croissance très lente.
Utilisations : isolé ou pour ombrager un massif de bruyère, camélia, piéris.
Notre conseil : essayez x *Sycoparrotia*, similaire, mais au feuillage semi-persistant qui devient jaune d'or en automne.

Osmanthus spp.
OSMANTHUS

J F M A M J J A S O N D

1,5/4 m 2/4 m P

Ces arbustes de la famille des Oleaceae ressemblent à des houx, mais fleurissent plus joliment.

Description : cet arbuste, appelé aussi x *Osmarea*, forme un buisson compact aux feuilles opposées, coriaces, luisantes, parfois piquantes. Les fleurs tubulées blanches, à odeur de jasmin, sont printanières ou estivales selon les espèces.
Sol : de préférence fertile, bien travaillé, drainé, profond et frais, même calcaire.
Exposition : soleil ou mi-ombre, à l'abri des vents forts et des fortes gelées.
Culture et entretien : plantez au printemps. En haie, espacez les plants de 60 à 80 cm. Taillez après la floraison juste pour équilibrer la forme et stimuler la croissance.
Espèces et variétés : il existe 20 espèces. *Osmanthus delavayi* fleurit au début du printemps. *Osmanthus heterophyllus* produit une floraison automnale ; 'Purpureus', à feuilles vert sombre mêlé de pourpre ; 'Tricolor', taché de jaune crème.
Utilisations : haies libres, massifs.
Notre conseil : paillez en automne.

Parrotia persica

Pentas lanceolata

Pentas lanceolata
BOUQUET D'ÉTOILES

J F M A M J J A S O N D

2 m | 1 m | P | 0 °C

Ce sous-arbrisseau frileux de la famille des Rubiaceae peut se cultiver dehors sur la Côte d'Azur.

Description : originaire d'Afrique, ce petit arbuste bien ramifié porte des feuilles de 8 à 15 cm de long, opposées, oblongues, pubescentes, aux nervures bien marquées. Les fleurs apparaissent en inflorescences terminales globuleuses, roses, rouge vif ou blanches selon les variétés.

Sol : profond, fertile, bien drainé. En pot, mélange par tiers de terreau, de terre de jardin et de sable, enrichie de 15 % de fertilisant à base de fumiers et d'algues.

Exposition : chaude et ensoleillée.

Culture et entretien : plantez au printemps ou sortez les bacs dans le jardin après le 15 mai. Ne pas exposer au gel, mieux vaut hiverner le pentas au sec dans une véranda entre 5 et 10 °C. Au printemps et en été, le sol doit rester humide en permanence. Rempotez tous les ans au printemps, en rabattant les tiges au tiers de leur longueur. Fertilisez régulièrement les plantes en pot (engrais géraniums).

Espèces et variétés : il existe 40 espèces. Préférez les cultivars de *Pentas lanceolata* : 'Avalanche', panaché de crème, fleurs blanches ; 'Kermesina', rose foncé ; 'New Look', rose pâle. Les formes hybrides comme : 'Orchid Star', lilas, ou 'California Pink', lilas, sont des vivaces herbacées.

Perovskia atriplicifolia 'Blue Spire'

Utilisations : massif exotique avec *Iochroma, Sesbania, Leonotis, Polygala, Plumbago, Malvaviscus, Coronilla*, etc.

Notre conseil : bassinez le feuillage les soirs de canicule. Enlevez les fleurs fanées.

Perovskia atriplicifolia
SAUGE DE SIBÉRIE

J F M A M J J A S O N D

80 cm/1,5 m | 1/2 m | C

Ce sous-arbrisseau à port élancé de la famille des Lamiaceae forme un buisson léger, gracieux, coloré.

Description : décontracté, échevelé, souple, très élégant, le pérovskia est originaire de l'ouest de l'Asie, jusqu'au Tibet. Les tiges farineuses portent un feuillage opposé, argenté, finement découpé. Les feuilles dégagent une odeur de sauge. Les panicules vaporeuses de 30 à 40 cm sont formées de minuscules fleurs bleu lavande. Les tiges gèlent souvent en hiver, mais repartent bien au printemps.

Sol : siliceux, sec, assez pauvre, même caillouteux, plutôt calcaire.

Exposition : ensoleillée et chaude.

Culture et entretien : plantez au printemps. Rabattez les jeunes rameaux en février-mars, à deux yeux au-dessus du vieux bois dur, afin de conserver une touffe bien compacte. Ne pas fertiliser. Pincez les extrémités des jeunes pousses en mai pour obtenir un port plus rigide. N'arrosez pas trop les pérovskias, car les tiges pourrissent très facilement.

Espèces et variétés : il existe 7 espèces. On cultive surtout *Perovskia atriplicifolia* ou des formes hybrides : 'Blue Spire', aux feuilles très découpées et aux panicules de fleurs bleu lavande plus grandes que celles de l'espèce type ; 'Little Spear', forme compacte (10 cm), à fleurs pourpres, convient en pot ou en bordure ; 'Superba', à port buissonnant, érigé.

Utilisations : massif, rocaille, bordure.

Notre conseil : pour un bel effet dès la première année, formez une grosse touffe avec cinq pieds espacés de 60 cm et mélangés avec des phormiums dorés.

Philadelphus coronarius

Philadelphus spp. SERINGAT

J F M A **M J** J A S O N D

1/4 m — 1/5 m — C

Cet arbuste au port lâche de la famille des Hydrangeaceae porte des fleurs au parfum exceptionnel.

Description : arbuste cosmopolite très rustique, le seringat s'acclimate bien partout. Il porte des feuilles opposées, ovales. Ses fleurs blanches au parfum de jasmin embaument surtout le soir. Croissance rapide (taille adulte en 4 à 5 ans).

Sol : indifférent, même les remblais pauvres pierreux, secs et calcaires.

Exposition : soleil léger ou tamisé.

Culture et entretien : plantez en automne, arrosez l'été. Taillez après la floraison, en raccourcissant les tiges qui ont fleuri de la moitié de leur longueur et en privilégiant les jeunes tiges (vertes) aux dépens des vieilles tiges à écorce grisâtre.

Espèces et variétés : il existe 40 espèces. *Philadelphus coronarius* (de 3 à 4 m), à port ample, fleurs en grappes ; 'Aureus' (1,2 m), à feuilles dorées. Parmi les hybrides : 'Belle Étoile' (1,5 m), aux grandes fleurs teintées de pourpre ; 'Bouquet Blanc' (2 m), à fleurs doubles ; 'Burfordensis' (2 m), branches arquées, fleurs simples, crème ; 'Minnesota Snowflake' (3 m), à port dressé, fleurs très doubles ; 'Natchez' (1,2 m), arrondi, à grandes fleurs simples ; 'Virginal' (4 m), à port dressé, fleurs doubles en bouquets.

Utilisations : isolé, fond de massifs, haies libres, bouquets. Au pied du seringat, plantez des jacinthes des bois et une variété tardive de clématite à petites fleurs.

Notre conseil : la première année, rabattez entièrement l'arbuste en mai s'il a du mal à démarrer. Ne conservez pas le seringat plus de dix ans, car il se dégarnit.

Phillyrea latifolia FILARIA, FILAIRE

J F M A **M J** J A S O N D

3/4 m — 3 m — P

Cet arbuste bien buissonnant de la famille des Oleaceae est apprécié pour sa floraison crème, parfumée.

Description : d'origine méditerranéenne, cet arbuste de forme plutôt arrondie est garni de feuilles opposées, étroites, à bords dentés, vert pâle au revers argenté. Elles portent à leur aisselle, sur les rameaux de

Phillyrea latifolia

un an, des petites fleurs odorantes réunies en bouquets. Elles font place à des petits fruits globuleux et noirs en septembre.

Sol : siliceux, même sec, assez fertile.

Exposition : ensoleillée ou mi-ombre légère dans un emplacement chaud.

Culture et entretien : plantez au printemps, paillez en automne. Taillez en hiver les branches disgracieuses.

Espèces et variétés : il existe 4 espèces. *Phillyrea angustifolia* (3 m), aux feuilles vert-jaune pâle et aux fleurs très parfumées. *Phillyrea decora (Osmanthus decorus)*, aux fleurs d'un blanc très pur.

Utilisations : le filaria se prêtant très bien à la taille, c'est une bonne plante de haie que l'on peut aussi conduire en topiaire : cône, pyramide, boule, etc.

Notre conseil : bien qu'il soit assez rustique, abritez le filaria des vents froids pour éviter tout problème de croissance.

Phlomis fruticosa SAUGE DE JÉRUSALEM

J F M A M **J J** A S O N D

1/1,2 m — 1,5 m — P

Ce sous-arbrisseau de la famille des Lamiaceae porte des feuilles gris argenté et des fleurs étranges.

Description : ce petit arbuste forme de grosses touffes bien denses au port arrondi. Les feuilles opposées, lancéolées, gris argenté, de 5 à 10 cm de long, sont velues. Les fleurs jaune d'or sont groupées en anneau à l'aisselle des feuilles.

Sol : profond, fertile, bien drainé, enrichi de matière organique à la plantation.

Exposition : plein soleil, assez chaude.

Culture et entretien : plantez au printemps. Apportez un engrais complet chaque année en mars. Paillez le pied en automne. Taillez pour équilibrer en hiver.

Espèces et variétés : il existe 100 espèces. *Phlomis fruticosa* est le plus cultivé ; 'Bourgaei', au feuillage gris bleuté. *Phlomis tuberosa* (1,5 m), aux fleurs roses et velues, *Phlomis russelliana* (1 m), au feuillage vert grisâtre et aux fleurs

Phlomis fruticosa

jaune d'or. *Phlomis lanata* (50 cm), compact, feuillage vert, petites fleurs ; 'Edward Bowles' (1 m), à port ample, feuilles laineuses grisâtres, fleurs jaune clair.

Utilisations : isolé, bac, talus, rocaille.

Notre conseil : divisez les touffes tous les 3 ans pour qu'elles restent compactes.

Phormium spp.
LIN DE NOUVELLE-ZÉLANDE

J F M A M **J J** A S O N D

1/2 m — 60 cm/1,5 m — P — -8 °C

Cette vivace buissonnante de la famille des Xanthorrhoeaceae forme une touffe élégante, colorée.

Description : cette herbe touffue, décorative par ses longues feuilles linéaires souples ou rigides, souvent colorées, développe une grande hampe florale qui peut dépasser les 2 m de hauteur.

Phormium

Sol : léger, bien drainé, plutôt sableux.

Exposition : ensoleillée, chaude, abritée. Le phormium supporte très bien les climats maritimes, même venteux.

Culture et entretien : plantez au printemps et arrosez généreusement sans détremper. Coupez les hampes après la floraison. Supprimez le feuillage fané, et insérez de la paille entre les feuilles en hiver pour protéger la souche des gelées. Divisez la touffe tous les 3 à 5 ans.

Espèces et variétés : il existe 2 espèces. *Phormium cookianum*, assez compact, aux feuilles arquées ; 'Cream Delight', crème marginé de vert ; 'Variegatum', vert bordé de bandes blanc crème. *Phormium tenax*, plus vigoureux, aux feuilles raides, se décline en nombreux cultivars : 'Atropurpureum', aux feuilles pourpres ; 'Nigrolimbatum', pourpre plus foncé encore ; 'Golden Sword', strié de vert et de jaune d'or ; 'Sundowner', au large feuillage rouge cuivré bordé de rose ; 'Variegatum', strié de blanc et de jaune. Il existe aussi des formes hybrides comme 'Bonze Baby', compact (80 cm), aux feuilles retombantes, bronze ; 'Yellow Wave', jaune strié de vert.

Utilisations : isolé, massifs exotiques avec cycas et palmiers, bacs sur terrasse.

Notre conseil : séparez les jeunes rejets en automne et hivernez-les dans la véranda.

Photinia fraseri 'Red Robin'

Photinia x fraseri
PHOTINIA

J F M A **M J** J A S O N D

1,5/3 m — 2/4 m — P

Cet arbuste généreux de la famille des Rosaceae compte parmi les meilleures espèces pour les haies.

Description : ce bel arbuste à la silhouette arrondie porte de jeunes pousses rouges et brillantes qui virent au vert en vieillissant. Les feuilles alternes, simples, dentées mesurent de 6 à 12 cm de long. Les fleurs blanches sont portées en bouquets terminaux de 8 à 15 cm de diamètre.

Sol : une terre de jardin fertile et bien travaillée, humifère, drainée, non calcaire.

Exposition : ensoleillée, protégée des vents forts et des froids très vifs.

Culture et entretien : plantez en automne ou au printemps. Arrosez bien durant les deux premières années. Pailler en automne. Taillez en été pour équilibrer la plante. Si vous coupez les rameaux de la moitié de leur longueur, vous obtiendrez une repousse rouge en automne.

Espèces et variétés : il existe 60 espèces. L'hybride *Photinia* x *fraseri* 'Red Robin' est le plus commun ; 'Robusta Compact', plus compact, est moins frileux. *Photinia davidiana* 'Palette', à feuillage panaché de blanc et de rose. *Photinia serrulata*, à jeunes pousses rouges, porte en mai, des panicules de 15 cm de diamètre, composées de fleurs blanches qui donnent de grosses baies globuleuses rouges.

Utilisations : massif, haie taillée, haie libre, haie en mélange. Bac sur terrasse.

Notre conseil : plantez les photinias en compagnie d'arbustes à floraison printanière blanche (spirée, seringat) pour obtenir un effet du plus grand éclat.

Phyllostachys viridiglaucescens

Phyllostachys spp.
BAMBOU

Hauteur : 4/28 m — Largeur : illimité — P

Cette plante de la famille des Poaceae développe des cannes solides et forme de belles touffes.

Description : originaire de Chine et du Japon, ce bambou très poussant possède des rhizomes traçants qui produisent des tiges bien droites et dures, utilisées localement comme tuteurs ou pour la construction de pergolas et de clôtures. Les chaumes sont colorés, veinés ou tachetés et les nœuds, renflés. Les feuilles étroites, lancéolées sont groupées en touffes.

Sol : riche, profond, consistant mais pas étouffant, humide en été, non détrempé.

Exposition : plein soleil ou ombre légère.

Culture et entretien : plantez en automne ou au printemps, paillez la jeune souche et arrosez généreusement. Divisez les vieilles touffes au printemps.

Espèces et variétés : il existe 80 espèces. Les plus rustiques sont : *Phyllostachys aurea* (de 6 à 9 m), formant des nœuds comprimés à la base des chaumes, très résistant à la sécheresse et au froid. *Phyllostachys bambusoides* (jusqu'à 20 m), à longues feuilles, chaume au bois très dur. *Phyllostachys nigra* (de 6 à 8 m), à chaumes noirs, très drageonnant. *Phyllostachys viridiglaucescens* (de 6 à 12 m), aux feuilles vert brillant dessus, glauques et pubescentes en dessous. *Phyllostachys pubescens* (plus de 25 m), c'est le plus grand bambou rustique.

Utilisations : touffe isolée, buisson, bosquet, haie libre, bac sur terrasse.

Notre conseil : limitez la prolifération de ce bambou aux rhizomes très traçants, en installant dès la plantation des « barrières anti-rhizomes », sortes de plaques en résine fichées en terre verticalement.

Physocarpus opulifolius
PHYSOCARPUS

J F M A **M J J** A S O N D

Hauteur : 2/3 m — Largeur : 2/3 m — C

Cet arbuste buissonnant de la famille des Rosaceae est décoratif par son feuillage coloré et ses fleurs.

Description : le physocarpus ressemble aux spirées, dont il diffère par la forme de ses fleurs en corymbes blancs ou légèrement rosés. C'est un arbuste vigoureux, bien ramifié qui forme une touffe bien dense. Les feuilles alternes, de 5 à 8 cm de long, sont ovales ou trilobées. Les fleurs blanches sont portées en corymbes.

Sol : souple, consistant, riche et profond.

Exposition : soleil doux, mi-ombre claire.

Culture et entretien : plantez en automne, paillez au printemps. Ne laissez pas le sol sécher en été. Douchez le feuillage les soirs de canicule.

Physocarpus opulifolius 'Dart's Gold'

Espèces et variétés : il existe 10 espèces. *Physocarpus opulifolius* aux feuilles trilobées est le plus cultivé ; 'Dart's Gold' porte un feuillage jaune d'or au début de la végétation, qui verdit ensuite ; 'Diabolo', au feuillage pourpre foncé qui vire à l'orange en automne. *Physocarpus amurensis* est plus petit (2 m), avec des feuilles vert franc sur le dessus et légèrement blanchâtres au revers, fleurs blanches à étamines rouges.
Utilisations : en massif, pour contraster avec des arbustes à feuilles vertes.
Notre conseil : taillez les rameaux d'un tiers de leur longueur, pour obtenir de nouveaux boutons floraux en fin d'été.

Pittosporum tenuifolium 'Variegatum'

Pittosporum tobira

Pittosporum spp.
PITTOSPORUM

J F M **A M J** J A S O N D

2/4 m | 5/6 m | P | -7 °C

Certains de ces arbustes élégants de la famille des Pittosporaceae embaument littéralement.

Description : buissons compacts originaires d'Australie et de Nouvelle-Zélande, les pittosporums portent des feuilles alternes, entières, ovales, épaisses et luisantes, vert foncé. Ils se parent de fleurs blanches ou jaune verdâtre dont le parfum rappelle celles de l'oranger. La croissance est relativement lente.

Sol : fertile, profond, bien travaillé, drainé même sec, pas trop calcaire.
Exposition : chaude, en plein soleil et à l'abri des vents dominants.
Culture et entretien : plantez au printemps et paillez immédiatement le pied. Installez les pittosporums le long d'un mur au sud dans les régions aux hivers peu cléments. Sous un climat plus frais que celui de l'Anjou, couvrez ces arbustes de voiles d'hivernage ou abritez-les dans une véranda hors gel pour la mauvaise saison. Pour les aider à se ramifier durant les premières années de plantation, pincez les jeunes pousses. Chez les sujets adultes, égalisez en fin de saison les rameaux qui paraissent échevelés sur la touffe. Il est aussi possible de les former en boule.

Espèces et variétés : il existe 200 espèces. *Pittosporum tobira* (de 2 à 4 m), aux fleurs crème très parfumées ; 'Nana', compact, (80 cm), plutôt destiné à être planté dans un bac ; 'Variegata', aux feuilles panachées de blanc. *Pittosporum tenuifolium* porte des petites feuilles ondulées sur les bords, les fleurs en clochette ont un parfum de miel ; 'Abbotsbury Gold', au feuillage vert jaunâtre ; 'Purpureum', à feuilles pourpres ; 'Tom Tumb', nain (1 m), pourpre ; 'Variegatum', aux feuilles vert clair marginées de blanc.
Utilisations : massifs, haie taillée, topiaire, bac sur terrasse, bouquets.
Notre conseil : apportez chaque année une bonne fumure organique aux pittosporums, qui ainsi fleurissent bien mieux.

Pleioblastus pumilus

Pleioblastus spp.
BAMBOU NAIN

30 cm/4 m — illimité

Touffues et drageonnantes, ces plantes de la famille des Poaceae font d'excellents couvre-sols.

Description: ces bambous d'une grande rusticité, qui résistent entre –18 et –24 °C selon les espèces, développent une souche rhizomateuse; celle-ci produit des chaumes ligneux, aux nombreuses ramifications, qui constituent des touffes très épaisses. Les feuilles linéaires, de longueur variable, vont du vert clair aux tons panachés de blanc ou de jaune. Les *Pleioblastus* sont des bambous très traçants qui peuvent vite devenir envahissants.

Sol: fertile et frais, généreusement amendé en matière organique.

Exposition: plein soleil ou mi-ombre.

Culture et entretien: plantez à l'automne ou au printemps et arrosez généreusement les premières années. Rabattez au ras du sol les *Pleioblastus fortunei, humilis* ou *viridistriatus*, tous les deux ou trois ans, pour une vraie cure de Jouvence.

Espèces et variétés: il existe 20 espèces. *Pleioblastus distichus* (de 30 à 50 cm) est peu drageonnant, il forme un tapis très régulier, pouvant même remplacer une pelouse. *Pleioblastus fortunei* 'Variegatus' (de 80 cm à 1 m) a des feuilles striées de blanc crème. *Pleioblastus linearis* (de 3 à 6 m) forme de belles touffes érigées, peu envahissantes, au feuillage vert clair, ondulé. *Pleioblastus pumilus* (de 40 à 80 cm) est aussi appelé *Sasa pumila*. Très feuillu, il présente des chaumes verts et une couronne de duvet au niveau des nœuds. C'est un couvre-sol très efficace. *Pleioblastus viridistriatus* (de 80 cm à 1,5 m) est très lumineux avec ses feuilles jaune d'or et vert; 'Vagans' est plus petit avec un feuillage vert assez clair.

Polygala myrtifolia

Utilisations: bordures, fixation de berges et de talus, couvre-sol en sous-bois, potées sur terrasse, succédané de pelouse.

Notre conseil: plantez les variétés panachées en plein soleil pour une coloration plus intense. *Pleioblastus pumilus* convient bien à l'ombre, même assez dense.

Polygala myrtifolia
POLYGALA

J F M A **M J J A S O** N D

1/2,5 m — 1/2 m — –8 °C

Cet arbuste assez frileux de la famille des Polygalaceae épanouit ses fleurs pendant plusieurs mois.

Description: cet arbuste sud-africain forme un buisson érigé très ramifié. Les feuilles alternes, vert pâle, de 2 à 3 cm de long, sont ovales et étroites. L'abondante floraison, en grappes terminales mauve-pourpre, se renouvelle en permanence.

Sol: riche et humifère, bien drainé.

Exposition: chaude et ensoleillée.

Culture et entretien: plantez au printemps. Sortez les sujets en pot de mai à octobre et fertilisez-les avec de l'engrais liquide tous les quinze jours. Arrosez copieusement par temps chaud. Ailleurs que sur la Côte d'Azur, hivernez le polygala en pot dans une orangerie ou une serre froide, en réduisant les arrosages au minimum, pour éviter le dessèchement. En février, rabattez les tiges de moitié.

Espèces et variétés: il existe 500 espèces, mais beaucoup sont herbacées. *Polygala myrtifolia* est le plus cultivé; 'Grandiflora' ne diffère du type que par ses fleurs plus grandes (4 cm de diamètre). On l'appelle aujourd'hui *Polygala* x *dalmaisiana*; 'Nana' est une forme compacte, idéale en bac, qui ne dépasse pas 1 m de haut

Utilisations : décoration estivale des massifs exotiques avec *Iochroma, Pentas, Cestrum, Malvaviscus, Solanum*, etc. Rocaille, potées sur balcon, serre froide.

Notre conseil: les polygalas cultivés en pot doivent être rempotés chaque année en mars-avril dans un pot plus grand.

Poncirus trifoliata

Potentilla fruticosa 'Coronation Triumph'

Poncirus trifoliata
PONCIRUS, ORANGER TRIFOLIÉ

J F M **A M** J J A S O N D

4/6 m — 3/5 m — C

Cet arbuste épineux, de la famille des Rutaceae, est proche des Citrus mais il porte un feuillage caduc.

Description : pouvant former un petit tronc, ce grand arbuste est redoutable par ses épines acérées de 3 à 5 cm de long, portées sur les rameaux aplatis et anguleux. Les feuilles, alternes, vert sombre, sont composées de 3 à 5 folioles. Les fleurs blanc pur de 3 à 5 cm de diamètre, agréablement parfumées, apparaissent avant les feuilles. Les fruits globuleux, de 3 à 5 cm de diamètre, jaune pâle en automne, ne sont pas comestibles. Le *Poncirus* est rustique dans toute la France, mais curieusement assez peu employé.

Sol : sec, profond, siliceux, assez pauvre.

Exposition : plein soleil, même brûlant.

Culture et entretien : plantez au printemps et paillez immédiatement le pied. Arrosez bien les jeunes plants la première année. Taillez à volonté, même pour former une haie d'aspect géométrique. Apportez un engrais pour agrumes à action lente, au départ de la végétation.

Espèces et variétés : il n'existe qu'une seule espèce, *Poncirus trifoliata.*

Utilisations : essentiellement en haie défensive, de préférence de forme libre, pour bénéficier au maximum de sa floraison et de sa fructification. Il est surtout utilisé comme porte-greffe des *Citrus*, en raison de sa bonne résistance au froid.

Notre conseil : amendez les sols calcaires avec de la tourbe pour éviter la chlorose.

Potentilla spp.
POTENTILLE

J F M A **M J J A S** O N D

0,5/1,5 m — 0,5/1,5 m — C

Ces arbustes compacts, à port ample, de la famille des Rosaceae fleurissent généreusement en été.

Description : rustique et très résistante à la sécheresse, la potentille est originaire des régions tempérées de l'hémisphère Nord. Le feuillage, alterne, est composé de 3 ou 5 folioles souvent soyeuses. Les fleurs simples, solitaires, à 5 pétales, se renouvellent sans cesse. Croissance rapide (la taille adulte est obtenue en 2 à 3 ans).

Sol : perméable, pauvre, pas trop calcaire.

Exposition : plein soleil ou mi-ombre.

Culture et entretien : plantez en automne ou au printemps. Taillez après la floraison pour conserver un port arrondi.

Espèces et variétés : il existe 500 espèces. *Potentilla fruticosa* est la plus cultivée des formes arbustives ; 'Abbotswood' (80 cm), blanc ; 'Coronation Triumph' (1 m), jaune vif ; 'Elizabeth' (1 m), jaune canari intense ; 'Goldfinger' (50 cm), jaune doré ; 'Katherine Dykes' (1,5 m), jaune clair ; 'Klondike' (50 cm), jaune foncé ; 'Pink Giant' (50 cm), rose vif à grandes fleurs ; 'Pretty Polly' (80 cm), rose pâle ; 'Red Ace' (50 cm), rouge clair à revers jaune ; 'Vilmoriniana' (1,2 m), blanc crème, aux petites feuilles argentées.

Utilisations : bordure, rocaille, massif, haie basse. Mariez les potentilles jaunes à des géraniums vivaces à fleurs bleues, comme 'Johnson's Blue' ou des lavandes.

Notre conseil : plantez les variétés à fleurs orange, rouges ou roses dans un endroit ombragé, car elles se décolorent au soleil.

Prunus laurocerasus

Prunus triloba

Prunus laurocerasus
LAURIER-CERISE

J F M A M J J A S O N D

50 cm/6 m — 50 cm/5 m — P

Ce grand arbuste de la famille des Rosaceae est une plante très résistante à la pollution de l'air.

Description : cet arbuste rustique aux feuilles alternes, simples, coriaces, oblongues, porte des fleurs blanches, parfumées, réunies en grappes. Les fruits sont constitués de petites baies noires toxiques.
Sol : toute bonne terre profonde, riche et bien travaillée, même calcaire.
Exposition : soleil léger ou mi-ombre.
Culture et entretien : plantez d'octobre à avril, entre 80 cm et 1 m de distance. Taillez à la fin de l'hiver en revenant près du tronc pour que la plante reste compacte.
Espèces et variétés : il existe 200 espèces. *Prunus laurocerasus* 'Caucasica', très vigoureux, très utilisé pour les haies taillées; 'Herbergii' (3 m), très rustique, compact; 'Mount Vernon' (40 cm), étalé, tapissant, vert foncé brillant, ne fleurissant pas; 'Otto Luyken' (1,5 m), à port étalé, feuilles étroites; 'Zabeliana' (1,5 m), à feuilles vert clair qui ressemblent à celles du saule. *Prunus lusitanica*, le laurier du Portugal (5 m), conique, feuilles vert assez clair.
Utilisations : essentiellement en haie.
Notre conseil : ne taillez pas en début de saison pour bien profiter de la floraison.

Prunus triloba
AMANDIER DE CHINE

J F M A M J J A S O N D

2/3 m — 2/3 m — C

Cet arbrisseau buissonnant de la famille des Rosaceae se couvre de fleurs à la sortie de l'hiver.

Description : cet arbuste rustique aux feuilles alternes, simples, elliptiques, de 5 à 7 cm de long, épanouit de gros pompons rose pâle, mais éphémères, sur toute la longueur des pousses d'un an. Croissance assez rapide (2 m en 4 ans).
Sol : profond, consistant, même calcaire.
Exposition : soleil pas trop desséchant.
Culture et entretien : plantez en automne. Après la floraison, taillez court les branches qui ont porté les fleurs.
Espèces et variétés : la plupart des 200 espèces de *Prunus* sont des arbres. *Prunus triloba* 'Multiplex' (ou Vt) (de 1,5 à 2 m) forme une touffe arrondie bien ramifiée, qui porte des fleurs de 5 à 7 cm de diamètre, très doubles, en pompons rose pêche. La plante est complètement recouverte par une floraison très intense.
Utilisations : isolé, rocaille, potée. Palissez cet arbuste contre un mur plein sud. Il existe aussi des formes sur petites tiges qui conviennent bien sur une terrasse.
Notre conseil : en février, faites de beaux bouquets avec les rameaux tout juste boutonnés qui tiennent bien en vase.

Pyracantha spp.
BUISSON ARDENT

J F M A M J J A S O N D

2/4 m — 2/4 m — P

Ce solide arbuste très épineux de la famille des Rosaceae est idéal pour former des haies défensives.

Description : originaires d'Europe et d'Asie, les pyracanthas sont des arbustes rustiques, très ramifiés, portant sur les rameaux des épines acérées. Les feuilles, alternes, de 3 à 7 cm de long, sont oblongues et dentées. Les branches se couvrent de petites fleurs blanches réunies en corymbes, qui laissent la place à de nombreux fruits rouges ou orangés persistant tout l'hiver sur les rameaux.
Sol : de préférence fertile, profond, humifère et bien drainé. Les terres pauvres, sèches et calcaires sont bien acceptées.

Pyracantha

Exposition : mi-ombre ou soleil doux.
Culture et entretien : plantez en automne ou au printemps, en espaçant de 60 cm les sujets en haies. Pour favoriser l'émission de jeunes rameaux, rabattez en hiver les branches d'un tiers de leur longueur. Inutile de fertiliser.
Espèces et variétés : il existe 7 espèces. Seules des formes hybrides sont cultivées. 'Dart's Red', à fruits orangés, très résistant au feu bactérien ; 'Mohave', à gros fruits rouge orangé brillant ; 'Golden Glow' et 'Orange Glow', portent de très nombreux fruits, jaunes chez le premier, rouge-orangé chez le second. Croissance rapide ; 'Mozart', peu épineux, fruits rouge écarlate ; 'Saphyr', des sélections particulièrement rustique et résistantes au feu bactérien, aux fruits jaunes, oranges ou rouges.
Utilisations : haies libres ou taillées, habillage de mur et de clôture (on peut palisser le pyracantha), buisson isolé.
Notre conseil : le *Pyracantha* étant très sensible à la tavelure des fruits et au feu bactérien, achetez uniquement des variétés sélectionnées, provenant de cultures réalisées par de bons professionnels.

Rhamnus alaternus
ALATERNE, NERPRUN

J F M A M J J A S O N D

2/5 m | 2/4 m | C/P | - 8 °C

Ce grand arbuste de la famille des Rhamnaceae forme de belles haies dans les jardins méditerranéens.

Description : le genre Rhamnus renferme de nombreuses espèces caduques, mais, dans les jardins, on préfère les formes persistantes, même si elles sont plus frileuses. Buissonnant, arrondi, touffu, l'alaterne développe des rameaux à l'écorce grisâtre qui se fendille. Les feuilles, alternes, de 2 à 5 cm de long, sont ovales et coriaces, vert foncé. Les petites fleurs en grappes jaunes sont suivies de drupes noires en fin d'été.
Sol : riche, frais, sain et bien drainé.
Exposition : au soleil ou à l'ombre, à condition qu'elle soit assez chaude.

Rhamnus alaternus 'Argenteovariegata'

Culture et entretien : plantez au printemps et paillez le sol aussitôt. Pratiquez une taille de formation pour bien équilibrer la silhouette. L'alaterne se prête très bien à la taille, même sévère, ce qui lui vaut d'être souvent utilisé en haie.
Espèces et variétés : il existe 125 espèces. *Rhamnus alaternus* est le seul couramment cultivé parmi les formes persistantes ainsi que 'Argenteovariegata', aux feuilles panachées de blanc. Parmi les espèces caduques qui sont aussi plus rustiques, *Rhamnus frangula*, la bourdaine, forme un arbuste drageonnant de 3 à 5 m de haut, dont les tiges érigées sont souvent utilisées pour faire des tuteurs.
Utilisations : haie, topiaire, massif, bac.
Notre conseil : utilisez les *Rhamnus* caducs en plantation de sous-bois.

Rhaphiolepis spp.
RAPHIOLEPIS

J F M A M J J A S O N D

1/2 m | 1/1,5 m | P | - 5 °C

Ces arbustes frileux de la famille des Rosaceae sont appréciés pour leurs fleurs de très longue durée.

Description : originaires d'Asie du Sud-Est, ces petits arbustes compacts forment un buisson très régulier. Les feuilles alternes, épaisses, ovales, de 4 à 10 cm de long, sont vertes et brillantes. Les petites fleurs blanches teintées de rose sont groupées en panicules à l'extrémité des branches.
Sol : riche et humifère, restant bien frais en été. En pot, un mélange de terreau d'écorce, de tourbe et de sable par tiers.
Exposition : chaude et bien ensoleillée.
Culture et entretien : le raphiolepis est rustique sous le climat de l'olivier, plantez-le au printemps. Dans les autres régions, cultivez-le en grandes potées, placées à l'extérieur de mai à octobre et hivernées en serre froide ou en véranda hors gel.
Espèces et variétés : il existe 15 espèces. Les cultivars de *Rhaphiolepis indica* sont très appréciés ; 'Coppertone', à croissance rapide, fleurs rose pâle, parfumées ; 'Enchantress', compact (1,5 m), à feuillage brillant, fleurs roses ; 'Fascination', à fleurs rose foncé au cœur blanc ; 'Springtime', à port étalé, feuillage vert bronze, fleurit rose de janvier à avril. *Raphiolepis* x *delacourii* (2 m), aux feuilles plus grandes, fleurs roses de février à mai, en grappes érigées. *Rhaphiolepis umbellata* (2 m), compact, arrondi, aux tiges raides, fleurs blanches, odorantes, de mars à mai, en grappes dressées de 10 cm de long.
Utilisations : massif, bac, serre froide. Les *Raphiolepis* résistant aux embruns, ils sont conseillés dans les jardins maritimes.
Notre conseil : arrosez abondamment en été et paillez le sol pour maintenir une fraîcheur très appréciée des raphiolepis.

Raphiolepis indica

Rhus typhina 'Laciniata'

Rhus typhina
SUMAC DE VIRGINIE

J F M A M J J A S O N D

3/6 m — 4/7 m — C

Ce bel arbrisseau au port ample de la famille des Anacardiaceae prend des teintes automnales superbes.

Description : formant souvent un petit tronc, le sumac de Virginie développe des rameaux duveteux au bois moelleux. Les feuilles, alternes, de 30 à 50 cm de long, sont composées de folioles à bord denté. En automne, elles deviennent jaune orangé, puis rouge éclatant. Les inflorescences, en épis veloutés rouge amarante, restent sur la frondaison tout l'hiver.

Sol : consistant et profond de préférence.

Exposition : ensoleillée, abritée des vents.

Culture et entretien : plantez en automne. Une taille de fin d'hiver en raccourcissant les pousses florifères de la moitié de leur longueur stimule la croissance et permet de conserver une belle silhouette.

Espèces et variétés : il existe 200 espèces. *Rhus typhina* est le plus cultivé ; 'Laciniata' (ou 'Dissecta'), au feuillage finement découpé, est moins vigoureux (2 m).

Utilisations : en isolé ; la forme, ample, est incompatible avec une situation en massif.

Notre conseil : attention, une taille courte entraîne un développement plus fort.

Ribes sanguineum
GROSEILLIER À FLEURS

J F M A M J J A S O N D

2/3 m — 2 m — C

Ce buisson touffu de la famille des Grossulariaceae fait partie des incontournables du printemps.

Description : rustique et poussant, le groseillier à fleurs développe de nombreuses tiges érigées, brunes, aromatiques, formant une touffe arrondie. Les feuilles, alternes, sont découpées en cinq lobes. Avant l'apparition des feuilles, des boutons rouge vif s'épanouissent en grappes pendantes roses. Fruits noirs, pruineux.

Sol : une bonne terre de jardin profonde.

Exposition : soleil ou mi-ombre légère.

Culture et entretien : plantez à l'automne. Après la floraison, coupez les rameaux d'un tiers de leur longueur pour favoriser le démarrage de nouvelles pousses. Tous les 4 ou 5 ans, rabattez plus sévèrement, près de la souche.

Espèces et variétés : il existe 150 espèces dont le groseillier à fruits et le cassis. *Ribes sanguineum* est le plus ornemental ; 'King Edward VII', aux longues grappes rouge lumineux à œil blanc ; 'Koja', rouge vif foncé ; 'Pulborough Scarlet', rouge clair à cœur blanc ; 'Tydeman White', blanc pur.

Utilisations : massifs, haies en mélange, haies libres, bacs sur terrasse, bouquets.

Notre conseil : coupez des rameaux boutonnés, qui s'épanouiront dans la maison.

Ribes sanguineum

Rubus spp.
RONCE D'ORNEMENT

J F M A M J J A S O N D

2/3 m — 2/4 m — C/P

Ces arbustes érigés de la famille des Rosaceae forment des buissons qui résistent vraiment à tout.

Description : le genre *Rubus* réunit les framboisiers et les mûres, ainsi que des arbustes aux tiges épineuses ou inermes souvent colorées. On cultive aussi certaines espèces pour leurs fleurs colorées qui rappellent celles de l'églantier. Les feuilles alternes sont composées de 3 ou 5 folioles.

Sol : tous les terrains, même très pauvres.

Exposition : soleil fort ou mi-ombre.

Culture et entretien : plantez en automne. Pour les espèces à tiges colorées,

Rubus cockburnianus

rabattez totalement la touffe à 15 cm du sol au début du printemps. Pour les ronces à fleurs, réduisez les rameaux défleuris des trois quarts de leur longueur.

Espèces et variétés : il existe 250 espèces.

• **Parmi les formes caduques :** *Rubus* 'Benenden', à port étalé, grandes fleurs blanc pur en mai-juin. *Rubus cockburnianus*, buisson dressé aux feuilles gris-vert foncé dessus, blanches dessous, rameaux blanc argenté, très lumineux ; 'Golden Vale', à feuilles jaunes. *Rubus biflorus*, aux tiges d'un blanc brillant. *Rubus thibetanus*, aux tiges brun-pourpre recouvertes d'une pruine blanchâtre. *Rubus* x *tridel*, aux fleurs simples, blanches, portées en mai par des branches non épineuses.

• **Parmi les formes persistantes :** *Rubus tricolor*, aux longues tiges souples, feuilles vertes dessus, blanches dessous, fleurs blanches en juillet, fruits rouges comestibles. 'Betty Ashburner', à port étalé, arqué, fleurs blanches, en coupes.

Utilisations : haie, couvre-sol, talus.

Notre conseil : supprimez les drageons, qui deviennent vite envahissants.

➤ ***Rubus idaeus* et *fruticosus*** voir **Fruitiers**.

Ruscus aculeatus
FRAGON, PETIT HOUX

J F **M A** M J J A S O N D

50 cm/1 m — 1/1,5 m — P

Ce sous-arbrisseau drageonnant de la famille des Asparagaceae fait un bon couvre-sol à l'ombre dense.

Description : originaire d'Europe, cette espèce développe des tiges au port étalé dont les feuilles, alternes, sont réduites à une écaille. Ce qui apparaît comme des feuilles vertes, coriaces, terminées en pointe aiguë, ce sont des rameaux aplatis appelés cladodes. Au centre du cladode naît une fleur verdâtre suivie d'une grosse baie d'un rouge lumineux qui persiste tout l'hiver.

Sol : frais, humifère, pas trop riche.

Exposition : mi-ombre et même ombre dense, c'est une plante de sous-bois.

Ruscus aculeatus

Culture et entretien : plantez au printemps. Coupez les vieux rameaux qui ont tendance à se dégarnir de la base.

Espèces et variétés : il existe 6 espèces. *Ruscus hypoglossum* (30 cm), touffu, est utilisé en couvre-sol dans le Midi.

Utilisations : bordure, sous-bois. Les rameaux de fragon remplacent le houx dans les décorations de fin d'année.

Notre conseil : la plante étant dioïque, il est nécessaire d'installer des pieds des deux sexes pour obtenir la fructification.

Salix spp.
SAULE ARBUSTIF

J **F M** A M J J A S O N D

2/5 m — 2/4 m — C

Ces arbrisseaux compacts de la famille des Salicaceae se parent d'une belle floraison hivernale.

Description : très rustiques, les saules arbustifs développent des rameaux souvent colorés de jaune ou de rouge. Les chatons précoces (fleurs mâles) argentés, duveteux sont superbes. Le feuillage alterne, souple, allongé, est vert clair ou gris argenté. La croissance est assez lente.

Sol : frais, humide, lourd et bien riche.

Exposition : soleil doux, pas trop chaude.

Culture et entretien : plantez en automne. Arrosez bien et paillez les premiers étés. Supprimez le bois mort en hiver. Traitez plusieurs fois au printemps et en automne avec de la bouillie bordelaise pour éviter les taches noires sur les feuilles.

Espèces et variétés : il existe 300 espèces. *Salix caprea* 'Pendula' ('Kilmarnock'), le saule marsault pleureur (de 1,5 à 3 m), une forme mâle qui se couvre, en février, de chatons argentés aux étamines dorées, les rameaux retombant jusqu'au sol. *Salix* 'Erythroflexuosa' (de 3 à 4 m), port érigé, branches spiralées à l'écorce rouge orangé, feuillage vert clair torsadé. *Salix integra* 'Hakuro-Nishiki' (de 2 à 3 m), un petit arbre greffé sur tige, aux feuilles rose saumon et vert au printemps, puis vert et crème. Ne pas exposer au soleil, idéal en bac. *Salix irrorata* (de 2 à 3 m), aux rameaux verts, puis pourpres, recouverts d'une cire blanche, admirable en hiver. *Salix rosmarinifolia* (2 m), compact, aux feuilles linéaires comme celles du romarin.

Utilisations : rocaille, potées sur balcon, massifs, sujet isolé (pleureur).

Notre conseil : taillez sévèrement les saules à chatons après la floraison.

➤ ***Salix spp.*** voir **p. 368**.

Salix caprea 'Pendula'

Santolina chamaecyparissus

Santolina chamaecyparissus
SANTOLINE, PETIT CYPRÈS

J F M A M J J A S O N D

P

30/50 cm 60 cm/1 m

Ce buisson aromatique de la famille des Asteraceae est apprécié pour sa végétation très régulière.

Description : ce sous-arbrisseau compact à la silhouette arrondie porte des feuilles alternes, linéaires de 1 à 3 cm de long. Odorantes, elles sont couvertes d'un duvet blanc argenté. Les fleurs jaunes, en capitules globuleux de 1 à 2 cm de diamètre, sont très appréciées des abeilles.

Sol : ordinaire, même sec et caillouteux.

Exposition : ensoleillée, plutôt sèche.

Culture et entretien : plantez en automne ou au printemps, à 30 ou 40 cm de distance si vous faites une haie. Après la floraison, taillez les touffes pour leur conserver une forme bien ramassée.

Espèces et variétés : il existe 18 espèces. *Santolina chamaecyparissus* 'Lambrook Silver', aux feuilles argentées, et 'Viridis', à feuilles vertes, sont les plus cultivés.

Utilisations : bordure, haie basse, potée. Associez la santoline aux lavandes.

Notre conseil : offrez à la santoline un emplacement bien abrité dans les jardins de la moitié nord de la France. En bac, veillez à ce que le substrat ne soit pas trop humide, surtout en hiver.

Sarcococca spp.
SARCOCOCCA

J F M A M J J A S O N D

P

80 cm/1,5 m 80 cm/1,5 m

Ce petit arbuste de la famille des Buxaceae embaume littéralement au cœur de l'hiver. À découvrir...

Description : ces arbustes parfois rhizomateux sont originaires de Chine. Les feuilles alternes, entières, sont lancéolées. Les fleurs unisexuées, blanches ou blanc verdâtre, dépourvues de pétales, exhalent un parfum puissant de muguet et de jasmin.

Sol : humifère, frais, bien drainé, acide.

Exposition : à l'ombre ou à mi-ombre, bien protégée des vents secs et froids.

Culture et entretien : plantez au printemps. Éliminez les pousses mortes, équilibrez la silhouette au début du printemps.

Espèces et variétés : il existe 14 espèces. *Sarcococca confusa* (2 m), buisson arrondi, fruits noirs luisants, ronds. *Sarcococca hookeriana* (1,5 m), rhizomateux, traçant, fruits bleu-noir ; var. *digyna*, aux feuilles souples, effilées. *Sarcococca humilis* (60 cm), buissonnant, fleurs teintées de rose, fruits sphériques bleu nuit. *Sarcococca ruscifolia* (1 m), à fruits rouge violacé.

Utilisations : massif, couvre-sol en sous-bois, haie libre basse, potées sur balcon.

Notre conseil : plantez près de la maison pour profiter du parfum exceptionnel.

Sarcococca confusa

Sasa pumila 'Aurea'

Sasa spp.
BAMBOU NAIN

P

0,8/3 m illimité

Ce bambou compact de la famille des Poaceae forme des touffes assez basses, denses et gracieuses.

Description : caractérisé par sa végétation très traçante, ce bambou couvre vite le terrain. Ses tiges assez grêles portent des feuilles oblongues, vert foncé.

Sol : riche, humifère, profond, restant frais.

Exposition : soleil léger ou mi-ombre.

Culture et entretien : plantez au printemps. Tous les quatre ou cinq ans, rabattez les chaumes au départ de la végétation, pour stimuler la croissance.

Espèces et variétés : il existe 50 espèces parmi lesquelles le plus petit des bambous, *Sasa pygmaea,* qui forme un véritable gazon. Les jeunes pousses de *Sasa kurilensis* sont comestibles. *Sasa masamuneana* 'Albostriata', aux jeunes feuilles panachées de blanc. *Sasa pumila* 'Aurea', aux feuilles veinées de jaune. *Sasa tessellata,* aux feuilles qui atteignent 50 cm de long, aspect prostré. *Sasa tsuboïana,* au port régulier, arrondi. *Sasa veitchii,* aux feuilles larges, bordées de crème en hiver.

Utilisations : massifs, bordure, sous-bois, haie basse, bac sur terrasse, touffe isolée.

Notre conseil : plantez ce bambou au bord du bassin, car il aime l'humidité.

Solanum rantonnetii

Sinarundinaria spp. (Fargesia)
BAMBOU

2/5 m · 3/4 m · P

Ce bambou très élégant de la famille des Poaceae forme des touffes au port semi-retombant.

Description : appelés aussi *Fargesia* par les botanistes, les *Sinarundinaria* se caractérisent par des petites feuilles de 6 à 10 cm de long et des cannes qui plient naturellement. Peu traçants, ils forment des touffes qui ondulent sous la brise.

Sol : frais et fertile, enrichi de fumier.

Exposition : mi-ombre ou ombre légère dans un lieu frais et humide. La résistance au froid est exceptionnelle : – 25 °C.

Culture et entretien : plantez en automne ou au printemps. Nettoyez la touffe en hiver pour éliminer les enveloppes des chaumes et les cannes desséchées. Apportez une généreuse fumure organique (fumier décomposé, fertilisant avec algues) au départ de la végétation.

Espèces et variétés : il existe 4 espèces. *Sinarundinaria nitida* (de 3 à 6 m), en touffe compacte semi-retombante. *Sinarundinaria murielae* (de 3 à 4 m) est aussi appelé *Arundinaria*, touffe dense au port retombant, très résistant au froid.

Utilisations : touffe isolée, arrière-plan de massif, haie en mélange, bac sur terrasse.

Notre conseil : évitez de placer les *Sinarundinaria* en plein soleil, car la végétation se fait alors plus éparse.

Sinarundinaria nitida

Skimmia japonica
SKIMMIA

J F M A M J J A S O N D

80 cm/1 m · 80 cm/1,2 m · P

Compact, arrondi, cet arbuste de la famille des Rutaceae est un bon compagnon des rhododendrons.

Description : formant un buisson régulier, le skimmia porte des feuilles alternes, entières, vert clair brillant, qui dégagent une forte odeur aromatique lorsqu'on les froisse. Les fleurs étoilées, blanches, à odeur de fleurs d'oranger, sont suivies en automne d'une multitude de petits fruits rouge vif qui restent en place tout l'hiver.

Sol : terre de bruyère ou terreau acide.

Exposition : la mi-ombre est idéale.

Culture et entretien : plantez au printemps et arrosez généreusement. Ne laissez pas le sol sécher en été. Pas de taille.

Espèces et variétés : il existe 4 espèces. *Skimmia japonica* 'Robert Fortune', aux très nombreux fruits rouge vif ; 'Rubella', aux fleurs rouge foncé, ce clone mâle ne fructifie pas. *Skimmia japonica* ssp. *reevesiana* est hermaphrodite, fruits ovales.

Utilisations : associez le skimmia aux bruyères d'hiver pour égayer les massifs d'azalées et de rhododendrons. Bordure de massifs, jardinières sur balcon.

Notre conseil : le skimmia étant une plante dioïque, associez les variétés 'Rubella' (mâle) et 'Nymans' (femelle) pour obtenir une fructification.

Skimmia reevesiana 'Robert Fortune'

Solanum rantonnetii
SOLANUM

J F M A M J J A S O N D

1,5/2 m · 2 m · P/SP · – 7 °C

Cet arbuste généreux de la famille des Solanaceae se cultive surtout comme une plante saisonnière.

Description : ce buisson originaire du Paraguay et d'Argentine forme une touffe arrondie et compacte. Feuillage alterne, ovale, légèrement duveteux. Les nombreuses fleurs bleu violacé, de 3 à 4 cm de diamètre, sont groupées en petits bouquets aux extrémités des branches. La floraison peut se prolonger toute l'année dans les régions au climat très doux.

Sol : consistant, riche, bien drainé. En pot, mélange de terreau de tourbe, de sable de rivière et de terre de jardin par tiers.

Exposition : chaude et très ensoleillée.

Culture et entretien : plantez au printemps et paillez le pied. Sortez les potées à la fin mai. Par temps chaud et sec, arrosez pour maintenir un sol toujours frais. En octobre, hivernez-le en pot en serre froide. Chaque année en mars, rabattez les tiges à moitié de leur longueur et rempotez.

Espèces et variétés : il existe 1 400 espèces. *Solanum rantonnetii* 'Outremer', aux grandes fleurs bleu-violet foncé ; 'Variegata Aurea', au feuillage panaché de jaune. *Solanum aviculare* (de 2 à 3 m), au port évasé, fleurs bleu nuancé de pourpre ou blanches en bouquets élégants.

Utilisations : massif, potée, serre froide.

Notre conseil : attention, toutes les parties de la plante sont toxiques.

Spartium junceum

Spiraea spp.
SPIRÉE

J F M **A M J J A** S O N D

30 cm/2 m — 50 cm/2 m

Ces arbustes très diversifiés de la famille des Rosaceae sont appréciés pour leurs fleurs et leurs feuillages.

Description : les spirées sont des arbustes rustiques originaires de l'hémisphère Nord. Compactes et à port arrondi, elles portent des feuilles alternes, simples, ovales, dentées. La floraison est printanière (sur le bois de un an) ou estivale (sur les pousses de l'année) selon les espèces, en grappes formées de petites fleurs à cinq pétales. Croissance rapide (la taille adulte est obtenue en 2 ans).

Sol : une terre ordinaire, consistante, même un peu calcaire. Un sol humifère et frais évite le dessèchement des rameaux.

Exposition : le plein soleil non brûlant ou une mi-ombre légère et fraîche.

Culture et entretien : plantez à l'automne, en espaçant de 60 cm les sujets utilisés pour les haies. Apportez un engrais complet chaque année en mars. Taillez les rameaux après la floraison, en n'hésitant pas à rabattre sévèrement les vieilles branches. Coupez les pousses fanées de la moitié de leur longueur. Dégagez bien le centre de la touffe, cela améliore la floraison. Il faut éviter que la spirée ne soit trop touffue, avec des rameaux enchevêtrés, sinon, elle perd de son charme.

Spiraea salicifolia

Spartium junceum
GENÊT D'ESPAGNE

J F M A **M J J A** S O N D

2/3 m — 2/3 m — -8 °C

Cet arbuste souple, aux rameaux fins, de la famille des Fabaceae se pare de fleurs estivales odorantes.

Description : spontané dans les régions méditerranéennes, le genêt d'Espagne est, hélas, peu rustique et doit être réservé aux régions côtières en dehors de sa zone d'origine. Touffu, il développe des rameaux souples ressemblant à du jonc, portant des feuilles alternes minuscules, linéaires, vert foncé. Les fleurs papilionacées jaune vif, agréablement parfumées, sont réunies en grappes terminales.

Sol : léger, sec et sableux, même pauvre.

Exposition : chaude, en plein soleil, le bord de mer est très apprécié.

Culture et entretien : plantez au printemps et paillez le pied immédiatement. Taillez sévèrement en mars, en rabattant tous les rameaux des trois quarts de leur longueur, ce qui permet de conserver une plante bien touffue, non dégarnie de la base. Multiplication facile par boutures herbacées en juin et en juillet, à l'étouffée.

Espèces et variétés : il n'existe qu'une seule espèce, *Spartium junceum*.

Utilisations : massif, haie libre fleurie. Associez-le avec *Hebe* 'Midsummer Beauty', lavande, *Perovskia aculeata*.

Notre conseil : manipulez les racines avec précaution au moment de la plantation, car le genêt d'Espagne apprécie peu la transplantation. Arrosez copieusement.

Spiraea japonica 'White Gold'

Spiraea japonica 'Anthony Waterer'

Espèces et variétés : il existe 80 espèces *Spiraea japonica*, à fleurs estivales ; 'Anthony Waterer' (80 cm), cramoisi vif ; 'Bullata' (50 cm), rouge clair ; 'Coccinea' (1 m), rouge foncé ; 'Froebelii' (1 m), rouge pourpre foncé, feuilles rouge-brun puis vertes ; 'Goldflame' (80 cm), le feuillage d'abord bronze, puis jaune, vire à l'orange cuivré en automne ; 'Goldmound' (50 cm), feuillage doré au printemps, puis vert clair, fleurs roses ; 'Little Princess' (30 cm), une boule de petites feuilles vertes couvertes de fleurs roses ; 'Magic Carpet' (50 cm), jeunes pousses aux feuilles dorées et orangées, fleurs rose vif ; 'Shirobana' (70 cm), tricolore avec des fleurs blanches, roses et rouges sur le même pied ; 'White Gold' (50 cm), un nuage de fleurs blanches sur un feuillage doré. *Spiraea nipponica* 'Snowmound' (1,5 m), floraison en fin de printemps blanc pur. *Spiraea prunifolia* 'Plena' (2 m), fleurs doubles blanches au printemps. *Spiraea salicifolia* (2 m), épis roses en juin et en juillet. *Spiraea thunbergii* (1,5 m), floraison printanière en bouquets blancs ; 'Fujino Pink' (80 cm), à boutons roses et fleurs blanc rosé. *Spiraea* x *vanhouttei* (2,5 m), à fleurs printanières blanches, port léger, gracieux.

Utilisations : massif, bordure, rocaille. Les formes naines en bac sur balcon ou en haies miniatures autour d'un potager.

Notre conseil : les spirées naines à feuillage doré gagnent à être rabattues à 15 cm du sol à la fin de l'hiver.

Spiraea x vanhouttei

Staphylea colchica

Staphylea colchica
STAPHYLIER

J F M **A M J** J A S O N D

2/4 m — 2 m — soleil — C

Cet arbuste bien érigé de la famille des Staphyleaceae porte avec élégance une abondance de fleurs.

Description : parfaitement rustique, cet arbuste peut former un petit tronc. Il présente un port érigé, avec des branches raides. Les feuilles, opposées, composées de 3 à 5 folioles, se teintent de dégradés de jaune en automne. Les fleurs blanches, parfumées, sont portées en panicules légères. Les fruits étranges, très décoratifs en été, sont des capsules pendantes, gonflées, blanc verdâtre à la texture de papier. Croissance rapide les premières années.

Sol : frais, perméable, riche, humifère.

Exposition : au soleil, même assez chaud.

Culture et entretien : plantez à l'automne. Arrosez et paillez les premiers étés. Protégez des fortes gelées en hiver. En été, abattez les rameaux défleuris de la moitié de leur longueur, équilibrez la silhouette. Multiplication par semis, les graines stratifiées en pot tout l'hiver, au pied d'un mur au nord. Au printemps, installez le pot sous un tunnel, la levée sera plus rapide.

Espèces et variétés : il existe 11 espèces. *Staphylea colchica* est le plus cultivé. *Staphylea holocarpa* forme un petit arbre (de 8 à 10 m) au port étalé. *Staphylea pinnata* (5 m), à l'écorce striée de blanc et aux fleurs blanches ombrées de rose.

Utilisations : isolé sur pelouse, massif.

Notre conseil : plantez un staphylier de chaque côté de l'allée principale à l'entrée du jardin, l'effet sera très réussi.

Stephanandra tanakae

Stephanandra spp.
STÉPHANANDRA

J F M A M J J A S O N D

1/2 m — 2/3 m — P

Cet arbrisseau grêle de la famille des Rosaceae, proche parent des spirées, se colore bien en automne.

Description : arbuste rustique, gracieux, aux rameaux frêles et flexibles, le stéphanandra est originaire du Japon. Les feuilles alternes, triangulaires, de 4 à 10 cm de long sont finement dentées. Elles prennent de jolies couleurs orangées à l'automne. Les fleurs blanches ou verdâtres sont réunies en petites panicules.

Sol : profond, frais, bien travaillé, fertile.

Exposition : soleil direct ou mi-ombre.

Culture et entretien : plantez en automne. Taillez court chaque année les rameaux qui ont fleuri pour que la plante reste compacte et ne se dégarnisse pas.

Espèces et variétés : il existe 4 espèces. *Stephanandra incisa* (1 m), aux tiges brun rougeâtre en hiver ; 'Crispa' (60 cm), aux feuilles ondulées, est couvre-sol. *Stephanandra tanakae* (2 m), qui forme un buisson florifère aux tiges arquées.

Utilisations : massifs, haies libres.

Notre conseil : associez stéphanandras et spirées à feuillage doré et fleurs roses.

Stewartia pseudocamellia
STEWARTIA

J F M A M J J A S O N D

3/7 m — 1/4 m — C — - 10 °C

Cet arbrisseau de la famille des Theaceae est une des plus belles espèces à écorce décorative l'hiver.

Description : appelé aussi *Stuartia*, ce grand arbuste est originaire du Japon. L'écorce rouge des rameaux érigés se détache par grands lambeaux. Les feuilles alternes, simples, ovales, sont vert clair dessus, duveteuses dessous. Les fleurs blanches, en coupe de 2 à 6 cm de diamètre, aux pétales à revers soyeux, apparaissent à l'aisselle des feuilles. Leurs étamines présentent un filet blanc et des anthères rouge orangé. En automne, le feuillage se nuance de jaune avant de virer à l'orange, puis au pourpre foncé.

Sol : de la terre de bruyère en mélange avec de la terre de jardin humifère.

Exposition : mi-ombre ou ombre légère dans un emplacement assez chaud.

Culture et entretien : plantez au printemps et paillez le pied. Arrosez régulièrement par temps sec. Contentez-vous d'une légère taille d'entretien en hiver pour lui conserver une silhouette agréable.

Espèces et variétés : il existe 9 espèces. *Stewartia pseudocamellia* est le plus cultivé. Il faut lui assurer une situation plutôt abritée ; la var. *koreana* porte de grosses fleurs aux pétales recourbés. *Stewartia rostrata* forme un petit arbre (10 m) à l'écorce cannelée, feuilles rouge vif en automne. *Stewartia serrata* (8 m), aux jeunes feuilles teintées de rouge, puis vertes et rouge orangé en automne. *Stewartia sinensis* (10 m), au port ample, fleurs parfumées, feuillage automnal rouge.

Utilisations : le stewartia est un superbe arbuste encore peu utilisé. Installez-le en isolé à l'abri des courants d'air. Il est parfait pour ombrager un groupe de plantes de terre de bruyère ou accompagner des hydrangéas et des camelias en massif.

Notre conseil : douchez le feuillage des stewartias les soirs de canicule pour éviter qu'il ne sèche, ce qui l'empêcherait de prendre ses belles couleurs d'automne.

Stewartia pseudocamellia

Styrax japonicus

Symphoricarpus albus

Styrax spp.
STYRAX, ALIBOUFIER

J F M A **M J J** A S O N D

3/8 m — 3/6 m — C

Cet arbrisseau encore peu connu, de la famille des Styracaceae, est une merveille pendant la floraison.

Description : ces grands arbustes rustiques, qui souvent forment un petit tronc, se distinguent par leur silhouette très élégante, avec une ramure étalée, aux branches infléchies à leur extrémité. Les feuilles alternes, ovales, dentées, vert foncé, sont légèrement duveteuses. Le styrax embaume lorsqu'il se couvre de nuées de fleurs blanches, en clochettes pendantes réunies en petites grappes. La croissance est relativement lente.

Sol : riche, frais, acide, enrichi en humus.

Exposition : soleil tamisé, mi-ombre ou même ombre légère. Choisissez un lieu abrité des froids vifs, mais jamais brûlant.

Culture et entretien : plantez à l'automne. Arrosez bien et paillez les premiers étés. Il est inutile de tailler, excepté pour équilibrer la forme. Dans de la terre de bruyère, il est nécessaire de faire deux apports d'engrais (mars et septembre).

Espèces et variétés : il existe 100 espèces. *Styrax japonicus* est le plus cultivé ; 'Pink Chimes', aux nombreuses fleurs rose pâle, plus foncées à la base. Les branches sont pendantes chez les jeunes sujets ; 'Fargesii', arborescent, avec des feuilles et des fleurs plus grosses que celles du type. *Styrax americanus* (3 m) est plus frileux, les feuilles se colorent de jaune en automne. *Styrax dasyanthum* (6 m), au port ample, semi-retombant, floraison en mai.

Utilisations et associations : isolé, fond de massif avec des fougères, des hostas, des astilbes et au pied des bruyères.

Notre conseil : plantez-le dans un endroit surélevé, afin d'admirer sa floraison par dessous. Le styrax est très sensible aux gelées printanières, qui abîment les boutons floraux et les jeunes pousses.

Symphoricarpos spp.
SYMPHORINE

J F M A M J **J A** S O N D

50 cm/1,5 m — 1/2 m — C

Cet arbuste drageonnant de la famille des Caprifoliaceae porte des baies à l'aspect de bonbons.

Description : arbuste rustique touffu, originaire d'Amérique du Nord, la symphorine porte des feuilles opposées, entières, arrondies, vert foncé. L'arbuste se couvre de petites fleurs roses mellifères qui font place à une abondance de fruits en boules qui persistent longtemps en hiver.

Sol : toute terre de jardin bien drainée.

Exposition : soleil ou mi-ombre légère.

Culture et entretien : plantez en automne ou au printemps. Après la fructification, coupez les rameaux disgracieux.

Espèces et variétés : il existe 17 espèces. *Symphoricarpos albus*, à fruits blancs ; 'White Hedge' (1 m), compact, à fruits blancs de septembre à février *Symphoricarpos* x *chenaultii* (2 m), aux fruits globuleux rouge à violacé ; 'Hancock' (50 cm), à port tapissant. *Symphoricarpos* x *doorenbosii* 'Magic Berry' (1 m), à fruits rose lilas.

Utilisations : massifs, haies libres.

Notre conseil : la symphorine résistant bien à la pollution, utilisez-la dans les jardins de ville et sur les terrasses.

Syringa vulgaris 'Firmament'

Syringa vulgaris 'Mont Blanc'

Syringa vulgaris
LILAS

J F M **A M** J J A S O N D

3/6 m — 3/4 m

Cet arbuste très poussant de la famille des Oleaceae enivre par ses fleurs parfumées au printemps.

Description : vigoureux arbuste, très drageonnant, originaire du sud-est de l'Europe et de l'ouest de l'Asie, le lilas porte des feuilles opposées en forme de cœur. Le parfum délicieux de ses jolies grappes de fleurs a fait son succès. Croissance rapide (3 m en 3 à 4 ans).

Sol : riche, bien drainé, calcaire ou neutre.

Exposition : plein soleil ou mi-ombre.

Culture et entretien : plantez à l'automne. Arrosez par temps très chaud, éliminez les drageons inutiles dès leur apparition. Taillez en été, en coupant de moitié les pousses qui ont fleuri. Traitez les pucerons.

Espèces et variétés : il existe 20 espèces. On cultive surtout des hybrides de *Syringa vulgaris*.

• **À fleurs simples :** 'Andeken an Ludwig Späth', rouge vineux ; 'Charles X', pourpre ; 'Comtesse d'Harcourt', blanc ; 'Firmament', lilas ; 'Mont Blanc', blanc ; 'Primrose', jaune ; 'Princesse Sturdza', rose lilacé ; 'Réaumur', violet ; 'Vestale', blanc.

• **À fleurs doubles :** 'Belle de Nancy', lilas rosé ; 'Charles Joly', rouge pourpré foncé ; 'Jeanne d'Arc', blanc ; 'Katherine Havemeyer', bleu de cobalt ; 'Madame Lemoine', blanc pur ; 'Michel Buchner', lilas bleuté à œil blanc ; 'Président Grévy', bleu lilas ; 'Prince Wolkonsky', mauve violacé. *Syringa microphylla*, à petites feuilles, fleurit en juin et juillet ; 'Superba' (2 m), à fleurs rose foncé. *Syringa* x *prestoniae* 'Royalty' (3 m), pourpre violacé en juin.

Utilisations : isolé, haie libre, massif. Espacez bien le lilas, très drageonnant, des arbustes voisins (3 m au moins).

Notre conseil : pour rajeunir un vieux lilas, rabattez-le sévèrement en novembre et recouvrez soigneusement les plaies de coupe avec un mastic cicatrisant.

Tamarix spp.
TAMARIS

J F M **A M** J **J A S** O N D

2/5 m — 3/5 m

Ces arbrisseaux vaporeux de la famille des Tamaricaceae se parent d'une superbe floraison plumeuse.

Description : ces grands arbustes qui forment souvent un tronc court poussent naturellement du sud de la Russie à la Chine. Ils séduisent par leur port arqué dont les branches souples se balancent au gré du vent. Les feuilles alternes, minuscules, linéaires, sont réduites parfois à de simples écailles. La floraison rose, très généreuse, en panicules plumeuses, recouvre tout l'arbuste au printemps ou en été selon les espèces. Croissance rapide (la taille adulte est atteinte en 4 à 5 ans).

Sol : toutes les terres sont acceptées, sauf les plus calcaires ou les terrains très lourds où stagne en permanence l'humidité.

Exposition : plein soleil, même fort, dans un endroit chaud et bien aéré.

Culture et entretien : plantez en automne ou au printemps. Inutile d'arroser ou de fertiliser. Sur les tamaris d'été, réduisez en automne les pousses de l'année des trois quarts de leur longueur. Taillez les tamaris de printemps après la floraison en coupant les branches de moitié. Multiplication par boutures à bois sec de pousses d'extrémité en décembre, piquées en place.

Espèces et variétés : il existe 54 espèces. *Tamarix ramosissima (pentandra)* est le tamaris d'été ; 'Pink Cascade', d'un rose intense ; 'Rubra', rose foncé ; 'Rosea', rose tendre. *Tamarix tetrandra*, le tamaris de printemps, est plus touffu et fleurit sur presque toute la longueur des rameaux.

Utilisations : fond de massif, isolé, haie libre. Plantez le tamaris en bord de mer, pour constituer des brise-vent touffus en le taillant sévèrement comme un buisson.

Notre conseil : pour une floraison encore plus généreuse, rabattez le tamaris d'été, chaque année en février, jusqu'au niveau du vieux bois. Fertilisez bien ensuite.

Tamaris ramosissima 'Pink Cascade'

Teucrium fruticans
GERMANDRÉE ARBUSTIVE

J F M A M J J A S O N D

1/2 m 1/2 m P - 10 °C

Cet arbuste méditerranéen de la famille des Lamiaceae montre une rare résistance aux parasites.

Description : ce petit arbuste touffu, aux pousses un peu échevelées, forme une jolie touffe aux rameaux recouverts d'un dépôt laineux argenté. Les feuilles, opposées, ovales, sont vertes sur le dessus, blanc duveteux au revers. Les grappes terminales de fleurs bleu clair, de 3 cm de long, rappellent le labelle des orchidées.

Sol : léger et bien drainé ; les terrains secs, caillouteux et calcaires sont acceptés.

Exposition : ensoleillée et chaude.

Culture et entretien : plantez au printemps. À la fin de l'hiver, pratiquez une taille d'entretien assez légère, juste pour équilibrer la silhouette. Ne pas fertiliser.

Espèces et variétés : il existe 300 espèces. *Teucrium fruticans* est la plus répandue ; 'Azureum', aux fleurs d'un très joli bleu ciel soutenu, est moins vigoureux. *Teucrium chamaedrys* (50 cm), à fleurs rose pourpré, est une plante de bordure très solide à préférer au buis dans les sols secs.

Utilisations : haies libres dans les régions du littoral car il résiste aux vents du large, massifs d'arbustes, bacs, topiaire.

Notre conseil : taillez la germandrée en boule pour obtenir une plante géométrique fleurie du plus grand attrait.

Ulex europaeus
AJONC

J F M A M J J A S O N D

1/2 m 1,5/2,5 m P

Ce buisson épineux de la famille des Fabaceae pousse sauvage dans les landes de l'ouest de la France.

Description : cet arbuste branchu, touffu, voit chacune de ses ramifications se terminer par une épine. De rusticité moyenne (-12 °C), il se couvre au printemps de grappes de fleurs papilionacées d'un jaune cuivré très chaud. Croissance rapide (la taille adulte est obtenue en 5 à 6 ans).

Sol : sec, acide, caillouteux ou sablonneux, même très pauvre et aride.

Exposition : plein soleil, même très chaud.

Culture et entretien : plantez en automne, en évitant de briser la motte de terre qui entoure les racines, car l'ajonc supporte mal la transplantation et la reprise se montre parfois délicate. Arrosez copieusement après la mise en place. Taille et arrosage sont superflus. Inutile de fertiliser, dans un sol riche l'ajonc fleurit mal. Multiplication facile par bouturage en août, dans du terreau très sableux.

Espèces et variétés : il existe 20 espèces. *Ulex europaeus*, l'ajonc d'Europe, est le plus cultivé ; 'Flore Pleno' (1,5 m), aux fleurs doubles en avril-mai, pousse très lentement ; 'Strictus', au port érigé, est très peu épineux, mais fleurit moins. *Ulex minor*, l'ajonc nain, (50 cm), à port rampant, porte des fleurs jaune d'or à l'étendard strié de rouge de septembre à novembre.

Utilisations : rocaille, talus, landes, haies libres défensives, petit brise-vent en bord de mer, décoration des zones incultes.

Notre conseil : installez cet arbuste aux épines redoutables dans les endroits les moins fréquentés du jardin et surtout à l'écart des zones de jeux des enfants.

Teucrium fruticans 'Azureum'

Ulex europaeus

Viburnum davidii

Viburnum spp.
VIORNE

J F M A **M J** J A S O N D

1/5 m 1/4 m C/P

Ces arbustes d'aspect très varié de la famille des Adoxaceae sont des incontournables pour les jardins.

Description : ces arbustes très décoratifs et d'une grande rusticité portent des feuilles opposées, entières, dentées ou lobées, qui, chez certaines espèces, prennent de splendides teintes à l'automne. Les fleurs, souvent parfumées, sont réunies en bouquets plats ou globuleux. Les fruits, ovoïdes, sont parfois décoratifs.

Sol : riche, profond, humifère et frais, de préférence assez peu calcaire.

Exposition : soleil ou mi-ombre dense.

Culture et entretien : plantez en automne les viornes caduques, au printemps les espèces persistantes. Arrosez abondamment et paillez les premiers étés suivant la plantation. Lorsque les fleurs sont fanées, éliminez les rameaux âgés, en surnombre ou mal formés. Traitez préventivement, avec un insecticide de contact, contre les attaques du puceron noir de la fève sur les fruits en automne.

Espèces et variétés : il existe 150 espèces. *Viburnum* x *bodnantense* (2 m), caduc, précieux pour sa floraison blanc rosé, parfumée, entre décembre et mars. C'est un hybride de *Viburnum farreri* et de *Viburnum grandiflorum* qui manque parfois un peu de rusticité ; 'Charles Lamont', feuillage qui rougit à l'automne, boutons rouges et fleurs rose foncé très parfumées ; 'Dawn', à fleurs rose tendre ; 'Deben', aux fleurs blanches nuancées de rose et anthères crème. *Viburnum* x *burkwoodii* (2,5 m), caduc, est un hybride entre *Viburnum utile* et *Viburnum carlesii* aux fleurs rosées, printanières, très odorantes. *Viburnum carlesii* (2 m), caduc, arrondi, compact, floraison très parfumée au printemps ; 'Aurora' (1,5 m), grosses fleurs blanc rosé ; 'Diana', à boutons rouge foncé, fleurs rose pâle très parfumées. *Viburnum davidii* (1 m), persistant, aux feuilles vert brillant, coriaces, avec des nervures longitudinales très marquées. Les fleurs blanchâtres donnent en automne des fruits bleu sombre brillant, qui restent longtemps sur le pied (sol acide). *Viburnum edule* (1,5 m), caduc, aux toutes petites inflorescences, mais superbe feuillage d'automne, fruits rouges. *Viburnum furcatum* (3,5 m), caduc, feuilles rouge pourpre à l'automne, fleurs blanches en avril, fruits rouges. *Viburnum opulus* (3 m), caduc, buissonnant, fleurit au printemps, joli feuillage d'automne ; 'Aureum' (1,5 m), feuilles jaunes vif, pour l'ombre ; 'Roseum' (ou 'Sterile'), la boule de neige (4 m), aux innombrables fleurs sphériques blanc crème ; 'Xanthocarpum' (2,5 m), à fruits jaune vif. *Viburnum plicatum* (2 m), caduc, offre un port ample de toute beauté, une floraison blanche magnifique en mai-juin, et des couleurs éclatantes en automne ; 'Mariesii' (2,5 m), à port étalé

Viburnum x bodnantense

Viburnum edule

régulier, fleurs abondantes, jolies couleurs d'automne ; 'Tomentosum' (3 m), aux fleurs en ombelles plates ; 'Watanabe' ('Nanum Semperflorens') (1,2 m), à port étalé, étagé, refleurissant en été ; 'Lanarth' (3 m), vigoureux, à port plus érigé. *Viburnum rhytidophyllum* (4 m), persistant aux branches duveteuses, feuilles épaisses, ridées ou gaufrées, vert foncé sur le dessus, brunes et soyeuses dessous. Gros bouquets de fleurs blanc jaunâtre avec des pointes roses en mai, fruits rouges qui noircissent par la suite. *Viburnum tinus* (3 m), le laurier-tin, persistant, au feuillage ovale, vert foncé sur le dessus, plus pâle en dessous. En hiver, les fleurs, roses en boutons, blanchissent en vieillissant. Elles sont suivies en septembre de fruits bleutés, puis noirs ; 'Eve Price' (1,5 m), au port arrondi, fleurs blanches parfumées ; 'Gwenllian' (2 m), très compact, les boutons rose foncé s'ouvrent en corolles blanc rosé ; 'Macrophyllum' (3 m), à grosses feuilles, inflorescences énormes ; 'Variegatum' (2 m), au feuillage irrégulièrement panaché de jaune crème.

Utilisations : isolé, haie libre, massif, bac, couvre-sol, rocaille, sous-bois. Pour créer un écran végétal, utilisez le *Viburnum rhytidophyllum*, car son feuillage est très dense. Les cultivars de *Viburnum plicatum* accompagnent avec élégance les plantes de terre de bruyère et les *Hydrangea*. Les viornes résistent bien à la pollution, ce qui les fait conseiller dans les jardins urbains.

Notre conseil : pour stimuler la croissance pendant les premières années de culture, épandez un engrais potassique au printemps. Pour les *Viburnum* x *burkwoodii*, préférez les sujets greffés (sur *Viburnum lantana*). Ils fleurissent plus abondamment et présentent une meilleure tolérance au calcaire.

Viburnum furcatum

Vitex agnus-castus

Vitex agnus-castus
ARBRE AU POIVRE

J F M A M J J **A S** O N D

2/3 m · 2 m · C · - 10 °C

Cet arbuste aromatique de la famille des Verbenaceae exhale une curieuse odeur de poivre.

Description : originaire des régions méditerranéennes, cet arbuste appelé aussi « gattilier » développe des rameaux quadrangulaires et pubescents. Les feuilles opposées, composées de 5 à 7 folioles, sont vert foncé dessus, grises au revers. Les fleurs odorantes, bleu pâle à lilas, sont réunies en épis de 12 à 20 cm de long. C'est une excellente plante mellifère.

Sol : une bonne terre de jardin siliceuse et profonde, plutôt sèche, même pauvre.

Exposition : ensoleillée, chaude, sans vent.

Culture et entretien : plantez au printemps, en distançant de 60 cm les sujets cultivés en haie. Taillez l'ensemble des tiges, à 15 cm du sol, à la sortie de l'hiver pour conserver une plante trapue.

Espèces et variétés : il existe 250 espèces. Seul *Vitex agnus-castus* est couramment cultivé ; 'Latifolia', aux fleurs bleu-violet, est plus rustique que le type. *Vitex negundo* (3 m) porte des feuilles à cinq grandes folioles découpées et des fleurs en épis plus courts que *Vitex agnus-castus.*

Utilisations : massifs, haies libres.

Notre conseil : il est préférable de placer cet arbuste en situation abritée, car les gelées printanières peuvent l'abîmer.

Weigela spp.
WEIGÉLIA

J F M A **M J** J A S O N D

1/3 m · 1/2 m · C

Cet arbuste au port souple de la famille des Caprifoliaceae fait partie des classiques indiscutables.

Description : cet arbuste rustique, vigoureux, porte des feuilles opposées, elliptiques, de 6 à 12 cm de long, aux belles couleurs d'automne. Les fleurs en clochettes tubulaires sont groupées en bouquets. La taille adulte s'obtient en 5 à 6 ans.

Sol : consistant, neutre, frais, bien drainé.

Exposition : mi-ombre ou soleil doux.

Culture et entretien : plantez à l'automne, arrosez bien et paillez. Ne laissez pas le sol se dessécher pendant la floraison. Taillez juste après la floraison l'ensemble des pousses florifères à 20 cm.

Espèces et variétés : il existe 12 espèces. On cultive surtout des hybrides : 'Bristol Ruby' (de 2 à 3 m), rouge vif ; 'Candida' (2,5 m), à grandes fleurs blanc pur ; 'Carnaval' (1,5 m), très florifère, rose ; 'Jean's Gold' (2,5 m), feuillage doré, fleurs rose cramoisi ; 'Kosteriana Variegata' (1,5 m), panaché de blanc ivoire, fleurs roses, pour la mi-ombre ; 'Pink Poppet' (80 cm), rose-mauve, floraison remontante ; 'Rosabella' (4 m), vigoureux, à fleurs roses ; 'Ruby Queen' (1,2 m), feuillage pourpre, floraison remontante rouge.

Utilisations : isolé, haie libre, massif, bac.

Notre conseil : attention aux risques de pourridié dans un sol trop compact.

Weigela 'Carnaval'

Yucca gloriosa

Yucca gloriosa
YUCCA GLORIEUX

J F M A M J **J A S O** N D

1/2 m · 1/2 m · P

Cette plante succulente de la famille des Asparagaceae forme un buisson aux feuilles piquantes.

Description : cette belle espèce du sud-est des États-Unis revêt une allure exotique, avec son tronc simple ou multiple, ses feuilles rigides, dangereusement pointues, et ses panicules coniques de 1 à 2 m de hauteur, formés de fleurs blanc crème.

Sol : riche, bien drainé, mais pas trop léger.

Exposition : en plein soleil, dans un endroit chaud, même aride.

Culture et entretien : plantez au printemps, paillez en automne. Taille, apport d'engrais ou d'eau sont superflus. En mai, divisez les touffes âgées et replantez les éclats, même s'ils ne sont pas racinés.

Espèces et variétés : il existe 40 espèces, mais seul *Yucca gloriosa* est totalement rustique ; 'Mediostriata', aux feuilles rayées de jaune ; 'Variegata', à feuilles ornées d'une bande centrale vert pâle ; 'Nobilis', à feuilles glauques, fleurs blanches à extrémité rouge, rare.

Utilisations : isolé sur une pelouse, dans un massif exotique avec palmiers et cycas.

Notre conseil : dans les régions froides, cultivez ce yucca en pot que vous rentrerez à l'abri en hiver. Attention, la souche est très vigoureuse : une fois installé, il est assez difficile de s'en débarrasser.

Bien choisir vos arbustes

Les haies à feuillage persistant

Elaeagnus spp. **éléagnus, chalef**
Euonymus spp. **fusain du Japon**
Ilex spp. **houx commun**
Ligustrum spp. **troène du Japon**
Olearia spp. **oléaria**
Osmanthus spp. **osmanthus**
Prunus laurocerasus **laurier-cerise**

Les haies fleuries

Abelia chinensis **abélia**
Chaenomeles speciosa **cognassier du Japon**
Choisya ternata **oranger du Mexique**
Escallonia spp. **escallonia**
Fuchsia magellanica **fuchsia de Magellan**
Kerria japonica **corête du Japon**
Luma apiculata **myrte**
Pittosporum spp. **pittosporum**
Ribes sanguineum **groseillier à fleurs**
Vitex agnus-castus **arbre au poivre**

Les haies défensives

Berberis spp. **épine-vinette (berbéris)**
Hippophae rhamnoides **argousier**
Ilex spp. **houx commun**
Pyracantha spp. **buisson ardent**
Poncirus trifoliata **poncirus, oranger trifolié**

Les haies basses

Cytisus spp. **genêt**
Lavandula spp. **lavande**
Lonicera spp. **chèvrefeuille arbustif**
Santolina chamaecyparissus **santoline, petit cyprès**
Spiraea spp. **spirée**

Les haies brise-vent

Corylus maxima 'Purpurea' **noisetier pourpre**
Elaeagnus spp. **éléagnus, chalef**
Hippophae rhamnoides **argousier**
Tamarix spp. **tamaris**

Les arbustes à floraison printanière

Abutilon vitifolium **abutilon**
Alyogyne huegelii **alyogyne**
Amelanchier spp. **amélanchier**
Anisodontea x *hypomadarum* **anisodontéa**
Aucuba japonica **aucuba du Japon**
Berberis spp. **épine-vinette (berbéris)**
Beschorneria yuccoides **beschornéria**
Brugmansia spp. **datura arborescent**
Callistemon citrinus **rince-bouteilles**
Calycanthus floridus **arbre aux anémones**
Caragana arborescens **caragana, acacia jaune**
Cassia spp. (Senna) **casse, cassier, séné**
Ceanothus spp. **céanothe**
Cestrum spp. **cestrum**
Choisya ternata **oranger du Mexique**
Cistus x *hybridus* **ciste**
x *Citrofortunella mitis* **calamondin**
Cordyline australis **cordyline**
Cornus alba **cornouiller**
Coronilla spp. **coronille**
Corylopsis spp. **corylopsis**
Cotinus spp. **arbre à perruques**
Cotoneaster spp. **cotonéaster**
Crinodendron hookerianum **crinodendron**
Cytisus spp. **genêt**
Deutzia spp. **deutzia**
Dorycnium hirsutum (Lotus) **dorycnium**
Drimys winteri **drimys (tasmannia)**
Exochorda spp. **exochorda**
Forsythia spp. **forsythia**
Fothergilla major **fothergilla**
Genista spp. **genêt nain**
Grevillea robusta **grévilléa**
Halesia spp. **arbre aux cloches d'argent**
Hebe spp. **véronique arbustive**
Kerria japonica **corête du Japon**
Kolkwitzia amabilis **kolkwitzia**
Leptospermum scoparium **leptospermum**
Malus spp. **pommier à fleurs**
Metrosideros carmineus **myrte écarlate**
Olearia spp. **oléaria**
Philadelphus spp. **seringat**
Phillyrea latifolia **filaria, filaire**
Photinia x *fraseri* **photinia**
Physocarpus opulifolius **physocarpus**
Pittosporum spp. **pittosporum**
Poncirus trifoliata **poncirus, oranger trifolié**
Prunus triloba **amandier de Chine**
Pyracantha spp. **buisson ardent**
Rhammus alaternus **alaterne, nerprun**
Ribes sanguineum **groseillier à fleurs**
Rubus spp. **ronce d'ornement**
Ruscus aculeatus **fragon, petit houx**
Skimmia japonica **skimmia**
Spartium junceum **genêt d'Espagne**
Spiraea spp. **spirée**
Staphylea colchica **staphylier**
Styrax spp. **styrax, aliboufier**
Syringa vulgaris **lilas**
Ulex europaeus **ajonc**
Viburnum spp. **viorne**
Weigela spp. **weigélia**

Les arbustes à floraison estivale

Abelia chinensis **abélia**
Aesculus parviflora **pavier blanc**
Aralia spinosa **angélique épineuse**
Arbutus unedo **arbousier**
Azara serrata **azara**
Brunfelsia pauciflora **hier, aujourd'hui, demain**
Buddleja spp. **arbre à papillons**

Caesalpinia gilliesii **oiseau de paradis**
Calliandra haematocephala **calliandra**
Clerodendrum spp. **clérodendron**
Clethra alnifolia **cléthra**
Colutea arborescens **baguenaudier**
Erythrina crista-galli **érythrine crête-de-coq**
Escallonia spp. **escallonia**
Eucryphia glutinosa **eucryphia**
Fuchsia magellannica **fuchsia de Magellan**
Hibiscus syriacus **althéa**
Hypericum **millepertuis**
Indigofera spp. **indigotier**
Lagerstroemia indica **lilas des Indes**
Lavandula spp. **lavande**
Lavatera spp. **mauve en arbre**
Leycesteria formosa **arbre aux faisans**
Ligustrum spp. **troène**
Luma apiculata **myrte**
Malvaviscus arboreus **hibiscus dormant**
Nandina domestica **bambou sacré**
Nerium oleander **laurier-rose**
Perovskia atriplicifolia **sauge de Sibérie**
Phlomis fructicosa **sauge de Jérusalem**
Phormium spp. **lin de Nouvelle-Zélande**
Potentilla spp. **potentille**
Rhus typhina **sumac de Virginie**
Santolina chamaecyparissus **santoline, petit cyprès**
Solanum rantonnetii **solanum**
Spiraea spp. **spirée**
Stephanandra spp. **stéphanandra**
Stewartia pseudocamellia **stewartia**
Symphoricarpos spp. **symphorine**
Vitex agnus-castus **arbre au poivre**
Yucca gloriosa **yucca glorieux**

Les arbustes à floraison et à fructification automnale

Callicarpa bodinieri **callicarpa**
Caryopteris **x** *clandonensis* **caryoptéris**
Clerodendrum spp. **clérodendron**
Desmodium penduliflorum **lespedeza**
Leycesteria formosa **arbre aux faisans**

Les arbustes à floraison hivernale

Acacia dealbata **mimosa**
Chaenomeles speciosa **cognassier du Japon**
Chimonanthus praecox **chimonanthe odorant**
Corylus maxima **'Purpurea' noisetier pourpre**
Garrya elliptica **garrya**
Hamamelis spp. **hamamélis**
Mahonia spp. **mahonia**
Parrotia persica **parrotie de Perse**
Rhaphiolepis spp. **raphiolepis**
Salix spp. **saule arbustif**
Sarcococca spp. **sarcococca**
Teucrium fruticans **germandrée arbustive**

Les arbustes à fleurs ou à feuilles parfumées

Acacia dealbata **mimosa**
Brugmansia spp. **datura arborescent**
Calycanthus floridus **arbre aux anémones**
Cercidiphyllum japonicum **cercidiphyllum (feuilles)**
Cestrum spp. **cestrum**
Chimonanthus praecox **chimonanthe odorant (feuilles)**
Choisya ternata **oranger du Mexique**
x *Citrofortunella mitis* **calamondin**
Clerodendrum spp. **clérodendron**
Clethra alnifolia **cléthra**
Cordyline australis **cordyline**
Corylopsis spp. **corylopsis**
Cytisus spp. **genêt**
Daphne spp. **daphné**
Drimys winteri **drimys (tasmannia)**
Elaeagnus spp. **éléagnus, chalef**
Elsholtzia stauntonii **elsholtzia (feuilles)**
Fothergilla major **fothergilla**
Lavandula spp. **lavande**
Ligustrum spp. **troène**
Lonicera spp. **chèvrefeuille arbustif**
Osmanthus spp. **osmanthus**
Perovskia atriplicifolia **sauge de Sibérie (feuilles)**
Philadelphus spp. **seringat**
Phillyrea latifolia **filaria, filaire**
Pittosporum spp. **pittosporum**
Poncirus trifoliata **poncirus, oranger trifolié (feuilles)**
Santolina chamaecyparissus **santoline, petit cyprès (feuilles)**
Sarcococca spp. **sarcococca**
Skimmia japonica **skimmia**
Spartium junceum **genêt d'Espagne**
Staphylea colchica **staphylier**
Styrax spp. **styrax, aliboufier**
Syringa vulgaris **lilas**
Viburnum spp. **viorne**
Vitex agnus-castus **arbre au poivre**

LES PLANTES DE TERRE DE BRUYÈRE

Comptant parmi les plus beaux arbustes du jardin, les plantes de terre de bruyère présentent la particularité de ne pas supporter la présence de calcaire dans le sol. On les cultive donc dans de la terre de bruyère ou dans un terreau acide, ce qui nécessite une attention particulière et des efforts supplémentaires lors de la plantation. Il est conseillé de grouper dans un même endroit toutes les plantes de terre de bruyère du jardin, afin de faciliter leur culture. Mais cette contrainte n'en est pas vraiment une, puisque la richesse et la diversité des espèces permettent de composer des associations magnifiques de couleurs et de formes.
Parmi les plus grands sujets, les érables du Japon font flamboyer le jardin de leurs ors et rouges automnaux, tandis que les magnolias, aux fleurs délicates et parfois délicieusement parfumées, font merveille en isolé, en haie libre ou en massifs, dans les endroits stratégiques du jardin. De taille très variable, les rhododendrons offrent une floraison extraordinaire au printemps, dans des coloris lumineux et très variés, sur un fond de feuillage vert foncé. En sujet isolé ou plantés en grands massifs, ils sont un plaisir raffiné pour les yeux. Hôte indispensable de tout jardin, le rhododendron reste un grand classique, indémodable. Les camélias constituent à eux seuls de superbes massifs ou des haies fleuries. Parmi les plantes les plus petites, citons bien sûr les multiples variétés de bruyères, qui permettent de composer bordures, massifs et rocailles en jouant sur leurs nombreux coloris, et de conserver une floraison continue tout au long de l'année. Mais, il existe bien d'autres merveilles encore, à découvrir dans les pages suivantes…

Acer japonicum
ÉRABLE JAPONAIS

J F M A **M** J J A S O N D

5/10 m — 4/6 m — C

Ce petit arbre à la croissance lente de la famille des Sapindaceae se pare de couleurs vives, splendides.

Description : originaire du nord du Japon, cet érable est d'abord arbustif, puis il forme un petit tronc et une ramure bien arrondie. Le feuillage opposé, élégamment découpé en 7 à 11 lobes dentés, passe du vert tendre en été au rouge carminé flamboyant à l'automne. Parfaitement rustique, l'érable japonais supporte mal les fortes chaleurs. Les jolies fleurs pourpres sont portées en corymbes pendants sur de longs pédoncules, avant l'apparition des feuilles. Fruits ailés de 3 cm de long.

Sol : souple, frais, bien drainé, un terreau acide ou de la terre de bruyère pure.

Exposition : humide, abritée des vents froids sous un soleil toujours tamisé.

Culture et entretien : plantez en automne ou au printemps, paillez et arrosez généreusement les jeunes sujets. Ne pas tailler. Protéger l'écorce des lapins.

Variétés : 'Aconitifolia' (3/5 m), buissonnant feuillage rouge vermillon, feuilles très découpées ; 'Aureum' (*Acer schirasawanum* 'Aureum') [5/6 m], à feuillage palmé, doré, de croissance très lente ; 'Vitifolium' (4/5 m), feuilles vertes très divisées, devenant orangées, puis rouges en automne.

Utilisations : isolé, en petit bosquet, avec *Fothergilla*, hamamélis et *Parrotia*.

Notre conseil : traitez à la bouillie bordelaise après la moindre taille, pour éviter les attaques du *Verticillium*, qui font vite dépérir cette espèce et les autres érables.

Acer japonicum 'Vitifolium'

Acer palmatum 'Dissectum'

Acer palmatum
ÉRABLE DU JAPON

J F M **A** M J J A S O N D

6/8 m — 3/5 m — C

Ce magnifique petit arbre de la famille des Sapindaceae se décline en d'innombrables variétés.

Description : originaire de l'est de la Chine, de Corée et du Japon, cet érable rustique forme une cime étalée, arrondie, dont les jeunes rameaux revêtent une écorce rouge. Il développe un magnifique feuillage opposé, palmé, de 5 à 10 cm de large, découpé en 5 à 9 lobes dentés, parfois finement découpés, qui prend de superbes tons orangés, rouge carminé ou pourpre en automne. Les fleurs rougeâtres groupées en petits bouquets en avril sont peu spectaculaires, mais les fruits aux ailes recourbées, rouges, sont intéressants à partir de septembre.

Sol : humide, souple, profond, bien drainé dans de la terre du bruyère ou avec une proportion minimale de 50 % de terreau acide à mélanger lors de la plantation. Faites un apport de matière organique important tous les 3 ans pour assurer une bonne teneur en humus du sol.

Exposition : soleil doux et voilé ou mi-ombre et même ombre, dans un lieu

Acer palmatum 'Senkaki'

Acer palmatum var. *heptalobum*

abrité des vents froids et secs. Les fortes chaleurs provoquent systématiquement la brûlure du feuillage, qui tombe très vite.

Culture et entretien : plantez en automne ou au printemps. Paillez en novembre dans les régions aux hivers très rigoureux. Limitez la taille (hivernale) à un équilibrage de la ramure. Traitez contre les cochenilles. Douchez généreusement le feuillage les soirs de forte chaleur.

Variétés : 'Atropurpureum' (4 m), feuillage palmé pourpre ; 'Beni-Maïko' (2 m), rouge vif au printemps, pourpré en été, rouge flamboyant en automne, feuillage peu découpé ; 'Bloodgood' (de 4 à 6 m), ramure compacte, grandes feuilles aux lobes pointus, rouge pourpre devenant rouge vif en automne ; 'Butterfly' (de 2 à 3 m), au feuillage finement ciselé, vert pâle, maculé de crème, jeunes pousses roses au printemps, rameaux retombants ; 'Carminium' (2 m), petites feuilles rose vif à carmin au printemps, verdissant en été, idéal en bac ou en bonsaï ; 'Deshojo' (de 3 à 4 m), petites feuilles finement lobées, rouge brillant au printemps, devenant vert pâle ombré de rouge en été, puis rouge orangé en automne ; 'Dissectum' (2 m), feuillage vert tendre très finement découpé qui devient orangé en automne ; 'Dissectum Atropurpureum' (de 2 à 3 m), similaire au précédent, mais pourpre foncé, écorce joliment striée de blanc ; 'Dissectum Garnet' (3 m), très compact, à rameaux retombants, feuillage délicatement ciselé rouge foncé, plus lumineux en automne ; var. *heptalobum* (5 m), aux feuilles découpées en 7 à 9 lobes qui prennent une somptueuse couleur orange, puis rouge en automne ; 'Kashima' (1,5 m), à port étalé, feuillage très découpé, vert bronze au printemps, jaune orangé en automne ; 'Osakazuki' (de 3 à 5 m), feuillage à 7 lobes dentés, vert vif, virant au cramoisi écarlate en automne ; 'Seiryû' (de 3 à 4 m), aux feuilles vertes finement découpées, écorce vert vif ; 'Senkaki' ('Sengo-Kaku') [de 5 à 7 m], aux jeunes pousses rouge corail tout l'hiver, les feuilles virant au jaune canari en automne.

Utilisations : isolé sur une pelouse mi-ombragée, en ombrage des massifs de terre de bruyère. L'association avec des azalées, des piéris, des rhododendrons et des bruyères est vraiment superbe.

Notre conseil : cet érable est sensible au *Verticillium*, surtout les variétés à feuillage rouge. Ne le plantez pas près d'un champ de pommes de terre, qui est un des agents vecteurs de cette maladie. Les érables du Japon forment de magnifiques bonsaïs à cultiver en coupes plates.

➤ *Acer spp.* voir **p. 346**.

Arctostaphylos uva-ursi
BUSSEROLE, RAISIN D'OURS

J F M A M J J A S O N D

20/30 cm — 40/50 cm — P

Ce sous-arbrisseau de la famille des Ericaceae forme des tapis réguliers, parfaits pour les talus.

Description : poussant spontanément dans toutes les régions montagneuses ou froides de l'hémisphère Nord, il forme un arbuste prostré aux branches traçantes. Les feuilles alternes, ovales, de 2 à 3 cm de long, sont vert lustré. Les petites fleurs blanc rosé en forme d'urne sont groupées en bouquets pendants. De juillet à octobre, la plante se pare de baies écarlates de 1 cm de diamètre, comestibles.

Arctostaphylos uva-ursi

Sol : de préférence acide, les terres sèches et pauvres, rocailleuses conviennent bien.

Exposition : évitez le soleil direct, les emplacements au nord sont parfaits.

Culture et entretien : plantez au printemps, arrosez bien, puis laissez la plante se débrouiller sans plus jamais intervenir.

Espèces et variétés : il existe 50 espèces. *Arctostaphylos uva-ursi* est le plus rustique ; 'Massachusetts', aux nombreuses fleurs blanc rosé ; 'Radiant', à la végétation compacte et régulière ; 'Vancouver Jade', joli feuillage, grosses fleurs rose tendre.

Utilisations : rocaille, bac, bordure, sous-bois. Il est parfait sur un talus sablonneux, en compagnie d'ajoncs rampants.

Notre conseil : multipliez-le facilement par marcottage en appliquant sur le sol avec un cavalier les rameaux rampants.

Aronia melanocarpa

Calluna vulgaris
BRUYÈRE COMMUNE

J F M A M J **J A S O N D**

5/60 cm | 20/70 cm | P

Ce sous-arbrisseau compact de la famille des Ericaceae, forme des tapis aux couleurs très variées.

Description : buissonnante, étalée mais à la végétation gracieuse, semi-érigée, la bruyère commune est indigène en Europe. Les minuscules feuilles opposées, étroites se parent de nuances diverses qui permettent de composer toute l'année des jeux de couleurs séduisants. En sélectionnant bien les variétés, on peut obtenir une floraison continue pendant cinq mois. Les fleurs en clochettes sont réunies en épis de 15 à 30 cm de long. Croissance assez rapide, rusticité parfois moyenne.

Sol : non calcaire, léger, sec (lande). La terre de bruyère pure est idéale.

Exposition : ensoleillée non brûlante ou mi-ombre légère, assez chaude.

Culture et entretien : plantez au printemps et arrosez bien la première année. Pratiquez une taille de nettoyage lorsque les fleurs sont fanées. La fertilisation est inutile, car elle nuit souvent à la floraison.

Calluna vulgaris 'Wickwar Flame'

Aronia spp.
ARONIA

J F M **A M** J J A S O N D

1,5/2 m | 1/1,5 m | C

Cet arbuste de la famille des Rosaceae porte un flamboyant feuillage automnal et des fruits.

Description : venu de l'est des États-Unis, cet arbuste rustique, drageonnant, au port compact et dressé, porte des feuilles alternes, simples, de 4 à 7 cm de long, vert foncé, qui flamboient d'un rouge feu en automne. Les fleurs blanches groupées en corymbes sont très nombreuses et mellifères. Les fruits rouges, puis bleu-noir, sont comestibles. Ils persistent peu de temps sur l'arbuste. Croissance assez rapide.

Sol : léger, sec, plutôt acide, même si le calcaire est toléré (mais les couleurs d'automne sont alors moins belles). *Aronia arbutifolia* préfère une terre enrichie en humus et maintenue toujours fraîche.

Exposition : soleil direct jamais brûlant ou mi-ombre. L'ombre convient, mais les couleurs sont alors plus ternes.

Culture et entretien : plantez au début du printemps, paillez et arrosez bien. Taillez toute la ramure de la moitié de sa longueur à la fin de l'hiver. Multiplication facile par semis après avoir lavé les graines pour les séparer de la pulpe. Disposez les graines dans des pots qui passeront l'hiver dehors. La levée se produit au printemps.

Espèces et variétés : il existe 2 espèces. *Aronia arbutifolia* (de 2 à 3 m), à feuilles étroites et gros bouquets de fleurs, fruits rouge vif de septembre à Noël. *Aronia melanocarpa* (2 m), à feuilles plus larges, fruits ronds, noirs ; 'Viking', aux fruits plus nombreux d'abord rouges, puis bleu-noir. *Aronia* x *prunifolia*, une forme hybride à gros fruits noirs ; 'Brilliant', aux fruits très nombreux et belles couleurs d'automne.

Utilisations : isolé, haie libre, massif.

Notre conseil : pour un effet plus spectaculaire, plantez l'aronia par groupes de 3 à 6 sujets de la même variété.

Variétés : il n'existe qu'une seule espèce : *Calluna vulgaris*, qui se décline en très nombreux cultivars.

• **Pour une floraison en juillet-août :** 'Alba' (70 cm), touffue, fleurs blanches sur un feuillage vert foncé ; 'Alportii Praecox' (40 cm), à fleurs rouge cramoisi et à feuillage sombre ; 'J.H. Hamilton' (15 cm), à fleurs doubles roses, croissance lente ; 'Orange Max' (15 cm), fleurs mauves sur un feuillage jaune doré, qui devient rouge-bronze en hiver ; 'Tib' (40 cm), à fleurs doubles, rouge violacé.

• **Pour une floraison en août-septembre :** 'Allegro' (60 cm), à fleurs simples mauve foncé à rouge, feuillage vert foncé ; 'Anne-Marie' (30 cm), à fleurs doubles roses, sur un feuillage vert foncé ; 'Beoley Gold' (30 cm), fleurs blanches sur un feuillage jaune d'or, plante délicate ; 'Blazeaway' (40 cm), fleurs lavande, feuillage orangé virant au rouge en hiver ; 'County Wicklow' (25 cm), à fleurs doubles, roses et à feuillage vert soutenu ; 'Elsie Purnell' (50 cm), buissonnante, fleurs doubles rose argenté, feuillage vert foncé ; 'Gold Haze' (30 cm), à fleurs blanches et feuillage doré, éclatant ; 'Hammondii' (60 cm), à fleurs blanches et feuillage vert foncé, port érigé ; 'Harlequin' (40 cm), fleurs blanches sur feuillage vert-jaune, devenant doré en hiver ; 'Heidezwerk' (20 cm), à port tapissant, fleurs simples violet-mauve, feuillage vert clair ; 'Minima' (de 5 à 10 cm), tapissante, au feuillage vert foncé, fleurs lilas pâle ; 'Robert Chapman' (40 cm), à fleurs pourpres, le feuillage bronze en été devient orange, puis rouge en hiver ; 'Silver Knight' (40 cm), compacte, fleurs simples roses, feuillage argenté ; 'Wickwar Flame' (25 cm), à fleurs rose pâle et feuillage orange doré, devenant rouge en hiver ; 'Winter Chocolate' (30 cm), à fleurs lavande et au feuillage vert orangé en été, chocolat en hiver.

• **Pour une floraison en septembre et octobre :** 'Alexandra' (40 cm), port dressé, boutons fermés rouge vif, feuillage vert foncé ; 'Alicia' (30 cm), à port érigé, petites fleurs en boutons fermés, pourpre clair, feuillage vert foncé ; 'Mélanie' (30 cm), fleurs blanc pur, feuillage vert foncé ; 'Peter Sparkes' (40 cm), aux longs épis de fleurs doubles, rose saumon, et au feuillage vert-gris ; 'Roswitha' (40 cm), port dressé, aux boutons rose foncé, feuillage vert sombre ; 'Shuring Sensation' (40 cm), à fleurs doubles, roses.

• **Pour une floraison en novembre et décembre :** 'Autumn Glow' (30 cm), à floraison rose avec un feuillage vert foncé ; 'Battle of Arnhem' (30 cm), dont les fleurs roses apparaissent dès octobre sur un feuillage vert foncé.

Utilisations : installez la bruyère commune en bordure des massifs d'arbustes de terre de bruyère ou sur des talus pauvres et secs. C'est aussi une plante qui vient bien en jardinières, sur un balcon. Associez différentes variétés par groupes d'au moins 3 plantes identiques, pour créer de beaux effets de couleurs, en tenant compte à la fois des teintes des fleurs et des feuilles qui, souvent, changent de nuance en hiver.

Notre conseil : n'enrichissez pas le sol où est cultivée cette bruyère. Seule une terre pauvre lui permet de rester dense et bien touffue, avec des couleurs brillantes. Les fleurs étant très mellifères, plantez les callunes dans les zones les moins passagères du jardin, en évitant les terrasses.

Calluna vulgaris 'Harlequin'

Calluna vulgaris 'Blazeaway'

Calluna vulgaris 'Beoley Gold'

Calluna vulgaris

Camellia japonica 'Margharita Coleoni'

Camellia spp.
CAMÉLIA

J F M A M J J A S O N D

Hauteur	Largeur	Exposition		Rusticité
1,5/5 m	1/3 m		P	-12 °C

Ce très bel arbrisseau de la famille des Theaceae forme des fleurs bien ciselées souvent très précoces.

Description : originaire de Chine, du Japon, de l'Inde, de Corée et du sud-est de l'Asie, le camélia forme un buisson qui porte des feuilles alternes, coriaces, ovales, dentées, lustrées. Les fleurs automnales, hivernales ou printanières, parfois parfumées, sont portées solitaires ou groupées par 2 ou 3 à l'extrémité des pousses.

Sol : profond, léger, frais, bien drainé. La terre de bruyère pure ne convient pas, il faut la mélanger au sol d'origine ou y incorporer un terreau souple et riche.

Exposition : ombre, mi-ombre ou soleil léger, surtout pour le *Camellia sasanqua*. Un endroit abrité des vents forts et des froids vifs est absolument indispensable.

Culture et entretien : plantez en automne les variétés à floraison printanière et au printemps les camélias qui fleurissent en automne et en hiver. Arrosez fréquemment par temps sec et douchez le feuillage les soirs de canicule. Apportez un engrais pour rhododendrons après la floraison. Paillez chaque hiver sans jamais utiliser de fumier frais. Dans les régions au climat froid, emmaillotez l'ensemble de l'arbuste dans un voile d'hivernage. Après un hiver rigoureux, rabattez au-dessus d'une feuille les rameaux abîmés par le gel.

Espèces et variétés : il existe 250 espèces. On cultive surtout *Camellia japonica*, originaire du Japon et de Corée.

- **Floraison précoce (décembre/mars) :** 'Adolphe Audusson', à grandes fleurs rouges semi-doubles et généreux bouquet d'étamines jaune d'or ; 'Barbara Clark', rose tendre, semi-double ; 'Chandleri Elegans', à grandes fleurs d'anémone, d'un rose lumineux, parfois tachetées de blanc ; 'Donckléarii', peu vigoureux, à grandes fleurs simples ou semi-doubles rouge tacheté de blanc ; 'Général Leclerc', à fleurs de pivoine rouge foncé ; 'Gloire de Nantes', à grandes fleurs semi-doubles rose vif, parfumées ; 'Madame Lourmand', à grandes fleurs simples, blanc pur avec, au centre, des étamines jaunes ; 'Nobilissima', à fleurs de pivoine, blanches, et port assez érigé.

Camellia sasanqua 'Show Girl'

Camellia x *williamsii* 'Elsie Jury'

Camellia japonica 'Grand Prix'

• **Floraison de mi-saison (mars et avril) :** 'Benodet', à fleurs doubles qui ressemblent à une pivoine rouge ; 'Blood of China', à grandes fleurs doubles rouges, qui ressemblent à des pivoines ; 'Brushfield Yellow', à fleurs d'anémone blanc ivoire et cœur jaune ; 'Colletti', à fleurs rouge cerise tacheté de blanc, imbriquées ; 'Comte de Gomer', à fleurs imbriquées rose tendre striées de rouge carmin ; 'Kramer's Suprême', à grandes fleurs parfumées très doubles rouge vif ; 'Margherita Coleoni' (ou 'Campbellii'), fleurs imbriquées, bien doubles, rouges ; 'Souvenir de Henri Guichard', aux fleurs très durables, semi-doubles, rose bordé de blanc et strié de carmin.

• **Floraison tardive (avril-mai) :** 'Bella Lambertii', à fleurs imbriquées rose foncé ; 'C. M. Hovey', à grandes fleurs rouge carmin cramoisi, imbriquées ; 'Comtessa Lavinia Maggi', à grandes fleurs imbriquées, striées de rose sur fond blanc ; 'Fleur de Pêcher', à port étalé, petites fleurs semi-doubles, rose tendre ; 'Mathotiana', à grandes fleurs imbriquées blanches, roses ou rouges selon les différentes variétés ; 'Yukibotan', à port érigé, fleurs semi-doubles, blanches.

• **Camellia sasanqua**, espèce originaire du Japon, est précieux pour sa floraison automnale qui s'étend d'octobre à décembre selon les variétés. 'Crimson King', hâtif, à fleurs simples, rouges ; 'Hiryu', à fleurs automnales semi-doubles rose foncé ou rouge, aux étamines apparentes ; 'Narumigata', assez tardif, très vigoureux, à fleurs blanc rosé ; 'Versicolor', tardif, à fleurs simples, parfumées, blanches, nuancées de rose vif ; 'Yuletide', très tardif, aux petites fleurs légèrement parfumées, rouge vermillon vif, avec un cœur à étamines jaunes.

• **Camellia x williamsii** est issu du croisement entre *Camellia japonica* et *Camellia saluenensis*. Il est plus résistant au froid (jusqu'à - 18 °C), et sa floraison s'étend de janvier à mai selon la précocité des cultivars. 'Ballet Queen', précoce, rose tendre, à fleurs de pivoine ; 'Citation', à fleurs semi-doubles rose tendre avec de grandes étamines jaunes ; 'Debbie', vigoureux, au port souple adapté au palissage, grandes fleurs de pivoine rose orchidée en février-mars ; 'Donation', à grandes fleurs semi-doubles roses, peut être palissé ; 'Inspiration', à fleurs semi-doubles, rose vif carminé, au port souple.

Utilisations : les camélias constituent à eux seuls de superbes massifs, en réunissant plusieurs variétés. Ils peuvent aussi être plantés en isolés à l'entrée du jardin ou au milieu d'un massif de vivaces couvre-sol ou de bruyères. Leur excellente tenue en bacs ou en pots les fait conseiller sur une terrasse ou un balcon abrité. L'association avec : anémone du Japon, astilbe, fougère, bulbes à fleurs précoces est toujours très réussie. Dans les régions de l'Ouest et du Sud-Ouest et jusqu'en Île-de-France, palissez contre un mur au nord des variétés adaptées, comme 'Cornish Snow', 'Inspiration' ou 'Debbie'. Les *Camellia sasanqua* peuvent être formés en palmettes sur une armature de treillage.

Notre conseil : afin d'éviter un rempotage trop fréquent chez les camélias cultivés en pot, apportez un engrais pour plantes de terre de bruyère, juste après la floraison. Si la croissance vous paraît chétive et le feuillage d'un vert trop pâle, pulvérisez un engrais foliaire deux fois par mois durant toute la période de croissance.

Camellia japonica 'Chandleri Elegans'

Camellia japonica 'Noblissima'

Camellia japonica 'Debbie'

Cassiope lycopodioides

Cassiope lycopodioides
CASSIOPE

J F M **A M** J J A S O N D

5/30 cm — 50/80 cm — P

Cette petite bruyère de la famille des Ericaceae est une plante de culture très délicate, mais superbe.

Description : arbustes nains, proches des *Calluna* et des *Erica*, les *Cassiope* sont des bruyères originaires des régions boréales (surtout Alaska) et de l'Himalaya. Elles développent de très petites feuilles en forme d'écailles ou linéaires. Les fleurs solitaires, en clochettes à 4 ou 5 lobes, sont portées penchées de façon très gracieuse. Ce sont des plantes de croissance très lente qui sont très rarement proposées par les pépiniéristes, car elles posent de grosses difficultés de culture en production.

Sol : tourbeux, acide, humide, mais bien drainé. La culture en pot est plus facile dans un terreau acide de tourbe brune allégé d'un peu de sable de rivière.

Exposition : ombre ou mi-ombre. Très délicate, la cassiope a besoin de froid en hiver et redoute la sécheresse et la chaleur estivales. Un endroit aéré est apprécié.

Culture et entretien : les cassiopes sont des raretés de collection, à réserver aux jardiniers expérimentés qui savent cultiver les plantes de tourbière. Placez-les en pot afin de mieux les surveiller et d'éviter la concurrence des espèces plus vigoureuses.

Espèces et variétés : il existe 12 espèces. *Cassiope mertensiana* 'Bearsden' (10 cm), aux fleurs blanches ; 'Edimburgh' (20 cm), blanche, la moins difficile à cultiver, est très florifère ; 'Muirhead' (de 5 à 10 cm), aux petites fleurs blanches, pendantes. *Cassiope lycopodioides* (8 cm), tapissant, compact, à fleurs blanches avec les sépales et le pétiole rouges. *Cassiope tetragona* (25 cm) est une espèce voisine de *Cassiope mertensiana,* avec des petites fleurs blanches, mais elle s'en distingue par sa silhouette dressée.

Utilisations : jardinière, rocaille, bordure.

Notre conseil : la *Cassiope* aime être recouverte de neige en hiver. Réservez-la de préférence aux climats rigoureux et aux jardins d'altitude. Une couverture du sol avec du sphagnum maintenu humide est aussi très appréciée durant l'été.

Cassiope mertensiana

Daboecia cantabrica
BRUYÈRE DE SAINT-DABOEC

J F M A M **J J A S** O N D

60 cm — 80 cm — P — -7 °C

Élégante, gracieuse, cette petite bruyère de la famille des Ericaceae fleurit en très grosses clochettes.

Daboecia cantabrica 'Bicolor'

Description : originaire de l'ouest de l'Europe, où elle est présente de l'Irlande au Portugal, cette jolie parente des bruyères, au port tapissant, pousse vite lorsque les conditions lui sont favorables. Les feuilles alternes, entières, linéaires sont enroulées sur les bords. Les fleurs réunies en grappes sont des clochettes pendantes de 0,5 à 1 cm de long. Dans la nature, c'est une espèce protégée.
Sol : tourbeux ou sablonneux, non calcaire. La terre de bruyère pure convient.
Exposition : soleil direct, même assez chaud. Cette plante craint les gelées.
Culture et entretien : plantez au printemps. Paillez en hiver. Taillez les vieux sujets s'ils ont tendance à se dégarnir. Donnez de la vigueur à vos *Daboecia* en taillant en mars les anciennes tiges florales et une petite partie des nouvelles pousses.
Espèces et variétés : il existe 2 espèces très voisines. On cultive surtout les formes : 'Alba' (de 40 à 50 cm), fleurs blanches et feuillage vert foncé ; 'Atropurpurea' (de 40 à 50 cm), fleurs pourpres, feuillage vert bronze ; 'Bicolor' (40 cm), à fleurs blanches, roses et pourpres sur le même pied ; 'Cinderella' (40 cm), à fleurs blanc rosé ; 'Cupido' (30 cm), à fleurs rouges ; 'Globosa Pink' (40 cm), à fleurs rose lilas, feuillage vert foncé, assez rustique ; 'Praegerae' (50 cm), à fleurs rouge brillant, semi-persistante.
Utilisations : bordure, rocaille, talus.
Notre conseil : adoptez surtout les *Daboecia* dans les jardins de la côte ouest, où ils se naturalisent parfaitement.

Enkianthus campanulatus
ENKIANTHUS

J F M A **M J** J A S O N D

2/4 m — 1/3 m

Cet arbuste touffu de la famille des Ericaceae se pare d'une floraison d'exception en clochettes irisées.

Description : venu du Japon, ce grand arbuste caduc, très rustique, est admirable pour ses couleurs d'automne en dégradés jaunes et rouges. Les feuilles alternes, ovales, de 3 à 6 cm de long, sont portées à l'extrémité des rameaux. Les fleurs pendantes, jaune soufre veiné de rose, durent 3 semaines. Croissance : 1,5 m en 5 ans.
Sol : acide, frais, mélange de terreau de feuilles et de tourbe ou terre de bruyère.
Exposition : mi-ombre à l'abri des vents.
Culture et entretien : plantez à l'automne. Paillez à la belle saison. Rabattez les pousses dénudées après la floraison.
Espèces et variétés : il existe 10 espèces. 'Albiflorus' aux fleurs blanc crème ; var. *palibinii*, aux fleurs rose foncé à rouge.
Utilisations : isolé, en massif avec *Pieris, Fothergilla, Kalmia, Cornus florida.*
Notre conseil : si le feuillage jaunit, c'est que le sol n'est pas suffisamment acide. Remplacez par de la terre de bruyère et arrosez avec un produit antichlorose.

Daboecia cantabrica

Enkianthus campanulatus

Erica spp.
BRUYÈRE

J F M A M J J A S O N D

10 cm/2 m | 20 cm/3 m | P

Cette bruyère de la famille des Ericaceae fleurit toute l'année, ou presque, en fonction des espèces.

Description : sous-arbrisseaux le plus souvent tapissant, originaires des régions méditerranéennes et d'Afrique du Sud, les *Erica* sont parfois arborescents. Les feuilles linéaires, de 3 à 8 mm de long, vertes ou colorées, sont souvent verticillées par quatre. Les fleurs en petites cloches à peine ouvertes sont portées par des épis dressés.
Sol : non calcaire et sableux de préférence. La plupart des *Erica* viennent bien dans un bon sol de jardin humifère, mais qui ne se compacte pas, surtout l'hiver.
Exposition : de préférence une mi-ombre légère, mais le soleil direct, même assez chaud, est bien accepté.
Culture et entretien : plantez toute l'année. Arrosez au début. Apport d'engrais inutile ; en revanche, faites un paillis organique (tourbe, compost) chaque année en avril-mai. Après la floraison, taillez à la cisaille les sujets âgés pour les équilibrer.
Espèces et variétés : il existe 700 espèces. *Erica carnea*, la bruyère des neiges, tapissante, très florifère, fleurit de décembre à avril ; 'December Red' (15 cm), rose vif de décembre à mars ; 'Isabell' (20 cm), à fleurs blanches de février à avril ; 'King George' (20 cm), compact, rose foncé de janvier à mars ; 'Myretoun Ruby' (20 cm), rose foncé, de janvier à avril, feuillage vert sombre ; 'Praecox Rubra' (20 cm), rose lilas, de décembre à mars ; 'Springwood White' (15 cm), fleurs blanches à anthères chocolat de février à avril ; 'Winter Sun' (15 cm), fleurs mauves virant au rouge de février à mars, feuillage bronze.
Erica cinerea, la bruyère cendrée, spontanée dans l'ouest de l'Europe, porte de jeunes bourgeons duveteux, fleurit de juin à octobre ; 'Alba Major' (30 cm), à fleurs blanches et feuillage vert clair ; 'C.G. Best' (40 cm), érigé, rose saumon ; 'Josephine Ross' (30 cm), tapissant, à fleurs rose foncé saumoné ; 'Pentreath' (30 cm), buissonnant, à fleurs rouge rosé.
Erica x *darleyensis*, croisement de *Erica carnea* et de *Erica erigena*, est un superbe couvre-sol, très rustique, qui fleurit d'octobre à mai ; 'Arthur Johnson' (40 cm), à fleurs rose lilas sur feuillage vert clair ; 'Darley Dale' (30 cm), rose pourpre, à feuillage vert et jeunes pousses crème. 'Silberschmelze' (40 cm), à fleurs blanches.
Erica tetralix, la bruyère tétragone, espèce du nord et de l'ouest de l'Europe, porte des feuilles grises en croix et fleurit de juin à octobre ; 'Alba Mollis' (25 cm), à fleurs blanches et feuillage gris argenté.
Erica vagans, la bruyère des Cornouailles, fleurit de juillet à octobre ; 'Cream' (45 cm), à fleurs blanches et feuillage vert ; 'St Keverne' (20 cm), port arrondi, fleurs rose saumon ; 'Valerie Proudley' (25 cm), la plus belle variété dorée nécessite une ambiance très humide et un sol humifère.
• **Parmi les bruyères arborescentes :** *Erica arborea*, la bruyère en arbre (jusqu'à 4 m), vient des régions méditerranéennes. Elle porte un feuillage vert et des fleurs blanches, parfumées, en mars-avril. C'est un bel arbuste à planter à mi-ombre dans les jardins de la côte Ouest ou du Midi ; 'Albert's Gold' (2 m), au feuillage vert-jaune. *Erica australis* (1,5 m), à feuillage vert clair et fleurs rose lilacé en avril-mai.

Erica carnea 'King George'

Erica x *darleyensis*

Erica arborea

Erica vagans 'Valerie Proudley'

Erica erigena (ou *mediterranea*) [de 1 à 3 m], originaire du sud de la France, d'Espagne et de l'ouest de l'Irlande, forme un arbuste touffu aux fleurs roses, parfumées, de mars à mai. Le calcaire est toléré ; 'Irish Musk' (50 cm), à fleurs rose saumon et feuillage vert foncé ; 'WT Rackliff' (1,2 m), à fleurs blanc pur en mars-avril avec des anthères brunes.

Utilisations : bordure, rocaille (bruyères tapissantes) ; isolé, massif (espèces arborescentes). Couvre-sol dans les massifs de rhododendrons, de camélias ou d'*Hydrangea*. Alternez différentes variétés tapissantes de *Calluna*, de *Daboecia* et d'*Erica*, pour obtenir une floraison ininterrompue toute l'année.

Notre conseil : pour conserver un aspect régulier, taillez les bruyères chaque année, mais ne revenez jamais sur le vieux bois, car il ne bourgeonne pas. Plantez des groupes d'au moins 5 à 10 pieds de chaque variété pour un effet plus intense.

Gaultheria x wisleyensis 'Wisley Pearl'

Gaultheria spp. GAULTHÉRIA, PERNETTYA

J F M A **M J J A** S O N D

40 cm/1,2 m — 50 cm/1 m — P

Ces petits arbustes de la famille des Ericaceae sont assez proches des myrtilles, mais non comestibles.

Description : ces arbustes rustiques, souvent couvre-sol et drageonnants, sont appréciés pour leur compacité. Les feuilles alternes, simples et coriaces sont vert foncé lustré. Très aromatiques, riches en salicylate de méthyle, les feuilles de *Gaultheria procumbens* constituaient jadis la source de l'essence de wintergreen, servant à parfumer le chewing-gum. Les minuscules fleurs en urnes ou en clochettes blanc rosé sont portées en bouquets pendants. En automne, elles évoluent en baies globuleuses blanches, roses ou rouges qui persistent longtemps sur la plante. La croissance est lente (de 5 à 10 cm par an).

Sol : acide, friable, riche, frais, humifère. La terre de bruyère pure convient bien.

Exposition : mi-ombre douce ou ombre permanente, même assez dense.

Culture et entretien : plantez au printemps et arrosez copieusement, paillez avec du compost ou de la tourbe. Afin de ne pas sacrifier les fleurs et les fruits, attendez mars-avril pour équilibrer la forme des gaulthérias par une taille légère.

Espèces et variétés : il existe 170 espèces. *Gaultheria mucronata (Pernettya)*, drageonnant (1 m), aux fruits de couleurs variées ; 'Bell's Seedling', aux baies rouge foncé ; 'White Pearl', un plant femelle à baies roses ; 'Thymifolia', plant mâle, à fleurs blanches. *Gaultheria procumbens* (25 cm), au feuillage vert foncé, porte des baies aromatiques rouge vif, d'octobre à mars. *Gaultheria shallon* (1 m), aux fleurs blanc rosé en mai et en juin, donne des fruits pourpre foncé, puis noirs, en septembre et en octobre. *Gaultheria* x *wisleyensis* (gaulnettya), hybride entre *G. mucronata* et *G. procumbens*, est très décoratif l'automne et l'hiver avec ses fruits rouges, qui succèdent à des grappes de fleurs blanches en mai ; 'Pink Pixie' (50 cm), fleurs blanc rosé, fruits rouge pourpré ; 'Ruby' (1,5 m), fleurs blanches, fruits rouge rubis de novembre à février ; 'Wisley Pearl' (1,5 m), drageonnant, les fruits persistent tout l'hiver.

Utilisations : talus ombragé, bordure, couvre-sol, massif, potées sur balcon.

Notre conseil : attention aux attaques de phytophthora (brunissement) très fréquentes chez les sujets en pot.

Gaultheria mucronata

Gaultheria shallon

Hydrangea spp.
HYDRANGÉA, HORTENSIA

J F M A M J J A S O N D

1/2,5 m 1/3 m C

Ce superbe arbuste de la famille des Hydrangeaceae surprend par l'exubérance de sa floraison.

Description : ces arbustes caducs, rustiques, sont originaires de l'est de l'Asie et d'Amérique du Nord. Les feuilles opposées, entières, dentelées de 10 à 30 cm de long, sont parfois colorées en automne. Les inflorescences plates, en boule ou en panicule sont composées de petites fleurs fertiles et de fleurs stériles entourées de bractées. La taille adulte s'obtient en 6 ans.

Hydrangea aspera

Sol : riche, frais, humifère neutre ou acide. la terre de bruyère pure ne convient pas, mais elle peut être mélangée avec le sol d'origine. Un terreau forestier est idéal.
Exposition : mi-ombre ou soleil doux.

Culture et entretien : plantez en automne, en espaçant de 80 cm les sujets cultivés en haie. Arrosez bien et paillez en été. En hiver, éliminez les fleurs fanées. En mars, rabattez les plus vieilles tiges pour provoquer le départ de nouvelles pousses.
Espèces et variétés : il existe 80 espèces. *Hydrangea arborescens* 'Annabelle', arrondi, parfait en haie, grosses têtes blanc crème de 30 cm de diamètre. *Hydrangea macrophylla*, l'hortensia (de 1,5 m à 3 m), se décline en innombrables variétés.
• **Hortensias aux fleurs en boules :** 'Ami Pasquier', compact, rouge foncé ; 'Benelux', rose clair, bleu en sol acide. 'Europa', rose foncé à grands fleurons ; 'Madame Émile Mouillère', très vigoureux et précoce, fleurs blanches à œil bleu ou rose, fleurit presque toute l'année en cli-

Hydrangea quercifolia

Hydrangea paniculata 'Tardiva'

mat doux ; 'Rosita' (1,5 m), floraison très tardive, rose vif, à très grands fleurons.
• **Hortensias à têtes plates :** 'Blaumeise', compact, bleu indigo ; 'Blue Wave', 'Mariesii Perfecta' (de 2 à 3 m), vigoureux, fleurs bleues, entourées de grands fleurons stériles, roses ou bleus selon le sol ; 'Ayesha', dont les inflorescences ressemblent à du lilas ; 'Lanarth White', à grandes fleurs blanches ; 'Mousmée', à fleurs roses très foncées de grand diamètre ; 'Tricolor', feuillage panaché, fleurs blanc crème, peu vigoureux. *Hydrangea paniculata* (de 2 à 3 m) pousse au soleil, en sol frais. Ses fleurs blanches s'épanouissent d'août à octobre ; 'Dharuma', compact, fleurit dès le mois de mai ;

Hydrangea

'Grandiflora', aux énormes panicules blanches, virant au rose vif, est idéal pour les bouquets secs ; 'Kyushu', très érigé, longues inflorescences pyramidales ; 'Pink Diamond', compact, panicules blanches à centre rose, qui vieillit entièrement vieux rose ; 'Tardiva', fleurit en août-septembre ; 'Unique', floraison tardive en panicules énormes. *Hydrangea quercifolia* (2 m) porte un feuillage découpé en forme de feuille de chêne, qui se colore merveilleusement en automne, panicules de fleurs blanches tout l'été ; 'Snowqueen', très florifère ; 'Tennessee Clone', à très longues inflorescences (30 cm). *Hydrangea sargentiana* (3 m), entièrement pileux, fleurs plates violet et blanc. *Hydrangea serrata,* aux feuilles un peu duveteuses, branches souples ; 'Preziosa', d'un très beau rose intense.

Utilisations : massif, potée, haie fleurie, groupes isolés de plusieurs sujets.

Notre conseil : vous obtiendrez une floraison franchement bleue en arrosant les variétés adéquates, en avril, avec une solution de sulfate d'alumine (ou d'engrais bleuissant pour hortensias). Le pH doit être inférieur à 6. Chaque année, effectuez un bon apport d'engrais organique.

➔ ***Hydrangea petiolaris*** voir **p. 536.**

Kalmia latifolia
LAURIER DE MONTAGNE

J F M A M **J J** A S O N D

1/3 m 1/3 m P

Ce délicat arbuste de la famille des Ericaceae forme des fleurs d'une rare délicatesse, à regarder de près.

Description : originaire de l'est des États-Unis, le kalmia est très rustique. Les feuilles, alternes ou opposées, sont lancéolées, lustrées. Les fleurs en coupe plate, avec des étamines rayonnées, sont réunies en généreux bouquets. Croissance lente.

Sol : acide, frais, humifère, assez poreux. La terre de bruyère pure convient bien.

Exposition : mi-ombre, à l'abri des vents.

Culture et entretien : plantez au printemps. Paillez et arrosez en été. Supprimez les fleurs fanées afin de favoriser la floraison de l'année suivante. Ne pas tailler.

Espèces et variétés : il existe 7 espèces. *Kalmia angustifolia* (1 m), aux bouquets de fleurs roses en juin, feuillage et fleurs très toxiques pour le bétail ; 'Rubra', à fleurs rose foncé. *Kalmia latifolia* (de 3 à 4 m), rose en juin, résiste à la sécheresse ; 'Olympic Fire' (2 m), à gros boutons rouges, fleurs roses, feuilles à bord ondulé ; 'Pink Charm' (2 m), boutons rose foncé, fleurs rose intense, veinées de bordeaux.

Utilisations : massif, isolé, haie libre.

Notre conseil : si votre jardin est trop sec pour les rhododendrons, remplacez-les avantageusement par des *Kalmia latifolia.*

Kalmia latifolia

Leucothoe fontanesiana
LEUCOTHOE

J F M A **M** J J A S O N D

1/2 m 1/2 m P

Ce buisson consistant de la famille des Ericaceae est surtout apprécié pour son feuillage très coloré.

Description : ce charmant arbuste rustique, originaire des forêts humides des montagnes d'Amérique du Nord, porte des feuilles alternes, coriaces, lancéolées de 6 à 12 cm de long, qui changent de couleur au fil des saisons. La floraison blanche en courtes grappes pendantes est discrète. Croissance vigoureuse.

Sol : tourbeux, humide ou sableux, non calcaire, enrichi de terreau de feuilles ou terre de bruyère pure pas trop pauvre.

Exposition : mi-ombre sans courants d'air.

Culture et entretien : plantez au printemps. Arrosez abondamment et paillez durant les premiers étés, fertilisez au printemps. Taillez chaque année en hiver pour équilibrer et rajeunir la silhouette.

Espèces et variétés : il existe 50 espèces. On cultive surtout les hybrides : 'Rainbow' (1,5 m), panaché de blanc, crème, jaune et rose, virant au rouge tacheté de bronze en hiver. 'Scarletta' (2 m), compact. Le feuillage rouge, lancéolé, vire au pourpre foncé de juillet à janvier.

Utilisations : talus, bordure, massif, avec des azalées mollis et des *Fothergilla.*

Notre conseil : évitez l'ombre dense.

Leucothoe fontanesiana 'Rainbow'

Magnolia x *soulangeana* 'Rustica Rubra'

Magnolia grandiflora

Magnolia spp.
MAGNOLIA

J F M A M J J A S O N D

2/15 m — 2/10 m — C/P

Ces petits arbres ou arbustes de la famille des Magnoliaceae sont les plus anciennes plantes à fleurs.

Magnolia stellata 'Royal Star'

Description : originaires de l'est de l'Asie et de l'est des États-Unis, les magnolias portent des feuilles alternes, simples, entières, ovales, qui atteignent 60 cm de long chez certaines espèces. Les fleurs solitaires, charnues, en trompettes, en coupes ou étoilées, apparaissent avant les feuilles chez les espèces printanières. Elles sont parfois délicieusement parfumées. Fruits en forme de cônes. Les magnolias sont souvent lents à s'établir, mais après 4 à 5 ans, ils prennent une réelle ampleur.

Sol : riche, toujours frais, voire humide en été. Les exigences en acidité diffèrent selon les espèces. Aucun magnolia ne se cultive en terre de bruyère pure, l'idéal étant un bon terreau forestier (pH 6).

Exposition : soleil léger ou mi-ombre, à l'abri des vents dominants. Les magnolias à feuillage persistant craignent les très fortes gelées (-10 °C), tandis que les espèces caduques résistent à -25 °C sans problème. Les étés chauds et secs sont peu prisés des magnolias, une forte hygrométrie étant un des secrets de la réussite.

Culture et entretien : achetez des plants de petite taille (de 80 cm à 1,2 m de haut), dont la reprise est plus facile. Plantez en automne les magnolias caducs, au printemps les persistants. Veillez à ne pas briser les racines charnues et à ne pas enterrer la motte trop profondément. Paillez et arrosez en été. La taille est inutile. Douchez le feuillage les soirs de canicule et lorsque l'air est très polluée en ville.

Espèces et variétés : il existe 125 espèces.

• **Magnolias à feuillage caduc :** *Magnolia acuminata* (15 m), à port en candélabre, fleurs en coupe vert-jaune en mai, fruits rouges évoquant un cornichon en juin. *Magnolia ashei* (8 m), aux feuilles de 60 cm de long, fleurs de 12 cm de diamètre, parfumées en mai. *Magnolia denudata* (de 8 à 10 m), à port ample, arrondi, fleurs en coupe de 15 cm blanc pur, dès le mois de mars. *Magnolia lilliflora* 'Nigra' (de 3 à 4 m), à croissance lente et très longue floraison grenat en mai, supporte les sols peu acides. *Magnolia loebneri* (8 m), aux fleurs blanches évoluant vers le lilas pourpré en avril, très rustique et florifère, pour tout sol, même un peu calcaire ; 'Leonard Messel' (de 4 à 5 m), rose tendre. 'Merril' (8 m), blanc pur à la fin avril, a un port érigé puis étalé. *Magnolia sieboldii* (de 3 à 5 m), blanc pur, parfumé, fleurit après cinq ans, de fin mai à fin juillet. *Magnolia stellata* 'Royal Star' (de 1 à 2 m), aux fleurs blanches, étoilées, parfumées, à même le bois, en mars et en avril,

Magnolia sieboldii

est une forme très rustique à croissance très lente. *Magnolia* x *soulangeana* (de 5 à 6 m), un petit arbre très rustique, aux grandes fleurs en forme de tulipes, rose pâle en avril, port bien étalé ; 'Alexandrina', rose et blanc rosé dès la fin mars ; 'Brozzoni' (6 m), arrondi, à fleurs blanc rosé à l'extérieur, blanches à l'intérieur ; 'Burgundy' (4 m), à l'extrémité des jeunes pousses pourprée, fleurs rouge violacé à l'extérieur, roses à l'intérieur ; 'Lennei' (de 10 à 12 m) aux grosses fleurs roses en coupe, dès la 4e année.

• **Formes hybrides caduques :** 'Galaxy' (6 m), érigé, conique, fleurs roses à la base pourpre violacé ; 'Heaven Scent' (5 m), port vertical à branches étalées, fleurs en tulipe étroite blanc rosé, très parfumées ; 'Manchu Fan' (5 m), vigoureux, dressé, fleurs blanc crème en mai ; 'Royal Crown' (4 m), arrondi, étalé, fleurs rose pourpre à l'extérieur, blanc rosé à l'intérieur, dès mars, avec une remontée en juillet, etc.

Magnolia ashei

• **Magnolias à feuilles persistantes :** *Magnolia grandiflora* (15 m), à feuilles épaisses, coriaces, vernissées, floraison parfumées blanc crème de juin à août, manque parfois un peu de rusticité. Les cultivars sont moins frileux : 'Double Nantais', compact, fleurs doubles, même chez les jeunes sujets ; 'Exmouth' (18 m), érigé, fleurs très odorantes, rustique, peut être formé en pyramide ; 'François Treyve' (12 m), pyramidal, à fleurs semi-doubles ; 'Galissoniensis' (18 m), à port ample, pyramidal, et fleurs très odorantes de plus de 20 cm de diamètre, gros fruits en cônes rougeâtres, assez décoratifs ; 'Goliath' (20 m), très vigoureux, aux feuilles arrondies et fleurs énormes.

Utilisations : isolé, haie libre, massif. Les magnolias sont surtout des plantes de structure qu'il faut installer dans les endroits stratégiques du jardin.

Notre conseil : l'année suivant la plantation, épandez au pied des magnolias des granulés d'appâts anti-limaces, car les attaques printanières sont dangereuses pour les jeunes sujets.

Magnolia x *loebneri* 'Leonard Messel'

Phyllodoce caerulea

Phyllodoce spp.
PHYLLODOCÉ

J F M A M J J A S O N D

10/30 cm — 15/30 cm — P

Cette sorte de bruyère assez rare, de la famille des Ericaceae, résiste aux froids les plus vifs et fleurit bien.

Description : originaire des régions montagneuses de l'hémisphère Nord, ce petit arbrisseau nain, étalé, est protégé dans la nature. Les feuilles alternes, linéaires, très serrées sont vert foncé. Les fleurs en bourse, réunies en ombelles pendantes, sont pourpres, virant ensuite au bleu. Croissance très lente mais régulière.

Sol : acide, humide, toujours frais et humifère. La terre de bruyère pure convient.

Exposition : mi-ombre ou ombre légère, dans un endroit frais et humide.

Culture et entretien : plantez en automne. Paillez avec de la tourbe et arrosez régulièrement. En été, abritez la plante du moindre rayon de soleil et vaporisez-la.

Espèces et variétés : il existe 8 espèces. *Phyllodoce caerulea* (20 cm), aux fleurs rose pourpre en jolies grappes. *Phyllodoce* x *intermedia* (20 cm), à fleurs pourpre rougeâtre. *Phyllodoce nipponica* (15 cm), aux fleurs blanches teintées de rose.

Utilisations : rocaille, bordure, potée.

Notre conseil : réservez de préférence cet arbuste nain aux jardins d'altitude, dans un lieu frais, car il dessèche assez vite.

Pieris formosa 'Forrestii'

Pieris japonica
ANDROMÈDE DU JAPON

J F M A M J J A S O N D

50 cm/2 m   50 cm/2 m   P

Ces arbustes touffus de la famille des Ericaceae sont décoratifs toute l'année et de culture très facile.

Description : originaire du Japon, cet arbuste porte des feuilles alternes, coriaces, lancéolées de 4 à 10 cm de long. Elles s'illuminent souvent de rouge au printemps avant de verdir. Les fleurs ovoïdes, blanches ou roses, sont portées en grappes de 8 à 15 cm de long. La période d'épanouissement dépend des variétés, mais les boutons se forment très tôt.

Sol : la terre de bruyère convient bien.

Exposition : plutôt mi-ombre à l'abri des vents froids ou contre un mur orienté à l'ouest. Évitez une forte insolation directe. Le soleil léger est toléré ainsi que l'ombre.

Culture et entretien : plantez toute l'année les sujets en conteneurs. Paillez le pied pour maintenir la fraîcheur, arrosez bien par temps sec. Taillez d'un tiers de leur longueur les pousses ayant fleuri, afin de favoriser l'apparition du jeune feuillage coloré. Multiplication par bouturage en fin d'été, en terre de bruyère sous plastique.

Espèces et variétés : il existe 7 espèces. *Pieris japonica* se décline en nombreux cultivars : 'Christmas Cheer' (70 cm), à boutons rose foncé, fleurs blanches ; 'Cupido' (1 m), jeunes pousses orange rosé, fleurs blanc crème ; 'Débutante' (80 cm), compact, à fleurs blanches en panicules érigées ; 'Mountain Fire' (80 cm), à jeunes pousses rouge vif, fleurs précoces blanches en grappes pendantes ; 'Variegata' (2 m), à feuilles marginées de blanc, fleurs blanc nacré ; 'Valley Valentine' (1 m), à fleurs pendantes, allant du vieux rose au pourpre foncé.

Pieris formosa (4 m) est drageonnant, ses fleurs blanches en grappes pendantes éclosent en avril-mai ; var. *forrestii* développe des jeunes feuilles rouge vif.

Il existe aussi de formes hybrides : 'Bert Chandler' (2 m), aux jeunes feuilles rose vif, puis crème, fleurs blanches ; 'Forest Flame' (2 m), à jeunes pousses écarlates ; 'Flaming Silver', similaire mais panaché.

Pieris japonica 'Valley Valentine'

Pieris japonica 'Bert Chandler'

Pieris japonica 'Cupido'

Utilisations : massif, bordure. C'est le compagnon idéal des bruyères, des rhododendrons et des camélias.

Notre conseil : achetez les andromèdes au moment où naissent les jeunes pousses et les fleurs pour choisir les couleurs.

Rhododendron x
AZALÉE À FEUILLES CADUQUES

J F M A M J J A S O N D

1,5/3 m   1/2 m   C

Ces arbustes de la famille des Ericaceae fleurissent en masse avant l'apparition des feuilles.

Description : pour les botanistes, les azalées sont des rhododendrons à petites fleurs. Les azalées caduques, très rustiques, de croissance assez rapide, sont des formes hybrides issues de croisements complexes. Les feuilles alternes, ovales sont souvent velues. Elles se colorent en automne. Les fleurs en corymbes, parfois parfumées, se parent de couleurs éclatantes.

Sol : très acide, terre de bruyère pure.

Exposition : soleil indirect, ombre légère. Une forte hygrométrie est appréciée.

Culture et entretien : plantez tôt à l'automne et paillez le pied, arrosez en été. Inutile de tailler. Fertilisez au printemps avec un engrais pour rhododendrons.

Rhododendron x (azalée mollis)

Variétés : il existe différents groupes.

• **Les azalées mollis :** aux fleurs en entonnoirs, précoces. 'Directeur Moerlands' (1,5 m), jaune d'or, à gorge foncée et macule brun olive ; 'Esquisita', parfumée, blanc rosé à flamme jaune orangé ; 'Koster's Brilliant Red' (1,5 m), rouge orangé à flamme orange ; 'Lemenora', jaune abricot teinté de rouge à l'extérieur.

• **Les hybrides 'Knap Hill-Exbury' :** parfois parfumés, ils se colorent en automne. 'Persil' (2,5 m), blanc pur ; 'Fireball' (2,5 m), rouge-vermillon vif, éclairé de rouge feu, jeune feuillage rouge foncé cuivré ; 'Glowing Embers' (2,5 m), orange cuivré, maculé d'orange, de jaune et de rouge ; 'Klondyke' (2,5 m), parfumé, jaune clair, orange foncé et vert, boutons orangés ; 'Satan', rouge géranium foncé ; 'Tunis' (2,5 m), parfumé, rouge carmin, éclairé d'orange, boutons rouge très foncé.

• **Les azalées de Gand :** vigoureuses, aux fleurs en entonnoir parfumées. 'Bouquet de Flore' (3 m), rose moucheté de blanc, tardive ; 'Nancy Waterer' (3 m), jaune d'or, maculé d'orangé ; 'Fanny' (3 m), rose vif carminé, maculé de jaune-ocre.

Utilisations et associations : massif de terre de bruyère, rocaille, haie fleurie.

Notre conseil : plantez toujours des azalées caduques dans les massifs de terre de bruyère en raison de leurs coloris uniques.

Azalées japonaises

Rhododendron x
AZALÉE JAPONAISE

J F M **A M** J J A S O N D

50 cm/1,5 m — 1/2 m — P

Cet arbuste compact de la famille des Ericaceae se couvre totalement de fleurs colorées au printemps.

Description : les azalées japonaises sont des rhododendrons à petites fleurs et feuilles persistantes, moins rustiques que les azalées caduques. Elles forment une boule arrondie ou un buisson étalé aux petites feuilles vert très foncé, velues. Les petites fleurs en entonnoir sont éclatantes.

Sol : très acide, terre de bruyère pure.

Exposition : mi-ombre ou ombre légère. Une forte hygrométrie est appréciée.

Variétés : leur période de floraison diffère.

• **En avril, fleurissent :** 'Amoena' (1 m), à fleurs doubles, violet purpurin ; 'Rex' (80 cm), à fleurs doubles, saumon orangé ; 'Esmeralda' (1 m), rose clair.

• **Fin avril, début mai s'épanouissent :** 'Beethoven' (1,5 m), lilas ; 'Cattleya' (1 m), aux petites fleurs rose très pâle à cœur blanc et bord lavande ; 'Kirin' (80 cm), à fleurs doubles, rose satiné et cœur plus vif ; 'Palestrina' (1,5 m), blanc.

• **Après la mi mai :** 'Kermesina' (80 cm), rose à petites fleurs ; 'Macrantha' (1,5 m), à grandes fleurs saumon ; 'Vuyk's Orange' (1 m), à très grandes fleurs orange.

Culture et entretien : plantez au printemps en arrosant généreusement. Inutile de tailler. Fertilisez après la floraison.

Utilisations : bordure, massif, rocaille, haie fleurie. Plantez des azalées japonaises dans un sous-bois clair avec un *Cornus florida*.

Notre conseil : protégez ces azalées du froid par un épais paillis organique épandu en automne.

Rhododendron yakushimanum 'Seven Stars'

Rhododendron spp.
RHODODENDRON

J F M **A M J** J A S O N D

60 cm/10 m 80 cm/5 m P

Ces somptueux arbustes de la famille des Ericaceae portent des fleurs lumineuses, souvent énormes.

Description : une floraison extraordinaire au printemps, avec un apogée en mai, un feuillage décoratif toute l'année sont les principaux atouts du rhododendron. Ils sont originaires des forêts d'Asie, d'Europe et d'Amérique du Nord, en régions froides (Alpes) ou tropicales (Bornéo, Nouvelle-Guinée). Le feuillage ovale, coriace, gaufré ou lustré des rhododendrons est toxique. Il peut provoquer vomissements, vertiges et délires. Éloignez donc les jeunes enfants et lavez-vous bien les mains après les avoir manipulés. Les fleurs à 5 lobes sont groupées en bouquets terminaux parfois énormes. Croissance assez lente.

Sol : acide (pH entre 4, 5 et 6 pour éviter la chlorose) et frais. Terre de bruyère pure.

Culture et entretien : dans les régions à fortes sécheresses estivales, plantez les rhododendrons en octobre, pour qu'ils bénéficient des pluies de l'hiver et du printemps. Ailleurs, plantez-les plutôt en avril et en mai. La transplantation des sujets en conteneurs réussit même en pleine floraison. Paillez et arrosez par temps sec. Supprimez les bouquets floraux dès qu'ils sont fanés, pour permettre le développement de nouveaux boutons qui s'ouvriront l'année suivante. Tous les trois ou

Rhododendron sinogrande

quatre ans, renouvelez la terre de bruyère au pied des arbustes. Ne taillez pas, sauf pour éliminer une branche mal placée.

Espèces et variétés : il existe 800 espèces.

• **Rhododendrons nains (de 40 à 60 cm) :** *Rhododendron impeditum*, aux feuilles minuscules, fleurs bleu pourpré dès avril. Il tolère un sol neutre. 'Baden-Baden', rouge intense en avril ; 'Bow Bells', sphérique, à fleurs roses en clochettes retombantes ; 'Chikor', à fleurs jaunes en mai et petites feuilles ; 'Curlew', port étalé, fleurs jaune pâle piquetées de pourpre ; 'Elizabeth' à grandes fleurs rouge sang en avril-mai.

• **Petits rhododendrons (moins de 2 m) :** 'April Showers', en grosses clochettes roses dès avril ; 'Betty Robertson', en boule, jaune clair ; 'Blue Diamond', bleu lavande en avril, petites feuilles aromatiques vert-gris. 'Blue Tit', bleu lavande en mai, port arrondi, tolère un sol neutre ; 'Praecox', peu rustique, mauve en février-mars, feuillage odorant quand on le froisse.

Rhododendron en massif

Rhododendron en haie

Rhododendron yakushimanum, aux jeunes pousses argentées et au revers des feuilles duveteux brun rougeâtre, en mai, le bouton rose foncé vire lentement au blanc; 'Dusty Miller (80 cm), feuillage argenté, fleurs rose pâle éclaboussé de rose foncé; 'Percy Wiseman' (1 m), rose crème et jaune fin mai; 'Prof', rose clair, boutons rouges. *Rhododendron williamsianum* (1,5 m), aux fleurs en clochettes groupées en bouquets gracieux rose pâle en avril. *Rhododendron nobleanum*, hybride entre *R. arboreum* et *R. caucasicum*, existe sous diverses formes à fleurs blanches, roses ou mauves.

• **Grands rhododendrons (de 2 à 3 m) :** 'Albert Schweitzer', étalé, fleurs rose clair maculées de rose foncé; 'Blue Peter', à port dressé, fleurs bleu lavande pâle, mouchetées de brun pourpre; 'Cynthia', rose pourpre; 'Fastuosum Plenum', à grandes fleurs doubles mauves à gorge jaune; 'Lady Chamberlain', aux clochettes retombantes cireuses, du rouge à l'orangé; 'Lord Roberts', à port érigé, fleurs rouge sang, marquées de noir au début juin; 'Madame Masson', blanc à gorge jaune; 'President Roosevelt', aux fleurs roses à centre blanc, bordées de rouge clair, feuillage vert foncé, marbré de blanc et de jaune.

• **Rhododendrons géants (plus de 3 m) :** 'Jean-Marie de Montague', rouge lumineux fin avril, feuillage vert sombre; 'Sappho', à boutons mauves, fleurs blanches à macule pourpre en mai-juin. *Rhododendron arboreum* (10 m), à petites fleurs roses ou blanches tachées de noir dès mars. *Rhododendron ponticum* (plus de 5 m), mauve foncé en mai-juin, port dressé. *Rhododendron sinogrande* (15 m), assez frileux, aux feuilles de 25 à 50 cm de long, fleurs jaune canari en avril.

Utilisations : massif, isolé, sous-bois, bac. Cette plante peut être utilisée en haies dans les régions où elle vient spontanément, comme dans l'ouest de la France.

Notre conseil : tout en veillant à ce que la terre ne s'assèche pas trop, ralentissez les arrosages en plein été, période où se forment les boutons à fleurs, afin d'éviter que ceux-ci ne se transforment en simples bourgeons allongés, destinés à donner des feuilles au printemps suivant.

Rhododendron nobleanum

Zenobia pulverulenta
MUGUET EN ARBRE

J F M A **M J** J A S O N D

1/2 m — 60 cm/1,5 m — C

Cet arbuste peu commun de la famille des Ericaceae porte des fleurs qui rappellent le muguet.

Description : originaire de l'est des États-Unis, le genre *Zenobia* est proche des *Leucothoe*. C'est un petit arbuste à port lâche, pouvant être semi-persistant sous un climat doux. Les feuilles alternes, ovales de 5 à 7 cm de long sont glauques. Les fleurs en clochettes blanches, portées en grappes pendantes, exhalent un parfum anisé. Croissance assez lente.

Sol : acide, frais. Terre de bruyère pure.

Exposition : pas de soleil direct. Protégez des froids vifs et des vents dominants.

Culture et entretien : plantez au printemps, paillez et arrosez en été. Taillez les rameaux à fleurs dès qu'ils sont fanés. Multiplication par bouture de rameaux semi-ligneux en juillet, à l'étouffée.

Espèces et variétés : il n'existe qu'une seule espèce *Zenobia pulverulenta*.

Utilisations : bordure de massif ombragé. Plantez le *Zenobia* avec des *Leucothoe*, *Pieris*, *Camellia*, *Gaultheria*, *Daboecia* et des bulbes à fleurs de printemps, pour une composition originale aux jolies couleurs.

Notre conseil : ne laissez pas le sol sécher en été sinon le feuillage brunit très vite.

Zenobia pulverulenta

Rhododendron x

Les plantes de terre de bruyère au-delà de 5 m de haut

Acer japonicum **érable japonais**
Acer palmatum **érable du Japon**
Magnolia **magnolia**
Rhododendron spp. **rhododendron**
Zenobia pulverulenta **muguet en arbre**

Les plantes de terre de bruyère de moins de 5 m de haut

Arctostaphylos uva-ursi **busserole, raisin d'ours**
Aronia spp. **aronia**
Calluna vulgaris **bruyère commune**
Camellia spp. **camélia**
Cassiope lycopodioides **cassiope**
Daboecia cantabrica **bruyère de Saint-Daboec**
Enkianthus campanulatus **enkianthus**
Erica spp **bruyère**
Gaultheria procumbens **gaulthéria**
Hydrangea spp. **hydrangéa, horthensia**
Kalmia latifolia **laurier de montagne**
Leucothoe fontanesiana **leucothoe**
Magnolia **magnolia**
Phyllodoce spp. **phyllodocé**
Pieris japonica **andromède du Japon**
Rhododendron x **azalée à feuilles caduques**
Rhododendron x **azalée japonaise**

de bruyère

Les plantes de terre de bruyère à feuillage remarquable

Acer japonicum **érable japonais**
Acer palmatum **érable du Japon**
Aronia spp. **aronia**
Leucothoe fontanesiana **leucothoe**
Pieris japonica **andromède du Japon**

Les plantes de terre de bruyère à floraison printanière

Arctostaphylos uva-ursi **busserole, raisin d'ours**
Aronia spp. **aronia**
Camellia spp. **camélia**
Cassiope lycopodioides **cassiope**
Daboecia cantabrica **bruyère de Saint-Daboec**
Enkianthus campanulatus **enkianthus**
Erica spp. **bruyère**
Gaultheria procumbens **gaulthéria**
Magnolia **magnolia**
Pieris japonica **andromède du Japon**
Rhododendron x **azalée à feuilles caduques**
Rhododendron x **azalée Japonaise**
Rhododendron spp. **rhododendron**
Zenobia pulverulenta **muguet en arbre**

Les plantes de terre de bruyère à floraison estivale et automnale

Calluna vulgaris **bruyère commune**
Erica spp. **bruyère**
Hydrangea spp. **hydrangéa, horthensia**
Kalmia latifolia **laurier de montagne**
Magnolia **magnolia**
Phyllodoce spp. **phyllodocé**

Les plantes de terre de bruyère à floraison hivernale

Camellia spp. **camélia**
Erica spp **bruyère**

Les plantes de terre de bruyère qui portent des baies

Arctostaphylos uva-ursi **busserole, raisin d'ours**
Aronia spp. **aronia**
Gaultheria procumbens **gaulthéria**

Les plantes de terre de bruyère qui poussent en pot

Calluna vulgaris **bruyère commune**
Aronia spp. **aronia**
Camellia spp. **camélia**
Cassiope lycopodioides **cassiope**
Gaultheria procumbens **gaulthéria**
Hydrangea spp. **hydrangéa, horthensia**
Phyllodoce spp. **phyllodocé**
Rhododendron spp. **rhododendron**

LES CONIFÈRES

Sous nos climats, les arbres et les arbustes sont le plus souvent des espèces à feuillage caduc. Parmi les conifères, dont la grande majorité sont persistants, certains entrent aussi dans cette catégorie. Verts, jaunes ou bleus, fastigiés, en boules ou étalés, les conifères participent à la structure des plantations. Par leur feuillage persistant, ils constituent un décor vivant et permanent, mêmes aux heures les plus sombres de l'hiver.

Les espèces de grande taille telles que les sapins, les pins, les cyprès, les mélèzes, les épicéas, les thuyas ou les séquoias font merveille en isolé sur une pelouse ou en alignement dans un jardin, lorsque les dimensions de ce dernier le permettent.

Les conifères nains sont des résineux à croissance relativement lente qui conservent une forme compacte pendant presque toute leur vie. On les appelle aussi « conifères de rocaille », car ils sont très utilisés dans les jardins alpins. Le terme de nain est tout relatif quand il s'agit de certaines variétés basses, au port largement étalé. Parmi ces conifères de petite taille, on citera certaines espèces de sapins, les faux cyprès, les cryptomérias, les genévriers, quelques épicéas, ainsi que les pins et les thuyas nains.

En les taillant, les conifères permettent aussi de créer des haies denses, épaisses et vertes toute l'année, quel que soit le temps. Ils forment des écrans impénétrables qui protègent le jardin des vents violents, et votre intimité des regards indiscrets. Laissez vous emporter par leur charme… Les cyprès, cryptomérias, ifs et autres thuyas se prêtent à merveille à cette utilisation.

Abies nordmanniana

Abies spp.
SAPIN

1/30 m | 1/15 m | P

Cet arbre au port ample et conique de la famille des Pinaceae résiste bien aux parasites et à la pollution.

Description : souvent confondu avec l'épicéa *(Picea)*, le sapin est un grand arbre à la silhouette bien géométrique, le plus souvent conique, au feuillage coriace, linéaire, aplati. Les cônes dressés (ils pendent chez l'épicéa) sont d'un joli bleu-pourpre ou violets à l'état jeune. Croissance assez lente, de 1 à 3 m en 5 ans.

Sol : profond, riche, humifère de préférence non calcaire (pH 6/7) et frais.

Exposition : mi-ombre légère ou soleil doux, dans une atmosphère humide. Évitez le nord et les lieux très ventés.

Culture et entretien : plantez en septembre/octobre ou au printemps. Tuteurez ou haubanez et arrosez régulièrement les premières années. Taillez juste pour équilibrer la ramure en automne. Traitez contre les araignées rouges en été.

Espèces et variétés : il existe 50 espèces. *Abies basalmea* 'Nana' (1,5 m), une boule au feuillage court, bien vert et doux au toucher. *Abies concolor* (de 20 à 25 m), le sapin du Colorado, originaire du sud-ouest des États-Unis, est bleu-vert ou gris-vert, avec des cônes vert pâle, puis pourprés ; 'Compacta' (2 m), au port irrégulier, feuillage d'un joli bleu grisâtre ; 'Violacea', bleu glauque. *Abies koreana* (de 10 à 15 m), le sapin de Corée, au port étagé, pousse lentement (2 m en 5 ou 6 ans), aiguilles vert foncé, blanches au revers, très jolis cônes cylindriques, gris pourpré ; 'Silberlocke' (2 m), aux aiguilles contournées à revers blanc, très décoratives en hiver ; 'Prostrate Beauty' ('Nana') [1 m], à port étalé, feuilles vert foncé à revers blanc et cônes violets. *Abies lasiocarpa* 'Compacta' (1,5 m), conique, gris bleuté. *Abies nordmanniana* (de 20 à 30 m), le sapin du Caucase, vient d'Asie Mineure. Très rustique, conique, à feuillage plat, épais, au revers argenté. Cônes de 15 à 20 cm ; il supporte le calcaire. 'Golden Spreader' ('Aurea Nana'), 80 cm, étalé, les feuilles naissent jaune pâle, évitez le plein soleil. *Abies pinsapo*, le sapin d'Espagne (de 20 à 30 m), n'est pas rustique dans l'Est et le Nord. C'est un grand sapin conique, vert foncé, aux cônes cylindriques, de 10 à 15 cm de long, brun pourpre avant maturité. Il supporte les sols secs et calcaires ; 'Aurea' (3 m), à feuilles d'un jaune doré clair, pousse lentement ; 'Glauca' (de 15 à 20 m), au feuillage bien bleuté. *Abies procera* 'Blau' (80 cm), étalé, feuillage glauque. *Abies pumila* (1 m), étalé, compact, vert tendre à croissance très lente.

Abies pinsapo

Abies procera 'Blau'

Abies nordmanniana 'Golden Spreader'

Utilisations : isolé, alignements ou rideaux. Laissez suffisamment de place à chaque sapin pour se développer amplement. Plantez-les assez loin de la maison. Les formes naines conviennent pour les bordures, les rocailles ou en bacs. Très bonne association avec des bulbes à fleurs.

Notre conseil : si le sapin perd sa flèche, sélectionnez sur le tronc une pousse latérale souple, puis palissez-la verticalement le long d'un tuteur en bambou.

Araucaria araucana
DÉSESPOIR DES SINGES

5/15 m | 6/12 m | -15 °C

Ce très curieux conifère de la famille des Araucariaceae donne une note exotique dans le jardin.

Description : venu d'Argentine et du Chili, l'araucaria étonne par son architecture symétrique et son aspect étrange. Ses branches, régulièrement étagées depuis la base du tronc, sont couvertes d'un feuillage coriace, en écailles très piquantes, vert foncé brillant. C'est un arbre dioïque, les pieds étant unisexués. Cônes femelles ovoïdes, cônes mâles cylindriques.

Sol : riche, bien drainé, peu calcaire.

Exposition : ensoleillée, à l'abri des vents secs. Il réussit mieux dans l'Ouest, le Sud-Ouest, le Midi et les régions côtières.

Culture et entretien : plantez au printemps. Les premières années, haubanez et protégez du froid avec un voile. En avril, apportez un engrais pour conifères.

Espèces et variétés : il existe 18 espèces. *Araucaria araucana (imbricata)* est le plus cultivé sous notre latitude. *Araucaria bidwillii*, à feuilles aplaties, non piquantes, convient aux jardins du Midi.

Utilisations : de préférence en isolé ou en groupe de trois dans le même massif.

Notre conseil : dans un sol sec, peu profond, graveleux, et soumis à une atmosphère polluée, l'araucaria végète et se dégarnit très vite de la base.

Araucaria araucana

Calocedrus decurrens
LIBOCÈDRE

10/25 m | 3/8 m

D'un port régulier et colonnaire, ce bel arbre de la famille des Cupressaceae peut vivre un siècle.

Description : venu des montagnes de Californie et de l'Oregon, le libocèdre présente un port pyramidal étroit. Il porte des petits rameaux très aplatis, aux feuilles allongées, en écaille, aromatiques lorsqu'on les froisse. Ce conifère, assez peu connu, est intéressant pour sa croissance rapide et sa résistance aux maladies.

Calocedrus decurrens

Sol : profond, riche, frais, bien amendé, même calcaire, jamais détrempé.

Exposition : ensoleillée, sans être brûlante. La mi-ombre est bien tolérée.

Culture et entretien : plantez au début de l'automne. Les premières années, posez des tuteurs ou haubanez. Fertilisez chaque année au printemps avec un engrais pour conifères. Arrosez en été.

Espèces et variétés : il existe 3 espèces. *Calocedrus decurrens* est le seul couramment cultivé ; 'Aureovariegata' (de 10 à 15 m), au feuillage palmé, moucheté de jaune, croissance lente, 'Columnaris' (20 m), au port fuselé, très élégant.

Utilisations : un arbre imposant à isoler. Alignement ou rideau brise-vent.

Notre conseil : en cas de sécheresse, arrosez tous les jours et paillez le pied. Bassinez le feuillage le soir à l'eau fraîche pour éviter l'attaque d'araignées rouges.

Cedrus deodara 'Aurea'

Cedrus spp.
CÈDRE

1,5/35 m 2/15 m P

Cet imposant conifère de la famille des Pinaceae est un des arbres d'ornement les plus majestueux.

Description : par leur ampleur, les cèdres évoquent grandeur et longévité. De croissance assez rapide, ils portent des feuilles en aiguilles, groupées en petits bouquets. Les cônes femelles ovoïdes sont formés d'écailles très serrées. Verts, ils deviennent bruns en atteignant la maturité en 2 ans.

Sol : léger, sec, acide, pour le cèdre de l'Himalaya ; profond, neutre ou calcaire pour le cèdres de l'Atlas et du Liban.

Exposition : ensoleillée, pas trop ventée. La mi-ombre est bien supportée.

Culture et entretien : plantez de l'automne au printemps. Haubanez et paillez les jeunes sujets, arrosez les premiers étés. Chaque année, apportez un engrais pour conifères en avril. Multiplication par semis en mai en pots pour les espèces, greffage pour les variétés en septembre.

Espèces et variétés : il existe 4 espèces. *Cedrus atlantica*, le cèdre de l'Atlas (25 m), au port dressé puis très étalé, avec un fin feuillage gris-vert ; 'Fastigiata' (de 10 à 15 m) forme une colonne vert bleuté ; 'Glauca' (25 m), pyramidal, à feuillage bleu argenté ; 'Glauca Pendula', le cèdre pleureur (de 3 à 5 m), très ample, avec les rameaux tombant jusqu'au sol. *Cedrus deodara*, le cèdre de l'Himalaya (20 m), à la flèche courbée et aux longues aiguilles (5 cm) vert foncé ; 'Aurea' (de 10 à 12 m), doré au printemps, devient jaune verdâtre ensuite ; 'Feeling Blue' (1,5 m), nain à port étalé semi-pleureur, feuillage bleu argenté ; 'Golden Horizon' est similaire, mais avec le feuillage doré au printemps 'Kelly Gold' (7 m), en pyramide compacte à feuillage franchement doré, qui verdit en été. *Cedrus libani*, le cèdre du Liban (20 m), est un grand arbre largement étalé, au feuillage vert grisâtre.

Utilisations : essentiellement en isolé. Les formes naines s'installent en bordure des massifs d'arbustes ou en rocaille.

Notre conseil : attention, petit cèdre deviendra grand. Tenez compte de la taille adulte de l'arbre (surtout la largeur) dans le choix de l'emplacement.

Chamaecyparis spp.
FAUX CYPRÈS

6/20 m 6/20 m P

Ce conifère de la famille des Cupressaceae prend des formes et des dimensions d'une rare variété.

Description : originaire d'Amérique du Nord, du Japon, de Chine et de Taïwan, le genre *Chamaecyparis* est très proche des

Cedrus atlantica 'Glauca Pendula'

Chamaecyparis lawsoniana 'St

Cupressus. Il en diffère par un feuillage aplati, en forme d'écailles, comme chez le thuya (arrondi chez le cyprès). Il offre une des plus grandes diversités de couleurs du monde des conifères. Cônes minuscules.

Sol : profond, riche, plutôt siliceux, même pauvre ou calcaire, bien drainé en hiver.

Exposition : le soleil doux, la mi-ombre sont parfaits, à l'abri des vents dominants.

Culture et entretien : plantez d'octobre à mars, arrosez copieusement les jeunes sujets. Apportez un engrais spécial conifères en avril, binez le sol en été.

Espèces et variétés : il existe 7 espèces. *Chamaecyparis lawsoniana* (de 18 à 20 m), au feuillage vert franc à reflets bleutés, craint la sécheresse prolongée ; 'Allumii' (de 10 à 12 m), vert bleuté, au port pyramidal étroit ; 'Columnaris' (10 m), forme une colonne d'un très joli bleu ; 'Ellwoodii' (3 m), en colonne vert bleuté, plus intense en hiver ; 'Ellwood's Gold' (de 2 à 3 m), fastigié, jeunes feuilles jaunes ; 'Erecta Aurea' (de 3 à 4 m), feuillage vert frais à la base et jaune d'or à l'extrémité ; 'Golden Triumph' (de 10 à 12 m), doré, conique ; 'Lane' ('Lanei'), de 10 à 12 m, jaune lumineux, conique ; 'Intertexta Pendula' (de 6 à 8 m), une des rares formes à port pleureur ; 'Minima Aurea' (de 60 à 80 cm), boule jaune doré clair au printemps, puis vert doré ; 'Minima Glauca' (de 60 à 80 cm), globuleux, au feuillage très fin, vert bleuté ; 'Nidiformis' (1,5 m), vert glauque, en sphère aux branches principales pratiquement horizontales ; 'Globosa' (2 m) est sphérique avec des feuilles plates bien découpées, vert tendre. 'Pembury Blue' (de 6 à 8 m), bleu métallique, très apprécié en haies ; 'Pottenii' (de 6 à 10 m), en colonne étroite, vert tendre ; 'Stardust' (de 10 à 12 m), conique, vert frais aux extrémités jaune d'or ; 'Stewartii' (de 12 à 15 m), conique, doré ; 'Westermannii' (de 5 à 10 m), conique, jaune pâle virant au vert jaunâtre ; 'Wisselii' (10 à 20 m), conique, vert bleuté sombre.

Chamaecyparis nootkatensis (de 15 à 20 m), en forme de carafe à l'âge adulte, a un feuillage très épais, vert foncé.

Chamaecyparis lawsoniana 'Elwoodii'

'Aurea' (20 m), de croissance moyenne, au feuillage dense, doré au printemps, puis vert jaunâtre. C'est le plus rustique des conifères dorés, idéal en haies ; 'Compacta' (2 m), en boule très dense, vert clair ; 'Pendula' (de 10 à 20 m), aux jeunes rameaux pendants, vert argenté, portés sur des branches horizontales.

Chamaecyparis obtusa 'Nana Gracilis' (2 m) accepte l'ombre, globuleux puis conique, vert foncé brillant ; 'Nana Lutea', similaire mais doré ; 'Pygmaea' (de 60 cm à 1 m), étalé, aux rameaux étagés vert terne, bronze en hiver ; 'Fernspray Gold' (2 m), étagé, aux extrémités dorées.

Chamaecyparis pisifera 'Boulevard' (2 m), conique, au feuillage fin, plumeux, gris-bleu argenté devenant pourpre violacé en hiver ; 'Filifera' (3 m), conique, aux branches étalées, feuillage fin vert clair ; 'Filifera Aurea' (3 m), à la croissance plus lente, jaune doré, il craint le soleil ; 'Squarrosa Lombarts' (2 m), boule aplatie au feuillage très fin, plumeux, vert bleuté.

Utilisations : isolé, groupe, haie, rideau brise-vue et brise-vent, potée, rocaille.

Notre conseil : le phytophthora provoque le brunissement chez les jeunes plants des variétés 'Allumii', 'Columnaris' et 'Elwoodii'. Désinfectez le sol avec de l'Aliette entre trois et cinq fois par an.

Chamaecyparis obtusa 'Fernspray Gold'

Chamaecyparis lawsoniana 'Lane'

Chamaecyparis lawsoniana 'Globosa Nana'

Cryptomeria japonica 'Globosa Nana'

Cryptomeria japonica
CRYPTOMÉRIA

1,5/7 m 1/3 m P

Ce conifère élégant, léger, de la famille des Taxodiaceae conserve une silhouette très compacte.

Description : le « Sugi », comme disent les Japonais, est aussi originaire de Chine. En Asie, c'est un grand arbre persistant, vert bronze en été, qui brunit dès les premières gelées. Feuilles étroites, recourbées, portées en spirale autour des rameaux. L'écorce fibreuse, rouge-brun, s'exfolie un peu comme celle du séquoia. Croissance lente sous un climat froid.

Sol : frais, riche, profond, bien drainé. Le calcaire est assez bien toléré.

Exposition : de préférence en plein soleil dans un lieu abrité, chaud. La mi-ombre est bien tolérée sous un climat doux.

Culture et entretien : plantez au printemps. Arrosez bien et paillez les premiers étés. Protégez des vents froids. Taille légère des jeunes pousses en septembre.

Espèces et variétés : il existe une seule espèce : *Cryptomeria japonica* ; 'Bandai-Sugi' (2 m) forme une boule plus large que haute, d'un vert brunissant légèrement en hiver ; 'Cristata' (5 m), conique, serré, au feuillage souvent fascié (en éventail) ; 'Dacrydioides' (1,5 m) porte des branches grêles, peu ramifiées ; 'Elegans' (de 3 à 5 m) se développe en colonne vert bleuté qui devient brun rougeâtre en hiver, il faut le protéger des froids vifs ; 'Elegans Viridis' (de 3 à 5 m) reste vert toute l'année ; 'Globosa Nana' (1 m) forme une sphère aplatie à reflets bleutés ; 'Vilmoriniana' (de 1 à 3 m), en boule très dense à feuilles courtes, croissance très lente.

Utilisations : isolé pour les grands sujets ou arrière-plan des massifs. Rocailles et potées pour les variétés naines. Associez le cryptoméria à des feuillages dorés qui mettront parfaitement en valeur son feuillage bronze en hiver.

Notre conseil : si vous souhaitez rajeunir un cryptoméria âgé, qui prend un port un peu dégingandé, n'hésitez pas à rabattre le tronc à la base car, comme le séquoia, ce conifère rejette bien de la souche.

X *Cupressocyparis* x *leylandii*
CYPRÈS DE LEYLAND

6/20 m 2/8 m P

Ce conifère hybride de la famille des Cupressaceae est un des plus rapide à pousser dans les haies.

Description : né du croisement entre *Cupressus macrocarpa* et *Chamaecyparis nootkatensis*, le cyprès de Leyland allie la rapidité de croissance du premier à la rusticité du second. Il forme un arbre érigé à la silhouette pyramidale et à la végétation bien dense. Les ramules aplaties portent des feuilles en écailles d'un vert sombre qui s'éclaire en hiver. Cônes jaunes.

Sol : profond, souple, fertile et bien drainé, légèrement acide (pH 6).

Exposition : le plein soleil ou la mi-ombre, même dans un endroit très venté.

Culture et entretien : plantez de fin septembre à avril, paillez et arrosez bien. Sur les haies rectilignes, taillez en fin d'été. Distance de plantation : 1 m pour les haies taillées, 2 m pour les haies libres.

Variétés : 'Castlewellan Gold' (12 m), le leyland doré est magnifique par sa couleur jaune d'or ; 'Herculea' (3 m), compact, 'Naylor's Blue' (12 m), aux rameaux gris-vert à reflets bleutés ; '2001' (7 m), conique, étroit, vert foncé.

Utilisations : idéal pour les grandes haies. C'est un très bon brise-vent qui résiste bien à la pollution et aux embruns.

Notre conseil : n'hésitez pas à le tailler sévèrement, car il repousse bien sur le vieux bois. Dans les sols calcaires, préférez les sujets greffés sur *Cupressus sempervirens* et non ceux issus de boutures.

X *Cupressocyparis* x *leylandii* 'Castlewellan Gold'

Cupressus arizonica 'Conica'

Cupressus spp. CYPRÈS

6/15 m — 2/5 m — P

Ce conifère conique de la famille des Cupressaceae est une très bonne espèce pour faire des haies.

Description : poussant spontanément dans l'hémisphère Nord, entre le 15e et le 40e parallèle, les cyprès sont bien adaptés à la sécheresse. Ils se distinguent par un port conique, ou en colonne, et un feuillage à odeur de résine. Les feuilles en écailles opposées se chevauchent. Elles exhalent une forte odeur de résine. Écorce décorative. Croissance très rapide (1 m par an).

Sol : profond, léger, surtout pas d'humidité stagnante, le calcaire, les terres pauvres et caillouteuses conviennent.

Exposition : soleil et chaleur obligatoires.

Culture et entretien : plantez au printemps. Arrosage inutile les premières années, sauf par sécheresse prolongée. Hormis celui de l'Arizona, le cyprès supporte mal la taille : laissez-le pousser à sa guise et prendre sa forme naturelle. Paillez les cyprès frileux par temps très froid.

Espèces et variétés : il existe 24 espèces ; *Cupressus arizonica*, le cyprès de l'Arizona (de 10 à 15 m), au feuillage glauque et à l'écorce rougeâtre, est très rustique ; 'Conica' (10 m), en cône étroit, est la variété la plus utilisée en haies ; 'Fastigiata' (10 m), à port effilé, bleuté. *Cupressus macrocarpa*, le cyprès de Lambert (de 15 à 20 m), vert vif, se plaît en bord de mer. Il est peu rustique (-10 °C) ; 'Goldcrest' (de 6 à 8 m), d'un jaune très lumineux, verdit en situation ombragée ; 'Gold Spine' (de 8 à 10 m), bien doré, plus ébouriffé. *Cupressus sempervirens*, le cyprès de Provence ou cyprès d'Italie atteint 20 m. Il peut vivre plus de 500 ans, feuillage d'un vert très foncé ; 'Mistral', sélection de l'INRA résistant au chancre cortical *(Seridium cardinale)* ; 'Stricta' (20 m), en colonne étroite.

Utilisations : isolé, haie, brise-vent, alignement, bacs sur terrasse.

Notre conseil : attention aux risques de pourridié, qui dans les sols trop lourds détruit les racines et ne peut être traité.

Cupressus sempervirens

Cupressus macrocarpa 'Gold Spine'

Juniperus spp.
GENÉVRIER

50 cm/4 m | 1/4 m | P

Érigé ou étalé, ce conifère de la famille des Cupressaceae porte un petit feuillage souvent épineux.

Description : répartis dans tout l'hémisphère Nord, les genévriers sont des plantes très diversifiées, rampantes, coniques ou formant une colonne. Les jeunes feuilles en forme d'aiguilles sont piquantes, les feuilles adultes forment des écailles imbriquées. Certains donnent des fruits comestibles (les baies de genièvre qui aromatisent la choucroute ou sont distillées). Croissance assez rapide.

Sol : sec, calcaire, pierreux, même aride. Un bon drainage est le secret de la réussite.

Exposition : bien ensoleillée, même très chaude. La mi-ombre est juste tolérée.

Juniperus sabina 'Tamariscifolia'

Juniperus communis 'Stricta'

Culture et entretien : plantez de septembre à avril et arrosez les jeunes plantes. Paillez s'il fait très froid. Épandez un engrais spécial conifères les quatre premières années en avril. Inutile de tailler.

Espèces et variétés : il existe 60 espèces.

Juniperus chinensis 'Stricta' (de 2 à 3 m), conique, bleu argenté, à branches érigées.

Juniperus communis, le genévrier commun, au feuillage vert à revers argenté ; 'Depressa Aurea' (50 cm/1 m), étalé, le feuillage doré se teinte de bronze en hiver ; 'Hibernica' ('Stricta'), 3 m, en colonne compacte, vert bleuté à reflets argentés ; 'Hornibrookii' (50 cm), rampant, au feuillage un peu piquant, bleu-gris ; 'Repanda' (2 m), couvre-sol, vert foncé ; 'Sentinel' (3 m), en colonne très étroite d'un vert bleuté intense, qui contraste bien avec les pousses rouge pourpré.

Juniperus horizontalis (de 50 cm à 1,2 m), très tapissant. Il n'aime pas les sols calcaires ou très secs et demande du soleil pour bien se colorer en hiver ; 'Bar Harbor' (20 cm), vert bleuté ; 'Blue Chips' (50 cm), bleu très lumineux ; 'Glauca' (30 cm), bleu acier ; 'Wiltonii' (15 cm), bleu argenté.

Juniperus x *media* 'Plumosa Aurea'

Juniperus x *media* est un hybride très rustique, idéal en sol calcaire et au soleil ; 'Blaauw' (1,5 m), au feuillage très doux, bleu grisâtre ; 'Gold Coast' (de 1 à 2 m), étalé, doré ; 'Mint Julep' (de 1 à 2 m), étalé, vert vif ; 'Plumosa Aurea' (1,5 m), aux branches recourbées, feuillage doré, port étalé ; 'Pfitzeriana' (2 m) s'étale très largement. Très répandu, il existe en versions dorée, 'Aurea', et bleutée 'Glauca'.

Juniperus procumbens 'Nana' (10 cm), très compact, couvre-sol, vert pomme.

Juniperus sabina, très étalé. Son feuillage dégage une odeur désagréable. Il résiste à la sécheresse ; 'Blue Danube' (1 m), vert-

Juniperus squamata 'Blue Star'

gris bleuté ; 'Buffalo' (30 cm), très tapissant, vert brillant ; 'Tamariscifolia' (de 50 cm à 1 m), bien étalé, vert brillant. Il se montre sensible à la rouille.
Juniperus scopulorum 'Skyrocket' (3 m), à la forme très fuselée (40 cm de diamètre), bleuté ; 'Wichita Blue' (3 m), compact, à port dressé d'un bleu acier.
Juniperus squamata, le genévrier écailleux (de 50 cm à 1 m), très rustique, au port étalé, feuilles écailleuses ; 'Blue Carpet' (50 cm), bleu argenté ; 'Blue Spider' (40 cm), rampant, ramifié, bleuté ; 'Blue Star' (30 cm), arrondi, bleu lumineux assez piquant ; 'Loderi' (1 m), conique, compact, gris bleuté, à croissance lente ; 'Meyeri' (3 m), bleu glauque à violet, au port étagé.
Utilisations : couvre-sol en bordure ou sur talus, isolé, massif, potée. Utilisez les formes rampantes comme tapis végétal sur un talus rocailleux et sec avec des cotoneasters et des millepertuis. Associez une clématite à grandes fleurs avec les sujets les plus érigés.
Notre conseil : traitez les variétés à feuillage bleuté contre les araignées rouges par temps chaud et sec.

Larix decidua
MÉLÈZE

20/30 m — 6/10 m

Ce conifère à feuillage caduc de la famille des Pinaceae fait partie du paysage classique de la montagne.

Larix decidua

Description : originaire des régions froides de l'hémisphère Nord, et donc très rustique, le mélèze porte un feuillage en forme de petites aiguilles souples groupées en bouquets, qui illuminent magnifiquement l'automne de leur couleur dorée. Les cônes persistent plusieurs années sur l'arbre. Croissance rapide.
Sol : tout bon sol profond, bien drainé, humifère, pas trop calcaire.
Exposition : plein soleil, à l'abri des vents violents. Un hiver froid est bien apprécié.
Culture et entretien : plantez en automne, arrosez bien et paillez les premiers étés. Traitez contre les pucerons chermès. Inutile de tailler, excepté les sujets dont la flèche cassée doit être rabattue.
Espèces et variétés : il existe 14 espèces. *Larix decidua* (de 20 à 25 m), le mélèze d'Europe, est indigène dans les Alpes, craint la sécheresse estivale. *Larix kaempferi* (25 m), le mélèze du Japon, à port moins ample, dont les feuilles glauques, plus larges, virent à l'orange en automne.
Utilisations : isolé, groupes et bosquets. Plantez le mélèze en compagnie d'un *Quercus coccinea*, écarlate en automne.
Notre conseil : la rouille dessèche les rameaux et jaunit les aiguilles, pulvérisez un fongicide préventivement en avril.

Metasequoia glyptostroboides

Microbiota decussata

Metasequoia glyptostroboides MÉTASÉQUOIA

15/20 m — 5/10 m — C

Considéré comme un fossile vivant, ce conifère caduc de la famille des Taxodiaceae jaunit en automne.

Description : cet arbre chinois est le descendant direct de certains conifères communs à l'époque des dinosaures. Formant une majestueuse pyramide, il prend une teinte dorée à brun rosé à l'automne et devient imposant dans des conditions climatiques humides. Les feuilles sont des aiguilles souples. Écorce fibreuse, cannelée. Croissance rapide (1 m par an).

Sol : profond, riche, humifère, toujours frais sans être détrempé. Calcaire toléré.

Exposition : plein soleil, jamais brûlant.

Culture et entretien : plantez en automne, arrosez et paillez les premiers étés. Donnez de l'engrais une fois par an au printemps. Multiplication par bouture ligneuse en septembre sous châssis froid.

Espèces et variétés : il n'existe qu'une seule espèce, *Metasequoia glyptostroboides* et aucun cultivar intéressant.

Utilisations : en isolé sur pelouse ou au bord d'un ruisseau. Le métaséquoia est surtout décoratif dans ses dix premières années, ensuite il se dégarnit. Pensez à l'accompagner de beaux arbustes, de préférence à feuillage persistant et coloré.

Notre conseil : le métaséquoia résistant bien à la pollution, il peut être utilisé comme arbre d'ombrage en ville.

Microbiota decussata MICROBIOTA

20/30 cm — 1,5/2 m — C

Très peu connu, ce conifère de la famille des Cupressaceae est une des formes les plus rampantes.

Description : originaire de Sibérie, ce conifère prostré qui se marcotte naturellement constitue un tapis végétal très rustique, dont le feuillage évolue du vert au bronze. Les feuilles triangulaires recouvrent totalement les rameaux assez grêles. Croissance lente, mais régulière.

Sol : tout sol bien drainé, même calcaire. La sécheresse est bien tolérée.

Exposition : du soleil doux à l'ombre dense, le microbiota passe partout.

Culture et entretien : plantez toute l'année les sujets en conteneurs, arrosez régulièrement et paillez les premiers étés. Plaquez les branches avec des cavaliers en bois, pour obtenir un tapis uniforme.

Espèces et variétés : il n'existe qu'une seule espèce, appelée aussi *Microbiota orientalis* et aucun cultivar.

Utilisations : couvre-sol, bordure. Plantez le microbiota dans un tapis de bruyères. Ajoutez-y des bulbes de printemps rustiques et précoces. Ce conifère résistant au piétinement, vous pouvez l'utiliser comme une pelouse dans un lieu peu passager.

Notre conseil : multipliez facilement le microbiota en prélevant les marcottes formées par les rameaux qui s'enracinent seuls à la périphérie de la plante.

Picea spp. ÉPICÉA

50 cm/25 m — 1/12 m — P

C'est ce conifère très résistant, de la famille des Pinaceae qui donne le traditionnel sapin de Noël.

Description : l'épicéa ressemble tellement au sapin *(Abies)* qu'on les confond souvent. Il s'en différencie par ses cônes pendants (dressés chez le sapin). Originaire de l'hémisphère Nord, il est parfaitement rustique. Les feuilles en aiguilles sont disposées une par une autour des rameaux.

Sol : riche, profond, frais, souple, non crayeux, bien amendé en humus.

Exposition : du soleil doux à la mi-ombre légère. L'épicéa aime les climats froids. Il convient bien aux jardins d'altitude.

Culture et entretien : plantez de septembre à avril, arrosez bien et paillez les premières années. Tuteurez ou haubanez les jeunes sujets. Fertilisez en avril. Traitez en mars contre le puceron vert de l'épicéa. Pour éviter l'apparition de l'araignée rouge *(Tetranychus uninguis)*, douchez le feuillage par temps chaud et sec.

Espèces et variétés : il existe 40 espèces *Picea abies (exelsa)*, l'épicéa commun (de 20 à 30 m) est vert grisâtre ; 'Inversa' (de 5 à 10 m), à port pleureur, feuillage très épais, bien vert ; 'Maxwellii' (1 m), en boule très aplatie, gris-vert ; 'Nidiformis' (1 m), en forme de nid, étalé ; 'Ohlendorffii' (1 m), très compact, sphérique, vert clair ; 'Pyramidalis' (de 8 à 10 m), conique, compact ; 'Reflexa' (2 m), à port retombant dont les branches s'étalent sur le sol.

Picea breweriana (de 10 à 15 m), au port insolite avec des branches au feuillage bleu-vert foncé qui s'étalent et d'autres qui retombent. Il n'aime pas l'ombre.

Picea engelmanii 'Glauca' (de 15 à 20 m), au feuillage vert bleuté, grandes branches très souples, relevées à l'extrémité.

Picea glauca, la sapinette blanche (7 m), aux aiguilles fines et glauques, pousse lente ; 'Alberta Globe' (80 cm), en boule vert pomme ; 'Albert's Gold' (de 50 cm à 1,5 m), en boule vert clair ; 'Conica' ('Albertiana'), 2 m, en cône très régulier, au feuillage serré d'un vert très pur.

Picea omorika, l'épicéa de Serbie (de 20 à 25 m), au port gracieux, très élancé ; 'Pendula' (de 15 à 20 m), pleureur à feuilles glauques ; 'Nana' (1,5 m), en cône plus ou moins arrondi, passant du vert doux au bleuté et à l'argent.

Picea pungens (de 15 à 20 m), gris-vert ; 'Glauca' (de 10 à 12 m), bleu ; 'Glauca Globosa' (1 m), en cône bleu vif ; 'Koster' (de 10 à 20 m), conique, à branches très étalées, bleu azur ; 'Hoopsii' (de 10 à 20 m), bleu intense, à croissance lente.

Picea sitchensis, l'épicéa de Sitka (20 m), conique, bleu, il pousse vite en sol humide.

Picea smithiana (15 m) pousse très lentement. Son port naturellement pleureur est superbe, sa rusticité moyenne.

Utilisations : isolé, groupe, bosquet, rideau brise-vent, rocaille, potée, bordure.

Notre conseil : réservez l'épicéa aux régions dont les étés sont frais, car il se dessèche sous une forte chaleur, sauf les espèces *omorika* et *orientalis*. Évitez la proximité immédiate de plantes vivaces trop envahissantes, car les petits épicéas manquent de vigueur et souffrent d'une concurrence trop affirmée.

Picea abies

Picea pungens 'Glauca'

Picea abies 'Reflexa'

Picea pungens 'Glauca Globosa'

Pinus mugo 'Gnom'

Pinus spp.
PIN

1/30 m · 1/12 m · P

Ce conifère aux longues aiguilles de la famille des Pinaceae fait partie du paysage du bord de mer.

Description : originaires pour la plupart des régions tempérées de l'hémisphère Nord, les pins portent tous un feuillage constitué de fines aiguilles réunies par deux, trois ou cinq dans une gaine. Les longs bourgeons résineux sont dressés comme des chandelles. Cônes ovoïdes.

Sol : profond, léger, bien drainé, plutôt acide (sauf pour *Pinus nigra*) et humifère. Les terres sèches sont bien acceptées.

Exposition : plein soleil, la chaleur est appréciée. Les vents forts et les embruns ne posent pas de problème.

Culture et entretien : plantez d'octobre à avril, arrosez les premiers étés. Apportez de l'engrais en avril les quatre premières années. Bassinez le feuillage le soir quand il a fait très chaud. Sarclez bien au pied. Contre la chenille processionnaire, privilégiez la lutte biologique avec la bactérie *Bacillus thuringiensis* (Bactospéine).

Espèces et variétés : il existe 120 espèces.
Pinus bungeana, le pin Napoléon (de 15 à 20 m), très rustique, l'écorce s'exfolie.
Pinus cembra, l'arolle (de 8 à 10 m), très rustique, à port assez étroit et au feuillage vert à revers bleuté, pousse lentement.
Pinus densiflora (de 10 à 15 m), conique, aux rameaux clairs ; 'Alice Verkade' (1,5 m), en boule compacte vert clair ; 'Umbraculifera', le pin parasol nain, pousse de 2 m seulement en 30 ans !
Pinus halepensis, le pin d'Alep (de 15 à 20 m), ressemble à un pin parasol très tourmenté. Il résiste à -12 °C et au sec.

Pinus strobus 'Nana'

Pinus leucodermis, le pin de Bosnie (de 8 à 10 m), vert foncé avec l'écorce des rameaux blanche ; 'Compact Gem' (1,5 m) forme une sphère régulière, légèrement conique en vieillissant, aux longues aiguilles vert foncé très décoratives.
Pinus mugo, le pin de montagne (3 m), est buissonnant, vert foncé ; 'Gnom' (2 m), compact, d'un vert plus brillant ; 'Mops' (de 50 à 80 cm), globuleux, vert sombre ; var. *mughus* (de 1,5 à 3 m), un gros buisson d'un beau vert foncé, à branches rampantes, dont les extrémités se redressent ; 'Ophir' (1 m) forme une boule verte qui jaunit en hiver ; var. *pumilio* (de 1 à 2 m), compact mais étalé (3 m

Pinus pinea

de large); 'Winter Gold' (80 cm), d'un jaune lumineux en hiver.

Pinus nigra 'Austriaca', le pin noir d'Autriche, trapu, vert sombre, très rustique ; ssp. *laricio*, le pin de Corse (de 20 à 25 m), à port étalé, vert lumineux.

Pinus parviflora 'Glauca' (7 m), au port érigé, très irrégulier, feuillage vert bleuté, argenté, résiste aux embruns.

Pinus pinaster, le pin maritime ou pin des Landes (de 20 à 30 m), au feuillage gris terne, très rustique (- 25 °C).

Pinus pinea, le pin parasol (20 m), une boule arrondie qui s'étale pour former une

Pinus pumila 'Compacta'

Pinus wallichiana

ramure en parasol. Il faut le réserver pour les jardins du littoral, car il est frileux.

Pinus pumila (ou *cembra pumila*), le pin nain de Sibérie (3 m), au port buissonnant, à branches flexibles; 'Compacta' (1,5 m), très dense, avec des reflets glauques et brillants qui donnent l'impression que les aiguilles sont recouvertes de givre.

Pinus radiata, le pin de Monterey (de 15 à 20 m), à longues feuilles, un bel arbre souple à port étalé, de croissance rapide.

Pinus strobus, le pin Weymouth (de 20 à 30 m), est conique puis arrondi en vieillissant, à feuillage vert bleuté, il est très rustique; 'Blue Shag' (2 m), à port très souple, gracieux, et longues aiguilles gris bleuté; 'Radiata' ('Nana'), 2 m, plutôt globuleux, aux aiguilles fines, bleutées.

Pinus sylvestris, le pin sylvestre (de 20 à 30 m), gris-vert ou bleu-vert, avec une écorce rougeâtre qui s'exfolie; 'Fastigiata' (de 2 à 5 m), très étroit et fuselé, vert bleuté; 'Globosa Viridis' (1 m) forme une petite boule d'un vert frais; 'Watereri' (de 3 à 4 m), bleuté à écorce rouge. D'abord conique, il s'arrondit avec l'âge; 'Aurea' (3 m) pousse très lentement. Vert clair en été, il jaunit franchement l'hiver.

Pinus wallichiana ou *griffithii*, le pin pleureur de l'Himalaya (de 20 à 30 m), au port étalé, gracieux, long et fin feuillage vert clair, retombant, croissance rapide.

Utilisations : isolé, groupe, rideau, alignement. Dans une rocaille, retenez uniquement les formes les plus naines, dont le pied sera habillé de vivaces tapissantes. Plantez les variétés plus grandes avec différentes sortes de bruyères et des genêts.

Notre conseil : pour un sol sec en climat doux, choisissez le pin d'Alep ou le pin de Bosnie; le pin noir d'Autriche ou le pin de Corse en climat plus froid. Pour un sol frais, retenez le pin pleureur de l'Himalaya ou le pin de Weymouth. Ne plantez pas de groseillier, ni de cerisier à fleurs ou à fruits près de vos pins nains. Ces plantes favorisent la maladie de la rouille vésiculeuse, surtout chez les *Pinus strobus*.

Pinus nigra 'Austriaca'

Podocarpus salignus

Podocarpus spp.
PODOCARPUS

2/10 m | 2/4 m | P | -7 °C

Ce conifère tropical de la famille des Podocarpaceae ne peut être réussi que sur la Côte d'Azur.

Description : venus des régions chaudes de l'hémisphère Sud, du Japon et de l'Himalaya, ces conifères se caractérisent par des feuilles souvent aplaties, disposées en spirale. Ce sont des arbres dioïques, dont les plants femelles portent des fruits charnus, rouges comme ceux de l'if.
Sol : riche, humifère, frais, profond, bien travaillé, de préférence légèrement acide.
Exposition : plein soleil ou mi-ombre légère dans un endroit protégé du gel.
Culture et entretien : plantez au printemps, arrosez les premiers étés. Abritez des vents froids. Paillez le sol en hiver. Dans les zones fraîches, cultivez les podocarpus en bacs qui seront hivernés dans une véranda maintenue juste hors gel.
Espèces et variétés : il existe 100 espèces. *Podocarpus falcatus* (10 m), au feuillage allongé vert foncé. *Podocarpus nivalis* (2 m), à feuilles linéaires rigides, vert bronze. *Podocarpus salignus* (5 m), un arbre colonnaire élégant à feuillage fin, gris-vert.
Utilisations : isolé, haie, bac sur terrasse.
Notre conseil : en raison de la souplesse de ses branches, le podocarpus peut être palissé contre un mur bien exposé pour mieux résister aux hivers de nos régions.

Pseudolarix amabilis
FAUX MÉLÈZE

10/15 m | 5/12 m | C

Peu courant, ce conifère de la famille des Pinaceae est pourtant d'une beauté rare en automne.

Description : ce cousin chinois du mélèze développe des branches horizontales bien étagées, qui portent des feuilles linéaires de 2 à 5 cm de long, d'un vert frais un peu bleuté. Elles virent à l'or pâle, puis à l'orangé vif en automne. Le faux mélèze donne une impression de grande finesse. Il pousse avec une extrême lenteur, et c'est pourquoi il se fait rare en culture, bien qu'il ait été introduit en Europe depuis plus d'un siècle.
Sol : riche, profond, souple, humifère, frais mais bien drainé, non calcaire.
Exposition : soleil non brûlant sous un climat humide aux étés longs et chauds.
Culture et entretien : plantez en automne, arrosez bien et paillez avec un épais lit de compost les premiers étés.
Espèces et variétés : il n'existe qu'une seule espèce, *Pseudolarix amabilis*.
Utilisations : en isolé sur pelouse ou à l'entrée du jardin, dans un endroit dégagé pour profiter de la splendeur automnale.
Notre conseil : pour réussir le semis (facile en mars), procurez-vous des graines sur des arbres cultivés sur la Côte d'Azur ou en Italie, sinon elles sont souvent stériles.

Pseudotsuga menziesii
SAPIN DE DOUGLAS

5/30 m | 3/7 m | P

Ce conifère forestier de la famille des Pinaceae est un des plus grands arbres que l'on puisse cultiver.

Description : originaires de l'ouest de l'Amérique du Nord, cet arbre imposant, à port souple, irrégulier, porte des feuilles rigides, linéaires de 2 à 3 cm de long, qui s'assombrissent en hiver et sentent le camphre lorsqu'on les froisse. Écorce liégeuse, ridée, brun rougeâtre.
Sol : profond, assez frais, non calcaire.
Exposition : plein soleil et climat humide.
Culture et entretien : plantez au printemps, tuteurez ou haubanez les grands sujets durant les premières années. Éliminez les mauvaises herbes au pied des jeunes sujets. Fertilisez au printemps. Si les aiguilles sont tachées de roux, pulvérisez un fongicide contre la rouille.
Espèces et variétés : il existe 8 espèces. Seul *Pseudotsuga menziesii (douglasii)* est

Pseudolarix amabilis

Pseudotsuga menziesii

couramment cultivé ; 'Blue Wonder' (20 m), glauque, à port pyramidal. 'Fretsii' (de 6 à 8 m), compact et à aiguilles plates.
Utilisations : isolé, rideau, arbre forestier.
Notre conseil : plantez le sapin de Douglas dans un endroit abrité des vents, du fait de son enracinement superficiel.

Sciadopitys verticillata
PIN PARASOL DU JAPON

8/15 m | 4/6 m | P

Ce superbe conifère de la famille des Taxodiaceae est assez rare au jardin car il pousse très lentement.

Sciadopitys verticillata

Description : poussant dans les lieux rocheux, accidentés et abrités de l'île de Hondo au Japon, cet arbre très élégant se singularise par son feuillage linéaire, disposé en bouquets superposés (verticilles).
Sol : frais, profond, riche, humifère, non calcaire, additionné de tourbe brune.
Exposition : un lieu assez chaud mi-ombragé ou sous un soleil doux, abrité du vent, dans un climat humide.
Culture et entretien : plantez au printemps, arrosez bien et paillez les premières années. Haubanez les jeunes sujets. Douchez le feuillage après une journée de canicule car la sécheresse est mal acceptée.
Espèces et variétés : il n'existe qu'une seule espèce, *Sciadopitys verticillata*.
Utilisations : isolé sur pelouse devant la maison ou dans un jardin japonais. Il réussit bien dans un grand bac, sur un balcon bien exposé et non venteux.
Notre conseil : le sciadopitys ayant tendance à former plusieurs troncs à la base, n'en conservez qu'un si vous souhaitez une croissance plus rapide.

Sequoiadendron giganteum
SÉQUOIA GÉANT

30/60 m | 8/15 m | P

Cet immense conifère colonnaire de la famille des Taxodiaceae est un des arbres les plus majestueux.

Description : appelé aussi wellingtonia, cet arbre géant, qui atteint 100 m de haut dans les montagnes de Californie, présente un port conique élancé, avec des branches souples, qui s'infléchissent. Les feuilles triangulaires, pointues, non piquantes, sont vert sombre. Le tronc volumineux est couvert d'une écorce fibreuse brun rouge. Croissance rapide.
Sol : profond, riche, consistant, humifère, non calcaire, humide mais drainé.
Exposition : au soleil, à l'abri des grands vents, sous un climat maritime.
Culture et entretien : plantez au printemps, tuteurez ou haubanez les jeunes arbres. Protégez des froids secs avec un

Sequoiadendron giganteum

voile d'hivernage. Paillez avec du compost durant les cinq premières années pour favoriser un bon enracinement. Multiplication par bouturage des rameaux de la flèche, car les pousses latérales sont plus lentes à former une tige.
Espèces et variétés : Il existe une seule espèce, *Sequoiadendron giganteum*. Les cultivars sont assez rares . 'Barabits Requiem' (30 m), à branches inclinées, puis relevées ; 'Glaucum' (de 40 à 60 m), bleuté. 'Pendulum' (de 10 à 20 m) en colonne étroite avec de longues branches pendantes, presque parallèles au tronc.
Utilisations : en isolé dans un très grand jardin. Formation en bonsaï possible.
Notre conseil : installez le séquoia assez loin de la maison, car il a besoin d'espace.

Taxodium distichum

Taxodium distichum
CYPRÈS CHAUVE

20/30 m | 10/15 m | C

Ce grand conifère caduc de la famille des Taxodiaceae apprécie beaucoup le bord des pièces d'eau.

Description : originaire du sud des États-Unis, ce grand arbre au port conique, très régulier, avec des branches horizontales, porte un feuillage fin et léger. D'un beau vert frais en été, il flamboie en novembre lorsqu'il se pare de tons cuivrés.

Sol : profond, riche, très humide, le *Taxodium* vit même les pieds dans l'eau.

Exposition : plein soleil. Réservez le *Taxodium* aux régions à climat doux (limite Île-de-France). Ailleurs, remplacez-le par le *Metasequoia glyptostroboides*, à l'aspect similaire mais plus rustique.

Culture et entretien : plantez au printemps, arrosez bien et paillez les premiers étés, surtout par temps sec. Attention aux rejets de racines (pneumatophores) qui se forment sur de grandes surfaces lorsque l'arbre est planté près de l'eau. Il est inutile de tailler sauf s'il se forme 2 flèches.

Espèces et variétés : il existe 2 espèces. *Taxodium distichum*, var. *imbricatum* 'Nutans' (6/8 m), à port pyramidal compact ; 'Pendens', aux branches horizontales, inclinées à leur extrémité.

Utilisations : en isolé, ou en petits groupes au bord des pièces d'eau, en compagnie de gunnéras et de *Darmera*.

Notre conseil : si des rameaux se dessèchent, coupez les parties malades, puis pulvérisez un fongicide à base de cuivre.

Taxus baccata
IF COMMUN

3/20 m | 1,5/10 m | P

Star des jardins à la française, ce conifère de la famille des Taxaceae peut vivre durant plusieurs siècles.

Description : arbre conique aux branches horizontales, originaire des régions méditerranéennes, l'if porte des feuilles plates, étroites, vert sombre. Les plantes femelles (l'if est dioïque) se parent de fruits rouges et mucilagineux (arille). Croissance lente.

Sol : ordinaire, même sec ou calcaire.

Exposition : toutes les situations, même fortement ombragées, sont acceptées.

Culture et entretien : plantez en automne ou au printemps, à 80 cm de distance pour une haie. Taillez en mai et en septembre. Fertilisez en avril, paillez et arrosez bien par temps sec.

Espèces et variétés : il existe 10 espèces. *Taxus baccata* 'Dovastonii Aurea' (2,5 m), compact, sphérique, aux feuilles bordées de jaune d'or ; 'Elegantissima' (3/5 m), à feuilles vertes au pourtour doré ; 'Fastigiata', l'if d'Irlande (5/6 m), vert très foncé ; 'Fastigiata Aurea', doré ; 'Fastigiata Robusta' (5/6 m), étroit, aux feuilles plus

Taxus baccata

larges ; 'Repandens' (50 cm), à port très étalé (3 m), feuilles vert foncé brillant ; 'Repandens Aurea', à feuillage doré ; 'Standishii' (2 m), buissonnant, compact, jaune. *Taxus* x *media* (6/8 m), hybride de *Taxus baccata* et *Taxus cuspidata*, à port arrondi, très rustique ; 'Hicksii' (2 m), en colonne étroite, vert foncé ; 'Hillii' (3 m), conique, vert vif ; 'Strait Hedge' (4 m), très érigé, dense, vert foncé.

Utilisations : haie taillée, topiaire, culture en bac aisée. C'est avec le buis la meilleure plante pour la sculpture végétale.

Notre conseil : par temps sec, traitez préventivement contre les araignées rouges. Attention, le feuillage est très toxique.

Thuja spp.
THUYA

60 cm/20 m | 0,6/6 m | P

Célèbre plante de haie, ce conifère de la famille des Cupressaceae se décline en superbes formes naines.

Description : originaire des régions tempérées de l'hémisphère Nord, et donc très rustique, le thuya est apprécié pour sa croissance rapide. Il porte un feuillage aromatique, composé d'écailles aplaties et imbriquées. C'est un proche parent des *Chamaecyparis* dont il se distingue par la forme plus lâche de ses rameaux.

Sol : frais, léger, bien drainé. *Thuja orientalis* et *occidentalis* apprécient les sols calcaires. *Thuja plicata* préfère les terres silico-argileuses, profondes et bien fumées, mais sans humidité permanente. Une terre trop argileuse favorise le développement de diverses maladies cryptogamiques (brunissement).

Exposition : soleil non brûlant ou mi-ombre. Installez à l'ombre légère les variétés dorées dont le feuillage brûle au soleil.

Culture et entretien : plantez toute l'année les sujets en conteneurs, en les espaçant de 70 cm s'ils forment une haie. Arrosez bien et paillez les premiers étés. Épandez un engrais longue durée spécial conifères chaque année en avril. Assurez un

Thuja occidentalis 'Tiny Tim'

bon drainage aux sujets cultivés en bacs qui peuvent être détruits en quelques jours par le phytophthora si l'eau stagne au fond des contenants. Traitez préventivement avec de l'aliette par temps très humide. Taillez les haies régulières en mai et en septembre, les haies libres en octobre.

Espèces et variétés : il existe 6 espèces. *Thuja occidentalis*, le thuya du Canada (de 10 à 15 m), vert l'été, il prend un ton brunâtre en automne. Il redoute la sécheresse, mais vient bien en sol calcaire ; 'Danica' (1 m), boule aplatie, vert clair ; 'Globosa' (de 1,5 à 2 m), grosse sphère large, vert grisâtre à croissance rapide ; 'Ericoides' (1,5 m), très élégant, à feuilles fines ; 'Fastigiata' (de 12 à 15 m), en colonne assez étroite, vert clair brillant ; 'Golden Globe' (2 m), boule dorée toute l'année ; 'Little Champion' (50 cm), globuleux, vert clair, brunit légèrement en hiver ; 'Little Gem' (de 1,5 à 2 m), vert foncé, il brunit un peu en hiver ; 'Pyramidalis Compacta' (10 m), en cône étroit, vert très clair brillant ; 'Rheingold' (2,5 m), conique, large et arrondi, au feuillage jaune rosé au printemps, doré en été sur fond vert tendre, puis vieil-or avec des reflets mauves en hiver ; 'Smaragd' ('Émeraude'), de 5 à 10 m, pyramidal, vert vif toute l'année, assez compact ; 'Sunkist' (2 m), pyramidal, bien doré au printemps, il ne brûle pas au soleil ; 'Teddy' (80 cm), boule régulière compacte aux feuilles fines, vert foncé, pourpre violacé l'hiver ; 'Tiny Tim' (50 cm), boule très naine, verte ; 'Wareana Lutescens' (1 m), cône très compact légèrement marqué de jaune ; 'Woodwardii' (1 m), vert foncé, reste bien coloré en hiver ; 'Yellow Ribbon' (8 m), pyramidal, doré toute l'année, très rustique.

Thuja plicata 'Gracilis Aurea'

Thuja orientalis (Biota orientalis), le thuya d'Orient (5/10 m), forme une colonne aux branches verticales ; 'Aurea Nana' (80 cm), en boule lâche, jaune d'or en été, chocolat pourpré en hiver ; 'Elegantissima' (5 m), conique, à feuilles dorées virant au vert bronze en hiver ; 'Golden Minaret' (4 m), colonne conique compacte au feuillage doré toute l'année qui ne grille pas au soleil ; 'Magnifica' (5 m), en colonne dorée l'été, brune l'hiver ; 'Pyramidalis Aurea' (3/5 m), en colonne étroite, dorée toute l'année ; 'Rosedalis' (2 m), globuleux, jeunes pousses jaune d'or, glauque l'été, bronze en hiver.

Thuja plicata, le thuya géant d'Amérique (20/30 m), pousse vite avec un port étalé (jusqu'à 15 m de diamètre). Bien que très rustique, il faut l'abriter des vents desséchants ; 'Atrovirens' (de 25 à 30 m), d'un vert foncé très brillant, même en hiver, idéal en haies ; 'Cuprea' (de 80 cm à 1 m), aux pousses dégradées de crème foncé à vieil-or ; 'Exelsa' (15 m), très rustique, vert foncé brillant, idéal en haie ; 'Gelderland' (15 m), vigoureux, touffu, vert clair, à cultiver en haie ; 'Gracilis Aurea' (de 2 à 3 m), franchement doré, aux feuilles fines et légères ; 'Hillieri' (de 1,5 à 3 m), buissonnant, vert glauque en été, bronze en hiver ; 'Rogersii' (1 m), conique, doré en été, cuivré en hiver ; 'Zebrina' ('Variegata'), de 8 à 10 m, conique, lavé de jaune d'or.

Utilisations : isolé, haie, rideau, brise-vent, alignement pour les variétés les plus grandes. Rocaille, bordure, potée pour les

Thuja orientalis 'Elegantissima'

formes naines. Plantez-les dans les zones occupées par des espèces caduques : vivaces ou arbustes. Pour éviter que les thuyas nains dorés qui roussissent en hiver ne paraissent ternes et tristes, associez-les à des *Erica carnea* 'Winter Beauty', des hellébores roses et des hamamélis. Rehaussez leur éclat par la présence de feuillages pourpres (*Tiarella*, *Ajuga*, *Heuchera*, *Houttuynia*, coléus, etc.) ou argentés (*Stachys byzantina*, *Artemisia ludoviciana*).

Notre conseil : s'il se forme des coussinets bruns sur les feuilles et les rameaux (rouille), traitez à la bouillie bordelaise.

Thuja occidentalis 'Smaragd'

Bien choisir vos conifères

Les grands conifères (plus de 10 m à l'âge adulte)

Abies spp. **sapin**
Araucaria araucana **désespoir des singes**
Calocedrus decurrens **libocèdre**
Cedrus spp. **cèdre**
Chamaecyparis spp. **faux cyprès**
x *Cupressocyparis* x *leylandii* **cyprès de Leyland**
Cupressus spp. **cyprès**
Larix decidua **mélèze**
Metasequoia glyptostroboides **métaséquoia**
Picea spp. **épicéa**
Pinus spp. **pin**
Pseudolarix amabilis **faux mélèze**
Pseudotsuga menziesii **sapin de Douglas**
Sciadopitys verticillata **pin parasol du Japon**
Sequoiadendron giganteum **séquoia géant**
Taxodium distichum **cyprès chauve**
Taxus baccata **if commun**
Thuja spp. **thuya**

Les petits conifères (moins de 10 m à l'âge adulte)

Abies spp. **sapin**
Araucaria araucana **désespoir des singes**
Cedrus spp. **cèdre**
Chamaecyparis spp. **faux cyprès**
Cryptomeria japonica **cryptoméria**
x *Cupressocyparis* x *leylandii* **cyprès de Leyland**
Cupressus spp. **cyprès**
Juniperus spp. **genévrier**
Microbiota decussata **microbiota**
Picea spp. **épicéa**
Pinus spp. **pin**
Podocarpus spp. **podocarpus**
Pseudolarix amabilis **faux mélèze**
Pseudotsuga menziesii **sapin de Douglas**
Sciadopitys verticillata **pin parasol du Japon**
Taxus baccata **if commun**
Thuja spp. **thuya**

Les conifères pour les haies ou les rideaux

Abies spp. **sapin**
Calocedrus decurrens **libocèdre**
Chamaecyparis spp. **faux cyprès**
Cryptomeria japonica **cryptoméria**
x *Cupressocyparis* x *leylandii* **cyprès de Leyland**
Cupressus spp. **cyprès**
Picea spp. **épicéa**
Pinus spp. **pin**
Pseudotsuga menziesii **sapin de Douglas**
Taxus baccata **if commun**
Thuya spp. **thuya**

Les conifères caduques

Larix decidua **mélèze**
Metasequoia glyptostroboides **métaséquoia**
Microbiota decussata **microbiota**
Pseudolarix amabilis **faux mélèze**
Taxodium distichum **cyprès chauve**

Pinus wallichiana

LES ROSIERS

Reine du jardin, la rose est symbole de beauté, d'amour et de délicatesse. Elle fascine par la diversité de ses coloris et la richesse de ses fragrances. Présentant une étonnante diversité, les rosiers à grandes fleurs, pourvues d'opulentes fleurs solitaires, sont tout autant destinés à la constitution de massifs, qu'à être placés dans un coin du jardin, dans le but de composer de somptueux bouquets qui s'épanouiront dans la maison tout en dégageant un délicat parfum. Choisissez des variétés à très longues tiges pour réaliser de somptueuses et délicates compositions florales. Les rosiers à fleurs groupées, pour la plupart buissonnants, portent, du printemps jusqu'aux gelées, d'innombrables bouquets de fleurs aux coloris très variés. En massifs, ils forment dans le jardin de véritables feux d'artifice. Par la dimension de leurs rameaux, la grandeur et la beauté de leurs fleurs, les rosiers anciens composent à eux seuls, une symphonie majestueuse de couleurs et de parfums. À l'origine de la plupart des variétés actuelles, les rosiers sauvages donneront à votre jardin un goût de nature vierge.

Ramassés ou étalés, les rosiers nains ou miniatures peuvent constituer de jolies bordures fleuries, au pied des haies ou le long des massifs. Leurs branches peuvent aussi servir de couvre-sol, s'accrochant aux terres pentues. Placés au milieu d'un massif ou du jardin, les rosiers sur tige, véritables arbres de roses, donnent du volume et du relief au décor. Certaines variétés se prêtent à merveille à la constitution de haies, en fleurs pendant toute la belle saison. Ils forment de véritables murs à la fois décoratifs et défensifs. Certaines variétés qui conservent leurs fruits restent agréables pour les yeux tout l'hiver. Les longs rameaux des rosiers grimpants couvrent des murs et forment à loisirs des tunnels fleuris, à l'ombre desquels il fait bon vivre et respirer. Guidez-les tout au long de leur végétation pour leur donner une forme harmonieuse.

'Albéric Barbier'

ALBÉRIC BARBIER
Hybride de Rosa luciae

5/10 m 3/8 m NR

Ce grand rosier grimpant ancien, aux branches flexibles, porte un beau feuillage vert foncé, lustré.

Obtenteur : Barbier, rosiériste à Orléans, en 1900. Origine : croisement de *Rosa luciae* avec 'Shirley Hibberd'.

Floraison : en mai-juin, les généreux bouquets de fleurs en rosette, de 5 à 8 cm de diamètre, très doubles, divisées en quartiers, d'abord jaune pâle, évoluent doucement vers le blanc ivoire. Les fleurs sont portées sur toute la longueur des branches. Elles sont nombreuses et durent une quinzaine de jours, mais la floraison n'est généralement pas remontante.

Parfum : très léger, doux, raffiné.

Particularités : vigoureux et solide, ce grand rosier sarmenteux est assez résistant aux maladies. Il accepte les sols pauvres. Dans les régions au climat doux, il se montre presque persistant et peut présenter une légère remontée de floraison.

Utilisations : palissé sur un grand mur exposé à mi-ombre ou une pergola, voire au pied d'un arbre au feuillage léger. Il convient aussi comme couvre-sol.

Notre conseil : nettoyez les fleurs fanées, car elles ne tombent pas et restent accrochées. Taillez en automne, pour ne pas compromettre une éventuelle remontée. Les pousses latérales qui ont fleuri sont réduites à la moitié de leur longueur. Équilibrez les tiges principales.

'Albertine'

ALBERTINE
Hybride de Rosa wichuraiana

4/8 m 2/4 m NR

Ce rosier grimpant ancien présente une végétation dense, d'une couleur vert foncé brillant.

Obtenteur : Barbier, 1921. Origine : *Rosa wichuraiana* croisé avec 'Mrs Arthur Robert Waddel', hybride de Thé cuivré.

Floraison : vers la mi-juin, les fleurs lâches et irrégulières à 25 pétales s'épanouissent en bouquets rose saumoné ou saumon nacré à reflets cuivrés. Les pétales ondulés leur donnent un aspect chiffonné.

Parfum : délicieux, capiteux, captivant.

Particularités : c'est dans les jardins du Midi qu'il se développe le mieux. Il est sensible à l'oïdium sous un climat frais.

Utilisations : sur un mur semi-ombragé.

Notre conseil : à la plantation, apportez un bon engrais pour stimuler la reprise.

'Alexandre Girault'

ALEXANDRE GIRAULT
Hybride de Rosa wichuraiana

3/4 m 3/4 m NR

Faisant preuve d'une grande longévité, ce rosier porte un beau feuillage assez dense, vert lustré.

Obtenteur : Barbier, 1909. Parents : croisement de *Rosa wichuraiana* avec 'Papa Gontier', une rose Thé à fleurs roses.

Floraison : de mai à septembre, des corolles plates, semi-doubles, rose soutenu à rouge fraise, avec un peu de jaune à la base des pétales. Le centre blanc à œil vert laisse apparaître les étamines d'or.

Parfum : légère senteur de pomme verte.

Particularités : vigoureux, il apprécie les situations fraîches et mi-ombragées.

Utilisations : palissé sur un treillage habillant un mur ; arceaux, tonnelle.

Notre conseil : surveillez l'arrosage durant l'été. Après la floraison, coupez les rameaux mal placés et les plus âgés.

'Amber Queen'

AMBER QUEEN ® *'Harroony'*
Floribunda

50 cm/1 m 60 cm R

Bien dressé, ce rosier forme un buisson compact, ramifié, au feuillage vert foncé et brillant.

Obtenteur : Harkness, 1984. Parents : 'Southampton' croisé avec 'Typhoon'.

Floraison : de juin à octobre, des bouquets assez lâches réunissent des fleurs jaune chamois ambré bien doubles. En forme de coupe ouverte, de 4 à 8 cm de diamètre, avec les bords ondulés. La couleur très inhabituelle reste très douce, intéressante jusqu'à la défloraison.

Parfum : assez puissant mais délicat.

Particularités : très bonne remontée, ce rosier est bien résistant aux maladies.

Utilisations : en haie séparative, toujours fleurie, bordure des grands massifs.

Notre conseil : un sol riche est la clé du succès. Taillez au printemps à 20 cm, sur un œil orienté à l'extérieur de la ramure.

AMERICAN PILAR
Hybride de Rosa wichuraiana

5/8 m 3/4 m NR

Ce puissant rosier, aux longs rameaux sarmenteux, porte un feuillage épais, vert sombre.

Obtenteur : Van Fleet, Conard et Jones, 1902. Origine : un croisement de *Rosa wichuraiana* avec *Rosa setigera* et un hybride remontant à fleurs rouges.

'American Pilar'

Floraison : de fin juin à mi-juillet, des coupes innombrables, de 3 à 5 cm de diamètre, à cinq pétales rose carmin avec le centre blanc. Les fleurs sont portées en bouquets serrés, qui paraissent légers en raison de leur couleur claire. Elles restent très longtemps sur les rameaux.

Particularités : très vigoureux, il porte de longues tiges souples, faciles à conduire. Palissez-les en spirale pour favoriser la floraison. 'American Pilar' étant sensible à l'oïdium, aérez la ramure par l'élimination des vieilles tiges, après la floraison.

Utilisations : un rosier liane à palisser le long d'un vieil arbre ou sur une tonnelle.

Notre conseil : une exposition mi-ombragée et un sol frais en été sont appréciés.

ANDRÉ LE NÔTRE ® *'Meiceppus'*
Hybride de Thé

80 cm/1,1 m 70/80 cm R

Ce rosier buisson à grandes fleurs, à port semi-érigé, est doté de rameaux vigoureux, peu épineux.

Obtenteur : Meilland Sélection 2001. Parents : croisements entre 'Panthère Rose', 'Louis de Funès', 'Yakimour'.

Floraison : de juin à octobre, les corolles de 10 à 13 cm de diamètre, d'un rose Orient clair, sont parfois groupées par trois. Composées de 60 à 65 pétales, elles ressemblent à des roses anciennes.

Parfum : une puissante odeur de rose de mai, très fraîche, raffinée à souhait.

Particularités : le feuillage très dense, d'un vert moyen semi-mat, est d'une

'André Le Nôtre'

'Annapurna'

résistance aux maladies supérieure à la moyenne. Prix du parfum à Genève, Monza et Madrid en 2000. Médaille d'or à Courtrai et Rome en 2000. Meilleur parfum et meilleure nouveauté à Barcelone en 2001. « Fleur de l'année 2002 » des lecteurs de l'hebdomadaire *Rustica*. 400 rosiers 'André Le Nôtre' fleurissent les parterres du château de Versailles.

Utilisations : massifs et fleurs coupées.

Notre conseil : taillez très court au départ de la végétation (de 20 à 25 cm).

ANNAPURNA ® *'Dorblan'*
Hybride de Thé

80 cm/1,1 m 70 cm R

'Annapurna' est le premier buisson à grandes fleurs blanc pur qui soit réellement doté d'un grand parfum.

Obtenteur : François Dorieux, 2002.

Floraison : les tiges érigées, uniflores, portent un bouton allongé qui donne une fleur bien turbinée, blanc pur, de 8 à 12 cm de diamètre, s'ouvrant en coupe pleine.

Particularités : vigoureux et résistant aux maladies, 'Annapurna' a été médaillé d'or à : Rome, Saverne, Baden-Baden et Genève en 2000, à Prague en 2002. Coupe du parfum à Lyon en 2001. Rose AJJH 2003.

Parfum : intense, aux nuances de violette.

Utilisations : en massif ou dans un grand pot. Une fleur idéale en bouquet.

Notre conseil : évitez les expositions trop ensoleillées pour bien profiter du parfum.

'Aprikola'

'Baronne Edmond de Rothschild'

APRIKOLA ® *'Kororbre'*
Hybride moderne

80 cm/1 m — 70 cm — R

C'est un buisson solide, ample et branchu, au très beau feuillage vert clair très rarement malade.

Obtenteur : Kordès, 2000.
Floraison : les petits boutons triangulaires d'un abricot foncé s'épanouissent en très grosses fleurs semi-doubles de 10 à 14 cm de diamètre, portées en bouquets. Elles se déclinent dans un camaïeu délicat de rose saumon nuancé d'abricot clair.
Parfum : doux et fruité.
Particularités : une excellente remontée, régulière et abondante de mai à octobre. ADR 2001. Prix de la rose AJJH 2003. 2e prix à Bagatelle en 2003, médaille de bronze à La Haye en 2003.
Utilisations : massif, petite haie, en groupes de plusieurs sujets avec des vivaces à fleurs bleues ou violettes.
Notre conseil : coupez les fleurs fanées avec 3 feuilles pour stimuler la remontée.

BARONNE E. DE ROTHSCHILD
Hybride de Thé

0,9/1,2 m — 70/80 cm — R

Ce grand buisson au port touffu, garni d'un feuillage vert bronze, forme de très grosses fleurs.

Obtenteur : Meilland, 1968. Parents : 'Baccara' et 'Madame A. Meilland' et 'Liebesglut', rosier d'un cramoisi velouté.
Floraison : de juin à octobre, les fleurs solitaires de 8 à 12 cm de diamètre, arrondies, très doubles (40 pétales), s'épanouissent dans un magnifique rose pourpre à rouge rubis tendant au carmin. Le revers rose pâle à lilas clair donne l'impression d'un dégradé d'or et d'argent.
Parfum : une senteur de rêve, aux notes rosées, légèrement fruitées et citronnées.
Particularités : très rustique, il remonte bien. « Plus belle rose de France » en 1968, Médaille d'or à Rome, Prix du parfum à Monza. Il existe aussi en grimpant.
Utilisations : massifs et bouquets.
Notre conseil : supprimez les fleurs qui fanent pour stimuler la formation de nouveaux boutons. Sous un climat chaud, taillez plus long que d'ordinaire.

BOBBIE JAMES
Hybride de Rosa multiflora

6/10 m — 4/6 m — NR

C'est l'un des rosiers qui produit les plus longs rameaux. Ils sont couverts de feuilles vert clair.

Obtenteur : Sunningdale Nursery, 1961.

'Bobbie James'

Floraison : pendant trois semaines en mai-juin, des coupes semi-doubles, blanches, de 3 à 5 cm de diamètre, s'épanouissent dans une profusion exubérante. Les corolles ouvertes laissent apparaître les étamines dorées au cœur de la fleur.
Parfum : prononcé et captivant.
Particularités : c'est le rosier liane qui présente la plus grande vitesse de croissance et compte parmi les moins sensibles aux maladies. Feuillage très décoratif en automne et cynorhodons colorés. 'Bobbie James' s'accroche seul sur son support grâce à ses forts aiguillons recourbés.
Utilisations : couvre-mur, habillage d'une construction inesthétique ou d'un arbre.
Notre conseil : la taille n'est pas indispensable. Elle se limite, l'été, à l'élimination du bois mort et des tiges en surnombre. Ne vous laissez pas déborder par la végétation délirante de ce vrai rosier liane.

BOLCHOÏ ® *'Meizuzes'*
Hybride de Thé

70/90 cm — 60/80 cm — R

Ce rosier forme un buisson au port régulier, couvert d'un feuillage ample, vert foncé, semi-mat.

Obtenteur : Meilland, 1997.
Floraison : de mai à octobre, les grandes fleurs en coupes à 45 pétales peuvent atteindre 14 cm de diamètre, jaune d'or au revers, rouge groseille dessus.

'Bolchoï'

'Bonica'

'Brigitte Fossey'

'Cardinal de Richelieu'

Parfum : puissant et envoûtant, c'est une des plus fabuleuses senteurs que l'on puisse trouver chez une rose moderne.
Particularités : très résistant aux maladies, remontant bien, il existe aussi en tige.
Utilisations : massif, bouquet. Plantez-le près de la maison ou d'un passage pour profiter à tout instant du parfum des fleurs.
Notre conseil : taillez à la fin de l'hiver, en conservant au maximum 7 tiges.

BONICA ® *'Meidomonac'*
Hybride moderne

80 cm/1 m — 1,5 m — R

Ce buisson d'une rare densité, porte des branches souples, bien étalées et un feuillage vert sombre.

Obtenteur : Meilland, 1981. Parents : *Rosa sempervirens* croisé avec 'Mlle Marthe Carron', hybride de *R. wichuraiana* blanc.
Floraison : de juin à octobre des coupes inodores, très doubles, de 5 à 7 cm de diamètre. Rose tendre, elles pâlissent en fin de saison sous l'influence du froid.
Particularités : les fruits sont décoratifs en automne. Reconnu internationalement, 'Bonica' a obtenu l'ADR en 1982 et l'AARS en 1987, médaille d'argent à Bagatelle en 1988 (catégorie rosiers de paysage). Il a été admis en juillet 2003 dans le « Rose Hall of Fame », sorte de « Panthéon de la rose » de la Fédération mondiale des sociétés de roses, à l'occasion du 13e « World Rose Convention » de Glasgow.
Utilisations : haies basses, talus, massifs.
Notre conseil : taillez courant février, en éliminant les rameaux en surnombre et en raccourcissant les tiges principales d'un tiers de leur longueur environ.

BRIGITTE FOSSEY
Hybride de Thé

80 cm/1 m — 70 cm — R

Buisson trapu et régulier, ce vrai rosier de jardin offre une floraison somptueuse en arrière-saison.

Obtenteur : François Dorieux, 1997.
Floraison : de mai à octobre, des coupes très doubles, de 8 à 12 cm de diamètre, jaune ambré, mélangé de vieux rose.
Parfum : tonique, aux arômes de fruits.
Particularités : uniflore lors de la première floraison, 'Brigitte Fossey' forme des bouquets en arrière-saison. Le feuillage brillant, pourpre foncé sur les jeunes pousses, est insensible à l'oïdium.
Utilisations : massifs, bouquets.
Notre conseil : plantez cette variété en groupe d'au moins trois rosiers.

CARDINAL DE RICHELIEU
Hybride de Rosa gallica

1,2/1,5 m — 80 cm/1 m — NR

Ce rosier peu vigoureux est très peu épineux. Ses fleurs comptent parmi les plus foncées de toutes les roses.

Obtenteur : Van Sian, 1840.
Floraison : en juin, des boules veloutées de 6 à 8 cm de diamètre, pourpre violacé, puis violet parme teinté de gris pour finir dans un pourpre carminé sombre.
Parfum : intense, à tendance poivrée.
Particularités : l'écorce est vert brillant et les feuilles sont lisses, vert foncé.
Utilisations : en massifs, avec des vivaces.
Notre conseil : arrosez bien en été.

CAROLE BOUQUET ® *'Adassili'*
Hybride de Thé

0,9/1,4 m — 0,7/1 m — R

Ce rosier peut être qualifié de « romantique » tant il exprime de la délicatesse et du charme.

Obtenteur : Michel Adam, 2001. Parents : 'Silver Jubilée' et 'Ville de Liffré'.
Floraison : de juin à octobre, les boutons coniques, bien galbés, turbinés, serrés, s'épanouissent en coupes de 14 à 16 cm de diamètre, bien dessinées, à 50 pétales, dont le cœur rose tendre dévoile progressivement un rose plus soutenu sur le revers.
Parfum : puissant et frais avec des notes de fruits rouges et une pointe citronnée.
Particularités : des tiges uniflores. Résistance aux maladies supérieure à la moyenne. Médaille d'or à Genève, Prix du parfum à Nantes, Prestige de la rose à Lyon.
Utilisations : fleur coupée en raison de son excellente tenue en vase.
Notre conseil : taillez court fin février pour obtenir une vigueur maximale.

'Carole Bouquet'

'Catherine Deneuve'

CATHERINE DENEUVE ® *'Meipraserpi'*
Hybride de Thé

80 cm/1 m — 70 cm — R

Ce rosier buisson au port érigé développe des rameaux vigoureux aux larges feuilles vert foncé.

Obtenteur : Meilland, 1981.
Floraison : de juin à octobre, les boutons pointus, solitaires, s'ouvrent en coupe de 10 cm de diamètre, aux 20 à 25 pétales, à la ciselure parfaite, élégante, distinguée, d'un rose brillant tirant sur le blond ambré saumoné, avec le revers nuancé de jaune.
Parfum : peu puissant, mais délicat.
Particularités : une bonne résistance aux maladies, protégez en cas de très forte gelée. Médaille d'or à Rome en 1979.
Utilisations : en massifs le long d'une haie ou en plates-bandes pour fleurs coupées.
Notre conseil : éboutonnez les tiges pour obtenir de plus grandes fleurs. Taillez en février, en conservant tout au plus 7 tiges principales. Coupez à 3 ou 4 yeux.

CENTENAIRE DE LOURDES ® *'Delfloro'*
Floribunda

0,5/1,5 m — 0,6/1 m — R

Arbuste au feuillage vert foncé luisant. Les tiges ont un port pleureur sous le poids des bouquets.

Obtenteur : Delbard-Chabert, 1958. Parents : semis croisés complexes avec entre autres 'Frau Karl Druschki'.

'Centenaire de Lourdes'

Floraison : de juin aux gelées, des coupes semi-doubles, de 6 à 8 cm de diamètre, à 15 pétales, en dégradés de rose lumineux. Le bouquet comporte jusqu'à dix fleurs.
Parfum : très léger, jeune, évanescent.
Particularités : le feuillage vert foncé luisant est très résistant au froid et aux maladies. En février, réduisez d'un tiers la longueur des branches principales et de moitié celles des pousses secondaires pour former un grand arbuste (2 m) à isoler.
Utilisations : idéal en haie ou en buisson isolé. Sujets semi-pleureurs sur tige. On peut aussi le palisser contre une clôture.
Notre conseil : ce rosier rustique ne réussit vraiment bien qu'en plein soleil.

CHARLES DE GAULLE ® *'Meilanein'*
Hybride de Thé

80 cm/1 m — 60/70 cm — R

Ce rosier arbustif de petite taille mais bien vertical est garni d'un feuillage vert moyen, coriace.

Obtenteur : Meilland, 1974. Parents : croisements complexes entre 'Sissi', 'Prélude', 'Kordès Sondermeldung' et 'Caprice'.
Floraison : de juin aux gelées, des boutons bien turbinés, s'ouvrent en coupes, de 12 cm de diamètre, formées de 30 à 35 pétales, d'un mauve soutenu qui tend vers le bleu. Les fleurs durent longtemps.
Parfum : intense et persistant, avec des notes citronnées, fruitées et végétales.
Particularités : il préfère la chaleur et la sécheresse. Feuillage sain et résistant.
Utilisations : massifs, bacs, bouquets.
Notre conseil : associez à 'Charles de Gaulle' des fleurs jaunes ou orange pour composer des massifs originaux.

CHARLES DE MILLS
Hybride de Rosa gallica

1,2/1,7 m — 1/1,5 m — NR

Ce très beau rosier ancien forme un grand buisson, bien dressé, au large feuillage vert sombre.

Obtenteur : on ne connaît pas l'origine de ce rosier déjà cultivé avant 1790.
Floraison : les boutons roses, trapus, s'ouvrent en une fleur plate, de 10 à 12 cm de large, divisée en quartiers. La corolle, rouge carmin devenant pourpre en vieillissant, se pare de reflets marrons. Elle laisse apparaître un cœur verdâtre.
Parfum : agréable, suave.
Particularités : traitez préventivement contre les maladies car il est sensible à l'oï-

'Charles de Gaulle'

'Charles de Mills'

'Christian Lacroix'

'Christophe Colomb'

'City of York'

dium et au marsonia. Un endroit bien dégagé limite l'intensité des maladies.
Utilisations : dans un massif de plantes vivaces jaunes ou orangées.
Notre conseil : plantez-le dans un sol très fertile, car c'est un rosier gourmand.

CHRISTIAN LACROIX ® 'Deloboro'
Floribunda

70/90 cm — 60/70 cm — R

Ce très joli buisson équilibré, bien ramifié, porte une avalanche de fleurs aux pétales dentelés.

Obtenteur : Delbard, 1997.
Floraison : de mai à octobre, les corolles juponnées, semi-doubles, de 6 à 8 cm de diamètre, aux pétales dentelés, forment un camaïeu d'or et d'orangé, qui évolue vers le rose carminé.
Particularités : un arbuste généreux, bien équilibré, qui porte des fruits décoratifs à l'automne. Il faut le traiter au printemps.
Utilisations : en massifs, plantez des groupes d'au moins 5 à 7 sujets.
Notre conseil : associez-lui quelques vivaces à fleurs blanches d'aspect léger.

CHRISTOPHE COLOMB ® 'Meironsse'
Hybride de Thé

80 cm/1 m — 70/80 cm — R

Ce beau rosier aux feuilles larges, d'un vert sombre et brillant, offre un port buissonnant, étroit, raide.

Obtenteur : Meilland, 1992.
Floraison : de juin à octobre, se succèdent de grandes fleurs de 12 cm de diamètre, doubles et bien formées, d'un superbe orange indien, bordées de rouge piment.
Particularités : peu exigeant sur la nature du sol, ce rosier résiste bien aux maladies.
Utilisations : en massifs, au pied de grands arbres, excellente fleur à bouquets.
Notre conseil : une taille annuelle courte (3 yeux) en mars est le seul entretien, avec un paillage si l'été est chaud et sec.

CITY OF YORK
Hybride de Rosa wichuraiana

4/8 m — 3/4 m — NR

Ce rosier grimpant vigoureux, au feuillage large, vert foncé luisant, est un véritable couvre-mur fleuri.

Obtenteur : Tantau, 1945. Parents : 'Prof Gnau' et 'Dorothy Perkins'.
Floraison : en mai-juin, des coupes de 3 à 6 cm de diamètre, semi-doubles, aux 15 à 20 pétales, blanc ivoire, avec le centre jaune, sont portées en bouquets sphériques, généreux et légèrement fléchis.
Parfum : léger, complexe, délicieux, surtout perceptible en fin de matinée.
Particularités : rustique, puissant, bien ramifié, solide, 'City of York' se montre peu difficile sur la nature du sol et vient bien à mi-ombre. Il est parfois proposé sous le nom de 'Direktor Benshop'.
Utilisations : couvre-mur, clôture, pylône, pergola, tonnelle, un grimpant tous usages.
Notre conseil : le coloris clair de 'City of York' met bien en valeur les fleurs foncées de 'Veilchenblau' ou de 'Bleu Magenta'.

CLAIR MATIN ® 'Meimont'
Hybride de Polyantha

2/4 m — 2/4 m — R

Incomparable, ce rosier grimpant vigoureux et florifère, au feuillage vert foncé, est de culture très facile.

Obtenteur : Meilland, 1960. Parents : croisement entre 'Fashion', 'Indépendance', 'Orange Triumph' et 'Phyllis Bide'.
Floraison : fin mai, avec une remontée sporadique jusqu'à l'automne. Les coupes de 5 à 6 cm de diamètre, semi-doubles à quinze pétales, sont rose clair et rose vif.
Parfum : léger, très naturel, frais, fugace, semblable à celui de l'églantine.
Particularités : peu difficile sur la nature du sol, 'Clair Matin' apprécie les terres un peu humides. Sensible à l'oïdium.
Utilisations : palissé sur pylône, treillage ou grillage, ou bien buisson de forme libre.
Notre conseil : taillez juste pour conserver une silhouette gracieuse, en éliminant les branches âgées qui se dégarnissent.

'Clair Matin'

'Claire Chazal'

CLAIRE CHAZAL ® *'Adakirnica'*
Hybride de Thé

0,9/1,2 m 70/80 cm R

Ce buisson à port dressé bien ramifié porte de solides rameaux au feuillage vert foncé brillant.

Obtenteur : Michel Adam, 2003. Parents : des hybridations complexes avec 'Yakimour', 'Nirana' et 'Caribia'.

Floraison : de mai à octobre, le bouton globuleux, conique, rose tendre à revers blanc, s'épanouit en une coupe généreuse qui peut atteindre 18 cm de diamètre. À l'épanouissement, la fleur est blanc rosé avec les pétales ourlés de rose pâle.

Parfum : puissant, ravissant avec des notes sucrées, camphrées, épicées et anisées qui varient selon le moment de la journée.

Particularités : un rosier solide, vigoureux, équilibré, peu sensible aux maladies.

Utilisations : bien buissonnant, florifère, c'est un vrai rosier de jardin, idéal en groupe pour les massifs ou les bouquets.

Notre conseil : taillez court (à 3 yeux de la base) l'ensemble de la ramure en mars.

COCKTAIL ® *'Meimick'*
Hybride moderne

1,5/2,5 m 1/3 m R

Ce beau rosier arbustif, aux feuilles vert bronze luisantes, est grimpant dans les endroits chauds.

Obtenteur : Meilland, 1957.

Floraison : en juin, puis irrégulièrement jusqu'en automne, de gros bouquets de coupes simples de 8 à 10 cm de diamètre, rouge géranium, avec le centre marqué d'un anneau jaune primevère, qui évolue au jaune crème et finit par s'estomper.

Parfum : très faible, une pointe épicée.

Particularités : moyennement rustique, 'Cocktail' préfère les climats doux.

Utilisations : tonnelle, pergola, rambarde, clôture, buisson isolé, rosier pleureur.

Notre conseil : arrosez très régulièrement en été. Traitez préventivement au printemps, en évitant d'utiliser de la bouillie bordelaise car elle provoque parfois une défoliation partielle du rosier.

'Cocktail'

COLETTE ® *'Meiroupis'*
Hybride moderne

1,5/2 m 1/1,5 m R

Ce rosier au feuillage abondant vert moyen, de bonne tenue, forme un arbuste opulent, solide, florifère.

Obtenteur : Meilland, 1995.

Floraison : régulière en coupes très doubles, formées de 135 à 140 pétales d'un rose corail nuancé de rose Empire.

Parfum : très puissant, frais, persistant.

Particularités : une très bonne résistance aux maladies. Il fleurit même sous la pluie.

Utilisations : en buisson le long d'une grille, d'une rampe d'escalier ou en grands massifs de plusieurs sujets, en association avec des vivaces.

'Colette'

Notre conseil : ce rosier peut faire une belle haie fortement parfumée.

COMTESSE BRIGITTE CHANDON MOËT ® *'Dorfaut'*
Hybride de Thé

80 cm/1 m 70/80 cm R

C'est un buisson érigé aux longues tiges le plus souvent uniflores et au feuillage vert foncé semi-mat.

Obtenteur : Dorieux, 1996.

Floraison : de juin à septembre. Le bouton, bien turbiné d'un blanc ivoire ombré de rose, s'ouvre en coupe assez pleine, de 12 cm de diamètre. Le bord des pétales rosit au fur et à mesure que la fleur vieillit.

Particularités : un rosier sain et solide qui demande très peu d'entretien.

Utilisations : les tiges solides, bien droites et les grandes fleurs de bonne tenue en font une rose idéale pour la fleur coupée.

Notre conseil : coupez les fleurs fanées avec trois ou quatre feuilles pour stimuler la remontée. Taillez court en mars.

'Comtesse Brigitte Chandon Moët'

COMTESSE DU BARRY ® *'Havobog'*
Polyantha/Floribunda

60/80 cm 60/80 cm R

Ce rosier, pourvu d'un feuillage vert moyen, brillant, forme une magnifique boule de fleurs.

Obtenteur : Verschuren, 1994.

Floraison : de juin aux gelées, des bouquets de fleurs à soixante pétales jaune soufre clair de 6 à 8 cm de diamètre.

Particularités : ce rosier est vigoureux et résiste bien aux maladies. Sa période de floraison est assez tardive dans la saison.

Utilisations : au milieu d'un massif de roses aux tons plus soutenus ou parmi des plantes annuelles. Idéal en demi-tige.

Notre conseil : taillez au printemps de manière à former une boule.

'Comtesse du Barry'

CONSTANCE SPRY ® *'Austance'*
Rosier anglais

1,8/4 m 2/3 m NR

Le charme, le parfum, la végétation exubérante de la rose ancienne, la vigueur des rosiers modernes.

Obtenteur : Austin, 1961. Parents : 'Belle Isis' croisée avec 'Dainty Maid'.

Floraison : en juin, des coupes profondes, globuleuses, bien pleines, de 8 à 12 cm de diamètre, aux 45 à 55 pétales soyeux, d'un rose tendre délicat et lumineux. Ils se retournent légèrement à maturité, évoquant une fleur de pivoine.

'Constance Spry'

Parfum : intense, durable, il évoque celui de la myrrhe (cerfeuil musqué).

Particularités : ce rosier au port souple se cultive en arbuste ou en grimpant.

Utilisations : en buisson isolé ou palissé sur un treillage, un grillage, une colonne.

Notre conseil : effectuez plusieurs traitements totaux préventifs au printemps.

CRISTIANA REALI ® *'Delgrasi'*
Hybride de Thé

0,8/1 m 70/80 cm R

Formant un bel arbuste ramifié, ce rosier porte des tiges uniflores bien mises en valeur par le feuillage mat.

Obtenteur : Delbard, 1997.

Floraison : de juin à septembre, le bouton uniflore, bien turbiné, forme une coupe de 12 cm de diamètre, aux nombreux pétales blancs, avec une timide touche rosée au cœur, qui pâlit à l'épanouissement.

Parfum : très puissant, riche, prenant, fruité, citronné, même en plein soleil.

Particularités : les feuilles sont très nettement dentées, d'un vert sombre qui met bien en valeur le coloris tendre de la fleur.

Utilisations : surtout en bouquets.

Notre conseil : prévoyez quelques pulvérisations préventives de fongicide, pour protéger des maladies ce rosier d'une grande délicatesse, qui se montre parfois sensible au marsonia et à l'oïdium.

'Cristiana Reali'

CUISSE DE NYMPHE
Hybride de Rosa alba

1,2/2 m 1,5/2,5 m NR

Ce rosier ancien au port compact porte un feuillage vert moyen et des fleurs magnifiques, très doubles.

Obtenteur : d'origine et de création inconnues, il est cultivé depuis 1550.

Floraison : en juin et juillet, des boutons arrondis, crème, s'ouvrent en coupes, de 6 à 8 cm de diamètre, à 100 pétales, d'un délicat blanc rosé carné. La couleur s'intensifie vers le centre, paraissant presque blanche sur le bord des pétales. La variété très proche, 'Cuisse de Nymphe Émue' est d'un coloris plus intense.

Parfum : exceptionnel, profond, puissant. Très féminin, subtilement sucré, il exhale des nuances de myrrhe.

Particularités : sensible aux attaques de rouille, en période chaude et sèche.

Utilisations : massif, haie, clôture.

Notre conseil : plantez à mi-ombre, éliminez les nombreux drageons.

'Cuisse de Nymphe Émue'

DAMES DE CHENONCEAUX ® *'Delpabra'*
Hybride moderne

80 cm | 80 cm | R

Ce buisson bien ramifié, compact, porte un feuillage vert semi-mat. Il rappelle les roses anciennes.

Obtenteur : Delbard, 2001.

Floraison : de juin à octobre, les boutons rouges s'ouvrent en coupes bien doubles, de 8 à 12 cm de diamètre, divisées en quartiers, s'épanouissent dans de subtiles nuances de rose, d'orange et d'abricot.

Parfum : très puissant lorsque la rose est ouverte, c'est un mélange complexe d'orange, de fenouil, d'anis, de narcisse, de cuir, avec des notes fruitées et musquées.

Particularités : floraison de longue durée, port élégant, beaucoup de générosité.

Utilisations : massifs, fleurs coupées.

Notre conseil : coupez les fleurs fanées pour stimuler une remontée rapide.

'Dames de Chenonceaux'

DENISE GREY ® *'Meixetal'*
Floribunda

1/1,2 m | 80 cm/1 m | R

Cet arbuste à longues tiges souples et aux fleurs réunies en bouquets porte des feuilles vert clair brillant.

Obtenteur : Meilland, 1989.

Floraison : de juin à octobre, une abondance de petites fleurs très doubles, réunies en bouquets généreux, dans un charmant rose vénitien pâle presque blanc.

'Denise Grey'

Particularités : un rosier arbustif vigoureux, Médaille d'or à Bagatelle en 1992.

Utilisations : massif, petite haie séparatrice. Les fleurs tiennent très bien en vase.

Notre conseil : espacez les pieds de 70 à 80 cm, associez avec des vivaces légères.

DIABLOTIN
Polyantha

60/80 cm | 70 cm | R

Flamboyant, ce buisson à fleurs groupées se conduit bien en tige. Ses feuilles sont vert bronze.

Obtenteur : Delbard-Chabert, 1961. Parents : 'Orléans Rose' et 'Fashion'.

Floraison : de juin aux gelées, des coupes semi-doubles de 6 à 8 cm de diamètre, à 17 pétales épanouis, en bouquets généreux, d'un rouge écarlate, très lumineux.

'Diablotin'

Particularités : bonne résistance aux maladies, tiges bien ramifiées au feuillage pourpre qui évolue vers le bronze. Il peut aussi se cultiver en demi-tige.

Utilisations : massif, le long d'une allée. Il existe une forme grimpante (2,5/3 m).

Notre conseil : une haie sombre de conifères fait bien ressortir la floraison.

DOROTHY PERKINS
Hybride de Rosa wichuraiana

5/6 m | 3/4 m | NR

Ce rosier grimpant développe de longues pousses, souples, qui portent un feuillage vert brillant.

Obtenteur : Jackson et Perkins, 1901. Parents : *Rosa wichuraiana* et 'Mme Gabriel Luizet' (hybride remontant rose).

Floraison : fin juin et juillet, durant trois semaines, des bouquets de pompons rose vif de 1 à 2 cm de diamètre, forment des guirlandes sur les rameux pendants.

Particularités : très sensible à l'oïdium, il faut lui éviter les expositions trop ensoleillées et traiter préventivement. Maintenez une bonne humidité du sol l'été.

Utilisations : pergola, tonnelle ou sur le faîte d'un mur pour que ses rameaux fleuris puissent retomber sur les côtés.

'Dorothy Perkins'

Notre conseil : ne palissez pas 'Dorothy Perkins' sur un mur trop chaud, ce qui risquerait de faire griller les fleurs. Vous pouvez aussi le cultiver en rosier pleureur, greffé sur une tige de 2 m de haut.

ELLE ® 'Meibderos'
Hybride de Thé

80 cm/1 m — 70 cm — R

Ce buisson assez dense porte un feuillage vert moyen, qui reste bien sain jusqu'à la fin de la saison.

Obtenteur : Meilland, 1999.
Floraison : d'avril (sous un climat doux) à fin octobre, de grandes coupes souvent uniflores, de 12 à 15 cm de diamètre, composées de 50 à 55 pétales. Ocre saumoné nuancé de jaune et de rose, elles prennent, sous certaines lumières, des reflets parme. Le coloris très évolutif dépend beaucoup de l'exposition et du climat.

'Elle'

Parfum : très épicé, plutôt poivré, mais fort agréable. 'Elle' a obtenu le Prix du parfum au concours de Bagatelle en 1999.
Particularités : très bonne résistance aux maladies. Inutile de traiter lorsque les conditions climatiques sont normales. Excellente tenue en vase. Cette variété a obtenu un AARS aux États-Unis en 2004.
Utilisations : massifs et fleurs coupées.
Notre conseil : sol riche, profond et taille régulière assez courte en février sont nécessaires. Fertilisation indispensable.

EMERA ® 'Noastrum'
Polyantha

50/70 cm — 70 cm/1 m — R

C'est un des rosiers les plus vendus dans le monde. Jamais malade, très florifère, il forme un tapis coloré.

Obtenteur : Werner, 1990. Parents : croisement de 'Immensee' avec 'Amanda'.
Floraison : de mai à octobre, des grappes généreuses de coupes semi-doubles bien ouvertes, de 4 à 5 cm de diamètre, d'un beau rose fuchsia très soutenu, lumineux.
Particularités : ce rosier de grande vigueur montre une résistance exceptionnelle aux maladies. Il accepte les sols pauvres et ne nécessite pas de taille.
Utilisations : talus, bordure, rocaille.
Notre conseil : associez-le à des plantes tapissantes à feuilles sombres qu'il égayera de son coloris intense. Coupez les fleurs fanées pour stimuler la remontée.

'Emera'

'Excelsa'

EXCELSA
Hybride de Rosa wichuraiana

2/4 m — 1/2 m — NR

Sarmenteux d'origine, ce rosier au feuillage sombre et mat se conduit bien sur tige, en forme « pleureur ».

Obtenteur : Walsh, 1909.
Floraison : en juin, le rosier se couvre totalement de généreux bouquets retombants de pompons rouges, de 1 à 2 cm de diamètre, d'un cramoisi vif, très spectaculaire.
Particularités : cette variété très sensible à l'oïdium doit obligatoirement être traitée de manière préventive au printemps.
Utilisations : clôture, treillage, couvre-mur. En isolé sur une pelouse ou dans un massif lorsqu'il est greffé sur tige.
Notre conseil : en raison de ses tiges très retombantes, environnez 'Exelsa' de plantes couvre-sol basses. Taillez les branches florifères de moitié en août.

'Félicité et Perpétue'

FÉLICITÉ ET PERPÉTUE
Hybride de Rosa sempervirens

3/6 m 3/4 m NR

La très longue tenue du feuillage sur les rameaux en hiver contribue à l'intérêt de ce grand rosier.

Obtenteur : Jacques, 1827.
Floraison : en juin, des coupes aplaties de 2 à 4 cm de diamètre, bien pleines, blanches, aux légers reflets rosés.
Parfum : léger, frais, très agréable.
Particularités : ce rosier accepte la mi-ombre et tous les sols, même humides. Plutôt frileux, il réussit mieux dans le sud.
Utilisations : couvre-mur, pergola, dans la ramure d'un arbre, en association avec une clématite à petites fleurs.
Notre conseil : mélangez-le à une autre plante grimpante comme une glycine ou une clématite. Limitez la taille à la suppression des vieux rameaux dégarnis.

FERDINAND PICHARD
Hybride remontant

1,2/1,5 m 1/1,2 m R

Ce rosier arbustif forme un gros buisson couvert d'un feuillage large, vert sombre, assez solide.

Obtenteur : Tanne, 1921.
Floraison : en juin, puis en septembre, les roses très doubles, en coupes bien ciselées, de 6 à 8 cm de diamètre, se parent d'un élégant coloris rose clair, panaché de rouge carminé ou de rose soutenu.

'Ferdinand Pichard'

Parfum : assez fort et très agréable.
Particularités : un rosier ancien vigoureux, rustique, résistant aux maladies, qui se plaît également planté dans un bac.
Utilisations : en massif, associé à des vivaces bleues ou mauves. Bouquets.
Notre conseil : placez 'Ferdinand Pichard' en situation ensoleillée pour profiter, surtout le matin, de sa subtile senteur.

FERDY ® *'Keitoly'*
Hybride moderne

70 cm/1,2 m 1,1/1,6 m NR

Cet excellent rosier couvre-sol agrémente sa très abondante floraison d'un joli feuillage fin.

Obtenteur : Suzuki, 1984. Parents : semis inconnu et 'Petite Folie', un grimpant.

'Ferdy'

Floraison : exceptionnellement abondante en juin. 'Ferdy' se couvre d'une avalanche de bouquets compacts, composés de fleurs de 2 à 3 cm de diamètre, en coupes plates à 20 pétales, d'un joli ton vieux rose (rose Empire). Elles sont portées tout au long des rameaux au port souple et retombant. Malheureusement non remontante, la floraison vieillit en gris sale.
Particularités : très résistant au froid et aux maladies, il se contente aisément d'un sol pauvre et ne demande pas d'entretien.
Utilisations : talus, bordure, rocaille.
Notre conseil : la taille se limite à couper les rameaux trop longs et âgés. Elle peut être effectuée à la cisaille, comme pour une haie, juste après la floraison.

FÊTE DES MÈRES
Rosier Koster (Polyantha nain)

40 cm 30 cm R

Formant un petit buisson compact et serré, ce rosier développe un feuillage vert foncé, très brillant.

'Fête des Mères'

Obtenteur : Grootendorst, 1949.
Floraison : en juin avec une remontée éparse jusqu'en octobre. Les très nombreuses petites fleurs doubles, globuleuses, forment de gros bouquets serrés (de 8 à 20 fleurs), d'un rouge intense très vif.
Particularités : il réussit bien en pot et peut être utilisé sur les balcons ou les rebords de fenêtre. Il se montre assez sensible à l'oïdium et au mildiou du rosier.

Utilisations : en bordure d'une allée, au pied d'un mur, le long d'une haie. Potée fleurie forcée pour la fête des Mères.
Notre conseil : pour former une bordure homogène, plantez à 20 cm de distance.

FLIRT ® *'Korvondra'*
Floribunda

50/60 cm 60/80 cm R

C'est un buisson très bien ramifié, qui offre une longue et généreuse floraison sans demander de soins.

Obtenteur : Kordès 2000. Parents : mutation de 'Sommerwind' ('Vent d'Été').

'Flirt'

Floraison : de mai à novembre, des coupes semi-doubles, de 5 à 7 cm de diamètre, aux pétales légèrement ondulés ou découpés, rose violacé, portées en bouquets. Le cœur blanc décoré d'étamines jaune d'or est bien apparent.
Particularités : une très grande résistance aux maladies. Rose d'or au concours de roses remontantes à Orléans en 2003.
Utilisations : massif en touffe importante.
Notre conseil : ni taille, ni traitement. Apportez un engrais « rosiers » en avril.

FRANÇOIS JURANVILLE
Hybride de Rosa wichuraiana

6/10 m 4/6 m NR

Presque dépourvu d'épines, ce rosier liane forme de longs et fins rameaux au feuillage vert sombre.

'François Juranville'

Obtenteur : Barbier, 1906. Parents : *Rosa wichuraiana* et 'Mme Laurette Messimy'.
Floraison : en juin, les corolles en coupe ou en rosette, de 4 à 8 cm de diamètre, solitaires ou groupées en petits bouquets, s'ouvrent dans un délicat corail saumoné devenant rose plus intense avec l'âge. Elles laissent apparaître le centre jaune pâle.
Parfum : délicat, nuance pomme sucrée.
Particularités : un rosier facile à vivre, qui accepte la mi-ombre et les sols pauvres.
Utilisations : garniture de tonnelle, pergola, porche. Habillage d'un vieil arbre. Très bon couvre-sol s'il n'est pas palissé.
Notre conseil : supprimez les vieux rameaux dégarnis après la floraison pour favoriser la croissance des plus jeunes.

GALA CHARLES AZNAVOUR ® *'Meizazy'*
Hybride moderne

80 cm/1 m 60/80 cm R

C'est un beau buisson bien fourni, au port plutôt arrondi, garni d'un feuillage vert foncé et brillant.

'Gala Charles Aznavour'

Obtenteur : Meilland, 1997. Ce rosier est une mutation de la variété 'Charles Aznavour Meibeausai' (Meilland 1988).
Floraison : de juin à octobre, l'arbuste se couvre de fleurs de 6 à 8 cm de diamètre, lumineuses, blanches, ourlées de rose, composées de 25 pétales délicatement ciselés. Les fleurs sont groupées par 3 à 7 sur la même tige en bouquets gracieux.
Particularités : vigoureux et florifère, il accepte bien une ombre légère.
Utilisations : en massifs avec des vivaces.
Notre conseil : taillez en mars, en conservant 6 à 7 tiges, avec le centre bien dégagé. Coupez à 4 ou 5 yeux de la base.

GEORGES TRUFFAUT ® *'Dorkade'*
Hybride de Thé

1/1,5 m 70 cm/1 m R

Dédié au célèbre pépiniériste, ce rosier donne des fleurs aussi belles en massifs qu'en bouquets.

Obtenteur : Dorieux, 1995.
Floraison : de mai à octobre, de longues tiges raides, uniflores portent des fleurs très élégamment ciselées, d'un rouge foncé profond velouté. Elles s'ouvrent en coupe de 10 à 14 cm de diamètre.
Parfum : peu puissant, mais très délicat.
Particularités : une vigueur exceptionnelle, très bonne résistance aux maladies.
Utilisations : surtout la fleur coupée ou en massif avec des fleurs légères, blanches.
Notre conseil : taillez court au printemps et privilégiez les nouvelles pousses au détriment des tiges âgées, dénudées.

'Georges Truffaut'

'Ghislaine de Féligonde'

'Gina Lollobrigida'

GHISLAINE DE FÉLIGONDE
Hybride de Rosa multiflora

2,5/5 m 2/4 m R

Un rosier grimpant exceptionnel aux tiges peu épineuses garnies d'un feuillage sombre et luisant.

Obtenteur : Turbat, 1916.
Floraison : exceptionnelle début juin, en grappes de 15 à 20 fleurs en pompons, de 5 cm de diamètre, jaune abricot qui évolue vers l'ivoire. Légère remontée estivale.
Parfum : agréable, assez doux, d'une intensité variable selon le sol et le climat.
Particularités : ce rosier peut former un arbuste de 2,5 à 3 m de haut à la silhouette arquée, ou être palissé, ce qui lui permet d'atteindre de 4 à 5 m. Il faut l'installer dans un endroit semi-ombragé pour obtenir un coloris plus intense.
Utilisations : grand arbuste à isoler ou palisser contre une haie ou une clôture.
Notre conseil : taillez sévèrement à la fin de l'été en rajeunissant la ramure.

GINA LOLLOBRIGIDA ® *'Meilivar'*
Hybride de Thé

80 cm/1 m 60/70 cm R

Ce rosier buisson bien touffu aux rameaux érigés, porte des feuilles vert sombre et de grandes fleurs.

Obtenteur : Meilland, 1988.
Floraison : de juin à octobre, les corolles solitaires, rondes, opulentes, très doubles, d'un jaune d'or éclatant, conservent leur coloris lumineux jusqu'à la défloraison.
Particularités : assez sensible au froid, il est préférable de réserver 'Gina Lollobrigida' aux jardins des climats doux, à moins de le placer en situation abritée.
Utilisations : groupes de 5 à 10 plants en massifs, mais il peut aussi être associé à des plantes vivaces bleues ou jaunes.
Notre conseil : tenez compte de sa grande vigueur lors de la taille de printemps qui doit être assez longue (5 yeux).

GOLDEN CELEBRATION ® *'Ausgold'*
Rosier anglais

1/1,4 m 1,2 m R

Ce rosier solide, bien buissonnant, arrondi, à la végétation souple et bien équilibrée, est très parfumé.

Obtenteur : David Austin, 1992. Parents : 'Charles Austin' et 'Abraham Darby'.
Floraison : en juin surtout, mais jusqu'à l'automne, les énormes fleurs en forme de coupe, qui atteignent 15 cm de diamètre, se parent d'un jaune d'or intense, très légèrement ombré de rose sur le pourtour.
Parfum : exceptionnel avec le matin, une nette fragrance de thé au citron. Sous l'effet du soleil, se dégage une odeur sucrée de Sauternes avec des notes de fraise. En fin de journée, c'est une senteur de mûre.
Particularités : c'est un des rosiers anglais qui présente la floraison la plus généreuse. Cette variété est aussi proposée sur tige. Prix du parfum en Angleterre en 2000 et premier prix du « Rose awards day » catégorie rosiers arbustes en 2000.
Utilisations : en buisson isolé, massif avec des arbustes et des vivaces, bouquets.
Notre conseil : associez des fleurs bleu sombre ou violettes à ce rosier doré.

'Golden Celebration'

GOLDEN FASHION ® *'Nirpyelasif'*
Hybride de Thé

80 cm/1,2 m 60/80 cm R

Ce rosier buissonnant au port érigé, étroit, porte des feuilles amples, vert foncé, qui valorisent les fleurs.

Obtenteur : Nirp international, 2001.
Floraison : de juin à octobre, les fleurs solitaires se succèdent à l'extrémité de longues tiges rigides. Bien turbinées, avec un bouton conique élancé, elles s'ouvrent en une coupe bien ciselée de 10 à 12 cm de diamètre, composée de 30 à 35 pétales d'un vrai jaune d'or très lumineux.
Particularités : la remontée est excellente. C'est un rosier très poussant, solide, qui laisse une grande impression de vigueur et se montre résistant aux maladies. Médaille d'or à Lyon en 2002.
Utilisations : isolé dans un petit jardin, dans un massif en compagnie d'autres rosiers, d'arbustes et de fleurs vivaces.
Notre conseil : taillez long en mars pour limiter la vigueur des sujets en massifs.

'Golden Fashion'

'Graham Thomas'

GRAHAM THOMAS ® *'Ausmac'*
Rosier anglais

1,2/1,5 m 1,2/1,5 m R

Ce rosier arbustif, aussi haut que large, porte des fleurs énormes à l'aspect de roses anciennes.

Obtenteur : Austin, 1983. Parents : semis croisé avec 'Iceberg' et 'Charles Austin'.
Floraison : en juin, puis ici et là jusqu'en septembre des coupes très doubles de 12 à 14 cm de diamètre, d'un très beau coloris jaune pur, qui durent très longtemps.
Parfum : très léger, discret, frais, avec une note « thé » bien prononcée et quelques nuances de violette très raffinées.
Particularités : une variété vigoureuse qui se plaît également plantée dans un bac, sur une terrasse. Le poids des fleurs fait souvent plier l'extrémité des rameaux.
Utilisations : en massifs d'au moins cinq pieds. Très joli en tige (semi-pleureur). Associez-le avec des vivaces à port léger.
Notre conseil : traitez absolument contre les maladies deux fois par mois, cette variété étant très sensible au marsonia.

GRAND NORD ® *'Delgrad'*
Hybride de Thé

80 cm/1,2 m 60/80 cm R

C'est un superbe buisson assez étroit mais bien dressé, qui se couvre de nombreuses fleurs blanc très pur.

Obtenteur : Delbard, 1975. Parents : entre autres : 'Queen Elisabeth', 'Virgo' et 'Madame Antoine Meilland'.

'Grand Nord'

Floraison : en juin et de façon épisodique jusqu'en septembre, des bouquets de 3 ou 4 boutons serrés, forment une coupe aux 26 pétales blanc pur, parfois nuancés de reflets ivoire ou crème, très chaleureux.
Particularités : les fleurs en grand nombre se détachent bien sur le feuillage vert sombre. Assez résistant aux maladies.
Utilisations : massifs, bouquets.
Notre conseil : placez ce rosier sur un arrière-plan sombre pour mieux mettre en valeur sa couleur blanche.

GRAND SIÈCLE ® *'Delegran'*
Hybride de Thé

0,8/1 m 60/80 cm R

Ce beau buisson bien touffu porte un feuillage large, vert assez clair. Un des rosiers les plus parfumés.

Obtenteur : Delbard, 1987.
Floraison : pratiquement continue du printemps jusqu'à Noël. La fleur bien turbinée, aux 30 à 35 pétales s'ouvre en coupe régulière d'un rose très doux aux nuances délicates de crème rosé, voilé de reflets carmin, blanc crème au revers.
Parfum : senteur de rose un peu fruitée.

'Grand Siècle'

Particularités : c'est un rosier assez rustique, peu difficile sur la nature du sol, qui montre une petite sensibilité à l'oïdium, mais résiste au marsonia et à la rouille. Médaille d'or à Bagatelle, d'argent à Le Rœulx en 1976. Rose de l'année à Monza.
Utilisations : massifs et bouquets.
Notre conseil : taillez court en mars. Pincez bien les tiges après la floraison.

GRIMALDI ® *'Delstror'*
Hybride moderne

0,8/1,2 m 60/80 cm R

C'est un robuste rosier buisson, très étonnant par ses couleurs, qui se côtoient dans un ordre imprévisible.

Obtenteur : Delbard, 1997.
Floraison : très abondante en juin, puis soutenue jusqu'à l'automne. Les boutons

'Grimaldi'

conique, rouge clair s'ouvrent en coupes de 10 à 12 cm de diamètre, semi-doubles aux 20 pétales ondulés, frangés, toutes différentes. Portées par 6 en bouquets souples, elles s'ouvrent largement, évoquant des pavots d'Orient. D'un rose saumoné strié de plus pâle, elles donnent l'impression d'un mélange très joyeux.
Parfum : très marqué, de rose citronnée.
Particularités : bonne résistance à la rouille, l'oïdium et le marsonia. Les pétales tombent naturellement à la fanaison, ce qui laisse le rosier en permanence propre.
Utilisations : massif champêtre, jardin naturel ou jardin de curé, bouquet.
Notre conseil : ne taillez pas trop court pour laisser ce rosier s'exprimer dans toute son ampleur et sa fantaisie.

'Hubert de Givenchy'

HUBERT DE GIVENCHY ® *'Deljaro'*
Polyantha/Floribunda

50/70 cm 50/70 cm R

Un rosier buisson vigoureux au port dressé et au feuillage vert clair, doté de bouquets floraux éclatants.

Obtenteur : Delbard.
Floraison : en juin, puis en septembre, avec moins d'intensité. Le bouton compact, arrondi, jaune orangé, s'ouvre en coupe semi-double bien dessinée, de 5 cm de diamètre, aux pétales ourlés d'un jaune bordé de rose saumoné, qui s'éclaircit en vieillissant pour finir blanc rosé. Les fleurs s'ouvrent à plat sur le cœur d'étamines et charment par la grâce de leurs pétales ondulés et juponnés. Réunies en bouquets légers, ce sont des fleurs élégantes, chaleureuses, joyeuses, féminines.
Particularités : excellente résistance à la maladie des taches noires.
Utilisations : massifs, bordures, en compagnie de graminées. Bouquets ronds.
Notre conseil : plantez des groupes d'au moins 5 rosiers 'Hubert de Givenchy' pour composer un effet de masse spectaculaire.

ICEBERG ('FÉE DES NEIGES')
Floribunda

80 cm/1,3 m 60 cm/1 m R

Ce bel arbuste garni d'un feuillage vert moyen luisant est assurément un des meilleurs rosiers blancs.

Obtenteur : Kordes, 1958. Parents : 'Virgo' croisée avec 'Robin Hood'.
Floraison : de juin à octobre, une profusion de fleurs de 4 à 8 cm de diamètre,

'Iceberg'

réunies en bouquets sur toute la longueur de la tige. Ces coupes semi-doubles, de 3 à 7 cm de diamètre, sont d'un blanc très pur qui ne passe pas au soleil.
Parfum : très léger, agréable, rosé.
Particularités : à la remontée, on observe des ombres roses sur les fleurs. Les ponctuations rose vif sont dues à la pluie. D'une grande vigueur, 'Iceberg' convient aussi très bien en demi-tige. Planté trop serré, il se montre sensible à la maladie des taches noires (marsonia) et à l'oïdium (blanc). 'Iceberg' a obtenu le titre de « Rose préférée du monde ».
Utilisations : en massif, avec des vivaces aux tons chauds, rouges ou orangés.
Notre conseil : une taille légère et un sol fertile facilitent la remontée.

JACQUES CARTIER
Rosier de Portland

1/1,4 m 0,8/1,2 m R

Silhouette érigée mais compacte pour ce grand rosier qui se pare d'un agréable feuillage vert clair.

Obtenteur : Moreau-Robert, 1868.

'Jacques Cartier'

Floraison : en juin, puis en septembre, les fleurs de 8 cm de diamètre, aux boutons sphériques, rappellent des pivoines. Divisées en quartiers avec des pétales récurvés au centre, elles sont très doubles, d'un beau rose vif devenant plus clair en vieillissant, et même presque blanc sur les bords. Le cœur montre un bouton vert.
Parfum : subtil, riche, très prononcé.
Particularités : vigoureux, 'Jacques Cartier' se montre peu exigeant sur la qualité du sol. Croissance rapide.
Utilisations : massifs, fleurs coupées.
Notre conseil : plantez à mi-ombre car les pétales conservent alors leur rose vif intense jusqu'à complète ouverture.

JANET ® *'Auspihus'*
Hybride de Thé

1,2/2,5 m 1/1,5 m R

Un opulent buisson à grandes fleurs, caractérisé par un port d'abord érigé, puis semi-retombant.

Obtenteur : David Austin, 2003.
Floraison : de juin à octobre, chaque fleur de 8 à 12 cm de diamètre, est portée par une longue tige recourbée. Le bouton allongé, mélange de rose pâle et de rose foncé avec des touches cuivrées, s'ouvre en corolle bien turbinée pour finir en rosette épanouie. Le revers des pétales est jaune tendre. En s'épanouissant, la fleur devient plus foncée, contrastant avec le bord des pétales qui demeure rose pâle.

'Janet'

Parfum : puissant, très pur, de la rose thé.
Particularités : ce grand buisson aux branches arquées peut être palissé pour former un grimpant de 2,5 m de haut.
Utilisations : massif, bouquet, couvre-mur.
Notre conseil : ne taillez pas trop. Équilibrez et aérez la ramure après la floraison.

JARDIN DE BAGATELLE ® *'Meimafris'*
Hybride de Thé

0,9/1,2 m   0,7/1 m   R

Ce vigoureux buisson, bien ramifié, développe un feuillage dense, vert foncé, qui met en valeur la fleur.

Obtenteur : Meilland, 1986.
Floraison : de juin à fin septembre, les boutons coniques s'ouvrent en fleurs romantiques en coupe à 65 pétales, blanc crème nacré, ombré de rose pastel sur le pourtour, avec des reflets ivoire. Les pétales s'enroulent avec élégance au fur et à mesure que la fleur atteint sa maturité.

'Jardin de Bagatelle'

Parfum : prononcé, avec des notes rosées additionnées d'épices et de citron.
Particularités : rustique, très résistant aux maladies, il ne craint ni le soleil, ni le gel. Coupe du parfum à Bagatelle 1984, Prix du parfum à Madrid 1985, Médaille d'or à et Rose d'or à Genève 1981 ; Rose d'or à Poitiers 1986. Rose AJJH 1989.
Utilisations : massifs, bouquets.
Notre conseil : utilisez ce rosier dans une composition pastel ou pour illuminer des fleurs très foncées (rouge, violet, bleu).

'Jean Giono'

JEAN GIONO ® *'Meirokoi'*
Hybride de Thé

70 cm/1 m   60/80 cm   R

Ce très beau rosier robuste, et compact, a un feuillage dense, vert foncé brillant.

Obtenteur : Meilland, 1994.
Floraison : de juin aux gelées, la fleur très double, jaune soleil bordé d'orange mandarine est divisée en quartiers, à l'ancienne.
Particularités : ce rosier très florifère peut aussi être greffé sur tige.
Utilisations : massifs romantiques.
Notre conseil : plantez 'Jean Giono' sur un fond de haie à feuillage sombre afin que son coloris lumineux ressorte bien.

JEAN PIAT ® *'Adacorhuit'*
Hybride de Thé

1/1,5 m   60/80 cm   R

Un buisson solide et très vigoureux, à la végétation érigée et aux très grandes feuilles d'un vert foncé mat.

'Jean Piat'

Obtenteur : Michel Adam, 2004.
Floraison : de mai à octobre, le bouton allongé s'ouvre en corolle opulente de 14 à 16 cm de diamètre, superbement dessinée, d'un jaune éclatant ourlé de carmin.
Particularités : ce rosier, aux rameaux solides et souvent uniflores, est doté d'une excellente santé et d'une végétation hâtive. Prix des enfants des écoles de Paris à Bagatelle ; Prix du public et médaille de bronze à Baden-Baden en 2003.
Utilisations : massif, fleur coupée.
Notre conseil : plantez 4 ou 5 pieds/m². Pincez les jeunes rameaux pour maintenir le rosier dans une forme compacte et trapue qui favorise une floraison abondante.

'Joseph's Coat'

JOSEPH'S COAT ® *'Delstror'*
Floribunda

1/2 m   80 cm/1,5 m   R

Solide, buissonnant, très épineux, c'est un rosier splendide, à la floraison chaleureuse et originale.

Obtenteur : Armstrong, 1964. Parents : croisement de 'Circus' avec 'Buccaneer'.
Floraison : de juin à l'automne, les gros bouquets aux coupes de 4 à 8 cm de diamètre, doubles, assez lâches, sont jaunes nuancés de rose orangé et de rouge.
Parfum : très léger, frais et doux.
Particularités : très remontant et tardif, à port souple, il peut être conduit en grimpant. Médaille d'or à Bagatelle en 1964.
Utilisations : massif, haie libre ou palissé contre un treillage ou un grillage.
Notre conseil : traitez contre les pucerons qui semblent particulièrement l'apprécier.

JULES VERNE ® 'Adecohuit'
Hybride de Thé

0,9/1 m 60/70 cm R

Un solide buisson de port érigé, aux rameaux puissants et peu épineux, au feuillage vert foncé vernissé.

'Jules Verne'

Obtenteur : Michel Adam, 1994.
Floraison : de juin aux gelées, le bouton allongé, ovoïde, s'ouvre en corolle évasée formant une coupe étoilée, très régulière, de 10 à 15 cm de diamètre, composée de 30 pétales de forme elliptique. Les fleurs, plutôt solitaires, jaune bordé de rose carminé, se renouvellent en abondance.
Parfum : une véritable fragrance de rose puissante capiteuse et envoûtante, avec des notes fruitées et œnanthiques.
Particularités : le jeune feuillage pruiné évolue en vert foncé vernissé, brillant, et s'épaissit, montrant une résistance exceptionnelle aux maladies. Médaille d'or aux Floralies de Nantes en 1999.
Utilisations : massif, fleur coupée. La tenue en vase est excellente pour une rose parfumée, comptez de 8 à 12 jours.
Notre conseil : en massif, plantez tous les 40 à 60 cm (5 ou 6 pieds/m²). Le bois ne s'aoûtant pas très bien en raison de la longue durée de floraison, pulvérisez une bouillie bordelaise en fin de saison (octobre) pour permettre au bois de durcir. Cela évitera aux rameaux qu'ils soient fragilisés en hiver et noircissent.

KEW RAMBLER
Hybride de Rosa soulieana

6/8 m 4/5 m NR

Ce rosier sarmenteux très florifère a de longues tiges habillées d'un petit feuillage vert-gris.

Obtenteur : Kew Gardens, 1912. Parents : *Rosa soulieana* et 'Hiawatha'.
Floraison : en juin, cet immense rosier se couvre complètement d'églantines simples, rose clair à centre blanc, de 2 à 4 cm de diamètre, qui laissent apparaître leurs étamines dorées. Les fleurs portées en bouquets généreux se renouvellent pendant trois semaines environ.
Parfum : trop léger pour être significatif.
Particularités : peu difficile sur la nature du sol et l'exposition, 'Kew Rambler' se pare de jolis petits fruits légèrement allongés qui apparaissent en automne. Sa floraison est un peu plus tardive que celle de la plupart des autres rosiers lianes. Les petites feuilles gris-vert sont décoratives.
Utilisations : palissé sur un portique, une grande pergola, un vieux mur, mais aussi sur le tronc et dans la ramure d'un arbre.
Notre conseil : taillez assez sévèrement dès la fin de la floraison pour favoriser le développement de nouveaux rameaux qui porteront les fleurs l'année suivante.

'Kew Rambler'

'Kiftsgate'

KIFTSGATE
Hybride de Rosa filipes

6/10 m 5/6 m NR

Cet immense rosier liane, très épineux et d'une rare vigueur, se pare d'un feuillage vert sombre.

Obtenteur : c'est une mutation de *Rosa filipes*, découverte à Kiftsgate Court, dans le Gloucestershire, en 1954.
Floraison : pendant trois semaines en mai-juin, 'Kiftsgate' porte d'énormes bouquets de fleurs simples, en coupes de 2 à 3 cm de diamètre, blanches à cœur jaune, laissant voir les étamines dorées.
Parfum : très léger, juste perceptible.
Particularités : peu exigeant sur la nature du sol et acceptant la mi-ombre, 'Kiftsgate' est décoratif en automne par son feuillage coloré et ses grappes de fruits rouges.
Utilisations : habillage d'une grande façade, d'une cabane, d'une tonnelle.
Notre conseil : donnez-lui beaucoup d'espace pour qu'il se développe à sa guise, mais n'hésitez pas à tailler sévèrement.

'Kimono'

KIMONO
Floribunda

60/80 cm 60/70 cm R

Ce somptueux rosier à la frondaison d'un vert luisant produit des fleurs évoquant les roses anciennes.

Obtenteur : De Ruiter, 1961. Parents : 'Frau Anny Beaufays' et 'Cocorico'.
Floraison : de juin à septembre, les nombreuses coupes plates, bien doubles, de 6 à 8 cm de diamètre, et formées de 30 à 40 pétales, bien imbriqués les uns dans les autres, sont portées en grappes. D'un joli rose saumoné aux nuances variées, elles sont plus claires à l'épanouissement.
Parfum : discret, très doux et agréable, avec des nuances fruitées, citronnées.
Particularités : rustique, il résiste bien au froid. 'Kimono' est souvent proposé greffé sur une tige de 1 m de haut.
Utilisations : en massif ou en haie basse dans un jardin d'inspiration romantique.
Notre conseil : si vous avez une terre pauvre, voici une bonne variété, facile à vivre. Taillez court en mars.

LA SEVILLANA ® *'Meigekanu'*
Hybride moderne

1/1,5 m 1/1,2 m R

Ce rosier arbustif toujours très fleuri connaît un immense succès car il est très facile à réussir.

Obtenteur : Meilland, 1978. Parents : 'Tropicana' croisée avec 'Rusticana', 'Zambra', 'Jolie Madame' et 'Meibrim'.

'La Sevillana'

Floraison : de mai et jusque tard en automne, des bouquets de fleurs semi-doubles de 4 à 6 cm de diamètre, formées de 12 à 15 pétales rouge vermillon brillant. La floraison est si abondante qu'elle dissimule pratiquement tout le rosier à son épanouissement optimal.
Particularités : très vigoureux, ce rosier résiste bien aux maladies. Il existe une forme à fleurs roses : 'Rosy La Sevillana' 'Meigeroka' (Meilland, 1985), mutation naturelle, vigoureuse au feuillage très sain.
Utilisations : grands massifs, haies libres.
Notre conseil : taillez en raccourcissant les rameaux d'un tiers en février-mars.

LANDORA ® *'Sunblest'*
Hybride de Thé

80 cm/1,2 m 70/90 cm R

Ce rosier buissonnant, légèrement évasé, porte des feuilles vert foncé et luisantes et des fleurs superbes.

'Landora'

Obtenteur : Tantau, 1970. Parents : semis inédit d'un hybride de 'King's Ransom'.
Floraison : de juin à octobre, les tiges uniflores portent un bouton allongé qui s'épanouit en corolle turbinée de 10 à 12 cm de diamètre, aux 35 pétales d'un jaune canari lumineux.
Parfum : très léger, végétal, frais.
Particularités : un rosier vigoureux et rustique qui a donné une mutation grimpante, de même coloris, pouvant atteindre 3 m de hauteur.
Utilisations : massifs et bouquets.
Notre conseil : plantez 'Landora' pour éclairer des arbustes à feuillage sombre.

LAVENDER DREAM ® *'Interlav'*
Hybride de Rosa rugosa

80 cm/1 m 70/80 cm R

Très florifère, ce rosier forme une boule opulente, dont les fleurs recouvrent entièrement le feuillage.

Obtenteur : Interplant, 1984. Parents : croisement de 'Yesterday' et 'Nastarana'.
Floraison : en juin, puis en septembre, de nombreuses grappes de corolles de 4 à 5 cm de diamètre, simples ou semi-doubles, rose lilas, évoluant vers le mauve lilacé ou le pourpre clair avec l'âge.
Particularités : vigoureux et rustique, il accepte les situations semi-ombragées. Bonne résistance aux maladies.
Utilisations : massif, potée, haie basse.
Notre conseil : équilibrez la silhouette en dégageant le centre à la fin de l'hiver.

'Lavender Dream'

'Le Grand Huit'

LE GRAND HUIT ® *'Adharman'*
Hybride de Thé

70/80 cm 50/70 cm R

Ce rosier buisson, de grande classe et de belle tenue, offre un feuillage vert foncé, brillant, très résistant.

Obtenteur : Michel Adam, 1990.
Floraison : de juin à octobre, des coupes bien ouvertes, de 10 à 12 cm de diamètre, de 25 à 30 pétales, d'un rouge velouté, évoluant vers le cramoisi.
Parfum : très puissant et capiteux.
Particularités : très résistant aux maladies. Plus belle rose de France à Lyon, Grand prix du parfum à Nantes en 1991. Primé à Rome, Monza et Baden-Baden.
Utilisations : massifs, bouquets, mais les fleurs durent peu de temps en vase.
Notre conseil : coupez les fleurs fanées avec trois feuilles pour aider la remontée.

LÉONARD DE VINCI ® *'Meideauri'*
Hybride moderne

0,7/1,1 m 50/80 cm R

D'un vert moyen brillant, les feuilles font bien ressortir la très abondante floraison romantique.

'Léonard de Vinci'

Obtenteur : Meilland, 1994.
Floraison : de juin à octobre, les corolles de 8 à 12 cm de diamètre, divisées en quartiers, sont composées de 80 pétales d'un superbe rose Bengale à l'ancienne.
Parfum : léger, très doux, raffiné.
Particularités : le feuillage résiste bien aux maladies, et la pluie n'abîme guère les fleurs. Médaille d'or à Monaco en 1993.
Utilisations : massif le long d'une allée.
Notre conseil : faites-en des bouquets avec des gypsophiles et du feuillage fin.

'Lili Marlène'

LILI MARLÈNE ® *'Korlima'*
Floribunda

50/70 cm 60/80 cm R

Ce petit rosier buisson compact, bien branchu, porte un feuillage sombre et des fleurs rouge très vif.

Obtenteur : Kordès, 1959.
Floraison : de juin aux gelées, les boutons ovoïdes s'ouvrent en coupes bien épanouies, de 5 à 8 cm de diamètre, semi-doubles, à 25 pétales, d'un rouge sang velouté profond, brillant, chaud et intense, laissant apparaître les étamines jaunes.
Particularités : c'est un rosier assez courant car il se plaît en toutes situations. ADR 1960, Rose d'or à La Haye 1966. Il existe aussi en grimpant ('Pekimasar', Nirp 1982) qui dépasse 2,5 m de haut.
Utilisations : massifs en groupes importants, bordure le long d'une haie.
Notre conseil : surveillez le feuillage car ce rosier est assez sensible à l'oïdium.

LOUIS DE FUNÈS ® *'Meirestif'*
Hybride de Thé

80 cm/1,1 m 70 cm/1 m R

Choisi par l'acteur peu de temps avant sa mort, ce rosier buisson fait preuve d'une grande vigueur.

Obtenteur : Meilland, 1985.
Floraison : de juin aux gelées, les tiges uniflores portent des coupes de 12 à 14 cm de diamètre, de 20 à 30 pétales, d'un orange mandarine intense, plus ou moins foncé, nuancé de jaune et de rouge. Une fleur chaleureuse et pimpante.
Particularités : un rosier hâtif au feuillage sombre et brillant, résistant aux maladies. Il existe aussi greffé sur tige. Médaille d'or à Genève et Monza en 1983.
Utilisations : en massifs par groupe de cinq pieds minimum plantés à 50 cm.
Notre conseil : son port élancé lui permet d'être associé à de grandes vivaces, notamment des delphiniums bleu foncé.

'Louis de Funès'

LOULOU DE CACHAREL ® *'Dorobla'*
Hybride de Thé

80 cm/1 m 60/80 cm R

D'une rare vigueur, ce beau rosier compact et buissonnant ne nécessite pratiquement aucun entretien.

Obtenteur : François Dorieux, 1997.
Floraison : comme un sourire souligné d'un trait de rouge à lèvre, la fleur inodore,

'Manou Meilland'

'Marie Curie'

en rosette semi-double, de 5 à 8 cm de diamètre, est formée de 7 à 10 pétales blanc cassé, ourlé de rouge carmin.

Particularités : le feuillage d'un vert profond met bien la floraison en valeur. Totalement insensible aux maladies, il est inutile de traiter. Les pétales passés tombent au pied du rosier, laissant la plante bien nette. Grande rose du siècle à Lyon en juin 1998. Médaille d'or à Rome.

Utilisations : haie, grands massifs.

Notre conseil : en mars, taillez ce rosier en lui conservant sa forme naturelle, juste pour aérer la ramure et l'équilibrer.

'Loulou de Cacharel'

MANOU MEILLAND ® *'Meilulimon'*
Floribunda

0,7/1 m 60/80 cm R

Ce buisson compact mais dressé, vigoureux, se couvre d'un feuillage vert sombre, brillant et sain.

Obtenteur : Meilland, 1979. Parents : 'Meigriso', 'Baronne Edmond de Rothschild', 'Ma Fille' et 'Love Song'.

Floraison : se renouvelant en abondance jusqu'à l'automne, les corolles de 10 à 14 cm de diamètre, aux 50 pétales d'un étonnant rose Bengale à rose cyclamen, un peu plus pâles et argentées au revers, sont réunies en gros bouquets.

Parfum : subtil, raffiné, léger, très délicat.

Particularités : rustique et très résistant aux maladies, 'Manou Meilland' existe aussi en tige et en grimpant ('Meitu-Limonsar', Meilland, 1997) de 2,5 m de haut.

Utilisations : grands massifs, petites haies.

Notre conseil : associez-le à des plantes vivaces aux coloris tirant sur les bleus.

MARIE CURIE ® *'Meilomit'*
Floribunda

60/70 cm 60/70 cm R

C'est un rosier buisson au feuillage dense, vert foncé brillant, qui porte une abondance de fleurs.

Obtenteur : Meilland, 1997.

Floraison : très nombreux et constamment renouvelés jusqu'aux gelées, les petits boutons coniques, orange capucine, s'ouvrent en coupe plate de 8 à 10 cm de diamètre, composée de 30 à 35 pétales ondulés, d'un orange abricot très clair, en subtil dégradé de rose pâle.

Parfum : léger, avec une note épicée où pointe le clou de girofle, il attire les abeilles.

Particularités : une forte végétation, bien ramifiée, équilibrée, qui montre une excellente résistance aux maladies.

Utilisations : massifs, bordure de haies.

Notre conseil : associez 'Marie Curie' à des vivaces légères, blanches et bleues.

MAURICE UTRILLO ® *'Delstavo'*
Hybride moderne

0,8/1 m 0,8/1 m R

Ce buisson d'aspect irrégulier, à la silhouette décontractée, est garni d'un feuillage vert semi-mat.

Obtenteur : Delbard, 2003.

Floraison : de juin aux gelées, les fleurs sont portées en bouquets irréguliers bien ouverts. Les corolles amples, de 8 à 10 cm de diamètre, semi-doubles, sont formées d'une trentaine de pétales joliment juponnés, qui mêlent dans la plus grande fantaisie rouge fraise, rose framboise, jaune citron, crème et blanc. Certaines fleurs sont franchement panachées, d'autres semblent éclaboussées de couleurs, comme sur la palette d'un peintre.

Parfum : bien présent, aux dominantes vertes où l'on retrouve de fines nuances de sous-bois (mousse et champignon).

Particularités : bonne tenue en bouquet.

Utilisations : en massif, en groupe de 3 à 5 sujets, avec des fleurs jaunes

Notre conseil : ne taillez pas trop court.

'Maurice Utrillo'

'Spot Meillandina'

'Mermaid'

MEILLANDINA ®
Rosier miniature

25/35 cm 15/20 cm R

C'est la toute première génération de mini-rosiers au feuillage vert sombre et fleurs très nombreuses.

Obtenteur : Meilland, 1975. Parents : 'Rumba', 'Dany Robin', 'Fire King'.

Floraison : en juin et septembre, les fleurs très doubles, de 4 à 6 cm de diamètre, recouvrent entièrement le feuillage.

Particularités : la série des Meillandina a vite formé une famille aux nombreux coloris. Résistants au froid et de bonne tenue, ce sont des rosiers bien fournis, arrondis, au feuillage sain. 'Climbing Orange Meillandina', 'Meijikatarsar' sont des mutations grimpantes de la variété 'Orange Meillandina', découvertes en 1986 (1,5 m).

Utilisations : en bordure, pour souligner un massif ou une allée, ou en jardinière.

Notre conseil : nettoyez régulièrement les fleurs fanées pour obtenir une production continue. Arrosez par temps sec.

MERMAID
Hybride de Rosa bracteata

5/8 m 3/4 m R

Ce très grand rosier au feuillage vert sombre, presque persistant, forme des rameaux très épineux.

Obtenteur : Paul, 1918. Parents : *Rosa bracteata* croisé avec 'Mme de Tartas', un rosier Thé à fleurs jaunes.

Floraison : de juillet à septembre, les corolles simples, à 5 pétales, d'un jaune canari clair très doux, qui atteignent de 10 à 15 cm de diamètre, laissent admirer leur bouquet d'étamines ambrées. Il persiste sur le rosier après la chute des pétales.

Parfum : léger, à odeur de rose Thé.

Particularités : vigoureux, de culture facile, s'il se plaît à l'ombre et au soleil, 'Mermaid' aime la chaleur. Il peut périr s'il est soumis à de fortes gelées (-10 °C). Il vient aussi très bien en bord de mer, protégé du vent. Il apprécie un sol frais l'été.

Utilisations : palissé sur une grille, une tonnelle, une pergola, un porche, dans la ramure d'un arbre ou le long d'un grand mur dans une région au climat doux. Il fait aussi un beau buisson isolé sur pelouse.

Notre conseil : surveillez le feuillage car il est assez sensible aux maladies. En fin d'été, éliminez les tiges âgées et en surnombre. Taillez sévèrement pour équilibrer et réduire la végétation exubérante.

MICHÈLE MORGAN ® *'Delsamros'*
Hybride de Thé

0,7/1 m 60/80 cm R

Charme, distinction, et fraîcheur pour ce buisson vigoureux, au port souple, bien épanoui et florifère.

Obtenteur : Delbard, 1997.

Floraison : de juin à septembre, le bouton conique, quasiment blanc, s'ouvre en une coupe de 8 à 12 cm de diamètre, très double, divisée en quartiers, qui évoque une pivoine. La corolle est composée de 80 pétales blanc nacré, légèrement nuancés de rose, qui pâlissent en vieillissant.

Parfum : subtil, poivré, frais, très féminin.

Particularités : le feuillage vert foncé, résistant aux maladies, valorise bien la fleur. C'est une variété spectaculaire, formant des bouquets généreux.

Utilisations : en massifs, dans une composition gracieuse et romantique avec des plantes vivaces (delphiniums, ancolies, marguerites d'automne) ou des clématites.

Notre conseil : exposez ce rosier à la mi-ombre légère afin d'éviter que le soleil ne fasse passer sa couleur très tendre.

'Michèle Morgan'

MME A. MEILLAND
Hybride de Thé

80 cm/1,3 m 70 cm/1 m R

D'une grande vigueur, ce rosier buisson aux feuilles vert foncé est à l'origine de très nombreuses variétés.

Obtenteur : Meilland, 1939. Parents : croisements complexes de 'G. Dickson', 'Souvenir de Claudius Pernet', 'Joanna Hill', 'Charles P. Kilham', 'Margaret Mc Gredy'.

Floraison : de juin à octobre, des coupes délicatement ciselées, de 10 à 15 cm de diamètre, amples, turbinées, arrondies, aux 40 à 45 pétales ondulés, se parent d'un dégradé de jaune crème au jaune canari, ourlé de rose et de carmin, s'intensifiant jusqu'au rouge pâle avec l'âge. Par temps froid, le coloris jaune est plus intense.

Particularités : c'est la plus célèbre rose du monde, offerte en 1945 aux délégués des

'Mme Antoine Meilland'

pays qui constituèrent l'ONU, elle est aussi connue sous le nom de 'Peace'. 'Mme A. Meilland' a été la première variété a être honorée du titre de 'World Favourite Rose' par la Fédération mondiale des rosiéristes. Elle a été accueillie dans le « Rose Hall of Fame » de la Fédération mondiale des sociétés de roses en 1976.

Utilisations : massifs, fleurs coupées.

Notre conseil : taillez modérément pour obtenir un buisson ample et plus haut.

NEIGE D'AVRIL
Hybride de Rosa multiflora

4/5 m 3/4 m NR

Ce rosier aux longs rameaux souples couverts d'un feuillage vert brillant est peu épineux, mais très florifère.

Obtenteur : Robichon, 1908.

Floraison : c'est un des tout premiers à fleurir parfois début avril. Les jolies corolles semi-doubles, assez plates, de 4 à 5 cm de diamètre, blanc pur, laissent les étamines jaune d'or bien apparentes. Elles couvrent le rosier pendant 3 semaines.

'Neige d'Avril'

Parfum : léger, frais, aux notes anisées.

Particularités : peu sensible aux maladies, vigoureux, il s'accommode de la mi ombre et des sols pauvres ou humides.

Utilisations : palissé sur un treillage, une tonnelle, un mur ou une pergola.

Notre conseil : c'est un des meilleurs grimpants pour un emplacement au nord, dans une situation bien dégagée.

'Nevada'

NEVADA
Hybride de Rosa moyesii

1,5/2,2 m 2,5 m R

Ce rosier forme un bel arbuste aux longs rameaux souples et arqués qui retombent parfois jusqu'au sol.

Obtenteur : Pedro Dot, 1927. Parents : 'La Giralda' et *Rosa moyesii*.

Floraison : en mai-juin, les branches portent, sur toute leur longueur, de généreuses guirlandes de fleurs simples de 10 à 12 cm de diamètre. D'abord blanc crème teinté de jaune, elles évoluent en nuances rosées. Les étamines jaune d'or sont apparentes.

Particularités : vers la fin de l'été, les fleurs se parent de nuances roses encore plus nettes. Cette anomalie a donné naissance à 'Marguerite Hilling', identique à 'Nevada' mais d'une exceptionnelle couleur rose bien ancrée dans les pétales.

Utilisations : buisson à isoler, clôture.

Notre conseil : en mars, taillez pour équilibrer la ramure et limiter la croissance.

NEW IMAGINE ® *'Dormelo'*
Hybride de Thé

80 cm/1 m 60/80 cm R

Ce magnifique buisson au port bien érigé est très original avec ses fleurs striées couleur chocolat.

Obtenteur : François Dorieux, 2004.

Floraison : de mai aux gelées, les boutons solitaires, portés par une tige vigoureuse, sont arrondis, rouge foncé, tirant au grenat. Ils s'épanouissent en une fleur de 8 à 10 cm de diamètre, bien dessinée, juponnée, formée de 35 à 40 pétales, d'un rouge sombre strié de rose carmin et de blanc.

'New Imagine'

Particularités : la fleur présente une bonne résistance aux intempéries.

Utilisations : massifs avec des fleurs blanches ou rose pâle et des feuillages argentés. Excellente tenue en fleur coupée.

Notre conseil : taillez court en mars.

NICCOLO PAGANINI ® *'Meicarma'*
Floribunda

70/90 cm 60/80 cm R

Ce buisson régulier, vigoureux, au feuillage vert moyen, se couvre d'une profusion de fleurs rouges.

Obtenteur : Meilland, 1991.

Floraison : de juin aux gelées, de gros bouquets composés de 6 à 12 fleurs d'un rouge cardinal soutenu, avec des reflets veloutés. Les corolles, de 7 à 8 cm de diamètre, sont formées de 45 à 50 pétales.

Parfum : très doux, vanillé, intéressant.

Particularités : une très forte résistance aux maladies. Il existe aussi en tige.

Utilisations : massifs, bouquets éclatants.

Notre conseil : coupez les fleurs fanées avec 3 feuilles, pour favoriser la remontée.

'Niccolo Paganini'

'Nicole Mioulane'

NICOLE MIOULANE ® *'Masnimi'*
Hybride moderne

1/1,2 m 1/1,2 m R

Ce buisson opulent et très féminin au port érigé, mais décontracté, est pourvu d'un feuillage vert tendre.

Obtenteur : Guillot-Massad, 2004.
Floraison : de juin aux gelées, des bouquets généreux de 3 à 7 fleurs. Les boutons allongés, ovoïdes, jaune abricot ombré de rose, s'ouvrent en coupes de 8 à 10 cm de diamètre, d'un tendre pêche abricot ambré qui rosit au soleil pour finir ivoire. L'intérieur de la fleur est plus intense, en dégradé d'orange vers le jaune clair.
Parfum : doux, très féminin, sensuel et raffiné, la rose domine, avec des nuances fruitées où l'on devine l'abricot.
Particularités : le charme romantique des roses anciennes avec la solidité et la remontée des roses modernes. Le coloris évolutif fait l'originalité de cette variété.
Utilisations : massifs, bouquets.
Notre conseil : traitez ce rosier comme un arbuste, en le taillant juste pour en équilibrer la ramure à la sortie de l'hiver.

NUAGE PARFUMÉ ® *'Tauna'*
Hybride de Thé

80 cm/1,3 m 70 cm/1 m R

Ce buisson au port assez irrégulier, porte un feuillage vert sombre, bien en harmonie avec les fleurs.

Obtenteur : Tantau, 1963. Parents : un semis inconnu et 'Prima Ballerina'.
Floraison : de mai aux gelées des coupes de 8 à 10 cm de diamètre, rouge corail

'Nuage Parfumé'

brillant, qui évolue en rouge vineux. Les corolles bien doubles, formées de 25 à 30 pétales imbriqués, sont solitaires à la première floraison, mais forment de gros bouquets lors de la remontée.
Parfum : riche, intense, agréable.
Particularités : très rustique, il préfère toutefois les situations ensoleillées. « Rose préférée du monde » en 1981.
Utilisations : massifs libres, bouquets.
Notre conseil : surveillez souvent l'état du feuillage, car 'Nuage Parfumé' se montre sensible à l'oïdium et au marsonia.

ORANGE SENSATION
Floribunda

70/80 cm 60 cm R

Un buisson vigoureux, couvert d'un feuillage vert moyen qui fait bien ressortir l'éclat coloré des fleurs.

Obtenteur : De Ruiter, 1961. Parents : croisement de 'Amor' et de 'Fashion'.
Floraison : de juin à octobre, des bouquets de corolles arrondies, de 4 à 8 cm de diamètre, composées de 24 à

'Orange Sensation'

'Palace'

30 pétales, rouge orangé, avec le bord qui tend au vermillon. Un effet très lumineux.
Parfum : très léger, doux, fruité.
Particularités : ce rosier s'accommode de tous les sols et de toutes les situations.
Utilisations : massifs, bordures.
Notre conseil : taillez court au printemps.

PALACE ®
Rosiers miniatures

20/60 cm 25/35 cm R

Ce groupe de petits rosiers d'une génétique nouvelle est destiné à la culture en pot, même à la maison.

Obtenteur : Poulsen, 1999
Floraison : durant 3 à 4 semaines, puis de façon plus épisodique. Les fleurs de 5 à 8 cm de diamètre, aux 15 à 30 pétales, forment d'abord un bouton bien turbiné, puis elles s'ouvrent en coupe. Les coloris vont du rouge moyen au blanc ivoire, en passant par le jaune, le rose, l'orange, l'abricot et divers mélanges.
Particularités : ces rosiers ne sont pas greffés, il leur faut un très bon sol.
Utilisations : potées, bordures.
Notre conseil : arrosez bien.

PAPA MEILLAND ® *'Meicesar'*
Hybride de Thé

80 cm/1 m 60/80 cm R

C'est le parfum exceptionnel de ses fleurs qui vaut à cette variété assez fragile un succès sans faille.

'Papa Meilland'

Obtenteur : Meilland, 1963. Parents : 'Chrysler Imperial' et 'Charles Mallerin'.
Floraison : de juin à octobre, de longues tiges portent des fleurs solitaires aux formes pleines, de 7 à 12 cm de diamètre, bien turbinées, aux 35 pétales qui s'enroulent sur eux-mêmes. Son cramoisi velouté foncé aux nuances irisées a fait la célébrité de cette rose, aux reflets noir bleuté.
Parfum : intense, profond, sans égal. Une odeur fruitée, rosée avec quelques notes citronnées dont on ne se lasse pas.
Particularités : un buisson vigoureux mais assez peu résistant aux attaques d'oïdium.
Utilisations : massifs, bouquets.
Notre conseil : plantez à l'abri du soleil direct et du froid, dans une terre riche.

PATTE DE VELOURS ® *'Meicarma'*
Rosier arbustif ® 'Meimater'

60 cm/1,2 m — 70 cm/1 m — R

Appartenant à la catégorie des rosiers de paysage, c'est le premier vrai rosier moderne sans épines.

Obtenteur : Meilland, 1999.

'Patte de Velours'

Floraison : ininterrompue de mai à octobre et abondante. D'abord blanc crème, ombré de rose vénitien, la teinte évolue en blanc plus pur et rose orient nuancé. Les bouquets de 6 à 15 fleurs portées par des pédoncules rigides donnent des boutons globulaires de 2 cm de long, qui s'ouvrent en coupes de 7 à 8 cm de diamètre, composées de 45 à 50 pétales.
Particularités : seules quelques grosses branches présentent de rares aiguillons à la base. Le port buissonnant, très décontracté, ne demande aucune taille.
Utilisations : grands massifs, talus.
Notre conseil : associez ce rosier à des graminées pour un ensemble très gai.

'Paul Cézanne'

PAUL CÉZANNE ® *'Jacdeli'*
Hybride de Thé

60/70 cm — 50 cm — R

Ce petit rosier buisson offre des fleurs magnifiques et lumineuses sur un feuillage vert clair.

Obtenteur : Jackson & Perkins, 1992.
Floraison : en juin et octobre, les coupes de 6 à 8 cm de diamètre aux 30 pétales, naissent presque jaunes, puis se ponctuent de touches blanches, orange, roses et ocre. On constate une très grande variation de coloris sur le même rosier, ce qui fait tout le charme de cette variété.
Parfum : envoûtant, avec des notes d'orange, de poire, d'orgeat et de cannelle.
Particularités : un port compact, une bonne remontée tardive. Ce rosier d'aspect très moderne est vraiment lumineux.
Utilisations : massifs bas, bordures. Il convient bien en bac, sur une terrasse.
Notre conseil : plantez assez serré au moins 5 plants, pour obtenir des taches aux variations de couleur magnifiques.

PAUL NEYRON
Hybride remontant

1,5/2 m — 0,9/1,2 m — R

Un bel arbuste vigoureux, dont les rameaux au feuillage vert brillant fleurissent comme des pivoines.

Obtenteur : Levet père, 1869. Parents : 'Anna de Diesbach' et 'Victor Verdier'.
Floraison : en juin, puis en septembre, les fleurs de 10 à 14 cm de diamètre, très doubles, aplaties, comptant jusqu'à 50 pétales ondulés, sont divisées en quartiers et portées par un pédoncule solide. Rose à reflet lilas, avec le revers d'un rose plus pâle, cette teinte particulière est désignée sous le nom de « rose Neyron ».
Parfum : présent, classique de la rose.
Particularités : peu difficile sur la nature du sol, il forme un arbuste généreux.
Utilisations : massifs, haies fleuries.
Notre conseil : associez-le à des vivaces bleues de grande taille (delphinium). Ne taillez pas durant 3 ou 4 ans, puis rabattez sévèrement en février pour rajeunir.

'Paul Neyron'

'Paul Noël'

PAUL NOËL
Hybride de Rosa wichuraiana

5/6 m | 3/4 m | NR

Ce magnifique rosier aux longs rameaux souples est couvert d'un feuillage vert très sain et brillant.

Obtenteur : Tanne, 1913. Parents : *Rosa wichuraiana* et 'Monsieur Tillier'.

Floraison : dès le début juin apparaissent pour 3 semaines de nombreuses fleurs de 4 à 6 cm de diamètre, réunies en bouquets. Elles sont très doubles, pendantes, vieux rose et rose saumoné, avec une petite touche de jaune à la base.

Particularités : un rosier peu difficile sur la nature de la terre. Veillez à ce qu'il ne manque pas d'eau durant tout l'été.

Utilisations : colonne, arche, tonnelle, pergola, grande clôture, couvre-mur.

Notre conseil : palissez seulement la base des rameaux pour laisser pendre gracieusement les pousses garnies de fleurs.

'Paul Ricard'

PAUL RICARD ® *'Meinivoz'*
Hybride de Thé

0,9/1,2 m | 0,7/1 m | R

Ce rosier au port plutôt arbustif et aux tiges érigées, puissantes, porte un feuillage sain, vert moyen mat.

Obtenteur : Meilland, 1990. Parents : croisements complexes de 'Michel Hidalgo', 'Mischief' et 'Ambassador'.

Floraison : de juin à septembre, des fleurs solitaires de 10 à 12 cm de diamètre, joliment dessinées, bien doubles, s'épanouissent en coupe creuse d'un jaune ambré, s'ombrant de rose en vieillissant.

Parfum : puissant, épicé, il s'exprime avec des nuances anisées, ce qui, avec sa couleur « pastis », lui a valu son nom.

Particularités : très rustique, ce rosier peut être cultivé dans des régions froides. Médaille d'or à Rome en 1990, Prestige de la rose à Lyon en 1991. Rose AJJH 1994.

Utilisations : massifs sur un fond sombre.

Notre conseil : en été, arrosez copieusement pour favoriser la floraison.

PAUL'S HIMALAYAN MUSK RAMBLER
Hybride de Rosa moschata

8/12 m | 6/8 m | NR

Vigoureux et florifère, ce rosier développe de longs rameaux souples et crochus, aux feuilles vert mat.

Obtenteur : Paul, 1916.

Floraison : à partir de mi-juin et pour trois semaines, des bouquets de fleurs en pompons très doubles, de 2 à 4 cm de diamètre. Rose lilacé à l'ouverture, la corolle devient blanche en vieillissant. Elle paraît un peu échevelée, mais l'ensemble donne l'impression de généreuses guirlandes.

'Paul's Himalayan Musk Rambler'

Particularités : comptant parmi les plus puissants rosiers lianes, il accepte la mi-ombre, les terres humides et pauvres.

Utilisations : habillage des grandes façades, des murs aveugles, des clôtures solides ou palissage dans un arbre.

Notre conseil : taillez sans remords après la floraison pour stimuler la formation de jeunes pousses qui fleuriront l'an prochain. Vérifiez la solidité du support.

PAUL'S SCARLET CLIMBER
Hybride de Rosa wichuraiana

3/5 m | 2/3 m | NR

Ce rosier grimpant assez ample porte de longs rameaux parés de larges feuilles vert foncé et mat.

Obtenteur : Paul, 1915. Parents : 'Rêve d'Or' et 'Paul's Carmine Pillar'.

'Paul's Scarlet Climber'

Floraison : de mi-juin à début juillet, d'opulents bouquets de fleurs semi-doubles en coupe, de 4 à 8 cm de diamètre, aux pétales ondulés, d'un rouge écarlate étonnamment lumineux.
Particularités : le feuillage disparaît sous la floraison. Ce rosier vient bien dans tous les types de sols et à mi-ombre.
Utilisations : pylônes, grandes tonnelles, arceaux, pergola, porches, arceaux.
Notre conseil : surveillez le feuillage car il est assez sensible aux attaques d'oïdium.

PETITE DE HOLLANDE
Rosier centfeuilles

1,2/1,5 m 1/1,2 m NR

Ce buisson compact et très ramifié est couvert de nombreuses petites fleurs et d'un feuillage vert vif.
Obtenteur : origine inconnue, il était cultivé en Hollande avant 1840.
Floraison : courant juin, de nombreux bouquets de boutons bien ronds s'ouvrent en petites coupes arrondies, très doubles, de 3 à 6 cm de diamètre, roses devenant plus foncées au centre. Elles laissent apparaître l'œil central d'étamines jaunes.
Parfum : puissant, délicat, féminin.
Particularités : rustique, il s'adapte à tous les sols et toutes les expositions. Un rosier ancien bien adapté aux petits jardins.
Utilisations : petits massifs, buisson isolé, haie basse. Très bonne tenue en bacs
Notre conseil : taillez en douceur après la floraison pour équilibrer et rajeunir la ramure, tout en l'aérant bien.

'Petite de Hollande'

PHILIPPE NOIRET ® *'Meizoele'*
Hybride de Thé

80 cm/1 m 60/80 cm R

Buisson érigé, mais bien ramifié, très vigoureux, il est couvert d'un feuillage vert foncé, semi-mat.
Obtenteur : Meilland, 1996.
Floraison : de juin à octobre, les fleurs bien ciselées, arrondies, en coupe épanouie de 8 à 12 cm de diamètre, aux 35 à 40 pétales, sont jaune clair, en dégradé de rose et bordé d'un fin liseré rouge.
Particularités : rustique, très résistant aux maladies, il existe aussi en tige. Prestige de la rose à Lyon 1999, AARS (*All American Roses Selection*) 2001.
Utilisations : massifs, bouquets.
Notre conseil : associez-le à des fleurs bleu foncé : *Verbena bonariensis*, aster.

'Philippe Noiret'

PIERRE DE RONSARD ® *'Jacdeli'*
Hybride moderne

1,5/3 m 1/2 m R

Avec ses allures de rosier ancien et son feuillage très sombre, ce très robuste rosier est magnifique.
Obtenteur : Meilland, 1986. Parents : 'Kalinka', 'Haendel', 'Danse des Sylphes'.
Floraison : en juin-juillet, puis épisodiquement jusqu'en automne, solitaires ou portées par trois, s'épanouissent des corolles sphériques de 8 à 10 cm de diamètre, aux pétales spiralés, serrés, d'un blanc laiteux

'Pierre de Ronsard'

à peine nuancé de rose incarnat sur le cœur et le bord des pétales. Le centre de la corolle est d'un ton plus soutenu.
Parfum : très léger, jeune et frais.
Particularités : rustique, ce rosier apprécie les situations plutôt ensoleillées.
Utilisations : clôture, tonnelle, le long d'un escalier, avec des roses anglaises.
Notre conseil : en avril, apportez un bon engrais car il aime les terres fertiles.

PIERRE LAROUSSE ® *'Meimarène'*
Hybride de Thé

0,8/1 m 60/80 cm R

Ce buisson vigoureux, érigé, peu épineux, se pare d'un feuillage très dense d'un vert franc, mat.
Obtenteur : Meilland, 2004.
Floraison : de juin à octobre, solitaires ou par trois sur une longue hampe rigide, les boutons coniques de 2 cm de long s'ouvrent en coupe épanouie de 12 à 14 cm de diamètre, composée d'au moins 50 pétales légèrement ondulés, rouges.
Parfum : très puissant, fruité, profond.
Particularités : résistant aux maladies.
Utilisations : massifs, bouquets.
Notre conseil : taillez court en mars pour renouveler la ramure chaque année.

'Pierre Larousse'

'Pink Grootendorst'

'Président de Sèze'

PINK GROOTENDORST
Hybride de Rosa rugosa

1,2/1,8 m — 1,2 m — R

Toujours en vogue, cette variété ancienne forme un grand buisson au feuillage moyennement touffu.

Obtenteur : Grootendorst, 1923.

Floraison : de juin à octobre, les bouquets de rosettes de 2 à 4 cm de diamètre, qui ressemblent à des œillets, sont roses avec des pétales dentelés ou frangés.

Particularités : compact, arbustif, rustique, il se montre sensible aux attaques des pucerons et des araignées rouges.

Utilisations : haies libres, grands massifs, en groupe le long d'une grille, avec des vivaces mauves, bleues et blanches.

Notre conseil : plantez à mi-ombre dans un sol riche et frais. Inutile de tailler.

PRÉSIDENT DE SÈZE
Hybride de Rosa gallica

1/1,3 m — 80 cm/1 m — NR

Ce rosier ancien, arbustif, arrondi, est couvert d'un beau feuillage vert clair grisâtre, très dense.

Obtenteur : Mme Hébert, 1836.

Floraison : en juin, des rosettes très doubles, découpées en quartiers, de 6 à 10 cm de diamètre, rose pourpré au centre, lilas sur le pourtour, souligné de magenta soutenu. Elles prennent une forme assez bombée, les pétales s'enroulant en spirale autour du centre.

Parfum : très agréable sans être trop fort.

Particularités : les rameaux se plient avec grâce sous le poids des fleurs.

Utilisations : massifs, bacs sur terrasse.

Notre conseil : traitez avec un fongicide au printemps. Taillez après la floraison pour équilibrer la forme.

PRINCESSE DE MONACO ® *'Meimagarmic'*
Hybride de Thé

0,7/1 m — 60/80 cm — R

Ce rosier buisson au port érigé, étroit mais très vigoureux, se pare d'un feuillage sain, vert sombre.

Obtenteur : Meilland, 1981. Parents : 'Ambassador', 'Mme Antoine Meilland'.

Floraison : en juin et en septembre, les tiges uniflores portent des corolles de 8 à 12 cm de diamètre, turbinées, doubles, formées de 30 pétales d'un teint laiteux, bordés de rouge amarante.

'Princesse de Monaco'

Parfum : très léger, doux, féminin.

Particularités : cette variété est assez sensible au froid. Elle est souvent attaquée par l'oïdium et le marsonia, des traitements préventifs sont obligatoires.

Utilisations : massifs, bouquets.

Notre conseil : réservez cette rose aux jardins abrités et toujours ensoleillés. Ne plantez pas trop serré pour éviter la propagation des maladies par temps humide.

PROVENCE ® *'Dorlina'*
Hybride de Thé

0,8/1 m — 60/80 cm — R

Ce beau rosier buisson se couvre de feuilles vert sombre, qui font ressortir sa floraison blanche.

Obtenteur : François Dorieux, 1991.

Floraison : de juillet à l'automne, des fleurs bien turbinées, de 12 à 15 cm de diamètre, composées de 45 à 50 pétales, d'un blanc pur sur le bord des pétales, avec quelques nuances de jaune vers le cœur.

Parfum : puissant au lever du soleil, avec une dominante de vanille, enrichie d'une symphonie de notes citronnées.

Particularités : le début de la floraison est assez tardif, mais elle se prolonge bien en automne. Assez sensible au marsonia.

Utilisations : massifs, fleurs coupées, les tiges solides et droites tiennent bien.

Notre conseil : utilisez ce rosier pour adoucir la puissance des rouge foncé.

'Provence'

'Queen Elizabeth'

QUEEN ELIZABETH ® *'Meimarène'*
Floribunda

1/1,7 m — 80 cm/1,2 m — R

Son aptitude à s'adapter à toutes les conditions de végétation fait de ce rosier un des plus appréciés.

Obtenteur : Lammerts, 1954. Parents : 'Charlotte Armstrong', 'Floradora'.
Floraison : de juin à Noël, des fleurs bien dessinées, de 10 à 14 cm de diamètre, portées par de longues tiges presque inermes (sans épines), souvent pluriflores. Très doubles, arrondies, les corolles sont composées de 35 à 40 pétales rose pur, avec parfois une légère nuance carminée.
Particularités : 'Queen Elizabeth' se plaît à mi-ombre et vient bien en toutes conditions de sol et de climat. AARS 1955, « Rose préférée du monde » en 1979.
Utilisations : fond de massif, haie fleurie.
Notre conseil : rajeunissez régulièrement les branches de ce rosier très vigoureux.

RAMBLING RECTOR
Hybride de Rosa multiflora

7/10 m — 5/6 m — NR

Plein de tonus, il porte des tiges épineuses et un feuillage vert clair mat, duveteux en dessous.

Obtenteur : inconnu, vendu dès 1912.
Floraison : en juin, les branches d'un an se couvrent de gros bouquets formés de fleurs semi-doubles de 2 à 4 cm de diamètre, blanc ivoire à étamines jaunes.

Rambling Rector'

Parfum : très prononcé, fruité.
Particularités : il est peu difficile sur le sol et l'exposition, abondante fructification automnale. Une vigueur exceptionnelle.
Utilisations : couvre-mur, clôture, tonnelle, pergola, palissé dans un arbre.
Notre conseil : évitez de le planter sur un lieu de passage en raison de ses nombreux aiguillons très acérés. Taillez sans retenue.

RED PARFUM ® *'Everepra'*
Hybride de Thé grimpant

3/4 m — 2 m — R

Ce rosier grimpant au port rigide et au feuillage vert sombre peut aussi être laissé en forme libre.

Obtenteur : André Eve, 1972.
Floraison : en juin, puis en septembre, des bouquets de fleurs de 5 à 8 cm de diamètre, en coupe épanouie pas trop serrée, aux 25 à 30 pétales, se parent d'un coloris exquis, rouge grenat velouté.

'Red Parfum'

Parfum : très important et tenace.
Particularités : peu difficile sur la nature du sol, il réussit bien à mi-ombre et supporte les fortes chaleurs. Taillez au printemps assez court les rameaux latéraux. Effectuez une première taille de nettoyage en juillet, après la première floraison.
Utilisations : colonne, clôture, pergola, buisson isolé, haie libre.
Notre conseil : coupez les fleurs fanées pour favoriser la remontée de la floraison.

RHAPSODY IN BLUE ® *'Fantasia'*
Rosier arbustif ®

1/1,2 m — 70/90 cm — R

Un buisson assez touffu au port arrondi, qui porte de nombreux bouquets tirant sur le bleu.

Obtenteur : Cowlishaw 1999.
Floraison : en juin, puis en septembre, des ombelles de roses semi-doubles d'un mauve très intense qui évolue vers le bleu violacé ou le pourpre. Les coupes de 6 à 8 cm de diamètre s'ouvrent largement, montrant une petite touche blanche sur le cœur et le bouquet d'étamines jaune d'or.
Parfum : intense, profond, enivrant.
Particularités : une végétation très érigée. « Rose de l'année » en Angleterre en 2003. Bonne résistance aux maladies.
Utilisations : massif, haie, bouquet.
Notre conseil : taillez court dès février car il fleurit sur les nouvelles pousses.

'Rhapsody in Blue'

'Robin Hood'

ROBIN HOOD
Hybride de Rosa moschata

1/1,3 m · 1 m · R

Ce rosier arbustif buissonnant au port décontracté est garni d'un feuillage vert foncé très solide.

Obtenteur : Pemberton, 1927.

Floraison : de juin à octobre, des bouquets de fleurs de 2 à 4 cm de diamètre, semi-doubles, inodores, réunies en larges bouquets, d'un rouge écarlate cramoisi à rouge cerise éclairé de blanc au centre.

Particularités : il supporte la mi-ombre. Végétation très naturelle, croissance rapide. Bonne résistance aux maladies.

Utilisations : haie libre, massif avec des arbustes à fleurs, bac sur terrasse.

Notre conseil : associez-le à des arbustes à fleurs bleues *(Perovskia, Caryopteris)* et à des feuillages dorés pour un bel effet.

ROSA x ALBA SEMIPLENA
Rosier botanique

1,8/2,5 m · 1,5/2 m · NR

Connu depuis l'Antiquité, ce rosier forme un buisson bien dressé, très touffu, aux feuilles gris-vert mat.

Origine : inconnue, naturalisé au Moyen Orient, en Palestine et en Europe du Sud, introduit en Europe au XVIe siècle.

Floraison : en juin, des coupes semi-doubles, de 5 à 8 cm de diamètre, blanc pur, exposent leurs étamines jaune d'or.

Rosa x *alba* 'Semiplena'

Parfum : prononcé, délicat, l'essence de cette rose est utilisée en parfumerie.

Particularités : fruits rouges décoratifs en automne. Très résistant au froid.

Utilisations : haies libres défensives, l'épaisseur du buisson peut atteindre 1,5 m.

Notre conseil : ne taillez pas ce rosier pour laisser libre cours à son exubérante végétation. Fertilisez généreusement en avril et arrosez par temps sec en été.

ROSA BANKSIAE 'LUTEA'
Rosier botanique

8/15 m · 4/8 m · NR

Cet immense rosier grimpant porte un feuillage semblable à celui du jasmin et une floraison très précoce.

Origine : ouest et centre de la Chine. Il fut introduit en Angleterre pour la première fois en 1824 par John Parks.

Floraison : début mai, des bouquets de fleurs échancrées, en rosette, de 1 à 3 cm de diamètre, doubles, jaune clair.

Rosa banksiae 'Lutea'

Parfum : la forme à fleurs jaunes 'Lutea' est pratiquement inodore, tandis que l'espèce d'origine à fleurs blanches exhale une étonnante senteur de violette, subtile, raffinée, bien présente.

Particularités : moins frileux que l'espèce type, 'Lutea' doit être protégé des gelées (gélif à -8 °C) pour une floraison généreuse. Il vient bien à mi-ombre et porte un feuillage persistant dans les jardins du Midi.

Utilisations : couvre-mur, pylône, pergola, tonnelle, porche, grands arceaux.

Notre conseil : ailleurs que dans le Midi, il lui faut le plein soleil pour fleurir. Ne taillez que le vieux bois en juillet.

ROSA x CENTIFOLIA
Rosier botanique

1,2/1,6 m · 1/1,3 m · NR

Cet arbuste buissonnant aux tiges souples, qui porte un feuillage vert clair, est aussi appelé 'Rose Chou'.

Origine : sans doute un croisement réalisé en Hollande au XVIe siècle.

Floraison : fin mai, le bouton rond, globuleux, très double, s'ouvre en coupe creuse au centre. Les pétales d'un rose soutenu s'éclairent en vieillissant.

Parfum : puissant, captivant, aux nuances sucrées et vanillées, surtout le soir.

Particularités : port semi-pleureur dû au poids des fleurs. *Rosa* x *centifolia* 'Muscosa' est appelé rosier « mousseux », en raison de ses nombreuses soies glanduleuses.

Utilisations : massif naturel, haie libre.

Rosa x *centifolia*

Rosa gallica 'Complicata'

Notre conseil : coupez les fleurs fanées. Taillez sévèrement le buisson en août, pour qu'il reste compact et se tienne bien.

ROSA GALLICA
Rosier botanique

1/1,6 m — 0,7/1,2 m — NR

C'est le « rosier de Provins » au feuillage gris-vert, mat, qui peut former un beau buisson libre.

Origine : Europe du Sud et centrale jusqu'aux confins de l'Asie. C'est l'ancêtre de la majeure partie des rosiers modernes.
Floraison : en juin, des corolles de 8 à 12 cm de diamètre, rose vif ou rouges à onglet blanc, simples et solitaires.
Parfum : la fragrance délicate et d'une rare richesse s'évanouit en cours de journée.
Particularités : fruits rouges, ronds et brillants en automne. Il existe plusieurs variétés comme 'Complicata', à fleurs roses et rameaux souples, 'Officinalis', très parfumé, 'Versicolor', semi-double, strié.
Utilisations : en massifs, avec des vivaces ou des arbustes à fleurs de toutes couleurs.
Notre conseil : taillez après la floraison.

ROSA MOYESII 'GERANIUM'
Rosier botanique

1/3 m — 1/2 m — NR

Ce grand buisson forme des tiges anguleuses, souples et arquées, couvertes d'un feuillage vert clair.

Rosa moyesii 'Geranium'

Obtenteur : un semis de *Rosa moyesii* type, effectué au jardin de Wisley en 1938 par la *Royal Horticultural Society*.
Floraison : en juin, des coupes simples, de 6 à 8 cm de diamètre, bien dessinées, largement ouvertes, d'un rouge orangé brillant, laissent apparaître une belle couronne d'étamines jaune d'or.
Particularités : en automne, il porte des fruits allongés, rouge foncé. Ce rosier croît bien en sol pauvre et à mi-ombre.
Utilisations : en grands massifs isolés.
Notre conseil : placez-le en arrière-plan de plantes vivaces jaunes et bleues.

ROSA RUGOSA
Rosier botanique

1,5/2 m — 1,5 m — R

Ce rosier doit son nom à l'abondance de ses épines et à l'aspect rugueux de ses feuilles, vert moyen.

Origine : de l'est de la Russie, jusqu'au nord de la Chine, en Corée et au Japon. *Rosa rugosa* a été introduit en Europe à la fin du XVIIIe siècle (1784).

Rosa rugosa

Floraison : de juin à octobre, des corolles simples, de 8 à 12 cm de diamètre, blanc pur ou du rose vif au rouge pourpre chez les cultivars, aux pétales chiffonnés et aux étamines saillantes jaune tendre.
Parfum : présent, délicat, raffiné.
Particularités : arbustif, compact, à la végétation rigide et dense. Très résistant au gel et au vent, il convient aussi au bord de mer. Bonne résistance à la pollution. Il émet de nombreux rejets qui permettent de le multiplier facilement. Fruits d'un rouge très intense en automne.
Utilisations : massif, haie, clôture, talus.
Notre conseil : utilisez-le pour former une haie défensive car le buisson très épineux est vraiment impénétrable.

ROSA SERICEA 'PTERACANTHA'
Rosier botanique

1,5/2,5 m — 1/2 m — NR

Avec son feuillage ressemblant un peu à celui d'une fougère et ses aiguillons ailés, c'est une curiosité.

Origine : ouest de l'Himalaya, ce rosier a été introduit en Europe en 1890. On l'appelle aussi *Rosa omeiensis*.
Floraison : fin mai, des corolles solitaires de 3 à 4 cm de diamètre, simples, à 4 pétales blancs, crème ou jaune soufre.
Particularités : rustique, il accepte tous les sols. Fructification automnale décorative.
Utilisations : massifs, haies libres.
Notre conseil : admirez la couleur rubis des aiguillons. Rabattez le vieux bois pour provoquer l'émission de jeunes rameaux aux aiguillons très colorés.

Rosa sericea 'Pteracantha'

'Rose de Burdigala'

'Rotilia'

ROSE DE BURDIGALA ® *'Meibrelon'*
Hybride de Thé

0,8/1 m 60/80 cm R

Ce buisson trapu mais vigoureux, bien ramifié et peu épineux, porte un feuillage très dense d'un vert franc.

Obtenteur : Meilland, 2004.

Floraison : de début juin à octobre, les fleurs solitaires ou réunies en bouquets par 3 à 5, sont portées par un pédoncule rigide, assez court. Les boutons coniques, de 1 à 2 cm de long, s'ouvrent en coupes de 8 à 10 cm de diamètre, composées de 25 à 30 pétales d'un lilas pastel clair, presque translucide et très uniforme qui paraît bleu azur lorsque le ciel est voilé.

Parfum : puissant, constant, très profond, caractéristique des roses « bleues ».

Particularités : une bonne résistance aux maladies, floraison, abondante, régulière.

Utilisations : massifs, bouquets, en association avec des fleurs jaunes ou orange.

Notre conseil : taillez court au printemps pour stimuler la vigueur et la floraison.

ROTILIA ® *'Korvillade'*
Hybride moderne

60 cm 60/80 cm R

Ce petit buisson au port semi-érigé assez compact se pare d'un feuillage vert brillant très sain.

Obtenteur : Kordès, 2000.

Floraison : de mai à octobre, des bouquets opulents de petits boutons pointus, rouge foncé qui s'ouvrent sur une corolle de 8 à 10 cm de diamètre, semi-double, d'un rouge carminé clair et brillant.

Parfum : bien présent, aux tonalités délicates qui rappellent l'églantine.

Particularités : de culture facile, ce rosier d'une exceptionnelle résistance aux maladies ne nécessite aucun entretien. Médaille d'or à Dublin et Gand. Rose d'or à Courtrai et La Haye en 2003. Médaille d'argent à Madrid et Monza. ADR 2002.

Utilisations : en massif, en groupe d'au moins 10 sujets de la même variété.

Notre conseil : ce rosier de nouvelle génération ne demande pas de taille systématique. Équilibrer la silhouette suffit.

ROUGE MEILLANDÉCOR ® *'Meineble'*
Hybride moderne

60/90 cm 1,5/2 m R

Les rameaux retombants portent des cascades de fleurs, qui se détachent du feuillage vert bronze.

Obtenteur : Meilland, 1987.

Floraison : de juin aux gelées, d'innombrables corolles simples, de 3 à 5 cm de diamètre, rouge vif à œil blanc, portées en bouquets lâches et retombants.

Particularités : rameaux très épineux. Très bonne résistance aux maladies et au froid. En hiver, fruits rouges décoratifs.

Utilisations : talus, bordure de grands massifs, haie libre, rosier pleureur.

Notre conseil : plantez en plein soleil. Inutile de tailler, sauf pour l'équilibrer.

'Rouge Meillandécor'

SEAGULL
Hybride de Rosa multiflora

5/7 m 4 m NR

Un vrai rosier liane très vigoureux, dont les rameaux sarmenteux se parent de feuilles vert grisâtre.

Obtenteur : Pritchard, 1907. Parents : *Rosa multiflora* et 'Général Jacqueminot'.

Floraison : en juin, les généreux bouquets de petites fleurs en coupe simple ou semi-double de 1 à 3 cm de diamètre se succèdent durant un mois. Blanc pur, elles laissent bien apparentes les étamines dorées, très visitées par les abeilles.

Parfum : une senteur légère mais assez nette de clou de girofle et d'ananas.

Particularités : ce rosier forme de nombreux petits fruits rouge orangé, très décoratifs à l'automne.

Utilisations : habillage d'un grand arbre, d'un porche ou d'une pergola.

Notre conseil : très vigoureux, 'Seagull' a tendance à dominer les autres variétés. Taillez après la floraison pour limiter son expansion et arquez les grands rameaux.

'Seagull'

'Souvenir de Marcel Proust'

SOUVENIR DE MARCEL PROUST ® *'Delpapy'*
Hybride de Thé

0,8/1 m 60/80 cm R

Ce très beau buisson ressemble aux rosiers anciens. Il porte un beau feuillage sain, ample, vert clair.

Obtenteur : Delbard, 1992.
Floraison : de juin à septembre, des fleurs rondes, de 10 à 14 cm de diamètre, très doubles, à 35 pétales, d'un jaune lumineux légèrement soufré, qui ne blanchit pas en vieillissant. Elles s'épanouissent en coupe pleine, divisée en quartiers.
Parfum : intense, aux senteurs mélangées de citronnelle, de poire, d'abricot, de cannelle, de santal et de cidre.
Particularités : un rosier très rustique, bien ramifié, élégant, généreux et résistant bien aux maladies. Médaille d'or à Baden-Baden, Médaille d'argent à Rome et Monza. Prix du parfum à Monza.
Utilisations : massifs, bouquets. Belle association avec des fleurs violettes.
Notre conseil : ne taillez pas trop court, surtout les deux premières années.

SUPER STAR ® *'Tanorstar'*
Hybride de Thé

80 cm/1,2 m 60 cm/1 m R

Port buissonnant et fleurs portées sur de longues tiges raides, c'est un classique des rosiers pour bouquets.

Obtenteur : Tantau, 1960. Parents : 'Mme A. Meilland', 'Alpine Glow'.

'Super Star'

Floraison : de mi-juin aux gelées, de longues tiges raides uniflores portent des boutons coniques qui s'ouvrent en corolles de 10 à 12 cm de diamètre, aux 35 pétales, orange corail nuancé de rose et de saumon. Lors de la remontée, les fleurs sont souvent groupées par 3 ou 5.
Parfum : présent mais léger, agréable.
Particularités : une très grande résistance au froid. Il existe une mutation grimpante ('Tangosar', 1965), qui atteint 3 m. 'Super Star' a remporté une vingtaine de prix en Europe et aux États-Unis dont l'AARS.
Utilisations : massifs, fleurs coupées.
Notre conseil : en mars, ne taillez pas trop court car il est vigoureux (4/5 yeux).

SWANY ® *'Meiburenac'*
Hybride moderne

40/50 cm 1,5/2 m R

Ce rosier est un excellent couvre-sol en raison de ses nombreux rameaux souples qui courent en tous sens.

Obtenteur : Meilland, 1976. Parents : *Rosa sempervirens*, 'Mlle Marthe Caron'.
Floraison : du printemps à l'automne, en continu, une abondance de pompons de 3 à 5 cm de diamètre, blanc pur, aussi doubles que des roses anciennes. Les fleurs regroupées en bouquets très denses couvrent presque le feuillage.
Particularités : rustique, il accepte toutes les terres et de toutes les situations, fleurissant très bien dans un lieu ombragé.

'Swany'

Utilisations : isolé, talus, dessus d'un muret, couvre-sol, bac sur terrasse.
Notre conseil : une fois par semaine, coupez les pousses fanées pour conserver un bel aspect. Il est inutile de tailler.

SYLVIE VARTAN ® *'Evesylva'*
Floribunda

60/70 cm 50/60 cm R

Ce magnifique rosier buisson de petite taille et très florifère porte un feuillage vert émeraude.

'Sylvie Vartan'

Obtenteur : André Eve, 1969. Parents : 'Cyclamen', 'Péché Mignon'.
Floraison : de juin à fin septembre, de façon presque continue, des bouquets de coupes bien pleines de 6 à 8 cm de diamètre, dont la forme évoque une pivoine, d'un rose carmin intense et brillant.
Particularités : un rosier rustique, solide, avec une bonne résistance aux maladies.
Utilisations : bordures, massifs, petites haies, bouquets. Très belle association avec des fleurs bleues (lavande, nepeta).
Notre conseil : taillez assez court en mars, coupez les fleurs fanées avec trois feuilles pour stimuler la remontée.

'Pink Symphonie'

'Thalia'

'The Fairy'

SYMPHONIE ®
Hybride moderne

30/45 cm — 20/30 cm — R

Une nouvelle génération de rosiers miniatures très florifères qui conviennent idéalement en pot.

Obtenteur : Meilland, 1987.
Floraison : des bouquets de deux à cinq fleurs de 4 à 7 cm de diamètre, de 30 à 80 pétales selon les variétés, composent ce groupe aux coloris rose, abricot, rouge, ou bicolore crème et rose.
Particularités : compacts, buissonnants, très trapus, avec une excellente résistance aux maladies. Une forme en buisson régulier. Toutes les variétés de la série existent greffées sur une tige de 40 à 45 cm de haut. 'Gold Symphonie'® 'Meiskaille', médaille d'or à Genève en 1994.
Utilisations : bordure, au pied de rosiers tiges, jardinière, bouquets, les fleurs tiennent jusqu'à une semaine en vase.
Notre conseil : coupez les fleurs dès qu'elles fanent pour favoriser la remontée. Arrosez en été.

THALIA
Hybride de Rosa multiflora

4/6 m — 3/4 m — NR

Vigoureux, ce rosier liane porte de très nombreuses fleurs immaculées et un feuillage vert moyen assez fin.

Obtenteur : Schmidt, 1895. Parents : *Rosa multiflora*, 'Pâquerette'.
Floraison : en juillet, les boutons minuscules ombrés de rose s'ouvrent en corolles semi-doubles de 3 à 4 cm de diamètre, blanc pur, avec les étamines jaune doré bien apparentes. Les innombrables fleurs sont réunies en gros bouquets.
Parfum : prononcé, aux tons subtils.
Particularités : 'Thalia' réussit également à l'ombre et dans un sol pauvre.
Utilisations : porche, tonnelle, pergola, couvre-mur, palissé dans un arbre.
Notre conseil : associez ce rosier tardif à une variété hâtive ('Neige d'avril') pour un effet décoratif de plus longue durée.

THE FAIRY
Polyantha

70 cm/1 m — 1/1,4 m — R

Ce rosier couvre-sol est l'un des meilleurs. Le feuillage vert clair très fin disparaît sous la floraison.

Obtenteur : Bentall, 1932. Parents : 'Paul Crampel', 'Lady Gay'.
Floraison : de fin juin aux gelées, les pompons roses aux corolles doubles de 2 à 3 cm de diamètre, avec les pétales légèrement ondulés, sont portés en bouquets. Rose clair, ils couvrent tout l'arbuste.
Particularités : le feuillage est résistant aux maladies. Ce rosier s'adapte aux terrains difficiles, semi-ombragés et humides. Il se bouture très facilement. Greffé sur tige, c'est un très beau rosier pleureur.
Utilisations : talus, couvre-sol, cascade fleurie au-dessus d'un muret, bordure de massifs, haie de séparation, buisson isolé, en pot de 40 cm sur terrasse.
Notre conseil : taillez les rameaux qui se redressent. Aérez la ramure en hiver.

THE MC CARTNEY ROSE ® *'Meizeli'*
Hybride de Thé

0,9/1,2 m — 0,7/1 m — R

Un rosier très vigoureux au port buissonnant et au feuillage sombre qui fait bien ressortir les fleurs.

Obtenteur : Meilland, 1992. Parents : 'Nirvana', 'Papa Meilland', 'First Prize'.
Floraison : de juin aux gelées, les solides tiges uniflores portent un bouton pointu qui s'ouvre en corolle opulente de 10 à 12 cm de diamètre, formée de 30 à 40 pétales d'un rose indien foncé.

'The Mc Cartney Rose'

Parfum : puissant, profond, d'une qualité exceptionnelle, avec des notes complexes florales, fruitées, épicées.
Particularités : rustique, il accepte tous les sols, mais il lui faut le plein soleil.
Utilisations : fleurs coupées, en massif de 4 ou 5 pieds minimum, avec des vivaces.
Notre conseil : traitez préventivement le marsonia par temps humide.

TOBY TRISTAM
Hybride de Rosa multiflora

8/12 m · 4/6 m · NR

Ce superbe rosier liane fait preuve d'une végétation exubérante. Son feuillage est vert clair, semi-mat.

Obtenteur : origine inconnue.
Floraison : en juin, les bouquets floraux forment de généreuses panicules comptant de 30 à 60 boutons pointus, très serrés, qui s'épanouissent de façon échelonnée, en corolles simples, de 4 à 5 cm de diamètre, blanc crème, parfois rosées, laissant apparaître le cœur d'étamines d'or.
Particularités : la floraison assez brève (15 jours) est suivie en automne d'une importante production de fruits rouge orangé.
Utilisations : palissé sur un arbre, une tonnelle, une pergola solide, couvre mur.
Notre conseil : taillez après la floraison en éliminant les vieux rameaux et en réduisant la longueur des branches qui ont porté les fleurs. Mettez des gants épais.

'Toby Tristam'

'Toulouse-Lautrec'

TOULOUSE-LAUTREC ® *'Meirevolt'*
Hybride de Thé

70/90 cm · 50/60 cm · R

Offrant une belle floraison de rosier ancien, ce buisson compact est couvert de feuilles d'un vert moyen.

Obtenteur : Meilland, 1993.
Floraison : de juin à octobre, des « roses chou » solitaires, de 8 à 10 cm de diamètre, aux 80 à 90 pétales froissés, d'un jaune d'or lumineux bien soutenu, sont divisées en quartiers, comme des roses anciennes.
Parfum : très puissant, suave et frais, avec des notes épicées et citronnées. Coupe du parfum à Monza en 1993.
Particularités : très rustique, avec une excellente vigueur et une forte remontée.
Utilisations : massifs, fleurs coupées.
Notre conseil : au début du printemps, taillez assez long (de 4 à 5 yeux).

VENT D'ÉTÉ ® *'Korlanum'*
Rosier arbustif

50/80 cm · 50/60 cm · R

Ses rameaux souples, aux feuilles larges et de couleur sombre, lui donnent un très joli port pleureur.

Obtenteur : Kordès, 1988. Parents : croisement d'un semis avec 'The Fairy'.
Floraison : de juin à octobre, se renouvellent sans cesse des corolles de 5 à 6 cm de diamètre, semi-doubles, d'un rose azalée lumineux très pur, avec le cœur légèrement plus foncé. Les pétales sont profondément et irrégulièrement découpés.

'Vent d'Été'

Particularités : rustique et vigoureux, son feuillage résiste très bien aux maladies.
Utilisations : couvre-sol sur talus, bordure de grands massifs, en bac sur terrasse.
Notre conseil : placez ce rosier au soleil, mais évitez-lui les trop grosses chaleurs.

VIOLETTE PARFUMÉE ® *'Dorient'*
Hybride de Thé

1/1,2 m · 70/80 cm · R

C'est un très beau rosier buisson au feuillage vert brillant qui porte des fleurs au parfum envoûtant.

Obtenteur : François Dorieux, 1995.

'Violette Parfumée'

Floraison : de juin aux gelées, des fleurs de 12 à 14 cm de diamètre, bien turbinées, aux 25 à 30 pétales serrés en spirale, s'ouvrent en coupe bien pleine, étoilée. La teinte très originale passe du mauve violacé au pourpre bleuté. Le cœur est très foncé, l'extérieur des pétales plus clair.
Parfum : intense, subtil, de longue durée.
Particularités : florifère, rustique, très résistant aux maladies. Médaille d'or et coupe du parfum à Bagatelle en 1995.
Utilisations : massif, fleur coupée.
Notre conseil : taillez court en mars.

'Wedding Day'

WEDDING DAY
Hybride de Rosa sinowilsonii

6/10 m 4/6 m NR

Cet impressionnant rosier liane, forme de longues tiges souples aux feuilles d'un vert assez clair et sain.

Obtenteur : Stern, 1950. Parents : croisement d'un semis avec *Rosa sinowilsonii.*

Floraison : fin mai, d'innombrables bouquets de fleurs simples, de 3 à 4 cm de diamètre, blanches à cœur jaune, avec un bouquet d'étamines orange doré, sont portés sur toute la longueur des branches et couvrent entièrement le rosier.

Parfum : assez forte odeur de miel et de fruits, avec une note musquée.

Particularités : les feuilles restent longtemps sur les rameaux. Abondante fructification automnale jaune orangé.

Utilisations : façade, pergola, palissé sur un arbre, habillage d'une construction.

Notre conseil : plantez dans un endroit mi-ombragé, même en sol pauvre.

WESTERLAND ® *'Kowest'*
Rosier arbustif

1,5/2 m 1,5/2,5 m R

Vigoureux, solide, sain, ce grand arbuste développe des rameaux souples au feuillage luisant.

Obtenteur : Kordès, 1969. Parents : 'Friedrich Worlein', 'Circus'.

Floraison : de juin aux gelées, de généreux bouquets de boutons pointus s'ouvrent en coupes opulentes semi-doubles, de 8 à 12 cm de diamètre, qui mêlent le rouge clair, l'abricot et le jaune dans de subtils dégradés. Les pétales découpés, crantés, peu serrés donnent un aspect très décontracté, voire échevelé aux fleurs qui durent peu de temps, mais sont bien renouvelées.

'Westerland'

Parfum : agréable, mais peu puissant.

Particularités : on peut le palisser le long d'un treillage ou d'un grillage. C'est un des meilleurs rosiers arbustifs en raison de l'importance de sa floraison. ADR 1974.

Utilisations : buisson isolé, haie libre.

Notre conseil : la taille se résume à réduire tous les rameaux de la moitié de leur longueur au départ de la végétation.

WILLIAM LOBB
Rosier mousseux

1,5/2 m 1/1,5 m NR

Arbuste très vigoureux, aux longues branches arquées, épineuses, il porte un feuillage vert assez tendre.

Obtenteur : Laffay, 1855.

Floraison : en juin, des coupes bien épanouies, semi-doubles, de 6 à 8 cm de diamètre, formées de 20 à 40 pétales serrés au centre. Les fleurs, pourpre carmin à lavande sur le dessus, avec une rosette blanche au centre, sont rose lilas en dessous. Elles tirent sur le gris en vieillissant.

'William Lobb'

Parfum : moyen, doux et sucré.

Particularités : le pédoncule et le calice des fleurs sont couverts d'une sorte de mousse verte assez odorante.

Utilisations : haie fleurie, buisson isolé, les longs rameaux peuvent être palissés sur un treillage, une grille, une clôture.

Notre conseil : associez ce rosier à une clématite bleu foncé ou violet pour un effet de contraste très original.

WILLIAM SHAKESPEARE 2000 ® *'Ausromeo'*
Rosier anglais

0,9/1,4 m 0,7/1 m R

C'est un robuste buisson, élégant, formant de nombreuses branches au feuillage vert foncé, découpé.

Obtenteur : David Austin, 2000.

Floraison : en juin et en septembre, des coupes profondes de 12 à 14 cm de diamètre, très doubles, s'aplatissent en une corolle plate divisée en quartiers comme un rosier gallique. Elles sont d'un rouge cramoisi velouté virant au pourpre et au violet.

Parfum : délicieux, profond et prononcé.

Particularités : une résistance aux maladies supérieure à la moyenne.

Utilisations : groupes de 3 à 5 sujets en massif, buisson isolé, bouquets.

Notre conseil : pour un effet sublime, associez-le à des fleurs jaune pâle ou des roses anglaises orange ('Pat Austin', 'Grace', 'Crown Princess Margareta').

'William Shakespeare 2000'

'Yolande d'Aragon'

YOLANDE D'ARAGON
Rosier Portland

1/1,5 m 1/1,5 m R

Un magnifique rosier ancien au port érigé et au large feuillage vert moyen, qui a beaucoup de charme.

Obtenteur : Vibert, 1843.

Floraison : en juin et en septembre, des coupes de 12 à 15 cm de diamètre, rondes lors de l'éclosion du bouton, s'aplatissent ensuite. Portées en bouquet, elles sont en partie dissimulées par le feuillage. D'un rose vif ombré de pourpre évoluant vers l'écarlate, avec du rose lilas sur le pourtour, elles sont divisées en quartiers et montrent souvent un œil vert au centre.

Parfum : fort, subtil et très agréable.

Particularités : la remontée est bonne, ce qui est assez rare chez les roses anciennes.

Utilisations : massif, haie, fleur coupée.

Notre conseil : supprimez les fleurs fanées pour aider la remontée. Taillez les branches de moitié après la floraison. Paillez le pied et arrosez bien en été.

YVES PIAGET ® *'Meivildo'*
Hybride de Thé

0,8/1,1 m 60/80 cm R

Ce très bel arbuste romantique forme un buisson au feuillage vert mat et des fleurs qui embaument.

Obtenteur : Meilland, 1983. Parents : 'Pharaon', 'Mme A. Meilland', 'Chrysler Imperial', 'Charles Mallerin' et 'Tamango'.

'Yves Piaget'

Floraison : de juin aux gelées, les tiges, uniflores, portent une fleur de 12 à 14 cm de diamètre, aux 80 pétales dentelés, d'un très joli rose lilacé argenté brillant, qui les font ressembler à des pivoines.

Parfum : suave, puissant, enivrant, avec des notes rosées, fruitées et citronnées. Coupe du parfum à Bagatelle, en 1992.

Particularités : excellente résistance aux maladies. 'Yves Piaget' manque de vigueur dans le régions au climat rigoureux.

Utilisations : massif romantique, bouquets.

Notre conseil : taillez assez long en mars, en raison de la vigueur des tiges.

ZAMBRA ® *'Meicurbos'*
Polyantha

70/90 cm 60/80 cm R

Ce beau rosier buisson au port plutôt trapu et homogène se pare d'un feuillage vert foncé, mi-mat.

Obtenteur : Meilland, 1992. Parents : semis croisés de 'Goldilocks' et 'Fashion'.

'Zambra'

Floraison : de juin à octobre, des bouquets de 5 à 8 fleurs assez lâches, en coupes semi-doubles de 10 à 12 cm de diamètre, à 20 pétales. Elles se parent d'un rose corail nacré, avec la base jaune citron, ce qui donne l'impression lumineuse d'un orangé, passant au vermillon.

Particularités : ce rosier perd souvent ses feuilles en fin d'été. Il se greffe bien sur tige. Médaille d'or à Bagatelle en 1992.

Utilisations : en massif, par groupe de 5 ou 6 pieds pour un bel effet de masse.

Notre conseil : traitez préventivement contre les maladies au printemps.

'Zéphirine Drouhin'

ZÉPHIRINE DROUHIN
Rosier Bourbon

3/4 m 2/3 m R

Ce superbe grimpant aux rameaux dépourvus d'épines a un feuillage qui vire du pourpre cuivré au vert.

Obtenteur : Bizot, 1868.

Floraison : en mai et parfois en septembre, des coupes de 6 à 8 cm de diamètre, semi-doubles, réunies en bouquets sont rouge cerise clair tirant sur le rose.

Parfum : fruité, attrayant et agréable.

Particularités : résistant à la pollution. Taillé, il se conduit en buisson.

Utilisations : couvre-mur, clôture, porche.

Notre conseil : traitez obligatoirement au printemps avec un fongicide, car il est assez sensible à l'oïdium et à la tache noire, surtout s'il est exposé au nord. Un traitement automnal à la bouillie bordelaise au début de la chute des feuilles est aussi une bonne mesure de protection.

Bien choisir vos rosiers

Les rosiers arbustifs

Centenaire de Lourdes
Charles de Gaulle
Cocktail
Colette
Constance Spry
Cristiana Reali
Cuisse de Nymphe
Denise Grey
Ferdinand Pichard
Graham Thomas
Iceberg
Jacques Cartier
La Sevillana
Lavender Dream
Nevada
Paul Neyron
Paul Ricard
Président de Sèze
Rhapsody in Blue
Robin Hood
Rosa rugosa
Rosa sericea 'Pteracantha'
Rouge Meillandécor
Vent d'été
Westerland
William Lobb
Yves Piaget

Les rosiers buissons

André le Nôtre
Amber Queen
Annapurna
Aprikola
Baronne E. de Rothschild
Bolchoï
Bonica
Brigitte Fossey
Cardinal de Richelieu
Carole Bouquet
Catherine Deneuve
Charles de Mills
Christian Lacroix
Christophe Colomb
Claire Chazal
Comtesse Brigitte Chandon Moët
Comtesse du Barry
Dames de Chenonceaux
Diablotin
Elle
Fête des Mères
Flirt
Gala Charles Aznavour
Georges Truffaut
Gina Lollobrigida
Golden Celebration
Golden Fashion
Grand Nord
Grand Siècle
Grimaldi
Hubert de Givenchy
Janet
Jardin de Bagatelle
Jean Giono
Jean Piat
Joseph's Coat
Jules Verne
Kimono
Landora
Le Grand Huit
Léonard de Vinci
Louis de Funès
Loulou de Cacharel
Manou Meilland
Marie Curie
Maurice Utrillo
Michèle Morgan
Madame A. Meilland
New Imagine
Niccolo Paganini
Nicole Mioulane
Nuage parfumé
Orange sensation
Papa Meilland
Patte de velours
Paul Cézanne
Petite de Hollande
Philippe Noiret
Pierre Larousse
Pink Grootendorst
Princesse de Monaco
Provence
Queen Elisabeth
Rosa x *alba semiplena*
Rosa x *centifolia*
Rosa gallica
Rosa moyesii 'Geranium'
Rotilia
Souvenir de Marcel Proust
Super Star
Sylvie Vartan
The Mc Cartney Rose
Violette parfumée
William Shakespeare 2000
Yolande d'Aragon
Zambra

Les rosiers couvre-sols

Emera
Ferdy
Swany
The Fairy

Les rosiers grimpants

Albéric Barbier
Albertine
City of York
Clair Matin
Dorothy Perkins
Ghislaine de Féligonde
Paul's Scarlet Climber
Pierre de Ronsard
Red Parfum
Rosa banksiae 'Lutea'
Zéphirine Drouhin

Les rosiers lianes

Alexandre Girault
American Pilar
Bobbie James
Excelsa
Félicité et Perpétue
François Juranville
Kew Rambler
Kiftsgate
Mermaid
Neige d'avril
Paul Noël
Paul's Himalayan Musk Rambler
Rambling Rector
Rose de Burdigala
Seagull
Thalia
Toby Tristam
Toulouse-Lautrec
Weddind Day

Les rosiers miniatures

Meillandina
Palace
Symphonie

Les rosiers parfumés

Albéric Barbier
Albertine
Alexandre Girault
Amber Queen
André le Nôtre
Annapurna
Aprikola
Baronne E. de Rothschild
Bobbie James
Bolchoï
Brigitte Fossey
Cardinal de Richelieu
Carole Bouquet
Catherine Deneuve
Centenaire de Lourdes
Charles de Gaulle
Charles de Mills
City of York
Clair Matin
Claire Chazal
Colette
Constance Spry
Cristiana Reali
Cuisse de Nymphe
Dames de Chenonceaux
Elle
Félicité et Perpétue
Ferdinand Pichard
François Juranville
Ghislaine de Féligonde
Golden Celebration
Graham Thomas
Grand Siècle
Grimaldi
Iceberg
Jacques Cartier
Janet
Jardin de Bagatelle
Jules Verne
Kimono
Le Grand Huit
Léonard de Vinci
Manou Meilland
Marie Curie
Maurice Utrillo
Michèle Morgan
Neige d'avril
Nevada
Niccolo Paganini
Nicole Mioulane
Nuage parfumé
Papa Meilland
Paul Cézanne
Paul Neyron
Paul Ricard
Paul's Scarlet Climber
Petite de Hollande
Pierre Larousse
Président de Sèze
Princesse de Monaco
Provence
Rambling Rector
Red Parfum
Rhapsody in Blue
Rosa x *alba semiplena*
Rosa banksiae 'Lutea'
Rosa x *centifolia*
Rosa gallica
Rosa rugosa
Rose de Burdigala
Rotilia
Seagull
Souvenir de Marcel Proust
Thalia
The Mc Cartney Rose
Toulouse-Lautrec
Violette parfumée
Weddind Day
William Lobb
William Shakespeare 2000
Yolande d'Aragon
Yves Piaget
Zéphirine Drouhin

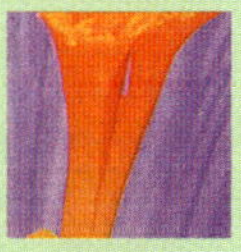

LES LIANES ET PLANTES GRIMPANTES

Avec leur végétation d'une vigueur exceptionnelle et leur côté souvent délirant, les plantes dites grimpantes constituent une parure de choix pour les murs et les clôtures. Les véritables plantes grimpantes sont celles qui s'accrochent d'elles-mêmes à leur support. Elles utilisent un système de ventouse comme les vignes vierges, ou de crampons comme le lierre ou l'hortensia grimpant. Contrairement à une idée reçue, ces plantes n'abîment pas les murs. Si le crépi est en bon état, elles se contentent simplement de se coller dessus. Les lianes aux longues branches souples qui s'enroulent sur tout ce qu'elles rencontrent, ou qui émettent des vrilles pour s'accrocher, comme le font les clématites ou les glycines par exemple, font partie de la catégorie des volubiles. C'est parmi elles que l'on rencontre quelques-unes des plantes les plus vigoureuses du jardin, avec des développements pouvant dépasser cinq à six mètres dans une seule saison. Font aussi partie de ce chapitre les plantes dites sarmenteuses. Leurs longs rameaux sont assez souples pour être palissés, mais ils ont besoin de l'aide du jardinier pour s'appliquer dans la direction désirée, sur un treillage ou un tuteur.

De leurs branches volubiles, lianes et plantes grimpantes habillent les vieux murs, savent cacher le crépi défraîchi d'une maison ou s'enrouler sur les branches d'un arbre mort. Elles décorent le jardin dans le plan vertical, avec des floraisons qui se prolongent souvent jusqu'à accompagner les couleurs chaudes et éclatantes des feuillages d'automne.

Actinidia kolomikta

Actinidia kolomikta
KIWI D'ORNEMENT

J F M A M J J A S O N D

C

3/5 m 3/4 m -10 °C

Cette liane volubile, de la famille des Actinidiaceae, se pare d'un très étonnant feuillage pointé de rose.

Description : les feuilles alternes, oblongues de 15 à 20 cm de long sont vert taché de rose et de blanc au printemps. Fleurs blanches, de 2 à 5 cm de diamètre, à 5 pétales, parfumées en juin. Fruits comestibles rares en octobre-novembre, petits et peu savoureux.

Sol : fertile, profond, frais mais bien drainé, enrichi en humus. Il craint les excès d'humidité et les sols très calcaires.

Exposition : le long d'un mur clair mais non brûlant pour que le feuillage se colore. Un climat humide est favorable.

Culture et entretien : plantez au printemps, paillez tout de suite le pied. En hiver, supprimez une partie des rameaux lorsque la végétation devient trop touffue. Apportez un engrais complet en automne et au printemps. Inutile de traiter.

Espèces et variétés : il existe 40 espèces. *Actinidia polygama* est une espèce voisine, mais peu cultivée, dont la pointe des feuilles est blanc argenté.

Utilisations : couvre-mur, clôtures.

Notre conseil : préférez les situations abritées, car les gelées tardives endommagent la plante. Palissez les rameaux au fur et à mesure de leur croissance pour qu'ils couvrent bien leur support.

➤ ***Actinidia deliciosa*** voir p. 732.

Akebia quinata
AKÉBIE

J F M A M J J A S O N D

SP

5/10 m 4/8 m

Cette très puissante liane de la famille des Lardizabalaceae habille en beauté treillages et pergolas.

Description : volubiles, les tiges s'enroulent autour du support. Elles portent des feuilles alternes, palmées, arrondies, découpées en 5 folioles de 4 à 8 cm de long, vert clair dessus et glauque au revers. Les fleurs en grappes violettes pendantes, au parfum épicé, donnent des fruits ovales de 10 cm de long, pourpres.

Sol : léger, de préférence siliceux et frais.

Exposition : bien ensoleillée. Une orientation à l'ouest est idéale.

Culture et entretien : plantez à l'automne ou au printemps. Supprimez les vieux rameaux dégarnis en hiver. Palissez les pousses mal orientées. Fertilisez en avril.

Espèces et variétés : il existe 5 espèces, mais seule *Akebia quinata* est cultivée.

Utilisations : couvre-mur (avec support), treillage, clôture, pergola, porche.

Notre conseil : dans les régions froides, protégez des gelées hivernales par la pose d'un bon paillis au pied en automne.

Akebia quinata

Allamanda cathartica
ALLAMANDA

J F M A M J J A S O N D

P

2/5 m 2/3 m 5 °C

Cet arbuste sarmenteux de la famille des Apocynaceae fait une belle garniture estivale florifère.

Allamanda cathartica

Description : cette belle brésilienne porte un feuillage vert brillant, coriace. Les feuilles oblongues, de 8 à 12 cm de long, sont verticillées par quatre. Les fleurs jaune vif, en trompettes de 10 cm de long, se renouvellent en grand nombre tout l'été.

Sol : profond, léger, humifère, assez riche. En pot, un mélange de terreau de fumier et de terre de jardin sableuse par moitié.

Exposition : chaude, en plein soleil.

Culture et entretien : sortez les potées courant mai. De mars à septembre, donnez tous les quinze jours de l'engrais pour plantes fleuries. Au printemps, rabattez les tiges à moitié de leur longueur et rempotez. Hivernez dans une véranda.

Espèces et variétés : il existe 12 espèces. On cultive essentiellement *Allamanda cathartica* ; 'Hendersonii', jaune et blanc.

Utilisations : habillage estival d'une clôture, d'un treillage, d'une rambarde sur balcon, décor permanent de véranda.

Notre conseil : réduisez les arrosages durant l'hiver. L'association avec une bougainvillée violette est de toute beauté.

Aristolochia macrophylla
ARISTOLOCHE

J F M A M J J A S O N D

C

7/10 m 4/6 m -10 °C

Cette très généreuse liane de la famille des Aristolochiaceae pousse à une vitesse souvent stupéfiante.

Description : cette grimpante volubile, originaire du sud-est des États-Unis, porte des feuilles alternes cordiformes de 10 à 30 cm de long, dont l'abondance dissimule partiellement les fleurs verdâtres marbrées de pourpre, en forme de pipe, de 2 à 3 cm de long, qui lui ont valu le surnom de « pipe allemande ». L'écorce et les racines sont aromatiques.

Sol : pas trop lourd, plutôt fertile, frais mais dépourvu d'humidité permanente.

Exposition : chaude, soleil ou mi-ombre.

Culture et entretien : coupez les rameaux âgés et, après la floraison, rabattre les rameaux aux deux tiers.

Espèces et variétés : il existe 300 espèces. *Aristolochia macrophylla* est aussi proposée sous les noms *A. durior* et *A. sipho*. Les aristoloches à grandes fleurs comme *A. grandiflora* et *A. littoralis* sont des plantes magnifiques, mais à cultiver en serre.

Utilisations : habillage d'un treillage, pergola, couvre-mur dans les jardins du Midi.

Notre conseil : l'aristoloche étant envahissante, placez-la dans un lieu dégagé pour qu'elle se développe librement.

Aristolochia macrophylla

Bougainvillea glabra

Bougainvillea spp.
BOUGAINVILLÉE

J F M A M J J A S O N D

P

5/12 m 3/6 m 0 °C

Cet arbuste sarmenteux de la famille des Nyctaginaceae porte de vigoureux rameaux épineux.

Description : originaire d'Amérique du Sud subtropicale, la bougainvillée (ou le bougainvillier) porte des feuilles alternes, ovales, pointues, de 3 à 5 cm de long, qui tombent partiellement l'hiver s'il fait frais. Les petites fleurs tubulaires jaune pâle sont entourées de trois bractées (fausses feuilles) violettes, blanches, jaune, rouge sombre ou orangé selon les variétés.

Sol : profond, léger, siliceux mais riche. La croissance est bien améliorée dans un terrain humifère qui reste bien frais en été.

Exposition : chaude et très ensoleillée. Ailleurs que sur le littoral, il est nécessaire de cultiver la bougainvillée en pot dans une véranda maintenue juste hors gel.

Culture et entretien : plantez au printemps, sortez les potées à partir de mi-mai. Palissez les rameaux épineux et raccourcissez les pousses trop vigoureuses pour équilibrer la végétation. Pincez les jeunes plants, pour que la touffe se ramifie bien. Fertilisez généreusement avec un engrais organique pendant la croissance.

Espèces et variétés : il existe 14 espèces. On cultive surtout des hybrides de *Bougainvillea glabra* et *B. spectabilis* ; 'Audrey Grey', blanc teinté de rose ; 'Golden Glow', jaune pâle ; 'La Jolla', rouge vif ; 'Miss Manilla', rose ; 'Scarlet O'Hara', rouge rubis à écarlate ; 'Snow White', blanc ; 'Temple Fire', mauve ; 'Texas Dawn', rose pourpré ; 'Variegata', à feuilles panachées, bractées pourpres.

Utilisations : habillage d'un mur au sud, d'une rambarde, d'une rampe d'escalier, d'une pergola, potée, plante de véranda.

Notre conseil : dans les régions méditerranéennes, il est courant que le feuillage tombe partiellement l'hiver après un coup de froid. Profitez-en pour effectuer une taille courte des rameaux secondaires.

Campsis radicans

Campsis spp.
JASMIN DE VIRGINIE

J F M A M J **J A S** O N D

8/12 m — 4/6 m — C

Cette véritable grimpante de la famille des Bignoniaceae, s'accroche à son support par des crampons.

Description : appelée autrefois *Bignonia*, cette plante grimpante très rustique est originaire de Chine et du sud-est des États-Unis. Les tiges développent des racines aériennes qui leur servent de crampons pour s'accrocher seules sur les supports. Les feuilles opposées, pennées, sont découpées en 7 à 11 folioles ovales, dentées. Fleurs en trompettes de 10 à 15 cm de long, jaunes, orangées ou rouges.

Sol : toute terre fertile, même calcaire, mais de préférence profonde, humifère.

Exposition : chaude et ensoleillée, mais le pied doit rester au frais, avec un paillis ou un tapis de vivaces couvre-sol.

Culture et entretien : plantez au printemps. Taillez fin mars les ramifications des trois quarts de leur longueur, pour permettre au pied de s'étoffer. Protégez des fortes gelées avec un bon paillis.

Espèces et variétés : Il existe 2 espèces. *Campsis grandiflora*, la bignone à grandes fleurs, espèce chinoise aux trompettes rouge orangé, plus larges que longues. *Campsis radicans*, la bignone de Virginie, espèce américaine, au feuillage plus découpé ; 'Atropurpurea', à fleurs rouge foncé ; 'Flamenco', saumoné, 'Flava', à fleurs jaune. *Campsis* x *tagliabuana*, un hybride des deux espèces, plus compact ; 'Indian Summer', compact, orange saumoné, il réussit à mi-ombre ; 'Madame Galen', orange, il peut former un arbuste avec un petit tronc.

Utilisations : couvre-mur, habillage de clôture, portail, porche, treillage.

Notre conseil : il est préférable d'acheter des sujets greffés (plus chers) qui fleurissent dès leur jeune âge, tandis que les formes bouturées sont plus paresseuses.

Celastrus spp.
BOURREAU DES ARBRES

J F M A M **J J** A S O N D

8/12 m — 6/8 m — C

D'une vigueur impressionnante, cette grimpante de la famille des Celastraceae est très rustique.

Description : ces grimpantes ligneuses portent des feuilles alternes de 8 à 10 cm de long, simples, elliptiques avec le bord dentelé. Les bouquets de petites fleurs verdâtres sont peu décoratifs, mais ils font place en automne, sur les pieds femelles (la plante est dioïque), à des fruits ronds, jaune orangé, qui laissent voir la graine rouge.

Sol : fertile, bien drainé, profond, frais.

Exposition : soleil non brûlant ou mi-ombre, les célastres résistent à - 30 °C.

Culture et entretien : plantez en automne ou au printemps. Taillez sévèrement au départ de la végétation.

Espèces et variétés : il existe 30 espèces *Celastrus orbiculatus*, à fruits jaunes et jeunes rameaux souvent épineux. *Celastrus scandens*, à fruits orange.

Celastrus orbiculatus

Clematis lanuginosa 'Nelly Moser'

Utilisations : en raison de sa vigueur, palissez le célastre sur un support très solide. Plantée au pied d'un arbre, la plante finit toujours par le tuer.

Notre conseil : c'est la grimpante qu'il faut utiliser là où toutes les autres ont échoué ou lorsqu'on souhaite cacher complètement un support disgracieux.

Clematis spp.
CLÉMATITE

J F M **A M J J A S O** N D

3/10 m — 2/5 m — C/P

Ces grimpantes volubiles de la famille des Renonculaceae portent des fleurs souvent exceptionnelles.

Description : vivaces herbacées ou plantes grimpantes ligneuses, les cléma-

Clematis flammula

tites développent des tiges volubiles qui s'enroulent à leur support avec des vrilles. Les feuilles opposées sont simples ou composées, d'aspect variable selon les espèces. Les fleurs de 2 à 20 cm de diamètre, étoilées, en clochette ou tubulées, offrent une très large palette de coloris. Floraison du début du printemps à l'automne selon les espèces et les variétés.
Sol : bien travaillé, profond, frais, fertile. Un terrain argilo-siliceux est idéal.
Exposition : les fleurs au soleil, le pied à l'ombre, protégé par des plantes couvre-sol ou une tuile. L'est convient très bien.
Culture et entretien : plantez en automne ou au printemps, en posant la

Clematis montana var. *rubens*

motte de racines à plat sur le sol et non pas verticalement comme d'ordinaire. Taillez en hiver à 40 cm du sol les espèces à grandes fleurs et au début de l'été, entre 50 et 60 cm du pied, les clématites à petites fleurs précoces. Éliminez complètement la moitié des tiges âgées. Palissez les jeunes pousses au fur et à mesure de la croissance si elles sont mal orientées.
Espèces et variétés : il existe 200 espèces. *Clematis armandii* (4/6 m), persistante, aux fleurs blanches, de 5 cm de diamètre, au parfum de fleur d'oranger vanillée en avril-mai ; 'Apple Blossom' (5/7 m), aux fleurs blanc rosé, parfumées, en mars-avril. *Clematis flammula* (5/6 m), semi-persistante, fleurs blanches de 1 à 2 cm de diamètre, odorantes, d'août à octobre, fruits plumeux décoratifs. *Clematis* x *jackmanii* (3 m), aux fleurs bleues, de juillet à septembre ; 'Blue Angel', bleu ciel ; 'Comtesse de Bouchaud', rose ; 'Ville de

Clematis tangutica

Lyon', rouge. *Clematis montana* (10 m), aux très nombreuses fleurs parfumées, blanches, de 4 cm de diamètre, en mai ; 'Freda' (4/5 m), rose foncé ; 'Grandiflora' (7/8 m), à fleurs blanches de 6 à 8 cm de diamètre ; 'Tetrarose' (10 m), aux fleurs rose foncé assez grandes ; var. *rubens*, la clématite des montagnes (5/6 m), à fleurs roses, de 5 cm de diamètre en avril-mai, avec une légère remontée en automne. *Clematis tangutica* (4/6 m), aux clochettes jaunes de 2 à 4 cm de long, de juin à l'automne, akènes plumeux du plus bel effet.
Clématites à grandes fleurs : (2/3 m), aux fleurs de 15 à 20 cm de diamètre. Floraison en juin et septembre : 'Vyvyan Pennell', double, bleu-mauve ; 'Bee's Jubilee', rose ombré de plus foncé ; 'Blue Light', double, bleu clair ; 'Dr Ruppel', rose strié ; 'Général Sikorski', bleu soutenu ; 'Multiblue', double, bleu foncé ; 'Nelly Moser', rose strié ; 'Niobe', rouge foncé.
Utilisations : treillage, clôture, pylône, arceau, habillage des arbres et des arbustes, bac sur terrasse.
Notre conseil : évitez les excès d'engrais qui stimulent le feuillage au détriment des fleurs. Ne paillez pas, pour éviter une humidité importante qui favorise la maladie du dépérissement (flétrissement).

Cobaea scandens
COBÉE GRIMPANTE

J F M A M J J **A S O** N D

5/10 m — 3/5 m — SP

Cette vivace spectaculaire de la famille des Polemoniaceae est surtout cultivée en annuelle.

Description : cette grimpante mexicaine aux feuilles alternes, à 4 folioles oblongues de 10 cm de long, porte des cloches parfumées, retombantes, de 3 à 5 cm de long, vert crème, qui virent au pourpre.
Sol : frais, souple, riche en humus.
Exposition : chaude et ensoleillée.
Culture et entretien : semez en avril à la maison trois graines par godet de 8 cm. Plantez en juin. Fertilisez à l'engrais liquide deux fois par mois durant la végétation.
Espèces et variétés : il existe 20 espèces. *Cobaea scandens* est la seule cultivée ; 'Alba', à fleurs blanc crème et vertes.
Utilisations : habillage saisonnier d'une clôture ou d'un grillage. Excellente en jardinière sur balcon ou terrasse, pour décorer une rambarde ou une petite pergola.
Notre conseil : dans le Midi, vous pouvez conserver la plante d'une année sur l'autre après avoir taillé les rameaux d'un bon tiers après la fin de la floraison.

Cobaea scandens

Doxantha capreolata
BIGNONE PERSISTANTE

J F M A M J J A S O N D

8/10 m · 4/6 m · P · -3 °C

Cette grande liane de la famille des Bignoniaceae doit être réservée aux jardins de la Côte d'Azur.

Description : originaire du sud-est des États-Unis, cette liane arbustive aux rameaux volubiles porte des feuilles opposées à deux folioles oblongues, de 15 à 20 cm de long, terminées par une vrille. Les trompettes, de 4 à 5 cm de long, rouge orangé, sont réunies en bouquets.
Sol : riche, profond, frais, bien drainé.
Exposition : soleil et chaleur. Dans la plupart des régions, la véranda est idéale.
Culture et entretien : plantez au printemps, sortez les bacs fin mai. Guidez les rameaux sur le support au fur et à mesure de leur développement. Arrosez en été.
Espèces et variétés : *Doxantha capreolata*, classé parfois dans le genre *Bignonia*, est la seule espèce cultivée ; 'Atrosanguinea', aux fleurs pourpre foncé. *Doxantha unguis-cati* (9 m), aux vrilles en forme de griffes et aux fleurs jaunes, aplaties, est aujourd'hui appelé *Macfadyena*.
Utilisations : mur, treillage, clôture.
Notre conseil : paillez le pied en hiver et habillez la plante d'un voile dès que la température descend sous les 5 °C.

Bignonia capreolata

Eccremocarpus scaber

Eccremocarpus scaber
BIGNONE DU CHILI

J F M A M J J A S O N D

3/5 m · 2/3 m · P · 0 °C

Cette liane originaire du Chili, de la famille des Bignoniaceae, est surtout cultivée en fleur annuelle.

Description : cette liane aux tiges volubiles est aussi parfois appelée « eccrémocarpe grimpant ». Les feuilles opposées, composées de petites folioles ovales, se terminent par une vrille. Les fleurs tubulaires de 1 à 3 cm de long, rouge orangé, sont portées en grappes de 15 cm de haut.
Sol : bien travaillé, riche, frais, drainé.
Exposition : plein soleil. Une plantation le long d'un mur face au sud est idéale.
Culture et entretien : plantez au printemps ou semez en mars sous abri. Entretenez une bonne humidité du sol durant la saison estivale. Orientez les tiges pour qu'elles s'accrochent sur le support. Pincez les rameaux en avril pour que la plante se ramifie bien et reste compacte.
Espèces et variétés : il existe 5 espèces, mais seul *Eccremocarpus scaber* est cultivé ; 'Aureus', à fleurs jaunes ; 'Roseus', rose.
Utilisations : décoration estivale sur un obélisque, des tuteurs en tipi ou un pylône, garniture des arbustes ou des petits arbres dénudés. Très bon comportement en bac de 30 cm sur le balcon, pour faire un petit couvre-mur le long d'un treillage.
Notre conseil : installez la bignone du Chili dans une serre ou une véranda et elle se comportera comme une vivace, à hiverner entre 5 et 10 °C avec peu d'arrosage.

Fallopia baldschuanicum

Fallopia baldschuanicum
RENOUÉE DU TURKESTAN

J F M A M J J A S O N D

8/15 m · 6/10 m · C

Débordante de vigueur, cette plante volubile de la famille des Polygonaceae est indestructible.

Description : originaire d'Asie centrale, cette liane ligneuse et volubile pousse de 4 à 5 m par an et devient vite envahissante. Feuilles alternes, cordiformes, de 5 à 10 cm de long. Fleurs minuscules, blanc rosé, en panicules de 20 cm de long.
Sol : la renouée accepte tout, même les terres calcaires et très pauvres.
Exposition : soleil non brûlant, mi-ombre.
Culture et entretien : Plantez au printemps. Taillez au ras du sol en mars les rameaux qui prennent trop d'ampleur.
Espèces et variétés : il existe 7 espèces. *Polygonum aubertii*, de même vigueur, aux jeunes feuilles bronze, puis rouges à leur extrémité, croissance très rapide.
Utilisations : c'est le cache-misère idéal du jardin, dont la végétation luxuriante permet de dissimuler les constructions inesthétiques ou les grands murs aveugles.
Notre conseil : attention, les fleurs attirent facilement tous les insectes butineurs. Prévoyez un support très solide parce qu'en vieillissant les rameaux parviennent à tordre les grilles métalliques.

Hedera colchica 'Variegata'

Fremontodendron californicum FRÉMONTIA

J F M A **M J J A S O N** D

3/5 m — 2/3 m — P — -10 °C

Cet arbuste semi-rustique de la famille des Malvaceae se cultive palissé le long d'un mur au sud.

Description : originaire de Californie et d'Arizona, cet arbuste à feuilles alternes, largement découpées, au revers brun clair, développe des rameaux aux écailles duveteuses, grisâtres. Fleurs en coupe plate de 4 à 6 cm de diamètre, jaune d'or.

Sol : sableux, assez pauvre, neutre.

Exposition : chaude et ensoleillée, palissé sur un mur au sud ou au sud-ouest.

Culture et entretien : plantez au printemps, palissez les tiges au fur et à mesure de leur développement. Ne laissez pas le sol sécher durant la floraison. Paillez en hiver et couvrez la ramure avec un voile d'hivernage si des gelées sont annoncées.

Espèces et variétés : il existe 2 espèces. *Fremontodendron mexicanum,* plus rare, aux fleurs ombrées de rouge. Croisé avec *F. californicum,* il a donné l'hybride, 'Californian Glory', aux grandes fleurs jaune citron.

Utilisations : habillage d'un mur aveugle.

Notre conseil : le frémontia ne craint pas les embruns. Il réussit bien en Bretagne. Ailleurs, cultivez-le dans une véranda au nord, pour une ambiance tempérée.

Fremontodendron californicum

Hedera helix LIERRE COMMUN

2/10 m — 1/5 m — P

Cet arbuste rampant ou grimpant de la famille des Araliaceae est une des plantes les plus solides.

Description : originaire d'Europe où il est commun dans les sous-bois ou accroché à un arbre, le lierre est très rustique et envahissant. Il porte des feuilles alternes, coriaces, lustrées de 4 à 6 cm de long, triangulaires ou découpées en 3 ou 5 lobes. La floraison insignifiante produit des petits fruits sphériques noirs en hiver.

Sol : toute terre fraîche et humifère, même assez consistante ou calcaire.

Exposition : évitez seulement le soleil très brûlant. Les variétés panachées demandent une lumière tamisée. Les lierres verts résistent bien à l'ombre très dense.

Culture et entretien : plantez toute l'année les sujets vendus en pots. Arrosez bien. N'hésitez pas à rajeunir le pied en supprimant les rameaux anciens.

Espèces et variétés : il existe 11 espèces. 'Aureo Variegata' (2 m), à feuilles entières, panachées de jaune. 'Buttercup' (2 m), jaune vif au soleil ; 'Elegantissima' (2/3 m), à petites feuilles trilobées vert argenté marginé de blanc crème. 'Glacier' (3 m), à 3 lobes, vert glauque marginé de crème ; 'Goldchild' (1 m), à petites feuilles trilobées vert grisâtre bordées de jaune pâle ; 'Goldheart' ('Oro di Bogliasco'), 8 m, à feuilles triangulaires tachées de jaune ; 'Ivalace' (1 m), à petites feuilles ondulées, vert foncé, nervuré de plus clair ; 'Sagittifolia variegata' (2 m), aux feuilles lobées, vert foncé bordé de jaune crème. *Hedera canariensis* 'Gloire de Marengo' (6/10 m), à grandes feuilles triangulaires ou cordiformes vert clair, bordées de blanc jaunâtre. *Hedera colchica* (8/10 m), aux grandes feuilles ovales ; 'Dentata Variegata', (5/7 m) à feuilles dentelées, bordées de jaune ; 'Sulphur Heart' (5/7 m), à grandes feuilles marquées d'une tache jaune, idéal en couvre-sol. *Hedera hibernica,* le lierre d'Irlande (8/10 m) aux grandes feuilles cordiformes à 5 lobes, vert foncé.

Utilisations : couvre-mur, couvre-sol, habillage de façade, d'escalier, de vieux arbres et même plante d'intérieur.

Notre conseil : utilisez le lierre avec discernement, car il est envahissant. Ses crampons peuvent détériorer des murs aux moellons disjoints ou au crépi abîmé.

Holboellia coriacea

Humulus lupulus 'Aureus'

Hydrangea petiolaris
HORTENSIA GRIMPANT

J F M A M J J A S O N D

5/10 m 3/5 m C

Cet excellent couvre-mur de la famille des Hydrangeaceae se pare de superbes ombelles estivales.

Description : originaire d'Asie (Corée, Japon, Taïwan), cet arbuste sarmenteux très vigoureux développe des racines aériennes en forme de crampons qui lui permettent de s'accrocher au support. Les feuilles opposées, de 8 à 12 cm de long, cordiformes, se colorent de jaune d'or en automne. Les corymbes plats de 15 à 25 cm de diamètre sont accompagnés de larges bractées blanches sur le pourtour.
Exposition : au nord, la mi-ombre est idéale, mais l'ombre douce acceptée.
Sol : profond, acide, frais, humifère.
Culture et entretien : plantez en automne et attachez les jeunes tiges, car les crampons sont lents à se former. En hiver, supprimez les tiges mal placées.
Espèces et variétés : il existe 80 espèces. Seul *Hydrangea petiolaris*, parfois appelé *H. scandens* ou *H. anomala*, est grimpant.
Utilisations : habillage d'un mur, façade.
Notre conseil : fertilisez au printemps et paillez le pied pour entretenir la fraîcheur en été, ce qui prolonge la floraison.

➤ *Hydrangea spp.* voir p. 458.

Hydrangea petiolaris

Holboellia coriacea
HOLBOELLIA

J F M A M J J A S O N D

5/7 m 3/4 m P -12 °C

Cette belle liane florifère de la famille des Lardizabalaceae est à réserver aux climats doux.

Description : originaire de l'Himalaya, cette grimpante très poussante et qui couvre bien porte des feuilles palmées, composées de 3 folioles oblongues de 8 à 15 cm de long, vert foncé. Les fleurs discrètes, au parfum de fleur d'oranger, groupées en bouquets retombants, sont blanc pourpré sur les jeunes pousses (femelles) ou mauves sur les rameaux d'un an (mâles). Sous un climat chaud apparaissent des fruits ovoïdes violets, comestibles.
Sol : profond, riche, frais, humifère.
Exposition : soleil non brûlant ou mi-ombre légère. L'ombre dense est tolérée.
Culture et entretien : plantez au printemps, arrosez bien. Palissez les rameaux pour former un mur végétal harmonieux.
Espèces et variétés : il existe 5 espèces. *Holboellia latifolia*, moins vigoureux, plus frileux, donne des fruits rouge pourpre.
Utilisations : couvre-mur sur treillage.
Notre conseil : même s'il tient bien en Île-de-France (exposé sud-ouest), mieux vaut réserver l'holboellia aux jardins de l'ouest (au soleil) et du sud (à l'ombre).

Humulus lupulus
HOUBLON

J F M A M J J A S O N D

3/7 m 2/4 m C

Cette plante rhizomateuse de la famille des Cannabaceae forme des tiges sarmenteuses hirsutes.

Description : originaire d'Amérique du Nord, cette superbe plante grimpante très volubile porte des feuilles opposées, de 10 à 15 cm de long, palmées, divisées en 3 à 5 lobes. Les fleurs femelles en épis ovoïdes de 32 cm de long sont parfumées.
Sol : profond, consistant, bien drainé, neutre, riche en matières organiques.
Exposition : mi-ombre ou soleil doux pour une bonne intensité dorée du feuillage.
Culture et entretien : plantez au printemps. Pincez les jeunes pousses pour les aider à ramifier et obtenir une touffe plus dense. Empêchez la plante de se marcotter naturellement sinon elle envahit tout.
Espèces et variétés : il existe 2 espèces. *Humulus lupulus* 'Aureus' à feuillage doré. *Humulus japonicus* (3 m), cultivé comme une annuelle, est utilisé pour la bière. 'Aureus', doré ; 'Variegatus', panaché.
Utilisations : en habillage d'un treillage, d'un pylône ou d'une clôture.
Notre conseil : plantez un houblon doré au pied d'un petit arbre ou d'un grand arbuste dégarni, il l'habillera en beauté.

Ipomoea spp.
IPOMÉE, LISERON BLEU

J F M A M **J J A S** O N D

2/5 m — 2/10 m — P

Nombreuses et disparates, ces plantes de la famille des Convolvulaceae sont très florifères.

Description : annuelles ou vivaces volubiles que l'on rencontre dans le monde entier, les ipomées se caractérisent par des feuilles alternes de 5 à 20 cm de long, simples, en forme de cœur ou découpées. Les fleurs en coupes ou tubulaires sont solitaires ou réunies en bouquets. Les espèces les plus décoratives étant d'origine tropicale, on les cultive comme des annuelles.

Sol : léger, riche et sain, bien travaillé. Apportez un fertilisant organique à base de fumiers et d'algues lors de la plantation dans une terre pauvre ou compacte.

Exposition : plein soleil et chaleur. Un support orienté au sud est la meilleure garantie de succès. Quasiment insensible au vent, l'ipomée apprécie le bord de mer.

Culture et entretien : semez en mars-avril sous abri, après avoir fait tremper les graines dans l'eau durant 24 h. Repiquez les jeunes plants individuellement dans un pot assez grand (12 cm) et mettez-les en place de mi-mai à juin. Ensuite, il n'y a plus rien à faire, la plante s'accrochant d'elle-même sur son support. Dans le Midi, considérez la plante comme vivace, mais protégez-la avec un voile d'hivernage.

Espèces et variétés : il existe 500 espèces. *Ipomoea coccinea* (2/3 m), le liseron écarlate, frileux, à fleurs tubulaires de 2 à 4 cm de long. *Ipomoea hederacea* (2/3 m) ou *Pharbitis*, l'étoile du marin, à fleurs en entonnoir blanches et violet pourpre. *Ipomoea lobata* (3/5 m) ou *Mina*, aux épis dressés de fleurs tubulaires orange vif et jaune. *Ipomoea purpurea* (2/3 m), le volubilis, aux bouquets de fleurs en coupes rose magenta ; 'Blue Star', blanc ombré de bleu ; 'Milky Way', blanc à macules bleues ; 'Tie Dye', à fleurs de 15 cm de diamètre, bleu strié de lavande. *Ipomoea quamoclit* (3/6 m), aux fleurs écarlates en tube fin ; 'Cardinal' ne dépasse pas 1,5 m. *Ipomoea tricolor* (3/5 m), le volubilis des jardins, aux coupes bleues de 12 cm de diamètre ; 'Scarlet O'Hara', rouge.

Ipomoea lobata

Ipomoea hederacea

Utilisations : décoration saisonnière de grillage, clôture, tonnelle, arceau ou d'un treillage. Culture en grande potée possible.

Notre conseil : dans le Midi, attention aux cicadelles (*Metcalfa pruinosa*) très friandes des jeunes pousses. Traitez préventivement dès la plantation. Ne soyez pas alarmé par le dessèchement épars des feuilles, c'est le signe de nuits trop fraîches ou d'une carence en magnésie. Dans ce cas, apportez un engrais pour rosiers.

Jasminum spp.
JASMIN

J F M A M J J A S O N D

3/8 m — 2/5 m — C/P

Ces arbustes sarmenteux ou volubiles de la famille des Oleaceae portent des fleurs magnifiques.

Description : on distingue les jasmins à feuilles opposées des espèces à feuilles alternes dont le seul représentant commun dans les jardins est *Jasminum humile*, mais dans tous les cas, les feuilles sont composées de 3 à 7 folioles ovales vert clair. Fleurs en entonnoir de 3 à 5 cm de long, blanches, rosées ou jaunes.
Sol : profond et bien travaillé, humifère, plutôt acide, sans humidité stagnante.
Exposition : seul *Jasminum nudiflorum* est vraiment rustique, les autres ont besoin d'un emplacement chaud et abrité des vents, plutôt bien ensoleillé.
Culture et entretien : plantez au printemps. Paillez le pied des jasmins frileux et arrosez copieusement dès que les fleurs sont présentes. Taillez le jasmin d'hiver après la floraison en éliminant les vieux rameaux et en réduisant son ampleur. Une taille d'équilibre suffit pour les autres.
Espèces et variétés : il existe 200 espèces *Jasminum fruticans* (1,5 m), aux fleurs jaunes, estivales, parfumées. *Jasminum humile* (3/4 m), le jasmin d'Italie, fleurs jaunes, estivales, parfumées. *Jasminum mesnyi (primulinum)*, 3/4 m, à la floraison hivernale jaune clair, inodore. *Jasminum nudiflorum* (3/4 m), aux fleurs jaunes, hivernales, inodores. *Jasminum officinale* (6/8 m), aux fleurs blanches estivales qui embaument ; 'Inverleith' (5/6 m), à jeunes pousses rouges et fleurs rosées ; *Jasminum polyanthum* (3/4 m), aux fleurs blanches printanières très parfumées, est surtout cultivé en potées fleuries.
Utilisations : habillage de treillage et de claustras, rambarde d'escalier ou de balcon, arceau, tonnelle, potées sur terrasse.
Notre conseil : ne placez pas les jasmins très odorants près d'un coin repos, car ils ont un effet narcotique et entêtant.

Jasminum mesnyi

Lablab purpureus
DOLIQUE D'ÉGYPTE

J F M A M J J A S O N D

2/4 m — 2/3 m — C — 5 °C

Cette vivace herbacée volubile de la famille des Fabaceae produit des sortes de haricots comestibles.

Lablab purpureus

Description : originaire d'Afrique, cette vivace frileuse porte des feuilles alternes de 10 à 15 cm de long, composées de folioles triangulaires. Les fleurs parfumées, pourpres ou blanches, qui ressemblent à celles des haricots, donnent jusqu'aux gelées des gousses violettes comestibles.
Sol : riche, bien amendé et bien drainé.
Exposition : en plein soleil, la plus chaude possible, sinon la plante fleurit mal.
Culture et entretien : semez en mars, sous abri à (22/24 °C), repiquez les plantules en godets individuels et placez-les fin mai dans le jardin. Laissez la plante s'accrocher seule à son support. Arrosez généreusement et désherbez avec soin.
Espèces et variétés : il n'existe qu'une seule espèce : *Lablab purpureus (Dolichos)* ; 'Flore Pleno', à fleurs blanches, doubles ; 'Purpureum', cultivar plus précoce aux tiges, feuilles et fleurs pourpres.
Utilisations : habillage saisonnier d'un treillage, d'un claustra, d'un grillage, d'un porche, décoration du potager.
Notre conseil : réservez la dolique aux régions de la moitié sud de la France.

Lathyrus spp.
POIS DE SENTEUR

J F M A M J J A S O N D

1,2/3 m — 1/1,5 m — C

S'accrochant seule par des vrilles, cette plante volubile de la famille des Fabaceae fleurit en abondance.

Description : annuelles ou vivaces herbacées rustiques, les pois de senteur portent des feuilles opposées, composées de une à six paires de folioles ovales, de 5 à 10 cm de long. Les fleurs papilionacées, parfois parfumées, de 2 à 4 cm de long, sont portées en petits bouquets latéraux.
Sol : riche et toujours frais, consistant, mais drainé. Le calcaire est bien accepté.
Exposition : bien ensoleillée. Évitez les courants d'air. La mi-ombre est tolérée.
Culture et entretien : semez les pois de senteur annuels en place dès septembre ou en avril, en poquet de trois graines à 3 cm

Lathyrus odoratus

Lonicera periclymenum 'Serotina'

de profondeur. Trempez la semence dans l'eau durant 24 h. Un semis sous abri en mars est possible avec repiquage intermédiaire pour une mise en place en mai. Supprimez les fleurs dès qu'elles sont fanées pour éviter la production de gousses et favoriser la naissance de nouvelles inflorescences. Limitez aussi le nombre de pousses latérales pour avoir plus de fleurs.
Espèces et variétés : il existe 150 espèces. *Lathyrus odoratus* se décline en nombreuses variétés aux riches coloris vendues en graines. *Lathyrus latifolius* (2/3 m), le pois vivace, aux fleurs rose violacé.
Utilisations : garniture saisonnière de treillage ou de grillage. Décoration du potager sur des rames en fagots.
Notre conseil : fertilisez une fois par semaine avec un engrais liquide pour plantes fleuries, cela stimule la floraison.

Lonicera spp. CHÈVREFEUILLE

J F M A M J J A S O N D

2/6 m — 2/4 m — C/SP/P

Ces généreuses lianes arbustives de la famille des Caprifoliaceae donnent des fleurs qui embaument.

Description : rustiques et vigoureux, les chèvrefeuilles grimpants développent des rameaux sarmenteux portant des feuilles opposées de 2 à 8 cm de long, ovales. Les fleurs tubulaires, souvent parfumées, sont accompagnées de deux grandes lèvres arquées et colorées, et laissent les étamines bien apparentes. Fruits en baies rouges, décoratifs en automne.

Sol : riche, frais, profond, bien drainé, amélioré avec un fertilisant organique.
Exposition : plein soleil non brûlant ou mi-ombre, même assez intense.
Culture et entretien : plantez à l'automne ou au printemps. Aidez les tiges à s'enrouler autour de leur support. Traitez les pucerons dès le départ de la végétation.
Espèces et variétés : il existe 180 espèces. *Lonicera* x *brownii* 'Dropmore Scarlet' (3/5 m), caduc ou semi-persistant, à fleurs tubulaires rouge orangé ; 'Golden Trumpet', jaune. *Lonicera* x *heckrottii* (4/5 m), semi-persistant, fleurs odorantes rouge et jaune ; 'Goldflame' (5/6 m), jaune orangé. *Lonicera henryi* (6/8 m), persistant, fleurs rose saumon. *Lonicera japonica* (6/8 m), persistant, fleurs parfumées blanches ; 'Halliana', blanc crème et jaune. *Lonicera periclymenum* 'Serotina' (5/7 m), caduc, très parfumé, crème et rouge.
Utilisations : habillage de clôture, treillage, pylône, pergola, ou en bac sur terrasse.
Notre conseil : plantez des vivaces couvre-sol au pied des chèvrefeuilles pour ombrager la base et la maintenir au frais.

Lonicera 'Mint Crisp'

➤ *Lonicera spp.* voir **p. 416**.

Mandevilla splendens DIPLADÉNIA

J F M A M J J A S O N D

2/6 m — 2/3 m — P — 0 °C

Cette grimpante tropicale de la famille des Apocynaceae fleurit très longtemps, même en pot.

Description : originaire du sud-est du Brésil, c'est une plante grimpante volubile à tiges ligneuses. Les feuilles opposées, simples, ovales de 10 à 20 cm de long, sont coriaces et lustrées. Les bouquets de fleurs en entonnoirs roses à gorge jaune, de 6 à 8 cm de long, se ferment la nuit.
Sol : riche, consistant, bien drainé. En pot, un mélange par moitié de terreau et de terre de jardin sableuse.
Exposition : chaude, en plein soleil.
Culture et entretien : plantez ou sortez les pots en mai. Taillez court les pousses volubiles début avril, fertilisez souvent.
Espèces et variétés : il existe 120 espèces. 'Alice du Pont', rose plus soutenu ; 'Tropidenia', plus buissonnant, idéal en pot. *Mandevilla* x *amabilis* (4 m), à feuilles rugueuses, fleurs roses à cramoisi et cœur jaune. *Mandevilla laxa* (3 m), blanc.
Utilisations : décoration saisonnière sur rambarde, pylône, rampe d'escalier, grillage ou treillage. Potées sur balcon.
Notre conseil : hivernez le dipladénia dans une véranda à 5/10 °C.

Mandevilla 'Alice du Pont'

Pandorea jasminoides

Pandorea jasminoides
PANDORÉA

J F M A M **J J A** S O N D

Hauteur	Largeur	Exposition	Type	Rusticité
5/8 m	3/5 m		P	0 °C

Cet arbuste grimpant australien de la famille des Bignoniaceae est surtout destiné aux jardins du Midi.

Description : les longues tiges sarmenteuses à croissance très rapide portent un feuillage opposé, composé de 5 à 9 folioles ovales, de 2 à 5 cm de long, vert foncé brillant. Les fleurs en trompette de 5 à 6 cm de diamètre sont blanc rosé avec le cœur rose pourpré. Fruit en gousse.

Sol : riche et profond. Faites un apport de matières organiques lors de la plantation.

Exposition : très ensoleillée et chaude.

Culture et entretien : plantez au printemps ou sortez les potées à la mi-mai. Arrosez et fertilisez généreusement en été. Hivernez dans une véranda hors gel.

Espèces et variétés : il existe 6 espèces. *Pandorea jasminoides* est la plus cultivée ; 'Lady Di', à fleurs blanches au cœur jaune crème ; 'Power of Beauty', rose foncé à cœur violet ; 'Variegata', à feuillage panaché, fleurs blanc rosé. *Pandorea pandorana* (4/6 m), au feuillage plus découpé, petites fleurs jaune crème rayé de rose.

Utilisations : habillage de mur, en serre ou en véranda. Pylône, treillage dans le Midi.

Notre conseil : pincez régulièrement les jeunes tiges pour favoriser la floraison.

Parthenocissus tricuspidata 'Veitchii'

Parthenocissus spp.
VIGNE VIERGE

Hauteur	Largeur	Exposition	Type
8/15 m	6/10 m		C

Cette immense grimpante ligneuse de la famille des Vitaceae se colle à son support par des ventouses.

Description : originaires de Chine ou d'Amérique du Nord, ces lianes de croissance rapide portent des feuilles alternes simples et lobées ou composées, de 8 à 20 cm de long, qui prennent de jolies teintes à l'automne. Fleurs insignifiantes, fruits en baies bleues ou noires.

Sol : riche, profond, consistant, plutôt argileux, enrichi en matière organique.

Exposition : plein soleil non brûlant, la mi-ombre légère est bien acceptée.

Culture et entretien : plantez en automne ou au printemps sans abîmer la motte. Palissez les jeunes sujets jusqu'à ce qu'ils s'accrochent d'eux-mêmes. Pincez les tiges volubiles mal orientées.

Espèces et variétés : il existe 10 espèces. *Parthenocissus henryana* (6/10 m), la vigne vierge de Chine, aux feuilles à 3 ou 5 folioles panachées de blanc et de rose au niveau des nervures. *Parthenocissus quinquefolia* (12/18 m), la vigne vierge vraie, très vigoureux, aux feuilles à 5 folioles dentelées, s'accroche avec des vrilles ; 'Engelmannii' se colle avec des ventouses, feuillage plus fin. *Parthenocissus tricuspidata* (15 m), la vigne vierge à grandes feuilles, au feuillage palmé ; 'Lowii' (5/6 m), à petites feuilles très découpées ; 'Minutifolia' (5/7 m), à petites feuilles entières ; 'Veitchii' (15 m), très vigoureux, à grandes feuilles vernissées aux coloris très vifs en automne, est aussi appelé *Ampelopsis veitchii* ; 'Veitchii Robusta', aux feuilles à trois lobes, qui atteignent 20 cm de long.

Utilisations : couvre-mur, façade.

Notre conseil : surveillez la croissance de cette grimpante très envahissante, car elle arrive vite à obstruer les gouttières et à s'immiscer dans les interstices sous la toiture. Taillez sans contrainte en toute saison. Pulvérisez en septembre un insecticide pour déloger les insectes qui viennent s'abriter sous les feuilles.

Passiflora caerulea
PASSIFLORE

J F M A M J **J A S O N** D

5/10 m — 3/6 m — soleil — P — 0 °C

Cette très puissante plante volubile de la famille des Passifloraceae porte des fleurs très bien ciselées.

Description : grimpant à l'aide de vrilles, la passiflore développe d'immenses tiges souples et anguleuses, aux feuilles alternes de 6 à 10 cm de long, finement découpées. Les organes de la fleur qui rappellent les symboles de la Passion du Christ ont donné son nom à cette très jolie liane. Fruits ovoïdes orangés, comestibles.

Sol : profond, consistant, riche, humifère.

Exposition : chaude, ensoleillée, plein sud.

Culture et entretien : plantez au printemps. Après la floraison, réduisez de moitié la longueur des rameaux pour conserver un bon équilibre. Ailleurs que dans le Midi, buttez le pied et protégez la ramure en hiver avec plusieurs épaisseurs de voile.

Espèces et variétés : il existe 400 espèces. *Passiflora coerulea*, aux fleurs bleu et blanc, est la plus rustique; 'Constance Elliot', à fleurs blanches. *Passiflora* x *allardii* (7/10 m), aux fleurs blanches nuancées de rose. *Passiflora* x *alatocoerulea* 'Impératrice Eugénie' (5/7 m), feuilles à trois lobes, fleurs rose et pourpre. *Passiflora* 'Amethyst' (4 m), hybride au feuillage glauque, fleurs mauve pourpré. *Passiflora edulis* (4/5 m), à fleurs blanc rosé et vert, gros fruits comestibles. *Passiflora* x *exoniensis* (6/7 m), aux fleurs roses avec une couronne blanche. *Passiflora incarnata* (2 m), aux feuilles finement dentées, fleurs blanc pourpré, parfumées, assez rustique. *Passiflora quadrangularis*, à feuilles lancéolées, fleurs exceptionnelles, blanc et pourpre (minimum 5 °C). *Passiflora vitifolia*, aux tiges duveteuses, brun rougeâtre, grandes fleurs rouge vif à filaments fins de plusieurs couleurs (minimum 5 °C).

Utilisations : couvre-mur, habillage de clôture, grillage, porche, pylône, treillage. Plante de véranda ou même d'intérieur.

Notre conseil : si l'ensemble de la plante grille en hiver en raison du froid, rabattez toute la ramure au ras du sol en mars. Bien souvent, la végétation repart de la souche après des arrosages copieux.

Passiflora caerulea

Plumbago auriculata
DENTELAIRE DU CAP

J F M A **M J J A S O N** D

2/5 m — 1/3 m — soleil — SP — – 5 °C

Cet arbuste sarmenteux de la famille des Plumbaginaceae fleurit généreusement durant tout l'été.

Description : d'origine sud-africaine, le plumbago du Cap développe des tiges souples portant des feuilles alternes, oblongues, de 4 à 8 cm de long. Les fleurs bleu azur, réunies en longues panicules souples et très élégantes, apparaissent presque toute l'année si la plante est rentrée dans une véranda pour l'hiver.

Sol : une bonne terre de jardin légère, bien drainée. En pot, un mélange à parts égales de terre de jardin, terreau et sable.

Exposition : chaude, en plein soleil.

Culture et entretien : plantez ou sortez les potées en mai. Arrosez bien par temps chaud et sec. Tuteurez les nouvelles pousses qui se développent. Rempotez au début de l'automne, hivernez en véranda.

Espèces et variétés : il existe 15 espèces. *Plumbago auriculata* 'Alba', blanc; 'Azur', bleu profond. *Plumbago indica (rosea)* (2 m), rose foncé, est plus frileux.

Utilisations : potée, massif, serre froide, habillage d'une rambarde, treillage.

Notre conseil : rabattez les tiges à 15 ou 20 cm de leur point de naissance au tout début du printemps. Fertilisez bien.

Plumbago capensis

➤ ***Plumbago larpentae*** voir ***p. 570.***

➤ ***Polygonum baldschuanicum*** voir ***p. 534.***

Rhodochiton atrosanguineus

Rhodochiton atrosanguineus
CHAPEAU CHINOIS

J F M A M J J A S O N D

2/3 m 1/2 m C 3/5 °C

Cette étonnante vivace de la famille des Scrophulariaceae est surtout cultivée comme annuelle.

Description : d'origine mexicaine, cette plante développe des tiges grêles garnies de feuilles alternes cordiformes de 5 à 8 cm de long. Les fleurs, en tube violet foncé pendant de 4 à 5 cm, sont accompagnées de sépales mauves soudés en coupe convexe. Croissance très rapide.
Sol : léger et bien drainé. En pot, un mélange équilibré de terreau de tourbe, de sable de rivière et de terre de jardin.
Exposition : plein soleil, pas trop brûlant.
Culture et entretien : semez à chaud au printemps dans la maison, repiquez dans un grand pot. Installez les plantes à l'extérieur fin mai. Apportez un engrais pour plantes fleuries tous les 15 jours, de mai à octobre. Palissez les nouvelles pousses et pincez si elles sont trop longues. Maintenez le substrat humide, sans le détremper pendant la période de croissance.
Espèces et variétés : il existe 3 espèces. On cultive seulement *Rhodochiton atrosanguineus* (volubile) en saisonnière.
Utilisations : en décoration estivale dans les massifs d'été ou sur le balcon. Possibilité de culture en intérieur.
Notre conseil : maintenez une forte hygrométrie en été en bassinant le soir.

Schizophragma hydrangeoides

Schizophragma hydrangeoides
FAUX HORTENSIA GRIMPANT

J F M A M J J A S O N D

5/10 m 3/6 m C

Cet arbuste grimpant de la famille des Hydrangeaceae s'accroche seul à son support avec des crampons.

Description : originaire du Japon, cet arbuste très proche de l'hortensia grimpant porte des feuilles opposées, ovales, de 6 à 12 cm de long. L'inflorescence plate, arrondie, de 10 à 20 cm de diamètre, est accompagnée de bractées de 3 cm, ivoire, ovales, portées par un long pédicelle.
Sol : riche, frais, acide, nourrissant.
Exposition : à l'ombre légère, au nord, un petit peu de soleil stimule la floraison.
Culture et entretien : plantez en automne, apportez un engrais à décomposition lente lors de la mise en place. Palissez les jeunes tiges, le temps qu'elles s'accrochent toutes seules (3/4 ans).
Espèces et variétés : il existe 2 espèces. 'Moonlight' (3/4 m), à feuilles veloutées. 'Roseum', à bractées roses. *Schizophragma integrifolium* (4/6 m), à très grandes inflorescences (30 cm), est moins rustique.
Utilisations : couvre-mur, façade ou palissé sur le tronc d'un arbre.
Notre conseil : apportez un fertilisant organique à base de fumier en mai/juin.

Solandra maxima
LIANE TROMPETTE

J F M A M J J A S O N D

5/12 m 3/7 m P 5 °C

Cette plante géante de la famille des Solanaceae porte des fleurs en coupes énormes parfumées la nuit.

Description : cet arbuste sarmenteux mexicain, au port très ramifié, porte des feuilles alternes, ovales, épaisses, coriaces, de 5 à 15 cm de long, vert brillant. Les fleurs en entonnoir, de 15 à 30 cm de diamètre, sont jaune crème et dégagent un parfum entêtant, plus puissant le soir.
Sol : profond, riche, frais, humifère, non calcaire. En pot, un mélange égal de terre de jardin, de sable et de terreau tourbeux.
Exposition : plein soleil et forte chaleur.
Culture et entretien : ailleurs que sur la Côte d'Azur, plantez le *Solandra* dans un grand bac bien drainé. De fin mai à septembre, installez la potée au jardin, dans une situation abritée. Hivernez en serre maintenue entre 8 et 12 °C. Taillez les pousses de un an des deux tiers de leur longueur, au départ de la végétation.
Espèces et variétés : il existe 8 espèces. *Solandra grandiflora*, aux fleurs blanches marquées de violet à l'intérieur.
Utilisations : palissé sur un pylône ou un treillage dans un jardin exotique.
Notre conseil : rempotez chaque année en février, en ajoutant au terreau un engrais organique et du fumier décomposé.

Solandra maxima

Solanum jasminoides

Solanum jasminoides SOLANUM FAUX JASMIN

J F M A M J J A S O N D

5/6 m — 2/3 m — SP — -10 °C

Cet arbuste sarmenteux de la famille des Solanaceae porte de gracieuse grappes très parfumées.

Description : originaire du Brésil, ce *Solanum* développe de longs rameaux, souples, presque volubiles, qui peuvent facilement être palissés. Ils portent des feuilles alternes de 3 à 5 cm de long, étroites, luisantes, parfois découpées. Les fleurs blanc bleuté au parfum de jasmin sont groupées en bouquets lâches.

Sol : frais, léger, plutôt humifère et acide.

Exposition : chaude et ensoleillée.

Culture et entretien : plantez au printemps. Arrosez par temps sec, mais évitez l'eau stagnante sur le pied. Dès l'automne, protégez le pied par un bon paillis dans la moitié nord de la France.

Espèces et variétés : il existe 1 400 espèces. *Solanum jasminoides* 'Album', blanc pur. *Jasminum crispum* (5/6 m) est également grimpant, fleurs bleu lilacé ; 'Glasnevin' (4 m), pourpre foncé.

Utilisations et associations : palissé sur un mur, un treillage, une clôture.

Notre conseil : les jardins du bord de mer conviennent tout particulièrement.

Thunbergia alata SUZANNE AUX YEUX NOIRS

J F M A M J J A S O N D

1,5/3 m — 1/2 m — P — 5/7 °C

Cette élégante vivace volubile de la famille des Acanthaceae est le plus souvent cultivée comme annuelle.

Description : appelée aussi « sourire de Zanzibar », cette plante d'Afrique tropicale s'acclimate à l'extérieur, en situation bien abritée. Les feuilles opposées de 5 à 8 cm de long sont triangulaires. Les fleurs jaune orangé à cœur noir de 3 à 4 cm de diamètre se renouvellent sans cesse.

Sol : consistant, riche, humifère, drainé. En pot, un mélange par moitié de terreau de rempotage et de terre de jardin sableuse.

Exposition : chaude, ensoleillée ou mi-ombragée, à l'abri du vent fort.

Culture et entretien : semez en mars à la maison, repiquez en godet. Sortez les plants à la mi-mai. Rabattez les tiges fanées pour stimuler la refloraison. Palissez au fur et à mesure de la pousse. Arrosez bien.

Espèces et variétés : il existe 100 espèces. *Thunbergia alata* 'Suzie' aux couleurs variées du blanc à l'orange. *Thunbergia grandiflora* (5/10 m), aux entonnoirs bleus de 5 à 8 cm, réussit sur la côte d'Azur.

Utilisations : décoration des massifs d'été, sur un tuteur en pyramide ou un petit treillage. Plante d'intérieur.

Notre conseil : rabattez la touffe en automne et hivernez-la dans la véranda.

Thunbergia alata

Trachelospermum jasminoides JASMIN ÉTOILÉ

J F M A M J J A S O N D

3/5 m — 1/3 m — P — - 10 °C

De croissance rapide, cet arbuste volubile et poussant, de la famille des Apocynaceae, est très parfumé.

Description : originaire de Chine et du Japon, cette liane, aux tiges qui renferment un latex blanc, porte des feuilles opposées, de 5 à 10 cm, ovales, vert brillant. Les fleurs en bouquets blanc pur exhalent un puissant parfum de jasmin.

Trachelospermum jasminoides

Exposition : bien ensoleillée et chaude, à l'abri des vents dominants froids et secs.

Sol : léger, plutôt acide, mais riche, humifère, profond, consistant et bien drainé.

Culture et entretien : plantez au printemps, paillez le sol, arrosez bien en été. Supprimez les rameaux indisciplinés.

Espèces et variétés : il existe 20 espèces. *Trachelospermum jasminoides (Rhynchospermum)* est le plus cultivé ; 'Variegatum', à feuillage panaché. *Trachelospermum asiaticum*, à fleurs blanc crème virant au jaune, plus frileux, se cultive en véranda.

Utilisations : excellent en couvre-mur.

Notre conseil : en mars, coupez les tiges latérales à 15 cm, pour provoquer le départ de nombreuses pousses florifères.

Tropaeolum majus

Tropaeolum spp. CAPUCINE GRIMPANTE

J F M A M **J J A S O** N D

2/5 m — 1/2 m — C

Ces plantes herbacées volubiles de la famille des Tropaeolaceae sont très florifères et bien colorées.

Description : la plupart des capucines sont cultivées comme annuelles, rares sont les espèces vivaces rustiques. Les tiges grêles portent des feuilles alternes, arrondies ou palmées, parfois divisées en 5 à 7 folioles. Les fleurs solitaires, en entonnoir de 5 à 6 cm de diamètre, se déclinent dans toutes les nuances du jaune au rouge.

Sol : sablonneux, sec, pauvre, trop d'humus entraîne un développement excessif du feuillage au détriment des fleurs.

Exposition : chaude et ensoleillée.

Tropaeolum speciosum

Tropaeolum peregrinum

Culture et entretien : d'avril à début mai ou en octobre, semez en place des poquets de 4 ou 5 graines espacés de 50 cm. Pincez les jeunes plants, arrosez régulièrement, fertilisez à l'engrais liquide, supprimez régulièrement les fleurs fanées pour favoriser la remontée de la floraison.

Espèces et variétés : il existe 90 espèces. *Tropaeolum majus*, la grande capucine, à fleurs jaune orangé ou rouge cuivré, éperonnées ; 'Hybride de Lobb' (3 m), à grandes fleurs simples aux couleurs variées ; 'Milkmaid' (2 m), crème ; 'Reine des Panachées' (3 m), à fleurs simples aux coloris variés, feuillage vert et blanc ; 'Scarlet Gleam' (3 m), à fleurs doubles, écarlates ; 'Spitfire' (3 m), écarlate. *Tropaeolum peregrinum*, la capucine des canaris (2/4 m), aux fleurs jaunes de 2 à 3 cm de diamètre, très finement ciselées. *Tropaeolum speciosum*, la capucine élégante (3/4 m), vivace frileuse aux feuilles découpées, fleurs de 2 à 3 cm, rouge vif, à long éperon. *Tropaeolum tricolorum*, la capucine tricolore (2 m), vivace frileuse, à feuilles palmées finement divisées, fleurs de 1 à 3 cm de long, orange, avec un éperon recourbé rouge orangé. *Tropaeolum tuberosum*, la capucine tubéreuse (2 m), vivace à tubercules, fleurs en coupe de 3 à 4 cm de diamètre, rouge orangé et jaune, donne des fleurs orange et écarlates.

Utilisations : clôtures, treillages, tonnelles, les espèces vivaces habillent joliment une haie à feuillage persistant.

Notre conseil : les capucines attirent irrésistiblement les pucerons. Traitez toutes les trois semaines. Les boutons floraux peuvent être confits et utilisés comme des câpres. Les fleurs sont comestibles.

➤ **Tropaeolum spp.** (capucines naines) voir **p. 647.**

Vitis spp. VIGNE D'ORNEMENT

5/8 m — 5/15 m — C

Ces grands arbustes sarmenteux de la famille des Vitaceae s'accrochent avec des vrilles à tous les supports.

Description : parentes des vignes de table ou à vin, les vignes d'ornement développent de longues pousses souples garnies de feuilles alternes, simples, lobées, qui prennent de très belles couleurs vives en automne. La floraison insignifiante produit des fruits noirs ou bleutés, parfois comestibles, assez décoratifs en fin de saison.

Sol : sec et caillouteux, calcaire, bien drainé, travaillé en profondeur et généreusement amendé en matière organique.

Exposition : chaude et ensoleillée.

Culture et entretien : plantez en automne. Taillez en cours de végétation pour limiter le développement et éliminer les pousses mal placées. Les vrilles portées par les rameaux évitent le palissage, mais prévoyez un support très solide, car la croissance des pousses est d'une rapidité

Vitis coignetiae

impressionnante. Traitez à la bouillie bordelaise au printemps et en automne, en alternance avec un fongicide anti-oïdium.

Espèces et variétés : il existe 70 espèces. *Vitis amurensis* (8/10 m), aux feuilles cordiformes à trois lobes, rouge écarlate et pourpre en automne, fruits non comestibles. *Vitis coignetiae* (8/10 m), aux feuilles de 10 à 30 cm, rouge vif en automne, fruits non comestibles bleu foncé. *Vitis davidii* (6/8 m), aux rameaux couverts de poils raides, feuilles cordiformes de 10 à 20 cm, rouge brillant, fruits comestibles. *Vitis vinifera* 'Purpurea' (6/7 m), aux feuilles rouge vineux, puis pourpre foncé en automne, fruits non comestibles.

Utilisations : treille sur tonnelle ou pergola, couvre-mur, habillage d'une palissade ou d'un arbre dégarni.

Notre conseil : limitez la taille hivernale à un équilibrage de la ramure.

Wisteria sinensis

Wisteria floribunda

➤ *Vitis vinifera* (vigne à grappe) voir **Fruits**.

Wisteria spp. GLYCINE

J F M A M J J A S O N D

8/15 m — 6/10 m

D'une vigueur impressionnante, cette grande liane de la famille des Fabaceae éblouit par sa floraison.

Description : originaires de Chine, du Japon et du sud des États-Unis, les glycines sont des grimpantes ligneuses volubiles dont les longs bras s'enroulent autour de leur support. Les feuilles alternes, composées de folioles ovales, atteignent 40 cm de long. Les inflorescences en grappes pendantes, souvent parfumées, sont formées de fleurs papilionacées bleues ou blanches. Les fruits, en forme de haricots veloutés, mesurent de 10 à 15 cm.

Sol : non calcaire, plutôt sec, fertile, profond, bien travaillé, richement amendé chaque année en matière organique.

Exposition : ensoleillée et chaude, à l'abri des vents forts et frais qui peuvent endommager les boutons floraux à la sortie de l'hiver. La mi-ombre est tolérée.

Culture et entretien : plantez en automne et arrosez bien. En février, lorsque les boutons floraux sont formés, taillez court (2 yeux) les rameaux qui en sont dépourvus, de façon à aérer la plante. Ne conservez pas plus de 4 boutons à fleurs (arrondis) sur la même tige.

Espèces et variétés : il existe 10 espèces. *Wisteria floribunda*, la glycine du Japon, dont les tiges s'enroulent de gauche à droite, aux grappes de 50 cm de long ; 'Alba', blanche ; 'Rosea', rose ; 'Violacea Plena', à fleurs violettes, doubles ; 'Macrobotrys', aux grappes de 1 m de long. *Wisteria sinensis*, la glycine de Chine, dont les branches s'enroulent de droite à gauche, plus vigoureuse et remontante, aux grappes de 30 cm. *Wisteria x formosa*, hybride entre les deux espèces précédentes, fleurit bleu dès son jeune âge ; 'Issaï', violet. *Wisteria venusta*, moins vigoureuse, en grappes courtes, fleurit blanc ou bleu chez les jeunes sujets.

Utilisations : habillage de mur, rambarde, pergola, tonnelle, porche. Attention, les branches de glycine sont capables de tordre les grilles les plus solides.

Notre conseil : les glycines greffées fleurissent beaucoup plus vite que celles obtenues par bouturage, qui demandent parfois plus de 6 ans pour boutonner.

Bien choisir vos lianes et plantes

Les grimpantes à grand développement (plus de 5 m de haut et 4 m de large)

Akebia quinata **akébie**
Aristolochia macrophylla **aristoloche**
Bougainvillea spp. **bougainvillée**
Campsis spp. **jasmin de Virginie**
Celastrus spp. **bourreau des arbres**
Clematis spp. **clématite**
Cobaea scandens **cobée grimpante**
Doxantha capreolata **bignone persistante**
Fallopia baldschuanicum **renouée du Turkestan**
Hedera helix **lierre commun**
Hydrangea petiolaris **hortensia grimpant**
Pandorea jasminoides **pandoréa**
Parthenocissus spp. **vigne vierge**
Solandra maxima **liane trompette**
Vitis spp. **vigne d'ornement**
Wisteria spp. **glycine**

Les grimpantes à développement moyen (jusqu'à 5 m de haut et 4 m de large)

Actinidia kolomikta **kiwi d'ornement**
Allamanda cathartica **allamanda**
Eccremocarpus scaber **bignone du Chili**
Fremontodendron californicum **frémontia**
Holboellia coriacea **holboellia**
Humulus lupulus **houblon**
Ipomoea spp. **ipomée, liseron bleu**
Jasminum spp. **jasmin**
Lablab purpureus **dolique d'Égypte**
Lonicera spp. **chèvrefeuille**
Mandevilla splendens **diplanédia**
Passiflora caerulea **passiflore**
Plumbago auriculata **dentelaire du Cap**
Rhodochiton atrosanguineus **chapeau chinois**
Schizophragma hydrangeoides **faux hortensia grimpant**
Solanum jasminoides **faux jasmin**
Thunbergia alata **suzanne aux yeux noirs**
Trachelospermum jasminoides **jasmin étoilé**
Tropaeolum spp. **capucine grimpante**

Les plantes volubiles

Actinidia kolomikta **kiwi d'ornement**
Akebia quinata **akébie**
Aristolochia macrophylla **aristoloche**
Clematis spp. **clématite**
Eccremocarpus scaber **bignone du Chili**
Fallopia baldschuanicum **renouée du Turkestan**
Holboellia coriacea **holboellia**
Ipomoea spp. **ipomée, liseron bleu**
Jasminum spp. **jasmin**
Lablab purpureus **dolique d'Égypte**
Lonicera spp. **chèvrefeuille**
Mandevilla splendens **diplanédia**
Rhodochiton atrosanguineus **chapeau chinois**
Thunbergia alata **suzanne aux yeux noirs**
Trachelospermum jasminoides **jasmin étoilé**
Tropaeolum spp. **capucine grimpante**
Wisteria spp. **glycine**

Les plantes sarmenteuses

Allamanda cathartica **allamanda**
Bougainvillea spp. **bougainvillée**
Celastrus spp. **bourreau des arbres**
Humulus lupulus **houblon**
Jasminum spp. **jasmin**
Pandorea jasminoides **pandoréa**
Plumbago auriculata **dentelaire du Cap**
Solandra maxima **liane trompette**
Solanum jasminoides **faux jasmin**

Les plantes à crampons

Campsis spp. **jasmin de Virginie**
Hedera helix **lierre commun**
Hydrangea petiolaris **hortensia grimpant**
Schizophragma hydrangeoides **faux hortensia grimpant**

Les plantes à vrilles

Cobaea scandens **cobée grimpante**
Doxantha capreolata **bignone persistante**
Eccremocarpus scaber **bignone du Chili**
Passiflora caerulea **passiflore**
Vitis spp. **vigne d'ornement**

Les plantes à ventouses

Parthenocissus spp. **vigne vierge**

Les grimpantes qui fleurissent au printemps

Akebia quinata **akébie**
Allamanda cathartica **allamanda**
Clematis spp. **clématite**
Holboellia coriacea **holboellia**
Jasminum spp. **jasmin**
Lonicera spp. **chèvrefeuille**
Wisteria spp. **glycine**

grimpantes

Les grimpantes qui fleurissent en été

Actinidia kolomikta kiwi d'ornement
Allamanda cathartica allamanda
Aristolochia macrophylla aristoloche
Bougainvillea spp. bougainvillée
Campsis spp. jasmin de Virginie
Celastrus spp. bourreau des arbres
Clematis spp. clématite
Cobaea scandens cobée grimpante
Doxantha capreolata bignone persistante
Eccremocarpus scaber bignone du Chili
Fremontodendron californicum frémontia
Humulus lupulus houblon
Hydrangea petiolaris hortensia grimpant
Ipomoea spp. ipomée, liseron bleu
Jasminum spp. jasmin
Lablab purpureus dolique d'Égypte
Lonicera spp. chèvrefeuille
Mandevilla splendens diplanédia
Pandorea jasminoides pandoréa
Passiflora caerulea passiflore
Plumbago auriculata dentelaire du Cap
Rhodochiton atrosanguineus chapeau chinois
Schizophragma hydrangeoides faux hortensia grimpant
Solandra maxima liane trompette
Solanum jasminoides faux jasmin
Thunbergia alata suzanne aux yeux noirs
Trachelospermum jasminoides jasmin étoilé
Tropaeolum spp. capucine grimpante

Les grimpantes qui fleurissent en automne

Clematis spp. clématite
Cobaea scandens cobée grimpante
Fallopia baldschuanicum renouée du Turkestan
Fremontodendron californicum frémontia
Lonicera spp. chèvrefeuille
Mandevilla splendens diplanédia
Passiflora caerulea passiflore
Plumbago auriculata dentelaire du Cap
Rhodochiton atrosanguineus chapeau chinois
Tropaeolum spp. capucine grimpante
Wisteria spp. glycine

Les grimpantes qui fleurissent en hiver

Jasminum spp. jasmin

Les grimpantes à feuillage remarquable

Actinidia kolomikta kiwi d'ornement
Hedera helix lierre commun
Parthenocissus spp. vigne vierge
Passiflora caerulea passiflore
Vitis spp. vigne d'ornement

Les grimpantes parfumées

Actinidia kolomikta kiwi d'ornement
Akebia quinata akébie
Cobaea scandens cobée grimpante
Holboellia coriacea holboellia
Humulus lupulus houblon
Jasminum spp. jasmin
Lablab purpureus dolique d'Égypte
Lonicera spp. chèvrefeuille
Solandra maxima liane trompette
Solanum jasminoides faux jasmin
Trachelospermum jasminoides jasmin étoilé
Wisteria spp. glycine

LES FLEURS ET FEUILLAGES

Avec ses quatre cent cinquante mille espèces, le monde des plantes supérieures est composé de sujets très divers, ce qui en fait tout son charme et offre des possibilités ornementales illimitées. Exquise création de la nature, la fleur est la partie la plus intime de la plante. Gracieuse, charmante, colorée, elle se pare souvent de formes étonnantes qui nous séduisent et font le bonheur de nos jardins. Généralement éphémère, la fleur a pour but premier d'attirer l'attention des insectes butineurs, et se pare pour cela de mille artifices. La couleur a pour effet de mettre en évidence les pétales au milieu de la verdure. La forme s'adapte à la morphologie particulière de certaines espèces de bourdons, d'abeilles ou de papillons. Certaines fleurs, encore bien plus ingénieuses, parviennent même à imiter à la perfection la forme d'un insecte femelle, afin d'attirer irrésistiblement les mâles. Le parfum joue très souvent un rôle attractif essentiel. La diversité des fleurs s'inscrit dans une logique naturelle et rien n'est laissé au hasard, mais le jardinier ne s'est jamais satisfait de ces seuls dons du ciel. Depuis des siècles, il multiplie, sélectionne et marie les fleurs pour changer leurs couleurs, les agrandir, accroître leur parfum ou le nombre de leurs pétales. Véritable apprenti sorcier, il a même réussi à créer des formes et des variétés complètement nouvelles qui ont le bonheur de nous étonner et de nous séduire.

Mais la fleur n'a pas le monopole de la séduction dans un jardin. Certaines espèces présentent des feuillages aux couleurs ou aux textures si belles et si variées qu'elles méritent à ce titre une place de choix dans le jardin. Les feuillages sont les éléments modérateurs dans un massif. Ils apaisent le regard et servent de fil conducteur entre toutes les fleurs.

Abutilon megapotamicum

Abutilon megapotamicum
ABUTILON DU RIO GRANDE

J F M A M J J A S O N D

1/2 m — 80 cm/1,5 m — 3 °C

Cet arbrisseau à tiges grêles de la famille des Malvaceae porte des fleurs en clochettes pendantes.

Description : cette espèce originaire du Brésil forme un buisson au port semi-retombant. Les longues branches souples portent des feuilles alternes de 8 à 12 cm de long, ovales, pointues, dentées, vert foncé. Les fleurs, au calice rouge vif en forme de cœur, laissent à peine s'ouvrir les pétales jaunes, d'où émerge un bouquet dense d'étamines pourpre foncé.

Sol : terre de jardin bien drainée, humifère. En pot, un mélange par tiers de terreau d'écorce, de tourbe brune et de sable.

Exposition : chaude, bien ensoleillée mais non brûlante, à l'abri des vents forts.

Culture et entretien : plantez l'abutilon ou sortez les pots à la mi-mai. Dès la mi-octobre, hivernez en serre ou en véranda (5 °C au minimum). Laissez le sol sécher en surface avant d'arroser. Réduisez les apports d'eau en hiver. Donnez de l'engrais tous les 15 jours en été. Rempotez en mars, après avoir rabattu les branches au tiers de leur longueur. Il est possible de palisser cette espèce sur un treillage.

Espèces et variétés : il existe 150 espèces. *Abutilon* x *hybridum* : 'Bella F1' (50 cm), compact aux fleurs en cloches de 7 cm de diamètre aux coloris pastel. *Abutilon pictum* 'Thompsonii', buissonnant, à feuilles palmées, marbrées de jaune, fleurs orange saumoné. *Abutilon* x *suntense* (3 m) et *Abutilon vitifolium* (3/4 m) sont des arbustes caducs à floraison printanière dont les fleurs en coupes plates, de 6 à 8 cm de diamètre, sont bleu pourpré ou blanches.

Utilisations : massifs, clôtures, véranda.

Notre conseil : traitez tous les 10 jours d'avril à septembre contre les pucerons et les aleurodes et une fois par mois en hiver contre les cochenilles, très virulentes.

Acanthus mollis
ACANTHE

J F M A M J J A S O N D

80 cm/1,2 m — 80 cm/1,2 m

Cette plante vivace de la famille des Acanthaceae forme des touffes amples aux fleurs épineuses.

Description : originaire du bassin méditerranéen, l'acanthe développe des feuilles vernissées, découpées, représentées dans les décorations de style corinthien. Les solides inflorescences verticales qui dépassent 1 m de haut sont formées de fleurs tubulaires à deux lèvres, blanc veiné de rose, accompagnées de bractées pourpres, épineuses, de longue durée.

Sol : profond, frais, riche, bien drainé. Les terres caillouteuses, calcaires sont tolérées.

Exposition : assez chaude mais avec un soleil de préférence légèrement tamisé.

Culture et entretien : plantez au printemps (3 pieds/m²). Multiplication par division de la touffe après la floraison.

Espèces et variétés : il existe 30 espèces. *Acanthus hungaricus* (80 cm), au feuillage étroit, lobé, fleurs rose et pourpre. *Acanthus spinosus* (80 cm), au feuillage sombre, épineux, découpé, fleurs rose lilacé.

Utilisations : massif avec des vivaces et des arbustes, touffe isolée, potée, bouquet.

Notre conseil : par temps très froid (- 10 °C), paillez la souche.

Acanthus mollis

Achillea spp.
ACHILLÉE

J F M A M J J A S O N D

15 cm/1 m — 30/60 cm

Ces vivaces buissonnantes de la famille des Asteraceae sont très faciles à réussir en toutes régions.

Description : formant une touffe compacte à port dressé ou rampant, l'achillée porte des feuilles aromatiques finement découpées, parfois gris argenté. Les fleurs minuscules, en capitule serré, sont réunies en corymbes plats de grande taille.

Sol : plutôt sec et légèrement calcaire, mais les terres argileuses sont acceptées si elles sont saines et bien amendées.

Exposition : de préférence en plein soleil. *Achillea ptarmica* supporte la mi-ombre.

Culture et entretien : plantez toute l'année les sujets en godets ou en conteneurs (de 4 à 6 pieds/m²). Rabattez toute la végétation en fin de saison. Multiplication par division de la touffe au printemps.

Espèces et variétés : il existe 85 espèces. *Achillea compacta* (25 cm), à feuilles grisâtres, duveteuses et fleurs jaunes. *Achillea filipendulina* 'Coronation Gold' (80 cm), jaune d'or. *Achillea millefolium* 'Apricot

Achillea filipendulina

Aconitum napellus

Beauty', orange saumoné ; 'Braise', rouge vif lumineux ; 'Cerise Queen' (50 cm), au feuillage très découpé, fleurs rouge pourpré ; 'Lilac Beauty' (60 cm), feuillage gris-vert, fleurs lilas. *Achillea ptarmica* 'Boule de Neige' (60 cm), aux fleurs en pompons doubles blancs. *Achillea taygetea* (40 cm), à feuillage argenté, fleurs jaunes. 'Moonshine' (60 cm), une forme hybride à feuillage grisâtre et à grandes fleurs jaune d'or ; 'Terracotta' (80 cm), ombelles jaune ocre évoluant en rouge brique.

Utilisations : rocaille, muret, bordure, interstices de dallage, pour les espèces naines. Groupes en massifs de vivaces pour les grandes achillées qui font aussi d'excellents bouquets frais ou séchés.

Notre conseil : attention, *Achillea ptarmica* devient vite envahissante. *Achillea umbellata*, au feuillage argenté, peut remplacer le gazon entre des dalles.

Aconitum spp.
ACONIT CASQUE DE JUPITER

J F M A M J **J A S O** N D

60 cm/1,5 m — 30/50 cm — V

Ces vivaces herbacées de la famille des Ranunculaceae sont superbes mais également très vénéneuses.

Description : plante rustique originaire de l'hémisphère Nord, l'aconit développe des tiges dressées, garnies de feuilles alternes, découpées, de 5 à 10 cm de long. Les longues grappes verticales sont composées de fleurs bleues, en forme de casque ou de capuchon, qui attirent les abeilles.

Sol : frais, profond, bien travaillé, riche en humus. Le calcaire est bien accepté.

Exposition : une bonne lumière tamisée.

Culture et entretien : plantez en automne ou au printemps (de 4 à 6 pieds/m^2) sans trop enterrer les tiges pour éviter les risques de maladie cryptogamique. Tuteurez les grands sujets. Arrosez par temps sec. Multiplication par division de la touffe en automne.

Espèces et variétés : il existe 100 espèces. *Aconitum* x *cammarum* 'Bicolor' (1,2 m), à fleurs bleu et blanc. *Aconitum carmichaelii* 'Arendsii' (1,2 m), à grosses fleurs bleu violacé sur des hampes solides. *Aconitum napellus* (1,2 m), à fleurs bleues sur des tiges grêles ; 'Blanche Neige' (1 m), à fleurs blanches. Et les hybrides 'Blue Sceptre' (60 cm), violet et blanc ; 'Ivoirine' (60 cm), précoce, blanc crème ; 'Newry Blue' (1,5 m), bleu ; 'Spark's Variety' (1,5 m), violet foncé.

Utilisations : massif, fleur coupée, touffe isolée. L'aconit est idéal avec des dahlias et des graminées. C'est une plante à conseiller dans les régions froides ou d'altitude car elle ne craint pas du tout le gel.

Notre conseil : laissez la touffe en place au moins 5 ans avant de la diviser. Éloignez l'aconit des enfants car c'est une plante très toxique (anesthésique).

Acorus spp.
ACORE

20 cm/1 m — 15/60 cm — V — - 8 °C

Cette vivace rhizomateuse de la famille des Acoraceae forme une touffe au feuillage très décoratif.

Description : cette plante semi-aquatique présente de longues feuilles rubanées pointues. En été, les épis de fleurs vert rosé sont assez insignifiants.

Sol : consistant, en permanence humide, voire même immergé de 5 à 20 cm.

Exposition : chaude et ensoleillée. Les formes panachées viennent à mi-ombre.

Culture et entretien : plantez au printemps. Transplantez en automne *Acorus gramineus* dans des coupes larges, pour l'hiverner en serre froide, à l'abri du gel.

Espèces et variétés : il existe 2 espèces. *Acorus calamus* 'Variegatus' (1 m), rustique, à feuilles caduques panachées de blanc crème. *Acorus gramineus* (20/30 cm), persistant, est frileux ; 'Ogon' (20 cm), rayé de vert pâle et de crème.

Utilisations : groupez trois ou cinq pieds pour former un petit massif plus décoratif.

Notre conseil : dans un grand bassin naturel, l'acore peut devenir envahissant. Il est donc préférable de le planter dans un grand pot afin de limiter son expansion. Vous pouvez aussi utiliser les variétés naines comme plantes d'aquarium.

Acorus calamus 'Variegatus'

Adonis amurensis 'Flore Pleno'

Adonis amurensis
ADONIDE

J F M A M J J A S O N D

20/40 cm 30 cm

Cette petite vivace de la famille des Ranunculaceae est très appréciée pour sa floraison jaune en hiver.

Description : originaire du Japon et de Mandchourie, cette plante très compacte se joue des climats rigoureux. Les feuilles finement découpées forment un tapis serré, comme de la mousse. Les fleurs en coupe de 3 à 5 cm, formées de 20 à 30 pétales, apparaissent avant les feuilles.

Sol : léger, fertile et sain. Un apport de terreau à la plantation est vivement conseillé.

Exposition : soleil doux, mi-ombre légère.

Culture et entretien : plantez en automne sans enterrer la souche (de 6 à 8 pieds/m²). Arrosez par temps sec. Multiplication par division de touffe en automne ou juste après la floraison.

Espèces et variétés : il existe 20 espèces. *Adonis amurensis* 'Flore Pleno' (20 cm), à fleurs doubles, jaune panaché de vert ; 'Ramosa', à fleurs simples, jaune-brun. *Adonis annua*, l'adonide goutte de sang, une espèce annuelle à fleurs rouge vif, couvre-sol au pied des arbustes caducs.

Utilisations : bordure, rocaille, potée.

Notre conseil : semez l'adonide annuelle directement en place dès septembre pour une floraison printanière, puis en mars et en avril pour avoir des fleurs durant l'été.

Aethionema spp.
AÉTHIONÈME

J F M A M J J A S O N D

15/20 cm 20 cm

Cette vivace compacte de la famille des Brassicaceae forme un petit coussin régulier, très florifère.

Description : parfaitement rustique, cette robuste vivace forme une boule compacte aux feuilles linéaires vert bleuté. Elle se couvre de petites grappes de fleurs roses ou blanches formées de 4 pétales.

Sol : pauvre, calcaire, graveleux ou sablonneux, bien drainé, frais en été.

Exposition : en plein soleil.

Culture et entretien : plantez de septembre à mars (de 12 à 16 pieds/m²). Coupez les fleurs fanées, arrosez en été. Multiplication par semis en mars sous abri ou boutures en été de tiges non fleuries.

Espèces et variétés : il existe 40 espèces. 'Warley Rose', à fleurs d'un rose vif très lumineux. *Aethionema grandiflorum*, aux fleurs de diverses nuances de rose en grappes peu compactes. *Aethionema oppositifolium* (5 cm) forme un coussin serré couvert de fleurs rose lilacé.

Utilisations : bordure, rocaille, potée, mur fleuri, éboulis, jardin alpin, talus sec.

Notre conseil : veillez à ce que le sol soit bien drainé car l'humidité hivernale est fatale à l'aéthionème, qui montre un comportement éphémère. Bouturez-la régulièrement pour renouveler les plants.

Aethionema 'Warley Rose'

Agapanthus umbellatus
AGAPANTHE

J F M A M J J A S O N D

80 cm/1 m 50/60 cm - 8 °C

Cette vivace à racines charnues, de la famille des Alliaceae, porte des ombelles magnifiques en été.

Description : originaire d'Afrique du Sud, l'agapanthe forme des touffes aux feuilles en rubans de 30 à 40 cm de long, rigides, érigés, vert foncé. Les fleurs sont groupées en ombelles globuleuses de 20 cm de diamètre, à l'extrémité de hampes verticales.

Sol : léger, sableux, enrichi en humus, restant frais l'été mais bien drainé l'hiver.

Exposition : soleil ardent et forte chaleur.

Culture et entretien : plantez au printemps au jardin ou dans un bac, en enterrant les souches charnues à 5 cm de profondeur environ. Coupez les tiges florales fanées au ras du sol. Paillez en hiver. Divisez les touffes en automne, seulement lorsqu'elles fleurissent beaucoup moins.

Espèces et variétés : il existe 10 espèces. *Agapanthus africanus* est bleu pâle, 'Albus' est blanc. On cultive beaucoup d'hybrides : 'Blue Triumphator', à grandes fleurs veinées bleu ciel ; 'Cobalt Blue', bleu marine ; 'Donau', bleu soutenu ; 'Headbourne', plus compact, mais à fleurs plus grandes.

Utilisations : potée, massif, en groupe important le long d'une haie, d'un mur, d'une clôture, avec des fleurs jaunes.

Notre conseil : en automne, protégez les agapanthes avec un épais paillis fibreux.

Agapanthus africanus

Agathaea coelestis

Ageratum houstonianum 'Tapis Bleu'

Ajuga genevensis

Agathaea coelestis (Felicia)
ASTER BLEU DU CAP

J F M A M J J A S O N D

20/30 cm 30/50 cm V - 5 °C

Cette vivace buissonnante de la famille des Asteraceae est une plante frileuse, mais très florifère.

Description : d'origine sud-africaine, et appelé aussi « *Felicia amelloides* », ce joli coussin formé de feuilles opposées, ovales, vert vif, de 1 à 3 cm de long, porte une multitude de petites marguerites bleu ciel au cœur jaune. Celles-ci restent fermées par temps froid, couvert ou pluvieux.

Sol : bien poreux, plutôt sableux et sec. En pot, un terreau pour géranium allégé d'un tiers de sable, avec un bon drainage.

Exposition : soleil intense et forte chaleur.

Culture et entretien : plantez à partir de mi-avril. Supprimez régulièrement les fleurs fanées. Fertilisez tous les 15 jours de mai à mi-septembre. Pincez les jeunes pousses si la floraison n'est pas suffisamment conséquente. Dans les régions aux hivers gélifs, rentrez l'aster bleu en véranda à la fin octobre ou cultivez la plante comme une annuelle.

Espèces et variétés : Il existe 80 espèces. 'Read's Blue' est une forme très populaire à fleurs bleues ; 'Read's White' est blanc pur ; 'Variegata' a un feuillage panaché de jaune.

Utilisations : massifs, couvre-sols, potées, rocaille, murets et dallages fleuris.

Notre conseil : associez l'aster bleu à des *Erigeron karvinskianus* pour composer d'adorables bordures aux fleurs vaporeuses pour les jardins bien ensoleillés.

Ageratum houstonianum
AGÉRATUM

J F M A M J J A S O N D

15/60 cm 20/30 cm A - 5 °C

Ces annuelles d'origine mexicaine de la famille des Asteraceae font des bordures fleuries magnifiques.

Description : petit buisson très ramifié, l'agérate porte des feuilles opposées, duveteuses, en forme de cœur, de 5 à 7 cm de long. Les grappes terminales sont formées de très nombreuses fleurs bleues, blanches ou roses, plumeuses.

Sol : riche, frais, humifère. En pot, un bon terreau pour géraniums convient bien.

Exposition : le plein soleil non brûlant.

Culture et entretien : plantez à l'extérieur à partir de fin avril entre 25 cm et 30 cm de distance. Arrosez régulièrement, la terre ne devant pas sécher pour assurer une bonne floraison. Multiplication par semis de février à avril, sous abri.

Espèces et variétés : il existe 40 espèces, toutes originaires d'Amérique tropicale.

• **Agératums nains (15/20 cm)** : 'Blue Ball', bleu foncé ; 'Madison', hâtif, bleu vif ; 'White Hawaii', blanc ; 'Bavaria', bleu clair à large centre blanc ; 'Fairy Pink', rose vif ; 'Tycoon Purple', bleu violacé ; 'Pacific Plus', violet foncé ; 'Silver Pearl', blanc.

• **Agératums hauts (50/60 cm)** : 'Anja White', blanc ; 'Bouquet Bleu', très allongé, bleu vif ; 'Red Sea', rouge à pourpre.

Utilisations : bordure, jardinière, potée. Bouquets (grands hybrides).

Notre conseil : pincez les jeunes plants s'ils ont du mal à former des fleurs.

Ajuga reptans
BUGLE

J F M A M J J A S O N D

5/15 cm 30/60 cm V

Cette vivace rampante de la famille des Lamiaceae est un des couvre-sols les moins exigeants.

Description : avec ses tiges rampantes qui s'enracinent d'elles-mêmes, le bugle forme un tapis très dense de feuilles oblongues de 5 à 6 cm de long, disposées en rosettes. Les fleurs en épis dressés sur une tige rigide durent très longtemps.

Sol : frais, humide mais pas trop compact.

Exposition : lumière toujours tamisée. L'ombre même assez dense est acceptée.

Culture et entretien : plantez toute l'année (de 6 à 9 pieds/m^2) et traitez contre les limaces. Multiplication par division de la touffe au printemps ou en automne.

Espèces et variétés : il existe 40 espèces. *Ajuga reptans* 'Atropurpurea', pourpre brillant ; 'Burgundy Glow, panaché de crème, de rose et de vert ; 'Variegata', pourpre marqué de blanc crème. *Ajuga genevensis* (30/40 cm), aux fleurs bleues, roses ou blanches selon les variétés. *Ajuga pyramidalis* (20 cm), aux fleurs en épis pyramidaux bleu pâle ou pourpres.

Utilisations : couvre-sol en sous-bois ou dans les massifs d'arbustes, talus ombragé, jardinière. Associez le bugle aux petites bulbeuses de printemps qui perceront au travers de ses feuilles.

Notre conseil : ne laissez pas le sol sécher en période hivernale sinon le feuillage se crispe et perd ses belles couleurs.

Alcea rosea

Alcea rosea
ROSE TRÉMIÈRE

J F M A M J J A S O N D

1,5/2,5 m | 30/80 cm | V

Cette grande vivace de la famille des Malvaceae forme d'imposants chandeliers fleuris en plein été.

Description : anciennement appelée *Althaea*, cette plante, qui est souvent cultivée comme une bisannuelle, émet des tiges verticales grossièrement velues, garnies de feuilles alternes, lobées, rugueuses, de 10 à 15 cm de long. La tige principale est parsemée dans sa partie supérieure de fleurs en coupe ou en pompon de 5 à 10 cm de diamètre, aux coloris variés.
Sol : riche, bien fumé et drainé, calcaire.
Exposition : la pleine lumière, à l'abri des vents dominants, en atmosphère humide.
Culture et entretien : plantez au printemps (de 4 à 6 pieds/m^2). La rose trémière est très sensible à la rouille. Traitez préventivement au printemps avec de la bouillie bordelaise ou un fongicide. Les variétés à fleurs simples sont plus résistantes. Multiplication par semis en godets au printemps. Les plants sont repiqués en automne et fleurissent l'année suivante.
Espèces et variétés : il existe 60 espèces. On cultive surtout des hybrides. 'Nigra', d'un pourpre sombre presque noir ; 'Chater's Double Hybrids', en pompons blancs, jaunes, roses, rouges ou pourpres.
Utilisations : isolé, arrière-plan de massifs.
Notre conseil : tuteurez les tiges couvertes de fleurs avec de grands bambous.

Alchemilla spp.
ALCHÉMILLE

J F M A M J J A S O N D

10/40 cm | 30/80 cm | V

Ces vivaces rhizomateuses de la famille des Rosaceae forment des touffes opulentes et très gracieuses.

Description : vigoureuses, très rustiques, les alchémilles développent des feuilles palmées, vert clair, souvent duveteuses sur lesquelles l'eau se concentre en gouttelettes qui brillent comme des perles. Floraison vaporeuse en bouquets de minuscules corolles jaune verdâtre.
Sol : toute bonne terre de jardin assez souple, riche et qui reste bien fraîche.
Exposition : du soleil doux à l'ombre légère, l'alchémille pousse partout.
Culture et entretien : plantez au printemps et apportez un bon engrais complet au départ de la végétation. Ne laissez pas le sol sécher en été. Divisez les touffes en fin de saison tous les 3 à 5 ans.
Espèces et variétés : il existe 250 espèces. *Alchemilla alpina*, traçante, aux feuilles soyeuses, lobées, au revers argenté. *Alchemilla ellenbeckii*, rampante, à tiges rouges et feuillage vert brillant. *Alchemilla mollis*, aux fleurs en grappes dressées au-dessus du feuillage arrondi, denté.
Utilisations : bordure, sous-bois, talus, jardinière, massif avec des bulbeuses.
Notre conseil : surveillez la croissance, car l'alchémille devient vite envahissante.

Alchemilla mollis

Allium moly

Allium spp.
AIL D'ORNEMENT

J F M A M J J A S O N D

20 cm/1,5 m | 5/15 cm | B

Ces plantes bulbeuses de la famille des Alliaceae portent des fleurs en boules très originales et dentelées.

Description : originaires des régions tempérées d'Europe et d'Asie, les ails d'ornement appartiennent au même genre que certaines plantes comestibles (ail, oignon, ciboulette, poireau, etc.). Les feuilles linéaires ou rubanées émergent directement du sol. Elles dégagent une odeur alliacée lorsqu'on les froisse. Les fleurs étoilées portées en ombelles sphériques peuvent atteindre 30 cm de diamètre chez certaines espèces. Coloris très variés.
Sol : léger et bien drainé, même sec, pauvre, graveleux, calcaire, sans fumier.
Exposition : lumineuse, assez chaude.
Culture et entretien : plantez les bulbes en automne à une profondeur de deux à trois fois la hauteur du bulbe. Groupez les espèces naines par 10 à 20 bulbes espacés de 5 à 7 cm, les plus grandes par 5 à 7, en les distançant de 15 à 20 cm. Coupez les

fleurs fanées et laissez les plantes se naturaliser. Fertilisez durant la floraison. Contre la pourriture blanche, trempez les bulbes dans une solution d'eau de Javel à 10 %.

Espèces et variétés : il existe 700 espèces. *Allium aflatunense* (80 cm), aux ombelles denses, violet pourpre. *Allium cernuum* (30 cm), rose, gracieux, idéal en rocaille. *Allium christophii* (40 cm), à grosses fleurs en étoile rose pourpre brillant. *Allium giganteum* (1,5 m) forme une boule compacte de fleurs violet foncé, au bout d'une tige solide. Il faut l'espacer de 25 à 30 cm à la plantation. *Allium karataviense* (20 cm), aux larges feuilles décoratives, ombelles blanc rosé de 7 cm de diamètre. *Allium moly*, aux fleurs étoilées d'un beau jaune d'or. *Allium multibulbosum (nigrum)* [90 cm], aux fleurs blanches à centre vert. *Allium neapolitanum (cowanii)* [50 cm], aux fines tiges terminées

Allium aflatunense

par des ombelles lâches de fleurs blanc pur. 'Globemaster' (80 cm), à très grosse tête violet foncé ; 'Purple Sensation' (1 m), aux très nombreuses ombelles de 8 cm de diamètre rose violacé.

Utilisations : rocaille, bordure, potée, touffe isolée, bouquets. Groupez en nombre les grands alliums dans un massif pour créer un bel effet de masse.

Notre conseil : ponctuez d'alliums les vivaces opulentes et gracieuses : *Alchemilla*, *Brunnera*, *Carex*, géraniums vivaces, *Heuchera* pour un décor original.

Alstroemeria ligtu hybride

Alstroemeria aurantiaca
LIS DES INCAS

J F M A M **J J A** S O N D

50 cm/1 m · 30/80 cm · -10 °C

Cette vivace rhizomateuse de la famille des Alstroemeriaceae donne des fleurs exceptionnelles.

Description : buissonnante, la plante dresse des tiges garnies de feuilles alternes, éparses, lancéolées de 8 à 12 cm de long. Les fleurs qui évoquent à la fois le lis et l'orchidée se déclinent dans une riche palette de coloris très raffinés.

Sol : riche et nourrissant, peu calcaire, sans fumier frais, souple et bien drainé.

Exposition : chaude, en plein soleil.

Culture et entretien : plantez en mars ou avril, à 15 cm de profondeur, par groupes de 3 à 5 tubercules espacés de 15 cm. Inutile d'arroser. Pendant l'hiver, protégez le pied avec un lit de feuilles ou de paille. Multiplication par division de la touffe en automne, avec beaucoup de précautions, car les racines sont très fragiles.

Espèces et variétés : il existe 50 espèces. *Alstroemeria aurantiaca*, orange vif. *Alstroemeria ligtu* a donné de nombreux hybrides aux coloris très variés, souvent pastel : rose, saumon, orange, mais aussi rouge, violet et souvent bicolores.

Utilisations : massif, potée, fleur coupée. Belle association avec : graminées, lavande, nepeta, et plantes à feuillage pourpre *(Euphorbia, Heuchera, Persicaria)*.

Notre conseil : maintenez en place plusieurs années cette plante assez capricieuse car elle est lente à se développer.

Alyssum saxatile (Aurinia)
CORBEILLE-D'OR

J F M **A M** J J A S O N D

15/30 cm · 20/40 cm

Cette vivace rampante de la famille des Brassicaceae est très populaire car elle fleurit partout.

Description : classée aujourd'hui dans le genre *Aurinia*, mais commercialisée sous le nom de *Alyssum saxatile*, cette vivace très rustique s'étale rapidement sur le sol pour former un tapis de fleurs couleur d'or. Les rosettes de feuilles duveteuses, obovales, souvent découpées, gris-vert, de 5 à 10 cm de long, sont décoratives.

Sol : plutôt sec et bien drainé, calcaire.

Exposition : le plein soleil, même chaud.

Culture et entretien : plantez en automne (de 6 à 9 pieds/m²). Coupez les fleurs fanées pour conserver un port compact. Multiplication par semis au printemps ou par boutures latérales en été.

Espèces et variétés : il existe 7 espèces d'*Aurinia* et 150 d'*Alyssum*. *Aurinia saxatilis* 'Compactum' est plus trapu que le type ; 'Plenum', à fleurs doubles. *Alyssum montanum* 'Bergold' (15 cm), jaune, parfumé, à petites feuilles grisâtres.

Utilisations : couvre-sol, muret fleuri, rocaille, jardinière, bordure de massif.

Notre conseil : préférez à la traditionnelle association avec des aubriètes un mélange plus élégant avec corbeille-d'argent, saxifrage, stachys, armoise naine.

Alyssum saxatile

Amaranthus caudatus
QUEUE-DE-RENARD

J F M A M J **J A S O** N D

80 cm/1,2 m — 50/80 cm — A

Formant une touffe buissonnante généreuse, cette annuelle fait partie de la famille des Amaranthaceae.

Description : altière, bien ramifiée, vigoureuse, l'amarante queue-de-renard développe des tiges teintées de rouge, portant des feuilles alternes, entières, ovales, vert clair, de 10 à 15 cm de long. Les inflorescences pendantes, de 30 à 50 cm de long, rouge pourpre, atteignent le sol.

Sol : profond, consistant, bien ameubli, enrichi avec du fumier décomposé.

Exposition : bien ensoleillée, chaude.

Culture et entretien : semez, en mars à l'intérieur, en terrine entre 15 et 20 °C. Installez les plants début mai, en les espaçant de 50 à 60 cm. Vous pouvez semer en place fin avril, puis éclaircir le plant. Arrosez bien par temps très chaud.

Espèces et variétés : il existe 60 espèces. *Amaranthus caudatus* 'Red Cathedral' (1 m), rouge écarlate, 'Viridis' (1,2 m), aux fleurs d'un vert clair lumineux. *Amaranthus hypochondriacus*, aux épis dressés ; 'Hot Biscuits' (1,5 m), vieil or ; 'Flèche Rouge' (50 cm), rouge. *Amaranthus tricolor* (1 m), à feuilles rouge, jaune et vert ; 'Illumination', orange, jaune et bronze. 'Early Splendor', rouge et bronze.

Amaranthus caudatus

Utilisations : massifs et plates-bandes d'arrière-saison. Bouquets (frais ou secs).

Notre conseil : apportez un engrais liquide pour fleurs tous les quinze jours.

Amaryllis belladona
LIS BELLADONE

J F M A M J J A **S O** N D

60/80 cm — 20/30 cm — B — - 5 °C

Cette superbe bulbeuse frileuse de la famille des Alliaceae est cultivée pour sa floraison très tardive.

Amaryllis belladona

Description : cette plante d'Afrique du Sud, appelée parfois *Brunsvigia rosea*, forme un gros bulbe charnu qui donne naissance à une tige dénudée, portant plusieurs fleurs en trompette de 6 à 10 cm de long, dont le parfum doux et vanillé rappelle celui du lis de la Madone *(Lilium candidum)*. Le feuillage rubané de 50 cm de long apparaît après la floraison.

Sol : léger, bien drainé, profond, humifère.

Exposition : plein soleil, abritée, au sud.

Culture et entretien : plantez en juin et en juillet, à 25 cm de profondeur, en espaçant les bulbes de 30 à 40 cm. Apportez un engrais pour bulbes après la floraison. Laissez les touffes en place pendant 5 à 7 ans, avant de les diviser au moment où le feuillage jaunit. Protégez du froid en hiver.

Espèces et variétés : il existe une seule espèce, *Amaryllis belladonna* ; 'Cape Town', rose foncé ; 'Hathor', à fleurs blanches ; 'Johannesburg', rose pâle ; 'Kimberley', rose à cœur blanc.

Utilisations : massif avec des annuelles tardives ou des vivaces. Potées en véranda.

Notre conseil : ne confondez pas la véritable amaryllis avec les *Hippeastrum*, plantes bulbeuses d'intérieur que l'on appelle aussi couramment « amaryllis ».

Anchusa azurea
BUGLOSSE

J F M A **M J J** A S O N D

50 cm/1 m — 50/60 cm — V

Cette solide vivace de la famille des Boraginaceae porte des fleurs d'un bleu intense et lumineux, très rare.

Description : la souche charnue émet des feuilles linéaires vert sombre et rugueuses, de 20 à 30 cm de long, couvertes de poils. Les grandes inflorescences en panicules dressées sont formées de corolles à 5 pétales, de 1 à 2 cm de diamètre.

Sol : profond, riche et bien drainé, même calcaire. Un apport de sable est apprécié.

Exposition : ensoleillée, mais non brûlante.

Culture et entretien : plantez d'octobre à mars (4 pieds/m²). Tuteurez les inflorescences, paillez le sol par temps sec.

Espèces et variétés : il existe 35 espèces. *Anchusa azurea (italica)* est la plus cultivée ; 'Little John' (50 cm), bleu foncé ; 'Loddon Royalist' (1 m), bleu éclatant.

Utilisations : massif avec diverses vivaces. Excellent compagnon pour les rosiers.

Notre conseil : rajeunissez la plante en séparant en automne, tous les 3/4 ans, les rejets situés à la périphérie de la souche.

Anchusa azurea 'Loddon Royalist'

Anemone x *hybrida*

Anemone spp. ANÉMONE

J F M A M J J A S O N D

5 cm/1 m | 5 cm/70 cm | V

Vivaces très rustiques, ces plantes de la famille des Ranunculaceae prennent des aspects très variés.

Anemone blanda

Description : la souche tubéreuse ou charnue des anémones produit des feuilles à 3 folioles finement divisées. Les tiges portent des feuilles plus petites, pratiquement sans pétiole, et des fleurs en coupe plate, dont le cœur est composé d'un pistil globuleux entouré d'un gros bouquet d'étamines. Les coloris vont du blanc au rouge en passant par tous les tons de rose.

Sol : profond, frais, riche en humus, bien drainé. Le calcaire est accepté. Un apport de terreau à la plantation est bénéfique.

Exposition : soleil léger ou mi-ombre.

Culture et entretien : plantez les espèces bulbeuses en octobre, à 5 cm de profondeur et d'écartement ; les anémones vivaces au printemps, à 40 cm de distance (4 pieds/m²). En hiver, couvrez les souches avec des feuilles mortes, de la tourbe sèche ou de la paille. Divisez les touffes des grandes espèces au printemps, tous les 3 ou 4 ans. Arrosez bien durant l'été.

Espèces et variétés : il existe 120 espèces. *Anemone blanda* (10/15 cm), aux minuscules marguerites, dans des coloris variés frais et lumineux, en mars-avril, se naturalise bien ; 'Atrocaerulea', bleu foncé au feuillage vert clair ; 'Radar', rouge carmin éclatant ; 'White Splendour', blanc pur. *Anemone x fulgens* (30 cm), tubéreuse, à fleurs écarlates au printemps. *Anemone hupehensis* (80 cm/1 m), à fleurs simples aux étamines jaune d'or, à partir d'août ; 'Praecox', rose carminé ; 'September Charm', rose satiné. *Anemone* x *hybrida*, l'anémone du Japon, (80 cm/1,5 m), drageonnante, très florifère ; 'Couronne Virginale', double, blanche ; 'Honorine Jobert', blanche ; 'Pamina', double rose intense ; 'Rubra Plena', double, rouge ; 'Whirlwind', semi-double, blanche.

Utilisations : les *Anemone blanda* en tapis aux pieds d'arbres ou d'arbustes caducs, rocaille, potée, jardinière, bordure des massifs de printemps, sous-bois. Les anémones vivaces en massifs avec des marguerites d'automne ou des arbustes (superbe avec un *Caryopteris*), bouquets.

Notre conseil : plantez les *Anemone blanda* par groupe de 100 et laissez-les se naturaliser. Placez de l'antilimaces près des anémones du Japon au printemps.

Antirrhinum majus MUFLIER

J F M A M J J A S O N D

25 cm/1 m | 30/50 cm | A

Ces délicieuses saisonnières de la famille des Scrophulariaceae sont aussi appelées « gueules-de-loup ».

Antirrhinum majus 'La Bella'

Antirrhinum majus 'Luminaire'

Description : plante vivace, d'origine méditerranéenne, le muflier est cultivé en annuelle. Buissonnant, il forme des tiges érigées, garnies de feuilles alternes, lancéolées, de 5 à 7 cm de long. Les fleurs sont groupées en inflorescences allongées, dressées au-dessus du feuillage. Tous les coloris sont disponibles, excepté le bleu.

Sol : léger, bien drainé, frais, humifère. Avant la plantation, enrichissez le sol avec un fertilisant organique à base de fumier.

Exposition : plein soleil non brûlant.

Culture et entretien : semez en mars ou en avril sous abri. Repiquez d'abord en caissette, puis en godet. Pincez les plants lorsqu'ils atteignent 10 cm. Plantez en place en mai, tous les 25 à 45 cm selon le développement de la variété. Arrosez l'été.

Espèces et variétés : il existe 40 espèces. On cultive surtout des formes hybrides en mélange de couleurs très variées.

- Grands mufliers (60 cm/1 m) : 'Butterfly', 'Cremona', 'Précurseur', 'Rocket'.
- Mufliers demi-nains (de 30 à 45 cm) : 'Crown', 'La Bella', 'Minaret', 'Majestic'.
- Mufliers nains (25 cm) : 'Bells', 'Chimes', 'Kim', 'Kolibri', 'Luminaire', 'Montego', 'Palette', 'Rio', 'Tom Pouce', 'Kimosy'.

Utilisations : rocaille, bordure, potée, jardinière pour les formes naines. Les grands hybrides font de superbes bouquets.

Notre conseil : traitez l'oïdium par temps sec, le mildiou s'il pleut beaucoup.

Aquilegia alpina

Aquilegia spp.
ANCOLIE

J F M A **M J** J A S O N D

20/80 cm · 15/60 cm · V

Ces vivaces de la famille des Ranunculaceae portent des fleurs en forme de chapeau de bouffon.

Description : rustiques, les ancolies forment des touffes de feuilles à 3 folioles. Les fleurs, portées par une hampe dénudée, forment une cloche rehaussée d'éperons fins et de sépales colorés.

Sol : léger, humifère, assez frais mais bien drainé. Dans une terre lourde et calcaire, la durée de vie est moins longue.

Exposition : soleil doux, mi-ombre légère.

Culture et entretien : plantez d'octobre à mars (de 6 à 9 pieds/m²). La première floraison intervient 2 ou 3 ans après. Multiplication par semis en mars-avril dans du terreau sableux. Repiquez en place en mai. Divisez les grosses touffes en fin d'automne. Rabattez la végétation en octobre.

Aquilegia x hybrida

Espèces et variétés : il existe 70 espèces. *Aquilegia alpina* (40 cm), à fleurs bleues. *Aquilegia canadensis* (60 cm), au long éperon qui prolonge la fleur rouge cuivré à intérieur jaune. *Aquilegia chrysantha* 'Yellow Queen' (80 cm), jaune citron. *Aquilegia flabellata* 'Mini Star' (10 cm), bleu pur. On cultive surtout des hybrides : 'Blue Star' (60 cm), à sépales bleus et pétales blancs ; 'Crimson Star' (50 cm), rouge ; 'Koralle' (40 cm), à longs éperons, sépales roses et pétales blancs ; 'Nora Barlow' (80 cm), fleurs très doubles, hérissées, carmin et blanc crème.

Utilisations : massif, rocaille, bouquet.

Notre conseil : les ancolies sont souvent éphémères en raison des virus qui les attaquent. Renouvelez souvent la plantation.

Argyranthemum frutescens
ANTHÉMIS

J F M A **M J J A S** O N D

40 cm/1,2 m · 40/70 cm · V · – 5 °C

Ce sous-arbrisseau frileux de la famille des Asteraceae porte une multitude de marguerites colorées.

Description : originaire des îles Canaries, l'anthémis forme un buisson érigé au feuillage vert bleuté très découpé. Les fleurs en capitules de 3 à 5 cm de diamètre sont portées en bouquets gracieux.

Sol : sableux, profond, bien drainé, même calcaire, caillouteux ou pauvre.

Exposition : fort soleil et grande chaleur.

Culture et entretien : plantez ou sortez les potées en mai. En mars, rabattez un tiers de la hauteur des tiges pour donner un aspect trapu à la touffe. Ôtez régulièrement les fleurs fanées. Multiplication facile par bouturage des tiges feuillées en terrine, à la fin de l'été ou en mars-avril. L'anthémis se prête à la culture sur tige, en sélectionnant la pousse principale.

Espèces et variétés : il existe 23 espèces. *Argyranthemum gracile* 'Chelsea Girl' (60 cm), compact, blanc à cœur jaune. On cultive aussi des formes hybrides : 'Butterfly' (50 cm), jaune, simple ; 'Daisy

Argyranthemum frutescens

Crazy' (50 cm), une série aux nombreuses variétés à fleurs simples ou doubles, de toutes les couleurs ; 'Jamaica Primrose', simple, jaune vif ; 'Mary Cheek' (40 cm), double, rose ; 'Petite Pink' (30 cm), compact, feuilles fines, fleurs rose à cœur jaune ; 'Vancouver' (1 m), rose, double.

Utilisations : massifs, potées et jardinières.

Notre conseil : protégez bien le pied du gel ou hivernez la plante dans la véranda.

Arisaema spp.
ARISÉMA

J F M **A M J J** A S O N D

30 cm/1 m · 10/20 cm · B

Ces étranges vivaces de la famille des Araceae développent des spathes à la silhouette fantomatique.

Description : vivaces rhizomateuses ou tubéreuses originaires de Chine ou d'Amérique du Nord, les arisémas forment une ou deux feuilles palmées, plus ou moins découpées. L'inflorescence est un épi insignifiant (spadice), entouré d'une spathe très allongée en forme de cornet, joliment striée, qui peut atteindre 20 cm.

Sol : humide à marécageux, acide. Terre de jardin additionnée de tourbe et de terreau de feuilles ou terre de bruyère pure.

Exposition : mi-ombre ou ombre légère.

Culture et entretien : plantez les tubercules en automne en pleine terre ou en pot, à 15 cm de profondeur. Paillez bien le sol et entretenez l'humidité. Tous les 15 jours de mai à septembre, fertilisez les sujets cultivés en pots avec un engrais liquide. Évitez les fortes gelées. Divisez les tubercules début mars tous les 5 ans.

Arisaema sikokianum

Espèces et variétés : il existe 150 espèces. *Arisaema candidissimum* (40 cm), au cornet rose veiné de blanc à l'ombre ou entièrement blanc au soleil, avec le spadice vert clair, parfumé, et de grandes feuilles à trois lobes. *Arisaema sikokianum* (30/50 cm), la spathe élancée brune à l'extérieur, vert veiné de blanc à l'intérieur, entoure un spadice blanc en forme de massue.
Utilisations : en groupes de 5 à 7 plantes, espacées de 30 cm, avec des fougères et différentes espèces de sous-bois non envahissantes ou en bordure d'un massif d'hortensias ou de rhododendrons.
Notre conseil : placez des appâts anti-limaces au printemps. Vérifiez que le sol ne sèche jamais, même durant l'hiver.

Armeria maritima
GAZON D'ESPAGNE

J F M **A M J** J A S O N D

10/20 cm — 20/50 cm

Fine et compacte, cette vivace de la famille des Plumbaginaceae forme un petit coussin fleuri très joli.

Description : formant une touffe de feuilles linéaires, semblables à celles des graminées, le gazon d'Espagne parvient à former un tapis homogène s'il est planté assez serré. Les fleurs roses, pourpres ou blanches en pompons, de 2 à 3 cm de diamètre, sont portées au bout de tiges raides.

Armeria maritima

Sol : léger, plutôt sableux, bien drainé, même pauvre. Le calcaire est accepté.
Exposition : en plein soleil sous un climat maritime ou pas trop contrasté, même si la plante est parfaitement rustique.
Culture et entretien : plantez entre septembre et avril (de 9 à 16 pieds/m²). Inutile d'arroser, sauf en pot. Multiplication par division de la touffe au printemps.
Espèces et variétés : il existe 80 espèces. *Armeria maritima* 'Alba', blanche ; 'Gloire de Düsseldorf' (5 cm), très compact, rose carminé très intense ; 'Val Rose', très florifère. *Armeria juniperifolia* (5 cm), au feuillage glauque avec des fleurs rose clair. *Armeria leucocephala* 'Corsica', rouge.
Utilisations : bordure, rocaille, potée.
Notre conseil : supprimez bien les fleurs fanées. Plantez serré en bordure.

Artemisia spp.
ARMOISE

5 cm/1,2 m — 20 cm/1,5 m

Ces vivaces arbustives de la famille des Asteraceae se parent d'un feuillage aromatique gris argenté.

Description : formant un buisson touffu bien ramifié, les armoises portent des tiges érigées aux feuilles vert-gris ou argentées, souvent veloutées et très découpées. Lorsqu'on le froisse, le feuillage dégage une odeur aromatique intense.
Sol : sec, pauvre, bien drainé, calcaire.
Exposition : plein soleil même intense.
Culture et entretien : plantez au printemps. Apportez un engrais complet en mars et arrosez pendant les chaleurs de l'été. Taillez la touffe à l'entrée de l'hiver.
Espèces et variétés : il existe 300 espèces. *Artemisia absinthium* (1 m), l'absinthe, au feuillage caduc très aromatique. *Artemisia lactiflora* (1,5 m), au feuillage caduc vert doux, jolies fleurs blanc crème. *Artemisia schmidtiana* 'Nana' (10 cm), plante tapissante au feuillage caduc, très fin, argenté. *Artemisia stelleriana* 'Broughton Silver' (15 cm), aux feuilles persistantes, argentées. Parmi les formes hybrides : 'Oriental Limelight' (1,2 m), au feuillage éclaboussé de jaune d'or ; 'Powis Castle' (60 cm), à port semi-étalé, feuilles persistantes très découpées, argentées ; 'Valerie Finnis' (80 cm), à port souple, feuillage argenté.
Utilisations : massifs, bordure, pour valoriser les fleurs bleues ou jaunes.
Notre conseil : tuteurez les armoises de haute taille, qui ont tendance à se coucher sous le poids des feuilles après la pluie.

Artemisia x 'Powis Castle'

Artemisia absinthium

Aster tongolensis

Aster spp. ASTER

J F M A M J J A S O N D

20 cm/1,5 m — 20/70 cm

Ce genre très important de la famille des Asteraceae fait partie des indispensables de nos jardins.

Description : bien qu'il existe des espèces annuelles et bisannuelles, seuls les asters vivaces sont cultivés dans les jardins. Certains fleurissent au printemps, d'autres en automne. Ils forment des touffes érigées, buissonnantes aux feuilles alternes, simples, lancéolées. Les fleurs en capitules ressemblent à des marguerites à cœur jaune avec des ligules aux coloris très variés : blanc, bleu, rouge, lilas, violet.

Sol : assez consistant, calcaire, bien drainé et qui ne se dessèche pas en été.

Exposition : le plein soleil non brûlant.

Culture et entretien : plantez au printemps ou en automne (selon les variétés, de 3 à 9 plants/m²). Apportez un engrais pour fleurs au printemps. Arrosez bien durant l'été. Tuteurez les grands asters. Rabattez la végétation au ras du sol après les premières gelées et brûlez ce que vous avez coupé. Divisez la touffe au printemps après 3 à 5 ans, pour éviter au massif de se dégarnir car les asters vieillissent mal.

Espèces et variétés : il existe 250 espèces. **Asters de printemps :** ils fleurissent d'avril à juin. *Aster alpinus* forme une touffe aux feuilles velues, portant des tiges terminées par une fleur solitaire ; 'Albus' (20 cm), blanc pur ; 'Happy End' (20 cm), rose. *Aster tongolensis*, buisson tapissant à grandes fleurs simples, d'avril à juin ; 'Berggarten' (40 cm), bleu mauve ; 'La Vanoise' (30 cm), bleu violacé ; 'Leuchtenburg' (30 cm), violet améthyste.

• **Asters d'été :** ils fleurissent de juillet à septembre. *Aster amellus*, aux tiges semi-érigées portant des feuilles velues, fleurs en bouquets légers ; 'Blue King' (60 cm), bleu foncé violacé ; 'Geneviève Lepage' (60 cm), rose carmin brillant ; 'Lac de Genève' (70 cm), bleu soutenu ; 'Peach Blossom' (60 cm), rose ; 'Violet Queen' (60 cm), violet intense.

• **Asters d'automne :** ils fleurissent en septembre et octobre, jusqu'aux gelées. *Aster cordifolius* forme une touffe très ramifiée aux bouquets de fleurs minuscules, vaporeuses ; 'Ideal' (1 m), bleu clair ; 'Silver Spray' (1,2 m), blanc lilacé. *Aster dumosus*, à port buissonnant assez compact et grosses fleurs, sensible à l'oïdium ; 'Alice Haslam' (40 cm), rose carminé ; 'Fidelio' (40 cm), rose violacé ; 'Jenny (60 cm), double, rouge pourpre ; 'Marjorie' (30 cm), rose pâle ; 'Snowsprite' (50 cm), blanc ; 'Victor' (30 cm), bleu mauve très pâle. *Aster ericoides*, buisson touffu aux tiges grêles portant un nuage de toutes petites fleurs ; 'Esther' (90 cm), rose tendre ; 'Ringdove' (80 cm), mauve pâle ; 'Schneegitter' (80 cm), blanc. *Aster novae-angliae*, d'origine américaine et canadienne, vigoureux, à tiges solides, résistant à l'oïdium ; 'Andenken an Paul Gerber' (1,4 m), carmin foncé à violacé ; 'Constance' (1,2 m), violet foncé ; 'Madame Loyau' (1 m), précoce, rose clair ; 'Rudelsburg' (1 m), rose vif. *Aster novi-belgii*, vigoureux, aux tiges grêles et à l'abondante floraison très colorée ; 'Audrey' (70 cm), violet clair ; 'Blue Radiance' (60 cm), bleu lumineux ; 'Crimson Brocade' (80 cm), semi-double, rouge ; 'Freda Ballard' (80 cm), double, carmin foncé ; 'Julia' (1 m), double, blanc rosé ; 'Marie Ballard' (1 m), double, bleu intense ; 'Pearl Star' (1 m), rose tendre ; 'White Ladies' (1 m), semi-double, blanc.

Utilisations : les asters nains en bordure, rocaille, potée. Les grands en massif, habillage de clôture, bouquets. Associez les asters de printemps avec des bulbes, les asters d'automne avec *Helianthus* et *Helenium* aux fleurs jaunes ou orange.

Notre conseil : évitez de placer les asters à l'ombre, car la floraison est moins abondante. Traitez l'oïdium dès son apparition.

Aster novi-belgii 'Climax'

Aster novae-angliae 'Ryecroft Pink'

Astilbe x arendsii ASTILBE

J F M A M J J A S O N D

50 cm/1,2 m — 40/60 cm

Ces vivaces légères, élégantes, de la famille des Saxifragaceae poussent bien dans les zones ombragées.

Description : vivaces rhizomateuses formant des touffes souvent volumineuses, les astilbes développent un feuillage léger, divisé en nombreuses folioles découpées. Les minuscules fleurs sont réunies en panicules plumeuses de 20 à 50 cm de long, qui brunissent en hiver.

Sol : profond, fertile, humide, de préférence acide et humifère (terre de bruyère).

Exposition : jamais de soleil direct.

Culture et entretien : plantez d'octobre à avril. Arrosez en été pour maintenir le

Astilbe x arendsii 'W. Reeves'

sol toujours frais. En octobre, lorsque le feuillage a jauni, rabattez les tiges au ras du sol. En avril, paillez avec du compost.

Espèces et variétés : il existe 12 espèces. On cultive surtout des formes hybrides : 'Anita Pfeifer' (1 m), rose ; 'Bressingham Beauty' (1 m), rose saumoné ; 'Fanal' (50/70 cm), rouge pourpre ; 'Federsee' (60/70 cm), rose carminé ; 'Mont Blanc' (70/90 cm), blanc ; 'Red Sentinel' (60 cm), rouge vif ; 'Weisse Gloria' (60/80 cm), blanc crème. *Astilbe chinensis* 'Pumila' (30 cm), rose lilacé ; 'Purpurlanze' (1,2 m), ample, rouge carmin pourpré. *Astilbe simplicifolia* 'Bronze Elegans' (50 cm), à feuillage bronze pourpré, fleurs roses. *Astilbe grandis* et *Astilbe davidii*, plus rares, peuvent dépasser 2 m.

Utilisations : au bord d'un bassin ou en massif avec hostas et arbustes acidophiles.

Notre conseil : divisez les touffes âgées tous les 3 ans, en octobre.

Athyrium filix-femina FOUGÈRE FEMELLE

1 m | 60 cm/1 m | V

De la famille des Athyriaceae, cette fougère des bois humides et des tourbières est très décorative.

Description : d'une souche épaisse émergent des frondes en touffe, à long pétiole verdâtre pourvu de poils écailleux bruns.

Sol : ordinaire, frais et humide.

Exposition : ombre à mi-ombre.

Athyrium filix-femina 'Multifidum'

Culture et entretien : coupez les frondes fanées pour que la plante reste vigoureuse. La multiplication s'effecture par division de la touffe.

Espèces et variétés : *filix-femina* est l'espèce la plus répandue dont on a édité de nombreux cultivars, tous ornementaux, comme 'Crispum', 'Multifidum' ou 'Plumosum'. On distingue également *Athyrium alpestre* de croissance moins importante.

Utilisation : lieux ombragés, sous-bois.

Notre conseil : en sous-bois, placez vos fougères au-dessus d'un tapis de pervenches ou de violettes.

Aubrieta x cultorum AUBRIÈTE

J F M **A M** J J A S O N D

10/15 cm | 30/60 cm | V

Cette vivace couvre-sol de la famille des Brassicaceae compte parmi les fleurs indispensables du printemps.

Aubrieta deltoidea

Aubrieta 'Argenteovariegata'

Description : coussin tapissant formant des touffes denses, aux feuilles velues, spatulées et disposées en rosette, l'aubriète se couvre très tôt de fleurs de 1 à 2 cm de diamètre, à 4 pétales disposés en croix, avec le cœur blanc ou jaune.

Sol : pas trop riche, à dominante calcaire, bien drainé, même sec et rocailleux.

Exposition : soleil, même assez chaud.

Culture et entretien : plantez de septembre à mars (de 7 à 9 pieds/m^2). Arrosez bien la première année. Multiplication par division ou boutures, au printemps, prélevées sur les rameaux n'ayant pas fleuri.

Espèces et variétés : il existe 12 espèces. On ne cultive que des formes hybrides : 'Argenteovariegata', à feuilles panachées de crème, fleurs rose mauve ; 'Alsace', à feuilles vert grisâtre, fleurs rose pâle au cœur rose foncé ; 'Blue King', bleu violacé, avec le cœur plus clair ; 'Bressingham Pink', semi-double rose nuancé de rose vif ; 'Cosmona', dont les boutons floraux violet pourpré donnent des fleurs violet pâle veinées de violet ; 'Crépuscule', semi-double, violet pourpré ; 'Jeanne Cayeux', à feuilles vert grisâtre, boutons blancs et fleurs violettes au cœur clair ; 'Ville d'Orléans', rouge magenta violacé.

Utilisations : muret, rocaille, bordure, potée, avec diverses fleurs à bulbes.

Notre conseil : tentez le semis en février/mars dans la maison, c'est facile.

➔ ***Aurinia saxatilis*** voir ***Alyssum saxatile***.

Bassia scoparia f. trichophylla

Bassia scoparia f. trichophylla
KOCHIA, FAUX PETIT-CYPRÈS

40 cm/1 m — 30/50 cm — A

Cette curieuse annuelle de la famille des Amaranthaceae est très prisée pour les décorations estivales.

Description : originaire d'Asie et d'Amérique du Nord, le kochia forme un buisson érigé, touffu, aux feuilles alternes, étroites, vert clair en été, rouge brique en automne. Floraison insignifiante.

Sol : léger, fertile, souple, bien drainé.

Exposition : chaude, en plein soleil, à l'abri des vents violents et desséchants.

Culture et entretien : semez sous abri, en mars ou avril, dans une terrine. Repiquez les jeunes plants en godets. Plantez fin mai, entre 40 et 60 cm de distance. Semis en place possible en mai, avec un éclaircissage. Tuteurez les sujets les plus hauts.

Espèces et variétés : il existe 26 espèces. 'Acapulco Silver', vert argenté ; 'Autumn Red', rouge vif en automne ; 'Childsii', plus compact, ne rougit pas en automne.

Utilisations : en massifs avec cléome, cosmos, lavatère, petites haies temporaires.

Notre conseil : le kochia réussit dans un grand pot, mais il faut beaucoup l'arroser.

Begonia spp.
BÉGONIA

J F M A M J J A S O N D

15/40 cm — 15/50 cm — A — 0 °C

Ces annuelles ou vivaces frileuses de la famille des Begoniaceae fleurissent pendant plusieurs mois.

Description : plantes herbacées tubéreuses ou rhizomateuses au port ramifié, buissonnant, trapu, les bégonias cultivés au jardin (il existe des formes arbustives, mais uniquement pour l'intérieur) développent des feuilles arrondies, vernissées, vertes ou pourpre bronze selon les variétés. Les fleurs unisexuées sont portées par la même inflorescence, les mâles ayant 2 ou 4 pétales inégaux et les femelles, jusqu'à 6 pétales égaux dans des coloris lumineux.

Begonia semperflorens 'Super Olympia'

Sol : consistant, humifère, assez riche, toujours frais, mais bien drainé. Un apport de tourbe ou de terreau de feuilles est très profitable lors de la plantation.

Exposition : soleil léger ou mi-ombre. Les bégonias tubéreux réussissent à l'ombre.

Culture et entretien : de janvier à mars, semez les graines minuscules de *Begonia sempervirens,* sans les recouvrir, dans des caissettes à 18/20 °C. Repiquez plusieurs fois. Plantez en place en mai, à 20 cm de distance. Plantez les souches des bégonias tubéreux dès la fin des gelées, entre 2 et 3 cm de profondeur et à 25 cm de distance. Faites démarrer les tubercules en caissettes dans du terreau sableux, en mars, à 20 °C. Pour éviter l'accumulation d'eau dans le creux du tubercule, plantez-le obliquement. Arrachez les plantes avant la première gelée, nettoyez les tubercules et stockez-les au sec et hors gel pour l'hiver. Luttez contre l'oïdium et les limaces.

Espèces et variétés : il existe 900 espèces. *Begonia semperflorens* (15/20 cm) est cultivé comme une annuelle, sous forme

Begonia x *tuberhybrida*

Begonia x *tuberhybrida* 'Panorama Jaune'

d'hybrides F1 compacts et précoces, à feuillage vert ou bronze qui se déclinent dans une large palette de couleurs, offrant une floribondité exceptionnelle :

- **Fleurs simples :** 'Ascot', 11 coloris ; 'Devil', résistant aux intempéries, 5 coloris ; 'Eureka', très régulier, 12 coloris ; 'Lotto', à grosses fleurs écarlate, roses ou blanches ; 'Olympia' fleurit sans cesse, 5 coloris.
- **Fleurs doubles :** 'Doublet', rouge ou blanc ; 'Queen', très double, en petits pompons rouges, roses ou blancs.

Begonia x *hybrida,* plus buissonnant, plus grand (30/40 cm), idéal en potée ; 'Dragon Wings', très ramifié, à port irrégulier, semi-retombant, rouge ; 'Inferno', compact, à feuilles arrondies, assez grandes, 5 coloris; 'Party', très compact, 7 coloris.

Begonia x *tuberhybrida*, le bégonia tubéreux (20/40 cm), à grandes fleurs, aux pétales entiers ou dentelés. Les fleurs, le plus souvent pleines et globuleuses, se parent de coloris toniques.

• **Bégonias tubéreux dressés :** 'Non Stop', à fleurs doubles, de 7 à 9 cm de diamètre, 11 coloris éclatants ; 'Ornament', à feuillage bronze, fleurs doubles de grosseur moyenne en 5 coloris; 'Pin Up', à fleurs simples de 8 à 12 cm de diamètre, blanc bordé de rose ou jaune bordé d'orange.

• **Bégonias tubéreux retombants :** 'Illumination', au port en cascade, très nombreuses petites fleurs, 5 coloris ; 'Panorama', semi-pleureur, à feuillage bronze, fleurs semi-doubles, 6 coloris.

Utilisations : massif, bordure, jardinière, suspension, potée. Bonne association des *Begonia semperflorens* avec les coléus et les agératums. Plantez les bégonias tubéreux avec des fougères et des anémones du Japon.

Notre conseil : les bégonias à feuillage pourpre résistent beaucoup mieux au soleil intense. Dans les jardins du littoral, plantez *Begonia grandis* ssp. *evansiana* (50 cm), le seul bégonia que l'on puisse qualifier de rustique (- 5°C). Il porte de longues feuilles découpées et des fleurs roses ou blanches semi-retombantes.

Bellis perennis
PÂQUERETTE

J F M A M J J A S O N D

10/20 cm — 10/20 cm — Bi

Cette petite rosette fleurie de la famille des Asteraceae est une des plantes les plus faciles à réussir.

Description : améliorations de la pâquerette vivace qui pousse spontanément dans nos régions, les formes horticoles sont plutôt cultivées en bisannuelles. La rosette acaule de feuilles ovales et spatulées, de 3 à 6 cm de long, est illuminée de

Bellis perennis 'Comète'

nombreuses fleurs en capitules de 1 à 4 cm de diamètre, portées solitaires à l'extrémité de petites hampes dénudées.

Sol : toute bonne terre pas trop sèche est acceptée ; les terres lourdes, riches en matière organique conviennent bien.

Exposition : soleil ou mi-ombre douce.

Culture et entretien : semez de juin à août, repiquez les plants en godets et installez-les en place en septembre/octobre (de 15 à 20 pieds/m²). Coupez les fleurs fanées pour éviter les semis naturels, car la pâquerette peut devenir envahissante.

Espèces et variétés : il existe 15 espèces. *Bellis perennis* est la seule proposée, sous différents cultivars rouges, roses, blancs ou en mélange de coloris : 'Comète', semi-double à cœur jaune. 'Galaxy', semi-double, au pédoncule court, fleurit très rapidement ; 'Habanera', à pétales rayonnants, très nombreux, comme échevelés, souvent bicolores ; 'Pomponnette', à grosses fleurs globuleuses ; 'Ruby', à fleurs doubles de 4 cm de diamètre ; 'Tapis', trapue, très double, à petites fleurs.

Utilisations et associations : en massif avec des bulbes à fleurs, jardinière, potée, interstices des dallages, pelouse fleurie.

Notre conseil : bien que la plante soit vivace, ne conservez pas les pieds plusieurs années, car les fleurs dégénèrent.

Bergenia cordifolia

Bergenia cordifolia
HERBE AUX SAVETIERS

J F M A M J J A S O N D

30/40 cm — 40/60 cm — V

Cette solide vivace de la famille des Saxifragaceae est appréciée pour sa belle floraison parfois hivernale.

Description : venue d'Asie centrale et orientale, cette vivace très rustique forme un excellent couvre-sol. Les feuilles en rosette ou alternes, épaisses, coriaces, lustrées, oblongues, atteignent 30 cm de long. La hampe florale, de couleur rosée, porte de nombreuses corolles à 5 pétales en cornet, réunies en bouquets irréguliers.

Sol : toute bonne terre de jardin souple et humifère, qui ne retient pas l'eau en hiver.

Exposition : soleil léger ou mi-ombre.

Culture et entretien : plantez en automne (de 4 à 6 pieds/m²). Divisez les touffes en mars tous les 3 à 5 ans. Arrosez l'été. Coupez les tiges défleuries.

Espèces et variétés : il existe 8 espèces. Parmi les formes horticoles (cultivars) : 'Abendglut' et 'Ballawley', à feuillage pourpre en automne, fleurs rouge foncé ; 'Bressingham White' et 'Silberlicht', à feuillage vert et fleurs blanches ; 'Undulata', à feuilles ondulées et fleurs roses.

Utilisations : en groupe important dans les endroits ombragés, bordure, rocaille.

Notre conseil : traitez les limaces en avril et en septembre car elles sont virulentes.

Bidens ferulifolia
BIDENS

J F M A M **J J A S O** N D

30/50 cm — 50/80 cm — A — 5 °C

Cette vivace frileuse de la famille des Asteraceae compte parmi les meilleures fleurs pour suspension.

Description : cette vivace à port buissonnant, échevelé, semi-retombant, très étalé, est cultivée comme une annuelle. Les tiges grêles portent des feuilles opposées, très fines, découpées en folioles lancéolées, vert tendre. Fleurs simples, en capitules étoilés jaune d'or, de 2 à 3 cm.

Sol : une terre de jardin riche, drainée, bien travaillée, humifère. Évitez les sols trop lourds et compacts. En pot, un bon terreau pour géraniums assez sableux.

Exposition : mi-ombre légère soleil tamisé.

Culture et entretien : semis en février/mars, en terrine, à 18/20 °C. Repiquez les plantules dès qu'elles ont formé 2 ou 3 feuilles. Mise en place à l'extérieur en mai. Ne laissez pas la plante manquer d'eau. Coupez les fleurs fanées.

Espèces et variétés : il existe 230 espèces. Seul *Bidens ferulifolia* est cultivé ; 'Déesse d'Or', 'Golden Flame' et 'Solaire' sont des cultivars compacts et très ramifiés.

Utilisations : suspension, jardinière, potée, couvre-sol dans les massifs d'été.

Notre conseil : donnez de l'engrais liquide pour plantes fleuries tous les quinze jours de mai à septembre.

Bidens ferulifolia

Brachyscome iberidifolia

Brachyscome iberidifolia
BRACHYCOME

J F M A M **J J A S O** N D

20/30 cm — 30/50 cm — A

Cette annuelle compacte de la famille des Asteraceae forme un superbe coussin de fleurs estivales.

Description : originaire d'Australie, cette petite plante au port étalé porte des feuilles alternes, finement découpées, gris-vert, de 2 à 3 cm de long. Les fleurs bleu vif, de 2 à 3 cm de diamètre, posées au-dessus du feuillage, couvrent la plante.

Sol : riche, bien drainé, avec un apport de fumier décomposé. En pot, un terreau pour géraniums enrichi de 15 % de fertilisant organique à base de fumiers.

Exposition : chaude et bien ensoleillée.

Culture et entretien : semez en mars en terrine sous abri à 18/20 °C. Repiquez en godets et installez les plantes en place en mai, à 20 cm de distance. Pincez les jeunes plants pour favoriser l'apparition des fleurs. Arrosez généreusement.

Espèces et variétés : il existe 65 espèces. *Brachyscome iberidifolia* se décline en différents cultivars : 'Blue Star' est bleu uni ; 'Mauve Delight'est de couleur lavande ; 'Purple Splendour', violet pourpre ; 'Strawberry Mousse', rose ; 'White Splendour', blanc.

Utilisations : potée, jardinière, bordure, suspension, couvre-sol dans les massifs.

Notre conseil : la moindre sécheresse provoque le dessèchement du feuillage, ne laissez pas la plante manquer d'eau. Fertilisez une fois par semaine avec de l'engrais liquide apporté sur sol humide.

Brachyglottis x *hybridus*
SENECIO

J F M A M **J J A** S O N D

70 cm/1 m — 1/1,5 m — V — -8 °C

Cette vivace buissonnante de la famille des Asteraceae est une des meilleures plantes pour le littoral.

Description : ce sous-arbrisseau d'origine horticole (synonyme : *Senecio greyi*) résulte du croisement entre *Senecio compactus* et *Brachyglottis laxifolius*. Les feuilles alternes, ovales, de 3 à 5 cm de long, sont vert-gris dessus, blanc argenté au revers. Les marguerites jaune d'or de 3 cm de diamètre sont portées en grappes généreuses.

Sol : bien drainé, même un peu calcaire.

Exposition : plein soleil et forte chaleur.

Culture et entretien : plantez au printemps et arrosez bien. Ôtez les fleurs fanées et rabattez la touffe en fin de saison pour conserver un port dense et ramifié.

Espèces et variétés : il existe 30 espèces. *Brachyglottis greyi* (2 m), à la silhouette ample, arrondie, aux jeunes feuilles argentées ; floraison spectaculaire en grands corymbes. *Brachyglottis monroi* (1 m), au port compact, arrondi, aux feuilles coriaces vertes à revers blanc.

Brachyglottis x 'Sunshine'

Utilisations : massif, petite haie. Associez-le avec des arbustes bleus ou violets (althéa, *Buddleia*, *Perovskia*, *Caryopteris*).
Notre conseil : faites-en un petit brise-vent dans un jardin de bord de mer.

Briza maxima
AMOURETTE

J F M A M J J A S O N D

50 cm · 25 cm

Cette graminée vivace de la famille des Poaceae porte des épillets en forme de cœur.

Briza maxima

Description : jolie plante aux feuilles linéaires assez raides dont la floraison en panicules donne, au début de l'été, des épillets blanchâtres et renflés.
Exposition : le plein soleil.
Sol : de préférence sec, mais aéré.
Culture et entretien : éliminez feuilles et épis séchés. La multiplication se fait par semis directement en place, au printemps.
Espèces et variétés : la brize commune, *Briza media*, est indigène et présente une inflorescence ramifiée. Elle est également plus petite en hauteur et ses épillets sont de couleur crème.
Utilisations : en massifs ou pour confectionner des bouquets secs.
Notre conseil : constituez une bordure de massifs de plantes annuelles avec cette petite herbe.

Brunnera spp.
MYOSOTIS DU CAUCASE

J F M A M J J A S O N D

30/40 cm · 40/50 cm

Cette vivace rhizomateuse de la famille des Boraginaceae fait un excellent couvre-sol, très naturel.

Description : formant une solide touffe de feuilles ovales, rugueuses, vert foncé, de 10 à 20 cm de long, directement issues de la souche, cette vivace tapissante est très rustique. Les fleurs très légères, bleues, portées en panicules de 20 cm, sur des petites tiges bien dressées, rappellent le myosotis, d'où le nom populaire de la plante.
Sol : profond, fertile, consistant, humifère, bien drainé. Le calcaire est accepté.
Exposition : ombre dense ou mi-ombre de préférence, mais le *Brunnera* supporte le soleil direct, léger, si le sol est bien frais.
Culture et entretien : plantez en automne (4 pieds/m^2). Arrosez bien en été. Divisez la souche au printemps.
Espèces et variétés : il existe 3 espèces. *Brunnera macrophylla* 'Betty Browing', à fleurs blanches ; 'Dawson's White', à feuilles panachées de crème ; 'Langtrees', aux feuilles tachetées de gris argenté.
Utilisations : couvre-sol sur les talus ombragés, au pied des grands arbres. Belle association avec des géraniums vivaces, des narcisses, des graminées et des *Cimicifuga* ou autres fleurs légères.
Notre conseil : attention, le *Brunnera* se ressème facilement seul, jusqu'à devenir envahissant. Éliminez les jeunes plants indésirables dès leur sortie de terre.

Brunnera macrophylla

Calceolaria integrifolia x

Calceolaria integrifolia
CALCÉOLAIRE

J F M A M J J A S O N D

20/60 cm · 20/40 cm · 0 °C

Ces plantes éphémères, compactes, de la famille des Scrophulariaceae, offrent des couleurs très chaudes.

Description : originaire du Chili, cette vivace semi-rustique (synonyme : *Calceolaria rugosa*) présente un port buissonnant. Feuilles opposées lancéolées à ovales, oblongues, gris-vert, de 5 à 8 cm de long. Fleurs de 2 à 3 cm, en forme de pantoufle, réunies en bouquets généreux.
Sol : acide, humifère, léger, bien drainé. En pot, un mélange à parts égales de terreau de rempotage et de terre de bruyère.
Exposition : soleil assez doux, mi-ombre légère, mais avec beaucoup de chaleur.
Culture et entretien : semez sous abri chauffé en janvier/février, sans recouvrir les graines. Repiquez les jeunes plants en godets. Mettez en place à l'extérieur, fin mai, à 25 cm d'écartement. Arrosez bien.
Espèces et variétés : il existe 300 espèces. On cultive surtout des hybrides : 'Perle d'Or' (20 cm), trapu, bien ramifié, précoce, jaune d'or ; 'Goldari' (30 cm), jaune d'or ; 'Golden Bunch' (20 cm), jaune, très florifère ; 'Sunset' (20 cm), multicolore.
Utilisations : massif, bordure, potée, jardinière, associé avec des feuillages pourpres (heuchère, *Carex*, *Ophiopogon*).
Notre conseil : ne laissez pas la terre sécher ; arrosez régulièrement pour entretenir une floraison abondante. Un peu d'engrais est apprécié.

Calendula officinalis

Calendula officinalis
SOUCI

J F M A **M J J A S O** N D

30/60 cm — 20/40 cm — A

Cette annuelle quasi rustique de la famille des Asteraceae prospère dans tous les jardins et fleurit bien.

Description : originaire d'Europe méridionale, le souci forme une touffe buissonnante, dressée, un peu étalée. Feuilles alternes, lancéolées, satinées, de 10 à 15 cm de long, vert clair. Fleurs en capitules de 8 à 10 cm de diamètre.

Sol : toutes les terres, même très pauvres.

Exposition : soleil non brûlant, mais la mi-ombre légère est bien acceptée.

Culture et entretien : semez en place, de façon échelonnée, d'avril à juin. Éclaircissez à 25 cm de distance. Coupez les fleurs fanées pour empêcher la prolifération des semis spontanés. Inutile de fertiliser.

Espèces et variétés : il existe 25 espèces. Les cultivars se caractérisent par leurs fleurs doubles : 'Calypso' (25 cm), orange ou jaune à centre noir ; 'Fiesta Gitana' (30 cm), très double ; 'Midas' (70 cm), semi-double, pour la fleur coupée ; 'Princesse' (30 cm), aux fleurs alvéolées ; 'Pacific Cream Beauty' (50 cm), blanc crème ; 'Prince Indien' (30 cm), orange foncé avec le revers rouge acajou.

Utilisations : massif, bordure, bouquet.

Notre conseil : pour éviter l'oïdium, ne mouillez pas le feuillage en arrosant.

Callistephus chinensis

Callistephus chinensis
REINE-MARGUERITE

J F M A M J J **A S O** N D

20/60 cm — 20/40 cm — A

Cette annuelle de la famille des Asteraceae est intéressante pour sa floraison tardive et généreuse.

Description : d'origine chinoise, l'espèce type présente un port buissonnant avec des tiges dressées garnies de feuilles alternes, triangulaires, dentées, de 5 à 8 cm de long. Fleurs en capitules de 8 à 12 cm de diamètre, simples ou doubles, portées par des hampes ramifiées.

Sol : profond, humifère, bien drainé, mais qui reste bien frais en permanence.

Exposition : plein soleil, très intense.

Culture et entretien : semez sous abri en mars/avril, repiquez en godet, mettez en place de mai à juillet, en espaçant les plants de 20 à 30 cm.

Espèces et variétés : il existe une seule espèce mais de nombreux cultivars se déclinent selon le cas en 5 à 9 coloris : 'Frisson' (80 cm), à fleurs échevelées ; 'Matador' (80 cm), à fleurs bien doubles, serrées ; 'Milady' (25 cm), à fleur de chrysanthème ; 'Sérénade' (60 cm), à petites fleurs ; 'Tapis' (15 cm), compact, régulier.

Utilisations : massif, bouquet. Jardinière, potée, bordure (pour les formes naines).

Notre conseil : ne plantez pas les reines-marguerites au même endroit deux années de suite, afin d'éviter la fusariose.

Camassia spp.
CAMASSIE

J F M A **M J J** A S O N D

50 cm/1,2 m — 10/15 cm — B

Cette bulbeuse de la famille des Asparagaceae fait de superbes décors dans les jardins sauvages.

Description : rustique, bien qu'originaire de la côte ouest des États-Unis, la camassie forme une petite touffe de feuilles basales, linéaires, dressées. Les tiges florales bien droites forment un épi spectaculaire de corolles en étoile de 3 à 7 cm.

Sol : riche, frais, voire même humide, lourd, argileux, qui ne sèche pas en été.

Exposition : chaude, soleil direct ou voilé.

Culture et entretien : plantez en automne, entre 8 cm et 10 cm de profondeur, à 15/25 cm de distance. Laissez la culture en place pour qu'elle prospère, mais paillez le sol en hiver s'il fait froid.

Espèces et variétés : il existe 6 espèces. *Camassia cusickii* (80 cm), violet pâle. *Camassia leichtlinii* (60 cm/1,2 m), bleu pâle. *Camassia quamash* (60 cm), à grandes fleurs blanches ou bleues.

Utilisations : massif, rocaille. Bonne association avec : *Cosmos*, *Gaura*, pied-d'alouette, gypsophile, *Crambe cordifolia*, etc.

Notre conseil : bien que la camassie apprécie l'humidité, elle craint l'eau stagnante en hiver. Avant de planter, drainez le sol avec du sable grossier.

Camassia quamash

Campanula spp.
CAMPANULE

J F M **A M J J A S** O N D

10 cm/1,2 m — 20/60 cm — V

Ces plantes d'aspect et de mode de végétation très variables font partie de la famille des Campanulaceae.

Description : annuelles, bisannuelles ou vivaces, les campanules sont des plantes très répandues sous nos latitudes. Elles forment une touffe tapissante ou érigée, selon les espèces, portant des feuilles alternes, ovales ou cordiformes, dentées. Les fleurs en clochette ou en étoile sont généralement réunies en bouquets sur des hampes dressées ou des tiges grêles.

Sol : léger, fertile, souple, humifère, même calcaire (sauf *Campanula excisa*).

Exposition : soleil non brûlant ou mi-ombre légère, à l'abri de vents forts.

Culture et entretien : plantez de septembre à avril, en comptant 6/9 pieds/m^2 pour les petites espèces et 4/6 pieds/m^2 pour les plus grandes. Arrosez bien par temps chaud. Divisez les grosses touffes en octobre. Semez les campanules annuelles en avril/mai en place, puis éclaircissez à 15 cm. Semez les bisannuelles en juin et mettez-les en place en automne. Les espèces vivaces se sèment aussi en mai-juin et sont repiquées directement en place, en août/septembre.

Espèces et variétés : il existe 300 espèces.

• **Campanules annuelles :** *Campanula macrostyla* (30/50 cm), à grosses fleurs rouge violacé, en juillet/août. *Campanula speculum* (20 cm), à fleurs bleues en étoiles, de mai à juillet.

• **Campanules bisannuelles :** *Campanula barbata* (30 cm), à feuilles velues, fleurs en grappes pendantes, bleu lilacé, en juin et juillet. *Campanula medium* (50/80 cm), à grosses fleurs en clochettes roses, blanches ou bleues, sur des tiges dressées, de mai à juillet ; 'Big Ben' (45 cm), demi-naine ; 'Champion' (65 cm), très florifère, peut se cultiver comme une annuelle ; 'Poème' (40 cm), idéale en potée. Il existe aussi des formes à fleurs doubles. *Campanula pyramidalis* (1,4 m), aux longues hampes garnies d'étoiles bleues ou blanches, de juin à août.

Campanula medium

Campanula muralis

• **Campanules vivaces :** *Campanula carpatica* (20 cm) forme un coussin compact couvert de fleurs bleues de juin à août ; 'Bressingham White' et 'Silberschale', blanc pur ; 'Karl Foester', bleu mauve. *Campanula cochleariifolia* (10 cm), rampante, rhizomateuse, aux petites clochettes bleues de juin à août ; 'Alba', à fleurs blanches. *Campanula garganica* (15 cm), en coussin compact couvert de fleurs étoilées bleu clair de juillet à septembre. *Campanula glomerata* 'Acaulis' (20 cm), en tapis garni de clochettes bleu violacé de juin à août ; 'Alba' (40 cm), à fleurs blanches. *Campanula lactiflora* 'Loddon Anna' (1 m), aux longues hampes rose pâle de juin à octobre ; 'Prichard's Variety', bleu violacé. *Campanula latifolia* var. *macrantha* (1 m), à grandes feuilles velues et grappes de fleurs bleu violacé de juin à août. *Campanula persicifolia* (80 cm), aux longues hampes étroites de clochettes bleues de juin à août ; 'Alba', à fleurs simples blanches ; 'Alba Plena', à fleurs doubles, blanches ; 'Pride of Exmouth', à clochettes doubles, bleues. *Campanula portenschlagiana* (10 cm), la campanule des murailles, en tapis bleu violacé de mai à septembre ; 'Uniform', compacte, précoce, idéale en pot. *Campanula poscharskyana* (15 cm), aux coussins d'étoiles bleu clair de mai à septembre ; 'E. H. Frost', à fleurs blanches ; 'Glandore', bleu vif à œil blanc ; 'Lisduggan Variety', lavande rosé. *Campanula takesimana* (50 cm), en touffes qui s'étendent vite, aux très grosses clochettes rose pourpré en juin et juillet.

Utilisations et associations : bordure, rocaille, potée, dallages pour les campanules naines. Massifs avec des vivaces et bouquets pour les espèces de grande taille.

Notre conseil : luttez contre les limaces et les escargots en avril et en septembre. Par temps chaud, la rouille tache le feuillage de ponctuations orange et entraîne son dessèchement. Traitez avec un fongicide.

Canna x 'Strasbourg'

Canna x hybrida
CANNA, BALISIER

J F M A M J **J A S O** N D

60 cm/1,5 m 40/80 cm 0 °C

Cette plante rhizomateuse frileuse de la famille des Cannaceae crée une ambiance exotique au jardin.

Description : proche du bananier, le canna forme un rhizome charnu qui produit une longue tige aux feuilles alternes, ovales, vertes ou pourpres, de 30 à 60 cm de long. Grappes de fleurs à 3 sépales très colorés et 3 pétales formant un tube.

Sol : très riche, humifère, perméable.

Exposition : plein soleil et forte chaleur.

Culture et entretien : plantez en mai à 10 cm de profondeur et 60 cm de distance. La mise en végétation des rhizomes en pots et au chaud est souhaitable dès mars. Fertilisez au début de la croissance. Arrachez les souches avant les gelées et stockez-les au sec et à l'abri du gel.

Espèces et variétés : il existe 50 espèces, mais on ne cultive que des hybrides. 'Angèle Martin', rose saumon à feuillage pourpre ; 'Assaut', rouge à feuillage pourpre ; 'Franciscus' (1,2 m), à feuilles bronze strié d'orange et de crème, fleurs orange ; 'Lucifer' (50 cm), rouge à liseré d'or ; 'Rayon d'Or', jaune tacheté ; 'Reine Charlotte' (1,2 m), panaché rouge et jaune ; 'Stuttgart' (1,2 m), à feuillage panaché de crème, petites fleurs orange.

Utilisations : en massif avec cléome, cosmos, *Nicotiana sylvestris*, bambous.

Notre conseil : apportez une riche fumure organique à base de fumier.

Cardiocrinum giganteum
LIS GÉANT DE L'HIMALAYA

J F M A M J **J A** S O N D

1,5/3 m 30/50 cm

Cet immense bulbe de la famille des Liliaceae est une curiosité spectaculaire, mais très délicate.

Description : originaire d'Extrême-Orient, ce lis rustique développe une rosette de feuilles basales, ovales, lustrées, de 40 cm de long. L'immense hampe porte jusqu'à 20 trompettes parfumées, de 20 cm, inclinées vers le sol. Le bulbe est énorme.

Sol : frais, humide, très humifère. Un mélange de terreau et de terre de bruyère.

Exposition : mi-ombre, ou ombre légère dans une ambiance humide, fraîche.

Culture et entretien : plantez en octobre, à 1 cm de profondeur, à 40 cm de distance. Arrosez en été. Inutile de tuteurer.

Espèces et variétés : il existe 3 espèces. *Cardiocrinum giganteum*, à fleurs parfumées, blanc veiné de brun-rouge ; var. *yunnanense*, aux fleurs marquées de vert.

Utilisations : en groupe avec bruyères, rhododendrons, azalées, camélias.

Notre conseil : plantez chaque année un bulbe mature car la plante meurt après floraison (monocarpique), en laissant des bulbilles qui mettent 3 à 5 ans à fleurir.

Cardiocrinum giganteum

Carpobrotus acinaciformis

Carpobrotus acinaciformis
GRIFFE DE SORCIÈRE

J F M A **M J J A S O** N D

15/20 cm 80 cm/2 m -3 °C

Cette plante grasse couvre-sol de la famille des Aizoaceae forme de beaux tapis fleuris en bord de mer.

Description : venue d'Afrique du Sud, cette plante succulente (synonyme : *Mesembryanthemum acinaciforme*) s'est naturalisée sur le pourtour méditerranéen. Elle offre un port étalé, tapissant, avec des tiges qui atteignent de 1,5 à 2 m de long. Les feuilles opposées sont charnues, étroites et pointues. Les grandes fleurs carmin à cœur jaune, de 5 à 10 cm de diamètre, ne s'ouvrent qu'en plein soleil.

Sol : sableux, pauvre, humifère, drainé.

Exposition : plein soleil, même brûlant, et forte chaleur. Une situation aride convient.

Culture et entretien : plantez à l'extérieur en mai, sans même arroser. En octobre, hivernez en serre froide dans les régions soumises au gel. Multiplication par bouturage pendant la période de végétation.

Espèces et variétés : il existe 25 espèces. *Carpobrotus acinaciformis* et *C. edulis* (figuier des Hottentots) sont quasiment identiques, mais le premier fleurit rouge pourpre et le second jaune, ombré de rose dans la fin de l'après-midi.

Utilisations : rocaille, talus, couvre-sol dans les massifs exotiques, potée, suspension, jardinière, plante d'intérieur.

Notre conseil : pour obtenir une plus belle floraison, faites souffrir la plante, donc pas d'arrosage ni d'engrais azoté.

Celosia argentea var. *cristata*

Celosia argentea
CÉLOSIE

J F M A M J J A S O N D

15 cm/1,2 m — 15/45 cm — A

Ces étranges plantes de la famille des Amaranthaceae fleurissent tard en saison dans des coloris chauds.

Description : originaire d'Asie, cette vivace, cultivée comme une annuelle, forme un buisson trapu aux feuilles alternes, entières, ovales, vert vif, de 10 à 15 cm de long. Les inflorescences plumeuses pyramidales ou ondulées et crispées se parent de teintes très chaudes.
Sol : neutre, bien drainé, enrichi de fumier décomposé pour qu'il reste frais.
Exposition : plein soleil, non brûlant.
Culture et entretien : semez en février, dans des caissettes, sous abri chauffé à 18 °C. Repiquez les plantules en godets lorsqu'elles ont formé 2 feuilles. Mettez en place, fin mai, à 20 cm de distance.
Espèces et variétés : il existe 60 espèces. *Celosia argentea* var. *plumosa*, aux fleurs en épi dressé : 'Apricot Brandy' (40 cm), orange abricot ; 'Kimono' (20 cm), plumets généreux en 6 coloris ; 'Startreck' (1 m), aux épis multiples, coniques, rouges. *Celosia argentea* var. *cristata*, l'amarante crête-de-coq, aux fleurs à têtes crispées ; 'Amigo' (15 cm), grosses crêtes de toutes couleurs ; 'Chief' (1 m), aux têtes de 15 à 20 cm de diamètre, en 7 coloris ;

Celosia argentea var. *plumosa*

'Olympia' (20 cm), aux couleurs variées. *Celosia spicata* 'Flamingo Feather' (1 m), aux nombreux plumets rose et blanc.
Utilisations : massifs, plates-bandes et bouquets pour les grandes variétés. Les hybrides nains conviennent pour les bordures des plates-bandes et les jardinières.
Notre conseil : installez vos célosies au chaud, dans un endroit protégé du vent.

Centaurea spp.
CENTAURÉE, BLEUET

J F M A M J J A S O N D

40 cm/1,2 m — 20/60 cm — V

Vivaces ou annuelles, ces plantes de la famille des Asteraceae sont plantées pour leurs fleurs ciselées.

Description : cosmopolites et très rustiques, les centaurées forment des touffes très denses aux tiges érigées garnies de feuilles opposées, lancéolées, souvent découpées et velues. Les hampes florales portent des fleurs solitaires en capitules entourés à la base de bractées à la texture de papier.
Sol : léger, frais et bien drainé, même calcaire, pauvre et caillouteux.
Exposition : un bon ensoleillement.
Culture et entretien : plantez les centaurées vivaces de septembre à avril (de 4 à 6 plants/m²). Semez les espèces annuelles en place en mars ou avril (dès septembre/octobre dans les régions au climat doux). Éclaircissez à 20 cm. Tuteurez les grandes espèces et supprimez les fleurs fanées. Divisez les grosses touffes de centaurées vivaces en automne.
Espèces et variétés : il existe 450 espèces.
• **Centaurées annuelles :** *Centaurea cyanus* (bleuet) 'Géant Double' (80/90 cm), rose, bleu, rouge ou blanc ; 'Florence' (30 cm), compacte à fleurs très doubles en 6 coloris. *Centaurea moschata* var. *suaveolens (Amberboa)* [70 cm], la centaurée ambrette, à fleurs jaune d'or effilochées.
• **Centaurées vivaces :** *Centaurea cineraria* (70 cm), aux feuilles gris argenté, fleurs roses. *Centaurea dealbata* (80 cm), à fleurs roses qui remontent en automne. *Centaurea macrocephala* (1,2 m), aux grosses têtes jaunes. *Centaurea montana* (40 cm), bleu violacé ; 'Alba', blanche. *Centaurea simplicicaulis* (30 cm), au feuillage argenté, fleurs rose violacé.
Utilisations : massif, rocaille, fleur coupée.
Notre conseil : ne fertilisez pas pour obtenir une floraison importante et colorée.

Centaurea montana

Centranthus ruber

Centranthus spp.
VALÉRIANE ROUGE

J F M A M J J A S O N D

50/90 cm 40/70 cm

Cette solide vivace de la famille des Caprifoliaceae pousse même dans les anfractuosités des murs.

Description : cette vivace rustique et buissonnante, de culture très facile, développe des tiges érigées garnies de feuilles opposées, lancéolées, glauques, de 5 à 8 cm de long. Celles-ci dégagent une odeur désagréable lorsqu'on les froisse. Les hampes florales sont terminées par des bouquets légers de corolles étoilées, odorantes.

Sol : indifférent, même pauvre, pierreux, sec et calcaire, surtout pas trop humide.

Exposition : plein soleil, même chaud.

Culture et entretien : plantez en automne (de 4 à 6 pieds/m^2). En coupant les fleurs dès leur flétrissement, vous pouvez parfois obtenir une remontée en fin d'été. Divisez les touffes au printemps.

Espèces et variétés : il existe 12 espèces. *Centranthus ruber* est la seule cultivée ; 'Albus', blanche ; 'Coccineus', rose carminé.

Utilisations : massif, fleur coupée, rocaille, mur fleuri, talus aride, potée.

Notre conseil : coupez les fleurs fanées pour éviter qu'elles n'égrènent. Rabattez toute la végétation en octobre.

Cerastium spp.
CÉRAISTE

J F M A M J J A S O N D

5/20 cm 20/60 cm

Cette vivace tapissante de la famille des Caryophyllaceae forme un couvre-sol au feuillage velouté.

Description : appelée parfois « corbeille-d'argent », cette petite plante très tapissante est originaire de l'hémisphère Nord. Les feuilles opposées, lancéolées, grisâtres et duveteuses, de 1 à 3 cm de long, sont entièrement recouvertes par la floraison en bouquets de corolles étoilées.

Sol : indifférent, même sec ou calcaire, à condition qu'il soit bien drainé.

Exposition : plein soleil, même aride.

Culture et entretien : plantez en automne (de 6 à 9 pieds/m^2). Divisez les touffes de plus de 5 ans au printemps.

Espèces et variétés : il existe 100 espèces. *Cerastium alpinum* ssp. *lanatum* (5 cm), au feuillage argenté, soyeux. *Cerastium arvense* 'Compactum' (10 cm) forme un tapis très dense de feuillage vert mat peu florifère. *Cerastium biebersteinii* (20 cm), à feuillage blanchâtre, floraison légère. *Cerastium tomentosum* (20 cm), à petites feuilles blanches et velues, très florifère ; var. *columnae* (15 cm), forme plus compacte à feuilles argentées.

Utilisations : rocaille, muret, escalier, dallage, auge, jardinière avec aubriète, campanule, fleurs à bulbes, *Lewisia*, etc.

Notre conseil : évitez de cultiver cette plante dans les régions pluvieuses car son feuillage laineux pourrit facilement.

Cerastium arvense

Cerastostigma willmottianum

Ceratostigma spp.
DENTELAIRE RAMPANTE

J F M A M J J A S O N D

50 cm/1 m 1/1,5 m -10 °C

Ces vivaces arbustives de la famille des Plumbaginaceae font de bons couvre-sols, garnis de fleurs bleues.

Description : appelée à tort « plumbago », cette plante originaire de Chine porte des feuilles alternes, obovales et des fleurs bleu gentiane à 5 pétales étoilés.

Sol : consistant, frais, graveleux, drainé.

Exposition : chaude et bien ensoleillée.

Culture et entretien : plantez au printemps (de 3 à 5 pieds/m^2). Paillez le sol en permanence. Après la floraison, rabattez les tiges. Divisez les vielles touffes au printemps. Bouturage de rameaux en juillet.

Espèces et variétés : il existe 8 espèces. *Ceratostigma plumbaginoides* (30 cm), la dentelaire de Lady Larpent, plante tapissante au feuillage pourpre en automne. Fleurs bleu gentiane à calice rouge. *Ceratostigma wilmottianum* (1 m), sous-arbrisseau étalé, aux fins rameaux à fleurs bleu clair ; 'Desert Skies' (50 cm), à feuillage doré, se cultive à mi-ombre ; 'Forest Blue' (60 cm), plus florifère.

Utilisations : massif, bordure, talus, potée.

Notre conseil : faites un bon apport d'engrais organique au printemps. Taillez en mars toutes les pousses abîmées.

Cheiranthus cheirii

Chionodoxa luciliae
GLOIRE DES NEIGES

J F M A M J J A S O N D

10/25 cm — 5/10 cm — B

Cette petite bulbeuse de la famille des Asparagaceae fait de très jolis tapis fleuris à la sortie de l'hiver.

Description : venue d'Asie Mineure, cette petite plante rustique, proche des scilles, forme une touffe de feuilles basales, en forme de gouttière, qui fait penser aux jacinthes. Les grappes de fleurs étoilées, bleu à centre blanc, sont portées sur de longs pédoncules dressés.

Sol : perméable, souple, pas trop riche.

Exposition : pas de soleil trop intense.

Culture et entretien : plantez en octobre, à 5 cm de profondeur et à 5/10 cm de distance. La culture en jardinière est possible, de même que le forçage dans la maison. Aucun entretien, la plante se naturalise bien. Divisez les vieilles touffes à l'automne.

Espèces et variétés : il existe 6 espèces. *Chionodoxa luciliae* (15 cm), bleu clair lumineux ; 'Alba', blanc ; 'Pink Giant', rose vif ; 'Rosea', rose lilacé clair.

Utilisations : massif, rocaille, sous-bois, talus, bordure, potée, jardinière.

Notre conseil : réservez les chionodoxas aux jardins du nord de la Loire, car ils ne prospèrent pas en climat chaud et sec.

Chionodoxa luciliae

Cheiranthus cheirii (Erysimum)
GIROFLÉE RAVENELLE

J F M A M J J A S O N D

20/45 cm — 15/30 cm — Bi

Cette vivace éphémère de la famille des Brassicaceae est cultivée en bisannuelle pour fleurir les massifs.

Description : vigoureuse et florifère, la ravenelle porte des feuilles lancéolées assez denses et des grappes compactes de fleurs odorantes, à 4 pétales en croix.

Sol : profond, consistant, bien drainé.

Exposition : soleil direct assez doux.

Culture et entretien : semez de juin à août, en terrine, dans un endroit abrité. Repiquez en godets et installez le plant en octobre (de 12 à 15 pieds/m^2), en même temps que les bulbes. Paillez le sol pour qu'il reste frais. Vous pouvez laisser la giroflée en place comme une vivace, mais la prochaine floraison sera plus faible.

Espèces et variétés : il existe 80 espèces, la plupart étant des vivaces à souche ligneuse. Les cultivars sont très nombreux : 'Aida' (35 cm), bien ramifié, jaune d'or, crème, carmin et écarlate ; 'Bedder' (30 cm), compact, à fleurs simples, brun, jaune, rouge ou orange ; 'Cloth of Gold' (45 cm), jaune d'or ; 'Gnome' (20 cm), très nain et ramifié, idéal en potée ; 'Goliath' (45 cm), brun ; 'Royal' (30 cm), aux 6 coloris lumineux ; 'Scarlet Emperor' (45 cm), rouge feu ; 'Tom Pouce' (25 cm), très buissonnant, existe en 5 coloris.

Utilisations : massif avec des tulipes ou des narcisses, potée, jardinière.

Notre conseil : utilisez aussi la giroflée pour décorer un vieux mur dans lequel elle se ressèmera naturellement.

Chrysanthemum indicum x

Chrysanthemum carinatum

Chrysanthemum spp.
CHRYSANTHÈME

J F M A M J J A S O N D

30 cm/1 m — 20/50 cm — V

Annuelle ou vivace de la famille des Asteraceae, le chrysanthème se décline en une infinité de formes.

Description : le genre *Chrysanthemum* est très complexe, puisqu'il est éclaté par certains botanistes en 19 genres différents, dont *Ajania, Dendranthema, Leucanthemum* et *Tanacetum* sont les plus connus. Plantes annuelles européennes ou vivaces, originaires du Japon et de Chine, pour les formes à grosses fleurs, ou de Russie pour les « marguerites d'automne », les chrysanthèmes développent des tiges semi-rigides érigées, garnies de feuilles alternes découpées, qui exhalent une odeur caractéristique lorsqu'on les froisse. Les fleurs sont réunies en inflorescences de forme, de couleur et de taille très variables, les plus simples étant des capitules qui rappellent les marguerites. Les techniques de forçage permettent d'obtenir des potées fleuries toute l'année.

Sol : fertile, souple, pas trop humide, bien enrichi en matière organique (fumier).

Exposition : chaude et ensoleillée. Les chrysanthèmes du Japon gèlent à - 5 °C.

Culture et entretien : semez en place les chrysanthèmes annuels d'avril à juin. Éclaircissez à 15 cm. Ils ne demandent aucun entretien. Attention, ils se ressèment allègrement, devenant envahissants. Bouturez les chrysanthèmes à grosses fleurs en février sous abri, puis effectuez plusieurs pincements pour provoquer des ramifications. Plantez les chrysanthèmes hybrides des jardins (marguerites d'automne) au printemps (6 pieds/m^2). Pincez en juin pour obtenir des plantes plus ramifiées. Rabattez les touffes dès la fin de la floraison et paillez le pied pour l'hiver.

Espèces et variétés : il existe 20 espèces. *Chrysanthemum carinatum* (60 cm), le chrysanthème à carène, annuel, à fleurs simples multicolores, cerclées au centre. *Chrysanthemum coronarium* (1 m), le chrysanthème des jardins, annuel, à fleurs doubles estivales, jaunes ou blanches. *Chrysanthemum indicum (Dendranthema),* 40 cm/1 m, le chrysanthème des fleuristes, se décline en d'innombrables cultivars simples ou très doubles, dont les fleurs peuvent former un pompon ou présenter des pétales incurvés (redressés vers le haut), récurvés (dirigés vers le bas), tubulés ou spatulés, dans des tons jaunes, orangés, pourpres, mauves, mordorés, ou blancs. *Chrysanthemum maximum (Leucanthemum),* 1 m, la marguerite, une vivace qui se décline en nombreux cultivars à fleurs blanches ; 'Beauté Nivelloise', simple, ébouriffé ; 'Clairette', semi-double au cœur hérissé ; 'Petite Princesse d'Argent', nain (40 cm) ; 'Stamm Pötschke', lacinié et bouclé. *Chrysanthemum paludosum (Hymenostemma),* 20 cm, annuel, tapissant, à fleurs blanches ; 'Snowland', à grandes fleurs de 4 cm de diamètre. *Chrysanthemum rubellum* (40 cm/1 m), la marguerite d'automne, vivace aux riches coloris ; 'Apollo' (1 m), semi-double, rouge brique à cœur or ; 'Clara Curtiss' (70 cm), simple, rose clair, fleurit longtemps ; 'Lady Brockett' (70 cm), simple, vieux rose et saumon ; 'Mary Stoker' (80 cm), simple, jaune ocre ; 'Red Velvet' (80 cm), très double, rouge pourpre. *Chrysanthemum segetum* (50 cm), le chrysanthème des moissons, annuel ; 'Eldorado', simple, jaune à centre noir ; 'Eastern Star', rose clair à disque brun ; 'Margot', blanc pur.

Utilisations : bordure ou massif, pour une très belle association avec des graminées et des asters (qui possèdent la couleur bleue, inconnue chez les chrysanthèmes), potée, jardinière, bouquet.

Notre conseil : rajeunissez les souches de chrysanthèmes vivaces tous les quatre ou cinq ans pour obtenir des touffes denses. Tuteurez les pousses courant mai.

Chrysanthemum maximum

Chrysanthemum 'Lili Callen'

Cimicifuga japonica

Cimicifuga spp.
CIERGE D'ARGENT

J F M A M J J A S O N D

1,2/2 m — 50 cm/1 m — V

Cette vivace élancée de la famille des Ranunculaceae est idéale pour illuminer de vastes sous-bois.

Description : rustiques, touffus, vigoureux, les cierges d'argent portent des feuilles alternes à trois folioles dentées. Les grappes élégantes, en forme de cierge blanc, durent très longtemps. Les racines de *Cimicifuga foetida* possèdent, dit-on, la particularité d'éloigner les insectes en raison de l'odeur fétide qu'elles dégagent.
Sol : frais, humifère, riche, profond, souple.
Exposition : jamais de soleil brûlant.
Culture et entretien : plantez au printemps (3 ou 4 pieds/m²). Arrosez par temps très chaud, sinon aucun entretien. Divisez les vieilles touffes au printemps.
Espèces et variétés : il existe 18 espèces. *Cimicifuga dahurica* (2 m), aux fleurs blanc crème, bien dressées. *Cimicifuga japonica* (90 cm), aux feuilles peu lobées, épis étroits, blanc crème. *Cimicifuga ramosa* 'Atropurpurea' (1,2 m), à feuillage pourpre, épis blancs. *Cimicifuga simplex* 'White Pearl' (1,5 m), le plus tardif, aux épis denses, arqués, blanc pur.
Utilisations : en grand massif sous l'ombrage des arbres à feuilles légères.
Notre conseil : évitez de déplacer le cimicifuga trop souvent, car il a besoin de rester au moins 3 ou 4 ans au même emplacement pour bien fleurir.

Clarkia unguiculata
CLARKIA ÉLÉGANT

J F M A M J J A S O N D

30/60 cm — 20/30 cm — A

Cette élégante annuelle de la famille des Onagraceae est une des fleurs les plus faciles à cultiver.

Description : cette espèce californienne porte des feuilles opposées, ovales, de 3 à 5 cm de long. Les fleurs en entonnoir, regroupées en épis dressés, se parent de diverses nuances de rose, rouge ou violet.
Sol : souple, non calcaire, bien drainé.
Exposition : pleine lumière obligatoire.
Culture et entretien : effectuez plusieurs semis en place d'avril à fin juin, pour une floraison échelonnée. Éclaircissez à 15 cm de distance. Arrosez bien par temps sec.
Espèces et variétés : il existe 36 espèces. Chez *Clarkia unguiculata* (ou *elegans*), on trouve surtout des sélections à fleurs doubles, en mélange de couleurs ou par coloris séparés. 'Élégant' (60 cm), très doubles, aux grosses fleurs couvrant le feuillage, se décline en 9 coloris. *Clarkia pulchella* est une espèce assez proche, mais plus compacte (50 cm).
Utilisations : massifs de style naturel. Beau mélange avec : cosmos, chrysanthème annuel, lin, nigelle, pavot de Californie, pied-d'alouette, souci.
Notre conseil : semez des volées de clarkia dans tous les endroits libres du jardin, et vous les verrez fleurir, sans avoir à vous en soucier le moins du monde.

Clarkia elegans

Clarkia amoena

Clarkia amoena
GODÉTIA, FLEUR DE SATIN

J F M A M J J A S O N D

25/75 cm — 15/30 cm — A

Délicieuse annuelle de la famille des Onagraceae, le godétia est désormais associé au genre Clarkia.

Description : cette petite plante d'Amérique du Nord (synonyme : *Godetia grandiflora*), au port dressé buissonnant, porte des feuilles pointues de 4 à 6 cm de long. Les fleurs, en forme d'entonnoir évasé, souvent doubles, sont réunies en bouquets terminaux.
Sol : bien drainé, assez riche, frais, souple.
Exposition : soleil direct, mais non brûlant.
Culture et entretien : d'avril à mai, semez en place. Éclaircissez tous les 15 cm. Il est possible de semer de septembre à mi-octobre, pour un repiquage en place en avril. Dans ce cas, la floraison est plus précoce. Arrosez généreusement durant l'été.
Espèces et variétés : les cultivars de godétias sont souvent proposés en mélange de coloris (blanc, rose, rouge et bicolore) ; 'À Fleurs d'Azalée' (40 cm), compact, à fleurs doubles, dans des tons pastel ou panachés ; 'Grace' (75 cm), aux grandes fleurs simples ; 'Monarch' (25 cm), très homogène, à fleurs doubles ; 'Satin' (25 cm), à grandes fleurs simples en 8 tonalités.
Utilisations : massif, potée, bouquet.
Notre conseil : le godétia supporte mal le repiquage. Si vous devez transplanter des plants, conservez une motte de terre autour des racines et arrosez beaucoup.

Cleome hassleriana
CLÉOME, FLEUR ARAIGNÉE

J F M A M J J A S O N D

80 cm/1,2 m — 30/40 cm — A

Cette gracieuse annuelle de la famille des Brassicaceae est idéale dans les jardins de style naturel.

Description : plante vigoureuse et buissonnante, la cléome (synonyme : *Cleome pungens* ou *spinosa*) porte des feuilles palmées, divisées en 5 à 7 folioles. La base des pétioles est épineuse. Les fleurs de 1 à 3 cm de diamètre, aux grandes étamines proéminentes, sont regroupées en grappes terminales légères de 20 cm.
Sol : léger, souple, fertile, bien drainé.
Exposition : chaude, en plein soleil.
Culture et entretien : semez en mars-avril, dans une terrine, à la maison, entre 18 et 20 °C. Après un mois, repiquez en godets, toujours sous abri. Mettez en place, fin mai, à 30/50 cm de distance. Désherbez bien le sol, arrosez bien durant l'été. Supprimez les fleurs fanées.
Exposition : chaude, en plein soleil, même ardent, à l'abri des vents violents.
Espèces et variétés : il existe 150 espèces. Parmi les cultivars de *Cleome hassleriana* : 'Reine' (1,2 m), à grosses fleurs roses, violettes, cerise ou blanches ; 'Sparkler' (80 cm), plus ramifié, plus compact.
Utilisations : massif naturel, bouquet.
Notre conseil : la germination est souvent capricieuse. Trempez les graines dans l'eau tiède une nuit entière avant le semis.

➤ ***Coleus spp.*** voir ***Solenostemon***.

Cleome hassleriana

Colchicum autumnale

Colchicum autumnale
COLCHIQUE, TUE-CHIEN

J F M A M J J A S O N D

15/20 cm — 5/10 cm — B

Cette jolie bulbeuse de la famille des Colchicaceae étonne par sa croissance d'une rare rapidité.

Description : venue d'Asie Mineure et d'Europe, le colchique donne une fleur semblable à celle du crocus. Blanche, mauve ou rose, elle apparaît très vite après la plantation, avant le feuillage linéaire, qui parfois se développe seulement en mai.
Sol : frais, léger, humifère, acide si possible.
Exposition : pas de soleil direct brûlant.
Culture et entretien : plantez en juillet et en août, à 15 cm de profondeur et à 10 cm de distance. Groupez les bulbes (cormus) au moins par dix, pour former des grosses touffes. Laissez en place plusieurs années pour obtenir de belles taches de couleur. Culture très facile, sans soins particuliers.
Espèces et variétés : Il existe 45 espèces. *Colchicum autumnale*, le plus rustique, abonde dans les prairies en friches. Parmi les hybrides : 'Album' (15 cm), blanc ; 'Arlequin' (15 cm), blanc et violet ; 'The Giant' (25 cm), violet clair ; 'Violet Queen' (20 cm), pourpre violacé ; 'Waterlily' (15 cm), à fleurs doubles rose mauve.
Utilisations : en groupes épars dans la pelouse. Rocaille, pieds des arbres, potée.
Notre conseil : attention, les colchiques contiennent un alcaloïde toxique.

Convallaria majalis
MUGUET

J F M A M J J A S O N D

20/25 cm — 10/30 cm — V

Cette vivace rhizomateuse de la famille des Asparagaceae symbolise l'affection et le bonheur.

Description : formant une touffe de feuilles basales, dressés, lancéolées, le muguet développe une hampe bien dressée, portant de 6 à 8 clochettes pendantes, très parfumées. Il s'étale d'année en année par ses rhizomes ramifiés (griffes).
Sol : riche, frais, humifère, poreux.
Exposition : jamais de soleil direct. L'ombre dense est bien acceptée.
Culture et entretien : plantez en automne, en laissant affleurer le bourgeon des griffes à la surface (20 pieds/m²). Ne laissez pas le sol se dessécher en été. Divisez les vieilles souches en automne.
Espèces et variétés : il existe une seule espèce (3 selon certains botanistes). *Convallaria majalis* a donné naissance à plusieurs cultivars, dont 'Albostriata', à feuilles nervurées de jaune ; 'Flore Pleno', à fleurs doubles, et 'Rosea', à fleurs roses.
Utilisations : sous-bois, au pied d'une haie, bordure, potée, culture forcée.
Notre conseil : laissez le muguet en place plusieurs années sans y toucher pour qu'il forme un tapis régulier et florifère.

Convallaria majalis

Convolvulus mauritanicus

Convolvulus tricolor

Convolvulus spp.
LISERON, BELLE-DE-JOUR

J F M A M J J A S O N D

20 cm/1 m — 30 cm/1 m — A

Annuelle ou vivace de la famille des Convolvulaceae, cette plante très florifère s'étale ou buissonne.

Description : souvent volubiles ou formant une touffe souple et ample, au port étalé, les *Convolvulus* sont des plantes de régions chaudes. Les feuilles entières, cordiformes ou ovales, sont parfois couvertes d'une pilosité soyeuse, blanc argenté. Les fleurs, en entonnoir largement ouvert, restent épanouies durant la journée, se refermant pour la nuit ou ne durant que quelques heures. Elles se renouvellent en abondance durant plusieurs mois.

Sol : léger, frais en été, bien drainé en hiver. Le calcaire est bien accepté.

Exposition : chaude, bien ensoleillée sans être brûlante. La plupart des *Convolvulus* buissonnants craignent le froid (- 8 °C).

Culture et entretien : semez les espèces annuelles en place en avril ou mai. Éclaircissez les plantules à 20 cm. Dans les régions au climat doux, un semis en septembre permet d'obtenir des plants plus vigoureux et plus précoces. Plantez les *Convolvulus* vivaces au printemps. Protégez de l'humidité hivernale les espèces au feuillage velu (avec une cloche aérée). Boutures faciles en été, prélevées sur des rejets latéraux non florifères.

Espèces et variétés : il existe 250 espèces. *Convolvulus cneorum* (50/60 cm), sous-arbrisseau étalé, vit bien en bord de mer. Le feuillage persistant duveteux est gris argenté. Fleurs blanches de 3 à 4 cm de diamètre. *Convolvumus sabatius (mauritanicus),* 15 cm, le liseron de Mauritanie, est une vivace à tiges grêles et à port étalé (60 cm), formant un tapis touffu ou retombant gracieusement. Feuilles oblongues, vertes, de 2 à 3 cm de long. Fleurs solitaires, toujours renouvelées, en coupe épanouie de 2 à 3 cm de diamètre, bleu pourpré, satiné ; 'Compact Blue' (30 cm de large) est idéal pour la culture en pot ; 'Trailing Blue', bleu clair, assez opulent. *Convolvulus tricolor* (30/40 cm), la belle-de-jour, est une annuelle rustique, buissonnante, à port érigé, mais ample. Feuilles lancéolées de 3 à 4 cm de long. Fleurs solitaires, en entonnoir de 4 cm de diamètre, bleu vif, avec la gorge blanche ou jaune ; 'Crimson Monarch', rouge cerise ; 'Lighy Blue Flash', compact (25 cm), bleu pâle à gorge blanche ; 'Rose Ensign', rose lilas à centre blanc et jaune ; 'Royal Ensign', bleu roi lumineux, à centre blanc ; 'White Ensign', blanc pur à cœur jaune.

Utilisations : couvre-sol, potée, jardinière, massifs de style naturel.

Notre conseil : ne fertilisez pas le liseron de Mauritanie, car il se montre sensible aux excès de sels minéraux dans le sol.

Convolvulus tricolor

Coreopsis grandiflora

Coreopsis spp.
CORÉOPSIS

J F M A M J J A S O N D

40 cm/1,2 m — 20/50 cm

Annuelle ou vivace de la famille des Asteraceae, le coréopsis fait partie des marguerites d'automne.

Description : poussant dans les prairies américaines, les coréopsis forment un buisson bien érigé, garni de feuilles opposées, souvent finement découpées, mais parfois palmées. Les fleurs en capitules d'un jaune lumineux sont portées à l'extrémité de longues hampes dressées.

Sol : d'une manière générale, c'est une plante très accommodante, mais *Coreopsis grandiflora* préfère les terrains secs et calcaires ; *Coreopsis lanceolata*, les aime frais et humifères, et *Coreopsis verticillata*, souples, riches, profonds, bien drainés.

Exposition : plein soleil jamais brûlant.

Culture et entretien : plantez au printemps (de 4 à 6 pieds/m^2). Divisez les touffes tous les 3 à 5 ans au printemps, dès que la floraison est moins abondante.

Espèces et variétés : il existe 100 espèces. *Coreopsis auriculata* (70 cm), vivace, aux tiges velues, fleurs jaune foncé. *Coreopsis grandiflora* (80 cm), vivace, aux ligules découpées ; 'Domino' (40 cm), jaune d'or à centre noir ; 'Eldorado' (80 cm), ramifié, très florifère ; 'Fling Saucers' (50 cm), à la floraison plus abondante et plus longue que les variétés classiques ; 'Sunray' (40 cm), à fleurs doubles. *Coreopsis lanceolata* 'Goldfink' (30 cm), vivace, à feuilles lancéolées et grosses fleurs jaunes. *Coreopsis rosea* 'American Dream' (40 cm), vivace, compact à fleurs d'un rose soutenu ; 'Nana' (20 cm), nain, rose clair. *Coreopsis tinctoria* (1 m), annuel, à feuilles entières et fleurs marquées d'un disque central rouge ; 'Tapis d'Or' (30 cm), nain aux fleurs généreusement maculées de brun. *Coreopsis verticillata* (80 cm), vivace à souche rhizomateuse et feuilles linéaires ; 'Clair de Lune' (40 cm), jaune beurre ; 'Zagreb' (25 cm), jaune d'or.

Utilisations : massif, rocaille, bouquet.

Notre conseil : rabattez les fleurs et les tiges dès qu'elles sont fanées pour favoriser l'émission de nouvelles pousses avant l'hiver. Tuteurer les plus grandes espèces.

Cortaderia selloana

Cortaderia selloana
HERBE DE LA PAMPA

J F M A M J J A S O N D

1/3 m — 1,5/2 m

Les hauts plumets de cette grande graminée de la famille des Poaceae sont très décoratifs.

Description : il faut beaucoup d'espace pour cette herbe de la pampa aux longues feuilles réunies en rosette au centre de laquelle émergent plusieurs hampes terminées par des plumets très gracieux. Les pieds mâles de cette plante dioïque sont moins élégants que les sujets femelles.

Sol : de préférence profond et frais, mais elle s'accommode d'un terrain sec.

Exposition : plein soleil.

Culture et entretien : en hiver, coupez les inflorescences et le feuillage séché et couvrez avec de la paille pour protéger le pied des gelées.

Espèces et variétés : on connaît quelques variétés aux feuilles rubanées de blanc ou d'or : 'Albo-lineata' ou 'Aureo-variegata' ou aux inflorescences rosées comme 'Purpureum'.

Utilisations : dans des espaces bien dégagés en compagnie d'autres graminées pour une ambiance sauvage.

Notre conseil : cette herbe ornementale ne peut être plantée qu'isolément.

Placez-la à proximité d'une pièce d'eau dans laquelle ses plumets se refléteront. Mais cueillez-les avant que toutes les graines ne s'échappent.

Corydalis spp.
CORYDALE, FUMETERRE

J F M A M J J A S O N D

15/40 cm 10/30 cm V

Ces petites annuelles ou vivaces, de la famille des Papaveraceae forment de jolies fleurs tubulaires.

Description : compactes, souvent naines, à port étalé, ces plantes rustiques portent des feuilles composées dont les folioles sont souvent découpées en 3 lobes. Les fleurs, munies d'un éperon, sont tubulées, portées par des hampes fines, érigées.

Sol : une bonne terre de jardin, acide, fraîche, humifère, bien drainée. Évitez les sols trop compacts et humides.

Exposition : fraîche, du soleil direct, assez doux, jusqu'à l'ombre légère.

Culture et entretien : plantez de septembre à mars (de 6 à 9 plants/m²). Protégez la souche d'un excès d'humidité hivernale par un paillis absorbant (tourbe). Achetez des plants dans le commerce car semis et division de touffe sont aléatoires.

Espèces et variétés : il existe 300 espèces. *Corydalis cashmeriana* (10/15 cm), aux feuilles vert bleuté très découpées, fleurs d'un bleu lumineux en été. *Corydalis cheilanthifolia* (30 cm), au feuillage finement découpé, fleurs jaunes de mars à juin. *Corydalis flexuosa* (30 cm), à fleurs bleu vif d'avril à juin et en septembre ; 'China Blue', bleu profond ; 'Père David', à grandes fleurs bleues marquées de blanc ; 'Purple Leaf', à feuillage pourpre. *Corydalis lutea* (20 cm), au feuillage vert bleuté, fleurit jaune de mai à octobre. *Corydalis ochroleuca* (40 cm), à fleurs blanc crème, apprécie la rocaille. *Corydalis wilsonii* (15 cm) est une rareté.

Corydalis wilsonii

Corydalis flexuosa 'Père David'

Utilisations : sous-bois, rocaille, bordure, dallage, potée, massif de terre de bruyère.

Notre conseil : protégez bien les corydalis à fleurs bleues du soleil ardent en été.

Cosmos bipinnatus
COSMOS

J F M A M J J A S O N D

30 cm/1,2 m 20/50 cm A

Cette annuelle souple et élégante, de la famille des Asteraceae est à recommander dans tous les jardins.

Description : originaire du Mexique, cette plante populaire offre un port dressé très buissonnant. Le feuillage vert clair, de 20 à 30 cm de long, est finement découpé. Les grandes fleurs en capitules, à 8 divisions, se renouvellent en abondance.

Sol : léger, même pauvre, plutôt sec.

Cosmos bipinnatus

Exposition : chaude, très ensoleillée.

Culture et entretien : semez directement en place en avril. Éclaircissez à 20/30 cm. Arrosez seulement par temps sec. Tuteurez avec des fagots les plantes hautes. Supprimez les fleurs fanées pour prolonger sensiblement la floraison.

Espèces et variétés : il existe 25 espèces. *Cosmos bipinnatus* a donné de nombreux cultivars : 'Psyché' (1,1 m), à fleurs semi-doubles roses, cramoisies ou blanches ; 'Sensation Picotee' (1,1 m), à larges fleurs blanches striées ou tachées de rose ; 'Sonata' (60 cm), très ramifié, homogène, rose ou blanc ; 'Versailles' (1,2 m), solide, à grandes fleurs roses, rouges ou blanches ; *Cosmos atrosanguineus* (60 cm), vivace, forme un tubercule ; fleurs pourpre velouté de 4 à 6 cm de diamètre, à l'odeur nette de chocolat. *Cosmos sulphureus* (60 cm), à feuillage plus épais dans les tons jaunes ou orangés ; 'Lady Bird' (40 cm), à feuillage plumeux et fleurs semi-doubles ; 'Sunset' (50 cm), à fleurs doubles qui ressemblent un peu à des coréopsis.

Utilisations : massif, bouquet. En mélange avec d'autres annuelles qui se sèment en place (chrysanthème à carène, clarkia, nigelle, pied-d'alouette, etc.).

Notre conseil : comblez les vides entre les arbustes ou les plantes vivaces avec des cosmos, ce sont des plantes spectaculaires qui ne nécessitent pas d'entretien.

Crinum x *powellii*
CRINOLE

J F M A M J J A S O N D

80 cm/1,5 m 30/50 cm B -10 °C

Cette grande bulbeuse de la famille des Alliaceae forme une touffe imposante aux fleurs superbes.

Description : hybride horticole de deux espèces originaires d'Afrique du Sud, cette plante au bulbe volumineux porte un gros bouquet de feuilles arquées. Il en émerge des hampes florales terminées par une ombelle de 6 à 10 fleurs en entonnoir.

Sol : profond, riche, poreux, organique.

Exposition : soleil chaud, à l'abri du vent.

Culture et entretien : plantez les bulbes au printemps, à fleur de terre, de 30 à 50 cm de distance. Apportez un engrais complet plusieurs fois dans la saison. Arrosages fréquents et copieux l'été. Divisez les vieilles souches en mars.

Espèces et variétés : il existe 130 espèces. *Crinum* x *powellii* est la seule crinole rustique, à fleurs rose clair ou blanc pur.

Utilisations : massif, plate-bande, groupe isolé (3 bulbes), potée (40 cm de large).

Notre conseil : associez le crinum à des plantes opulentes (bananier, berce, bocconia, darméra, gunnéra, etc.) pour un effet exotique et très spectaculaire. Couvrez la souche en hiver avec un voile pour limiter le froid et l'humidité du sol.

Crinum x *powellii*

Crocosmia x *crocosmiiflora*

Crocosmia x *crocosmiiflora*
MONTBRÉTIA

J F M A M J J A S O N D

50 cm/1 m 10/30 cm B -10 °C

Cette bulbeuse de la famille des Iridaceae forme des touffes très florifères sous les climats doux.

Description : originaire d'Afrique du Sud, le *Crocosmia* ressemble à un petit glaïeul. Ses feuilles lancéolées, étroites, sont souvent plissées. La hampe florale grêle, porte de 3 à 5 épis arqués aux nombreuses corolles en entonnoir de couleurs vives.

Sol : léger, frais, bien drainé. Apportez des matières organiques à la plantation.

Exposition : chaude et ensoleillée, mais jamais sèche durant la croissance.

Culture et entretien : plantez en avril à 10 cm de profondeur (15 cm dans les régions fraîches), par taches d'une dizaine de cormus espacés de 10 à 20 cm. Laissés en place, ils demandent un paillage hivernal. Arrachés à l'automne, ils se conservent au sec dans une pièce hors gel. Arrosez l'été. Divisez les vieilles souches peu florifères dans le courant du printemps.

Espèces et variétés : il existe 7 espèces. *Crocosmia* x *crocosmiiflora* est le parent de tous les montbrétias hybrides aux coloris jaune, orange, rouge ; 'Clycia' (80 cm), rouge écarlate très lumineux ; 'His Majesty' (50 cm), jaune orangé ; 'Lucifer' (1 m), rouge feu, assez frileux. *Crocosmia masoniorum* (80 cm), à grandes fleurs rouge orangé, en épis sur deux rangs.

Utilisations : massif, bouquet. Associez-les avec des annuelles blanches ou argentées.

Notre conseil : dans les régions aux climats doux, laissez les crocosmias se naturaliser et former de très grosses touffes.

Crocus spp.
CROCUS

J F M A M J J A S O N D

8/15 cm 3/5 cm B

Ces bulbeuses de la famille des Iridaceae fleurissent selon les espèces en hiver ou en automne.

Description : rustiques, les crocus, petites bulbeuses à cormus, européennes ou asiatiques, donnent au cœur de l'hiver des fleurs en coupe aux coloris variés, souvent panachés, qui apparaissent au milieu de feuilles filiformes, dressées. Certaines espèces de crocus fleurissent en automne, surtout dans les tons bleus et lilas.

Sol : léger, bien drainé, même pauvre.

Exposition : le plein soleil non brûlant.

Culture et entretien : plantez en septembre et octobre les espèces à floraison printanière, en juillet les crocus à floraison automnale, à 5 cm de profondeur et de distance, en groupes importants (au moins 20 à 50 cormus). Ensuite, aucun

Crocus sativus

Crocus vernus

entretien n'est nécessaire. Les plantes se naturalisent, formant de grandes masses.
Espèces et variétés : il existe 100 espèces. *Crocus chrysanthus*, à fleurs arrondies, dès mars, crème veiné de brun ; 'Cream Beauty', jaune crème ; 'Eye Catcher', violet à intérieur blanc ; 'Saturnus', jaune d'or strié de brun ; 'Zwanenburg Bronze', marron et jaune à l'extérieur, or à l'intérieur. *Crocus vernus*, à grandes fleurs ; 'Jeanne d'Arc', blanc pur ; 'Remembrance', violet foncé, idéal pour le forçage ; 'Roi des striés', violet et argent. *Crocus sativus* (le safran), à fleurs mauves en automne, avec de très longues étamines orangées. *Crocus speciosus*, à floraison automnale lilas veiné de bleu, est très rustique et prolifique. *Crocus tomasinianus* fleurit dès janvier en étoile mauve ; 'Lilac Beauty', bleu et violet ; 'Ruby Violet', pourpre.
Utilisations : rocaille, jardinière, en groupes disséminés sur la pelouse ou en bordure des sous-bois, au pied des arbres. Forçage en pot dans la maison.
Notre conseil : sur les pelouses plantées de crocus, ne tondez pas avant que les feuilles soient jaunies pour que les cormus aient le temps de reconstituer leurs réserves.

Cuphea ignea
PLANTE CIGARETTE

J F M A M J J A S O N D

20/50 cm — 20/90 cm — A — 0 °C

Cette petit sous-arbrisseau frileux de la famille des Lythraceae est cultivé comme une annuelle d'été.

Description : appelé aussi *Cuphea platycentra*, il nous vient du Mexique. Il forme un buisson étalé aux feuilles lancéolées, vert brillant. Sous un climat doux, il porte toute l'année, à l'aisselle des feuilles, des fleurs tubulaires rouge vermillon, de 2 à 3 cm de long, qui présentent un anneau noir et blanc à leur extrémité.
Sol : riche, léger humifère. En pot, terreau de feuilles, sable de rivière et tourbe.
Exposition : chaude et très ensoleillée.
Culture et entretien : plantez ou sortez les pots en mai. Hivernez en véranda, entre 5 et 12 °C, en laissant bien sécher la surface du sol entre deux arrosages. À la fin de l'hiver, rabattez les tiges au tiers de leur longueur et rempotez. Bassinez le feuillage en été par temps très sec. Donnez de l'engrais pour plantes fleuries, de mai à septembre, tous les 10 jours.
Espèces et variétés : il existe 250 espèces. *Cuphea hyssopifolia*, aux minuscules fleurs roses, réussit dans les mêmes conditions.
Utilisations et associations : massif, bordure, potée, jardinière, suspension.
Notre conseil : si vous ne disposez pas de serre, traitez le cuphéa comme une plante saisonnière, à renouveler au printemps.

Cuphea ignea

Cyclamen hederifolium

Cyclamen spp.
CYCLAMEN D'EUROPE

J F M A M J J A S O N D

5/10 cm — 10/25 cm — B

Cette adorable plante à tubercule, de la famille des Primulaceae, forme de délicieux tapis fleuris.

Description : cette plante européenne rustique se développe à partir d'un gros tubercule rond, aplati. Le feuillage arrondi ou cordiforme est souvent marbré ou nuancé de gris, de vert plus clair ou plus foncé ou d'argent. Les fleurs portées par un pédoncule grêle et charnu sont penchées vers le bas, avec les pétales redressés en ailes de papillon et spiralés.
Sol : plutôt riche, frais, riche en humus, léger, perméable, de préférence acide.
Exposition : jamais de soleil direct. L'ombre assez dense est bien acceptée.
Culture et entretien : plantez de juillet à septembre, à fleur de terre, tous les 10 à 15 cm. Arrosez bien en été. Maintenez les cyclamens en place plusieurs années, car ils n'aiment pas les transplantations.
Espèces et variétés : il existe 20 espèces. *Cyclamen coum* fleurit en hiver, pourpre, rose ou blanc. *Cyclamen hederifolium*, le cyclamen de Naples, dont les feuilles portant des marbrures variées apparaissent après la floraison automnale, rose ou carmin, et persistent jusqu'en mai. *Cyclamen purpurascens (europaeum)*, aux fleurs parfumées, rouge carminé, dès juillet.
Utilisations : rocaille, sous-bois, bordure. C'est un bon couvre-sol. Potée, jardinière.
Notre conseil : plantez les variétés à petites fleurs de *Cyclamen persicum* dans les massifs et les jardinières d'automne.

Dahlia 'Pompons à grandes fleurs'

Dahlia x
DAHLIA

J F M A M J **J A S O** N D

20 cm/2 m 15 cm/1 m B -7 °C

Plante à tubercule de la famille des Asteraceae, le dahlia se décline en d'innombrables formes et couleurs.

Description : originaire du Mexique, où il prospère sur les hauts plateaux et les plaines d'altitude aux sols sablonneux, le dahlia a été découvert en 1570 par le médecin espagnol Francisco Hernandez, au cours d'une expédition commandée par le roi Philippe II d'Espagne. Le dahlia a été nommé ainsi en 1791 par l'abbé Antonio José Cavanilles (1745 – 1804), en l'honneur du botaniste suédois Andreas Dahl (1751 - 1789), disciple de Linné. En 1791, l'abbé Cavanilles fut le premier à obtenir en Europe une floraison de dahlia au jardin botanique de Madrid dont il était le directeur. La plante lui avait été envoyée en 1789 par don Vincente Cervantes, directeur du jardin botanique de Mexico.

Le dahlia possède des racines tubéreuses, renflées. Réunis en faisceaux, ces tubercules donnent des tiges dressées, creuses et ramifiées, portant des feuilles composées, pennées, aux folioles arrondies. Des hampes solides, charnues, sont terminées par des capitules simples ou doubles, aux ligules de formes très variées, qui se déclinent dans une large palette de couleurs où il ne manque que le bleu pur.

Sol : bien fumé, argileux mais sain, travaillé en profondeur. Le dahlia végète dans les terres pauvres et sablonneuses.

Exposition : chaude, fortement ensoleillée, à l'abri des vents dominants.

Culture et entretien : plantez les tubercules de mi-avril à début mai, entre 10 cm et 15 cm de profondeur. Comptez de 60 cm à 1 m d'espacement pour les grandes espèces et de 30 à 50 cm pour les variétés naines. Posez systématiquement un tuteur et attachez les jeunes tiges sans serrer. Apportez une fumure organique à libération lente lors de la plantation, et un engrais liquide par mois en cours de végétation. Arrosez sans mouiller le feuillage. Pincez les tiges latérales et coupez les boutons secondaires pour obtenir des fleurs plus grosses. Traitez contre les pucerons et les limaces. Arrachez les tubercules avant le gel, coupez les tiges à 15 cm de la souche. Stockez-les à l'obscurité dans un endroit frais et aéré, pas trop humide.

Semez les dahlias à massifs en mars dans la maison, en terrine à 18/20 °C. La germination demande de 10 à 14 jours. Repiquez les plantules lorsqu'elles ont développé 4 feuilles. Empotez-les en godets individuels un mois plus tard. Sortez le plant début avril, en le protégeant le soir avec un voile de forçage. Plantez début mai lorsqu'il n'y a plus de risque de gelée.

Espèces et variétés : il existe 30 espèces et des milliers d'hybrides qui sont les seuls cultivés. Une classification permet de les distinguer selon la forme de la fleur.

- **Dahlias à massifs (20 cm/1 m) :** ces plantes compactes portent des fleurs simples ou semi-doubles de 3 à 10 cm de diamètre, avec le disque central visible ; 'Opéra' (30 cm), à port compact et régulier, fleurs doubles ; 'Pitchoun' (40 cm), pourpre à cœur d'or ; 'Topmix' (35 cm), à fleurs simples de 4 cm de diamètre ; 'Versigny' (1 m), orange, ombré de rouge.
- **Dahlias à fleurs de nénuphar (de 80 cm à 1,1 m) :** aux ligules larges, aplaties, plutôt incurvées, formant des fleurs pouvant atteindre 25 cm de diamètre ; 'Nonette' (1,2 m), abricot tacheté et strié de carmin ; 'Topsy' (1,1 m), rose porcelaine.
- **Dahlias à collerette (80 cm/1,5 m) :** aux fleurs de 10 à 15 cm de diamètre, formées d'une rangée extérieure de ligules larges et aplaties, puis d'un bouquet de fleurons tubulés assez courts qui laissent le disque

Dahlia décoratif 'David Howard'

Dahlia à collerette

Dahlia Cactus 'Andersen'

central apparent; 'Calèche' (40 cm), jaune; 'Diligence' (40 cm), orange; 'Fantastico' (40 cm), grenat et blanc rosé.

• **Dahlias à fleurs d'anémone (de 30 à 60 cm)** : appelés aussi « dahlias alvéolés » ; les capitules, de 10 à 15 cm de diamètre, sont composés de plusieurs rangées de ligules plates sur le pourtour et de longs fleurons tubulaires au centre; 'Guinea' (40 cm), jaune soufre; 'Honey' (50 cm), ocre saumoné; 'Inca' (30 cm), rouge clair; 'Roulette' (40 cm), rose à cœur jaune.

• **Dahlias Pompons (80 cm/1,2 m)**: appelés aussi « Lilliput », ils émettent de nombreuses petites fleurs de 4 à 8 cm aux pétales tuyautés, courts et serrés, très réguliers; 'Atoll' (80 cm), corail; 'Black Diamond' (1,1 m), pourpre presque noir; 'Éclaireur' (1 m), rose porcelaine; 'Vizir' (1,1 m), orange chamoisé.

• **Dahlias Balles (80 cm/1,3 m)**: aux fleurs plus grosses (10 cm de diamètre) et moins serrées que les « Pompons », avec des ligules alvéolées; 'Antigua' (1,3 m), pourpre grenat; 'Évelyne'(90 cm), blanc ombré de mauve; 'Fakir' (1,1 m), rouge; 'Toupie' (80 cm), rose vif bordé de blanc.

• **Dahlias Semi-Cactus (50 cm/1,5 m)**: aux fleurs qui atteignent 25 cm de diamètre, aux ligules tubulaires partiellement incurvées, assez larges à la base et moins nombreuses que chez les dahlias Cactus; 'David d'Angers' (1,1 m), rouge carmin à cœur jaune; 'Mogador' (1,1 m), saumon éclairé d'or; 'Young Love' (60 cm), blanc pointé de pourpre, cœur jaune.

• **Dahlias Cactus (70 cm/1,8 m)**: aux grosses fleurs dont les très nombreuses ligules enroulées sur elles-mêmes, en forme de tube pointu, étroit, composent une fleur double, rayonnante, de 10 à 25 cm de diamètre; 'Alizé' (1,1 m), rouge feu lumineux; 'Mascotte', le plus beau saumon, très florifère; 'Platero' (1,1 m), lilas violacé; 'Tutu', blanc pur ; 'Adagio', abricot cuivré très chaud.

• **Dahlias Dentelles (1/1,5 m)** : ils ressemblent aux dahlias cactus, mais la pointe de chaque ligule est finement découpée; 'Chabada' (1,3 m), jaune vif; 'Eurydice' (1,2 m), rose lilas à reflets or; 'La Meije' (1,3 m), blanc marqué de jaune au cœur.

• **Dahlias décoratifs (1/1,5 m)**: aux fleurs doubles globuleuses de 10 à 20 cm de diamètre, formées de ligules larges et aplaties, arrondies à l'extrémité; 'Arlequin' (1,3 m), jaune strié de rouge; 'Carmen', rose tyrien à centre ivoire; 'Duet' (1,10m), grenat pointé de blanc; 'Spitz' (1,2 m), rouge pointé de blanc.

• **Dahlias divers**: cette catégorie regroupe les variétés aux formes originales comme les dahlias à fleurs d'orchidée, de chrysanthème, de pivoine, de camélia, etc.

Utilisations: massif, bordure, platebande, potée, jardinière, bouquet, touffe en isolée, décoration du potager.

Notre conseil: tenez bien compte, lors de la plantation, de la hauteur de chaque variété pour composer les arrangements. Les dimensions figurent sur le sachet contenant les tubercules.

Darmera peltata
SAXIFRAGE PELTÉ

J F M **A M** J J A S O N D

1/2 m 1/3 m

Cette imposante vivace de la famille des Saxifragaceae forme des touffes de feuilles opulentes.

Description: anciennement dénommée *Peltiphyllum peltatum*, cette plante vivace rhizomateuse porte des feuilles arrondies de 30 à 40 cm de largeur. Vert moyen, elles prennent de jolis tons jaunes, rouges, voire bleutés en automne. Les fleurs blanc rosé, qui apparaissent avant le feuillage, sont portées par des hampes de plus de 1 m.

Sol: consistant, profond, humide. Le bord d'une pièce d'eau est un endroit idéal.

Exposition: soleil assez doux, mi-ombre légère dans un climat plutôt humide.

Culture et entretien: plantez de septembre à mars. Protégez le pied des fortes gelées en le couvrant de paille et d'un voile de protection. Division en avril.

Espèces et variétés: il n'existe qu'une seule espèce, *Darmera peltata*, originaire des forêts de l'ouest des États-Unis.

Utilisations et associations : en touffe isolée ou en grand massif au bord d'une pièce d'eau ou dans un sous-bois humide.

Notre conseil: installez le darméra dans une terre inondable, car la sécheresse est son pire ennemi. Coupez les tiges fanées.

Darmera peltata

Delphinium x Série Belladona 'Connecticut Yankees'

Dianthus chinensis 'Heddewig Baby Doll'

Delphinium spp.
PIED-D'ALOUETTE

J F M A M J J A S O N D

40 cm/1,8 m 30/60 cm V

Cette généreuse vivace de la famille des Renonculaceae porte de longues hampes spectaculaires.

Description : plante vivace aux racines charnues, le delphinium développe une touffe de feuilles palmées, très découpées, de 10 à 20 cm de long. Les longues hampes florales érigées, parfois ramifiées, portent des épis de fleurs à 5 pétales, accompagnées d'un éperon allongé. C'est parmi les delphiniums que l'on trouve les plus larges palettes de fleurs bleues.

Sol : profond, consistant, riche, bien travaillé. Le calcaire est bien accepté.

Exposition : au soleil direct, mais non brûlant, protégé des vents forts.

Culture et entretien : plantez de septembre à avril (de 2 à 5 pieds/m^2) et maintenez une humidité constante. Paillez avec une fumure organique ou du compost au printemps. Après la floraison printanière, coupez les inflorescences au niveau des premières belles feuilles, cela va faciliter la remontée automnale. Rabattez toute la plante au ras du sol fin octobre. Divisez les touffes de plus de 5 ans à l'automne.

Espèces et variétés : il existe 250 espèces. On cultive surtout des races hybrides comme : Série Belladonna (1 m), buissonnant, à floraison continue dans les diverses nuances de bleu ou de blanc. Groupe Pacific (1,8 m), plantes vigoureuses, formant des épis non ramifiés, aux grosses fleurs simples ou semi-doubles dans des coloris très variés. Le bouquet d'étamines offre une teinte noire ou blanche, qui contraste avec celle de la fleur. La floraison est remontante. *Delphinium grandiflorum* (40 cm), très ramifié, au feuillage très découpé et fleurs bleu gentiane.

Utilisations : massif, isolé, bouquet.

Notre conseil : pour obtenir une seconde floraison, fertilisez bien les delphiniums après avoir rabattu la première floraison et ne laissez pas sécher le sol.

Dianthus spp.
ŒILLET

J F M A M J J A S O N D

15/40 cm 10/30 cm A

Annuelles ou vivaces de la famille des Caryophyllaceae, les œillets se déclinent dans des formes variées.

Dianthus barbatus

Description : les œillets sont si diversifiés qu'ils offrent tous les modes de végétation. Ce sont des plantes compactes, formant une touffe de feuilles linéaires ou lancéolées, souvent glauques ou grisâtres. Les fleurs, solitaires ou groupées en petits bouquets, sont formées d'un tube court et d'au moins 5 pétales (tépales), ondulés, dentés, frangés ou dentelés (barbus).

Sol : toute terre calcaire bien drainée. Un bon apport d'humus est très apprécié.

Exposition : plein soleil assez doux.

Culture et entretien : semez les œillets annuels en caissettes, sous abri, en février-mars, à 15/18 °C. Repiquez en godets dès que la plante présente 2 ou 3 feuilles. Installez la culture sous châssis froid avant de mettre en place en avril-mai, en espaçant les plants de 30 cm (15 cm pour les variétés naines). Semez les œillets bisannuels en pleine terre en pépinière de juin à août. Plantez en octobre. Installez les œillets vivaces au jardin d'octobre à mars. Arrosez par temps chaud, paillez au printemps pour maintenir le sol bien frais.

Espèces et variétés : il existe 300 espèces.

• **Œillets annuels** : *Dianthus chinensis* (15/70 cm), l'œillet de Chine aux fleurs simples, frangées dans une riche palette de couleurs : écarlate, rose, cramoisi, pourpre, corail, saumon, blanc et bicolore ; 'Color Magician' (20 cm), médaille d'or Fleuroselect, blanc qui évolue en rose foncé ; 'Diana' (15 cm), à très grandes fleurs ; 'Heddewig Baby Doll' (30 cm), écarlate éclairé de rose pâle ; 'Telstar'

Dianthus deltoides

Diascia vigilis 'Elliott's Variety'

Dianthus plumarius

(30 cm), hybride F1 florifère et robuste de *Dianthus chinensis* et de *Dianthus barbatus*, aux fleurs finement dentelées.

• **Œillets bisannuels** : *Dianthus barbatus*, l'œillet de poète aux bouquets aplatis de fleurs parfumées en mai-juin, est proposé en mélange de coloris : blanc, rose, rouge, grenat. À fleurs simples : 'Electron' (60 cm), bicolore ; 'Hirondelle' (60 cm), 'Hollandia' (60 cm), à grosses fleurs ; 'Tapis des Indes' (25 cm). Cultivars à fleurs doubles : 'Pationata' (50 cm) ; 'Pinochio' (20 cm) ; 'Robustus' (70 cm). *Dianthus caryophyllus*, l'œillet des fleuristes, est une vivace cultivée en bisannuelle, fleurs doubles, très parfumées de mai à juillet, en mélange de coloris : rouge, rose, jaune, orange, lilas, pourpre, blanc ; 'Fête de Mères' (70 cm), précoce, souple ; 'Hâtif de Vienne' (40 cm), compact ; 'Lillipot' (25 cm), bien ramifié, très dense

• **Œillets vivaces** : *Dianthus alpinus* (15 cm), l'œillet des Alpes, forme un coussin compact aux fleurs tachetées dans des coloris qui vont du rose très clair au rouge carminé en passant par tous les tons de rose. *Dianthus arenarius*, l'œillet des sables, est blanc et odorant. *Dianthus deltoides* (20 cm), l'œillet couché, tapissant, à petites fleurs solitaires ; 'Albus', blanc ; 'Brilliant', rouge amarante ; 'Rosea', rose. *Dianthus gratianopolitanus* (15 cm), au feuillage vert grisâtre et fleurs roses ou rouge carminé. *Dianthus plumarius* (40 cm), l'œillet mignardise, aux grosses fleurs doubles, souvent parfumées ; 'Anny', rouge et rose saumoné ; 'Desmond', rouge feu, parfumé ; 'Heidi', double, rouge, très parfumé ; 'Ine', double, blanc et grenat.

Utilisations : bordure, rocaille, dallage, muret, potée, jardinière, fleur coupée.

Notre conseil : **bouturez régulièrement les œillets vivaces en mai, en prélevant des jeunes pousses à la base de la touffe.**

Diascia x hybrida
DIASCIA

J F M A **M J J A S O** N D

30/40 cm	40/40 cm		A	-8 °C

Cette plante vivace de la famille des Scrophulariaceae est surtout cultivée comme annuelle d'été.

Description : originaires d'Afrique du Sud, les *Diascia* sont des plantes semi-rustiques, dont les tiges grêles portent des feuilles opposées, cordiformes ou linéaires. Les fleurs à la corolle tubulaire à 5 lobes sont portées en grappes légères : les lobes inférieurs sont larges, les lobes supérieurs sont éperonnés et portent une marque jaune.

Sol : riche, frais, poreux. En pot, un bon terreau pour géranium, bien drainé.

Exposition : chaude, en plein soleil. Évitez les vents dominants froids et desséchants.

Culture et entretien : plantez ou sortez les potées vers la fin avril. Hivernez en véranda hors gel. Bouturez les diascias hybrides sous abri chauffé, à la fin de l'hiver. Divisez les touffes des vivaces.

Espèces et variétés : il existe 50 espèces. *Diascia barbarae* et *D. vigilis* (ou *elegans*), ont donné naissance à de nombreux hybrides, appelés parfois *Diascia grandiflora*, dont 'Coral Belle' (40 cm), rose corail orangé ; 'Éclat' (30 cm), rose soutenu ; 'Little Lover' (25 cm), rose très pâle à gorge rouge ; 'Pink Queen' (25 cm), rose vif ; 'Red Ace' (40 cm), rouge carmin ; 'Suzan' (25 cm), rose saumoné, à la gorge foncée. *Diascia rigescens* (40 cm), vivace, forme des épis floraux dressés, rose foncé ; 'Ruby Field' (30 cm) est plus buissonnant, rose.

Utilisations : massif d'annuelles, jardinière et suspension pour les hybrides. Les autres diascias se plantent en bordure des massifs de vivaces ou d'arbustes et en rocaille.

Notre conseil : **n'arrosez pas trop généreusement car cela nuit à la floraison. Pincez les jeunes pousses et fertilisez chaque semaine les plantes en pot. Ne mouillez pas les fleurs lors de l'arrosage.**

Dicentra spectabilis

Dicentra spectabilis
CŒUR DE MARIE

J F M **A M J J A** S O N D

30/70 cm — 30/45 cm — V

Cette gracieuse vivace de la famille des Papaveraceae porte des fleurs printanières en forme de cœur.

Description : connue aussi sous le nom de *Dielytra*, cette très jolie vivace, indigène du nord de la Chine, forme une touffe de feuilles découpées, glauques, de 20 à 40 cm de long. Les hampes, arquées, portent des cœurs pendants de 2 cm de long, munis de deux éperons latéraux.

Sol : consistant, riche, humifère, frais. En terrain sec, le feuillage fane assez vite.

Exposition : pas de soleil direct, l'ombre légère est même bien tolérée.

Culture et entretien : plantez d'octobre à mars, et ne serrez pas trop les plants (de 4 à 6 pieds/m²). Paillez vers la mi-mai pour maintenir la fraîcheur du sol en été. Divisez les vieilles touffes en septembre, en veillant à ne pas abîmer les racines, très fragiles.

Espèces et variétés : il existe 20 espèces. *Dicentra spectabilis* 'Alba', blanc pur. *Dicentra eximia* (30 cm) fleurit de mai à août en grappes roses, ainsi que *Dicentra formosa* et ses cultivars 'Bacchanal', pourpre sombre, et 'Luxuriant', rouge.

Utilisations : massif, bordure, sous-bois, potée, jardinière. Associez les *Dicentra* à des fougères, qui les mettront en valeur.

Notre conseil : évitez de déranger les *Dicentra* car il leur faut souvent plusieurs années pour s'installer et bien pousser.

Dicksonia antartica
FOUGÈRE ARBORESCENTE

1/6 m — 2/4 m — V — -7 °C

Cette imposante fougère de la famille des Dicksoniaceae donne un air « préhistorique » aux massifs.

Description : cette superbe fougère, qui forme un long stipe fibreux noir, est originaire de Tasmanie. Ce « tronc » est un rhizome dressé, couvert de fines racines. À l'extrémité se développent des frondes immenses très découpées, vert vif.

Sol : terreau d'écorce, sable de rivière et tourbe blonde par tiers, avec 20 % de fertilisant organique à base de fumier.

Exposition : jamais de soleil direct.

Culture et entretien : installez le *Dicksonia* dans le jardin au printemps. Le substrat ne doit jamais sécher complètement entre deux arrosage, sinon la plante meurt très vite. Bassinez fréquemment le feuillage, le stipe et le cœur. Donnez de l'engrais pour plantes vertes (dilué à la moitié de la dose conseillé) tous les quinze jours, de mai à septembre. Coupez les vieilles frondes desséchées. Hivernez dans une véranda juste maintenue hors gel ou laissez la plante à l'extérieur, couverte par un voile d'hivernage, sans oublier d'arroser.

Dicksonia squarrosa

Espèces et variétés : il existe 25 espèces. *Dicksonia squarrosa*, originaire de Nouvelle-Zélande, est très proche, mais plus trapue et moins rustique (-5 °C).

Utilisations : isolé dans un massif, potée.

Notre conseil : le secret du succès est une ambiance humide. Installez un système d'arrosage au goutte à goutte.

Digitalis spp.
DIGITALE

J F M A **M J J A S** O N D

60 cm/1,8 m — 30/50 cm — V

Cette superbe vivace de la famille des Scrophulariaceae est aussi appelée « gant de Notre-Dame ».

Description : vivace éphémère se comportant parfois comme une bisannuelle, la digitale développe une rosette de feuilles simples, oblongues, de 10 à 30 cm de long, souvent velues. De longues hampes verticales portent des fleurs en clochettes qui s'épanouissent en partant de la base du bouquet et durent très longtemps.

Sol : consistant, fertile, frais, humifère.

Exposition : pas d'insolation directe.

Culture et entretien : plantez en automne (de 5 à 6 pieds/m²). Paillez le sol au printemps. Coupez les épis défleuris à leur point de départ, pour favoriser le développement de nouvelles pousses latérales. Semez en pleine terre, de juin à août, recouvrez de terreau maintenu humide.

Espèces et variétés : il existe 22 espèces. *Digitalis grandiflora* (1 m), aux fleurs jaune soufre de 15 cm de long. *Digitalis* x *mertonensis* (80 cm), au feuillage vert foncé et velu, et fleurs rose saumon, à

Digitalis officinalis

Doronicum caucasicum

l'intérieur pourpre. *Digitalis purpurea* (1,2/1,8 m) est plutôt bisannuelle, à fleurs souvent tachetées ; 'Alba', blanche ; 'Exelsior', à grandes fleurs ; 'Gloxiniiflora', géante, aux tons rouges, roses ou blancs.
Utilisations : bouquet isolé, massif de vivace ou de terre de bruyère, sous-bois, jardin sauvage, bouquet.
Notre conseil : apportez chaque année au printemps une fertilisation organique aux digitales. Tuteurez les plus grandes variétés dans les régions ventées.

➤ ***Dimorphoteca spp.*** voir **Osteospermum**.

Doronicum spp.
DORONIC, DORONIQUE

J F M **A M** J J A S O N D

30/90 cm — 40/90 cm — V

Cette solide vivace de la famille des Asteraceae est incomparable pour illuminer les massifs de printemps.

Description : cette vivace rhizomateuse ou tubéreuse développe des feuilles basales alternes, cordiformes, dentées, de 5 à 10 cm de long. Les fleurs solitaires, en capitules, jaunes, de 4 à 10 cm de diamètre, s'épanouissent en grand nombre, comme posées au-dessus des feuilles.
Sol : une bonne terre de jardin souple et riche, humifère, mais pas trop humide, car un excès d'eau fait pourrir les racines.
Exposition : évitez le soleil direct brûlant.
Culture et entretien : plantez en automne (5 ou 6 pieds/m²). Supprimez régulièrement les fleurs fanées et rabattez toute la végétation fin octobre. Divisez les vieilles souches en septembre, tous les trois ans, pour que le pied reste compact.
Espèces et variétés : il existe 35 espèces. *Doronicum orientale* (ou *caucasicum*), le doronic du Caucase (60 cm), bien touffu ; 'Finesse' (50 cm), aux ligules en forme d'aiguilles ; 'Little Leo' (30 cm), compact, à grandes fleurs ; 'Magnificum' (50 m), à grandes fleurs. *Doronicum pardalianches* (90 cm), au fleurs jaune clair en petits bouquets. *Doronicum plantagineum* (80 cm), à grandes fleurs jaune d'or.
Utilisations : massif avec des bisannuelles et des bulbes de printemps. Potée.
Notre conseil : évitez les apports d'engrais azotés qui entraînent la chute prématurée des feuilles.

➤ ***Dorotheanthus*** voir **Mesembryanthemum**.

Dryopteris filix-mas
FOUGÈRE MÂLE

1 m — 1 m — V

De la famille des Dryopteridaceae, indigène en Europe, la fougère mâle est une habituée des lieux frais.

Description : les frondes dressées sont de couleur vert foncé et portent des divisions légèrement arrondies. Leur pétiole est couvert de petites écailles brunâtres.
Sol : terre de jardin de préférence argilo-siliceuse.
Exposition : ombre à mi-ombre.
Culture et entretien : coupez les frondes lorsqu'elles sont complètement sèches.
Espèces et variétés : très nombreuses espèces dans ce genre dont la classification ne fait pas l'unanimité parmi les botanistes. *Filix-mas* est l'une des plus communes, mais on trouve également assez facilement *Dryopteris erythrosa* aux frondes parfois persistantes, rougeâtres lorsqu'elles sont jeunes, devenant ensuite vert foncé.
Notre conseil : si vous avez un mur qui ne voit jamais le soleil, plantez cette fougère dans une anfractuosité. Elle saura l'habiller élégamment.

Dryopteris filix-mas

Duchesnea indica

Duchesnea indica FAUX FRAISIER

J F M A **M J J A S** O N D

5/10 cm — 1/2 m

Cette vivace couvre-sol de la famille des Rosaceae est la plante passe-partout qui habille tout.

Description : originaire d'Asie et parfaitement rustique, cette plante stolonifère porte un feuillage vert sombre identique à celui du fraisier, d'où émergent au printemps des petites fleurs jaunes. Celles-ci donnent naissance à des fruits ronds, rouge vif, ressemblant à des petites fraises, mais au goût totalement insipide.

Sol : toutes les terres conviennent, mais la croissance est plus rapide en sol humifère.

Exposition : excepté au soleil très brûlant, le *Duchesnea* pousse vraiment partout.

Culture et entretien : plantez de septembre à avril (de 3 à 5 pieds/m²), ensuite inutile de vous soucier du faux fraisier.

Espèces et variétés : il existe 6 espèces. On ne cultive que *Duchesnea indica,* parfois sous le nom de *Fragaria indica* ou de *Duchesnea fragarioides.*

Utilisations : talus, sous-bois, massif d'arbustes. C'est une plante très envahissante.

Notre conseil : coupez les nombreux stolons qui sont émis par la touffe, pour restreindre la plante à l'espace que vous lui avez réservé. Plantez avec des bulbeuses pour un effet plus décoratif (jacinthe des bois, narcisse).

Echinacea purpurea

Echinacea purpurea RUDBECKIA POURPRE

J F M A M **J J A S** O N D

70 cm/1 m — 30/50 cm

Cette superbe vivace de la famille des Asteraceae fait partie du groupe des marguerites d'automne.

Description : proche parent des rudbeckias, dont elle se distingue par sa couleur, l'échinacée forme des touffes rhizomateuses, rustiques et de très bonne tenue. Les feuilles opposées, lancéolées, sont hérissées de poils rugueux. Les hampes, ramifiées, sont terminées par un capitule solitaire au disque globuleux et aux ligules retombantes. C'est une plante mellifère.

Sol : fertile, profond, souple, bien drainé.

Exposition : le plein soleil non violent.

Culture et entretien : plantez au printemps (4 ou 5 pieds/m²). Paillez le pied en mai pour maintenir le sol frais. Coupez les fleurs fanées au fur et à mesure. Semez au printemps sous abri, entre 18 et 20 °C. Divisez la touffe lorsque la floraison ralentit.

Espèces et variétés : il existe 9 espèces. *Echinacea angustifolia* (1 m), rose foncé, à grandes fleurs aux ligules courtes et larges. *Echinacea pallida* (80 cm), aux longues ligules pendantes. *Echinacea purpurea,* pourpre au cœur brun orangé ; 'Abendsonne' (80 cm), rouge carminé au centre brun ; 'Alba' (70 cm), aux longues ligules blanches ; 'Magnus' (1 m), rose rougeâtre ; 'Sonnelachs' (80 cm), rose carminé, aux ligules finement découpées ; 'White Lustre' (70 cm), blanc crème.

Utilisations : massif, fleur coupée.

Notre conseil : en été, arrosez bien, car l'échinacée craint le manque d'eau.

Echinops ritro BOULE AZURÉE

J F M A M **J J A S** O N D

80 cm/1,2 m — 60/80 cm

Ce beau chardon de la famille des Asteraceae est très apprécié dans les bouquets secs pour ses fleurs bleues.

Description : vivace rustique, venue d'Asie et du sud de l'Europe, l'échinops forme une touffe dense de feuilles épineuses, très découpées. Les capitules sphériques, de 3 à 5 cm de diamètre, sont bleu métallique, puis bleu vif à l'épanouissement.

Sol : sain, nourrissant et très bien drainé.

Exposition : plein soleil, même aride.

Culture et entretien : plantez d'octobre à avril (3 ou 4 pieds/m²). Après la première gelée, coupez les tiges défleuries. Divisez les vieilles touffes en mars. Semez en avril, en caissette, puis repiquez en mai-juin.

Espèces et variétés : il existe 120 espèces. *Echinops ritro* 'Veitch's Blue' (80 cm), bleu acier assez foncé. *Echinops sphaerocephalus,* aux feuilles et boules gris bleuté argenté ; 'Arctic Glow' (80 cm), blanc pur ; 'Niveus' (1,2 m), blanc grisâtre.

Utilisations : massif de style naturel avec graminées, achillée, aster à petites fleurs, gaura ; verge d'or ; fleur coupée.

Notre conseil : faites sécher les capitules non épanouis dans un local bien aéré pour composer des bouquets secs.

Echinops ritro

Echium candicans

Epimedium pinnatum 'Colchicum'

Equisetum arvense

Echium candicans
VIPÉRINE

J F M A M J J A S O N D

1/1,5 m — 1/2 m — Bi — -5 °C

Cette bisannuelle frileuse de la famille des Boraginaceae est surtout cultivée sur le littoral.

Description : cette plante à souche ligneuse, originaire des îles Canaries, forme une rosette touffue de longues feuilles duveteuses et argentées. Les fleurs bleues, en entonnoir étroit, sont réunies en bouquets verticaux de 30 à 40 cm de long.

Sol : léger, sec, pauvre, très bien drainé.

Exposition : chaude et très ensoleillée.

Culture et entretien : plantez en pleine terre ou sortez les pots à l'extérieur en mai. Dans les régions froides, conservez les vipérines dans une véranda hors gel en hiver. Semez en février-mars, sous abri chauffé (20/24 °C) ; repiquez en godet individuel un mois après la levée.

Espèces et variétés : il existe 40 espèces, toutes peu rustiques. *Echium candicans* (ou *fastuosum*) a donné des formes à fleurs blanches ou aux diverses nuances de bleu. *Echium wildpretii* développe une hampe de 3 m de haut, couverte de fleurs rose vif. *Echium pininiana* porte une tige florale solitaire bleu pâle de 3 à 4 m de haut. *Echium uncinatum* (80 cm) est blanc.

Utilisations : massif méditerranéen ou exotique, rocaille, potée (40 cm de large).

Notre conseil : la plupart des échiums meurent après la floraison. Récupérez les graines avant l'hiver ou laissez-les se disséminer naturellement dans le jardin.

Epimedium spp.
ÉPIMÈDE, FLEUR DES ELFES

J F M A M J J A S O N D

20/40 cm — 30/60 cm — V

Ces vivaces couvre-sols de la famille des Berberidaceae réussissent à garnir les lieux les plus sombres.

Description : formant un tapis régulier, qui s'étend par des rhizomes, l'épimède porte des feuilles coriaces, en forme de cœur, qui souvent se colorent joliment en automne. Les fleurs éperonnées, portées en grappes légères, évoquent des ancolies.

Sol : riche, sableux, humifère et frais, voire même humide, surtout en été.

Exposition : jamais de soleil direct.

Culture et entretien : plantez de septembre à avril (de 6 à 8 pieds/m²). Laissez la touffe s'installer doucement, en désherbant bien et en paillant avec du compost pour que le sol ne sèche pas. Divisez les touffes au printemps, tous les 5/6 ans.

Espèces et variétés : il existe 35 espèces. *Epimedium pinnatum*, persistant, à feuilles piquantes et fleurs jaunes ; ssp. *colchicum*, aux feuilles très découpées, quasi inermes. *Epimedium* x *rubrum*, caduc, au feuillage vert et brun, rouge en automne. *Epimedium* x *versicolor*, persistant, s'étend sur 1 m ; 'Sulphureum', aux jeunes feuilles rougeâtres, brun pourpré en hiver.

Utilisations : tapis en sous-bois, bordure de massif de terre de bruyère, potée.

Notre conseil : attention, le soleil grille le feuillage, prévoyez toujours un ombrage.

Equisetum arvense
PRÊLE, QUEUE-DE-CHEVAL

30/60 cm — 60 cm/1 m — V

Vivace rhizomateuse de la famille des Equisetaceae, la prêle est une plante spontanée, envahissante.

Description : cette plante primitive (c'est un cryptogame, donc qui ne fleurit pas), au port rigide, se rencontre dans les terrains humides d'Europe. Les tiges fines et cylindriques, creuses, mais solides car elles contiennent de la silice, se ramifient à leur extrémité supérieure, ce qui donne un aspect plumeux très décoratif à la touffe.

Sol : toute terre de jardin acide, consistante, enrichie de fumier et de terreau.

Exposition : indifférente, du moment que l'ambiance est suffisamment humide.

Culture et entretien : il suffit d'un fragment de rhizome pour que la prêle des champs s'installe naturellement. Elle est envahissante et difficile à contenir. Divisez les touffes du printemps à l'automne.

Espèces et variétés : il existe 25 espèces. *Equisetum camtschatcense* (1,2 m) est une des rares prêles proposées dans le commerce. Elle forme une touffe de tiges vert mat avec des anneaux noirs. *Equisetum scirpoides* est une miniature de 10 à 15 cm de haut, très tapissante.

Utilisations : bord de bassin, potée.

Notre conseil : contenez le tempérament invasif de la prêle, en la plantant dans un grand bac plastique que vous enterrerez.

Eranthis hyemalis

Eranthis hyemalis
ACONIT D'HIVER, HELLÉBORINE

J F M A M J J A S O N D

5/12 cm 5 cm B

Ces mignonnes petites bulbeuses de la famille des Ranunculaceae fleurissent au cœur de l'hiver.

Description : cette plante européenne est la première fleur de l'année. D'un très beau jaune d'or, la corolle ressemble à un bouton-d'or, soutenu par une courte tige qui émerge d'une couronne de petites feuilles palmées, découpées. Rustique, l'helléborine fleurit souvent sous la neige. Les rhizomes ronds et plats ressemblent à de minuscules tubercules de bégonias.

Sol : argileux, mais bien drainé, assez riche et humifère, restant frais l'été.

Exposition : lumineuse et assez fraîche.

Culture et entretien : plantez en octobre, entre 3 et 5 cm de profondeur, à 5 cm de distance. Si les rhizomes sont secs, faites-les tremper 24 h dans l'eau tiède pour les faire gonfler. La plante se naturalise facilement. Divisez les grosses touffes en été.

Espèces et variétés : il existe 7 espèces. *Eranthis hyemalis* est la plus répandue et la plus précoce. *Eranthis cilicica*, à grandes fleurs jaunes en mars, feuillage bronze. *Eranthis* x *tubergenii*, jaune en février.

Utilisations : talus, sous-bois, rocaille, et au pied des arbres et des arbustes.

Notre conseil : l'aconit d'hiver redoute la sécheresse, arrosez généreusement.

Eremurus bungei
LIS QUEUE-DE-RENARD

J F M A M J J A S O N D

1,2/3 m 60 cm/1 m B

Cette très spectaculaire vivace de la famille des Xanthorrhoeaceae forme des épis floraux immenses.

Description : originaire d'Asie, cette plante rustique possède de longues racines charnues, en étoiles, autour d'un gros bourgeon central. Elle développe une rosette de longues feuilles lancéolées, qui disparaissent après la floraison. La longue hampe florale rigide porte des centaines de petites fleurs en étoiles.

Sol : léger, sableux, profond, drainant. L'humidité hivernale est destructrice.

Exposition : soleil, en évitant les gelées printanières qui détruisent le bourgeon.

Culture et entretien : plantez en septembre ou octobre à 60/80 cm de distance, le bourgeon affleurant la surface du sol. Étalez les griffes horizontalement. Laissez en place au moins 3 à 4 ans. Divisez ensuite les souches. Amendez bien le sol.

Espèces et variétés : il existe 45 espèces. *Eremurus himalaicus* (1,5 m), à très longs épis blancs. *Eremurus robustus* (2/3 m), aux fleurs roses à étamines jaunes. *Eremurus stenophylus* ssp. *stenophyllus* (ou *bungei)* [1,2 m], aux nombreuses fleurs jaune d'or vif. *Eremurus* x *isabellinus* (1,5 m) 'de Ruiter' et 'Shelford's Hybrids', en mélange dans les tons roses, orange, jaunes, saumon.

Eremurus himalaicus

Utilisations : seul ou en petit groupe, en isolé ou à l'arrière d'un massif, bouquet.

Notre conseil : jetez quelques poignées de sable grossier dans le trou de plantation et installez la griffe dessus pour éviter tout risque de pourriture en hiver.

Erigeron spp.
VERGERETTE

J F M A M J J A S O N D

20/70 cm 15/45 cm V

Cette vivace florifère de la famille des Asteraceae se reconnaît à ses fleurs aux ligules fines et colorées.

Erigeron glaucus

Description : originaire d'Amérique du Nord, rustique, formant une touffe ample, la vergerette ressemble aux asters. Les feuilles, souvent poilues, sont lancéolées et spatulées. Les capitules légers, souvent semi-doubles, solitaires ou réunis en corymbes, se parent de riches couleurs.

Sol : riche et profond, mais pas trop lourd et dépourvu d'humidité stagnante.

Exposition : la pleine lumière, en évitant le soleil trop chaud, desséchant.

Culture et entretien : plantez au printemps (de 5 à 7 pieds/m^2). Tuteurez les plus grands sujets avec des fagots. Rabattez entièrement la touffe à la fin de l'automne. Divisez les vieilles touffes en mars/avril tous les 3 à 5 ans.

Erigeron x hybridus

Espèces et variétés : il existe 200 espèces. *Erigeron alpinus* (25 cm), à fleurs roses en mai/juin. *Erigeron aurantiacus* (20 cm), rouge orangé brillant. *Erigeron karvinskianus (mucronatus)* [20 cm], peu rustique, ressemble à une fine pâquerette, utilisé comme couvre-sol dans le Midi ; 'Profusion', retombant, à fleurs roses ou blanches. *Erigeron* x *hybridus*, très florifère, à cœur d'or ; 'Adria' (50 cm), semi-double, bleu violacé brillant ; 'Dimity' (25 cm), mauve violacé ; 'Felicity' (50 cm), à grandes fleurs roses ; 'Quakeress' (70 cm), lavande ; 'Rosa Triumph' (60 cm), à fleurs semi-doubles, roses ; 'Sincerity' (50 cm), bleu mauve, très florifère ; 'Violetta' (50 cm), semi-double, violet foncé.

Utilisations : massif, bordure, bouquet.

Notre conseil : coupez les hampes florales dès qu'elles sont fanées. Vous favoriserez le départ de nouvelles pousses.

Eryngium alpinum
PANICAUT, CHARDON BLEU

J F M A M J **J A S O** N D

50/80 cm | 30/40 cm | V

Ce beau chardon vivace de la famille des Apiaceae se pare d'un bleu métallique très séduisant.

Description : spontané dans les Alpes, ce chardon buissonnant développe des tiges bleu acier, tout comme le feuillage épineux, finement ciselé. Les inflorescences qui apparaissent en été forment des petits cylindres épineux, accompagnés de bractées plus ou moins découpées.

Sol : profond, sec, bien drainé, même pauvre et caillouteux ou calcaire.

Exposition : le plein soleil, même chaud. Le climat maritime est bien accepté.

Culture et entretien : plantez de septembre à avril (de 4 à 6 pieds/m²). Rabattez toute la touffe en fin de saison. Multiplication facile par boutures de racines en février/mars dans du sable.

Espèces et variétés : il existe 230 espèces. *Eryngium alpinum* 'Blue Star' (80 cm), aux inflorescences entourées de bractées très fines, bleu acier. *Eryngium amethystinum* (1 m), d'un bleu très intense. *Eryngium bourgatii* (50 cm), au feuillage très découpé veiné d'argent et bractées bleues.

Utilisations : massif, rocaille, bouquet.

Notre conseil : cueillez les fleurs bien épanouies, car les boutons ne s'ouvrent pas dans un vase. Elles se conservent très bien sous forme de bouquets secs.

➔ *Erysimum cheiri* voir *Cheiranthus cheiri*.

Eryngium alpinum

Erythronium dens-canis
ÉRYTHRONE, DENT-DE-CHIEN

J F M **A M** J J A S O N D

10/35 cm | 8/15 cm | B

Cette bulbeuse originale de la famille des Liliaceae porte des fleurs très gracieuses à l'aspect de lanterne.

Description : le surnom « dent de chien » provient du bulbe, qui présente l'aspect d'une canine. Il donne une touffe de feuilles ovales, souvent marbrées, au milieu desquelles apparaissent des fleurs en clochettes pendantes aux pétales récurvés.

Sol : frais, humifère, mais léger, avec un apport de terreau lors de la plantation.

Exposition : pas de soleil direct franc, à mi-ombre, de préférence au nord.

Culture et entretien : plantez en automne, dès réception des bulbes, qui supportent mal le dessèchement, à 5/7 cm de profondeur et à 10 cm d'espacement. C'est une plante très rustique, qui craint seulement la sécheresse. Laissez les bulbes en place, ils vont se propager.

Espèces et variétés : il existe 22 espèces. *Erythronium dens-canis* est la seule d'origine européenne (Savoie). Fleurs rose vif sur un feuillage marbré. Parmi les hybrides : 'Pagoda', à fleurs jaune d'or au centre plus foncé ; 'White Beauty', blanc.

Utilisations : sous-bois clair, rocaille, bordure de massif, terre de bruyère, potée.

Notre conseil : paillez les érythrones en été avec du compost, pour conserver une bonne fraîcheur au niveau du sol.

Erythronium x 'Pagoda'

Eschscholzia californica

Eucomis bicolor

Eschscholzia californica
PAVOT DE CALIFORNIE

J F M A M **J J A S O** N D

20/40 cm · 15/20 cm · ☼ · A

Cette annuelle rustique de la famille des Papaveraceae essaime de bon cœur dans tout le jardin.

Description : originaire de Californie, ce petit pavot dont le nom s'écrit aussi *Eschscholtzia,* forme une large touffe de feuillage vert bleuté bien découpé. Les fleurs simples, d'un bel orangé, en coupe évasée, sont parfois jaunes ou blanches.

Sol : tous terrains bien drainés, même pauvres, secs, caillouteux, calcaires.

Exposition : plein soleil, même chaud, sinon les fleurs ne s'ouvrent pas.

Culture et entretien : semez en plusieurs fois, directement en place, d'avril à fin mai, ou en septembre dans les régions maritimes. Éclaircissez à 20/25 cm. Arrosez seulement par temps de canicule.

Espèces et variétés : il existe 10 espèces. *Eschscholzia californica* a donné de nombreux cultivars : 'Apricot Chiffon' (20 cm), à fleurs doubles jaune crème bordées de corail ; 'Ballerine' (30 cm), en mélange de fleurs doubles, panachées ou striées ; 'Dally' (25 cm), à grandes fleurs rouge écarlate ; 'Purple Gleam' (35 cm), pourpre à cœur rose ; 'Soie d'Orient' (30 cm), à fleurs semi-doubles aux coloris pastels mélangés. *Eschscholzia caespitosa* 'Sundew' (15 cm), très tapissant, aux fleurs simples jaune citron, légèrement parfumées.

Utilisations : massif, rocaille, talus, bordure, jardin sauvage. Comblez tous les vides dans vos massifs de vivaces ou de rosiers avec ces pavots si faciles à réussir.

Notre conseil : attention, le pavot de Californie se ressème tout seul d'année en année, devenant parfois envahissant.

Eucomis bicolor
LIS ANANAS

J F M A M J **J A S O** N D

40/70 cm · 20/30 cm · ☼ · B · ❄ -5 °C

Cette curieuse bulbeuse de la famille des Asparagaceae donne des fleurs qui évoquent un ananas.

Description : originaire d'Afrique du Sud, cette plante au feuillage en rosette, coriace et rubané, est rustique. La hampe florale forme une grappe serrée, de 20 cm de long, avec des fleurs en clochettes retombantes. Elle est surmontée d'un toupet de petites feuilles.

Sol : riche, profond, souple, bien drainé.

Exposition : chaude, bien ensoleillée, à l'abri des vents dominants.

Culture et entretien : plantez en avril ou mai à 20 cm de profondeur et de distance. Arrosez généreusement par temps chaud. Apportez un engrais pour bulbes aux plantes en pot. Prévoyez une protection hivernale ou un stockage au sec.

Espèces et variétés : il existe 15 espèces. *Eucomis bicolor,* aux fleurs vertes frangées de lilas. *Eucomis autumnalis*, blanc verdâtre, en septembre/octobre.

Utilisations : bordure de massif, rocaille, avec des annuelles aux tons vifs, potée.

Notre conseil : si vous laissez les bulbes en terre, ajoutez une grosse poignée de sable au fond du trou de plantation.

Eucomis bicolor

Euphorbia spp.
EUPHORBE

J F M **A M J J A S O** N D

30 cm/1,2 m 20 cm/1 m

Ces plantes d'aspect très variable, de la famille des Euphorbiaceae, poussent vraiment sans problème.

Description : les euphorbes se déclinent dans toutes les catégories (annuelles, bisannuelles, vivaces, sous-arbrisseaux, arbuste et même arbres). Cette diversité se retrouve dans la forme des feuillages, qui se colorent parfois en automne, et dans les inflorescences aux petites fleurs, entourées de bractées. Toutes les euphorbes produisent un latex plus ou moins toxique.

Sol : poreux, profond, frais, mais bien drainé l'hiver. Le calcaire est bien toléré.

Exposition : ensoleillée, même chaude, mais pas aride pour les formes citées ici.

Culture et entretien : plantez entre septembre et mars (de 1 à 3 pieds/m²). Ne laissez pas les fleurs monter à graines sinon elles se ressèment un peu partout. Ne déplacez pas les grosses touffes, ces plantes étant casanières. Arrosez par temps sec en été. Rabattez tout en automne. Semez en pot en septembre et mettez le jeune plant en place après l'hiver.

Espèces et variétés : il existe plus de 2000 espèces. Au jardin, on cultive surtout des vivaces herbacées. *Euphorbia amygdaloides* (50 cm), à feuilles ovales vert sombre et fleurs vertes ou pourpres. *Euphorbia characias* (1,2 m), à feuilles linéaires et fleurs vertes et jaunes ; 'Wulfenii', à feuilles glauques et fleurs vertes. *Euphorbia griffithii* 'Dixter' (1 m), à tiges rouges et fleurs rouge orangé. *Euphorbia myrsinites* (20 cm), charnue, couvre-sol, à feuillage bleuté et fleurs jaunes. *Euphorbia polychroma* (30 cm), aux rameaux rougeâtres et fleurs jaunes.

Utilisations : massif, avec des arbustes ou des vivaces, couvre-sol, bordure, bouquet.

Notre conseil : ne croyez pas à l'effet « antitaupes » de *l'Euphorbia lathyris* (épurge), mais soyez certain de ses propriétés invasives très importantes.

Euphorbia characias

Euryops

Euryops spp.
MARGUERITE DE SAVANE

J F M A **M J J A S O** N D

30 cm/1 m 30/80 cm 0 °C

Ces vivaces frileuses à souche parfois ligneuse, de la famille des Asteraceae, fleurissent six mois.

Description : ces sous-arbrisseaux à port arrondi, étalé, mais compact, dont la quasi-totalité est originaire d'Afrique du Sud, portent des feuilles alternes, simples, souvent très finement découpées. Fleurs en capitules jaune vif de 1 à 3 cm.

Sol : sec et bien drainé. Ajoutez du sable au substrat pour les euryops en pots.

Exposition : au chaud, en plein soleil ; le gel est toléré le temps d'une matinée.

Culture et entretien : plantez au printemps, après les gelées, et cultivez l'euryops comme une annuelle dans les régions froides. Taillez court en février-mars.

Espèces et variétés : il existe 100 espèces. *Euryops acraeus* (30 cm), un coussin aux feuilles argentées, couvert de fleurs jaune d'or en mai-juin. *Euryops pectinatus* (1 m), un buisson aux feuilles vertes très découpées, qui porte presque toute l'année des marguerites jaune vif de 3 à 5 cm.

Utilisations : rocailles, talus, massifs, potées. Les euryops sont des plantes idéales pour les jardins du bord de mer.

Notre conseil : hivernez l'euryops en véranda sous forme de pieds-mères ou de boutures dans les régions froides.

➤ ***Felicia amelloides*** voir ***Agathea coelestis.***

Festuca glauca

Festuca glauca
FÉTUQUE BLEUE

J F M A M J J A S O N D

30 cm · 25 cm · V

Cette fétuque de la famille des Poaceae est également dénommée Festuca ovina 'Glauca'.

Description : cette très jolie herbe ornementale est constituée d'une touffe de feuilles très fines, retombantes, au coloris bleuté. Du centre émergent des inflorescences en épillets qui s'inclinent avec élégance sous le souffle du vent.

Sol : de nature neutre, plutôt sec et pas trop riche.

Exposition : le plein soleil.

Culture et entretien : nettoyez la touffe après la floraison. La multiplication se fait par semis et division des touffes.

Espèces et variétés : la variété 'April Grün' a le feuillage vert bronze et fleurit plus tôt, en mai.

Utilisations : en massifs avec d'autres graminées, en rocaille pour créer des effets de feuillage.

Notre conseil : groupez cinq ou six pieds, en taches plus décoratives qu'un seul plant isolé.

Freesia x 'Sandra'

Freesia spp.
FREESIA

J F M A M J J A S O N D

20/40 cm · 10/15 cm · B · 0 °C

Cette bulbeuse de la famille des Iridaceae est une des meilleures fleurs parfumées pour bouquets.

Description : venue d'Afrique du Sud, cette petite plante développe, au cœur du feuillage étroit en éventail, une hampe florale souple qui porte une petite grappe compacte de fleurs dressées en trompettes, parfumées, de coloris très variés.

Sol : léger, sableux, plutôt pauvre, frais.

Exposition : chaude et bien ensoleillée.

Culture et entretien : plantez les cormus en avril, entre 3 cm et 5 cm de profondeur, à 5/10 cm de distance. Tuteurez la hampe florale. Pour une floraison à l'intérieur, de février à avril, plantez à l'automne entre 6 et 8 bulbes par pot de 15 cm de diamètre, dans un endroit clair, aéré, frais. Arrosez avec modération. Hivernez les bulbes au sec et hors gel, après les avoir arrachés fin octobre.

Espèces et variétés : il existe 6 espèces. On ne cultive que des formes hybrides, proposées en mélanges aux tons vifs et variés (sauf le bleu pur et le pourpre noir).

Utilisations : surtout cultivé pour la fleur coupée, le freesia montre une très bonne tenue en vase. Son parfum rappelle celui du jasmin. Pots, jardinières et vasques sur balcon. En massifs, il est préférable de composer des grandes taches isolées, en groupant au moins 50 cormus.

Notre conseil : en pot, cultivez le freesia dans un mélange à parts égales de terre de jardin sableuse et de terreau de semis.

Fritillaria spp.
FRITILLAIRE

J F M A M J J A S O N D

15 cm/1 m · 5/30 cm · B

Ces extraordinaires bulbeuses de la famille des Liliaceae portent des fleurs aux coloris inhabituels.

Description : formant des bulbes parfois malodorants (odeur de punaise), les fritillaires sont très disparates. Leur trait commun se retrouve dans la forme et la disposition des clochettes retombantes, réparties tout le long ou au sommet d'une hampe bien droite. Feuilles linéaires.

Sol : bien drainé, sec, même pauvre, et graveleux, sauf pour *Fritillaria meleagris* qui préfère les terrains frais et humifères.

Exposition : les grandes espèces en plein soleil, les petits fritillaires à mi-ombre.

Culture et entretien : plantez de fin août (petites espèces) à fin octobre (les grandes), à une profondeur égale à deux fois la hauteur du bulbe ; posez-le sur lit de sable, en l'inclinant légèrement. Les fritillaires se naturalisant bien, laissez les bulbes en terre d'une année sur l'autre.

Espèces et variétés : il existe 100 espèces. *Fritillaria acmopetala* (40 cm), aux clochettes vert ombré de brun pourpré. *Fritillaria imperialis*, la « couronne impériale » (1 m), à floraison printanière ; la tige rigide est surmontée d'une couronne

Fritillaria imperialis

Fritillaria meleagris

de fleurs rouges ou jaunes garnies d'un panache de feuilles vert sombre brillant. *Fritillaria persica* (1 m), au feuillage gris-vert, porte des clochettes violet pourpre en avril-mai. *Fritillaria meleagris* (20 cm), ou « œuf-de-pintade », originaire d'Europe, fleurs à petits damiers, lie-de-vin et blanc, feuillage fin et étroit ; 'Aphrodite', blanc pur. *Fritillaria michailovskyi* (15 cm), aux clochettes pourpres bordées de jaune foncé. *Fritillaria pyrenaica* (30 cm), aux fleurs brun pourpré moucheté à l'extérieur et or à l'intérieur.

Utilisations : massifs, en groupes de 5 à 10 bulbes pour les grandes espèces et d'au moins 50 pour les plus petites. Culture en pot pour les espèces rares. Très belle association avec des *Allium*.

Notre conseil : placez toujours des appâts antilimaces au printemps, car elles sont gourmandes des jeunes fritillaires.

Fuchsia x hybridum
FUCHSIA HYBRIDE

J F M A M J J A S O N D

20/90 cm — 30/70 cm — V

Ce gracieux buisson vivace de la famille des Onagraceae porte des fleurs pendantes plusieurs mois.

Description : les fuchsias cultivés dans nos jardins sont des hybrides résultant de croisements complexes entre *Fuchsia fulgens*, *Fuchsia magellanica* et diverses espèces d'Amérique centrale et du Sud. Ces vivaces arbustives à port buissonnant, érigé ou retombant, portent des feuilles opposées, simples, lancéolées. Floraison abondante, en clochettes retombantes simples ou doubles, souvent bicolores.

Sol : humifère, bien drainé, enrichi avec du fumier décomposé et de la corne torréfiée.

Exposition : une lumière toujours indirecte, avec une forte chaleur humide.

Culture et entretien : plantez ou sortez les potées en mai, lorsqu'il n'y a plus de risque de gelée. Ne laissez pas la motte sécher et apportez un engrais pour plantes fleuries tous les 15 jours de juin à septembre. Multiplication par bouturage de jeunes pousses à l'étouffée en miniserre chauffée à 20 °C en février-mars, ou en pot en août/septembre. Les boutures de printemps fleurissent dans l'année.

Espèces et variétés : il existe 100 espèces. *Fuchsia magellanica* 'Riccartonii' (1 m) est le plus rustique de tous. Petites fleurs pendantes rouges. *Fuchsia procumbens* (15 cm), le seul à fleurs érigées, est une des très rares espèces à fleur jaune. Parmi les innombrables hybrides, optez pour les valeurs sûres suivantes, d'aspect très varié :

- **Fuchsias à petites fleurs :** 'Charles de Gaulle', rose vif, brillant ; 'Koralle', rouge corail ; 'Lyes Unique', à sépales ivoire et corolle rouge sang ; 'Orient Express', très allongé, rose ; 'Patrick Mioulane', abricot saumoné avec les sépales ivoire à la pointe verte ; 'Walz Harp', à long tube très fin rose, corolle rouge soutenu.
- **Fuchsias à grosses fleurs simples :** 'Arc en Ciel', rose ombré de mauve ; 'Baby Pink', plutôt semi-double, à corolle blanche et sépales roses ; 'Beacon Rose', rose tendre ; 'Chekerboard', à tube rouge, sépales blancs et corolle rouge ; 'Galadriel', à tube crème, sépales crème pointés de rose, corolle rose et étamines blanches ; 'Rose de Castille', à sépales blancs et corolle magenta vif très lumineux, etc.
- **Fuchsias à grosses fleurs doubles :** 'Brenda', aux pétales plissés rose tendre, sépales blanc crème ; 'Bush of Down', rose mauve, à étamines pourpres ; 'Charlie Dimmock', fleurs énormes du magenta au fuchsia ; 'Delta's Dream', à sépales roses et corolle violette marquée de blanc, étamines roses ; 'Helen White', fleur géante, juponnée, blanche, etc.
- **Fuchsias à feuillage décoratif :** 'Little Firecracker', feuilles vert, rose et crème en mélange, fleurs roses ; 'Pacemaker', panaché de jaune, fleurs rouges, etc.

Fuchsia x 'Rose de Castille'

Fuchsia California Dreamers 'Deep Purple'

Fuchsia 'Baby Pink'

Utilisations : massifs d'été, jardinières avec différentes annuelles. En sujets solitaires dans des potées ou des suspensions.

Notre conseil : conservez le fuchsia d'une année sur l'autre dans la véranda, après l'avoir réduit de moitié ; sa floraison deviendra de plus en plus importante. Rabattez en novembre les variétés rustiques et couvrez-les d'un paillage épais.

Gaillardia x grandiflora
GAILLARDE

J F M A M J J A S O N D

30/80 cm — 20/60 cm — V

Cette solide vivace de la famille des Asteraceae porte des fleurs éclatantes et d'un effet lumineux.

Description : cet hybride obtenu par croisement entre *Gaillardia aristata* et *Gaillardia pulchella*, les seules espèces vraiment rustiques du genre, forme une touffe érigée aux feuilles alternes, oblongues, couvertes de poils rugueux. Les fleurs en capitules de 3 à 10 cm de diamètre sont souvent bicolores.
Sol : poreux, plutôt sec, même calcaire.
Exposition : chaude, en pleine lumière.
Culture et entretien : plantez au printemps (de 4 à 6 pieds/m^2). Rabattez toute la végétation en automne. Divisez la touffe après la floraison. Bouturage de racines facile au printemps dans du sable.
Espèces et variétés : il existe 30 espèces dont certaines sont annuelles. 'Bourgogne' (60 cm), à grandes fleurs rouge brunâtre brillant ; 'Kobold' (30 cm), compact, à fleurs rouge et jaune ; 'Royale' (60 cm), rouge bordé de jaune.
Utilisations : massifs et fleurs coupées.
Notre conseil : traitez contre l'oïdium par temps sec au printemps et en été.

Galanthus nivalis
PERCE-NEIGE

J F M A M J J A S O N D

10/20 cm — 5/10 cm — B

Cette petite bulbeuse de la famille des Alliaceae est une des premières à fleurir, même sous la neige.

Description : originaire d'Asie Mineure et d'Europe, elle forme 2 feuilles linéaires, glauques, qui entourent le pédoncule floral, terminé par une petite clochette blanche légèrement tachée de vert à la pointe des pétales. Elle a un léger parfum de miel.
Sol : souple et frais, pas trop riche, drainé l'hiver, sans fumier frais ni compost.
Exposition : lumière tamisée, dans une ambiance fraîche toute l'année.
Culture et entretien : plantez des groupes de 20 à 100 bulbes, de septembre à fin octobre, à 5 cm de profondeur et d'espacement. Laissez en place plusieurs années. Divisez les touffes tous les 3 à 5 ans dès que les feuilles jaunissent.
Espèces et variétés : il existe 19 espèces. *Galanthus nivalis* est la plus courante. 'Flore Pleno' est la seule variété à fleurs doubles ; 'Magnet', aux grandes fleurs marquées d'une tache verte en V inversé. *Galanthus elwesii*, aux fleurs plus grandes, se plaît en situation ensoleillée.
Utilisations : sous-bois, rocaille, massif d'arbustes, bordure et groupe dans la pelouse. Potée et jardinière en association avec : crocus, aconits d'hiver, *Anemone blanda* et cyclamens de printemps.
Notre conseil : si vous rencontrez des perce-neige sauvages (dans les Pyrénées), respectez-les, ce sont des plantes protégées. Achetez les bulbes du commerce.

Galtonia candicans
JACINTHE DU CAP

J F M A M J J A S O N D

80 cm/1,2 m — 15/20 cm — B

Cette élégante bulbeuse de la famille des Asparagaceae porte des fleurs délicieusement parfumées.

Description : rustique, bien qu'originaire d'Afrique du Sud, le galtonia forme une touffe de feuilles linéaires gris-vert. Sa longue inflorescence porte une trentaine de clochettes blanches, teintées de vert à la base, au délicat parfum vanillé.
Sol : de préférence acide, léger, fertile, mais assez profond et bien drainé.
Exposition : au soleil, à l'abri du vent fort.
Culture et entretien : plantez en mars ou avril à 15 cm de profondeur et à 10 cm de distance. La naturalisation est courante en sol sec. Hivernez les bulbes au sec après les avoir arrachés en novembre.

Gaillardia x grandiflora

Galanthus nivalis 'Magnet'

Galtonia candicans

Espèces et variétés : il existe 4 espèces. *Galtonia candicans* est la seule couramment cultivée en Europe. Le même bulbe donne souvent deux tiges florales.
Utilisations et associations : massif en compagnie d'annuelles ou de vivaces. Très bel effet en touffes importantes sur un fond de pelouse. La plantation en septembre, en pots de 30 cm, est possible dans un mélange de sable et de terreau souple. La floraison intervient en mai-juin.
Notre conseil : pour obtenir une touffe majestueuse, laissez les bulbes en terre, en les protégeant d'un épais paillis.

Gazania splendens GAZANIA

J F M A M J J A S O N D

15/30 Cm — 20/30 cm — A — 0 °C

Cette vivace frileuse de la famille des Asteraceae a tendance à s'ouvrir uniquement en plein soleil.

Description : cette plante sud-africaine, vivace dans les régions méditerranéennes, se cultive surtout comme une annuelle. Le feuillage, découpé, vert, plus ou moins argenté sur le dessus, et gris-blanc au revers, forme une rosette évasée. Les fleurs, simples, se déclinent dans différentes nuances de jaune, d'orange et bicolores.
Sol : drainé, sableux, léger, même pauvre.
Exposition : le maximum de luminosité et de chaleur. Bonne plante en bord de mer.

Gazania splendens

Culture et entretien : semez en février, sous abri à 20 °C. Repiquez en godets individuels, dès que les plantules ont développé 2 ou 3 feuilles. Conservez les jeunes plants sous un châssis bien aéré. Mettez en place fin mai. Arrosez peu.
Espèces et variétés : il existe 15 espèces. On ne cultive que des hybrides à la floraison vivement colorée. 'Gazoo', le seul qui s'ouvre par temps couvert ; 'Mini Star', robuste et florifère ; 'Kiss', très compact ; 'Talent' et 'Monarch', à très grandes fleurs.
Utilisations : massif, rocaille, jardinière, potée. Le gazania excelle pour garnir les talus au sud, dans les jardins du Midi.
Notre conseil : semez des variétés en mélange, pour composer un massif multicolore, mais toujours de bon goût, avec des nuances d'orangé vraiment uniques.

Gentiana spp. GENTIANE

J F M A M J J A S O N D

10/50 cm — 20/60 cm — V

Cette vivace montagnarde de la famille des Gentianaceae se pare d'un des plus beaux bleus qui soit.

Description : connue pour les propriétés médicinales des racines de *Gentiana lutea*, la grande espèce alpine à fleurs jaunes, dont on tire un alcool célèbre, la gentiane se décline sous des formes très diverses souvent tapissantes. Les feuilles opposées

Gentiana sino-ornata

sont parfois disposées en rosette. Les fleurs en entonnoir sont disproportionnées par rapport à la hauteur de la plante.
Sol : frais, léger, humifère, plutôt acide pour les espèces à floraison automnale.
Exposition : une ambiance douce et fraîche, jamais de soleil direct en été.
Culture et entretien : plantez au printemps (de 6 à 9 pieds/m²). Traitez contre les limaces par temps humide. Désherbez.
Espèces et variétés : il existe 400 espèces. *Gentiana acaulis* (10 cm) forme un tapis, à grandes fleurs d'un bleu profond en mai-juin. *Gentiana asclepiadea* (50 cm), à tiges arquées portant des fleurs bleu pourpré de juillet à novembre. *Gentiana septemfida* var. *lagodechiana* (15 cm), vigoureuse, à tiges érigées, porte de nombreuses fleurs bleues à la gorge blanche et ciliée, de juillet à septembre. *Gentiana sino-ornata* (15 cm), à port étalé, à fleurs bleues rayées de violacé de juillet à octobre.
Utilisations : rocaille, auge, potée, avec des petits bulbes pour les espèces tapissantes. Massif ombragé avec fougères et plantes de terre de bruyère pour les autres.
Notre conseil : traitez avec un fongicide dès qu'apparaissent des taches marron sur les feuilles, car il s'agit de la rouille de la gentiane *(Puccinia gentianae)*.

Geranium spp.
GÉRANIUM VIVACE

J F M A **M J J A S O** N D

15/70 cm — 30 cm/1 m — V

Ces vivaces opulentes de la famille des Geraniaceae sont précieuses pour garnir les massifs naturels.

Description : le genre *Geranium* est très diversifié, donnant des plantes basses qui peuvent être utilisées en couvre-sol ou des buissons plus érigés, portant de nombreuses fleurs simples aux coloris très délicats et souvent lumineux. Robustes, parfaitement rustiques, de culture facile et de croissance rapide, les géraniums vivaces ont un développement ample, étalé, touffu. Le feuillage arrondi ou palmé, généralement découpé ou ciselé, est parfois aromatique et coloré en automne. Fleurs en coupe à 5 pétales de coloris variés.

Sol : très accommodants, les géraniums vivaces poussent mieux dans une terre riche, fraîche, humifère et bien drainée. Le calcaire n'est pas un problème.

Exposition : soleil léger ou plutôt mi-ombre claire dans une atmosphère assez humide. Le climat maritime est idéal.

Culture et entretien : plantez de septembre à avril, à raison de 4 à 9 pieds/m² selon l'opulence des variétés. Désherbez soigneusement le temps que la plante occupe tout son espace. Maintenez le sol frais en été. Paillez dans les régions arides. Divisez les touffes tous les 4 à 5 ans après la floraison pour les rajeunir et les propager.

Geranium psilostemon

Geranium x 'Johnson's Blue'

Geranium x *magnificum*

Espèces et variétés : il existe 300 espèces.

• **Géraniums tapissants :** *Geranium* x *cantabrigiense* (30 cm), persistant, à feuillage ombré de brun rougeâtre ; 'Biokovo', à fleurs blanc rosé ; 'Karmina', carmin. *Geranium cinereum* 'Ballerina' (15 cm), semi-persistant, forme une petite touffe étalée, aux fleurs rose lilacé et veinées de pourpre. *Geranium dalmaticum* (10 cm), persistant, à feuilles arrondies, vert clair souvent teinté de rouge, prenant de jolies couleurs en automne, et fleurs roses. *Geranium endressii* (30 cm), semi-persistant, rhizomateux ; il fait un bon couvre-sol à feuillage vert brillant très découpé et fleurs rose brillant. *Geranium macrorrhizum* (30 cm), semi-persistant, rhizomateux, est l'un des plus vigoureux, au feuillage aromatique à 7 lobes dentés, qui devient doré en automne, et fleurs rose mauve ; 'Album', à fleurs blanches, moins vigoureux ; 'Purpurrot', rose lilacé, très traçant ; 'Spessart', blanc rosé, très puissant ; 'Variegatum', à feuilles panachées de crème, fleurs rose lilacé. *Geranium sanguineum* (30 cm), caduc, très étalé, à feuillage profondément découpé, et profusion de fleurs en bouquets légers rose magenta ; 'Album', à fleurs blanches ; 'Striatum', blanc rosé veiné de rose.

• **Géraniums buissonnants :** *Geranium* x 'Johnson's Blue' (40/70 cm), caduc, rhizomateux, au feuillage découpé, bien coloré à l'automne, et grandes fleurs bleu pur à cœur blanc. *Geranium* x *magnificum* (ou *Geranium platypetalum*) [60 cm], caduc, forme une grosse touffe vigoureuse, aux feuilles découpées de manière complexe, qui prennent une très belle teinte d'automne, et fleurs bleu violacé. *Geranium pratense* (70 cm), caduc, à forte végétation, à feuilles finement découpées et dentées, et bouquets de fleurs blanc bleuté, veinées ; 'Galactic', blanc ; 'Mrs. Kendall Clark', bleu-gris ; 'Striatum', strié de bleu violacé. *Geranium psilostemon* (70 cm), caduc, à feuilles découpées en 7 lobes, rouge cramoisi au printemps, pourpre en automne, et fleurs d'un lumineux rouge carmin avec un œil noir. *Geranium sylvaticum* (60/70 cm), caduc, à feuilles découpées en 7 lobes dentés et bouquets de fleurs rose pâle ; 'Album', à fleurs blanches.

Utilisations : les géraniums vivaces trouvent une place dans les massifs de vivaces et d'arbustes, créant un lien entre les espèces. Très bonne plante de talus. Rocaille et talus pour les formes naines.

Notre conseil : rabattez le plus court possible les tiges ayant fleuri afin de provoquer une remontée de floraison. Placez des appâts antilimaces au pied des plantes au printemps et en septembre.

Geum chiloense
BENOÎTE

J F M A M J J A S O N D

30/70 cm · 20/60 cm · V

Ces vivaces rhizomateuses de la famille des Rosaceae sont des plantes de montagne très solides.

Description : formant un épais tapis de feuilles découpées en folioles dentées, couvertes d'un léger duvet, la benoîte développe des tiges bien dressées, portant des fleurs en coupe à cinq pétales, suivies d'une fructification en aigrettes plumeuses et brunes.

Sol : fertile, humifère, frais, mais bien drainé durant l'hiver, même calcaire.

Exposition : mi-ombre ou soleil doux.

Culture et entretien : plantez au printemps (de 6 à 9 pieds/m²). Tuteurez les espèces les plus hautes. Divisez la touffe tous les 3 à 4 ans après la floraison.

Espèces et variétés : il existe 50 espèces. *Geum chiloense* 'Lady Stratheden' (50 cm), à fleurs doubles, jaune vif ; 'Mrs Bradshaw' (50 cm), à fleurs doubles, rouges. *Geum coccineum* 'Borisii' (30 cm), compact, rouge orangé lumineux ; 'Red Wings' (50 cm), semi-double, rouge cuivré.

Utilisations : massif, rocaille, fleur coupée.

Notre conseil : supprimez les fleurs fanées au fur et à mesure pour stimuler l'apparition de nouvelles corolles.

Geum chiloense 'Red Wings'

Gladiolus x grandiflorus
GLAÏEUL À GRANDES FLEURS

J F M A M J J A S O N D

50 cm/1,2 m · 10/20 cm · B · 0 °C

Cette bulbeuse de la famille des Iridaceae offre un rare éventail de coloris pour composer des bouquets.

Description : originaires d'Afrique du Sud et, pour certains, d'Europe, les glaïeuls sont uniquement cultivés dans des formes hybrides. Le cormus aplati produit un éventail de feuilles dressées, étroites, terminées en pointe, qui entoure une hampe florale dont l'épi, serré, est composé d'une douzaine de fleurs à 6 sépales (tépales), en entonnoir, s'ouvrant sur un seul côté et du bas vers le haut de l'inflorescence.

Sol : léger, frais, profond, bien amendé, si possible sableux et sans fumier frais.

Exposition : chaude, même aride, en plein soleil (la floraison est quasi inexistante à l'ombre), à l'abri des vents forts.

Culture et entretien : plantez de fin mars à juillet, à 10 cm de profondeur et à 20 cm d'écartement. Arrosez souvent au pied, en complétant avec des apports réguliers d'engrais pour fleurs. Pour la production de fleurs coupées, plantez en lignes avec, pour soutenir les tiges, un filet à ramer tendu horizontalement entre 15 cm et 20 cm du sol. Choisissez des bulbes dont le calibre est supérieur à 12 cm de circonférence. Seule exception, les *Gladiolus* x *colvillei* qui sont proposés en calibre 8/9. Coupez les inflorescences en laissant au moins 4 à 5 feuilles par pied, pour permettre la création d'un nouveau cormus. Fin octobre, arrachez, nettoyez et stockez les bulbes dans une pièce obscure, à l'abri du gel, après les avoir protégés contre les maladies et les insectes avec une poudre totale.

Espèces et variétés : il existe 180 espèces et plus de 10 000 hybrides. *Gladiolus colvillei* (60 cm), aux fleurs pastel, convient mieux en massifs que les glaïeuls hybrides. Plantez dès février (80 bulbes/m²). *Gladiolus callianthus* (*Acidanthera*) [1 m], blanc à cœur pourpre, parfumé.

Gladiolus x 'Jackspot'

Parmi les glaïeuls hybrides : 'Annapurna', épi fin rose pâle saumoné, marbré de crème ; 'Himalaya', rouge vif, finement strié de blanc ; 'Invitation', vieux rose éclairé de saumon et bordé de blanc ; 'Mon Amour', jaune très pâle, à macules et ailes bleutées ; 'Priscilla', blanc crème ombré de rose sur le bord des pétales et cœur jaune d'or ; 'That's Love', aux pétales ondulés, rose clair maculé de vermillon ; 'Ushuaia', bleu violine maculé de jaune paille.

Utilisations : surtout en fleur coupée, qui tient plus d'une semaine en vase. Touffes de 15 à 20 bulbes, dans les massifs, en association avec des annuelles légères, comme les cosmos ou les capucines.

Notre conseil : utilisez des tuteurs aussi discrets que possible (fagots, grillage) pour maintenir les glaïeuls bien droits, car ils penchent sous le vent ou la pluie.

Gladiolus colvillei

Gunnera manicata

Gunnera manicata
GUNNÉRA

J F M A M **J J A S O** N D

2/3 m · 3/4 m · V · -10 °C

Cette imposante vivace de la famille des Gunneraceae donne une ambiance très exotique au jardin.

Description: originaire du Brésil, cette vivace rhizomateuse développe des feuilles arrondies, lobées et dentées, portées par des tiges à pétioles épineux. Les fleurs, vert rougeâtre, apparaissent en même temps que les premières feuilles, formant des panicules coniques compactes, de 60 cm à 1,5 m de haut.
Sol: profond, riche, consistant, humifère, frais en été, bien drainé en hiver.
Exposition: mi-ombre, ou soleil légèrement filtré, bien à l'abri des gelées.
Culture et entretien: plantez en avril/mai, en distançant les pieds de 3 à 4 m. À l'automne, protégez la souche du froid en repliant les feuilles sur elles-mêmes et en couvrant le tout d'un voile d'hivernage. Chaque année, au printemps, épandez au pied de la plante un lit de 15 cm de fumier bien décomposé.
Espèces et variétés: il existe 45 espèces. *Gunnera tinctoria* (ou *chilensis*) [1,5 m], à feuilles palmées, plus compactes. *Gunnera magellanica* (10 cm), miniature frileuse (0 °C), aux feuilles vert foncé arrondies.
Utilisations : isolé, sous-bois, berge.
Notre conseil: arrosez copieusement et douchez le feuillage en été après les fortes chaleurs, pour éviter le dessèchement.

Gypsophila spp.
GYPSOPHILE

J F M A M **J J A S** O N D

10 cm/1 m · 20 cm/1,2 m · V

Cette jolie plante vaporeuse de la famille des Caryophyllaceae forme un nuage de fleurs minuscules.

Description: il existe des gypsophiles annuels ou vivaces, mais tous se caractérisent par une végétation touffue, aux feuilles opposées, lancéolées, et aux fleurs étoilées à 5 pétales, portées en panicules légères pendant plusieurs mois.
Sol: calcaire, profond, très bien drainé, même pauvre, aride et caillouteux.
Exposition: soleil direct, non brûlant.
Culture et entretien: semez les gypsophiles annuels en place en avril, plantez les vivaces de septembre à mars (1 pied/m^2) pour les grands, 6 pour les formes tapissantes. Tuteurez les plus grands gypsophiles avec des fagots.
Espèces et variétés: il existe 125 espèces. *Gypsophila elegans* (60 cm), annuel, à feuilles étroites, glauques; 'Bright Rose' et 'Carminea', à fleurs d'un rose intense. *Gypsophila paniculata* (1 m), vivace, vigoureux, feuillage bleuté; 'Bristol Fairy', à fleurs doubles, blanches; 'Flamingo', à fleurs doubles, roses. *Gypsophila repens* (10 cm) forme un petit tapis bleuté.
Utilisations: surtout la fleur coupée. Les gypsophiles donnent un aspect vaporeux dans les massifs de vivaces à grosses fleurs.
Notre conseil: transplantez le moins possible les gypsophiles vivaces, car leurs racines charnues sont très fragiles.

Gypsophila paniculata

Haemanthus multiflorus

Haemanthus multiflorus
HAEMANTHUS

J F M A M **J J A S** O N D

30/50 cm · 15/20 cm · B · 5 °C

Cette superbe bulbeuse frileuse de la famille des Alliaceae se cultive surtout en pot ou dans le Midi.

Description: cette espèce originaire d'Afrique tropicale est désormais classée dans le genre *Scadoxus*. Les bulbes arrondis donnent naissance à un éventail de feuilles lancéolées de 15 à 30 cm de long et à une hampe terminée par une ombelle composée de 100 à 200 fleurs très fines, d'un magnifique rouge orangé.
Sol: un mélange équilibré de terre de jardin, sable et terreau de rempotage.
Exposition: lumière vive mais tamisée.
Culture et entretien: plantez le bulbe en automne ou au printemps, enterré des 3/4, dans un pot de 18/20 cm de diamètre; maintenez de 18 à 25 °C pendant la croissance. Laissez la terre sécher entre deux arrosages. Donnez de l'engrais « bulbes » une fois par semaine, de mai à fin août. En automne, réduisez les apports d'eau et coupez les feuilles desséchées. Gardez le bulbe dans son pot au sec en hiver, entre 10 et 12 °C.
Espèces et variétés: il existe 9 espèces. *Haemanthus albiflos*, à fleurs blanches, et *Haemanthus coccineus*, rouge, donnent des fleurs entourées de grandes bractées.
Utilisations : potée sur le balcon en été.
Notre conseil: rempotez au printemps, tous les 2 ou 3 ans seulement.

Hedychium coccineum

Helenium 'Chipperfield'

Hedychium gardnerianum
GINGEMBRE SAUVAGE

J F M A M J J A S O N D

1,2/2 m · 60 cm/1 m · B · -5 °C

Cette vivace rhizomateuse frileuse de la famille des Zingiberaceae apporte une jolie note d'exotisme.

Description: généreuse plante vivace d'origine indienne, le gingembre sauvage développe des tiges non ramifiées, portant des feuilles lancéolées au pétiole engainant, disposées sur deux rangs parallèles. Les fleurs parfumées, de 5 cm de diamètre, jaune citron, aux étamines rouge vif très proéminentes, sont réunies en épis terminaux de 20 à 40 cm de long.
Sol: riche, profond, très humifère, consistant, humide en été, plutôt sec en hiver.
Exposition: chaude et bien ensoleillée, à l'abri des vents forts. Mi-ombre tolérée.
Culture et entretien: plantez au printemps, en incorporant au sol une grosse poignée de corne torréfiée. Arrosez bien en été. Installez les plantes en pot à l'extérieur de mai à octobre, et donnez-leur un engrais liquide tous les quinze jours. Paillez en automne ou hivernez en serre froide.
Espèces et variétés: il existe 40 espèces. *Hedychium coccineum* 'Tara' (1,5 m), à floraison estivale rouge écarlate. *Hedychium coronarium* (de 1,2 à 1,6 m), à fleurs blanches parfumées.
Utilisations et associations: isolé, massifs exotiques, grands bacs, serre froide.
Notre conseil: à l'automne, coupez les tiges ayant fleuri à leur point de naissance.

Helenium spp.
HÉLÉNIE

J F M A M J J A S O N D

60 cm/1,3 m · 30/60 cm · V

Cette robuste vivace bien touffue de la famille des Asteraceae fait partie des marguerites d'automne.

Description: originaire d'Amérique du Nord, cette vivace rustique forme une touffe robuste et bien ramifiée, aux tiges érigées garnies de feuilles alternes, lancéolées. Les fleurs en capitules, au cœur bombé, sont appréciées des abeilles.
Sol: riche, frais, souple et bien drainé.
Exposition : plein soleil exclusivement.
Culture et entretien : plantez au printemps (3/4 plants/m²). Tuteurez les plus grandes espèces avec des bambous discrets. Paillez le sol si l'été est très sec.
Espèces et variétés: il existe 40 espèces. *Helenium autumnale* 'Pumilum Magnificum' (80 cm), précoce, à port léger, fleurs jaunes. *Helenium hoopesii* (60 cm), aux fleurs jaune orangé à cœur jaune. Hélénies hybrides: 'Goldlackzwerg' (90 cm), rouge brun à liseré d'or; 'Kanaria' (1,2 m) jaune d'or à cœur clair; 'Königstiger' (1,3 m), jaune flammé de rouge brun; 'Moerheim Beauty' (80 cm), rouge cuivré foncé; 'Waltraut' (1 m), jaune flammé de brun cuivré.
Utilisations: massifs avec des asters à petites fleurs, bouquets, potées.
Notre conseil: l'hélénie ayant tendance à se dégarnir du centre, rajeunissez la touffe, tous les 4 ou 5 ans, en la divisant.

Helianthemum nummularium
HÉLIANTHÈME

J F M A M J J A S O N D

10/40 cm · 20/60 cm · V

Ce sous-arbrisseau à port étalé de la famille des Cistaceae réussit dans des situations très difficiles.

Description: cette plante naine forme une touffe compacte et tapissante de tiges souples, garnies de feuilles opposées, vertes dessus et argentées dessous, couvertes de petits poils raides. Fleurs jaunes de 1 à 3 cm de diamètre, aux pétales chiffonnés.
Sol: léger, poreux, sableux, voire caillouteux, même calcaire, mais assez riche.
Exposition : soleil, même assez brûlant.
Culture et entretien : plantez au printemps (6 pieds/m²). Rabattez totalement la plante au ras du sol après la floraison. Multiplication par boutures en été.
Espèces et variétés: il existe 110 espèces. On cultive surtout des hybrides : 'Anjou' (20 cm), rose carminé; 'Annabel' (20 cm), double, rose; 'Ben Adler' (10 cm), rouge orangé; 'Cerise Queen' (10 cm), très tapissant, à grandes fleurs doubles rouge clair; 'Fire Dragon' (20 cm), aux feuilles argentées et fleurs orange foncé; 'Miss Mould' (20 cm), saumon; 'Rapsberry Ripple' (20 cm), blanc panaché de magenta pourpré; 'Wisley Primrose' (15 cm), à feuilles grisâtres et à fleurs jaune soufre.
Utilisations: massif, bordure, couvre-sol sur talus, rocaille, muret fleuri, dallage.
Notre conseil: coupez les fleurs fanées pour favoriser l'émission de nouveaux rameaux avant l'hiver.

Helianthemum nummularium 'Little Princess'

Helianthus x multiflorus

Helianthus annuus 'Teddy Bear'

Helianthus spp. SOLEIL

J F M A M J J A S O N D

40 cm/2,5 m 20 cm/1,5 m

Annuelles ou vivaces de la famille des Asteraceae, ces plantes forment souvent des fleurs de grande taille.

Description : la forme et la couleur de la fleur ont valu son nom aux *Helianthus*, genre dans lequel on retrouve le tournesol. Les feuilles simples, alternes ou opposées, lancéolées, sont hérissées de poils fins. Les fleurs en capitules très mellifères sont portées solitaires ou en bouquets.

Sol : fertile, profond, sec et calcaire.

Exposition : très lumineuse, au soleil.

Culture et entretien : plantez les *Helianthus* vivaces au printemps (de 1 à 3 pieds/m^2). Tuteurez les touffes. Divisez les plantes envahissantes d'octobre à avril. Semez les espèces annuelles au printemps, en place, en poquets de 3 graines. Ne conservez qu'un plant après la levée.

Espèces et variétés : il existe 75 espèces. *Helianthus annuus* (tournesol), annuel, se décline en nombreux cultivars : 'Big Smile' (40 cm), simple, jaune vif à centre foncé ; 'D'Ollioules' (50 cm), à grandes fleurs semi-doubles jaune ou orange à cœur vert ; 'Double Dandy' (60 cm), à fleurs doubles, rouges, de 15 cm de diamètre, port ramifié ; 'Kablouna' (60 cm), à grosses fleurs demi-doubles, au centre alvéolé ; 'Light Yellow' (1,8 m), à grande fleur jaune vif à centre noir, sur une tige unique ; 'Prado Red' (1,4 m), précoce, rouge brun à centre noir ; 'Sungold' (50 cm), compact, à fleurs très doubles ; 'Teddy Bear' (1 m), en pompons orangé. *Helianthus atrorubens* (1,5 m), vivace, au feuillage sombre et rugueux, fleurs jaune d'or. *Helianthus decapelatus* 'Capenoch Star' (1,5 m), vivace, aux fleurs jaunes avec le cœur en pompon ; 'Golden Ball', très double, en gros pompons jaunes. *Helianthus salicifolius* (2,5 m), vivace, au port gracieux souple, avec des grandes feuilles étroites et de nombreuse petites fleurs jaunes.

Utilisations : les grands soleils en fond de massif ou pour la fleur coupée. Les variétés compactes en touffe généreuse parmi les arbustes, et les vivaces ou en pot.

Notre conseil : installez les grands Helianthus vivaces dans les endroits un peu déshérités du jardin, qu'ils coloniseront sans que vous ayez à vous en soucier.

Helichrysum spp. HÉLICHRYSUM

J F M A M J J A S O N D

20 cm/1 m 20/70 cm -5 °C

Ces vivaces buissonnantes au port souple, de la famille des Asteraceae offrent un feuillage aromatique.

Description : la touffe buissonnante forme des tiges souples et velues, souvent retombantes, qui portent des feuilles le plus souvent alternes, ovales, laineuses, qui exhalent parfois une forte odeur épicée lorsqu'on les frotte. Floraison en petits capitules jaunes portés en bouquets.

Sol : bien travaillé et drainé, léger, sec, sableux ou caillouteux, même calcaire.

Exposition : chaude et très ensoleillée.

Culture et entretien : plantez au printemps, en apportant un bon engrais organique. Fertilisez les sujets en pot à l'engrais liquide tout l'été. Pincez les tiges trop longues. Empotez et rentrez les plantes pour l'hiver dans une véranda hors gel. Multiplication par boutures à la fin de l'été.

Espèces et variétés : il existe 500 espèces. *Helichrysum italicum* ssp. *serotinum* (40 cm), à feuillage fin, est fortement aromatique ; 'Silver White', au feuillage blanc argenté, à odeur de curry. *Helichrysum microphyllum* (30 cm), à port touffu, semi-retombant, et toutes petites feuilles argentées. *Helichrysum orientale* (25 cm) forme de jolis coussins bien denses, velus, argentés ; 'Schwefellicht', compact, aux fleurs jaune orangé. *Helichrysum petiolare* (1 m), à port souple et tiges grêles, feuilles glauques ou jaune d'or selon les cultivars.

Utilisations : massif, bordure, potée, suspension, couvre-sol, mosaïculture.

Notre conseil : éliminez les fleurs souvent insignifiantes, pour favoriser la production de feuilles. Pincez régulièrement pour obtenir une touffe bien ramifiée.

Helichrysum petiolare 'Variegatum'

Heliopsis helianthoides 'Scabra'

Heliotropium arborescens

Helleborus orientalis

Heliopsis helianthoides HÉLIOPSIS

J F M A M J J A S O N D

90 cm/1,4 m 50/60 cm

Cette belle marguerite vivace de la famille des Asteraceae forme des touffes denses et très florifères.

Description : vivace robuste, à port dressé, l'héliopsis forme un buisson aux feuilles opposées, ovales, dentées, à trois nervures. Fleurs jaunes, en capitules portés solitaires à l'extrémité des tiges rigides.

Sol : frais, riche, humifère et bien drainé.

Exposition : plein soleil non brûlant.

Culture et entretien : plantez au printemps (4 pieds/m²). Arrosez l'été. Rabattez les tiges au ras du sol en novembre.

Espèces et variétés : il existe 13 espèces. Les cultivars de *Heliopsis helianthoides* sont les plus appréciés : 'Goldgefieder' (1 m), à grandes fleurs doubles jaune orangé avec le cœur orangé ; 'Goldgrünherz' (90 cm), jaune citron à cœur vert ; 'Sonnenchild' (1,4 m), à fleurs doubles, jaune orangé.

Utilisations : massifs, fleur coupée.

Notre conseil : pour conserver une floraison bien fournie, divisez les pieds tous les 3 ou 4 ans, de février à avril.

Heliotropium arborescens HÉLIOTROPE DU PÉROU

J F M A M J J A S O N D

30 cm/1 m 20/50 cm

Cette vivace frileuse de la famille des Boraginaceae est toujours cultivée comme une annuelle d'été.

Description : appelé aussi « herbe de Saint Fiacre », l'héliotrope, qui est originaire d'Amérique du Sud, forme un buisson bien ramifié, aux feuilles ovales, gaufrées, à l'aspect ridé, rugueux au toucher, d'un vert très foncé. Les petites fleurs dans les tons bleu foncé, sont groupées en larges inflorescences irrégulières, qui embaument surtout les soirs de canicule.

Sol : riche, humifère, frais et bien drainé.

Exposition : plein soleil et forte chaleur.

Culture et entretien : semez en mars/avril sous abri chauffé (22 °C). Repiquez en godets individuels. Installez les héliotropes en place fin mai, espacés de 30 cm.

Espèces et variétés : il existe 250 espèces. On cultive surtout des formes compactes de *Heliotropium arborescens*, qui ne se dénudent pas à la base ; 'Atlanta' (30 cm), bleu foncé ; 'Dame Blanche' (60 cm), blanc ; 'Florence Nightingale' (50 cm), mauve pâle ; 'Marine' (40 cm), bleu nuit.

Utilisations : massif d'été avec des fleurs jaunes et des feuillages argentés, potée.

Notre conseil : placez des héliotropes près de la maison pour profiter de leur parfum vanillé, très suave, presque entêtant.

Helleborus spp. HELLÉBORE, ROSE DE NOEL

J F M A M J J A S O N D

30/60 cm 20/40 cm

Ces vivaces rhizomateuses de la famille des Ranunculaceae sont très précoces et de culture facile.

Description : l'hellébore est une plante toxique, que l'on utilisait jadis pour traiter la folie. La touffe est formée de feuilles coriaces, découpées, dentées, vert glauque, issues de la souche. Les fleurs, qui chez certaines espèces s'épanouissent en plein hiver, sont formées de 5 pièces florales (tépales) penchées vers le sol.

Sol : humifère, limoneux, plutôt calcaire, bien arrosé, mais sans eau stagnante.

Exposition : jamais de soleil violent. La mi-ombre légère est idéale toute l'année.

Culture et entretien : plantez en automne (de 4 à 6 pieds/m²). Paillez le sol en été, arrosez bien. Divisez les touffes en été lorsque la floraison diminue beaucoup.

Espèces et variétés : il existe 15 espèces. *Helleborus argutifolius* (60 cm), l'« hellébore de Corse », aux fleurs vert clair qui dominent un feuillage vert foncé de janvier à avril. *Helleborus foetidus*, ou « pied-de-griffon » (30 cm), aux fleurs campanulées, en grappes vert clair à liseré rougeâtre, en mars-avril. *Helleborus niger* (30 cm), la « rose de Noël », aux feuilles coriaces surmontées de jolies fleurs blanches teintées de rose de décembre à mars. *Helleborus orientalis* (40 cm), aux grandes fleurs pendantes rosées, se décline en nombreux cultivars : 'Amandine', tachetée de pourpre et bordée de lie-de-vin ; 'Barbara', quasiment noire, à cœur ivoire ; 'Candy', blanc avec une couronne chocolat autour du cœur ; 'Frou-Frou', à fleurs doubles blanches ombrées de vert ; 'Helen', blanc piqueté de rose ; 'Lucie', toute blanche ; 'Perle Rose', en douce nuance de rose saumoné ; 'Perroquet Noir', pourpre très foncé à cœur crème ; 'Princesse Sturdza', jaune crème ombré de rose ; 'Sophie Bernard', ivoire, généreusement lavé de rose.

Utilisations : massif, potée, fleur coupée.

Notre conseil : évitez de déplacer la plante. Elle ne fleurit bien qu'installée durablement. Après transplantation, il lui faut parfois 2 à 3 ans pour bien fleurir.

Hemerocallis flava

Hemerocallis spp.
HÉMÉROCALLE

J F M A M J J A S O N D

40 cm/1 m — 40 cm/1 m

Ces généreuses vivaces de la famille des Xanthorrhoeaceae se déclinent dans une large palette de couleurs.

Description : originaires d'Asie, les hémérocalles étaient cultivées au Japon pour la consommation des feuilles et des boutons floraux. La touffe aux feuilles rubanées, arquées, produit une abondante floraison sans cesse renouvelée. On appelle l'hémérocalle « lis d'un jour » parce que ses fleurs lumineuses durent peu de temps.

Sol : profond, nourrissant, frais, argileux.

Exposition : soleil non brûlant ou mi-ombre douce sous un climat tempéré.

Culture et entretien : plantez à l'automne (de 4 à 6 pieds/m²). Offrez beaucoup d'eau pendant la période de floraison. Paillez au printemps. Divisez les grosses touffes peu florifères en octobre.

Espèces et variétés : il existe 15 espèces. *Hemerocallis citrina* (1 m), très précoce, aux trompettes jaune pâle dont le parfum rappelle celui du muguet. *Hemerocallis lilioasphodelus (flava)* [1 m], aux hampes portant de 6 à 9 fleurs jaune clair au parfum de fleur d'oranger. On cultive surtout des hybrides : 'Alan' (90 cm), rouge ; 'Corky' (60 cm), jaune à petites fleurs ; 'Neyron Rose' (90 cm), rose framboise vif rayé de blanc ; 'Stella de Oro' (40 cm), jaune ; 'Sugar Candy' (90 cm), mauve vif.

Utilisations : massif, bordure, touffe isolée.

Notre conseil : une fois les pieds d'hémérocalles en place, ne les touchez plus si vous voulez avoir une floraison abondante.

Heracleum mantegazzianum

Heracleum mantegazzianum
BERCE GÉANTE

J F M A M J J A S O N D

2/3 m — 1/2 m

Cette vivace éphémère de la famille des Apiaceae porte des ombelles immenses et des feuilles énormes.

Description : originaire du Caucase, cette grande vivace développe une touffe de feuilles découpées et lobées qui atteignent 90 cm. Les fleurs blanches en ombelles apparaissent sur des tiges cannelées pouvant atteindre 3 m de hauteur.

Sol : profond, humifère, frais en été, acide.

Exposition : au soleil filtré ou à mi-ombre dans une ambiance douce et fraîche.

Culture et entretien : plantez au printemps entre 1,2 m et 1,5 m de distance. En mars/avril, épandez du fumier décomposé autour de la souche.

Espèces et variétés : il existe 70 espèces. *Heracleum persicum* et *Heracleum pubescens* peuvent rapidement former des touffes de 2 à 3 m de diamètre.

Utilisations : en isolé ou en petits groupes au bord des pièces d'eau, jardin sauvage.

Notre conseil : la berce est monocarpique : elle meurt après avoir fleuri, puis se ressème. Attention, elle est très allergisante (bûlures, cloques) et envahissante.

Heuchera sanguinea 'Coral Cloud'

Heuchera sanguinea
HEUCHÈRE

J F M A M J J A S O N D

40/70 cm — 30/60 cm

Cette vivace de la famille des Saxifragaceae est très appréciée pour les décors d'automne.

Description : sur la souche rhizomateuse pousse une touffe à port ample, étalé, formée de feuilles arrondies, lobées, nettement nervurées, portées par de longs pétioles. Des hampes très fines portent de nombreuses petites fleurs en forme de clochette dans un ensemble très léger.

Sol : humifère et frais, mais l'heuchère supporte assez bien les périodes de sécheresse.

Exposition : soleil léger ou mi-ombre.

Culture et entretien : plantez de septembre à avril (6 pieds/m²). Paillez le sol en été, fertilisez les plantes en pot. Divisez les vieilles touffes dégarnies au printemps.

Espèces et variétés : il existe 55 espèces. *Heuchera* x *brizoides* 'Lady Romney', à feuillage marbré de pourpre, fleurs blanches ; 'Pluie de Feu', à feuillage vert clair et fleurs rouge sang. *Heuchera cylindrica* 'Greenfinch', aux gros épis blanchâtres. *Heuchera micrantha* 'Palace Purple', au feuillage pourpré et petites fleurs blanches. 'Coral Cloud' présente une très jolie floraison rouge.

Utilisations : massif, bordure, potée.

Notre conseil : constituez de jolis tapis au pied des arbres en les associant à des fougères. Composez des potées d'automne avec carex, cyclamen et bruyère.

Hosta spp.
HOSTA, FUNKIA

J F M A M J J A S O N D

5/80 cm — 20 cm/1 m — V

Ces superbes vivaces de la famille des Asparagaceae sont précieuses pour illuminer les zones ombragées.

Description : solides et d'une grande longévité, les hostas forment une touffe de feuilles ovales ou lancéolées, souvent gaufrées et très diversement panachées. Les grappes de clochettes pendantes blanches ou mauves sont parfois parfumées.

Sol : riche en matière organique, profond, consistant, toujours légèrement humide.

Exposition : soleil voilé ou ombre dense.

Culture et entretien : plantez au printemps (de 4 à 6 plants/m²). Protégez des limaces qui apprécient beaucoup le feuillage. Divisez les touffes seulement lorsqu'elles deviennent encombrantes, car les hostas apprécient de ne pas être dérangés. Paillez en été pour entretenir la fraîcheur.

Espèces et variétés : il existe 70 espèces. *Hosta fortunei* (50 cm), à grandes feuilles vert mat en forme de cœur ; 'Albomarginata', aux feuilles bordées de blanc crème. *Hosta gracillima* (5 cm), une miniature aux feuilles lancéolées, ondulées, fleurs bleu lavande. *Hosta sieboldiana* (1 m), à feuilles cordiformes épaisses, vert bleuté et grappes de fleurs lilas ; 'Bressingham Blue' (90 cm), à feuilles rondes, vert glauque, fleurs blanches ; var. *elegans* (50 cm), à feuilles gaufrées, glauques, fleurs mauve

Hosta 'Francee'

pâle ; 'Golden Sunburst' (60 cm), à feuilles rondes et dorées. *Hosta undulata* 'Mediovariegata' (40 cm), feuilles oblongues, ondulées, marquées de blanc au centre. Parmi les hybrides, préférez : 'August Moon' (80 cm), à grandes feuilles dorées, fleurs lilas ; 'Francee' (60 cm), à feuilles marginées de crème ; 'Frances Williams' (70 cm), aux feuilles vert glauque maculées de jaune et fortement nervurées ; 'Golden Medaillon' (40 cm), aux grandes feuilles dorées, gaufrées, doit être planté au soleil pour une couleur bien soutenue.

Utilisations : couvre-sol dans les sous-bois pour constituer des tapis colorés, potée, bordure, massif ombragé. Très bonne association avec les plantes de terre de bruyère, les astilbes et les anémones du Japon.

Notre conseil : n'hésitez pas à couper quelques feuilles à la base des touffes d'hostas pour les utiliser en bouquets.

Hyacinthoides non-scripta
JACINTHE DES BOIS

J F M A M J J A S O N D

20/40 cm — 5/10 cm — B

Cette bulbeuse de la famille des Asparagaceae se naturalise très facilement dans les sous-bois.

Description : très proche des scilles (on l'appelle d'ailleurs parfois *Scilla campanulata* ou *Endymion non-scriptus*), cette adorable bulbeuse se rencontre dans les sous-bois d'Europe. Elle s'acclimate partout et se naturalise bien si elle n'est pas dérangée. Les feuilles issues du bulbe, linéaires, sont vert foncé lustré. Des hampes rigides portent une dizaine de clochettes pendantes, un peu parfumées.

Sol : toute terre fraîche, poreuse et légère.

Exposition : le soleil doux est toléré, mais l'ombre et la mi-ombre sont parfaites.

Culture et entretien : plantez en automne entre 6 et 8 cm de profondeur, en éparpillant les bulbes à la volée. Maintenez le sol frais par des arrosages réguliers dès qu'il fait chaud.

Espèces et variétés : Il existe 4 espèces. *Hyacinthoides non-scripta* (20/30 cm) est la vraie jacinthe des bois, à petites clochettes bleues ; *Hyacinthoides hispanica*, la scille campanulée, est plus vigoureuse (40 cm), bleu pâle, rose ou blanche.

Utilisations : sous-bois, couvre-sol dans les massifs de terre de bruyère. Bordure des massifs de plantes vivaces.

Notre conseil : laissez-la se naturaliser.

Hosta sieboldiana var. *elegans*

Hosta sieboldiana 'Aureomarginata'

Endymion ou *Hyacinthoides hispanica*

Hyacinthus 'Pink Surprise'

Hyacinthus x
JACINTHE

J F M A M J J A S O N D

20/30 cm 10/15 cm B

Cette plante bulbeuse de la famille des Asparagaceae est appréciée pour son parfum très envoûtant.

Description : originaire de Méditerranée orientale, la jacinthe forme un gros bulbe arrondi qui produit un bouquet de feuilles longues et étroites, en gouttière, au milieu duquel apparaissent une ou plusieurs hampes creuses portant une grappe régulière de fleurs en clochette étoilée, parfumées.
Sol : riche, léger, sableux, bien drainé.
Exposition : soleil direct jamais brûlant ou mi-ombre douce. Climat bien tempéré.
Culture et entretien : plantez en automne, à 10/15 cm de profondeur, en espaçant les bulbes de 15 cm. Un calibre de 17/19 cm est parfait. Tuteurez les hampes des variétés à grosses fleurs.
Espèces et variétés : il existe 3 espèces. On ne cultive que des hybrides : 'Atlantic', bleu soutenu ; 'Blue Jacket', bleu foncé ; 'Carnegie', blanc ; 'Jan Bos', rouge carmin ; 'Gipsy Queen', saumon ; 'Perle Brillante', bleu ciel ; 'Pink Pearl', rose vif brillant, hâtive ; 'Woodstock', bordeaux très foncé.
Utilisations : massif, avec narcisses, tulipes ou bisannuelles : myosotis, pâquerette, pensée. Potée, vasque, jardinière, bouquet.
Notre conseil : inutile de conserver les bulbes, renouvelez-les chaque année.

Hymenocallis spp.
ISMÈNE

J F M A M J J A S O N D

40/80 cm 20/40 cm B 5 °C

Ces bulbeuses américaines de la famille des Alliaceae conviennent surtout à la culture en large potée.

Description : les gros bulbes développent de grandes feuilles rubanées, arquées, vert vif, au cœur desquelles apparaissent de longues hampes dressées, dont chacune porte une ombelle de fleurs blanches à 6 pétales linéaires, entourant une coupe aux longues étamines centrales.
Sol : bien drainé, humifère, sableux. En pot, un mélange de terreau, de terre de jardin et de sable de rivière par tiers.
Exposition : une lumière très vive, avec le soleil direct au début ou en fin de journée.
Culture et entretien : la culture en pleine terre n'est possible que sur la Côte d'Azur. En serre ou en véranda, maintenez une température de 18 à 25 °C. Plantez en mai en laissant la pointe du bulbe affleurer la surface du sol. Laissez le sol s'assécher entre deux arrosages. Donnez de l'engrais aux plantes en pot, tous les quinze jours en été. En hiver, maintenez le bulbe en repos complet, au sec, entre 8 et 12 °C.
Espèces et variétés : il existe 40 espèces. *Hymenocallis* x *festalis*, à fleurs parfumées, et *Hymenocallis narcissiflora*, très épanouie, sont les moins frileuses.
Utilisations : jardin exotique, potée en groupe de 3 à 5 bulbes pour le balcon.
Notre conseil : supprimez les inflorescences fanées pour que le bulbe puisse rapidement reconstituer ses réserves.

Hymenocallis narcissiflora

Iberis sempervirens

Iberis spp.
THLASPI, CORBEILLE D'ARGENT

J F M A M J J A S O N D

10/40 cm 20/80 cm V 0 °C

Annuelles ou vivaces de la famille des Brassicaceae, ce sont des plantes tapissantes très florifères.

Description : formant un coussin dense utilisable en couvre-sol, le thlaspi porte des feuilles alternes, linéaires, entières ou découpées, vert sombre, qui se couvrent de bouquets de petites fleurs à 4 pétales.
Sol : léger et bien drainé, même pauvre.
Exposition : de préférence le plein soleil.
Culture et entretien : plantez les espèces vivaces en automne (de 6 à 9 pieds/m^2). Taillez en coussin après la floraison. Divisez les touffes tous les 5 ans en fin d'été. Semez les thlaspis annuels en place, en avril. Éclaircissez le plant à 10 cm.
Espèces et variétés : il existe 40 espèces.
• **Ibéris annuels :** *Iberis amara* (30 cm), parfumé de juin à août ; 'Géant à fleurs de jacinthe', à longues grappes. *Iberis umbellata* (30/40 cm), à fleurs roses, pourpres, lilas ou blanches de juin à août.
• **Ibéris vivaces :** *Iberis gibraltarica* (40 cm), à fleurs ombrées de violet d'avril à juin. *Iberis gracilis* 'Superba' (15 cm), très compact, fleurit en mars-avril. *Iberis muralis* (10 cm), fleurit de mai à juillet. *Iberis sempervirens* 'Snowflake' (25 cm), vigoureux, très florifère, fleurit en mars-avril.
Utilisations : bordure, rocaille, muret fleuri, dallage, auge, potée, jardinière, couvre-sol avec d'autres petites vivaces.
Notre conseil : plantez les thlaspis vivaces dans un endroit abrité ou sous un surplomb, pour éviter les excès d'eau l'hiver.

Impatiens walleriana x

Impatiens spp.
IMPATIENCE, BALSAMINE

J F M A M J J A S O N D

15/80 cm 20/50 cm A

Ces plantes frileuses de la famille des Balsaminaceae sont utilisées pour les décorations estivales.

Description : annuelles ou vivaces cultivées comme annuelles, les impatiens forment des tiges fragiles, charnues, gorgées de sève, portant des feuilles ovales disposées de façon variable selon le espèces. Les fleurs asymétriques, plates, en forme de casque ou de pompon, de 3 à 5 cm de large, se parent d'un grand éperon coloré. **Sol :** souple, frais, riche et humifère. Apportez du terreau lors de la plantation. **Exposition :** ombre dense ou lumière tamisée. Les impatiens de Nouvelle-Guinée acceptent le soleil doux, direct. **Culture et entretien :** semez les impatiens rustiques (balsamines) en place en avril, puis éclaircissez les plants. Semez les Impatiens hybrides en mars en miniserre, à 18/20 °C, sans enterrer les graines. Repiquez les plantules en godets, conservez-les sous abri. Plantez en mai, tous les 20 cm. Plantez les impatiens de Nouvelle-Guinée à l'extérieur, à partir de mi-mai. Arrosez généreusement, mais sans détremper. Fertilisez les plantes en pot une fois par semaine avec de l'engrais liquide. **Espèces et variétés :** il existe 850 espèces dont la plupart ne peuvent être cultivées qu'en serre ou comme plante d'intérieur.
• **Impatiens annuelles :** *Impatiens balsamina* (balsamine) [30/80 cm], aux fleurs de coloris variés, de juin à septembre, à l'aisselle des feuilles ; 'Buisson Fleuri (40 cm), compacte, double ; 'Camélia' (60 cm), à fleurs doubles ; 'Topknot' (30 cm), très florifère.
Impatiens glandulifera (roylei) [1/1,5 m], aux fleurs parfumées en forme de casque, rose, jaune et blanc, en août et septembre
• **Impatiens hybrides :** *Impatiens walleriana* x (10/20 cm) se décline en d'innombrables séries de cultivars aux nuances de rose, rouge, fuchsia et blanc avec certaines formes panachées. Les nouvelles obtentions sont plus tolérantes au soleil, mais restent toutefois de précieuses plantes d'ombre fleurissant de mai à octobre.
• **Impatiens de Nouvelle-Guinée :** *Impatiens hawkeri* x (20/30 cm), trapue et résistante au soleil, à feuillage vert ou panaché et fleurs roses, rouges, saumon, pêche ou blanches. On cultive indifféremment à l'intérieur ou dans les massifs d'été.
Utilisations : massif d'été, balconnière en association avec bégonia tubéreux, fuchsia, hosta, anémone du Japon, feuillages.
Notre conseil : traitez les limaces par temps humide et empêchez l'eau de stagner car la pourriture est très virulente.

Impatiens hawkeri x 'Tango'

Incarvillea delavayi

Incarvillea delavayi
INCARVILLÉE

J F M A M J J A S O N D

30/60 cm 20/30 cm V

Cette vivace à souche rhizomateuse, de la famille des Bignoniaceae, est réputée à tort pour chasser les taupes.

Description : originaire de Chine, cette plante solide forme une rosette de feuilles découpées, vert foncé, de 20 à 30 cm de long. Les fleurs tubulaires, roses à gorge jaune, sont portées en grappes par 5 à 10. **Sol :** profond, riche, bien drainé, avec un bon apport de matière organique. **Exposition :** plein soleil non brûlant. Une ombre légère est appréciée durant l'été. **Culture et entretien :** plantez les fragments de racines charnues, de septembre à mars, à 10 cm de profondeur, en les espaçant de 20 cm. Paillez début juin pour conserver le sol frais ou protéger du gel dans les régions aux hivers froids. Divisez les vieilles touffes en septembre. Le semis est possible de février à juin, sous abri à 18 °C, les graines demandent près de 15 jours pour germer. Repiquer en place. **Espèces et variétés :** il existe 14 espèces *Incarvillea delavayi* est la plus cultivée ; 'Snow Top', à fleurs blanches.
Utilisations : massif avec des arbustes de terre de bruyère. Potée sur le balcon.
Notre conseil : les feuilles tombant tôt, installez l'incarvillée parmi des vivaces persistantes, notamment des heuchères.

Ipheion uniflorum

Ipheion uniflorum
ÉTOILE DU PRINTEMPS

J F M **A M** J J A S O N D

10/20 cm · 5/10 cm · B · -10 °C

Cette adorable bulbeuse de la famille des Alliaceae fait de superbes tapis étoilés au printemps.

Description : appelée aussi *Brodiaea, Milla* ou *Triteleia*, cette plante sud-américaine forme une touffe basale de feuilles linéaires, semblables à un gazon grossier, à l'odeur d'ail. La fleur en étoile, violet pâle se dégradant vers le blanc, exhale une agréable odeur sucrée, comme du miel.

Sol : léger, bien drainé, même un peu sec.

Exposition : assez chaude, sous une lumière bien présente, mais filtrée.

Culture et entretien : plantez les bulbes avant la fin octobre, entre 4 et 6 cm de profondeur, espacés de 5 à 10 cm. Protégez par un léger paillis. Divisez les touffes trop compactes en septembre.

Espèce et variétés : il existe 10 espèces. *Ipheion uniflorum*, bleu violacé ; 'Album', blanc ; 'Froyle Mill', bleu très foncé.

Utilisations : massif, rocaille, bordure, dallage, pied des arbres, potée.

Notre conseil : plantez un groupe d'au moins 50 bulbes pour obtenir un effet de masse intéressant, l'idéal étant de constituer une tache de 250 *Ipheion*.

Iris de Hollande

Iris spp.
IRIS

J F M A M J J A S O N D

15 cm/1 m · 5/40 cm · V

Bulbeuses ou vivaces à rhizomes de la famille des Iridaceae, les iris offrent une rare richesse de coloris.

Description : plantes rustiques, aux feuilles allongées en forme de glaive ou de gouttière, les iris portent des fleurs à trois pétales et à 3 grands sépales colorés. Solitaires ou réunies à plusieurs sur une grande hampe, les corolles peuvent atteindre 20 cm de diamètre.

Sol : une bonne terre de jardin bien drainée, même calcaire. Les iris japonais et des marais préfèrent les sols tourbeux et humides pendant la végétation, et les iris de Sibérie, une terre fraîche et humide.

Culture et entretien : plantez les iris bulbeux en septembre ou octobre, entre 5 et 8 cm de profondeur et d'espacement. Laissez-les en place plusieurs années, hormis les toutes petites espèces qui gagnent à être cultivées en pot. Apportez un engrais pour bulbes après la floraison. En sol lourd, arrachez les bulbes pour un repos estival. Plantez les iris rhizomateux superficiellement, de juillet à septembre. Divisez les touffes âgées ou qui fleurissent mal dans le courant de l'été.

Espèces et variétés : il existe 300 espèces.

• **Iris bulbeux :** *Iris danfordiae* (10 cm), jaune citron, de janvier à mars. *Iris reticulata* (15 cm), aux fleurs violettes tachées de jaune, légèrement parfumées, en février/mars ; 'Harmony', bleu et jaune orangé. 'Natasha', bleu clair et blanc ; 'Violet Beauty', violet pourpre. *Iris xiphium* (iris de Hollande) [40/60 cm], aux grandes fleurs très élégantes, en mai/juin ; 'Frans Hals', bleu violacé et bronze ; 'Oriental Beauty', jaune et blanc ; 'Professor Blaauw', bleu foncé marqué de jaune ; 'Romano', jaune et bleu.

• **Iris rhizomateux :** *Iris ensata (kaempferi)* [iris japonais] aux fleurs larges, plates, pousse en sol tourbeux, humide ; 'Comtesse de Paris' (60 cm), blanc pur ; 'Gracieuse' (80 cm), blanc et bleu ; 'Dainagon' (80 cm), mauve foncé et blanc ; 'Ocean Mist' (1,1 m), bleu et blanc ; 'Sensation', (90 cm), double, rouge pourpre foncé.

Iris germanica x

Iris reticulata

Iris pseudacorus (iris des marais) [1,2 m], aux fleurs jaunes, en mai/juin, pousse les pieds dans l'eau. *Iris sibirica* (iris de Sibérie) aime l'humidité ; 'Blue Moon' (1,2 m), bleu vif ; 'Butter and Sugar' (70 cm), blanc et jaune ; 'Tropical Night' (70 cm), violet foncé. *Iris spuria* (iris des steppes) [1,2 m], aux couleurs complexes ; 'Conquista', brun violacé et jaune ; 'Redwood Supreme', brun et orange.

• **Iris des jardins ou iris barbus** : ce sont des hybrides regroupés sous le nom de *Iris germanica*. De haute taille, ils portent en mai des grosses fleurs souvent parfumées, dont la base des sépales porte une touffe veloutée brun orangé, jaune ou rouge. Les associations de couleurs sont souvent exceptionnelles. Selon leurs hauteurs, les iris des jardins sont classés en : grands iris (plus de 70 cm de haut, fleurs de 10 à 20 cm de diamètre) ; iris intermédiaires *(Iris barbata elatior)*, de 40 à 70 cm de haut, fleurs de 10 à 12 cm de diamètre ; iris a massifs *(Iris barbata media)*, de 50 à 60 cm de haut, fleurs de 8 à 12 cm de large ; iris nains, de 20 à 50 cm de haut, fleurs de 5 à 8 cm de diamètre ; iris lilliput *(Iris barbata nana)*, de 20 cm de haut, fleurs de 4 à 8 cm de diamètre.

Utilisations et associations : massif, fleur coupée *(sibirica, spuria)*, potée (formes naines), bassin *(ensata, pseudacorus)*.

Notre conseil : dans le sols lourds et les régions humides, plantez les iris des jardins sur une petite butte pour éviter les risques de pourriture du rhizome en hiver.

Ixia paniculata 'Rose Emperor'

Ixia spp.
IXIA

J F M A M J J A S O N D

30/50 cm — 15/20 cm — B — 0 °C

Ces vivaces de la famille des Iridaceae, sont surtout cultivées comme fleurs à couper.

Description : originaires d'Afrique du Sud, les ixias développent des tiges rigides et très fines portant une dizaine de fleurs brillantes, en étoile qui ne s'ouvrent bien qu'en plein soleil. Cette plante peu rustique ne réussit en plein air que sur le littoral ; elle peut être cultivée en véranda.

Sol : léger, sablonneux, bien drainé.

Exposition : ensoleillée, à l'abri du vent.

Culture et entretien : plantez au printemps ou en novembre, en prévoyant une protection hivernale, entre 7 et 10 cm de profondeur et d'écartement. En automne, arrachez les plantes et séparez les caïeux, hivernez au sec et hors gel. Dans un pot de 25 cm de profondeur, plantez à l'automne, et hivernez en serre froide pour une floraison plus hâtive (mai).

Espèces et variétés : il existe 50 espèces. *Ixia paniculata*, aux fleurs jaune paille, a donné naissance à beaucoup d'hybrides jaunes, roses ou blancs. *Ixia viridiflora* porte de longs épis de fleurs vertes à œil noir, de 3 à 4 cm de diamètre. Dans le commerce, on trouve surtout des formes hybrides aux coloris variés.

Utilisations et associations : rocaille ou massif dans le Midi, potée, fleur coupée.

Notre conseil : groupez ensemble une bonne vingtaine de cormus pour un effet décoratif satisfaisant, y compris en pot.

Kniphofia galpinii
TRITOMA, FAUX ALOÈS

J F M A M J J A S O N D

60 cm/1,5 m — 30/80 cm — V — -10 °C

Cette imposante vivace de la famille des Xanthorrhoeaceae est aussi appelée « tison de Satan ».

Description : originaire d'Afrique du Sud et de Madagascar, le tritoma émet des feuilles fines et allongées, charnues, arquées. La floraison, très spectaculaire, est constituée de hampes dressées se terminant par un épi cylindrique formé de fleurs tubulaires jaunes, rouges, roses ou panachées, qui attirent les abeilles.

Sol : sablonneux, léger, frais, calcaire.

Exposition : chaude et bien ensoleillée.

Culture et entretien : plantez au printemps (3 ou 4 pieds/m^2). Fertilisez en avril et paillez le sol en juin pour l'été. Attachez les feuilles en automne et couvrez la végétation d'un voile d'hivernage. Divisez les vieilles touffes après la floraison.

Espèces et variétés : il existe 70 espèces. On cultive surtout des hybrides de *Kniphofia uvaria* : 'Alcazar' (1 m), à fleurs rouge flamboyant et feuillage bronze ; 'Little Maid' (60 cm), 'Luna' (1,3 m) et 'Vanilla' (1 m) sont d'un jaune assez clair.

Utilisations et associations : massif, avec des grandes vivaces légères, bouquet.

Notre conseil : ne laissez pas les fleurs sur la plante trop longtemps, car elles se ressèment et deviennent envahissantes.

Kniphofia

Lamium maculatum 'Hatfield'

Lamium maculata
LAMIER, ORTIE BLANCHE

J F M A M J J A S O N D

15/60 cm 40 cm/1,5 m V

Cette vivace rhizomateuse rampante de la famille des Lamiaceae est un des meilleurs couvre-sols à l'ombre.

Description : proche des orties, dont il possède les tiges carrées et les feuilles triangulaires dentées, le lamier porte des épis de fleurs blanches, roses ou pourpres.
Sol : plutôt frais, bien drainé, humifère.
Exposition : pas de soleil direct, surtout pour les formes à feuillage panaché.
Culture et entretien : plantez de septembre à avril (de 4 à 6 plants/m^2). Maintenez le sol humide en été. Coupez les fleurs fanées et les pousses envahissantes qui se marcottent naturellement.
Espèces et variétés : il existe 50 espèces. *Lamium maculatum* a donné divers cultivars : 'Album', au feuillage marqué d'argent; 'Beacon Silver', très tapissant, argenté, à fleurs lilas pourpré; 'Hatfield', vert ombré de rouge. *Lamium galeobdolon* (Lamiastrum) [40 cm], très poussant, à fleurs jaunes; 'Hermann's Pride' (20 cm), à feuillage argenté veiné de vert.
Utilisations : couvre-sol en sous-bois et sur talus ombragé, bordure de massif.
Notre conseil : associez-leur des bulbeuses de printemps qui fourniront un décor avant la repousse du tapis de feuilles.

Lantana camara
LANTANA, MILLE-FLEURS

J F M A M J J A S O N D

30 cm/1,5 m 30/80 cm V 5 °C

Cette plante tropicale de la famille des Verbenaceae est surtout utilisée comme décor pour les massifs d'été.

Description : ce sous-arbrisseau, originaire de l'ouest de l'Inde, est vivace sur la Côte d'Azur, cultivé comme une annuelle ailleurs. Il forme un buisson ramifié au feuillage opposé, triangulaire, denté, rugueux au toucher. Les fleurs, tubulaires, sont groupées en inflorescences terminales arrondies, vivement colorées.
Sol : riche, profond, drainé, humifère.
Exposition : chaude en pleine lumière.
Culture et entretien : semez en mars-avril, en terrine sous abri à 20 °C. Repiquez les plantules en godets lorsqu'elles ont formé 3 ou 4 feuilles. Plantation fin mai tous les 35 cm. Empotez les pieds-mères en octobre après avoir taillé la ramure des 3/4 de sa longueur. Fertilisez une fois par semaine les plantes en pots avec un engrais liquide. Bouturez les pousses d'extrémité en été.
Espèces et variétés : il existe 150 espèces. *Lantana camara* a produit de nombreux cultivars dont les teintes évoluent souvent au cours de la floraison, ce qui donne des nuances variées sur un même pied.
Utilisations : massif, jardinière, potée.
Notre conseil : hivernez en serre froide, comme un fuchsia, à 10 °C, au sec.

Lantana camara

Lavatera trimestris 'Silver Cup'

Lavatera trimestris
LAVATÈRE ANNUELLE

J F M A M J J A S O N D

60 cm/1,2 m 30/50 cm A

Cette annuelle de la famille des Malvaceae est une jolie plante de culture facile et très florifère.

Description : originaire d'Europe du Sud, la lavatère annuelle forme un petit buisson érigé aux feuilles alternes, arrondies de 3 à 6 cm de long, vert foncé. Les fleurs simples, en forme d'entonnoir très évasé de 5 à 8 cm de diamètre, sont blanches ou roses.
Sol : par trop riche, léger, bien drainé.
Exposition : au soleil, abrité du vent fort.
Culture et entretien : semez en avril-mai, directement en place. Éclaircissez en conservant un pied tous les 30 cm. Arrosez généreusement durant l'été.
Espèces et variétés : il existe 25 espèces. Les lavatères annuelles sont des cultivars de *Lavatera trimestris* : 'Beauty' (60 cm), homogène, rose, saumon ou blanc; 'Mont Blanc' (50 cm), compact, blanc pur; 'Mont Rose', rose vif; 'Pink Queen' (70 cm), à grandes fleurs blanc rosé veiné de rose; 'Silver Cup' (60 cm), à grandes fleurs rose clair avec le cœur plus foncé.
Utilisations : massif, bordure, bouquet. Associez lavatère, clarkia, cosmos, chrysanthème à carène, eschscholzia, gaura, godétia et nigelle de Damas pour composer un massif de style très naturel.
Notre conseil : ne laissez pas les lavatères monter à graines car elles se ressèment partout, devenant assez envahissantes.

➤ *Lavatera spp.* voir **p. 414**.

Leontopodium alpinum
EDELWEISS

J F M A M J J A S O N D

15/20 cm | 10 cm | V

Cette vivace alpine de la famille des Asteraceae porte des fleurs laineuses sur un feuillage d'argent.

Description : protégé dans la nature, l'edelweiss d'origine horticole peut être facilement cultivé dans un jardin. Il forme une rosette de feuilles duveteuses et blanches, ovales, lancéolées, d'où émergent des inflorescences laineuses composées de bractées blanc pur, entourant des petits capitules plus ou moins jaunâtres.

Sol : pauvre et sec, graveleux, calcaire.

Exposition : plein soleil non brûlant.

Culture et entretien : plantez au printemps (9 pieds/m^2). Le feuillage ne doit pas rester longtemps humide. Divisez les vieilles souches après la floraison.

Espèces et variétés : il existe 35 espèces. *Leontopodium alpinum* perd son caractère duveteux s'il est planté dans une terre trop riche et fraîche; ssp. *nivale* est franchement laineux, un peu plus délicat.

Utilisations : rocaille, potée, mur fleuri, éboulis, auge. Associez l'edelweiss à des saxifrages et à des gentianes.

Notre conseil : tentez le semis sous abri en terrine, en février-mars, dans un terreau pour semis additionné de sable grossier. Repiquez les plants en caissette un mois après la levée, puis en godets un mois plus tard. Plantez l'année suivante.

Leontopodium alpinum

Leucojum aestivum

Leucojum spp.
NIVÉOLE

J F M A M J J A S O N D

20/60 cm | 5/20 cm | B

Ces bulbeuses très gracieuses de la famille des Alliaceae fleurissent à des dates variées selon les espèces.

Description : très proches des perce-neige, les nivéoles, d'origine européenne, développent des feuilles basales linéaires ou cylindriques. Des hampes arquées portent une ou plusieurs fleurs en clochettes à six lobes, régulières, pendantes.

Sol : plutôt lourd et argileux, riche, mais sans fumier frais. Le calcaire est accepté.

Exposition : soleil léger ou mi-ombre; une ambiance fraîche et humide est appréciée.

Culture et entretien : plantez dès septembre, à 10 cm de profondeur et d'espacement. Désherbez soigneusement et laissez les plantes se naturaliser. En automne, divisez les grosses touffes âgées.

Espèces et variétés : il existe 10 espèces. *Leucojum aestivum* (30/40 cm) porte en avril/mai de 3 à 5 cinq clochettes bordées de vert; 'Gravetye Giant' (60 cm) est plus vigoureuse. *Leucojum vernum* (15/20 cm) a dès février 1 ou 2 grosses fleurs par tige.

Utilisations : sous-bois clair, bord de bassin, massif sauvage, jardin naturel, potée.

Notre conseil : associez les nivéoles à des myosotis des Alpes, bleus ou roses, voire à des primevères comme *Primula vialii*.

Liatris spicata
PLUME DU KANSAS, LIATRIDE

J F M A M J J A S O N D

50 cm/1,2 m | 30/50 cm | V

Cette vivace élégante de la famille des Asteraceae porte des épis qui fleurissent sur toute leur longueur.

Description : originaire des États-Unis, cette vigoureuse plante forme une rosette de feuilles linéaires à lancéolées, de 30 à 40 cm de long. Les inflorescences, en épis plumeux formés par les ligules tubulaires, présentent la particularité de s'épanouir d'abord par le haut. Plante mellifère.

Sol : plutôt pauvre et très drainant, sableux, mais restant assez frais en été.

Exposition : le plein soleil non brûlant.

Culture et entretien : plantez de septembre à mars (de 4 à 6 pieds/m^2). Paillez après la plantation avec du compost. Arrosez généreusement s'il fait sec. Divisez les touffes au printemps tous les 3 ans.

Espèces et variétés : il existe 40 espèces. *Liatris spicata* 'Floristan' (90 cm), vigoureux, existe en violet ou en blanc; 'Kobold' (50 cm), compact, aux fleurs rose lilacé; 'Snow Queen' (70 cm), blanc. *Liatris scariosa* 'Alba' (70 cm), à feuilles plus petites, forme des inflorescences échevelées et plumeuses, blanches; 'September Glory' (1,2 m), à fleurs violet foncé.

Utilisations : massif, bouquet. Associez le liatride à des graminées ou à des coréopsis.

Notre conseil : tentez le semis de mars à mai, à 20 °C. Germination en un mois.

Liatris spicata

Ligularia stenocephala 'The Rocket'

Ligularia spp.
LIGULAIRE

J F M A M J J A S O N D

1/2 m — 60 cm/1,2 m — V

Cette imposante vivace de la famille des Asteraceae permet de composer des touffes fleuries spectaculaires.

Description : surtout originaires d'Asie, les ligulaires forment une touffe généreuse de feuilles basales arrondies ou palmées, profondément lobées. Les grandes inflorescences sont formées de capitules jaunes.
Sol : riche, profond, humifère, humide.
Exposition : soleil doux, mi-ombre légère.
Culture et entretien : plantez de septembre à avril (de 1 à 3 plants/m^2). Prévoyez des tuteurs solides pour les grandes espèces. Apportez un paillis de fumier en automne. Divisez tous les 3 ans.
Espèces et variétés : il existe 150 espèces. *Ligularia dentata* 'Desdemona' (1 m), à feuilles pourpre foncé. *Ligularia przewalskii* (2 m), au feuillage ample, très découpé. *Ligularia stenocephala* 'The Rocket' (1,8 m), à feuilles triangulaires et hampes florales noires. *Ligularia wilsoniana* (1,8 m), aux feuilles arrondies.
Utilisations : isolé, bord de bassin, massif.
Notre conseil : à la sortie de l'hiver, et par temps humide, épandez des granulés antilimaces tout autour de la souche.

Lilium amabile

Lilium spp.
LIS

J F M A M J J A S O N D

70 cm/1,7 m — 15/20 cm — B

Cette très importante bulbeuse de la famille des Liliaceae se décline en magnifiques formes diversifiées.

Description : originaire de l'hémisphère Nord, le lis se caractérise par un bulbe composé d'écailles charnues. La tige florale, garnie de feuilles courtes, étroites, porte des fleurs solitaires ou en bouquets, souvent parfumées, en trompette, en étoile ou en turban, qui présentent 6 étamines et un pistil saillants. C'est une plante d'une grande élégance, rustique.
Sol : bien drainé, léger, riche en humus. La plupart des lis redoutent le calcaire et tous craignent l'excès d'humidité et la sécheresse. Allégez le terrain avec du sable.

Lilium candidum

Lilium x 'Hilde'

Exposition : plein soleil, et pour quelques variétés, ombre légère, à l'abri du vent.
Culture et entretien : plantez au printemps, sauf *Lilium candidum* et *Lilium martagon* (en octobre). La plupart des lis émettant des racines adventives au-dessus du bulbe, en plus des racines habituelles de la base, il faut donc les installer entre 15 et 20 cm de profondeur pour éviter le dessèchement. Lors de la plantation, incorporez au sol un fertilisant à base de fumier composté. Préservez l'humidité du sol en été avec un paillis. Arrosez bien, jusqu'à la chute du feuillage. Supprimez les fleurs fanées aux deux tiers de la longueur de la tige, pour assurer la nourriture du bulbe. Rustiques, les lis restent en place d'une année sur l'autre. Culture possible en grands pots (20 cm au minimum) dans un mélange de terreau, de terre de jardin et de sable à parts égales, sur un lit drainant de 3 à 4 cm. Plantez à l'automne, et conservez en véranda jusqu'en mars. Fertilisez à l'engrais liquide pendant la végétation.
Espèces et variétés : il existe 100 espèces. *Lilium candidum* (lis de la Madone) [1,5 m], aux magnifiques trompettes blanc pur au parfum poivré. *Lilium martagon* (1,5 m), très rustique, aux fleurs en grappes, pendantes, rouge violacé, poin-

tées de carmin. *Lilium regale* (1,5 m), originaire de Chine, aux grandes trompettes blanc pur, parfumées. *Lilium speciosum* 'Rubrum' (1 m), originaire du Japon, aux fleurs récurvées roses ponctuées de rouge, tardives, très parfumées.

• **Lis hybrides américains**: ils sont réservés aux professionnels de la fleur coupée.

• **Lis hybrides asiatiques**: aux fleurs en bouquets orientées vers le haut; 'Élise' (1 m), blanc crème avec le bout des pétales roses; 'Fatamorgana' (1 m), double jaune; 'Harmony' (80 cm), orange tigré; 'Sterling Star' (90 cm), blanc pur.

• **Lis hybrides orientaux**: aux fleurs plates, en coupe évasée, souvent odorantes; 'Arena' (1 m), blanc strié de rouge; 'Coral Queen' (90 cm), rose tendre tacheté de rouge; 'Le Rêve' (80 cm) rose, mauve; 'Stargazer' (1 m), rouge carmin à bord blanc, excellent pour la culture en pot

• **Lis hybrides trompettes**: aux longues fleurs inclinées vers le bas, parfumées; 'African Queen' (1,7 m), violet à l'extérieur, jaune à l'intérieur; 'Golden Splendor' (1,8 m), énormes grappes jaunes, parfois striées de brun; 'Green Dragon' (2 m), blanc teinté de marron avec le cœur jaune. 'Pink Perfection' (1,8 m), en dégradé rouge violacé à rose.

Utilisations: massif de vivaces ou d'arbustes. Rocaille ou bordure (petites espèces). Avec rhododendrons et azalées (*Lilium speciosum)*. Bouquet, potée, même en intérieur avec *Lilium candidum*.

Notre conseil: plantez des groupes d'au moins 5 bulbes pour composer des touffes spectaculaires parmi de grandes vivaces comme les delphiniums et les gauras.

Lilium martagon

Lobelia erinus

Lobelia erinus
LOBÉLIE

J F M A M J J A S O N D

10/50 cm 15/40 cm A

Cultivée comme une annuelle, cette Campanulaceae est vivace dans son pays d'origine, l'Afrique du Sud.

Description: cette petite plante herbacée forme une touffe tapissante au feuillage étroit, vert clair. Les fleurs de 1 cm de diamètre sont portées en grappes légères.

Sol: léger, bien drainé. Un terreau pour géraniums convient aux plantes en pot.

Exposition : soleil non brûlant ou tamisé.

Culture et entretien: semez en mars ou avril, à l'intérieur, à 18/20 °C. Repiquez dans des godets individuels, sous abri. Mettez en place dans le courant mai, à raison d'un plant tous les 20 cm. Ne laissez pas la terre se dessécher. Fertilisez en été.

Espèces et variétés: il existe 370 espèces d'aspects très divers. Chez *Lobelia erinus*, on distingue deux groupes de cultivars...

• **Lobélias formant un coussin**: 'Crystal Palace' (15 cm), bleu violet; 'Empereur Guillaume' (10 cm), bleu soutenu; 'Palace' (10 cm), bleu foncé à œil blanc, hâtif; 'Riviera' (10 cm), bleu ciel; 'Rosamond' (15 cm), rose foncé à œil blanc; 'Snowball' (15 cm), blanc pur.

• **Lobélias à port pleureur**: graciles, ils atteignent 50 cm; 'Rose Cascade', rose foncé à œil blanc; 'Saphir', bleu vif; 'White Cascade', blanc pur.

Utilisations: bordure, potée, jardinière, suspension. Associez lobélia et cinéraire maritime pour avoir un bel effet contrasté.

Notre conseil: effectuez plusieurs semis, à quelques semaines d'intervalle, pour obtenir des floraisons prolongées.

Lobularia maritima

Lobularia maritima
ALYSSE ODORANT

J F M A M J J A S O N D

8/15 cm 20/30 cm A

Considérée comme une annuelle, cette petite plante de la famille des Brassicaceae est tapissante.

Description: originaire de l'ouest de l'Asie et d'Europe, cette vivace éphémère naine, appelée aussi *Alyssum maritimum*, se caractérise par une végétation rapide et couvre-sol. Elle forme une touffe au feuillage linéaire vert grisâtre et très ramifié. Une abondance de petites fleurs parfumées se regroupe en inflorescences arrondies qui couvrent tout le feuillage.

Sol: propre, pas trop compact, fertile.

Exposition : plein soleil, même chaud.

Culture et entretien: semez en place d'avril à juillet. Éclaircissez les plants tous les 20 cm. Arrosez généreusement l'été. Rabattez la végétation après la première floraison pour obtenir une remontée.

Espèces et variétés: il existe 5 espèces. Cultivars de *Lobularia maritima* : 'Alice' (15 cm), 5 couleurs; 'Atoll' (10 cm), très vigoureux, existe en 6 couleurs; 'New Apricot' (10 cm), crème abricot; 'Nuit d'Orient' (12 cm), pourpre violacé; 'Snow Crystals' (15 cm), à grandes fleurs blanches; 'Tapis de Neige' (10 cm), aux petites fleurs blanc pur, 'Tapis Royal' (10 cm), violet profond; 'Wonderland' (10 cm), rouge carmin foncé.

Utilisations et associations: rocaille, potée, jardinière, suspension et bordure. Plantez-la aussi entre les dallages.

Notre conseil: c'est une plante idéale pour les jardins sauvages car elle se ressème tous les ans spontanément.

Lotus maculatus

Lunaria annua

Lupinus polyphyllus

Lotus maculatus
LOTIER

J F M A M J J A S O N D

20/30 cm 50 cm/1,5 m V 0 °C

Cette vivace rampante, assez frileuse, de la famille des Fabaceae épanouit de jolies fleurs crochues.

Description : originaire des îles Canaries, ce lotier forme une touffe tapissante de feuillage palmé, finement découpé, vert bleuté. Les fleurs, en forme de bec d'oiseau ou de pince de crabe, sont jaune marqué d'orangé, solitaires ou en bouquets.

Sol : une terre de jardin bien drainée, même calcaire, pauvre ou caillouteuse. En pot, ajoutez des gravillons au terreau.

Exposition : chaude et bien ensoleillée.

Culture et entretien : installez la plante à l'extérieur, de mai à octobre, et hivernez-la dans une serre froide hors gel. Apportez un engrais liquide tous les 15 jours en été ; arrosez par temps chaud, mais sans excès. Multiplication facile avec des petites boutures (10 cm), en août, dans une terrine.

Espèces et variétés : il existe 150 espèces. *Lotus berthelotti,* similaire, moins frileuse (minimum -5 °C), à fleurs rouges. *Lotus corniculatus* 'Pleniflorus' (10 cm), tapissant, à fleurs doubles, jaune vif. *Lotus creticus* (10 cm), à toutes petites feuilles vert bleuté, fleurs jaune vif, de mai à août.

Utilisations : couvre-sol, rocaille, muret, bordure, potée, suspension.

Notre conseil : après floraison, taillez les tiges d'un tiers de leur longueur et rempotez pour stimuler la croissance.

Lunaria annua
MONNAIE-DU-PAPE

J F M A M J J A S O N D

50/90 cm 30/40 cm Bi

Cette plaisante espèce de la famille des Brassicaceae plaît pour ses fleurs parfumées et ses fruits.

Description : cette jolie plante bisannuelle cultivée comme une annuelle forme une touffe de feuilles cordiformes dentelées, pointues. Les fleurs en grappes mauves cèdent la place à des fruits originaux, sortes de petits sacs aplatis, transparents, arrondis, qui ressemblent à une pièce. Cela lui vaut d'être aussi appelée « herbe aux écus », « monnayère » ou « lunaire ».

Sol : léger, frais, humifère, même calcaire.

Exposition : un doux soleil direct ou une mi-ombre légère, sans chaleur excessive.

Culture et entretien : semez de juin à septembre, directement en place ; éclaircissez le plant à 15/20 cm. Un semis en mai est possible avec repiquage en place dans le courant septembre. Arrosez bien. Désherbez soigneusement. Traitez contre les pucerons en cas de forte attaque.

Espèces et variétés : il existe 3 espèces. *Lunaria annua* (ou *biennis*) présente des variétés à fleurs blanches et pourpres et à feuillage panaché ('Variegata'). *Lunaria rediviva* (1 m), vivace, buissonnante.

Utilisations : massif, fleur coupée, bouquet sec (pour les fruits).

Notre conseil : cueillez les capsules lorsqu'elles commencent à se colorer. Faites-les sécher dans une pièce en courant d'air.

Lupinus polyphyllus
LUPIN

J F M A M J J A S O N D

60 cm/1,5 m 30/80 cm V

Ces vivaces généreuses de la famille des Fabaceae portent des épis aux couleurs somptueuses.

Description : le lupin polyphylle, originaire de l'ouest de l'Amérique du Nord, forme une touffe de feuilles palmées, aux fines folioles lancéolées. Les fleurs, en grappes serrées de 60 cm de long, mélangent le bleu et le blanc. On cultive le lupin uniquement sous forme d'hybrides.

Sol : riche, profond, léger, sans calcaire.

Exposition : soleil direct peu ardent ou mi-ombre douce ; climat frais et humide.

Culture et entretien : plantez de septembre à avril (de 3 à 5 pieds/m^2). Paillez le sol durant l'été, arrosez copieusement. Divisez les touffes de plus de 5 ans en automne. Semis au printemps en terrine, puis repiquage en godet des plantules, avant une mise en place en septembre.

Espèces et variétés : il existe 200 espèces. *Lupinus polyphyllus* est surtout représenté par le groupe des hybrides de Russel (1,2 m), à longs épis floraux très denses, et les cultivars : 'La Châtelaine', rose et blanc ; 'La Demoiselle', blanc ; 'Le Chandelier', jaune ; 'Le Gentilhomme', bleu et blanc ; 'Les Pages', carmin ; 'Mon Château', rouge brique ; groupe Galaxie (50 cm), nains, compacts en mélange de coloris. *Lupinus arboreus* (1,5 m), sous-arbrisseau, à fleurs bleues, jaunes ou

blanches, très durables. *Lupinus hartwegii* (70 cm), annuel, à longs épis odorants; 'Farfadet' (25 cm) nain, en coloris variés.
Utilisations : massif, rocaille, bouquet.
Notre conseil : coupez les hampes florales fanées pour obtenir une remontée en automne. Attention, le lupin se ressème spontanément et devient vite envahissant.

Lychnis coronaria
COQUELOURDE DES JARDINS

J F M A M J J A S O N D

80 cm/1 m 40/50 cm V

Superbe avec ses tiges argent, cette Caryophyllaceae vivace contraste bien avec le magenta de ses fleurs.

Description : rustique, parfois cultivée comme bisannuelle, la coquelourde forme des touffes dressées au feuillage lancéolé, gris argenté. Les fleurs plates, rouge carminé, solitaires, sont très lumineuses.
Sol : terre de jardin ordinaire, bien drainée.
Exposition : soleil bien présent et chaud.
Culture et entretien : plantez en automne (4 ou 5 pieds/m²), arrosez bien. Tuteurez avec des fagots. Pour rajeunir la souche, divisez-la tous les 4 ou 5 ans.
Espèces et variétés : il existe 12 espèces. *Lychnis coronaria* 'Alba', à fleur blanche. *Lychnis chalcedonica* (1 m), la croix de Jérusalem, aux bouquets arrondis, rouges. *Lychnis* x *haagena* (40 cm), éphémère, aux fleurs plates, de l'orange au vermillon. 'Morgenrot', saumon; 'Rauhreif', blanc. *Lychnis flos-jovis* (60 cm), l'œillet de Jupiter, étalé, à fleurs en bouquets ronds, rose vif.

Lychnis coronaria

Utilisations : massif, en compagnie de grandes campanules, de phlox, de verge d'or. Placez les plus petites espèces en bordure de massif ou en rocaille.
Notre conseil : supprimez rapidement les fleurs fanées et empêchez la formation des graines car la coquelourde se ressème un peu partout en abondance et envahit.

Lysimachia spp.
LYSIMAQUE

J F M A M J J A S O N D

5 cm/1,2 m 30 cm/1 m V

Ces vivaces rustiques de la famille des Primulaceae prennent des aspects variés selon les espèces.

Lysimachia punctata

Description : les lysimaques forment des touffes dressées ou rampantes, aux feuilles simples d'aspect très variable selon les espèces. Fleurs à 5 pétales en étoile ou en coupe, jaunes, blanches ou roses.
Sol : humifère, profond, consistant, frais.
Exposition : soleil direct léger ou voilé.
Culture et entretien : plantez toute l'année les sujets en pot. Maintenez les grandes lysimaques avec des fagots ou des tuteurs circulaires. La terre ne doit pas sécher en été. Ces plantes à croissance rapide peuvent devenir envahissantes si on ne les contrôle pas; taillez à volonté.
Espèces et variétés : il existe 150 espèces. *Lysimachia clethroides* (80 cm), aux épis courbés blancs. *Lysimachia nummularia* 'Aurea' (5 cm), couvre-sol ou retombant aux feuilles dorées. *Lysimachia punctata* (1 m), buisson aux épis d'étoiles jaune d'or.

Utilisations : massif, bouquet pour les grandes espèces. Couvre-sol, bordure, muret, suspension pour les petites.
Notre conseil : traitez les limaces, très friandes des jeunes pousses de lysimaque.

Lythrum salicaria
SALICAIRE

J F M A M J J A S O N D

70 cm/1 m 30/45 cm V

Cette vivace touffue et imposante de la famille des Lythraceae aime pousser au bord des pièces d'eau.

Description : venue des régions tempérées de l'hémisphère Nord, la salicaire forme une touffe de feuilles duveteuses, lancéolées, portées par des rameaux ligneux. Les fleurs, en étoile rouge pourpre, sont réunies en épis allongés.
Sol : toujours frais ou même humide.
Exposition : soleil voilé, mi ombre douce.
Culture et entretien : plantez à l'automne ou au printemps, en distançant les plants de 50 à 60 cm. À l'automne, rabattez la touffe au ras du sol. Arrosez bien.
Espèces et variétés : il existe 38 espèces. *Lythrum salicaria* 'Cierge de Feu' (1,5 m), rose; 'Augenweide' (90 cm), rouge framboise; 'Robert' (90 cm), rose carminé. *Lythrum virgatum* (70 cm), aux inflorescences légères; 'Rose Queen', rose vif.
Utilisations : bord des bassins et des ruisseaux, massif, bouquet (bonne tenue).
Notre conseil : dans un jardin régulièrement arrosé, associez la salicaire à la lysimaque pour un superbe contraste coloré.

Lythrum salicaria

Macleaya microcarpa 'Coral Plume'

Macleaya spp.
BOCCONIA

J F M A M **J J A** S O N D

2/3 m — 1/1,5 m — V

Cette immense vivace rhizomateuse de la famille des Papaveraceae aime les lieux frais et humides.

Description : des tiges dressées issues de la souche portent des feuilles alternes, palmées, découpées, vert bronze à revers gris argenté, duveteux, de 20 à 30 cm de diamètre. Les inflorescences forment de grands plumets terminaux, blanc rosé.

Sol : profond, bien ameubli, humifère, consistant, de préférence humide.

Exposition : soleil léger à mi-ombre claire, à l'abri des vents dominants.

Culture et entretien : plantez au printemps, arrosez bien et paillez avec du compost pour maintenir le sol frais en été. Supprimez une partie des rejets et coupez la végétation au ras du sol en automne.

Espèces et variétés : il existe 3 espèces. *Macleaya cordata* (3 m), aux feuilles amples et inflorescences de 50 cm. *Macleaya microcarpa* (2 m), à la floraison plus précoce, d'un rose plus soutenu.

Utilisations : au bord d'une pièce d'eau ou d'un mur abrité, fond de massif.

Notre conseil : ne laissez pas les inflorescences monter à graines car la plante essaime et devient vite envahissante.

Malcolmia maritima

Malcolmia maritima
JULIENNE DE MAHON

J F M A **M J J A S** O N D

20/30 cm — 10/15 cm — A

Cette annuelle très florifère de la famille des Brassicaceae offre un parfum qui attire les abeilles.

Description : originaire des régions méditerranéennes, cette plante herbacée rustique forme une petite touffe dressée au feuillage allongé, vert glauque. Les petites fleurs en forme de croix sont réunies en grappes terminales lâches. Les coloris déclinent toutes les teintes de blanc, de rose, de rouge, de lilas et de jaune clair.

Sol : léger, bien préparé, même pauvre.

Exposition : bien aérée en plein soleil.

Culture et entretien : semez de mars à fin juin, en place selon les régions (la germination se produit à partir de 15 °C). Éclaircissez entre 10 et 15 cm. La floraison précoce intervient un mois après le semis et dure de 6 à 8 semaines.

Espèces et variétés : il existe 35 espèces. *Malcomia maritima* est la seule cultivée. L'offre variétale se limite à des mélanges de coloris, cette petite plante étant, et c'est dommage, un peu passée de mode.

Utilisations : massif, rocaille, bordure.

Notre conseil : laissez en place les plants défleuris, ils vont se ressemer. Effectuez des semis échelonnés de 15 jours.

Matteucia struthiopteris
FOUGÈRE D'ALLEMAGNE

80 cm — 50 cm — V

Les frondes de cette fougère de la famille des Woodsiaceae rappellent un peu celles de la fougère mâle.

Description : souche très rhizomateuse dont les frondes sont d'un joli vert clair. Les frondes fertiles situées au centre sont plus foncées et deviennent brunes en vieillissant. C'est une fougère faisant preuve d'une très grande vigueur.

Sol : tourbeux et humifère.

Exposition : ombre à mi-ombre.

Culture et entretien : coupez les frondes

Matteucia struthiopteris

en hiver lorsqu'elles sont desséchées.

Espèces et variétés : on distingue également *Matteucia orientalis* aux frondes plus épaisses.

Notre conseil : ne serrez pas trop les fougères les unes contre les autres pour que les frondes puissent se développer à leur aise.

Matthiola incana
GIROFLÉE QUARANTAINE

J F M A M J J A S O N D

20/70 cm — 20/30 cm — A

Cette plante très colorée de la famille des Brassicaceae exhale un parfum très agréable, un peu sucré.

Description : appelée aussi « giroflée d'été », cette plante, vivace dans la nature, est cultivée comme une annuelle. Elle forme des touffes de feuilles oblongues de 5 à 10 cm de long. Les fleurs simples ou doubles sont réunies en grands épis érigés, compacts. Les coloris varient du blanc pur au bleu violet, avec du jaune, du rose et du rouge.

Sol : neutre, fertile, profond, bien drainé.

Exposition : soleil direct, mais non brûlant.

Culture et entretien : semez de février à avril sous abri, entre 18 et 22 °C. Repiquez dès que les plants possèdent 2 ou 3 feuilles et conservez-les jusqu'à leur mise en place fin avril, tous les 20 cm à 30 cm.

Matthiola incana

Mesembryanthemum criniflorum

Attention, les plantules sont très sensibles à la fonte des semis.

Espèces et variétés : il existe 55 espèces. Les nouvelles sélections offrent des plantes à fleurs très doubles ; 'Bermuda' (30/40 cm), aux inflorescences très denses, en 8 coloris ; 'Cinderella' (20 cm), aux fleurs parfumées, en 9 coloris ; race Mammouth (70 cm), à tige unique, en 10 coloris ; Midget' (25 cm), double à semi-double, très précoce, en 5 coloris.

Utilisations : massif, jardinière, potée, bouquet. Superbe avec des godétias.

Notre conseil : dans un semis d'une variété à fleurs doubles, éliminez les plants au feuillage vert foncé, car ils donneront une floraison simple.

Mesembryanthemum criniflorum
FICOÏDE

J F M A M J J A S O N D

10/15 cm — 20/30 cm — A

Cette plante grasse annuelle de la famille des Aizoaceae, forme un tapis coloré exceptionnel au soleil.

Description : cette petite plante herbacée tapissante, désormais appelée *Dorotheanthus bellidiformis* par les botanistes, est originaire d'Afrique du Sud. Elle présente des feuilles succulentes, aplaties, rugueuses au toucher. Les fleurs de couleurs vives ou pastel, ont l'aspect de marguerites, avec des ligules très fines. Elles ne s'ouvrent qu'en plein soleil.

Sol : sec, propre, sableux, bien drainé.

Exposition : chaude et très lumineuse.

Culture et entretien : semez directement en place d'avril à juin, en mélangeant la semence à du sable fin. La germination se produit en 8/10 jours entre 18 et 20 °C. L'entretien se limite au désherbage.

Espèces et variétés : il existe 10 espèces, toutes annuelles (les « vrais » *Mesembryanthemum* ne sont pas cultivés). Les cultivars sont le plus souvent proposés en mélange de coloris : blanc, rose, rouge, lilas et orangé. 'Tapis Magique', à fleurs multicolores, parfois cerclées de blanc au cœur. 'Gelato', à grandes fleurs blanches, à cœur rouge ou rose foncé et centre blanc.

Utilisations : couvre-sol, bordure de massif, rocaille, muret, talus, potée.

Notre conseil : utilisez cette plante pour garnir les zones les plus arides du jardin.

Mimulus x hybridus

Mimulus x *hybridus*
MIMULE ANNUELLE

J F M A M J J A S O N D

15/30 cm 20/30 cm A

Cette vivace de la famille des Scrophulariaceae vient du Chili et se cultive comme une annuelle.

Description : appelées aussi *Mimulus* x *burnettii*, les formes annuelles se développent en petit buisson aux feuilles triangulaires, dentées. Les fleurs, en entonnoir de 3 à 5 cm de diamètre, se parent de couleurs vives, avec des taches et des marbrures marron plus ou moins présentes.

Sol : humifère, frais, souple, enrichi à la plantation avec du fumier décomposé.

Exposition : soleil direct non brûlant ou tamisé, mi-ombre légère.

Culture et entretien : semez de février à avril sous abri, en couvrant légèrement les graines. La germination demande 10 jours entre 18 et 20 °C. Repiquez une première fois à chaud, quand les plantules ont deux ou trois feuilles. Mettez en place en mai.

Espèces et variétés : les hybrides F1 présentent une floraison plus importante, avec de grandes fleurs. 'Magic' (20 cm), précoce, compact, très régulier, unicolore, ivoire, orange, jaune ou rouge ; 'Mystic', nain, en 8 coloris unis ou à macules rouges ; 'Viva', aux très grosses fleurs jaune brillant marqué de rouge.

Utilisations : massif, bordure, rocaille, potée, jardinière, panier fleuri.

Notre conseil : pour les suspensions, préférez *Mimulus aurantiacus* (1 m), aux tiges grêles et visqueuses, qui donne d'innombrables fleurs orange jusqu'en octobre.

Mirabilis jalapa
BELLE-DE-NUIT

J F M A M J J A S O N D

60/80 cm 60/80 cm V

Cette vivace tubéreuse de la famille des Nyctaginaceae est souvent cultivée comme annuelle.

Description : originaire du Pérou, cette plante aux racines charnues forme un buisson de feuilles opposées, ovales, de 5 à 10 cm de long. Les fleurs parfumées, en trompette, jaunes, cramoisi, roses ou blanches, s'épanouissent en fin d'après-midi et fanent le lendemain matin.

Sol : profondément travaillé, léger, souple, pas trop riche et bien drainant.

Exposition : chaude et bien ensoleillée.

Culture et entretien : semez en mars sous abri avec une mise en place en mai, ou directement dans le massif en avril et en mai. Éclaircissez à 30 cm.

Espèces et variétés : il existe 50 espèces. *Mirabilis jalapa* est souvent proposée en mélanges variés ; 'Tea Time' (50 cm), plus compacte, rose, rouge, jaune ou blanc.

Mirabilis jalapa

Utilisations : massif avec des vivaces.

Notre conseil : au nord de la Loire, arrachez le pied et conservez les tubercules. Dans les régions au climat doux, laissez la belle-de-nuit en place.

Miscanthus sinensis
EULALIE

J F M A M J J A S O N D

1/1,5 m 1/2 m V

Cette très grande graminée, de la famille des Poaceae, est décorative par ses inflorescences.

Miscanthus sinensis 'Zebrinus'

Description : feuilles et fleurs sont souvent utilisées pour les bouquets, mais cette plante est aussi intéressante par les couleurs automnales, jaune et or, que prend la touffe.

Sol : une bonne terre de jardin, riche et fraîche.

Exposition : ensoleillée.

Culture et entretien : au printemps, coupez les hampes florales et nettoyez les feuilles séchées.

Espèces et variétés : 'Gracillimus' fleurit peu, mais ses feuilles étroites et gracieuses sont très décoratives. 'Variegatus' a les feuilles rayées de blanc crème tandis que 'Zebrinus' est marqué de bandes jaunes transversales. *Miscanthus floridus* est beaucoup plus grand et peut former des haies végétales de plus de 2 m de hauteur.

Notre conseil : faites un massif uniquement avec cette graminée, car elle se suffit à elle-même.

Monarda didyma

Monarda didyma
MONARDE

J F M A M J J A S O N D

80 cm/1 m — 40/50 cm — V

Cette vivace rhizomateuse de la famille des Lamiaceae produit d'étonnantes fleurs ébouriffées.

Description : originaire d'Amérique du Nord, cette plante buissonnante développe des tiges bien dressées à section carrée, portant des feuilles opposées, lancéolées, velues au revers. Les fleurs tubulaires, réunies en bouquets terminaux compacts, sont accompagnées de bractées rouges. Mellifères, elles attirent les papillons.
Sol : léger, frais, humifère, bien travaillé.
Exposition : lumineuse, sans être brûlante.
Culture et entretien : plantez au printemps (de 4 à 6 pieds/m²). Paillez le sol avec du compost pour qu'il reste frais. Rabattez toute la végétation en automne. Divisez les rhizomes au printemps.
Espèces et variétés : il existe 15 espèces. Tous les cultivars sont issus de *Monarda dydima* : 'Alba', blanc ; 'Beauty of Cobham', rose mauve ; 'Cambridge Scarlet', rouge écarlate ; 'Croftway Pink', rose clair ; 'Mahogany', rouge acajou.
Utilisations : massif de vivaces, bouquet.
Notre conseil : attention, les rhizomes forment un réseau dense, envahissant.

Muscari spp.
JACINTHE À GRAPPES

J F M A M J J A S O N D

10/20 cm — 5/6 cm — B

Cette mignonne petite bulbeuse de la famille des Asparagaceae forme des tapis fleuris du plus grand chic.

Description : originaire de Turquie et du Caucase, le muscari produit des bulbes ovoïdes, blancs. Les feuilles linéaires, en forme de gouttière, forment une touffe érigée. Les fleurs, en minuscules clochettes bleues, sont réunies en grappes serrées à l'extrémité d'une hampe rigide.
Sol : bien drainé, pas trop riche, souple.
Exposition : soleil doux et mi-ombre.
Culture et entretien : plantez à l'automne à 8/10 cm de profondeur et à 5/7 cm de distance. Divisez les touffes tous les 4 à 5 ans, en juin, lorsque les feuilles jaunissent. Inutile d'arroser.
Espèces et variétés : il existe 30 espèces. *Muscari armeniacum*, aux fleurs bordées d'un liseré blanc ; 'Blue Spike', double, bleu pâle, évoque une jacinthe. *Muscari botryoides*, aux fleurs sphériques en épis moins compacts ; 'Album', blanc ; *Muscari comosum*, plus haut (30/40 cm), plus tardif ; 'Plumosum', aux fleurs doubles, en plumets mauve lilacé, agrémentés de filaments violets.
Utilisations : massif, sous-bois, bordure, potée, jardinière, avec des bisannuelles.
Notre conseil : plantez des groupes d'au moins 100 bulbes pour obtenir un effet de masse spectaculaire.

Muscari armeniacum

Myosotis sylvatica

Myosotis spp.
MYOSOTIS

J F M A M J J A S O N D

15/30 cm — 10/20 cm — Bi

Cette mignonne Boraginaceae à floraison printanière est aussi appelée « ne m'oubliez pas ».

Description : vivace rustique surtout cultivée comme une bisannuelle, le myosotis forme une touffe aux feuilles alternes, lancéolées, rugueuses. Les fleurs en petits bouquets ont toujours le cœur clair.
Sol : riche, frais, bien drainé, souple et enrichi d'un fertilisant à base de fumier.
Exposition : une douce lumière tamisée.
Culture et entretien : plantez de septembre à mars (de 10 à 15 pieds/m²). Semez de juillet à septembre en terrine. Entre 15 et 20 °C, la germination se produit en 3 semaines. Repiquez en pleine terre ou en godet 15 jours après la levée.
Espèces et variétés : il existe 50 espèces. *Myosotis alpestris*, compact, bleu vif à œil jaune. *Myosotis sylvatica* a donné la plupart des cultivars ; 'Ultramarine' (15 cm), semi-double, bleu intense ; 'Victoria' (20 cm), au port en boule, en 4 coloris.
Utilisations : massif avec des bulbes de printemps, coupe, potée, bordure.
Notre conseil : n'arrosez pas trop pour éviter les maladies cryptogamiques.

Narcissus spp.
NARCISSE, JONQUILLE

J F M A M J J A S O N D

10/50 cm 10/30 cm B

Cette généreuse bulbeuse de la famille des Alliaceae annonce l'explosion printanière au jardin.

Description : d'origine méditerranéenne, les narcisses forment de gros bulbes tuniqués qui produisent une touffe de feuilles linéaires en gouttière, vert glauque. Tous les narcisses ont en commun une fleur composée d'une trompette centrale, ou couronne, émergeant d'un ensemble de six pétales en corolle appelé périanthe. La fleur est située à l'extrémité d'une hampe infléchie à son extrémité. Jaune, blanche, rose ou orangée avec toutes les combinaisons bicolores possibles, elle est le plus souvent simple, mais il existe des cultivars doubles. La quasi-totalité des narcisses est parfumée. La durée moyenne d'épanouissement est de 15 à 18 jours.

Sol : plutôt argileux, lourd, consistant, profond, frais, mais sans humidité stagnante et peu acide. La présence dans le sol de fumier frais est mal supportée.

Exposition : le soleil direct en hiver et au printemps stimule la floraison. En revanche, il est bon de prévoir un léger ombrage pour le reste de la saison. Une plantation sous des arbres caducs est donc tout particulièrement conseillée.

Culture et entretien : plantez en septembre et octobre, entre 10 cm et 15 cm de profondeur et de distance pour les grandes espèces, à 8/10 cm de profondeur et 5/7 cm d'espacement pour les petits narcisses. Seules quelques formes botaniques, comme *Narcissus papyraceus* 'Paper White' ou le rare *Narcissus romieuxii* et *watieri,* nécessitent une protection contre le froid. Le narcisse peut rester plusieurs années en place, et il se naturalise bien, tout en offrant la même qualité. Après la floraison, apportez un engrais pour fleurs à bulbes. Désherbez soigneusement.

Espèces et variétés : il existe 50 espèces. Les narcisses horticoles sont classés en dix catégories correspondant à une forme de végétation particulière.

Narcisse double 'Tahiti'

Narcissus cyclamineus 'Berky'

- **Narcisses trompettes** (40 cm) : ils développent une large fleur unique, penchée. Leur couronne est au moins aussi longue que les segments de la corolle ; 'Dutch Master', jaune d'or ; 'Magnet', blanc et jaune ; 'Mount Hood', blanc ivoire évoluant blanc pur ; 'Pistachio', jaune acide et blanc ; 'Queensland', rose et blanc.
- **Narcisses à grande couronne :** dits aussi « à grande coupe » ou « incomparables », ils portent une grande fleur unique dont la couronne très ouverte mesure entre le tiers les trois quarts des éléments du périanthe ; 'Carlton', jaune canari ; 'Fortissimo', jaune à coupe orange ; 'Professeur Einstein', orange vif et blanc.
- **Narcisses à petite couronne :** le diamètre de la coupe ne dépasse pas le tiers de celui de la corolle ; 'Barrett Browing', blanc et orange ; 'Birma', jaune et orange.
- **Narcisses à fleurs doubles :** la coupe imbriquée ou chiffonnée est formée de plusieurs pièces ; 'Golden Ducat', jaune d'or ; 'Tahiti', jaune et vermillon ; 'Texas', jaune et orange ; 'Van Sion', jaune, très double ; 'White Lion', ivoire et jaune pâle.
- **Narcisses Triandrus :** multiflores, au périanthe réfléchi et petite coupe.
- **Narcisses Cyclamineus :** uniflores, aux petits fleurs à la corolle inclinée vers le bas et longue couronne ; 'Berky', blanc et jaune ; 'February Gold', jaune d'or, 'Jack Snipe', blanc et jaune ; 'Tête à Tête', jaune citron.
- **Narcisses Jonquilla :** multiflores, à grandes fleurs à petite coupe, plates, parfumées ; 'Pipit', jaune crème et citron.
- **Narcisses Tazetta :** multiflores, aux nombreuses petites fleurs, à coupe étroite, plates, parfumées ; 'Canary Bird', jaune ; 'Geranium', blanc et orange, 'Minnow', blanc crème et jaune citron ; 'Totus Albus'

Narcissus 'Professeur Einstein'

Narcissus 'Fortune'

(ou 'Paper White'), blanc, à forcer.

- **Narcisses Poeticus :** à grandes fleurs solitaires, plates et parfumées, blanches, à toute petite couronne avec un liseré orange ou rouge ; 'Actaea', blanc à coupe jaune bordée de rouge.
- **Narcisses botaniques :** ce sont les espèces sauvages comme *Narcissus cyclamineus, canaliculatus, pumilus*, etc.
- **Narcisses « Split » :** appelés aussi narcisses « Papillon », à la coupe éclatée ou frangée ; 'Parisienne', blanc et orange.

Utilisations et associations : massif, pelouse, bordure, sous-bois, rocaille, potée, jardinière, forçage, bouquet.

Notre conseil : les fleurs coupées durent longtemps, mais leur sève est néfaste aux autres fleurs. Avant de mélanger les narcisses dans un bouquet, trempez les tiges dans l'eau claire durant une nuit.

Nemesia strumosa
NÉMÉSIA

J F M A M J J A S O N D

20/30 cm — 15/20 cm — A

Cette coquette annuelle de la famille des Scrophulariaceae se pare de couleurs chaleureuses.

Description : originaire d'Afrique du Sud, cette plante herbacée forme une touffe au feuillage opposé, fin et allongé, vert clair. Les fleurs de 2 cm de diamètre apparaissent à profusion, unicolores ou bicolores, blanc, jaune, orange, rose, rouge ou bleu.

Sol : riche, léger, humifère, plutôt acide.

Exposition : soleil présent, mais doux.

Culture et entretien : semez en mars-avril, sous abri ; la levée se produit en une dizaine de jours entre 20 et 22 °C. Repiquez en godets dès que les jeunes plants ont 3 feuilles. Plantez en mai, en espaçant les pieds de 25 cm.

Espèces et variétés : il existe 50 espèces. *Nemesia strumosa* 'Carnaval' (25 cm), à grandes fleurs ; 'Drapeau Danois' (20 cm), blanc et rouge vif ; 'K.L.M.' (20 cm), bleu vif et blanc ; 'Nebula' (25 cm), le premier hybride F1, à port compact et ramifié, proposé en 5 coloris intenses. *Nemesia coerulea* est une vivace frileuse qui a donné naissance à une riche génération de plantes estivales, souples, gracieuses, multipliées par bouturage ; série Show Girl (30 cm), idéale en suspension.

Utilisations et associations : massif, bordure, potée, jardinière, panier fleuri

Notre conseil : ne laissez pas la terre sécher en été. Les hybrides de *Nemesia coerulea* préfèrent une lumière tamisée.

Nemesia strumosa

Nepeta spp.
HERBE-AUX-CHATS, CHATAIRE

J F M A M J J A S O N D

25/90 cm — 40/60 cm — V

Cette vivace vaporeuse de la famille des Lamiaceae exhale une odeur irrésistible pour les chats.

Nepeta sibirica

Description : parfois appelé « menthe des chats », le népéta forme une jolie touffe légère, étalée, au feuillage ovale, crénelé, aromatique. Les bouquets en forme d'épis légers sont formés de fleurs tubulaires à deux lèvres, le plus souvent bleues.

Sol : léger, même sec, calcaire et caillouteux. Évitez l'humidité stagnante en hiver.

Exposition : chaude, en pleine lumière.

Culture et entretien : plantez de septembre à avril (de 4 à 6 pieds/m^2). Rabattez toute la végétation à l'automne. Divisez les vieilles touffes au printemps. Bouturez les jeunes rameaux en mai/juin.

Espèces et variétés : il existe 250 espèces. *Nepeta* x *faassenii* (25 cm), à port étalé, feuillage gris-vert, fleurs bleu clair ; 'Six Hills Giant' (60 cm), vigoureux, aux feuilles crispées grisâtres et fleurs bleu lavande. *Nepeta sibirica* (90 cm), buissonnant, feuilles vertes, fleurs bleu foncé ; 'Souvenir d'André Chaudron' (40 cm), au feuillage pourpre à l'automne, fleurs bleu foncé.

Utilisations : massif avec des rosiers ou des vivaces à fleurs jaunes, bordure. Sous les climats frais, le népéta remplacera la lavande avec une floraison garantie et une tenue correcte en sol compact.

Notre conseil : vous pouvez tenter le semis de mars à mai, en terrine. La levée se produit en 2 à 3 semaines, à 20 °C.

Nerine bowdenii
NÉRINE

J F M A M J J A S O N D

40/60 cm 10/20 cm B 0 °C

Cette bulbeuse frileuse de la famille des Alliaceae est appréciée pour sa floraison très tardive.

Description : originaire d'Afrique du Sud, cette plante au bulbe ventru forme d'abord une hampe florale rigide, qui porte une ombelle d'une dizaine de fleurs roses, aux pétales étroits, bouclés, en forme de ruban ondulé. Le feuillage allongé vient après la floraison et persiste tout l'hiver, puis se dessèche au printemps.
Sol : sableux, bien drainé, même pauvre.
Exposition : soleil et chaleur. Plein sud de préférence, culture d'intérieur possible.
Culture et entretien : plantez en avril à l'extérieur, en août à l'intérieur, à 10 cm de profondeur, espacés de 10 cm. Paillez en hiver contre le froid et l'excès d'humidité. Ne pas arroser dès que les feuilles jaunissent pour respecter le repos estival.
Espèces et variétés : il existe 30 espèces. *Nerine bowdenii,* dont les fleurs rose tendre durent très longtemps, a donné plusieurs cultivars : 'Baghdad' (60 cm), cramoisi à cœur plus clair ; 'Blanchefleur', blanc.
Utilisations : en groupe au pied d'un mur au sud ou dans un massif. Potée, jardinière, bouquet, forçage en intérieur.
Notre conseil : laissez en place les nérines au moins 4 ans avant de diviser les touffes en avril dans les jardins du littoral.

Nerine bowdenii

Nicotiana affinis

Nicotiana alata
TABAC D'ORNEMENT

J F M A M J J A S O N D

30 cm/1,5 m 20/60 cm A

Cette plante très florifère de la famille des Solanaceae apporte une note de fantaisie au jardin.

Description : originaire d'Amérique du Sud, cette vivace non rustique, appelée aussi *Nicotiana affinis*, est cultivée comme une annuelle. Elle porte de larges feuilles alternes, ovales, spatulées, velues et poisseuses. Les fleurs blanches étoilées, groupées en bouquets lâches au-dessus du feuillage, sont parfois parfumées.
Sol : riche, profond, drainé, amendé avec du compost ou un fumier décomposé.
Exposition : mi-ombre ou soleil doux.
Culture et entretien : semez en février/mars, dans la maison, à 18 °C, dans des caissettes, sans recouvrir les graines. Repiquez en godets maintenus sous abri jusqu'à la mise en place en mai. Espacez les plants de 30 à 40 cm.
Espèces et variétés : il existe 67 espèces. *Nicotiana alata* et *Nicotiana* x *sanderae* ont produit des hybrides compacts, offrant une dizaine de coloris différents : 'Calumet' (35 cm), bien parfumé ; 'Crimson Bedder' (80 cm), rose vif ; 'Domino' (30 cm), saumon ; 'Saratoga' (20 cm), le plus précoce ; 'Starship' (20 cm), très homogène. *Nicotiana sylvestris* (1,5 m), très parfumé, blanc.
Utilisations : massif, jardinière, bouquet.
Notre conseil : plantez les tabacs près d'un passage pour profiter de leur parfum capiteux, toujours plus puissant le soir.

Nigella damascena
NIGELLE DE DAMAS

J F M A M J J A S O N D

60/70 cm 15/25 cm A

Cette annuelle très légère de la famille des Ranunculaceae est idéale pour le jardin champêtre.

Description : originaire d'Europe méridionale, cette plante buissonnante développe un feuillage vert clair très finement divisé. Les fleurs, solitaires, sont entourées par une collerette de bractées filiformes, très décoratives. Fructification en capsules renflées translucides qui sèchent bien.
Sol : léger, sableux, sec, pauvre, calcaire.
Exposition : le plein soleil, même chaud.
Culture et entretien : semez de mars à mai, directement en place. La levée se produit en 12 jours à 18 °C. Éclaircissez entre 15 et 20 cm. Arrosez le jeune plant.
Espèces et variétés : il existe 20 espèces. *Nigella damascena* (ou « cheveux de Vénus »), souvent proposée en mélange de coloris, a donné quelques cultivars : ''Miss Jeckyll', bleu ; 'Pierres Persannes' ou 'Persian Jewels', mélange de bleu, rose et blanc, capsules rouges. *Nigella hispanica* diffère de la nigelle de Damas par un plus grand développement, une floraison plus tardive et des fruits moins gros. *Nigella orientalis* 'Transformer', à fleurs jaunes suivies de fruits en forme de cornes dressées.
Utilisations : massif, bordure, potée.
Notre conseil : récoltez en milieu de matinée les fleurs destinées aux bouquets secs.

Nigella damascena

Notholirion thomsonianum

Notholirion thomsonianum NOTHOLIRION

J F M A M J J A S O N D

60/90 cm 15/20 cm B -8 °C

Ces bulbeuses de la famille des Liliaceae sont des petits trésors botaniques pour collectionneurs.

Description : d'origine asiatique, cette plante, proche des lis, s'en distingue par une tunique qui couvre le bulbe. Le bouquet de feuilles de 40 à 50 cm de long et de 2 cm de large fait écrin à une longue hampe portant de 15 à 30 fleurs, en forme d'entonnoir, réunies en grappe.

Sol : riche, bien drainé, sec en été.

Exposition : un emplacement abrité, le long d'un mur ensoleillé, protégé des vents du nord et des gelées printanières.

Culture et entretien : plantez dès septembre, la végétation démarrant avant les premiers froids. Profondeur : 10 cm ; espacement : 20 cm. Le bulbe meurt après floraison (la plante est monocarpique), mais il produit de nombreuses bulbilles.

Espèce : il existe 6 espèces. *Notholirion thomsonianum*, aux longues clochettes parfumées, rose lilas, aux pétales recourbés, est le plus cultivé. *Notholirion bulbiferum*, aux petites clochettes de longue durée. *Notholirion macrophyllum*, aux fleurs éparses, en trompettes évasées de 5 cm de diamètre, bleu soutenu.

Utilisations : rocaille, massif, bouquet.

Notre conseil : couvrez le sol en été avec du compost ou un paillis organique, car les notholirions craignent les étés chauds et secs. Maintenez la litière au printemps.

Oenothera macrocarpa

Oenothera macrocarpa ŒNOTHÈRE

J F M A M J J A S O N D

20/80 cm 20/60 cm V

Cette vivace au port étalé, de la famille des Onagraceae, se pare de magnifiques coupes jaune d'or.

Description : originaire d'Amérique du Nord, cette œnothère est très rustique. Les rameaux rampants sont garnis de feuilles lancéolées, dentées, vert glauque. Les corolles, en coupe de 8 à 12 cm de diamètre, jaune citron ponctué de rouge, s'ouvrent souvent au cours de la nuit.

Sol : léger, bien drainé, pauvre, calcaire.

Exposition : très lumineuse et bien aérée.

Culture et entretien : plantez d'octobre à avril (6 pieds/m^2). Paillez le sol et arrosez généreusement en été. Divisez les touffes anciennes en mars ou avril.

Espèces et variétés : il existe 125 espèces. *Oenothera macrocarpa* (20 cm) est aussi appelée *missouriensis*. *Oenothera berlandieri* (40 cm), à fleurs rose veiné de carmin. *Oenothera pumila* (25 cm), à port étalé, fleurs jaune vif. *Oenothera odorata* var. *sulphurea* (80 cm), aux grandes fleurs jaune pâle qui fanent roses. *Oenothera speciosa* (60 cm), à grandes fleurs blanches lavées de rose, parfumées. *Oenothera tetragona* (50 cm), aux fleurs jaune d'or, s'ouvrant sur des boutons rougeâtres.

Utilisations : bordure, rocaille, massif.

Notre conseil : ajoutez du sable au sol lors de la plantation, car l'œnothère craint beaucoup l'humidité hivernale.

Onopordum spp. ONOPORDON, PET D'ÂNE

J F M A M J J A S O N D

2/3 m 1 m Bi

Ce chardon bisannuel de la famille des Asteraceae est très apprécié pour ses tiges laineuses blanches.

Description : appelé aussi « chardon aux ânes », cette plante européenne et asiatique forme un grand chardon aux feuilles épineuses, duveteuses, gris argenté à blanc. Le fleurs globuleuses, portées à l'extrémité des tiges, sont pourpres.

Sol : fertile, profond, sableux, bien drainé.

Exposition : plein soleil, même chaud.

Culture et entretien : plantez au printemps ou en septembre dans les régions au climat doux. Coupez rapidement les fleurs pour éviter qu'il essaime partout.

Espèces et variétés : il existe 40 espèces. *Onopordum bracteatum* (2 m), aux feuilles oblongues, dentées, de 30 cm de long. *Onopordum nervosum* (2,5 m), dont la hampe florale ramifiée, ailée, se termine par une grosse fleur pourpre.

Utilisations : massif, isolé, jardin sauvage.

Notre conseil : protégez les onopordons des fortes gelées et de l'humidité hivernale. Un bon apport d'engrais au printemps permet à la plante d'atteindre des dimensions plus importantes.

Onopordum bracteatum

Ornithogalum umbellatum

Ornithogalum umbellatum ORNITHOGALE

J F M **A M J J** A S O N D

10/60 cm   5/15 cm   B

Cette adorable bulbeuse de la famille des Asparagaceae porte de jolies fleurs étoilées, blanc argent.

Description : cette plante originaire du Moyen-Orient a pour surnom « dame de onze heures », car ses fleurs ne s'ouvrent qu'en fin de matinée. Ce sont des étoiles à six pétales blancs au dessous vert, portées en grappes le long d'une tige rigide. Les feuilles linéaires, arquées, portent une rayure longitudinale gris argenté.

Sol : léger, bien drainé, sablonneux.

Exposition : soleil, voire mi-ombre, mais les boutons ne s'ouvrent pas à l'ombre.

Culture et entretien : plantez à l'automne, à 5/8 cm de profondeur, tous les 8/10 cm. Cette plante rustique se naturalise facilement, surtout sur le littoral.

Espèces et variétés : il existe 80 espèces. *Ornithogalum umbellatum* (20/30 cm), aux grappes de 6 à 20 fleurs. *Ornithogalum balansae* (10 cm), précoce. *Ornithogalum nutans* ou « étoile de Bethléem » (30/40 cm), très rustique, aux grappes de fleurs en entonnoir, argent rayé vert.

Utilisations : rocaille, talus, bordure de massif, potée, bouquet.

Notre conseil : dans les régions au climat doux, essayez *Ornithogalum thyrsoides*, une espèce sud-africaine, dont les fleurs forment de mai à juillet des épis dressés, très intéressants pour les bouquets.

Osmunda regalis

Osmunda regalis FOUGÈRE ROYALE

1/2 m   2/4 m   V

Cette jolie fougère, de la famille des Osmondaceae, prend de belles couleurs en automne.

Description : les frondes de cette fougère que l'on trouve communément dans le Sud-Ouest et la Bretagne sont d'un très beau vert clair. La touffe est dense mais la silhouette paraît légère, car les divisions de ces frondes sont larges et arrondies.

Sol : tourbeux ou siliceux mais toujours humide.

Exposition : ombre à mi-ombre.

Culture et entretien : nettoyez la touffe en hiver.

Espèces et variétés : on trouve de nombreux cultivars chez cette espèce, tous décoratifs : 'Gracilis', plus petit, 'Japonica' aux frondes fertiles et stériles séparées, ou 'Spectabilis', aux pétioles rougeâtres comme les jeunes frondes.

Utilisations : zones ombragées du jardin.

Notre conseil : placez cette osmonde le long d'un petit ruisseau ou d'une pièce d'eau, à l'ombre.

Osteospermum spp. OSTÉO

J F M A **M J J A S O** N D

10/60 cm   30 cm/1 m   V   – 8 °C

Ces vivaces frileuses à port étalé, de la famille des Asteraceae, se plaisent dans les jardins du bord de mer.

Description : souvent confondus avec les *Dimorphoteca* qui sont des plantes annuelles, les *Osteospermum* sont des vivaces ou des sous-arbrisseaux semi-rustiques, originaires d'Afrique du Sud. Ils portent des feuilles entières, étroites, lobées, et de très nombreuses fleurs, en capitules colorés d'une grande finesse.

Sol : léger, bien drainé, pas trop riche.

Exposition : chaude, très ensoleillée, même un peu aride, mais bien aérée.

Culture et entretien : plantez au printemps à 30 cm de distance. Arrosez seulement par temps de canicule. Dans les régions fraîches et humides, cultivez les *Osteospermum* comme des annuelles.

Espèces et variétés : il existe 70 espèces. *Osteospermum caulescens* (10 cm), couvre-sol, s'étale sur 60 cm ; fleurs blanches. *Osteospermum ecklonis*

Osteospermum jucundum

(80 cm), à fleurs blanches à revers bleu; *Osteospermum jucundum* (ou *barberae*) [10/50 cm], atteint 1 m de large; capitules rose magenta. On cultive surtout des hybrides: 'Buttermilk' (80 cm), jaune clair; 'Pink Whirls' (60 cm), à fleurs spatulées roses; 'Starlight' (30 cm), 5 coloris; 'Tresco Pink' (20 cm), rose vif; 'Whirligig' (70 cm), à fleurs spatulées blanches.

Utilisations: bordure, massif, rocaille, potée, avec des plantes succulentes. Belle association avec *Brachyglottis* 'Sunshine'.

Notre conseil: par temps humide, traitez préventivement le mildiou qui tache les feuilles et affaiblit la plante.

Oxalis spp.
OXALIDE

J F M A M J J A S O N D

5/30 cm — 10/15 cm — V

Ces vivaces souvent bulbeuses de la famille des Oxalidaceae forment des tapis florifères très durables.

Description: contenant de l'acide oxalique, que l'on utilise pour ôter les taches de rouille sur le linge, les oxalides sont des vivaces bulbeuses ou rhizomateuses rustiques, dont les feuilles, à 3 ou 4 folioles, qui ressemblent à celles du trèfle, se replient en fin de journée. Les fleurs en coupe ne s'ouvrent qu'en plein soleil.

Sol: léger, riche en humus, bien drainé.

Exposition: plein soleil, même très fort.

Culture et entretien: plantez en avril, à 5/10 cm de profondeur et à 10 cm d'écartement. Aucun entretien n'est nécessaire.

Espèces et variétés: il existe 500 espèces. *Oxalis adenophylla* (120 cm), à feuilles glauques très découpées, fleurs rose veiné, en mai. *Oxalis tetraphylla* (ou *deppei*), le « trèfle à quatre feuilles » (15 cm), à fleurs estivales rose pourpré en ombelles; 'Iron Cross' porte une tache marron à la base de chaque foliole; *Oxalis violacea* (20 cm), à longue floraison bleu violacé.

Utilisations: bordure, talus, muret, rocaille, potée en intérieur.

Notre conseil: installez les oxalides dans un lieu isolé du jardin, car si elles se plaisent, vous aurez beaucoup de mal à contenir leur tempérament envahissant.

Oxalis violacea

Pachysandra terminalis
PACHYSANDRA

J F M A M J J A S O N D

10/30 cm — 60 cm/1 m — V

Cette vivace couvre-sol de la famille des Buxaceae pousse lentement, formant un tapis très homogène.

Pachysandra terminalis 'Variegata'

Description: originaire de Chine et du Japon, cette plante drageonnante aux tiges charnues, porte des feuilles alternes, obovales, dentées. Les inflorescences forment des petits bouquets globuleux blancs (mâles) ou verdâtres (femelles).

Sol: frais, humifère, assez riche et souple.

Exposition: jamais de soleil direct.

Culture et entretien: plantez de septembre à avril, supprimez les rameaux volages. Arrosez abondamment en été. Divisez les vieilles touffes au printemps.

Espèces et variétés: il existe 4 espèces. *Pachysandra terminalis* 'Green Carpet' (15 cm), compact, à feuilles découpées, est plus grisâtre; 'Variegata' (25 cm), au feuillage marginé de blanc.

Utilisations: couvre-sol, sous-bois, talus ombragé, bordure, potée.

Notre conseil: plantez des jacinthes des bois et des astilbes au milieu des tapis de *Pachysandra* pour un effet plus coloré.

Paeonia suffruticosa

Paeonia spp.
PIVOINE

J F M A **M J J** A S O N D

60 cm/2 m 80 cm/1,5 m

Cette plante opulente de la famille des Paeoniaceae porte des fleurs énormes, d'une rare perfection.

Description : originaires d'Europe, d'Amérique du Nord ou de Chine et du Japon, les pivoines sont des vivaces herbacées ou des sous-arbrisseaux, aux feuilles alternes, composées de folioles aux formes variables selon les espèces. Les fleurs, parfois délicieusement parfumées, sont portées solitaires à l'extrémité d'une longue hampe semi-ridige. Simple (avec de 5 à 10 pétales), semi-double ou double, la fleur de pivoine forme une coupe ou une boule de 10 à 25 cm de diamètre, aux couleurs somptueuses.

Sol : profond, riche et sain, plutôt humifère, sans calcaire. Faites un apport de fumier décomposé chaque année en mars. La terre doit être poreuse jusqu'en profondeur, la première cause d'échec avec les pivoines étant l'humidité stagnante.

Exposition : soleil direct non brûlant ou mi-ombre légère pour les pivoines arbustives. Protégez des gelées printanières.

Culture et entretien : plantez de mi-septembre à avril, à 80 cm de distance pour les pivoines herbacées et entre 1,2 m et 1,5 m pour les arbustives. Arrosez généreusement par temps chaud. Maintenez le sol propre par des sarclages réguliers. Ne posez pas de paillage permanent qui favorise l'apparition des maladies. Apportez un bon engrais complet au printemps (un engrais pour rosiers convient bien). Il est inutile de tailler, sauf pour équilibrer la ramure, mais supprimez les fleurs fanées et les parties tachées pour éviter toute propagation de maladie cryptogamique. Pulvérisez préventivement une bouillie bordelaise peu concentrée (2 % de cuivre) au pied des pivoines herbacées avant les périodes de chaleur, pour éviter le flétrissement (verticilliose). Divisez les vieilles touffes en automne, uniquement si la plante devient encombrante. Opérez avec précaution car le racines sont fragiles et la pivoine, casanière, n'aime pas du tout être déplantée. Elle peut d'ailleurs « bouder » plusieurs années sans fleurir.

Espèces et variétés : il existe 30 espèces.

• **Pivoines herbacées :** *Paeonia emodi* (1,2 m), aux fleurs ovales, blanches, à étamines jaunes. *Paeonia lactiflora* (la pivoine de Chine), aux fleurs blanches, parfumées, a donné de nombreux cultivars : 'Bowl of Beauty' (80 cm), rose à très gros cœur crème, puis blanc ; 'Festiva Maxima' (90 cm), double, blanc taché de carmin, parfumé ; 'Mme Calot', double, blanc, parfumé ; 'Mme Henry Fuchs' (90 cm), à corolle carmin et gros cœur jaune crème ; 'Mr Adam Modzelewski' (80 cm), double, rouge velouté. *Paeonia mlokosewitschii* (1 m), à grandes fleurs jaunes ; *Paeonia officinalis* (50 cm), aux tiges velues et fleurs rose pourpré ; 'Alba Plena', double, blanc ; 'Rubra Plena', double, rouge pourpre foncé.

• **Pivoines arbustives :** *Paeonia delavayii* (1,8 m), à toutes petites fleurs globuleuses brun acajou ; *Paeonia lutea* (1,5 m), à petites fleurs jaunes ; 'Chromatella' (1,5 m), très double, jaune doré avec un liseré rose. *Paeonia suffruticosa* (pivoine Moutan) [2 m], aux feuilles découpées et très grandes fleurs, a donné une large gamme de cultivars : 'Baronne d'Alès' (1,2 m), double, rose vif, ø 15 cm ; 'Dojean' (1,5 m), semi-double, blanc avec une marque pourpre à la base des pétales, ø 20 cm ; 'Jeanne d'Arc' (1,5 m), rose saumoné, légèrement parfumé, ø 18 cm ; 'Fuso no Tsukasa' (1,5 m), double, blanc,

Paeonia lactiflora 'Bowl of Beauty'

ø 17 cm ; 'Hana Kisoï' (1,7 m), semi-double, à pétales froissés roses, ø 25 cm ; 'Mme Émile Joubert' (1,7 m), double, rose-mauve, ø 18 cm ; 'Princesse Amélie' (1,8 m), simple, pourpre carminé, ø 18 cm ; 'Reine Élisabeth' (1,5 m), double, rose, ø 20 cm ; 'Souvenir de Maxime Cornu' (1,7 m), très double, jaune soufre avec un liseré carmin, ø 16 cm ; 'Teikan' (1,5 m), double, rose marqué de rouge, ø 18 cm ; 'Valse de Vienne' (1,6 m), simple à pétales froissés rose pâle satiné, ø 23 cm ; 'Yao Huang' (1,2 m), très double, blanc, parfumé, ø 18 cm.

Utilisations : touffe de 2 ou 3 pieds isolée sur une pelouse. Massif d'arbustes ou de vivaces, haie fleurie, bouquet. Très belle association avec des iris ou des rosiers.

Notre conseil : n'enterrez pas les pivoines herbacées de plus de 2 à 3 cm lors de la plantation, sinon elles mettront plusieurs années avant de refleurir. En revanche, plantez profondément (10/15 cm), les pivoines arbustives, dont la greffe doit s'enraciner (s'affranchir) pour que la variété se développe avec vigueur.

Papaver croceum

Papaver spp.
PAVOT

J F M A M J J A S O N D

10 cm/1,2 m — 10 cm/1 m — V

Ces plantes gracieuses et légères de la famille des Papaveraceae sont parfaites dans les jardins naturels.

Description : annuels, bisannuels ou vivaces, les pavots sont des plantes très cosmopolites, qui développent une touffe de feuilles basales finement découpées, souvent velues. Les fleurs en coupe creuse, à 4 pétales, sont portées par une tige grêle et sont le plus souvent solitaires. Le fruit, en capsule arrondie, contient un suc laiteux, toxique, aux propriétés narcotiques.

Sol : léger, profond, assez fertile, même pierreux ou calcaire, toujours bien drainé.

Exposition : soleil direct, même chaud pour assurer une bonne floraison.

Culture et entretien : semez les pavots annuels de mars à mai, directement en place sur un sol simplement ratissé. La levée demande de 2 à 3 semaines entre 12 et 16 °C. Éclaircissez à 10 cm. Arrosez régulièrement jusqu'à ce que les premiers boutons floraux apparaissent.

Semez en mai/juin les pavots bisannuels et abritez les jeunes plants sous une cloche durant l'hiver. Mise en place en mars.

Plantez les pavots vivaces au printemps, à 20/30 cm d'écartement. Prévoyez un tuteur circulaire pour soutenir les tiges.

Espèces et variétés : il existe 70 espèces.

- **Pavots annuels :** *Papaver rhoeas*, le coquelicot (60 cm), rouge vif ; *Papaver somniferum*, dont seules des variétés ornementales, le plus souvent à fleurs doubles ou frisées, sont autorisées en culture ; 'Hen and Chicken' (1 m), aux curieuses capsules boursouflées ; 'Le Géant', à fleurs simples mauves, capsules énormes.
- **Pavots bisannuels :** *Papaver croceum (nudicaule)*, le pavot d'Islande (30 cm), est vivace, mais cultivé comme bisannuelle. Fleurs de 5 à 8 cm de diamètre, jaunes, blanches, orange ou roses, très lumineuses ; 'Brise d'Été' (35 cm), compact, de toutes couleurs ; 'Matador' (60 cm), écarlate ou en teintes pastel ; 'Wonderland' (30 cm), à très grandes fleurs portées par des tiges courtes.
- **Pavots vivaces :** *Papaver burseri* (10 cm), à feuilles glauques et fleurs de toutes les couleurs. *Papaver orientale*, au feuillage velu et découpé, et très grandes fleurs tachées de noir ou de blanc à la base des pétales, se décline en nombreux cultivars ; 'Allegro' (60 cm), rouge clair ; 'Bonfire' (1,2 m), rouge sang à marques noires ; 'Corinna' (50 cm), rose saumoné maculé de grenat ; 'Juliane' (80 cm), à grandes fleurs rose clair, unies ; 'Orangeade Maison' (80 cm) orange franc, sans macule ; 'Picotee' (90 cm), à grandes fleurs blanches bordées de saumon ; 'Türkenlouis' (80 cm), aux pétales frangés de rouge avec une grosse macule noire.

Utilisations : massif, prairie fleurie, sous-bois clair, rocaille, jardin sauvage. Bouquet frais ou sec (cueillir au stade du bouton).

Notre conseil : ne laissez pas les pavots (surtout les annuels) former leurs graines, sinon votre jardin sera envahi dès l'année suivante. Coupez les hampes florales dès que se forment les capsules.

Papaver orientale

Pelargonium spp.

PÉLARGONIUM, GÉRANIUM

J F M A M J J A S O N D

25 cm/1 m 15/60 cm 2/5 °C

Cette plante généreuse de la famille des Geraniaceae est la très grande star des décorations estivales.

Description : vivaces semi-rustiques ou sous-arbrisseaux buissonnants, originaires d'Afrique du Sud, les *Pelargonium* portent des feuilles alternes, palmées, plus ou moins découpées, parfois très aromatiques. Les fleurs à 5 pétales sont réunies en bouquets arrondis à l'extrémité de hampes souples ou rigides. Les deux pétales supérieurs sont toujours plus grands.

Pelargonium peltatum

Pelargonium x domesticum

Sol : riche et bien drainé. En pot, un mélange léger de sable et terre de jardin, enrichi d'un fertilisant à base de fumiers ou un bon terreau pour plantes à massif.

Exposition : chaude et bien aérée, très ensoleillée, même aride.

Culture et entretien : semez de janvier à mars en terrine sous abri. La germination demande de 7 à 10 jours entre 20 et 22 °C. Repiquez le jeune plant en terrine, puis en godet. En mai, installez les jeunes plants obtenus par semis ou achetés en godets en pleine terre à 25 cm de distance ou dans des contenants suffisamment grands (prévoyez un pot de 15 cm de diamètre par plant). Les pieds-mères conservés durant l'hiver en véranda sont taillés très court et rempotés en mars. De mai à septembre, apportez tous les dix jours un engrais liquide pour géraniums. Ôtez régulièrement les fleurs fanées. Arrosez copieusement, en laissant la terre du pot s'assécher en surface entre deux apports d'eau. La multiplication s'effectue par boutures de tiges feuillées de 8 à 10 cm de long, prélevées sur les pieds-mères à la fin de l'été et mises à raciner en godet sous abri entre 15 et 22 °C.

Espèces et variétés : il existe 230 espèces.

• **Pélargonium à grandes fleurs** : *Pelargonium* x *domesticum* (ou *Pelargonium regale*) [30/40 cm], une belle plante hybride, à port dressé et buissonnant, issue de croisements complexes entre *Pelargonium grandiflorum, fulgidum* et *cucullatum*. Feuilles vert franc, palmées, dentées. Fleurs d'environ 5 cm de diamètre, souvent groupées en inflorescences lâches, à l'aisselle des feuilles supérieures. Les fleurs sont unies ou bicolores (blanc, rose, lilas, rouge, pourpre et violet), avec ou sans marbrures sombres ; 'Black Night', pourpre noir marginé de blanc pur ; 'Duc', rouge vif à macules noires ; 'Duchesse', blanc maculé de carmin ; 'Jasmin', blanc pur, légèrement rayé de carmin ; 'Muttertag', rose corail au bord blanc et à larges macules noires ; 'Silvia', rouge intense.

Pelargonium x *peltatum* 'Rouletta'

• **Pélargoniums lierres** : *Pelargonium* x *peltatum* (1 m), au port très étalé ou retombant. Les tiges grêles, souples, portent des feuilles vernissées vert vif ressemblant à celles du lierre. Les fleurs, étroites, sont groupées en fausses ombelles sur des petits pédoncules nés à l'aisselle des feuilles situées à l'extrémité des tiges principales. La gamme des coloris présente tous les tons de blanc, rose, rouge, lilas et orangé, avec des fleurs simples ou doubles ; 'Belle de Grange' a des fleurs rouge tomate (sa vigueur et sa floribondité sont celles du *Pelargonium zonale*, et son port, celui d'un géranium-lierre) ; 'Cocorico', à fleurs simples, rouges, deux fois plus grandes que la plupart des géraniums-lierres ; 'Crocodile', au feuillage veiné de jaune, fleurs roses ; Élégante Panachée' mêle le crème et le rose sur son feuillage, fleurs blanc rosé ; 'Roi des Balcons', très florifère et vigoureux, rouge vif ; 'Rouletta', à fleurs demi-doubles blanches bordées de rouge foncé ; 'Ville de Paris', simple, rose clair. La série Summer Showers regroupe les premiers géraniums-lierres à fleurs simples disponibles en graines, 5 coloris ; 'Songe d'Été', plus récent, se ramifie sans pincement.

• **Pélargoniums zonales** (35/50 cm) : c'est une lignée d'hybrides issus des *Pelargonium inquinans* et *zonale*, au port érigé, buissonnant. Les feuilles larges et rondes sont vertes, avec une zone sombre caractéristique (parfois absente chez certaines variétés). Les fleurs, simples ou doubles, de 1 à 2 cm de diamètre, sont regroupées en fausses ombelles plus ou moins rondes, portées par des pédoncules rigides, à l'aisselle des feuilles supérieures. La floraison se détache nettement au-dessus du feuillage et se prolonge jusqu'aux premières gelées. Les tons jaune et bleu n'existent pas. Parmi les variétés à semer : 'Cricket', assez résistant au froid, toutes couleurs ; 'Éclat', compact, aux fleurs en boules roses, rouges ou blanches ; 'Maverick', à feuilles zonées, grosses fleurs en 11 coloris ; 'Multibloom', à feuillage zoné, très florifère, ramifié, en 9 coloris ; 'Ripple', très régulier, compact, aux fleurs roses ou saumon striées de rose.

• **Pélargoniums à feuillage coloré** : ces hybrides à feuilles panachées de blanc, de crème, de rose ou de jaune, sont doublement décoratifs par le feuillage et la floraison, malheureusement moins abondante ; 'Blazonry', à feuilles crème marquées de rose, vert et pourpre, fleurs rouges ; 'Duc d'Anjou', à feuilles panachées de crème, fleurs magenta ; 'Madame Salleron', au feuillage vert cerclé de blanc, fleurs rose clair ; 'Manglesci', feuillage bordé de crème, fleurs rouges ; 'Mistress Quilter', à feuillage plus ou moins doré, fleurs roses.

• **Pélargoniums à feuillage odorant** : certains pélargoniums botaniques et leurs

Pelargonium zonale 'Manglesii'

Pelargonium

variétés contiennent des essences parfumées. Il suffit de froisser une feuille pour ressentir une odeur souvent étonnante. Amande : *Pelargonium blandfordianum.* Carotte : 'Scarlett Pet'. Citron : *Pelargonium crispum*, 'Peach', 'Minor', 'Major', 'Joy Lucille', 'Lemon Fancy', 'Prince Ruppert', 'Radula', 'Bette Hülsmann', *Pelargonium viscosissimum.* Citronnelle : *Pelargonium denticulatum.* Eucalyptus : 'Chlorinda'. Pin : *Pelargonium abrotanifolium* et *fragrans.* Menthe : 'Grey Lady Plymouth', *Pelargonium tomentosum.* Orange : 'Prince of Orange'. Poivre : 'Endsleigh', 'Patton's Unique', 'Royal Oak', 'Snow Flake', *Pelargonium quercifolium.* Pomme : *Pelargonium odoratissimum.* Rose : 'Attar of Rose', *Pelargonium capitatum* (le géranium rosat) et *graveolens.*

Utilisations : massif, potée, jardinière, suspension, décor d'intérieur (formes botaniques et à feuillage odorant). Associez les pélargoniums avec des annuelles légères.

Notre conseil : les variétés à fleurs simples sont souvent plus florifères que les formes à fleurs doubles, qui s'abîment avec les intempéries (pourriture grise). Les pélargoniums à feuillage panaché sont assez délicats. Ils demandent une exposition plus chaude et sèche. Leur teinte est mieux mise en valeur à mi-ombre, en compagnie de plantes à feuillage sombre.

Pennisetum compressum
PENNISETUM

J F M A M J J A S O N D

60 cm/1 m — 60cm/1m — V

Cette graminée de la famille des Poaceae présente une belle touffe de feuilles étroites et glauques.

Sol : une bonne terre de jardin fraîche est préférable, mais un sol sec ne lui est pas néfaste.

Exposition : le plein soleil.

Culture et entretien : nettoyez la touffe en coupant les inflorescences et les feuilles séchées. On renouvelle le pied par un semis d'automne hiverné sous abri avant une mise en place au mois de mai.

Description : cette plante aimant la chaleur, il est plus difficile de la conserver comme vivace dans le nord de la France.

Espèces et variétés : 'Hameln' produit de nombreux épis cylindriques bruns à pointe blanche, la touffe devenant dorée en automne. 'Japonicum' a le feuillage vert sombre et les épis plus foncés. *Pennisetum orientale* a des épis teintés de rose.

Utilisations : une graminée idéale pour animer les massifs d'automne.

Notre conseil : plantez cette graminée en extrémité de massif en groupant trois ou quatre pieds.

Pennisetum compressum

Penstemon x hybridus

Penstemon spp.
PENSTÉMON, GALANE

J F M A M J J A S O N D

20 cm/1 m 30/60 cm V

Ces plantes variées de la famille des Scrophulariaceae méritent d'être plus largement utilisées.

Description : les penstémons forment une belle touffe aux tiges bien droites, portant des feuilles opposées, lancéolées. Des fleurs tubulées qui évoquent les digitales sont portées en grappes terminales.

Sol : souple, léger, humifère, bien drainé.

Exposition : le plein soleil assez chaud.

Culture et entretien : plantez au printemps (de 6 à 9 pieds/m^2) pour une bonne couverture. Paillez pour maintenir une bonne fraîcheur du sol en été. Semez les penstémons en mars/avril en terrine sous abri. La germination s'effectue en 1 à 2 semaines à 20 °C. Repiquez en godets.

Espèces et variétés : il existe 250 espèces. *Penstemon barbatus* 'Coccineus' (1 m), à feuilles glauques et fleurs rouge vermillon. *Penstemon hirsutus* (50 cm), à feuillage pourpré en hiver, fleurs blanches et bleu lilacé. *Penstemon pinnifolius* (30 cm), compact, écarlate. Il existe aussi de nombreux hybrides (*Penstemon* x *hybridus*), dont la plupart ont pour parent *Penstemon heterophyllus*. 'Midnight' (70 cm), bordeaux ; 'Pen Purple' (70 cm), rouge violacé ; 'Pennington Gem', orange foncé. Les suivants ont tous la gorge blanche ; 'Alice Hindley' (70 cm), mauve ; 'Apple Blossom' (60 cm), rose tendre ; 'Gloire des Quat'Rues' (60 cm), violet ; 'Maurice Gibbs', magenta ; 'Souvenir d'Adrien Régnier' (50 cm), rose tendre.

Utilisations : massif de vivaces, fleur coupée. Rocaille pour les petites espèces.

Notre conseil : installez les penstémons dans un endroit abrité des grands froids. Si la température atteint - 5 °C, enveloppez la touffe dans un voile d'hivernage. Ne rabattez pas le feuillage en hiver, même s'il paraît bien abîmé.

Persicaria spp.
RENOUÉE, POLYGONUM

J F M A M J J A S O N D

15 cm/2 m 30 cm/1 m V

Tapissantes ou érigées, ces vivaces de la famille des Polygonaceae réussissent sans problème partout.

Description : rhizomateuses ou stolonifères, parfois considérées comme des mauvaises herbes, les renouées développent des feuilles simples et entières aux nervures très visibles, parfois colorées. Les fleurs en minuscules clochettes sont réunies en épis blancs ou en grappes.

Sol : riche, frais, humifère, bien travaillé.

Exposition : lumière filtrée ou soleil direct doux. *Persicaria bistorta* accepte le sec.

Culture et entretien : plantez d'octobre à avril, de 1 à 8 pieds/m^2 selon les espèces. Arrosez généreusement en été. Divisez la vieille souche en automne ou au printemps lorsque la plante fleurit moins bien.

Polygonum

Petasites japonicus

Espèces et variétés : il existe 80 espèces. *Persicaria affinis* (20 cm) forme un tapis compact dont les feuilles rougissent en automne ; 'Darjeeling Red' et 'Superba' (25 cm), à fleurs roses, puis rouges. *Persicaria amplexicaulis* 'Atrosanguineum' (1,2 m), aux fleurs en épis rouge rubis, feuilles colorées en automne. *Persicaria bistorta* 'Superba' (80 cm), aux longs épis rose clair. *Persicaria microcephala* 'Red Dragon' (1,5 m), à feuilles pourpre foncé marqué d'un triangle vert clair.

Utilisations : massif, potée pour les grandes espèces, bordure, rocaille, couvre-sol, pour les formes naines.

Notre conseil : utilisez *Persicaria affinis* pour habiller le pied des arbustes, il empêche le développement des mauvaises herbes. Attention, les grandes espèces sont assez envahissantes.

Petasites japonicus
PÉTASITE

J F M A M J J A S O N D

1/1,2 m 1,5/2 m V

Cette vivace opulente de la famille des Asteraceae développe des feuilles énormes en forme de rein.

Description : de croissance forte et rapide, cette plante rhizomateuse développe une belle touffe de grandes feuilles arrondies qui peuvent atteindre 1 m de diamètre. Elles sont portées par des pétioles qui peuvent mesurer 1,2 m de long. Au tout début du printemps, avant les feuilles, apparaissent des fleurs blanc rosé, en épi très serré. Les pétasites sont dioïques, chaque plante étant unisexuée.

Sol : riche, profond, consistant, humifère, toujours humide mais pas immergé.

Exposition : une lumière plutôt filtrée, dans une ambiance douce et humide.

Culture et entretien : plantez au printemps (1 pied/m²). Veillez à ce que les racines ne sèchent pas. Paillez le pied avec du compost au printemps et divisez les souches devenues trop importantes.

Espèces et variétés : il existe 15 espèces. *Petasites japonicus* 'Giganteus' forme des feuilles de plus de 1 m de diamètre avec des bords ondulés. *Petasites fragrans*, (30 cm), l'héliotrope d'hiver, dont les fleurs rosées sentent la vanille.

Utilisations : en touffe isolée au bord d'une pièce d'eau, groupe en sous-bois clair.

Notre conseil : maintenez bien le pétasite dans l'espace que vous lui avez attribué, car il a tendance à tout coloniser, au détriment des autres végétaux.

Petunia spp.
PÉTUNIA

J F M A **M J J A S O** N D

20/80 cm — 30/60 cm — A

Cette annuelle aux riches couleurs, de la famille des Solanaceae, est une des grandes vedettes de l'été.

Description : cette plante herbacée, originaire d'Amérique du Sud, développe des rameaux souples, portant des feuilles alternes, duveteuses et collantes. Les fleurs, en forme d'entonnoir très évasé, se déclinent dans toutes les couleurs. La plante tout entière exhale une odeur assez désagréable, surtout lorsqu'elle est mouillée.

Sol : fertile, humifère, bien drainé. En pot, un bon terreau pour plantes à massif.

Exposition : pas d'insolation trop forte, la mi-ombre douce convient idéalement.

Culture et entretien : semez à la maison en février-mars, dans des terrines, sans enterrer les graines. Couvrez le semis avec une vitre jusqu'à la germination. Repiquez

Petunia x grandiflora

sous abri, en terrine, dès que les plantules ont formé 2 ou 3 feuilles. Plantez en mai, entre 20 et 30 cm de distance, y compris les espèces qui se multiplient par bouture comme les *Calibrachoa*, Million Bells® et Surfinia®. 3 à 4 pieds/m² suffisent. Gourmands, les pétunias apprécient un grand contenant et, de juin à septembre, un apport hebdomadaire d'engrais liquide pour plantes fleuries. Supprimez régulièrement les fleurs fanées pour aider à la formation de nouveaux boutons floraux.

Espèces et variétés : il existe 40 espèces. La plupart des pétunias cultivés sont des hybrides, proposés en coloris très variés, à l'exception de l'orange et du noir.

- **Pétunias nains *grandiflora* :** compacts (20/30 cm), précoces, homogènes, ils portent des fleurs de 5 à 6 cm de diamètre.
- **Pétunias à fleurs doubles** (30/40 cm) : aux nombreux pétales chiffonnés qui s'imbriquent les uns dans les autres.
- **Pétunias retombants** (50/70 cm) : aux rameaux souples et grêles qui ploient sous les fleurs, parfaits pour les suspensions.
- **Races nouvelles :** de nouveaux hybrides ont vu le jour ces dernières années. Surfinia® (1,2 m), vigoureux, à port pleureur, a été créé au Japon. Commercialisé en Europe depuis le début des années 1990, il se caractérise par un développement rapide et important de tiges ramifiées. La floraison, identique à celle du pétunia, est plus abondante. Il existe aujourd'hui 14 cultivars dont un double.

Million Bells® est une génération de pétunias à feuillage linéaire et toutes petites fleurs, découverte au Japon, dont le lobe des corolles est bien marqué. On trouve parmi ces plantes des teintes innovantes comme 'Terracotta', brun orangé. Ces petits pétunias ont été rattachés au genre *Calibrachoa*, nom synonyme de *Petunia*, mais qui permet de les différencier.

Utilisations et associations : massif, rocaille, jardinière, potée, suspension. Couvre-sol pour les pétunias retombants. Toutes les possibilités d'associations sont possibles avec les annuelles et les fleurs saisonnières. Diascia, fuchsia, muflier, némésie, sauge, sutera, verveine s'accordent fort bien avec les pétunias.

Notre conseil : les variétés à fleurs doubles doivent être protégées de la pluie. Arrosez les pétunias au pied, sans mouiller le feuillage et les fleurs, ils dureront bien plus longtemps.

Petunia Surfinia

Phlox drummondii 'Twinckle'

Phlox subulata

Phlox spp.
PHLOX

J F M A M J J A S O N D

10 cm/1 m — 15/80 cm — A

Ces plantes très diversifiées de la famille des Polemoniaceae ont en commun une floraison superbe.

Description : plantes herbacées annuelles ou vivaces, originaires d'Amérique du Nord, les phlox forment une touffe érigée ou en coussinet de feuilles opposées, simples, linéaires ou ovales. Les fleurs sont des étoiles à 5 pétales, groupées en bouquets arrondis aux couleurs tendres.

Sol : fertile, bien drainé, non calcaire de préférence. Faites un apport d'humus.

Exposition : soleil, même intense, surtout pour les phlox nains. Un emplacement plus doux et non venté pour les grands.

Culture et entretien : semez les phlox annuels en place en avril ou mai, puis éclaircissez le semis, en gardant un plant tous les 20 cm. Pour obtenir une floraison plus précoce, semez sous abri en mars, dans des godets de tourbe, à raison de trois graines par pot. Conservez le plant le plus vigoureux et repiquez en place en mai, sans casser la motte. Arrosez régulièrement à l'engrais liquide. Plantez les phlox vivaces de septembre à avril (de 4 à 9 pieds/m^2 selon les espèces). Tuteurez les plus grands hybrides. Divisez la souche après la floraison tous les 3 à 5 ans.

Espèces et variétés : il existe 67 espèces.

• **Phlox annuels :** *Phlox drummondii* (phlox de Drummond) [10/40 cm], à port étalé, compact, feuilles oblongues vert vif, floraison de juillet à septembre, en corymbes blanc, jaune, rose, orange, rouge, bleu ou violet ; 'Campus' (15 cm), bien ramifié, existe en 9 coloris ; 'Crystal' (20 cm), compact, à fleurs étoilées, proposé en 7 couleurs ; 'Grand' (50 cm), à grandes fleurs rondes aux teintes variées ; 'Twinckle' (15/20 cm), à fleurs étoilées.

• **Phlox vivaces :** *Phlox douglasii* (10 cm), qui forme un coussin très compact, diffère de *P. subulata* par ses pétales plus arrondis, non découpés ; 'Crackerjack', rouge carminé. *Phlox maculata* 'Natasha' (1 m), aux panicules odorants, pourpres ou violets. *Phlox paniculata* (1,2 m), vigoureux, érigé, touffu, a donné de nombreux hybrides ; 'Amethyst' (90 cm), bleu ; 'Elisabeth Arden' (80 cm), rose ; 'Fanal' (90 cm), rouge brillant ; 'Jacqueline Maille' (1 m), blanc pur ; 'Madame Marotte' (80 cm), saumon à œil clair. *Phlox stolonifera* (30 cm) drageonne beaucoup ; 'Ariane', blanc pur ; 'Blue Ridge', bleu. *Phlox subulata* (10/15 cm), un phlox nain, persistant, très rustique, couvre vite le terrain avec ses tiges prostrées qui s'enracinent d'elles-mêmes, formant un tapis fleuri. Il fleurit en avril/mai. Les hybrides présentent des coloris très variés, du blanc au rouge carminé : 'Betty', rose lumineux ; 'Oakington Blue Eyes', bleu mauve ; 'Temiskaming', rouge carminé ; 'White Delight', blanc.

Utilisations : massif, bouquet pour les grands phlox. Rocaille, bordure, dallage, muret, escalier, potée pour les nains.

Notre conseil : traitez contre l'oïdium dès le 15 août car les phlox y sont très sensibles et une forte attaque nuit à la floraison. En automne, coupez les tiges fanées et apportez une fumure organique.

Phyllitis scolopendrium
SCOLOPENDRE

50 cm — 60 cm — V

La « langue de bœuf » ou « langue de cerf », est une fougère commune de la famille des Polypodiaceae.

Description : cette fougère présente des frondes entières, longues et étroites. Elles sont persistantes, réunies en rosette et de couleur vert clair. Les frondes fertiles portent des rangées parallèles de spores noirâtres très caractéristiques.

Sol : indifférent, même calcaire, frais et humide.

Exposition : ombre à mi-ombre.

Culture et entretien : maintenez la touffe propre.

Espèces et variétés : nombreux cultivars dont certains fournissent de très jolies plantes d'appartement. 'Marginatum' a les frondes ondulées et découpées sur les bords, 'Crispum' les a crispées.

Notre conseil : placez cette fougère dans une rocaille, au pied d'une cascade.

Phyllitis scolopendrium

Physalis alkekengi
COQUERET DU PÉROU

30 cm/1 m | 30 cm/1 m | V

Cette plante buissonnante de la famille des Solanaceae porte des fructifications très originales.

Description : amour-en-cage, alkékenge, lanterne japonaise, les noms ne manquent pas pour cette vivace aux feuilles alternes, triangulaires, et aux fleurs insignifiantes. Le fruit comestible, qui ressemble à une cerise orangée, est enveloppé d'une sorte de membrane translucide rouge vermillon en forme de lanterne, qui finit par ne laisser apparent que le réticule de nervures.

Sol : léger, drainé, même sec et calcaire.

Exposition : lumineuse, mais pas brûlante.

Culture et entretien : semez sous abri en avril, la germination demande de 3 à 4 semaines à 20 °C. Repiquez en place les plants qui atteignent 10 cm de haut (de 6 à 9 pieds/m2). Fertilisez un mois après la plantation. Coupez les tiges sèches après la fructification. Divisez les touffes devenues moins compactes et peu productives.

Espèces et variétés : il existe 80 espèces. *Physalis alkekengi* 'Pigmy' (30 cm), forme naine à fruits rouge orangé ; var. *franchetii* (1 m), à la fructification abondante.

Utilisations : massif, rocaille, jardin sauvage, bouquet, fruit de consommation.

Notre conseil : le *Physalis* est une plante très envahissante. Placez-le dans une partie sauvage de votre jardin, où il pourra donner libre cours à son exubérance.

Physalis alkekengi

Phytolacca americana

Phytolacca americana
PHYTOLAQUE

J F M A M J J A S O N D

2 m | 60 cm | V

Cette imposante vivace de la famille des Phytolaccaceae offre des fruits très décoratifs, mais assez toxiques.

Description : des racines charnues développent une touffe de feuilles alternes, ovales, de 15 à 30 cm de long, devenant pourpres en automne. Les fleurs roses, en grappes de 10 à 30 cm, évoluent en petites baies très serrées, d'abord pourpres, puis noires. La plante exhale dans son ensemble une odeur un peu fétide, désagréable.

Sol : profond, riche, frais, humifère.

Exposition : le soleil direct pas trop intense ou une lumière douce, tamisée.

Culture et entretien : plantez au printemps (1 pied/m²). Tuteurez dans les lieux venteux. Coupez toutes les tiges en novembre et divisez la touffe au besoin.

Espèces et variétés : il existe 25 espèces. Ce genre est très diversifié puisqu'il comprend des vivaces, des arbustes et même des arbres, comme *Phytolacca dioica* (8/10 m). *Phytolacca americana* (ou *decandra*), aussi appelé « raisin d'Amérique », est la seule espèce courante.

Utilisations : touffe isolée, massif.

Notre conseil : attention, l'ingestion des fruits de phytolaque provoque des brûlures d'estomac et des troubles graves de la respiration et de la vision. Mettez en garde les enfants contre ce « faux raisin ».

Platycodon grandiflorus

Platycodon grandiflorus
PLATYCODON

J F M A M J J A S O N D

20/60 cm | 20/40 cm | V

Cette vivace gracieuse de la famille des Campanulaceae épanouit de superbes coupes étoilées bleu azur.

Description : cette solide plante rhizomateuse, originaire de l'est de l'Asie, forme une belle touffe de feuilles alternes, lancéolées, vert glauque. Le bouton sphérique forme d'abord une clochette qui s'ouvre en étoile à 5 branches, de 3 à 5 cm de diamètre. Les fleurs sont groupées en petits bouquets.

Sol : léger, riche, profond, bien drainé.

Exposition : lumière maximale.

Culture et entretien : plantez au printemps (de 5 à 7 pieds/m²). Paillez pour maintenir une bonne fraîcheur du sol. Ne pas déranger les racines, assez fragiles. Multiplication par semis d'avril à juin, à l'extérieur. La germination demande de 2 à 3 semaines entre 15 et 20 °C.

Espèces et variétés : il n'existe qu'une espèce, *Platycodon grandiflorus* ; 'Albus' (60 cm), blanc ; 'Apoyama' (20 cm), bleu violacé ; 'Astra' (15 cm), bleu, rose ou blanc ; 'Astra double' (15 cm), à fleurs semi-doubles, bleues ; 'Fuji' (80 cm), bleu, rose ou blanc ; 'Hakone' (70 cm), à fleurs doubles, bleues ; 'Mariesii' (60 cm), à grandes fleurs bleues ; 'Perlmutterschale' (60 cm), rose nacré ; 'Sentimental' (20 cm), bleu, 10 cm de diamètre.

Utilisations : massif, bordure, rocaille, potée, fleur coupée (grandes variétés).

Notre conseil : le platycodon sortant de terre assez tard au printemps, marquez son emplacement avec une étiquette, afin de ne pas endommager le pied lors de l'entretien des massifs (binage, griffage).

Plectranthus australis

Plectranthus spp.
PLECTRANTHE

J F M A M **J J A S O** N D

30 cm/1 m — 1 m — V — 3/5 °C

Cette vivace tropicale de la famille des Lamiaceae est cultivée comme une annuelle pour son feuillage.

Description : plante herbacée au port nettement retombant, étalé, le plectranthe porte des feuilles verticillées, ovales ou arrondies, dentées, parfois duveteuses. Elles exhalent une odeur aromatique lorsqu'on les froisse. La floraison en petites grappes de fleurs blanches est peu attractive.

Sol : léger, poreux, fertile. En pot, un bon terreau pour géraniums convient bien.

Exposition : évitez le soleil direct.

Culture et entretien : plantez ou sortez les pots en mai. Laissez la surface du sol sécher entre deux arrosages. Bassinez le feuillage après une journée chaude. Donnez de l'engrais pour plantes vertes de mai à septembre tous les 15 jours. Hivernez en véranda, entre 5 et 10 °C.

Espèces et variétés : il existe 350 espèces. *Plectranthus australis*, à feuilles de 3 à 4 cm de long, rondes, fleurs blanches ou mauves ; *Plectranthus coleoides* 'Variegata', à feuilles ovales, dentées, panachées vert et blanc ; *Plectranthus parviflorus* 'Blue Spire', à port érigé, feuillage panaché vert et blanc et fleurs en épis bleus.

Utilisations : potée, jardinière, suspension, couvre-sol, plante d'intérieur.

Notre conseil : rempotez tous les ans courant mars. Bouturez les vieux sujets tous les 2 à 3 ans. Pincez les nouvelles pousses pour obtenir des sujets plus touffus.

Pleione formosana
PLÉIONE

J F M **A M** J J A S O N D

10/20 cm — 20/30 cm — B — 0 °C

Cette adorable Orchidaceae est une des rares que l'on puisse réussir sans grande difficulté au jardin.

Description : venue de Chine, cette petite orchidée rhizomateuse est semi-rustique. Les pseudobulbes sphériques portent une feuille lancéolée de 10 cm de long. Les fleurs solitaires, rose pâle, offrent un grand labelle en forme de trompette, blanc taché de brun, aux bords frangés.

Sol : très poreux, acide, graveleux. En pot, un mélange de terreau pour semis et de pouzzolane avec un bon drainage.

Exposition : lumière indirecte, hors gel.

Culture et entretien : plantez au début du printemps. Posez les rhizomes dans une poche de bon terreau léger et poreux, et recouvrez de sphaigne. L'emplacement ne doit jamais être sec ni détrempé. Paillez l'hiver ou couvrez avec une cloche.

Espèces et variétés : il existe 20 espèces. *Pleione formosana* est la plus rustique sous nos climats et a produit plusieurs cultivars aux nuances de couleurs subtiles et variées. De culture identique, *Pleione limprichtii*, aux fleurs rose pourpre violacé, avec des taches claires à l'intérieur du labelle.

Utilisations : rocaille ombragée, jardin miniature dans une auge, potée sur balcon ou dans une véranda, groupe en sous-bois.

Notre conseil : au moment de la plantation, enterrez le tiers inférieur des pseudobulbes. Arrosez sans les mouiller.

Pleione formosana 'Clare'

Polianthes tuberosa

Polianthes tuberosa
TUBÉREUSE

J F M A M J J A **S O** N D

60 cm/1,2 m — 10/20 cm — B — 5 °C

Cette bulbeuse tropicale de la famille des Asparagaceae exhale un parfum puissant et envoûtant.

Description : originaire du Mexique, cette plante au bulbe d'aspect rugueux, craint le froid. Ses longues feuilles en ruban forment une rosette, qui entoure une hampe terminée par un épi de fleurs cireuses, très parfumées, en forme d'entonnoir. Les boutons apparaissent en été, mais ne s'épanouissent qu'à l'automne.

Sol : profond, sableux ; un apport de fumier déshydraté est conseillé.

Exposition : chaude (la plante ne pousse qu'au-dessus de 18 °C) et très lumineuse.

Culture et entretien : plantez fin avril en pleine terre dans les jardins du Midi ; enterrez le bulbe de 1 à 2 cm. Ailleurs, démarrez la culture à l'intérieur, en groupant 3 bulbes dans un pot de 40 cm de diamètre. La tubéreuse est à traiter comme une annuelle, car les bulbes, gélifs, n'ont pas le temps de reconstituer leurs réserves après la floraison. Sortez la plante dès que la température extérieure dépasse 15 °C. Rentrez la potée à la fin de la floraison et conservez-la au sec, entre 10 et 15 °C.

Espèces et variétés : il existe 13 espèces.

Polianthes tuberosa 'La Perle', à fleurs doubles et longue floraison tardive.
Utilisations : en isolé, par groupe de 5 à 10 bulbes, en pot sur balcon, fleur coupée, culture d'intérieur possible.
Notre conseil : la tubéreuse ayant tendance à s'étioler, il faut la placer dans une pièce aussi claire que possible et tout près du vitrage si elle est cultivée en intérieur.

➤ *Polygonum* voir *Persicaria spp.*

Polypodium vulgare
POLYPODE COMMUN

30 cm | 50 cm | V

Cette fougère de la famille des Polypodiaceae, se rencontre sur les rochers et les vieux troncs d'arbres.

Description : les frondes peuvent être plus ou moins fines ou pennées selon les variétés.
Sol : cette espèce craint le calcaire.
Exposition : ombre et mi-ombre.
Culture et entretien : bien abritées, les frondes restent persistantes. Sinon, coupez-les quand elles sont fanées ou gelées. Cette fougère peut être placée en situation légèrement ensoleillée, mais il faut alors veiller à ce que le sol reste constamment humide.
Espèces et variétés : nombreux cultivars, dont 'Cornubiense' présente des frondes très finement divisées ou 'Cristatum', plus persistant.
Notre conseil : c'est une fougère très commune, mais très décorative. Installez-la dans les parties les plus ombragées de votre jardin.

Polypodium vulgare

Portulaca grandiflora

Portulaca grandiflora
POURPIER À GRANDES FLEURS

J F M A M J J A S O N D

10/20 cm | 20/30 cm | A

Cette plante grasse annuelle de la famille des Portulacaceae crée un arc-en-ciel de fleurs en plein soleil.

Description : cette petite plante herbacée succulente est originaire d'Amérique du Sud. Elle forme une touffe basse très étalée, aux feuilles cylindriques charnues, vert clair. Les fleurs en forme de coupe, de 3 à 5 cm de diamètre, aux pétales chiffonnés, ne s'ouvrent qu'en plein soleil. Elles se déclinent dans une riche gamme de coloris lumineux et aux nuances subtiles.
Sol : sableux, léger, drainé, même pauvre.
Exposition : chaude et très lumineuse.
Culture et entretien : semez en godet sous abri en mars ou avril. La levée se produit en 7 à 10 jours entre 18 et 20 °C. Repiquez en place, en mai, sans casser la motte et en ne conservant que le plant le plus robuste. Vous pouvez aussi semer directement sur place, en avril-mai, en recouvrant à peine les graines très fines. Éclaircissez ensuite à 20 cm. D'une année sur l'autre, le pourpier a tendance à se ressemer seul, si l'hiver n'est pas trop froid.
Espèces et variétés : il existe 100 espèces ; beaucoup sont des plantes succulentes à cultiver en intérieur. *Portulaca grandiflora,* surtout proposé en 'Simple varié' ou 'Double varié', a toutefois donné quelques cultivars intéressants : 'Margarita' (10 cm), compact, s'étale peu, fleurs semi-doubles en mélange de couleurs, 'Sundial' (15 cm), à fleurs doubles se décline en 12 coloris, végétation très homogène.
Utilisations : rocaille, muret, potée, jardinière, bordure, couvre-sol sur talus. Le pourpier est aussi proposé en suspension.
Notre conseil : arrosez uniquement si la plante commence à se faner. Inutile d'apporter de l'engrais. Semez le pourpier à grandes fleurs dans tous les endroits secs et peu accessibles, qu'il décorera sans nécessiter le moindre entretien.

Primula vulgaris x

***Primula* spp.**
PRIMEVÈRE

J F M A M J J A S O N D

10/60 cm 15/60 cm

Ces vivaces variées, de la famille des Primulaceae, font partie des premières fleurs du printemps.

Description : vivaces herbacées, originaires de l'hémisphère Nord, les primevères développent une rosette de feuilles ovales, plus ou moins larges, souvent ondulées, voire lobées, au centre de laquelle émergent des inflorescences, en ombelles ou en grappes, portées ou non par une hampe érigée. Les fleurs en entonnoir ont la base des pétales soudée en tube. Les coloris très variés permettent de réaliser des compositions de tous les styles. En raison du grand nombre d'espèces que compte le genre *Primula*, on trouve quasiment des primevères en fleurs toute l'année. Certaines sont frileuses et destinées à la culture d'intérieur.

Sol : frais, humifère, bien drainé, même un peu caillouteux, mais de préférence acide, excepté *Primula auricula* qui accepte le calcaire. Un apport de fertilisant organique à base de fumier est apprécié lors de la plantation. En pot, un terreau pour plantes à massif convient.

Exposition : jamais brûlante. Une lumière tamisée convient à toutes les primevères. Certaines espèces de collection comme *Primula bhutanica, edgeworthii, flaccida, gracilipes, petiolaris, sonchifolia*, etc., acceptent l'ombre assez dense.

Culture et entretien : les primevères des jardins, *Primula malacoides* et *Primula obconica*, sont semées en terrine de mai à août, à la maison ou dans la véranda, les graines recouvertes par 1 cm de terreau. La germination s'effectue en 2 semaines entre 15 et 18 °C. *Primula denticulata* et *P. vialii* ont besoin d'une température supérieure à 20 °C pour lever. Repiquez entre 4 et 5 semaines après la levée, en espaçant les plantules de 5 cm dans une caissette que vous maintiendrez sous abri. Empotez dans des godets individuels un mois plus tard et placez-les à l'extérieur dans un endroit abrité. Plantez de septembre à mars (de 6 à 8 pieds/m^2). Émiettez bien le sol et amendez-le. Maintenez la terre humide en été par des arrosages fréquents et un paillis de tourbe brune. En pot ou en jardinière, apportez un engrais liquide pour fleurs une fois par semaine sur une motte humide. Divisez les grosses touffes des *Primula denticulata, florindae, japonica, vialii*, etc., en automne. Vous pouvez laisser les primevères se naturaliser et prospérer petit à petit dans le jardin, en se disséminant au hasard un peu partout.

Espèces et variétés : il existe 400 espèces. En raison de sa diversité, le genre *Primula* a été divisé en 37 sections par les botanistes, dont 7 concernent les jardiniers.

• **Section *Aleuritia* :** plantes à feuilles souvent farineuses et aux fleurs en ombelle simple. *Primula farinosa* (25 cm), caduque, à feuilles d'un blanc farineux au revers. Fleurs en ombelle rose poudré de blanc, avec un œil jaune en mai/juin. *Primula frondosa* (15 cm), caduque, au feuillage glauque, farineux au revers, en avril/mai, fleurs rose lilacé réunies en bouquet.

• **Section *Auricula* :** regroupe des petites primevères de rocaille, à cultiver souvent en pot car elles redoutent l'humidité. *Primula auricula* (20 cm), persistante, native des Alpes et des Carpates ; on l'appelle aussi « oreille-d'ours ». Elle forme une rosette de feuilles épaisses, parfois farineuses, d'où émergent en avril des hampes florales jaunes et parfumées. Les quelque 1 000 hybrides sont regroupés sous l'appellation *Primula* x *pubescens*, croisement entre *Primula auricula* et *Primula hirsuta* ; 'Blackpool Rock', farineuse, ocre crème avec le cœur jaune et blanc ; 'C. G. Haysom', farineuse, vert à cœur jaune et blanc ; 'Camelot', feuilles lisses, fleurs en pompons grenat ; 'Chorister', feuilles lisses, fleurs jaunes avec une couronne blanche ; 'Matthew Yates', feuilles lisses, fleurs en pompons

Primula auricula 'Chorister'

Primula vialii

Primula japonica

rouge pourpre presque noir. *Primula allionii* (10 cm), persistante, forme un coussin de feuilles veloutées, visqueuses, grisâtres, fleurs blanches, roses ou rouges, de février à avril ; 'Bill Martin', rose vif. *Primula hirsuta* (10 cm), persistante, aux feuilles charnues, vert clair, en mai-juin, fleurs rose violacé portées en ombelles. *Primula integrifolia* (5 cm), persistante, aux feuilles charnues, ondulées, fleurs rose violacé, en mars/avril. *Primula marginata* (15 cm), persistante, aux feuilles bordées d'un liseré poudré, ombelles farineuses aux fleurs bleu pâle ou blanc, en avril ; 'Prichard's Variety', violet à œil blanc.

• **Section Candélabre (ou *Proliferae*)** : concerne les primevères dont les fleurs sont portées en plusieurs verticilles étagés sur la hampe. *Primula beesiana* (40 cm), caduque, aux hampes farineuses portant de 5 à 8 couronnes de fleurs rouge pourpre, de mai à juillet. *Primula bulleyana* (60 cm), semi-persistante, à la hampe unique de fleurs orange, de mai à juillet. *Primula japonica* (60 cm), caduque, aux feuilles allongées vert clair, aux inflorescences lâches portées de mai à juillet sur de grandes hampes florales droites, dressées au-dessus du feuillage ; 'Alba', blanche ; 'Apple Blossom', blanc à cœur rose ; 'Miller's Crimson', rouge ; 'Postford White', blanche ; 'Rosea', rose.

• **Section *Capitata*** : regroupe des espèces asiatiques, à feuilles dentées et aux inflorescences compactes, formées de fleurs sans pédoncule. *Primula capitata* (15 cm), semi-persistante, aux feuilles à revers farineux, fleurs bleu nuit, de juillet à septembre ; c'est la plus tardive des primevères. *Primula vialii* (50 cm), aux feuilles étroites, forme une inflorescence en épi pointu en juin/juillet, rouge en bouton, rose à l'épanouissement.

• **Section *Denticulata*** : ne concerne que *Primula denticulata* (20/30 cm), caduque, originaire de l'Himalaya, aux fleurs en ombelle sphérique lilas, qui apparaissent en mars/avril, avant les feuilles ; 'Alba', blanche ; 'Rubin', pourpre violacé.

• **Section *Polyanthus* (ou *Primula*)** : regroupe les espèces aux feuilles larges, en rosette étalée, portant un bouquet de fleurs groupées le plus souvent en ombelle. *Primula vulgaris (acaulis)*, la « primevère des jardins » (15 cm), au feuillage gaufré, produit de février à avril des grandes fleurs solitaires, dont les coloris très variés vont du blanc au bleu pourpre en passant par le rose, le jaune et le rouge. Il en existe des centaines de cultivars qui se distinguent surtout par des précocités de floraison différentes : 'Carnaval', aux coloris flammés ; 'Karina', aux fleurs bordées d'un liseré blanc. Les hybrides de *Primula elatior* ressemblent beaucoup aux primevères des jardins, mais ils sont plus hauts (30 cm) : 'Crescendo' ; 'Rainbow' ; 'Pacific' , aux riches mélanges de coloris. *Primula veris*, le « coucou » (25 cm), pousse spontanément dans certains jardins, portant des fleurs jaune pâle dès le mois de mars.

Primula denticulata

• **Section *Sikkimensis*** : concerne les primevères du Tibet. *Primula florindae* (60 cm), aux fleurs jaune clair, en juin/juillet.

Utilisations : massif avec des bulbes de printemps, berge de bassin, sous-bois, bordure, rocaille, muret, dallage, potée, jardinière. Plante d'intérieur *(Primula malacoides, Primula obconica)*.

Notre conseil : rajeunissez les souches tous les 3 ans pour obtenir une floraison régulière. Ne plantez pas les primevères trop profondément car elles sont sensibles à la « pourriture du cœur », une maladie cryptogamique favorisée aussi par un substrat compact et très humide.

Primula capitata

Pulmonaria saccharata

Pulmonaria spp.
PULMONAIRE

J F **M A M** J J A S O N D

20/30 cm — 60 cm/1 m — V

Cette vivace assez envahissante de la famille des Boraginaceae fait un excellent couvre-sol sans entretien.

Description : formant une touffe rhizomateuse très rustique, les pulmonaires portent des feuilles ovales ou en forme de cœur, couvertes de poils raides et souvent ponctuées de blanc. Les fleurs en forme d'entonnoir, portées en bouquets terminaux, sont roses puis violettes.

Sol : bien travaillé, souple, frais, calcaire.

Exposition : jamais de soleil direct fort. L'ombre assez dense est fort bien tolérée.

Culture et entretien : plantez de septembre à avril (de 6 à 9 pieds/m^2). Arrosez bien si l'été est chaud. Divisez les vieilles touffes tous les 5 ans, après la floraison.

Espèces et variétés : il existe 14 espèces. *Pulmonaria rubra* (30 cm), à feuillage uni et fleurs rouges ; 'Redstart', rose vif. *Pulmonaria saccharata* (25 cm), à feuilles tachetées de blanc ; 'Mrs Moon', aux boutons rouges, s'ouvrant en corolles rose violacé, qui finissent bleues.

Utilisations : couvre-sol, talus, sous-bois.

Notre conseil : associez les pulmonaires à des bulbes printaniers (ail d'ornement, jacinthe des bois, narcisse), c'est superbe.

Pulsatilla vulgaris

Pulsatilla vulgaris
ANÉMONE PULSATILLE

J F **M A M** J J A S O N D

20/30 cm — 15/20 cm — V

Cette mignonne vivace, toute velue, de la famille des Ranunculaceae, pousse idéalement dans la rocaille.

Description : formant des feuilles finement découpées et couvertes de longs poils, la pulsatille est une plante très rustique. Les fleurs violettes, aux étamines jaune d'or s'épanouissent en coupe soyeuse, suivie de fruits décoratifs, argentés, plumeux.

Sol : riche, non calcaire et bien drainé. Un fort amendement en humus est apprécié.

Exposition : bien aérée, très lumineuse.

Culture et entretien : plantez au printemps (de 6 à 9 pieds/m^2). Veillez à ce que la plante soit abritée des pluies importantes, en la plaçant partiellement sous un surplomb. Ne dérangez pas les touffes une fois qu'elles sont bien installées. Semis en juillet, en terrine, dans un terreau léger.

Espèces et variétés : il existe 30 espèces. *Pulsatilla vulgaris* 'Alba', blanche ; 'Rubra' rouge. *Pulsatilla alpina* (20 cm), délicate, aux fleurs blanches. *Pulsatilla vernalis* (20 cm), blanche à revers violet.

Utilisations : rocaille, muret, potée.

Notre conseil : ajoutez du sable grossier au fond du trou de plantation pour assurer un parfait drainage, surtout l'hiver.

Puschkinia scilloides
PUSCHKINIA

J **F M** A M J J A S O N D

10/20 cm — 5/10 cm — B

Cette tendre petite bulbeuse de la famille des Asparagaceae fait une excellente plante pour la rocaille.

Description : originaire d'Asie et du Moyen-Orient, proche des scilles, rustique, le puschkinia développe une touffe de feuilles rubanées, terminées en pointe. Les fleurs en clochettes bleu pâle sont réunies en grappe, au sommet d'une hampe courte, souvent arquée.

Sol : léger, sableux, même pauvre et graveleux, mais sans humidité stagnante.

Exposition : le soleil direct réduit sensiblement la durée de la floraison.

Culture et entretien : plantez en automne, à 5/7 cm de profondeur et à 5 cm de distance. Laissez en place plusieurs années pour une naturalisation rapide. Divisez les touffes importantes.

Espèces et variétés : il existe une seule espèce, *Puschkinia scilloides*, d'un bleu pâle, souligné d'une ligne centrale plus foncée ; var. *libanotica*, à fleurs plus petites, blanches, rarement striées.

Utilisations : bordure, rocaille, muret, dallage, pelouse fleurie, entre les arbustes dans les massifs. Belles potées et jardinières, à cultiver aussi en appartement.

Notre conseil : plantez des groupes d'au moins 50 bulbes pour avoir un bel effet.

Puschkinia scilloides

Ranunculus asiaticus x

Ranunculus asiaticus RENONCULE DES JARDINS

J F M A M J J A S O N D

20/60 cm 15/20 cm B

Cette vivace à souche tubéreuse, de la famille des Ranunculaceae porte des fleurs très lumineuses.

Description : originaire d'Asie Mineure, cette renoncule rustique forme un rhizome tubéreux, charnu, la griffe, qui produit une touffe de feuillage fin, très découpé. Les fleurs simples ou doubles, globuleuses, de toutes les couleurs, sont portées sur une tige simple dressée.

Sol : frais, bien drainé mais pas trop sec, richement amendé en fumier décomposé.

Exposition : de préférence légèrement ombragée, abritée du vent.

Culture et entretien : plantez en mars (en automne dans les régions au climat doux), à 5 cm de profondeur et à 10 cm de distance. Arrachez et stockez les griffes au sec à la fin de l'été ou paillez en hiver.

Espèces et variétés : il existe 400 espèces de renoncules dont beaucoup sont des plantes sauvages considérées comme des mauvaises herbes (le bouton-d'or par exemple). *Ranunculus asiaticus* a donné de nombreux hybrides aux coloris variés : blanc, jaune, orange, rouge, rose, saumon, violet, avec parfois un petit liseré coloré sur le bord des pétales ; 'À Fleurs de Pivoine' (30 cm), aux grandes fleurs bien doubles, dont les pétales ondulés, lâches et ombrés d'une teinte plus sombre, évoquent une fleur de pivoine ; 'Accolade' (25 cm), une amélioration du type précédent, qui convient bien à la culture en pot, avec des fleurs plus grosses ; 'Bloomingdale' (35 cm), à très grosses fleurs bien doubles, serrées ; 'Friandine', une obtention de l'INRA, à fleurs très doubles et bien turbinées, est une série aux riches couleurs, idéale en pot ; 'Mignonnette' (20 cm), très naine, idéale en potée, se décline en mélange ou en treize coloris séparés ; 'Victoria (60 cm), bien double, avec des tiges solides, fleurs écarlate, orange, jaune, rose ou blanc. *Ranunculus aquatilis* est une plante aquatique immergée, assez envahissante, dont les fleurs blanches à cœur jaune, de 1 à 2 cm de diamètre, s'épanouissent à fleur d'eau de mars à mai. *Ranunculus ficaria* (5 cm), la ficaire, forme un beau tapis de fleurs jaune d'or ; *f. aurantiacus*, à feuilles vert argenté et fleurs jaune orangé.

Utilisations : massif avec des myosotis ou des vivaces de printemps, au pied des arbustes caducs, bordure, rocaille, potée, fleurs coupées (grandes variétés).

Notre conseil : pour la culture en pot, ajoutez au substrat un engrais organique ou à libération lente. Placez un seul plant dans un pot de 9 à 11 cm de diamètre et 3 dans un pot de 12 à 15 cm, ce qui permet de former une touffe plus imposante.

Rehmannia elata REHMANNIA

J F M A M J J A S O N D

30 cm/1,5 m 30/50 cm V -5 °C

Cette vivace frileuse de la famille des Scrophulariaceae est surtout cultivée comme une bisannuelle.

Description : originaire de Chine, cette plante aux tiges grêles, velues, collantes, forme une touffe de feuilles ovales, plus ou moins lobées. Les grosses fleurs campanulées pendantes, rose pourpré, apparaissent sur des tiges courtes à l'aisselle du feuillage, solitaires ou en petits bouquets.

Sol : léger et bien drainé, assez riche. En pot, un mélange de terreau, sable et terre de jardin avec du fumier décomposé.

Exposition : très claire, mais pas brûlante.

Culture et entretien : semez en mars sous abri à 18/20 °C. Repiquez en pot individuel 5 semaines après la levée. Plantez en mai, à 50 cm en tous sens. Hivernez dans une véranda maintenue entre 5 et 12 °C. Apportez un engrais pour plantes fleuries tous les 15 jours, de mai à septembre. Rempotez les rejets au printemps, sans blesser les racines pivotantes, assez fragiles.

Espèces et variétés : il existe 9 espèces. *Rehmannia elata* (ou *angulata*) [1,5 m], quasi rustique sur la Côte d'Azur. *Rehmannia glutinosa* (30 cm), brun-rouge.

Utilisations : jardinière, potée, véranda.

Notre conseil : palissez les tiges sur un tuteur en triangle ou un treillage.

Rehmannia elata

Rheum palmatum
RHUBARBE D'ORNEMENT

J F M A M J J A S O N D

1,5/2,5 m 1/2 m V

Cette imposante vivace de la famille des Polygonaceae développe une inflorescence très spectaculaire.

Rheum palmatum

Description : cette plante rhizomateuse chinoise forme une touffe d'immenses feuilles palmées, découpées, vert teinté de rouge pourpré. De grandes panicules de 60 cm à 1 m sont formées de minuscules fleurs étoilées roses ou rouges.
Sol : profond, frais, riche et humifère.
Exposition : le soleil direct doux et toute lumière tamisée ou indirecte conviennent.
Culture et entretien : plantez de l'automne à la fin de l'hiver, à 1 m de distance. Arrosez par temps chaud et sec. Rabattez les hampes florales fanées. Chaque printemps, apportez un lit de fumier décomposé et de l'engrais organique.
Espèces et variétés : il existe 50 espèces. *Rheum palmatum* var. *tanguticum* (2 m), à fleurs blanches. *Rheum alexandrae* (75/90 cm), aux épis érigés, couverts de grandes bractées crème pendantes. *Rheum* x hybridum 'Ace of Hearts' (1 m), à feuilles cordiformes entières, fleurs blanc rosé ; 'Holsteiner Blut' (2 m), aux pétioles rouges, fleurs blanches.
Utilisations : isolé, massif, bord de bassin.
Notre conseil : laissez les rhubarbes d'ornement en place plusieurs années pour qu'elles atteignent leur plénitude.

Ricinus communis
RICIN

2/3 m 1/2 m A

Cultivé comme une annuelle, cet opulent arbuste de la famille des Euphorbiaceae est très toxique.

Description : originaire des contrées tropicales, le ricin ne supporte pas le gel. Il forme de grandes feuilles alternes, palmées, profondément découpées, avec le bord denté. Les fleurs insignifiantes sont suivies par une fructification en boules épineuses pourpres, portées en longs épis.
Sol : profond, riche, consistant, avec un amendement organique à la plantation.
Exposition : chaude, en plein soleil, à l'abri des vents violents.
Culture et entretien : semez en février-mars, sous abri, après avoir fait tremper les graines durant une nuit. La germination demande de 2 à 3 semaines à 20 °C. Mettez en place en mai. Les hautes tiges du ricin sont suffisamment résistantes pour tenir seules. Mais dans un jardin venté, mieux vaut prévoir des tuteurs.
Espèces et variétés : il existe une seule espèce, *Ricinus communis* ; 'Carmencita rose', à fruits roses ; 'Carmencita rouge', à feuillage pourpre foncé ; 'Impala', aux très larges feuilles pourpres ; 'Sanguineus', à fruits rouge sang ; 'Zanzibar' (3/4 m), vert.
Utilisations : isolé, centre de massif.
Notre conseil : le ricin ayant tendance à se dégarnir de la base, semez d'autres annuelles à ses pieds (cosmos, nigelle).

Ricinus communis 'Carmencita'

Rodgersia pinnata

Rodgersia spp.
RODGERSIA

J F M A M J J A S O N D

90 cm/1,5 m 1/1,2 m V

Cette impressionnante vivace de la famille des Saxifragaceae produit une quantité d'épis très gracieux.

Description : formant une touffe assez opulente, le rodgersia est d'origine chinoise. Le feuillage, palmé, découpé, vert bronze, luisant, de 30 cm à 1 m de long, évoque celui du marronnier. Les fleurs étoilées blanches sont groupées en panicules de 30 à 50 cm de long.
Sol : profond, humifère, acide, frais en été, enrichi de fumier décomposé.
Exposition : fraîche, sans soleil direct.
Culture et entretien : plantez au printemps à 1 m de distance. Arrosez très copieusement pendant la belle saison, en mouillant le feuillage. Éliminez les tiges florales fanées. Paillez le sol fin mai pour qu'il reste frais durant tout l'été.
Espèces et variétés : il existe 6 espèces. *Rodgersia aesculifolia* (1,5 m), à « feuilles de marronnier » aux nervures brunes, fleurs blanches. *Rodgersia pinnata* 'Superba' (1 m), associe une floraison rose à un splendide feuillage vert bronze et fleurs roses. *Rodgersia podophylla* (1,2 m), aux feuilles marron chocolat qui virent au vert en été et fleurs jaune crème. *Rodgersia sambucifolia* (90 cm), aux feuilles lobées ressemblant à celle du sureau et fleurs blanches.
Utilisations : isolé, grand sous-bois, massif de terre de bruyère, bord de pièce d'eau.
Notre conseil : soyez patient, il faut bien 3 ans au rodgersia pour bien s'installer.

Rudbeckia hirta 'Marmalade'

Rudbeckia spp.
RUDBECKIA

J F M A M J J A S O N D

50 cm/1,8 m 30 cm/1 m V

Cette plante très généreuse de la famille des Asteraceae fait partie des marguerites d'automne.

Description : originaire d'Amérique du Nord, le rudbeckia est annuel ou vivace, portant des feuilles alternes, simples, avec des nervures bien apparentes. Les fleurs, jaunes et de grande longévité, petits soleils aux ligules fines et au cœur sombre, sont portées par de longues hampes.
Sol : consistant, riche, profond, frais.
Exposition : bien ensoleillée, non ventée.
Culture et entretien : plantez les rudbeckias vivaces au printemps (3/4 pieds/m^2) semez les espèces annuelles en mars/avril sous abri, en terrine. La germination demande de 2 à 3 semaines entre 16 et 18 °C. Repiquez une fois avant la mise en place en mai. Divisez les touffes trop importantes en automne ou au printemps, en conservant au moins 2 ou 3 bourgeons sur chaque éclat.

Rudbeckia triloba

Espèces et variétés : il existe 20 espèces.
• **Rudbeckias annuels** : *Rudbeckia hirta* ; 'Aslan' (70 cm), à fleurs doubles, jaune au cœur noir ; 'Autumn Colors' (60 cm), aux nuances bronze, brun et doré ; 'Becky' (25 cm), nain, aux fleurs de 12 cm de diamètre, jaune, orange ou brun-rouge ; 'Goldilocks' (60 cm), à fleurs semi-doubles, jaune d'or à centre noir ; 'Indian Summer' (50 cm), aux fleurs simples de 15 à 20 cm de diamètre, jaune à cœur noir ; 'Marmalade' (50 cm), à fleurs de 8 à 10 cm, jaune à cœur noir ; 'Prairie Sun' (80 cm), à fleurs jaunes au cœur vert acide ; 'Sonora', (35 cm), brun-rouge à anneau jaune, fleurs énormes ; 'Toto' (25 cm), le plus compact, à fleurs de 5 cm de diamètre, jaune à cœur noir.
• **Rudbeckias vivaces** : *Rudbeckia fulgida* (1 m), au port souple, feuilles pubescentes et fleurs de 5 à 8 cm de diamètre ; 'Goldsturm' (70 cm), jaune d'or à cœur brun. *Rudbeckia laciniata* (1,5 m), aux feuilles très découpées, grandes touffes érigées ; 'Goldquelle' (80 cm), à grosses fleurs doubles jaune d'or ; 'Plena' (1,5 m), à fleurs doubles, en pompons. *Rudbeckia nitida* (1,8 m), au port dressé, vigoureux ; 'Herbstsonne' (1,7 m), aux fleurs de 10 à 12 cm de diamètre, jaune au cœur conique vert. *Rudbeckia triloba* (1,2 m), qui forme un buisson au fleurs jaune d'or à cœur jaune, est plutôt cultivé comme une bisannuelle.
Utilisations : massif, fleur coupée, isolé.
Notre conseil : **tuteurez les plus grands sujets avec des fagots et des fils de Nylon.**

Salpiglossis sinuata
SALPIGLOSSIS

J F M A M J J A S O N D

40 cm/1 m 20/30 cm A

Cette surprenante annuelle de la famille des Solanaceae associe des couleurs inédites sur ses corolles.

Description : originaire du Chili, cette annuelle au feuillage alterne, étroit, aux

Salpiglossis sinuata

bords ondulés, développe une touffe buissonnante. Les grandes fleurs, en forme de cornet très évasé, ont une texture veloutée et un aspect exotique étonnant.
Sol : riche, léger, humifère, bien travaillé.
Exposition : plein soleil et forte chaleur.
Culture et entretien : semez en février-mars, sous abri chauffé, en caissette. La germination demande de 1 à 2 semaines entre 16 et 18 °C. Repiquez dans des godets de tourbe. Endurcissez les plants sous châssis froid jusqu'à la mise en place en mai. Arrosez bien durant l'été.
Espèces et variétés : il existe 2 espèces. *Salpiglossis sinuata* a donné différents cultivars aux coloris très variés, mêlant blanc, jaune, orange, rose, rouge et violet avec des stries brunes. Les graines sont vendues en mélange, rarement par couleur. 'Bouquet' (40 cm), compact, dans les tons bleu foncé, écarlate, rouge pourpre ou jaune ; 'Chocolate' (60 cm), brun pourpré à œil d'or ; 'Emperor superbissima' (80 cm), aux riches couleurs ; 'Red Bicolour' (50 cm), rouge foncé tigré de jaune ; 'Royal' (40 cm), très homogène, compact, convient en pot.
Utilisations : massif, potée, fleur coupée.
Notre conseil : **le salpiglossis supportant difficilement le repiquage à racines nues, semez-le en minimotte de tourbe, ou achetez déjà des plants prégermés.**

Salvia spp. SAUGE

J F M A **M J J A S O** N D

30 cm/1,2 m — 20/60 cm — V

Plantes souvent aromatiques de la famille des Lamiaceae, les sauges offrent une floraison superbe.

Description : très diversifié dans son mode de végétation, sa rusticité et ses formes, le genre *Salvia* comprend des espèces annuelles, bisannuelles et vivaces. Le feuillage aromatique aux vertus médicinales de *Salvia officinalis* lui a valu son nom de sauge (« qui sauve »). Les feuilles opposées, simples, souvent dentées, parfois duveteuses, sont portées par des tiges quadrangulaires. Les fleurs tubulaires à 2 lèvres sont portées en grappes ou en épis par des hampes dressées.

Sol : léger, souple, enrichi d'humus.

Exposition : chaude et ensoleillée.

Culture et entretien : semez le sauges annuelles en mars dans des terrines, sous abri chauffé, la germination demandant une dizaine de jours entre 20 et 24 °C. Repiquez en godets et maintenez la culture à 18 °C, jusqu'à la mise en place en

Salvia farinacea 'Victoria'

Salvia splendens 'Cleopatra'

Salvia horminum 'Oxford Blue'

mai, tous les 30 cm. Plantez d'octobre à mars les sauges vivaces rustiques et au printemps les sous-arbrisseaux plus frileux. Une protection hivernale est à prévoir dès qu'il gèle (avec un voile d'hivernage).

Espèces et variétés : il existe 900 espèces.

• **Sauges annuelles :** *Salvia farinacea* (60 cm), vivace dans les régions au climat doux, est surtout cultivée comme annuelle. Le buisson érigé, compact, porte des feuilles allongées, et des fleurs groupées en épis dressés ; 'Cirrus', blanc argenté ; 'Victoria', bleu foncé. *Salvia splendens* (70 cm), d'origine brésilienne, offre un port buissonnant ramifié. Feuilles vert foncé, ovales, fleurs rouge vif, en épis lâches, dressés, jusqu'aux gelées ; 'Carabinière' (25 cm), aux longs épis ; 'Illico' (15 cm), très précoce ; 'Maestro' (20 cm), très dense ; 'Passion' (18 cm), bien érigée ; 'Presto' (22 cm), très florifère ; 'Sangria' (25 cm), rouge et blanc ; 'Sizzler' (25 cm) se décline en 12 couleurs dont le lavande, le saumon, le pourpre. *Salvia viridis* (ou *horminum*) [50 cm], aux fleurs accompagnées de bractées décoratives bleues, roses, blanches ou tricolores.

• **Sauges bisannuelles :** *Salvia argentea* (70 cm), aux feuilles laineuses gris argenté et fleurs blanches à lèvre jaune. *Salvia sclarea* (1 m), la sauge musquée, à grandes fleurs rose lilacé.

• **Sauges vivaces rustiques :** *Salvia azurea* (90 cm), aux longs épis bleu intense. *Salvia glutinosa* (80 cm), buissonnante, à fleurs jaune soufre marqué de brun-roux. *Salvia nemorosa* (60 cm), aux longs épis bleus ; 'Lubecca' (70 cm), violette ; 'Rosenwein' (50 cm), rose ; 'Schneehügel' (50 cm), blanche. *Salvia pratensis* var. *haematodes* (1 m), la sauge des prés, aux fleurs bleu lavande de longue durée.

• **Sauges frileuses :** *Salvia guaranitica* (1,4 m) forme un buisson aux fleurs jaunes marquées de brun, et *Salvia involucrata* 'Bethellii' (1 m), un buisson aux grandes fleurs rose vif jusqu'en hiver. *Salvia microphylla* (ou *grahamii*) [1 m], buisson aux nombreuses fleurs rouge vif.

Utilisations : massif d'été, bordure, potée, jardinière. *Salvia farinacea* se marie très bien avec des lobélias, des héliotropes et des pétunias bleus pour composer un massif monochrome original.

Notre conseil : au moment de la plantation des sauges annuelles, supprimez les fleurs pour favoriser la reprise et la croissance du feuillage. Les floraisons qui suivent seront beaucoup plus belles.

➤ *Salvia officinalis* voir **p. 725**.

Sandersonia aurantiaca SANDERSONIA

J F M A M J **J A** S O N D

70/80 cm — 15/30 cm — V — 0 °C

Cette originale plante tubéreuse de la famille des Colchicaceae apporte une note d'originalité au jardin.

Description : cette petite vivace volubile est originaire du Natal, en Afrique du Sud. Elle se développe à partir d'un curieux rhizome en serpentin. Les tiges volubiles, plutôt graciles, portent des feuilles alternes, lancéolées, étroites. La floraison en clochettes orange vif est tout à fait unique.
Sol : riche, léger, souple. En pot, un mélange de terre de jardin, de sable, de terreau et de fumier bien décomposé.
Exposition : chaude avec une lumière vive.
Culture et entretien : plantez 3 rhizomes en février, à 5/8 cm de profondeur, dans un pot de 20 cm de diamètre. Sortez la culture en mai. Bassinez fréquemment le feuillage en été. Donnez un engrais toutes les semaines, de mai à fin août. Tuteurez les jeunes pousses au fur et à mesure de leur croissance. Supprimez les fleurs fanées. Hivernez dans une véranda entre 7 et 12 °C. Laissez la terre du pot sécher légèrement en surface entre deux arrosages.
Espèces et variétés : il existe une seule espèce, *Sandersonia aurantiaca*.
Utilisations : potée sur balcon ou en véranda, habillage d'une petite haie.
Notre conseil : après avoir rabattu toute la végétation, gardez le rhizome au sec et au frais tout l'hiver dans son pot.

Sandersonia aurantiaca

Saponaria ocymoides

Saponaria spp.
SAPONAIRE, PLANTE À SAVON

J F M A **M J J A S** O N D

5/60 cm — 15/50 cm — V

Cette petite vivace tapissante de la famille des Caryophyllaceae était autrefois utilisée en guise de savon.

Description : originaire des montagnes d'Europe et d'Asie, la saponaire est très rustique. Elle forme des coussins compacts de feuilles opposées, étroites. Les petites fleurs plates, à 5 pétales, roses, sont portées en bouquets très généreux.
Sol : fertile, frais, drainé, même calcaire.
Exposition : pleine lumière non brûlante.
Culture et entretien : plantez à l'automne (5/6 pieds/m²). Tuteurez la saponaire officinale. Taillez après la floraison pour obtenir une remontée (éparse). Bouturez les pousses latérales en été.
Espèces et variétés : il existe 20 espèces. *Saponaria caespitosa* (15 cm), compacte en coussin, fleurs pourpres de mai à juillet. *Saponaria ocymoides* (15 cm), très étalée, rose carmin, de mai à juillet. *Saponaria officinalis* (60 cm), à port dressé, fleurs roses, de juin à septembre ; 'Alba Plena' (60 cm), à fleurs doubles, blanches ; 'Rosea Plena' (30 cm), à fleurs doubles, roses. *Saponaria* x *olivana* (5 cm), hybride de *S. pumila* et *S. caespitosa*, forme des petits coussins étalés couverts de fleurs rose vif, de mai à juillet.
Utilisations : bordure, rocaille, muret.
Notre conseil : attention, la saponaire est une plante parfois envahissante, divisez les touffes trop importantes en automne.

Saxifraga hypnoides

Saxifraga hypnoides
GAZON TURC

J F M A **M J J** A S O N D

10/20 cm — 20/30 cm — V

Cette vivace rampante de la famille des Saxifragaceae forme un délicieux coussin très florifère.

Description : sa forme très tapissante et près du sol vaut aussi le nom de « saxifrage mousse » à cette espèce au feuillage très découpé. Il forme des petits coussins vert clair qui, en se rejoignant créent un tapis de fleurs blanches en petits bouquets.
Sol : riche, frais, siliceux, bien drainé, non calcaire, enrichi de terreau acide.
Exposition : toujours bien ensoleillée.
Culture et entretien : plantez de septembre à mars (de 6 à 9 pieds/m²). Inutile d'arroser, sauf par temps de canicule. Divisez les vieilles touffes durant l'été.
Espèces et variétés : il existe 440 espèces. *Saxifraga hypnoides* 'Densa' (10 cm), encore plus compacte. *Saxifraga* x *arendsii*, 'Alba' (15 cm), un coussin moussu à fleurs blanches. *Saxifraga cochlearis* (20 cm), à feuilles spatulées et fleurs blanc pur. *Saxifraga cotyledon* 'Southside Seedling' (40 cm), à feuilles charnues et fleurs blanches au cœur rouge. *Saxifraga cuneifolia* (20 cm), tapissant, charnu, fleurs blanches. *Saxifraga paniculata* (40 cm), aux fleurs blanches ponctuées de pourpre.
Utilisations : rocaille, bordure, muret, dallage, escalier, auge, potée, jardinière.
Notre conseil : évitez la trop forte sécheresse durant l'été, car les touffes ont alors tendance à se dégarnir du centre.

Scabiosa caucasica
SCABIEUSE

J F M A M J J A S O N D

30/80 cm 26/60 cm V

Ces vivaces au port décontracté de la famille des Caprifoliaceae font merveille dans le jardin naturel.

Description : originaire du Caucase, cette vivace forme une touffe légère, irrégulière, gracieuse, aux fines feuilles lancéolées, très découpées. Les fleurs en capitules globuleux sont rose lilacé à bleu.
Sol : léger, bien drainé, même calcaire.
Exposition : à la lumière très intense.
Culture et entretien : plantez au printemps (5/6 pieds par m^2). Tuteurez les grandes espèces avec des fagots. Divisez les vieilles touffes en automne.
Espèces et variétés : il existe 80 espèces. *Scabiosa caucasica* (80 cm), à fleurs bleu lilacé ; 'Alba', blanche ; 'Clive Greaves', bleu clair ; 'Fama', bleu lavande à grandes fleurs ; 'Nachtfalter', bleu foncé violacé. *Scabiosa columbaria* 'Butterfly Blue' (30 cm), compacte, à feuillage découpé, fleurs bleu violacé, d'avril à octobre ; 'Pink Mist', rose brillant. *Scabiosa graminifolia* (30 cm), aux fleurs en pompons bleu lilacé. *Scabiosa lucida* (60 cm), à fleurs mauve, de mai à septembre.
Utilisations : massif avec des graminées et des achillées, bordure, fleur coupée.
Notre conseil : coupez les fleurs fanées au niveau de la première ramification pour favoriser une bonne remontée.

Scabiosa caucasica 'Clive Greaves'

Scaevola aemula

Scaevola aemula
SCAÉVOLA

J F M A M J J A S O N D

15/20 cm 1/1,5 m A 0 °C

Cette plante souple de la famille des Goodeniaceae est aussi valable en suspension qu'en massif d'été.

Description : originaire d'Australie, cette plante herbacée, vivace sous les climats doux, est cultivée comme annuelle. Étalée, rampante ou retombante, elle porte un feuillage denté. Les fleurs bleu vif, en forme d'éventail de 2 à 3 cm de long, sont groupées aux extrémités des tiges.
Sol : léger, non calcaire et bien drainé. Effectuez un apport de fumier décomposé ou de compost avant la plantation.
Exposition : pas de soleil direct trop fort.
Culture et entretien : installez les plants en place en mai, espacés de 40 cm. En pot, prévoyez un modèle de grande dimension (au moins 25 cm de diamètre) pour que la terre reste fraîche, mais sans être détrempée. La moindre erreur d'arrosage entraîne un jaunissement du feuillage. Fertilisez une fois par semaine.
Espèces et variétés : il existe 86 espèces. *Scaevola aemula* 'Saphira', bleu violacé, très florifère, au port retombant.
Utilisations : potée, jardinière, suspension, bordure, massif, couvre-sol.
Notre conseil : le scaévola craint le calcaire dans le sol. Ajoutez un produit acidifiant à l'eau d'arrosage (vinaigre, citron).

➔ ***Scadoxus multiflorus*** voir ***Haemanthus***.

Schizostylis coccinea

Schizostylis coccinea
GLAÏEUL ÉCARLATE

J F M A M J J A S O N D

50/60 cm 20/30 cm B -10 °C

Cette plante assez rustique de la famille des Iridaceae est appréciée pour sa floraison très tardive.

Description : originaire d'Afrique du Sud, cette plante, appelée aussi « lis des Cafres », forme un corme rhizomateux qui n'a pratiquement pas besoin de période de repos. Il se multiplie rapidement par drageons, pour former de belles touffes de feuilles lancéolées et de fleurs en épi, de 20 à 30 cm de long, qui le font ressembler à un glaïeul d'aspect moins sophistiqué.
Sol : profond, riche en humus et frais, car le *Schizostylis* craint la sécheresse en été.
Exposition : chaude et très bien éclairée.
Culture et entretien : plantez en avril ou en mai entre 3 cm et 5 cm de profondeur, à 10 cm de distance. Tuteurez les touffes exposées au vent. En hiver, placez un paillis de protection sur le pied. Divisez les grosses touffes au printemps.
Espèces et variétés : il existe une seule espèce, *Schizostylis coccinea*, aux fleurs de 5 cm de diamètre, en forme d'étoiles régulières, d'un coloris rouge saumoné vif.
Utilisations : massif, bordure de bosquet, bord de bassin, potée, fleur coupée.
Notre conseil : dans le régions froides, cultivez le *Schizostylis* en pot, que vous pourrez enterrer dans un massif à la belle saison et rentrer avant les premiers froids pour profiter encore longtemps des fleurs.

Scilla spp.
SCILLE

J F M A M J J A S O N D

10/30 cm — 5/10 cm — B

Cette petite bulbeuse tapissante de la famille des Asparagaceae forme de très jolies fleurs bleues, précoces.

Description : les scilles sont des petites plantes vivaces formant une touffe de feuilles étroites, vert foncé, ornée de tiges florales en clochettes bleues et pendantes.
Sol : frais mais drainé, riche en humus.
Exposition : un sous-bois clair est idéal.
Culture et entretien : plantez à l'automne, à 5/10 cm de profondeur et de distance. La scille se multiplie par ses bulbilles, laissez-la se naturaliser à sa guise. Ne laissez pas le sol se dessécher durant l'été.
Espèces et variétés : il existe 90 espèces. *Scilla mischtschenkoana* (ou *tubergeniana*) [15 cm], fleurit dès février, d'un bleu pâle argenté, strié de plus sombre. *Scilla peruviana* (15/30 cm), aux très nombreuses petites fleurs, en étoiles, bleu vif, réunies en gros bouquets, est assez frileuse. *Scilla siberica* (15/20 cm) porte 2 ou 3 tiges de 4 à 5 clochettes bleues ; très rustique, elle se naturalise bien dans les jardins frais ; 'Alba', à fleurs blanches.
Utilisations : rocaille, sous-bois clair, bordure, en groupe tapissant au pied d'un forsythia, potée, jardinière pour l'intérieur.
Notre conseil : plantez des scilles partout dans le jardin, surtout entre les espaces occupés par des vivaces caduques.

➤ *Scilla campanulata* voir *Hyacinthoides*.

Scilla siberica

Sedum spectabile

Sedum spp.
SÉDUM, ORPIN

J F M A M J J A S O N D

5/40 cm — 20/60 cm — V

Ces petites plantes grasses de la famille des Crassulaceae donnent des fleurs à longueur d'année.

Sedum spathulifolium

Description : vivaces succulentes, au port le plus souvent tapissant, les sédums portent des feuilles charnues, ovoïdes ou plates, parfois colorées de bronze. Les fleurs, en étoiles, à 5 pétales, sont portées en bouquets terminaux. Seuls les sédums de l'hémisphère Nord sont cultivés dans nos jardins, ceux d'Amérique du Sud pouvant faire de belles plantes d'intérieur.
Sol : sec, léger, bien drainé, plutôt sableux.
Exposition : chaude, aride, plein soleil.
Culture et entretien : plantez au printemps, en améliorant le drainage du sol par du sable grossier. Aucun entretien par la suite. Divisez les grosses touffes dégarnies et peu florifères après la floraison.
Espèces et variétés : il existe 400 espèces.
• **Sédums tapissants** : de 5 à 20 cm de haut, ils s'étalent généreusement en largeur ; *Sedum acre*, le poivre des murailles, à fleurs jaune brillant. *Sedum aizoon*, aux inflorescences dressées, jaune foncé. *Sedum album* 'Coral Carpet', au feuillage brun-rouge en hiver, fleurs roses ; 'Murale', blanc rosé. *Sedum anacampseros*, mauve sur un feuillage vert bleuté. *Sedum cauticola* 'Lidakense', caduc, rouge carminé. *Sedum cyaneum* 'Rosenteppich', caduc, à feuilles bleutées et fleurs rose rougeâtre. *Sedum floriferum*, aux feuilles allongées et fleurs jaune brillant à calice rouge cuivré. *Sedum kamtschaticum*, jaune orangé ; 'Variegatum', à feuillage panaché. *Sedum lydium*, aux feuilles rougissant sur le bord, fleurs blanches. *Sedum oreganum* forme des petits coussins jaunes. *Sedum sempervivoides*, bisannuel, ressemble à une joubarbe aux fleurs rouges. *Sedum sieboldii*, à fleurs roses, demande une situation abritée. *Sedum spathulifolium* 'Cape Blanco', une rosette de feuilles argentées, poudreuses, à fleurs jaunes ; 'Purpureum', au feuillage pourpré, fleurit jaune.
• **Sédums à port dressé** : ils forment des touffes buissonnantes de 30 à 40 cm de haut ; *Sedum spectabile* 'Brilliant', au feuillage vert bleuté et grandes inflorescences plates, cramoisies ; 'Carmen', rose foncé ; 'Septemberglut', pourpre violacé.
Utilisations : bordure de massif, muret, dallage, rocaille, jardinière, auge fleurie. Associez les différentes espèces de sédums aux joubarbes et aux petits saxifrages.
Notre conseil : si vous tentez la multiplication par bouturage de feuilles, laissez-les sécher 1 ou 2 jours avant de les piquer dans du sable, sans les enterrer. Cela permet d'éviter les dégâts de la pourriture.

Sempervivum spp.
JOUBARBE

J F M A M J J A S O N D

10/20 cm — 20/50 cm — V

Cette vivace succulente de la famille des Crassulaceae est bien souvent appelée « artichaut des murs ».

Description : la joubarbe forme des rosettes de feuilles épaisses, pointues, très serrées, qui la font ressembler à des petits artichauts ouverts. Une grande variété dans les formes et les couleurs caractérise les *Sempervivum*. Les fleurs étoilées sont portées en bouquets sur des tiges dressées. Les rosettes meurent après la floraison, mais sont remplacées par des rejets.

Sol : léger, sableux, même sec et calcaire.

Exposition : très lumineuse, aride.

Culture et entretien : plantez au printemps (de 9 à 16 pieds/m^2). Ensuite, aucun entretien. Séparez les rosettes.

Espèces et variétés : il existe 40 espèces. *Sempervivum arachnoideum* (10 cm), couvert de filaments blancs semblables à une toile d'araignée, fleurs roses. *Sempervivum calcareum* (5 cm), dense, pourpre, à fleurs jaunes. *Sempervivum ciliosum* ssp. *borisii* (10 cm), à fleurs jaunes et rosette grisâtre. Parmi les hybrides : 'Commander Hay' (20 cm), à rosette brune et fleurs rose foncé ; 'Jubilee' (15 cm), à feuilles vert pourpré et fleurs rose cramoisi.

Utilisations : bordure, rocaille, muret, dallage, toiture, auge, potée, jardinière.

Notre conseil : décorez une vieille pierre meulière en insérant des joubarbes dans ses orifices naturels avec un peu de terre.

Sempervivum calcareum

Senecio cineraria

Senecio cineraria
CINÉRAIRE MARITIME

J F M A M J J A S O N D

30/60 cm — 30/40 cm — A — -5 °C

Cette plante frileuse de la famille des Asteraceae est appréciée pour ses feuilles d'un beau gris argenté.

Description : sous-arbrisseau d'origine méditerranéenne, le cinéraire maritime est souvent cultivé comme une annuelle, hormis dans les régions au climat doux. Les feuilles formant une touffe sont plus ou moins découpées, couvertes de poils veloutés. Fleurs en capitules jaunes.

Sol : un terreau pour géraniums ou une terre assez consistante, mais bien drainée.

Exposition : plein soleil et forte chaleur. Un climat humide avec embruns convient.

Culture et entretien : plantez au printemps. Pincez les fleurs pour conserver une touffe compacte. Protégez du froid.

Espèces et variétés : il existe plus de 1 000 espèces de *Senecio*, la plupart non rustiques. *Senecio cineraria* a donné divers cultivars qui se distinguent par les découpes de leurs feuilles : 'Alice', 'Candicans', 'Cirrus', 'Diamant', 'Fasolt', 'Glacier', 'New Look', 'Silver Dust'.

Utilisations : *Senecio cineraria*, au feuillage recouvert d'une pruine blanc argenté, fait merveille en hiver dans les massifs et les jardinières, en association avec : bruyères, choux décoratifs, cyclamens ou des arbustes à fructification colorée.

Notre conseil : rentrez les cinéraires maritimes dans une véranda avant le gel et conservez-les tout l'hiver entre 5 et 12 °C.

➔ *Senecio* **'Sunshine'** voir ***Brachyglottis***.

Solenostemon scutellaroides

Solenostemon scutellaroides
COLÉUS

J F M A M J J A S O N D

20/60 cm — 15/50 cm — V — 0 °C

Cette vivace frileuse de la famille des Lamiaceae séduit par la très riche coloration de son feuillage.

Description : cette vivace asiatique est l'une des plantes qui offrent le plus grand choix dans les teintes de feuillage. La touffe dressée est formée de tiges charnues, à section quadrangulaire, portant des feuilles ovales dentées. Les fleurs en épis bleutés apparaissent toute l'année.

Sol : léger, souple, frais, humifère.

Exposition : aérée et très éclairée, mais sans soleil direct violent sur le feuillage.

Culture et entretien : plantez en mai. Pour que la plante se ramifie bien et reste compacte, pincez la tige principale et supprimez les fleurs dès leur apparition. Vous obtiendrez de plus grosses feuilles en ôtant les bourgeons qui se développent à leur aisselle. Bouturez toute l'année les jeunes pousses dans un verre d'eau.

Espèces et variétés : il existe 60 espèces. *Solenostemon scutellaroides* (ou *Coleus blumei*) se décline en nombreux cultivars : 'Arc-en-ciel' (30 cm), en mélange de toutes couleurs ; 'Carefree' (25 cm), très homogène, à feuilles découpées ; 'Wizard' (20 cm), compact, se décline en 9 coloris.

Utilisations : massif, bordure, potée, jardinière, plante d'intérieur.

Notre conseil : les cochenilles farineuses et les aleurodes attaquent les coléus en hiver. Rabattez au ras du sol les plantes infestées car elles ne supportent pas les traitements insecticides (surtout huileux).

Solidago spp.
VERGE D'OR

J F M A M J **J A S** O N D

20 cm/1,2 m | 20/90 cm | V

Cette grande vivace élancée de la famille des Asteraceae s'épanouit généreusement en gerbes jaune d'or.

Description : formant une touffe gracieuse et bien érigée aux feuilles alternes, étroites, lancéolées, les *Solidago* portent des fleurs en plumets aériens et mellifères.
Sol : ordinaire, plutôt frais, même calcaire.
Exposition : plein soleil, pas trop ventée.
Culture et entretien : plantez au printemps (de 4 à 6 pieds/m^2). Paillez le pied durant l'été, tuteurez les grandes variétés. Rabattez toute la végétation en automne. Divisez les vieilles touffes au printemps.
Espèces et variétés : il existe 100 espèces. On cultive surtout des hybrides issus du croisement entre *Solidago canadensis* et *Solidago shortii*, tous à fleurs jaunes. 'Citronella' (1 m), jaune pâle ; 'Golden Dwarf' (40 cm), nain et compact ; 'Golden Shower' (50 cm), très précoce ; 'Laurin' (40 cm), tardif, jaune vif ; 'Mimosa' (1 m), très vigoureux ; 'Strahlenkrone' (60 cm), hâtif, au port plutôt étalé. *Solidago shortii* (1,3 m), espèce rhizomateuse à floraison plus tardive, en panicules pyramidales.
Utilisations : massif avec asters, *Crambe cordifolia*, cosmos, *Gaura*, *Lychnis*.
Notre conseil : placez un tuteur circulaire au-dessus de la touffe au printemps et il disparaîtra totalement sous le feuillage.

Solidago x hybridus

Sparaxis tricolor
SPARAXIS

J F M A **M J** J A S O N D

20/50 cm | 10/20 cm | B | 0 °C

Cette plante bulbeuse frileuse, de la famille des Iridaceae, explose en étoiles multicolores très originales.

Description : proche des freesias et des ixias, cette vivace sud-africaine formant des cormus est aussi appelée « fleur arlequin ». Le feuillage étroit, lancéolé, plissé, forme un éventail. Les fleurs étoilées, à six segments égaux largement ouverts, se déclinent dans des coloris très vifs, variés.
Sol : bien drainé, siliceux, riche en humus. En pot, un mélange de sable et de terreau.
Exposition : plein soleil, abritée du vent.
Culture et entretien : plantez à la fin de l'automne dans les régions au climat doux et au printemps ailleurs, entre 3 et 5 cm de profondeur, à 10 cm d'écartement. Arrosez bien pendant la période de végétation. Désherbez. Arrachez les cormus au début de l'automne et stockez-les au sec.
Espèces et variétés : il existe 6 espèces. *Sparaxis tricolor* présente une riche gamme de coloris allant du jaune ourlé de noir au rouge à cœur noir ou jaune vif, en passant par le rouge, l'orange ou le rose.
Utilisations : rocaille abritée, bordure au pied de murs bien exposés. Fleur coupée.
Notre conseil : dans les régions froides, plantez les sparaxis dans des pots que vous hivernerez en véranda hors gel.

Sparaxis tricolor

Sprekelia formosissima

Sprekelia formosissima
LIS DE SAINT-JACQUES

J F M A M J **J A** S O N D

30/40 cm | 15/20 cm | B | 0 °C

Cette exceptionnelle bulbeuse de la famille des Alliaceae épanouit des fleurs qui évoquent les orchidées.

Description : cette plante d'origine mexicaine forme un gros bulbe rappelant celui de la jacinthe. Il développe une somptueuse fleur solitaire, à 6 pétales rouge écarlate. Les longues feuilles rubanées vert vif apparaissent après la hampe florale.
Sol : léger, poreux, riche. En pot, mélange de terreau, de sable et de terre de jardin par tiers, avec un fertilisant organique.
Exposition : une lumière très vive, avec soleil direct la majeure partie de la journée.
Culture et entretien : plantez ou rempotez le bulbe au printemps, en maintenant la pointe juste à la surface du sol. Utilisez un contenant plus large que haut. D'avril à fin août, donnez de l'engrais peu concentré, tous les 15 jours. En hiver, stockez le bulbe entre 5 °C et 10 °C. Laissez la motte sécher entre 2 arrosages. Réduisez les apports d'eau dès la fin juillet, pour que le bulbe entre en repos à l'automne.
Espèces et variétés : il existe une seule espèce, *Sprekelia formosissima*, qui n'a pas donné le moindre cultivar.
Utilisations : potée, jardinière, culture d'intérieur, massif sous un climat doux.
Notre conseil : installez le lis de Saint-Jacques dehors début mai jusqu'à la disparition du feuillage en été. Dans le Midi, la plante peut rester dehors en permanence. Une dizaine de bulbes réunis dans la même vasque donnent un effet rare.

Stachys byzantina 'Silver Carpet'

Stachys spp. ÉPIAIRE, BÉTOINE

J F M A M J J A S O N D

15/50 cm — 30/60 cm — V

Cette vivace assez envahissante de la famille des Lamiaceae est aussi une plante officinale réputée.

Description : plantes rhizomateuses (il existe aussi des espèces annuelles) formant des tiges de section carrée, les *Stachys* portent des feuilles opposées, lancéolées, plissées ou duveteuses, qui dégagent parfois une odeur désagréable. Les fleurs, mellifères, sont groupées en épis.
Sol : plutôt sec, bien drainé, calcaire.
Exposition : très ensoleillée ; les climats humides sont assez mal tolérés.
Culture et entretien : plantez de septembre à avril (de 4 à 6 pieds/m^2). Supprimez les fleurs fanées. Rabattez les espèces caduques en novembre. Divisez les vieilles touffes au printemps.
Espèces et variétés : il existe 300 espèces. *Stachys byzantina* (ou *lanata*), l'oreille-d'ours (30 cm), couvre-sol persistant aux feuilles laineuses, fleurs roses, plutôt insignifiantes ; 'Cotton Ball' (40 cm), à feuilles et fleurs roses laineuses ; 'Silver Carpet' (15 cm) forme un tapis homogène dépourvu de fleurs. *Stachys grandiflora* (ou *macrantha*), la bétoine (60 cm), forme une touffe serrée, aux feuilles caduques en forme de cœur ; 'Superba', à grosses fleurs rose pourpré.
Utilisations : massif de *Stachys grandiflora* avec des œillets et de l'alchémille. Bordure, rocaille pour *Stachys lanata.*
Notre conseil : installez *Stachys lanata* dans les zones du jardin que vous n'arrosez pas, il sera beaucoup plus beau.

Stachys grandiflora 'Superba'

Sternbergia lutea AMARYLLIS JAUNE

J F M A M J J A S O N D

10/20 cm — 5/10 cm — B

Cette petite bulbeuse de la famille des Alliaceae épanouit de gros crocus jaune d'or en automne.

Description : originaire du Bassin méditerranéen, cette vivace bulbeuse rustique forme un bulbe à tunique foncée qui ressemble à celui du narcisse. La touffe de feuilles linéaires dressées fait un écrin à la fleur jaune d'or, en étoile étroite, semblable à celle du *Crocus vernus* mais portée par un pédoncule plus grand.
Sol : souple, léger, pauvre, calcaire, bien drainé, même assez sec et caillouteux.
Exposition : soleil, chaleur et sécheresse.
Culture et entretien : plantez en juin ou en juillet à 5/8 cm de profondeur et à 10/15 cm de distance. Ne nécessite aucun entretien. Maintenez le bulbe en place au moins 4 à 5 ans pour que se créent de belles touffes. Divisez après la floraison et remettez les bulbes en terre aussitôt.
Espèces et variétés : il existe 6 espèces. *Sternbergia lutea,* aux fleurs d'un jaune très vif, est le seul couramment cultivé.
Utilisations : pelouse fleurie, massif avec dahlia, aster ou autour des conifères.
Notre conseil : une exposition plein sud est idéale pour réussir les *Sternbergia,* qui vont bien se naturaliser sur un talus non entretenu, en association avec des graminées et des plantes aimant la sécheresse.

Sternbergia lutea

Sutera diffusa BACOPA

J F M A M J J A S O N D

15/30 cm — 40/60 cm — A — - 7 °C

Cette vivace de la famille des Scrophulariaceae déploie avec langueur de longs bras fleuris.

Description : originaire d'Afrique du Sud, le genre *Sutera* comprend des espèces annuelles ou vivaces. On cultive *Sutera diffusa* comme plante saisonnière semi-rustique, ou comme une vivace dans les régions maritimes et les jardins abrités. Offrant un port retombant très élégant, avec des rameaux souples portant des feuilles opposées arrondies, la plante se couvre d'une multitude de petites trompettes étoilées blanches ou roses.
Sol : souple, léger, fertile ; un bon terreau pour géraniums convient bien.
Exposition : mi-ombre, voire ombre légère, à l'abri des vents froids et secs.
Culture et entretien : hiverné dans la véranda hors gel ou installé dans un endroit abrité du jardin, le pied-mère de bacopa prend de l'ampleur d'une année sur l'autre. Prélevez au printemps des boutures de 10 cm de long à l'extrémité des tiges. La reprise est excellente à 20 °C, dans un mélange de sable et de tourbe blonde. Sortez les potées courant avril. Ne laissez pas sécher la terre en été. Apportez un engrais liquide une fois par semaine.
Espèces et variétés : il existe 130 espèces. *Sutera diffusa* 'Cabana', à très grosses fleurs blanches ; 'Snowflake', à petites fleurs blanches. Les séries Candy Floss et

Sutera diffusa Sutera Nova 'White'

Sutera Nova se caractérisent par des fleurs beaucoup plus grosses, blanches, rose tendre, rose violacé ou nacré. La série Showers propose des coloris inédits bleu et lavande, dont les fleurs atteignent la taille d'une pièce de 2 centimes d'euro.

Utilisations : bordure, jardinière. Le bacopa est l'une des meilleures plantes pour suspensions dont dispose aujourd'hui le jardinier amateur.

Notre conseil : pincez les jeunes plantes pour provoquer de nombreuses ramifications qui se couvriront vite de fleurs. Attention à la confusion : *Bacopa* désigne pour les botanistes une plante aquatique sud-américaine, aussi appelée « hysope d'eau », que l'on cultive couramment comme plante d'aquarium.

Tagetes spp.
ŒILLET D'INDE, ROSE D'INDE

J F M A **M J J A S O** N D

20 cm/1 m — 10/30 cm — A

Ces plantes annuelles très florifères de la famille des Asteraceae font partie des grandes stars de l'été.

Description : originaires du Mexique, de Colombie et d'Argentine, ces annuelles au port buissonnant érigé et ramifié, portent un feuillage opposé, très découpé, parfois presque plumeux, vert foncé brillant, qui dégage une forte odeur peu agréable. Les fleurs sont des capitules simples ou doubles dans toute les nuances de jaune et d'orange, jusqu'au marron.

Sol : léger, souple, même pauvre, sec et calcaire. Un apport d'humus est apprécié.

Exposition : chaude et bien aérée, en plein soleil, même très ardent.

Culture et entretien : semez de février à avril, en terrine sous abri. La germination demande de 1 à 2 semaines entre 18 et 22 °C. Environ 3 semaines après la levée, lorsque les plantules ont formé 2 ou 3 feuilles, repiquez individuellement en caissette en espaçant les plants de 5 cm. Un mois plus tard, empotez individuellement en godets de tourbe et conservez la culture sous châssis froid. Mettez en place les plants en motte courant mai, entre 20 et 40 cm de distance selon la variété. Il est souvent plus pratique d'acheter des plants fleuris à partir du 15 avril. Arrosez régulièrement, fertilisez les plantes en pot ou en jardinière une fois par semaine à l'engrais liquide. Coupez régulièrement les fleurs fanées pour faciliter l'éclosion de nouveaux boutons. Tuteurez les grandes roses d'Inde dans les jardins exposés au vent.

Espèces et variétés : il existe 50 espèces. On en cultive surtout 3, en général sous leur nom commun.

• **Œillet d'Inde :** *Tagetes patula* est une plante naine (20/30 cm), aux folioles lancéolées, qui se décline en très nombreux cultivars. On distingue des variétés à fleurs simples naines (25/30 cm) : 'Disco', 'España Mix', 'légion d'Honneur', etc., ou hautes (60 cm) comme 'Arlequin', jaune strié de brun. Parmi les hybrides à grandes fleurs doubles : 'Aurore', 'Bonanza', 'Bolero', 'Boy', 'Carmen', 'Globe', 'Hero Flame', 'Honeycomb', 'Orange Jacket', 'Safari Tangerine', 'Yellow', etc.

• **Rose d'Inde :** *Tagetes erecta*, plante vigoureuse aux folioles très fines, a produit de nombreux cultivars à grosses fleurs très doubles, crème, jaunes ou orange, portées par des tiges robustes ; 'Antigua' (25 cm), aux fleurs énormes qui atteignent 8 cm de diamètre ; 'Cupidon' (20 cm), aux larges fleurs ressemblant à celles d'un chrysanthème jaune vif ; 'Discovery' (20 cm), la plus courte des roses d'Inde, dont les fleurs de 7 cm de diamètre se déclinent du jaune à l'orange ; 'Doubloon' (80 cm), imposante, jaune clair ; 'Gay Ladies' (35 cm), à grandes fleurs résistant bien aux intempéries ; 'Golden Jubilee' (50 cm), jaune d'or lumi-

Tagetes erecta

Tagetes patula

neux ; 'Inca II' (35 cm), à grandes fleurs jaunes ou orange ; 'Kilimandjaro (45 cm), blanche ; 'Orange Jubilee' (50 cm), orange vif ; 'Schneewalzer' (60 cm), blanc crème ; 'Sovereign' (90 cm), aux fleurs de 12 cm de diamètre, jaune d'or ; 'Yellow Supreme' (80 cm), jaune vif.

• **Tagète :** *Tagetes tenuifolia* forme des coussins de 25 cm de haut, couverts de petites fleurs simples jaunes, orange ou brun-rouge ; 'Lulu', jaune citron ; 'Tangerine', orange ; 'Red Carpet', rouge.

Utilisations : massif d'été, bordure, jardinière, potée. Bonne association avec les sauges pour les roses d'Inde, avec les pétunias pour les œillets d'Inde. Les tagètes offrant un port moins strict, ils conviennent comme complément dans les massifs de vivaces ou de style naturel.

Notre conseil : les hybrides triploïdes (qui possèdent une paire de chromosomes de plus que la normale), comme 'Zenith', sont des croisements entre œillet d'Inde et rose d'Inde. Très vigoureux et compacts, il sont beaucoup plus florifères, car ils ne forment pas de graines.

➤ *Thymus* voir p. 726.

Tiarella cordifolia

Tiarella cordifolia
TIARELLA

J F M A M J J A S O N D

10/30 cm 30/60 cm V

Ces vivaces rhizomateuses de la famille des Saxifragaceae forment un tapis assez compact et florifère.

Description: les rhizomes de cette ravissante vivace couvre-sol développent des feuilles palmées vert brillant, devenant rougeâtres en hiver. Les grappes de fleurs étoilées blanches, très légères, vaporeuses, s'épanouissent en abondance.
Sol: riche, plutôt frais, humifère et bien drainé en hiver. Un peu d'humidité stagnante est acceptée en été.
Exposition: une lumière toujours tamisée. L'ombre dense est bien supportée.
Culture et entretien: plantez entre septembre et avril (de 5 à 7 pieds/m^2). Paillez avec du compost en été et arrosez bien par temps sec. Engrais inutile. Divisez les vieilles touffes après la floraison.
Espèces et variétés: il existe 7 espèces. *Tiarella cordifolia* 'Pupurea', au feuillage rouge; 'Tiger Stripe', aux feuilles vert maculé de brun. *Tiarella wherryi*, non rhizomateuse aux fleurs blanc rosé; 'Bronze Beauty', à feuilles bronze rougeâtre.
Utilisations: sous-bois, bordure, au pied d'un arbre, talus ombragé, bord de bassin.
Notre conseil: supprimez rapidement les fleurs fanées pour que la plante n'essaime pas et limitez la croissance des rhizomes qui sont assez vite envahissants.

Tigridia pavonia
ŒIL-DE-PAON

J F M A M J J A S O N D

40/60 cm 10/15 cm B 0 °C

Cette très originale bulbeuse, de la famille des Iridaceae, porte des fleurs qui ne s'ouvrent qu'un jour.

Description: venue du Mexique, cette plante au petit cormus allongé, forme une touffe de feuilles lancéolées, étroites, plissées. La hampe florale porte de 4 à 6 corolles de 10 à 15 cm de diamètre, qui éclosent les unes après les autres. Largement ouverts, les 3 pétales extérieurs, rouges, jaunes ou roses, sont nettement tigrés de blanc ou de rouge au centre.
Sol: sableux, bien drainé, non calcaire, enrichi avec du terreau très souple.
Exposition: chaude, en plein soleil, à l'abri des vents forts et froids.
Culture et entretien: plantez de mi-avril à fin mai, à 8/10 cm de profondeur et à 10/15 cm de distance. Prévoyez un tuteur circulaire. Arrachez fin octobre et conservez les cormus dans du sable, au sec. Dans le Midi, le *Tigridia* peut rester en terre d'une année sur l'autre et prospérer.
Espèces et variétés: il existe 23 espèces. *Tigridia pavonia* est proposé en mélange de coloris présentant toujours un « œil de paon » tigré au centre de la fleur.
Utilisations: massif, plate-bande avec d'autres bulbes, des plantes vivaces ou des annuelles. Potée, jardinière.
Notre conseil: plantez des groupes d'une vingtaine de cormus si vous voulez un effet plus décoratif. Étalez les mises en place sur plusieurs semaines pour obtenir des floraisons bien échelonnées.

Tradescantia x *andersoniana*
ÉPHÉMÈRE DE VIRGINIE

J F M A M J J A S O N D

40/60 cm 30/60 cm V

Cette solide vivace de la famille des Commelinaceae renouvelle en permanence ses fleurs d'un jour.

Description: cette forme hybride, couramment cultivée, est issue de croisements entre *Tradescantia ohiensis*, *T. subaspera* et *T. virginiana*. Robuste et très rustique, l'éphémère de Virginie forme une touffe dense et large de feuilles alternes, lancéolées, étroites de 20 à 35 cm de long. Les fleurs, de forme triangulaire, à trois pétales, qui atteignent 5 cm de diamètre, sont groupées en petits bouquets.
Sol: assez riche, humifère, frais mais bien drainé sans jamais se dessécher.
Exposition: évitez l'insolation directe trop

Tigridia pavonia 'Alba'

Tradescantia x andersoniana

forte, sans exposer à l'ombre dense.
Culture et entretien : plantez d'octobre à mars (environ 6 pieds/m²) et arrosez bien. Rabattez toute la touffe en novembre. Divisez les vieux sujets au printemps. De mai à septembre, bouturez des pousses latérales en plongeant la base dans l'eau.
Espèces et variétés : il existe 65 espèces. De nombreux *Tradescantia* sont des plantes d'intérieur (misère). *Tradescantia* x *andersoniana* est la seule forme destinée au jardin ; 'Domaine de Courson', aux pétales blanc rosé, éclaboussés de rose carminé ; 'Innocence', blanc pur à étamines jaune d'or ; 'Isis', aux fleurs en grappes d'un bleu intense assez foncé ; 'J.C. Weguelin', bleu lavande à œil blanc ; 'Karminglut', rouge carmin très lumineux ; 'Osprey', bleu très pâle à œil plus foncé ; 'Pauline', mauve à étamines bleu indigo ; 'Valour', violet ; 'Zwanenburg', à grandes fleurs bleu soutenu.
Utilisations : massif, bord de bassin.
Notre conseil : lorsque les feuilles commencent à porter des taches brunes, renouvelez la plantation car elle est en passe de dégénérer progressivement.

Trollius europaeus
TROLLE D'EUROPE

J F M A **M J J** A S O N D

30/80 cm — 30/50 cm — V

Cette vivace très rustique de la famille des Ranunculaceae pousse idéalement au bord des bassins.

Description : originaire de l'hémisphère Nord, cette plante se rencontre naturellement au bord de l'eau. Elle forme une touffe de feuilles palmées divisées en 5 lobes finement découpés. Les hampes bien dressées sont terminées par un bouton globuleux de 3 à 5 cm de diamètre.
Sol : profond, frais et humifère. Les terrains lourds et humides sont bien acceptés.
Exposition : évitez le soleil brûlant, la lumière tamisée est plus appréciée.
Culture et entretien : plantez au printemps (de 3 à 5 pieds/m²). Paillez le sol avec un bon lit de compost ou de fumier découpé. Arrosez par temps sec. Divisez les touffes tous les 3 ou 4 ans, en automne.
Espèces et variétés : il existe 24 espèces. *Trollius europaeus* 'Orange Crest', orange vif. *Trollius chinensis* 'Golden Queen' (50 cm), aux fleurs en coupe jaune orangé, supporte mieux les sols secs.
Utilisations : massif, sous-bois, bord de bassin ou de ruisseau, jardin de marais.
Notre conseil : ôtez les fleurs fanées pour favoriser une éventuelle remontée.

Trollius europaeus

Tropaeolum majus

Tropaeolum majus
CAPUCINE NAINE

J F M A **M J J A S O** N D

20/30 cm — 30/40 cm — A

Cette annuelle de la famille des Tropaeolaceae fait des bordures très florifères et sans entretien.

Description : originaire d'Amérique du Nord, cette plante herbacée naturellement grimpante a donné par sélection de nombreuses races compactes. Les feuilles arrondies vert bleuté mettent bien en valeur les fleurs d'environ 5 cm de diamètre, parfois odorantes, aux tons vifs.
Sol : riche, frais, bien travaillé, friable.
Exposition : la pleine lumière, même forte.
Culture et entretien : fin avril/début mai, semez des poquets de 4 ou 5 graines, en place, tous les 30 cm. Semis possible en octobre en sol léger dans les régions où le climat n'est pas trop rude. Arrosez en été.
Espèces et variétés : il existe 90 espèces. Parmi les cultivars nains de *Tropaeolum majus* : 'Alaska' (30 cm), au feuillage panaché de blanc ; 'Impératrice des Indes' (30 cm), écarlate ; 'Globe d'Or' (30 cm), double, jaune d'or ; 'Tip Top' (20 cm), précoce, en 5 coloris ; 'Whirlybird' (25 cm), à fleurs sans éperon, 4 couleurs.
Utilisations : bordure, entre les arbustes d'un massif, potée, suspension, jardinière.
Notre conseil : traitez contre les pucerons noirs, très virulents sur les capucines.

➔ *Tropaeolum spp.* voir **p. 544.**

Tulipe Perroquet 'Texas Flame'

Tulipa spp.
TULIPE

J F **M A M** J J A S O N D

20/70 cm 5/15 cm B

Cette belle bulbeuse de la famille des Liliaceae offre une très riche palette de formes et de couleurs.

Description : d'origine orientale, la tulipe s'est parfaitement adaptée à notre climat. Elle est présente dans pratiquement tous les jardins pour une floraison printanière échelonnée. Sur les 4 000 variétés horticoles recensées, environ 150 sont couramment proposées dans les catalogues. Différentes par les formes des fleurs, les coloris et l'époque de floraison, elles ont en commun des feuilles lancéolées qui sont produites par un bulbe tuniqué et une hampe rigide terminée par une fleur en général solitaire, formant une coupe aux pétales arrondis ou effilés.

Tulipe Frangée 'Fringed Beauty'

Sol : léger, aéré, bien drainé, sableux si possible. La tulipe craint l'eau en excès et les sols trop riches en humus. Le fumier frais est à proscrire totalement.

Exposition : de préférence en plein soleil. Les espèces botaniques supportent bien la mi-ombre. Les grandes tulipes craignent le vent, les doubles tardives n'aiment pas les précipitations importantes.

Culture et entretien : plantez de fin septembre à fin novembre. Une mise en terre plus tardive est possible, mais elle retarde la floraison. Profondeur moyenne de 12 à 15 cm, jusqu'à 20/25 cm en terre sablonneuse. De 8 à 10 cm suffisent pour les tulipes botaniques. Distance de 10 à 20 cm selon la grosseur du bulbe. Utilisez un plantoir à bulbe pour faciliter un bon positionnement de l'oignon. Le plantoir conique laisse une poche d'air sous le bulbe, empêchant un développement correct des racines. La grosseur de l'oignon est garante de la beauté de la fleur. Le calibre correspond à la longueur en centimètres de la plus grande circonférence du bulbe. Pour les tulipes horticoles, le calibre moyen est de 11/12, les plus gros 12 + et 14 +. Ne choisissez pas de calibre inférieur à 10/11, le résultat serait décevant. Les espèces botaniques offrent un calibre de 5 à 8 cm. Si vous désirez conserver les tulipes pour la saison suivante, coupez la fleur fanée et attendez que le feuillage ait jauni avant de procéder à l'arrachage. Cela permet au bulbe de reconstituer ses réserves. Stockez au sec et au frais après nettoyage des bulbes. La plupart des tulipes botaniques se naturalisent facilement.

Espèces et variétés : il existe 100 espèces. La classification officielle par précocité et forme de la fleur comprend 14 groupes parmi les variétés horticoles (hybrides).

- **Tulipes Kaufmanniana** (15/25 cm) : très hâtives, souvent bicolores, avec un feuillage strié de brun ; 'Ancilla', rouge rosé, à l'intérieur blanc ; 'Giuseppe Verdi', carmin bordé de jaune, feuillage marbré ; 'Shakespeare', carmin bordé de saumon, base jaune ; 'Stresa', rouge groseille bordé de jaune, feuillage veiné.
- **Tulipes Fosteriana** (25/30 cm) : floraison dès mars ; vigoureuses, elles se naturalisent bien ; 'Candela', jaune ; 'Juan', fleur tubulaire orange lumineux, à la base jaune, feuillage tacheté de brun ; 'Madame Lefeber' (ou 'Red Emperor'), à très grande fleur rouge éclatant à cœur noir.
- **Tulipes Greigii** (15/30 cm) : au feuillage strié, avec une fleur au cœur noir ; 'Cape Cod', abricot bordé or, à intérieur bronze ; 'Chaperon Rouge', rouge vif, feuilles panachées de brun ; 'Plaisir', rouge carmin bordé de jaune ; 'Princesse Charmante', rouge éclatant, à feuillage marbré.
- **Tulipes Simples hâtives** (30/45 cm) : les fleurs en coupe de 5 à 7 cm de diamètre, aux coloris vifs, se prêtent bien à la culture en pot ; 'Apricot Beauty', rose saumon teinté de rouge, parfumée ; 'Général de Wet', orange strié de rouge orangé, parfumée ; 'Prince Carnaval', rouge flammé de rouge vif, parfumée ; 'Van der Neer', violet pourpre assez sombre.

Tulipa greigii 'Princesse Charmante'

Tulipa tarda

Tulipe Triomphe 'Peer Gynt'

• **Tulipes Doubles hâtives** (30/40 cm) : aux fleurs globuleuses de 5 à 8 cm de diamètre ; 'Carlton', rouge vif ; 'Monsella', jaune canari flammé de rouge sang ; 'Monte Carlo', jaune soufre très lumineux ; 'Murillo', mélange de 6 variétés aux tons pastel, à tige courte ; 'Orange Nassau', orange flammé de rouge feu ; 'Schoodoord', blanc ombré de jaune clair.

• **Tulipes Triomphes** (40/60 cm) : aux fleurs en coupe de 5 à 7 cm de diamètre, portées par des tiges rigides, résistant aux intempéries. Ce groupe est le plus important : 'Abu Hassan', brun bordé de jaune sur une forte tige ; 'Barcelona', rose magenta ; 'Blenda', rose foncé à base blanche ; 'Calgary', blanc ivoire légèrement flammé de jaune ; 'Cassini', rouge foncé ; 'Fire Queen', grenat teinté de rouge brillant ; 'New Design', jaune pâle et blanc rosé, feuilles bordées d'un liseré blanc ; 'Peer Gynt', fuchsia bordé de rose ; 'Princesse Irène', cuivre ombré de pourpre ; 'Shirley', blanc à liseré violet.

• **Tulipes Darwin hybrides** (50/70 cm) : aux tiges fortes portant des fleurs ovoïdes de 5 à 8 cm de diamètre ; 'Apeldoorn's Elite', écarlate bordé d'or ; 'Beauty of Apeldoorn', orangé chaud, strié de rouge ; 'Big Chief', vieux rose bordé d'orange ; 'Flaming Gold', jaune bouton d'or taché de rouge ; 'Vivex', rose orangé bordé d'orange.

• **Tulipes Simples tardives** (ou Cottage) [50/75 cm] : ce sont les tulipes les plus hautes, avec les plus grosses fleurs ; 'Burgundy Lace', rouge foncé, légèrement frangé ; 'Dreamland', rose à base blanche ; 'Île-de-France', rouge cardinal lumineux ; 'Temple of Beauty', rose saumoné orangé.

Tulipa saxatilis

• **Tulipes Doubles tardives** (ou Fleurs de pivoines) [40/60 cm] : aux fleurs énormes, globuleuses, sensibles aux intempéries ; 'Angélique', rose pâle délicat ; 'Black Hero', pourpre presque noir ; 'Carnaval de Nice', blanc strié rouge ; 'Miranda', à très grosse fleur rouge vermillon lumineux.

• **Tulipes Fleurs de lis** (45/65 cm) : aux fleurs cintrées, effilées ; 'Aladdin', rouge bordé de jaune ; 'Elegant Lady', jaune crème bordé de rose violacé ; 'Reine de Saba', aux pétales évasés, rouge finement souligné de jaune ; 'White Triumphator', blanche aux pétales translucides.

• **Tulipes Frangées** (35/60 cm) : portent des pétales au bord finement découpé ; 'Francy Frills', rose vif à base blanche ; 'Fringed Beauty', rouge orangé à très grosses fleurs ; 'Hamilton', jaune ; 'Madison Garden', carmin dentelé de jaune rosé.

• **Tulipes Viridiflora** (45/60 cm) : la fleur conserve des marques vertes, même à maturité ; 'China Town', vert foncé bordé de rose, feuillage marginé de blanc ; 'Golden Artist', jaune flammé vert ; 'Groenland', rose tendre nuancé de vert.

• **Tulipes Multiflores** (40/50 cm) : portent des bouquets de 3 à 7 fleurs ; 'Georgette', jaune pur irisé de rouge à maturité ; 'Québec', rose saumoné bordé de crème ; 'Toronto' (ou 'Toulouse'), rouge clair saumoné, feuillage marbré.

• **Tulipes Perroquets** (40/60 cm) : aux grandes fleurs découpées, irrégulières, flammées, fragiles sous la pluie ; 'Blue Parrot', violet pourpré ; 'Estella Rijnveld', rouge flammé blanc ; 'Orange Favourite', orange moucheté de vert et d'or, au doux parfum ; 'Flaming Parrot', jaune bordé de rouge sang ; 'Texas Gold', jaune et vert.

• **Tulipes botaniques** : ce sont des espèces sauvages, souvent assez petites. *Tulipa acuminata* (50 cm), aux pétales très longs, effilés, rouge et jaune teinté de vert. *Tulipa clusiana* (30 cm), à fleur rouge rayé blanc à l'extérieur et blanc pur à cœur noir à l'intérieur ; var. *chrysantha,* aux fleurs bicolores allongées, où se mêlent le jaune et le rouge. *Tulipa pulchella* (35 cm), aux fleurs arrondies d'un violet foncé caractéristique. *Tulipa saxatilis* (ou *bakeri*) [35 cm], aux pétales rose nuancé de mauve avec le cœur jaune d'or bien ouvert ; 'Lilac Wonder' (25 cm), en étoiles rose lilas, avec le cœur jaune cerné de blanc. *Tulipa tarda* (ou *dasystemon*) [15 cm] porte 5 ou 6 fleurs par tige, en étoiles jaunes d'or à pointes blanches. *Tulipa turkestanica* (30cm), très précoce, est multiflore, chaque hampe portant de 3 à 6 corolles en étoiles blanches à cœur jaune orangé.

Utilisations : groupe isolé, massif, bordure, rocaille, sous-bois clair, jardin sauvage, potée, jardinière. Excellente association avec les bisannuelles (myosotis, giroflée), les arbustes de printemps (forsythia, spirée) et les conifères nains.

Notre conseil : plantez des groupes importants d'au moins 10 bulbes (l'idéal est de 25 à 50) de la même variété, pour composer des taches dont l'impact visuel sera important dans le jardin.

Tulipe Fleur de lis 'Aladdin'

Vallota speciosa

Vallota speciosa
AMARYLLIS POURPRE

J F M A M J J **A S** O N D

30/60 cm · 10/15 cm · B · 0 °C

Cette bulbeuse frileuse de la famille des Alliaceae rappelle les amaryllis par sa superbe fleur.

Description : venue d'Afrique du Sud, cette plante est désormais appelée *Cyrtanthus* par les botanistes. Le gros bulbe ovoïde, allongé, à la tunique bronze, développe une longue hampe florale portant une grosse ombelle arrondie, de 6 à 8 fleurs en trompettes ouvertes à 6 pétales. La touffe de feuilles rubanées, arquées, apparaît en même temps que les fleurs.

Sol : souple, léger. En pot, un mélange par tiers de sable de rivière, de tourbe et de terre de jardin ou de terreau assez riche.

Exposition : chaude et bien ensoleillée.

Culture et entretien : plantez au printemps dans un grand pot, l'extrémité du bulbe dépassant de 1 ou 2 cm à la surface. Arrosez sans excès, en apportant de l'engrais liquide une fois par mois. En zone méditerranéenne, la culture est possible en pleine terre, en enterrant le bulbe à 10 cm. Prévoir un paillis hivernal.

Espèces et variétés : il existe 50 espèces. *Vallota speciosa (Cyrtanthus elatus),* aux belles étoiles écarlates de 8 à 10 cm de diamètre, est la seule vraiment cultivée.

Utilisations : potée en appartement ou sur le balcon, massif plein sud, en association avec des annuelles aux coloris pastel.

Notre conseil : cessez tout apport d'eau dès que le feuillage a fané. Placez alors les bulbes dans un endroit ombragé et frais pour une dormance totale. Les bulbes n'aimant pas être dérangés, ne rempotez que tous les 4 à 5 ans.

Verbascum spp.
MOLÈNE, BOUILLON BLANC

J F M A **M J J A** S O N D

70 cm/1,8 m · 30/60 cm · V

Cette superbe vivace de la famille des Scrophulariaceae est aussi dotée de propriétés médicinales.

Description : appelée aussi « bouillon blanc », cette plante, parfois bisannuelle, développe une grande rosette de feuilles duveteuses ou même laineuses chez certaines espèces, de laquelle jaillit une hampe portant un épi formé de fleurs en coupe à 5 lobes aux couleurs variées.

Sol : profond, léger, bien drainé, même pauvre et caillouteux ou calcaire.

Exposition : le plein soleil, même chaud.

Culture et entretien : plantez en octobre (3 ou 4 pieds/m^2). Semez en avril en terrine sous châssis, repiquez en pépinière avant de mettre en place en septembre.

Espèces et variétés : il existe 360 espèces. *Verbascum bombyciferum* (1,8 m), à feuilles laineuses et fleurs jaune soufre. Il existe aussi beaucoup d'hybrides.

Utilisations : isolé, massif, jardin sauvage, rocaille, fleur coupée.

Notre conseil : tuteurez les grandes hampes florales avec un bambou. Laissez la plante monter à graines et essaimer, vous verrez des pieds apparaître.

Verbascum bombyciferum

Verbena x hybrida

Verbena x hybrida
VERVEINE DES JARDINS

J F M A M **J J A S O** N D

20/40 cm — 30/60 cm — A

Cette plante florifère de la famille des Verbenaceae forme une touffe souple et ample, idéale en panier.

Description : vivace généralement cultivée comme une annuelle, la verveine hybride forme une touffe étalée, légèrement pubescente, aux feuilles opposées, ovales, dentées, rugueuses. Les petites fleurs, parées souvent d'un œil blanc, sont réunies en gros bouquets terminaux, semblables à des pompons.

Sol : fertile, souple, léger, enrichi avec du fumier décomposé. En pot, un bon terreau pour géraniums ou plantes à massif.

Exposition : bien ensoleillée et dégagée, les verveines aimant prendre leurs aises.

Culture et entretien : conservez les graines dans le réfrigérateur 15 jours avant le semis, pour stimuler la germination souvent délicate. Semez en mars à chaud, en recouvrant à peine les graines. La germination se produit en 3 à 5 semaines entre 18 et 22 °C. Repiquez en godets, conservés sous abri jusqu'à la mise en place en mai. Arrosez généreusement en été. Fertilisez les verveines en pot une fois par semaine à l'engrais liquide.

Espèces et variétés : il existe 250 espèces. Les verveines hybrides se déclinent dans tous les tons de blanc, rose, rouge, bleu et violet ; 'Adonis Mango', crème évoluant vers l'abricot ; 'Novalis', précoce, à port érigé, en 6 coloris ; 'Peaches and Cream', abricot et crème ; 'Quartz', compacte, serrée, résistant à l'oïdium, en 8 coloris ; 'Romance', naine, très précoce, aux coloris pastel ; 'Vesta', compacte, régulière ; *Verbena bonariensis*, la verveine de Buenos Aires (1 m), vivace très ramifiée, aux petites fleurs rose mauve. *Verbena rigida*, la verveine rugueuse (40 cm), à port étalé, mauve ou violette.

Utilisations : massif, bordure, couvre-sol, potée, jardinière, suspension.

Notre conseil : supprimez régulièrement les fleurs fanées pour stimuler la nouvelle floraison. *Verbena bonariensis* a tendance à essaimer dans les jardins de climat doux.

Veronica spp.
VÉRONIQUE

J F M **A M J J A S** O N D

10 cm/1 m — 20 cm/1 m — V

Ces vivaces buissonnantes de la famille des Scrophulariaceae sont prisées pour leurs fleurs bleues.

Description : originaires de l'hémisphère Nord, le véroniques sont des plantes rustiques, le plus souvent des sous-arbrisseaux, mais aussi des vivaces rhizomateuses ou des annuelles. Les feuilles, opposées, sont linéaires à oblongues, dentées. Les

Verbena x hybrida

toutes petites fleurs sont réunies en épis ou en grappes dressés au-dessus du feuillage.

Sol : ordinaire, bien drainé, jamais sec, riche en humus. Le calcaire est toléré.

Exposition : seul le plein soleil, même chaud, assure une très longue floraison.

Culture et entretien : plantez au printemps (de 6 à 9 pieds/m²). Arrosez bien par temps chaud. Coupez les épis fanés. Divisez les vieilles touffes au printemps.

Espèces et variétés : il existe 250 espèces. *Veronica filiformis* (8 cm), persistante, bleu clair. *Veronica gentianoides* (40 cm), persistante, bleu clair. *Veronica petraea* 'Mme Mercier' (10 cm), au feuillage pourpré et fleurs en grappes lilas. *Veronica prostrata* (10 cm), aux épis bleus. *Veronica spicata* 'Alba' (40 cm), blanche ; 'Barcarolle' (50 cm), rose ; 'Blue Fox' (30 cm), bleu foncé ; 'Heidekind' (20 cm), rose carmin ; 'Nana' (15 cm), compacte, bleu foncé.

Utilisations : bordure, rocaille, muret, dallage, tapis fleuri, potée, jardinière.

Notre conseil : protégez les véroniques des grands froids et d'un excès d'humidité.

Veronica prostrata

Viola x wittrockiana

Vida wittrockiana 'Orchi'

Viola spp.
PENSÉE, VIOLETTE

J F M A M J J A S O N D

10/20 cm 10/30 cm A

Ces petites plantes de la famille des Violaceae offrent une palette de couleurs tout à fait unique.

Description : offrant tous les modes de végétation (annuel, bisannuel et vivace), les *Viola* sont des plantes rustiques aux origines cosmopolites. Les feuilles en rosettes sont arrondies ou découpées. Les fleurs, solitaires, sont formées de 5 pétales dont un en éperon et les deux supérieurs dressés. Avec de bonnes conditions climatiques (hiver doux), on peut observer des *Viola* en fleurs toute l'année dans le jardin.
Sol : léger, de préférence humifère. En pot, un bon terreau de plantation, assez souple, à base de tourbe et d'écorce.
Exposition : ensoleillée ou mi-ombre pour *Viola cornuta* et *Viola* x *wittrockiana*. Ombre ou mi-ombre pour *Viola odorata*.
Culture et entretien : semez les pensées de juin à août, les *Viola cornuta* courant

Viola odorata

Viola cornuta 'De Paris'

juillet, en pleine terre, en pépinière. Repiquez tous les 10 cm, un mois après la levée. Mise en place à l'automne, tous les 20 cm, en même temps que les oignons à fleurs. Divisez les vieilles touffes peu florifères de *Viola odorata* en automne. Comptez 9 pieds/m². Arrosez s'il fait sec.
Espèces et variétés : il existe 500 espèces.
• **Les pensées** (*Viola* x *wittrockiana*) : aussi appelées *Viola tricolor* var. *hortensis* ou *Viola tricolor* var. *maxima*. Ces plantes vivaces éphémères sont cultivées comme des bisannuelles. Il existe de très nombreux cultivars : 'Dynamite', aux fleurs de 8 cm de diamètre, proposé en 19 coloris unis ou à macule ; 'Fama', très précoce, en 17 coloris, avec des macules souvent striées, très originales ; 'Géante de Suisse', une sélection compacte à grandes fleurs en 11 coloris ; 'Ultima', 15 couleurs aux nuances pastel souvent inédites.
• **Les violettes cornues** (*Viola cornuta*) : elles ressemblent aux pensées, avec des fleurs plus petites, parfumées. Vivaces, elles se ressèment d'elles-mêmes. Elles ont donné diverses générations d'hybrides : 'De Paris', blanche ; 'Perfection', bleu clair ; 'Prince Henri', violette ; la série Sorbet, qui se décline en 30 coloris très diversifiés est la plus complète.
• **Les autres violettes :** la violette odorante *(Viola odorata)* forme des touffes très tapissantes. Elle fleurit tout l'hiver lorsqu'elle est protégée des grands froids. On peut également observer une remontée au printemps et parfois en septembre ; 'Amiral Avellan', rouge pourpré ; 'Cendrillon', bleu violacé ; 'Czar', blanche ou bleu foncé ; 'de Toulouse', bleu lavande, très parfumée ; 'Mamola d'Udine', à fleurs doubles, parfumées, lavande et blanc ; 'Marquis de Brazias', simple, violette, stolonifère ; 'Princesse de Galles', stolonifère, bleu violacé foncé ; 'Reine des Blanches', à fleurs doubles.
Utilisations : massif avec des bulbeuses, tapis fleuri, bordure, couvre-sol, rocaille, muret, dallage, potée, jardinière.
Notre conseil : choisissez des pensées dont le coloris est bien précisé et non un mélange, qui donne un aspect assez vite cacophonique et peu raffiné dans un massif. Ne laissez pas les pensées en place trop longtemps, car elles sont attaquées par divers champignons qui provoquent le dépérissement. Par temps très humide, il est prudent de lutter préventivement contre l'oïdium (blanc).

Zantedeschia aethiopica
ARUM D'ÉTHIOPIE

J F M A M J J A S O N D

60 cm/1 m 40/80 cm B -10 °C

Cette vivace rhizomateuse de la famille des Araceae apporte une note d'exotisme dans le jardin.

Description : originaire d'Afrique du Sud, cet arum est aussi connu sous les noms de *Calla* ou de *Richardia*. Le rhizome produit une touffe de feuilles en fer de lance, vert brillant, tacheté chez certains hybrides, pouvant atteindre 40 cm. La hampe florale creuse, rigide, verticale, se termine par une spathe en entonnoir évasé, qui entoure et dissimule un spadice jaune ou orangé (la véritable inflorescence).

Sol : profond, riche, consistant, humide. La culture en plante semi-aquatique, le rhizome immergé de 5 à 10 cm est possible.

Exposition : le maximum de lumière et de chaleur pour obtenir une belle floraison.

Culture et entretien : plantez au printemps à 15 cm de profondeur et à 40 cm de distance. Arrosez généreusement pendant la période de végétation. Apportez de l'engrais à libération lente en début de saison. Les hybrides non rustiques doivent être arrachés en novembre et placés à l'abri du gel, dans de la tourbe humide.

Espèces et variétés : il existe 6 espèces. *Zantedeschia aethiopica*, ou « arum des fleuristes », à grandes fleurs blanc pur ; 'Green Goddess' (1 m), spathes vertes à centre blanc ; 'Little Gem' (50 cm), très florifère, blanc. Les hybrides à feuilles tachetées et à fleurs colorées (jaune, pourpre, rose) ne sont pas rustiques.

Utilisations : touffe isolée, bord de pièce d'eau, massif de vivaces, grandes potée.

Notre conseil : l'arum d'Éthiopie peut rester en terre dans la plupart des jardins, couvert d'un épais paillage hivernal.

Zantedeschia aethiopica

Zinnia elegans

Zinnia elegans
ZINNIA

J F M A M J J A S O N D

20/80 cm 15/30 cm A

Cette annuelle très populaire de la famille des Asteraceae réussit autant en massif qu'en bouquet.

Description : cette plante buissonnante mexicaine forme une touffe érigée, peu ramifiée, garnie de feuilles opposées, ovales, vert clair. Les fleurs terminales sont des capitules solitaires, présentant plusieurs rangées de ligules très colorées.

Sol : consistant, profond, bien drainé, enrichi avec du fumier décomposé.

Exposition : la pleine lumière avec une forte chaleur stimule la floraison.

Culture et entretien : semez en mars, dans une terrine sous abri chauffé ; recouvrez à peine les graines de terreau tamisé. La levée se produit en 5 à 10 jours entre 21 et 23 °C. Repiquez les jeunes plants sous châssis froid. Mettez en place fin mai, en espaçant de 10 à 30 cm selon les variétés. Semis en place possible début mai.

Espèces et variétés : il existe 20 espèces. *Zinnia elegans* a donné de nombreux cultivars proposés par coloris ou en mélange dans les tons blanc, jaune, orange, rose, rouge, vert ou violet ; 'Envy' (1 m), vert citron ; 'Géant à fleurs de Dahlia' (1 m), aux fleurs très doubles, en 9 coloris purs ; 'Lilliput' (50 cm), à fleurs globuleuses, en 7 coloris ; 'Oklahoma' (80 cm), à fleurs doubles de 5 cm de diamètre, en 5 couleurs ; 'Peter Pan' (25 cm), à fleurs semi-doubles, en 8 coloris ; 'Rambo' (25 cm), précoce, compact, à fleurs doubles de 10 cm de diamètre, en 7 coloris ; 'Ruffles' (70 cm), buissonnant, à fleurs doubles de 8/9 cm de diamètre, en 4 couleurs ; 'Short Stuff' (20 cm), à fleurs semi-doubles, en mélange de couleurs ; 'Swizzle' (30 cm), à grosses fleur doubles, bicolores blanc et rouge ou jaune et rouge ; 'Zinnita' (40 cm), aux fleurs en pompons de 3 à 5 cm de diamètre, en 5 couleurs très chaleureuses.

Utilisations : massif et fleur coupée pour les grands zinnias ; bordure, jardinière et potée pour les races naines. Excellent mariage avec des cosmos et des lavatères.

Notre conseil : supprimez très régulièrement les fleurs fanées en les coupant avec des ciseaux, pour prolonger la floraison.

Les plantes par rapport à leur exposition

Des plantes pour le plein soleil

Acanthus mollis **acanthe**
Achillea spp. **achillée**
Acorus calamus **acore**
Adonis amurensis **adonide**
Aethionema armemum **aéthionème**
Agapanthus umbellatus **agapanthe**
Agathaea coelestis **aster bleu du Cap**
Ageratum houstonianum **agératum**
Alcea rosea **rose trémière**
Alchemilla spp. **alchémille**
Allium spp. **ail d'ornement**
Alstroemeria aurantiaca **lis des Incas**
Alyssum saxatile **corbeille-d'or**
Amaranthus caudatus **queue-de-renard**
Amaryllis belladona **lis belladone**
Anchusa azurea **buglosse**
Anemone spp. **anémone**
Antirrhinum majus **muflier**
Aquilegia spp. **ancolie**
Argyranthemum frutescens **anthémis**
Armeria maritima **gazon d'Espagne**
Artemisia spp. **armoise**
Aster spp. **aster**
Astilbe **x** *arendsii* **astilbe**
Aubrieta **x** *cultorum* **aubriète**
Bassia scoparia f. trichophylla **kochia, faux petit-cyprès**
Bellis perennis **pâquerette**
Bergenia cordifolia **herbe aux savetiers**
Bidens ferulifolia **bidens**
Brachyscome iberidifolia **brachycome**
Brachyglottis **x** *'Sunshine'* **senecio**
Calceolaria integrifolia **calcéolaire**
Calendula officinalis **souci**
Callistephus chinensis **reine-marguerite**
Camassia spp. **camassie**
Campanula medium **campanule**
Canna **x canna, balisier**
Carpobrotus acinaciformis **griffe de sorcière**
Celosia argentea **célosie**
Centaurea montana **bleuet**
Centranthus spp. **valériane rouge**
Cerastium arvense **céraiste**
Ceratostigma wilmottianum **dentelaire rampante**
Cheiranthus cheirii **giroflée ravenelle**
Chionodoxa luciliae **gloire des neiges**
Chrysanthemum spp. **chrysanthème**
Clarkia elegans **clarkia élégant**
Clarkia grandiflora **godétia**
Cleome spinosa **cléome**
Colchicum autumnale **colchique**
Convolvulus spp. **liseron**
Coreopsis spp. **coréopsis**
Cosmos bipinnatus **cosmos**
Crinum **x** *powellii* **crinole**
Crocosmia **x** *crocosmiiflora* **montbrétia**
Crocus spp. **crocus**
Cuphea ignea **plante cigarette**
Dahlia **x dahlia**
Darmera peltata **saxifrage pelté**
Delphinium spp. **pied-d'alouette**
Diantus spp. **œillet**
Diascia vigilis **diascia**
Dicentra spectabilis **cœur de Marie**
Digitalis spp. **digitale**
Doronicum spp. **doronic**
Duchesnea indica **faux fraisier**
Echinacea purpurea **rudbeckia pourpre**
Echinops ritro **boule azurée**
Echium fastuosum **vipérine**
Equisetum arvense **prêle**
Eranthis hyemalis **aconit d'hiver**
Eremurus bungei **lis queue-de-renard**
Erigeron spp. **vergerette**
Eryngium alpinum **panicaut**
Eschscholzia californica **pavot de Californie**
Eucomis bicolor **lis ananas**
Euphorbia spp. **euphorbe**
Euryops spp. **marguerite de Savane**
Freesia **freesia**
Fritillaria spp. **fritillaire**
Gaillardia **x** *grandiflora* **gaillarde**
Galtonia candicans **jacinthe du Cap**
Gazania splendens **gazania**
Gentiana sino-ornata **gentiane**
Geranium spp. **géranium vivace**
Geum chiloense **benoîte**
Gladiolus **x glaïeul**
Gypsophila spp. **gypsophile**
Hedychium gardnerianum **gingembre sauvage**
Helenium spp. **hélénie**
Helianthemum nummularium **hélianthème**
Helianthus spp. **soleil**
Helichrysum petiolare **hélichrysum**
Heliopsis helianthoides **héliopsis**
Heliotropium **x** *hybridum* **héliotrope**
Hemerocallis spp. **hémérocalle**
Heracleum mantegazzianum **berce géante**
Heuchera sanguinea **heuchère**
Hyacintoides non-scripta **jacinthe des bois**
Hyacinthus **x jacinthe**
Iberis sempervirens **corbeille d'argent**
Incarvillea delavayi **incarvillée**
Ipheion uniflorum **étoile du printemps**
Iris spp. **iris**
Ixia spp. **ixia**
Kniphofia galpinii **tritoma, faux aloès**
Lantana camara **lantana, mille-fleurs**
Lavatera trimestris **lavatère**
Leontopodium alpinum **edelweiss**
Leucojum spp. **nivéole**
Liatris spicata **plume du Kansas, liatride**
Ligularia spp. **ligulaire**
Lilium spp. **lis**
Lobelia erinus **lobélie**
Lobularia maritima **alysse odorant**
Lotus maculatus **lotier**
Lunaria annua **monnaie-du-pape**
Lupinus polyphyllus **lupin**
Lychnis coronaria **coquelourde**
Lysimachia spp. **lysimaque**
Lythrum salicaria **salicaire**
Macleaya microcarpa **bocconia**
Malcolmia maritima **julienne de Mahon**

Matthiola incana **giroflée quarantaine**
Mesembryanthemum criniflorum **ficoïde**
Mimulus **x** *hybridus* **mimule**
Mirabilis jalapa **belle-de-nuit**
Monarda didyma **monarde**
Muscari armeniacum **jacinthe à grappes**
Myosotis alpestris **myosotis des Alpes**
Narcissus spp. **narcisse, jonquille**
Nemesia spp. **némésia**
Nepeta sibirica **herbe-aux-chats**
Nerine bowdenii **nérine**
Nicotiana affinis **tabac d'ornement**
Nigella damascena **nigelle de Damas**
Notholirion thomsonianum **notholirion**
Oenothera missouriensis **œnothère**
Onopordum bracteatum **onopordon**
Ornithogalum spp. **ornithogale**
Osteospermum spp. **ostéo**
Oxalis spp. **oxalide**
Paeonia spp. **pivoine**
Papaver spp. **pavot**
Pelargonium spp. **pélargonium**
Penstemon spp. **penstémon, galane**
Persicaria spp. **renouée, polygonum**
Petasites japonicus **pétasite**
Petunia spp. **pétunia**
Phlox spp. **phlox**
Physalis alkekengi **coqueret du Pérou**
Phytolacca americicana **phytolaque**
Platycodon grandiflorus **platycodon**
Plectranthus spp. **plectranthe**
Polianthes tuberosa **tubéreuse**
Portulaca grandiflora **pourpier à grandes fleurs**
Primula spp. **primevère**
Pulsatilla vulgaris **anémone pulsatille**
Puschkinia scilloides **puschkinia**
Rehmannia elata **rehmannia**
Rheum palmatum **rhubarbe d'ornement**
Ricinus communis **ricin**
Rudbeckia spp. **rudbeckia**
Salpiglossis sinuata **salpiglossis**
Salvia spp. **sauge**
Sandersonia aurantiaca **sandersonia**
Saponaria ocymoides **saponaire**
Scabiosa caucasica **scabieuse**
Scaevola aemula **scaévola**
Schizostylis coccinea **glaïeul écarlate**
Scilla spp. **scille**
Sedum spp. **sédum, orpin**
Sempervivum spp. **joubarbe**
Senecio cineraria **cinéraire maritime**
Solenostemon spp. **coléus**
Solidago spp. **verge d'or**
Sparaxis tricolor **sparaxis**
Sprekelia formosissima **lis de Saint-Jacques**
Stachys spp. **épiaire, bétoine**
Sternbergia lutea **amaryllis jaune**
Tagetes spp. **œillet d'Inde, rose d'Inde**
Tigridia pavonia **œil-de-paon**
Tradescantia **x** *andersoniana* **éphémère de Virginie**
Trollius europaeus **trolle d'Europe**
Tropaeolum majus **capucine naine**
Tulipa spp. **tulipe**
Vallota speciosa **amaryllis pourpre**
Verbascum bombyciferum **molène**
Verbena **x** *hybrida* **verveine des jardins**
Veronica spp. **véronique**
Viola spp. **pensée, violette**
Zantedeschia aethiopica **arum d'Éthiopie**
Zinnia elegans **zinnia**

Des plantes pour la mi-ombre

Acanthus mollis **acanthe**
Aconitum spp. **aconit**
Adonis amurensis **adonide**
Ajuga reptans **bugle**
Anemone spp. **anémone**
Aquilegia spp. **ancolie**
Arisaema spp. **ariséma**
Astilbe **x** *arendsii* **astilbe**
Begonia spp. **bégonia spp.**
Bellis perennis **pâquerette**
Bergenia cordifolia **herbe aux savetiers**
Brunnera spp. **myosotis du Caucase**
Calceolaria integrifolia **calcéolaire**
Calendula officinalis **souci**
Cardiocrinum giganteum **lis géant**
Cheiranthus cheirii **giroflée ravenelle**
Chionodoxa luciliae **gloire des neiges**
Cimicifuga spp. **cierge d'argent**
Colchicum autumnale **colchique**
Convallaria majalis **muguet**
Corydalis spp. **fumeterre**
Crocus spp. **crocus**
Cyclamen spp. **cyclamen d'Europe**
Darmera peltata **saxifrage pelté**
Diantus spp. **œillet**
Dicentra spectabilis **cœur de Marie**
Digitalis spp. **digitale**
Doronicum spp. **doronic**
Duchesnea indica **faux fraisier**
Eranthis hyemalis **aconit d'hiver**
Erythronium dens-canis **érythrone**
Euphorbia spp. **euphorbe**
Fritillaria spp. **fritillaire**
Fuchsia **x** *hybridum* **fuchsia**
Galanthus nivalis **perce-neige**
Gentiana sino-ornata **gentiane**
Geranium spp. **géranium vivace**
Geum chiloense **benoîte**
Gunnera manicata **gunnéra**
Helichrysum petiolare **hélichrysum**
Helleborus spp. **hellébore**
Hemerocallis spp. **hémérocalle**
Heuchera sanguinea **heuchère**
Hosta spp. **hosta**
Hyacintoides non-scripta **jacinthe des bois**
Hyacinthus **x jacinthe**
Impatiens spp. **impatience**
Incarvillea delavayi **incarvillée**
Ipheion uniflorum **étoile du printemps**
Iris spp. **iris**
Lamium maculata **lamier, ortie blanche**
Leucojum spp. **nivéole**
Ligularia spp. **ligulaire**
Lilium spp. **lis**
Lunaria annua **monnaie-du-pape**
Lupinus polyphyllus **lupin**

Lysimachia spp. lysimaque
Lythrum salicaria salicaire
Macleaya microcarpa bocconia
Mimulus x *hybridus* mimule
Monarda didyma monarde
Muscari armeniacum jacinthe à grappes
Myosotis alpestris myosotis des Alpes
Narcissus spp. narcisse, jonquille
Ornithogalum spp. ornithogale
Pachysandra terminalis pachysandra
Paeonia spp. pivoine
Persicaria spp. renouée, polygonum
Petasites japonicus pétasite
Physalis alkekengi coqueret du Pérou
Phytolacca americicana phytolaque
Pleione formosana pléione
Primula spp. primevère
Pulmonaria spp. pulmonaire
Puschkinia scilloides puschkinia
Ranunculus x renoncule
Rheum palmatum rhubarbe d'ornement
Rodgersia aesculifolia rodgersia
Saxifraga hypnoides gazon turc
Scaevola aemula scaévola
Schizostylis coccinea glaïeul écarlate
Scilla spp. scille
Sutera diffusa bacopa
Tiarella cordifolia tiarella
Tradescantia x *andersoniana* éphémère de Virginie
Trollius europaeus trolle d'Europe
Tulipa spp. tulipe
Viola spp. pensée, violette

Des plantes pour l'ombre

Ajuga reptans bugle
Brunnera spp. myosotis du Caucase
Cimicifuga spp. cierge d'argent
Convallaria majalis muguet
Corydalis spp. fumeterre
Cyclamen spp. cyclamen d'Europe
Epimedium spp. fleur des elfes
Helleborus spp. hellébore
Hosta spp. hosta
Hyacintoides non-scripta jacinthe des bois
Impatiens spp. impatience
Lamium maculata lamier, ortie blanche
Pachysandra terminalis pachysandra
Pulmonaria spp. pulmonaire
Rodgersia aesculifolia rodgersia
Tiarella cordifolia tiarella
Viola spp. pensée, violette

Les plantes par rapport à leur sol

Des plantes pour les terrains humides

Achillea spp. achilée
Acorus calamus acore
Astilbe x arendsii astilbe
Colchicum autumnale colchique
Darmera peltata saxifrage pelté
Equisetum arvense prêle
Euphorbia spp. euphorbe
Fritillaria spp. fritillaire
Geum chiloense benoîte
Hosta spp. hosta
Iris spp. iris
Ligularia spp. ligulaire
Mimulus x *hybridus* mimule
Lysimachia spp. lysimaque
Lythrum salicaria salicaire
Persicaria spp. renouée, polygonum
Rheum palmatum rhubarbe d'ornement
Rodgersia aesculifolia rodgersia
Trollius europaeus trolle d'Europe
Zantedeschia aethiopica arum d'Éthiopie

Des plantes pour les sols argileux et lourds

Achillea spp. achilée
Aconitum spp. aconit
Agapanthus umbellatus agapanthe
Anemone spp. anémone
Aquilegia spp. ancolie
Artemisia spp. armoise
Agathaea coelestis aster bleu du Cap
Brunnera spp. myosotis du Caucase
Campanula medium campanule
Canna x canna, balisier
Convallaria majalis muguet
Crocosmia x *crocosmiiflora* montbrétia
Crocus spp. crocus
Dahlia x dahlia
Delphinium spp. pied-d'alouette
Diantus spp. œillet
Doronicum spp. doronic
Euphorbia spp. euphorbe
Fuchsia x *hybridum* fuchsia
Galanthus nivalis perce-neige
Galtonia candicans jacinthe du Cap
Geranium spp. géranium vivace
Geum chiloense benoîte
Gladiolus x glaïeul
Helianthus spp. soleil
Hemerocallis spp. hémérocalle
Heuchera sanguinea heuchère
Hosta spp. hosta
Hyacintoides non-scripta jacinthe des bois
Incarvillea delavayi incarvillée
Iris spp. iris
Lamium maculata lamier, ortie blanche
Lunaria annua monnaie-du-pape
Lupinus polyphyllus lupin
Monarda didyma monarde
Narcissus spp. narcisse
Oenothera missouriensis œnothère
Paeonia spp. pivoine
Papaver spp. pavot
Persicaria spp. renouée, polygonum
Petasites japonicus pétasite
Phlox spp. phlox
Primula spp. primevère
Pulmonaria spp. pulmonaire
Rudbeckia spp. rudbeckia
Scabiosa caucasica scabieuse
Scilla spp. scille

Solidago spp. verge d'or
Veronica spp. véronique
Viola spp. pensée, violette
Zantedeschia aethiopica arum d'Éthiopie

Des plantes pour les sols calcaires

Achillea spp. achilée
Agathaea coelestis aster bleu du Cap
Allium spp. ail d'ornement
Alcea rosea rose trémière
Alyssum saxatile corbeille-d'or
Argyranthemum frutescens anthémis
Artemisia spp. armoise
Centaurea montana bleuet
Centranthus spp. valériane rouge
Darmera peltata saxifrage pelté
Diascia vigilis diascia
Euphorbia spp. euphorbe
Geranium spp. géranium vivace
Gypsophila spp. gypsophile
Helianthemum nummularium hélianthème
Helichrysum petiolare hélichrysum
Helleborus spp. hellébore
Iberis sempervirens corbeille d'argent
Iris spp. iris
Kniphofia galpinii tritoma, faux aloès
Lavatera trimestris lavatère
Primula spp. primevère
Salvia spp. sauge
Scabiosa caucasica scabieuse
Sempervivum spp. joubarbe
Tulipa spp. tulipe

Les plantes par rapport à leur période de floraison

Floraison printanière

Abutilon megapotamicum abutilon du Rio Grande (vivace)
Aethionema armemum aéthionème (vivace)
Allium spp. ail d'ornement (bulbe)
Alyssum saxatile corbeille-d'or (annuelle)
Anchusa azurea buglosse (vivace)
Anemone blanda anémone bulbeuse (bulbe)
Aquilegia spp. ancolie (vivace)
Arisaema spp. ariséma (bulbe)
Armeria maritima gazon d'Espagne (vivace)
Aster spp. aster (vivace)
Aubrieta x cultorum aubriète (vivace)
Bellis perennis pâquerette (bisannuelle)
Brunnera spp. myosotis du Caucase (vivace)
Centranthus spp. valériane rouge (vivace)
Cerastium arvense céraiste (vivace)
Cheiranthus cheirii giroflée ravenelle (bisannuelle)
Convallaria majalis muguet (vivace)
Corydalis spp. fumeterre (vivace)
Darmera peltata saxifrage pelté (vivace)
Dicentra spectabilis cœur de Marie (vivace)
Digitalis spp. digitale (vivace)
Doronicum spp. doronic (vivace)
Echium fastuosum vipérine (vivace)
Epimedium spp. fleur des elfes (vivace)
Erythronium dens-canis érythrone (bulbe)
Euphorbia spp. euphorbe (vivace)
Euryops spp. marguerite de Savane (vivace)
Fritillaria spp. fritillaire (bulbe)
Gunnera manicata gunnéra (vivace)
Hyacinthus x jacinthe (bulbe)
Hyacintoides non-scripta jacinthe des bois (bulbe)
Iberis sempervirens corbeille d'argent (vivace)
Incarvillea delavayi incarvillée (vivace)
Ipheion uniflorum étoile du printemps (bulbe)
Iris spp. iris (bulbe / vivace)
Leontopodium alpinum edelweiss (vivace)
Leucojum spp. nivéole (bulbe)
Lotus maculatus lotier (vivace)
Lunaria annua monnaie-du-pape (annuelle)
Lupinus polyphyllus lupin (vivace)
Muscari armeniacum jacinthe à grappes (bulbe)
Myosotis alpestris myosotis des Alpes (bisannuelle)
Narcissus spp. narcisse, jonquille (bulbe)
Notholirion thomsonianum notholirion (bulbe)
Ornithogalum spp. ornithogale (bulbe)
Pachysandra terminalis pachysandra (vivace)
Paeonia spp. pivoine (vivace)
Papaver spp. pavot (vivace)
Primula spp. primevère (vivace)
Pulmonaria spp. pulmonaire (vivace)
Pulsatilla vulgaris anémone pulsatille (vivace)
Rehmannia elata rehmannia (vivace)
Rheum palmatum rhubarbe d'ornement (vivace)
Saponaria ocymoides saponaire (vivace)
Saxifraga hypnoides gazon turc (vivace)
Scilla spp. scille (bulbe)
Tiarella cordifolia tiarella (vivace)
Trollius europaeus trolle d'Europe (vivace)
Tulipa spp. tulipe (bulbe)
Veronica spp. véronique (vivace)
Viola spp. pensée, violette (bisannuelles)

Bien choisir vos fleurs et feuillages

Floraison estivale

Acanthus mollis acanthe (vivace)
Achillea spp. achilée (vivace)
Aconitum kashmiricum aconit (vivace)
Acorus calamus acore (vivace)
Agapanthus umbellatus agapanthe (vivace)
Agathaea coelestis aster bleu du Cap (vivace)
Ageratum houstonianum agératum (annuelle)
Ajuga reptans bugle (vivace)
Alcea rosea rose trémière (vivace)
Alchemilla spp. alchémille (vivace)
Alstroemeria aurantiaca lis des Incas (vivace)
Amaranthus caudatus queue-de-renard (annuelle)
Antirrhinum majus muflier (annuelle)
Argyranthemum frutescens anthémis (vivace)
Artemisia spp. armoise (vivace / annuelle)
Astilbe x *arendsii* astilbe (vivace)
Begonia spp. bégonia (bulbe / annuelle)
Bidens ferulifolia bidens (annuelle)
Brachyscome iberidifolia brachycome (annuelle)
Brachyglottis x *'Sunshine'* senecio (vivace)
Calceolaria integrifolia calcéolaire (vivace)
Calendula officinalis souci (annuelle)
Callistephus chinensis reine-marguerite (annuelle)
Camassia spp. camassie (bulbe)
Campanula medium campanule (vivace)
Canna x canna, balisier (bulbe)
Cardiocrinum giganteum lis géant (bulbe)
Carpobrotus acinaciformis griffe de sorcière (vivace)
Celosia argentea célosie (annuelle)
Centaurea montana bleuet (vivace)
Chrysanthemum spp. chrysanthème (vivace)
Clarkia elegans clarkia élégant (annuelle)
Clarkia grandiflora godétia (annuelle)
Cleome spinosa cléome (annuelle)
Convolvulus spp. liseron (annuelle)
Coreopsis spp. coréopsis (vivace)
Cosmos bipinnatus cosmos (annuelle)
Crinum x *powellii* crinole (bulbe)
Crocosmia x *crocosmiiflora* montbrétia (bulbe)
Cuphea ignea plante cigarette (vivace)
Dahlia x dahlia (bulbe)
Delphinium spp. pied-d'alouette (vivace)
Dianthus spp. œillet (vivace / annuelle)
Diascia vigilis diascia (annuelle)
Duchesnea indica faux fraisier (vivace)
Echinops ritro boule azurée (vivace)
Equisetum arvense prêle (vivace)
Eremurus bungei lis queue-de-renard (bulbe)
Erigeron spp. vergerette (vivace)
Eryngium alpinum panicaut (vivace)
Eschscholzia californica pavot de Californie (annuelle)
Eucomis bicolor lis ananas (bulbe)
Freesia freesia (bulbe)
Fuchsia x *hybridum* fuchsia (vivace)
Gaillardia x *grandiflora* gaillarde (vivace)
Galtonia candicans jacinthe du Cap (bulbe)
Gazania splendens gazania (annuelle)
Geranium spp. géranium vivace (vivace)
Geum chiloense benoîte (vivace)
Gladiolus x glaïeul (bulbe)
Gypsophila spp. gypsophile (vivace)
Haemanthus multiflorus haemanthus (bulbe)
Hedychium gardnerianum gingembre sauvage (vivace)
Helianthemum nummularium hélianthème (vivace)
Heliopsis helianthoides héliopsis (vivace)
Heliotropium x *hybridum* héliotrope (annuelle)
Hemerocallis spp. hémérocalle (vivace)
Heracleum mantegazzianum berce géante (vivace)
Heuchera sanguinea heuchère (vivace)
Hosta spp. hosta (vivace)
Hymenocallis caribaea ismène (bulbe)
Impatiens spp. impatience (vivace / annuelle)
Ixia x ixia (bulbe)
Kniphofia galpinii tritoma, faux aloès (vivace)
Lamium maculata lamier, ortie blanche (vivace)
Lantana camara lantana, mille-fleurs (annuelle)
Lavatera trimestris lavatère (annuelle)
Liatris spicata plume du Kansas, liatride (vivace)
Ligularia spp. ligulaire (vivace)
Lilium spp. lis (bulbe)
Lobelia erinus lobélie (annuelle)
Lobularia maritima alysse odorant (annuelle)
Lychnis coronaria coquelourde (vivace)
Lysimachia spp. lysimaque (vivace)
Lythrum salicaria salicaire (vivace)
Macleaya microcarpa bocconia (vivace)
Malcolmia maritima julienne de Mahon (annuelle)
Matthiola annua giroflée quarantaine (annuelle)
Mesembryanthemum criniflorum ficoïde (annuelle)
Mimulus x *hybridus* mimule (annuelle)

Mirabilis jalapa belle-de-nuit (vivace)
Monarda didyma monarde (vivace)
Nemesia spp. némésia (annuelle)
Nepeta sibirica herbe-aux-chats (vivace)
Nicotiana affinis tabac d'ornement (annuelle)
Nigella damascena nigelle de Damas (annuelle)
Oenothera missouriensis œnothère (vivace)
Onopordum bracteatum onopordon (bisannuelle)
Osteospermum ostéo (vivace / annuelle)
Oxalis spp. oxalide (bulbe)
Pelargonium spp. pélargonium (vivace)
Penstemon spp. penstémon, galane (vivace)
Persicaria spp. renouée, polygonum (vivace)
Petunia spp. pétunia (annuelle)
Phlox spp. phlox (vivace/annuelle)
Physalis alkekengi coqueret du Pérou (vivace)
Phytolacca americana phytolaque (vivace)
Platycodon grandiflorus platycodon (vivace)
Plectranthus spp. plectranthe (vivace)
Portulaca grandiflora pourpier à grandes fleurs (annuelle)
Ranunculus x renoncule (bulbe)
Ricinus communis ricin (annuelle)
Rodgersia aesculifolia rodgersia (vivace)
Rudbeckia spp. rudbeckia (vivace)
Salpiglossis sinuata salpiglossis (annuelle)
Salvia spp. sauge (vivace / annuelle)
Sandersonia aurantiaca sandersonia (vivace)
Scabiosa caucasica scabieuse (vivace)
Scaevola aemula scaévola (annuelle)
Sempervivum spp. joubarbe (vivace)
Senecio cineraria cinéraire maritime (annuelle)
Solidago spp. verge d'or (vivace)
Sparaxis tricolor sparaxis (bulbe)
Sprekelia formosissima lis de Saint-Jacques (bulbe)
Stachys spp. épiaire, bétoine (vivace)
Sutera diffusa bacopa (annuelle)
Tagetes spp. œillet d'Inde, rose d'Inde (annuelle)
Tigridia pavonia œil de paon (bulbe)
Tradescantia x *andersoniana* éphémère de Virginie (vivace)
Tropaeolum majus capucine naine (annuelle)
Vallota speciosa amaryllis pourpre (bulbe)
Verbascum bombyciferum molène (vivace)
Verbena x *hybrida* verveine des jardins (annuelle)
Zantedeschia aethiopica arum d'Éthiopie (bulbe)
Zinnia elegans zinnia (annuelle)

Floraison automnale

Amaryllis belladona lis belladone (bulbe)
Anemone spp. anémone (vivace)
Aster spp. aster (vivace)
Bouvardia ternifolia bouvardia (vivace)
Ceratostigma wilmottianum dentelaire rampante (vivace)
Cimicifuga spp. cierge d'argent (vivace)
Colchicum autumnale colchique (bulbe)
Crocus spp. crocus (bulbe)
Cyclamen spp. cyclamen d'Europe (bulbe)
Echinacea purpurea rudbeckia pourpre (vivace)
Gentiana sino-ornata gentiane (vivace)
Helenium spp. hélénie (vivace)
Helianthus spp. soleil (vivace)
Helichrysum petiolare hélichrysum (vivace)
Nerine bowdenii nérine (bulbe)
Pleione formosana pléione (bulbe)
Polianthes tuberosa tubéreuse (bulbe)
Schizostylis coccinea glaïeul écarlate (bulbe)
Sedum spp. sédum, orpin (vivace)
Sternbergia lutea sternbergia (bulbe)

Floraison hivernale

Adonis amurensis adonide (vivace)
Bergenia cordifolia herbe aux savetiers (vivace)
Chionodoxa luciliae gloire des neiges (bulbe)
Crocus spp. crocus (bulbe)
Eranthis hyemalis aconit d'hiver (bulbe)
Galanthus nivalis perce-neige (bulbe)
Helleborus spp. hellébore (vivace)
Iris spp. iris (bulbe)
Petasites japonicus pétasite (vivace)
Primula spp. primevère (vivace)
Puschkinia scilloides puschkinia (bulbe)
Viola spp. pensée, violette (bisannuelles)

Calendrier de culture des fleurs

Fleurs	Décembre Janvier	Février	Mars	Avril	Mai	Juin	Juillet	Août	Septembre	Octobre	Novembre
Agératum		Semis sous abri	Semis sous abri	Semis sous abri		Fleurs bleues	Fleurs bleues	Fleurs bleues	Fleurs bleues	Fleurs bleues	Fleurs bleues
Ancolie				Semis sous abri	Semis en plein air, Fleurs de couleurs variées	Semis en plein air, Fleurs de couleurs variées					
Arabis				Semis en plein air, Fleurs blanches	Semis en plein air, Fleurs blanches	Semis en plein air					
Aubriète				Semis sous abri, Fleurs bleues	Semis sous abri, Fleurs bleues	Semis sous abri, Fleurs bleues					
Bégonia	Semis sous abri	Semis sous abri				Fleurs orange, Fleurs roses ou mauves	Fleurs orange, Fleurs roses ou mauves	Fleurs orange, Fleurs roses ou mauves	Fleurs orange, Fleurs roses ou mauves	Fleurs orange, Fleurs roses ou mauves	
Belle-de-jour				Semis en plein air	Semis en plein air	Fleurs de couleurs variées	Fleurs de couleurs variées	Fleurs de couleurs variées	Fleurs de couleurs variées		
Belle-de-nuit				Semis en plein air	Semis en plein air, Fleurs roses ou mauves	Fleurs roses ou mauves	Fleurs roses ou mauves				
Campanule bisannuelle					Semis en plein air, Fleurs bleues	Semis en plein air, Fleurs bleues	Semis en plein air				
Campanule vivace				Semis en plein air	Semis en plein air	Semis en plein air	Fleurs bleues	Fleurs bleues	Fleurs bleues	Fleurs bleues	
Capucine				Semis en plein air	Semis en plein air		Fleurs jaunes	Fleurs jaunes	Fleurs jaunes	Fleurs jaunes	
Célosie			Semis sous abri	Semis sous abri	Semis en plein air		Fleurs orange	Fleurs orange	Fleurs orange	Fleurs orange	
Centaurée					Fleurs bleues	Fleurs bleues	Fleurs bleues	Fleurs bleues	Semis en plein air, Fleurs bleues		
Chrysanthème					Semis en plein air	Semis en plein air			Fleurs jaunes	Fleurs jaunes	
Clarkia				Semis en plein air	Semis en plein air	Semis en plein air	Fleurs orange	Fleurs orange	Fleurs orange		
Cobée			Semis sous abri	Semis en plein air	Semis en plein air		Fleurs bleues	Fleurs bleues	Fleurs bleues	Fleurs bleues	Fleurs bleues
Cosmos			Semis en plein air	Semis en plein air	Semis en plein air	Semis en plein air	Fleurs blanches, Fleurs orange	Fleurs blanches, Fleurs orange	Fleurs blanches, Fleurs orange	Fleurs blanches, Fleurs orange	
Dahlia nain			Semis sous abri	Semis sous abri	Semis en plein air		Fleurs de couleurs variées	Fleurs de couleurs variées	Fleurs de couleurs variées	Fleurs de couleurs variées	
Delphinium vivace				Semis en plein air	Semis en plein air	Semis en plein air, Fleurs bleues	Fleurs bleues				
Dimorphotéca				Semis sous abri	Semis en plein air	Semis en plein air	Fleurs jaunes	Fleurs jaunes	Fleurs jaunes	Fleurs jaunes	
Eschscholzia			Semis en plein air	Semis en plein air	Fleurs jaunes	Fleurs jaunes	Fleurs jaunes	Fleurs jaunes	Fleurs jaunes		
Ficoïde				Semis en plein air	Semis en plein air	Semis en plein air	Fleurs jaunes, Fleurs orange	Fleurs jaunes, Fleurs orange	Fleurs jaunes, Fleurs orange		

Semis en plein air

Semis sous abri

Fleurs de couleurs variées

Fleurs roses ou mauves

Technique de semis	Profondeur de semis (cm)	Jours nécessaires à la levée	Éclaircissage (cm)	Distances de plantation (cm)	Nombre de graines au gramme	Faculté germinative (années)	Utilisation
Sous abri chauffé	En surface	6	5	15	5 000	5	Bordure, jardinière
En pleine terre, en pépinière	0,5	20	10	30	800	2	Massif, bouquet
En pleine terre, en pépinière	0,5	10-20	10-12	15-20	700	5	Bordure, rocaille, muret
En pleine terre, en pépinière	En surface	15-20	10	20-30	3 000-5 000	3	Bordure, rocaille, muret
Sous abri chauffé	En surface	7-10	5	15	40 000-50 000	5	Bordure, jardinière
En place	1	6	15-20	40	100	5	Massif, treillage
En place	2	8-10	15-20	25-30	14	6	Massif
En pleine terre, en pépinière	En surface	8-10	10-15	30-40	4 000	4	Massif, bouquet
En pleine terre, en pépinière	En surface	15-20	5-10	20-30	10 000	3	Massif, rocaille, balcon
En pleine terre, en pépinière	2-3	8-10	15-30	30-50	5	6	Bordure, massif, treillage
En pleine terre, en pépinière	0,5	6-8	5-10	15	1 200	5	Bordure, massif, balcon
En place	1	8-15	10-15	30	250	4	Massif, bouquet
En place	0,5	6-10	15-20	15-20	600	4	Massif, bouquet, prairie
En place	En surface	6	15-20	15-20	3 500	6	Massif, bouquet
En place	2	15-20	20-30	50-80	15	5	Treillage, clôture, balcon
En place	1	8-10	10-15	20-30	200	5	Massif, bouquet
En pleine terre, en pépinière	1	6	5-10	15-20	150	3	Bordure, massif, balcon
En pleine terre, en pépinière	0,5	15-20	10-20	30-50	600	4	Massif, bouquet
En place	1	10	5-10	15-20	380	1	Massif, rocaille, bordure
En place	0,5	10	10-15	20	600	5	Massif, prairie
En place	En surface	15	5-10	10-15	5 500	5	Bordure, rocaille, balcon

Fleurs jaunes ou orange

Fleurs blanches

Fleurs bleues ou violettes

Fleurs rouges ou pourpres

Calendrier de culture des fleurs

FLEURS	DÉCEMBRE JANVIER	FÉVRIER	MARS	AVRIL	MAI	JUIN	JUILLET	AOÛT	SEPTEMBRE	OCTOBRE	NOVEMBRE
Gaillarde				Semis en plein air	Semis en plein air	Semis en plein air, Fleurs orange-rouge	Fleurs orange-rouge	Fleurs orange-rouge	Fleurs orange-rouge		
Gazania						Semis en plein air, Fleurs jaunes	Semis en plein air, Fleurs jaunes	Semis en plein air, Fleurs jaunes	Fleurs jaunes	Fleurs jaunes	
Géranium *(Pelargonium)*	Semis sous abri	Semis sous abri			Fleurs orange-rouge, Fleurs roses ou mauves	Fleurs orange-rouge, Fleurs roses ou mauves	Fleurs orange-rouge, Fleurs roses ou mauves	Fleurs orange-rouge, Fleurs roses ou mauves	Fleurs orange-rouge, Fleurs roses ou mauves		
Gerbera	Semis sous abri	Semis sous abri				Fleurs orange-rouge, Fleurs jaunes	Semis sous abri, Fleurs orange-rouge	Semis sous abri, Fleurs orange-rouge	Semis sous abri, Fleurs orange-rouge		
Giroflée d'été		Semis sous abri	Semis sous abri	Semis sous abri	Semis en plein air	Fleurs roses ou mauves, Fleurs blanches	Fleurs roses ou mauves, Fleurs blanches	Fleurs roses ou mauves, Fleurs blanches	Fleurs roses ou mauves, Fleurs blanches		
Giroflée ravenelle			Fleurs orange-rouge, Fleurs jaunes	Fleurs orange-rouge, Fleurs jaunes	Semis en plein air, Fleurs orange-rouge	Semis en plein air	Semis en plein air				
Godétia			Semis sous abri	Semis en plein air	Semis en plein air	Fleurs orange-rouge, Fleurs roses ou mauves	Fleurs orange-rouge, Fleurs roses ou mauves	Fleurs orange-rouge, Fleurs roses ou mauves	Semis en plein air		
Haricot d'Espagne			Semis en plein air	Semis en plein air	Semis en plein air	Semis en plein air	Fleurs orange-rouge	Fleurs orange-rouge	Fleurs orange-rouge	Fleurs orange-rouge	
Impatience		Semis sous abri	Semis sous abri	Semis sous abri		Fleurs de couleurs variées	Fleurs de couleurs variées	Fleurs de couleurs variées	Fleurs de couleurs variées	Fleurs de couleurs variées	
Ipomée			Semis sous abri	Semis sous abri		Semis en plein air	Fleurs bleues	Fleurs bleues	Fleurs bleues	Fleurs bleues	
Lavatère				Semis en plein air	Semis en plein air		Fleurs roses ou mauves, Fleurs blanches	Fleurs roses ou mauves, Fleurs blanches	Semis en plein air, Fleurs roses ou mauves		
Lupin				Semis en plein air	Semis en plein air, Fleurs de couleurs variées	Semis en plein air, Fleurs de couleurs variées			Fleurs de couleurs variées	Fleurs de couleurs variées	
Maïs multicolore				Semis en plein air	Semis en plein air					Fleurs de couleurs variées	Fleurs de couleurs variées
Muflier			Semis sous abri	Semis sous abri	Fleurs de couleurs variées	Fleurs de couleurs variées	Fleurs de couleurs variées	Fleurs de couleurs variées	Fleurs de couleurs variées		
Myosotis				Fleurs bleues, Fleurs orange-rouge	Fleurs bleues, Fleurs orange-rouge	Semis en plein air	Semis en plein air	Semis sous abri			
Némésia			Semis en plein air	Semis en plein air			Fleurs jaunes, Fleurs orange-rouge	Fleurs jaunes, Fleurs orange-rouge	Fleurs jaunes, Fleurs orange-rouge	Semis en plein air, Fleurs jaunes	
Œillet Chabaud		Semis sous abri	Semis sous abri					Fleurs de couleurs variées	Fleurs de couleurs variées		
Œillet d'Inde		Semis sous abri	Semis sous abri	Semis sous abri		Fleurs jaunes	Fleurs jaunes	Fleurs jaunes	Fleurs jaunes	Fleurs jaunes	
Œillet de Chine			Semis sous abri	Semis sous abri	Semis sous abri	Fleurs de couleurs variées	Fleurs de couleurs variées	Fleurs de couleurs variées			
Œillet de Nice			Semis sous abri	Semis sous abri					Fleurs de couleurs variées	Fleurs de couleurs variées	
Œillet de poète				Semis en plein air	Semis en plein air, Fleurs de couleurs variées	Semis en plein air, Fleurs de couleurs variées	Fleurs de couleurs variées				

Semis en plein air

Semis sous abri

Fleurs de couleurs variées

Fleurs roses ou mauves

Technique de semis	Profondeur de semis (cm)	Jours nécessaires à la levée	Éclaircissage (cm)	Distances de plantation (cm)	Nombre de graines au gramme	Faculté germinative (années)	Utilisation
En place	1	8	10	15-20	300-400	1-3	Massif
En pleine terre, en pépinière	1	20	5-8	15-20	300	2	Massif, rocaille, balcon
Sous abri	1	10-15	5-10	20-30	200	1	Massif, potée, balcon
En pleine terre, en pépinière	1	10-15	5-8	15-20	250	4	Massif, bouquet
En pleine terre, en pépinière	0,5	6	8-10	20-30	700	5	Massif, bouquet
En pleine terre, en pépinière	0,5	5-7	5-8	15-20	650	4	Massif, potée
En place	Surface	8-10	5-8	10-15	3 500	4	Massif
En place	3	6	30-40	40-50	2	3	Treillage, clôture, pylône
Sous abri chauffé	0,5	8	5-8	10-15	2 000	2	Massif, potée, suspension
En place	2	10	10	30-40	40	5	Treillage, clôture, pylône
En place	0,5	15-20	8-10	20-30	1 500	6	Massif, bouquet
En pleine terre, en pépinière	2	10	8-10	20-30	35	4	Massif, bouquet, potée
En place	3-4	8-10	10	20-25	2-3	3	Massif, bouquet
Sous abri	0,5	6-8	5-8	15-25	5 000	4	Massif, potée, balcon
En pleine terre, en pépinière	0,5	8	5-8	15-20	1 800	4	Treillage, clôture, balcon
En place	1	8-10	10-15	20-30	200	5	Massif, bouquet
Sous abri	1	6	5-10	15-20	150	3	Bordure, massif, balcon
Sous abri	0,5	15-20	10-20	30-50	600	4	Massif, bouquet
En pleine terre, en pépinière	1	10	5-10	15-20	380	1	Massif, rocaille, bordure
Sous abri	0,5	10	10-15	20	600	5	Massif, prairie
En pleine terre, en pépinière	En surface	15	5-10	10-15	5 500	5	Bordure, rocaille, balcon

Fleurs jaunes ou orange

Fleurs bleues ou violettes

Fleurs blanches

Fleurs rouges ou pourpres

Calendrier de culture des fleurs

Fleurs	Décembre Janvier	Février	Mars	Avril	Mai	Juin	Juillet	Août	Septembre	Octobre	Novembre
Œillet-marguerite						Semis en plein air, fleurs de couleurs variées	Semis en plein air, fleurs de couleurs variées	Semis en plein air, fleurs de couleurs variées	Fleurs de couleurs variées	Fleurs de couleurs variées	
Œillet-mignardise				Semis sous abri, fleurs de couleurs variées	Semis en plein air, fleurs de couleurs variées	Semis en plein air, fleurs de couleurs variées	Fleurs de couleurs variées				
Pâquerette			Fleurs blanches	Fleurs blanches	Fleurs blanches	Fleurs blanches	Semis en plein air	Semis en plein air			
Pavot annuel			Semis en plein air	Semis en plein air	Semis en plein air		Fleurs rouges	Fleurs rouges			
Pavot vivace				Semis en plein air	Semis en plein air, fleurs rouges	Semis en plein air, fleurs rouges					
Pensée	Fleurs de couleurs variées	Fleurs de couleurs variées	Fleurs de couleurs variées	Fleurs de couleurs variées	Fleurs de couleurs variées	Semis en plein air, fleurs de couleurs variées	Semis en plein air	Semis sous abri		Fleurs de couleurs variées	Fleurs de couleurs variées
Pétunia	Semis sous abri	Semis sous abri	Semis sous abri	Semis sous abri	Fleurs de couleurs variées	Fleurs de couleurs variées	Fleurs de couleurs variées	Fleurs de couleurs variées	Fleurs de couleurs variées	Fleurs de couleurs variées	
Pied-d'alouette annuel			Semis en plein air	Semis en plein air	Semis en plein air	Fleurs bleues	Fleurs bleues	Fleurs bleues	Semis en plein air		
Pois de senteur			Semis en plein air	Semis en plein air	Semis en plein air	Fleurs de couleurs variées	Fleurs de couleurs variées	Fleurs de couleurs variées	Fleurs de couleurs variées	Fleurs bleues	
Pourpier			Semis en plein air	Semis en plein air	Semis en plein air	Semis en plein air	Fleurs jaunes, fleurs roses ou mauves	Fleurs jaunes, fleurs roses ou mauves	Fleurs jaunes, fleurs roses ou mauves		
Primevère des jardins		Fleurs de couleurs variées	Semis sous abri, fleurs de couleurs variées	Semis sous abri, fleurs de couleurs variées	Semis en plein air, fleurs de couleurs variées	Semis en plein air					
Reine-marguerite			Semis sous abri	Semis sous abri	Semis sous abri			Fleurs de couleurs variées	Fleurs de couleurs variées	Fleurs de couleurs variées	
Rose d'Inde		Semis sous abri	Semis sous abri	Semis sous abri		Fleurs jaunes	Fleurs jaunes	Fleurs jaunes	Fleurs jaunes	Fleurs jaunes	
Rose trémière					Semis en plein air	Semis en plein air	Semis en plein air, fleurs roses ou mauves	Fleurs rouges, fleurs roses ou mauves	Fleurs rouges, fleurs roses ou mauves		
Sauge		Semis sous abri	Semis sous abri	Semis sous abri	Fleurs rouges	Fleurs rouges, fleurs roses ou mauves	Fleurs rouges, fleurs roses ou mauves	Fleurs rouges, fleurs roses ou mauves	Fleurs rouges, fleurs roses ou mauves	Fleurs rouges, fleurs roses ou mauves	
Scabieuse			Semis en plein air	Semis en plein air	Semis en plein air		Fleurs roses ou mauves	Fleurs roses ou mauves	Fleurs roses ou mauves	Fleurs roses ou mauves	
Soleil (tournesol)				Semis en plein air	Semis en plein air		Fleurs jaunes	Fleurs jaunes	Fleurs jaunes	Fleurs jaunes	
Souci			Semis en plein air	Semis en plein air	Semis en plein air	Fleurs jaunes	Fleurs jaunes	Fleurs jaunes	Fleurs jaunes		
Verveine		Semis sous abri	Semis sous abri	Semis sous abri			Fleurs rouges, fleurs roses ou mauves	Fleurs rouges, fleurs roses ou mauves	Fleurs rouges, fleurs roses ou mauves	Fleurs rouges, fleurs roses ou mauves	
Violette cornue			Semis sous abri, fleurs de couleurs variées	Semis sous abri, fleurs de couleurs variées	Fleurs de couleurs variées	Fleurs de couleurs variées	Semis en plein air	Semis sous abri			
Zinnia			Semis sous abri	Semis sous abri	Semis en plein air		Fleurs jaunes, fleurs rouges	Fleurs jaunes, fleurs rouges	Fleurs jaunes, fleurs rouges	Fleurs jaunes, fleurs rouges	

Semis en plein air

Semis sous abri

Fleurs de couleurs variées

Fleurs roses ou mauves

Technique de semis	Profondeur de semis (cm)	Jours nécessaires à la levée	Éclaircissage (cm)	Distances de plantation (cm)	Nombre de graines au gramme	Faculté germinative (années)	Utilisation
Sous abri	1	5-6	10	20	1 000	5	Bouquet
En pleine terre, en pépinière	1	5-6	10	20-30	600	5	Massif, rocaille, balcon
En pleine terre, en pépinière	En surface	6	5-8	10	6 000	5	Massif, dallage, prairie
En place	En surface	12	8-10	10-15	7 000	5	Massif, bouquet, prairie
En place	En surface	10-20	8-10	20-30	4 000	5	Massif, bouquet
En pleine terre, en pépinière	2	8-10	5-8	15-25	350	3	Massif, potée, balcon
Sous abri chauffé	En surface	5-7	5-8	20-30	10 000	6	Massif, balcon, suspension
En place	1	15-20	8-10	15-25	600	4	Massif, bouquet, prairie
En place	2	10	8-10	20-40	12	5	Massif, treillage, clôture
En place	En surface	14	5-8	10-20	10 000	3	Bordure, balcon, rocaille
Sous abri	1	15	5-8	15-20	1 100	4	Massif, rocaille, balcon
En pleine terre, en pépinière	1	8-12	5-8	20-30	500	1-2	Massif, balcon, bouquet
Sous abri	2	5-7	5-8	20-30	350	3	Massif, bouquet
En place	1	5-10	30	30-40	100	5	Massif, bouquet
Sous abri	1	6-10	8-10	15-20	600	3	Massif, potée
En place	1	15-20	10	20-30	250	4	Massif, bouquet
En place	2	15	15-20	30	25	5	Massif, bouquet
En place	1	12	8-10	15-20	150	5	Massif, potée, bouquet
Sous abri	1,5	5-7	5-8	15-20	300-500	4	Massif, balcon, suspension
En pleine terre, en pépinière	2	10-14	5-8	15-20	350	3	Massif, potée, prairie
En pleine terre, en pépinière	1,5	4-7	8-10	15-25	150-200	5	Massif, bouquet

Fleurs jaunes ou orange

Fleurs bleues ou violettes

Fleurs blanches

Fleurs rouges ou pourpres

LES PLANTES POUR JARDIN D'EAU

Qu'elle soit naturelle ou artificielle, une pièce d'eau gagne à être décorée par différentes plantes aquatiques, toujours très élégantes. Un bassin, grand ou petit, géométrique ou sinueux, un cours d'eau, un jardin marécageux, voire une petite barrique, offrent différentes possibilités de culture et des profondeurs d'eau variées permettant d'accueillir une étonnante diversité de plantes de bassins. Une plante est dite aquatique lorsqu'elle vit dans l'eau et qu'elle s'enracine à n'importe quelle profondeur, même si elle flotte en surface. On qualifie les plantes d'immergées, d'eau profonde, de flottantes, de berge, de marais ou de sol humide, selon leur profondeur de plantation par rapport au niveau d'eau.

Les plantes de bassins sont à la fois décoratives et utiles. Si elles savent séduire par leur feuillage et leur floraison, elles jouent également un rôle vital dans l'écosystème d'une pièce d'eau, en permettant la vie d'innombrables organismes. La diversité des espèces plantées à l'intérieur et sur le pourtour d'un bassin est nécessaire à sa bonne santé.

Les plantes du bord des bassins telles que l'acore, le jonc fleuri ou l'iris japonais aiment vivre les pieds dans l'eau mais ne supportent pas une immersion importante. Elles peuvent aussi être cultivées en pleine terre au jardin, dans un sol humide. Immergées de dix à trente centimètres, certaines espèces comme la jacinthe d'eau ou le myosotis aquatique conviennent aux petites pièces d'eau et aux bassins préformés. D'autres ont besoin d'une hauteur d'eau plus importante pour prospérer. Parmi elles, citons le nénuphar et la sagittaire. Enfin, les plantes de berge apprécient les sols très humides mais ne supportent pas une immersion permanente.

Butomus umbellatus

Caltha palustris

Butomus umbellatus
JONC FLEURI

J F M A M **J J A** S O N D

80 cm/1 m — 40/50 cm

Cette vivace rhizomateuse de la famille des Butomaceae forme une ombelle de fleurs parfumées roses.

Description : totalement rustique, cette touffe herbacée de feuilles linéaires, fines et coupantes, vert bronze à pourpre, porte au-dessus de l'eau des bouquets arrondis de petites fleurs roses en coupe, à l'extrémité de grands pédoncules rigides.

Sol : riche, profond, assez compact, très humide ou immergé de 10 à 30 cm.

Exposition : bien ensoleillée, chaude.

Culture et entretien : plantez au printemps, de préférence en pot car le jonc fleuri devient vite envahissant. Divisez la touffe chaque année et replantez les éclats dans un nouveau substrat, enrichi de fumier décomposé et d'engrais complet.

Espèces et variétés : il n'existe qu'une seule espèce, *Butomus umbellatus*.

Utilisations : bord et berge de bassin, jardin de marécage, en grosse touffe.

Notre conseil : cette espèce se développe mieux quand elle reste immergée.

Caltha palustris
POPULAGE DES MARAIS

J F **M A M** J J A S O N D

20/40 cm — 30/50 cm

Cette vivace rhizomateuse rustique de la famille des Ranunculaceae réussit aussi dans le jardin.

Description : également appelée « souci d'eau », cette plante européenne développe après la floraison un feuillage arrondi, vert brillant. Les nombreuses fleurs cireuses, de 4 cm de diamètre, ont l'apparence de gros boutons-d'or.

Sol : neutre ou acide, humifère et toujours humide. Une légère immersion (jusqu'à 5 cm de profondeur) est bien appréciée.

Exposition : soleil doux direct ou tamisé.

Culture et entretien : plantez au printemps, à raison d'un pied tous les 25 à 30 cm de distance. Entretenez une forte humidité du sol en permanence. Divisez les vieilles touffes après la floraison, en réduisant la longueur des racines pour une plantation plus aisée.

Espèces et variétés : il existe 10 espèces. *Caltha palustris* 'Alba', à fleurs blanches avec un bouquet d'étamines jaunes au centre ; 'Flore Pleno', à fleurs doubles jaune d'or ; 'Multiplex', aux grosses fleurs doubles jaune vif, très spectaculaires. *Caltha leptosepala* (30 cm), aux petites fleurs blanches à cœur d'or sur des tiges nues. *Caltha polypetala* (60/80 cm), à très grandes fleurs simples jaune vif.

Utilisations : berge de bassin ou de ruisseau, jardin de marais, massif en sol lourd.

Notre conseil : cette belle plante est sensible à l'oïdium, maladie favorisée par un été chaud et sec. Coupez régulièrement les feuilles atteintes. Ne traitez pas les plantes cultivées près d'un plan d'eau.

Carex spp.
LAÎCHE

30 cm/1,5 m — 30/90 cm

Ces herbes colorées de la famille des Cyperaceae sont aussi très utilisées pour les décors de jardin.

Description : vivaces rhizomateuses formant des touffes d'herbes un peu raides, les carex sont souvent confondus avec des graminées. Les feuilles fines et allongées, aux bords coupants, se parent de jolies couleurs. Les fleurs, insignifiantes, sont regroupées en inflorescences ramifiées.

Sol : argileux à tendance acide, humide, sans être continuellement immergé.

Exposition : plein soleil, même chaud.

Culture et entretien : plantez au printemps. Au départ de la végétation, éliminez le feuillage desséché. Protégez les espèces frileuses comme *Carex morrowii.*

Espèces et variétés : il existe environ 1 500 espèces. *Carex acutiformis* (1 m), au port dressé, raide ; *Carex morrowii* 'Variegata' (40 cm), aux feuilles striées de blanc ; *Carex pendula* (1,5 m), à port retombant ; *Carex pseudocyperus* (50 cm), touffu ; *Carex riparia* 'Variegata' (50 cm), au feuillage vert clair, arqué, rayé d'une bande blanche centrale.

Utilisations : dans un jardin de marais avec des *Iris ensata* et *laevigata.*

Notre conseil : ne laissez pas essaimer les laîches (surtout *Carex pendula*) sinon elles vont se disséminer partout dans le jardin.

Carex riparia 'Variegata'

Eichhornia crassipes

Eichhornia crassipes
JACINTHE D'EAU

J F M A M J J A S O N D

20/30 cm — 40/50 cm — 0 °C

Cette plante flottante de la famille des Pontederiaceae est une vraie peste dans les pays tropicaux.

Description : cette vivace aquatique, non rustique, porte des feuilles charnues, ovales, brillantes, portées par des tiges courtes et renflées qui servent de flotteurs. Les fleurs bleu lavande sont regroupées en épis dressés de 8 à 10 cm de haut.

Sol : la jacinthe d'eau développe à la surface de l'eau un faisceau de racines brunes de 20 à 30 cm de long.

Exposition : chaude, en pleine lumière. La température de l'eau doit être de 20 °C au moins pour que la jacinthe d'eau pousse.

Culture et entretien : fin mai, placez quelques pieds à la surface du bassin. Au début de l'automne, prélevez les plus belles touffes pour les hiverner sous abri (de 13 à 15 °C), dans un aquarium bien éclairé. Multipliez et rajeunissez la jacinthe d'eau, en détachant les stolons qui se sont formés autour de la plante pendant l'été.

Espèces et variétés : il existe 7 espèces. Seule *Eicchornia crassipes* est cultivée.

Utilisations : décor de bassin, oxygénation de l'eau et abri pour les alevins.

Notre conseil : la jacinthe d'eau poussant à une vitesse extraordinairement rapide (un seul pied peut couvrir 10 m^2 en une saison), il est inutile de conserver beaucoup de rejets d'une année sur l'autre. Dans le Midi, il faut se méfier de cette plante prolifique, qui risque d'envahir les plans d'eau.

Hippuris vulgaris
PIN AQUATIQUE, PESSE D'EAU

20/80 cm — 50 cm/1 m

Cette vivace immergée de la famille des Plantaginaceae forme des touffes qui évoquent un conifère.

Description : appelée aussi « queue de cheval », cette vivace aquatique cosmopolite dresse hors de l'eau des tiges raides, couvertes de feuilles fines, vert vif, lorsque la profondeur est inférieure à 60 cm. Les fleurs verdâtres à l'aisselle des feuilles en mai sont insignifiantes.

Sol : lourd, humifère, totalement immergé (de 10 cm à 2 m).

Exposition : soleil direct ou tamisé.

Culture et entretien : *Hippuris vulgaris* peut vivre immergé. Il joue alors un rôle efficace de plante oxygénante. Limitez-vous à 2 ou 3 plants dans un bassin de jardin, car la pesse devient vite envahissante. Coupez les tiges trop longues et divisez les touffes gênantes en automne.

Espèces et variétés : il existe 3 espèces. Seul *Hippuris vulgaris* est cultivé comme plante ornementale dans nos régions.

Utilisations : pourtour des bassins.

Notre conseil : dans un petit bassin, contenez le développement vigoureux du pin aquatique, en l'installant dans un panier profondément immergé.

Hippuris vulgaris

Iris pseudacorus

Iris spp.
IRIS

J F M A M **J J A** S O N D

60 cm/1,5 m — 20/60 cm

Ces espèces rhizomateuses de la famille des Iridaceae apprécient les sols très humides ou inondés.

Description : parmi les très nombreux iris, certaines espèces poussent naturellement dans des terrains marécageux et même les pieds dans l'eau. Ces plantes possèdent en commun un feuillage lancéolé, étroit, voire linéaire, et une floraison superbe.

Sol : plutôt acide, avec un pH compris entre 5 et 6,5 pour *Iris ensata* et *Iris laevigata,* avec une humidité constante du début du printemps jusqu'à la fin de l'été. En hiver, le terrain doit sécher pour éviter la pourriture des racines. *Iris pseudacorus* accepte les sols neutres ou même un peu alcalins, qui peuvent être immergés en permanence (de 10 à 30 cm).

Exposition : ensoleillée sans être brûlante.

Culture et entretien : plantez en juillet les *Iris ensata,* en groupes d'au moins 3 pieds d'une même variété. Mélangez au sol d'origine : tourbe, terre de bruyère et fumier bien décomposé. Le rhizome doit être recouvert de 4 à 5 cm de terre. La culture dans un pot d'un diamètre minimal de 20 cm permet de déplacer facilement ces iris pour répondre à leurs besoins en eau, qui diffèrent d'une saison à l'autre. Plantez *Iris laevigata* et *Iris pseudacorus* au printemps. Chaque année, en avril, enfouissez un engrais complet au pied de tous les iris d'eau. Divisez les touffes tous les 4 ans après la floraison.

Espèces et variétés : il existe 300 espèces.

• **Iris japonais :** *Iris ensata* (ou *kaempferi*), 1 m, aux feuilles étroites avec la nervure médiane apparente. En juillet, fleurs de 10 à 15 cm de diamètre, aplaties, unicolores, striées ou en mélanges de tonalités. Les horticulteurs japonais ont obtenu une multitude de cultivars dont la gamme des coloris comprend le blanc, le bleu, le violet, le rose, le lilas et le pourpre, avec une touche de jaune vif au cœur des fleurs, simples ou doubles ; 'Comtesse de Paris' (60 cm), blanc pur ; 'Gracieuse' (80 cm), blanc et bleu ; 'Dainagon' (80 cm), mauve foncé et blanc ; 'Ocean Mist' (1,10 m), bleu et blanc ; 'Sensation' (90 cm), double, rouge pourpre foncé.

Iris laevigata

Iris ensata

• **Iris d'eau :** *Iris laevigata* (80 cm), rustique, accepte d'avoir les pieds dans l'eau toute l'année. En juin, les fleurs, groupées par 3, sont bleu violacé avec la barbe jaune ; 'Variegata' (1 m), au feuillage marginé de blanc pur ; 'Queen Victoria' (1 m), rose lilacé ; 'Snowdrift' (90 cm), blanc pur.

• **Iris des marais :** *Iris pseudacorus* (1,5 m), forme une touffe vigoureuse, aux fleurs jaunes en mai-juin ; 'Golden Queen' (1 m), jaune primevère ; 'Plena' (90 cm), à fleurs doubles ; 'Roy Davidson' (1 m), jaune vif finement strié de marron, fleurit plus longtemps ; 'Variegata' (90 cm), aux feuilles rayées de jaune.

Utilisations : bord de bassin, jardin de marais. La croissance rapide des rhizomes de *Iris pseudacorus* permet de l'utiliser pour stabiliser une berge.

Notre conseil : en hiver, protégez les *Iris ensata,* assez frileux, en couvrant le pied avec une couche épaisse de paille, de coques de cacao ou d'écorce de pin.

➔ **Iris des jardins** voir **p. 606.**

Ludwigia grandiflora
OENOTHÈRE AQUATIQUE

J F M A M J J A S O N D

10 cm (hors de l'eau) 5/6 m

Cette vivace immergée de la famille des Onagraceae est une espèce très envahissante, mais florifère.

Description : cette plante aquatique originaire du Pérou est aussi appelée jussieua. Elle développe des tiges grêles submergées, rouge foncé, portant des feuilles ovales, brillantes, qui peuvent dépasser légèrement de la surface. Les fleurs simples, de 3 à 4 cm de diamètre, jaune d'or, se renouvellent en abondance.

Sol : riche, profond, consistant, humifère.

Exposition : chaude et ensoleillée. La plante craint le gel, mais résiste si le bassin est profond d'au moins 50 cm.

Culture et entretien : plantez en immersion au bord de la pièce d'eau, la jussieua étant plus florifère dans cette situation. Si elle résiste aux premiers hivers, elle se montre très envahissante. Coupez sans retenue les tiges dans le courant de l'été.

Espèces et variétés : il existe 75 espèces. *Ludwigia grandiflora* est la seule cultivée comme plante de bassin, certaines autres étant appréciées dans les aquariums.

Utilisations : décor des grands bassins.

Notre conseil : il suffit de jeter dans l'eau en été un morceau de tige de 20 cm de long pour qu'elle s'enracine.

Ludwigia grandiflora

Lysichiton americanus

Lysichiton americanus
ARUM BANANIER

J F M A M J J A S O N D

1 m 1,2/1,5 m

Cette imposante vivace de la famille des Araceae fleurit très tôt, avant la croissance du feuillage.

Description : cette belle plante rhizomateuse rustique est originaire d'Amérique du Nord. Les fleurs, en spathes de 40 cm à 1,2 m de haut, affichent une splendide couleur jaune d'or. Les feuilles ovales, vert vif, en rosette, de 80 cm à 1,20 m de long, forment une touffe imposante.

Sol : profond, riche, humifère, maintenu toujours humide ou immergé de 5 à 10 cm. Un apport de fumier décomposé est conseillé lors de la plantation.

Exposition : le soleil direct assez doux favorise la floraison. Préférez la mi-ombre dans une ambiance fraîche pour l'été.

Culture et entretien : plantez entre avril et juin, entre 60 et 90 cm d'écartement. Évitez de casser la motte pour ne pas abîmer les racines fragiles. Choisissez un emplacement définitif, car le *Lysichiton* n'aime pas être déplacé. Paillez en été.

Espèces et variétés : il existe 2 espèces. *Lysichiton camtschatcense* se distingue par sa floraison blanc pur et un développement bien moindre (70/80 cm).

Utilisations : bord d'une grande pièce d'eau, jardin de marais.

Notre conseil : soyez patient, la floraison n'apparaît qu'après 2 à 3 ans de culture.

Menyanthes trifoliata
TRÈFLE D'EAU

J F M A **M J** J A S O N D

0,2/0,3 m 40/50 cm

Cette petite plante semi-immergée de la famille des Menyanthaceae possède des propriétés médicinales.

Description : vivace aquatique originaire des régions tempérées de l'hémisphère Nord, le trèfle d'eau est indigène en France. Les feuilles vert foncé brillant se découpent en trois grandes folioles ovales et forment des tapis flottants. Les fleurs blanches et poilues sont réunies en grappes compactes, portées par une tige dressée entre 15 et 30 cm au-dessus de l'eau. Le trèfle d'eau est exploité comme plante médicinale, son rhizome possédant des vertus toniques, vermifuges et fébrifuges.

Sol : plutôt acide, toujours détrempé ou recouvert de 10 à 30 cm d'eau.

Exposition : soleil direct non brûlant ou mi-ombre légère pour une bonne floraison.

Culture et entretien : plantez au printemps, tous les 25 à 30 cm. Le rhizome s'accroche dans le sol ou peut flotter.

Espèces et variétés : il n'existe qu'une seule espèce, *Menyanthes trifoliata*.

Utilisations : plante flottante dans tous les styles et les dimensions de bassin.

Notre conseil : le trèfle d'eau n'étant pas envahissant, utilisez-le dans les petits points d'eau, même dans une vasque.

Menyanthes trifoliata

Myosotis scorpioides

Myosotis scorpioides
MYOSOTIS AQUATIQUE

J F M **A M J J A S O** N D

20/30 cm 20/30 cm

Cette plante semi-aquatique de la famille des Boraginaceae fleurit très joliment les rives des bassins.

Description : cette espèce européenne vivace (synonyme : *Myosotis palustris*) diffère du myosotis des jardins par un port plus lâche et par son mode de vie plus ou moins aquatique. Le rhizome traçant développe un feuillage ovale et poilu. Les minuscules fleurs bleues sont réunies en bouquets légers qui se renouvellent bien.

Sol : lourd, argileux, riche, juste humide ou immergé de 15 cm au maximum.

Exposition : toutes les situations conviennent, même peu lumineuses.

Culture et entretien : plantez en avril ou en septembre/octobre, en distançant les plants de 15 cm. Le semis sur terre humide au printemps ou le bouturage des jeunes tiges réussissent sans problème.

Espèces et variétés : il existe 50 espèces. *Myosotis scorpioides* 'Alba', blanc ; 'Mermaid', plus compact, à fleurs bleu profond avec le cœur jaune ; 'Semperflorens', au port plus trapu, fleurit plus longtemps.

Utilisations : berge de bassin, rive de ruisseau, vasque, jardin de marais.

Notre conseil : ce myosotis se naturalise bien. Laissez-le essaimer à sa guise.

➔ *Myosotis spp.* voir **p. 617**.

Nelumbo nucifera

Nelumbo nucifera
LOTUS

J F M A M **J J A S O** N D

70 cm/1,5 m 1/3 m (et plus)

Cette plante des marais asiatiques de la famille des Nelumbonaceae crée un effet décoratif d'exception.

Description : vivace dont le rhizome vit immergé, le lotus développe hors de l'eau de grandes feuilles rondes de 50 à 80 cm de diamètre, vert glauque. Les fleurs, portées par de longs pétioles, forment une belle coupe très double de 15 à 30 cm de diamètre, qui évolue en fruit ressemblant à une pomme d'arrosoir.

Sol : argileux, compact, humifère, riche.

Exposition : chaude et très ensoleillée.

Culture et entretien : plantez de mai à juillet, à 1 m de profondeur pour éviter les risques de gel. Le rhizome, d'une grande fragilité, doit être enterré à 10 cm de profondeur dans un panier ajouré. Un apport d'engrais organique (ou de fumier décomposé) est conseillé chaque printemps.

Espèces et variétés : il existe 2 espèces. *Nelumbo nucifera* a donné de nombreux cultivars ; 'Alba Grandiflora' (1,80 m), blanc, parfumé ; 'Alba Plena' (80 cm), nain, à petites fleurs blanches, doubles ; 'Gigantea', fleurs roses de 30 cm.

Utilisations : au centre d'un grand bassin ou dans une pièce d'eau naturelle.

Notre conseil : délimitez l'emplacement réservé aux lotus (par un coffre en béton par exemple) car ils sont envahissants.

Nuphar lutea
NÉNUPHAR JAUNE

J F M A M **J J** A S O N D

10/15 cm (fleurs) — 2 m (et plus)

Cette plante aquatique rustique de la famille des Nymphaeaceae se reconnaît à ses fleurs jaune vif.

Description : on confond parfois cette vivace rhizomateuse avec les *Nymphaea*, à cause de ses grandes feuilles flottantes en forme de cœur. La floraison est différente, avec des corolles de 4 à 5 cm de diamètre, à l'apparence de gros boutons-d'or, dressés au-dessus de l'eau.

Nuphar lutea

Sol : argileux, riche, humifère. Les nénuphars jaunes supportent des eaux froides, profondes et légèrement courantes.
Exposition : une ombre partielle convient.
Culture et entretien : au printemps, plantez les rhizomes à plat, recouverts de 5 à 8 cm de terre. Pour limiter la croissance, utilisez des conteneurs perforés. Prévoyez un rempotage annuel.
Espèces et variétés : il existe 25 espèces. *Nuphar lutea* pousse à l'état sauvage en Europe. Robuste, il supporte une immersion de la souche jusqu'à 3 m de profondeur ; ses fleurs exhalent une odeur puissante, mais assez désagréable. *Nuphar japonica* convient aux petits bassins.
Utilisations : très grande pièce d'eau.
Notre conseil : dans un grand bassin, préférez le nuphar au nénuphar lorsque l'ensoleillement s'avère insuffisant.

Nymphaea x hybrida
NÉNUPHAR HYBRIDE

J F M A M **J J A S** O N D

10/15 cm (fleurs) — 1/2 m

Cette superbe plante flottante de la famille des Nymphaeaceae épanouit des fleurs somptueuses.

Description : cette vivace au rhizome immergé, solidement enraciné, est la plus célèbre des plantes de bassin. Les feuilles flottantes en forme de cœur forment un tapis homogène. Les grandes fleurs en coupe sont portées à l'extrémité de tiges creuses, à fleur d'eau ou dressées entre 15 et 30 cm au-dessus de la surface.
Sol : riche et fertile, lourd, humifère.
Exposition : chaude et très ensoleillée.
Culture et entretien : un nénuphar miniature se contente de 15 à 30 cm d'eau et convient à un bassin de 1 m^2. Une grande variété exige une profondeur minimale de 50 cm et une surface de plus de 2 m^2 pour étaler son large feuillage. Plantez en mai/juin, au fond du bassin ou dans des pots ajourés. Rempotez tous les trois ans. Les rhizomes des hybrides non rustiques doivent être sortis de l'eau au début de l'automne et conservés sous abri à 10 °C, dans du sable maintenu toujours humide. En avril/mai, sectionnez les vieux rhizomes en tronçon portant au moins un bourgeon et rempotez-les individuellement.

Nymphaea x 'James Brydon'

Espèces et variétés : il existe 50 espèces. On cultive surtout des formes hybrides ; 'Charles de Meurville', à grandes fleurs rouges ; 'Colonel A.J. Welch', jaune canari, feuillage maculé de brun ; 'Conqueror', rouge vif veiné de plus foncé ; 'Escarboucle', vermillon strié de cramoisi ; 'Gladstoniana', aux énormes fleurs blanc pur, très vigoureux ; 'James Brydon', à fleurs doubles rose cramoisi. *Nymphaea odorata* 'Sulphurea Grandiflora', aux fleurs en étoiles parfumées jaunes, feuilles marbrées. Dans le groupe des nymphéas dits « exotiques », certains fleurissent la nuit, comme 'Emily Grant Hutchings', rose foncé, ou 'Red Flare', rouge foncé.
Utilisations : en touffe isolée au centre d'un bassin ou d'une grande pièce d'eau.
Notre conseil : une bonne clarté de l'eau facilite le passage de la lumière et son réchauffement rapide. C'est le gage d'une floraison plus précoce.

Nymphaea odorata 'Sulphurea Grandiflora'

Pontederia cordata

Pontederia cordata
PONTÉDÉRIE

J F M A M **J J A** S O N D

80 cm/1,3 m — 60 cm/1 m

Cette vivace exotique de la famille des Pontederiaceae forme des touffes élégantes aux fleurs bleues.

Description : la souche épaisse, immergée, forme de larges touffes de feuilles vert vif en forme de fer de lance, portées par des robustes pétioles de 50 cm à 1 m de hauteur. Les grands épis compacts de fleurs bleues se dressent parmi le feuillage.
Sol : consistant, argileux, limoneux, très riche, sous 20 à 40 cm d'eau.
Exposition : chaude et bien ensoleillée.
Culture et entretien : plantez au printemps, en pot ou en pleine terre, en distançant les pieds de 30 à 40 cm. La croissance est rapide. Rempotez tous les 2 à 3 ans au départ de la végétation. En avril ou en mai, divisez les vieilles touffes. Dans les régions froides, il est préférable de sortir la souche de l'eau en automne et de la conserver sous abri dans du sable humide.
Espèces et variétés : il existe 5 espèces. *Pontederia cordata* 'Alba', à fleurs blanches ; var. *lancifolia* (1,50 m), aux feuilles étroites, porte des fleurs plus petites, d'un beau bleu soutenu.
Utilisations : en groupe ou en isolé au bord des bassins de toutes dimensions.
Notre conseil : la pontédérie préfère les eaux stagnantes ou à faible débit.

Potamogeton natans

Potamogeton natans
POTAMOT

J F M A M **J J A S** O N D

1 cm (flottant) — 1/3 m

Cette plante flottante de la famille des Potamogetonaceae est idéale pour enrichir l'eau en oxygène.

Description : cette vivace très rustique, aux rhizomes rampants, développe un feuillage brillant, ovale, vert teinté de bronze, de 10 cm de long, qui s'étale à la surface de l'eau. La floraison, en petits épis verdâtres, n'est guère décorative.
Sol : pas trop fertile, plutôt sablonneuse, sous 30 cm à 1 m d'eau.
Exposition : ensoleillée, mais sans excès.
Culture et entretien : plantez au printemps dans un panier ajouré ou dans la vase du fond du bassin. Nettoyez la végétation tous les 3 ans et divisez les rhizomes pour les rajeunir et limiter leur ampleur.
Espèces et variétés : il existe 100 espèces, toutes aquatiques, souvent non rustiques et cultivées comme plantes d'aquarium. *Potamogeton natans* (ou langue-de-chien) est le plus cultivé. *Potamogeton crispus* forme des feuilles découpées, ondulées, coriaces. *Potamogeton densus*, aux petites feuilles ovales, opposées, vert clair.
Utilisations : tapis végétal sur l'eau avec renoncule aquatique et *Aponogeton distachyus*. Les poissons apprécient l'ombre protectrice des feuilles du potamot.
Notre conseil : évitez la proximité des grands nénuphars qui peuvent étouffer la touffe de *Potamogeton*.

➤ ***Ranunculus aquatilis*** voir **p. 637.**

Sagittaria sagittifolia
SAGITTAIRE

J F M A M **J J A** S O N D

50/90 cm — 2 m (et plus)

Cette belle vivace de la famille des Alismaceae développe des feuilles émergées en forme de fer de lance.

Description : cette plante aquatique émergée, d'origine européenne, est aussi appelée « flèche d'eau » ou « queue-d'aronde ». Le rhizome, court et ramifié, développe un feuillage dont la forme varie selon sa position. Les feuilles aériennes et flottantes ont l'aspect caractéristique d'un fer de lance (feuilles sagittées). Les feuilles immergées sont longues, rubanées. Les fleurs simples, blanches, unisexuées avec une tache pourpre à la base, sont portées en grappes sur des hampes de section triangulaire.

Sol : fertile, profond, consistant, humifère, sous 15 à 50 cm d'eau. Ajoutez du fumier décomposé au substrat.

Culture et entretien : plantez en mars et avril, tant que les tubercules sont dormants. Enfoncez-les dans le sol, à 5 cm de profondeur, en prenant soin de ne pas abîmer les pousses qui pointent. Prévoyez un pied tous les 30 à 40 cm. La sagittaire pouvant devenir vite envahissante, mieux vaut la planter dans un panier ajouré.

Espèces et variétés : il existe 20 espèces. *Sagittaria sagittifolia* 'Flore Pleno' (ou *Sagittaria japonica*), 50/70 cm, aux grappes de fleurs blanc pur en forme de petits pompons. *Sagittaria latifolia* (80 cm), aux feuilles ovales, allongées, fleurs blanches en grappes. Les autres sagittaires sont des espèces tropicales.

Utilisations : en touffe isolée, au bord d'une grande pièce d'eau ou au centre d'un bassin rond. Les tubercules sont consommés par les poissons.

Notre conseil : pour que la sagittaire fleurisse abondamment, ne la plantez pas trop profondément (15/30 cm).

Typha minima

Sagittaria sagittifolia

Typha spp.
MASSETTE

J F M A M **J J A** S O N D

60 cm/1,80 m — 2/3 m (et plus)

Cette solide vivace au port élancé, de la famille des Typhaceae, porte des épis qui évoquent un cigare.

Description : plante rhizomateuse aquatique à l'aspect de roseau, la massette est parfaitement rustique. Le feuillage rubané vert clair, bien dressé, forme une touffe importante. Les inflorescences, en épis cylindriques ou arrondis brun à doré, sont composées de fleurs mâles et femelles réunies de façon bien distincte. Elles se dressent tout droit au-dessus des feuilles.

Sol : riche, compact, humifère, profond, très humide ou immergé de 5 à 20 cm.

Exposition : plein soleil toute l'année.

Culture et entretien : au printemps, plantez des fragments de rhizomes laissant poindre une jeune pousse, en les enterrant très peu. La distance de plantation est de 50 à 90 cm pour *Typha latifolia*, et de 20 à 30 cm pour *Typha minima*. Divisez les touffes tous les 3 ans.

Espèces et variétés : il existe 15 espèces. *Typha latifolia* (1,50 m), très vigoureux, massif, se développe vite, jusqu'à coloniser les berges de la pièce d'eau ; 'Variegata', au feuillage finement strié de blanc, est moins envahissant ; *Typha minima* (70 cm), aux feuilles filiformes, porte des petits épis sphériques.

Utilisations : en touffe ou en écran au bord d'un grand bassin ou d'un étang. Les épis font de bonnes fleurs à bouquets.

Notre conseil : assez sensibles au froid, les racines de *Typha minima* doivent toujours être recouvertes par au moins 10 cm d'eau en hiver. Évitez la prise en glace.

Typha minima

Les plantes de bassin profond

Hippuris vulgaris **pin aquatique, pesse d'eau**
Ludwigia grandiflora **œnothère aquatique**
Nelumbo nucifera **lotus**
Nymphaea **x** *hybrida* **nénuphar hybride**
Pontederia cordata **pontédérie**
Potamogeton natans **potamot**
Sagittaria sagittifolia **sagittaire**

Les plantes de berges

Caltha palustris **populage des marais**
Iris spp. **iris**
Lysichiton americanus **arum bananier**
Myosotis scorpioides **myosotis aquatique**
Typha spp. **massette**

Les plantes pour jardin d'eau à floraison printanière

Lysichiton americanus **arum bananier**
Menyanthes trifoliata **trèfle d'eau**
Myosotis scorpioides **myosotis aquatique**

Les plantes de bord de bassin (maximum 10 cm de profondeur)

Butomus umbellatus **jonc fleuri**
Carex spp. **laîche**
Iris spp. **iris**
Myosotis scorpioides **myosotis aquatique**
Typha spp. **massette**

Les plantes de bassin peu profond (maximum 30 cm de profondeur)

Eichhornia crassipes **jacinthe d'eau**
Menyanthes trifoliata **trèfle d'eau**
Nuphar lutea **nénuphar jaune**
Nymphaea **x** *hybrida* **nénuphar hybride**

Les plantes pour jardin d'eau à floraison estivale

Butomus umbellatus **jonc fleuri**
Caltha palustris **populage des marais**
Eichhornia crassipes **jacinthe d'eau**
Iris spp. **iris**
Ludwigia grandiflora **œnothère aquatique**
Myosotis scorpioides **myosotis aquatique**
Nelumbo nucifera **lotus**
Nuphar lutea **nénuphar jaune**
Nymphaea **x** *hybrida* **nénuphar hybride**
Pontederia cordata **pontédérie**
Potamogeton natans **potamot**
Sagittaria sagittifolia **sagittaire**
Typha spp. **massette**

Les plantes pour jardin d'eau à floraison automnale

Eichhornia crassipes **jacinthe d'eau**
Ludwigia grandiflora **œnothère aquatique**
Myosotis scorpioides **myosotis aquatique**
Nelumbo nucifera **lotus**
Nymphaea **x** *hybrida* **nénuphar hybride**

  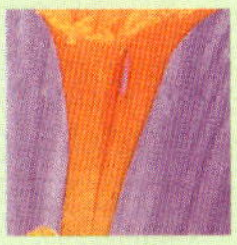

LES LÉGUMES, PLANTES CONDIMENTAIRES ET OFFICINALES

Les légumes sont des aliments légers, équilibrés, qui renferment des éléments variés et complexes dont notre métabolisme a besoin. Source de vitamines et de sels minéraux, dotés d'un faible pouvoir énergétique, ils constituent la base idéale d'une alimentation moderne, à une époque où nous sommes devenus pour la plupart d'entre nous des « animaux sédentaires ». Il en existe une ribambelle, des légumes de tous les jours aux espèces oubliées, qui vous permettront de varier toute l'année la composition de vos plats, tout en prenant plaisir à les cultiver et à composer avec eux un jardin vivant et toujours changeant.

Les légumes ont évolué au fil du temps, suivant les modes, se pliant aux péripéties de l'histoire. Nous ne consommons pas les mêmes que nos aïeux et, grâce aux techniques d'obtention modernes, les variétés évoluent avec les goûts des consommateurs. Au sein d'une même espèce, la déclinaison des variétés vous permettra à coup sûr de trouver celle qui fera le bonheur de vos papilles et s'adaptera le mieux aux caractéristiques de votre jardin.

Les plantes condimentaires, qui renferment des essences aux arômes subtiles, sont utilisées pour enrichir la saveur des salades et des plats cuisinés. Dans le jardin, elles dégagent une odeur très agréable, toujours plus intense le soir. Certaines sont très décoratives par leur feuillage ou par leur floraison.

Les plantes officinales, aussi appelées « simples », sont des végétaux le plus souvent indigènes qui, depuis des siècles, font partie de la pharmacopée populaire. Ces plantes allient souvent des qualités ornementales à leurs vertus médicales supposées ou avérées.

Les légumes

Fraîchement cueillis, aussitôt dégustés, trésors de saveurs et de bienfaits, les légumes du jardin stimulent tous nos sens. Rigueurs et contraintes du potager d'antan ont fait place au plaisir de concevoir un petit carré de légumes qui s'intègre à l'environnement décoratif de la maison. Semez, plantez sans modération et dégustez de bon cœur, en succombant à quelques découvertes...

Panier d'oignons et d'échalotes

Allium ascalonicum ÉCHALOTE

J F M A M J **J A** S O N D

20/30 cm — 10/15 cm

Cette vivace bulbeuse et rustique de la famille des Alliaceae offre une saveur plus fine que l'oignon.

Description : originaire du Moyen-Orient, l'échalote produit de nombreux caïeux allongés, le plus souvent de couleur rose violacé. Ils sont enveloppés d'une tunique protectrice brune, épaisse. Les feuilles étroites, tubulaires, vert glauque, se développent en touffe. Elles sont très odorantes lorsqu'on les froisse. Fleurs rares.

Valeur nutritive : d'une valeur énergétique de 35 kcal/100 g, l'échalote renferme des vitamines et des sels minéraux, en particulier du magnésium, du fer et du silicium. Elle possède des propriétés apéritives et stimulantes. On l'emploie cuite (dans les farces, les sauces, les bouillons, l'eau de cuisson) ou crue (salades).

Sol : léger, plutôt sableux profondément ameubli, sans humidité ni fumure organique fraîche. Évitez les engrais azotés qui nuisent au bon développement du bulbe.

Culture et entretien : plantez les caïeux d'octobre à janvier pour l'échalote ordinaire, en février/mars pour les autres variétés. C'est une plante peu épuisante, mais comme toutes les alliacées (oignon, poireau, etc.), elle ne devrait revenir au même endroit que tous les 3 ou 4 ans.

Récolte : arrachez les touffes lorsque les feuilles jaunissent, à partir du mois de juillet, et laissez ressuyer quelques jours sur le sol, d'abord au soleil, puis à l'ombre, en vue d'améliorer la conservation.

Variétés : 'Griselle', au bulbe de belle taille, très aromatique ; 'Jemor', au bulbe allongé cuivré à la chair blanc rosé qui se conserve bien ; 'Mikor' se conserve bien, le bulbe est en forme de poire de couleur rouge, la chair est rosée.

Notre conseil : placez l'échalote en bottes suspendues dans un local sec et bien aéré. Elle peut ainsi se conserver pendant plusieurs mois. L'échalote grise est la variété qui supporte le moins bien le stockage.

Échalote grise

Allium cepa
OIGNON

J F M **A M J J A S** O N D

1 m (fleurs) — 15/20 cm

Cette bisannuelle bulbeuse de la famille des Alliaceae est le plus ancien condiment cultivé en France.

Description : probablement originaire d'Asie centrale, mais aujourd'hui inconnu à l'état naturel, l'oignon est une plante vivace à bulbe unique, globuleux, recouvert de tuniques de couleurs variables. Il porte de longues feuilles creuses, très odorantes lorsqu'on les froisse. La hampe florale est surmontée d'une grosse tête globuleuse formée de petites étoiles blanches.

Valeur nutritive : l'oignon est riche en vitamines A, B et C, ainsi qu'en sels minéraux. Sa forte teneur en soufre joue un rôle favorable sur la peau, les ongles et les cheveux. Consommé cru, l'oignon est diurétique, stimulant et anti-infectieux.

Sol : plutôt pauvre et léger. L'oignon craint les terres argileuses, l'humidité en excès et la fumure fraîche. Il donne les meilleurs résultats dans des terres siliceuses ou silico-argileuses, sans fumier.

Culture et entretien : tous les oignons se multiplient bien par graines, mais on peut aussi planter des bulbes d'oignons blancs de février à avril, à 10 cm de profondeur et d'espacement. Semez de février à avril selon les régions. Dans les zones où l'hiver n'est pas trop rigoureux, semez d'août à septembre, en pépinière, pour repiquer en place à l'automne dans les régions à climat très doux, ou au début du printemps ailleurs, après avoir conservé le jeune plant sous châssis ou tunnel.

Oignons blancs

Oignon 'Jaune paille des Vertus'

Récolte : mûrissent d'abord les oignons blancs primeurs en juin, puis les autres variétés, pour finir à partir de septembre avec les oignons jaunes. Pour ces derniers, lorsque les feuilles ont fané, les bulbes sont arrachés et laissés à ressuyer quelques jours sur le sol pour en améliorer la conservation. Il faut ensuite les garder dans un local sec, dans des cagettes, après avoir coupé les feuilles. Vous pouvez aussi constituer des bottes en tressant les feuilles. Les oignons multipliés par semis se conservent mieux que ceux qu'on a plantés en petits bulbes ; ces derniers, en revanche, atteignent un calibre plus important.

Oignons avant la récolte

Variétés : les très nombreuses variétés d'oignons se différencient par la taille, la couleur, le goût et la précocité.

- **Oignons blancs :** généralement hâtifs, ils donnent des petits bulbes ; 'Blanc de Barletta', très hâtif ; son petit bulbe rond se forme rapidement, idéal pour confire ; 'Blanc de Paris', au gros bulbe rond, un peu aplati, se conserve bien ; il accepte aussi bien la culture de printemps que d'automne ; 'Blanc de Vaugirard', précoce, au bulbe rond un peu aplati, il résiste au froid ; 'Premier', le plus hâtif, parfait pour les climats doux, à confire.
- **Oignons rouges :** à la saveur douce, ils se conservent peu de temps. 'Rouge de Florence' (race de Simiane), au gros bulbe allongé rouge carmin foncé, de saveur sucrée, qui se mange cru, peut être semé en automne dans le Midi ; 'Rouge de Brunswick', au bulbe plat, épais, rouge foncé, à chair blanche colorée de rouge, de saveur agréable ; 'Rouge pâle de Niort', précoce, productif, cuivré.
- **Oignons jaunes :** ils se conservent le mieux ; 'Jaune paille des Vertus', précoce et productif, au bulbe de 8 à 10 cm de diamètre est le plus cultivé ; les oignons jaunes à repiquer 'Riesen' et 'Stuttgart' réussissent bien.
- **Oignon perpétuel :** étonnant, il produit un gros bulbe blanc et, au sommet de la tige, à la place des fleurs, des bulbilles que l'on peut planter au printemps pour produire de très gros oignons. Le reste de la plante peut être confit au vinaigre.

Notre conseil : l'excès d'azote dans le sol nuit à la bonne conservation des oignons.

Poireau 'De Genevilliers'

Allium porrum
POIREAU

J F M A M J J A S O N D

40/60 cm 10/30 cm

Cette vivace de la famille des Alliaceae qui est cultivée comme une annuelle produit toute l'année.

Description : originaire d'Asie centrale, le poireau forme une tige cylindrique épaisse en partie enterrée, terminée par un bouquet de feuilles plates engainantes, en forme de gouttière, d'un vert bleuté. Les fleurs en ombelles sphériques apparaissent la seconde année de culture.

Poireau 'Monstrueux de Carentan'

Valeur nutritive : 40 kcal/100 g. Le poireau est diurétique, riche en vitamines A, B, C et PP, mais aussi en fibres qui favorisent le transit intestinal.

Sol : aéré, humifère et assez frais. Le poireau redoute la présence de fumier frais.

Culture et entretien : semez sous châssis ou à bonne exposition dès la fin de l'hiver pour repiquer en mai et récolter d'août à novembre. Semez en pépinière en mai, repiquez en août pour récolter de l'hiver au printemps les variétés résistantes au froid. Semez en place à bonne exposition, vers la mi-août pour récolter en juin de l'année suivante. Cette culture donne des poireaux assez fins, appelés « poireaux baguettes ». Buttez les poireaux avant l'hiver, en ramenant la terre autour du pied pour blanchir le fût. Le poireau est un légume épuisant et ne doit revenir à la même place que tous les 5 ans environ.

Récolte : les poireaux sont arrachés lorsque les feuilles sont suffisamment développées, avant que la tige ne commence à monter. Ils peuvent être déterrés à l'automne et conservés dans la cave, mais beaucoup de variétés acceptent de passer l'hiver en terre. Dans ce cas, les poireaux peuvent être récoltés au fur et à mesure des besoins, si le sol n'est pas gelé. Un mulch bien épais de paille ou de feuilles permet de récolter par tous les temps, mais il faut vérifier que ce paillis est suffisamment aéré, pour éviter l'apparition de la pourriture par temps humide.

Variétés : 'Bleu de Solaise', d'une grande rusticité, à gros fût et feuilles vert bleuâtre ; 'De Liège', l'un des meilleurs poireaux d'hiver ; 'Electra', précoce et productif, il se cultive en toute saison et se congèle bien ; 'Furor', au fût assez court, bien blanc, pour les récoltes d'automne et d'hiver ; 'Géant d'Hiver', au fût robuste avec des feuilles d'un bleu-vert très foncé. Très résistant au froid hivernal, il continue sa croissance au printemps, on peut le récolter de décembre à fin mai ; 'Gros long d'été', précoce mais sensible au froid, il est bien adapté pour le Midi ; 'Jaune gros du Poitou', frileux, excellent pour la production d'été ; 'Monstrueux d'Elbeuf', ou « éléphant », c'est le plus gros des poireaux ; 'Monstrueux de Carentan', très résistant au froid, à très gros fût assez court, savoureux, c'est le plus cultivé ; 'Tenor', résistant au froid, au long fût avec un feuillage très serré.

Notre conseil : avant le repiquage, laissez faner les plants pendant 2 à 3 jours sur le sol. Cette opération a pour but de les endurcir. Coupez partiellement les feuilles et les racines avant de mettre les plants en terre. C'est ce que l'on nomme l'« habillage », qui aide à la reprise.

Ail rose 'de Lautrec'

Allium sativum
AIL

J F M A M J J A S O N D

40/60 cm 20/25 cm

Cette vivace aromatique de la famille des Alliaceae est réputée pour ses mille et une vertus.

Description : originaire d'Asie centrale mais inconnu à l'état sauvage, l'ail forme un bulbe divisé en caïeux. Il porte de longues feuilles plates vert grisâtre partant de la base. Fleurs globuleuses blanc rosé.

Valeur nutritive : l'ail est riche en sels minéraux, en soufre, en iode et en silice. C'est un excellent remède des troubles circulatoires. Il est aussi antiseptique, stimulant et hypotenseur. On lui prête des vertus vermifuges et même aphrodisiaques !

Sol : léger, sans humidité ni fumures non décomposées, qui font pourrir les bulbes.

Culture et entretien : plantez les caïeux, à 2 ou 3 cm de profondeur, en automne dans les sols gardant peu l'humidité, sinon au printemps. Laissez passer 3 ans avant de faire revenir l'ail à la même place.

Récolte : arrachez les bulbes lorsque les feuilles fanent. Laissez ressuyer quelques jours sur le sol par beau temps afin d'en améliorer la conservation, puis suspendez en bottes dans un lieu sec et aéré.

Variétés : 'Ail rose d'Auvergne', demi-hâtif, aux caïeux colorés se conservant bien, est le plus répandu des aulx de printemps ; 'Ail rose de Lautrec', demi-hâtif et de longue conservation, s'adapte aux sols lourds et résiste bien à l'humidité ; 'Ail violet Germidour', permet une récolte très précoce et un gros rendement ; 'Ail gros de Provence', destiné aux régions du Sud, ses caïeux blancs se conservent bien.

Notre conseil : ne plantez que de la semence certifiée et non des caïeux d'ail de consommation, qui ne sont pas garantis indemnes de virus.

Apium graveolens
CÉLERI À CÔTES, CÉLERI RAVE

J F M A M J J A S O N D

40/80 cm 20/30 cm

Ces plantes bisannuelles de la famille des Apiaceae sont cultivées pour leurs pétioles ou leurs racines.

Description : dérivé de l'ache des marais, plante spontanée sur le littoral européen, le céleri forme une touffe de grandes feuilles découpées en segments vert foncé, munies d'un large pétiole charnu. Floraison insignifiante en ombelles blanches dans le courant de l'été.

Valeur nutritive : très peu énergétique (moins de 20 kcal/100 g), le céleri est diurétique et digestif, riche en vitamine C (10 mg/100 g), en sels minéraux et en oligoéléments. Il aurait des propriétés antirhumatismales et reminéralisantes.

Sol : frais, meuble, riche en humus, alcalin.

Culture et entretien : semez sous châssis au début du printemps. Repiquez, puis mettez en place deux mois plus tard. Arrosez en cas de sécheresse. Blanchissez le céleri à côtes, en liant les feuilles puis en buttant le pied 15 jours avant la récolte ; cela évitera la pourriture. Cette plante épuisante ne doit être recultivée au même endroit qu'après 4 ou 5 ans.

Céleri rave

Céleri à côtes 'Géant doré amélioré'

Récolte : coupez les plantes au ras du sol entre 6 et 7 mois après le semis. La racine du céleri rave est arrachée à l'automne et conservée dans un lieu frais et aéré.

Variétés : la sélection horticole a donné deux types distincts :

• **Céleri à côtes :** (*Apium graveolens* var. *dulce*), on consomme les pétioles ; 'D'Elne', aux côtes rondes et lisses, bien charnues ; 'Géant doré amélioré', à côtes épaisses, striées, feuillage vert doré ; 'Plein blanc doré', très hâtif, à côtes larges et charnues, très tendres, feuillage doré.

• **Céleri rave :** (*Apium graveolens* var. *rapaceum*), forme une grosse racine charnue ; 'Ibis', aux grosses boules rondes et blanches, résiste à la septoriose ; 'Niva', très rustique, à grosse racine ronde.

Notre conseil : les feuilles de céleri gardent leur arôme après séchage et parfument les soupes et les sauces. Les petits fruits bruns s'emploient aussi comme condiment, moulus et mélangés à du sel.

Asperge 'd'Argenteuil'

Asparagus officinalis
ASPERGE

J F M **A M J** J A S O N D

1/1,5 m 50/60 cm

Cette vivace de la famille des Asparagaceae produit des jeunes pousses tendres et délicieuses.

Description : sauvage dans les lieux sablonneux du centre et du sud de l'Europe, l'asperge forme un buisson touffu au feuillage plumeux. Ses minuscules fleurs jaunâtres de mai à août donnent de jolies baies rouges sur les pieds femelles (la plante est dioïque).

Valeur nutritive : 25 kcal/100 g. L'asperge est riche en fibres et facilite le transit intestinal. Elle contient de nombreux sels minéraux et, surtout pour les variétés vertes, de la vitamine C et du carotène. Elle est aussi très diurétique.

Sol : léger, profond, sablonneux.

Culture et entretien : le rhizome muni de ses racines est appelé « griffe ». Plantez-le en mars dans des tranchées de 25 cm de profondeur. Buttez si vous désirez blanchir les turions, ce qui n'est pas indispensable. Le semis se pratique de mars à juin en pépinière. Les griffes se développent la première année et on les met en place l'année suivante. En automne, cassez les buttes avec la bêche. Il est aussi très important de couper le feuillage en fin de saison et de le brûler. En effet, l'asperge est souvent attaquée par un petit coléoptère rouge : la criocère, qui hiverne sur le feuillage et provoque des dégâts importants. Désherbez régulièrement.

Asperges

Récolte : les « turions » (jeunes tiges que l'on consomme) varient par leur précocité et leur couleur, qui peut être blanche, violette ou verte. Ils sont coupés avec une gouge lorsqu'ils pointent du sol et sont encore très tendres, se cassant facilement entre les doigts. L'asperge doit être mangée fraîchement cueillie, bien épluchée ou être conservée en bocaux.

Variétés : les asperges vertes sont moins exigeantes quant au sol, elles demandent aussi moins de soins et offrent un goût plus prononcé ; 'Andreas', à gros turions blancs ; 'd'Argenteuil', blanche, hâtive et productive, tendre, d'un bel aspect et de bon calibre ; 'Jacq MA', aux turions violet foncé à la pointe bien fermée, de calibre et de précocité moyens ; 'Larac', hybride précoce et très productif, aux turions très réguliers de calibre moyen, tolère des sols assez lourds ; 'Lucullus', aux turions fermes et lourds. Lente à monter en graines, cette variété peut se récolter blanche si on la butte, ou verte si elle est laissée libre ; 'Mary Washington', aux turions verts, très tendres, pousse sans buttage ; 'U.C. 157', un hybride F1 de grande vigueur, aux nombreux turions verts. De calibre moyen, ils restent bien fermes hors de terre. Cette variété supporte les sols assez argileux.

Notre conseil : pour ne pas affaiblir la plante, il est conseillé d'attendre la troisième année avant de récolter, et de ne pas prélever tous les turions.

Atriplex hortensis
ARROCHE DES JARDINS

J F M A **M J J A S O** N D

80 cm/1,5 m 60/90 cm

Cette annuelle de la famille des Amaranthaceae donne des feuilles tendres qui rappellent l'épinard.

Description : également connue sous les noms de « Bonne-Dame » ou « Belle-Dame », l'arroche est originaire d'Asie centrale. Elle développe une touffe de grandes feuilles très larges, en forme de fer de hallebarde. Ses minuscules fleurs verdâtres, estivales, forment une longue grappe au sommet de la plante.

Valeur nutritive : 20 kcal/100 g. L'arroche contient de la vitamine C et des sels minéraux. C'est une plante assez laxative.

Sol : frais, profond, consistant, humifère.

Culture et entretien : semez en place, de manière échelonnée, de mars à août.

Arroche des jardins

Arrosez copieusement en cas de sécheresse. Désherbez soigneusement le sol.

Récolte : coupez les feuilles bien développées, environ 2 mois après le semis. La cueillette peut se prolonger tout l'été, si vous espacez les semis, et taillez la plante.

Variétés : 'Blonde', à feuilles vert clair; 'Rouge' ('Atropurpurea'), aux feuilles pourpres, est aussi très décorative.

Notre conseil : pincez les arroches pour les empêcher de monter à graines.

Poirée à carde blonde

Betterave plate d'Égypte

Beta vulgaris
BETTERAVE, POIRÉE

J F M A M J J A S O N D

40/70 cm — 30/40 cm

Cette bisannuelle de la famille des Amaranthaceae donne des racines ou des pétioles comestibles.

Description : indigène sur les côtes de l'Europe, la betterave forme une touffe de feuilles larges et arrondies, épaisses, d'un vert foncé luisant. La sélection a développé des formes à la racine blanche, jaune ou rouge, ronde ou fusiforme. Les variétés cultivées pour leur pétiole charnu sont appelées « bettes » ou « poirées ».

Valeur nutritive : 40 kcal/100 g (racine), 21 kcal/100 g (pétiole). La betterave, riche en sucres, renferme des vitamines et des sels minéraux. Elle se montre intéressante pour l'organisme lorsqu'elle est crue. Les feuilles de bette sont bien pourvues en vitamines et en minéraux, mais elles renferment des oxalates déconseillés aux arthritiques et aux rhumatisants.

Sol : profond, souple, léger, même salé (littoral), mais sans fumure fraîche.

Culture et entretien : semez en place d'avril au 15 juin, en lignes. Éclaircissez à 20 cm. Dans les régions aux gelées tardives, semez sous abri en mars, repiquez après les froids, lorsque les plants ont développé de 3 à 5 feuilles. Arrosez l'été.

Récolte : les betteraves rouges précoces se récoltent dès que la racine atteint 10 cm de diamètre. Les variétés tardives sont arrachées fin octobre, effeuillées et conservées jusqu'en avril, en cave ou en silo. Les poirées sont coupées de juillet aux gelées.

Variétés : à partir de la même plante, la sélection a permis d'orienter l'usage des betteraves (fourragères, potagères ou sucrières), mais aussi d'obtenir deux légumes totalement différents :

- **Betteraves :** on consomme la racine charnue, tendre, au goût sucré ; 'Burpee's Golden', sphérique, à la chair d'un superbe jaune doré, elle s'utilise comme les variétés rouges, mais pousse plus vite ; 'Crapaudine', longue, rugueuse, à la chair très sucrée, de bonne conservation ; 'De Detroit', ronde à la chair rouge très sucrée ; 'Globe', ronde, à la chair bien rouge, produit en été et en automne ; 'Noire plate d'Égypte', à la racine aplatie qui se forme au ras du sol. Hâtive, elle résiste bien à la chaleur et à la montée à graines ; 'Pablo', ronde, lisse, sucrée.
- **Poirées :** ou « bettes à carde », dont on consomme surtout le pétiole élargi (la carde, appelée aussi côte), mais le limbe des feuilles est comestible ; 'Blonde à carde blanche', productive et savoureuse, au beau feuillage vert clair, côtes larges, non filandreuses ; 'Bright Lights', à cardes jaunes, orange, pourpres ou roses ; 'Verte à carde blanche', précoce et résistante au froid, au feuillage vert foncé porté par des côtes très larges blanc pur ; 'Verte à carde rouge', à côtes minces, rouge vermillon ;
- **Bette à couper :** 'Verte à couper' est appelée aussi « bette à tondre » ou « bette épinard ». C'est une plante sans carde dont les feuilles sont coupées comme des épinards, plusieurs fois dans la saison.

Notre conseil : il est bon d'utiliser plusieurs variétés de betteraves rouges, hâtives et tardives, pour en profiter plus longtemps. Pensez à planter des bettes à cardes rouges, roses ou jaunes dans le jardin d'ornement avec des fleurs annuelles.

Poirée à cardes rouges

Brassica oleracea
CHOU POMMÉ

J F M A M J J A S O N D

20/35 cm — 40/60 cm

Cette plante bisannuelle de la famille des Brassicaceae est très riche en soufre et en antioxydants.

Description : spontané sur les côtes rocheuses de l'Europe, le chou développe de larges feuilles glabres de 20 à 40 cm de long, un peu épaisses, lisses ou cloquées, vert tendre ou glauque. Ses fleurs jaunes à 4 pétales, portées en panicules, donnent des fruits minces et allongés renfermant de nombreuses petites graines rondes.

Valeur nutritive : 22 à 30 kcal/100 g. Aussi riche en vitamine C que le citron (50 mg/100 g), il contient des sels minéraux, dont du potassium et du calcium.

Sol : le chou préfère les climats humides, les terres fraîches, profondes, argileuses et humifères, même franchement calcaires.

Culture et entretien : pour une récolte d'été et d'automne, semez en pépinière à la fin de l'hiver (février/mars) ou au printemps (d'avril à juin), suivant les régions. La mise en place a lieu environ un mois après le semis. Pour la culture d'hiver, semez fin août-début septembre, puis repiquez en pépinière dès que les plants ont développé 3 feuilles. Plantez en place en octobre ou au printemps et récoltez en mai-juin suivant. Les choux cabus conviennent le mieux à ce type de culture. On peut aussi semer en mai-juin des variétés à feuilles gaufrées résistant au froid (chou de Milan), pour les récolter en hiver. Dans tous les modes de culture, il importe d'arroser copieusement les choux, qui craignent la sécheresse, et de bien les fertiliser.

Chou de Milan 'Roi de l'hiver'

Chou rouge 'Tête de Nègre'

Récolte : les choux verts non pommés et les choux frisés sont coupés lorsque les feuilles sont suffisamment développées. Pour les choux pommés, attendez que le cœur ait formé une pomme bien serrée. Vous pouvez les conserver plusieurs semaines dans un lieu sec et frais. Les choux-navets se récoltent à partir de la fin de l'été. Ils sont meilleurs si on les déterre avant leur complet développement, mais ils se gardent alors moins longtemps.

Variétés : la sélection variétale a donné naissance à des formes très variées :

• **Choux cabus :** *(Brassica oleracea* var. *capitata),* à feuilles lisses, entières, plus ou moins ondulées ; 'Cœur de bœuf gros', à la généreuse pomme conique de bonne qualité, se sème en septembre pour une récolte au printemps ; 'Quintal d'Alsace', tardif et rustique, à la pomme aplatie, parfaite pour la choucroute, se sème en mai/juin pour récolte à l'automne et en hiver ; 'Précoce de Louviers', à pomme conique ferme, peut se semer dès janvier sous abri, récolte estivale ; les hybrides F1 présentent l'avantage d'une production régulière et de former des pommes très serrées ; 'Eton', pour les récoltes d'hiver, se conserve longtemps ; 'Hidena', très tardif, aux pommes de 3 kg, se récolte d'octobre à décembre ; 'Nozomi', compact (pomme de 1 à 1,8 kg), pour toutes les saisons ; 'Proserpa', hâtif, à pomme pointue, pour les récoltes d'avril à juin ; 'Tête de pierre', pour les cultures de printemps et d'été.

• **Choux de Milan :** *(Brassica oleracea* var. *bullata),* à feuilles gaufrées et découpées sur les bords ; 'D'hiver de Pontoise', à la grosse pomme serrée et dure, prenant une teinte rosée sous l'action du froid ; 'Gros des Vertus', très productif, tardif, à la pomme ronde, légèrement aplatie ; 'Roi de l'hiver', forme une pomme ronde au feuillage finement cloqué. Très résistant au froid, il se récolte jusqu'en mars ; 'Très hâtif de la Saint-Jean', à la pomme conique vert clair, rapide à se former ; les hybrides F1 'Chirimen', 'Clinton', 'Concerto', 'Hiversa', 'Reglo', 'Robin', 'Wintessa', sont recommandés pour la congélation.

• **Choux rouges** : à la pomme pourpre violacé ; 'Rodon F1', résiste au froid, se conserve longtemps ; 'Rookie F1', hâtif, rouge pourpre foncé, très compact ; 'Rouge tardif de Langedijk', à la grosse pomme rouge foncé, se récolte en novembre/décembre et se conserve jusqu'au printemps à l'abri des gelées.

• **Choux frisés** : *(Brassica oleracea* var. *acephala)*, non pommés, leurs feuilles sont comestibles et décoratives ; 'Palmier', ou « Cavollo nero di Toscana », est très ornemental avec sa tige de près de 2 m de haut, terminée par un bouquet de feuilles frisées d'un vert foncé presque noir ; 'Redbor F1', au feuillage frisé pourpre foncé ; 'Reflex F1', assez compact, non gélif, pour la production d'automne et d'hiver ; Vert nain', aux feuilles tendres, variété hâtive, à récolter en début d'hiver, après les gelées qui en améliorent la saveur.

Chou cabus 'Hidena F1'

• **Choux non pommés** : ces choux sont aussi des formes de choux verts, mais ils sont moins communs et plus proches de la plante sauvage. Encore peu connus chez nous, ils sont très appréciés des Anglo-Saxons sous le nom de « kale » ; 'Chou de Brême', aux petites feuilles à cueillir et à consommer comme des épinards, qui pousse en 5 à 6 semaines. Semis de février à septembre, récolte presque toute l'année. Très rustique, il supporte parfaitement le gel. C'est une spécialité de l'Allemagne du Nord.

• **Choux à grosses côtes** : les nervures et le pétiole épaissi se mangent comme ceux des bettes.

• **Choux moelliers** à grosse tige charnue.

Notre conseil : pour éviter que les jeunes choux repiqués ne montent à graines, laissez-les ressuyer deux jours sur le sol avant de le mettre en terre. Pensez aussi à fractionner les semis et à les prévoir sur plusieurs mois afin de profiter de récoltes bien étalées dans le temps. Traitez les limaces au début du printemps, les pucerons et la piéride durant l'été.

Choux cabus et choux rouges en hiver

Chou-fleur 'Clovis F1'

Brassica oleracea botrytis CHOU-FLEUR

J F M A M J J A S O N D

Hauteur	Espacement	Exposition
30/50 cm	40/60 cm	?

Cette étonnante annuelle de la famille des Brassicaceae forme une pomme compacte de fleurs avortées.

Description : cette variété de chou a été probablement développée dans le bassin oriental de la Méditerranée, puis en Italie. Elle développe de larges feuilles ondulées de 30 à 40 cm de long, lobées, fortement nervurées, entourant une inflorescence hypertrophiée, formée de petites ramifications charnues, le plus souvent blanches.

Valeur nutritive : 25/30 kcal/100 g, le chou-fleur est très riche en soufre.

Sol : riche, frais et fertile, assez humifère. Le chou-fleur a besoin d'un climat humide, pas trop chaud (zones maritimes).

Culture et entretien : les variétés hâtives de printemps se sèment de fin septembre à début octobre sous abri ; repiquez et hivernez sous châssis froid, plantez à bonne exposition en mars. Les choux-fleurs d'été se sèment en avril ou en mai sur un sol bien réchauffé, à bonne exposition ou en terrine sous abri, pour une mise en place courant mai. Les choux-fleurs d'automne semés à la mi-juin sont plantés en place environ un mois et demi plus tard. Le chou-fleur étant une plante volumineuse, espacez chaque plant de 60 cm. Profitez de l'espace disponible au moment de la plantation pour faire une culture intercalaire de salade et de radis, ce qui vous permet d'occuper le terrain de façon plus rationnelle.

Récolte : coupez la tige des choux-fleurs sous la pomme, entre 120 et 300 jours après le semis selon les variétés, lorsque la tête est bien compacte. Attention, si vous attendez trop, la pomme prend une teinte rosée. Pour la faire blanchir, cassez une feuille et couvrez-la afin qu'elle ne se trouve pas exposée au soleil direct.

Variétés : 'Erfurt nain très hâtif', aux pommes très blanches de taille moyenne, pour la culture de printemps ; 'Flora Blanca', aux grosses pommes très blanches à grain serré, bien protégées par les feuilles, pour la récolte d'automne ; 'Merveille de toutes saisons', aux pommes bien blanches et compactes ; 'Snow crown', à croissance rapide, se sème du printemps à l'été ; 'Violet de Sicile', à la grosse pomme violette, très décorative, qui devient verte à la cuisson. Il peut se congeler facilement. Il existe aussi de nombreux hybrides F1 ; 'Clovis', à grosse pomme ronde, pour la récolte d'hiver ; 'Memphis', à la pomme au grain fin, précoce, pour les récoltes d'automne ; 'Nautilus', à pomme d'un blanc très pur, pour la production estivale ; 'Pavillon', à la pomme énorme et régulière, pour l'été et l'automne ; 'Siria', très précoce, peut être semé dès janvier sous abri chauffé ; 'Stella', très résistant au froid, à la pomme homogène et bien blanche.

Notre conseil : les choux-fleurs préfèrent les régions à hiver doux. Ailleurs, il faut les protéger du froid avec de la paille, des feuilles sèches ou des voiles d'hivernage.

Brassica oleracea var. *gongylodes* CHOU-RAVE

J F M A M J J A S O N D

Hauteur	Espacement	Exposition
30/40 cm	30/40 cm	

Cette bisannuelle de la famille des Brassicaceae forme une tige renflée, sphérique que l'on consomme.

Description : le chou-rave est une variété de chou dont la tige forme une grosse boule charnue verdâtre ou rouge, juste au-dessus du niveau du sol. Les feuilles et les fleurs sont celles d'un chou non pommé. C'est une plante assez décorative.

Valeur nutritive : 30 kcal/100 g.

Sol : frais, profond, un peu argileux et humifère, restant bien frais durant l'été.

Culture et entretien : semez en pépinière, entre mars et juillet, pour profiter d'une récolte échelonnée. Repiquez en place entre 5 et 6 semaines après la levée.

Récolte : lorsque la tige est bien renflée, environ 3 à 4 mois après le semis. Il ne faut pas trop attendre, car la tige se lignifie rapidement et devient filandreuse.

Variétés : 'Blanc hâtif de Vienne', très précoce, vert clair. 'Blaro', violet, très hâtif, il se conserve bien ; 'Quickstar F1', pour les semis sous abri, boule vert pâle, chair moelleuse et tendre, sans fibres.

Notre conseil : une végétation rapide et continue est nécessaire pour obtenir une chair tendre : fertilisez généreusement.

Chou-rave 'Blaro'

Chou de Bruxelles 'Content F1'

Brassica oleracea var. *gemmifera*
CHOU DE BRUXELLES

J F M A M J J A S O N D

80 cm/1,2 m — 50/70 cm

Cette bisannuelle de la famille des Brassicaceae forme des petites pommes directement sur la tige.

Description : ce chou, originaire d'Europe, présente la particularité de donner le long de la tige, à l'aisselle des feuilles, des bourgeons en forme de petits choux pommés, bien serrés les uns contre les autres. Les feuilles longuement pétiolées, de 30 à 40 cm de long, sont portées à l'horizontale.

Valeur nutritive : 34 kcal/100 g. Le chou de Bruxelles est riche en fibres, en vitamines C (90 mg/100 g) et B, ainsi qu'en provitamine A (carotène). Il est diurétique.

Sol : frais et profond, plutôt argileux. Si le sol est trop riche en azote, les pommes s'agrandissent et deviennent trop lâches, au lieu d'être petites et serrées comme on les aime. Le chou de Bruxelles supporte bien les situations froides et ventées.

Culture et entretien : semez en pépinière, de mars à mi-avril pour récolter en automne. Semez de fin avril à début juin pour une production en hiver ou au printemps. Repiquez en pleine terre environ un mois après le semis. Arrosez bien.

Récolte : prélevez les petites pommes le long de la tige, de bas en haut, au fur et à mesure de leur développement. Les choux de Bruxelles sont plus savoureux après une faible gelée. Vous pouvez sans problème les conserver au congélateur.

Variétés : 'Content F1' ne craint pas le gel ; 'de Rosny amélioré', rustique, tardif, se récolte en octobre ou en novembre ; 'Jade Cross F1', précoce, très productif ; 'Perfection', hâtif et très productif, donne des pommes fermes, vert foncé ; 'Sanda' pour la fin de l'automne et l'hiver.

Notre conseil : pour hâter la récolte, pincez les pieds dès qu'ils mesurent de 60 à 70 cm de haut. Les pommes ainsi obtenues seront plus grosses et moins amères.

Brassica oleracea var. *italica*
CHOU BROCOLI

J F M A M J J A S O N D

50/70 cm — 60/80 cm

Annuel ou bisannuel, ce chou de la famille des Brassicaceae ressemble au chou-fleur, mais en plus coloré.

Description : variété horticole d'un chou d'origine italienne, le chou brocoli, appelé aussi « brocoli à jets » ou « brocoli branchu », développe des feuilles glauques,

Chou brocoli 'Romanesco'

épaisses et charnues, qui entourent de grosses inflorescences, formées de petits boutons séparés les uns des autres, ou de plusieurs petites pommes compactes, ce qui permet de le distinguer du chou-fleur.

Valeur nutritive : 25 kcal/100 g. Le brocoli est riche en vitamine C et en divers sels minéraux, comme le soufre, le calcium, le fer, le magnésium, etc.

Sol : riche, frais et profond, légèrement argileux, mais bien drainé.

Culture et entretien : semez en pépinière d'avril à juin, puis repiquez en pleine terre,

Chou brocoli 'Claudia F1'

entre la sixième et la huitième semaine après la levée. Il est important d'arroser régulièrement par temps sec et chaud. Fertilisation inutile si le sol est consistant.

Récolte : les inflorescences charnues sont coupées, selon les variétés, entre l'automne de l'année du semis et le printemps de l'année suivante. Récoltez de façon continue sur plusieurs semaines, au fur et à mesure de vos besoins. Les brocolis se conservent bien au congélateur.

Variétés : Cima di Rapa', aux nombreux jets lâches, délicieux, pouvant être récoltés plusieurs fois, pousse en 90 jours ; 'Claudia F1', précoce, à pommes compactes au grain fin, vert foncé ; 'Genji F1', très régulier, à la pomme de 350 g vert bleuté, résiste au mildiou ; 'Green Duke F1', à la grosse pomme verte, compacte, très savoureuse ; 'Le Précieux', hâtif, aux belles inflorescences fermes, à structure fine, d'un vert bleuâtre foncé ; 'Minaret', en successions de petites pommes pyramidales vertes ; 'Red Arrow', très hâtif, branchu, aux pousses violettes charnues ; 'Romanesco', très vigoureux, à la pomme jaune-vert, très dense, composée de nombreuses petites têtes pointues.

Notre conseil : après la première récolte, de nombreux rejets secondaires se développent. Récoltez-les dès qu'ils atteignent une taille satisfaisante.

Navet 'De Nancy'

Navet 'Lagor'

Brassica rapa (Brassica napus) NAVET

J F M A M J J A S O N D

20/40 cm 10/20 cm

Cette bisannuelle de la famille des Brassicaceae est réputée comme un des légumes les plus anciens.

Description : originaire d'Asie occidentale, le navet forme une racine charnue, globuleuse ou allongée. Les feuilles obovales, duveteuses, rêches, sont découpées en plusieurs segments. Les fleurs à 4 pétales en croix, jaune pâle, forment une grande inflorescence assez lâche.

Valeur nutritive : 17 kcal/100 g. Le navet apporte du calcium, du fer et des composants soufrés, favorables à la peau et utiles contre les infections hivernales.

Sol : fertile, frais, très humifère, profond.

Culture et entretien : semez sous abri en février/mars ou en place d'avril à septembre. Les navets d'hiver se sèment en plein été. Éclaircissez à 10 cm de distance sur le rang. Traitez les altises en été.

Récolte : entre 60 et 80 jours après le semis, lorsque les racines ont atteint une taille suffisante. Récoltez les navets à conserver l'hiver, entre fin octobre et début novembre. Laissez-les ressuyer une journée sur le sol. Coupez ensuite les feuilles au-dessus du collet et gardez les racines en cave, dans du sable sec.

Variétés : elles diffèrent par la forme (long, demi-long, rond ou plat) et la couleur de la racine (blanche, violacée ou jaune) ; 'Blanc dur d'hiver', conique tout blanc, très résistant au froid, il peut être semé tard et rester en terre une partie de l'hiver ; 'Blanc globe à collet violet', très rustique, rond, pour l'automne et l'hiver ; 'De Croissy', à racine longue, blanche, résistant à la chaleur, précoce et rustique ; 'De Nancy', à racine ronde et blanche, et collet violet ; 'Jaune boule d'Or', demi-hâtif, rond, à peau et à chair jaunes. Il se conserve très bien l'hiver ; 'De Péronne', conique, blanc à collet rose, très résistant au froid ; 'Lagor', rond, rouge ; 'Long des vertus Marteau', très rustique, cylindrique à chair blanche et sucrée, un des plus cultivés ; 'Market Express F1', rond, blanc, très hâtif, il se récolte en 30 à 50 jours ; 'Milan rouge', très hâtif, rond, aplati, à collet rouge violacé ; 'Tokyo Top F1', rond, blanc, croquant, pour les cultures printanières.

Navet 'De Croissy'

Notre conseil : le goût des navets prend de la force s'il fait trop sec. Arrosez copieusement et paillez le sol en été.

Capsicum annuum PIMENT, POIVRON

J F M A M J J A S O N D

60/80 cm 30/40 cm

Cette annuelle tropicale de la famille des Solanaceae donne des fruits parfumés, forts ou bien doux.

Description : originaire d'Amérique tropicale, cette plante forme une touffe bien ramifiée, aux feuilles ovales, molles, vert foncé. Les petites fleurs blanches donnent de gros fruits charnus verts, jaunes, rouges ou orange. Le piment a une saveur forte ou brûlante, le poivron est doux.

Piment fort

Valeur nutritive : 20 kcal/100 g. Piment et poivron offrent une bonne teneur en vitamine C (100 mg/100 g, soit deux fois plus que le citron), ainsi qu'en provitamine A (1 mg/100 g dans les poivrons rouges). Ce sont des toniques stomachiques, riches en fibres et en magnésium.
Sol : humifère, bien frais, riche, souple dans un environnement très chaud.
Culture et entretien : semez en godets au chaud (à la maison ou en serre) en février/mars, pour repiquer sous châssis en avril. Mise en place fin mai ou début juin. Fertilisez régulièrement en été, avec des engrais liquides ou foliaires.
Récolte : entre 5 et 6 mois après le semis, dès que les fruits sont formés et même encore verts. Ils sont plus savoureux et plus digestes si vous les laissez se colorer et parvenir à complète maturité.
Variétés : forts ou doux, il en existe de toutes les couleurs :
• Piments : 'Antillais', fruits globuleux, cabossés, verts, jaunes ou rouges, à saveur très forte ; 'Carribean Red', aux petits fruits plissés verts ou rouges, ultra forts ; 'De Cayenne', long et pointu, rouge à maturité, saveur brûlante ; 'Jaune du Burkina', aux petits fruits jaunes en forme de lanterne torsadée, avec l'extrémité pointue, saveur puissante.
• Poivrons : 'Esterel F1', vert ou rouge, charnu, résistant au virus de la mosaïque du tabac ; 'Golden Bell F1', précoce, productif, fruits charnus, jaunes à maturité ; 'Madison F1', aux longs fruits verts, puis rouges ; 'Mavras F1', aux fruits violet foncé presque noir ; 'Mogador F1', à très gros fruits verts, puis jaunes ; 'Sammy F1', aux fruits pointus, blanc ivoire devenant rouges, chair sucrée ; 'Sonar F1', d'abord vert, puis rouge, donne une récolte très régulière ; 'Tequila F1', aux fruits violet lilacé ; 'Yolo Wonder', à gros fruits, rouges à maturité, de saveur sucrée.
Notre conseil : au nord de la Loire, il est préférable de cultiver piment et poivron entièrement sous serre. Paillez le pied avec du compost pour conserver une bonne fraîcheur du sol en permanence.

Poivron 'Esterel F1'

Poivron rouge doux

Cerfeuil tubéreux

Chaerophyllum bulbosum
CERFEUIL TUBÉREUX

J F M A M J J A S O N D

1/1,5 m — 60/80 cm

Cette bisannuelle rustique de la famille des Apiaceae forme un tubercule renflé au goût sucré.

Description : natif de l'est de la France et du centre de l'Europe, le cerfeuil tubéreux forme une touffe imposante aux feuilles finement divisées qui se développe à partir d'une racine charnue, brun clair, courte et pointue, en forme de cône.
Valeur nutritive : 50/90 kcal/100 g. Le cerfeuil tubéreux est très nutritif, riche en glucides et renferme de nombreux sels minéraux utiles à l'organisme.
Sol : frais, bien aéré et humifère, mais sans humidité stagnante ni fumure fraîche.
Culture et entretien : semez, en place, de septembre à novembre, la levée se produira en février. Vous pouvez aussi semer en février/mars des graines stratifiées dans du sable humide depuis la fin de l'été.
Récolte : arrachez les racines dès le début de juillet, lorsque les feuilles jaunissent. Laissez ressuyer sur le sol quelques jours, après avoir coupé les feuilles. Conservez en cave ou en silo jusqu'au printemps.
Variétés : seule l'espèce est cultivée, aucune amélioration n'ayant été réalisée.
Notre conseil : attention à la fonte des semis, due à un excès d'humidité.

Cichorium endivia
CHICORÉE, FRISÉE, SCAROLE

J F M A M J J A S O N D

10/35 cm — 20/40 cm

Ces salades annuelles de la famille des Asteraceae sont appréciées pour leur saveur légèrement amère.

Description : originaire de l'Europe méridionale et du Moyen-Orient, cette chicorée forme une touffe compacte, arrondie, dont l'aspect des feuilles diffère beaucoup selon les catégories et les nombreuses variétés. Les petites fleurs bleues, estivales, sont portées par une longue hampe velue.

Valeur nutritive : 15 kcal/100 g. Les feuilles vertes ont une teneur appréciable en vitamine C (10 mg/100 g), ainsi qu'en sels minéraux : fer, zinc, manganèse, etc. Les fibres (de 1 à 3 %) exercent une action favorable sur le transit intestinal. La chicorée est apéritive, diurétique et dépurative.

Sol : argileux, riche, compact, humifère. Les sols trop légers, sableux, pauvres, secs, sont peu favorables à la chicorée.

Culture et entretien : à l'extérieur, semez de mai à mi-juillet en pépinière. Repiquez dès que les plants atteignent 5 cm, en prenant soin de ne pas enterrer la base des feuilles ni le cœur. Il faut que la levée soit rapide (moins de 48 h), sinon les chicorées ont tendance à monter à graines. Le sol doit être suffisamment réchauffé (de 16 à 18 °C), et soigneusement préparé. Maintenez une bonne humidité en permanence. La culture hâtive, avec un semis entre février et avril sous abri chauffé, est assez délicate à réussir pour un amateur.

Chicorée scarole 'Élodie'

Chicorée frisée 'Très fine maraîchère'

Récolte : les chicorées se récoltent entre 3 et 4 mois après le semis, dès qu'elles ont formé une pomme de taille suffisante. Il est bon de les blanchir en posant dessus une cloche opaque ou en le couvrant d'une feuille de plastique noir utilisée pour le paillage. La saveur est alors plus douce.

Variétés : on distingue 2 types principaux :

- **Chicorées frisées :** (*Cichorium endivia* var. *crispum*), aux feuilles très découpées ; 'De Meaux', aux feuilles très crispées, résiste bien à la chaleur et à la sécheresse, récolte de juillet à octobre ; 'De Ruffec', donne une pomme à cœur plein et bouclé, blanchissant naturellement. Elle résiste bien au froid et à la pourriture. Récolte de septembre à décembre ; 'Fine de Louviers', à la pomme de taille moyenne, bien ciselée, récolte de juin à octobre ; 'Tosca', à feuilles très fines, récolte de juin à octobre ; 'Traviata' blanchit naturellement, récolte de juillet à octobre ; 'Wallonne', à la pomme très volumineuse, résiste bien au froid, récolte de septembre à décembre.
- **Chicorées scaroles :** (*Cichorium endivia* var. *latifolium*), aux feuilles larges et entières, serrées les unes contre les autres ; 'Blonde à cœur plein', rustique, fournit une grosse pomme qui se récolte de novembre à décembre ; 'Cornet d'Anjou', à pomme allongée, une salade d'hiver, parfaite pour les régions chaudes, doit être protégée en région parisienne, récolte d'octobre à décembre ; 'Cornet de Bordeaux', à pomme érigée, ample, vert foncé bleuté, récolte de novembre à mars ; 'Grosse bouclée', au cœur très serré, bien blanc, hâtive, qui se cultive mieux sous tunnel ou sous châssis, récolte de mai à juillet.

Notre conseil : facilitez la levée en couvrant les semences avec 1 cm de terreau tamisé. Plombez le sol avec le dos du râteau. Si vous blanchissez les chicorées en les couvrant d'une cloche, faites attention à la pourriture par temps humide.

Chicorée scarole 'Cornet d'Anjou'

Chicorée sauvage 'Rouge de Vérone'

Chicorée sauvage 'Pain de sucre'

Cichorium intybus
CHICORÉE SAUVAGE, ENDIVE

J F M A M J J A S O N D

30/60 cm 20/50 cm

Cette vivace rustique de la famille des Asteraceae donne divers types de salades selon les variétés.

Description : commune sur le bord des chemins de nos régions, la chicorée sauvage forme une rosette de feuilles larges ou découpées comme celles du pissenlit. Des tiges raides portent en été des capitules de fleurs bleu clair.

Valeur nutritive : 25 kcal/100 g pour la chicorée sauvage ; 15 kcal/100 g pour l'endive qui contient 90 % d'eau. Ce sont des salades très digestes.

Sol : compact, riche, profond, pH neutre.

Culture et entretien : les chicorées sauvages se sèment en place de juin à août, la 'Pain de Sucre', d'avril à août, la chicorée de Bruxelles (endive) de début mai au 15 juin. Éclaircissez à 20 cm (40 cm pour l'endive), les jeunes plants éliminés pouvant être repiqués avec succès. Aucun entretien.

Pour obtenir des endives, arrachez en automne les plantes avec leur racine pivotante. Laissez les racines sur le sol pendant quelques jours, recouvertes de leurs feuilles qui les protègent. Éliminez à la main les feuilles extérieures, en prenant soin de laisser le cœur intact. Pour la préparation au forçage, coupez les feuilles et taillez le cœur en pointe ou horizontalement à 4/5 cm. La longueur de la racine est ramenée à 20 cm. Placez-les dans une tranchée (forçage en pleine terre) serrées les unes contre les autres. Recouvrez le collet de 10 cm de terreau, puis de la même épaisseur de compost et enfin de feuilles ou de paille. Le forçage en cave consiste à placer les racines dans des bacs ou des caissettes remplis de terre légère.

La barbe-de-capucin se cultive sensiblement de la même manière, mais les racines ne sont pas recouvertes de terre au-dessus du collet. Les feuilles, se développant librement, forment une touffe lâche.

Récolte : prélevez les endives entre 3 et 5 semaines après le début du forçage. Il est recommandé de faire plusieurs cultures, à 15 jours d'intervalle, afin d'étaler la production. Les chicorées sauvages sont récoltées entre 6 et 10 mois après le semis.

Variétés : la sélection de la chicorée sauvage a produit plusieurs types.

• **Chicorée de Bruxelles :** (*Cichorium endivia* 'Witloof') produit après forçage l'endive, ou « chicon », dont on mange les feuilles serrées blanchies ; 'Béa F1', très précoce, pour le forçage en bac ; 'Carla', à pomme teintée de rouge ; 'Magnum F1', aux pommes très régulières, mi-hâtives, qui se forment sans couverture ; 'Rubima', rouge et blanche, croquante, récolte de février à mai ; 'Witloof', donne des endives bien serrées après un forçage traditionnel ; 'Zoom F1', donne des endives de 6 à 7 cm de diamètre, plutôt courtes, qui pomment sans couverture de terre, simplement protégées d'un plastique noir opaque placé à environ 20 cm au-dessus du collet.

• **Chicorée sauvage amère :** ou « mignonnette », aux feuilles lâches qu'il faut blanchir pour en éliminer l'amertume naturelle, afin d'obtenir la « barbe-de-capucin », récolte de juin à novembre.

• **Chicorée italienne :** dont les feuilles colorées se consomment en salade ; 'De Trévise', à la belle pomme allongée rouge vif, à côtes blanches saillantes ; 'Palla Rosa', précoce, à la pomme rouge tachetée de blanc, récolte d'octobre à décembre ; 'Rouge de Vérone', à la grosse pomme ronde, résiste bien au froid.

• **Chicorée 'Pain-de-sucre' :** produit des feuilles en pomme allongée, un peu comme les scaroles en cornet ; 'Améliorée blonde' à la pomme peu serrée, avec des feuilles épaisses et cloquées ; 'Améliorée pain de sucre', à la pomme volumineuse, bien croquante, qui se garde tout l'hiver.

Notre conseil : l'endive et la barbe-de-capucin ne doivent surtout pas être trop arrosées. Traitez aussi contre la mouche au cœur de l'été, c'est le seul ravageur à redouter avec les vers du sol.

Endives

Crambé maritime

Crambe maritima
CRAMBÉ, CHOU MARIN

J F M A M J J A S O N D

50/70 cm — 40/60 cm

Les pétioles de cette vivace de la famille des Brassicaceae rappellent le goût de l'asperge et du cardon.

Description : spontané sur le littoral de la mer du Nord et de l'Atlantique, le crambé est une plante vivace à grandes feuilles charnues, ondulées et lobées. Les petites fleurs blanches, à quatre pétales, exhalent un délicieux parfum de miel.

Valeur nutritive : 25 kcal/100 g.

Sol : frais et profond sous un climat doux et humide. Maritime, il tolère le sel.

Culture et entretien : semez en place de mars à juin, en poquets de 2 à 3 graines en les recouvrant de 1 cm de terreau. Conservez le plus beau plant. Vous pouvez aussi diviser les touffes au printemps ou bouturer les racines. Ces dernières sont coupées en tronçons d'environ 10 cm portant au moins deux bourgeons et mises en pot sous abri au printemps.

Récolte : les jeunes pousses charnues, aux côtes blanc ivoire, surmontées d'embryons de feuilles rosées, sont coupées lorsqu'elles sont bien développées.

Variétés : seul l'espèce type est cultivée.

Notre conseil : il est d'usage de blanchir les pousses en les recouvrant d'un pot retourné à partir de mi-janvier. L'étiolement demande de 3 à 5 semaines.

Cucumis melo
MELON

J F M A M J J A S O N D

25/35 cm — 1,5/2 m

Cette annuelle frileuse de la famille des Cucurbitaceae forme des fruits très riches en sucres.

Description : originaire de l'Inde, le melon est une plante vigoureuse aux tiges rampantes ou grimpantes, munies de vrilles qui portent des feuilles lobées, tachetées. Les petites fleurs jaunes donnent de gros fruits d'aspect très variable.

Valeur nutritive : 50 kcal/100 g. Le melon, riche en eau, en magnésium, en phosphore, en zinc et en sucres, contient de la provitamine A. Il est diurétique et laxatif.

Sol : riche, bien fumé, profond, frais. Une situation chaude, en plein soleil, est indispensable pour obtenir des melons bien sucrés. Attention aux excès d'humidité.

Culture et entretien : semez de février à avril, en godets, en serre ou à la maison. Plantez à la mi-mai. En Bretagne, dans le Sud-Ouest et dans le Midi, on peut semer en place en mai. Dans le Nord ou en montagne, une culture entièrement sous serre est préférable, car, sous les climats froids, les melons n'arrivent pas toujours à maturité parfaite. Dès que les plants ont formé 3 ou 4 feuilles, pincez au-dessus de la deuxième feuille, puis chacune des deux branches obtenues au-dessus de la troisième feuille. Les nouvelles branches sont également pincées à trois feuilles, leurs pousses porteront les fruits. Pincez ensuite à deux feuilles au-dessus des fruits et coupez toutes les nouvelles pousses pour favoriser le grossissement des melons. Un mulch abondant évitera que les fruits ne reposent sur la terre et risquent de pourrir. Arrosez régulièrement par temps chaud et sec. Fertilisez à l'engrais « tomates ».

Melon 'Cantaloup charentais'

Melon hybride F1 à écorce brodée

Récolte : les fruits sont cueillis après 4 à 5 mois de culture, lorsqu'ils sont mûrs, parfumés, ce qui dépend des variétés et des régions. Ils se consomment aussitôt.

Variétés : elles diffèrent selon la forme et la couleur du fruit : rond ou allongé, vert pâle, vert foncé ou jaune, à pulpe orangée, blanche, verte ou rosée ; 'Aliénor F1', très savoureux, à fruits sphériques à oblongs, résiste au fusarium ; 'Blanc Galia F1', au fruit rond à chair verte, très sucrée, sous une écorce brodée jaune paille ; 'Cantaloup charentais', au fruit rond côtelé, à chair orange vif, sucrée et parfumée ; 'Cantaloup de Bellegarde', au fruit presque rond, à chair orange d'excellente qualité. Très hâtif, il réussit bien en pleine terre ; 'Jaune des Canaries', au fruit jaune, allongé, lisse, à chair blanche légèrement rosée, sucrée, croquante et rafraîchissante ; 'Savor F1', à fruits ronds, de culture facile, d'un goût exquis ; 'Vert olive d'hiver', au fruit allongé, vert foncé, dont la chair rose et assez épaisse est très sucrée et juteuse. Il se conserve en cellier jusqu'en février. Les hybrides F1 sont tous supérieurs aux variétés classiques.

Notre conseil : dans un sol acide, mélangez au sol un amendement calcaire (chaux éteinte) lors du bêchage ainsi que du fumier bien décomposé.

Concombre cultivé en serre

Cucumis sativus

CONCOMBRE, CORNICHON

J F M A M J J A S O N D

30 cm/2 m — 2/3 m

Cette annuelle de la famille des Cucurbitaceae donne deux types de fruits à la saveur différente.

Description : originaire d'Asie occidentale, cette plante rampante ou grimpante, aux tiges munies de vrilles et de poils raides, porte des feuilles palmées, lobées, souples et velues, et des petites fleurs jaunes qui donnent des fruits verts, cylindriques, allongés, parfois épineux.

Valeur nutritive : 10/15 kcal/100 g. Composé d'eau à 96 %, concombre et cornichon sont rafraîchissants.

Sol : humifère, se réchauffant rapidement et bien drainé. Concombres et cornichons redoutent l'humidité stagnante et le froid.

Culture et entretien : semez le concombre en poquets, de février à avril, dans des godets à l'intérieur. Repiquez un mois plus tard en godets individuels. Plantez fin mai, puis pincez au-dessus de la deuxième feuille. Les deux branches obtenues sont coupées à 3 ou 4 feuilles, et les suivantes une feuille au-dessus des fruits. Les cornichons se cultivent de la même façon, mais il n'est pas nécessaire de les tailler. Ils peuvent être semés en place en mai, en poquets distants de 60 cm.

Récolte : 3 à 4 mois après le semis, concombres et cornichons sont cueillis lorsque les fruits ont atteint un bon calibre. Les concombres se consomment immédiatement, tandis que les cornichons sont destinés à être conservés dans du vinaigre avec des épices variées.

Cornichon 'Vert petit de Paris'

Variétés : les améliorations portent surtout sur la résistance aux maladies.

• **Concombres :** ils varient selon leur forme et leur couleur, verte, jaune ou blanche. Ils peuvent être plus ou moins épineux ; 'Breso F1', précoce, aux fruits sans amertume, vert foncé, production de longue durée ; 'Gynial F1', aux fruits sans amertume, longs, cylindriques, lisses, d'un vert foncé brillant. Cette variété très productive supporte bien les fortes chaleurs, et résiste au virus 1 de la mosaïque ; 'Le généreux', à fruits demi-longs, très productifs ; 'Lemon', aux fruits de la taille et de la couleur d'un gros citron, avec une chair blanche et douce ; 'Vert long maraîcher', aux longs fruits un peu épineux, de bonne qualité.

• **Cornichons :** ce sont des petits concombres, que l'on cueille avant maturité ; 'Fin de Meaux', au fruit long, fin et cylindrique, d'un beau vert foncé ; 'Vert petit de Paris', aux petits fruits courts et renflés, d'une grande finesse. Il existe de nombreux hybrides dits « gynoïques » qui ne portent pratiquement que des fleurs femelles, et par conséquent plus de fruits.

Notre conseil : concombres et cornichons étant particulièrement sensibles à l'oïdium, ne mouillez pas le feuillage lors de l'arrosage et prévoyez un traitement spécifique dès l'apparition d'un feutrage blanchâtre sur les feuilles et les tiges.

Potiron « giraumon »

Potiron 'Rouge vif d'Étampes'

Cucurbita maxima

POTIRON, COURGE

J F M A M J J A **S O N D**

20/40 cm — 2/3 m

Cette annuelle coureuse de la famille des Cucurbitaceae donne des fruits d'aspect très variable.

Description : originaire d'Amérique du Nord, cette plante développe des tiges rampantes ou grimpantes munies de vrilles. Les grandes feuilles palmées, lobées, souples et velues, atteignent 40 cm de diamètre. Les fleurs jaunes, unisexuées, sont portées sur le même pied. Elles donnent des fruits arrondis ou cylindriques, à écorce dure, jaune, orangée, crème ou bigarrées, qui chez certaines variétés peuvent peser plus de 200 kg.

Valeur nutritive : 20/30 kcal/100 g. Certaines variétés, à chair plus dense, comme le potimarron apportent jusqu'à 50 kcal/100 g. Cette plante est riche en provitamine A et en vitamines B et C.

Sol : très riche, humifère, et bien drainé.

Culture et entretien : semez en place en mai, en poquets, dans un trou rempli de compost, ou d'un mélange de terreau et de fumier décomposé. Vous pouvez aussi semer en godets à l'intérieur, de mars à avril pour repiquer en place courant mai. Pincez les tiges à 3 ou 4 feuilles et ne conservez pas plus de 6 fruits par pied. Couvrez le sol d'un paillis ou d'herbe coupée, pour éviter aux fruits de s'abîmer au contact direct avec la terre. Il est possible de marcotter les tiges, en les recouvrant de terre, près de chaque fruit lorsqu'il se développe. Cette technique renforce l'enracinement de la plante et par conséquent sa nutrition, et donne des fruits énormes.

Récolte : après 3 ou 4 mois, les fruits sont cueillis dès qu'ils ont atteint une taille respectable et que tiges et feuilles commencent à se dessécher. Conservez-les à 10 °C, car ils sont très sensibles au froid. Dans de bonnes conditions, vous pouvez en consommer tout l'hiver. L'amande des graines de potiron est comestible, avec un délicieux goût de noisette.

Variétés : la variabilité de *Cucurbita maxima* a permis de créer d'innombrables variétés. Sur le plan gustatif, les meilleures ont la chair ferme, dense et sucrée, souvent d'un orange soutenu.

• **Courges diverses :** 'Amerindian', au fruit cylindrique de 30 à 40 cm de long,

Courge 'Mayo blusher'

vert, à consommer cuit en purée ; 'Arikara', au fruit en forme de ballon de rugby, orange, de 2 à 6 kg, parfait en gratin ; 'Baby Hubbard blue', au petit fruit gris bleuté en forme de toupie, à chair jaune orangé, sucrée ; 'Black Forest', au fruit sphérique de 15 cm de diamètre, aplati, vert tacheté de plus clair, peut être consommé cru ; 'Blue banana', au fruit en forme de banane de 30 à 70 cm de long, gris bleuté, à cuisiner en gratin ; 'Blue Hubbard', au fruit en forme de toupie de 5 à 7 kg, à l'écorce boursouflée, gris bleuté, à consommer gratiné ; 'Buttercup', au fruit de 1 à 2 kg, en forme de pouf, vert foncé strié de gris, à consommer cuit, en soufflé ; 'Golden delicious', au fruit en forme de cœur, de 20 à 30 cm de long, rouge orangé, excellent en pâte de fruit ; 'Golden Hubbard', au fruit ovale, renflé, de 2 à 5 kg, à l'écorce orange très dure et boursouflée qui assure une longue conservation, à consommer en purée ; 'Lumina', au fruit sphérique légèrement côtelé, blanc ivoire à chair orange, de 20 cm de diamètre, à consommer en purée ; 'Mayo blusher', au fruit cylindrique de 20 à 30 cm, blanc crème, côtelé, à déguster sauté ; 'Zapallito del tronco', au fruit rond, côtelé, vert foncé de 100 à 500 g, pouvant être consommé cru finement tranché.

• **Giraumons** : appelés aussi « Bonnet turc » ou « turban », ils donnent des fruits de couleurs variées, en forme de turban, décoratifs, à consommer en potage.

• **Potirons** : plus gros, avec une chair aqueuse et moins savoureuse, à consommer surtout en potage ; 'Atlantic Giant', cylindrique, fortement côtelé, orange saumoné à jaune orangé, chair orange, il peut dépasser 200 kg ; 'Blanc de Mayet', au fruit en sphère irrégulière, côtelée, blanc rosé, de 2 à 5 kg, chair rouge vermillon ; 'Bleu de Hongrie', au fruit rond, aplati, lisse, gris bleuté, de 4 à 8 kg, qui se conserve très bien ; 'd'Alençon', au fruit cylindrique, lisse, orange brillant, de 4 à 8 kg ; 'du Chili', au fruit rond, aplati, fortement côtelé, à l'écorce vert jaunâtre, de 15 à 40 kg ; 'Galeux d'Eysines', au fruit en sphère aplatie, jaune rosé, couvert d'excroissances liégeuses et à l'écorce crevassée, de 5 à 15 kg ; 'Jaune gros de Paris', au fruit aplati, peu côtelé, jaune à saumon, pouvant peser 50 kg ; 'Noir du Brésil', au fruit aplati, vert très foncé, à la chair orange, de 100 à 500 g ; 'Rouge vif d'Étampes', au fruit côtelé, bosselé, orange, de 10 à 20 kg.

• **Potimarron** : c'est une variété de potiron, appelée aussi 'Potiron doux d'Hokkaido' ou 'Courge Uchiki Kuri', à la chair ferme et sucrée, qui rappelle le goût de la châtaigne et fait de délicieux desserts.

Notre conseil : plantez directement les potirons sur un vieux tas de compost ou de fumier, vous obtiendrez des fruits énormes. Ne laissez pas plus de 3 fruits sur le pied. Plus l'écorce est épaisse et dure et plus les courges et les potirons se conservent longtemps dans un local frais, obscur et sec. Très ornemental, le potimarron peut aussi être cultivé dans un grand pot. Pour améliorer la saveur des courges et des potirons, cuisez-les dans du lait.

Potimarron

Courgette

Cucurbita pepo
COURGETTE, PÂTISSON

J F M A M J J A S O N D

30/40 cm · 1/3 m

Cette solide annuelle de la famille des Cucurbitaceae porte des fruits longs ou arrondis, verts ou jaunes.

Description : originaire d'Amérique centrale, la courgette est une plante rampante, aux grandes feuilles lobées, longuement pétiolées. Disposées en rosette basale, elles forment une grosse touffe. Les fleurs, estivales, jaunes, en cornet, comestibles, donnent des fruits variés.

Valeur nutritive : 15/25 kcal/100 g. Très riches en eau, courgette et pâtisson apportent calcium, magnésium et potassium.

Sol : profond, léger, humifère, se réchauffant rapidement et bien drainé. Exposition chaude et lumineuse, bien dégagée.

Culture et entretien : semez en place, en poquets courant mai ou en godets en avril, pour repiquer 6 semaines plus tard. La culture en pots offre l'avantage de mettre les jeunes plants hors d'atteinte des limaces, jusqu'à ce qu'ils soient assez développés pour ne plus les craindre. Arrosez généreusement par temps sec, mais sans mouiller le feuillage.

Récolte : cueillez les courgettes et les pâtissons immatures, environ 2 mois après le semis. Plus on récolte et plus la plante produit. Les courgettes mûres renferment des graines et possèdent une peau dure.

Variétés : *Cucurbita pepo* a donné plusieurs sortes de légumes.

- **Courgettes :** aux fruits allongés ou ronds, verts ou jaunes ; 'Amira F1', aux fruits cylindriques vert clair d'un goût très fin ; 'Aurore F1', aux fruits vert foncé, à chair blanche d'excellente qualité, une variété hâtive et productive ; 'De Nice', à petits fruits ronds, vert veiné de gris clair ; 'Diamant F1', très productive et de bonne qualité ; 'Gold Rush F1', à fruits allongés, d'un beau jaune d'or ; 'Précoce maraîchère', aux fruits vert clair marbré de crème ; 'Splendor F1', demi-hâtive, de culture facile, aux rendements exceptionnels.
- **Pâtissons :** à fruits aplatis et festonnés, blancs ou jaunes ; 'Croblanc', très productif, à fruits blancs ; 'Peter Pan F1', à petits fruits vert clair, très nombreux.
- **Courges diverses et citrouilles :** 'Baby Boo', à tout petits fruits aplatis blancs ou orangés, sucrés ; 'Citrouille de Touraine', aux gros fruits oblongs vert foncé marbré de jaune, pesant jusqu'à 50 kg ; 'Jack o'lantern', à fruits orange, oblongs, de 5 à 10 kg, utilisés pour être sculptés lors de la fête de Halloween ; 'Shawnee', aux fruits de couleurs variées en forme de poire de

Pâtisson

400 à 800 g, curieux mais peu goûteux ; 'Spaghetti végétal', aux fruits ovoïdes jaune crème de 2 à 4 kg, dont la chair après cuisson se transforme en filaments.

Notre conseil : *Cucurbita pepo* est très sensible à l'oïdium. Ne mouillez pas le feuillage et traitez avec un fongicide.

Cynara cardunculus
CARDON

J F M A M J J A S O N D

1,5/2 m · 1/1,5 m

Cette vivace imposante de la famille des Asteraceae donne des pétioles charnus qu'il faut faire blanchir.

Description : ce grand chardon, natif des régions méditerranéennes, développe des

Cardon

feuilles grisâtres, très découpées portées par des pétioles larges et charnus. Les fleurs, estivales, en capitules ressemblent à des artichauts, mauve bleuté.

Valeur nutritive : 13/15 kcal/100 g. Le cardon est apéritif, rafraîchissant, laxatif.

Sol : riche, humifère, souple et profond.

Culture et entretien : semez des poquets de 5 graines en place, en mai. Conservez seulement le plus beau plant. Blanchissez les cardons 3 semaines avant la récolte en entourant la plante de paille, d'un film de paillage noir ou de journaux.

Récolte : dès les premières gelées, les plantes sont coupées à la base et consommées immédiatement ou arrachées avec leur motte et mise en jauge à la cave dans du sable ou une terre légère. Les pieds peuvent aussi être laissés en place pour une récolte échelonnée, dans les régions où les hivers ne sont pas trop rudes.

Variétés : les cardons épineux, plus difficiles à éplucher, au goût plus prononcé que les non épineux ; 'Blanc amélioré' et 'Plein blanc inerme' sont les plus cultivés.

Notre conseil : occupez le sol entre les cardons avec des cultures intercalaires (radis, laitue, épinard, carotte primeur).

Artichaut

Cynara scolymus
ARTICHAUT

J F M A M J J A S O N D

1/1,5 m — 80 cm/1,2 m

Cette vivace élégante de la famille des Asteraceae forme de gros capitules consommés en boutons.

Description : probablement dérivé du cardon, l'artichaut forme une touffe à tige robuste, portant de grandes feuilles grisâtres, profondément découpées, retombantes, cotonneuses et blanchâtres en dessous. Les tiges sont terminées par des gros capitules, qui constituent la partie comestible, avant que s'épanouissent les fleurs bleu violacé, très décoratives. Les oiseaux apprécient ses graines.

Valeur nutritive : 40 kcal/100 g. L'artichaut est riche en vitamines B et C, en sels minéraux, et contient de l'inuline, sucre assimilable par les diabétiques. Ses feuilles, amères (à ne pas confondre avec les bractées, que l'on mange), sont bonnes en infusion pour stimuler les fonctions du foie.

Sol : léger, profond, frais et riche en humus, plutôt acide. Effectuez un double bêchage afin d'ameublir le sol en profondeur avant la mise en culture. Un apport de compost chaque année est conseillé.

Culture et entretien : plantez des œilletons (rejets munis de bourgeons) à 1 m de distance au printemps, sur un emplacement assez dégagé et peu exposé au gel. Très résistant aux embruns, l'artichaut réussit à merveille dans les régions du littoral atlantique. Après la récolte et avant les gelées, coupez les tiges qui ont fleuri au-dessus de leur point de naissance. Pour l'hiver, buttez les pieds, sans recouvrir le cœur. Protégez ce dernier avec de la paille, car l'artichaut est frileux. Il craint encore davantage l'humidité et il faut découvrir les protections s'il pleut. Découvrez le pied fin mars.

Récolte : coupez les capitules avec 15 cm de pédoncule lorsqu'ils ont atteint une taille suffisante, mais avant qu'ils commencent à épanouir leurs fleurs. Le point de maturité est atteint lorsque les écailles de la tête se cassent facilement dès qu'on les courbe vers l'arrière. Les tout petits

Cynara scolymus

artichauts (jusqu'à 10 cm) peuvent être cueillis pour être consommés crus.

Variétés : elles diffèrent suivant la taille et la couleur de la tête (verte ou violette) ; 'Gros camus de Bretagne', est l'un des plus productifs, mais il est assez frileux ; 'Gros vert de Laon', au gros capitule à fond charnu ; 'Romagna violet', au capitule violet, allongé et pointu, qui se consomme tout entier ; 'Vert de Provence', à la petite fleur verte, que l'on consomme cru dans le Midi ; 'Violet hâtif', nain, idéal pour les régions méditerranéennes.

Notre conseil : traitez avec un produit total, insecticide et fongicide, au départ de la végétation, pour protéger l'artichaut de ses ennemis (oïdium, chenilles, pucerons, charançon, taches foliaires, etc.).

Carottes venant d'être récoltées

Daucus carota
CAROTTE

J F M A M J J A S O N D

25/35 cm — 10/15 cm

Cette gracieuse bisannuelle de la famille des Apiaceae produit de longues racines au goût bien sucré.

Description : commune au bord des chemins dans toute l'Europe, la carotte forme une racine pivotante charnue, généralement rouge-orangé, à l'odeur caractéristique. Les feuilles, fines et très découpées, exhalent une odeur caractéristique. Les petites fleurs blanches réunies en ombelles forment souvent une fleur centrale plus grande, d'un joli pourpre foncé. Les fruits, couverts d'arêtes aiguës, dégagent au froissement une odeur très aromatique.

Valeur nutritive : 33/40 kcal/100 g. La carotte est particulièrement riche en provitamine A (carotène) et en vitamine C. Cuite, c'est un bon régulateur du transit intestinal et une plante efficace contre les fonctions hépatiques paresseuses.

Sol : léger, sableux, profondément ameubli, assez humifère, mais sans fumure organique fraîche. La qualité du sol influence de façon prépondérante la saveur. Profitez du bêchage d'automne pour incorporer du sable grossier et du compost bien décomposé dans les sols lourds. Éliminez soigneusement les pierres pour éviter la formation de racines fourchues.

Culture et entretien : les semis de carottes lèvent en 10 à 20 jours.

Carottes précoces et d'été : effectuez les premiers semis en place sous châssis ou sous tunnel, à partir de fin février, pour une récolte 2,5 mois plus tard. Il est plus facile de semer directement en pleine terre, à partir de fin mars, en échelonnant les semis, pour récolter 3 mois après.

Carottes tardives : semez entre fin mai et mi-juin pour récolter 5 ou 6 mois plus tard. Éclaircissez une première fois lorsque les jeunes plants ont développé 2 ou 3 feuilles, puis à nouveau une quinzaine de jours plus tard. Conservez 3 à 5 cm d'espacement entre chaque carotte.

Récolte : arrachez les racines au fur et à mesure des besoins, dès qu'elles ont commencé à se former (tourner). On peut aussi consommer les petites carottes arrachées lors de l'éclaircissage, elles sont très tendres. Laissez reposer les variétés tardives 2 ou 3 jours sur le sol après l'arrachage, pour améliorer leur conservation. Coupez les fanes et rentrez les racines en cave.

Variétés : elles diffèrent suivant la période de récolte, qui peut être précoce (carottes primeurs), estivale ou automnale. Certaines carottes à la racine jaune ou blanche, souvent teintée de vert ou de violet, généralement considérées comme des carottes « fourragères », sont parfaitement consommables par l'homme – elles sont même plus rustiques que les variétés rouges –, mais leur saveur est bien plus forte.

Éclaircissage des carottes

• **Carottes précoces :** elles se récoltent d'avril à août ; 'Marché de Paris', aux racines rondes de type « grelot », très savoureuses, que l'on peut congeler ; 'Primo F1', pour semis très précoce sous abri, racine longue et régulière ; 'Suko', très hâtive, aux petites racines tendres, bien sucrées et savoureuses.

• **Carottes d'été :** elles se récoltent de juillet à septembre ; 'Balin F1', à l'excellente racine cylindrique, longue et sucrée ; 'Nantaise améliorée' (demi-longue), excellente et productive ; 'Touchon' (demi-longue), à la racine allongée, cylindrique, sans cœur, et très ferme ; 'Nanco F1', cylindrique, très productive, régulière, récolte de longue durée.

• **Carottes d'automne :** elles se récoltent de septembre à décembre ; 'Ascania F1', très résistante à l'alternariose et d'une excellente conservation ; 'De Colmar', à racine longue et cylindrique, ne craint pas le froid et se conserve très bien ; 'Royal Chantenay race Ola', très régulière, pour toutes les saisons, réussit bien partout ; 'Suprême', à grosse racine conique, tardive, ne craint pas le froid.

Notre conseil : le fait de semer clair et de ne pas éclaircir, ou bien d'associer la carotte avec le poireau, semble réduire les attaques de la mouche de la carotte.

Eruca sativa
ROQUETTE

J F M A M J J A S O N D

20/30 cm — 20/30 cm

Cette annuelle très poussante de la famille des Brassicaceae fait une excellente salade au goût prononcé.

Description : native des champs et des friches du sud de l'Europe, la roquette forme une touffe de feuilles charnues et découpées, lobées, à l'odeur assez forte.

Valeur nutritive : 18 kcal/100 g. La roquette est tonique, apéritive et digestive, réputée jadis aphrodisiaque.

Sol : sans exigence affirmée, plutôt frais, léger, fertile, humifère, bien décompacté.

Roquette

Culture et entretien : semez en place, de mars à août ; la levée demande entre 10 et 15 jours à 15 °C de température ambiante.
Récolte : coupez les feuilles dès que leur taille est suffisante, entre 6 et 8 semaines après le semis. Prélevées sans arracher la plante, elles repoussent abondamment.
Variétés : 'Cultivée', sélection de la forme sauvage, a un goût plus raffiné.
Notre conseil : échelonnez les semis, et arrosez bien par temps sec pour retarder la montée à graines.

Foeniculum dulce
FENOUIL, FENOUIL DOUX

J F M A M J J A S O N D

50/80 cm 40/80 cm

Cette bisannuelle de la famille des Apiaceae forme des feuilles à la base engainée, charnue, anisée.

Description : le fenouil commun *(Foeniculum vulgare)* pousse au bord des chemins et dans les lieux arides du sud de l'Europe. C'est une plante bisannuelle ou vivace, glabre, dégageant au froissement une forte odeur d'anis. Ses feuilles, en touffe dense à la base de la plante, sont divisées en lanières étroites et allongées. Chez le fenouil cultivé *(Foeniculum dulce)*, la base élargie des pétioles, qui s'emboîtent les uns dans les autres, forme un faux bulbe blanc et charnu. Les petites fleurs jaunes, réunies en ombelles au bout des tiges, donnent des grains allongés, très parfumés, utilisables en pâtisserie.
Valeur nutritive : 25 kcal/100 g. Le bulbe de fenouil contient des vitamines et des sels minéraux, mais les feuilles en sont plus riches. Le fenouil est stimulant, digestif et diurétique. L'infusion de graines, qui favorise la lactation, est aussi digestive.
Sol : riche et humifère, bien préparé sous un climat assez chaud et bien ensoleillé.
Culture et entretien : semez en place d'avril à juillet, éclaircissez à 20 cm. Dans les régions froides, semez à l'intérieur en godets courant mars, pour repiquer après les dernières gelées. Les variétés tardives se sèment dans le Midi en juillet/août. Si vous désirez obtenir des bulbes bien blancs, buttez les plantes lorsque les bulbes sont déjà développés. Échelonnez les semis pour étaler les récoltes.
Récolte : le bulbe est bon à cueillir environ 3 mois après le semis. Les variétés précoces se récoltent de fin juillet aux gelées ; les tardives, de décembre à mars. Le fenouil bulbeux se mange frais, mais on peut aussi le congeler. Les très jeunes feuilles font de bonnes salades. Les grains de fenouil se prélèvent avec l'ensemble de l'ombelle, lorsqu'ils s'en détachent facilement.
Variétés : 'De Florence', tardif au gros bulbe arrondi, pour les régions méridionales ; 'Rudy F1', homogène, lisse, rond, pour les récoltes d'été et d'automne ; 'Selma', précoce, convient pour les cultures de toutes saisons ; 'Zeva Fino', au bulbe blanc, large et très ferme, hâtif, convient aux climats moyens.
Notre conseil : le bulbe de fenouil est plus tendre et charnu si la terre est riche et permet une croissance rapide.

Fenouil 'Doux de Florence'

Topinambour

Helianthus tuberosus
TOPINAMBOUR

J F M A M J J A S O N D

2/3 m 40/60 cm

Cette solide vivace rhizomateuse de la famille des Asteraceae se montre productive mais très envahissante.

Description : originaire d'Amérique du Nord, le topinambour développe des tubercules charnus bosselés, au goût prononcé d'artichaut. Les grandes tiges portent de larges feuilles ovales. Les capitules de fleurs jaunes et brunes ressemblent à ceux du tournesol, en plus petits.
Valeur nutritive : 70 kcal/100 g. Il est riche en inuline, sucre assimilable par les diabétiques. Il favorise la lactation.
Sol : tous, même les plus ingrats.
Culture et entretien : plantez à 10 cm de profondeur au printemps, tous les 60 cm.
Récolte : les tubercules se récoltent à partir d'octobre au fur et à mesure des besoins. Ils peuvent passer l'hiver en terre.
Variétés : les rares variétés diffèrent par la forme et la couleur du tubercule, qui peut être bosselé ou allongé, brun ou violet.
Notre conseil : buttez le pied des topinambours non pas pour améliorer leur résistance au froid, qui est excellente, mais pour renforcer leur tenue dans le sol et leur résistance aux grands vents.

Laitue pommée 'Divina'

Laitue 'Lollo Rossa'

Laitue romaine 'Blonde maraîchère'

Lactuca sativa
LAITUE

J F M A **M J J A S O N** D

20/30 cm — 20/30 cm

Cette annuelle de la famille des Asteraceae forme une grosse pomme de feuilles tendres et bien serrées.

Description : probablement dérivée d'une laitue sauvage *(Lactuca serriola)* spontanée dans nos régions, la laitue cultivée est une plante herbacée à feuilles larges et tendres, réunies sur un pied court. Les petites fleurs jaunes apparaissent après excroissance de la pomme en petits bouquets de capitules portés sur une longue hampe. La laitue sauvage et la laitue vireuse *(Lactuca virosa)* sont deux mauvaises herbes très communes. Elles contiennent un abondant latex blanc possèdant de légères propriétés hypnotiques, qu'on employait jadis dans les cures de désintoxication pour les opiomanes.

Valeur nutritive : 15/20 kcal/100 g. La laitue renferme plus de 95 % d'eau. Elle possède des vertus calmantes.

Sol : frais et humifère, à mi-ombre, car la laitue redoute la luminosité excessive.

Culture et entretien : la laitue se multiplie par semis en place avec éclaircissage à 20 cm, ou par semis en pépinière avec repiquage un mois et demi plus tard.

Laitues de printemps : semez en février et mars sous abri (tunnel, châssis froid).

Les laitues d'été et d'automne : semez de fin mars à juin en pleine terre.

Laitues d'hiver : semez en août et septembre ; prévoyez une protection.

Laitues romaines : semez de mars à juin.

Laitues à couper : semez de mars à fin août, en place. Pour éviter qu'elles ne montent à graines, ne les éclaircissez pas. La laitue craignant la sécheresse, arrosez copieusement durant les chaleurs. Peu épuisante, elle peut revenir au même endroit, si la terre est riche et fertilisée.

Récolte : les laitues pommées et les romaines se récoltent à point, lorsque le cœur est bien formé. Plutôt que d'arracher la plante, coupez-la au collet. De nouvelles pousses se développent ensuite. Il est possible de les consommer quelques semaines plus tard. Les feuilles des laitues à couper se cueillent au couteau dès qu'elles ont suffisamment poussé. Arrosez après chaque récolte pour obtenir une bonne repousse des feuilles.

Variétés : il en existe une multitude, classées en plusieurs catégories.

- **Laitues pommées :** aux feuilles lisses ou cloquées bien serrées autour du cœur ; 'Appia', très précoce, à grosse pomme vert blond, aux feuilles très fines ; 'Divina', résistant aux maladies, pour toutes les saisons, bien pommée ; 'Grosse blonde paresseuse', lente à monter, pour l'été ; 'Kagraner sommer 3' résiste à la chaleur, pomme vert blond ; 'Merveille d'hiver', énorme, vert clair, semez en septembre ou octobre et repiquez au printemps ; 'Optima', pour les récoltes tardives, résistante aux maladies ; 'Prima', très précoce, pour la culture sous abri ; 'Reine de mai', hâtive, à petite pomme lavée de rouge.

Laitue 'Rouge grenobloise'

Laitue à couper 'Salad bowl rouge'

• **Laitues batavias :** aux feuilles découpées et même frisées ; 'Blonde de Paris', à la grosse pomme ferme blond doré, résiste à la chaleur ; ' De Pierre Bénite', précoce, blond doré ; 'Kamikaze', à feuilles rouges, pour toutes les saisons ; 'Laura', pour la culture sous abri, pomme blonde ; 'Rouge grenobloise' ; à la pomme volumineuse bien formée, feuilles vert lavé de rouge foncé.

• **Laitues romaines :** aux grosses pommes verticales à côtes croquantes ; 'Blonde maraîchère', à pomme allongée vert clair, lente à monter ; 'Verte maraîchère', à feuilles vert franc, peu sensible au froid.

• **Laitues italiennes :** au feuillage frisé, souvent de couleur rouge ; 'Catalogna' ne pomme pas, aux longues feuilles croquantes, découpées comme celles du pissenlit ; 'Lollo Rossa', très frisée, laitue à couper au feuillage rouge foncé et rose.

• **Laitues à couper :** elles ne pomment pas, leur feuillage repousse après avoir été coupé ; 'Brunia', aux feuilles découpées, rouge-brun, végétation érigée ; 'Feuille de chêne blonde', très rustique, joliment découpée, tendre et savoureuse ; 'Salad bowl verte', lente à monter et rustique, se récolte en toutes saisons ; 'Salad bowl rouge', au feuillage vert foncé maculé de rouge brillant.

Notre conseil : n'hésitez pas à consommer l'intérieur de la tige des laitues en train de monter, ainsi que les petites touffes de feuilles de l'extrémité.

Laitue batavia 'Laura'

Lepidium sativum

CRESSON ALÉNOIS

J F M A M J J A S O N D

20/60 cm — 20/40 cm

Cette annuelle rustique de la famille des Brassicaceae fournit une petite salade à la saveur assez piquante.

Description : originaire d'Asie occidentale, le cresson alénois forme une rosette de feuilles découpées, d'un vert un peu bleuté. Petites fleurs blanches en été.

Valeur nutritive : 32 kcal/100 g. Le cresson alénois, riche en vitamines, est stimulant, apéritif, digestif et antiscorbutique.

Cresson alénois

Sol : léger, frais et humifère. Selon la région et la saison de culture, choisissez une exposition plus ou moins ensoleillée, l'ombre étant appréciée durant l'été.

Culture et entretien : semez en place de mars à septembre, en ligne ou à la volée. La germination se produit en 1 à 3 jours. Espacez les semis de 15 jours. Il est possible de le réussir facilement en pot.

Récolte : récoltez les feuilles au fur à mesure des besoins et jusqu'aux gelées, dès qu'elles sont suffisamment développées, environ 5 semaines après le semis.

Variétés : 'Cresson alénois commun', aux feuilles très découpées ; 'Cresson alénois frisé', aux feuilles crispées.

Notre conseil : arrosez bien le cresson alénois. C'est la seule méthode pour éviter qu'il ne monte trop vite à graines. Consommez-le avec de la roquette.

Lycopersicon esculentum
TOMATE

J F M A M J J A S O N D

80 cm/1,5 m　60 cm/1 m

Cette annuelle frileuse de la famille des Solanaceae forme un buisson touffu, au feuillage très odorant.

Description : originaire d'Amérique du Sud, la tomate développe une abondance de tiges couvertes de poils glanduleux, portant des feuilles de 20 cm de long, composées de nombreuses folioles, d'un vert grisâtre. Fleurs en étoiles jaunes.

Valeur nutritive : 15 kcal/100 g. La tomate renferme plus de 90 % d'eau et de 3 à 4 % de sucres. Elle est riche en provitamine A et apporte une large palette de vitamines, surtout du groupe B. Elle contient des sels minéraux (potassium et magnésium), ainsi que des oligoéléments.

Sol : profond, humifère, modérément humide. Les terrains trop riches en azote diminuent la saveur des fruits et la productivité. Les sols légers sont favorables aux cultures précoces, les sols lourds conviennent mieux à la production de tomates tardives. Soleil et chaleur (au minimum 10 °C), à l'abri des vents dominants, sont des conditions indispensables.

Tomate type 'Marmande'

Tomate 'Roma'

Culture et entretien : semez en godets, à la maison, en février/mars. Repiquez sous abri en godet, lorsque les plants ont 5 ou 6 feuilles et maintenez la culture au chaud (15/18 °C). Mettez en place les plants de 12 cm et 15 cm, lorsqu'il ne gèle plus. Les cultures précoces seront protégées par un film plastique (housse à tomates). Plantez profond ou en oblique pour stimuler la formation des racines. Le trou peut être rempli de compost bien décomposé. Tuteurez les jeunes plantes, fertilisez avec un engrais « tomates » durant la croissance. Éliminez toutes les pousses qui se développent à l'aisselle des feuilles (gourmands). Conservez la tige principale et taillez audessus du quatrième ou du cinquième groupe de fleurs. La taille concerne seulement les variétés de tomates à gros fruits.

La grande diversité des tomates est étonnante

Récolte : cueillez les tomates dès qu'elles sont bien colorées. Il faut compter de 4 à 5 mois après le semis avant la première récolte. En fin de saison, prélevez les tomates vertes pour les laisser mûrir au chaud, enveloppées dans du papier journal. Les tomates se conservent sous forme de sauces, de coulis ou de jus, cuisinés avec les fruits bien mûrs. Ces préparations peuvent être stérilisées ou congelées. On fait aussi d'excellentes confitures avec les tomates vertes, qui peuvent aussi être confites.

Variétés : il en existe plusieurs centaines différant par la forme, la taille et la couleur.

• **Tomates à gros fruits :** 'Agora F1', pour tous les types de culture, fruits savoureux ; 'Cœur de bœuf', tardive, aux fruits énormes en forme de cœur ; 'Fournaise F1', une des plus précoces, pour la culture sous abri ; 'Green Zebra', à fruits jaune verdâtre rayés de plus foncé, pour les salades ; 'Lancelot F1' résiste aux maladies, fruits allongés à chair ferme, parfaits en salade ; 'Marmande V.R.', à gros fruits rouges aplatis, légèrement côtelés, résiste à la verticilliose ; 'Noire de Crimée', aux fruits côtelés, énormes (jusqu'à 500 g), pourpre foncé ; 'Orange Queen', aux gros fruits orange vif, très sucrés ; 'Pyros F1', vigoureuse et productive, résiste au *Verticillium* et au mildiou ; 'Roma', aux fruits anguleux, allongés, pour faire des conserves ou des sauces ; 'Saint-Pierre', tardive, à très gros fruits lisses, charnus et savoureux, convient bien aux régions à automne doux ; 'Yellow Stuffer', aux fruits jaunes, carrés, ressemblant à des poivrons, parfait pour les tomates farcies.

• Tomates cerises : forment une abondance de tout petits fruits en grappes ; 'Cerise rouge' et 'Cerise jaune', aux grappes de huit à douze fruits, globuleux, sans pépins ; 'Poire rouge' et 'Poire jaune', aux fruits en forme de poire, très parfumés, à déguster crus ; 'Gold Nugget', aux nombreux petits fruits jaune doré ou orangés ; 'Patio F1', naine, buissonnante (40 cm), pour la culture en pot ; 'Sweet 100 F1', très productive, fruits très juteux, à haute teneur en vitamine C.

Notre conseil : apportez un engrais organique liquide tous les 15 jours jusqu'à la floraison, puis optez pour un « engrais tomates », riche en potasse. Un bon paillage du pied favorise l'abondance de la production. Cessez d'arroser les plants dès que les fruits commencent à rougir, leur parfum sera bien plus prononcé.

Mesembryanthemum crystallinum
FICOÏDE, GLACIALE

J F M A M J J A S O N D

30/40 cm — 40/60 cm

Cette vivace frileuse de la famille des Aizoaceae est cultivée comme une annuelle sous nos climats.

Description : originaire des côtes de l'Afrique du Sud, la glaciale (synonyme : *Cryophytum crystallinum*) est une plante rampante, charnue, couverte de petites vésicules transparentes remplies d'un liquide salé, qui brillent au soleil comme des cristaux de glace. Fleurs blanc rosé.

Glaciale

Valeur nutritive : 20/35 kcal/100 g. La glaciale renferme plus de 95 % d'eau.

Sol : léger, sablonneux et humifère, mais sans humidité stagnante. La glaciale supporte la forte chaleur et la sécheresse.

Culture et entretien : semez en place les fruits durs à cinq angles de la glaciale, de mai à juillet, en les recouvrant à peine de terreau tamisé. Éclaircissez à 30 cm. Maintenez le sol bien propre par des sarclages réguliers. Apportez un engrais complet un mois après la levée du plant.

Récolte : environ 2 mois après le semis ; coupez les feuilles au fur et à mesure des besoins pendant tout l'été.

Variétés : il n'existe par de forme horticole, c'est l'espèce type qui est cultivée.

Notre conseil : vous pouvez aussi semer dès février dans la maison en godet, puis endurcir les plantes sous châssis.

Nasturtium officinale
CRESSON DE FONTAINE

J F M A M J J A S O N D

20/30 cm — 40/60 cm

Cette vivace aquatique de la famille des Brassicaceae donne une salade au goût fin et rustique.

Description : spontané dans les eaux courantes de nos régions, le cresson développe de longues tiges creuses, garnies de petites racines adventives blanches, qui rampent à la surface de l'eau. C'est une plante assez envahissante. Les feuilles, charnues, sont découpées en 3 à 9 folioles arrondies, vert foncé, luisantes. Les épis de petites fleurs à quatre pétales blancs, disposés en croix, apparaissent en été. La culture du cresson de fontaine ne date que du début du siècle dernier. Elle commença dans la région de Senlis, dans l'Oise, pour s'étendre aux cours d'eau du sud de l'Île-de-France, vers Étampes et Milly-la-Forêt.

Valeur nutritive : 17/20 kcal/100 g. Le cresson est bien doté en vitamine C (90 mg/100 g) et en sels minéraux (surtout soufre et calcium). Vu sa forte teneur en sodium, mieux vaut ne pas le saler.

Cresson de fontaine

Sol : riche, humifère, immergé sous 25 cm d'eau courante très claire.

Culture et entretien : le cresson se cultive dans des « cressonnières », fosses remplies de terre, de 2 à 3 m de large sur 30 cm de profondeur, alimentées si possible par une source à bon débit. On le multiplie par semis en place de mars à juillet, à la volée, ou en plantant des boutures au fond de la fosse asséchée, que l'on remplit au fur et à mesure du développement des plantes.

Récolte : coupez les tiges dès qu'elles sont assez développées, de préférence avant la floraison. Prélevez la partie dressée au-dessus des tiges flottantes.

Variétés : 'Cresson de fontaine amélioré' développe des feuilles plus larges que le type sauvage, que l'on cultive également. Il ne faut pas confondre cette espèce aquatique avec le « cresson de terre » *(Barbarea verna)* ou le « cresson alénois » *(Lepidium sativum)*, que l'on cultive en pleine terre dans les jardins et dont la saveur est plus rustique. Quant au « cresson de Para » *(Spilanthes oleracea)*, c'est un légume tropical, apprécié à Madagascar et à la Réunion sous le nom de « brède mafane ». Sa saveur est assez curieuse : on a l'impression que la plante assèche la bouche lorsqu'elle touche le palais.

Notre conseil : l'alimentation de la cressonnière par une source permet d'éviter le gel en hiver et la contamination du cresson par la douve du foie, un redoutable parasite de l'homme souvent transmis par les moutons.

Pastinaca sativa

Pastinaca sativa
PANAIS

J F M A M J J A S O N D

80 cm/1,50 m (fleurs) 15/20 cm

Cette bisannuelle rustique de la famille des Apiaceae, est une sorte de carotte à la racine blanche.

Description : commun au bord des chemins dans toute l'Europe, le panais est une solide plante à grosse racine charnue pivotante et à feuilles fines, composées.
Valeur nutritive : 45/60 kcal/100 g.
Sol : riche, frais, lourd, profond, bien fumé.
Culture et entretien : semez assez clair, en place, de mars à juin, en couvrant les graines de 1 cm de terreau. Éclaircissez à 15 cm lorsque le plant a formé 4 feuilles.
Récolte : arrachez les racines 4 mois environ après le semis. Elles aussi peuvent passer l'hiver en terre. Curieusement, leur saveur devient plus sucrée après les gelées.
Variétés : 'Demi-long de Guernesey', à la longue racine blanche, fusiforme ; 'Javelin F1', très homogène, goût excellent.
Notre conseil : dans les régions au climat doux (Ouest, Midi), vous pouvez semer dès la fin septembre ; récolte en mai.

Haricot nain à écosser 'Michelet à longue cosse'

Phaseolus vulgaris
HARICOT

J F M A M J J A S O N D

50 cm/4 m 40 cm/1 m

Cette annuelle frileuse, grimpante ou buissonnante, de la famille des Fabaceae est des légumes majeurs.

Description : originaire d'Amérique centrale, le haricot est une plante herbacée souvent volubile, portant des feuilles composées de 3 larges folioles ovales, pointues. Les fleurs blanches, papilionacées, donnent des gousses longues et étroites, vertes, jaunes ou parfois violettes.
Valeur nutritive : 30/40 kcal/100 g (haricots verts), 75/95 kcal/100 g (haricots en grains). Les haricots verts sont riches en vitamines, en sels minéraux (en iode entre autres) et en oligoéléments. Les haricots en grains contiennent davantage de glucides et de protides, ainsi que des vitamines B, du fer et du magnésium.
Sol : riche, léger, frais. Le haricot redoute l'excès de calcaire et d'humidité.
Culture et entretien : très sensible au froid, le haricot exige une situation chaude et ensoleillée. Il ne faut pas entreprendre sa culture trop tôt en saison.
Semez en place, à partir de fin avril et jusqu'à juillet, en lignes ou en poquets (de 3 à 5 graines) espacés de 40 cm. Pour obtenir une bonne végétation, la température moyenne doit dépasser 10 °C. Espacez les haricots à rames de 70 cm, les nains de 40 cm. Buttez environ 3 semaines après la levée (qui se produit en 5 à 8 jours). Les haricots grimpants s'enroulent autour de rames assemblées en « V ». Arrosez bien par temps sec. Traitez deux fois par mois contre les pucerons noirs à partir de juin.
Récolte : entre 60 et 80 jours après le semis, les gousses (filets) se récoltent très jeunes ou un peu plus développées. Les haricots en grains frais sont cueillis entre 90 et 110 jours après le semis ; les grains secs, après 120 à 140 jours de culture. Les haricots verts peuvent se congeler et se stériliser en bocaux. On peut aussi les conserver par séchage ou par fermentation dans de

Haricot mangetout 'Contender'

Planche de haricots nains

Haricot beurre 'Rocdor'

l'eau salée, comme les concombres « à la russe ». Les haricots en grains déjà mûrs et durs se conservent longtemps.

Variétés : les variétés de haricots sont divisées en plusieurs groupes.

• **Haricots nains mangetout** : la paroi de la gousse reste tendre en se développant. Ce sont des haricots assez gros mais tendres ; 'Amethyst', à gousses violettes ; 'Contender', hâtif, rustique et productif, à très longues gousses sans fil ; 'Cropper Teepee', aux gousses bien charnues qui se forment au-dessus du feuillage ; 'Primel', tendre et savoureux, se congèle bien.

• **Haricots nains beurre** : ce sont des mangetout à gousse jaune ; 'Minidor', très productif et résistant aux maladie, sans fil ; 'Rocdor', précoce, résistant aux maladies.

• **Haricots nains à filets** : ils sont récoltés à l'état jeune tous les 2 ou 3 jours car ils forment une membrane dure (parchemin) ; 'Aiguillon', aux gousses vert foncé, fines et cylindriques, convenant à la congélation ; 'Favorel', extra-fin, savoureux ; 'Fin de Bagnols', très hâtif, à longues gousses droites et cylindriques ; 'Marbel', à gousses marbrées, portées dans la partie haute de la plante, gros rendement ; 'Obélisque', dont les gousses sont portées au-dessus du feuillage pour faciliter la récolte ; 'Triomphe de Farcy', précoce, assez rustique, aux gousses fines, légèrement marbrées.

• **Haricots nains à filets sans fil** : plus tendres, d'une qualité gustative inégalable ; 'Delinel', à longues gousses sans fil, peut être cueilli comme un mangetout, résistant aux maladies ; 'Oxinel', très productif, à très longues gousses pouvant être congelées ; 'Skipper', particulièrement conseillé pour la congélation.

Haricot nain à filets 'Triomphe de Farcy'

• **Haricots nains à écosser** : à consommer sec ou frais ; 'Coco nain blanc précoce', à grains blancs ovales ; 'Coco Rubico', aux gousses et grains marbrés de rouge ; 'Flavert', à grains vert (flageolet), résistant aux maladies ; 'Linex' donne des « lingots » blancs, résistant aux maladies ; 'Michelet à longue cosse', à longues gousses vert clair, grains blancs ; 'Soissons nain à gros pied', à gros grain blanc en forme de rein ; 'Sombrero', à gousses jaunes et grains rouge vif.

• **Haricots à rames** : très vigoureux, pour une production très importante ; 'Beurre or du Rhin' (mangetout), aux larges gousses jaune vif, très tendres ; 'Buenos Aires', mangetout à larges gousses plates ; 'Fortex', mangetout aux longues cosses vertes de 30 cm de long ; 'Phénomène', un mangetout dont les cosses atteignent 25 cm de long ; on mange aussi les grains blancs.

• **Haricot d'Espagne** (*Phaseolus coccineus*) : un haricot grimpant, vigoureux, aux fleurs rouge écarlate, très décoratives. On consomme les graines, fraîches ou sèches, comme celles du haricot commun.

Notre conseil : faites tremper les graines 1 ou 2 heures avant de les semer. Celles qui surnagent sont souvent habitées par des insectes et doivent être éliminées. Cette méthode de tri de la semence convient pour toutes les légumineuses.

Culture de pois fourragers

Pisum sativum
POIS, PETIT POIS

J F M **A M J J A** S O N D

50 cm/3 m — 50 cm/1,2 m

Cette annuelle, buissonnante ou volubile, de la famille des Fabaceae donne des grains tendres et sucrés.

Description : originaire du Bassin méditerranéen, le pois est une plante herbacée dont les tiges souples grimpent grâce aux vrilles formées par le pétiole des feuilles. Ces dernières, opposées, ovales, sont composées de 1 à 3 paires de larges folioles glauques. Les grandes fleurs blanches donnent des gousses allongées et renflées, aux graines rondes, vertes.

Pois nain 'Petit Provençal'

Valeur nutritive : 80 kcal/100 g (pois frais). Le petit pois est riche en fibres et glucides dont la saccharose, qui lui donne son goût sucré. Il renferme des vitamines (A, B1, B2, C, E, PP) et des sels minéraux.

Sol : riche, frais, profond, humifère et aéré. Le pois redoute la sécheresse.

Culture et entretien : semez en place, en lignes ou en poquets, en octobre (climats doux) ou de février à avril les variétés à grains ronds, et de mars à juin les variétés à grains ridés, plus tardives mais plus sucrées. Enterrez les graines de 2 à 3 cm et espacez les plants de 30 à 40 cm. Buttez 3 semaines après la levée. Les pois à rames sont conduits sur des rameaux branchus d'environ 2 m de haut.

Récolte : 3 mois après le semis, cueillez les gousses immatures entières (mangetout, pois gourmands) ou dont les graines sont encore tendres. Les pois à grains se cueillent après 100 à 120 jours. Ils sont meilleurs lorsqu'ils sont ramassés jeunes. Les pois récoltés lorsque les graines sont mûres et dures donnent les « pois cassés », savoureux et très énergétiques.

Variétés : elles sont classées selon la végétation et le mode de consommation.

Pois nain à grain ridé 'Merveille de Kelvédon'

- **Pois mangetout ou pois « gourmand » :** dont la gousse ne forme pas de parchemin (paroi interne dure), ce qui permet de manger la gousse et les graines ; 'Corne de Bélier', très productif, à gousses pleines, très tendres, grains jaunes ; 'Carouby de Maussane', demi-nain, tardif, grains violets ; 'Normand', précoce, à cosses blondes, sucrées, grains jaunes.
- **Pois à grains ronds :** 'Douce Provence', nain, à gousses vert foncé, très productif ; 'Express à longue cosse', demi-nain (1 m), précoce ; 'Petit Provençal', nain, rustique, à belles gousses vert foncé ; 'Primavil', nain, très précoce, aux gousses portées par 2 ; 'Serpette Guilloteaux', à rames, hâtif, aux cosses recourbées.
- **Pois à grains ridés :** 'Kelvil', nain, très hâtif, tendre et sucré, très productif ; 'Merveille de Kelvédon', nain, précoce, à longues gousses aux grains vert foncé, tendres et très sucrés, convient pour la

congélation ; 'Téléphone', à rames, demi-précoce, très longues gousses, goût très sucré ; 'Télévision', demi-nain, pour les cultures de fin de saison, se congèle bien.
Notre conseil : le pois fourrager est une plante intéressante comme engrais vert car il fixe bien l'azote de l'air sur ses racines (comme la plupart des légumineuses), ce qui fertilise la terre. En raison de cette propriété particulière, il est inutile d'apporter des engrais azotés aux petits pois durant la période de culture.

Portulaca oleracea POURPIER POTAGER

J F M A M J J A S O N D

5/10 cm — 20/30 cm

Cette annuelle rampante de la famille des Portulacaceae forme des feuilles charnues savoureuses.

Description : originaire des régions chaudes du Bassin méditerranéen, le pourpier est une plante rampante à tiges rougeâtres dont les feuilles gris argenté, de 3 à 6 cm de long, se mangent en salade.
Valeur nutritive : 18 kcal/100 g. Riche en eau et en mucilages, le pourpier est très rafraîchissant. C'est un coagulant du sang.
Sol : léger, pauvre, plutôt sableux.
Culture et entretien : semez en place de mai à août, éclaircissez à 20 cm. Sous les climats doux, il se ressème tout seul.
Récolte : 2 ou 3 mois après le semis.
Variétés : 'Doré à larges feuilles', à la saveur plus douce que le pourpier sauvage.
Notre conseil : échelonnez les semis pour récolter du pourpier jusqu'aux gelées.

Pourpier potager

Champignon de couche

Psalliota campestris CHAMPIGNON DE COUCHE

J F M A M J J A S O N D

5/10 cm — 15/20 cm

Ce cryptogame de la famille des Agaricaceae produit des organes porteurs de spore que l'on mange.

Description : plus connu sous le nom de « champignon de Paris », il s'agit d'une espèce proche du « rosé des prés », un champignon sauvage très apprécié. Son chapeau et son pied, qui porte un anneau, sont blancs, tandis que les lamelles passent avec l'âge du rose au brun.
Valeur nutritive : 25 kcal/100 g. Le champignon de couche renferme 90 % d'eau, des protéines (2,5 %), des vitamines B, un peu de vitamine C (3 mg/100 g). Il est riche en sels minéraux (potassium, phosphore, fer, cuivre) et en oligoéléments.
Sol : un substrat à base de fumier pailleux décomposé, à haute teneur organique.
Culture et entretien : un endroit obscur, maintenu entre 13 et 16 °C est indispensable. Le mycélium, ou « blanc », est inoculé au substrat, qui est ensuite recouvert d'une couche de terreau (le gobetage), nécessaire au développement de la fructification (les champignons peuvent être comparés à des sortes de fruits). Chez la pleurote et la strophaire, le mycélium ayant été inoculé à des balles de paille, le gobetage n'est pas nécessaire. Le shiitake se cultive sur des bûches de bois aggloméré, mises à tremper dans de l'eau pendant 24 heures, puis placées dans un lieu humide et chaud. Le pied-bleu et le coprin chevelu se cultivent sensiblement comme le champignon de couche.
Récolte : le champignon de Paris commence à produire environ un mois après la mise en place de la terre de gobetage. Après une pause de 1 ou 2 semaines, d'autres poussées surviennent. Pour fructifier, les pleurotes ont besoin de lumière ; leur récolte s'effectue à des intervalles de quelques semaines sur une période de trois mois environ. La strophaire se récolte entre 2 et 3 mois après le « semis », pendant 3 à 4 mois. Les premiers shiitake apparaissent, selon la température ambiante, entre une dizaine de jours et un mois après le trempage de la bûche et la mise en culture. Chaque récolte ne dure que quelques jours. Elle est suivie d'un arrêt d'un mois, mais le cycle peut se reproduire 4 ou 5 fois de suite.
Espèces : outre le champignon de couche, plusieurs autres espèces de champignons, originaires de nos régions ou d'Extrême-Orient, peuvent être cultivées : la pleurote en huître *(Pleurotus ostreatus)*, la pleurote corne d'abondance *(Pleurotus cornucopiae)*, la strophaire *(Stropharia rugoso-annulata)*, le shiitake ou « lentin du chêne » *(Lentinus edodes)*, le coprin chevelu *(Coprinus comatus)*, la pholiote du peuplier *(Agrocybe aegerita)* et le pied-bleu *(Lepista nuda)*.
Notre conseil : les champignons sont vendus sous forme de kits prêts à cultiver. Ils sont simples d'emploi, assez productifs et plaisent beaucoup aux enfants.

Radis noir

Radis 'Gaudo'

Raphanus sativus var. *niger*
RADIS NOIR, RADIS D'HIVER

J F M A M J J A S O N D

20/30 cm 10/15 cm

Cette plante bisannuelle de la famille des Brassicaceae forme de longues racines au goût piquant.

Description : d'origine incertaine, le radis noir est une plante herbacée, dont la grosse racine pivotante possède une peau noire, rugueuse, et une pulpe d'un blanc pur. Ses feuilles découpées forment une touffe dense à la base de la plante. Il s'agit sans doute d'une variété du radis commun, mais la saveur est plus forte.

Valeur nutritive : 25 kcal/100 g. Le radis noir est riche en vitamine C et en soufre, ainsi qu'en phosphore et en magnésium. Il est antiscorbutique et diurétique. On le conseille aux diabétiques et aux personnes souffrant de la vessie ou de la vésicule biliaire. Il sert aussi à faire un sirop calmant les voies respiratoires (bronchite).

Sol : riche, profond, léger, bien drainant, généreusement enrichi de terreau.

Culture et entretien : semez en place de mi-juin à août. Éclaircissez à 6/10 cm. Arrosez bien pendant les fortes chaleurs. Paillez pour maintenir la fraîcheur du sol.

Récolte : arrachez les racines de la mi-septembre à novembre, avant les gelées. Laissez-les ressuyer une journée sur le sol, puis coupez les feuilles. Conservez les radis noirs dans un lieu frais, sec et aéré, ou en silo. Ils se consomment souvent râpés, à la manière des carottes.

Variétés : 'Noir gros long d'hiver', à la très longue racine cylindrique (20/25 cm), à peau très noire, se conserve bien ; 'Noir gros rond d'hiver', à la racine globuleuse.

Notre conseil : vous conserverez les radis noirs plus longtemps en les enfouissant totalement dans une caisse de sable fin, placée dans la cave ou le cellier.

Raphanus sativus
RADIS DE TOUS LES MOIS

J F M A M J J A S O N D

10/25 cm 5/15 cm

Cette plante annuelle de la famille des Brassicaceae forme des racines charnues au goût rafraîchissant.

Description : probablement originaire d'Asie occidentale, le radis est une plante herbacée à racine renflée, le plus souvent de petite taille, ronde ou longue. Ses feuilles velues sont découpées en segments allongés, celui de l'extrémité étant arrondi. Les fleurs, à 4 pétales blancs veinés de violet, donnent des fruits oblongs et boursouflés renfermant de grosses graines brunes toutes rondes.

Valeur nutritive : 17/20 kcal/100 g. Le radis est riche en vitamines et en sels minéraux variés. Il aiguise l'appétit par sa saveur un peu piquante. Sa forte teneur en soufre a une action favorable sur la peau, les ongles et les cheveux.

Sol : léger et frais, humifère sans cailloux. Le terreau forestier pur convient très bien.

Culture et entretien : semez en place, sous châssis ou sous tunnel, de février à avril ou en plein air de mars à fin septembre, selon les variétés. Couvrez les graines avec 1 cm de terreau fin, éclaircissez à 3/5 cm. Éliminez les mauvaises herbes. Maintenez le sol frais par des arrosages très fréquents, sans quoi les racines deviennent creuses et piquantes. Les radis hâtifs peuvent être semés avec : carottes, navets, betteraves.

Récolte : les radis à forcer et précoces se récoltent après 3 à 4 semaines ; les radis de tous les mois, après 5 à 7 semaines. Les radis d'été sont arrachés environ 2 mois après le semis, et les radis d'hiver, à peu près 3 mois après la levée, juste avant les gelées. Récoltez tôt, sans laisser aux radis le temps de trop grossir pour éviter qu'ils creusent. Les radis sortis de terre quelques minutes seulement avant d'être consommés sont beaucoup plus savoureux.

Variétés : nombreuses, elles évoluent grâce à la recherche. On distingue les radis roses, qui comprennent des variétés hâtives, dont certaines à forcer, et des variétés de tous les mois rondes ou demi-longues, les « radis raves », les « radis d'été » et les « radis d'hiver », blancs ou violets.

• **Radis hâtifs :** appelés aussi « radis à forcer », ils se caractérisent généralement par de très petites feuilles, tandis que leur racine conserve une taille normale ;

Radis 'Cyros'

Radis 'Flambo'

'Flamino', demi-long, vermillon avec le tiers inférieur blanc, croissance assez lente (5 semaines); 'Gaudo', rond, blanc et rouge, pour la culture sous abri; 'Gaudry', rond, rouge vermillon, avec la moitié inférieure blanche; 'Helox F1', rond, rouge clair, idéal pour la culture sous abri.

• **Radis de tous les mois** : ils sont destinés à la culture en pleine terre; 'Cerise', rond, entièrement rouge vif, ne creuse pas; 'De 18 jours', demi-long, rouge à bout blanc, croissance rapide; 'Fluo F1', demi-long, écarlate avec un petit bout blanc, non piquant; 'Mirabeau F1', cylindrique, rouge vif, avec le quart inférieur blanc, idéal en pleine terre, ne creuse pas; 'National', rond, vermillon et blanc, ne creuse pas.

• **Radis d'été** : 'Aspro', à racine blanche d'environ 30 cm, tendre et de bonne saveur, se sème jusqu'en juin; 'Rond écarlate géant de Wurtzbourg', à la grosse racine ronde, rouge vif; 'Rose de Pâques', à la très longue racine, tendre et savoureuse, excellente râpée en salade.

• **Radis d'hiver** : 'Rose d'hiver de Chine', à la racine cylindrique rose vif, chair blanche un peu piquante; 'Violet de Gournay', à la grosse racine très allongée, violacée, chair blanche à la saveur assez douce.

• **Radis asiatiques** : ou « daikon » pour les semis de juin à fin septembre, ils donnent de longues racines blanches à la saveur douce; 'Ilka', globuleux, rouge, atteint 13 cm de diamètre, pour semis de plein été; 'Omny F1', à longue racine blanche (30 cm), croissance rapide, saveur douce.

Notre conseil : il est important de ne pas semer trop dru. Enterrez plus profondément les graines des variétés demi-longues et longues (2/3 cm). La levée étant meilleure sur un sol ferme, plombez le semis en tapant doucement sur le sol avec le dos du râteau.

Rheum rhaponticum
RHUBARBE

J F M A **M J J A S O** N D

80 cm/1,5 m (fleurs) 70 cm/1,3 m

Cette solide vivace de la famille des Polygonaceae forme des feuilles amples au long pétiole comestible.

Description : originaire d'Asie centrale, la rhubarbe forme une touffe de feuilles glabres, arrondies, de 30 à 50 cm de diamètre, au limbe mince, vert foncé, portées par un pétiole rougeâtre, épais et charnu. Elle produit en mai-juin, mais de façon épisodique, une hampe florale pouvant atteindre 1,50 m, portant de grosses grappes de fleurs blanches et verdâtres.

Rhubarbe

Valeur nutritive : 15/20 kcal/100 g. La rhubarbe est très acide et assez laxative.

Sol : riche, profond, frais et bien drainé.

Culture et entretien : plantez quelques éclats de grosses racines charnues au printemps ou en automne. Semez au printemps ou en été, en godets, et repiquez en place de septembre à mars. Arrosez et paillez le sol par temps chaud et sec.

Récolte : les pétioles se récoltent de façon éparse, dès qu'ils sont suffisamment développés, en privilégiant les jeunes pousses.

Variétés : 'Framboise', très productive, aux pétioles rouges à chair fine; 'Victoria', aux côtes larges et charnues, rouges.

Notre conseil : bien qu'elles soient très décoratives, coupez les tiges florales lorsqu'elles apparaissent, pour ne pas épuiser les pieds. Évitez les emplacements trop chauds (l'ombre douce convient bien).

Scorsonère

Scorzonera hispanica
SCORSONÈRE

J F M A M J J A S **O N D**

40 cm/1 m (fleurs) 15/20 cm

Cette plante rustique de la famille des Asteraceae produit de longues racines savoureuses à écorce noire.

Description : native des lieux secs du sud de l'Europe, la scorsonère est une plante vivace, cultivée comme annuelle ou bisannuelle. Elle forme une rosette dressée de feuilles lancéolées, effilées au sommet. Les fleurs jaune clair sont réunies en capitules terminaux. La racine épaisse est protégée par une écorce assez rude au toucher.

Valeur nutritive : 30 kcal/100 g. La scorsonère est riche en glucides, en sels minéraux et en provitamine A.

Sol : léger, profond, souple, humifère dans un endroit assez chaud et lumineux.

Culture et entretien : semez en place au printemps, en couvrant les graines de 2 cm de terreau. Éclaircissez à 10 cm lorsque les plants ont développé de 3 à 5 feuilles. Maintenez le sol frais par des arrosages réguliers pendant l'été.

Récolte : arrachez les racines à l'automne de la première année ou, pour les semis d'août, au cours de la deuxième saison, après la floraison. Les scorsonères sont alors beaucoup plus grosses.

Variétés : 'Géante noire de Russie', aux racines cylindriques régulières, longues et de bonne saveur, est la plus répandue.

Notre conseil : comme pour toutes les plantes à racines longues, éliminez les cailloux. À la différence de celles du salsifis, les racines de la scorsonère ne deviennent pas ligneuses. Arrachez-les avec une fourche bêche pour ne pas les abîmer.

Aubergine 'Fabiola F1'

Solanum melongena
AUBERGINE

J F M A M J J A S O N D

80 cm/1,5 m — 40/70 cm

Cette vivace tropicale de la famille des Solanaceae est cultivée comme annuelle pour ses longs fruits noirs.

Description : originaire de l'Inde, l'aubergine est une plante herbacée touffue, aux feuilles ovales, souvent épineuses, d'un vert grisâtre. Les petites fleurs violettes donnent des fruits charnus cylindriques ou ovoïdes pourpre noir, violets ou blancs. Les aubergines sont très populaires dans les cuisines de Grèce, du Moyen-Orient et de l'Inde. Elles se marient bien avec l'ail, la tomate et l'huile d'olive. On peut les consommer farcies ou mélangées avec de la viande hachée, ou en ratatouille avec des tomates, des poivrons et des courgettes.

Valeur nutritive : 20 kcal/100 g. L'aubergine est riche en fibres. Elle contient aussi l'ensemble des vitamines B, un petit peu de vitamine C (5 mg/100 g) et des sels minéraux intéressants, en particulier du potassium, du phosphore, du magnésium, du calcium et du fer.

Aubergine 'De Barbentane'

Sol : riche, souple, très humifère, frais dans un lieu abrité, car l'aubergine est très sensible au froid (minimum 15 °C).

Culture et entretien : semez à l'intérieur en godets, de janvier à avril. Repiquez lorsque les plants ont développé 3 feuilles. Plantez en place en avril/mai dans le Midi, pas avant fin mai ailleurs. Dans les régions les plus chaudes, il est possible de semer en plein air en avril pour repiquer le plant en place en juin. Taillez en éliminant les pousses latérales, puis en pinçant au-dessus de la deuxième fleur. Pincez les 3 ou 4 rameaux latéraux qui poussent ensuite à une feuille au-dessus de la seconde fleur. Ne gardez que 8 à 10 fleurs par pied pour obtenir des gros fruits.

Récolte : cueillez les aubergines environ 5 mois après le semis, lorsqu'elles ont atteint leur complet développement, les fruits étant alors bien colorés.

Variétés : elles diffèrent par la forme (longue ou ronde) et par la couleur du fruit (violette, blanche ou marbrée) ; 'Baluroi F1', hybride créé par l'INRA, résiste aux virus ; 'Bonica', hybride de l'INRA, résistant aux virus, précoce, aux fruits ovoïdes à chair ferme ; 'De Barbentane', au fruit en massue, violet foncé, productive, demande un climat assez chaud, mais se cultive bien en pleine terre ; 'Dourga', obtenue par l'INRA, précoce, à fruit blanc, cylindrique, à la chair ferme, peut être cultivée dans le Nord ; 'Megal F1', vigoureuse et rustique, à longs fruits cylindriques, idéale pour le jardin ; 'Scoutari', au fruit oblong, de 20 cm de long, violet strié de blanc ; 'Violette de Florence', aux très gros fruits ronds, rose violacé ; 'Violette longue hâtive', précoce, au fruit allongé, violet foncé, convient bien en pleine terre.

Notre conseil : au nord de la Loire, il est préférable de cultiver l'aubergine entièrement sous serre. Préférez des pieds greffés ou des variétés rondes, plus faciles à produire. Traitez les pucerons dès qu'ils apparaissent.

Solanum tuberosum
POMME DE TERRE

J F M A M J J A S O N D

40/60 cm — 40/50 cm

Cette plante à tubercules, de la famille des Solanaceae, est le légume le plus consommé dans le monde.

Description : originaire des Andes, la pomme de terre est une plante vivace, mais non rustique, formant un buisson touffu. Les tiges, souterraines, développent des tubercules charnus. Les feuilles sont composées de trois à cinq paires de folioles ovales, gaufrées, de dimensions hétérogènes. Les fleurs, blanches ou violacées, de 2 à 3 cm de diamètres, donnent des baies vertes et globuleuses, toxiques.

Pomme de terre 'Négresse'

Valeur nutritive : 80/85 kcal/100 g. La pomme de terre contient de nombreux sels minéraux, en particulier du potassium. Nouvellement arrachée, elle est plus riche que la plupart des autres légumes en vitamine C (40 mg/100 g).

Sol : humifère, léger, profond, sablonneux, peu calcaire. Les terres lourdes sont acceptées si elles ne sont pas trop humides. Les pommes de terre font partie des rares légumes à tolérer la fumure fraîche. La plante craint les gelées printanières et l'eau stagnante. Elle apprécie les situations aérées et bien ensoleillées.

Culture et entretien : plantez les tubercules (c'est en fait un bouturage) entiers ou coupés en deux, déjà germés, de fin avril à juin, lorsque le lilas fleurit et que les

Pommes de terre

froids ne sont plus à craindre. Une température moyenne supérieure à 10 °C permet une levée en une dizaine de jours. Il est aussi possible de planter dès le début avril sous tunnel plastique. Placez les tubercules à 10/15 cm de profondeur, espacés de 30 à 50 cm, les variétés tardives devant être moins serrées que les précoces. Buttez le pied dès que les plants atteignent 15 cm de haut. La pomme de terre est assez exigeante en eau au début de sa végétation. Traitez obligatoirement contre le mildiou.

Récolte : arrachez les pommes de terre juste avant la floraison, les variétés hâtives (pommes de terre primeur) entre 2 et 3 mois après la plantation, et les autres entre 4 et 5 mois. La récolte doit s'effectuer par beau temps. Comptez de 1 à 2 kg par plante. Laissez les tubercules ressuyer toute une journée sur le sol, si possible à mi-ombre, pour éviter les brûlures. Conservez-les en cave à l'abri de la lumière pour éviter que les tubercules ne verdissent et développent une substance toxique, la solanine. Si la température du local de conservation dépasse 8 °C, des germes apparaissent : il faut les éliminer.

Variétés : il en existe de très nombreuses, qui diffèrent par la taille, la forme, la couleur, la précocité et la qualité de la chair, ferme ou farineuse. Les pommes de terre les plus courantes sont à peau et à chair jaunes, mais les variétés à peau rouge comptent parmi les plus savoureuses. Il existe également des pommes de terre à peau violet foncé et à chair violacée, qui conservent leur couleur à la cuisson, comme 'Vitelotte noire' ou 'Négresse'. Peu productives, ces variétés anciennes sont cultivées comme des curiosités.

• **Pommes de terre à chair ferme :** n'éclatant pas à la cuisson, elles sont idéales pour les salades, les pommes vapeur ou en robe des champs et bonnes pour rissoler ; 'Amandine', précoce, productive, aux tubercules réguliers oblongs, idéale pour la cuisson vapeur ; 'B.F. 15', semi-précoce, productive, convient aux sols légers, silico-argileux ; 'Belle de Fontenay', très précoce, aux tubercules d'excellente qualité gustative en primeur, parfaits pour les fritures et la cuisson à la vapeur ; 'Bernadette', précoce, aux gros tubercules à peau claire, idéale en salade et pomme vapeur ; 'Charlotte', demi-précoce, aux tubercules oblongs, de très bonne qualité gustative, en particulier en friture ; 'Chérie', assez précoce, productive, aux tubercules allongés à peau lisse de très bonne qualité ; 'Nicola', aux nombreux tubercules assez petits, allongés, à peau et à chair jaunes, tient très bien à la cuisson, conservation jusqu'en février, bonne résistance au mildiou et à la gale ; 'Ratte', variété de moyenne saison, peut-être la plus savoureuse de toutes, surtout en salade, mais elle produit peu et des tout petits tubercules ; 'Rosabelle', excellente qualité gustative en primeur, la plus précoce des rouges dans cette catégorie.

• **Pommes de terre à chair farineuse :** elles ont tendance à éclater dans l'eau de cuisson. Elles sont excellentes pour les soupes et les purées, les frites et les gratins. 'Apollo', à gros tubercules oblongs, peau et chair jaunes ; 'Bintje', l'une des plus cultivées, excellente pour les soupes et les purées, tardive, à très gros rendement, bonne conservation ; 'Désirée', à peau rouge, se conserve jusqu'à la fin de l'hiver, bon rendement, résistante au mildiou ; 'Manon', précoce, très productive, aux tubercules réguliers qui résistent bien au mildiou ; 'Mona Lisa', assez précoce et résistante aux maladies, la pomme de terre à tout faire ; 'Ostara', aux tubercules à chair jaune clair, très précoce, se récolte dès juin et se conserve jusqu'en décembre.

Notre conseil : utilisez uniquement des tubercules destinés à la plantation car ils sont garantis indemnes de virus. Préférez les plants de pomme de terre prégermés car, avec eux, vous êtes sûr de bien démarrer votre culture.

Pomme de terre 'Charlotte'

Pomme de terre 'Rosabelle'

Pomme de terre 'BF 15'

Épinard 'Lazio F1'

Crosne du Japon

Spinacia oleracea ÉPINARD

J F M A M J J A S O N D

20/30 cm 15/30 cm

Cette plante herbacée de la famille des Amaranthaceae fournit une rosette de feuilles riches en fibres.

Description : originaire d'Iran, l'épinard est une plante annuelle souvent cultivée comme une bisannuelle. Il forme une rosette de feuilles larges, épaisses et un peu charnues, souvent cloquées.

Valeur nutritive : 20/25 kcal/100 g. L'épinard contient de la vitamine C et des sels minéraux. Riche en oxalates irritants, il est déconseillé aux personnes souffrant d'arthrite ou de rhumatismes.

Sol : humifère, frais, consistant, enrichi par un bon engrais azoté à action lente.

Culture et entretien : semez en place de mars à juin les variétés précoces et en août et septembre les autres. Couvrez les graines avec 2 cm de terreau. Éclaircissez à 10/15 cm. Les plantes se développent rapidement et produisent à l'automne, et lors de la reprise de la végétation au printemps suivant. Les semis précoces risquent de monter très vite à graines.

Récolte : prélevez les feuilles dès qu'elles sont suffisamment développées, entre 45 et 60 jours après le semis. À la fin de la culture, rabattez les touffes au ras du sol.

Variétés : 'Géant d'hiver', aux larges feuilles résistantes au froid, productif et rustique, se cultive en fin de saison ; 'Junius', pour les semis précoces, ne monte pas à graines et résiste au mildiou ; 'Lazio F1', résistant aux 7 races de mildiou connues, se cultive en toutes saisons, gros rendement ; 'Monstrueux de Viroflay', aux grandes feuilles charnues et croquantes, à semer tard, car il monte vite à graines ; 'Parys F1', lent à monter à graines, se cultive en toutes saisons, bonne résistance au mildiou et à la mosaïque.

Notre conseil : pour éviter que les épinards semés à la fin du printemps ou en été ne montent à graines trop rapidement avec les chaleurs, il faut les cultiver à l'ombre et maintenir le sol bien frais.

Épinard 'Monstrueux de Viroflay'

Espacez les rangs de 30 cm

Stachys affinis CROSNE DU JAPON

J F M A M J J A S O N D

30/40 cm 15/20 cm

Cette vivace de la famille des Lamiaceae ressemble à la menthe, mais on consomme les tubercules.

Description : importé d'Extrême-Orient au siècle dernier, le crosne du Japon est une plante herbacée dont les tubercules blanc nacré sont formés d'une succession d'anneaux charnus. Les tiges portent des feuilles opposées, ovales, gaufrées, qui rappellent la menthe. Fleurs roses, très rares.

Valeur nutritive : 80 kcal/100 g. Le crosne est riche en protéines et en glucides lents.

Sol : léger, sableux, sec, bien aéré.

Culture et entretien : plantez les tubercules à 10 cm de profondeur et à 40 cm de distance, en poquets de 3 ou 4, en mars et avril. Arrosez bien par temps très sec.

Récolte : les tubercules sont consommables environ 8 mois après la plantation, lorsque les feuilles se dessèchent. Arrachez-les au fur et à mesure des besoins pendant tout l'hiver. Les crosnes se ramollissent rapidement et ne doivent pas être conservés trop longtemps.

Variétés : seule l'espèce type et cultivée.

Notre conseil : binez avec précaution pour ne pas abîmer les tubercules qui poussent en surface. Pour nettoyer aisément les crosnes, secouez vigoureusement les tubercules dans un torchon.

Pissenlit cultivé

Taraxacum officinale
PISSENLIT

J F M A M J J A S O N D

5/15 cm (fleurs) — 15/25 cm

Cette vivace sauvage de la famille des Asteraceae forme une rosette de feuilles à l'amertume agréable.

Description : commun dans les prés de nos régions, le pissenlit est une plante herbacée à racine pivotante, formant une rosette étalée de feuilles divisées en lobes aigus. La hampe florale unique porte un capitule aux ligules d'un beau jaune d'or, se transformant en une boule plumeuse.

Valeur nutritive : 35/40 kcal/100 g. Le pissenlit est très riche en provitamine A, en vitamine C et en sels minéraux. C'est un tonique amer doué de vertus dépuratives, laxatives et diurétiques. Il exerce une action favorable sur le foie et la vésicule biliaire.

Sol : riche et profond. Le pissenlit s'accommode fort bien des terres lourdes.

Culture et entretien : semez le pissenlit en place de mars à juin, en recouvrant les graines de 1 cm de terreau. La levée se produit en 15 jours. Éclaircissez à 15 cm sur le rang pour que les touffes s'étoffent bien. On peut aussi diviser le pissenlit, car il est vivace et peut rester plusieurs années à la même place. Il est extrêmement rustique.

Récolte : les feuilles sont plus tendres et moins amères au début du printemps. Il est préférable de blanchir le feuillage en le recouvrant par un buttage de terre légère.

Variétés : 'À cœur plein amélioré' donne de grosses touffes très compactes, à cœur bien fourni ; 'Vert de Montmagny amélioré', au feuillage foncé très découpé.

Notre conseil : vous pouvez préférer le goût rustique du pissenlit sauvage. Dans ce cas, arrachez au printemps quelques pieds avec la racine. Coupez des tronçons de 5/6 cm de long et plantez-les verticalement à 5 cm de profondeur, après les avoir complètement recouverts de pralin. Espacez chaque bouture de 10/15 cm, arrosez très copieusement.

Tetragonia teragonioides
TÉTRAGONE

J F M A M J J A S O N D

15/20 cm — 60 cm/1 m

Cette annuelle frileuse de la famille des Aizoaceae fait un excellent succédané de l'épinard pour l'été.

Description : originaire d'Australie et de Nouvelle-Zélande, la tétragone est une plante herbacée à tiges étalées, rampantes, portant des feuilles charnues, triangulaires, d'un vert foncé mat. Les petites fleurs, verdâtres, donnent un fruit cornu à la texture ligneuse.

Valeur nutritive : 30 kcal/100 g. La tétragone est riche en vitamine C et en sels minéraux. Elle est très rafraîchissante.

Sol : léger, frais, humifère, même calcaire.

Culture et entretien : semez en pleine terre en place en avril/mai, en poquets de 4 à 5 graines espacés de 60 cm. Après la levée (8 à 10 jours), ne conservez qu'un seul plant. Dans les régions froides, vous pouvez semer sous abri en mars, pour mettre en place mi-mai. Pour éviter la montée à graines, pincez l'extrémité des tiges et arrosez copieusement. On surnomme la tétragone « épinard d'été », car elle est plus lente à monter à graines que ce dernier et supporte mieux la chaleur. Un légume à croissance rapide (radis, salade à couper) peut occuper le même terrain avant que la tétragone soit développée. Attention, la sécheresse rend les feuilles plus dures, moins savoureuses.

Récolte : environ 3 mois après le semis et jusqu'aux gelées. Coupez l'extrémité tendre des tiges et cueillez feuille à feuille au fur et à mesure des besoins.

Variétés : 'Tétragone cornue', aux larges feuilles en forme de losange.

Notre conseil : la levée étant difficile, faites tremper les graines dans de l'eau tiède pendant 24 h avant de les semer. Cela favorise la sortie du petit germe.

Tétragone cornue

Salsifis 'Mammouth'

Tragopogon porrifolius
SALSIFIS

J F M A M J J A S O N D

25 cm/1 m (fleurs) — 10/15 cm

Cette plante bisannuelle rustique de la famille des Asteraceae donne une racine pivotante délicieuse.

Description : spontané dans la région méditerranéenne, le salsifis est une plante herbacée à la racine charnue, blanche, qui renferme un latex blanc rougissant à l'air. Les feuilles, longues et étroites, sont réunies en touffe à la base de la plante. Les fleurs, d'un bleu violacé, en gros capitules terminaux, donnent des fruits à aigrette plumeuse qui forment une grosse boule duveteuse comme chez le pissenlit.
Valeur nutritive : 30 kcal/100 g. Le salsifis est riche en glucides et en sels minéraux (magnésium, phosphore, soufre).
Sol : léger, profond, frais et humifère.
Culture et entretien : semez en place de mars à mai, en recouvrant les graines de 2 cm de terreau. Éclaircissez à 10 cm. Maintenez le sol frais pendant l'été par des arrosages réguliers et un paillage.
Récolte : arrachez les salsifis d'octobre à avril, avant que la plante monte en fleurs, ce qui se produit de mai à juillet. Dès que le salsifis monte, cassez le sommet des hampes florales entre les doigts.
Variétés : 'Blanc amélioré', précoce, aux longues racines fusiformes, tendres et savoureuses ; 'Mammouth', aux très longues racines épaisses, de bonne qualité.
Notre conseil : pour faciliter l'arrachage pendant l'hiver, recouvrez le sol autour des plants, avec des feuilles mortes ou de la paille, afin de les protéger du gel.

Valerianella locusta
MÂCHE

J F M A M J J A S O N D

10/30 cm — 10/20 cm

Cette salade bisannuelle de la famille des Caprifoliaceae forme une rosette de feuilles très serrée.

Mâche 'Gala'

Description : commune dans presque toute l'Europe, au bord des chemins ou sur les talus, la mâche est une petite plante herbacée à feuilles plates et spatulées, légèrement charnues, réunies en rosettes d'un vert blond ou foncé. La tige, régulièrement divisée en deux, porte des bouquets de très petites fleurs bleu pâle.
Valeur nutritive : 20/30 kcal/100 g. La mâche est riche en vitamine C et en fer.
Sol : consistant, dur en surface, frais mais bien drainé, assez riche en humus.
Culture et entretien : semez en place de fin juillet à octobre. Les semis à partir de septembre sont destinés à une récolte de printemps. Dispersez les graines dans des sillons de 2/3 cm de profondeur, espacés de 20 cm. Plombez vigoureusement. Éclaircissez à 10 cm. La mâche passe l'hiver en terre, avec une simple couverture de paille pour éviter que le sol durci par le gel n'empêche la récolte.
Récolte : les rosettes sont arrachées dès qu'elles sont bien formées, et avant que les fleurs paraissent. Les feuilles restent tendres pendant la floraison, mais elles prennent une note d'amertume qui leur donne une saveur plus rustique.
Espèces et variétés : 'À grosse graine', pour les semis précoces, aux grandes feuilles allongées, d'un vert pâle ; 'Cirilla', à feuilles rondes franchement nervurées, pour toutes les saisons ; 'Gala', précoce et insensible au mildiou ; 'Ronde maraîchère', précoce, productive, à feuilles rondes ; 'Verte de Cambrai', très résistante au froid, à feuilles larges et arrondies ; 'Verte de Louviers', aux feuilles en forme de cuiller, très résistante au froid ; 'Vit', précoce, tolérante au mildiou, à feuilles rondes.
La mâche 'D'Italie', à larges feuilles d'un blond doré, est recommandée pour les régions méridionales. Il s'agit en fait d'une espèce différente : *Valerianella eriocarpa*.
Notre conseil : la mâche appréciant l'ombre, elle peut être semée sous des arbres fruitiers ou en culture intercalaire avec des choux, des oignons, des carottes, des navets. Comme elle aime les sols durs, ne labourez pas avant le semis.

Vicia faba
FÈVE

J F M A M J J A S O N D

30 cm/1 m — 30/50 cm

Cette annuelle frileuse de la famille des Fabaceae donne de très gros haricots à grains plats et charnus.

Description : originaire d'Asie occidentale, la fève est une plante herbacée formant une touffe de feuilles composées de nombreuses folioles. Les grandes fleurs, blanches tachées de noir, donnent de longues gousses épaisses, vertes, puis brunes à maturité, renfermant de grosses graines plates en forme de haricot sec.

Fève D'Aguadulce

Valeur nutritive : 65 kcal/100 g pour les fèves fraîches. Elles sont riches en protéines et en magnésium. Leur haute teneur en fibres favorise le transit intestinal. Les fèves sèches sont 5 fois plus énergétiques et renferment des glucides lents.
Sol : frais, profond, humifère, assez consistant, un peu calcaire, jamais très sec.
Culture et entretien : semez en place, en février/mars, tous les 25 cm, des poquets de 3 graines enterrées de 3 cm, sur des lignes distantes de 40 cm. Dans le Midi, il est possible de semer d'octobre à février. Pincez au-dessus de la 10e feuille pour favoriser la formation de nombreuses gousses. Buttez les plants de 15 cm de haut.
Récolte : cueillez les gousses encore vertes, dès avril dans les régions au climat doux (semis d'automne). Vous pouvez aussi les prélever très jeunes pour les consommer comme les haricots verts, mais il est plus courant de manger les graines immatures, crues ou cuites.
Variétés : 'D'Aguadulce à très longue cosse', très productive, à grosses graines blanches, résiste bien au climat des régions situées au nord de la Loire ; 'De Séville à longue cosse', précoce à gros grains blanc verdâtre ; 'Frühe Weisskeimige race Major', pour toutes les régions.

Notre conseil : semez de l'aneth entre les lignes de fèves afin de limiter les attaques de pucerons noirs, toujours très virulentes. Mais il est nécessaire de traiter, tant les invasions sont abondantes. Cessez les pulvérisations d'insecticides au moins sept jours avant la récolte.

Zea mays var. *saccharata*
MAÏS SUCRÉ, MAÏS DOUX

J F M A M J J **A S O** N D

1,5/2,5 m — 30/50 cm

Cette annuelle frileuse de la famille des Poaceae produit des épis aux grains tendres et sucrés.

Description : originaire d'Amérique tropicale, le maïs est une graminée géante de croissance rapide, aux longues feuilles linéaires, arquées, engainantes. Les fleurs mâles terminent les tiges, tandis que les fleurs femelles forment les épis latéraux, entourés d'une spathe caractéristique.
Valeur nutritive : 80/95 kcal/100 g. Le maïs doux est riche en glucides, en provitamine A, en vitamines B, C et E, et en sels minéraux, surtout magnésium, phosphore et potassium. La teneur en sucre des nouvelles variétés est nettement plus élevée.
Sol : riche et profond. Prévoyez une préparation complète du sol avec bêchage avant d'entreprendre la culture du maïs doux.

Le maïs réussit dans le jardin d'ornement

Maïs doux

Culture et entretien : semez en place en lignes ou en poquets à 2 cm de profondeur et à 40 cm de distance, d'avril à juin, lorsque le sol s'est bien réchauffé. Buttez le pied pour assurer une végétation vigoureuse. Des arrosages copieux sont nécessaires, car le maïs est très exigeant en eau.
Récolte : les épis sont prélevés lorsque les grains sont bien formés mais encore tendres et laiteux, la spathe étant encore verte. Ils se cuisent à l'eau, à la vapeur ou au four, mais on peut aussi les manger crus. Les épis de maïs sucré peuvent être conservés congelés après avoir été blanchis. Le maïs de grande culture donne des grains plus fermes qui peuvent être cuits au four ou mis à braiser sur un barbecue.
Variétés : 'Épi d'or F1', aux épis de 20 cm de long, à grains jaunes très sucrés ; 'Micro' et 'Mini' donnent des épis de 6 à 8 cm de long, à confire au vinaigre ; 'Sweet Scarlet F1', aux longs épis à grains rouges, extrêmement sucrés.
Notre conseil : vous pouvez utiliser le maïs comme brise-vent dans un potager trop exposé. Les variétés à grains colorés ne doivent pas être plantées à moins de 500 m d'un champ de maïs agricole, sinon elles risquent d'être l'objet d'une pollinisation indésirable.

Les plantes condimentaires et officinales

Exhalant des arômes subtils ou contenant des principes actifs divers (alcaloïde, huile essentielle, etc.), ces végétaux possèdent des qualités rares. Certains d'entre eux associent une réelle valeur décorative à leurs vertus. Nous vous proposons de découvrir dans les pages suivantes une sélection des espèces les plus courantes. Leur consommation est garantie sans risque si vous les utilisez dans des conditions normales.

Ciboule

Allium fistulosum
CIBOULE

J F M A M J J A S O N D

30/60 cm — 15/20 cm — P

Cette vivace de la famille des Alliaceae produit des tiges creuses et tendres au fort parfum d'oignon.

Description : originaire d'Asie, la ciboule est une plante herbacée formant une touffe assez compacte de longues feuilles cylindriques vert tendre. Fleurs en ombelles sphériques de juin à septembre.
Sol : fertile et frais, souple, poreux, pas trop humide mais humifère.
Exposition : en pleine lumière, très vive.
Culture et entretien : semez en place en mars/avril ou en juillet, en enterrant les graines sous 1/2 cm de terreau. Plombez. Éclaircissez à 10 cm. Divisez les touffes en octobre, et plantez tous les 20 cm.
Récolte et utilisations : prélevez les jeunes feuilles au fur et à mesure des besoins. Elles aromatisent les salades, les soupes, les sauces et les omelettes.
Espèces et variétés : 'Ciboule commune blanche', la plus courante. 'Ciboule commune rouge' et 'Ciboule Saint-Jacques' sont moins courantes, mais très proches.
Notre conseil : la ciboule réussit mieux en culture annuelle ou bisannuelle, les jeunes plantes étant plus savoureuses.

Allium schoenoprasum
CIBOULETTE

J F M A M J J A S O N D

20/30 cm — 15/20 cm — P

Cette vivace bulbeuse de la famille des Alliaceae forme des feuilles fines, à la saveur très délicate.

Description : spontanée sur les prairies de nos montagnes, la ciboulette est une plante herbacée formant des touffes de feuilles creuses, effilées, très odorantes au froissement. Les fleurs rose violacé, en ombelles sphériques, sont estivales.
Sol : frais, souple, fertile, consistant.
Exposition : en plein soleil.
Culture et entretien : divisez les touffes importantes en octobre ou plantez de jeunes plants au printemps. Semez en place ou en pot au printemps.
Récolte et utilisations : les feuilles se récoltent à tout moment. Coupez-les fréquemment pour que la plante ne monte pas à graines. La ciboulette s'utilise de préférence fraîche, mais elle peut se faire sécher. Elle parfume les crudités, les salades, les soupes, les omelettes, le fromage blanc et les sauces. Elle possède des propriétés apéritives et digestives.
Espèces et variétés : on ne cultive que l'espèce type *Allium schoenoprasum*.
Notre conseil : la ciboulette est idéale pour constituer des bordures ornementales. Elle se prête bien à la culture en pot sur les fenêtres et les balcons.

Ciboulette

Guimauve

Althaea officinalis
GUIMAUVE

J F M A M J J A S O N D

1,5/2 m — 1/1,5 m

Cette vivace buissonnante de la famille des Malvaceae donne des fleurs que l'on peut consommer.

Description : spontanée au bord des eaux dans presque toutes nos régions, surtout près du littoral, la guimauve est une grande plante herbacée portant de larges feuilles veloutées, lobées, blanchâtres, et de jolies fleurs en coupe d'un blanc rosé. Toute la plante est mucilagineuse.

Sol : riche, frais, voire même humide.

Exposition : plein soleil non brûlant.

Culture et entretien : semez en juillet, repiquez le plant en place courant septembre. Évitez les zones trop ventées.

Récolte et utilisations : la racine, les feuilles et les fleurs se récoltent en été en fonction des besoins. Toutes les parties de la plante sont adoucissantes et laxatives. Les fleurs peuvent décorer les salades.

Espèces et variétés : on n'utilise que l'espèce type *Althaea officinalis*.

Notre conseil : la guimauve est une plante ornementale intéressante par son aspect velouté et sa jolie floraison estivale. La rose trémière *(Althaea rosea)* possède des propriétés officinales similaires.

Anethum graveolens
ANETH

J F M A M J J A S O N D

40/60 cm — 30/40 cm

Cette annuelle de la famille des Apiaceae exhale dans toutes ses parties un arôme anisé très subtil.

Description : originaire du sud de l'Europe, l'aneth est une plante herbacée aux feuilles finement divisées en segments étroits et allongés. Ses ombelles de petites fleurs jaunes produisent en fin de saison des graines aromatiques ovales, brun clair.

Sol : léger, profond, bien drainé, assez sec.

Exposition : soleil intense et forte chaleur, à l'abri des vents trop forts.

Culture et entretien : semez en place d'avril à juillet, éclaircissez à 25 cm.

Récolte et utilisations : les feuilles se récoltent à complet développement, avant la floraison. Les graines sont prélevées d'août à octobre. Les feuilles fraîches ou séchées apportent aux salades, aux soupes ou aux légumes une note aromatique originale. Dans les pays anglo-saxons, les grains parfument les cornichons au vinaigre. L'aneth aromatise aussi le poisson (saumon mariné) et les ragoûts.

Espèces et variétés : on ne cultive que l'espèce type *Anethum graveolens*.

Notre conseil : sarclez régulièrement le sol par temps chaud et paillez les pieds d'aneth avec un mulch organique (coques de cacao, paillette de lin, écorce broyée).

Aneth

Angélique

Angelica archangelica
ANGÉLIQUE OFFICINALE

J F M A M J J A S O N D

1,5/2 m — 1/1,5 m

Cette imposante vivace de la famille des Apiaceae donne de longues tiges creuses que l'on confit à ravir.

Description : originaire du nord de l'Europe, l'angélique officinale est une grande plante herbacée au feuillage penné et folioles dentées. Toutes ses parties dégagent au froissement une forte odeur aromatique. Les ombelles peuvent atteindre 30 cm de diamètre. C'est une plante monocarpique, qui vit en général 3 ans.

Sol : riche, frais, profond, consistant.

Exposition : lumière de préférence filtrée.

Culture et entretien : semez de juillet à septembre en place. L'angélique se ressème seule, jusqu'à devenir envahissante dans les terrains richement fumés.

Récolte et utilisations : les jeunes tiges se récoltent très tendres. Elles sont confites au sucre pour aromatiser les gâteaux. Les grains d'angélique parfument les liqueurs. Toute la plante est stimulante et digestive. C'est un très bon antispasmodique à prendre en infusion. Elle entre dans la composition de l'eau de mélisse.

Espèces et variétés : on n'utilise que l'espèce type appelée « herbe aux anges ».

Notre conseil : les graines doivent être semées le plus rapidement possible, car leur faculté germinative est assez brève. La levée se produit en 3 semaines.

Cerfeuil

Anthriscus cerefolium
CERFEUIL COMMUN

J F M A M J J A S O N D

30/70 cm — 20/40 cm

Cette annuelle de la famille des Apiaceae forme des feuilles à la saveur d'une extrême finesse.

Description : originaire du Moyen-Orient, le cerfeuil est une plante herbacée aux feuilles délicatement ciselées. Les minuscules fleurs blanches, en ombelles de 5 à 7 cm de diamètre, apparaissent en été.
Sol : léger, sableux, restant frais l'été.
Exposition : évitez le soleil direct.
Culture et entretien : semez en place de février à début septembre, en recouvrant les graines avec 1/2 cm de terreau.
Récolte et utilisations : prélevez les feuilles entre 4 et 6 semaines après le semis. Aromatique à l'état frais, le cerfeuil perd ses qualités au séchage. Il parfume les soupes, les omelettes, les salades, etc. On l'ajoute en fin de cuisson pour préserver son arôme, délicat mais pas très stable.
Espèces et variétés : 'Cerfeuil commun', à feuilles plates, le plus utilisé ; 'Cerfeuil frisé', dont la saveur est moins marquée.
Notre conseil : semer le cerfeuil à l'ombre évite qu'il ne monte trop vite à graines.

Artemisia dracunculus
ESTRAGON

J F M A M J J A S O N D

40/90 cm — 30/60 cm

Cette vivace rustique de la famille des Asteraceae développe des feuilles à l'arôme très agréable.

Description : originaire d'Asie centrale, l'estragon est une plante vivace buissonnante, dont les tiges raides et dressées portent des feuilles plates, étroites, un peu épaisses, à l'odeur très caractéristique.
Sol : léger, frais, humifère, jamais humide.
Exposition : chaleur et soleil intense.
Culture et entretien : divisez les touffes ou plantez de jeunes sujets au printemps.
Récolte et utilisations : coupez les tiges nouvelles selon les besoins. L'estragon fait partie des « fines herbes ». Il s'utilise de préférence frais, car il perd son arôme au séchage, mais on peut le conserver dans du vinaigre ou de l'huile. Il parfume les omelettes, les salades, les sauces, les cornichons ou certaines liqueurs.
Espèces et variétés : seul l'estragon commun est intéressant, mais il ne produit pas de graines. 'Estragon de Russie', que l'on peut semer, est inodore et sans saveur.
Notre conseil : l'estragon craint les grands froids. Coupez les tiges à l'entrée de l'hiver et couvrez les souches avec de la paille ou un lit de feuilles sèches.

Estragon

Armoise

Artemisia vulgaris
ARMOISE COMMUNE

J F M A M J J A S O N D

70 cm/1 m — 40/60 cm — P

Cette vivace touffue de la famille des Asteraceae forme des fleurs verdâtres utilisées en infusions.

Description : commune dans les lieux incultes de nos régions, l'armoise est une grande plante herbacée aux tiges rougeâtres, portant des feuilles finement découpées, légèrement odorantes au froissement, et des petits capitules verts.
Sol : fertile, mais léger, sableux, sec.
Exposition : plein soleil, même ardent.
Culture et entretien : divisez les touffes au printemps. Rabattez toutes les tiges en fin de saison et traitez l'oïdium en été.
Récolte et utilisations : les feuilles et les sommités fleuries se prélèvent selon les besoins. Elles favorisent la digestion et soulagent les règles douloureuses. Les jeunes pousses tendres peuvent être hachées dans les salades pour les aromatiser ; on en fait aussi d'excellents beignets.
Espèces et variétés : on utilise la plante sauvage *Artemisia vulgaris*.
Notre conseil : la présence spontanée de l'armoise indique un sol riche en azote.

Bourrache

Borago officinalis
BOURRACHE

J F M A **M J J A** S O N D

30/60 cm — 30/50 cm

Cette annuelle duveteuse de la famille des Boraginaceae est une plante officinale et ornementale.

Description : originaire des régions méditerranéennes, la bourrache est une plante herbacée, hérissée de poils raides qui brillent au soleil. Elle porte des feuilles ovales et, de mai à août, des fleurs à cinq pétales en étoile, d'un bleu azur.

Sol : riche, profond, calcaire, humifère.

Exposition : mi-ombre légère ou plein soleil assez doux. Pas trop de chaleur.

Culture et entretien : les graines de la bourrache assurent des semis spontanés. Plantez des jeunes sujets au printemps. Ne laissez pas la plante égrener partout.

Récolte et utilisations : les feuilles et les fleurs se récoltent à plein épanouissement. Les jeunes feuilles peuvent s'ajouter crues aux salades, joliment décorées par les fleurs. Les feuilles adultes se font cuire en légume. Toute la plante est émolliente, expectorante, diurétique et sudorifique.

Espèces et variétés : *Borago officinalis* 'Alba', variété ornementale à fleurs blanches, se consomme comme la poirée.

Notre conseil : une fois semée dans le jardin, la bourrache revient toute seule chaque année. On la retrouve un peu partout, car les fourmis transportent ses graines et s'en nourrissent.

Capparis spinosa
CÂPRIER

J F M A M **J J A** S O N D

0,8/1,2 m — 50/70 cm — P — -5 °C

Cet arbuste épineux de la famille des Capparidaceae donne des boutons floraux au goût puissant.

Description : originaire de Bassin méditerranéen, le câprier forme un arbuste prostré, aux tiges épineuses portant des feuilles persistantes, alternes, arrondies, de 5 à 6 cm de long. Les fleurs, estivales, blanc rosé, sont formées de 4 pétales.

Sol : sec, pauvre, très drainant.

Exposition : soleil et chaleur, à l'abri des vents. Le plein sud près d'un mur est idéal.

Culture et entretien : plantez en mai. Bouturez les jeunes pousses en juillet/août à l'étouffée. Pincez les jeunes tiges.

Récolte et utilisations : les boutons floraux sont coupés avant leur épanouissement, puis mis à sécher au soleil et conservés dans du vinaigre. Leur saveur piquante caractéristique les fait utiliser dans les sauces et les steaks tartares.

Espèces et variétés : il existe 250 espèces. *Capparis spinosa* var. *inermis*, dépourvu d'épines, est plus volontiers cultivé ; *Capparis arborea* forme un petit arbre, très apprécié dans les jardins du littoral.

Notre conseil : excepté dans le Midi, cultivez le câprier en pot, à hiverner sous abri.

Câprier

Chelidonium majus
CHÉLIDOINE

J F M A **M J J A S** O N D

30/60 cm — 20/30 cm

Cette vivace touffue de la famille des Papaveraceae sécrète un latex qui est très efficace sur les verrues.

Description : fréquente au pied des murs et dans les décombres, la chélidoine est une plante herbacée portant des feuilles vert bleuté finement découpées et, en été, des fleurs jaunes à 4 pétales. Le suc sécrété par les tiges est jaune clair ou orangé.

Sol : argileux, riche, humifère, profond.

Exposition : soleil léger, direct ou voilé.

Culture et entretien : semez en place en mars. La plante se ressème abondamment d'elle-même. Ne pas fertiliser.

Récolte et utilisations : en pleine période de végétation, les tiges sont cassées, libérant un latex dont les propriétés caustiques permettent de brûler les verrues. La chélidoine est toxique, avec des vertus irritantes. Usage externe seulement.

Espèces et variétés : il n'existe qu'une seule espèce *Chelidonium majus* (considérée par les jardiniers comme une mauvaise herbe cultivée), à des fins officinales.

Notre conseil : les fourmis se nourrissent de l'appendice cireux entourant les graines de la chélidoine et les transportent un peu partout dans le jardin.

Chélidoine

Raifort

Cochlearia rusticana
RAIFORT

J F M A M J J A S O N D

50/80 cm — 40/70 cm

Cette solide vivace de la famille des Brassicaceae développe une racine charnue au goût de moutarde forte.

Description : originaire du sud-est de l'Europe, le raifort, appelé aussi *Armoracia rusticana,* est une plante herbacée à racine épaisse et pivotante. Les feuilles de la base sont très grandes, plissées, dentées. Fleurs blanche, en panicules, de juin à août.

Sol : frais, humifère, bien aéré, de préférence profond et sans cailloux.

Exposition : ensoleillée, pas trop chaude.

Culture et entretien : bouturez des tronçons de racines de 5 à 10 cm de long, au printemps, espacés de 40 cm. Maintenez le sol frais durant l'été par un bon paillis. Supprimez les hampes florales.

Récolte et utilisations : les racines sont arrachées à partir de la deuxième année, en dehors de la période de floraison. Elles s'utilisent généralement fraîches, râpées, pour relever les bouillons, les potées, le saumon, les poissons fumés, la mayonnaise et les sauces. On peut les conserver, râpées, dans du vinaigre.

Espèces et variétés : on ne cultive que l'espèce type, le raifort n'ayant pas subi d'amélioration horticole.

Notre conseil : le raifort forme une belle touffe décorative dans un massif de vivaces. C'est une plante épuisante qui ne doit pas revenir sur le même emplacement avant 5 ou 6 ans.

Coriandrum sativum
CORIANDRE

J F M A M J J A S O N D

30/80 cm — 20/30 cm

Cette annuelle de la famille des Apiaceae développe un feuillage et des graines très aromatiques.

Description : originaire d'Asie occidentale, la coriandre est une plante herbacée au feuillage finement découpé. Les fleurs blanc pur, en ombelles, donnent en fin de saison des petits fruits ronds, parfumés.

Sol : léger, souple, friable, humifère.

Exposition : chaude et très ensoleillée.

Culture et entretien : semez en place en avril/mai, en recouvrant les graines de 1 cm de terreau. Éclaircissez à 20 cm. Fertilisez un mois après la levée. Binez et sarclez.

Récolte et utilisations : coupez les feuilles dès qu'elles sont suffisamment développées. Elles parfument salades, légumes, soupes et grillades. Stockez les grains, de couleur brun clair à maturité, d'abord dans un local bien sec, puis en boîte hermétique ou en bocaux. La coriandre fraîche est réputée aphrodisiaque !

Espèces et variétés : on ne cultive que l'espèce type, *Coriandrum sativum.*

Notre conseil : dès que vous voyez des grains de coriandre épars sur le sol, c'est le moment de les récolter.

Coriandre

Safran

Crocus sativus
SAFRAN

J F M A M J J A S O N D

5/15 cm — 5/7 cm

Cette bulbeuse de la famille des Iridaceae produit une poudre aromatique sur ses stigmates.

Description : originaire d'Asie occidentale, le safran est une vivace formant un cormus renouvelé chaque année. Les feuilles, linéaires, sont issues de la base. Les fleurs, violet lilacé, portent trois carpelles au style filiforme et des étamines aux anthères d'un rouge-orangé très vif.

Sol : léger, bien drainé, mais assez frais.

Exposition : soleil direct et chaleur.

Culture et entretien : plantez les cormus de juin à septembre, à 15 cm de profondeur. Binez pendant la croissance. Fertilisez avec un engrais pour bulbes à fleurs juste après la floraison.

Récolte et utilisations : coupez les fleurs à plein épanouissement et retirez délicatement les stigmates qui seront rapidement séchés dans un local aéré ou pendant 15 à 20 minutes dans un four à 130 °C. Le safran, très aromatique, parfume le riz, les sauces, les crèmes et les desserts.

Espèces et variétés : pour le safran, on cultive uniquement le *Crocus sativus* type.

Notre conseil : il faut environ 150 fleurs pour obtenir 1 g de safran ! Ne laissez pas les cormus plus de 5 ans à la même place.

Cuminum cyminum CUMIN

J F M A M J J A S O N D

30/50 cm — 15/25 cm

Cette annuelle de la famille des Apiaceae produit des graines au parfum puissant, caractéristique.

Description : originaire d'Asie occidentale, le cumin est une plante herbacée aux feuilles alternes très découpées, dont les fleurs blanches, en ombelles, donnent de petits grains allongés au parfum délicat.
Sol : argileux, riche en matière organique, assez franchement acide.
Exposition : plein soleil et forte chaleur.

Cumin

Culture et entretien : semez en place en mai. Il faut un été chaud pour obtenir les graines. Arrosez bien par temps sec.
Récolte et utilisations : prélevez les graines lorsqu'elles se détachent facilement de l'ombelle. Elles servent à parfumer les sauces, le munster, les curries, etc. Le cumin entre dans la composition du « ras el-hanout », épice de base du couscous. Broyé, on l'appelle « kamoun » ; il est alors utilisé pour les méchouis et les tagines.
Espèces et variétés : on ne cultive que l'espèce type *Cuminum cyminum.*
Notre conseil : pour être assuré d'une bonne récolte, vous pouvez semer le cumin en février/mars sous abri dans une terrine. Repiquez en godets individuels un mois après la levée et plantez en place dans le courant mai, une fois les gelées passées.

Fenouil doux à feuilles bronze

Foeniculum vulgare var. *azoricum* FENOUIL DOUX

J F M A M J J A S O N D

1/2 m — 25/40 cm

Cette bisannuelle de la famille des Apiaceae développe un feuillage très aromatique au parfum anisé.

Description : plante herbacée aux feuilles très découpées, le fenouil doux est plus vigoureux que le fenouil bulbeux, cultivé comme légume. Fleurs en ombelles jaunes.
Sol : léger, sableux, sec, bien drainé.
Exposition : soleil intense et forte chaleur.
Culture et entretien : semez en place en mars/avril ou en août. Éclaircissez à 20 cm. Supprimez les tiges fanées.
Récolte et utilisations : prélevez les jeunes feuilles fraîches au fur et à mesure des besoins. Hachées, elles aromatisent les courts-bouillons, les soupes et les sauces. On fait de la liqueur avec les graines.
Espèces et variétés : la forme sauvage *Foeniculum vulgare* est appelée « fenouil amer ». On utilise surtout ses graines.
Notre conseil : le feuillage plumeux, décoratif, apporte de la légèreté dans un massif avec des vivaces au port ample.

Hyssopus officinalis HYSOPE

J F M A M J J A S O N D

30/50 cm — 20/30 cm — P

Ce sous-arbrisseau de la famille des Lamiaceae exhale des arômes complexes aux vertus officinales.

Description : spontanée sur les coteaux arides du Midi, l'hysope porte des feuilles opposées, étroites et allongées, très parfumées. En été, elle épanouit de jolies fleurs bleu lavande, réunies en épis étroits.
Sol : sec, pauvre, voire aride, et calcaire.
Exposition : chaude et très ensoleillée.
Culture et entretien : semez en place ou plantez des jeunes sujets au printemps. Désherbez et arrosez durant la croissance.
Récolte et utilisations : les feuilles et les sommités fleuries se récoltent suivant les besoins. Elles sont utilisées fraîches ou séchées pour parfumer les salades, les légumes, les soupes et les liqueurs. L'hysope s'emploie aussi en infusion expectorante, stimulante et digestive.
Espèces et variétés : l'espèce type.
Notre conseil : faites infuser 20 g de feuilles par litre d'eau, associées à de la réglisse et de la cannelle. Sucrez au miel.

Hysope

Laurier-sauce

Laurus nobilis
LAURIER-SAUCE

J F M A M J J A S O N D

5/10 m | 2/4 m | P

Ce petit arbre de la famille des Lauraceae porte des feuilles coriaces au parfum très marqué.

Description : originaire des régions méditerranéennes, le laurier prend une silhouette conique. Les feuilles alternes, ovales, vert foncé, sont très odorantes lorsqu'on les froisse. Fleurs jaunes, en mai.
Sol : profond, sec, léger, même calcaire.
Exposition : le plein soleil dans un emplacement chaud, à l'abri des vents du Nord.
Culture et entretien : plantez au printemps. Bouturez les pousses demi-aoûtées en fin d'été. Culture en bac possible.
Récolte et utilisations : les feuilles de laurier-sauce se récoltent au fur et à mesure des besoins, tout au long de l'année. Elles servent à parfumer les sauces, les ragoûts et les courts-bouillons. Séchées, elles conservent leurs vertus aromatiques.
Espèces et variétés : il existe 2 espèces. On cultive essentiellement *Laurus nobilis* dans sa forme type ; 'Aurea' est une forme ornementale à feuillage doré.
Notre conseil : en hiver, protégez les jeunes plants en les entourant de paille. L'humidité stagnante est souvent plus à craindre que le gel (surtout en pot).

Lippia triphylla (Aloysia)
VERVEINE CITRONNELLE

J F M A M J J A S O N D

1/2 m | 60 cm/1,5 m | 0 °C

Cet arbuste frileux de la famille des Verbenaceae porte des feuilles au parfum prononcé de citron.

Description : originaire du sud-ouest de l'Amérique du Sud, la verveine citronnelle, ou verveine odorante, est un sous-arbrisseau à longues feuilles étroites, un peu rugueuses. Fleurs minuscules en septembre, groupées en panicules rose lilas.
Sol : frais et fertile, non calcaire, humifère.
Exposition : plein soleil toute l'année et chaleur, à l'abri des vents dominants.
Culture et entretien : semez en pépinière sous abri au printemps, repiquez, puis installez en place après les gelées. Bouturez les tiges en fin d'été. Hivernez en véranda.
Récolte et utilisations : les feuilles de la verveine citronnelle sont cueillies fraîches au fur et à mesure des besoins. Il est possible de les faire sécher, tout en conservant leur arôme et leur propriété. On en fait une tisane stimulante et digestive, par infusion durant 10 minutes, mais aussi des arômes pour les sorbets et les liqueurs.
Espèces et variétés : il existe 37 espèces, mais on cultive uniquement *Lippia triphylla* sous nos latitudes.
Notre conseil : rempotez la verveine citronnelle vers la mi-octobre et installez-la dans une véranda qui sera maintenue tout l'hiver entre 10 et 18 °C. Vous pourrez ainsi l'utiliser toute l'année.

Verveine citronnelle

Matricaria recutita
CAMOMILLE ALLEMANDE

J F M A M J J A S O N D

20/60 cm | 20/40 cm

Cette annuelle de la famille des Asteraceae est caractéristique par son odeur assez douce, pénétrante.

Description : habitant des régions incultes dans toute l'Europe, la camomille allemande, ou camomille commune, est une plante herbacée aux feuilles finement divisées, dont les fleurs estivales, en capitules, portent des ligules retombantes.
Sol : léger, poreux, calcaire, pas trop riche. Comme adventice, la camomille allemande indique un sol sec, plutôt calcaire.
Exposition : en plein soleil, assez chaude.
Culture et entretien : semez en place au printemps. Éclaircissez à 20 cm.
Récolte et utilisations : les capitules se récoltent de préférence le matin. Leur infusion est tonique, antispasmodique, digestive et analgésique. Sucrez au miel pour ôter l'amertume. On l'utilise comme collyre en cas d'inflammation des yeux. La camomille possède des vertus diurétiques, mais aussi fébrifuges et calmantes. On l'applique en lotion sur les plaies.
Espèces et variétés : outre la camomille allemande, on cultive la camomille romaine *(Chamaemelum nobile)*, aux propriétés similaires. On trouve parfois ces plantes classées dans le genres *Anthemis*.
Notre conseil : utilisez les fleurs, infusées pendant 5 minutes, à raison d'une cuiller à soupe par tasse d'eau bouillante.

Camomille allemande

Melissa officinalis
MÉLISSE

J F M A M J J A S O N D

60/80 cm — 30/50 cm

Cette vivace de la famille des Lamiaceae porte des feuilles à l'odeur de menthe et de citron.

Description : commune dans les bois et les haies du sud de l'Europe, la mélisse est une plante herbacée à feuilles opposées, gaufrées, qui dégagent au froissement une odeur fraîche et piquante. De juin à septembre, les fleurs, blanc rosé, sont portées en petits bouquets très discrets.

Sol : frais et fertile, consistant, humifère.

Exposition : soleil non brûlant dans la moitié nord, mi-ombre au sud.

Mélisse

Culture et entretien : semez en place au printemps, ou divisez les très grosses touffes en fin de saison. Arrosez par temps très chaud et sec. Ne laissez pas l'eau stagner dans le sol en hiver.

Récolte et utilisations : les jeunes pousses sont coupées lorsqu'elles sont encore tendres. Les feuilles de mélisse parfument les flans, les crèmes et les boissons. On en fait des infusions calmantes et digestives. L'eau de mélisse associe diverses épices et du citron à infuser durant 8 jours.

Espèces et variétés : il existe 3 espèces. La forme à feuilles dorées *Melissa officinalis* 'Aurea', très décorative, possède les mêmes propriétés et un bon parfum.

Notre conseil : la mélisse étant très envahissante, ne la laissez pas se propager et taillez-la assez court dès que les fleurs parviennent à plein épanouissement.

Menthe verte

Mentha spp.
MENTHE

J F M A M J J A S O N D

30/80 cm — 20/50 cm

Ces vivaces rhizomateuses de la famille des Lamiaceae exhalent une forte odeur fraîche, tonique.

Description : de nombreuses espèces de menthes poussent spontanément en Europe. Ce sont des plantes herbacées à souche traçante, portant des feuilles opposées, gaufrées, très odorantes. Les fleurs, estivales, en épi, sont rose lilacé.

Sol : riche, humifère, humide, lourd.

Exposition : une lumière tamisée qui évite les situations arides. Soleil direct doux.

Culture et entretien : plantez des jeunes plants au printemps ou divisez les touffes à la fin de l'été. Arrosez par temps chaud.

Récolte et utilisations : cueillez les jeunes pousses selon les besoins, de préférence le matin avant le plein soleil. Les feuilles s'utilisent fraîches ou séchées pour parfumer les sauces et les boissons (menthe verte) ou les desserts, les salades de fruits et les compotes (menthe poivrée).

Espèces et variétés : il existe 25 espèces. Menthe verte *(Mentha spicata)*, à feuilles plates ou crépues ; menthe poivrée *(Mentha* x *piperita)*, à l'odeur très pénétrante ; menthe à feuilles vertes *(Mentha rotundifolia)*, vigoureuse mais moins parfumée ; menthe pouliot *(Mentha pulegium)*, à port rampant, très odorante.

Notre conseil : les menthes sont envahissantes, cultivez-les en jardinière pour éviter qu'elles ne se propagent partout.

Basilic

Ocimum basilicum
BASILIC

J F M A M J J A S O N D

30/40 cm — 20/30 cm

Cette annuelle de la famille des Lamiaceae exhale une odeur très puissante, legèrement anisée.

Description : originaire de l'Inde, le basilic est une plante herbacée aux tiges assez grêles, portant des feuilles ovoïdes, entières ou dentées, vertes ou pourpres. Fleurs en épis pourpre rosé, dans le courant de l'été.

Sol : léger, assez riche, humifère, frais.

Exposition : forte chaleur et plein soleil non brûlant, à l'abri du vent et du froid.

Culture et entretien : dans le Midi, semez en pleine terre, en avril/mai ; ailleurs, à l'intérieur, en mars/avril avec repiquage en godet et mise en place en mai/juin. Ne laissez pas le sol s'assécher. Fertilisez bien.

Récolte et utilisations : cueillez les feuilles le matin de bonne heure lorsqu'elles sont bien fraîches. Elles parfument les salades et les crudités, les sauces et la soupe au « pistou ». En séchant, elles perdent de leur parfum, il est donc préférable de les congeler pour les conserver.

Espèces et variétés : il existe 35 espèces. 'Anis', au parfum franchement anisé ; 'Grand vert', à grandes feuilles arrondies ; 'Indonésien', au fort parfum citronné' ; 'Marseille', à grandes feuilles vertes ; 'Opal,' à feuilles violet foncé ; 'Purple Ruffles', à longues feuilles pourpres ; 'Siam Queen', à l'arôme de réglisse.

Notre conseil : vaporisez les feuilles lors des fortes chaleurs et ombrez légèrement.

Origanum majorana
MARJOLAINE

J F M A M J J A S O N D

30/60 cm 20/40 cm P

Cette vivace frileuse de la famille des Lamiaceae donne des feuilles parfumées et des fleurs mellifères.

Description : originaire du sud-ouest de l'Asie, la marjolaine est surtout cultivée comme une annuelle. Les tiges dressées, rouges, portent des petites feuilles arrondies, ovales, d'un vert grisâtre assez original. Fleurs estivales minuscules, groupées en panicules blanches ou roses.

Sol : léger, sec, pauvre, plutôt calcaire.

Exposition : forte chaleur et soleil direct, à l'abri des gelées printanières.

Culture et entretien : semez en avril sous abri, et repiquez en place 6 semaines plus tard. Dans le Midi, semez en place en mai. Éclaircissez tous les 10 cm.

Récolte et utilisations : les feuilles se récoltent le matin. Elles s'emploient fraîches ou séchées pour parfumer les soupes, les sauces, les viandes marinées.

Espèces et variétés : il existe 20 espèces. La véritable marjolaine « à coquilles » *(Origanum majorana)*, est plus odorante que l'origan *(Origanum vulgare)*, moins frileux.

Notre conseil : cultivez la marjolaine dans un pot de 30 cm de diamètre.

Marjolaine

Persil frisé

Petroselinum crispum
PERSIL

J F M A M J J A S O N D

20/30 cm 15/20 cm

Cette bisannuelle de la famille des Apiaceae est une des plantes condimentaires les plus appréciées.

Description : originaire d'Asie occidentale, le persil est une plante herbacée glabre, luisante, aux feuilles triangulaires très découpées. La seconde année, en été, apparaissent des hampes florales formées de minuscules étoiles verdâtres.

Sol : fertile, frais, riche en humus et d'une consistance légère, un peu calcaire.

Exposition : pas de soleil direct trop fort. Un ombrage doux est nécessaire en été.

Culture et entretien : semez en place de mars à août, en recouvrant les graines avec 1/2 cm de terreau tamisé. Éclaircissez à 7/10 cm lorsque les plants ont développé 4 feuilles. Maintenez le sol légèrement humide en permanence, mais sans détremper. Fertilisez avec un engrais minéral. En hiver, couvrez le persil d'une cloche pour continuer la récolte.

Récolte et utilisations : cueillez les feuilles au fur et à mesure des besoins. Le persil s'utilise frais dans les salades, les sauces, les crudités, les potages, les omelettes, etc. Il est toxique pour les perroquets.

Espèces et variétés : 'Commun', à feuilles plates très parfumées ; 'Frisé', aux feuilles crispées, d'aspect plus décoratif ; 'Géant d'Italie', le plus parfumé ; 'Titan', plat, très vigoureux. Le persil-racine, forme une racine fusiforme, blanche, utilisée cuite dans les pot-au-feu.

Notre conseil : la levée du persil étant souvent très lente (3 semaines), trempez les graines une nuit avant le semis.

Romarin

Rosmarinus officinalis
ROMARIN

J F M A M J J A S O N D

60 cm/1,5 m 1/2 m P -15 °C

Cet arbuste buissonnant de la famille des Lamiaceae porte des feuilles fortement aromatiques.

Description : commun dans les terrains arides du Midi, le romarin forme une touffe érigée ou étalée, aux feuilles opposées, de 3 à 5 cm de long, linéaires, coriaces, blanchâtres en dessous. Les fleurs bleues, printanières, attirent les abeilles.

Sol : léger, même pauvre, aride, et très calcaire, mais sans excès d'humidité.

Exposition : chaude, sèche et ensoleillée.

Culture et entretien : plantez des jeunes plants au printemps ou semez d'avril à juin, pour repiquer en automne en place. Bouturage à l'étouffée à la fin de l'été. Abritez les jeunes romarins des fortes gelées et de l'humidité hivernale.

Récolte et utilisations : prélevez les jeunes rameaux toute l'année au fur et à mesure des besoins. Ceux qui sont coupés avant la floraison sont généralement plus parfumés. Le romarin aromatise les poissons, les grillades, les sauces et les légumes. Il est stimulant et digestif.

Espèces et variétés : il existe 2 espèces. 'Albus', à fleurs blanches ; 'Baie d'Audierne', compact, érigé, assez résistant à l'humidité ; 'Corsican Blue', à port retombant, très étalé ; 'Erectus', compact, à port dressé ; 'Pointe du Raz', prostré, assez résistant au froid ; 'Tuscan Blue', à port érigé, fleurs d'un bleu très foncé.

Notre conseil : les sols trop riches et l'arrosage nuisent à la qualité de l'arôme du romarin et provoquent une fragilité au froid qui lui est souvent fatale.

Oseille

Rumex acetosa
OSEILLE

J F M A M J J A S O N D

20/30 cm 20/30 cm P

Cette vivace de la famille des Polygonaceae forme une touffe de feuilles aux vertus rafraîchissantes.

Description : commune dans les champs de nos régions, l'oseille est une plante herbacée formant une rosette de feuilles ovales, un peu charnues, de saveur acide. Les petites fleurs dioïques, d'un vert rougeâtre, sont réunies en longues grappes dressées qui atteignent 1 m de haut.

Sol : l'oseille apprécie les terres lourdes et argileuses, très humifères. Elle est parfaitement adaptée aux sols acides.

Exposition : pas de soleil direct en été.

Culture et entretien : semis en pépinière de mars à juin, en recouvrant les graines de 1 cm de terreau fin. Repiquez un plant tous les 20 cm lorsqu'il a développé 4 ou 5 feuilles. L'oseille peut rester plusieurs années au même endroit sans risque de dégénérer. Divisez les touffes en avril.

Récolte et utilisations : récoltez les feuilles au fur et à mesure des besoins, dès qu'elles ont atteint une taille suffisante (10 cm de long et plus). Antiscorbutique, apéritive, laxative, diurétique, l'oseille contient des fibres favorables au transit. Renfermant beaucoup d'acide oxalique, elle est à déconseiller en cas de calculs, d'arthrite ou de rhumatismes.

Espèces et variétés : 'Large de Belleville', à grandes feuilles vert clair, rustique et très productive ; 'Sanguine', à feuilles rouge vif, plus décorative. L'oseille épinard *(Rumex patienta)* est moins acide.

Notre conseil : ne laissez pas l'oseille monter à graines car elle est envahissante.

Salvia officinalis
SAUGE OFFICINALE

J F M A M J J A S O N D

40/60 cm 30/40 cm P

Ce sous-arbrisseau de la famille des Lamiaceae porte des feuilles duveteuses très aromatiques.

Description : spontanée dans les lieux arides du Midi, la sauge est une plante à souche ligneuse, dont les feuilles allongées, d'un vert grisâtre, sont très odorantes. Fleurs bleu lilacé, en grappes.

Sol : souple, riche, plutôt sec et filtrant.

Exposition : chaude et très ensoleillée.

Culture et entretien : plantez des jeunes sujets au printemps ou divisez les vieilles touffes. Bouturez sous abri en été. Il faut renouveler le pied régulièrement.

Récolte et utilisations : coupez les jeunes pousses toute l'année, mais de préférence avant la floraison. Leur parfum est plus agréable une fois que les feuilles sont séchées. La sauge assaisonne le poisson, les sauces, les farces, les légumes, les viandes blanches, etc. L'infusion de feuilles est stimulante, digestive, diurétique et antisudorale.

Espèces et variétés : il existe des variétés ornementales à feuilles panachées.

Notre conseil : pour obtenir un meilleur arôme, cultivez la sauge dans une terre calcaire, pauvre et sèche, et ne l'arrosez pas trop, surtout au début du printemps.

Sauge officinale

Sarriette

Satureja spp.
SARRIETTE

J F M A M J J A S O N D

20/40 cm 15/20 cm

Ces plantes très mellifères de la famille des Lamiaceae possèdent un délicat feuillage aromatique.

Description : annuelles ou vivaces bien touffues, les sarriettes sont des plantes herbacées à tiges poilues, de section carrée, qui portent des feuilles opposées, étroites, très odorantes. Floraison de juillet à octobre en épis bleutés.

Sol : léger, sec, pauvre, plutôt calcaire.

Exposition : chaude et bien ensoleillée.

Culture et entretien : au printemps, semez en place la sarriette des jardins. Éclaircissez à 20 cm. Divisez ou plantez la sarriette des montagnes en automne.

Récolte et utilisations : les feuilles se cueillent de préférence le matin. On en parfume les salades, les légumineuses et les grillades. Elles sont stimulantes et digestives, d'un parfum délicat.

Espèces et variétés : il existe 30 espèces. La sarriette des jardins *(Satureja hortensis)*, annuelle, originaire de l'est de la Méditerranée ; la sarriette des montagnes *(Satureja montana)*, vivace, spontanée sur les coteaux arides du Midi, exprime une saveur plus prononcée.

Notre conseil : la sarriette des montagnes préfère une terre plus pauvre que sa cousine annuelle. Cette dernière réussit bien en pot dans un terreau souple et drainé.

Consoude

Symphytum officinale
CONSOUDE

J F M A **M J J A S** O N D

60 cm/1,20 cm — 90 cm/1,7 m

Cette vivace rhizomateuse de la famille des Boraginaceae possède de sérieuses propriétés officinales.

Description : commune dans les prés et les bois humides dans toute la France, la consoude officinale forme une touffe volumineuse aux tiges couvertes de poils raides, portant des feuilles opposées, lancéolées. De mai à juillet, fleurs pourpres, roses ou crème, groupées en bouquets.
Sol : frais, consistant, fertile, humifère.
Exposition : soleil léger ou mi-ombre.
Culture et entretien : divisez les touffes au printemps. Plantez tous les 50 cm. Attention, le moindre tronçon de racine forme une nouvelle plante. Paillez en été.
Récolte et utilisations : les feuilles se récoltent selon les besoins. On les fait cuire comme légumes, en soupe ou en beignets. Autrefois, la racine fraîche était râpée et utilisée comme cataplasme en cas de fractures. La consoude fait un bon calmant pour les brûlures et les gerçures.
Espèces et variétés : il existe 35 espèces. La consoude de Russie' *(Symphytum x uplandicum)* est utilisée comme plante ornementale ; 'Variegatum' est panachée.
Notre conseil : vous pouvez laisser macérer les feuilles dans l'eau (1 kg/10 l) durant une dizaine de jours, pour obtenir un « purin de consoude », apprécié comme engrais organique dans la culture biologique et réputé renforcer la résistance des plantes du jardin aux diverses maladies.

Tanacetum vulgare
TANAISIE

J F M A **M J J A S O** N D

60/90 cm — 40/50 cm

Cette vivace sauvage de la famille des Asteraceae a des vertus digestives similaires à celles de l'absinthe.

Description : fréquente au bord des chemins dans toutes nos régions, poussant souvent en colonies, la tanaisie est une plante herbacée vigoureuse, dont les feuilles alternes, oblongues, découpées, dégagent au froissement une forte odeur camphrée. Fleurs estivales jaunes, en corymbes plats de 10 à 15 cm de diamètre.
Sol : léger, sableux, sec, même calcaire.
Exposition : bien lumineuse, sans vent.
Culture et entretien : divisez les touffes au printemps. Maintenez le sol propre par des sarclages. La fertilisation est inutile.
Récolte et utilisations : prélevez feuilles et fleurs selon les besoins. Les feuilles parfument les crèmes, les desserts et les liqueurs. L'infusion (30 g/l) de feuilles et de fleurs est digestive, celle des graines est tonique et vermifuge.
Espèces et variétés : on utilise l'espèce type *Tanacetum vulgare*.
Notre conseil : les principes actifs de la tanaisie peuvent devenir toxiques à la longue. N'employez cette plante qu'épisodiquement. C'est un bon vermifuge pour les chiens, (10 g de graines par litre).

Tanaisie

Thymus citriodorus 'Aureus'

Thymus spp.
THYM, SERPOLET

J F M A M J J A S O N D

20/40 cm — 20/40 cm — P

Ce sous-arbrisseau de la famille des Lamiaceae est une des plantes aromatiques les plus utilisées.

Description : spontané dans les zones arides du Midi, où il est souvent appelé « farigoule » ou « farigoulette », le thym est une plante vivace à souche ligneuse, très ramifiée, à port couvre-sol, portant des petites feuilles linéaires, vert grisâtre, très odorantes. Les fleurs blanches ou roses, portées en bouquets terminaux, se succèdent de mai à octobre, attirant irrésistiblement les abeilles.
Sol : léger, sableux, plutôt sec, même caillouteux, pauvre et calcaire.
Exposition : chaude, en plein soleil, même dans un endroit assez aride.
Culture et entretien : semez au printemps, en pépinière. 5 semaines après la levée, repiquez en place, tous les 20 cm. Rajeunissez les vieux sujets par division des touffes en avril. Inutile d'arroser ni de fertiliser. Protégez de l'humidité en hiver.
Récolte et utilisations : cueillez les jeunes

pousses de préférence le matin. Le thym parfume les soupes, les sauces, les légumes, les grillades, etc. Son infusion est digestive, calmante et expectorante. Les pousses fleuries peuvent décorer les plats. Conservées au congélateur, les tiges de thym ne perdent pas leur parfum.

Espèces et variétés : il existe 350 espèces. Le thym à odeur de citron *(Thymus x citriodorus)* a une saveur très agréable ; 'Archer's Gold', 'Aureus', 'Bertram Anderson' sont des formes à feuillage doré. Le serpolet *(Thymus serpyllum)*, ou thym sauvage, est une petite plante rampante à la saveur fine et prononcée. Il existe aussi des thyms hybrides à vocation ornementale comme 'Doone Valley', à feuilles panachées de jaune et fleurs lilas.

Notre conseil : le thym attirant beaucoup les insectes butineurs, plantez-le dans un endroit excentré des zones passagères. Les cultivars de thym-citron peuvent être utilisés comme couvre-sol entre les dalles ou sur les escaliers de jardin.

Thym commun

Tussilago farfara
TUSSILAGE

J F M A M J J A S O N D

20/30 cm — 20/30 cm

Cette vivace sauvage de la famille des Asteraceae est depuis toujours appréciée pour lutter contre la toux.

Description : commun au bord des chemins, le tussilage, littéralement « qui chasse la toux », est une plante herbacée, dont les capitules jaunes sont portés dès février sur une hampe écailleuse qui apparaît avant les feuilles. Ces dernières, de forme triangulaire, forment une rosette qui les font ressembler à celles du pissenlit.

Tussilage

Sol : compact, argileux, humide, de préférence riche et profond.

Exposition : en plein soleil, sans excès.

Culture et entretien : le tussilage se propage naturellement par ses graines disséminées par le vent. Il est envahissant.

Récolte et utilisations : coupez les fleurs avant qu'elles soient épanouies. Elles se dégustent revenues à la poêle. Les feuilles sont coupées de mai à juillet. Elles se font cuire en légume, dans les soupes ou en beignets. Le tussilage, y compris les racines, est émollient et expectorant.

Espèces et variétés : on utilise la plante sauvage, qui est une mauvaise herbe.

Notre conseil : faites une infusion de fleurs contre la toux (50 g/l litre d'eau) pendant 20 minutes. Sucrez au miel.

Valeriana officinalis
VALÉRIANE

J F M A M J J A S O N D

50 cm/1 m — 30/60 cm

La racine de cette vivace sauvage, de la famille des Caprifoliaceae, est utilisée pour cicatriser les plaies.

Description : fréquente dans les lieux humides, la valériane est une plante herbacée portant des feuilles opposées, découpées en folioles oblongues. Les petites fleurs odorantes, d'un blanc rosé, sont portées tout l'été en bouquets.

Sol : lourd, argileux, humide, profond.

Culture et entretien : la valériane émet de nombreux stolons terminés par une rosette de feuilles qu'il suffit de transplanter à toute époque de l'année.

Récolte et utilisations : arrachez les racines en fonction des besoins. Elles rééquilibrent le système nerveux. L'odeur particulière des feuilles de la valériane excite les chats qui se frottent dessus.

Espèces et variétés : il existe 200 espèces. La valériane phu *(Valeriana phu)* était jadis cultivée comme plante médicinale calmante. On l'emploie aujourd'hui comme plante décorative, notamment le cultivar 'Aurea', à feuilles jaune pâle à vert citron.

Notre conseil : la macération de valériane ayant un goût très désagréable, il est bon de la parfumer avec de l'eau de fleur d'oranger ou de l'alcool de menthe et de la sucrer généreusement avec du miel.

Valériane officinale

Calendrier de culture des légumes

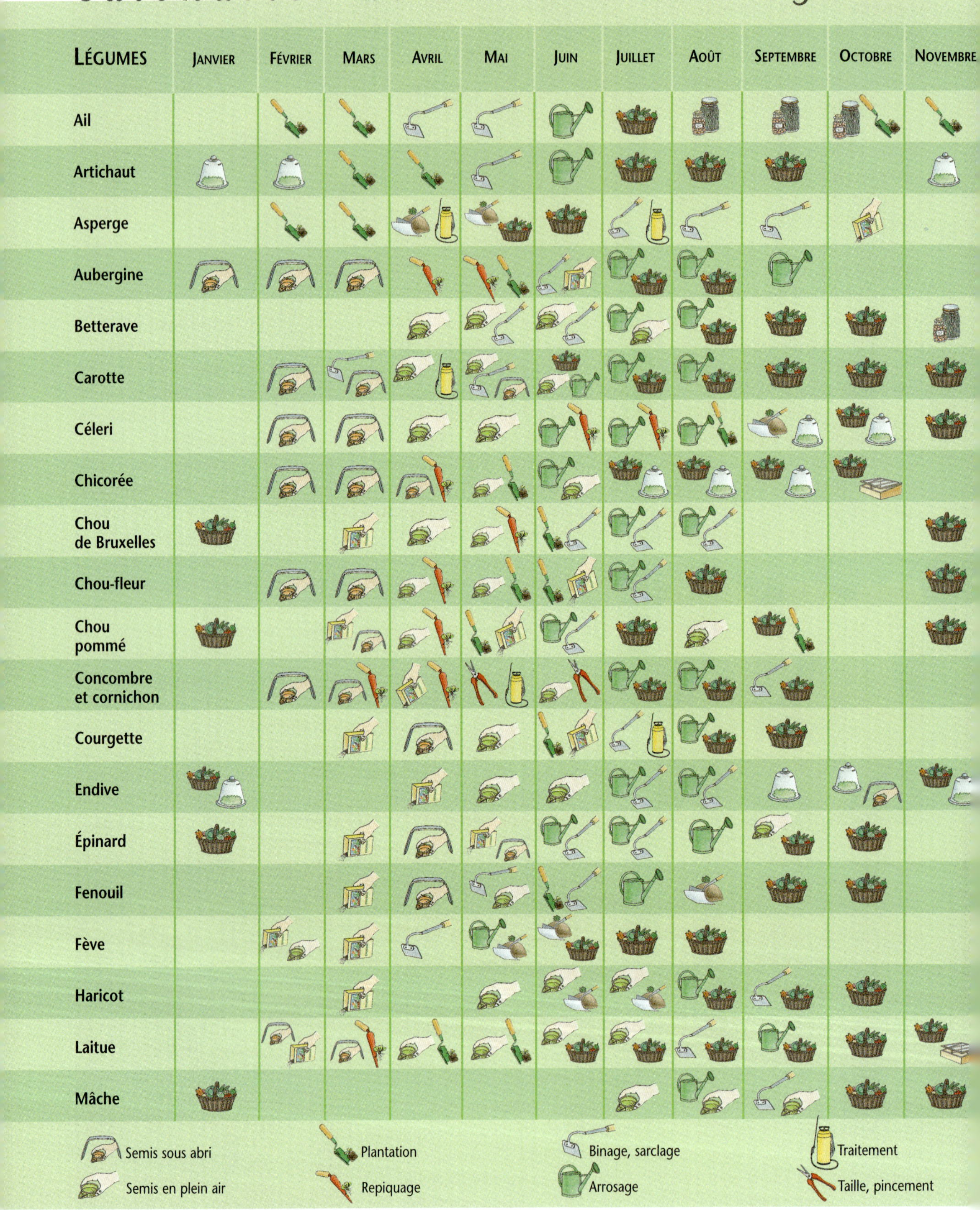

Décembre	Profondeur de semis (cm)	Distances sur la ligne (cm)	Distances entre les rangs	Temps nécessaire à la levée	Éclaircissage (cm)	Durée entre semis et récolte (jours)	Nombre de graines au gramme	Quantité de graines pour 1 m²	Faculté germinative (années)
	Plantation 3-4	12-15	25-30	8-15	–	120-150	–	60 plants	1-3
Blanchiment	Plantation 10	80	100	5-8	–	3 ans	25	1 plant	6-7
	Plantation 20-25	70	120	30	–	3 ans	50	1 plant	5-7
	1	40	40	10-15	–	140-160	250-300	0,2	4-7
Conservation	1	8-10	40	8-10	10-15	75-100	50-75	2	6
Récolte	1	6-8	20	6-8	5	90-120	900	1,5	4
Récolte	0,3	40	40	15-18	–	120-160	2 500	0,25	2-3
	1-2	40	40	4-5		80-100	600	1,5	10
Récolte	1-2	60	60	6-8	–	130	350	0,5	5
Récolte	1-2	60	70	6-8	–	120-190	550	0,6	5
Récolte	1-2	50	60	6-8	–	70-120	350	0,5	5
	2	80	80	6-8	–	80-100	35	0,5	10
	2	60	100	8-10	–	75-90	10	0,8	4-5
Récolte, Blanchiment	0,5	80	30	6-8	20	210	700	1,5	8
Récolte	2	15	25	4-5	15	60-80	110	5	4
	1	15	40	6-8	20	90-110	200	0,6	6-7
	3-4	10	40	8-12	30	120-140	1	15	5
	2-3	10-15	50	5-8	30	60-90	0,8	15	2-3
	0-5	30	30	5-10	–	80-100	800	1,2	5
Récolte	0-5	3-5	5-7	8-10	10	60	1 000	0,3	5

Fertilisation — Buttage — Conservation
Blanchiment — Protection hivernale — Récolte

Calendrier de culture des légumes

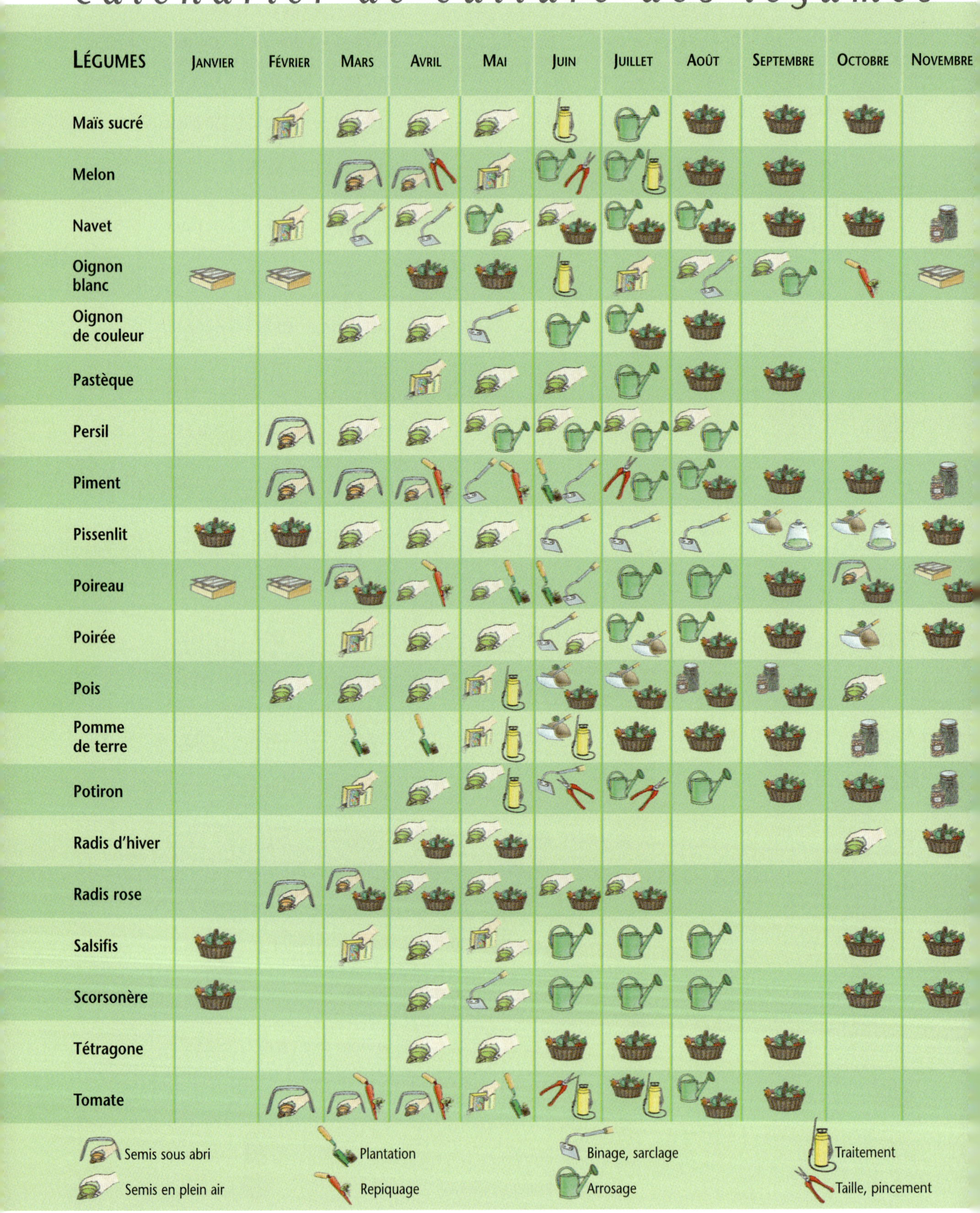

DÉCEMBRE	PROFONDEUR DE SEMIS (CM)	DISTANCES SUR LA LIGNE (CM)	DISTANCES ENTRE LES RANGS	TEMPS NÉCESSAIRE À LA LEVÉE	ÉCLAIRCISSAGE (CM)	DURÉE ENTRE SEMIS ET RÉCOLTE (JOURS)	NOMBRE DE GRAINES AU GRAMME	QUANTITÉ DE GRAINES POUR 1 M²	FACULTÉ GERMINATIVE (ANNÉES)
	2-3	20	40-60	10-12	20	80-100	4-5	8	5
	2-3	80-120	80-120	8-10	–	70-90	35	0,5	5-10
	1-2	10-15	20	4-6	10	60-80	700	2	4-5
	0,5	25	25	10-15	10	180	250	2	2-3
	0,5	10-15	20-30	10-15	10	150	250	2	2-3
	2	80	120	8-10	–	90-120	5	1	4-5
	1,2	10-12	30	20-22	5-8	90	600	2	3
	1	40	60	15-20	–	120-150	150	0,4	4
	1	10	30	10-15	10-15	120-150	1 200	2	2
 	0,5	10	40	15-30	10	120-150	400	1	2
	4	40	60	10-15	15-20	100-120	80	2	6
	5-6	5	60	8-10	30-40	60-90	4	25	2
	Plantation 10-15	40-50	50-60	12-15	–	90-150	–	4 plants	1
	2	80-120	100	10-12	10	150-180	3	1 à 3	4-5
	2-3	5-7	15-20	3-4	8-10	60-80	120	4	5
	2-3	5-7	15-20	3-4	5-7	20-30	120	4	5
	2-3	10-15	40	10-20	10-12	150-180	100	3	2
	2-3	10-15	40	10-20	10-12	120-150	90	3	2
	2	15-20	30	5-6	15-20	90-120	10	1	4
	0,5	50	80	5-8	–	100-120	350	0,2	4

 Fertilisation
 Blanchiment
 Buttage
 Protection hivernale
 Conservation
 Récolte

LES ARBRES, ARBUSTES FRUITIERS ET PETITS FRUITS

Mordez un fruit mûr à point dans un jardin et vous n'échapperez pas à l'envoûtement de cette saveur unique et toujours supérieure à celle d'un fruit du commerce. Accueillir un arbre fruitier, c'est rêver de récoltes opulentes, de grappes, de baies et de drupes à dévorer à belles dents, c'est augurer des moments exquis échangés en famille ou entre amis. Le jardin fruitier, c'est un petit coin de paradis, un endroit où se mêlent intimité, secrets, fêtes et plaisirs partagés. Véritable concentré de tonus et de bienfaits, les fruits stimulent notre énergie par les vitamines et les sucres dont ils regorgent. Ces glucides sont en outre, pour la plupart, facilement assimilables par notre organisme.

Providence de la nature, les arbres fruitiers sont donc un vrai plaisir pour le jardinier qui bénéficie de leur manne chaque année. La plupart s'intègrent sans problème dans un jardin d'ornement, à condition de leur apporter les soins dont ils ont besoin. En fonction de leur taille, de leur forme et de leurs exigences, ils peuvent trouver leur place en isolé au milieu d'une pelouse (pommiers, poiriers, cerisiers et autres grands arbres), en massif (noisetiers, figuiers et autres arbustes), en haies basses (groseilliers, cassissiers, framboisiers ou mûriers) ou dans les parterres (fraisiers par exemple).

N'oubliez pas que les fruitiers nécessitent une attention particulière à la plantation, un arrosage pendant les premières années, ainsi qu'une taille régulière. Certaines espèces ont également besoin de la présence d'un congénère pour fructifier. Si vous respectez ces quelques conditions, les fruitiers seront pour vous une source de plaisir renouvelé chaque année.

Feijoa (floraison)

Acca sellowiana
FEIJOA, GOYAVIER DU BRÉSIL

J F M A M J J A **S O** N D

1,5/2 m — 2/2,5 m — P — - 5 °C

Cet arbuste frileux de la famille des Myrtaceae est à la fois décoratif par ses fleurs et utile par ses fruits.

Description: appelé aussi « goyave ananas » ou « goyavier de Montevideo », le feijoa vient d'Uruguay. Buissonnant, il porte des feuilles opposées, ovales, grisâtres. En juin/juillet, il épanouit des fleurs rouges et blanches, suivies de fruits au parfum d'ananas qui mûrissent difficilement.

Valeur nutritive : 30 kcal/100 g. Le feijoa est riche en vitamine C et en iode. C'est un des fruits les moins énergétiques.

Sol : riche, bien drainé, argilo-calcaire.

Exposition : chaude et très ensoleillée, sinon les fruits ne mûrissent pas bien.

Culture et entretien : dans les zones à hivers froids, cultivez le feijoa comme un agrume, en bac, à l'extérieur de mai à octobre, et dans une serre froide en hiver. Palissez-le contre un mur chaud dans l'Ouest. Il réussit en pleine terre sur la Côte d'Azur. Pour une bonne pollinisation, groupez plusieurs sujets différents.

Taille : supprimez les pousses situées à la base des plants greffés. En mars/avril, rabattez des 2/3 les pousses secondaires.

Récolte : de 5 à 20 kg par sujet âgé de plus de 5 ans. Les fruits restent verts à maturité. Ils se conservent 8 semaines.

Variétés: 'Coolidge', autofertile, au gros fruit cylindrique, en forme de poire; 'Mammouth', rond ou ovale, à la peau lisse et chair juteuse; 'Triumph', aux gros fruits à l'épiderme assez rugueux.

Notre conseil: après la récolte des fruits, traitez préventivement les feijoas contre les cochenilles avec un insecticide huileux.

Actinidia chinensis
KIWI, SOURIS VÉGÉTALE

J F M A M J J A **S O N** D

6/8 m — 6/10 m — - 10 °C

Cette belle grimpante volubile de la famille des Actinidiaceae porte une abondance de fruits tout velus.

Description: originaire de Chine, cette liane vigoureuse croît de 3 à 5 m par an. Dès la troisième ou quatrième année de plantation, les rameaux de l'année précédente portent en juin des fleurs parfumées, blanc crème, puis jaune chamois. Les pieds femelles portent en fin de saison de nombreux fruits ovoïdes, bruns.

Valeur nutritive : 47/51 kcal/100 g. Très riche en vitamine C, le kiwi contient des sels minéraux, surtout du potassium, du magnésium et du calcium.

Sol : riche, frais, léger, poreux, profond, non calcaire, et sans humidité stagnante.

Exposition : chaude et ensoleillée. L'emplacement doit être aéré, mais abrité des vents forts. Prévoyez un support (treillage, mur, pergola, tronc d'arbre).

Culture et entretien: plantez au moins un plant mâle pour cinq femelles. Enrichissez les trous de plantation de fumier décomposé et d'engrais de fond. Paillez les pieds les trois premiers hivers. Palissez les tiges au fur et à mesure en les attachant sans trop les serrer. Ensuite, elles s'enroulent autour du support. Arrosez abondamment d'avril à juillet, plus faiblement en août et en septembre. Dès la troisième année, apportez chaque automne une bonne dose de fertilisant organique, en alternance avec un engrais complet pour arbres fruitiers.

Kiwi 'Hayward'

Taille : en décembre/janvier, coupez à 2 yeux de la base les rameaux qui ont beaucoup fructifié. Réduisez les tiges secondaires des 2/3 de leur longueur. Attention, une taille trop tardive provoque des écoulements de sève qui nuisent à la bonne croissance. Rajeunissez un actinidia âgé en rabattant les branches au-dessus d'une ramification vigoureuse.

Récolte : comptez entre 20 kg et 60 kg par pied adulte. Récoltez les kiwis encore verts, ils mûriront 3 semaines plus tard. Ils se conservent au frais (5 °C) en cave, durant plus d'un mois.

Variétés: 'Bruno', très productif, aux petits fruits d'excellente qualité gustative;

Le kiwi pousse sur une grande liane

'Hayward', variété femelle, produit jusqu'à 30 kg par pied ; 'Monty', aux fruits allongés, de 60 à 80 g ; 'Tomuri', mâle au pollen de bonne qualité. 'Jenny' et 'Solo' sont des variétés autofertiles, mais leur production reste assez faible. L'espèce type, *Actinidia deliciosa*, fournit des fruits plus petits (25 g), mais très savoureux.

Notre conseil : si l'espace de votre jardin est limité, palissez le pied mâle contre un simple pylône en enroulant ses branches en spirale et réservez plus de place au pied femelle, que vous étendrez en éventail le long d'un mur. En été, par temps chaud et sec, brumisez le feuillage, pour éviter les attaques de l'araignée rouge.

Châtaignier

Castanea sativa
CHÂTAIGNIER

J F M A M J J A S O N D

15/20 m — 8/15 m

Cet arbre imposant de la famille des Fagaceae produit des fruits entourés d'une bogue épineuse.

Description : originaire du sud de l'Europe, d'Afrique du Nord et d'Asie Mineure, cet arbre rustique, à la ramure ample et arrondie, est doté d'une grande longévité. Il porte un feuillage ovale, denté, vert brillant, de 20 à 30 cm de long, qui devient roux doré en automne. En juin/juillet, ses chatons blonds contrastent avec le vert lustré des feuilles. Les fruits apparaissent en automne et mûrissent lentement.

Châtaigne 'Marron de Lyon'

Valeur nutritive : 180/194 kcal/100 g (frais) ; 341 kcal (sec). La châtaigne est riche en sucres, en vitamine C (50 mg/100 g), en phosphore, en calcium et en fer.

Sol : riche, léger, profond, sain, acide.

Exposition : bien dégagée, plein soleil.

Culture et entretien : plantez en automne. Tuteurez les jeunes sujets et fertilisez au printemps. Détruisez les arbres attaqués par la maladie de l'encre et ne replantez pas de châtaignier à cet endroit.

Taille : juste un équilibrage hivernal pour la formation de la ramure. Le recépage des vieux sujets est possible.

Récolte : ramassez les fruits qui tombent naturellement sur le sol. Pour conserver les châtaignes plusieurs mois, laissez-les tremper une journée dans une bassine d'eau froide. Égouttez les fruits à l'abri du soleil et disposez-les dans du sable sec.

Variétés : outre le châtaignier commun, on cultive aussi le marron, une grosse châtaigne, non divisée par des cloisons intérieures ; 'Marron de Lyon', ou 'Doré de Lyon', au gros fruit châtain rouge ; 'Nouzillard', au fruit goûteux et fin ; 'Maraval' et 'Marigoule', semi-précoces, résistent à la maladie de l'encre ; leur fruit, assez gros, est acajou foncé brillant ; 'Belle Épine', une variété très productive et de bonne qualité, s'est naturalisé en Dordogne et en Charente.

Notre conseil : le châtaignier a besoin d'un été chaud et très ensoleillé pour produire une belle récolte. Installez cet arbre dans un endroit bien abrité du jardin.

Bogues de châtaignes

Pomelo

Citrus limon
CITRONNIER

J F M A M J J A S O N D

2/6 m — 1,5/4 m — P — -5/-6 °C

Cet arbrisseau au port arrondi, de la famille des Rutaceae, porte des fruits jaunes, à la saveur acide.

Description : originaire du Cachemire, le citronnier a été diffusé par les Arabes dans tout le Bassin méditerranéen. Les feuilles, de 5 à 10 cm de long, ovales, aromatiques, sont épineuses à la base (stipule). Les fleurs parfumées, blanches, s'épanouissent à toute époque de l'année. Les fruits, qui se forment même chez les jeunes sujets, sont ovoïdes, couverts d'une écorce épaisse, jaune ou verte, très aromatique.

Valeur nutritive : 30/32 kcal pour 100 g. Riche en vitamine C, en acides organiques et en potassium, le citron est diurétique, digestif et antiseptique.

Sol : léger, souple, fertile, bien drainé, assez riche. En pot, un terreau « agrumes » de qualité ou un mélange par moitié de terre de jardin et de terreau pour rosiers.

Exposition : chaude et très ensoleillée.

Culture et entretien : plantez au printemps ou sortez les potées lorsque les gelées ne sont plus à craindre. Apportez un engrais spécial pour agrumes, avant la première floraison, puis en septembre. Arrosez les sujets en pot, tous les 2 jours en été, et fertilisez-les à l'engrais liquide deux fois par mois. Partout ailleurs que dans le Midi, hivernez les citronniers dans la véranda, entre 5 et 12 °C.

Citronnier

Taille : en raison de la vigueur du citronnier, la taille est indispensable pour favoriser la fructification et conserver une forme compacte à l'arbuste. Environ un mois après l'apparition de chaque nouvelle pousse, réduisez sa longueur à 20 cm en coupant au-dessus d'une feuille. Comptez 4 ou 5 interventions par an.

Récolte : cueillez les citrons au fur et à mesure qu'ils mûrissent, lorsqu'ils se détachent aisément de la branche. Le citron peut rester plus d'un mois sur la plante en conservant toutes ses propriétés. Une fois cueilli, il se conserve 2 semaines environ.

Variétés : 'Eureka', moyennement vigoureux et très remontant, au gros fruit à la peau rugueuse ; Lisbon', vigoureux, remontant, l'un des plus résistants au froid ; 'Meyer', assez résistant au froid, produit au printemps et en automne des fruits jaune orangé peu acides. Il réussit bien en pot ; 'Quatre Saisons', au fruit moyen, jaune franc à maturité.

Notre conseil : dans le Midi, favorisez la production de citrons, en cessant les apports d'eau en juin et en juillet, pour les reprendre en août. Si vous avez omis de tailler, vous pouvez provoquer la formation de nouvelles ramifications en coupant les jeunes pousses au niveau d'un groupe de feuilles (couronne).

Citrus x *paradisi*
POMELO, PAMPLEMOUSSE

J F M A M J J A S O N D

3/5 m — 2/3 m — P — -7/-8 °C

Ce petit arbre de la famille des Rutaceae donne les gros fruits jaunes appelés « pamplemousses ».

Description : le vrai pamplemoussier, *Citrus maxima*, originaire du sud-est de l'Asie, donne d'énorme fruits, piriformes, très acides. Les pamplemousses que nous consommons sont les fruits du pomelo, un hybride de pamplemoussier et d'oranger, découvert aux Antilles au XIXe siècle.

Valeur nutritive : 40/42 kcal/100 g. Riche en potassium, en phosphore et en calcium, le pamplemousse est diurétique et digestif.

Sol : profond, sableux mais frais, riche, bien amendé en matière organique. En pot, un terreau assez consistant.

Exposition : chaude, ensoleillée, à l'abri des gros écarts de température et du vent.

Culture et entretien : plantez au printemps, en incorporant au sol du fumier bien décomposé. Installez l'arbuste en orientant la greffe dans la direction opposée aux vents dominants. Paillez en été.

Taille : un mois après la plantation, taillez toutes les jeunes pousses de la moitié de leur longueur pour bien équilibrer la silhouette et constituer une charpente solide.

Récolte : cueillez les fruits lorsqu'ils sont bien colorés et se détachent aisément de la branche. Ils se conservent sur la plante plus de 2 mois, 15 jours une fois cueillis.

Variétés : 'Blond', à chair jaune ; 'Pink Marsh', à chair rose, sucrée ; 'Shambar', à chair rose ; 'Star Ruby', à chair rouge.

Notre conseil : d'octobre à mai, hivernez le pomelo dans une véranda maintenue entre 5 et 15 °C. Il ne faut surtout par le considérer comme une plante d'intérieur.

Citrus reticulata
MANDARINIER, CLÉMENTINIER

J F M A M J J A S O N D

6/8 m — 3/4 m — P — -6/-12 °C

Ce petit arbre de la famille des Rutaceae est l'agrume le plus facile à réussir dans les régions froides.

Description : originaire de Chine et du Japon, le mandarinier se décline en différents groupes variétaux, notamment les clémentiniers, à port érigé, aux fruits doux et sans pépins, et les satsumas, à port retombant, très résistants au froid, un peu plus acides, et que l'on cultive beaucoup en Corse. Les véritables mandarines sont plus grosses et richement garnies de pépins. Les fleurs blanches, parfumées, apparaissent en même temps que les fruits.

Valeur nutritive : 46 kcal pour 100 g. Mandarines, clémentines et satsumas sont riches en sucres, en vitamine C, en potassium, en magnésium et en calcium.

Sol : léger, poreux, frais l'été, humifère.

Exposition : le plus de soleil possible.

Mandarinier

Culture et entretien : plantez au printemps ou sortez les pots en mai. Utilisez comme porte-greffe *Poncirus trifoliata*. Rustique dans toute la France, il résiste assez bien à la plupart des maladies graves. Adapté aux sols lourds et peu profonds, mais sensible au calcaire et à la chlorose ferrique, il est parfait pour le clémentinier. Paillez le sol en été. Fertilisez.

Taille : équilibrez et aérez la ramure après la première pousse de printemps. Supprimez les rameaux morts ou abîmés.

Récolte : cueillez les fruits lorsqu'ils sont bien formés et se détachent aisément de la branche. La coloration n'est pas un signe de maturité, mais d'exposition au froid.

Variétés : 'Clemenules', clémentine productive ; 'd'Èze', mandarine très sucrée ; 'Fine', clémentine assez précoce ; 'Satsuma Owari', un peu acide, sans pépins.

Notre conseil : le mandarinier se ramifiant beaucoup, il faut l'éclaircir chaque année en dégageant le centre de la ramure.

Citrus sinensis
ORANGER

J F M A M J J A S O N D

6/10 m — 4/6 m — P — -7/-8 °C

Ce petit arbre au port arrondi, de la famille des Rutaceae, est le fruitier le plus cultivé dans le monde.

Description : originaire du sud-est de l'Asie, l'oranger fut introduit par les Arabes dans le sud de l'Europe vers l'an 1000. L'orange douce apparut au XVIe siècle, grâce aux Portugais qui la rapportèrent de Sri Lanka et de Chine. On construisit alors des grandes verrières (orangeries), afin de pouvoir le cultiver dans nos régions.

Valeur nutritive : 45 kcal pour 100 g. Tonique, l'orange est riche en sucres, en vitamine C, en calcium, en potassium, en phosphore et en magnésium.

Sol : consistant, mais bien drainé, riche, humifère. En pot, réalisez un mélange composé de 50 % de terre non calcaire, 25 % de sable grossier ou de perlite, et 25 % de terreau pour rosiers.

Orange douce

Exposition : chaude, ensoleillée, sans vent.

Culture et entretien : plantez au printemps ou sortez les bacs après les risques de gelée. Le bigaradier, ou orange amère (*Citrus aurantium*), résistant à la gommose et au phytophthora, est le meilleur porte-greffe de l'oranger. Citrange 'Troyer' (hybride d'oranger et de poncirus) convient aussi. Paillez l'été, fertilisez.

Taille : éliminez le bois mort et veillez au bon équilibre de la ramure (sphérique).

Récolte : cueillez à complète maturité lorsque les fruits se détachent quasiment seuls de la branche. Conservation des fruits frais jusqu'à 1 mois au réfrigérateur.

Variétés : les Navel, qui arrivent à maturité en novembre, sont les plus consommées en France : 'Navelina' et 'New Hall', précoces 'Navel Late', tardive. 'Thompson Navel' et 'Washington Navel' ont un gros fruit bien coloré. Les oranges « blondes sans pépins » mûrissent entre novembre et mars : 'Shamouti', au fruit oblong en janvier/février ; 'Salustiana', au fruit sphérique, très juteux, de novembre à mai ; 'Valencia Late', au fruit rond, printanier. Les oranges « Sanguines », à la pulpe rouge violacé, mûrissent en février ; 'Maltaise demi-sanguine', au fruit moyen, ovale, à peau rugueuse ; 'Sanguinelli', à gros fruit rond ; 'Tarocco', à gros fruit ovale.

Notre conseil : il est rare que l'été soit suffisamment long et ensoleillé pour récolter de bonnes oranges en France. Utilisez l'oranger et le bigaradier (moins frileux) comme arbres en bac pour l'ornement.

Corylus avellana
NOISETIER

J F M A M J J A **S O** N D

3/5 m | 2/4 m

Ce grand arbuste de la famille des Betulaceae forme un buisson très décoratif, aux fruits à coque dure.

Description : originaire d'Europe, de l'ouest de l'Asie et d'Afrique du Nord, le noisetier est très rustique. Son feuillage alterne, arrondi, denté, jaunit joliment en automne avant de tomber. La floraison, très précoce (de fin décembre à début mars), peut être compromise par les froids. Le noisetier produit dès la sixième année.

Valeur nutritive : 385 kcal pour 100 g. Riche en lipides (36 %), en protéines (8 %), en vitamines E et B, la noisette est bonne pour le système cardio-vasculaire.

Sol : léger, même pauvre ou rocailleux, peu calcaire, surtout pas argileux ni humide.

Exposition : le soleil direct assez doux dans un endroit dégagé ou la mi-ombre.

Culture et entretien : plantez en automne de préférence 2 variétés différentes qui vont se polliniser mutuellement, améliorant la production. Contre le balanin (ver des noisettes), pulvérisez un insecticide lors de la formation des fruits.

Taille : en février, supprimez les rejets en surnombre ainsi que les tiges les plus vieilles, mal placées ou sèches. Dégagez bien le centre de l'arbuste pour l'aérer.

Noisette 'Merveille de Bollwiller'

Récolte : de 7 à 12 kg par arbre adulte. Cueillez les noisettes lorsqu'elles se détachent elles-mêmes de leur involucre. Laissez-les sécher dans un local aéré, puis conservez-les dans un endroit frais.

Variétés : 'Cosford', à port un peu étalé, petit fruit rond ; 'Ennis', vigoureux et fertile, aux gros fruits ovales à la coque brun clair ; 'Fertile de Coutard', vigoureux, productif, de mise à fruit rapide, donnant un gros fruit rond à la coque foncée, variété idéale pour le Sud ; 'Impériale de Trébizonde', au fruit rond à la coque assez tendre ; 'Longue d'Espagne', précoce, à gros fruit conique ; 'Merveille de Bollwiller', vigoureux, peu drageonnant, produit un très gros fruit conique et arrondi ; 'Segorbe', à cultiver sur tronc, donne un excellent fruit rond, à coque havane clair, chair ferme.

Notre conseil : dans les régions continentales, préférez une variété à floraison tardive comme 'Merveille de Bollwiller' ou 'Longue d'Espagne'. Le noisetier à feuilles pourpres, surtout utilisé pour l'ornement, donne aussi des fruits comestibles. Vous pouvez planter le noisetier en haie libre.

Cydonia oblongua
COGNASSIER

J F M A M J J A S **O N** D

4/5 m | 2/3 m

Ce petit arbre de la famille des Rosaceae porte de jolies fleurs et des fruits jaunes très parfumés.

Description : originaire d'Iran et du Turkestan, le cognassier est tout à fait rustique. Son feuillage, vert foncé brillant, duveteux, devient jaune vif ombré de rouge en automne. Les grandes fleurs blanc rosé, en mai, sont suivies, en septembre/octobre, par de gros fruits côtelés, parfumés, d'un beau jaune d'or.

Valeur nutritive : 28/30 kcal/100 g. Le coing est riche en vitamines A et B, en potassium et en fibres. Très digeste, sa pulpe favorise bien le transit intestinal.

Sol : frais, riche, profond, bien drainé, de préférence peu calcaire.

Coing 'Monstrueux de Vranja'

Cognassier

Exposition : le plein soleil non brûlant ou la mi-ombre légère, à l'abri du vent.

Culture et entretien : plantez de novembre à mars. Arrosez copieusement par temps sec. Paillez avec du fumier décomposé au printemps.

Taille : superflue si l'arbre est bien formé. Équilibrez la silhouette en hiver, éliminez les tiges âgées et aérez le centre.

Récolte : de 50 à 80 kg par arbre âgé de 10 à 15 ans. Cueillez les coings juste avant les gelées, lorsqu'ils sont bien jaunes.

Variétés : 'Champion', de mise à fruit rapide, produit un gros fruit en forme de poire à la base arrondie ; il convient bien en Île-de-France ; 'Du Portugal', assez buissonnant, refleurit si sa première floraison a gelé, et donne de gros fruits. 'Vranja' ou 'Monstrueux de Vranja', dont le fruit peut atteindre 1 kg, est vigoureux, touffu, à branches souples. Étayez les branches pour leur éviter de casser si elles sont lourdement chargées de fruits.

Notre conseil : traitez contre la moniliose (pourriture des fruits) en pulvérisant un fongicide au printemps. Ramassez et brûlez les coings tachés ou momifiés.

Kaki

Diospyros kaki
KAKI, PLAQUEMINIER

J F M A M J J A S O **N** D

6/10 m — 3/5 m

Cet arbre élégant de la famille des Ebenaceae se pare en automne de fruits ressemblant à des tomates.

Description : appelé aussi « plaqueminier du Japon », cet arbre, originaire de Chine, se singularise par le coloris automnal orange pourpré de ses grandes feuilles vert foncé luisant. Les fruits globuleux, orange vif, de 5 à 8 cm de diamètre, restent très tard sur l'arbre, après la chute des feuilles. Leur saveur est un peu âcre en raison de la présence de tannins.

Valeur nutritive : 66 kcal pour 100 g ; c'est un des fruits frais les plus énergétiques. En dépit de sa saveur plutôt acide, le kaki est un fruit riche en sucres (15 %), en fibres (2,5 g/100 g), en vitamine C (16 mg/100 g), en provitamine A aux propriétés antioxydantes (1,6 g/100 g). Il contient divers sels minéraux (700 mg/100 g), surtout potassium, calcium et magnésium et divers oligo éléments.

Sol : riche, profond, fertile, plutôt sableux, pas d'humidité stagnante.

Exposition : le plein soleil dans un endroit chaud et abrité des vents dominants.

Culture et entretien : plantez en automne. Tuteurez le jeune arbre. Arrosez par temps sec. Dès septembre, étayez les branches lourdement chargées de fruits.

Taille : en hiver, uniquement pour aérer le centre et laisser pénétrer l'air et le soleil.

Récolte : pas avant la mi-novembre. Les fruits ne sont consommables que devenus presque blets, après le passage d'une petite gelée et un séjour au fruitier. Ils se conservent un peu plus d'un mois.

Variétés : 'Costata', au fruit orangé et côtelé ; 'Hatchiya', au gros fruit rouge vif ; 'Muscat', vigoureux et productif, assez frileux. On préfère aujourd'hui les variétés non astringentes, à chair ferme comme 'Fuyu', au fruit aplati, orangé, à la saveur vanillée, et 'Sharon', à peau fine et chair sans pépins, très sucrée, qui se croque comme une pomme. Ces variétés très goûteuses ont besoin de plus de chaleur.

Notre conseil : bien que parfaitement rustique, le kaki a besoin d'un été long et chaud pour bien fructifier. Réservez-le aux régions du Midi ou utilisez-le comme arbre d'ornement à planter en isolé.

Eriobotrya japonica
NÉFLIER DU JAPON

J F M **A M J** J A S O N D

5/6 m — 3/4 m — P — -5 °C

Ce petit arbre frileux de la famille des Rosaceae est surtout cultivé pour son aspect très ornemental.

Description : appelé aussi bibacier, ou loquat, cet arbuste originaire du centre de la Chine est rustique, mais ses fruits gèlent à - 5 °C. Son feuillage ovale, gaufré, disposé en rosette, est très décoratif. Les fleurs automnales, blanches, sont parfumées.

Valeur nutritive : 32 kcal/100 g. Les nèfles du Japon sont riche en vitamine B, en fibres et en sels minéraux (potassium).

Sol : consistant, assez riche, profond ; un peu de calcaire est bien toléré.

Exposition : très ensoleillée, abritée des vents froids, de préférence hors gel.

Culture et entretien : plantez au printemps près d'un mur bien exposé. Arrosez abondamment en cas de sécheresse. Paillez toute l'année. Fertilisez.

Taille : après la fructification, éliminez les pousses ayant produit. Équilibrez la forme.

Récolte : d'avril à juin, les fruits bien mûrs.

Variétés : 'Champagne', fruit piriforme à chair blanche ; 'Tanaka', au gros fruit ovoïde à chair jaune abricot.

Notre conseil : cultivez le néflier du Japon en bac, excepté dans le Midi et l'Ouest, où il réussit bien en pleine terre.

Néflier du Japon (fruits)

Néflier du Japon (feuillage)

Figuier

Figue 'Blanche d'Argenteuil'

Ficus carica
FIGUIER

J F M A M J J A S O N D

6/10 m · 4/6 m · – 15 °C

Cet arbre opulent de la famille des Moraceae est une curiosité végétale dont les vrais fruits sont les grains.

Description : originaire d'Afghanistan et doté d'une grande longévité, le figuier est ornemental par son grand feuillage découpé, vert brillant foncé. On consomme le réceptacle charnu de l'inflorescence (sycone), les véritables fruits étant les minuscules grains (akènes) contenus dans la chair. Le figuier est fécondé par le blastophage, une toute petite guêpe qui se développe à l'intérieur du sycone.

Valeur nutritive : 57 kcal/100 g en fruit frais, cinq fois plus pour la figue sèche. Elle est riche en éléments minéraux, surtout en potassium, en vitamine B et en fibres.

Sol : léger, plutôt sec, pauvre, calcaire.

Exposition : plein soleil, à l'abri du froid.

Culture et entretien : plantez au printemps, de préférence le long d'un mur au sud dans les régions fraîches. Arrosez abondamment quand les fruits commencent à grossir. Paillez le pied avec du compost ou un mulch pas trop compact.

Taille : dans le Nord, l'hiver suivant la plantation, conduisez le figuier en cépée, en rabattant le jeune arbre à trois yeux au-dessus du sol. Ensuite équilibrez la ramure et dégagez bien le centre. La taille de fructification, surtout utile dans le Nord, a pour but de favoriser la ramification, les figues se développant sur les pousses de un an ou sur les bourgeons de l'année. En avril, pincez l'extrémité des rameaux. En mai, supprimez au sécateur les pousses qui démarrent à l'aisselle des jeunes figues. En septembre, après la récolte, supprimez les pousses qui ont fructifié. Dans le Midi, après la récolte des figues-fleurs des variétés bifères, supprimez en août une partie des pousses de l'année portant des figues d'automne. Cela favorise le développement de nouvelles pousses qui vont porter en fin de saison les « figues-fleurs », qui passent l'hiver sur l'arbre à l'état embryonnaire et mûrissent en juillet suivant. En limitant la production, la taille évite l'épuisement de l'arbre.

Récolte : cueillez les figues bien colorées, à la peau souple, lorsqu'elles se détachent facilement. Dans le Nord, un figuier palissé produit de 10 à 20 kg de fruits. Dans le Midi, on récolte entre 50 kg et 100 kg.

Variétés : on distingue deux types.

• **Figuiers unifères (une récolte en automne) :** 'Marseillaise', ou 'Blanquette', aux petits fruits jaune verdâtre à chair rose ; 'Parisienne', à gros fruits aplatis de couleur ardoise ; 'Violette de Solliès', au fruit arrondi, légèrement conique, violet, à chair rouge grenat.

• **Figuiers bifères :** les figues-fleurs mûrissent en juilet/août à l'extrémité des rameaux et des figues d'automne sont produites à l'aisselle des feuilles ; 'Blanche d'Argenteuil', à chair blanc verdâtre, réussit dans le Nord ; 'Grise de Saint-Jean', au fruit en forme de poire, gris rougeâtre, chair rose ; 'Noire de Caromb', au fruit bleu violet très allongé ; 'Rouge de Bordeaux', assez rustique, aux gros fruits grenat à chair rouge ; 'Violette Dauphine', très productive, figue violette à chair rose, convient pour le Nord.

Notre conseil : sous un climat froid, limitez la hauteur du figuier à 3 m et protégez-le, comme le font les Anglais, en liant les branches, en les entourant d'un paillasson, et en enveloppant le tout de plusieurs couches d'un voile d'hivernage en matière synthétique laissant passer l'air.

Fortunella japonica
KUMQUAT

J F M A M J J A S O N D

3/4 m · 1/1,5 m · P · - 10 °C

Ce petit arbre de la famille des Rutaceae est le seul agrume dont on consomme les fruits avec la peau.

Description : originaire de Chine, le kumquat, souvent planté à titre ornemental, donne des fleurs blanches, parfumées, plus tardives que celles des *Citrus* (d'avril à juin). Ses petits fruits orangés ont une saveur un peu acide, mais agréable.

Valeur nutritive : 40 kcal/100 g. Le kumquat est riche en vitamine C.

Sol : léger, humifère et enrichi de sable.

Exposition : soleil et chaleur, à l'abri.

Culture et entretien : plantez au printemps au pied d'un mur bien exposé, ou en bac afin de pouvoir le rentrer en hiver dans une véranda maintenue hors gel.

Taille : équilibrez la forme après la floraison. Ne faites pas de coupe trop sévère.

Récolte : dès que les fruits se détachent sans difficulté. Vous pouvez les laisser sécher à l'air libre dans du sucre.

Variétés : *Fortunella japonica* donne des fruits ronds ; *F. margarita,* des fruits longs.

Notre conseil : un kumquat adulte supporte - 10 °C, mais les fruits tombent à partir de la première gelée.

Kumquat

Fragaria vesca
FRAISIER

J F M A **M J J A S O** N D

20/40 cm — 15/30 cm

Cette vivace stolonifère de la famille des Rosaceae produit une abondance de fruits très parfumés.

Description : si les fraises à gros fruits n'ont été introduites du Chili qu'en 1714, la fraise des bois figurait dans les potagers au Moyen Âge et les Romains en faisaient des masques de beauté. Le fraisier forme une touffe de feuilles portées par un long pétiole souple, et composées de 3 folioles dentées. Les fleurs blanches, à 5 pétales, forment après fécondation un réceptacle charnu ponctué de grains (akènes) qui sont en fait les véritables fruits.

Valeur nutritive : 35/40 kcal/100 g. La fraise est très riche en vitamines C, E, K. Elle renferme des sels minéraux : potassium, calcium, magnésium et fer.

Sol : riche, souple, bien drainé, plutôt acide et humifère. L'apport d'un fertilisant organique est conseillé à la plantation.

Exposition : soleil léger ou mi-ombre.

Culture et entretien : pour réussir le fraisier, respectez les conseils suivants :

Plantation : supprimez les mauvaises herbes et incorporez 5 kg/m^2 de compost (ou 500 g de fumier en granulés) et un engrais pour fraisiers. Plantez à l'automne pour obtenir une production dès la première année. Distance de plantation : de 30 cm à 40 cm, sur des rangs distants de 50 cm. N'enterrez pas le cœur du fraisier.

Soins : apportez un engrais fraisiers au démarrage de la végétation, renouvelez la fertilisation après la première récolte en juin et en juillet, et en automne. Au début de la floraison, pulvérisez un produit total pour lutter contre les pucerons et les diverses maladies qui tachent les feuilles. Traitez contre l'oïdium et le botrytis avec un fongicide à la fin de la floraison, et de nouveau 15 jours plus tard, puis après la récolte. Très gourmand en eau, le fraisier doit être paillé et arrosé régulièrement pendant les fortes chaleurs estivales. Les arrosages en pluie aident à lutter contre l'araignée rouge par temps sec.

'Garriguette'

Fraise des bois

Taille : supprimez les stolons, ou filets, ces longues pousses qui s'enracinent à leur extrémité et développent un jeune plant.

Récolte : comptez 1,5 kg/m^2, entre 400 g et 700 g seulement pour les fraises des bois. Prélevez les fraises lorsqu'elles sont bien colorées, en coupant le pédoncule.

Variétés : il existe une multitude d'obtentions classées selon leur fructification.

• **Fraisiers non remontants à gros fruits.** Variétés précoces (du 15 mai au 15 juin, dès avril dans le Sud) : 'Favette', à gros fruit très parfumé ; 'Gariguette', peu sensible au botrytis, au fruit moyen, rouge vif. Variétés de moyenne saison (juin, à partir de mai dans le Sud) : 'Belrubi', à gros fruit allongé, rouge groseille, très parfumé ; 'Gorella' se prête au forçage, mais on doit lui éviter un sol calcaire et un climat chaud. Fruit conique, assez gros (de 15 à 30 g) ; 'Red Gauntlet', au fruit moyen (de 10 à 20 g), idéal pour le forçage, remonte parfois un peu en fin d'été.

Variétés tardives (de 15 juin au 15 juillet) : 'Tago', au gros fruit rouge brillant, est peu sensible à la pourriture ; 'Bogota', le plus tardif, productif, à gros fruit rouge orangé.

• **Fraisiers remontants à gros fruits** (de fin mai à début juillet, puis de mi-août à octobre) : 'Agathe', très précoce, résiste à tous les climats, fruit conique rouge clair ; 'Gento', très productif, à fruit énorme (de 40 à 50 g) ; 'Mara des bois', à fruit conique, ayant la saveur incomparable de la fraise des bois ; 'Ostara', productif, craint la sécheresse, fruit assez gros, rouge vif à rouge sombre ; 'Rabunda', à gros fruits réguliers, rouge orangé assez pâle, productif, résiste aux maladies.

• **Fraisiers des quatre saisons** (à petits fruits de mai à novembre) : 'Reine des Vallées', petite fraise très parfumée qui peut être palissée sur un tuteur.

Notre conseil : pour bénéficier d'une production régulière, tout en évitant la dégénérescence due aux maladies, remaniez complètement votre plantation tous les 3 ans. Achetez des plants certifiés indemnes de virus et changez à chaque fois l'emplacement de la culture, pour éviter toute dégénérescence.

'Mara des Bois'

Paillez les fraisiers

'Hummi Gento'

Juglans regia
NOYER

J F M A M J J A S O N D

15/25 m — 8/15 m

Cet arbre imposant de la famille des Juglandaceae donne des fruits enveloppés d'une coque très dure.

Description : originaire du sud-est de l'Europe, de l'Himalaya et de Chine, le noyer, au port ample, atteint un grand développement, malgré une croissance lente. Il est très rustique, mais sa floraison précoce, en avril/mai, est souvent compromise par des gelées tardives. Les feuilles alternes, composées de nombreuses folioles, se colorent en automne.

Valeur nutritive : 525 kcal/100 g pour la noix fraîche, 660 kcal pour la noix sèche. Très riche en lipides (plus de 50 % pour la noix fraîche, 60 % pour la noix sèche), notamment en acides gras insaturés (72 %), la noix apporte beaucoup d'éléments minéraux, surtout du magnésium. Elle est riche en vitamine E antioxydante et en fibres. En dépit de sa teneur en huile, c'est un fruit très bénéfique pour le système cardio-vasculaire.

Sol : profond, frais, humifère, bien drainé, même calcaire. Le noyer ne tolère pas les sols très argileux, froids et humides.

Exposition : bien ensoleillée, protégée des vents froids et des gelées printanières.

Culture et entretien : plantez en automne, en incorporant au sol un bon engrais de fond. Les 5 premières années, apportez en avril un engrais complet organique, riche en azote. Dans un sol acide (pH inférieur à 6,5), chaulez en avril tous les 3 ou 4 ans, à raison de 200 à 400 g de chaux éteinte par m² de frondaison. Arrosez copieusement par temps chaud et sec. Traitez préventivement contre les pucerons et l'anthracnose, maladie qui se manifeste par des grandes taches brunâtres, cernées de gris, sur les feuilles et les fruits. 3 pulvérisation totales en mars et avril, à 15 jours d'intervalle, donnent de bons résultats. Multipliez le noyer par greffage en fente en avril ; le porte-greffe est un noyer franc semé un an plus tôt.

Noix 'Parisienne'

Noyer

Taille : le noyer ne supporte pas la taille. Si nécessaire, équilibrez la forme et nettoyez l'arbre en août ou en septembre.

Récolte : dès septembre pour la consommation immédiate des noix fraîches, en octobre si l'on désire les conserver. Un noyer de 10 ans peut fournir jusqu'à 20 kg de noix fraîches, soit 15 kg de noix sèches.

Variétés : 'Corne du Périgord', à floraison assez tardive et mise à fruits plutôt lente, fruit moyen, ovoïde, à coque solide ; 'Franquette' ; fleurit très tardivement et longtemps, gros fruits allongés à coque demi-dure et foncée ; cette variété rustique convient pour toutes les régions ; 'Mayette', à floraison tardive et rapide, gros fruits ronds, un peu allongés, à coque mince, blonde ; 'Parisienne', variété vigoureuse et productive, à floraison tardive mais de bonne durée, fournit de gros fruits arrondis, à coque demi-dure et foncée.

Notre conseil : prévoyez beaucoup d'espace dans votre jardin pour accueillir un noyer. Il lui faut au moins de 15 à 20 m de diamètre de terrain bien dégagé, et un emplacement abrité des vents froids et desséchants venus du nord et de l'est. Ne le plantez pas trop près de la maison car il dispense beaucoup d'ombre.

Malus communis (x domestica)
POMMIER

J F M A M J J A S O N D

6/10 m — 4/7 m

Ce petit arbre arrondi de la famille des Rosaceae est le fruitier le plus cultivé dans toute l'Europe du Nord.

Description : l'histoire du pommier se perd dans la nuit des temps. L'espèce est probablement originaire d'Asie centrale et du Caucase. Elle aurait été introduite dès la préhistoire en Europe, où elle s'est naturalisée. Très cultivé dans l'Ouest, le pommier s'adapte fort bien aux climats plus froids et plus chauds, puisqu'il réussit sous

Pommier en quenouille

toutes les latitudes, de Madrid à Oslo. C'est un petit arbre à la ramure régulière, sphérique, très décoratif fin avril-début mai par sa floraison blanc rosé et, à la fin de l'été et en automne, lorsque les fruits commencent à se colorer.

Valeur nutritive : 54 kcal/100 g. La pomme est un reminéralisant, très riche en potassium (140 mg/100 g), en phosphore, en magnésium, en calcium et en oligo-éléments (cuivre, zinc, manganèse, bore, sélénium). Sa teneur en vitamine C change selon les variétés. La pomme renferme

Pommier demi-tige

également des vitamines B et E et de la provitamine A, ainsi que des fibres (2,5 g pour 100 g). Elle possède des vertus diurétiques. Une consommation régulière de pommes avec la peau, surtout la variété 'Granny Smith' (2 à 3 fruits par jour), normalise un taux de cholestérol excessif.

Sol : riche et frais, consistant, bien drainé, même calcaire, mais jamais détrempé.

Exposition : le soleil direct sans excès.

Culture et entretien : pour réussir, il y a certains conseils à retenir.

• **Porte-greffe :** les variétés de pommiers sont toujours proposées greffées. Le porte-greffe le plus courant pour les formes libres (tige, demi-tige, fuseau) est M 106. Idéal en sol humide, il craint la sécheresse. Moyennement vigoureux, il convient aux formes petites et moyennes. M 111 s'em-

Pommier en cordon

ploie pour les fuseaux et les pleins vents, sur sol sec. Assez vigoureux, il est insensible au puceron lanigère. Le franc est issu du semis des pépins. Très vigoureux, il est parfait pour les sols pauvres, mais sa mise à fruits est lente. On l'utilise pour les formes libres. Pour les cordons, palmettes, espaliers, le M 9 convient en sols humides, le M 26 pour les terres bien drainées ; ce sont des porte-greffes peu vigoureux.

• **Plantation :** procédez entre fin novembre et début mars, en dehors des périodes de gel ou de fortes pluies. Apportez une bonne fumure de fond, soit par arbre 20 kg de fumier ou de compost bien décomposé (ou 5 kg de fumier séché), et 3 ou 4 poignées d'engrais de fond à action lente et progressive. Posez un tuteur avant la mise en place, afin de ne pas abîmer les racines de l'arbre. Arrosez abondamment (20 l au minimum).

• **Pollinisation :** la plupart des pommiers étant autostériles, c'est-à-dire incapables de féconder leurs fleurs avec leur propre pollen, plantez plusieurs variétés différentes pour obtenir une pollinisation croisée. 'Golden delicious', 'Idared' et 'Reine des Reinettes' comptent parmi les meilleurs pollinisateurs. Vous pouvez également planter des pommiers à fleurs, comme 'Evereste', qui sont aussi d'excellents pollinisateurs polyvalents.

Palmette horizontale

Pommier plein-vent

'Belgolden'

'Reine des Reinettes'

• **Apports d'engrais :** pour une bonne croissance, apportez chaque printemps, dès la deuxième année, un engrais organique riche en azote (de 50 à 70 g pour un arbre palissé, de 100 à 200 g pour un arbre en tige). Enfouissez un engrais « fruits » à l'automne pour assurer une bonne fructification l'année suivante (respectez les doses indiquées sur l'emballage du produit). Dans un sol acide, apportez chaque automne de la chaux agricole hydratée (de 500 g à 1 kg pour 10 m^2).

• **Éclaircissage :** limitez l'alternance qui se produit chez certaines variétés, en ne conservant, fin mai, que 2 fruits par bouquet (coursonne). Pour pratiquer l'éclaircissage, attendez que l'arbre se soit débarrassé naturellement des fruits mal formés.

• **Traitements :** en janvier, débarrassez l'écorce des lichens et des mousses avec une brosse métallique. Début février, pulvérisez un produit de fin d'hiver contre les formes hivernantes des différents insectes. Laissez-le bien ruisseler le long des branches et du tronc. Fin février, pulvérisez de la bouillie bordelaise, à titre préventif, contre les principales maladies. En mars, au gonflement des bourgeons, appliquez un traitement total, suivi en avril par deux autres pulvérisations au moment de l'éclatement des bourgeons (débourrement) et lors de la chute des pétales floraux. En mai, renouvelez le traitement total lors de la formation des fruits. Ces traitement préventifs protègent très efficacement le pommier contre la plupart des ravageurs et des maladies. Entre juin et août, vous pouvez traiter spécifiquement si nécessaire contre la tavelure, les pucerons et l'araignée rouge. Pour piéger le carpocapse, ensachez les fruits ou bien posez des bandes de glu autour des troncs. Évitez tout traitement moins de

15 jours avant la récolte. En octobre, pour protéger du chancre, traitez à l'oxychlorure de cuivre dès que les premières feuilles sont tombées, puis 2 ou 3 semaines après. Afin d'éviter la propagation de la moniliose – maladie assez fréquente chez le pommier, qui se traduit par la formation d'une grande tache ronde, brun clair, et d'anneaux concentriques de coussinets beiges –, ramassez les pommes tombées à terre et celles qui restent momifiées sur l'arbre. Brûlez-les ou enterrez-les immédiatement (50 cm de profondeur).

Taille : opérez en fin d'hiver, lorsque les différents bourgeons sont bien reconnaissables et avant qu'ils éclatent.

• **La taille de formation :** elle permet d'obtenir une silhouette équilibrée et de respecter les formes palissées. Pour les tiges ou demi-tiges, supprimez tout rameau naissant à même le tronc, sous les charpentières. Égalisez la longueur des branches principales. Éliminez les rameaux mal placés ou se dirigeant vers le centre de la frondaison. Pour les fuseaux et gobelets, taillez aux 2/3 de leur longueur les pousses verticales situées en haut de la ramure, coupez de moitié les pousses obliques et ramenez au tiers les pousses horizontales. L'obtention de formes palissées s'effectue à partir d'un scion (une jeune greffe d'un an), qui est soumis à des interventions répétées durant 2 ou 3 ans. Le plus simple est de vous procurer dans une jardinerie des palmettes ou des cordons déjà formés et de veiller à leur conserver une belle silhouette année après année grâce à la taille de fructification.

• **La taille de fructification :** sur le pommier (et le poirier), on pratique entre mi-décembre et mi-février la taille dite « trigemme », c'est-à-dire à 3 yeux (bourgeons). Le principe consiste à réduire au maximum la longueur des pousses secondaires, de manière qu'elles forment leurs fruits au plus près des charpentières. Pour opérer efficacement et sans difficulté, coupez toutes les pousses latérales en ne laissant que 3 yeux. Lorsqu'il y a un bouton à fruit (plus gros, plus rond), taillez juste après afin que le maximum de sève se concentre dessus, ce qui vous garantira une production de qualité. Allongez les branches charpentières de la longueur d'un sécateur (25 cm environ), en coupant une année sur un œil dirigé vers la droite et la suivante sur un œil orienté vers la gauche, ce qui permettra d'obtenir au final une branche bien droite.

Récolte : un pommier adulte produit en moyenne de 15 à 50 kg de fruits. Pour les variétés d'été et d'automne, cueillez les pommes en faisant tourner le fruit sur lui-même, dès qu'elles commencent à tomber au pied de l'arbre. Pour les variétés d'hiver, laissez-les mûrir le plus longtemps possible sur l'arbre, mais rentrez-les obligatoirement à l'abri, juste avant les gelées.

'Jonagold'

'Reinette grise du Canada'

Variétés (par ordre de maturité) :

• **Les pommes d'été :** se récoltent et se consomment entre fin juillet pour les plus précoces et début septembre pour les dernières ; '**Delbarestivale**', au gros fruit peu coloré, jaune vif strié de rouge orangé sur la moitié de la surface, chair croquante et juteuse. Moyennement vigoureux, l'arbre à port semi-étalé est très sensible à l'alternance (production irrégulière), mais il se met à fruit rapidement. 'Golden Delicious', 'Idared', 'Royal Gala' sont ses pollinisateurs ; '**Akane**', au fruit coloré rouge brillant, à chair blanche, ferme, acidulée. Faute d'éclaircissage (élimination de certains fruits), il restera petit. Peu ramifié, à port dressé ou semi-dressé, l'arbre se greffe sur M 26 ou sur M 106. Il est peu sensible à la tavelure. 'Golden Delicious', 'Granny Smith', 'Idared' et 'Reine des Reinettes' sont ses pollinisateurs ; '**Borowitsky**', au fruit assez gros, jaune citron, strié de carmin, juteux. Cet arbre vigoureux, très productif, est idéal pour les climats à été frais ; '**Transparente de Croncels**', au fruit assez gros, blanc jaunâtre et rose pâle au soleil, à chair acidulée, agréablement parfumée. L'arbre, de vigueur et de floraison moyennes, offre une bonne productivité. Il convient aux régions où l'été reste frais.

'Boskoop rouge'

• **Les pommes de mi-saison :** elles se récoltent en septembre et se conservent jusqu'en décembre, voire février, dans un endroit réfrigéré. **'Reine des Reinettes'**, au fruit moyen, jaune strié de rouge orangé, à chair croquante et parfumée. L'arbre, très vigoureux, érigé, a une mise à fruits assez lente. Sa productions plutôt bonne, alterne sensiblement. Il n'apprécie pas les climats chauds. 'Akane', 'Idared', 'Golden Delicious' et 'Reinette Clochard' sont ses pollinisateurs ; **'Royal Gala'**, à gros fruit jaune, strié de rouge, au parfum légèrement anisé. L'arbre est moyennement vigoureux mais productif, à port assez étalé. 'Delbarestivale', 'Delbard Jubilé' le pollinisent. **'Golden Delicious'**, au fruit allongé, jaune. De vigueur moyenne, cet arbre est de mise à fruits très rapide et produit beaucoup chaque année. Cette variété a donné de nombreuses mutations très proches, comme **'Belgolden'**. 'Akane', 'Granny Smith', 'Idared', 'Melrose', 'Querina Florina', 'Reine des Reinettes' le pollinisent. **'Delbard Jubilé'**, au gros fruit lavé de rouge écarlate sur fond jaune d'or. Vigoureux, bien ramifié, l'arbre est très résistant à la tavelure. 'Golden Delicious', 'Idared', 'Royal Gala' le pollinisent ; **'Jonagold'**, à gros fruit jaune, rougissant au soleil et à saveur sucrée. Cet arbre, à port semi-érigé, est assez vigoureux et très productif. Donnez-lui 'Granny Smith', 'Melrose' ou 'Reine des Reinettes' comme pollinisateurs. **'Melrose'**, au fruit assez gros, d'autant plus coloré en rouge qu'il a subi un bon ensoleillement. De mise à fruits lente, l'arbre, au port semi-dressé, est assez vigoureux et productif. Plantez à ses côtés 'Golden Delicious', 'Granny Smith', 'Idared' ou 'Reine des Reinettes' pour le polliniser. **'Belle de Boskoop'**, au fruit vert jaunâtre, qui peut être très gros lorsque l'arbre a été abondamment arrosé en été. Il existe une forme à fruits rouges. 'Golden Delicious' et 'Reine des Reinettes' sont ses pollinisatrices. **'Reinette Blanche du Canada'**, au fruit très gros, allant du jaune verdâtre au jaune d'or. Cet arbre, vigoureux et productif, offre un port étalé et une mise à fruits assez lente. Très sensible au chancre en climat humide, il est idéal en altitude. 'Golden Delicious', 'Granny Smith', 'Idared', 'Reine des Reinettes', 'Reinette Clochard' le pollinisent. **'Reinette Grise du Canada'**, au gros fruit gris bronzé, d'aspect irrégulier. L'arbre productif, de vigueur moyenne, est moins sensible au chancre que 'Reinette Blanche du Canada'. Ses pollinisateurs sont les mêmes.

• **Les pommes tardives :** elles se récoltent en octobre et se conservent plusieurs mois avant la consommation. **'Reinette Clochard'**, au fruit vert jaunâtre bronzé. Moyennement vigoureux mais productif, cet arbre, à port semi-dressé et de mise à fruits assez lente, doit être cultivé en petites formes. Il est idéal pour l'Ouest. 'Golden Delicious', 'Reine des Reinettes' le pollinisent. **'Querina Florina'**, au fruit assez gros, rouge lumineux. Cet arbre très vigoureux, à port semi-étalé, vient bien en forme libre. Il résiste à la tavelure. 'Golden Delicious', 'Granny Smith', 'Reine des Reinettes', 'Evereste' (pommier à fleurs) sont ses pollinisateurs. **'Reinette du Mans'**, au fruit moyen, jaune clair. De vigueur moyenne, au port étalé, cet arbre est sujet à l'alternance et de mise à fruits tardive. Il n'aime pas les climats à hivers doux. 'Granny Smith' est son pollinisateur. **'Granny Smith'**, au fruit moyen, vert cireux, dont la chair est très acidulée et peu sucrée. Très productif, cet arbre assez vigoureux, à port dressé, doit de préférence être mené en forme libre. Idéal dans le Midi, il est déconseillé en climat frais et humide. La plupart des variétés le pollinisent.

Notre conseil : pour bien fructifier, la plupart des variétés demandent une température moyenne de 15 °C entre mai et septembre. Sous un climat froid, retenez 'Borowitsky' et 'Transparente de Croncels', qui se contentent de 12 °C. Dans le Sud, optez pour 'Winesap' et 'Rome Beauty', qui réclament de 17 à 18 °C. Certaines variétés résistent fort bien au froid, et leur floraison tardive échappe aux dernières gelées printanières. Au-dessus de 1 000 m, choisissez 'Reinette Clochard', 'Reinette du Mans', 'Granny Smith' ; entre 800 et 1 000 m, 'Reinette du Canada' ou 'Belle de Boskoop'. Au cours de l'été, n'oubliez pas d'étayer les branches chargées de fruits afin qu'elles ne cassent pas.

'Royal Gala'

Néflier

Mespilus germanica

NÉFLIER COMMUN

J F M A M J J A S O N D

5/8 m 3/5 m

Ce petit arbre très rustique de la famille des Rosaceae produit des fruits aux réelles vertus officinales.

Description : originaire du sud-est de l'Europe et du nord de la Perse, le néflier a été introduit dans notre pays sous le règne de Charlemagne. Il aurait transité en Allemagne, d'où son autre appellation de « néflier d'Allemagne ». Il épanouit en mai de jolies coupes blanches ou roses.
Valeur nutritive : 40 kcal/100 g. La nèfle est astringente (idéale contre la diarrhée), riche en sucres et en vitamines B et C.
Sol : fertile, profond, bien drainé, même calcaire, pas trop sec, ni détrempé.
Exposition : soleil léger ou mi-ombre, dans un lieu abrité des vents dominants. Évitez les climats chauds et secs.
Culture et entretien : plantez d'octobre à mars, tuteurez les 3 premières années et fertilisez au printemps. Un paillis organique maintiendra le sol frais en été.
Taille : elle est inutile, les fleurs naissant à l'extrémité des rameaux de l'année précédente. Rajeunissez les arbres adultes tous les 7 ou 7 ans, en dégageant leur centre.
Récolte : après une gelée qui va ramollir le fruit (il devient blet), en le rendant moins astringent. La nèfle est plus agréable à consommer un mois après la récolte, après stockage dans un local frais et sec.
Variétés : 'À gros fruits', très productif, est le plus cultivé pour l'usage fruitier.
Notre conseil : plantez le néflier au pied de grands arbres qui l'abriteront sans compromettre sa production.

Opuntia ficus-indica

FIGUIER DE BARBARIE

J F M A M J J A S O N D

1/3 m 1/2 m P 0 °C

Ce grand cactus arbustif de la famille des Cactaceae donne des fruits épineux à la saveur douce.

Description : originaire d'Amérique centrale, cette oponce forme un tronc ligneux portant des raquettes arrondies, plates, épineuses et charnues. Au printemps, le bord des raquettes se pare de très belles fleurs en coupe jaune orangé, qui donnent des fruits ovoïdes de 5 à 10 cm de long, fortement épineux, jaune orangé.
Valeur nutritive : 40/45 kcal/100 g. La figue de Barbarie est riche en sucres, en fibres, en vitamines et en sels minéraux.
Sol : sec, sableux, pauvre, très poreux, caillouteux et aride, même calcaire.
Exposition : le plein soleil même brûlant dans un endroit abrité des gelées.
Culture et entretien : plantez au printemps dans un substrat léger une raquette qui va servir de bouture. Inutile d'arroser et de fertiliser. Cultivez le figuier de Barbarie en pot dans les régions froides et hivernez-le entre 5 et 12 °C dans une véranda.
Taille : coupez les parties mortes ou sèches. Rajeunissez régulièrement la plante qui se dégarnit petit à petit.
Récolte : à pleine maturité lorsque les fruits sont bien colorés. Brossez-les pour enlever les épines, fines, mais redoutables.
Variétés : l'espèce type seulement.
Notre conseil : la production fruitière n'est possible que sur les talus secs de la Côte d'Azur ou de la Corse.

Figuier de Barbarie

Passiflora edulis

FRUIT DE LA PASSION

J F M A M J J A S O N D

6/10 m 3/5 m P 5 °C

Cette liane vigoureuse et frileuse de la famille des Passifloraceae donne des fruits acidulés, délicieux.

Description : originaire du Brésil, cette grimpante vigoureuse est aussi appelée maracudja. Elle porte des feuilles trilobées de 10 à 20 cm de long et des fleurs estivales blanc strié de pourpre. Les fruits ovoïdes sont jaune orangé pourpré.
Valeur nutritive : 62 kcal/100 g, riche en vitamines, en sucres et en sels minéraux.
Sol : riche et léger, humifère, assez profond, plutôt acide et bien drainé.
Exposition : le plein soleil non brûlant mais une forte chaleur, à l'abri des vents.
Culture et entretien : plantez au printemps contre un mur ou un treillage. Arrosez par temps chaud. La culture en pot de 40 cm est plus prudente, avec un hivernage à 15 °C dans la véranda.
Taille : raccourcissez toutes les pousses de la moitié de leur longueur en février/mars.
Récolte : à pleine maturité lorsque les fruits se colorent et flétrissent légèrement.
Variétés : toutes les passiflores sont comestibles. *Passiflora coerulea,* la plus rustique, donne des fruits oblongs jaune orangé, assez acides. *Passiflora quadrangularis* (barbadine), aux gros fruits bien rafraîchissants, est très frileuse.
Notre conseil : dans l'Ouest, et jusqu'en région parisienne, la passiflore bleue *(Passiflora coerulea)* réussit en pleine terre contre un mur exposé plein sud.

Fruits de la passion

Amande 'Garden Prince'

Amandier en fleurs

Prunus amygdalus (Prunus dulcis)
AMANDIER

J F M A M J J A **S O N** D

6/8 m — 3/4 m — - 10 °C

Ce petit arbre de la famille des Rosaceae est un des plus précoces à fleurir. Il donne des fruits durs.

Description : présent de l'Afrique du Nord jusqu'à l'ouest de l'Asie, l'amandier est très cultivé dans les régions méditerranéennes. Les feuilles lancéolées sont très étroites. Sa splendide floraison, rose ou blanche, dès le mois de février, craint les gelées printanières. Les fruits ovoïdes veloutés, gris-vert, ont besoin de chaleur pour faire mûrir l'amande qu'ils renferment.

Valeur nutritive : 400 kcal/100 g (amande fraîche) ; 575 kcal (sèche). Riche en lipides (50 %), en vitamine E, en magnésium et en fibres, l'amande a un taux de protéines comparable à celui de la viande.

Sol : perméable, léger, pierreux, calcaire.

Exposition : le plein soleil, à l'abri des vents froids, sous un climat très doux.

Culture et entretien : plantez en automne. L'amandier doit être greffé sur franc de pêcher pour la culture en sol sain et non calcaire, sur franc d'amandier pour les terres calcaires et sèches. Faites deux apports d'engrais complet pour arbres fruitiers au printemps et à l'automne. Épandez du fumier décomposé au printemps. Arrosez l'été par temps chaud. Pour une bonne pollinisation, plantez au moins 2 variétés compatibles côte à côte.

Taille : dans le Midi, formez l'amandier en gobelet, avec 4 ou 5 charpentières sur un tronc de 80 à 90 cm. Ailleurs, palissez-le en palmette à la diable contre un mur exposé plein sud. Supprimez les pousses qui ont porté des fruits.

Récolte : comptez de 8 à 12 kg de fruits à coque sèche, ou 50 kg à coque verte. Cueillez les amandes fraîches à la main, entre 10 et 25 jours avant la maturité complète. Gaulez les amandes sèches.

Variétés : par précocité de floraison, de la mi-février à la fin mars ; 'Princesse', très productif ; ses fruits, à coque tendre, viennent à maturité en septembre, variété sensible au gel ; 'Aï', idéal pour les climats secs, fleurit fin février, mais résiste bien aux gelées ; son fruit à coque tendre arrive à maturité en septembre ; 'All in One', autofertile ; son amande à coque tendre est mûre en septembre ; 'Marcona', vigoureux et productif, résiste bien aux maladies, fruit à coque demi-dure, utilisé surtout en pâtisserie ; 'Nec Plus Ultra', à port étalé, fleurit à la mi-février ; craint la sécheresse, fruit au goût très fin ; 'Ferraduel' ne fleurit pas avant mars ; l'arbre, vigoureux, au port ample, donne un fruit à coque dure qui parvient à maturité vers la mi-septembre ; 'Ferragnès', de mise à fruits rapide, fleurit tardivement ; son fruit à coque demi-dure mûrit vers mi-septembre.

Notre conseil : traitez avec un produit acaricide dès l'apparition du phytopte de l'amandier, araignée minuscule qui développe un épais feutrage blanc, virant au brun, sur le revers des feuilles.

Prunus armeniaca
ABRICOTIER

J F M A M **J J A** S O N D

4/6 m | 3/4 m

Ce petit arbre de la famille des Rosaceae fleurit très tôt et produit des fruits d'été juteux et savoureux.

Description : originaire du nord de la Chine et du Turkestan, l'abricotier est très ornemental avec son feuillage vert brillant, sa floraison à la mi-mars, blanc rosé, parfumée, et ses beaux fruits jaune orangé.

Valeur nutritive : 47 kcal/100 g. Riche en potassium, magnésium, fer, cuivre, provitamine A ou carotène, vitamine C, l'abricot est un fruit très sain et digeste.

Sol : léger, perméable, même caillouteux et un peu calcaire. Il résiste à la sécheresse.

Exposition : chaude et ensoleillée, à l'abri des vents froids et des gelées printanières.

Culture et entretien : plantez d'octobre à mars. L'abricotier doit être greffé pour produire de beaux fruits.

• **Porte-greffes :** le franc convient le mieux aux sols calcaires et secs. Il donne des fruits un peu plus petits et plus tardifs. Très productif, il est idéal dans le Midi. Le prunier Myrobolan convient pour tous les sols, même calcaires, mais pas trop secs. Il est déconseillé avec 'Canino' et 'Rouge du Roussillon'. Le franc de pêcher est adapté à un sol perméable, profond mais sans calcaire. De bonne longévité, il produit de gros fruits colorés. Il est idéal pour 'Bergeron', 'Luizet' et 'Polonais'.

Abricot 'Pêche de Nancy'

'Rouge du Roussillon'

'Canino'

• **Éclaircissage :** éliminez une partie des fruits fin avril si l'arbre est très chargé.

• **Traitements :** traitez contre la cloque au moment de la chute des feuilles, puis au débourrement et à l'apparition des feuilles, avec de l'oxychlorure de cuivre.

• **Taille :** très modérée, en novembre ou en fin d'été, car l'abricotier ne supporte pas bien les blessures. Équilibrez les arbres pour qu'ils conservent une silhouette harmonieuse. Supprimez les parties mortes ou malades. Mastiquez les plaies pour éviter la formation de gomme.

Récolte : cueillez à la main les abricots lorsque les fruits se tachent de rouge et exhalent un fort parfum. Comptez environ 60 kg par arbre adulte.

Variétés : par ordre de maturité ; 'Stark Early Orange', vigoureux, de port compact, au gros fruit bien parfumé, est idéal dans le Nord ; 'Canino', au fruit moyen, jaune orangé, vigoureux, de mise à fruits rapide, arbre à réserver au Sud ; 'Luizet', ou 'Suchet', très rustique, à port étalé, donne un gros fruit jaune foncé, tacheté de rouge. Il convient pour toutes les régions ; 'Rouge du Roussillon', au fruit moyen, jaune tacheté de rouge. Très productif, il est cultivé surtout dans le Midi ; 'Polonais', ou 'Muscat de Provence', à gros fruits jaune orangé pâle. Vigoureuse, très productive, cette variété se plaît dans toutes les régions ; 'Précoce de Saumur', au fruit moyen, rouge orangé. Fleurissant très tôt, il a besoin d'un climat doux, à l'abri des gelées ; 'Pêche de Nancy', au très gros fruit d'excellente qualité. Vigoureux, résistant aux parasites, sensible à l'alternance, il est idéal dans le Nord ; 'Précoce de Montplaisir', au gros fruit jaune d'or et rouge. Productif, à floraison tardive, il convient pour toutes les régions ; 'Bergeron', au gros fruit parfumé. Très vigoureux et productif, il est idéal dans le Nord ; 'Paviot', un des plus tardifs, mais peu vigoureux et d'une productivité irrégulière. Le fruit juteux mûrit dans la seconde quinzaine de juillet.

Abricotier 'Luizet'

Utilisations et associations : tous les abricotiers étant autofertiles, vous pouvez planter une seule variété, mais pour prolonger le plaisir incomparable de croquer des abricots bien juteux sur l'arbre, il est préférable d'en associer plusieurs, aux époques de maturité différentes.

Notre conseil : veillez à ce que le sol soit toujours bien désherbé ou tondu, car les adventices hébergent souvent des spores de champignons pathogènes.

Bigarreau 'Napoléon'

'Bigarreau géant de Hedelfingen'

Prunus cerasus
CERISIER

J F M A **M J J** A S O N D

6/12 m — 4/7 m

Cet arbre de la famille des Rosaceae est aussi décoratif par ses fleurs que délicieux par ses fruits juteux.

Description : originaire d'Asie Mineure, devenu spontané en Europe, le cerisier pousse dans toutes les régions. Il fructifie abondamment chaque année, en raison de sa floraison tardive, très rarement détruite par le gel. Les cerisiers actuels sont issus de sélections de *Prunus cerasus* et de *Prunus avium*, parfois d'hybrides de ces deux espèces. Ces arbres ne viennent vraiment bien qu'en formes libres : tige, demi-tige, gobelet ou fuseau.

Valeur nutritive : 65 kcal/100 g) ; riche en vitamine C, la cerise est le plus sucré des fruits rouges (14 % de glucides).

Sol : léger, profond, même caillouteux ou calcaire, mais pas trop humide.

Exposition : au soleil non brûlant, à l'abri du vent violent pendant la floraison.

Culture et entretien : les cerisiers doivent être greffés pour bien fructifier.

• **Porte-greffe :** le franc de merisier *(Prunus avium)* convient aux grands arbres sur tige, en sol frais mais bien drainé. La mise à fruits est assez lente (de 7 à 8 ans), mais les récoltes sont très importantes. Le prunier Sainte-Lucie *(Prunus mahaleb)* est adapté aux petites formes en sol sec et calcaire. La mise à fruits est rapide (de 4 à 5 ans), mais les récoltes sont moyennes.

• **Plantation :** d'octobre à mars. Pour les arbres tiges, installez un tuteur avant la mise en place, afin de ne pas abîmer les racines. Au fond du trou de plantation, déposez un seau de fumier composté, entre 3 et 4 poignées d'engrais pour arbres fruitiers. Ajoutez de 50 à 80 g de sulfate de magnésium, notamment en sol calcaire, où se produit souvent une carence. Vous pouvez aussi utiliser un engrais pour rosiers, riche en magnésie.

• **Fertilisation :** au printemps, apportez un engrais azoté nitrique par griffage, avant la floraison, puis, après la formation des fruits, un engrais complet pour arbre fruitier. Dès la quatrième année, faites un second apport en automne, au cours du bêchage, que vous pouvez remplacer un an sur deux par un seau de fertilisant organique à base de fumiers et d'algues. Dans les sols non calcaires, pratiquez le chaulage tous les 3 ou 4 ans en automne, à la dose de 4 à 5 poignées par arbre, à enfouir par un léger griffage.

Griotte 'Montmorency'

• **Traitements :** en février, pulvérisez un produit de traitement de fin d'hiver pour éliminer les œufs de pucerons, d'araignées rouges et de teigne des cerisiers, dont la chenille ronge les fleurs. En mars et en avril, traitez avec un produit total au moment du gonflement des bourgeons, de leur éclatement (débourrement) et à la chute des pétales floraux. Renouvelez le traitements un mois après, lors de la formation des fruits, pour éviter la mouche des cerises et l'anthracnose, qui se manifeste par des petites taches anguleuses, lie-de-vin, sur les feuilles et par la chute prématurée de celles-ci. Renouvelez le traitement 15 jours plus tard contre la mouche des cerises, avec un insecticide. Dans un sol calcaire, épandez un antichlorose au pied des arbres dont les feuilles jaunissent. En juillet, après la cueillette, traitez à nouveau avec un produit total contre le corynéum et les araignées rouges.

Taille : le cerisier supporte mal la taille. Il réagit en produisant de la gomme qui s'écoule des plaies et l'affaiblit.

• **Taille de formation :** un an après la plantation, taillez en hiver pour former une charpente aérée, bien équilibrée et ouverte au centre, avec 4 ou 5 branches maîtresses. Réduisez la longueur des charpentières d'un tiers chaque année, fin août, jusqu'à ce que l'arbre soit bien ramifié.

• **Taille de fructification :** inutile. Si le cerisier ne fleurit pas, pincez les pousses en été pour provoquer des ramifications.

Récolte : lorsque les fruits sont très colorés, cueillez-les avec les pédoncules. Un arbre adulte peut fournir de 50 kg à 200 kg de fruits selon son importance.

Variétés (par ordre de maturité) :

• **De fin mai à début juin : 'Bigarreau Moreau'**, à gros fruit rouge foncé, à chair très ferme et croquante, pollinisé par 'Marmotte' ; **'Bigarreau Burlat'**, un arbre à port semi-dressé, vigoureux et productif, au très gros fruit rouge brillant à chair très ferme, pollinisé par 'Reverchon', 'Bigarreau Van' et 'Géant de Hedelfingen'.

• **Mi-juin : 'Bigarreau Early Van Compact'**, vigoureux et productif, à gros fruit rouge très luisant, pollinisé par 'Burlat' et 'Napoléon' ; **'Bigarreau Summit'**, arbre vigoureux, au port érigé, à très gros fruit (jusqu'à 14 g), autofertile ; il peut être pollinisé par 'Burlat' ou 'Géant de Hedelfingen', pour une meilleure production ; **'Bigarreau Reverchon'**, arbre vigoureux, à port semi-étalé, peu productif, mais à fruits énormes, carmin vif. Il est un peu sensible au corynéum et fleurit très tard. Il est pollinisé par 'Burlat' et 'Géant de Hedelfingen' ; **'Bigarreau Van'**, vigoureux, à port semi-dressé, au gros fruit pourpre noirâtre à maturité, pollinisé par 'Burlat' et 'Napoléon' ; **'Bigarreau Marmotte'**, à port érigé, au gros fruit allongé, rouge foncé, très brillant, pollinisé par 'Burlat' ; **'Bigarreau Cœur de Pigeon'**, au gros fruit jaune et rouge très clair, pollinisé par 'Burlat' et 'Napoléon' ; **'Griotte de Montmorency'**, autofertile, productif, de vigueur moyenne, au port demi-étalé. Le fruit moyen et rouge vif est parfait pour la conservation à l'eau de vie et les confitures.

• **De fin juin à mi-juillet : 'Bigarreau Rainier'**, arbre ample et vigoureux, à l'importante production de gros fruits jaunes et rouges, très goûteux, pollinisé par 'Belle de Châtenay' ; **'Bigarreau Napoléon'**, vigoureux, à port demi-étalé, de mise à fruits rapide, aux fruits moyens, jaunes, rouge clair au soleil, pollinisé par 'Burlat' et 'Bigarreau Van' ; **'Bigarreau Géant de Hedelfingen'**, très vigoureux, au port semi-dressé, à gros fruit légèrement conique, rouge brillant, devenant noir à maturité, pollinisé par 'Burlat', 'Reverchon' et 'Tardif de Vignola' ; **'Cerise royale'**, convient à toutes les formes, même buissonnantes, fruits de grande qualité, légèrement acidulé, autofertile ; **'Bigarreau Tardif de Vignola'**, très vigoureux, au port érigé, à gros fruit arrondi, pourpre, très foncé à maturité, pollinisé par 'Bigarreau Van' et 'Géant de Hedelfingen'. Il présente l'inconvénient de produire de façon irrégulière.

• **De mi-juillet à fin juillet : 'Griotte Griotella'**, arbre nain (2/3 m) au port souple semi-pleureur, à gros fruit rouge vif, acidulé, autofertile ; **'Bigarreau Stark Gold'**, assez vigoureux, fertile, au fruit jaune qui n'intéresse pas les oiseaux, mais à chair ferme et sucrée, pollinisé par 'Belle Magnifique' ; **'Belle de Châtenay'**, la griotte commune, appelée aussi **'Cerise Belle Magnifique'**, arbre étalé poussant bien en 1/2 tige, au gros fruit brillant, rouge grenat à chair rosée, au goût aigrelet, pollinisé par 'Montmorency' ; **'Cerise Allegria Delbard'**, un arbre solide et productif, au fruit rouge clair, très résistant à l'éclatement, qui peut rester jusqu'à 3 semaines sur l'arbre, autofertile.

Cerisier en fleurs

Bigarreau 'Cœur de Pigeon'

Notre conseil : pour obtenir de bonnes récoltes dans un grand jardin, regroupez plusieurs variétés qui se pollinisent mutuellement. Un pollinisateur suffit à féconder de 8 à 10 arbres de la même variété s'ils se trouvent à moins de 25 m à la ronde. Dans un petit jardin, plantez une seule variété autofertile, comme 'Griotte de Montmorency' ou 'Bigarreau Summit'. Sous un climat froid, préférez les cerisiers conduits sur tige (greffés en tête sur un merisier par exemple) aux fuseaux ou aux demi-tiges, plus fragiles.

Prune japonaise

'Valor'

Prunus x *domestica*
PRUNIER

J F M A M J J A S O N D

6/8 m 3/4 m

Ce petit arbre assez touffu de la famille des Rosaceae porte des fruits délicieux.

Description : le prunier cultivé résulte de l'hybridation de plusieurs espèces européennes et asiatiques de *Prunus*. Connu dès l'Antiquité, les Égyptiens le cultivaient déjà. Il réussit mieux en climat continental, car il aime les saisons bien tranchées, mais il pousse partout. Il est planté surtout en formes libres. Le prunier porte des feuilles alternes, ovales, pointues, de 8 à 10 cm de long. Les fleurs blanches, en coupe à 5 pétales, sont très précoces (dès fin mars). Outre le vrai prunier, le genre compte aussi la mirabelle, la quetsche et la reine-claude.
Valeur nutritive : 52 kcal/100 g. La prune est laxative, riche en sels minéraux, notamment en potassium, en calcium et en magnésium. Elle contient la plupart des vitamines B, mais assez peu de vitamine C.
Sol : léger, profond, drainant, riche, un peu acide, sans humidité stagnante.
Exposition : au soleil direct, à l'abri des vents forts. Le prunier ne craint pas l'hiver.
Culture et entretien : toutes les variétés de pruniers doivent être greffées.

- **Porte-greffe :** Le plus souvent utilisé est le Myrobolan, dont il existe diverses sélections. Il s'adapte bien à tous les sols, même relativement humides, mais se montre incompatible avec les prunes japonaises. Le prunier de Damas (sélection P. 1869) convient aux sols lourds et calcaires. Le prunier franc est parfois utilisé pour les mirabelles et les reines-claudes.
- **Plantation :** de novembre à mars. Placez un tuteur avant la mise en place de l'arbre, afin de ne pas abîmer les racines. Au fond du trou de plantation, déposez un bon seau de fumier déshydraté, et 2 ou 3 poignées d'engrais pour arbres fruitiers ou de corne torréfiée. Arrosez beaucoup, après la plantation (30/50 l), et régulièrement au cours des premiers étés.
- **Fertilisation :** le prunier est très exigeant en potassium. Un apport de fumier en automne et d'engrais pour arbres fruitiers au printemps est très bénéfique.
- **Traitements :** en février, pulvérisez un produit d'hiver pour éliminer les œufs de pucerons et d'araignées rouges. En mars et en avril, utilisez un produit total au gonflement des bourgeons, au débourrement et à la fin de la floraison. Il sera efficace contre l'hoplocampe, une petite guêpe noire qui pond à la base du calice des fleurs et dont la larve blanc verdâtre pénètre dans les jeunes fruits, et contre le corynéum ou maladie criblée et le monilia. Renouvelez ce traitement un mois plus tard pour lutter contre le carpocapse des prunes, dont la chenille rose à tête brune dévore les fruits. Vous détruirez les larves, avant qu'elles ne pénètrent dans les prunes. En juin, arrosez avec un antichlorose le pied des arbres dont les feuilles jaunissent (carence en fer). En juillet, faites un dernier traitement contre le carpocapse des prunes avant la récolte.

'Thames Cross'

'Mirabelle de Nancy'

'Tardive de Chambourcy'

'Golden Japan'

'Golden Globe'

Taille : il faut éviter de couper sévèrement les pruniers qui craignent ces interventions.
• **Taille de formation :** formez une charpente équilibrée, avec le centre bien aéré en intervenant l'hiver sur les jeunes arbres.
• **Taille de fructification :** sur les arbres pleins-vents, la taille est inutile. Supprimez seulement le bois mort et, tous les 6 ou 7 ans, aérez le centre. Sur les fuseaux, effectuez une taille légère, sur toute la périphérie de l'arbre, chaque année en février ou en mars pour réduire le volume.
Récolte : lorsque les fruits sont bien colorés et se détachent aisément de l'arbre. Comptez de 20 à 120 kg par arbre adulte.
Variétés : préférez, par ordre de maturité :
• **De juillet à mi-août :** 'Reine-Claude d'Oullins', vigoureux, à port bien dressé et moyennement ramifié, production régulière de gros fruits jaune verdâtre, teintés de rose, autofertile ; 'Reine-Claude Dorée', vigoureux, étalé, peu ramifié, il montre une nette tendance à l'alternance, fruit moyen, vert doré, à la chair fondante et très parfumée, pollinisé par 'Reine-Claude d'Althan', 'Reine-Claude de Bavay', 'Prune d'Ente' ; 'Reine-Claude d'Althan', de vigueur moyenne, au gros fruit rouge violacé à la saveur exquise, pollinisé par 'Reine-Claude Dorée' ; 'Golden Japan' et les autres variétés d'origine japonaise comme 'Allo', 'Beauty', 'Black Amber', 'Burbank', 'Great Yellow', 'Methley', 'Ozark' ou 'Santa Rosa', mûrissent dans la première quinzaine de juillet, parfois même plus tôt. Les gros fruits très colorés, jaunes ou rouge-violet, peuvent peser plus de 50 g. Une présentation parfaite, mais un goût plutôt fade.
• **D'août à début septembre :** 'Mirabelle de Nancy', vigoureux, à port étalé, assez ramifié, avec une production régulière de petits fruits d'un jaune orangé très lumineux, parfait pour les pâtisseries et les confitures, autofertile ; 'Stanley', vigoureux, à la silhouette dressée, productif, régulier, au fruit assez gros, allongé, bleu-violet, autofertile ; 'Prune d'Ente', au gros fruit rouge violacé, est la variété la plus prisée pour les pruneaux, autofertile.

'Reine-Claude Verte'

• **Septembre :** 'Thames Cross', de vigueur moyenne, au gros fruit ovale, jaune doré, à la chair juteuse et parfumée, autofertile ; 'Quetsche d'Alsace', très vigoureux, à port dressé, bien ramifié, produit régulièrement un fruit moyen, allongé, violet-noir, autofertile ; 'Reine-Claude de Bavay', vigoureux, à port dressé, ramifié, assez productif, au fruit moyen, rond, vert jaunâtre, autofertile ; 'Valor', la plus tardive des prunes, au gros fruit ovoïde bien bleuté a l'aspect d'une quetsche. La chair très fine a un goût qui se rapproche de celui de la reine claude, autofertile.

Prunier étayé

Notre conseil : même si nombre de pruniers sont autofertiles, il est préférable de planter côte à côte plusieurs variétés se pollinisant mutuellement. Si, malgré la présence d'une variété pollinisatrice à proximité, votre prunier fructifie peu, tout en se montrant très vigoureux, incorporez à l'automne un engrais phosphaté (de 200 à 400 g par arbre) et du sulfate de potasse (de 500 g à 1 kg par arbre). En revanche, pas de matière organique.

'Grosse Mignonne'

Prunus persica
PÊCHER, NECTARINE, BRUGNON

J F M A M **J J A S** O N D

3/5 m — 2/4 m

Ce petit arbre au port ample, de la famille des Rosaceae porte des fruits juteux, duveteux ou lisses.

Description : originaire d'Extrême-Orient, notamment du sud de la Chine, le pêcher a gagné l'Occident *via* l'Égypte et la Perse, d'où son nom botanique. Les feuilles étroites, recourbées atteignent 15 cm. Les fleurs très précoces (dès février), roses, sont portées en petits bouquets.

Valeur nutritive : 40 kcal/100 g, avec 9 % de glucides seulement. Savoureuse, juteuse et rafraîchissante, la pêche est riche en vitamine C et en provitamine A.

Sol : léger, profond, bien drainé, même sec et caillouteux, mais non calcaire.

Exposition : le plein soleil, à l'abri des gelées, en raison de la précocité de la floraison et du caractère frileux de l'arbre. Il aime la chaleur et réussit bien dans le Sud. Dans les régions du Nord, mieux vaut le palisser contre un mur exposé au soleil.

Culture et entretien : les variétés de pêchers doivent être greffées.

• **Porte-greffe :** le franc de pêcher, vigoureux, est le plus utilisé en sol sain, profond et non calcaire. En sol lourd et humide ou même calcaire, le prunier Saint-Julien, qui donne des fruits plus petits, convient bien surtout dans le Nord. En sol sec et calcaire, utilisez l'amandier, idéal dans le Midi. Les hybrides pêcher-amandier (GF 557 ou GF 677) conviennent davantage au Sud-Ouest. Vigoureux, ils sont très valables dans les sols calcaires, mais ils n'aiment pas du tout les sols trop humides.

Nectarine

• **Fertilisation :** apportez un engrais pour arbres fruitiers chaque année au printemps et une fumure organique en automne.

• **Soins d'été :** le pêcher demande un éclaircissage des fruits. Laissez en moyenne une pêche pour 15 cm de longueur de rameau. Un pincement est également nécessaire. Taillez les pousses qui portent des fruits, à cinq feuilles au-dessus des pêches. L'effeuillage permet d'améliorer la coloration des fruits, en supprimant toutes les feuilles qui les masquent.

• **Traitements :** début février, un traitement d'hiver contre les œufs de pucerons et d'araignées rouges. Début mars, avant la naissance des feuilles, pulvérisez une bouillie bordelaise contre la cloque du pêcher, l'affection la plus courante, avec la maladie criblée. Lors d'un printemps froid et humide, la cloque se traduit par la teinte rose des feuilles toutes jeunes, encore pliées. Elles prennent un aspect gaufré, s'enroulent sur elles-mêmes, avant de tomber. Les rameaux s'arrêtent de pousser, se déforment et se tordent. Ce traitement est aussi préventif contre la maladie criblée ou corynéum, qui se manifeste par des taches circulaires grisâtres sur les feuilles, entourées d'un halo rouge, dont le centre se nécrose. Cette même pulvérisation est efficace contre la moniliose. En avril et en mai, vaporisez un produit total qui se chargera des pucerons, des mineuses, de la tordeuse orientale et des chenilles, tout en renforçant la protection contre les maladies cryptogamiques, notamment l'oïdium. En juin, pulvérisez un insecticide contre les guêpes, la mouche méditerranéenne, la mineuse et la tordeuse orientale. En juillet, après la cueillette, traitez avec un produit total contre l'oïdium, la maladie criblée, la rouille et l'araignée rouge. Renouvelez la pulvérisation en août. En novembre, effectuez deux traitements de bouillie bordelaise, espacés de 15 jours en prévention contre la cloque du pêcher et la moniliose.

'Dixired'

Taille : le pêcher est l'arbre fruitier à noyau le plus exigeant en matière de taille, en raison de son mode de fructification qui entraîne la formation de beaucoup de bois mort. En effet, les rameaux qui portent des pêches meurent quelques semaines après avoir fructifié.

'Reine des Vergers'

Pêcher palissé

• **Taille de formation** : pour les formes libres (tige, fuseau, gobelet), assurez un port équilibré avec de 3 à 5 charpentières robustes, et le centre aéré. Taillez au départ de la végétation, plus court sur les arbres peu vigoureux. Pour les formes palissées, créez une palmette « à la diable », en provoquant de nombreuses ramifications par la taille régulière des pousses latérales. Veillez à ce qu'il n'y ait jamais d'axe central et palissez en éventail toutes les ramifications.

• **Taille de fructification** : elle favorise une production abondante et le remplacement des rameaux qui ont fructifié, par de nouvelles pousses portant des boutons floraux. Connaître les principaux organes à fruits du pêcher est important.

Le **bouquet de mai** est un rameau faible et court, comportant un seul bourgeon foliaire (ou œil à bois) et quatre ou cinq boutons floraux. Conservez-le intact.

La **chiffonne** est un rameau peu vigoureux, muni de boutons floraux sur toute sa longueur, et d'un œil à bois au sommet. Elle est conservée le temps d'une fructification, puis éliminée ensuite.

Le **rameau à bois** porte des petits bourgeons pointus (yeux à bois) qui évolueront en une pousse feuillée s'ils éclosent. Taillez les rameaux à bois au-dessus du deuxième œil à partir de la base.

Le **rameau mixte**, associe des yeux à bois et des boutons floraux. Conservez-le intact et éclaircissez les fruits après leur formation. Mais ce n'est pas utile si l'arbre est vigoureux.

Le **rameau gourmand**, très poussant, il porte uniquement des yeux à bois. Taillez-le après le quatrième ou le cinquième œil. Arquez-le afin de diminuer sa vigueur.

Récolte : lorsque les fruits bien colorés, souples au toucher, se détachent bien de l'arbre. Comptez de 20 à 25 kg par arbre palissé, et de 40 à 60 kg par plein-vent.

Variétés : les pêches sont duveteuses, les brugnons sont des pêches à peau lisse, à la chair ferme qui adhère au noyau. Les nectarines sont des brugnons à noyau libre. Toutes les variétés sont autofertiles. Par ordre de maturité choisissez :

• **Juillet** : 'Springtime', pêche blanche, un arbre, très vigoureux et productif, qui demande un bon éclaircissage ; 'Amsden', pêche blanche, moyennement vigoureux, mais très fertile, il résiste bien aux maladies ; 'Dixired' pêche jaune, assez vigoureux et productif, idéal pour le Midi ; 'Flavor Gold', nectarine jaune, d'excellente qualité gustative ; 'Morton', brugnon blanc, généreux, à floraison tardive, idéal pour le Sud-Ouest.

• **Août** : 'Redhaven', pêche jaune, moyennement vigoureux mais très fertile, il réussit partout ; 'Redwing', pêche blanche de saveur très douce, vigoureux et fertile ; 'Reine des Vergers', pêche blanche, très vigoureux et productif, il se cultive en plein vent dans le Nord ; 'Nectared 6', nectarine jaune, de mise à fruits très rapide, il demande à être éclairci pour ne pas s'épuiser ; 'Orlandine', pêche jaune, rustique, peu vigoureux, mais productif, au fruit très sucré ; 'Madeleine de Courson', pêche blanche, solide, très fertile, à gros fruit délicieusement parfumé.

• **Début septembre** : 'Reine des Vergers', pêche blanche, vigoureux et résistant aux maladies, le fruit tient bien sur l'arbre ; 'Sanguine', pêche à chair rouge, dite « pêche de vigne », de taille moyenne, il est bien adapté au climat tempéré.

Pêcher demi-tige

Notre conseil : sur les balcons, n'oubliez pas les variétés naines ('Garden Gold' et 'Garden Silver'), elles sont compactes et viennent très bien en bac, fleurissant joliment et donnant quelques fruits. Chez les pêchers palissés, favorisez le grossissement des fruits en pulvérisant de l'eau sur le feuillage, tous les soirs, environ un mois avant la récolte.

Grenades

Punica granatum
GRENADIER

J F M A M J J A S **O N** D

3/6 m · 2/3 m · -12 °C

Ce petit arbre de la famille des Lythraceae est apprécié pour ses fleurs rouges et ses fruits acidulés.

Description : venu du sud-ouest de l'Asie, le grenadier s'est naturalisé dans les régions méditerranéennes. Son feuillage, oblong, d'un vert brillant intense, naît cuivré et vire au jaune d'or en automne. La floraison rouge orangé est très décorative en été. Le grenadier fructifie après trois ou quatre ans de plantation. Ailleurs que dans la zone de l'olivier, les fruits restent âpres.

Valeur nutritive : 62 kcal/100 g. La grenade est riche en sucres, vitamines B et C, et sels minéraux (fer, potassium).

Sol : riche, profond, calcaire, bien drainé, mais restant assez frais en profondeur.

Exposition : le grenadier supporte la forte chaleur et craint les gelées tardives.

Culture et entretien : plantez au printemps. Dans le Midi, ne lésinez pas sur les apports d'eau au printemps, mais évitez tout arrosage copieux durant l'été et l'automne, ainsi que les excès d'engrais sous peine de faire éclater les fruits.

Taille : en automne, formez une charpente équilibrée en conservant de 3 à 5 branches principales disposées en coupe bien ouverte. Après la récolte, supprimez les rameaux qui ont fructifié.

Récolte : lorsque le fruit est bien coloré, mais avant qu'il ne s'ouvre. Comptez de 30 à 80 kg de fruits par arbre adulte.

Variétés : pour la production fruitière, l'espèce type, à fleurs simples, convient bien. Les variétés 'Wonderful', 'Mollar', 'Tendrar', 'Hicaz' sont cultivées en Israël, Espagne et Turquie. 'Nana', aux fleurs doubles, rouge minium et 'Nana Gracilissima', au feuillage très fin, gracieux, et fleurs orange sont des cultivars destinés à l'ornement.

Notre conseil : dans le Nord, préférez les variétés naines pour les cultiver en pots.

Pyrus communis
POIRIER

J F M A M J **J A S O** N D

7/10 m · 3/5 m

Cet arbre très rustique de la famille des Rosaceae produit les fruits les plus fondants qui soient.

Description : originaire d'Asie centrale, le poirier s'est répandu en Europe occidentale dès les temps préhistoriques. Les Romains déjà ont créé de nombreuses variétés par la pratique du greffage. On le cultive désormais sur tous les continents, en climat tempéré, jusqu'à 1 000 m d'altitude. Il forme un arbre arrondi aux feuilles alternes de 8 à 10 cm de long, ovales, rougissant à l'automne. En avril, les fleurs simples, blanches, à 5 pétales et étamines rouges, sont portées en bouquets.

Valeur nutritive : de 45 à 50 kcal/100 g. La poire est riche en fibres, en provitamine A, en vitamines B et C, en potassium. Ce dernier lui confère des vertus diurétiques.

Poirier en fleurs

Palmette Verrier de poirier

Sol : assez riche, perméable et profond. Le poirier n'aime pas les terrains secs ou trop calcaires, ni l'humidité stagnante.

Exposition : le plein soleil. Étant donné sa floraison précoce, évitez au poirier les situations gélives, les contrebas frais et humides et les emplacements très ventés.

Culture et entretien : le poirier doit être greffé pour propager les variétés.

• **Porte-greffe :** le franc de poirier réussit en sol un peu calcaire et sec. Il convient aux formes libres, mais sa mise à fruits est très lente et il donne des fruits assez petits. Le cognassier s'emploie en sol riche, non calcaire, même humide, surtout pour les formes palissées. Il ne convient pas à certaines variétés, comme 'Williams' ou 'Louise Bonne d'Avranches'. On distingue 2 types de cognassier. Le cognassier de Provence, le plus vigoureux, résiste mieux à la chlorose et à la sécheresse. Sa mise à fruits est rapide et il permet la production de fruits assez gros et de bonne qualité. Le cognassier BA 29 (sélection INRA) convient particulièrement aux 'Williams'. Le cognassier d'Angers, est moins vigoureux, mais sa mise à fruits est plus précoce, et sa productivité le rend attractif. Il est idéal dans les régions au climat tempéré.

• **Plantation :** entre mi-novembre et fin mars, en dehors des périodes de gel ou de fortes pluies. Apportez en fumure de fond une brouette de compost bien décomposé (ou 5 kg de fumier déshydraté) par arbre, ainsi que 3 ou 4 poignées d'engrais de fond à action lente. Dans un sol calcaire, ajoutez de la magnésie (de 50 à 80 g par arbre), car le poirier y est vite carencé en magnésium. Placez un tuteur avant la plantation afin de ne pas abîmer les racines de l'arbre par la suite. Donnez de 20 à 30 litres d'eau lors de la plantation, puis arrosez régulièrement et copieusement durant les premiers étés.

• **Fertilisation** : prévoyez les mêmes engrais que pour le pommier, sachant que le poirier est plus vigoureux et se révèle donc plus exigeant en azote. Un engrais azoté, au printemps, dès la deuxième année de plantation, favorise la croissance. En automne alternez un engrais potassique pour accroître la fructification, avec un apport de fertilisant organique à base de fumiers et d'algues. En sol acide, apportez chaque automne de la chaux agricole hydratée, à raison de 50 à 100 g/m^2. Incorporez les fertilisants par un labour superficiel (béquillage) à la fourche bêche, en veillant à ne pas blesser les racines.

• **Éclaircissage** : fin mai, ne conservez que 2 jeunes fruits par bouquet sur les arbres formés. Privilégiez les plus gros, situés à la périphérie du bouquet, et non ceux du centre comme chez le pommier. Sur les pleins-vents, l'éclaircissage est réalisé naturellement par l'arbre lui-même.

• **Traitements** : en décembre et en février, pulvérisez un produit de traitement d'hiver contre les cochenilles, petits boucliers noirs qui envahissent les rameaux, les œufs de pucerons et d'araignées rouges. Fin février une application de bouillie bordelaise lutte à titre préventif contre les principales maladies cryptogamiques. En mars, au gonflement des bourgeons et au débourrement, pulvérisez un produit total ainsi qu'en avril dès les premiers stades de la floraison et en mai lors de la formation des fruits. Vous protégerez ainsi l'arbre de tous ses ennemis, notamment l'hoplocampe du poirier et la cécidomyie des poirettes. Ces deux insectes pondent sur les boutons floraux, et leurs larves creusent une galerie dans les jeunes fruits qui tombent avant maturité. Ces traitements préventifs évitent aussi l'oïdium (blanc) et la tavelure, une maladie qui se manifeste par des taches brun olivâtre au revers des feuilles, et sur les fruits qui se fendent par la suite. En juin et en août, pulvérisez de nouveau un fongicide contre la tavelure et traitez avec un acaricide spécifique contre l'araignée rouge qui, par temps chaud et sec, colonise le revers des feuilles qui jaunissent et tombent prématurément. Pour piéger le carpocapse ou ver des fruits, dont la chenille creuse une galerie spiralée dans les poires, ensachez les fruits, ou bien posez des bandes de glu autour du tronc. Cessez tout traitement quinze jours avant la récolte. En octobre, luttez contre le chancre, maladie provoquée par un champignon, qui creuse l'écorce des branches et des rameaux. Les zones attaquées se recouvrent de pustules (spores) rouges en hiver, blanches en été. Traitez à la bouillie bordelaise dès que les 3/4 des feuilles sont tombées, puis 2 à 3 semaines plus tard. Ramassez bien tous les fruits attaqués par la moniliose et brûlez-les. En cas de contamination par la tavelure, ramassez toutes les feuilles tombées au sol et brûlez-les sans tarder. En hiver, protégez le tronc des jeunes poiriers de l'appétit des lapins, en les entourant avec des bandes de plastique ou du grillage.

Poirier en fuseau

Poirier palissé

Poirier en palmette horizontale

Éclaircissage des poires

Ensachage des poires

'Beurré d'Anjou'

• **Pollinisation** : les poiriers étant autostériles, une bonne fructification nécessite la présence proche de 2 variétés à la pollinisation (fécondation des fleurs) compatible. Pour une compréhension rapide et pratique, nous avons numéroté ci-dessous les principales variétés qui sont bonnes pollinisatrices, accompagnées du numéro de référence des variétés qui bénéficient le mieux de leur pollen.

(1) 'Docteur Jules Guyot' pollinise les variétés 2 - 4 - 6 - 7. (2) 'Williams Bon Chrétien' pollinise les variétés 1 - 4 - 6 - 7 - 11. (3) 'Delbardélice' pollinise les variétés 1 - 4 - 6. (4) 'Beurré Hardy' pollinise les variétés 1 -2 -6 -7 - 13. (5) 'Louise Bonne d'Avranches' pollinise les variétés 1 - 4 - 6 - 12. (6) 'Conférence' pollinise les variétés 1 - 2 - 4 - 5 - 7. (7) 'Doyenné du Comice' pollinise les variétés 1 - 2 - 4 - 6 - 11. (8) 'Pierre Corneille' pollinise les variétés 2 - 4 - 5 - 6 - 7. (9) 'Général Leclerc' pollinise les variétés 2 - 6 - 7. (10) 'Belle Épine du Mas' pollinise les variétés 6 et 7. (11) 'Jeanne d'Arc' pollinise les variétés 2 et 7. (12) 'Comtesse de Paris' pollinise les variétés 2 et 5. (13) Passe Crassane pollinise les variétés 2 - 4 - 6 - 10.

Taille : comme pour le pommier, taillez le poirier en hiver, de décembre à février, lorsque les boutons à fleurs bien charnus et arrondis sont aisément reconnaissables et différenciables des simples bourgeons foliaires petits et pointus et des dards, triangulaires et ridés à la base.

• **La taille de formation** : pour les formes libres, elle est très succincte : juste un équilibrage des rameaux. Pour les formes palissées, elle vise à conserver la silhouette et à obtenir un allongement progressif des branches, sur lesquelles naîtront les rameaux latéraux, porteurs de fruits.

• **La taille de fructification :** se pratique pour les formes palissées (cordons, palmettes) ou semi-libres (gobelet, fuseau) selon le principe de la taille trigemme, ou taille à trois yeux *(voir pommier)*. Plus précoces que les pommiers, les poiriers se taillent en premier. Sur les arbres très vigoureux, pratiquez l'arcure, en inclinant les pousses vers le sol, afin de favoriser leur fructification. Chez les grandes formes libres (tiges, demi-tiges), la taille est superflue, sauf pour un vieil arbre, chez lequel vous pouvez éliminer chaque année une ou deux branches âgées, si elles peuvent être remplacées par des jeunes rameaux bien placés. Réalisez la taille en vert, les pincements et les ébourgeonnements en juillet.

Récolte : lorsque les fruits se détachent facilement de l'arbre. Appuyez avec le doigt sur le pédoncule de la poire et soulevez le fruit pour le prélever en douceur. Comptez entre 20 kg et 30 kg par arbre adulte, de 10 à 15 kg par arbre palissé.

Variétés : à choisir par ordre de maturité :

• **Juillet : 'Beurré Giffard'**, au fruit ventru de taille moyenne, mais de bonne qualité, convient en formes libres ou semi-libres en raison de ses rameaux divergents.

'Fertilia'

'Louise Bonne d'Avranches'

'Beurré Hardy'

'Doyenné du Comice'

'Conférence'

• **D'août à mi-septembre : 'Docteur Jules Guyot'**, assez vigoureux et productif, autofertile, à gros fruit, jaune citron ; **'Williams Bon Chrétien'**, au gros fruit jaune d'or, pointillé de roux. Cet arbre vigoureux et productif doit être greffé sur franc ou sur cognassier BA 29. Il est idéal en palmette. Il existe une forme aux fruits à épiderme rouge, **'Williams rouge'**, dont la qualité de la chair est encore supérieure ; **'Delbardélice'**, vigoureux, à port semi-érigé et mise à fruits rapide, gros fruit bronze doré à la chair fine au goût délicat. À cultiver en fuseau, palmette ou demi-tige ; **'Beurré d'Anjou'**, de faible vigueur, à cultiver de préférence en palmette, fruit jaune verdâtre juteux et sucré, bonne résistance au feu bactérien ; **'Louise Bonne d'Avranches'**, au fruit assez gros, jaune paille, lavé de rouge carmin du côté ensoleillé. Moyennement vigoureux, mais très productif, cet arbre se greffe sur franc dans les sol assez pauvres.

• **De mi-septembre à mi-octobre : 'Beurré Hardy'**, très vigoureux, à port érigé, il produit en toutes régions un fruit gros ou très gros, jaune verdâtre et bronze. Mieux vaut le cultiver en tige ; **'Fertilia Delbard'**, assez vigoureux, résistant aux maladies, au fruit jaune ombré de bronze, à la chair fine et très parfumée, rafraîchissante, pollinisé par 'Doyenné' du Comice ; **'Conférence'**, au gros fruit allongé, jaune paille verdâtre, se conservant très bien. De vigueur moyenne, fertile, et de mise à fruits rapide, il convient bien au Nord, en sol riche et frais et de préférence en palmette ; **'Doyenné du Comice'**, vigoureux à port érigé et ramifié, peu productif, à planter en espalier plein sud, gros fruit lisse, jaune clair, teinté de roux, qui peut se conserver deux mois.

• **Fin octobre : 'Pierre Corneille'**, rustique et productif, assez vigoureux, au port plutôt érigé, il se greffe sur cognassier, fruit moyen, jaune clair strié de cuivre, qui se conserve un mois et demi ; **'Général Leclerc'**, très vigoureux avant la mise à fruits, moins ensuite, au port assez érigé, on le greffe sur cognassier, fruit moyen, jaune verdâtre, légèrement bronzé, très tardif. Il se conserve deux mois. **'Belle Épine du Mas'**, ou **'Duc de Bordeaux'**, moyennement vigoureux, à port semi-érigé. De mauvaise affinité avec le cognassier, il faut le greffer sur franc pour les grandes formes. Fruit moyen, très tardif, jaune légèrement rosé, se conservant deux mois ; **'Jeanne d'Arc'**, érigé, moyennement vigoureux et productif, il se greffe sur cognassier, gros fruit pesant jusqu'à 400 g, ovoïde, vert, taché de bronze. Très tardif, il peut se conserver deux mois ; **'Passe-Crassane'**, très sensible au feu bactérien, se cultive en formes palissées ou semi-libres, très gros fruit à l'épiderme rugueux, bronze, de longue conservation chair fondante, très parfumée ; **'Comtesse de Paris'**, sensible au feu bactérien, érigé, moyennement vigoureux, au fruit assez gros, jaune verdâtre, maculé de fauve. un des plus tardifs, il se conserve deux ou trois mois.

'William's rouge'

Notre conseil : cultivez des plantes mellifères près des poiriers afin d'attirer les insectes butineurs. Ils vont améliorer nettement la pollinisation. Si vous constatez que des branches de poirier se dessèchent brutalement, coupez-les et brûlez-les immédiatement, Il s'agit peut-être d'une attaque de feu bactérien. Si le dessèchement s'étend à tout l'arbre, arrachez-le et brûlez-le sans tarder. Ne replantez surtout pas de poirier ou d'autre arbre fruitier au même emplacement. Évitez aussi les buissons ardents *(Pyracantha)*, aubépines *(Crataegus)*, épine vinette *(Berberis)*, qui font partie des espèces les plus sensibles à cette maladie pour laquelle il n'existe pas de remède.

Ribes grossularia var. *uva-crispa*
GROSEILLIER À MAQUEREAU

J F M A M J **J A** S O N D

80 cm/1,2 m   70/80 cm

Cet arbuste épineux de la famille des Grossulariaceae produit des baies translucides et acidulées.

Description : très cultivé dans le nord de l'Europe depuis le XVIe siècle, le groseillier à maquereau est issu du croisement de deux espèces, originaires d'Europe et d'Afrique du Nord, et encore spontanées dans les bois et les montagnes d'Écosse, de France et du Caucase. C'est un arbuste buissonnant, aux feuilles dentées, et pubescentes, accompagnées d'une épine à la base du pétiole. La floraison printanière, discrète, blanc-vert, produit des fruits ovales de 2 à 3 cm de long, verts, blancs, jaunes ou rouges selon les variétés.
Valeur nutritive : 44 kcal/100 g. La groseille à maquereau est peu sucrée, riche en vitamines C, A et B, et en sels minéraux (calcium, fer, potassium, phosphore).
Sol : frais, meuble mais consistant et riche, pas trop calcaire ni trop sec.
Exposition : soleil non brûlant au Nord, mi-ombre dans le Midi. Le groseillier à maquereau redoute les fortes chaleurs et la sécheresse. Il apprécie les climats frais (Nord et régions montagneuses).

'Winham's Industry'

Culture et entretien : sans problème si vous suivez les conseils suivants :
• **Plantation :** d'octobre à mars, après avoir enrichi les trous de plantation avec du fumier déshydraté ou du compost bien décomposé, et une poignée d'engrais riche en potasse (engrais pour fraisier). Enterrez la motte profondément, tassez bien et arrosez (10 l minimum). Les groseilliers à maquereau forment des touffes, à espacer de 2 m en tous sens.
• **Traitements :** en février, pulvérisez un produit d'hiver pour détruire les formes hivernantes de cochenilles et les œufs d'acariens. Avant la floraison, traitez avec un fongicide contre l'anthracnose, un champignon qui forme des taches brunes sur les feuilles, qui tombent prématurément. Durant la croissance, traitez contre le blanc (oïdium), dès les premiers symptômes (feutrage grisâtre sur les feuilles), car ce champignon est très virulent sur le groseillier à maquereau.
Taille : les rameaux de deux ans sont les plus productifs. La première année, en février, rabattez à mi-hauteur les 4 ou 5 rameaux partant de la base, pour leur donner de la vigueur. Chaque année, façonnez par la taille une touffe équilibrée avec des branches d'égale longueur. Supprimez les rejets superflus à la base, aérez le centre de la touffe pour que chaque branche soit espacée de 10 cm au moins. Pincez les extrémités pour qu'elles se ramifient. Tous les cinq ans, rajeunissez les branches principales en les coupant à ras, ou bien au-dessus d'un gros bourgeon tourné vers l'extérieur. Elles seront remplacées par des rejets vigoureux, nés à la base de la touffe.
Récolte : lorsque les fruits bien colorés se détachent facilement de leur support. Comptez de 3 à 4 kg par pied.
Variétés : choisissez par ordre de maturité :
• **Précoce (début juillet) :** 'Winham's Industry', au fruit rouge-grenat, assez sucré, à la peau légèrement duveteuse ; 'White Smith', très productif, au fruit assez gros, blanc verdâtre.
• **De moyenne saison (juillet) :** 'Varianta 13', un groseillier à maquereau résistant à

Groseillier à maquereau

l'oïdium, fruit blanc doré, savoureux.
• **Tardives (début août)** : 'Resistenta', au fruit assez gros, jaune verdâtre, est très productif, et résiste bien aux maladies ; 'Freedonia', très peu épineux, il donne des fruits rouges d'excellente qualité.

Notre conseil : plantez plusieurs variétés différentes, afin de prolonger la récolte durant un bon mois.

Le groseillier à maquereau est sujet au gris, une maladie cryptogamique, voisine de l'oïdium, qui recouvre feuilles et fruits d'un duvet blanchâtre, devenant brun. La récolte tombe prématurément. Éliminez et brûlez les parties atteintes et, l'année suivante, traitez au soufre lors du démarrage de la végétation, en mars et en avril.

Cassissier

Ribes nigrum
CASSISSIER

J F M A M J J A S O N D

1/1,5 m — 80 cm/1 m

Cet arbuste bien équilibré de la famille des Grossulariaceae donne des baies noires au parfum unique.

Description : originaire des régions s'étendant des Pyrénées à l'Asie centrale, le cassissier pousse spontanément dans les bois frais du nord-est de l'Europe. Il est cultivé depuis le XVIe siècle. Voisin du groseillier à grappes, il en diffère par ses fruits noirs au goût acide et plutôt âcre. Le feuillage, très aromatique quand on le froisse, est palmé, divisé en 3 lobes. Floraison en clochettes rougeâtres en avril.

Valeur nutritive : 45/50 kcal/100 g. Le cassis est très riche en vitamine C et en sels minéraux, notamment le potassium.

Sol : assez lourd, frais et plutôt profond.

Exposition : soleil non brûlant, dans un lieu abrité des gelées printanières.

Culture et entretien : très faciles, similaires à celle du groseillier à grappes. Plantez au moins 2 variétés différentes pour une bonne fécondation des fleurs. Comptez un pollinisateur pour 4 plants.

Taille : en février, supprimez le tiers des rameaux (les plus vieux) et conservez une forme harmonieuse en gobelet ouvert.

'Caseille'

Récolte : à complète maturité dès que les premiers fruits bien colorés tombent, comptez entre 3 et 5 kg par pied.

Variétés : par ordre de maturité :
• **Précoce (de fin juin à début juillet) :** **'Géant de Boskoop'**, assez productif, il démarre et fleurit tardivement, longues grappes de gros fruits ; **'Noir de Bourgogne'**, vigoureux et très productif, aux grappes courtes de fruits assez petits, mais très parfumés. Ces deux variétés se pollinisent bien mutuellement.
• **De moyenne saison (mi-juillet) :** **'Costwold Cross'**, très productif, de végétation et de floraison précoces, à gros fruit ferme, bien sucré, il convient aux climats doux, pollinisé par 'Wellington' et 'Baldwin' ; **'Wellington'**, une variété idéale pour les climats doux, à grosse baie légèrement acidulée et parfumée. Il produit sur le bois de un an, mais le débourrement et la floraison sont très précoces. Pollinisé par 'Costwold Cross' et 'Baldwin'.
'Caseille', hybride de cassissier et de groseillier à maquereau, aux grappes courtes de gros fruits noirs, parfaits en sorbets et en confitures. Cet arbuste non épineux est très vigoureux et résistant aux parasites.
• **Tardif (fin juillet) :** **'Baldwin'**, vigoureux et productif, idéal dans l'Ouest, aux fruits bien fermes et sucrés ; **'Blackdown'**, très productif, idéal sur tige, il fleurit tard et résiste assez bien à l'oïdium, grappes courtes de fruits moyens noir brillant. Ces deux variétés sont autofertiles.

Notre conseil : si vous cultivez le cassissier en montagne, où réussissent parfaitement les variétés à floraison et à débourrement tardifs, comme 'Géant de Boskoop', liez ensemble toutes les branches dès la chute des feuilles, afin d'éviter que les rameaux ne se brisent sous le poids de la neige.

'Noir de Bourgogne'

Groseillier en haie

Ribes rubrum
GROSEILLIER À GRAPPES

J F M A M **J J A** S O N D

1/1,5 m — 80 cm/1 m

Cet arbuste buissonnant de la famille des Grossulariaceae porte des grappes de fruits translucides.

Description : cultivé depuis le XVe siècle, le groseillier à grappes n'est pas épineux comme le groseillier à maquereau. Il pousse spontanément dans de nombreux pays de l'hémisphère Nord, de l'Europe à la Sibérie et à la Mandchourie. Les feuilles palmées, lobées sont aromatiques. La floraison printanière en grappes insignifiantes évolue en petites baies rouges, dorées, blanches ou rarement noires.

Valeur nutritive : 35 kcal/100 g. La groseille est peu sucrée, très riche en vitamine C, bien dosée en potassium et en fibres. Très juteuse, sa saveur est plus acide que la groseille à maquereau.

Sol : bien drainé, même pauvre, mais pas trop calcaire ni humide en permanence.

Exposition : soleil direct non brûlant ou mi-ombre légère dans un lieu abrité. Le groseillier redoute la chaleur et la sécheresse.

Culture et entretien : sans problème si vous suivez ces quelques conseils :

• **Plantation :** d'octobre à mars, assez profondément (après avoir praliné les racines, pour les variétés vendues à racines nues).

• **Traitements :** en février, un traitement d'hiver détruit les formes hivernantes de cochenilles et les œufs d'acariens. Juste avant le démarrage de la végétation, puis en mars et en avril juste avant la floraison, pulvérisez un fongicide anti-oïdium. En juin et en juillet, protégez vos groseilliers sous des filets contre la gourmandise des oiseaux. Bouvreuils et étourneaux se gavent des baies dans certaines régions.

Taille : la fructification se produit surtout sur les pousses de un et deux ans. Ne laissez sur chaque pied qu'une dizaine de tiges principales, renouvelées par tiers chaque année. En février, rabattez les tiges principales au tiers de leur longueur. Les rameaux latéraux sont coupés à deux ou trois yeux. En été, pincez ces pousses au-dessus de la cinquième feuille.

Récolte : cueillez les grappes en plusieurs fois, dès que les fruits sont bien colorés. Comptez de 5 à 8 kg par pied.

Variétés : les groseilliers à grappes sont tous considérés comme autofertiles. Choisissez par ordre de maturité…

• **Précoce (de fin juin à début juillet) :** 'Jonkheer van Tets', vigoureux, à port souple, il doit être palissé. Longues grappes de baies rouges, peu acides, de gros calibre ; 'Junifer', très vigoureux, à port érigé, avec une mise à fruits rapide sur le bois de un ou deux ans, il faut le palisser. Ses grappes de fruits rouge vif brillant sont longues et pleines, faciles à cueillir.

• **De moyenne saison (mi-juillet) :** 'Versaillaise Blanche', très productif, fleurit précocement, donnant des grappes à baies blanches, aux fruits un peu acidulés ; 'Red Lake', très généreux, à port étalé et floraison tardive, longues grappes aux grosses baies rouge vif, sucrées. Il est sensible à l'oïdium, mais résistant à l'anthracnose et convient aux climats humides ; 'Gloire des Sablons', vigoureux et de production régulière, c'est une des variétés les moins acides, aux grappes courtes de fruits rose vif, brillants.

• **Tardif (début août) :** 'Première Groseille Raisin', aux grappes très longues composées d'une trentaine de baies rouge vif, très fermes. Palissez les branches qui plient sous les fruits ; 'Groseille Raisin Industria', similaire, mais plus tardif d'environ deux semaines, goût acidulé.

Notre conseil : pour gagner de la place dans un jardin, palissez le groseillier à grappes contre un mur, ou conduisez plusieurs sujets sur tige, en alternance avec des groseilliers buissonnants. Plantez le groseillier à grappes de préférence dans le Nord. Pour de meilleures récoltes, mariez plusieurs variétés qui vont se polliniser mutuellement. Sous un climat froid, retenez des variétés à floraison tardive comme 'Gloire des Sablons' et 'Red Lake'.

'Jonkeer van Tets'

'Versaillaise Blanche'

Rubus fruticosus
MÛRE

J F M A M J J **A S O** N D

1/3 m — 2/5 m

Cet arbuste sarmenteux, épineux, de la famille des Rosaceae produit des baies tardives très savoureuses.

Description : la mûre des jardins n'est autre qu'une ronce améliorée par les sélections horticoles, au point que certaines variétés ont même perdu leurs épines ! Il faut palisser les tiges souples sur un mur, des fils de fer, un treillage, une pergola ou une balustrade sur balcon. Les feuilles, composées de 5 à 7 folioles dentées, sont épineuses au revers. Floraison estivale en coupes blanches à 5 pétales.

Valeur nutritive : 54 kcal/100 g. La mûre est riche en vitamines A, B1 et C, en sucres, en fibres et en sels minéraux, notamment en calcium et en potassium.

Sol : riche, frais, humifère, consistant (argileux). La ronce redoute les sols secs.

Exposition : soleil indirect ou mi-ombre, dans un lieu abrité des vents.

Culture et entretien : très faciles.

• Plantation : de novembre à mars, dans un sol enrichi en fumier, en espaçant chaque pied de 3 à 4 m. Taillez à 30 cm du sol après la mise en place. La première année, conservez de 3 à 5 tiges vigoureuses, que vous palisserez sur un support au cours de leur croissance.

Ronce sauvage

'Youngberry'

'Jumbo'

Soins : durant l'été, arrosez régulièrement et paillez avec du compost ou du fumier, que vous enfouirez en automne, lorsqu'il sera bien décomposé. Traitez au printemps avec un insecticide contre le phytopte de la ronce et contre le ver du framboisier.

Taille : en hiver, rabattez au ras du sol les rameaux qui ont fructifié. Palissez en éventail les nouvelles tiges vigoureuses qui remplaceront les rameaux éliminés.

Récolte : cueillez les fruits bien mûrs, très colorés, sinon ils ont une saveur trop acide. Comptez de 3 à 4 kg par pied.

Variétés : par ordre de maturité...

• **Hybrides mûre-framboisier :** plantez-les au soleil, à l'abri des vents froids, en sol bien drainé, sans humidité stagnante. Évitez les régions d'altitude car ils ne supportent pas les froids prolongés. 'Tayberry', issu d'un croisement effectué en Écosse, son gros fruit rouge-pourpre, très allongé, est idéal en gelée ou en confiture. Sarmenteuse, épineuse, la plante est très vigoureuse, étalée, assez productive, sensible aux froids dans les régions d'altitude ; 'Loganberry', provient d'un croisement réalisé en Californie. Il produit dès juin, puis remonte en juillet/août, rusticité moyenne. Son fruit oblong, rose terne, ressemble à une framboise allongée. Il existe une variété inerme, 'Burbank Thornless', moins productif, mais plus rustique et très vigoureux, au fruit rouge foncé. 'Youngberry' est un hybride sarmenteux sans épines, aux fruits rouges, sucrés.

Mûre géante sans épines

• Mûres : 'Black Satin', vigoureux, rustique, et très productif, le fruit conique, allongé, un peu mou, doit être cueilli au fur et à mesure de son mûrissement ; 'Géante des Jardins', appelée aussi 'Thornless Evergreen' ou 'Black Diamond', non épineux et vigoureux, au feuillage très découpé, donne des tiges de 3 à 5 m de long et un gros fruit ferme, excellent au goût. Cette variété émet aussi des rejets épineux, qu'il faut couper ; 'Thornfree', très vigoureux, totalement sans épines, aux très gros fruits noirs, qui manquent de sucre ; 'Smoothstem', le plus tardif, n'est pas épineux et n'émet pas de drageons, gros fruit bien coloré et un peu acidulé.

Notre conseil : prolongez la récolte tout l'été, en plantant ensemble le long d'un grillage les hybrides mûre-framboisier qui fructifient dès le mois d'août, mais aussi les vraies mûres ou ronces, qui ne parviennent à maturité qu'en septembre. Si les fruits restent rouge clair et ne mûrissent pas, il s'agit d'une attaque du phytopte de la ronce, un minuscule acarien. Taillez les rameaux nés l'année précédente, juste après la récolte, et au printemps, traitez avec un mélange d'insecticide et de soufre, dès que les tiges atteignent 10 cm de haut.

'Fall Gold'

Rubus idaeus
FRAMBOISIER

J F M A M **J J A S O** N D

1,5/2 m — 1/3 m — ☼

Cet arbuste épineux de la famille des Rosaceae porte sur ses tiges souples des baies délectables.

Description : originaire des sous-bois et des lisières des régions montagneuses d'Europe occidentale, le framboisier forme une touffe très drageonnante. Le feuillage caduc est porté par des tiges légèrement épineuses. Rustique, il est cultivé dans les jardins depuis la Renaissance, et surtout depuis le XVIIIe siècle. De longues années de patiente sélection ont permis de l'améliorer considérablement. Aujourd'hui c'est un fruit d'une rare délicatesse qu'il est plaisant de déguster au jardin.

Valeur nutritive : 38 kcal pour 100 g, c'est un des fruits les moins énergétiques. La framboise est riche en vitamine C, en sels minéraux, notamment en potassium, calcium, magnésium et fer.

Sol : pas trop lourd, frais, riche, bien drainé, plutôt humifère, voire même calcaire.

Exposition : soleil intense, non brûlant.

Culture et entretien : hormis sa fâcheuse tendance à devenir envahissant, le framboisier est accessible au débutant.

• **Plantation :** de novembre à février dans un sol propre, débarrassé du liseron. Installez les pieds en lignes orientées nord-sud, afin d'éviter toute ombre portée. Distance de plantation : de 40 à 50 cm sur le rang, 1,20 m entre les rangs. Attachez les branches souples sur des fils de fer tendus horizontalement tous les 50 à 60 cm entre des piquets de châtaignier espacés de 2,50 m. Vous pouvez aussi les palisser sur un grillage pour obtenir une haie fruitière.

• **Soins :** arrosez en été. Paillez en automne, avec des feuilles mortes et du compost. Incorporez le paillis dans le sol à la fin de l'hiver, en ajoutant 2 poignées de poudre d'os par plante. Renouvelez la plantation tous les sept ou huit ans, avec des drageons ou de nouveaux plants sélectionnés.

• **Traitements :** peu d'interventions sont nécessaires. Luttez, en un traitement insecticide au moment de la formation des fruits, contre le ver des framboises et l'anthonome du framboisier. Attention au puceron vert du framboisier, porteur de virose, que vous combatterez avec un insecticide pulvérisé avant et après la floraison.

Taille : toute l'année, supprimez les drageons en surnombre. Chez les framboisiers non remontants, rabattez au ras du sol après la récolte, tous les rameaux ayant fructifié et les tiges en excès. Conservez 10 tiges par mètre linéaire. Pour les framboisiers remontants, rabattez en hiver l'extrémité des tiges qui ont produit en automne. La partie inférieure fructifiera en juillet, et sera coupée au ras du sol ensuite.

Framboisier

Récolte : durant environ un mois pour les framboisiers non remontants, comptez entre 3 kg et 4 kg par pied. Détachez délicatement les framboises de leur pédoncule lorsqu'elles sont bien colorées.

Variétés : par ordre de maturité :

• **Framboisiers non remontants (de mi-juin à fin juillet) :** 'Malling Promise', vigoureux et productif, au gros fruit rouge clair ; 'Malling Exploit', aux très gros fruits rouge brillant. Très rustique, on doit l'abriter du vent, mais il tolère bien la sécheresse ; 'Lloyd George', au fruit allongé et conique. De vigueur moyenne, il remonte parfois fin août. Sous les climats froids, optez pour les framboisiers non remontants, car ils réussissent mieux.

• **Framboisiers remontants (juin, puis début août jusqu'à mi-octobre) :** 'Zeva' ou 'Zefa Herbsternte', au très gros fruit

Tayberry

'Zeva'

'Magnific Delbard'

rouge foncé, pouvant peser jusqu'à 12 g. Moyennement vigoureuse mais très productive, cette variété demande un sol acide ; 'Belle de Malicorne', au fruit arrondi, rouge foncé, d'une qualité gustative irréprochable ; 'Heritage', très productif et d'une parfaite rusticité, au fruit moyen, rouge clair brillant. Ses tiges très rigides lui permettent de se passer de palissage ; 'September', au fruit rouge vif, assez gros. Rustique, vigoureux, il vient bien en tout sol, même lourd, et dans toutes les régions, sauf en altitude ; 'Fall Gold', aux fruits arrondis, jaune d'or, bien sucrés, parfumés, très décoratifs par leur couleur.

'Tayberry', est le produit du croisement entre une mûre et une framboise. C'est une plante sarmenteuse et épineuse qui donne de gros fruits rouge-pourpre.

Notre conseil : on dit que planter des myosotis entre les rangs de framboisiers permet de lutter préventivement contre le ver des framboises, un petit coléoptère qui pond dans les fleurs et dont les larves blanches consomment la chair des fruits. En cas d'attaque sérieuse, pulvérisez un insecticide pour arbres fruitiers et, renouvelez le traitement deux semaines après.

Vaccinium spp.
MYRTILLE, AIRELLE

J F M A M J **J A S O** N D

50 cm/1,5 m — 50 cm/1 m

Cet arbuste étalé, de la famille des Ericaceae, produit dans les sols non calcaires d'excellentes baies bleues.

Description : les myrtilles des jardins, à grosses baies bleu-noir, résultent de croisements entre la myrtille sauvage européenne, *Vaccinium myrtillus* (50 cm de haut) et l'espèce américaine, *Vaccinium corymbosum* (de 1 à 2 m de haut). Ce sont des petits arbustes caducs, dont le feuillage devient doré à rouge cuivré en automne. Fleurs en grappes, en mai.

Valeur nutritive : 50 kcal/100 g. La myrtille est très riche en vitamines A, B et C et en sels minéraux, surtout en calcium et en fer. Elle renferme des pigments (anthocyanes) qui améliore la vision nocturne.

Myrtille des jardins

Myrtille sauvage

Sol : très acide et humifère (pH de 4 à 5,5), bien drainé, sans humidité stagnante. La terre de bruyère pure convient.

Exposition : soleil direct léger ou mi-ombre, même assez dense, à l'abri des vents secs et de la forte chaleur.

Culture et entretien : si le sol convient, c'est une plante sans problème.

Plantation : d'octobre à mars. Dans un sol naturellement acide, apportez du terreau d'écorce bien décomposé. En terrain alcalin, creusez une fosse de 50 à 60 cm de profondeur, et tapissez les bords d'un feutre jardin. Posez au fond un lit de cailloux de 10 cm d'épaisseur pour le drainage, puis remplissez le trou d'un substrat composé d'un mélange de 2/3 de terre de bruyère et 1/3 de terreau forestier bien décomposé ou de tourbe brune acide.

Soins : arrosez souvent en été et paillez les myrtilles, avec de la paille, des fougères et des écorces broyées ou des coques de cacao. À partir de la troisième année, apportez un engrais pour rhododendrons en automne, et du sulfate d'ammoniaque au printemps, à incorporer au sol par simple griffage.

Taille : laissez l'arbuste pousser naturellement durant les trois premières années suivant la plantation, puis rajeunissez la ramure en taillant au ras du sol toutes les branches qui ont fructifié. Une pousse ne produit pas plus de trois ou quatre ans. Conservez 6 ou 7 branches charpentières.

Récolte : de 2,5 à 10 kg par plant. Les fruits ne mûrissant pas tous en même temps sur l'arbuste, vous devez procéder à des cueillettes successives, lorsque les myrtilles sont d'un bleu pruineux foncé.

Variétés : par ordre de maturité. 'Bluetta', (du 25 juin au 10 juillet), de vigueur moyenne, à petits fruits nombreux ; 'Bluecrop' (du 1er août au 10 septembre), la variété la plus cultivée dans le monde. Vigoureuse, érigée et très productive, en grosses grappes de fruits de calibre moyen ou gros, bleu-noir ; 'Jersey' (du 15 août au 15 septembre), très vigoureux, à port érigé, au gros fruit bleu clair, très allongé, à la chair ferme, de saveur un peu amère ; 'Atlantic 13' (du 15 août au 20 septembre), vigoureux, un peu étalé, assez productif, au fruit moyen, bleu-noir ; 'Darrow' (du 1er septembre au 15 octobre), au gros fruit de très bonne qualité. Moyennement vigoureuse, cette variété produit de façon assez irrégulière.

Notre conseil : plantez plusieurs variétés différentes de myrtilles côte à côte, afin d'obtenir une fécondation croisée qui assure une production abondante. Ne plantez surtout pas un pied seul (minimum 3), la production serait très faible. Lorsque les feuilles jaunissent sur des plants qui restent chétifs, cela peut signaler une carence en fer due à un sol trop alcalin. Épandez du chélate de fer au pied des plants en avril et en septembre.

Treille de vigne

Vitis vinifera
VIGNE, RAISIN DE TABLE

J F M A M J J A **S O** N D

3/6 m — 3/4 m

Cet arbuste aux tiges sarmenteuses de la famille des Vitaceae produit des grappes de fruits très juteux.

Description : originaire des régions chaudes et tempérées de l'hémisphère Nord, la vigne réussit bien en pleine terre au sud d'une ligne Nantes-Beauvais-Laon-Strasbourg, et en dehors des régions montagneuses. Dans le Nord, vous pouvez récolter du raisin en palissant la vigne contre un mur exposé plein sud. L'arbuste forme un tronc (cep) qui produit des tiges volubiles (sarments) portant de grandes feuilles palmées, découpées. En mai/juin, les fleurs en grappe irrégulière (thyrse) sont verdâtres et très nombreuses.

Valeur nutritive : 72 kcal pour 100 g. Le raisin est un des fruits les plus riches en sucres (de 15 à 18 %). Il contient du potassium, du phosphore, du magnésium et du calcium. Diurétique et riche en fibres.

Sol : bien drainé, mais profond, même pauvre, caillouteux, aride ou calcaire.

Exposition : ensoleillée, dans un emplacement chaud et abrité des vents forts.

Culture et entretien : depuis les ravages du phylloxéra à la fin du XIXe siècle, la vigne est obligatoirement greffée sur différents porte-greffes résistants et adaptés aux divers types de sol. Ils sont le résultat de croisements de diverses vignes américaine dont *Vitis riparia* et *Vitis berlandieri*.

• **Plantation :** en automne. Incorporez au sol pour chaque cep 3 ou 4 poignées d'engrais pour arbres fruitiers et 2 kg de fumier composté. Après la plantation, taillez au-dessus de deux gros yeux, afin d'obtenir le départ de deux sarments. Conservez seulement le plus vigoureux et palissez-le sur un tuteur.

• **Forme :** le cordon vertical est la plus simple, idéale pour garnir une façade ou un mur élevés. Il consiste en une seule charpentière verticale, sur laquelle s'insèrent des branches secondaires, espacées de 20 cm. Allongez chaque année le cordon d'une hauteur de 50 à 60 cm. Le cordon horizontal est idéal pour un mur peu élevé. Il en existe plusieurs types. Pour obtenir la forme simple ou unilatérale, allongez le cordon chaque année de 30 à 50 cm de long. Pour obtenir le cordon bilatéral, à deux bras de même hauteur ou de hauteur différente (treille à la Thomery), sélectionnez deux yeux opposés, puis procédez comme pour le cordon simple pour allonger chaque bras.

• **Traitements :** en janvier et en février, pulvérisez un produit d'hiver contre les formes hivernantes de tous les insectes. Au départ de la végétation, traitez préventivement à 3 ou 4 reprises espacées de huit jours, contre les insectes et les maladies avec un produit total. Renouvelez à l'apparition des premières feuilles, à la fin de la floraison, et avant le changement de couleur des grains. Contre les tordeuses de la grappe (le *Cochylis*, dont la chenille ronge les boutons floraux et les jeunes fleurs ; l'*Eudemis*, dont la chenille pénètre dans le grain et le mange), pulvérisez un insecticide polyvalent en cours de végétation et renouvelez l'application quinze jours après. Posez des pièges à insectes pour capturer les adultes de ces espèces (papillons). Contre le mildiou de la vigne (taches d'huile sur les feuilles, duvet blanc au revers), et la pourriture grise ou botrytis (moisissure des grains par temps humide) pulvérisez de la bouillie bordelaise ou un fongicide de synthèse pour arbres fruitiers, dès les premiers symptômes. Traitez alternativement avec du soufre contre l'oïdium (feutrage blanc grisâtre à l'avers des feuilles), par beau temps pas trop chaud. Contre les guêpes qui attaquent les raisins mûrs, ensachez les grappes, placez des pièges à insectes remplis d'eau sucrée au miel et supprimez les nids.

'Ignea'

Vigne cultivée en serre

Taille : les grappes se développent sur les rameaux de l'année, qui poussent à partir d'yeux fertiles portés sur le bois de l'année précédente. Il est nécessaire d'éliminer chaque année les sarments qui ont fructifié. Taillez les coursons (pousses latérales), afin de rapprocher le plus possible la production de la charpentière. Opérez de fin février à début mars, en coupant au-dessus du deuxième œil pour le 'Chasselas Doré de Fontainebleau' et 'Madeleine Royale', et du troisième ou du quatrième œil pour la plupart des autres variétés.

'Chasselas doré de Fontainebleau'

• **Ébourgeonnement :** en mai et en juin, supprimez au sécateur ou au greffoir toutes les pousses en surnombre qui mesurent plus de 15 cm de long.

• **Pincement :** en juin, coupez les sarments portant des fruits à 2 ou 3 feuilles au-dessus des premières grappes. Pincez les rameaux de remplacement quinze jours après.

• **Incision annulaire :** pour obtenir des grappes plus grosses et plus précoces, après la floraison, supprimez un anneau d'écorce de 3 à 5 mm de large, juste sous la grappe inférieure d'un rameau.

• **Ciselage :** en juillet, éclaircissez les grains se trouvant au centre des grappes.

Récolte : lorsque les grains sont bien gorgés et sucrés, coupez la grappe avec un sécateur. Comptez entre 2 kg et 4 kg par cep conduit en gobelet, jusqu'à 10 kg sur un cordon vertical, le double sur une treille.

Variétés : par ordre de maturité...

• **Août (juillet dans le Midi) :** 'Perle de Csaba', doit être conduit en espalier en région parisienne. Grappe allongée, ambrée, aux grains ronds, finement musqués ; 'Madeleine Royale', grappe assez grosse, à grains moyens, blonds et très sucrés ; 'Perdin', obtention de l'INRA, à grosse grappe (200 g) de grains dorés. Très productive et résistante aux maladies, cette variété est idéale dans le Nord.

• **Septembre (en août et septembre dans le Midi) :** 'Cardinal', très productif, à gros grains roses, transparents et savoureux ; 'Aladin', à grains noirs croquants et musqués sur une grosse grappe de 300 g, une obtention de l'INRA, très productive et résistant aux maladies ; 'Chasselas doré de Fontainebleau', convient pour tous les climats, grappe de grains moyens, ronds, ambrés ou dorés ; 'Perlette', idéal en treille, aux grains ronds, dorés, sans pépins, de saveur musquée ; 'Muscat Reine des Vignes', très productif, à gros grains ovoïdes, ambrés, très sucrés ; 'Alphonse Lavallée', très productif, à grande grappe aux très gros grains noirs ; 'Ignea', une grappe compacte de grains roses à la peau peu épaisse.

• **Octobre (fin septembre dans le Midi) :** 'Muscat de Hambourg', variété peu sensible aux maladies, à grosse grappe allongée aux grains noirs, sucrés et musqués ; 'Dattier de Beyrouth', ou 'Regina', une longue grappe peu serrée, à très gros grains allongés, blancs, à peau croquante ; 'Amandin', une obtention de l'INRA à grains blancs, très productive, se récolte jusqu'au 15 octobre dans le Midi.

Notre conseil : prolongez le plaisir du raisin en plantant plusieurs variétés de maturité différente. Sous un climat froid, accueillez une variété précoce dans une serre ou une véranda. Pour que votre vigne échappe aux gelées, taillez-la durant la première quinzaine de mars en région parisienne (dès la fin février dans le Sud), lorsque la végétation a déjà démarré.

Ziziphus jujuba
JUJUBIER

J F M A M J J A S O **N D**

Hauteur	Étalement	Exposition	Rusticité
2/9 m	2/4 m	soleil	-10 °C

Cet arbrisseau frileux de la famille des Rhamnaceae donne des fruits arrondis, charnus, très nutritifs.

Description : originaire du sud de l'Asie, ce petit arbre de croissance lente présente un port tortueux, avec des rameaux retombants, épineux, et de jolies feuilles alternes, dentées, vert brillant. Floraison estivale blanchâtre, en bouquets à l'aisselle des feuilles. Dans le Midi, fruits à l'aspect d'olives, rougeâtres à maturité.

Valeur nutritive : 85 kcal/100 g. Le jujube est riche en vitamine C (64 mg/100 g).

Sol : bien drainé, sec, même pauvre et calcaire, jamais lourd ni humide.

Exposition : chaude, en plein soleil.

Culture et entretien : plantez au printemps. Arrosez bien les 2 premiers étés après la plantation. Multipliez le jujube en semant les graines parvenues à maturité.

Taille : en hiver, supprimez les rameaux gênants au centre de la ramure.

Récolte : lorsque le fruit se colore, comptez de 20 à 50 kg par arbre adulte.

Variétés : il existe plus de 400 variétés. 'Lang', tardif, à petits fruits au noyau long et fin ; 'Li', à gros fruit en forme de petite pomme, le plus agréable sur le plan gustatif ; 'Provence', en forme d'olive, très répandu dans le Midi ; 'Soukkot de Carpentras' au fruit en forme de cerise, au goût acidulé, qui se conserve bien.

Notre conseil : on ne récolte vraiment des jujubes que dans le Midi ; ailleurs, cultivez-le comme petit arbre d'ornement.

Jujubier

  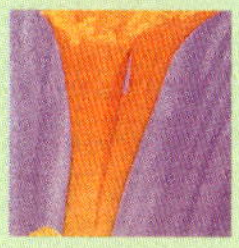

30 IDÉES JARDIN

Composer un jardin n'est pas tâche aisée, surtout lorsque vous débutez sur un terrain vierge. Pour créer un univers végétal réussi, il est essentiel de bien connaître les règles de base de la composition, ainsi que les caractéristiques du sol et du climat, mais aussi les exigences naturelles des plantes que l'on désire installer. Et bien sûr, il faut s'adapter à la topographie des lieux, aux éléments de maçonnerie existants, aux constructions que vous désirez installer et aux habitudes de vie qui seront les vôtres dans le jardin.

Pour vous aider dans cette démarche, nous vous proposons ici quelques modèles de jardins ornementaux, du plus simple au plus complexe, du plus petit coin de nature au plus grand, du camaïeu de verdure à l'explosion de couleurs. Pour chaque type de jardin et chaque situation : jardin d'eau, jardin méditerranéen, jardin de feuillages, terrasses enchantées, jardin champêtre, jardin classique, vous trouverez dans les pages suivantes des idées de composition et d'agencement. Des modèles de potagers vous sont également présentés. Classiques ou modernes, dans le style jardin de curé ou inspiré du potager traditionnel, ils vous aideront à choisir parmi les innombrables possibilités qu'offre le jardin de légumes.

Pour chaque modèle, une vue d'ensemble permet de se faire une idée de la composition d'ensemble du jardin évoqué, tandis que des légendes précises indiquent quelles variétés de plantes utiliser pour obtenir l'effet recherché. Très précis et agrémentés de suggestions, ces exemples seront une bonne source d'inspiration...

LES PLANTES POUR RÉUSSIR

1 ***Physocarpus*** **'Dart's Gold'.**
2 ***Cornus alba*** **'Aurea'** : le cornouiller doré aux rameaux rouges l'hiver.
3 ***Corylus avellana*** **'Purpurea'**, le noisetier pourpre très buissonnant.
4 ***Cornus alba*** **'Gouchaultii'**, aux couleurs automnales magnifiques.
5 ***Spiraea* x *bumalda*** **'Goldflame'**, qui fleurit de juillet à septembre.
6 ***Lavandula angustifolia.***

OPULENCE COLORÉE

Pour réduire l'entretien d'un massif, rien de tel qu'une plantation serrée d'arbustes qui tolèrent les sols secs. C'est le cas ici, avec des espèces qui ne demandent quasiment pas d'entretien, si ce n'est une taille en fin de saison destinée à stimuler la croissance de nouvelles pousses colorées au printemps ou la formation de fleurs, pour ce qui concerne la lavande. L'occupation totale de la surface par les arbustes gêne la prolifération des mauvaises herbes et, une fois le massif bien développé, il n'est plus nécessaire de désherber. La réussite de la composition est due à la subtilité des coloris qui s'harmonisent bien sans se heurter. La tendance dominante est au bleu et au jaune, le noisetier pourpre ayant pour rôle de valoriser l'effet lumineux des feuillages dorés, et le feuillage gris du *Perovskia,* de rehausser le bleu des lavandes. Le dessin de ce massif illustre une des règles de l'art paysager, à savoir la plantation par masses colorées. Pour assurer une bonne présence, chaque espèce doit occuper une surface minimale de 1 m^2.

À ESSAYER AUSSI

Philadelphus coronarius **'Aureus'**
Le seringat à feuillage doré se pare d'un coloris bien plus lumineux dans les lieux mi-ombragés. Il supporte le calcaire. Floraison parfumée en mai.

LES PLANTES POUR RÉUSSIR

1 ***Pieris*** **'Forest Flame'**, un arbuste persistant, caractérisé par ses jeunes feuilles rouge vif. Fleurs blanches en avril/mai.
2 Hortensia, une variété à fleurs plates pour rester dans l'esprit élégant du massif.
3 ***Acer ginnala***, un très bel érable aux feuilles à 3 lobes, qui atteint 6 m de haut.
4 ***Euonymus fortunei*** **'Emerald'n Gold'**, un fusain persistant à port étalé, très résistant.
5 ***Lithodora diffusa*** **'Haevenly Blue'**, un sous-arbrisseau frileux, mais florifère.

DOMINANTE CITRON EN SOL ACIDE

Ce massif, découvert en Bretagne dans les pépinières Roué-Cadiou, est planté avec générosité et beaucoup de goût. La terre très acide est propice au développement des plantes de terre de bruyère comme les *Pieris* et *Rhododendron* qui constituent l'arrière-plan. Au printemps, ces arbustes enchantent de leurs floraisons spectaculaires. Le reste de l'année, ils constituent une toile de fond de feuillage dense et foncé, qui met bien en valeur les autres plantations. Le point d'orgue de la composition à cette période de l'année (début mai) est le contraste offert entre le feuillage panaché d'or du fusain (*Euonymus fortunei* 'Emerald'n Gold') et la spectaculaire floraison du grémil bleu (*Lithodora diffusa* 'Haevenly Blue'). Cette plante à port prostré apprécie les climats assez chauds et supporte bien la sécheresse. La floraison se prolonge jusqu'en juillet. Associez-lui quelques bulbes à floraison précoce pour un effet irrésistible.

À ESSAYER AUSSI

***Magnolia* x *soulangeana* 'Rustica Rubra'**
Pouvant sans problème remplacer l'érable qui domine le massif, même s'il fournira une ramure plus ample, le magnolia va apprécier le sol obligatoirement acide de cet endroit. Il a besoin d'un emplacement bien éclairé et peu venté pour atteindre 5 à 6 m de haut et de large à l'âge adulte. Un paillis organique au printemps est apprécié.

LES PLANTES POUR RÉUSSIR

1 *Syringa vulgaris* **(lilas)**, un arbuste très parfumé, sans problème.
2 **Poirier**, cette vieille palmette est la forme idéale à palisser le long d'un mur.
3 **Vigne**, deux ceps de raisin de table habillent toute la façade.
4 ***Euphorbia characias***, une forme arbustive aux tiges bisannuelles.
5 ***Lunaria annua*** **(monnaie-du-pape)**, annuelle très florifère.

Richesse et simplicité

Pour accentuer le charme rustique de cette propriété de l'Orne, les abords de la maison accueillent une végétation généreuse. Les plantations très libres et touffues symbolisent la puissance conquérante de la nature, qui finit toujours par assurer sa domination, à moins que le jardinier n'y mette bon ordre. Ce type de jardin privilégie les espèces rustiques et indigènes. Il joue la simplicité avec des fleurs aux formes légères et gracieuses, et aux coloris sobres. Les variétés doubles, les feuillages panachés sont bannis. Contrairement aux jardins structurés et soigneusement construits, on évite ici les effets de masse et les compositions aux mises en scène compliquées. Les plantes sont installées au gré de la fantaisie du jardinier, comme si elles avaient poussé spontanément.

À ESSAYER AUSSI

Arbre de soie *(Albizia julibrissin)*
Rustique jusque dans la région des Pays de la Loire, ce somptueux arbre d'origine asiatique se pare en été de pompons vaporeux ivoire et rose ou orange vif, qui lui ont valu son nom populaire. De culture facile, l'albizia apprécie les terres pauvres et sèches, même calcaires et caillouteuses. Il prend naturellement un port en ombrelle, ce qui en fait un bon arbre d'ombrage. Évitez les courants d'air.

LES PLANTES POUR RÉUSSIR

1 ***Holboellia latifolia,*** une grimpante chinoise à feuilles persistantes.
2 ***Parthenocissus tricuspidata*** 'Veitchii', rouge vif en automne.
3 ***Ceanothus impressus,*** un nuage de fleurs bleues en avril-mai.
4 ***Cordyline australis,*** un petit arbre originaire de Nouvelle-Zélande.

ENTREZ DANS UN MONDE ENCHANTÉ

Situé près de Libourne, ce magnifique jardin profite de la douceur climatique de la région Aquitaine pour se parer d'espèces originales, qui lui donnent un petit air exotique. La maison, toute simple, prend du caractère en s'habillant de végétaux somptueux, notamment un superbe céanothe couvert de fleurs d'un bleu intense et le *Holboellia latifolia,* dont les grappes blanc verdâtre (fleurs mâles) ou pourpres (fleurs femelles) embaument en mars. Céanothe et *Holboellia* sont persistants, ce qui permet de conserver une présence végétale sur la façade toute l'année. Avec son pavage qui serpente le long de la maison et les trouées dans la végétation, ce jardin affiche un caractère accueillant et plaisant. La très exotique *Cordyline australis* est une invitation à la découverte d'un monde différent, où le visiteur se sentira dépaysé… mais on lui a laissé des points de repère avec les bacs et les potées qui ponctuent le chemin d'éléments connus et rassurants.

À ESSAYER AUSSI

Palmier à chanvres *(Trachycarpus fortunei)*
Il est possible de remplacer la *Cordyline australis* par le plus rustique des palmiers, reconnaissable à son tronc (stipe) couvert de fibres marron foncé. Originaire des zones montagneuses de Chine, il résiste sans mal à - 10 °C s'il est planté dans un sol bien drainé.

LES PLANTES POUR RÉUSSIR

1 ***Akebia quinata***, une liane semi-persistante, à fleurs pourpres.
2 ***Petunia* x**, idéal en jardinière, dans un terreau frais et riche.
3 ***Buxus sempervirens***, pour bordures et potées en buis taillé de formes régulières.
4 ***Lonicera periclymenum***, feuillage caduc mais floraison très parfumée.
5 ***Geranium* x *oxonianum***, un beau tapis persistant, floraison en mai-juin.

CHAMBRE AVEC VUE

Ce jardinet qui prolonge la maison procure une agréable sensation d'intimité. Séparé du reste du jardin par le petit muret de briques sur lequel reposent des jardinières plantées de pétunias, il donne l'impression d'une propriété privée, réservée à des instants privilégiés. Cette sensation de tranquillité est renforcée par la généreuse présence des deux plantes grimpantes qui habillent la pergola. Le visiteur se dissimule dans l'ombre rafraîchissante que celles-ci procurent, profitant du plaisir rare de voir sans être vu. Très sobre dans son dessin, ce petit jardin est dévolu à la détente et à la rêverie, la touche indispensable de romantisme étant apportée par le bassin, sa statue et le parfum délicieusement sucré du chèvrefeuille en été.

À ESSAYER AUSSI

Lavande papillon *(Lavandula stoechas ssp. pedunculata)*
Pour agrémenter la bordure de buis, la potée pourrait contenir cette adorable lavande, dont les épis portent à leur extrémité de longues bractées violettes, qui évoquent les ailes d'un papillon. Cette espèce d'origine méditerranéenne est plus frileuse que la lavande ordinaire, mais elle reste plus compacte, ce qui en fait une plante idéale pour la culture en pot. Il faut l'abriter des vents dominants en hiver, ainsi que des pluies intenses, car elle apprécie un sol assez sec. Tapissez le fond du pot d'un lit de 3 cm de gravier.

LES PLANTES POUR RÉUSSIR

1 **Ciste à feuilles panachées**, un arbuste assez frileux, à planter en sol sec.
2 ***Aesculus* x *carnea* 'Briotii'**, un marronnier à pousse lente, à fleurs roses.
3 ***Fatsia japonica***, feuilles persistantes, fleurs crème en automne. Frileux.
4 ***Betula pendula* 'Tristis'**, un bouleau bien blanc, aux branches grêles.
5 ***Pelargonium zonale* x**, le géranium.

L'ESTHÉTIQUE ALLIÉE AU SENS PRATIQUE

Beaucoup de sobriété et même de la rigueur s'expriment dans ce bout de jardin, totalement clos de hauts murs en briques qui créent un microclimat très favorable à la convivialité de plein air. Le cabanon sert de « position de repli » en cas d'averses intempestives. Il permet aussi de profiter du décor du jardin en toutes saisons. Le dallage en opus romain, composé de blocs de grande taille, est à la fois élégant et pratique : comme il faut traverser le jardin pour accéder à la maison, il garantit un minimum de salissures par temps de pluie. La pelouse accueille la table de jardin lors des repas à l'extérieur. Il est aussi possible de déplacer les bacs et les pots de fleurs pour dégager de la place sur le dallage. L'opposition entre le minéral et le végétal donne à ce petit jardin un esprit très contemporain, idéal en ville.

À ESSAYER AUSSI

***Nemesia coerulea* 'Karoo Pink'**

Cette plante vivace d'origine sud-africaine, qui se cultive comme une annuelle, forme des suspensions ou des potées de toute beauté. Les tiges très fines, gracieuses, souples, portent de mai à octobre une profusion de petites fleurs roses à cœur jaune. Il existe aussi des variétés bleues, blanches et pourpres. La culture est la même que celle du pétunia, d'où une association possible.

LES PLANTES POUR RÉUSSIR

1 ***Akebia quinata***, liane persistante.
2 ***Convolvulus sabatius***, un liseron frileux, à petites fleurs estivales.
3 **Pensées**, une bisannuelle qui fleurit d'octobre à juin quand il ne gèle pas.
4 ***Lobelia* 'Cascade'**, une annuelle très florifère, à port retombant.
5 **Ipomée**, des fleurs de liserons bleus.
6 **Pétunia retombant**, une profusion de fleurs tout l'été, en cascade.

FANTAISIE BLEUE

La monochromie est un exercice de style périlleux, qui peut rendre un jardin tout à fait unique ou le faire paraître monotone. Dans cette courette, la dominante bleue crée une ambiance reposante et raffinée. Teinte plutôt froide, qui laisse se dégager un soupçon de nostalgie, le bleu est difficile à bien utiliser dans un jardin. Ici, il ajoute une note de chic, de fantaisie et d'originalité à un décor de briques, au demeurant banal et même un peu triste. Le choix de cette couleur apporte une touche de modernité, tout en respectant la volonté de discrétion des propriétaires. Cet endroit, un peu sombre, pas très engageant, devient ainsi un lieu de repos agréable. Toutes les plantations fleuries sont des annuelles, ce qui permet de changer la tonalité d'une année sur l'autre. Le camaïeu apaisant d'aujourd'hui contrastera demain avec du jaune pour un effet tonique, ou créera une harmonie avec du rose pour un ensemble pastel. On ne s'en lasse pas !

À ESSAYER AUSSI

Verveine hybride

Cultivée en annuelle, cette plante assez peu rustique fleurit de juin aux premières gelées. Elle réussit aussi bien au soleil qu'à mi-ombre et montre une bonne résistance aux erreurs d'arrosage. Ne mouillez pas le feuillage pour éviter les attaques de l'oïdium.

LES PLANTES POUR RÉUSSIR

1 ***Hedera helix* 'Arborescens'** : le lierre arbustif forme un buisson arrondi.
2 **Buis** : idéal pour les bordures, il supporte bien la taille et pousse lentement.
3 **Hortensia** : ses grosses têtes blanches forment une tache très lumineuse.
4 ***Cornus alba* 'Argenteomarginata'**, un arbuste caduc, de culture facile.
5 **Laurier-sauce** : taillé en pyramide, il est très élégant, mais assez frileux.
6 ***Schizophragma hydrangeoides*.**

DE LA VERDURE À L'UNISSON

Tracé selon des lignes géométriques qui s'inspirent du jardin classique, cet adorable jardin de poche laisse une impression de simplicité cossue qui convient bien à un jardinet de ville. C'est un petit patio, partiellement ombragé du fait des hauts murs qui l'entourent et de la présence d'un grand arbre sur la droite. Le motif central en carrés bordés de buis combine l'esthétique et l'aspect pratique. Il est subtilement rehaussé par des pyramides de buis, qui donnent du volume par leur silhouette verticale. Sans la présence de ces buis, le regard écraserait toute la scène qui paraîtrait bien plus triste. Notez l'adorable bordure de *Lobelia erinus* qui vient mordre le dallage de briques posées en chevrons. L'astuce du jardin contemporain consiste à marier les lignes géométriques strictes avec des plantations libres qui en font oublier la rigidité. Cette cour illustre bien ce principe fondamental.

À ESSAYER AUSSI

Rue *(Ruta graveolens)*
Avec un feuillage persistant glauque, finement découpé, et des inflorescences jaune verdâtre, la rue est d'un grand raffinement. Elle peut remplacer le buis pour réaliser des bordures régulières de feuillage. C'est une plante facile, qui réussit dans tous les sols et même sous une ombre légère. Attention, la sève tache la peau.

LES PLANTES POUR RÉUSSIR

1 Tulipe Triomphe 'Lustige Witwe', une fleur très lumineuse en mai.

2 *Malus* 'Evereste', un petit pommier d'ornement bien coloré en automne.

3 *Campanula portenschlagiana,* un tapis compact de fleurs bleues.

4 Pensée : les hybrides à grandes fleurs s'épanouissent jusqu'à fin juin.

5 *Rhododendron* x : les formes hybrides compactes réussissent bien en pot.

EXPLOSION PRINTANIÈRE

Après les mois tristes et gris de l'hiver, l'éclat des floraisons de printemps est comme une bouffée d'air pur dont il ne faut surtout pas se priver au balcon. Toutes les fleurs à bulbes réussissent dans des jardinières de 20 cm de profondeur au moins, à condition de prévoir un bon drainage, car l'humidité stagnante est le pire ennemi de ces plantes. Pour obtenir un effet spectaculaire, espacez les bulbes de tulipes de 3 à 5 cm seulement, ce qui vous garantira une grande densité de floraison. Vous pouvez profiter plus longtemps de votre décor printanier en plantant des petits bulbes précoces (perce-neige, aconit d'hiver, scille, *Anemone blanda*) dans la même jardinière, mais à 5 cm de profondeur seulement. L'important est de créer des effets de masse, en utilisant une ou deux variétés par jardinière, pas plus. Dans notre exemple, le raffinement découle du choix des couleurs, les campanules et les pensées s'harmonisant avec le bleu des jardinières. La masse blanche du pommier à fleurs crée un effet lumineux.

À ESSAYER AUSSI

Narcissus jonquilla

C'est la petite jonquille, aux fleurs jaunes très parfumées, portées en bouquets au mois de mai. Cette espèce et les hybrides qui en sont issus s'adaptent fort bien à la culture en pot, dans un terreau allégé avec du sable de rivière assez grossier.

LES PLANTES POUR RÉUSSIR

1 ***Cupressus sempervirens* 'Stricta',** une colonne étroite, bien élancée.

2 ***Nerium oleander*:** le laurier-rose fleurit tout l'été. Attention, poison !

3 ***Bougainvillea glabra*:** ce sujet greffé en tige et taillé en boule est original.

4 **Piments et poivrons** réussissent bien en jardinière si vous plantez des sujets déjà bien développés. Plein soleil.

COMME UN PETIT AIR DE VACANCES

Exposé en plein soleil et protégé des vents dominants par des canisses, un balcon peut être transformé dès la seconde quinzaine de mai en jardin méditerranéen. Vous pouvez y réunir les plantes qui rappellent vos vacances, y compris les agrumes, les palmiers et même une vigne et un olivier, qui réussissent très bien dans des bacs de 40 cm de profondeur. Le seul problème avec toutes ces plantes est l'hivernage. À moins de disposer d'une véranda, l'idéal consiste à tendre des films plastiques sur une armature démontable, de manière à transformer le balcon en serre de novembre à fin avril. En revanche, n'espérez pas réussir à garder les plantes méditerranéennes dans la maison, il y fait trop chaud et la lumière y est insuffisante. Pour créer cette ambiance, regroupez toutes les plantes autour d'une table ou d'une chaise longue. Renforcez l'impression d'évasion avec des poteries provençales, des vases d'Anduze ou des céramiques dont les motifs sont évocateurs.

À ESSAYER AUSSI

Lantana camara

Les très nombreux hybrides de cet arbuste originaire d'Amérique tropicale se déclinent dans différentes nuances de rouge, de rose et d'orangé. Sa floraison généreuse est permanente de mai à octobre, ce qui en fait l'une des plantes saisonnières les plus durables. Il est conseillé de l'hiverner dans une véranda.

LES PLANTES POUR RÉUSSIR

1 ***Erigeron* x**, très florifère.
2 ***Dryopteris filix-mas***, la fougère mâle aux frondes caduques, découpées.
3 ***Viburnum plicatum***, floraison au printemps, belle couleur d'automne.
4 ***Salvia fulgens***, vivace.
5 ***Delphinium* x**, une belle vivace aux épis d'un bleu intense. Tuteurer.
6 ***Euphorbia palustris***, une vivace très rustique qui fleurit en mai.

PROFUSION VÉGÉTALE

Un jardin minuscule, contrairement à ce que l'on pourrait croire, est l'occasion d'accueillir un grand nombre d'espèces, afin d'attirer le regard et de capter l'attention plus longuement. En composant comme ici un foisonnement végétal, vous créez un effet de surprise et incitez à la découverte. Cet exemple, qui peut paraître un peu fouillis, est en réalité le fruit de beaucoup de travail. La plantation est encore bien jeune, mais elle est déjà équilibrée et artistiquement disposée. L'art subtil du jardinier consiste à laisser les plantes s'imbriquer les unes dans les autres, tout en permettant à chaque espèce de s'exprimer. Ici, le sécateur est roi et c'est un façonnage permanent qui permet de conserver l'apparence du naturel. Les plantes sont aussi changées dès qu'elles encombrent.

À ESSAYER AUSSI

Ancolie hybride

Vivaces et rustiques, les ancolies séduisent par leur floraison très gracieuse, aux coloris lumineux et variés. Ces plantes s'intègrent bien dans tous les massifs de style naturel et sauvage. Plantez-les en groupe serré d'une dizaine de pieds pour composer un ensemble spectaculaire. Un sol assez compact, riche, et qui conserve une bonne fraîcheur en été est parfait.

LES PLANTES POUR RÉUSSIR

1 ***Helichrysum splendidum***, persistant, compact, rustique, fleurs en mai.
2 **Hémérocalle**, ou lis d'un jour : ses fleurs se renouvellent tout l'été.
3 **Lavande**, un arbuste compact aux fleurs parfumées en juillet.
4 **Buis** : taillé en boule et planté en pot, il donne une note de formalisme.
5 **Rosier 'Iceberg'** : c'est assurément le plus beau des rosiers buissons blancs.

UNE ÉVIDENTE VOLONTÉ DE PERFECTION

Grâce à sa surface réduite, ce jardin peut être entretenu de manière irréprochable. Le dessin géométrique est souvent préférable dans les propriétés exiguës, car les massifs rectilignes s'expriment très bien sans nécessiter de recul. Ici, le paysagiste a joué sur la sophistication et la perfection des plantations. Tous les végétaux sont impeccables et aucune mauvaise herbe ne vient troubler l'agencement. L'effet pourrait sembler factice et manquer d'âme si les plantes n'avaient pas été aussi bien choisies. L'unique variété de rosiers, que l'on retrouve à plusieurs emplacements, donne l'impression d'unité, tout en apportant de l'opulence. La quasi-totalité des autres végétaux possèdent une silhouette légère, élancée, gracieuse. Les massifs se déclinent dans un rythme aussi précis qu'une partition de musique.

À ESSAYER AUSSI

Spiraea* x *arguta

Très gracieuse avec ses longues branches souples et arquées, qui semblent faire la révérence, cette spirée s'épanouit dès la fin du mois de mars. Elle pourrait, dans le jardin ci-dessus, accompagner les rosiers, afin que le massif s'exprime aussi dans toute son opulence au printemps, en compagnie de diverses fleurs à bulbes. *Spiraea* x *arguta* accepte tous les sols, même calcaires.

LES PLANTES POUR RÉUSSIR

1 ***Alchemilla mollis,*** couvre-sol léger.
2 ***Taxus baccata,*** des ifs taillés en colonnes et en différentes formes topiaires.
3 ***Fagus sylvatica :*** des haies de hêtres servent de brise-vent autour du terrain.
4 ***Buxus sempervirens :*** les allées sont bordées de buis taillé à 40 cm de haut.
5 ***Ilex aquifolium,*** houx taillé en boule.
6 ***Persicaria bistorta* 'Superba',** un polygonum en fleurs jusqu'en octobre.

RIGUEUR ET FANTAISIE

D'inspiration classique dans son tracé rectiligne, ce très élégant jardin privé de Belgique se décline dans un camaïeu de feuillages et procure une ambiance apaisante et raffinée. Le tracé géométrique définit des perspectives et des lignes de fuite qui font paraître le jardin plus grand. De la majesté se dégage de cette propriété, dont les ifs en topiaires, plus que trentenaires, expriment une élégance cossue. En dépit de son dessin très structuré, ce jardin ne paraît jamais monotone, car les massifs bordés de buis accueillent une plantation généreuse et colorée. La photographie ayant été réalisée en mai, des parcelles de terre sont encore dénudées et les floraisons en sont encore à leur balbutiement. Dès le mois de juin, les rosiers se couvriront d'une multitude de fleurs et une profusion de vivaces viendra égayer les parterres d'une végétation foisonnante et colorée. Un jardin généreux, qui nécessite une attention soutenue.

À ESSAYER AUSSI

***Cupressus arizonica* 'Fastigiata'**
Le cyprès de l'Arizona forme un cône régulier d'un beau bleu acier, qui peut atteindre 15 m de haut. Supportant très bien les tailles régulières, il peut être maîtrisé dans son développement pour constituer un très beau topiaire, qui remplace les ifs ou les houx.

LES PLANTES POUR RÉUSSIR

1 ***Rosmarinus officinalis***, du romarin dans un pot à oreilles, associé à des fraisiers.
2 **Tulipes**, en plantation serrée (80/m²).
3 ***Delphinium***, au pied d'un rosier tige.
4 **Groseillier à grappes**, en pot.
5 **Buis**, de jeunes bordures bien droites.
6 ***Viburnum plicatum*** **'Watanabe'**.

UN SAVANT DÉSORDRE

Compliquer le tracé des allées afin d'allonger le cheminement est l'une des meilleures solutions pour faire paraître un jardin plus grand. C'est aussi le moyen d'accompagner le visiteur dans les moindres recoins pour qu'il découvre tous les détails qui personnalisent les plantations. La partie structurée de ce petit jardin couvre moins de 150 m^2, ce qui ne l'empêche pas de recevoir des plantations très variées. Le dallage est un quadrillage de pavés qui sépare des îlots bordés de buis. Pour éviter toute rigueur, les zones plantées présentent des dimensions inégales et chacune d'elles accueille des plantes différentes, comme si elle constituait un jardin à part entière. Pour limiter les effets de perspective et retenir le regard, des potées gourmandes sont disposées au carrefour des allées.

À ESSAYER AUSSI

Santolina chamaecyparissus

Appelée aussi « petit cyprès », la santoline est un arbuste qui forme un petit buisson compact et arrondi, aux feuilles persistantes d'un gris argenté très décoratif. Il est possible de l'utiliser en lieu et place du buis pour composer des bordures de 20 à 30 cm de haut. La santoline est une plante à cultiver de préférence dans un sol sableux et sec, toujours bien drainé.

LES PLANTES POUR RÉUSSIR

1 **Rosier 'Paul's Scarlet Climber'**, pouvant atteindre 5 m de haut. Sensible à l'oïdium.
2 ***Aster novi-belgii***, des bouquets de petites marguerites dès la fin de l'été.
3 ***Alchemilla mollis***, couvre-sol.
4 ***Onopordum nervosum*** : ce chardon atteint 3 m de haut la seconde année.
5 **'Europeana'**, un buisson vigoureux, bien remontant, légèrement parfumé.
6 ***Wisteria sinensis***, une belle glycine.

DOMINANTE ROUGE

Explosion de puissance et de dynamisme, ce massif se singularise par la floraison exceptionnelle des deux rosiers, qui s'épanouissent dans le même registre coloré, tout en offrant des possibilités de décoration complémentaires. Le rosier buisson domine le massif, l'éclat écarlate de ses fleurs étant valorisé par la présence du chardon argenté qui les rend plus lumineuses. Le mur de briques serait bien triste sans la profusion généreuse du rosier grimpant, qui a succédé à la magnificence précoce de la glycine. C'est un jardin d'une grande simplicité, où les massifs vivent de la générosité des plantes qui les composent, rythmés par la ponctuation élancée des delphiniums. Nous sommes en juin, et les floraisons ont la fraîcheur de la jeunesse. Elles vont se succéder tout l'été, avec pour vedettes les rosiers, qui en automne seront accompagnés de généreux bouquets de soleils *(Helianthus)* et d'asters. Un jardin de conception toute simple et parfaitement accessible aux débutants, à condition de l'entretenir avec attention.

À ESSAYER AUSSI

'La Sevillana'

Rosier arbuste, cette obtention Meilland (1978) est l'un des rosiers à massifs, le plus vigoureux puisqu'il dépasse 1,50 m de haut. Très résistant aux maladies et au gel, c'est un rosier florifère et sans problème.

LES PLANTES POUR RÉUSSIR

1 *Lavatera* **'Barnsley'**, très florifère.
2 **Rosier 'Ballerina'**, à port très souple.
3 **Rosier 'Thalia'**, puissant rosier liane.
4 **Rosier 'Swany'**, buisson retombant.
5 **Rosier 'Tapis volant'**, une variété à port étalé, à fleurs simples rose clair.
6 **Rosier 'Raubritter'**, un arbuste vigoureux, non remontant, à port prostré.

TOUTE LA POÉSIE DE LA REINE DES FLEURS

Romantisme et féminité se déclinent en beauté dans le jardin d'Anne-Marie à Lardy (Essonne), dédié à la rose. Les teintes pastel s'accordent à merveille dans une douce harmonie. C'est un jardin où l'on aime rêver sous une avalanche de fleurs, lorsque les parfums se mêlent pour vous enivrer. Le soleil, qui peine à percer la frondaison des grands arbres qui l'entourent, joue à cache-cache entre les feuilles et les fleurs, créant de subtiles transparences. Un jardin qui privilégie le naturel des formes, laissant chaque rosier occuper la place qu'il convoite, quitte à empiéter sur le voisin ou à s'alanguir sur les berges du ruisseau. Reine des fleurs, la rose trouve des courtisans dans la variété des plantes vivaces. Les grandes espèces viennent donner du relief et du volume aux massifs, tandis que nombre de couvre-sols sont plantés en bordure pour composer des tapis aux nuances variées.

À ESSAYER AUSSI

'Belle sans Flatterie'
Très populaire au début du XIXe siècle, où elle était cultivée dans les jardins de Malmaison, cette rose gallique, obtenue en Hollande en 1806, se découpe en généreux quartiers. Elle est portée en bouquets généreux, qui remontent un peu en fin d'été. Le buisson vigoureux atteint 1,20 m de haut. Quel dommage que son parfum soit si peu présent.

LES PLANTES POUR RÉUSSIR

1 ***Wisteria japonica***, une glycine du Japon aux longues grappes blanches.
2 ***Hosta sieboldiana* var. *elegans***, aux feuilles gaufrées de 30 cm de long.
3 ***Acer palmatum* 'Atropurpureum'**, un érable du Japon, rouge en automne.
4 ***Hosta undulata* 'Albomarginata'**, une grosse touffe de feuilles ondulées.
5 ***Rhododendron* x**, deux azalées japonaises au feuillage persistant.

CLAIR-OBSCUR TOUT EN FEUILLAGES

Peu de jardiniers débutants oseraient planter un arbuste à feuilles pourpres dans un endroit ombragé du jardin, craignant de l'assombrir. Il a pourtant suffi d'un tapis d'hostas à feuilles panachées pour donner vie à cet érable du Japon et mettre en valeur toute la subtilité structurelle de son feuillage. Outre la délicatesse des teintes, ce massif vaut surtout pour l'opposition des silhouettes et des textures. L'opulence gracieuse de l'arbuste donne du volume et de l'ampleur au décor, souligné par le tapis compact des hostas. Leurs feuilles gaufrées donnent une impression de rugosité, qui contraste avec la découpe élégante en forme de main ouverte du feuillage de l'érable. Ce dernier prendra des teintes sublimes en automne, passant du pourpre foncé à l'orange vif.

À ESSAYER AUSSI

***Camellia japonica* 'Lady Clare'**

Les camélias apprécient les lieux ombragés qui restent frais durant l'été. Arbustes de sol acide, ils accompagnent idéalement les érables du Japon dans des massifs bien protégés des vents dominants. 'Lady Clare' est un hybride obtenu au Japon en 1859. Il est toujours cultivé pour sa rapidité de croissance et sa floraison précoce et généreuse, qui dépasse 12 cm de diamètre. Les feuilles allongées sont vert foncé.

LES PLANTES POUR RÉUSSIR

1 *Dryopteris filix-mas* : la fougère mâle dépasse 1 m de hauteur et de diamètre.
2 *Dicksonia antartica*, la plus rustique des fougères arborescentes.
3 *Hyacinthoides non-scripta* : la jacinthe des bois pousse spontanément sous un couvert frais, en sol humifère.
4 *Rhododendron* x : une azalée japonaise colore la scène.

JARDIN DE FOUGÈRES

Apparues sur terre il y a 290 millions d'années, les fougères arborescentes ont survécu aux bouleversements cataclysmiques qui ont conduit à la disparition des dinosaures. Véritables « fossiles vivants », elles créent une ambiance à la fois étrange et exotique dans le jardin. Bénéficiant de la douceur océanique du Gulf Stream, ce jardin de Cornouailles permet à de magnifiques *Dicksonia antartica*, originaires de Tasmanie, de prospérer en bouquets généreux. Résistant à -7 °C, ces fougères au stipe épais peuvent réussir dans de nombreuses régions, atteignant 6 m de haut lorsque les conditions sont favorables. Elles réussissent dans les lieux ombragés et humides, dans un sol acide et bien drainé, nécessitant de fréquentes brumisations lors des journées sèches et chaudes de l'été. La compagnie des azalées n'est pas incongrue, celle des magnolias le serait encore moins, car ce sont les plus anciennes plantes à fleurs.

À ESSAYER AUSSI

Osmunda regalis
Atteignant 2 m de haut et 4 m de diamètre, l'osmonde royale est la plus spectaculaire des fougères de nos régions. Elle apprécie de pousser au bord d'une pièce d'eau dans un sol profond, humifère et acide. Elle préfère un ombrage léger ou le soleil filtré.

LES PLANTES POUR RÉUSSIR

1 ***Nymphaea* x** : des touffes généreuses de nénuphars fleurissent en juillet-août.
2 ***Darmera peltata***, aux feuilles amples et arrondies qui se colorent en automne.
3 ***Pontederia cordata*** : qui a de jolies feuilles lancéolées, et des épis bleus durant l'été.
4 ***Alchemilla mollis*** : une superbe bordure vaporeuse de mai à septembre.
5 ***Rodgersia podophylla***, une plante spectaculaire aux feuilles découpées.

UN JARDIN SECRET

Profitant de la douceur humide du climat océanique de la Normandie, le jardin des pépinières Plantbessin associe charme et générosité. Le bassin tout en longueur sert de motif central au décor, qui joue subtilement de l'effet de perspective pour agrandir la scène, mais sans l'accentuer outre mesure afin de conserver une certaine intimité. La plantation rectiligne d'alchémilles souligne avec élégance les contours du bassin, et leur aspect foisonnant et voluptueux gomme toute impression de rigueur. La prolifération des nénuphars contribue aussi à couper le dessin linéaire du jardin, de même que la berge opposée, généreusement plantée de vivaces opulentes. Tout concourt à renforcer le romantisme de ce jardin d'eau.

À ESSAYER AUSSI

Lysichiton americanus

On l'appelle « arum bananier » en raison de ses fleurs ornées de spathes jaune vif, caractéristiques des plantes qui appartiennent à la famille des arums (Aracées), et de ses feuilles oblongues qui dépassent 1 m de long. C'est une vivace rustique à installer au bord d'un bassin, dans un sol profond et humifère. Une exposition mi-ombragée est appréciée. Les fleurs apparaissent en mars, avant les feuilles.

LES PLANTES POUR RÉUSSIR

1 ***Convolvulus sabatius***, un liseron rampant, très florifère de juillet à octobre.
2 ***Gazania splendens***, des marguerites étoilées qui ne s'ouvrent qu'en plein soleil.
3 ***Pistia stratiotes*** : la laitue d'eau est élégante, mais aussi très envahissante.
4 ***Lupinus arboreus***, un buisson à feuillage persistant et à floraison estivale.
5 ***Cyperus papyrus***, une touffe élégante et généreuse, à ne pas exposer au gel.

PRÈS DE LA FONTAINE

Dans les jardins classiques, les fontaines sont le plus souvent installées dans un endroit dégagé au carrefour de grandes allées. Elles apparaissent alors comme des éléments somptuaires et pompeux, qui perdent beaucoup de leur charme. Dans ce jardin d'Afrique du Sud, la fontaine en bronze constitue toujours le pôle d'attraction, mais elle n'est plus le « centre du monde ». L'abondante végétation alentour constitue un écrin riche et coloré qui donne vie au jardin et rend la présence de la fontaine évidente. Un bassin discret accueille l'angelot de bronze et sa coupe. La margelle, située quasiment au ras du sol, n'arrête pas le regard et permet d'apprécier la généreuse végétation qui prolifère dans le bassin. Dans le même esprit, le socle de la fontaine étant dissimulé par la touffe de papyrus, la sculpture fait corps avec le décor végétal et, surtout, ne l'écrase pas.

À ESSAYER AUSSI

***Hippuris vulgaris* (pin aquatique)**

Cette vivace à immerger de 30 cm dresse ses tiges fines et élégantes au-dessus de la surface de l'eau à partir de mai. On dirait des prêles ou des jeunes branches de conifère, d'où le nom populaire de la plante. C'est une espèce peu connue, mais très décorative associée à des nénuphars et à des *Pontederia cordata*.

LES PLANTES POUR RÉUSSIR

1 ***Helleborus orientalis* x**, une belle vivace qui fleurit de janvier à mars.
2 ***Camellia japonica***, un arbuste à feuillage persistant et à floraison précoce.
3 ***Magnolia stellata* 'Rosea'** : précoce, il se couvre d'étoiles rose pâle en mars.
4 ***Magnolia* x *soulangeana***, des coupes cireuses en avril, avant les feuilles.
5 ***Narcissus* x**, une plante à bulbes qui se naturalise très facilement dans le jardin.

PREMIER ÉVEIL PRINTANIER

Bien que la composition suggère un sous-bois clair et naturel, il s'agit bien d'un jardin. Cette belle propriété, située dans l'Orne, entretient un savant fouillis végétal, destiné à faire oublier la présence du jardinier. Réussir ce type de jardin confine au grand art, car il faut accepter un soupçon de négligé, tout en engageant une lutte farouche contre les mauvaises herbes, et disposer avec un goût très sûr les plantes ornementales au bon endroit. Faire cohabiter des plantes originaires du Japon (camélia et magnolia), de Turquie (hellébore) et d'Europe (narcisses), en donnant l'impression d'une végétation spontanée, est la qualité première de ce jardin. Les végétaux sont disposés par touffes assez importantes, afin de bien assurer leur présence dans le décor, et disséminés de façon à éviter tout alignement incongru.

À ESSAYER AUSSI

Brunnera macrophylla

On l'appelle « myosotis du Caucase », car sa floraison ressemble à celle de la petite bisannuelle qui se marie si bien avec les bulbes dans les massifs. C'est aussi le rôle de cette vivace qui forme un généreux feuillage arrondi très décoratif. Les fleurs qui apparaissent en avril accompagnent fort joliment les touffes de narcisses. Un excellent couvre-sol.

LES PLANTES POUR RÉUSSIR

1 ***Rhododendron* 'Gloria Mundi'**, une azalée de Gand, à feuilles caduques et fleurs parfumées, qui tient en plein soleil.
2 ***Fagus sylvatica* 'Purpurea'**, un jeune hêtre pourpre pour ombrager les azalées.
3 ***Rhododendron luteum***, une grande azalée caduque aux fleurs parfumées.
4 ***Quercus robur***, un chêne pédonculé aux branches tortueuses et assez étalées.
5 ***Rhododendron* 'Spek's Brillant'**, une azalée mollis encore toute jeune.

LA CAMPAGNE COMME ON LA RÊVE

Une prairie, avec juste ce qu'il faut d'herbes folles et de fleurettes pour donner l'impression d'une végétation spontanée, lie dans un ensemble souple et harmonieux une jolie collection d'azalées à feuillage caduc. Leurs teintes douces et leurs formes buissonnantes très libres accentuent le côté rustique et sauvage de la scène. Toute la subtilité vient de la présence dominante du grand chêne, qui replace bien la plantation dans le paysage. En laissant aussi le regard filer à travers les branches pour deviner la campagne alentour, le jardinier a réussi à fondre dans le paysage les azalées pourtant originaires du Japon. Le paradoxe vient également de cette richesse de couleurs, dont les nuances peu communes dans la flore sauvage pourraient choquer si les azalées n'étaient pas disposées dans un subtil dégradé de teintes qui semble très naturel.

À ESSAYER AUSSI

Hydrangea sargentiana

Idéal pour accompagner les azalées, cet arbuste au port ample et souple porte de grandes feuilles caduques duveteuses et des fleurs en corymbes plats d'août à octobre. Comme il dépasse 3 m de haut, il faut le planter en arrière-plan. Il servira dans le même temps à ombrager le massif durant l'été.

LES PLANTES POUR RÉUSSIR

1 ***Calla palustris***, une vivace aquatique aux fleurs blanches avec spathes en juillet.
2 ***Inula royleana***, une touffe ample très florifère de juin à octobre.
3 ***Alcea rosea***, de hautes roses trémières dominent le massif. Floraison tout l'été.
4 ***Aristolochia macrophylla***, une grimpante à la croissance spectaculaire.
5 ***Equisetum maximum***, une prêle aux tiges fines d'une grande élégance.
6 ***Scirpus palustris***, une touffe aux tiges grêles. Immerger le pied de 10 cm.

UN ÉCRIN DE VERDURE

Disparaissant derrière une végétation foisonnante, la maison en briques, typique des constructions du Nord (nous sommes en Belgique), prend beaucoup de caractère. Le style campagnard du jardin est assuré par la prédominance des plantes à feuillage. Dans un jardin, la tonalité verte, discrète, exprime une certaine neutralité ou simplicité. C'est le meilleur moyen pour créer un univers harmonieux, mais cela n'empêche pas la sophistication des plantations, bien illustrée ici avec des espèces peu courantes mais qui donnent toutefois une impression de naturel par leur générosité. L'habillage de la façade par une couverture végétale est la meilleure façon d'obtenir une bonne intégration du jardin dans la campagne environnante. Mais il convient ici de modérer les élans de l'aristoloche et de la tailler pour qu'elle n'envahisse pas le toit et les gouttières. Lorsque la croissance d'une liane est bien maîtrisée, il n'y a rien à craindre pour la maison.

À ESSAYER AUSSI

Nicotiana sylvestris
Originaire d'Argentine, cette grande vivace plutôt frileuse est cultivée comme une bisannuelle pour sa végétation spectaculaire, qui peut dépasser 1,50 m de haut. Apparaissant en été, les fleurs très odorantes se ferment en plein soleil. Feuillage ample.

LES PLANTES POUR RÉUSSIR

1 ***Betula pendula***, un jeune bouleau pour ombrager le massif en été.
2 ***Onoclea sensibilis***, une élégante fougère caduque, bronze au printemps.
3 **Légumes variés**, un minipotager.
4 **Fèves**, semées en place au printemps et maintenues droites par des branchages.
5 ***Carpinus betulus***, un charme sert de brise-vent et accueille un rosier grimpant.

UNE TOUCHE SUBTILE D'ABANDON

La serre en ruine a été judicieusement conservée en l'état, car elle apporte un cachet indéniable à la scène. C'est un jardin tout simple et rustique, dont les vestiges d'un passé prospère semblent raconter l'histoire d'une grande saga familiale, romantique et passionnée. La construction délabrée doit être conservée pour entretenir cette atmosphère unique. Il faut simplement s'assurer que les carreaux encore présents restent solides et sont maintenus en place sans risque par des bâtis stables. Une note d'élégance et de raffinement est donnée par le rosier grimpant, dont il faudra guider les longs bras souples en direction de la serre pour l'habiller partiellement de fleurs. Le reste du jardin est tout simple, avec un mélange fort judicieux de plantes ornementales et de légumes, qui affirme bien le caractère rural et rustique de la propriété.

À ESSAYER AUSSI

Rubus fruticosus **(mûre sans épines 'Loch Ness')**
Cette plante sarmenteuse très vigoureuse forme de longues tiges souples qui dépassent 4 m de long ; elles sont idéales pour habiller une construction inesthétique ou une clôture. Les fruits se cueillent en septembre lorsqu'ils sont bien noirs. Supprimez au ras du sol les tiges qui ont fructifié, afin de stimuler la pousse de jeunes rejets vigoureux.

LES PLANTES POUR RÉUSSIR

1 ***Petasites japonicus*,** une vivace aux feuilles énormes et fleurs blanches en hiver.
2 **Palmettes Verrier de pommier et de poirier,** qui habillent le mur.
3 **Rosier 'Iceberg',** le meilleur buisson à massif à fleurs blanches.
4 ***Asphodeline lutea*, *Gerbera* x, ancolie, *Silene dioica*,** en massifs fleuris.
5 **Bordure de buis,** taillée de façon rectiligne à 20 cm de hauteur.

LE GOÛT ET LES COULEURS

Créé par le paysagiste Serge Prévosteau, ce petit jardin est une ode à la gourmandise et au plaisir des yeux. Le mur de séparation est entièrement habillé avec des palmettes de pommiers et de poiriers, les variétés étant choisies pour leur maturité échelonnée et leur faculté à bien se polliniser. Le pied des fruitiers est habillé de différentes plantes aromatiques, qui occupent l'espace sans nécessiter d'entretien. L'aspect décoratif est un souci permanent et la plate-bande fruitière est ponctuée de rosiers qui apportent une aimable touche de couleur. D'une inspiration très classique, avec ses carrés bordés de buis, ce jardin montre pourtant une inspiration contemporaine du fait de la composition même des massifs. Vivaces et annuelles se mélangent dans un délicieux fouillis, faisant oublier la rigueur du tracé.

À ESSAYER AUSSI

***Potimarron* 'Red Kuri'**

Cette variété de *Cucurbita maxima* est une plante annuelle, dont les longues tiges rampantes peuvent dépasser 3 m de long. Les fruits de 2 à 3 kg se récoltent en octobre à complète maturité. Cueillis avec leur pédoncule, ils se conservent environ deux mois. Culture facile dans un emplacement ensoleillé. En juin, paillez le pied des potimarrons avec du fumier bien décomposé.

LES PLANTES POUR RÉUSSIR

1 **Laitue pommée d'automne** : semée en mai/juin, repiquée un mois plus tard, elle va produire en septembre et octobre.
2 **Betterave rouge** : très résistante à la montée en graines, elle est cultivée toute l'année et récoltée 3 mois après le semis.
4 ***Tagetes patula*** : l'œillet d'Inde est aussi considéré comme répulsif pour les pucerons en raison de son odeur assez forte.
5 **Chou brocoli** : semé en mai/juin, planté en juillet/août, il se récolte tout l'hiver.
6 ***Lavatera trimestris*** : semées en place entre les légumes, elles décorent le potager.

Le potager bio et dynamique

Basé sur un tracé conventionnel, avec ses plantations en lignes bien régulières, ce petit potager est aussi décoratif par la présence de nombreuses fleurs. Mais certaines d'entre elles ne sont pas là par hasard. Les œillets d'Inde servent à la fois à éloigner les nématodes (vers minuscules qui vivent dans le sol) et à lutter contre les piérides, parce qu'elles attirent les mouches orthographes (bombylidés), qui pondent dans le corps des chenilles. On plante aussi des capucines près des haricots ou des fèves pour limiter les attaques des pucerons noirs, ces derniers étant irrésistiblement attirés par la capucine. C'est ce que l'on appelle les cultures associées. Les cultures sont déplacées chaque année d'un rang afin de ne jamais risquer de se retrouver deux saisons de suite au même endroit. Des amendements organiques sont apportés chaque année pour reconstituer de façon naturelle les réserves du sol. C'est un exemple de jardinage raisonné à ne pas confondre avec la culture « biodynamique » qui s'inspire des cycles naturels en liaison avec la rotation des planètes.

À ESSAYER AUSSI

Groseille à grappes 'Jonkheer van Tets'
C'est l'une des meilleures variétés à baies rouges, mais qui se montre sensible à l'oïdium. Un buisson de culture facile qui réussit dans les sols secs, à installer en bordure du potager.

LES PLANTES POUR RÉUSSIR

1 ***Strelitzia nicolai***, une plante très spectaculaire originaire d'Afrique du Sud.
2 ***Thymus vulgaris***, un tapis de thym aux fleurs pourpres d'avril à juin.
3 ***Lampranthus spectabilis***, une nuée de petites étoiles rose pourpre en été.
4 ***Cycas revoluta***, un bouquet de feuilles rigides qui évoquent un palmier.
5 ***Aloe spp.***, une collection de plantes succulentes qui forment de gros bouquets.

UN TALUS SUBTROPICAL

Le domaine du Rayol est une propriété exceptionnelle, célèbre pour ses collections de plantes d'origine tropicale. Nombreux sont les jardins du littoral méditerranéen qui, bénéficiant d'une exposition plein sud et d'une situation bien abritée des vents dominants, peuvent se transformer en petits paradis subtropicaux. Le talus qui habille le bel escalier de pierre conduisant à la pergola améliore la durée d'exposition des plantes au soleil et joue un rôle naturellement drainant en laissant ruisseler l'eau de pluie en excès. Il se crée un microclimat, avec un réchauffement rapide du terrain dès que pointe le soleil, et surtout une absence d'humidité dans le sol qui permet aux plantes de supporter des températures beaucoup plus faibles. C'est ce qui explique aussi la prolifération des plantes succulentes (plantes grasses).

À ESSAYER AUSSI

***Ensete ventricosum* 'Maurelii'**
Appelée aussi « bananier d'Abyssinie » ou « bananier d'Éthiopie », cette belle plante herbacée originaire d'Afrique de l'Est peut atteindre 6 m de haut. Cette espèce se distingue par ses pétioles et son stipe (tronc) d'un brun pourpre assez foncé. Chez le cultivar 'Maurelii', la face inférieure des feuilles présente des marques rouges sur le bord. C'est une plante assez frileuse, même dans le Midi : une protection s'impose en hiver.

LES PLANTES POUR RÉUSSIR

1 ***Citrus aurantium***, un bigaradier.
2 ***Rosa banksiae*** **'Lutea'**, un rosier liane.
3 ***Lavandula stoechas*** **'Pedunculata'**.
4 ***Allium*** **'Purple Sensation'**, bulbeuse.
5 ***Santolina chamaecyparissus***, verte.
6 ***Lavandula angustifolia*** **'Munstead'**, une lavande aux fleurs d'un bleu intense.

LES PARFUMS ET L'ACCENT DE LA PROVENCE

Bien protégé du mistral par les constructions alentour, ce petit jardin planté en façade d'un mas traditionnel est typiquement provençal. Il associe les plantes classiques de la région, – lavande, romarin, vigne, etc. – avec des espèces venues d'ailleurs mais bien adaptées au climat local – la santoline, le buis, trois espèces à feuillage argenté, la plante curry *(Helichrysum italicum* ssp. *serotinum),* la coquelourde *(Lychnis coronaria)* et le chardon aux ânes *(Onopordum nervosum),* ainsi que diverses fleurs, dont le superbe *Allium* 'Purple Sensation', aux ombelles sphériques portées par des hampes de 1 m de haut. Tout près du mur, l'oranger amer, ou bigaradier, est régulièrement taillé afin de conserver une silhouette compacte et de former des rameaux au bois bien dur.

À ESSAYER AUSSI

Olea europaea **(olivier)**

Cet arbre persistant, aux feuilles glauques et au tronc noueux, est le symbole de toute la Provence. Beaucoup moins frileux qu'on le dit, il tolère - 10 °C dans les sols profonds et bien drainés. L'olivier supporte le calcaire et convient aux terres pauvres et caillouteuses. Il est aussi possible de le cultiver longtemps dans un pot. Ici, un sujet de plus de mille ans planté à Hyères, dans le Var.

LES PLANTES POUR RÉUSSIR

1 ***Cordyline australis*** **:** cette plante de Nouvelle-Zélande peut atteindre 10 m.
2 ***Rhododendron* x**, à grosses fleurs.
3 ***Taxus baccata* 'Fastigiata Aureomarginata'**, l'if d'Irlande doré.
4 ***Spiraea albiflora* 'Allgold'**, des fleurs roses au printemps, feuillage doré caduc.
5 ***Cytisus multiflorus***, genêt blanc.
6 ***Cistus* x *corbariensis***, un arbuste persistant qui fleurit de juin à septembre.

UNE TOUCHE AUSTRALE

Avec ses immenses *Cordyline australis*, dont les généreux bouquets de feuilles en forme de sabre composent une couronne très décorative, ce jardin pourrait se trouver dans les faubourgs d'Auckland, en Nouvelle-Zélande, ou de Melbourne, dans le sud de l'Australie. C'est en réalité un jardin breton, qui bénéficie du climat privilégié de Locquirec, dans le Finistère. Pas vraiment froid en hiver, jamais torride en été, l'endroit profite de la douceur de l'air marin, de la forte pluviosité en toutes saisons et d'un sol naturellement granitique, très drainant et acide. Les plantes originaires des contrées australes s'y acclimatent à merveille, de même que les rhododendrons. Le tracé du jardin est tout simple, avec la partie centrale dégagée pour favoriser les allées et venues et offrir un point de vue. Toute sa beauté vient de l'opulence des plantes et d'un entretien parfait.

À ESSAYER AUSSI

Dicksonia antartica
Cette magnifique fougère arborescente originaire de Tasmanie peut atteindre 6 m de haut, formant des frondes de plus de 2 m de long. C'est une plante très spectaculaire, qui aime les climats humides et frais, supportant une température minimale de - 7 °C. Sol riche, humifère et plutôt acide.

LES PLANTES POUR RÉUSSIR

1 ***Musa basjoo,*** le bananier du Japon, est l'espèce la plus rustique. Il résiste au gel jusqu'à - 5 °C. Il peut dépasser 5 m.

2 ***Phoenix canariensis,*** le dattier des Canaries, supporte jusqu'à - 7 °C.

3 ***Pelargonium zonale,*** une bordure très fleurie, de mai à la fin octobre.

4 ***Liquidambar styraciflua,*** le copalme d'Amérique, aux belles teintes automnales.

BANANERAIE ET PALMERAIE À LA FRANÇAISE

Célèbre pour sa cuisine, son hospitalité et son eau thermale, la propriété de Christine et Michel Guérard, « les Prés d'Eugénie », à Eugénie-les-Bains, est située dans les Landes, près du Gers. Les arbres et les hauts bâtiments qui entourent le jardin créent un microclimat qui empêche le vent de passer. La plantation en pleine terre permet aux bananiers et aux palmiers d'atteindre leur plénitude et les protège durant l'hiver. Buttés au niveau du pied, emmitouflés dans des paillons et enveloppés par du voile d'hivernage, ils bénéficient d'une bonne aération qui évite tout risque de pourriture. Au printemps, ils sont débarrassés de leur protection, puis amendés avec du fumier décomposé et fertilisés avec un engrais organique équilibré. Ainsi traités, les bananiers dépassent 4 m de haut, avec des feuilles de 2,50 m, et fructifient régulièrement, ce qui permet à la touffe de rajeunir puisque le pied-mère meurt après avoir produit, remplacé par un rejet au pied de la touffe.

À ESSAYER AUSSI

Phoenix dactylifera **(dattier)**

Un peu plus frileux que le dattier des Canaries, mais poussant plus haut (jusqu'à 30 m), le véritable dattier produit des fruits comestibles. Il ne réussit en France que dans les régions abritées du bord de mer. Il est nécessaire de protéger les jeunes plants.

LES PLANTES POUR RÉUSSIR

1 ***Juniperus* x *media* 'Pfitzeriana'**, ce genévrier au port étalé est caractérisé par ses rameaux qui se relèvent à l'extrémité.
2 ***Tsuga canadensis***, ce grand conifère au port conique ressemble à l'if, mais ses pousses sont retombantes au bout.
3 ***Prunus serrulata* 'Fugenzo'**, un cerisier japonais aux fleurs semi-doubles roses.
4 ***Sequoiadendron giganteum***, de croissance lente, il forme un cône régulier.
5 ***Cupressus macrocarpa***, le cyprès de Lambert est un des meilleurs brise-vent pour les climats maritimes et doux.

SYMPHONIE DE CONIFÈRES

Cette vue automnale du superbe jardin de Great Comp, situé dans le Kent en Angleterre, est dominée par la riche plantation d'espèces variées de conifères. Grâce à une soigneuse sélection de formes, de textures et de coloris, la scène ne manque pas de mouvement et quelle que soit la saison, le jardin ne paraît jamais monotone. C'est une splendeur éphémère au printemps lorsque les deux grands cerisiers du Japon laissent exploser leurs floraisons blanches et roses.
Le dessin de ce jardin est tout à fait caractéristique du style « anglais » avec sa grande pelouse bien « léchée » et les sinuosités des massifs. La vue dégagée sur la campagne en arrière-plan fait aussi partie du « jardin à l'anglaise » dont le principe consiste à se fondre dans l'environnement. Un jardin qui nécessite peu d'entretien.

À ESSAYER AUSSI

***Photinia* x *fraseri* 'Red Robin'**

Cet arbuste persistant fait un excellent compagnon des conifères aussi bien dans les massifs que dans les haies, car il les égaye de son tonique feuillage printanier. Les feuilles nouvellement écloses prennent un coloris rouge vif qui se distingue à plusieurs dizaines de mètres de distance. Le photinia, dont le seul défaut est de craindre les fortes gelées, atteint 3 m de haut. Il porte de très belles fleurs blanches en mai.

LES PLANTES POUR RÉUSSIR

1 ***Acer palmatum* 'Dissectum Garnet'**, cet érable du Japon forme un arbuste arrondi de 1,50 à 2 m de haut, à port retombant.
2 ***Acer palmatum***, un des innombrables hybrides japonais au feuillage vert qui devient rouge orangé en automne.
3 ***Camellia japonica***, il forme un beau contraste avec le feuillage jaune du conifère planté à ses côtés (cyprès 'Goldcrest').
4 ***Rhododendron* x *hybridum***, ces sujets magnifiques poussent sans contrainte.
5 ***Cornus florida***, les grandes bractées étoilées couleur ivoire sont un enchantement.

UN FESTIVAL DE RHODODENDRONS

Situé en Bretagne, et bénéficiant du sol acide et du climat doux et humide de la région, ce superbe jardin est celui des pépinières Roué-Cadiou, spécialistes des plantes de terre de bruyère. Toute la partie arrière du jardin est plantée de rhododendrons, certains sujets mesurant plus de 4 m de haut. Avec ses lignes régulières, ses décrochés en angle droit, mais ses plantations rythmées, on pourrait qualifier le dessin de « classique contemporain ». Le classicisme se retrouve dans la géométrie du tracé. La modernité est exprimée par la riche association d'espèces et surtout la cohabitation quasi « naturelle » entre les plantes aux formes libres et les arbustes taillés de manière régulière. Cela donne au volume de ce jardin un aspect ondulant et mouvementé, dont l'intérêt est permanent.

À ESSAYER AUSSI

Enkianthus campanulatus* var. *palbinii
Ayant besoin d'un sol acide pour prospérer, ce remarquable arbuste d'origine japonaise, atteint 3 m de haut s'il exposé à mi-ombre et ne manque jamais d'eau. Les fleurs en clochettes pendantes, groupées en bouquets, s'épanouissent en grand nombre dans le courant du mois de mai. Il serait superbe planté entre les deux rhododendrons situés au premier plan dans le massif à droite.

6 Le cahier pratique

Votre jardin en 180 questions-réponses

Matériel et équipement

1 Puis-je installer moi-même un système d'arrosage automatique ?

Il faut prendre des précautions et d'abord dessiner un plan de répartition précis des tuyaux et des arroseurs (certaines jardineries peuvent vous proposer un service d'assistance par ordinateur). Vous devez également connaître la pression et le débit d'eau que vous délivre votre compteur. Pour creuser les canalisations, n'hésitez pas à louer une trancheuse à godets, c'est très pratique. Sectorisez votre arrosage en fonction des cultures et pensez à utiliser des arroseurs surélevés dans les massifs.

2 Quelle est la bonne fréquence de programmation pour l'arrosage du jardin ?

Cela dépend de la nature de votre sol, des cultures et de la température ambiante. Dans une terre sableuse, mieux vaut arroser tout les jours pendant 10 minutes. Dans un sol lourd et argileux, vous pourrez programmer un arrosage de 30 minutes tous les trois ou quatre jours. Distribuez l'eau le soir en été, dans le milieu de la matinée au printemps et en automne. Un bon arrosage représente entre 3 et 5 litres/m^2. Vous calculerez le temps d'arrosage en fonction du débit de vos arroseurs. Une pression de 3 à 5 bars est nécessaire pour que l'installation fonctionne bien.

▲ Décalaminez soigneusement la bougie en brossant les électrodes.

3 Quand faut-il faire réviser la tondeuse ?

Après la dernière tonte d'octobre, il est bon de confier votre tondeuse à un spécialiste de la marque. Il va vidanger le moteur, changer la bougie, nettoyer le filtre à air, remplacer ou affûter la lame, graisser les câbles d'accélération et de transmission. Cette révision annuelle vous garantit un fonctionnement irréprochable.

4 Que faire de la tondeuse en hiver ?

En période de non-utilisation, la tondeuse et les autres matériels de jardin à moteur doivent être stockés dans un local hors gel, sec et propre (à l'abri de la poussière). L'idéal consiste à surélever légèrement la tondeuse sur des cales, afin qu'elle ne se trouve pas en contact direct avec le sol. Obstruez le pot d'échappement avec un vieux chiffon, dévissez la bougie et versez dans le cylindre une cuillerée à café d'huile propre, puis tirez doucement la corde du lanceur jusqu'au point de compression. Couvrez la machine avec une toile protectrice.

5 Ma tondeuse a toujours du mal à démarrer, que faire ?

Dévissez la bougie et nettoyez les électrodes en éliminant la calamine avec une brosse métallique. Nettoyez aussi le filtre à air.

6 En été, ma tondeuse chauffe, pourquoi ?

Il s'agit certainement d'un problème de filtre à air sale ou obstrué. L'été, la tonte de l'herbe sèche provoque souvent l'émission d'une forte quantité de poussière. Le filtre à air est le véritable « poumon » du moteur. Vous devez en vérifier l'état après chaque tonte. Pensez aussi à nettoyer les ailettes du cylindre du moteur pour les débarrasser de la poussière et des particules d'herbe qui les recouvrent.

7 Comment affûter la lame de ma tondeuse ?

Démontez la lame en prenant soin de débrancher avant la bougie, pour éviter un démarrage intempestif du moteur. Saisissez la lame avec des gants et dévissez avec une clé le boulon qui la maintient en place (attention, le pas de vis est inversé). Coincez la lame dans un étau, puis affûtez les tranchants avec une lime plate. Terminez à la ponceuse à disque : la lame doit rester équilibrée.

8 Comment affûter une lame de scie ?

Seules les scies de jardinage à denture classique (isocèle) peuvent être affûtées. Les dentures américaines (dents de plusieurs formes) ou japonaises (denture

▲ Utilisez une lime triangulaire pour affûter les scies à denture classique.

double) ne s'affûtent pas. Utilisez une lime triangulaire à grain fin que vous passerez sur le tranchant de chaque dent, sans mouvement alternatif, en poussant la lime.

9 Ma tronçonneuse produit de la sciure. Que faire ?

Il s'agit simplement d'un problème d'affûtage de la chaîne. Une tronçonneuse efficace produit des copeaux de bois et non de la sciure. La formation de sciure est un avertissement pour vous indiquer la nécessité d'affûter les gouges. Il existe des limes spéciales munies d'un guide, qui permettent un affûtage d'entretien. Le mieux consiste encore à disposer de deux chaînes. Celle qui est usée sera donnée à affûter chez un spécialiste, qui le fera à la perfection grâce à des outils de précision.

Amélioration du sol

10 Comment savoir si ma terre est calcaire ou non ?

Hormis son aspect extérieur, une terre calcaire a une réaction alcaline. Elle produit un petit bouillonnement si on la met en contact avec un acide (du vinaigre, par exemple). Il existe aussi dans le commerce des tests de pH, qui peuvent vous indiquer la réaction de votre sol. Une terre calcaire cultivable a un pH compris entre 7,5 et 8,5. Certaines plantes sauvages indiquent aussi que le sol est calcaire (aubépine, colza, bleuet, pavot).

11 Comment analyser sa terre ?

Les kits de colométrie du commerce indiquent surtout le pH. Mais rien de ce qui est proposé dans les magasins de jardin ne vous permet d'effectuer une analyse complète. Pour obtenir le dosage de la matière organique, de l'azote, du phosphore, du potassium, il faut faire appel à un laboratoire spécialisé dans l'étude du sol, par le biais de votre jardinerie. Plusieurs prélèvements d'échantillons de la couche superficielle (30 cm de profondeur maximale) doivent être effectués dans différentes parties de la parcelle à analyser. Mélangez-les, puis fournissez au laboratoire environ 250 g de terre. L'analyse doit être accompagnée de conseils pour l'amélioration et d'une liste de végétaux.

12 Quel engrais utiliser pour améliorer mon sol ?

Un engrais n'est pas un améliorant du sol, mais de la « nourriture » pour les plantes. L'engrais fertilise la terre, mais, pour améliorer sa structure, il faut utiliser des amendements. Il peut s'agir de sable grossier ou de chaux pour les terres très argileuses ou d'amendements organiques à base de fumiers décomposés, d'algues, de composts divers.

13 Qu'est-ce qu'un engrais vert ?

C'est une plante fourragère (trèfle, luzerne, phacélie, moutarde, etc.) que l'on sème en automne ou au printemps et qui sera coupée, puis enfouie dans le sol au tout début de sa floraison. On obtient ainsi un apport de matière organique intéressant pour rééquilibrer le sol et une amélioration de la teneur en azote, dans la mesure où les plantes de la famille des légumineuses sont capables de fixer sur leurs racines l'azote contenu dans l'air.

▲ La terre sableuse est composée de grains très fins.

14 Les cendres de bois sont-elles un bon engrais ?

Elles contiennent une bonne quantité de potasse, ce qui les rend utiles pour améliorer la qualité et la production des arbres fruitiers, des tomates, des fraisiers. Elles sont aussi bénéfiques pour la rigidité des branches. Malheureusement, pour obtenir une bonne efficacité, il faut compter environ 500 g de cendres/m^2, ce qui sous-entend des volumes considérables. Sachez que les cendres ont un certain effet répulsif sur les limaces. Entourez-en les plantes sensibles : légumes, jeunes vivaces...

15 Pourquoi conseille-t-on de ne pas utiliser de fumier frais ?

Matière première d'origine organique, le fumier entre rapidement dans un processus de transformation par les micro-organismes du sol. Il fermente, ce qui provoque une élévation de la température, et, tant qu'il n'est pas totalement décomposé, il abrite une quantité de germes dont certains peuvent être pathogènes.

▲ Le fumier frais peut transmettre aux végétaux des germes pathogènes.

▲ Un bon terreau remplace la terre dans les jardinières.

16 Est-il vraiment nécessaire d'apporter du terreau à la plantation ?

Oui, s'il s'agit d'une culture en pot ou en bac. Le terreau est un support de culture dans lequel vous pouvez planter directement les végétaux. Sa porosité, son équilibre sont bien adaptés aux conditions de vie artificielle que la plante trouve dans un contenant. Il existe des terreaux spécifiques pour les cactées, les géraniums. En revanche, le terreau a peu d'utilité en pleine terre. Vous devez utiliser un amendement organique (à base de fumier décomposé ou de compost) qui va améliorer la structure physique du sol, le rendant plus léger et retenant bien l'eau.

17 Que peut-on utiliser dans le compost, hormis les déchets végétaux ?

A priori, tout ce qui est organique, donc susceptible de se décomposer, peut servir à faire du compost. Les tontes de gazon, les feuilles mortes, les épluchures de légumes et de fruits, les branches taillées (broyées), la litière des animaux domestiques, les os, les plumes, le fumier, le purin, de la corne et même des vieux papiers finement hachés sont utilisables. L'important est de ne pas employer de matières premières pouvant abriter des germes de maladies, notamment les fruits pourris, les feuilles des rosiers et des arbres fruitiers.

18 Quelles feuilles mortes puis-je utiliser dans mon compost ?

A priori, toutes celles provenant d'arbres ou d'arbustes exempts de maladies. Sachez toutefois que les feuilles de chêne et de hêtre sont de loin les meilleures par leur rapidité de décomposition et leur composition équilibrée. Les feuilles de platane, de marronnier et celles à texture coriace, comme les lauriers du Caucase et les magnolias, se décomposent difficilement. Il en est de même pour les fougères et les aiguilles de conifères, qui présentent en plus la particularité d'acidifier fortement le compost.

19 Après combien de temps le compost est-il utilisable ?

Cela dépend des matières premières que vous utilisez, mais, en moyenne, il faut compter de 12 à 18 mois pour une transformation 100 % naturelle, et de 6 à 8 mois en utilisant un activateur à base de micro-organismes. Pour accélérer la décomposition, pensez à passer au broyeur tous les déchets, le résultat sera bien meilleur.

20 Faut-il arroser le tas de compost ou le protéger des pluies ?

Les deux opérations sont nécessaires. Lorsque vous ajoutez une nouvelle couche de déchet sur le tas de compost, il faut bien tasser les matières premières et arroser (de préférence avec du purin ou un engrais organique dilué) pour stimuler le lancement du processus de fermentation. En revanche, il ne faut pas que de fortes pluies puissent lessiver le compost, ce qui entraînerait dans la nature l'azote qu'il contient, au risque de polluer les eaux contenues dans le sous-sol.

21 À quel moment et comment utiliser le compost ?

S'il est destiné à être incorporé au sol comme amendement (améliorant), le compost doit être mûr, c'est-à-dire transformé en une sorte de terre noire plus ou moins compacte, dans laquelle plus de 80 % des éléments fibreux ou durs ont été décomposés. Il s'incorpore au sol au moment des labours d'automne ou des plantations à raison de deux ou trois pelletées par m² environ. Pour les paillis, un compost transformé à seulement 50 % est tout à fait valable.

▲ Lors des labours d'automne, utilisez du compost mûr comme améliorant du sol.

Technique et culture

22 Pourquoi planter en automne ?

Les plantes se trouvant en période de repos, elles supportent sans problème un déplacement. En automne, l'installation de la plante est lente mais vigoureuse : seules les racines « travaillent », puisque la partie aérienne n'est pas active. On gagne en résistance, en précocité avec, en plus, le bénéfice d'une floraison ou d'une fructification dès l'année suivante, ce qui n'est pas toujours le cas des plantations de printemps.

23 Comment prolonger les floraisons ?

Il suffit de supprimer les fleurs dès qu'elles se fanent, pour que la plante « se sente obligée » de produire de nouvelles fleurs, sa finalité étant de se reproduire et, par conséquent, de former des fruits qui contiennent les graines. Pour les espèces frileuses (géraniums, fuchsias, impatiences, chrysanthèmes, etc.), il convient de les rentrer sous abri en fin de saison, afin qu'elles continuent de fleurir à l'intérieur (serre ou véranda). Protégez aussi les fleurs des vents forts.

24 Que signifie tailler à deux, trois ou cinq yeux ?

Tout simplement que l'on va couper le rameau en ne laissant sur la plante que le nombre d'yeux (bourgeons) indiqué. Par exemple, une taille à trois yeux (rosiers, fruitiers) ne laisse subsister qu'un morceau de rameau de 10 à 15 cm de longueur environ.

25 À quelle fréquence faut-il arroser les massifs en période sèche ?

Après une journée de canicule, il est bon de prévoir un arrosage systématique afin de rafraîchir les plantes, qu'il s'agisse de fleurs, de légumes ou d'arbustes. Cet arrosage doit généreusement mouiller le feuillage, qui a beaucoup transpiré et qui peut parfois présenter un aspect flétri. Vous pouvez compléter cet apport d'eau par un second arrosage au lever du jour, afin que les plantes puissent trouver un sol humide dès la reprise de leur activité de croissance. Un simple programmateur vous permet d'automatiser ces apports d'eau.

▶ Le pincement d'une jeune pousse de datura.

26 Comment limiter les rejets de mon bambou ?

Les bambous rhizomateux développent des tiges souterraines très robustes, qui peuvent parcourir plusieurs mètres sous un dallage pour coloniser tout le terrain. La seule solution pour empêcher cette invasion consiste à planter les bambous dans de grands bacs ou à insérer verticalement, en pleine terre dans le massif, des dalles ou des barrières anti-rhizomes pour contenir la végétation.

27 Le pincement se fait-il toujours avec les doigts ?

Rappelons que le pincement consiste à couper, au-dessus d'une feuille, l'extrémité tendre d'une pousse afin qu'elle se ramifie. Il est préférable d'utiliser un outil bien tranchant (ciseaux ou greffoir) de manière à obtenir une coupe nette et franche.

28 L'eau de mon bassin est verte, comment y remédier ?

D'abord en l'oxygénant, par l'installation d'une pompe aspirante et refoulante, qui va créer un mouvement de l'eau. Un petit jet renforce l'efficacité. Ensuite, vous pourrez mélanger à l'eau un des nombreux produits du commerce (de préférence à base de micro-organismes) destiné à éliminer les algues, tout en rétablissant l'équilibre biologique. L'introduction dans le bassin de plantes oxygénantes comme les élodées est un complément efficace.

▲ Cassez la glace avec une pelle pour laisser les poissons respirer.

29 Que faut-il faire quand le bassin gèle en hiver ?

Empêchez qu'il soit pris totalement en glace, car, en augmentant de volume du fait de sa solidification, l'eau va exercer une pression très forte sur les parois, jusqu'à les fissurer. Dans les régions de grands froids, une couche permanente de glace à la surface du bassin peut entraîner l'asphyxie des poissons. Jetez dans l'eau un fagot de bois : sa structure ajourée laissera passer un peu d'air.

30 Comment bien protéger les plantes contre le gel ?

Les alternances rapides de gel et de dégel provoquent l'éclatement des cellules et la nécrose des tissus. Posez un paillis (paille, écorce, paillette de lin...) sur 10 à 15 cm d'épaisseur pour protéger les racines. Emmitouflez les parties aériennes dans du voile d'hivernage ou un paillasson. Protégez-les aussi du vent froid.

▲ Un lit de paille sèche va protéger les jeunes bulbes du gel.

31 Jusqu'à quel âge et jusqu'à quelle hauteur peut-on déplacer une plante sans risque ?

Disons, pour simplifier, que plus une plante est jeune (donc petite) et mieux elle supporte la transplantation ou le rempotage. Mais les professionnels démontrent qu'il n'y a pas de limite, en réussissant la plantation d'oliviers centenaires ou d'arbres de plus de 10 m de haut. Le secret du succès est une préparation, au moins un an à l'avance, consistant à trancher les racines à la périphérie de ce qui sera la motte. Cette intervention obligera la plante à fabriquer de nouvelles racines, dans un volume de terre restreint, pendant toute une saison, avant son déplacement.

Ennemis et maladies

32 Les traitements naturels sont-ils sans risque ?

Il n'y a pas que les humains qui fabriquent des poisons ! La nicotine, par exemple, est un excellent insecticide « naturel ». C'est aussi un des produits les plus toxiques qui existent. Les produits de traitement destinés au jardin d'amateur sont de moins en moins classés sur le plan toxicologique. Vous pouvez donc les utiliser sans crainte, en prenant les précautions d'usage : respectez les consignes d'emploi notées sur les emballages.

33 Peut-on conserver les produits de traitement d'une année sur l'autre ?

Sans aucun doute, même s'il est dommage qu'aucune date de péremption ne figure sur les emballages. Ne stockez jamais une préparation qui a été diluée (préparez juste la dose dont vous avez besoin). N'utilisez pas les produits qui présentent un fort dépôt ou dont l'aspect semble dénaturé (trouble ou grumeleux, par exemple).

34 Quelles précautions prendre lors de l'emploi d'un désherbant ?

D'abord, respectez les consignes données sur l'emballage. Appliquez de préférence le produit avec un pulvérisateur dont la lance est munie d'un cache-herbicide. Vous économiserez du produit, éviterez son ruissellement et empêcherez qu'il se disperse vers les cultures voisines. Évitez tout traitement vers les bassins et les plans d'eau pour ne pas risquer de polluer l'eau. Après l'application, lavez bien le pulvérisateur et ne jetez pas les résidus dans l'égoût. Épandez-les sur la partie traitée, après les avoir bien dilués dans l'eau.

35 À quelle distance des cultures peut-on appliquer un désherbant sur une allée ?

À une vingtaine de centimètres d'une bordure de gazon, à 30 cm d'un massif de fleurs ou de rosiers et à l'aplomb de la ramure d'un arbre ou d'un arbuste.

▲ Un cache-herbicide évite toute projection du désherbant.

36 Sur des plantes très atteintes, faut-il augmenter les doses de traitement ?

Surtout pas. La concentration d'une matière active est homologuée sur des bases scientifiques, établies à la suite de longs et coûteux essais. Un surdosage ne peut qu'entraîner des problèmes sur les plantes et sur l'environnement. Même si la dose vous apparaît très faible, dites-vous bien qu'elle est suffisante. À l'inverse, il ne faut pas non plus déconcentrer le produit, car il perdrait de son efficacité. Dans tous les cas, respectez le mode d'emploi !

37 Quelles sont les vertus du purin d'orties ?

Pour les adeptes de la culture biologique, c'est un peu la panacée universelle que l'on utilise à titre préventif contre la plupart des insectes, mais également comme engrais. Dans la réalité, ce produit (qui dégage une odeur très désagréable) a tout juste un effet réducteur sur la prolifération des insectes ravageurs. En revanche, il stimule bien la croissance des plantes au printemps par sa teneur en azote. Riche en oligoéléments, le purin d'orties renforce la résistance naturelle des plantes.

38 Comment se débarrasser des aoûtats ?

Véritable fléau des étés chauds et secs, les aoûtats sont des acariens (trombidions) dont la larve se nourrit du sang des mammifères (dont les humains), alors que l'adulte préfère les végétaux. Ils sont très fréquents dans les pelouses et les prairies (surtout sur les légumineuses, comme le trèfle, le sainfoin ou la luzerne), mais aussi dans les potagers (notamment sur les haricots). Les aoûtats sont bien détruits par les produits destinés à combattre les araignées rouges (à base de Dicofol). Traitez dès que le temps évolue au chaud et au sec. Il suffit souvent d'arroser très généreusement les cultures pour limiter les attaques, les aoûtats détestant l'eau.

▲ La larve de la coccinelle dévore les pucerons.

39 Les coccinelles sont-elles vraiment efficaces contre les pucerons ?

Oui, car elles constituent leur principal prédateur. De plus une larve de coccinelle peut dévorer jusqu'à 100 pucerons par jour. En réalité, comme pour tous les phénomènes de prédation, la présence des coccinelles joue un effet limitant sur les populations de pucerons. Les « bêtes à bon Dieu » prélèvent ce qu'il faut pour que le nombre de pucerons demeure suffisant pour assurer en permanence leur alimentation. C'est bénéfique à la plante, qui supporte mieux la présence des ravageurs. L'équilibre naturel (de l'écosystème constitué par le jardin) est maintenu.

40 Existe-t-il des insecticides qui ne nuisent pas aux abeilles ?

Oui. Certaines matières actives sont d'une totale innocuité pour les abeilles. On reconnaît ces produits par l'indication figurant sur les emballages : « traitement possible pendant la floraison ». Ces insecticides (pyréthrinoïdes de synthèse) sont des dérivés chimiques d'un insecticide végétal, le pyrèthre. Il s'agit surtout de la bifenthrine et de la deltamétrine. Mais attention, tous ces produits sont dangereux pour les poissons. Ne traitez pas les plantes pendant la floraison, mais plutôt lors de l'éclatement du bouton floral et de la chute des pétales.

41 Une poudre blanche recouvre les feuilles de mes plantes, que faire ?

Il s'agit à coup sûr de l'oïdium, ou maladie du « blanc », dû à différents champignons microscopiques dont le mycélium blanc grisâtre recouvre les feuilles, mais aussi les pédoncules floraux. Il existe de nombreux produits efficaces, qu'il faut pulvériser au moins trois fois à dix jours d'intervalle.

42 Que faire quand les tiges de mes plantes sont couvertes d'une sorte de glu ?

Ce sont les déjection des insectes piqueurs et suceurs (pucerons, thrips, cochenilles) qui infestent vos plantes. Ce miellat peut attirer les fourmis ou devenir un terrain favorable au développement de la fumagine (sorte de charbon pulvérulent). Traitez l'ensemble des plantes atteintes avec un insecticide polyvalent. Effectuez quatre ou cinq pulvérisations à huit jours d'intervalle.

43 Comment faire pour éloigner les lapins ?

Les produits répulsifs (à base d'huile d'os) montrent une bonne efficacité dans certains cas. S'il y a surpopulation, la seule solution consiste à clore le terrain, en enterrant du grillage de 50 cm dans le sol. Entourez aussi le tronc des jeunes arbres avec du grillage (métallique). La présence d'un chien est aussi une bonne mesure de dissuasion.

▲ Une forte attaque d'oïdium sur un mahonia.

Aménagement du jardin

44 Comment éviter la grisaille des meubles de jardin et claustras en bois naturel ?

L'évolution de la teinte rousse ou dorée des bois exotiques ou du pin imprégné vers le gris argenté est un phénomène inéluctable. C'est le vieillissement naturel du bois. Si vous préférez conserver un éclat plus chaleureux, il vous faudra appliquer une lasure (traitement coloré) tous les trois à cinq ans sur l'ensemble des éléments concernés.

45 Comment éliminer les mousses sur un dallage ?

L'utilisation d'un nettoyeur haute pression donne de très bons résultats pour un entretien courant. Sur les parties les plus envahies, il faut effectuer un traitement avec un produit spécifique (à base de dichlorophène), préconisé pour cet usage. Attention, le sulfate de fer ne s'utilise que dans les gazons, car il rouille tous les matériaux de construction.

▲ Pulvérisation d'un antimousse sur un dallage.

46 Comment installer un éclairage dans le jardin ?

Il faut d'abord choisir un système prévu pour une utilisation extérieure, avec des luminaires, des prises et des raccords étanches (classe II). Vous pouvez aussi opter pour la sécurité d'un système basse tension (classe III), mais l'effet lumineux étant moins puissant, il s'agira plus d'un balisage que d'un éclairage véritable. Tous les câbles électriques doivent être passés dans des gaines de protection semi-rigides. Ils seront enterrés à 30 cm de profondeur, posés sur un lit de sable et recouverts par un grillage plastique à mailles fines. Ainsi, il n'y aura pas de risque de les abîmer en travaillant le sol.

47 Quelle largeur doit avoir une allée passagère ?

Pour l'entrée d'une voiture et l'accès au garage, comptez 3 m. Pour circuler avec un gros motoculteur, un petit tracteur ou une tondeuse autoportée, 2 m constituent un minimum. Pour assurer le passage avec une brouette, une tondeuse, une motobineuse, prévoyez au moins 1,50 m. Pour une allée piétonne importante, il faut que deux personnes puissent se croiser sans se gêner, 1,20 m est parfait. Pour les allées secondaires, 80 cm sont suffisants et, pour les sentiers, 40 ou 50 cm.

48 Quel type de béton utiliser pour sceller les dalles sur une allée ?

Après avoir coulé, sur un grillage à béton, une chape de 10 cm d'épaisseur au minimum, avec un mortier maigre (cinq brouettes de sable grossier, deux brouettes de cailloux et un sac de ciment), attendez une semaine pour poser les dalles sur 2 ou 3 cm de béton mi-gras, réalisé avec trois brouettes de sable fin et un sac de ciment. Laissez sécher au moins 48 heures, puis scellez les joints avec un béton très gras (un seau de sable pour un seau de ciment) à la texture semi-liquide.

▲ L'installation d'un drainage permet d'assainir un sol très humide.

49 Quand et comment installer un drainage efficace ?

Mieux vaut opérer au début de l'automne, quand la terre est souple. Le drainage consiste à poser des canalisations en sous-sol, destinées à récupérer l'excès d'eau, qui sera évacué sur le collecteur des eaux usées. On utilise des drains en PVC, se présentant sous forme de tuyaux annelés et perforés. Posez-les à 40 cm de profondeur, sur une couche de 5 cm de sable, au fond d'une tranchée. Recouvrez le drain avec du sable pour éviter le colmatage, puis posez un grillage plastique à mailles fines pour signaler la présence du drainage si vous creusez le sol un jour à cet endroit. Raccordez les drains à un tuyau collecteur, qui rejoindra le système d'évacuation des eaux usées.

Haies

50 Quelle est la bonne distance de plantation pour une haie ?

Une haie (ou une clôture) placée sur la limite séparative de deux propriétés sera considérée par la loi comme mitoyenne. Pour conserver l'entière propriété de votre haie, plantez-la à 50 cm de la « frontière » et veillez à ce qu'elle ne dépasse pas 2 m de haut. Plantez les conifères entre 80 cm et 1,20 m les uns des autres ; les arbustes de 1 m à 1,50 m de haut (adultes) à 60 cm de distance, ceux qui atteignent 2 m à 2,50 m, entre 80 cm et 1,20 m d'écartement.

▲ Taillez les haies de forme régulière au moins deux fois par an.

51 Que planter pour obtenir une haie persistante et fleurie d'environ 1,20 m de haut ?

Pour les persistants, le choix est restreint, les espèces à fleurs étant surtout caduques. Optez pour l'abélia, le *Berberis darwinii*, l'escallonia (en bord de mer), *Lonicera lucidum* (climat doux), les genêts (*Genista tinctoria* 'Royal Gold' et *Cytisus* x *praecox*), le millepertuis (*Hypericum* 'Hidcote'), l'oranger du Mexique *(Choisya ternata)*, le pittosporum (pour le Midi), le pyracantha ('Dart's Gold et Dart's red'), les rhododendrons (en sol acide), *Abelia grandiflora* et le laurier-tin *(Viburnum tinus)*.

52 Quand tailler les haies ?

Les haies régulières se taillent environ trois fois dans l'année : dans la seconde quinzaine de mai, fin juillet et fin septembre. Intervenez quand les jeunes pousses mesurent entre 20 et 30 cm de long. Pour les haies libres, taillez en septembre pour alléger la ramure, éliminer le bois mort et réduire la hauteur.

53 Doit-on étêter les arbustes en plantant une haie ?

Pour les arbustes feuillus et buissonnants (caducs ou persistants), coupez un quart de la hauteur des rameaux pour obtenir une meilleure ramification et une végétation compacte. Pour les rideaux constitués d'arbres et de conifères, ne coupez pas la pousse principale (flèche) avant que la haie ait atteint sa hauteur définitive, cela nuirait à la rapidité de croissance.

54 Pourquoi planter une haie sur un film plastique noir ?

C'est d'abord pour éviter la prolifération des mauvaises herbes et limiter l'entretien. Ce film permet aussi de limiter sensiblement l'évaporation de l'eau et d'assurer un réchauffement plus rapide du sol, d'où une meilleure précocité de la croissance. Il est préférable d'associer la présence du film de paillage à un système d'arrosage au goutte-à-goutte.

▲ Il existe des films de plantation biodégradables.

55 Existe-t-il d'autres possibilités pour le paillage des haies que les films en plastique ?

On trouve depuis peu des paillis industriels, associant un film biodégradable (à base d'amidon de maïs) et de la fibre de coco, ce qui est beaucoup plus esthétique et très efficace. Le film est posé face contre terre et la partie fibreuse est laissée apparente. Elle présente l'avantage de bien absorber l'humidité et de se fondre dans l'environnement.

56 Que faire pour que ma haie de troènes ne se dénude pas de la base ?

Il faut réaliser une taille sévère, c'est-à-dire à la rabattre d'au moins le tiers de sa hauteur entre novembre et mars. Cette réduction de la végétation va stimuler le développement des yeux latents situés à la base des rameaux. Il faudra environ trois ans avant que votre haie retrouve son aspect homogène. Ensuite, évitez surtout de la laisser grandir trop rapidement en hauteur. Taillez régulièrement.

▲ Attendez la fin de la floraison pour tailler le troène.

57 Que planter dans une haie pour attirer les oiseaux ?

Il faut choisir des arbustes touffus pour abriter la nidification et des espèces à fructification tardive pour offrir une alimentation aux oiseaux en automne et en hiver. Choisissez surtout : berbéris, pyracantha, cotonéaster, sorbier, houx, sureau, troène, prunellier, aubépine, genévrier. Les fleurs de tournesol laissées sur pied en automne sont aussi très appréciées, de même que les asters. Vous pouvez les planter au pied de la haie, ce qui évitera l'impression de monotonie que donne souvent un rideau végétal. Notez que les oiseaux apprécient plus les haies libres que les haies régulières.

Pelouses

58 Quelle quantité de gazon faut-il semer et à quelle époque ?

Deux périodes sont très favorables pour le semis du gazon : avril-mai et septembre. Les semis de printemps poussent vite, mais sont souvent gênés par les mauvaises herbes qui lèvent en même temps (et parfois par les taupes !). Les semis de fin d'été sont un peu plus lents à s'installer, mais ils ne souffrent pas de la concurrence des mauvaises herbes, surtout si le sol a été bien travaillé durant l'été. Comptez de 30 à 40 g de graines par m^2, ce qui équivaut à environ deux poignées.

59 Pourquoi la levée du gazon est-elle souvent irrégulière ?

Simplement parce que le gazon est constitué du mélange de différentes espèces de graminées dont les graines n'ont pas la même densité, ni le même temps de levée. Les ray-grass anglais lèvent en huit jours et représentent 500 graines/g. Les fétuques rouges et le pâturin des prés lèvent en douze à vingt jours et renferment 14 000 graines/g. L'agrostide lève en 12 jours et donne 30 000 graines/g. Il est important de bien brasser les semences de gazon avant le semis afin de reconstituer un mélange homogène.

60 Quelle est la bonne période pour tondre et la fréquence idéale ?

La pelouse doit être régulièrement tondue durant toute sa période de croissance. Selon les régions et les années, on commence en mars-avril pour terminer courant octobre. Une bonne régularité de coupe assure un bel aspect esthétique de la pelouse. Au printemps, tondez au moins une fois par semaine. En été, il suffit d'une fois tous les dix à douze jours, car la croissance se ralentit. En septembre, il faut reprendre une fréquence hebdomadaire. Pour les pelouses d'ornement, prévoir une tonte tous les quatre jours.

▲ Une tonte fréquente permet d'obtenir une très belle pelouse.

61 Comment régler la hauteur de coupe de la tondeuse ?

Plus vous tondez ras et meilleur est l'aspect esthétique de la pelouse. C'est un peu le secret des « tapis verts » britanniques ou des greens de golfs, qui sont tondus deux fois par semaine à 3 cm de haut au maximum. Une pelouse tondue une fois par semaine peut être coupée entre 5 cm et 7 cm de haut de mars à juin, et entre 7 cm et 10 cm en été. En effet, une tonte courte favorise le jaunissement du gazon quand les conditions climatiques sont défavorables.

62 Existe-t-il un gazon qui ne se tond pas ?

Si ce « miracle » était vrai, cela se saurait et il ne se vendrait pas plus de 700 000 tondeuses par an en France. On peut, dans certains cas, remplacer le gazon par des vivaces couvre-sol qui ne réclament pas de tonte (helxine, sagine, menthe de Corse, *Raoulia australis, Dichondra repens*, etc.). Mais ces plantes ont une croissance lente, résistent mal à l'assaut des mauvaises herbes et ne supportent pas le piétinement. La seule plante qui pourrait être idéale est le gazon des Mascareignes *(Zoysia tenuifolia)*, graminée qui ne dépasse pas 5 cm de haut, et sur laquelle on peut marcher, mais qui jaunit ou disparaît partiellement en hiver et supporte mal les grands froids. C'est une une bonne solution pour les jardins du bord de mer.

▲ L'Helxine *(Soleirolia soleirolii)*, succédané de gazon.

▲ Les bulbes transforment la pelouse en prairie fleurie.

63 Existe-t-il un gazon qui résiste bien à la sécheresse ?

Le *Zoysia tenuifolia*, dont nous parlons à la question n° 62, reste bien vert tout l'été, même sans arrosage. C'est le seul à vous offrir cette performance. Les mélanges de gazon préconisés pour le Midi contiennent de la fétuque élevée et des fétuques rouges, traçantes, et semi-traçantes, du pâturin des prés, qui acceptent bien la chaleur et une certaine sécheresse, mais jaunissent en été s'ils manquent d'eau. L'achillée millefeuille et le trèfle blanc peuvent constituer une prairie valable pour des conditions chaudes et sèches.

64 Comment éviter que la pelouse jaunisse durant l'été ?

La seule solution est un arrosage copieux et régulier, à raison de 3 à 5 litres d'eau/m^2, trois fois par semaine au minimum. Pour limiter le jaunissement, tondez assez haut (10 cm ou plus) et ramassez bien l'herbe coupée. Quand la température moyenne de la journée dépasse les 25 °C, arrosez chaque soir.

65 Les engrais-désherbants-antimousses sont-ils efficaces ?

Ces produits offrent l'avantage d'effectuer trois opérations différentes en une seule application, d'où un gain de temps évident. Ils associent des matières efficaces. Toutefois, leur efficacité ne peut être comparée à l'utilisation de produits séparés qui, appliqués au moment optimal, donnent chacun le meilleur d'eux-mêmes.

66 Comment se débarrasser des mauvaises herbes ?

Le développement des mousses s'effectuant par plaques, dont le vert est différent de celui du gazon, l'effet produit est très inesthétique. De plus, la mousse brunit quand on marche dessus ou par temps chaud et sec, ce qui renforce l'aspect négligé de la pelouse. La mousse a aussi tendance à conquérir petit à petit le terrain aux dépens du gazon, entraînant après quelques années la présence de zones complètement dénudées.

67 Comment faire pour obtenir une belle pelouse fleurie ?

Hormis la plantation de bulbes (tulipes botaniques, narcisses, crocus, colchiques), qui respecte le concept « tapis vert » de la pelouse, l'association de fleurs avec des graminées pour gazon donne une prairie qu'il ne sera possible de tondre qu'une fois par an. Cette solution est valable pour les talus, certains vergers et les jardins sauvages. Il suffit de mélanger des graines de fleurs champêtres (coquelicot, bleuet, julienne, pied-d'alouette, chrysanthème des moissons, etc.) à la semence de gazon et de semer le tout ensemble.

68 Faut-il ramasser les tontes ?

Oui, dans la mesure du possible, car c'est l'idéal pour obtenir une pelouse à l'aspect impeccable. Ramassez au printemps, lorsque l'herbe est épaisse, humide et grasse. Quand le gazon est moins vigoureux, il est possible de le laisser sur place, adoptant le principe de la tonte « mulching », qui remporte de plus en plus de succès. Il faut disposer d'une tondeuse spéciale au carter de coupe fermé et dont la lame possède un profil particulier, lui permettant de hacher plusieurs fois l'herbe coupée avant qu'elle se dépose sur le sol.

69 Comment « rapiécer » une pelouse pelée ?

Si les taches sont bien localisées, découpez à la bêche les parties abîmées sur 15 cm d'épaisseur environ, pour éliminer le gazon et le sol. Vous pouvez alors, soit « repriser » l'endroit avec du gazon en plaque, ce qui vous permettra d'obtenir un résultat immédiat, soit semer du gazon de « regarnissage » (graines enrobées), après avoir nivelé le sol avec un mélange de terre légère et de terreau. Dans les deux cas, arrosez copieusement.

▲ Rapiécez la pelouse avec des plaques prêtes à l'emploi.

Rosiers

70 Pourquoi la rose sent-elle bon ?

Ses fleurs doivent attirer les insectes hyménoptères (les abeilles et les bourdons), indispensables à sa fécondation. Le pollen se dépose sur le ventre velu des insectes. En visitant une nouvelle fleur, les butineurs abandonneront quelques particules de pollen qui féconderont le pistil.

71 Faut-il toujours tailler les rosiers à trois yeux ?

Non, c'est une valeur moyenne qui s'applique uniquement aux rosiers buissons à floraison remontante (polyanthas et hybrides de thé). Les sujets très vigoureux (comme 'Queen Elisabeth', par exemple) seront taillés plus long, à quatre ou cinq yeux. Les polyanthas et les rosiers peu vigoureux peuvent être taillés à seulement deux yeux. Quant aux grimpants, les pousses latérales sont taillées à deux yeux. Pour les rosiers anciens, prévoyez une taille d'équilibrage et d'allègement de la silhouette, sans souci du nombre d'yeux conservés.

72 Pourquoi effectuer des coupes en biseau lors de la taille ?

En taillant en biseau à l'opposé d'un œil, l'eau de pluie s'écoule en arrière du bourgeon, ce qui empêchera la « coulure », dans le cas d'un printemps humide. Cela évite aussi les risques de prise en glace du bourgeon terminal durant l'hiver.

73 Quand peut-on planter les rosiers vendus en pochette ?

La première offre apparaît vers la mi-octobre, ce qui correspond au démarrage de la bonne période pour effectuer les plantations de rosiers à racines nues. Vous pouvez procéder à vos achats sans crainte jusqu'à la mi-mars, fin de la période du repos végétatif. Vérifiez bien que le rosier soit toujours dormant dans son sachet, c'est-à-dire qu'il ne présente pas de développement des bourgeons. En revanche, une petite pointe vert tendre au niveau des yeux est un signe favorable de la bonne santé de la plante.

▲ Plantation d'un rosier demi-tige 'Iceberg'.

74 Lors de la plantation, faut-il enterrer le point de greffe du rosier ou non ?

Tous les professionnels conseillent de planter le rosier de façon à ce que le point de greffe (bourrelet) se trouve entre 3 et 5 cm sous la surface du sol. Cette mince couche de terre lui permet d'être protégé de la dessiccation due au vent. Il est souhaitable de pailler les rosiers nouvellement plantés pour protéger la greffe du froid, voire de les butter avant l'hiver avec 15 cm de terre légère, mais le pied sera dégagé au printemps, lors du démarrage de la végétation.

75 Pourquoi ne faut-il pas mouiller les feuilles d'un rosier lors de l'arrosage ?

Parce que la pellicule d'eau qui va se déposer sur le limbe des feuilles est le milieu le plus favorable pour le développement de deux maladies cryptogamiques : les taches noires (marsonia) et le blanc (oïdium). En arrosant directement sur le sol, vous effectuez une lutte préventive naturelle contre ces maladies assez graves.

76 Un rosier blanc, après quelques années, peut-il donner des fleurs roses ?

Si la variété a été bien fixée par le sélectionneur, elle doit conserver son aspect au fil des ans. Il arrive (rarement chez le rosier) que l'on puisse constater un retour vers le type d'origine (dans ce cas, celui du parent génétiquement dominant). Un changement de couleur peut aussi être attribué à la nature du sol (par exemple un excès d'acidité) et à l'exposition de la plante (trop ou pas assez de lumière).

Plantes bulbeuses

77 Les très gros bulbes donnent-ils de plus grosses fleurs ?

Oui, gros bulbe = grosse fleur. Mais le prix est nettement plus élevé (une tulipe calibre 14 + coûte deux à trois fois plus cher que la même, calibre 11/12). Réservez ces oignons à fleurs d'exception pour la culture en pot ou à la production de fleurs coupées. Pour les massifs du jardin, mieux vaut acheter une plus grande quantité de bulbes de calibre moyen, le résultat sera plus spectaculaire, grâce à l'effet de masse obtenu.

◀ Les bulbes de tulipe de calibre 14 + sont les plus gros.

78 À quelle distance espacer les bulbes les uns des autres dans un massif ?

On a toujours tendance à planter les bulbes trop espacés, résultat, le massif paraît dégarni. Comptez de 80 à 100 tulipes/m². Un repère pratique consiste à espacer les bulbes de deux fois leur diamètre. Pour les tulipes, par exemple, cela représente à peu près la largeur de quatre doigts, et celle d'une main pour les jacinthes. Les narcisses peuvent être plantés plus serrés (écartement du diamètre d'un bulbe). Crocus, muscaris, perce-neige, scilles, anémones se plantent à 1 cm les uns des autres.

79 Peut-on laisser en place les bulbes qui ont fleuri en été ?

C'est possible mais risqué avec les dahlias, les eucomis, les triteleias, les belles-de-nuit et les glaïeuls, et fortement déconseillé avec les bégonias tubéreux, les cannas, les tigridias, les freesias, les sparaxis. Si le sol est poreux et bien paillé, et si l'hiver est doux, vous retrouverez sans doute les plantes l'année suivante, à moins qu'elles n'aient fait les délices des mulots. Un hivernage au sec est plus sûr. Il évite aussi la dégénérescence rapide des variétés.

80 Pourquoi les tulipes laissées d'une année sur l'autre dans le jardin finissent-elles par devenir rouges ?

Il s'agit d'une dégénérescence progressive de la variété, qui retourne au type basique de la tulipe à fleur simple, rouge ou jaune. Vous constaterez aussi que les plantations non renouvelées de tulipes voient leur floraison s'amenuiser, tout simplement parce que les bulbes ne sont pas débarrassés de leurs bulbilles en été, ces derniers épuisant l'oignon mère à leur profit. Le nombre de vos tulipes augmente, mais il faut au moins trois ans pour obtenir des fleurs souvent décevantes.

81 Dans quel sens faut-il planter le glaïeul ?

Le glaïeul n'est pas un bulbe, mais un cormus, dont la forme est moins régulière que l'oignon à fleur classique (jacinthe, tulipe, narcisse). La partie creuse, ou non couverte par l'enveloppe brune ou rose à la texture de papier (tunique), correspond à la face inférieure, qui développera les racines. Elle doit donc être placée au fond du trou.

82 Comment multiplier les lis ?

La formule la plus amusante (et la plus prolifique) consiste à bouturer les écailles du bulbe. Chaque écaille peut donner un nouveau lis. Au printemps ou à l'automne, prélevez quelques écailles et plantez-les à demi enterrées dans une terrine contenant un mélange de sable et de tourbe. Couvrez avec un plastique. La reprise demande environ un mois. Le pourcentage de réussite est important. Cultivez les nouveaux lis pendant trois ou quatre ans, avant qu'ils aient formé des bulbes de grosseur suffisante pour produire des fleurs.

Fleurs

83 Combien de temps après la plantation les plantes à fleurs sont-elles les plus belles ?

Si vous achetez des plants fleuris au printemps, vous allez obtenir un effet quasi immédiat. Sachez toutefois que le fait de les acheter déjà fleuris entraîne un ralentissement végétatif normal après la mise en place. Il faut compter un bon mois avant que les jeunes plants soient bien installés, se ramifient et commencent à prospérer. En pratique, l'idéal consiste à planter les massifs d'été dans la seconde quinzaine de mai, après la floraison des bulbes, ce qui vous assurera de superbes massifs dès la fin juin et jusqu'aux premières gelées.

▲ Bouturez les écailles de lis en terrine dans du sable.

84 Quelles sont les fleurs annuelles les plus faciles pour un débutant ?

Toutes celles qui se sèment en place : capucine, clarkia, nigelle, cosmos, lavatère, tournesol, immortelle, belle-de-jour, centaurée, chrysanthème à carène, coquelicot, cobée, pois de senteur, pavot de Californie, souci, godétia, haricot d'Espagne, ipomée, pied-d'alouette, pourpier, lin, etc.

85 Quelles sont les fleurs annuelles qui se ressèment toutes seules ?

Essentiellement les espèces rustiques comme le souci, le pavot de Californie *(Eschscholzia)*, le chrysanthème des moissons et le pied-d'alouette. On retrouve aussi cette tendance chez certaines vivaces comme la menthe, la mélisse, le fenouil qui essaiment partout dans le jardin et deviennent vite envahissants. C'est pourquoi mieux vaut empêcher les plantes à fleurs de former des graines et recommencer chaque année le semis. De plus, les espèces qui se ressèment ont tendance à dégénérer et à donner de moins belles fleurs.

▲ Le pavot de Californie se ressème abondamment.

86 Certaines plantes vivaces doivent-elles être protégées du froid ?

Vivace ne signifie pas forcément rustique. Une vivace possède une souche fibreuse ou ligneuse dont la durée de vie est de plusieurs années. Beaucoup de plantes cultivées comme des annuelles sont en réalité des vivaces : arctotis, calcéolaire, célosie plumeuse, dimorphoteca, gazania, gerbéra, muflier, némésie, etc. Certaines se comportent d'ailleurs comme des vivaces dans le Midi. C'est le cas notamment des géraniums *(Pelargonium)*, des fuchsias et des anthémis. Parmi les vivaces, il faut protéger du froid les tritomas *(Kniphofia)*, les phormiums, les herbes de la pampa.

87 Comment éviter la rouille sur les roses trémières ?

Cette maladie très fréquente se caractérise par des petites taches brunes qui donnent aux feuilles un aspect ponctué, puis troué. La maladie débute avec le départ de la végétation et par temps très humide. La seule solution consiste à traiter tous les huit jours avec un fongicide de synthèse, de début avril à fin juin, puis en septembre.

88 Comment multiplier facilement les plantes vivaces ?

La division des touffes est un moyen pratique et fiable. La quasi-totalité des plantes vivaces se prête à cette intervention qui sera pratiquée en septembre-octobre ou en avril-mai, en fonction de la période de floraison des différentes espèces, l'opération devant se dérouler après la floraison. Les parties les plus anciennes (le cœur de la touffe) sont éliminées et les fragments jeunes portant au moins une touffe de feuilles ou une tige sont repiqués.

▲ Division de touffe d'un *Polygonum affine.*

89 Faut-il tailler les vivaces qui ont terminé leur floraison ?

Vous pouvez éliminer les hampes florales fanées quand elles ne présentent aucun intérêt esthétique. En revanche, maintenez en place les inflorescences en ombelle de : l'achillée, l'éryngium, le fenouil, l'angélique, ainsi que celles des graminés, qui sont magnifiques quand elles se couvrent de rosée en automne, et de givre ou de glace en hiver. Les plantes seront alors rabattues en mars, au ras du sol, juste avant le départ de la végétation.

▲ Suppression des fleurs fanées de l'achillée.

90 Quelle épaisseur doit avoir un paillis hivernal sur les massifs ?

Sachez que 15 cm de paille ou de feuilles mortes assurent la même protection que 10 cm d'écorce, de cosses de cacao, de fibres de coco ou de compost fibreux, 5 cm de paillette de lin ou de tourbe blonde bien sèche, deux épaisseurs de voile d'hivernage, ou un paillasson tressé. Le voile d'hivernage est toujours utile en complément ou pour éviter que les matériaux légers comme la paille ou la tourbe ne s'envolent au premier souffle du vent.

91 Combien de pieds de plantes vivaces planter par m^2 ?

Tout dépend des dimensions de la plante à l'âge adulte et de son port. Un pied de delphinium, de lupin, d'hémérocalle ou de marguerite d'automne peut couvrir 1 m^2 ou plus. La densité maximale est de neuf plants/m^2 pour les petites espèces buissonnantes de 10 à 20 cm de haut (ophiopogon, phlox nain, sedum, saxifrage, etc.). En moyenne, espacez d'environ 30 cm les plantes qui atteignent de 30 à 50 cm de haut, de 40 cm les espèces de 60 à 80 cm de haut et de 50 à 60 cm les vivaces de 1 m à 1,50 m de haut.

92 Comment obtenir un chrysanthème avec de très grosses fleurs ?

Dès le début de la croissance printanière, sélectionnez de trois à cinq branches principales et empêchez-les ensuite de se ramifier par des ébourgeonnements réguliers (suppression des jeunes pousses latérales). Quand apparaît le bouton floral terminal (bouton couronne), il faut le conserver précieusement et éliminer tous les boutons axillaires pouvant se former autour.

93 Quand peut-on diviser les iris et les pivoines ?

La meilleure période est le mois d'août et le début de septembre, les plantes ayant stabilisé leur croissance. Pour les iris, il suffit de séparer des portions de rhizomes portant un petit bouquet de feuilles et de les transplanter dans un sol assez pauvre, en les installant juste sous la surface. Pour les pivoines, il faut faire un trou profond, pour ne pas risquer d'abîmer les racines, et détacher les rejets qui se développent à la périphérie de la souche, en faisant éclater des fragments de cette partie plus dure.

▲ Hivernez l'anthémis en véranda.

94 Comment bouturer les fuchsias et à quelle époque ?

Dès mi-août et jusqu'à fin septembre, prélevez des boutures de 10 à 15 cm de long, sur des pousses d'extrémité n'ayant pas porté de fleurs. Dénudez la tige sur les trois quarts de sa hauteur et coupez la moitié du limbe des feuilles conservées. Plongez la base de chaque bouture dans de la poudre d'hormones. Plantez, jusqu'au niveau des premières feuilles, dans un pot contenant un mélange de sable et de tourbe blonde. Arrosez et couvrez d'un plastique. Placez la culture derrière une fenêtre. L'enracinement se fait en un mois.

95 Comment conserver les anthémis tiges ?

Ces plantes, mais aussi les fuchsias, les lantanas, les anisodontéas et les solanums conduits sur tige sont des vivaces non rustiques. Arrachez-les avec une motte de terre, dans la seconde quinzaine d'octobre, empotez-les dans un substrat sableux et rentrez-les en serre froide ou dans une véranda maintenue hors gel. Taillez toute la partie aérienne : ne laissez que le tronc, les branches principales et le départ des tiges secondaires (5 cm de long au maximum). Les plantes en hivernage seront arrosées tous les dix à quinze jours et ne recevront pas d'engrais.

Arbres et arbustes

96 Combien de temps dure un feuillage persistant ?

Contrairement au feuillage caduc, dont toutes les feuilles naissent au printemps et meurent à l'automne, le feuillage persistant se renouvelle en permanence sur l'arbre ou l'arbuste. Une feuille persistante (ou une aiguille pour les conifères) vit deux ou trois ans. Elle peut être remplacée par une autre, entre mars et septembre.

97 Pourquoi certains arbustes ne fleurissent-ils pas dès la première année de plantation ?

Tout dépend de l'âge de la plante et de la présence ou non de boutons floraux. Les rhododendrons, par exemple, forment leurs boutons floraux dans le courant de l'été. Il est donc facile de savoir dès l'automne s'ils donneront ou non des fleurs. Les boutons floraux sont bien renflés, plus gros que les autres. D'une manière générale, une plantation à l'automne vous offre plus de chances d'obtenir des fleurs dans l'année suivant la mise en place.

▲ N'exposez pas votre camélia aux courants d'air, il va perdre ses feuilles.

98 Dans un massif d'arbustes, quelle proportion de caducs doit-on planter par rapport aux persistants ?

Pour obtenir un effet décoratif toute l'année, l'idéal consiste à utiliser environ deux tiers de persistants. Si vous préférez un effet très fleuri, il faut planter au moins la moitié d'arbustes à feuillage caduc.

99 Mon camélia jaunit, que faire ?

S'il est en pot, il faut commencer par le rempoter et lui offrir un mélange par moitié de terreau de rempotage et de terre de bruyère. En pleine terre, votre camélia peut présenter des signes de chlorose, certaines de ses racines se trouvant dans un sol calcaire. Dans ce cas, il faut le transplanter dans un substrat acide ou l'arroser avec un antichlorose à base de chélate de fer. Le jaunissement d'un camélia est souvent dû à une terre trop pauvre (donnez-lui de l'engrais pour plantes de terre de bruyère) et à une exposition pas assez abritée.

100 Pourquoi certaines fleurs de mes althéas n'éclosent jamais ?

L'althéa *(Hibiscus syriacus)* est un arbuste à floraison estivale qui apprécie une exposition en plein soleil, dans un endroit non exposé aux courants d'air. Il a besoin pour s'épanouir que le sol soit maintenu humide. Arrosez-le généreusement chaque soir après une forte chaleur.

101 Les feuilles de mon magnolia portent des petites taches noires, puis tombent...

Il s'agit sans doute d'une attaque de pestalozzia, maladie cryptogamique fréquente chez les magnolias à feuillage persistant. Vous pourrez la combattre efficacement en effectuant quatre pulvérisations de fongicide de synthèse à dix jours d'intervalle, à partir de la mi-avril. N'utilisez pas de bouillie bordelaise qui est mal acceptée par le feuillage du magnolia.

102 Les feuilles de mes lilas et de mes troènes sont dévorées sur les bords. Que faire ?

Il s'agit d'une attaque d'otiorhynques, petits coléoptères proches des charençons, qui effectuent un cycle larvaire complet dans le sol et dont les adultes sont nocturnes. Il est difficile de les repérer, mais leurs dégâts sont caractéristiques. Traitez le sol avec une poudre contre les courtilières ou les vers blancs et pulvérisez un insecticide de contact sur le feuillage, de préférence le soir après l'apparition des premiers dégâts. Les symptômes sont assez spectaculaires, mais les conséquences sans gravité.

▲ Une forte attaque d'otiorhynques sur les feuilles d'un lilas.

103 Pourquoi mon rhododendron ne fleurit-il pas ?

Le sol utilisé est trop riche en azote (présence d'une fumure organique ou fertilisation trop généreuse), ce qui stimule le développement du feuillage au détriment de la floraison. Les arrosages sont trop copieux de juin à août, ce qui ne permet pas au rhododendron d'induire ses boutons floraux. Il est nécessaire que la plante souffre un peu pour qu'elle « ressente le besoin » de fleurir. Dans des conditions de culture trop confortables, le rhododendron forme surtout du feuillage.

104 Mon hortensia planté en terre de bruyère est tout chétif, pourquoi ?

La terre de bruyère est un milieu pauvre et très acide. Un hortensia demande un sol plus riche, par exemple un terreau forestier ou un mélange de terre de jardin avec de la terre de bruyère. Il n'aime pas trouver de calcaire actif dans le sol et il doit être régulièrement fertilisé.

105 Mon buis semble se dessécher de l'intérieur, que se passe-t-il ?

S'il est cultivé en pot, c'est le signe bien net d'un besoin de rempotage. Utilisez un mélange à parts égales de terreau et de terre de jardin. En pleine terre, ce symptôme peut signifier un excès d'humidité, une terre trop compacte ou trop acide, voire la réaction de la plante à un traitement herbicide (notamment si le buis se trouve près d'une allée). Taillez toutes les parties abîmées et attendez le retour du printemps pour apporter un peu d'engrais à la plante.

▲ L'érable du Japon pourpre apprécie la fraîcheur.

106 Mon érable pourpre, planté au sud, se dessèche dès la mi-juin, pourquoi ?

Tout simplement parce qu'il ne faut pas planter les érables du Japon en plein soleil (ni devant des murs de façade qui renforcent le rayonnement et renvoient de la chaleur). Ces petits arbres sont les compagnons parfaits des rhododendrons, dans les endroits frais et humides du jardin, en sol acide et bien poreux.

107 Peut-on planter des palmiers sous un climat non méditerranéen ?

On rencontre fréquemment des palmiers de belle taille dans des jardins de ville bien abrités (notamment à Paris). Certains réussissent bien en Bretagne, en Anjou, en Touraine. Le palmier le plus rustique est *Trachycarpus fortunei*, qui résiste entre –15 et –18 °C, à condition de disposer d'un sol très bien drainé en hiver. Le *Chamaerops exelsa*, le dattier des Canaries *(Phoenix canariensis)* sont également des palmiers résistant au gel (jusqu'à –10 °C si le sol est sec et l'exposition non ventée).

108 Le gui est-il vraiment néfaste pour les arbres ?

Plante parasite, le gui développe des suçoirs qui s'infiltrent dans les tissus de son hôte et pompent sa sève, provoquant un ralentissement de sa croissance. Le gui ne parasite que les arbres affaiblis, âgés ou malingres. Sa présence est un signe de malnutrition, de mauvaise exposition ou de maladie de l'arbre. Il faut le couper (en hiver), puis creuser avec une serpette la partie du rameau sur laquelle il était installé. Enduisez ensuite la totalité de la plaie avec un mastic cicatrisant épais.

109 Pourquoi ne faut-il pas transplanter les rejets d'un lilas ?

Pour éviter que le rejet n'émette à son tour une grande quantité de drageons qui deviennent vite envahissants et vous obligent à les éliminer sans cesse. Ce conseil est également valable pour les noisetiers et les framboisiers (et les autres espèces du genre *Rubus*). Une multiplication par bouturage donne des sujets ayant une tendance moindre au drageonnage. Éliminez ces rejets qui épuisent la touffe.

▲ La lavande se taille en douceur, après la floraison.

▲ Éliminez les touffes de gui à la serpette ou au sécateur, de préférence en hiver.

110 Faut-il retailler les arbres au moment de la plantation ?

Les sujets plantés en conteneurs, à la silhouette compacte et bien équilibrée, ne nécessitent aucune intervention. En revanche, les arbres proposés à racines nues sont coupés légèrement au niveau des racines (habillage) pour rafraîchir les parties abîmées lors de l'arrachage. Il faut réduire la ramure d'environ un quart de sa longueur, pour lui donner une forme régulière et symétrique, et lui permettre de bien se ramifier au printemps.

111 Quand et comment tailler la lavande pour qu'elle reste bien compacte ?

La lavande présente le défaut de ne pas (ou très difficilement) « repercer » sur le vieux bois, c'est-à-dire de ne pas former de jeunes pousses sur les parties lignifiées et à la base de la touffe. Résultat, les vieux pieds ont tendance à se dégarnir. Pour éviter ce phénomène, il importe que la lavande soit cultivée au sec d'avril à septembre. Elle sera taillée en juillet-août, période de récolte des fleurs, en donnant à la touffe une forme de boule. Ne coupez pas les jeunes pousses de plus de 10 cm. Un rabattage sévère ne donne jamais rien de bon.

112 Pourquoi ne trouve-t-on plus d'aubépines dans les pépinières ?

La multiplication des aubépines *(Crataegus)* à des fins commerciales a été interdite (sauf certaines formes résistantes d'origine allemande), parce que cette plante est une des plus sensibles à la maladie du feu bactérien et qu'elle constitue un foyer d'infestation redoutable pour toutes les autres espèces sensibles (notamment les poiriers). Il en était de même pour les pyracanthas, jusqu'à ce que l'on découvre des formes résistantes à la maladie ('Dart's Gold' et 'Dart's Red' entre autres), et pour le poirier 'Passe Crassane'.

113 Tous les conifères ont-ils des feuilles persistantes ?

Si la plupart des conifères conservent leur feuillage toute l'année, quelques espèces comme le cyprès chauve, le mélèze ou le *Metasequoia* sont caduques et prennent de jolies colorations en automne. Il en est de même pour l'arbre aux quarante écus, lui aussi à feuillage caduc.

114 Peut-on faire pousser des bulbes à fleurs sous un grand sapin ?

Oui, en choisissant des espèces qui aiment l'ombre dense, un sol acide et qui supportent la sécheresse. C'est le cas des cyclamens d'Europe et des colchiques, qui fleurissent en automne. Côté bulbes de printemps, crocus, jacinthes des bois, perce-neige, aconits d'hiver et nivéoles peuvent donner de bons résultats si vous prévoyez quelques arrosages de temps en temps et un apport de terreau.

115 Mon sapin perd ses aiguilles, que faire ?

Une chute des aiguilles indique un mauvais état de santé général, dû à un sol trop pauvre (dans ce cas, fertilisez) ou trop humide (allégez alors avec un apport de sable grossier et de matière organique).

▲ Sur les conifères, le brunissement épars est le signe d'un dépérissement.

Il peut aussi s'agir d'une attaque d'araignées rouges, surtout si les symptômes sont apparus en plein été, par temps chaud et sec. Deux ou trois pulvérisations d'un acaricide spécifique, à intervalle de dix jours chacune, devraient limiter les dégâts. (*Voir aussi la question n° 117*).

116 Pourquoi mon sapin est-il couvert de renflements ressemblant à des ananas ?

Il s'agit de l'attaque du chermès de l'épicéa, un puceron gallicole (qui provoque des galles), plus spectaculaire que vraiment dangereux. Trois ou quatre pulvérisations insecticides, espacées d'une semaine dès le début avril, en viendront à bout.

117 Mes conifères brunissent et se dessèchent, comment les soigner ?

Un brunissement est le signe d'une attaque parasitaire – soit un dépérissement d'ordre cryptogamique (*Coryneum, Phytophthora,* etc.), soit la réaction à l'attaque d'un insecte du bois (scolyte) – ou d'une invasion d'araignées rouges (*voir la question n° 115*). Le traitement contre les champignons pathogènes cités est inexistant. La brutalité de l'attaque entraîne souvent la mort de l'arbre. Pour les scolytes, il faut traiter au printemps avec un insecticide de contact, avant que les adultes pondent dans le tronc. Une plantation en sol léger est aussi conseillée.

118 Mes thuyas deviennent brun-roux à la base, que se passe-t-il ?

Les problèmes évoqués à la question n° 117 peuvent s'adapter à ce cas. Le fait que l'attaque se localise à la base peut indiquer un phytophthora (pourriture sèche du collet), surtout si le thuya est cultivé en bac. Dans ce cas, essayez un traitement à l'aliette. Le didymascella provoque un brunissement, surtout en sol lourd et humide. Vous pouvez le traiter par des pulvérisations répétées durant la végétation avec un fongicide de synthèse.

Plantes grimpantes

119 Pourquoi ma glycine produit-elle des feuilles sans donner de fleurs ?

Une croissance trop vigoureuse nuit à la formation des boutons floraux. La terre de votre jardin doit être riche en azote. Évitez tout ajout de matière organique et apportez un engrais potassique et phosphaté, qui joue sur la formation des fleurs. Taillez-la au fur et à mesure de sa croissance selon les conseils donnés en n° 120.

120 La glycine doit-elle être taillée et, si oui, comment ?

Effectuez plusieurs tailles annuelles pour limiter la prolifération des rameaux latéraux et favoriser la formation de boutons floraux à la base. Dès qu'une pousse secondaire de glycine dépasse 60 cm de longueur, réduisez-la des 3/4 (coupez à deux ou trois feuilles de son point de départ). Comptez entre trois et cinq interventions dans l'année. En hiver, taillez en réduisant les pousses terminales de la moitié de leur longueur et en ne conservant que deux yeux sur chaque pousse latérale.

▲ N'hésitez pas à tailler sévèrement les clématites.

121 Quand et comment tailler les clématites ?

Les clématites à petites fleurs, qui s'épanouissent sur du bois de l'année, sont taillées en février, en rabattant la végétation à 10 cm de la ramure, afin de provoquer l'émission de nouveaux départs. On peut tailler toute la plante à 40 cm du sol. Les clématites à grandes fleurs s'épanouissant sur du bois de l'année précédente se taillent peu. Éliminez le bois mort et les pousses faibles, raccourcissez les rameaux trop longs et empêchez la formation des graines.

122 Comment se comporte une plante grimpante qui ne trouve pas de support ?

Tout dépend de sa faculté ou non de se marcotter naturellement. Par exemple, le lierre émet aisément des racines quand ses branches touchent le sol et il se transforme en plante tapissante. Cela peut aussi être le cas du chèvrefeuille, qui pourra également former un buisson globuleux avec ses rameaux enchevêtrés. Les plantes volubiles, comme les clématites par exemple, ne vont guère apprécier cette situation et elles risquent de végéter. Une glycine verra ses branches principales se lignifier et former une sorte de tronc.

123 Quelles plantes grimpantes s'accrochent sur les murs sans nécessiter de support ?

Le lierre avec ses crampons et la vigne vierge avec ses ventouses sont les deux exemples les plus connus. L'hortensia grimpant *(Hydrangea petiolaris)*, une plante assez voisine, le *Schizophragma hydrangeoides*, ainsi que la bignone *(Campsis radicans)*, une plante voisine appréciée dans le Midi *(Tecoma stans)* émettent aussi des crampons, ce qui leur permet de s'accrocher d'eux-mêmes.

124 Un mur couvert par une plante grimpante est-il plus humide ?

Les plantes grimpantes (surtout les lierres et les vignes vierges) auraient plutôt tendance à protéger les murs contre l'humidité. La couverture de feuillage qu'elles forment ne laisse pas pénétrer la pluie qui ruisselle à l'extérieur. Les araignées et autres insectes le savent bien, et recherchent cet abri naturel pour leur nid.

125 Les plantes grimpantes abîment-elles les murs ?

Celles qui nécessitent une armature (chèvrefeuille, clématite, rosier grimpant, etc.) ne touchent pas au mur. Pour celles qui s'accrochent seules (*voir la question n° 123*), si le mur est en bon état et couvert de crépi, il n'y a rien à craindre. En revanche, dans les vieilles maisons, les murs en pierres mal scellées peuvent être fragilisés par les tiges des plantes grimpantes s'infiltrant entre les joints.

▲ La vigne vierge s'accroche par des petites ventouses.

▲ Persil et basilic poussent fort bien ensemble.

Légumes et aromatiques

126 Quelles plantes aromatiques installer ensemble dans un bac ?

Il faut associer les espèces qui réclament les mêmes fréquences d'arrosage. Par exemple, thym, romarin, lavande, plante curry *(Helichrysum)* apprécient une bonne sécheresse. Pas question de les marier avec la ciboulette, l'estragon et le basilic, qui demandent un sol frais en permanence. La menthe, le laurier, la sarriette, l'origan supportent des alternances de sécheresse et d'humidité.

127 Peut-on manger des légumes qui ont reçu de l'engrais chimique ?

Ne confondons pas engrais et pesticides. L'engrais est la nourriture des plantes, qui l'absorbent toujours sous forme minérale (donc chimique) et le transforment ensuite en éléments organiques, sous l'effet de la lumière solaire. Une fois absorbé par la plante, l'engrais ne pose aucun problème et il est nécessaire à la croissance et à la saveur des légumes. L'important est de bien doser pour que la plante ne risque pas une « indigestion » et que les résidus non absorbés ne polluent pas les eaux.

128 Les haricots en grains présentent des petits trous ronds, de quoi s'agit-il ?

Votre culture a subi l'attaque de la bruche du haricot, un petit charançon qui pond dans la gousse au moment de sa maturité et dont les larves se développent dans les grains, durant la conservation. Traitez les cultures par une pulvérisation d'insecticide lors de la formation, puis de la coloration des gousses. Éliminez les haricots troués : plus légers que les grains sains, ils flottent quand on les trempe dans l'eau.

129 Pourquoi et quand faut-il repiquer ?

Cette opération, qui consiste à transplanter une plantule issue de semis, a pour but de stimuler la formation de racines latérales, d'où une croissance améliorée. Le repiquage provoque la ramification de la tige, ce qui donne une forme bien équilibrée à la plante et stimule la croissance.

130 Pourquoi ne repique-t-on pas carottes, navets et radis ?

Chez les légumes racines, un repiquage entraîne presque à coup sûr la formation d'une racine fourchue qui ne va pas « tourner » ni se gorger de sucs de réserve, d'où une récolte peu intéressante. En revanche, certains jardiniers repiquent les betteraves avec succès, surtout dans les terrains assez lourds.

131 Pourquoi faut-il arroser les laitues les soirs d'orage, en été ?

Par temps d'orage, l'air chargé en électricité a tendance à transformer une partie de son oxygène (O_2) en ozone (O_3). Ce dernier gaz stimule fortement la montée à graines des laitues. Les jardiniers d'antan ont constaté qu'il suffisait d'arroser pour que le phénomène ne se produise pas ou dans des proportions bien moindres. Essayez, c'est efficace !

132 Pendant combien d'années un pied d'artichaut produit-il ?

L'artichaut étant une plante vivace, il peut rester plusieurs années en place. On le maintient en production durant trois à cinq ans, en effectuant un renouvellement du quart de la culture chaque année, de manière à éviter les dégénérescences et à rajeunir la plantation.

133 D'où vient le goût amer de certaines aubergines ?

Il ne faut surtout pas attendre trop longtemps avant de récolter les aubergines, qui, par ailleurs, tiennent remarquablement sur le pied. Il faut les cueillir bien violettes, quand leur calice commence à s'entrouvrir. Dès que le fruit commence à se colorer de marron, il durcit, et sa chair devient beaucoup plus amère.

134 Existe-t-il des pieds d'asperge mâles ?

Oui, car l'asperge *(Asparagus officinalis)* est une plante dioïque. Cette particularité est sans importance au potager, car on récolte les jeunes tiges souterraines (turions). On reconnaît les pieds mâles en constatant l'absence de fruits rouges en automne.

135 On dit que seuls les melons femelles sont bons, comment les reconnaître ?

Dire d'un fruit qu'il peut avoir un sexe est une ineptie, dans la mesure où c'est la

▲ L'asperge femelle se reconnaît à ses fruits rouges.

fleur qui est l'organe sexuel de la plante. Chez les cucurbitacées, les fleurs étant unisexuées, il est bien évident que seules les femelles forment des fruits. On peut donc dire par extrapolation que tous les melons sont « femelles ».

136 Pourquoi brûler le feuillage des asperges en automne ?

C'est une opération indispensable pour éliminer toutes les formes de la criocère de l'asperge, un petit insecte ravageur qui fait de gros dégâts en minant les tiges, ce qui entraîne leur pourriture. La criocère hiverne dans le feuillage. En aucun cas, ne mettez à composter les feuilles d'asperges, vous favoriseriez la propagation du ravageur. Un traitement printanier est une mesure de prudence.

137 Peut-on rabattre les pieds de thym ?

Tout comme la lavande *(voir aussi la question n° 111)*, le thym a du mal à repercer sur le vieux bois et à émettre de jeunes pousses au niveau de la souche ligneuse. En revanche, il se marcotte très bien naturellement. Il est donc préférable de procéder à des divisions de touffe régulières pour rajeunir la culture, plutôt qu'à une taille sévère qui risquerait d'empêcher l'apparition des petites pousses. Vous pouvez aussi faire des boutures en août-septembre, en terrine.

◀ Arrosez les salades avant un orage.

138 Pourquoi est-il aussi difficile de faire germer les graines de persil ?

Le persil n'est pas plus compliqué à réussir qu'une autre plante, mais il demande une vingtaine de jours avant de lever. Un bon truc pour réussir : ne manipulez pas les graines directement avec les doigts, et recouvrez-les avec un mélange de terreau et de fumier composté. Maintenez aussi le sol humide en permanence.

Fruits

139 Un poirier et un pommier fleurissent mais ne fructifient pas, pourquoi ?

Sur la plupart des arbres fruitiers, la pollinisation est « croisée », c'est-à-dire qu'elle se produit d'un arbre à l'autre. Il faut donc planter, non loin l'une de l'autre, au moins deux variétés compatibles (*voir les descriptions des arbres fruitiers pages 738 à 771*).

140 Le tronc de mes vieux poiriers est recouvert de mousses et de lichens. Faut-il s'en débarrasser ?

Même si la présence de cette couverture végétale est assez esthétique, il est important de l'éliminer, car elle sert de refuge à d'innombrables parasites. Plus généralement, la présence de mousses et de lichens sur le tronc des arbres est le signe d'un état de faiblesse ou de vieillesse. Le traitement consiste à pulvériser en hiver des produits à base d'huile de paraffine qui doivent ruisseler généreusement le long des branches et du tronc. Opérez en deux fois : en décembre, puis à la mi-février.

▲ En hiver, brossez les branches couvertes de lichens.

141 Comment soigner un chancre qui se creuse sur un pommier ?

Cette maladie due à un champignon est un véritable « cancer végétal » qui infecte les tissus internes de la plante. Creusez la partie malade avec une serpette, jusqu'à retrouver des tissus sains. Si le chancre a atteint le cœur de la branche, il faut couper cette dernière sur une partie non infectée (bois clair). Parez la plaie à la serpette, avec un outil désinfecté à l'alcool et enduisez les parties à vif avec une épaisse couche de mastic cicatrisant.

142 Mon cerisier n'a rien donné ce printemps, pourquoi ?

Il s'agit du phénomène bien connu de l'alternance. Après une forte fructification, beaucoup d'arbres se « reposent » de leurs efforts, profitant d'une saison complète pour reconstituer leurs réserves et redéployer de nouvelles pousses. Ce comportement est un gage de longévité pour l'arbre. Les cerisiers ont aussi tendance à « faire beaucoup de bois », poussant verticalement et produisant peu de ramifications fertiles. Une taille (légère) fin août peut remédier à cet inconvénient. Évitez aussi d'apporter des engrais azotés qui provoquent une croissance importante des branches.

▶ Ne laissez pas les chancres prendre de l'importance.

143 Pourquoi mon jeune arbre fruitier ne donne-t-il pas de fruits ?

Vous avez sans doute acheté un jeune sujet (scion de un an), fuseau, tige, quenouille ou demi-tige de deux ans, et l'absence de production fruitière est parfaitement normale, la formation des fruits s'effectuant sur trois ans (surtout pour les arbres à pépins). Il est normal que l'arbre réagisse la première année de sa mise en place (*voir aussi la question n° 146*).

144 Mon abricotier fleurit abondamment chaque année, mais les fruits sont peu nombreux, pourquoi ?

Il y a de fortes chances pour que la fécondation se produise mal, du fait d'une variété à floraison trop précoce. Un temps frais et pluvieux au moment de la floraison fait « couler » les fleurs, c'est-à-dire qu'il liquéfie le pollen qui ne peut plus s'envoler avec le souffle du vent, pour aller féconder les fleurs avoisinantes.

145 Mon prunier porte de nombreux fruits qui flétrissent et moisissent sur l'arbre. Que faire ?

Il s'agit de la moniliose, une maladie cryptogamique très virulente. Éliminez tous les fruits qui présentent des traces de la

▲ Les kiwis (ou actinidias) fructifient bien dans toute la France.

maladie et notamment ceux qui se « momifient » sur les branches. Brûlez tous les déchets. Au printemps, dès l'éclatement des bourgeons, à la chute des pétales floraux, au début de la feuillaison, puis à la formation des fruits, pulvérisez un fongicide de synthèse sur l'arbre.

146 Est-il vrai que l'on gagne un an sur la fructification en plantant en automne ?

Oui, car, de mi-octobre à mi-décembre, l'arbre a le temps de bien s'enraciner. Aux premiers jours du printemps, il va se mettre à pousser et à fleurir, sans aucun arrêt végétatif, ce qui n'est pas le cas d'un fruitier mis en terre en mars ou en avril. Avec un arbre âgé d'au moins trois ans, vous pouvez récolter quelques fruits dès la première saison. Il est toutefois préférable de ne pas conserver cette production, afin que l'arbre ne s'épuise pas à fructifier et conserve toutes ses forces pour développer une belle ramure.

147 Les kiwis fructifient-ils dans toutes les régions et en combien de temps ?

Rustiques, les actinidias peuvent être cultivés presque partout en France, plantés au pied d'un mur exposé à l'est. Il faut compter environ cinq années après la plantation pour que ces lianes très vigoureuses commencent à fleurir et à donner des fruits. Après une dizaine d'années, on peut récolter jusqu'à 30 kg par plante.

148 Faut-il toujours un plant mâle et un plant femelle pour obtenir des kiwis ?

Les formes classiques de l'*Actinidia chinensis*, la liane d'origine chinoise qui produit les kiwis, sont dioïques, c'est-à-dire que les fleurs mâles et les fleurs femelles sont portées par des pieds séparés. Il faut compter un plant mâle pour cinq femelles. Depuis l'automne 1995, on trouve dans le commerce du jardin une variété autofertile, 'Solo', dont les fleurs sont hermaphrodites. Elle donne des fruits plus petits mais de bonne qualité. C'est une solution idéale pour un petit jardin.

149 Les fruits de mon cognassier ne se développent pas et ses feuilles noircissent, que faire ?

Il doit s'agir de la moniliose des jeunes coings, très fréquente dans le Sud-Ouest. Les jeunes fruits ne grossissent pas et brunissent, le rameau qui les porte se dessèche de même que les feuilles d'extrémité. Cette maladie n'a pas, aujourd'hui, de remède. Coupez les parties malades et traitez la plante, à titre préventif, avec de la bouillie bordelaise, en automne et au départ de la végétation.

▲ Traitez contre la cloque du pêcher dès le mois de mars.

150 Faut-il tailler un cerisier pour qu'il produise plus de fruits ?

Il est déconseillé de tailler les arbres à noyaux, excepté durant leur jeunesse pour les aider à former une ramure bien équilibrée. Le défaut du cerisier est de pousser à la verticale et d'avoir du mal à se ramifier, d'où une production parfois limitée les premières années. Du 20 août au 20 septembre, étêtez les branches principales sur un quart de leur longueur. Protégez les plaies de coupe avec un mastic cicatrisant.

151 Pourquoi traiter la cloque du pêcher, l'arbre produisant ensuite un feuillage bien sain ?

Dans la vallée du Rhône et le Roussillon, où les pêchers trouvent un climat favorable à leur développement, il est vrai que la cloque est rarement catastrophique. Dans les régions plus fraîches, les pêchers sont sévèrement affaiblis par la cloque. Ils peuvent même en mourir. Cette maladie entraine une réduction sensible de la production fruitière. Traitez à la bouillie bordelaise au moment du jaunissement des feuilles, à l'automne, puis quand elles sont toutes tombées. Au printemps, pulvérisez de l'oxychlorure de cuivre ou un fongicide à base de Doguadine.

◀ Taillez, mais sans excès, les cerisiers vers la fin août.

152 Comment faire des boutures de groseilliers et de cassissiers ?

C'est très facile, de même pour les framboisiers. Il suffit de prélever, en hiver, des jeunes rameaux nus et de tailler des fragments de 20 cm de long, coupés entre deux yeux (bourgeons), dans la partie médiane de la branche. Ces boutures dites « à bois sec » ne portent pas de feuilles et sont repiquées en pots ou en pleine terre, dans un substrat très sableux. Enterrez-les des 3/4 de leur longueur.

153 Peut-on utiliser les stolons de fraisiers pour créer de nouvelles plantations ?

C'est un mode de multiplication simple et pratique qu'il faut éviter, car c'est la meilleure manière de propager les maladies à virus dont souffrent les fraisiers. Bon nombre de variétés modernes de fraisiers sont protégées par un certificat d'obtention végétale, ce qui signifie qu'il est interdit de les propager soi-même.

154 Les feuilles de mes fraisiers sont parsemées de petites taches rouges. Comment soigner cette maladie ?

La maladie des taches pourpres, ou marsonina, provoque des petites taches circulaires de 2 à 5 mm de diamètre, d'abord rouges, puis pourpres. Ce n'est pas une maladie très grave, mais vous pouvez la combattre avec des pulvérisations de fongicide à l'automne et au printemps. En fin de saison, coupez et brûlez toutes les feuilles atteintes.

▲ La maladie des taches rouges du fraisier n'est pas grave.

▲ Des arbustes en bacs dissimulent bien le balcon.

155 Comment expliquer qu'une belle branche de prunier ou d'abricotier meure brutalement ?

C'est un phénomène mal expliqué mais assez courant, que l'on nomme l'apoplexie. Il n'y a rien d'autre à faire qu'à éliminer la branche morte. Ne donnez pas trop d'engrais azoté aux arbres fruitiers à noyaux. Optez plutôt pour un fertilisant potassique qui renforce la structure des branches et leur confère une bonne rigidité, tout en améliorant la résistance naturelle aux maladies.

Balcons terrasses

156 Que peut-on installer sur un balcon plein nord ?

Le choix est vaste, avec des végétaux très résistants au froid et peu exigeants côté ensoleillement. Les conifères nains à feuillage doré ou bleuté constitueront la base du décor avec des lierres qui seront égayés en été par des impatiences, en hiver par des pensées et au printemps par des tulipes botaniques. Pour habiller les murs et la rambarde, optez pour un chèvrefeuille, une capucine grimpante ou un jasmin d'hiver. Rhododendrons, azalées, bruyères, érables du Japon donnent aussi de bons résultats à cette exposition.

157 Que peut-on installer sur un balcon plein sud ?

Des plantes solides et résistantes à la sécheresse, qui apprécient le soleil ardent. Toutes les espèces méditerranéennes conviennent, notamment les bougainvillées, les pittosporums, les palmiers, les agrumes, les plantes grasses, les phormiums, les lauriers-roses, etc. Le champion incontesté sera le géranium *(Pelargonium)* qui apprécie des conditions chaudes et assez sèches. Le pourpier, le liseron de Mauritanie, l'anthémis, la rose d'Inde sont parfaits en été. En automne, optez pour les dahlias nains et les véroniques *(Hebe)*. Tout convient à cette exposition en hiver.

158 Quels sont les arbustes à fleurs pouvant être cultivés en bacs, sur un balcon en ville ?

Choisissez des espèces bien résistantes à la pollution : aucuba, bambou nain, *Berberis julianae*, *Berberis* 'Jytte', *Berberis thunbergii*,

▲ Le basilic est une plante annuelle qui aime le plein soleil.

buis, chèvrefeuille, *Choisya* 'Aztec Pearl', *Cotoneaster horizontalis, Cotoneaster microphyllus*, fusain, houx, *Hypericum* 'Hidcote', laurier-sauce, laurier-tin, lavande, lierre, mahonia, *Nandina* 'Fire Power', Osmanthus, *Photinia* x *fraseri* 'Robusta Compact', potentille, romarin, santoline, *Skimmia*, *Spiraea* x *arguta*, etc.

159 Comment protéger mon balcon des regards indiscrets ?

La solution la plus simple consiste à dresser des palissades (en bois ou en bambous pour l'esthétique), à installer des claustras à mailles fines (décoratif, mais onéreux) ou à privilégier la solution végétale, en plantant dans de grands bacs un ensemble compact d'arbustes à feuillage persistant et de conifères. Vous pouvez aussi poser un grillage et l'habiller d'une grimpante persistante (lierre, chèvrefeuille).

160 Comment conserver un pot de basilic sur son balcon ?

Le basilic *(Ocimum basilicum)* étant une plante annuelle, il meurt naturellement au début de l'automne. Il faut le semer à la maison en mars, repiquer les jeunes plants en avril et les installer sur le balcon en mai. Placez toujours le basilic en plein soleil et laissez la terre sécher entre deux arrosages.

161 Comment obtenir que les radis cultivés en pots grossissent bien ?

Le secret est dans l'éclaircissage (ou démariage) des plantules, dès qu'elles atteignent 3 ou 4 cm de haut. Il faut laisser entre deux radis la largeur d'un doigt au moins. S'ils sont trop serrés, ils vont « filer », s'étirant en longueur et formant une racine longue et fine, inconsommable.

162 Comment empêcher que les pots se brisent ou s'effritent en surface durant l'hiver ?

Il faut d'abord choisir des poteries garanties non gélives. Elles sont plus épaisses que la moyenne. Optez pour un matériau brut et non pas vernis ou laqué. Assurez un bon drainage dans le pot, avec un lit de gravier ou de billes d'argile d'au moins 3 cm d'épaisseur. Enfin, par temps très froid (température inférieure à – 5 °C), enveloppez la poterie dans trois ou quatre épaisseurs de voile d'hivernage ou dans un paillon.

163 Combien de temps peut-on laisser le même terreau dans une jardinière ?

Considéré comme un simple support de culture, le terreau apporte rarement des éléments nutritifs aux plantes. En théorie, on ne peut donc pas dire qu'il s'épuise. En revanche, les arrosages répétés ont tendance à compacter les particules fines qui composent le terreau et il devient asphyxiant pour les racines. Il convient par conséquent de ne pas laisser plus de trois ans en place le même terreau. Un renouvellement annuel est même conseillé pour les plantations saisonnières.

164 Quand j'arrose, l'eau reste en surface sans être absorbée, que faire ?

Vous avez sans doute utilisé un terreau bas de gamme, constitué essentiellement de tourbe. Ce matériau présente l'inconvénient de repousser l'eau quand il est sec (hydrophobe). Très difficile à réhumecter, il pose des problèmes graves pour les plantes. La seule solution consiste à immerger le pot sur les 2/3 de sa hauteur pendant une bonne demi-heure au moins, ou à utiliser un terreau dont la composition ne renferme pas plus de 30 % de tourbe.

165 Après une grosse pluie, mes fleurs s'effondrent, comme si elles avaient soif, pourquoi ?

Vous les avez sans doute plantées dans un bac sans trous d'évacuation de l'eau en excès. Le fond du récipient est gorgé d'eau, les plantes s'asphyxient et leurs tiges se ramollissent, car elles sont en train de pourrir. Videz toute l'eau contenue dans le bac, en l'inclinant vers le bas, et attendez au moins deux semaines que la terre ait bien séché avant d'arroser.

166 Pourquoi en associant pétunias et géraniums dans un même bac, seuls les géraniums fleurissent mal ?

Les exigences en arrosage de ces deux plantes sont pratiquement contraires. Les pétunias ont besoin d'un substrat maintenu humide en permanence, alors que les géraniums ne fleurissent que s'ils souffrent un peu de la sécheresse. Mieux vaut marier les géraniums, les anthémis, les pourpiers, les verveines et les fuchsias. Associez les pétunias à des scaévolas, à des œillets d'Inde, à des bégonias, etc.

▲ Idéal pour les jardinières : l'arrosage au goutte-à-goutte.

▲ Bien taillé, ce jeune conifère va faire un superbe bonsaï.

Bonsaïs

167 Peut-on automatiser l'arrosage sur un balcon ?

Tout à fait, il existe d'ailleurs des kits d'arrosage pour jardinières, associant goutte-à-goutte et micro-asperseurs. Mais il faut disposer d'un point d'eau permanent, afin d'alimenter l'installation qui sera déclenchée avec précision par un programmateur fonctionnant sur pile. La mise en place de l'ensemble est très facile et discrète, les tuyaux pouvant être dissimulés à l'arrière des bacs. C'est un moyen simple de conserver une plantation de qualité pendant vos absences.

168 Des petites mouches blanches envahissent fuchsias et géraniums, comment s'en débarrasser ?

Il ne s'agit pas de véritables mouches mais d'aleurodes, insectes hémiptères, proches des pucerons, qui affaiblissent les plantes par leurs morsures et favorisent l'apparition de la fumagine (suie). Le traitement est difficile, car ce sont des insectes très prolifiques. Effectuez quatre pulvérisations d'insecticide à cinq jours d'intervalle, en utilisant deux produits différents pour éviter l'accoutumance des ravageurs. Du papier jaune vif enduit de glu constitue un piège simple et très efficace.

169 Un bonsaï doit-il être cultivé à l'intérieur ou au jardin ?

Cela dépend uniquement de l'espèce considérée. Érables, pins, genévriers, pommiers, ginkgos, hêtres, *Zelkova*, azalées sont les espèces les plus courantes pour l'extérieur. Ficus, *Serissa, Carmona, Sageretia, Murraya* sont des bonsaïs pour l'intérieur. Les ormes de Chine, les oliviers et les bougainvillées sont à réserver aux vérandas fraîches.

170 Peut-on prélever un arbre dans la nature pour en faire un bonsaï ?

Parfaitement, même si la loi interdit ce type d'action dans les forêts domaniales et les lieux publics. Mais dans une forêt privée, vous pouvez sélectionner un arbre chétif, tordu, ou ayant poussé dans des conditions difficiles et le transplanter en pot, pour le façonner à votre guise en bonsaï. C'est une bonne méthode pour gagner du temps et obtenir en quatre à cinq ans seulement des arbres élégants, qui auront un aspect pratiquement adulte.

171 Pourquoi ne plante-t-on jamais un bonsaï au milieu de son pot ?

Pour de simples questions esthétiques, le bonsaï associé à son contenant devant être l'expression d'un paysage aussi naturel que possible. Or, la disposition des éléments dans la nature est très rarement symétrique. Seuls les bonsaïs formés en balai *(Hokidachi)* trouvent logiquement leur place au centre du pot.

172 Les bonsaïs ne sont-ils pas des arbres torturés ?

Comme le dit justement Rémy Samson, spécialiste incontesté en la matière : « On ne peut survivre à la torture 1000 ans. » Or, les plus vieux bonsaïs atteignent cet âge vénérable et les centenaires sont très courants. Dans leur pot, les bonsaïs sont

▲ Les fleurs d'un bonsaï sont d'une longueur normale.

soumis à des conditions de vie similaires à celles qu'un arbre trouve dans la nature quand il pousse dans une fissure de rocher ou de falaise. Sa situation est périlleuse mais supportable, grâce à la faculté d'adaptation propre à tout être vivant.

173 Les fleurs et les fruits d'un bonsaï sont-ils aussi miniaturisés ?

Curieusement non, ce qui prouve aussi que la plante n'a pas été dénaturée par la formation en bonsaï. D'ailleurs, les graines prélevées sur un bonsaï produisent des plantes tout à fait « normales ». La nanification du bonsaï est liée à une technique culturale et ne joue en aucun cas sur la génétique de la plante. Le bonsaï est sculpté, façonné par la main de l'homme. Plantez-le dans le jardin et il se mettra à pousser comme un arbre ordinaire.

174 Pourquoi effeuille-t-on complètement certains bonsaïs ?

Cette pratique spectaculaire, qui peut sembler un peu barbare, provoque une nouvelle feuillaison plus naine, mieux équilibrée par rapport à la silhouette de l'arbre en pot et donc plus esthétique. On effectue cette intervention dans la seconde quinzaine du mois de juin. Elle provoquera aussi l'émission de nombreuses brindilles, intéressantes pour créer une ramure plus ramifiée, plus dense. L'effeuillage étant épuisant pour l'arbre, on le pratique tous les trois ans environ.

175 Pourquoi enroule-t-on des fils de cuivre autour des branches des bonsaïs ?

Ce travail, fréquent sur les conifères, assouplit les rameaux. Il permet de tordre les branches à volonté, sans risque de provoquer des cassures du bois. Le fil de cuivre maintient la pousse dans la position souhaitée. Les fils sont placés au printemps et toujours retirés à l'automne.

▲ L'if est un conifère résistant jusqu'à – 30 °C.

Des plantes, des usages

176 Quelles sont les plantes qui résistent le mieux au froid ?

Toutes les espèces originaires des régions de montagne et des zones les plus septentrionales du globe supportent aisément – 20 °C et souvent même moins. D'une manière générale, les arbres, arbustes et vivaces à feuillage caduc sont moins frileux que les espèces à feuillage persistant, même si les ifs ou les thuyas, par exemple, se montrent quasi insensibles au froid.

177 Quelles plantes résistent le mieux à la sécheresse ?

Tous les végétaux vivant dans les contrées désertiques ou arides du globe. Les meilleurs exemples sont les cactées et les plantes grasses (succulentes). D'une manière générale, les plantes à tiges renflées ou charnues et opaques sont beaucoup plus résistantes que les espèces à tiges fines et translucides. Les végétaux portant des épines ou des feuilles épaisses, vernissées, résistent mieux à la sécheresse que les plantes aux feuilles très amples, souples ou colorées. Les plantes cailloux (*Lithops* par exemple) peuvent supporter une absence d'arrosage pendant plusieurs mois, et le *Welwitschia* plus d'un an !

178 Quelles plantes résistent le mieux à la pollution ?

D'une manière générale, les plantes à feuilles coriaces ou épaisses, et notamment *Acer campestre* 'Royal Ruby', aucuba, bambou, cognassier du Japon, *Chionanthus virginicus*, *Cistus* x *purpureus*, fusain du Japon, forsythia, frêne, houx, lierre, *Osmanthus heterophyllus*, phormium, photinia, pyracantha, *Pyrus calleryana* 'Chanticlair', sorbier, spirée, symphorine, etc., acceptent bien la poussière et l'atmosphère grasse ou polluée des villes. L'arbre aux 40 écus *(Ginkgo biloba)* est très résistant, puisqu'il a réussi à repousser après l'explosion atomique d'Hiroshima.

▲ Épaisses, les plantes grasses sont faites pour bien résister à la sécheresse.

▲ Un jardin typiquement méditerranéen.

179 Existe-t-il des arbres ou des arbustes qui ne se taillent pas ?

Dans la nature, les plantes ne subissent aucune taille, si ce n'est la sanction des coups de vent sur les rameaux morts et les branches fragiles. Le jardinier est amené à tailler pour nettoyer les plantes, les équilibrer ou favoriser leur floraison. Le simple fait d'éliminer une feuille jaunie est déjà une taille. On ne peut donc affirmer que certaines plantes ne se taillent jamais.

180 Quelles sont les plantes qui attirent les papillons ?

Plantez *Buddleja* x *davidii* que l'on appelle communément l'arbre aux papillons, car ses fleurs nectarifères sont irrésistibles pour les lépidoptères. Les fleurs du *Sedum spectabile* sont aussi très attractives. Pissenlit, chardons, orties, bouillon-blanc, mauve, salicaire, verge d'or, lavande et, d'une manière générale, les graminées et la plupart des ombellifères comme la carotte sauvage ou l'achillée sont recherchés par ces insectes butineurs. Les fleurs des phlox, des tabacs, du jasmin ou du chèvrefeuille, attirent quant à elles les papillons de nuit.

181 Que peut-on faire pousser sous un arbre, à l'ombre dense ?

Choisissez parmi les plantes de sous-bois assez tapissantes : *Aegopodium*, anémone des bois, *Brunnera macrophylla*, *Ceratostigma plumbaginoides*, *Dicentra eximia*, *Duchesnea indica*, *Epimedium*, fougères naines, hépatique, lamier, muguet, *Pachysandra terminalis*, pervenche, pulmonaire, *Trillium grandiflorum*, etc.

182 Que planter dans un jardin du Sud ?

Dans les régions au climat doux, essayez des plantes d'origine semi-tropicale, qui donneront un aspect original au décor : agave, agrumes, albizia, anthémis, arbousier, *Arctotis*, Azara, bambou, bananier, bougainvillée, cactées, *Callistemon*, *Cassia*, *Cestrum*, ciste, cycas, cyprès, *Datura*, eucalyptus, fougère arborescente (*Dicksonia*), grenadier, *Grevillea*, jasmin, *Iochroma*, lagerstroemia, laurier-rose, lavande, micocoulier, mimosa, *Olearia*, olivier, palmiers, passiflore, *Pittosporum*, *Plumbago*, *Solandra*, véronique arbustive, etc.

Le dictionnaire du jardin

Le langage du jardinier utilise bien souvent des mots ou des expressions qui rebutent le néophyte, lui enlevant toute envie de se consacrer pleinement à son loisir, par peur de ne pas faire le bon geste. Voici, pour comprendre et entreprendre, la traduction de ce vocabulaire un peu singulier.

A

Acaricide : produit de traitement spécifique contre les acariens (araignées rouges, aoûtats, érinoses, tétranyques). Le dicofol est la seule matière active disponible pour le jardinier amateur.

Acaule : désigne une plante qui n'a pas de tige, comme les pâquerettes, les pissenlits ou les violettes.

Acclimater : adapter une plante à un climat ou à un lieu de culture (appartement, serre, véranda) différent de celui dont elle est originaire.

Acide phosphorique : terme usuel pour l'anhydride phosphorique (P_2 O_5. Cette substance nutritive pour les plantes est désignée par la lettre P dans les engrais.

Acidité : état d'un sol pauvre en calcaire, dont la réaction chimique révèle un pH inférieur à 6,5. C'est le cas, par exemple, de la tourbe ou de la terre de bruyère. L'inverse d'acidité est alcalinité.

Acidophile : qualifie une plante qui aime les sols acides, comme les rhododendrons, les bruyères, les fougères, etc.

Ados : technique culturale consistant à incliner la terre d'un massif, au pied d'un mur exposé au soleil, pour entreprendre des cultures précoces.

Adventice : plante qui apparaît dans une culture, sans avoir été semée. C'est le cas des « mauvaises herbes ».

Adventif : caractérise l'apparition d'un organe sur une partie inhabituelle de la plante. C'est le cas, par exemple, des racines aériennes des philodendrons.

Affranchissement : propriété d'un végétal greffé de produire des racines au-dessus du point de greffe. Cela entraîne l'apparition de rejets ou « gourmands » indésirables. Ce phénomène est très fréquent chez les rosiers.

Aiguillon : terme exact désignant les « épines » des rosiers ou des cactus. L'aiguillon ayant une origine épidermique, il peut être facilement détaché.

Aisselle : point de jonction entre le pétiole d'une feuille et la tige.

Alcalin : on dit aussi basique. Désigne un sol dont le pH est supérieur à 7,5. C'est souvent l'indication d'une terre calcaire. À l'opposé, on parle de sol acide.

Alpine : plante dont l'origine est montagnarde. Elle présente souvent un développement plus faible que celui de la même espèce cultivée en plaine.

Alternance : phénomène fréquent sur les arbres fruitiers qui, après une année d'abondante récolte, donnent l'année suivante une production plus faible.

Alterne : se dit des feuilles ou des différents organes des plantes disposés de façon isolée sur l'axe de la tige. C'est le cas des plantes de la famille des Rosacées. L'antonyme est : opposé.

Ameublir : action de travail d'un sol pour faciliter la pénétration de l'air et de l'eau. L'« ameublissement » d'une terre passe par le labour.

Angiospermes : sous-embranchement du règne végétal qui renferme les plantes dont les organes reproducteurs sont condensés dans une fleur et les graines contenues dans un fruit fermé. L'antonyme est gymnospermes.

Anguillule : synonyme de nématode, il s'agit d'un ver parasite microscopique rencontré souvent dans le sol.

Annuel : caractérise les plantes dont le cycle végétatif complet se déroule sur une même année. Les annuelles sont semées au printemps et meurent à l'automne, comme les cosmos, les pétunias, les soucis, les némophiles, etc.

Anthère : partie renflée de l'étamine d'une fleur où se trouve le pollen.

Anticipé : rameau qui se développe à partir d'un œil axillaire, le plus souvent après un pincement. C'est la deuxième ramification d'une branche secondaire durant la saison de végétation.

Anticoagulant : groupe de substances chimiques utilisées dans la lutte contre les rongeurs. Ces produits provoquent des hémorragies internes qui entraînent une mort rapide du nuisible.

Anticryptogamique : produit destiné à combattre les maladies provoquées par des champignons. On dit aussi fongicide.

Aoûté : se dit d'une jeune pousse d'arbre ou d'arbuste qui passe de l'état herbacé, qu'elle avait en naissant, à l'état ligneux (bois dur). Cette période coïncide avec la fin du mois d'août.

Apical : désigne le bourgeon à l'extrémité d'une tige. C'est lui qui assure l'allongement de la pousse.

Arable : qualifie une terre que l'on peut facilement travailler pour la cultiver.

Arcure : opération culturale qui a pour but d'inverser le sens de circulation de la sève afin de ralentir la vigueur d'un rameau. On pratique l'arcure sur les arbres fruitiers et les rosiers grimpants, en dirigeant la branche vers le bas.

Are : mesure de superficie des parcelles de terrain, équivalant à 100 m^2.

Arille : enveloppe charnue ou velue entourant certaines graines, comme celles des if, passiflore, fusain, saule.

Aromatique : se dit d'une plante dont les propriétés odorantes sont utilisées en cuisine, en parfumerie, en cosmétologie ou en phytothérapie.

Associé : se dit d'une culture dans laquelle on associe deux végétaux dont la vitesse de croissance est différente, ce qui permet de récolter le premier avant le complet développement du second.

Assolement : ou rotation des cultures. Technique consistant à ne jamais planter de manière consécutive les mêmes plantes dans la même parcelle.

Autofertile : se dit d'une plante, en général une variété fruitière, dont les fleurs sont capables d'assurer elles-mêmes leur fécondation.

Autostérile : terme inverse du précédent, le pollen ne pouvant féconder la fleur qui l'a produit. C'est le cas chez beaucoup d'arbres fruitiers, notamment poiriers et pommiers. Il est nécessaire, pour obtenir une production fruitière, de croiser entre elles des variétés différentes.

Auxiliaire : qualifie les insectes utiles au jardinier, comme les coccinelles par exemple. On parle aussi d'auxiliaire pour les plantes utilisées par greffage lors de la formation des tiges des arbres fruitiers ou de certains rosiers.

Axillaire : se dit des pousses qui se développent latéralement sur un axe. Les rameaux secondaires sont axillaires. Les yeux axillaires désignent les bourgeons latents situés à la base des feuilles.

Azote : élément fertilisant primordial désigné par la lettre N dans les engrais. L'azote agit sur la croissance et le développement des tiges et des feuilles. Seule la forme nitrique de l'azote est assimilable par les plantes.

B

Baie : fruit charnu dont les graines sont disposées en désordre à l'intérieur de la pulpe. Ce fruit est dit « indéhiscent » car il ne s'ouvre pas. C'est le cas du raisin, de la groseille et de la myrtille.

Baliveau : arbre de 3 à 4 ans, non encore formé, qui mesure entre 1,50 m et 2 m de haut. Le tronc possède des branches latérales régulièrement réparties.

Basicité : qualité d'un sol dont le pH est supérieur à 7,5 indiquant, en général, la présence forte de calcaire. On dit également terre alcaline ou basique.

Basse-tige : végétal greffé sur une tige mesurant moins de 1 m de hauteur. C'est le cas de nombreux arbres fruitiers qui présentent un port buissonnant, et sur lesquels la récolte est plus facile. Mais ils sont aussi moins vigoureux.

Bassiner : action de pulvériser de l'eau, en pluie fine ou en brouillard, sur le feuillage des végétaux pour augmenter l'hygrométrie ambiante et leur apporter un peu de fraîcheur.

Bâtonnet : présentation d'un engrais ou d'un insecticide sous forme d'un petit bâton que l'on pique dans la terre et qui diffuse lentement son principe actif.

Batte : outil formé d'une pièce de bois plate emmanchée en oblique, qui permet de tasser la couche superficielle de la terre après un semis.

Béquiller : labourer superficiellement le sol, avec une bêche ou une fourche-bêche, sans toucher aux racines des végétaux. Le « béquillage » sert à aérer le sous-sol et à enfouir un engrais dans un massif d'arbres ou d'arbustes déjà planté.

Biner : opération qui consiste à casser la croûte superficielle d'un sol tassé, à l'aide d'un outil appelé binette. À ne pas confondre avec « sarcler », dont le but n'est que de trancher les mauvaises herbes pour nettoyer un terrain.

Biodégradable : se dit d'un produit qui peut être détruit par des agents naturels, comme la pluie, l'air, les bactéries.

Biologique : se dit d'un produit, d'une substance ou d'un élément d'origine naturelle, obtenu sans transformation artificielle. La culture biologique prône l'utilisation exclusive d'éléments naturels dont l'efficacité est parfois médiocre. Cela entraîne l'obligation de recourir à des substances chimiques plus efficaces si l'on veut sauver sa culture d'une attaque de pucerons, par exemple.

Biotope : milieu naturel défini, à l'intérieur duquel se développent des espèces bien spécifiques. Une rocaille, un bassin, un potager, un verger, peuvent constituer des biotopes, dans lesquels on ne trouvera que certaines espèces animales.

Bisannuelle : se dit d'une plante dont le cycle végétatif s'effectue sur deux années calendaires. C'est le cas des pensées, des pâquerettes, des myosotis, etc. Ils sont semés en juillet et fleurissent de l'automne jusqu'au printemps suivant.

Blanchiment : action qui consiste à placer un végétal à l'abri de la lumière pour qu'il s'étiole et perde sa couleur naturelle pour blanchir. On réalise cette opération sur les chicorées frisées, les cardons, les endives, les pissenlits, etc.

Blet : état d'un fruit dont la maturité est dépassée. La chair se ramollit et change de couleur. Le goût en est alors altéré, mais les kakis et les nèfles se consomment de préférence blets.

Bois : nom de la partie constituant l'écorce d'un tronc. Par extension, on nomme « œil à bois », un bourgeon qui produira un rameau lignifié ou « aoûté ».

Borner : opération qui consiste à tasser la terre autour d'un plant lors du repiquage. Le « bornage » s'effectue avec les doigts ou le plantoir.

Bouillie : préparation d'un produit antiparasitaire dilué dans de l'eau. La plus connue est la « bouillie bordelaise », obtenue par un mélange de sulfate de cuivre et de lait de chaux, destinée à lutter contre le mildiou, la tavelure, la rouille, la cloque, etc.

Bouquet de mai : rameau très court sur lequel se développent de nombreux bouquets de fleurs. Il se dessèche après avoir produit, laissant un vide sur la branche. On le rencontre souvent sur le pêcher. Un nombre important de bouquets de mai indique un manque d'azote dans le sol.

Bourgeon : en arboriculture, c'est une jeune pousse de l'année. On désigne plutôt par le nom d'« œil » l'organe couvert d'écailles qui pousse au printemps.

Bourrelet de greffe : excroissance des tissus se formant lors de la cicatrisation d'une greffe. Un bourrelet de greffe enterré provoque l'« affranchissement ».

Bourse : renflement charnu situé au point d'insertion du pédoncule des fruits, courant sur les pommiers et les poiriers. Il constitue souvent le départ de nouveaux organes fertiles.

Bouton à fruit : bourgeon de forme arrondie qui se transforme en fleur puis en fruit. On dit aussi bouton à fleur.

Bractée : feuille souvent colorée et spectaculaire, à ne pas confondre avec les pétales d'une fleur. Elle accompagne d'ailleurs une floraison plutôt insignifiante. C'est le cas des poinsettias, des clérodendrons, des bougainvillées, etc.

Brise-vent : accessoire permettant de couper l'action d'un vent destructeur. Ce peut être une haie végétale, une clôture, une palissade en bambou, en brande, en canne de Provence, etc.

Brumisation : ou bassinage. Action de pulvériser de l'eau en fin brouillard, afin d'augmenter l'hygrométrie d'une pièce.

Buissonnant : se dit d'un végétal très ramifié, au port trapu et touffu, dont la forme rappelle celle d'un buisson.

Bulbille : petit bulbe se formant sur les tiges, à l'aisselle des feuilles ou près d'un bulbe âgé. Il sert à multiplier la plante. On en trouve sur la tulipe, le lis, la ficaire, etc. À ne pas confondre avec les caïeux qui se développent à l'intérieur du bulbe.

Butter : action de former une butte au pied d'une plante pour lui assurer une meilleure assise (haricots, poireaux), la protéger du froid (artichauts, rosiers), favoriser la production de radicelles et de tubercules (pommes de terre) ou de turions (asperges), ou pour blanchir certains légumes (pissenlits).

C

Caduc : se dit d'un végétal qui perd ses feuilles en automne. Par extension on dénomme « caducs » l'ensemble des arbres dont le feuillage tombe à cette époque. L'antonyme est : persistant.

Caïeux : petit bulbe se développant à l'intérieur d'un bulbe ancien et qui sert à multiplier la plante. L'ail, l'échalote produisent des caïeux. À ne pas confondre avec les bulbilles qui se développent à l'extérieur du bulbe.

Calcicole : se dit d'une plante qui apprécie les terres calcaires.

Calcifuge : se dit d'une plante qui ne supporte pas les sols calcaires. Les plus connues sont les plantes de terre de bruyère. On dit aussi acidophile.

Capillarité : phénomène physique permettant aux liquides de remonter dans des tubes très fins. La sève remonte par capillarité dans les vaisseaux des tissus d'une plante.

Capitule : forme d'inflorescence composée d'un réceptacle portant de minuscules fleurs serrées les unes contre les autres et entourées de bractées souvent colorées, formant l'involucre. Les plantes appartenant à la famille des Composées présentent des fleurs en capitule.

Carence : absence d'une substance vitale dans le sol, qui entraîne un dérèglement de la végétation se traduisant souvent par l'apparition de taches blanchâtres sur le feuillage.

Cépée : ensemble de rejets sortant d'une même souche. Par extension, on appelle souvent cépée, un ensemble de plantes placées assez serré pour donner l'impression d'une même touffe (cépée de bouleaux, par exemple).

Cerner : opération qui consiste à creuser une tranchée autour d'un arbre, en général à l'aplomb de la ramure, pour remplacer la terre qui ne convient pas, pour couper les racines et provoquer le développement d'autres racines plus proches de la base du tronc, en vue de le transplanter ou pour modifier la végétation d'un sujet trop vigoureux.

Cespiteux : se dit d'un végétal touffu qui s'étend sur le sol grâce à des rhizomes courts et serrés. On dit aussi gazonnant. C'est le cas de nombreuses plantes utilisées en couvre-sol.

Chaleur de fond : expression qui désigne le chauffage du sol d'un coffre couvert d'un châssis ou d'une tablette à multiplication dans une serre.

Charpentière : branche principale d'un arbre qui constitue l'ossature, c'est-à-dire la charpente de cet arbre. Ce terme est très utilisé dans les formes fruitières où elles sont soumises à la taille.

Chaton : inflorescence unisexuée en épi pendant, dont les organes de reproduction sont enfermés dans des écailles. On rencontre des chatons sur les noisetiers, les bouleaux, les saules.

Chauler : action d'appliquer de la chaux sur un sol en vue de modifier sa structure. Le « chaulage » corrige le pH des terres acides, décoagule les sols argileux ou fertilise les terrains siliceux.

Chevelu : définit l'ensemble des racines fines et ramifiées d'une plante, formant une sorte de chevelure.

Chiffonne : branche grêle rencontrée sur les arbres fruitiers à noyaux (souvent sur le pêcher). Elle porte des boutons à fleur, mais est dépourvue d'œil à bois.

Chlorophylle : pigment de couleur verte que l'on trouve dans la plupart des végétaux. Elle capte l'énergie lumineuse pour synthétiser les matières minérales puisées dans la terre par les racines, en les combinant avec l'eau et le gaz carbonique pour en faire des éléments organiques assimilables par la plante.

Claie : treillage en bois ou en plastique servant à ombrer une serre ou une véranda ou, comme étagère à claire-voie, à conserver les fruits dans un local.

Clone : plante multipliée par voie végétative, reproduisant systématiquement les mêmes caractères génétiques que la plante-mère dont elle est issue.

Coffre : ensemble de quatre planches posées en carré ou en rectangle que l'on recouvre d'un châssis.

Collet : partie de la plante comprise entre la tige et les racines et située à la surface du sol ou légèrement enterrée.

Cône : fruit de forme conique constitué d'écailles renfermant les graines, que l'on trouve sur les conifères, le houblon ou certains palmiers (cycas).

Contenant : terme générique utilisé pour désigner les pots, les bacs, les jardinières servant à la culture des végétaux.

Conteneur : récipient en plastique dans lequel une plante est continuellement élevée, subissant des rempotages successifs au fur et à mesure de sa croissance.

Cordon : forme fruitière constituée d'une ou de deux branches charpentières coudées à l'horizontale et maintenues sur un support. Courant chez le pommier.

Cormus : appellation donnée au bulbe de certaines plantes, comme le crocus ou le glaïeul, entouré d'une enveloppe dont l'épaisseur est variable.

Corolle : enveloppe interne de la fleur formée par les pétales, souvent très colorée et décorative.

Corymbe : inflorescence constituée de pédoncules disposés à des étages différents, mais se terminant tous à la même hauteur. Il est caractéristique de la floraison des Rosacées.

Cosse : autre nom de la gousse des Légumineuses (petits pois, haricots...).

Coulure : résultat de la non-fécondation d'une fleur entraînant sa chute prématurée et l'absence de fructification.

Coursonne : rameau taillé court et porteur des boutons à fruit que l'on trouve sur les branches charpentières.

Crampon : racine aérienne produite par certains végétaux grimpants, comme le lierre, servant à assurer le maintien de la plante sur son support.

Croisement : on dit aussi hybridation. Action de marier entre elles deux espèces d'un même genre en vue d'obtenir une descendance portant tout ou partie des caractères des parents.

Cryptogamique : terme utilisé pour les maladies transmises par un champignon parasite. On lutte contre elles avec un fongicide ou un produit anticryptogamique. Le mildiou est une maladie cryptogamique.

Cultivar : nom donné à une plante issue d'une sélection horticole et non d'une manière naturelle. Dans le langage courant, les cultivars sont la plupart du temps appelés variétés.

Cuvette : creux aménagé au pied des arbres nouvellement plantés et destiné à recevoir et à concentrer l'eau d'arrosage.

D

Dard : bourgeon intermédiaire entre l'œil à bois et le bouton à fruit. Pointu et allongé, il est ridé à sa base. Il doit être accompagné d'un autre œil, utilisé comme tire-sève, pour évoluer en bouton à fruit.

Débourrement : période à laquelle se produit l'éclatement du bourgeon, au début du printemps.

Débroussaillant : substance chimique puissante destinée à la destruction des espèces ligneuses, comme les ronces et les rejets qui constituent les broussailles.

Déchaussé : se dit d'une plante qui a été soulevée de terre par les mouvements du sol dus au gel.

Découpe : opération consistant à couper verticalement une pelouse le long d'une allée, d'un massif, d'un arbre, afin d'obtenir un contour bien délimité.

Défoncement : action de retourner le sol sur une profondeur égale à deux fers de bêche au moins.

Défricher : action qui consiste à éliminer une végétation constituée de plantes sauvages. Le défrichement peut être manuel, chimique ou mécanique.

Dégénérescence : vieillissement d'une culture qui est restée trop longtemps à la même place. La dégénérescence peut aussi être d'origine virale.

Déhiscent : se dit d'un organe qui libère seul ce qu'il contient. Certaines gousses ou siliques s'ouvrent seules pour laisser échapper leurs graines.

Démarier : action qui consiste à éliminer les plants en surnombre dans un semis. On dit aussi éclaircissage.

Demi-tige : forme fruitière dont le tronc n'excède pas 1,40 m de hauteur.

Dépérissement : accident physiologique sur tout ou partie d'un végétal. Il se traduit par un rabougrissement des feuilles et par l'affaiblissement des rameaux.

Désherbant : produit chimique utilisé pour la destruction des mauvaises herbes. On distingue les désherbants sélectifs, spécifiques à une plante ou à une famille de plantes et les désherbants totaux qui détruisent tout type de végétation.

Dicotylédones : classe botanique dans laquelle sont regroupées les plantes dont les graines possèdent deux cotylédons.

Dioïque : se dit d'une plante dont les pieds qui portent les organes mâles sont distincts des pieds portant les femelles.

Diviser : opération de multiplication des plantes à souche vivace, qui consiste à couper l'ensemble de la touffe pour obtenir plusieurs morceaux, chacun pourvu de racines et de bourgeons.

Dormance : terme appliqué à certaines graines qui ne peuvent germer immédiatement après leur semis. Il est également employé pour les bourgeons qui, bien que formés, ne se développent pas.

Drageon : tige formée par un œil situé sur une racine. Séparé du pied-mère, il se conduit comme une plante autonome.

Drainage : action de drainer un terrain, c'est-à-dire d'évacuer les eaux du sous-sol, au moyen de canalisations enterrées qui rejoignent un collecteur central.

Dresser : opération qui consiste à niveler un sol avant de le mettre en culture, en éliminant les cailloux et autres débris.

Dru : se dit d'un semis ou d'une végétation épaisse et serrée.

Drupe : appellation d'un fruit charnu contenant un noyau. La cerise, la prune, l'abricot, la pêche, sont des drupes.

E

Éborgner : opération qui consiste à supprimer les yeux situés sur une plante ou un rameau et jugés inutiles.

Ébourgeonner : action pratiquée en arboriculture fruitière qui consiste à éliminer un bourgeon inutile ou mal placé, en vue de favoriser le développement d'une autre production.

Éboutonner : opération visant à supprimer des boutons floraux en vue de privilégier la croissance d'autres boutons mieux placés, ou de ramifications, pour avoir de plus grandes fleurs.

Ébrancher : opération qui consiste à supprimer certaines parties d'une branche, voire la branche entière.

Écaille : terme employé pour définir une feuille rudimentaire rencontrée sur certaines parties d'une plante, d'un rhizome, d'une tige aérienne. Il définit également l'enveloppe rigide des bourgeons, les feuilles charnues et libres de certains bulbes ou le calice des fleurs en chaton.

Écheniller : action de supprimer les branches les plus hautes d'un arbre à l'aide d'un échenilloir. C'est aussi le fait de récolter manuellement des chenilles sur les arbres.

Écimer : opération qui consiste à couper la partie supérieure d'une tige en vue de provoquer l'étoffement de la plante.

Éclaircissage : opération pratiquée sur les arbres fruitiers qui consiste à supprimer les fruits en surnombre pour que ceux restant puissent se développer correctement. L'éclaircissage ou démariage est également pratiqué sur les semis pour enlever les plants en trop.

Éclat : morceau de plante obtenu par division d'une souche vivace.

Écussonner : opération qui consiste à pratiquer le greffage simple d'un écusson, c'est-à-dire d'un œil porté par un petit morceau d'écorce, sous l'écorce d'un porte-greffe.

Effeuiller : pratique culturale par laquelle on enlève les feuilles situées au-dessus d'un fruit pour qu'il reçoive un ensoleillement maximal.

Élaguer : action de couper une partie de la ramure d'un arbre pour lui donner un meilleur équilibre, alléger sa forme ou réduire ses dimensions.

Embryon : germe d'une plante contenu dans une graine et qui se développe au cours de la germination.

Émergé : se dit d'une plante aquatique dont une partie des organes se développe au-dessus de la surface de l'eau.

Émonder : opération qui consiste à couper l'extrémité des rameaux d'un arbre ou d'un arbuste pour l'aérer ou limiter son développement.

Émousser : action d'éliminer la mousse qui recouvre le tronc d'un arbre.

Empattement : partie élargie d'un végétal à partir de laquelle naît un rameau, une branche ou une pousse.

Émulsion : préparation faite avec de l'eau et un produit non soluble mais qui doit être utilisé sous forme liquide.

Enfouir : action d'intégrer dans le sol un produit, une matière ou de recouvrir ceux-ci par un peu de terre.

Engazonner : opération qui consiste à ensemencer un terrain avec des graminées en vue d'obtenir un gazon.

Enherber : action de semer de l'herbe qui peut être constituée de graminées à gazon, mais aussi d'autres espèces en vue d'obtenir un tapis végétal.

Enjauger : action de placer en jauge des végétaux dès leur réception, avant leur plantation définitive.

Enracinement : développement des racines dans le sol. Il peut être pivotant (les racines s'enfoncent à la verticale) ou traçant (les racines sont horizontales).

Enrichir : opération destinée à améliorer la qualité d'un sol, par l'apport de matières fertilisantes qui lui font défaut.

Enrobé : se dit d'une graine enveloppée dans une gangue d'argile pour augmenter son diamètre et faciliter le semis ou dans un produit phytosanitaire, afin de la protéger des maladies.

Ensacher : action de placer un fruit dans un petit sac de papier pour le protéger de l'attaque de parasites, des intempéries et favoriser son développement.

Ensemencer : action de mettre des graines dans de la terre ou de les épandre sur le sol. Le mot semis est plus souvent utilisé pour ce geste.

Ensiler : opération de mise en silo des végétaux, en général des légumes, en vue de les conserver l'hiver.

Entaille : incision longitudinale de l'écorce pratiquée sur certains arbres fruitiers, pour leur éviter de former de la gomme ou limiter la montée de la sève.

Entre-nœud : partie située entre deux feuilles sur une tige. Des intervalles réguliers sont signe de bonne santé.

Épandage : opération de dispersion très régulière d'un produit sur le sol. Ce terme s'applique surtout aux engrais : il est couramment utilisé dans l'agriculture.

Épaulement : méthode de taille d'un greffon consistant à réaliser une encoche pour que celui-ci vienne s'appuyer sur le haut du porte-greffe. Il est surtout utilisé pour la greffe en couronne.

Épi : inflorescence dont tous les constituants sont fixés sur un pédoncule commun et vertical. Il peut être simple (blé) ou composé (saule, peuplier).

Épiphyte : se dit d'une plante qui vit sur un autre végétal, se servant de celui-ci comme support, mais sans se nourrir au détriment de son hôte.

Érigé : synonyme de dressé verticalement. S'utilise surtout pour les arbres.

Espacement : distance à respecter entre deux végétaux dans une culture, qui doit tenir compte du développement futur des espèces plantées.

Espalier : forme de plantation d'un arbre fruitier palissé contre un mur.

Espèce : terme botanique définissant une plante particulière que l'on trouve naturellement. Il suit toujours le nom de genre et précède le nom de la variété.

Essence : terme utilisé pour qualifier un genre ou une espèce quand on parle des arbres fruitiers ou ornementaux.

Étêter : opération qui consiste à couper la tige d'une plante ligneuse pour réduire sa croissance ou la faire ramifier. Pour les plantes herbacées, on utilise plutôt le terme pincer.

Étiolé : se dit d'une plante décolorée, dont les feuilles ont pris une couleur blanche parce qu'elles ont été privées de lumière. On dit aussi blanchiment.

Étouffée : technique utilisée pour le bouturage, qui consiste à placer la bouture dans un espace complètement fermé avec une atmosphère très humide.

F

F1 : symbole désignant la première génération de plantes issues d'une hybridation. Les hybrides F1 sont tous semblables et ont une croissance homogène.

Faculté germinative : capacité pour une graine de germer. Sa durée varie selon les espèces, de quelques mois à plusieurs milliers d'années !

Faine : fruit du hêtre, riche en huile, utilisé pour l'alimentation animale.

Fane : désigne les feuilles et les tiges de certains légumes comme les carottes.

Fasciation : indique une anomalie de croissance, quand les tiges d'une plante s'aplatissent en s'élargissant, les ramifications étant soudées dans un même plan.

Fastigié : port d'une plante en forme de pyramide étroite et élancée. Concerne principalement les arbres.

Faux bourgeon : nom donné à un rameau né d'un œil axillaire après une taille en vert ou un pincement.

Fécondation : désigne la reproduction sexuée d'une plante, après que le pollen est entré en contact avec le pistil.

Fertile : se dit d'une terre apte à être cultivée et capable de fournir une abondante production.

Fertiliser : action d'apporter un engrais pour améliorer la fertilité d'un sol.

Feuillaison : période au cours de laquelle naissent les feuilles sur les arbres.

Flèche : rameau vertical situé au sommet des conifères, qui constitue la pousse d'allongement de ces arbres.

Flétrissement : dessèchement du feuillage ou des rameaux, dû à un accident végétatif ou à un parasite. S'il provient d'un manque d'eau, on le nomme fanaison.

Fleuron : nom donné à chaque élément constitutif d'une inflorescence.

Florifère : désigne la capacité pour une plante de produire de nombreuses fleurs.

Foliacé : qualifie une production végétale qui a l'aspect d'une feuille.

Foliole : partie d'une feuille composée portée par un pétiole commun.

Fongicide : produit de traitement utilisé pour la lutte contre les maladies dues à des champignons (cryptogamiques).

Forçage : opération qui consiste à produire des plantes en avance sur leur période de végétation normale.

Fourche-bêche : outil de labour constitué de quatre dents plates effilées.

Frais : se dit d'un sol qui conserve son humidité même par temps sec.

Franc : désigne un arbre ou un arbuste issu de semis en pépinière. Un franc de pied est un sujet non greffé.

Franche : se dit d'une terre qui convient à la plupart des plantes d'un jardin. Son pH est en général assez neutre.

Frondaison : désigne l'ensemble du feuillage d'un arbre.

Fronde : désigne la feuille d'une fougère, porteuse ou non des organes de reproduction (les spores).

Fructifère : qualifie la capacité d'un végétal de produire de nombreux fruits.

Fumer : action d'apporter du fumier au sol pour améliorer sa fertilité. Par extension, ce terme s'applique à tout apport d'engrais organique ou minéral.

Fumure : terme qui indique le volume d'engrais incorporé au sol pour le fertiliser. La fumure de fond est enfouie profondément, la fumure de couverture est incorporée par un griffage superficiel.

Fuseau : forme fruitière dont les branches charpentières sont conduites en oblique, leur longueur diminuant au fur et à mesure que l'on s'approche du sommet.

Fût : désigne la partie verticale du tronc d'un arbre exploitée en scierie.

Futaie : désigne une forêt constituée de grands arbres au tronc bien droit.

G

Gaine : désigne la base d'une feuille qui enveloppe la tige sur laquelle elle naît.

Gale : maladie provoquée par un champignon, se traduisant par l'apparition de taches et de boursouflures sur l'épiderme.

Galle : excroissance sur une feuille ou la partie d'un tronc. Elle est provoquée par une attaque d'insecte, d'acarien, de nématode ou de champignon.

Gazonnante : se dit d'une plante qui se développe en largeur plus qu'en hauteur. On dit également couvre-sol.

Gélif : qualificatif d'un végétal qui ne résiste pas au gel et qui doit être protégé.

Genre : terme botanique pour désigner un ensemble d'espèces présentant des caractères communs.

Germination : phénomène qui désigne le développement d'une graine.

Glabre : caractère d'un végétal dont tous les éléments sont lisses, sans poil.

Globuleux : qualifie une plante, une fleur, un fruit de forme sphérique.

Glomérule : inflorescence très serrée réunie en forme globuleuse.

Gobelet : forme fruitière, sans tige centrale, dont les branches charpentières sont conduites en forme évasée.

Godet : contenant de petites dimensions utilisé pour la culture de jeunes plantes pendant un temps très court.

Gourmand : production végétale qui se développe sur une branche principale d'un arbre, sur le tronc ou sous le point de greffe. À supprimer car il épuise inutilement la plante porteuse.

Gousse : fruit de la famille des légumineuses à l'intérieur duquel toutes les graines sont attachées du même côté.

Grappe : inflorescence sur laquelle toutes les fleurs sont situées le long d'un axe principal sans aucune régularité. Ce terme désigne aussi l'ensemble des grains de raisin réunis sur le même axe.

Griffer : action de passer une griffe sur le sol en vue de l'ameublir.

Grimpant : désigne une plante qui monte le long d'un support quelconque par ses propres moyens. Par opposition, les plantes qui demandent à être palissées sont dites sarmenteuses.

Gymnospermes : groupe botanique dont les plantes ont des graines portées par des écailles au lieu d'être enfermées dans des ovaires.

H

Habiller : opération qui consiste à supprimer une partie du feuillage et des racines d'une plante lors de la plantation.

Hampe : désigne une tige non ramifiée porteuse d'une fleur située en extrémité.

Hâtif : qualificatif pour désigner un végétal qui produit tôt en saison. Le synonyme est : précoce.

Hauban : désigne un câble qui soutient verticalement un arbre fraîchement planté. Le haubanage est l'opération qui consiste à placer des haubans.

Haute-tige : forme fruitière dont le tronc mesure entre 1,80 et 2 m de hauteur.

Hectare : mesure de surface (ha) correspondant à 100 ares (a) ou 10 000 m^2.

Herbacé : qualificatif d'une plante qui a la texture d'une herbe. Il caractérise les végétaux qui n'ont pas de tiges ligneuses.

Herbicide : produit utilisé pour la destruction des mauvaises herbes. Les herbicides sélectifs ne détruisent que certaines catégories de plantes. Les herbicides totaux éliminent toute forme de végétation. Le synonyme est : désherbant.

Herbier : collection de plantes que l'on fait sécher pour les conserver.

Herboriser : opération qui consiste à recueillir des plantes dans la nature, en vue de constituer un herbier.

Hivernage : opération qui consiste à rentrer des plantes fragiles dans un local, pour les protéger du froid et des intempéries pendant la mauvaise saison.

Hormone : substance élaborée par un être vivant ou un organe, agissant directement sur le fonctionnement physiologique. L'hormone de bouturage stimule l'émission de racines sur une bouture.

Huile : produit liquide et gras utilisé pour le traitement des arbres fruitiers, en dehors de leur période de végétation.

Humidification : opération qui consiste à rendre un substrat humide, par arrosage, par pulvérisation ou par imbibition.

Humus : produit résultant de la décomposition de matières organiques.

Hybridation : action de croiser deux plantes pour obtenir une nouvelle variété possédant les caractères des deux parents.

Hybride : désigne une plante issue du croisement de deux plantes de caractères différents du point de vue génétique. Son nom est toujours précédé d'un « x ».

Hydroponique : désigne une technique de culture sans sol, dans une solution nutritive, sur un support inerte. Synonyme de hydroculture.

I

Imbibé : qualificatif d'un sol gorgé d'eau. Le terme détrempé indique que la terre est saturée en eau.

Immergé : qualifie un végétal qui se développe entièrement sous l'eau.

Imperméable : terre qui ne permet pas la circulation de l'eau. Elle est souvent argileuse et collante.

Inciser : opération qui consiste à pratiquer une incision superficielle, horizontale ou verticale, lors d'un marcottage aérien, pour limiter la croissance d'un végétal ou éviter les écoulements de gomme.

Indéhiscent : qualifie les fruits qui ne laissent pas échapper leurs graines.

Indigène : qualifie une plante qui pousse spontanément dans un pays donné.

Inerme : qui ne possède pas d'épines.

Inflorescence : disposition des fleurs composées sur une plante.

Insecticide : produit de traitement destiné à détruire les insectes. Il peut être spécifique d'une espèce ou polyvalent.

Insectivore : animal qui se nourrit d'insectes tels que le hérisson ou la taupe.

Intensive : culture dont le rendement est élevé par rapport à la surface occupée.

Interfécondation : phénomène qui nécessite le croisement de deux variétés fruitières distinctes pour obtenir une fécondation et une fructification. On dit aussi fécondation croisée.

Involucre : ensemble de bractées partant d'un même point qui accompagne les fleurs ou les inflorescences.

Irrigation : action d'apporter de l'eau au moyen de canaux ou de sillons, sur une culture qui nécessite d'en avoir de grandes quantités.

J

Jachère : opération culturale qui consiste à laisser une parcelle de terre sans culture pendant une ou plusieurs saisons.

Jardinière : contenant de forme variable utilisé pour la plantation de divers végétaux sur un balcon, une terrasse, un rebord de fenêtre ou en appartement.

Jauge : trou ou tranchée de trente à quarante centimètres de profondeur, destiné à recevoir des végétaux en attente de leur plantation définitive.

Jaunissement : décoloration progressive du feuillage qui devient jaunâtre. Il est dû à une carence ou à une maladie.

Jet : pousse verticale non ramifiée, âgée d'un an. Lorsqu'elle est issue d'un greffage, on l'appelle scion.

K

Kaolin : nom donné à une roche de couleur blanche, friable et douce, qui rend les terres collantes et lourdes.

Kermès : nom donné à une cochenille que l'on trouve essentiellement sur les arbres, notamment le chêne et les fruitiers. On lutte contre elle avec des produits huileux appliqués en hiver.

Kyste : protection arrondie qui renferme des spores ou des cellules reproductrices en attente de conditions climatiques favorables à leur dispersion.

L

Labelle : pétale très développé chez une orchidée, en forme de lèvre allongée.

Lacinié : qualifie l'organe d'un végétal (une feuille, en général) qui est découpé en mèches fines irrégulières.

Lambourde : nom donné à un rameau grêle et ridé portant à son extrémité un bouton à fruit. Synonyme de brindille couronnée. Elle est très fertile.

Lancéolé : se dit d'un organe végétal allongé, ovale et terminé par une pointe.

Latent : caractérise un œil qui ne se développe pas, qui est en attente.

Latéral : qualifie un organe végétal situé sur le côté de son support. Le mot axillaire est utilisé pour les yeux.

Lavé : se dit de la couleur d'une fleur lorsqu'elle est de faible intensité. L'antonyme est : saturé.

Lessivé : qualifie un sol qui a perdu ses éléments minéraux par ruissellement de l'eau ou par porosité importante.

Levée : définit le moment où le germe d'une graine sort de terre.

Liber : tissu interne des plantes produisant la sève élaborée. À base cellulosique, le liber est souvent fibreux.

Lichen : végétal formé par l'association d'une algue et d'un champignon.

Liège : partie externe protectrice, formée par l'écorce de certains arbres comme le chêne-liège, par exemple.

Ligaturer : opération qui consiste à réunir ou à serrer deux parties avec un lien. Se pratique lors d'une greffe.

Ligneux : qualificatif d'une partie végétale qui a la consistance du bois. L'antonyme est : herbacé.

Lignification : phénomène traduisant le passage de l'état herbacé à celui de ligneux. Elle se produit en général au mois d'août d'où le synonyme aoûtement.

Ligule : excroissance en forme de petite langue, située à l'endroit où la feuille engaine la tige chez les graminées.

Limbe : caractérise la partie plate et charnue d'une feuille ou d'un pétale.

Limon : nom donné à une terre très fine, friable, compacte quand elle est humide, fertile, créée par l'érosion de l'eau ou le transport éolien.

Lit de semences : se dit de la préparation d'un sol ou d'une terrine de semis, dont la surface est finement émiettée, pour y déposer les graines.

Loam : terreau fin obtenu par la décomposition de plaques de gazon.

M

Maculé : qualifie des feuilles qui portent des taches dont on ne peut définir le contour avec précision.

Mâle : se dit d'une fleur qui ne renferme que des organes mâles (étamines). Le contraire est une fleur femelle.

Marbrure : maladie virale des arbres fruitiers à noyaux, se traduisant par des traits décolorés sur le feuillage ou par des taches annulaires plus claires.

Marcescent : se dit d'un feuillage qui fane en automne, pour ne se détacher des branches qu'au printemps suivant, avec l'apparition des nouvelles feuilles.

Matière organique : produit issu de la décomposition d'êtres vivants. La matière organique apporte de l'humus.

Maturité : stade atteint par un fruit lorsqu'il devient comestible ou bon à récolter. On distingue la maturité physiologique, stade où le fruit se détache de l'arbre, de la maturité gustative, moment où la saveur du fruit est la meilleure.

Mauvaise herbe : plante sauvage sans intérêt décoratif, qui envahit les cultures ornementales, potagères ou fruitières.

Mellifère : plante que les abeilles visitent en vue de produire du miel.

Méristème : tissu cellulaire situé à l'extrémité des tiges, qui assure leur croissance en longueur. Il est possible de bouturer ce méristème pour reproduire des plantes identiques au pied-mère.

Meuble : qualificatif d'une terre souple, friable, facile à travailler.

Microclimat : zone de superficie restreinte dont les conditions climatiques sont différentes de celles environnantes.

Microgranulé : minuscule granulé dont le diamètre est au maximum d'un demi-millimètre. Il permet une meilleure répartition et une meilleure assimilation.

Micronisé : qualificatif d'une particule de produit, de l'ordre du micron.

Micro organisme : être microscopique présent dans le sol. Certains transforment des matières organiques en matières minérales, d'autres sont pathogènes.

Miellat : déjection due aux pucerons, cochenilles, et autres insectes piqueurs-suceurs, collante et à saveur sucrée qui attire les fourmis et entraîne le développement d'un champignon à texture charbonneuse : la fumagine.

Minéralisation : transformation de la matière organique en éléments minéraux directement assimilables par les racines des plantes.

Mixed-border : plate-bande faite de plantes vivaces dont l'effet décoratif est proche de celui de la végétation naturelle.

Mixte : produit phytosanitaire composé d'un insecticide et d'un fongicide offrant une grande polyvalence.

Molle : qualificatif d'une plante, souvent vivace mais non rustique, cultivée comme une annuelle.

Molluscicide : produit de traitement utilisé pour la lutte contre les mollusques dans le jardin (limaces et escargots).

Monder : opération qui consiste à couper les haies ou les plantes, en hauteur. Synonymes : écimer ou tailler.

Monocarpique : plante qui ne fleurit qu'une fois et meurt ensuite, comme les annuelles ou les bisannuelles.

Monocotylédone : plante dont la graine ne renferme qu'un seul cotylédon et qui, en général, ne se ramifie pas.

Monoculture : terme utilisé en agriculture pour désigner une culture unique sur une parcelle donnée.

Monoïque : qualificatif d'une plante qui porte à la fois des fleurs mâles et des fleurs femelles sur le même pied. Le contraire est dioïque.

Montée à graines : phénomène dû à un semis trop précoce, à une chaleur excessive ou à un temps orageux, aboutissant à la fin du cycle végétatif d'une plante.

Mosaïculture : technique de plantation permettant de réaliser des motifs décoratifs ou des dessins précis, à partir de plantes différentes, en jouant sur les couleurs des fleurs ou des feuillages.

Motte : morceau de terre compact formé par le tassement. Les plantes vendues en motte sont des végétaux dont les racines sont entourées d'une gangue de terre globuleuse et compacte.

Mouillant : produit additif d'un traitement, utilisé pour que celui-ci recouvre mieux les organes des plantes.

Mulch : appellation d'origine anglaise désignant les déchets de tonte du gazon.

Mulching : opération qui consiste à étaler de la paille, des écorces de pins ou de la tourbe au pied des végétaux dans un massif. Synonyme : paillage. Qualifie aussi certains modèles de tondeuses qui coupent l'herbe très finement, ce qui ne nécessite pas de ramassage.

Mutation : indique une variation brutale dans la descendance d'une plante, ou dans sa végétation. Elle peut être utilisée pour créer de nouvelles variétés.

Mycélium : partie végétative d'un champignon, la plupart du temps constituée de filaments blanchâtres.

Mycose : maladie provoquée par des champignons. On parle plus souvent de maladie cryptogamique.

N

Nain : qualifie un végétal plus petit que la taille normale. Les plantes peuvent être nanifiées artificiellement à partir de produits réducteurs de croissance.

Naturalisation : opération qui consiste à acclimater une espèce étrangère aux conditions climatiques d'un pays. Par extension, toute plante qui arrive à se propager dans un jardin est dite naturalisée.

Nécrose : affection des tissus végétaux provoquée par la mort des cellules.

Nectar : liquide sucré sécrété par une glande dite nectaire ou nectarifère située dans les fleurs ou dans certaines feuilles.

Neutre : sol qui n'est ni acide ni alcalin. Sur l'échelle des pH, la « neutralité » est située à 7. On dit qu'une terre est neutre quand son pH est entre 6,5 et 7,5.

Nitrification : stade de transformation de l'azote organique en azote nitrique sous l'action de bactéries. On parle également de cycle de l'azote.

Nivellement : opération qui consiste à aplanir un sol pour le mettre de niveau.

Nodosité : renflement observé sur les racines des légumineuses, dû à la présence de bactéries vivant en symbiose avec la plante : les rhizobiums. Ces derniers aident à fixer l'azote de l'air.

Nœud : renflement situé sur une tige et placé au niveau d'une ramification ou au point d'articulation d'une feuille.

Non-remontant : qualifie une plante qui ne fleurit ou ne fructifie qu'une seule fois dans l'année.

Nouaison : époque végétative où le fruit se forme, avec un grossissement du pédoncule et un gonflement de l'ovaire.

Nu : qualifie en général les racines d'un végétal commercialisé, dont le système racinaire est à l'air libre.

Nuisible : qualifie tous les agents qui portent préjudice à une culture et, plus généralement, au jardin. Certains parasites appelés à tort nuisibles, comme les taupes ou les vers, sont en réalité de précieux auxiliaires pour le jardinier.

O

Ocellé : qualifie une plante marquée de taches circulaires ressemblant à des yeux. On dit aussi oculé.

Œil : nom donné à un bourgeon qui va se développer pour former une branche ou une fleur. Dans ce dernier cas, on parle plus souvent de bouton.

Œilletonner : opération qui consiste à détacher les rejets se développant à la base de la touffe principale d'une plante, les œilletons, pour la multiplier.

Oignon : autre nom donné au « bulbe ».

Ombelle : inflorescence en forme de parasol dont les constituants sont tous attachés en un même point et s'alignent ensuite à la même hauteur.

Ombrager : action qui consiste à placer un matériau au-dessus d'une plante pour lui apporter de l'ombre.

Onglet : morceau de rameau conservé au-dessus d'une greffe en écusson et utilisé pour servir de tuteur à l'œil greffé après son développement.

Opposé : qualificatif utilisé pour indiquer une position face à face.

Opus : assemblage utilisé pour constituer un dallage. L'*opus incertum* est fait de dalles non taillées et de formes irrégulières. À l'inverse, l'*opus* romain est constitué de dalles taillées, aux fo&rmes régulières, carrées ou rectangulaires.

Ordre : division du classement botanique, placée entre la classe et la famille.

Organique : qualifie une matière provenant de la décomposition d'un être vivant et qui forme de l'humus.

Osmose : terme utilisé pour indiquer un échange entre deux solutions de densité différente, séparées par une membrane, la moins concentrée allant toujours vers la plus concentrée.

Ovaire : partie souvent renflée située en bas du pistil et contenant les ovules. Après fécondation, les ovaires donnent les fruits, et les ovules, les graines.

Ovicide : produit de traitement destiné à détruire les œufs des insectes.

Ovoïde : qualifie un organe végétal (feuille ou fruit) qui a la forme d'un œuf.

Oxygénant : qui apporte de l'oxygène. C'est le cas de certaines plantes mises dans les bassins pour favoriser la vie de la faune aquatique.

P

Paillage : pratique culturale qui consiste à placer au pied des végétaux, une couverture faite de paille, d'écorces de pins, de tourbe, de feuilles mortes, etc., en vue de les protéger temporairement du froid ou de la sécheresse. On appelle cette couverture paillis, à ne pas confondre avec le mulch qui est une protection permanente.

Paillasson : natte de paille tressée utilisée pour protéger les cultures d'une forte insolation en été, du gel en hiver.

Palisser : opération qui consiste à orienter les branches d'un végétal dans une direction déterminée. Le palissage est surtout pratiqué en arboriculture fruitière pour donner aux arbres des formes bien particulières.

Palmé : qualifie une production végétale (en général une feuille) disposée comme les doigts d'une main ouverte, aux bords lobés et légèrement découpés.

Palmette : forme fruitière palissée pour être conduite « à plat » le long d'une armature ou d'un mur. Il existe de très nombreuses formes de palmettes.

Panaché : qualifie une production végétale qui présente deux couleurs différentes. À ne pas confondre avec « panachure », maladie virale se traduisant par une décoloration de la plante.

Panicule : inflorescence de forme triangulaire dont les ramifications se raccourcissent vers le sommet.

Parer : couper avec un outil très tranchant une plaie inégale pour permettre sa cicatrisation rapide et empêcher le développement de parasites.

Pédicelle : nom donné au support d'une fleur sur la hampe florale, dans les inflorescences composées.

Pédoncule : nom donné au support d'une fleur ou d'un fruit, lorsqu'ils sont solitaires. On parle aussi de hampe pour la fleur et de queue pour le fruit.

Pelté : qualifie un organe végétatif en forme de pelle ou de bouclier.

Penné : qualificatif qui s'applique aux feuilles composées dont les folioles sont bien réparties autour de l'axe.

Pépinière : lieu de culture des plantes d'ornement : arbres, arbustes, conifères. Par extension, tout lieu où l'on multiplie et élève des jeunes plantes.

Pérenne : qualifie une plante dont la durée de vie s'étale sur plusieurs années.

Péricarpe : partie du fruit qui entoure et protège la graine.

Perméable : s'applique à un sol qui se laisse traverser par l'air et l'eau.

Persistant : qualifie un végétal qui conserve son feuillage en toute saison.

Pesticide : terme générique sous lequel sont réunis les produits destinés à combattre les ennemis du jardin : insecticides, fongicides, herbicides, rodonticides, acaricides, etc.

Pétiole : nom donné au support d'une feuille. On dit aussi queue.

pH : signifie potentiel Hydrogène. Il s'agit d'une échelle de notation pour indiquer le taux d'acidité ou d'alcalinité d'un sol. Elle va de 0 (le plus acide) à 14 (le plus alcalin). La valeur 7 correspond à une terre neutre.

Photosynthèse : opération par laquelle une plante synthétise la matière organique sous l'influence de la lumière. On dit aussi assimilation chlorophyllienne.

Phréatique : qualifie une nappe d'eau souterraine alimentée par les ruissellements de l'eau de pluie.

Phytosanitaire : produit qui protège les plantes. Les insecticides, les fongicides et les herbicides entrent dans cette catégorie. On dit aussi produit de traitement.

Pied : indique la partie de la plante située juste au-dessus du collet. Par extension, on applique ce nom à toute jeune plante à repiquer.

Pied-mère : plante servant de souche de base pour la multiplication végétative.

Pincement : action qui consiste à supprimer une partie d'une tige ou d'un rameau pour les faire ramifier.

Piqueter : opération qui consiste à poser des piquets pour réaliser un alignement ou obtenir un niveau précis.

Pistil : organe femelle des plantes situé au centre d'une fleur.

Pivotant : qualifie le système racinaire d'une plante qui s'enfonce profondément dans le sol, à la verticale.

Placage : opération consistant à poser des plaques ou des rouleaux de gazon sur un sol pour réaliser une pelouse.

Planche : se dit d'une surface déterminée, destinée à une culture précise.

Plant : jeune plante issue d'un semis et destinée à être repiquée ou replantée.

Plante grasse : végétal dont les tissus sont gorgés de suc et que l'on cultive dans le jardin ou la maison.

Plantule : qualifie une jeune plante issue de la germination d'une graine.

Plate-bande : planche plane et décorative dans laquelle sont plantées des fleurs saisonnières, en général de plusieurs espèces différentes. Elle est adossée à un mur ou placée le long d'une allée.

Plein vent : forme fruitière naturelle, haute tige ou demi-tige, dont la ramure est laissée libre et non taillée.

Pleine terre : qualifie une plante cultivée directement dans le sol du jardin.

Plomber : opération qui consiste à tasser un semis avec le dos du râteau.

Poil absorbant : fibre unicellulaire située à l'extrémité des racines qui sert à pomper l'eau et les sels minéraux.

Pollinisation : méthode par laquelle le pollen d'une étamine est porté sur le pistil d'une fleur pour la féconder.

Pommé : qualifie un végétal dont les feuilles constituant le cœur sont très serrées les unes contre les autres et forment une masse arrondie comme une pomme.

Poquet : qualifie un semis par lequel on dépose de trois à cinq grosses graines dans un même trou.

Port : désigne la silhouette générale d'un végétal. Il peut être étalé, rampant, fastigié, pleureur, retombant, grimpant.

Porte-graines : nom donné à une plante cultivée pour la récolte de graines.

Pousse : jeune rameau en cours d'évolution, et plus généralement pour tous ceux nés dans la même année.

Pouvoir germinatif : indique la quantité de graines qui se développent dans un échantillon donné.

Pralinage : opération qui consiste à tremper les racines d'un végétal dans un mélange de bouse de vache, de terre et d'eau pour favoriser son implantation.

Précoce : qualifie une végétation qui est en avance sur la saison normale.

Prédateur : agent végétal ou animal qui se développe aux dépens d'un autre dont il se nourrit.

Préventif : se dit d'un traitement qui est pratiqué avant l'arrivée du mal.

Prolongement : rameau situé à l'extrémité d'une branche principale et qui assure son allongement.

Pseudo-bulbe : renflement en forme de bulbe, situé à la base d'une tige, notamment chez les orchidées.

Pubescent : qualifie un organe couvert de poils fins et doux formant un duvet.

Pulvérulent : qualifie un produit qui a la consistance de la poudre.

Pustule : excroissance en forme de bouton ou de vésicule qui se manifeste sur une plante à la suite d'une attaque parasitaire ou d'une maladie.

Pyriforme : qui est en forme de poire.

Q

Quadrangulaire : qui possède quatre angles. Ce terme est utilisé pour les plantes de la famille des Labiées dont les tiges ont une section carrée.

Quenouille : forme fruitière basse-tige ressemblant à un fuseau, mais avec des branches plus étalées.

Queue : synonyme de pédoncule, chez les fruits, ou de pétiole, chez les fleurs.

Quinconce : désigne une plantation de cinq végétaux mis en carré avec l'un d'eux placé au centre.

R

Rabattre : opération qui consiste à couper une branche ou un rameau sur son empattement pour provoquer le départ de nouvelles pousses.

Race : ensemble de cultivars présentant les mêmes caractères végétatifs.

Rachis : nom donné à l'axe qui porte, de chaque côté, des ramifications courtes ou les folioles d'une feuille composée.

Radicant : qualifie un végétal qui produit des racines adventives comme le lierre.

Radicelle : petite racine située à l'extrémité des grandes, couverte de poils absorbants et faisant partie du chevelu.

Radiculaire : qui a un rapport avec les racines : système radiculaire.

Rafraîchir : opération qui consiste à couper net et proprement un organe pour mettre ses tissus à nu. Elle se complète avec la pose d'un cicatrisant.

Rajeunir : action de supprimer de vieux rameaux pour favoriser la croissance des jeunes pousses.

Rame : tuteur ramifié utilisé pour le support de plantes grimpantes.

Rameau : pousse secondaire située sur une branche principale. Il est à bois lorsqu'il porte des feuilles, à fruits lorsqu'il est couvert de fleurs et de fruits.

Ramification : désigne la division d'une tige ligneuse en deux départs latéraux, après taille ou pincement.

Ramille : pousse fine et grêle située à l'extrémité d'un rameau.

Rampant : qualifie un végétal qui s'étale sur le sol. Synonyme de couvre-sol.

Ramure : ensemble constitué par toutes les branches d'un arbre.

Raticide : produit utilisé pour la lutte contre les rats et, par extension, contre les rongeurs. Synonyme de rodonticide.

Rayon : synonyme de sillon, c'est une raie que l'on trace dans le sol pour y effectuer un semis en ligne.

Recéper : opération qui consiste à couper un arbuste ou un arbre le plus près possible du sol pour le rajeunir.

Rechausser : action de replacer dans le sol, en appuyant légèrement dessus, une plante qui a été soulevée par les mouvements successifs du gel et du dégel.

Régénération : action qui consiste à faire des entailles dans un vieux gazon pour éliminer le feutrage constitué par l'enchevêtrement des racines et des feuilles. On dit aussi scarification.

Régulateur : produit destiné au ralentissement de la croissance des végétaux.

Rejet : pousse vigoureuse venant sur la souche d'une plante ou à proximité. On dit aussi drageon ou gourmand.

Rejeton : jeune pousse venant sur la souche ou la tige principale d'une plante, utilisée pour la multiplication. Synonyme d'œilleton.

Rémanence : terme utilisé pour indiquer la durée d'action d'un produit incorporé au sol ou absorbé par une plante.

Remontant : qualifie un végétal dont la production de fleurs ou de fruits est étalée dans la saison. À ne pas confondre avec le terme grimpant.

Repiquage : opération qui consiste à transplanter une plante issue d'un semis.

Repos : période d'arrêt de la végétation qui coïncide avec l'hiver pour la plupart des végétaux, mais qui peut aussi se situer après la floraison comme chez les bulbes ou les plantes d'appartement.

Reprise : indique le stade où une plante manifeste sa croissance après avoir été transplantée, bouturée, repiquée, greffée ou rempotée.

Répulsif : produit utilisé pour éloigner les animaux de certaines cultures ou de produits phytosanitaires qui sont dangereux pour eux.

Résistance : phénomène rencontré chez certains parasites qui deviennent moins sensibles à l'action des produits de traitement utilisés contre eux.

Résistivité : indique la teneur en matières fertilisantes et en éléments minéraux d'un terreau. Elle s'exprime en ohms/cm (Ω/cm). Elle doit être faible.

Ressuyage : action de laisser sécher sur le sol des végétaux que l'on vient d'arracher, pour que la terre qui les entoure puisse s'éliminer rapidement.

Retardé : se dit d'une culture pratiquée à contre-saison grâce à des techniques de mise au froid ou de dosage d'éclairage. On parle également d'engrais retard lorsque ses éléments fertilisants se libèrent progressivement et offrent une durée d'action prolongée.

Rétention : qualifie la capacité d'un sol à retenir l'eau qu'il contient.

Réticulé : qualifie un organe végétal couvert de lignes entrecroisées comme les mailles d'un filet.

Retombant : qualifie le port descendant d'une plante aux rameaux souples. Synonyme de pleureur.

Rhizome : tige située au ras du sol ou souterraine, horizontale, ressemblant à une racine et qui sert à la propagation de la plante.

Rodonticide : produit utilisé pour la lutte contre les rongeurs.

Rotation des cultures : technique qui consiste à alterner les cultures pour qu'une même plante ne soit pas cultivée deux fois de suite au même endroit.

Roulage : opération qui consiste à passer un rouleau sur le sol pour le tasser.

Rustique : qualifie une plante qui s'adapte aux conditions climatiques sous lesquelles elle est cultivée.

S

Sagitté : qualifie des feuilles en forme de fer de lance ou de flèche.

Samare : nom donné à un fruit sec dont le péricarpe est allongé et se termine par une graine.

Saprophyte : qualifie un élément qui se nourrit de matières en décomposition.

Sarclage : action d'éliminer les mauvaises herbes avec une binette, un sarcloir ou une subraclette.

Sarmenteux : qualifie le port volubile d'une plante aux longs rameaux souples.

Sauvageon : nom donné à un jeune arbre qui pousse naturellement et dont on ne connaît pas l'origine.

Scarifier : on dit aussi régénérer. Cette opération consiste à couper l'enchevêtrement des racines et des feuilles d'une pelouse et à éliminer une partie de la mousse qui l'a envahie.

Scion : tige unique, rarement ramifiée, d'une plante greffée depuis un an.

Secondaire : qualifie une production qui vient sur un organe principal.

Sécrétion : produit liquide et visqueux émis par certains végétaux, comme le latex ou la gomme.

Sélectif : qualifie un produit qui n'agit que sur une certaine catégorie de plantes ou de ravageurs, en préservant les autres.

Sélection : méthode de tri de sujets présentant des caractères bien précis dans une lignée de végétaux.

Semence : terme utilisé pour désigner les graines ou les tubercules. On parle aussi de graines de semence lorsqu'il s'agit de graines spécialement destinées au semis.

Semi-aoûté : qualifie un rameau qui se trouve à un stade intermédiaire entre l'état herbacé et l'état lignifié.

Semi-double : qualifie une fleur dont le nombre de pétales est supérieur à la moyenne mais qui possède encore ses organes sexuels (étamines et pistil).

Sensibilité : indique l'aptitude d'une plante à résister ou non à une maladie. L'antonyme est : résistance.

Sépale : organe végétatif ressemblant souvent à une petite feuille et qui entoure le bouton floral.

Sessile : se dit d'un organe qui ne possède pas de pétiole ou de pédoncule.

Sevrage : opération qui consiste à séparer du pied-mère une marcotte aérienne ou une greffe par approche.

Silique : fruit sec et allongé, s'ouvrant verticalement ; les graines apparaissent contre la cloison centrale.

Silo : construction formée par l'entassement de légumes racines recouverts de paille, de terre et d'une feuille plastique pour empêcher l'eau de s'infiltrer.

Simple : qualifie une fleur qui possède un nombre normal de pétales. Lorsqu'elle en a davantage elle est dite semi double ou double. On utilise également ce mot pour désigner une plante sauvage utilisée à des fins médicinales.

Spadice : inflorescence dont le rachis charnu, simple ou ramifié, présente des fleurs directement insérées sur lui.

Spathe : membrane enveloppant complètement une inflorescence.

Spécifique : qui a une action précise et bien déterminée. On parle de produit spécifique ou de parasite spécifique.

Spontané : qualifie une plante qui pousse naturellement, sans qu'on l'ait semée. On dit aussi indigène.

Sport : transformation d'origine génétique d'un végétal permettant de découvrir de nouveaux types de plantes.

Spp. : abréviation de *species plurima*, signifiant qu'il y a plusieurs espèces dans un même genre.

Spur : mutation d'un arbre fruitier produisant des boutons à fruit directement sur les branches charpentières.

Stigmate : extrémité collante et visqueuse du pistil, qui reçoit les grains de pollen lors de la fécondation.

Stipe : nom donné au tronc de certains végétaux, dont le diamètre reste constant sur toute la hauteur.

Stipulaire : qualifie les yeux ou les organes disposés à la base des feuilles. On dit aussi axillaire.

Stipule : petite feuille ou écaille située à la base de certaines feuilles et qui, parfois, se transforme en épine.

Stolon : production rampante émise par certaines plantes, pouvant s'enraciner pour reproduire une nouvelle plante. Les fraisiers émettent des stolons.

Stratification : opération qui consiste à placer des graines dans du sable humide pour faire ramollir le tégument afin qu'elles germent plus facilement.

Style : partie du pistil qui prolonge l'ovaire et porte le stigmate.

Subspontané : qualifie un végétal qui a été introduit artificiellement dans un lieu donné et qui s'y comporte ensuite comme une plante indigène.

Substance active : agent efficace à la base des produits phytosanitaires, utilisé pour lutter contre les maladies virales ou cryptogamiques, et les insectes. Anciennement appelée matière active.

Substrat : mélange de différents matériaux sur lequel on cultive les plantes.

Succulente : végétal gorgé de suc. Synonyme de plante grasse.

Suffrutescent : nom donné à un végétal de petite taille ou au port rampant.

Sujet : synonyme de porte-greffe.

Support de culture : appellation officielle des amendements, terreaux et substrats divers vendus dans le commerce.

Surfacer : opération qui consiste à remplacer la terre de surface dans un contenant, lorsqu'il est impossible de retirer la plante de ce contenant.

Surgreffage : nouveau greffage d'une plante qui l'a déjà été, ou technique utilisée pour remplacer une branche cassée.

Systémique : qualifie un produit qui est absorbé par une plante et véhiculé ensuite par la sève. Très utile contre les insectes piqueurs ou suceurs et certaines maladies cryptogamiques.

T

Taille : opération consistant à couper des parties d'un végétal pour lui donner une forme ou faciliter sa mise à fruits.

Tallage : phénomène de croissance en largeur et en épaisseur des graminées vivaces qui constituent la pelouse. Il est favorisé par les tontes successives.

Talon : empattement d'un rameau.

Tardif : se dit de ce qui est en retard par rapport à la moyenne de la période de végétation.

Tégument : nom donné à l'enveloppe d'une graine. On dit aussi périsperme.

Terminal : qualifie ce qui est placé à l'extrémité d'un rameau.

Terreau : produit provenant de la décomposition de matières organiques. Il est utilisé comme matériau de base dans les substrats et les amendements.

Terreautage : action d'épandre du terreau à la surface d'une pelouse ou d'une culture pour augmenter la quantité de matières organiques sur la surface du sol.

Terrine : récipient rectangulaire en terre cuite, peu profond, utilisé pour les semis ou le repiquage de plantes fragiles.

Tesson : morceau de poterie cassée utilisé pour constituer un drainage au fond d'un contenant.

Tête : extrémité de la pousse terminale d'une plante ou cime d'un arbre.

Thalle : forme végétale n'ayant ni tige ni racines, ni axe ni appendice quelconque, comme les algues ou les lichens.

Tire-sève : pousse située à l'extrémité d'un rameau, souvent laissée lors de la taille, et servant à faciliter la circulation de la sève dans les organes végétaux qui sont placés en dessous.

Tissu : nom donné à l'ensemble des cellules ayant une même fonction.

Tomenteux : qualifie un organe végétal, bouton, feuille, tige, etc., couvert de poils denses, doux au toucher.

Tontine : enveloppe faite de paille, de toile de jute ou d'un filet plastique à mailles très fines, destinée à maintenir la motte de terre autour des racines d'un arbre qui vient d'être arraché.

Topiaire : art de la taille des végétaux selon des formes définies.

Touffe : plante en rosette émettant plusieurs rejets pour former une masse compacte et homogène.

Toxicité : degré d'action d'un produit, d'une substance, destinés à empoisonner.

Toxine : substance toxique émise par certaines plantes vénéneuses.

Traçant : qualificatif attribué à un végétal qui pousse uniquement en largeur et émet des stolons, des rhizomes.

Transplantation : opération qui consiste à déplacer un végétal d'un point à un autre ou à mettre en terre une jeune plante cultivée dans un godet.

Trigemme : qualifie le principe de taille à trois yeux des arbres à pépins.

Trilobé : qualificatif attribué aux feuilles qui possèdent trois lobes.

Triploïde : qualifie un végétal dont les cellules ont 3n chromosomes au lieu des 2n chromosomes habituels.

Tropisme : phénomène de déplacement des organes d'une plante en fonction des conditions ambiantes. On distingue le géotropisme qui caractérise les racines attirées vers le bas en raison de la pesanteur et le phototropisme indiquant l'inclinaison des tiges vers la lumière.

Tubercule : nom donné à une tige ou une racine renflée, comportant les réserves nutritives utilisées pour la multiplication ou la consommation.

Tubéreux : qualifie un organe végétal renflé comme un tubercule.

Tubulé : qualifie une production végétale qui a la forme d'un tube.

Tunique : feuille modifiée servant d'enveloppe fine chez les bulbes.

Turbiné : qualifie une production végétale qui a la forme d'une toupie.

Turgescent : se dit du gonflement des tissus et des cellules d'une plante qui provoque la rigidité de ses organes.

Turion : pousse souterraine naissant sur la souche des plantes dont la partie aérienne n'est pas vivace, comme chez les asperges. Sur les espèces ligneuses, on parle de rejet ou de drageon.

Tuteur : pièce de bois, de métal ou de plastique destinée à servir de soutien aux tiges aériennes d'une plante haute.

Type : nom donné à une plante qui réunit l'ensemble des caractères qui ont servi à définir une espèce particulière.

U

Uniflore : qualifie une plante qui ne porte qu'une seule fleur.

Unilatéral : qualifie un organe qui n'est situé que sur un seul côté.

Unisexué : qualificatif attribué aux fleurs qui ne portent qu'un seul sexe.

Urne : feuille parfois très décorative, ayant pris la forme d'un récipient conique ou cylindrique chez certaines plantes carnivores. Synonyme de ascidie.

Utricule : sorte de petite outre remplie d'air, flottant sur l'eau, et qui sert de support à certaines plantes aquatiques.

V

Variation : indique une modification des caractères d'une plante. On parle aussi de mutation lorsqu'elle est brutale.

Variété : nom donné à une plante qui varie légèrement de l'espèce type. Lorsqu'elle est obtenue artificiellement, on parle de cultivar. Si elle ne peut être multipliée que par mode végétatif, on l'appelle clone.

Vasculaire : qualifie un organe qui possède des vaisseaux.

Végétatif : se dit de tout ce qui a rapport avec la vie des plantes. Le système végétatif est l'ensemble des organes servant à la croissance du végétal. La multiplication végétative désigne les méthodes ne faisant pas intervenir les sexes, comme dans le bouturage, le marcottage, la division, etc.

Végétation : indique l'ensemble des végétaux réunis dans un même lieu. On parle aussi de la période de végétation qui est celle durant laquelle les plantes se développent.

Vénéneux : qualifie les végétaux qui possèdent des caractères toxiques.

Vernaculaire : qualifie les appellations locales de certaines plantes. On parle de nom vernaculaire.

Verruqueux : qui porte des verrues.

Virose : se dit d'une maladie provoquée par un virus.

Vivace : plante qui vit plusieurs années sur place et fructifie plusieurs fois.

Volée : technique de semis qui consiste à éparpiller les graines au hasard, avec un large mouvement du bras et de la main.

Volubile : qualifie les plantes sarmenteuses dont les tiges s'enroulent d'elles-mêmes sur leur support, comme le houblon ou le liseron.

Vrille : feuille transformée en spirale qui permet à une plante sarmenteuse de s'accrocher sur son support.

X

Xérophile : qualifie un végétal qui apprécie les terrains secs.

Xérophyte : nom donné à une plante qui croît dans les sols peu arrosés.

Xylème : nom donné au tissu d'un végétal, conducteur de la sève. On parle également de bois.

Xylophage : qualificatif attribué aux insectes qui se nourrissent du bois, tels que les termites, les scolytes, etc.

Z

Zoné : qualifie un organe végétal qui présente des bandes rectilignes ou circulaires bien délimitées.

Le dictionnaire des mots botaniques

Le langage botanique utilise des termes, préfixes et suffixes, empruntés au latin ou au grec ancien. Ils ont une signification qui permet souvent d'avoir une idée précise sur certains aspects ou particularités de la plante. Nous vous proposons un bref dictionnaire des mots qui sont le plus couramment employés.

A

Acaulis : dépourvu de tige.
Acidus : acide.
Aculeatus : piquant, pointu.
Acuminatus : terminé en pointe fine.
Aestivalis : d'été.
Albus : blanc.
Alpestris : de la montagne.
Alpinus : des Alpes.
Alternifolius : à feuilles alternes.
Altus : élevé.
Amabilis : décoratif, agréable.
Amoenus : charmant, joli.
Angularis : anguleux.
Angustifolius : à feuilles étroites.
Annuus : annuel.
Aquaticus : aquatique.
Aquifolius : à feuilles pointues.
Arborescens : à forme arbustive.
Arboreus : en forme d'arbre.
Arenarius : vient du sable.
Argenteus : argenté.
Arvensis : des champs.
Atro- : préfixe signifiant foncé.
Aurantiacus : de couleur orange.
Aureus : doré.
Auriculatus : en forme d'oreille.
Australis : du Sud.
Autumnalis : de l'automne.
Avium : des oiseaux.
Azureus : bleu ciel.

B

Barbatus : avec une barbe.
Bellus : beau, élégant.
Blandus : plaisant, doux.
Brachy- : préfixe signifiant court.
Bracteatus : qui porte des bractées.

C

Caeruleus : de couleur bleue.
Caespitosus : qui pousse en touffe.
Calcareus : qui aime le calcaire.
Callianthus : à belles fleurs.
Campestris : des plaines.
Candicans : de couleur blanchâtre.
Candidus : de couleur blanc pur.
Canescens : blanchissant.
Caninus : des chiens.
Cardinalis : de couleur rouge écarlate.
Carneus : de couleur chair.
Caulescens : à tige développée.
Chloro- : préfixe signifiant vert.
Chryso- : préfixe signifiant or.
Cinereus : de couleur cendrée.
Coccineus : de couleur rouge cochenille.
Communis : commun, ordinaire.
Compactus : trapu.
Cordatus : en forme de cœur.
Crenatus : qui est bordé de crans.
Cristatus : en forme de crête.
Cyaneus : de couleur bleu foncé.

D

Dealbatus : blanchâtre.
Dentatus : qui possède des dents.
Digitatus : en forme de doigt.
Dulcis : doux.

E

Edulis : qui est comestible.
Elatus : grand, élevé.
Elegans : élégant.
Erectus : droit, érigé.
Erythro- : préfixe signifiant rouge.
Excelsus : élevé, haut.

F

Falcatus : en forme de faux.
Fasciatus : fascié, aplati.
Fastigiatus : érigé.
Flavus : de couleur jaune clair.
Flore pleno : à fleur pleine.
Floribundus : florifère.
Foetidus : qui a une odeur désagréable.
Fragrans : qui est parfumé.
Fructuosus : fertile, fructifère.
Frutescens ou fruticosus : buissonnant.
Fulgens : étincelant, brillant.

G

Gallicus : brillant.
Giganteus : géant, très grand.
Glabratus : sans poils, glabre.
Glaucus : de couleur vert bleuté.
Globosus : en forme de sphère.
Glutinosus : qui est visqueux.
Gracilis : fin, élancé, fragile.
Grandiflorus : à grandes fleurs.
Grandifolius : à grandes feuilles.
Graveolens : à odeur désagréable.
Griseus : de couleur grise.
Gymno- : préfixe signifiant qui est nu.

H

Helio- : préfixe signifiant soleil.
Helix : en forme de spirale.
Hiemalis : qui pousse en hiver.
Hispidus : qui possède des poils durs.
Hortensis : des jardins.
Humilis : peu élevé, bas.

I-L

Imbricatus : superposé.
Inermis : sans épines.
Insignis : célèbre, remarquable.
Laciniatus : découpé en fines lanières.
Lacteus : de couleur blanc laiteux.
Laevigatus : qui est lisse.
Lanatus : laineux.
Lanceolatus : en forme de lance.
Lati- : préfixe signifiant large.
Lineatus : avec des rayures, strié.
Litho- : préfixe signifiant pierre.
Lutescens : de couleur jaunâtre.
Luteus : de couleur jaune.

M

Macro- : préfixe signifiant grand.
Majalis : du mois de mai.
Major : très grand.
Majus : grand.
Maritimus : du bord de mer.
Maximus : très grand.
Mega- : préfixe signifiant grand.
Micro- : préfixe signifiant petit.
Minimus : très petit.
Minor : petit.
Mollis : qui est mou ou doux.
Multiflorus : à nombreuses fleurs.
Muralis : qui pousse sur les murs.

N

Nanus : qui est nain.
Natans : aquatique, qui flotte.
Niger : de couleur noire.
Nitidus : brillant.
Nivalis : qui pousse près de la neige.
Nobilis : noble.
Nutans : incliné, penché, courbé.

O

Ob- : préfixe signifiant retourné.
Obovatus : de forme ovale.
Obtusus : d'aspect anguleux.
Odoratus : parfumé.
Officinalis : médicinal.
Oppositifolius : à feuilles opposées.
Orbiculatus : de forme ronde.
Ovatus : de forme ovale.

P

Pachy- : préfixe signifiant épais.
Palmatus : en forme de main ou de palme.
Palustris : qui pousse dans les marais.
Parvi- : préfixe signifiant petit.
Peltatus : en forme de bouclier.
Pennatus : en forme d'aile.
Penta- : préfixe signifiant cinq.
Perennis : qui est vivace.
Platy- : préfixe signifiant large.
Poly- : préfixe signifiant nombreux.
Praecox : qui est précoce.
Pratensis : des prés, des prairies.
Pseudo- : préfixe signifiant faux.
Pubescens : duveteux, poilu.
Pumilus : petit, nain.
Pungens : piquant.
Purpureus : de couleur pourpre.

R

Racemosus : à fleurs en grappe.
Radicans : qui s'enracine.
Repens ou reptans : qui est rampant.
Reticulatus : réticulé.
Rhodo- : préfixe signifiant rose.
Rhytido- : préfixe signifiant plissé.
Rigidus : raide, rigide.
Robustus : vigoureux, robuste.
Roseus : de couleur rose.
Rotundi- : préfixe signifiant rond.
Rubens : de couleur rougeâtre.
Rugosus : ridé, rugueux.
Rupestris : qui pousse dans les rochers.

S

Saccharinus : comme de la canne à sucre.
Sagitifolius : à feuilles en forme de flèche.
Sanguineus : de couleur rouge sang.
Sarmentosus : sarmenteux.
Sativus : qui est cultivé.
Scandens : grimpant.
Semperflorens : toujours fleuri.
Sempervirens : toujours vert.
Sessilis : qui n'a pas de tige.
Speciosus : remarquable, très beau.
Spectabilis : spectaculaire.
Spin- : préfixe signifiant épine.
Splendens : brillant, splendide.
Stellatus : en forme d'étoile.
Striatus : strié, rayé.
Suaveolens : parfumé, odorant.
Sub- : préfixe signifiant sous.
Suffruticosus : qui a les caractères d'un sous-arbrisseau (presque arbustif).
Sylvaticus : des forêts, des bois.

T

Tenellus : délicat, mince, gracile.
Tenuis : fin, grêle, tenu.
Terminalis : en extrémité, terminal.
Tinctorius : pour la teinture.
Tomentosus : à poils longs et soyeux.
Tri- : préfixe signifiant à trois.
Triacanthus : à trois épines.

U-V

Umbellatus : en forme d'ombelles.
Uni- : préfixe signifiant à un.
Utilis : qui est utile.
Variabilis : qui est variable.
Variegatus : de couleur panachée.
Vernalis ou vernus : du printemps.
Violaceus : de couleur violette.
Virginalis : qui est vierge.
Viridiflorus : à fleurs vertes.
Vulgaris : commun, répandu, banal.

X-Z

Xanthus : de couleur jaune.
Xero : qui est sec.
Zebrinus : zébré, à rayures.

Index

Les chiffres en gras renvoient aux thèmes qui font l'objet d'un développement important dans l'ouvrage. Les parenthèses concernent les rubriques suivantes : (T) ***Astuce Truffaut,*** (G) ***Le bon geste,*** (E) ***Les encadrés.***

A

B

C

D

E

F

G

H

I

J

K

L

M

N

O

P

Q-R

S

T

U-Z

Crédits photographiques

Toutes les photographies des pages intérieures ont été fournies par l'Agence MAP/Mise Au Point (10, boulevard Louise-Michel, 91030 Évry Cedex), avec la participation des photographes suivants :

Pierre Aversenq – Éric Bellouin – Daniel Bernardin – Gérard Blot (RMN) – Stephan Bonneau – Anne Breuil – Daniel Brochard – F.Buffetrille – Alizée Chopin – Clarisse – Alain Delavie – Arnaud Descat – Jacques Desprez – Frédéric Didillon – Maurice Duyck – Philippe Fauchère – Gaëlle – François Gager – Pascal Goetgheluck – Globe Planter – Jean-Yves Grospas – Alain Guerrier – Hughes – Philippe Joly – Alain Kubacsi – Didier Laforce – Fred Lamarque – Fred Lamour – Joël Lodé – Romain Mage – Frédéric Marre – Nicole et Patrick Mioulane – Clive Nichols – Paul Nief – Noun – Serge Ollivier – Éric Ossart – Nathalie Pasquel – Jean Raux – Bernard Rebouleau – Serge Schall – Friedrich Strauss

Remerciements

Nous tenons à remercier les paysagistes et les propriétaires de jardins qui nous ont permis de présenter leurs réalisations dans cet ouvrage :

André Eve, rosiériste (Loiret) : 425, 26 – Arboretum de Chèvreloup (Rocquencourt) : 47, 419, 483, 593 – Arboretum de Herkenrode (Belgique) : 157 – Arboretum de l'Université de Courtenay (Angleterre) : 360 – Arboretum de Trompenburg (Pays-Bas) : 480 – Arboretum national des Barres (Nogent-sur-Vernisson) : 342 – Barnsley House (Angleterre) : 674 – Barrington court (Angleterre) : 536 – Bodnant Garden (Angleterre) : 398 – Butterstream (Ireland) : 260 – Château de Hex (Belgique) : 585 – Château Du Vignol (Contes) : 434 – Chelsea Flower Show (Angleterre) : 134, 169, 623, 784, 801, 832 – Chenies Manor (Angleterre) : 174 – Clapton court (Angleterre) : 462 – Coton Manor (Angleterre) : 175 – Crathes castel (Écosse) 175 – Crossing House (Angleterre) : 150 – Domaine du Rayol-Canadel (Bouches-du-Rhône) : 800 – East Lambrook Manor (Angleterre) : 244 – Englefield House (Angleterre) : 804 – Exbury gardens (Angleterre) : 464 – F. Mertens (Belgique) : 162 – Floralies de Nantes (Loire-Atlantique) : 655 – Furzey Gardens (Angleterre) : 451 – Gilles Peuvergne, paysagiste : 138 – Globe Planter : 437 – Great Dixter (Angleterre) : 132 – Hall Farm (Angleterre) : 172 – Hampton court Flower Show (Angleterre) : 127, 136, 159 – « Help the aged », jardin créé par Robin Templar Williams, 785 – Hidcote Manor (Angleterre) : 39 – Hillier Gardens (Angleterre) : 344 – Jardin botanique d'Edimbourg (Écosse) : 455, 464, 603, 774 – Jardin botanique de Dublin (Irlande du Sud) : 416 – Jardin botanique de Hanbury (Italie) : 473 – Jardin botanique de Nancy (Meurthe-et-Moselle) : 400, 440 – Jardin Claude Monet (Giverny) : 170 – Jardin d'Anne-Marie, Lardy (Essonne) : 149, 182, 521, 527 – Jardin d'essai M. A. P. (Essonne) : 41, 59, 66, 229, 254, 262, 266, 272, 273, 282, 766, 787 – Jardin de Bagatelle (Paris) : 168, 182, 183, 352, 460, 491, 493, 494, 499, 514 – Jardin de Cadiot (Dordogne) : 169 – Jardin de l'Abbaye de Tresco (Angleterre) : 362 – Jardin de la Souloire : 777 – Jardin de Majorelle (Maroc) : 351 – Jardin de Mrs. Sandy Ovenstone : 134 – Jardin de Rosendal (Suède) : 239 – Jardin de Thimothy Vaughan (Bretagne) : 34, 543 – Jardin des Plantes (Angers) : 63 – Jardin du Grand Courtoiseau (Loiret) : 198 – Jardin du manoir de Leith Hall (Angleterre) : 132 – Jardin exotique de Roscoff (Finistère) : 591 – Jardin privé à Savennières (Maine-et-Loire) : 538 – Jardin privé Bierges (Belgique) : 184 – Jardin privé de Locquirec (Finistère) : 116, 522, 802 – Jardin privé de M. et Mme Orshoven (Belgique) : 796 – Jardin privé de Rémalard (Orne) : 22, 776, 794 – Jardin privé de Waterloo (Belgique) : 404 – Jardin privé Dion le Mont (Belgique) : 183 – Jardin privé M. Voncken (Pays-Bas) : 88, 142 – Jardin privé Mme I. Greeve (Pays-Bas) : 55, 236, 554 – Jardin privé Mme Le Hardy de Beaulieu (Belgique) : 157, 545 – Jardin privé Rekem (Belgique) : 460 – Jardin privé Wortegem-Petegem, M. et Mme Ghistelinck-Veranneman (Belgique) : 484 – Jenkyn Place (Angleterre) : 168 – Jill Billigton, paysagiste : 79, 84, 781 – Kew garden (Angleterre) : 141 – La Massonnière (Sarthe) : 287 – La Petite Rochelle (Orne) : 60, 89 – Lady Prudence Buchanan Jardine (Angleterre) : 381 – Le Clos du Peyronnet (Alpes-Maritimes) : 141 – Le Grelle (Belgique) : 240 – Le jardin de Lady Cook (Jersey) : 452 – Les Jardins du château de Viels-Maisons : 178 – Les Orangeries (Lussac) : 246 – Les Prés d'Eugénie, Michel Guérard (Landes) : 803 – Lucy Gent, paysagiste (Angleterre) : 133 – M. et Mme De Cawer (Belgique) : 186 – M. et Mme Ribbens (Belgique) : 731 – M. et Mme Vanhulle (Belgique) : 628 – M. et Mme Vuylstcke (Belgique) : 778, 780 – M. Van Wassenhoue, paysagiste (Belgique) : 30 – M. Vermeulen, paysagiste (Belgique) : 144 – Malvern Terrace (Angleterre) : 530 – Marle Place (Angleterre) : 153 – Michel Adam, rosiériste : 493, 496, 505, 506 – National Asthma Campaign garden (Angleterre) : 177 – Parc de Mainau (Allemagne) : 174 – Parc de Saint-Saviol (Vienne) : 364 – Parc du château de Vandrimare (Eure) : 151 – Parc du château de Wespelaar (Belgique) : 183, 353 – Parc floral d'Apremont-sur-Allier (Cher) : 214 – Pashley Manor (Angleterre) : 239 – Paul Dyer (Angleterre) : 156 – Paysagiste Prevosteau : 798 – Pépinière Planbessin (Calvados) : 160, 792 – Pépinière Roué-Cadiou (Finistère) : 140 – Pépinières André Briant (Anjou) : 425 – Pépinières Minier (Anjou) : 378 – Philippe Niez, paysagiste : 114 – Red Gables (Angleterre) : 578, 590 – Roseraie de l'Haÿ-les-Roses (Val-de-Marne) : 141, 520 – Saint-Jean-de-Beauregard (Essonne) : 234, 238, 249 – Serre de Scholteshof (Belgique) : 115, 190 – Standen garden (Angleterre) : 304 – Stephen Woodhams (Angleterre) : 126 – The Anchorage (Angleterre) : 89 – The Coach house (Angleterre) : 159 – The Courts Halt (Angleterre) : 252 – The Garden House (Angleterre) : 136, 449, 468 – The Old Rectory (Angleterre) : 237 – The White House, Elisabeth Woodhouse (Angleterre) : 142 – Trewin Garden (Angleterre) : 815 – Villa Maria Serena (Alpes-Maritimes) : 427 – Waterperry garden (Angleterre) : 788 – Wisley Gardens (Angleterre) : 377, 396, 36, 556, 564, 667 – Wollerton Old Hall (Angleterre) : 177

Jardineries Truffaut

Truffaut ***Amiens****,* Pôle Jules Verne, 80330 Longueau.
Truffaut ***Angoulême*** (*), Centre commercial Auchan, 16400 La Couronne.
Truffaut ***Baillet-en-France****,* RN 1 (direction la Croix-Verte), 95570 Baillet-en-France.
Truffaut ***Blois Sud****,* ZAC des Perrières, 41350 Saint-Gervais-la-Forêt.
Truffaut ***Bordeaux****,* Hangar n° 18, Quai de Bacalan, 33000 Bordeaux.
Truffaut ***Cabriès****,* Route de la grande campagne, Zone commerciale Grande Campagne, 13480 Cabriès.
Truffaut ***Cergy****,* A 15 (Sortie 13), 95650 Puiseux-Pontoise.
Truffaut ***Châtenay-Malabry****,* 72, avenue Roger-Salengro, 92290 Châtenay-Malabry.
Truffaut ***Colmar****,* RN 83, 2, route de Strasbourg, Zone commerciale de Houssen, 68125 Houssen.
Truffaut ***Coutevroult****,* La Mare aux Poissons, CD 406 (direction Bailly-Romainvilliers), 77580 Coutevroult.
Truffaut ***Deauville****,* Route de Paris, 14800 Deauville.
Truffaut ***Gisors*** (*), route de Paris, 27140 Gisors.
Truffaut ***Herblay****,* RN 14, La Patte d'Oie, 95480 Pierrelaye.
Truffaut ***Ivry-sur-Seine****,* 5, rue François Mitterand, 94200 Ivry-sur-Seine.
Truffaut ***La Rochelle*** (*), Rue du 11 novembre, Centre commercial Beaulieu, 17285 Puilboreau.
Truffaut ***La Ville-du-Bois****,* RN 20, 91620 La Ville-du-Bois.
Truffaut ***Le Chesnay****,* Centre commercial Parly 2, Local poste 633, 78158 Le Chesnay Cedex.
Truffaut ***Le Mans****,* Centre commercial Carrefour, Rue Robert Collet, 72100 Le Mans.
Truffaut ***Les Ulis****,* ZA de Courtabœuf, 22, avenue des Andes, 91940 Les Ulis.
Truffaut ***Lorient*** (*), Centre commercial Keryado K2, 56100 Lorient.
Truffaut ***Mauguio****,* Espace Commercial, Fréjorgues Ouest, 77 rue Hélène Boucher, 34130 Maugio.
Truffaut ***Mulhouse****,* Pôle 430, près de Cora, Rue de la Forêt, 68270 Wittenheim.
Truffaut ***Nantes****,* 258, route de Vannes, 44700 Orvault.
Truffaut ***Nîmes****,* Jardinerie B. Pical, ZAC du Mas des Abeilles, 30900 Nîmes.
Truffaut ***Orléans****,* Route de Sandillon, 45650 Saint-Jean-le-Blanc.
Truffaut ***Pace****,* Centre commercial Cora Opéra, ZAC de la Giraudais, 35740 Pace.
Truffaut ***Paris****,* 60, cour Saint-Émilion, 75012 Paris.
Truffaut ***Paris Grand Stade****,* Quartier Stade de France, 2, rue Jesse-Owens, 93200 Saint-Denis.
Truffaut ***Paris Seine Rive Gauche****,* 85, quai de la Gare, 75013 Paris.
Truffaut ***Pau****,* ZAC du Mail, Route de Bordeaux, 64140 Lons.
Truffaut ***Plaisir****,* RN 12, ZA de Sainte-Apolline, 78370 Plaisir.
Truffaut ***Ponthierry****,* RN 7, 77310 Saint Fargeau-Ponthierry.
Truffaut ***Quimper*** (*), 7, rond-point de Gutenberg, Lieu-dit de Kervillier, 29000 Quimper.
Truffaut ***Rennes****,* Centre Alma, allée d'Ukraine, 35048 Rennes Cedex.
Truffaut ***Saint-Malo****,* Centre commercial Cora, Le Moulin du Domaine, 35430 Saint-Jouan-des-Guérets.
Truffaut ***Saint-Maximin****,* Centre commercial Cora, RN 16, 60740 Saint-Maximin.
Truffaut ***Saint-Quentin****,* Zone commerciale Cora, 02100 Saint-Quentin.
Truffaut ***Servon****,* RN 19, Ferme de Servon, 77170 Servon.
Truffaut ***Toulouse****,* Les Jardins de Balma, Route de Lavaur, 31130 Balma.
Truffaut ***Tours****,* Centre commercial Auchan, 5, rue du Professeur Maupas, 37170 Chambray-les-Tours.
Truffaut ***Vélizy 2****,* Face Centre commercial Vélizy 2, 41 bis, avenue de l'Europe, 78140 Vélizy-Villacoublay.
Truffaut ***Villeparisis****,* RN 3, Route de Villevaudé, 77270 Villeparisis.

(*) Partenaires indépendants

Pour connaître à tout moment les plans d'accès et horaires d'ouverture de toutes les jardineries, composez le ***www.truffaut.com*** sur internet.
Pour tous renseignements, remarques et suggestions, écrivez à :
TRUFFAUT – Service consommateurs Parc Léonard de Vinci, Avenue des Parcs, CP 8015 Lisses, 91008 Évry Cedex

Photogravure : IGS, l'Isle d'Espagnac
Imprimé en Italie par Canale, Turin
Dépôt légal : février 2005
300900/03-11004719 janvier 2007

Le pense-bête des

JUILLET

Indispensable

- Arrosez abondamment tout le jardin, de préférence le soir, « à la fraîche ».
- Tondez la pelouse souvent, pas trop court.
- Divisez et replantez les grosses touffes d'iris.
- Désherbez soigneusement allées et massifs.
- Semez en place les légumes d'automne : épinard, mâche, navet, radis noir, etc.

À faire

- Pulvérisez régulièrement sur la vigne de la bouillie bordelaise et un antioïdium.
- Buttez les haricots pour économiser l'arrosage.
- Semez les bisannuelles (myosotis, pâquerette).
- Taillez les tomates en ne laissant que trois ou quatre bouquets de fleurs sur la tige principale.
- Palissez les plantes grimpantes sans les étrangler.
- Fertilisez une fois par semaine toutes les plantes en pots sur le balcon.
- Traitez contre l'oïdium les asters, phlox, rosiers, mahonias et la vigne par temps humide.

Si vous avez le temps

- Effeuillez la vigne pour exposer les grappes au soleil, ce qui améliorera la qualité du raisin.
- Semez du cerfeuil et du persil à l'ombre.
- Plantez les bulbeuses d'automne (colchique).
- Taillez les pousses trop longues de vigne vierge.
- Arrosez la pelouse, à raison de 3 à 5 l/m^2.

AOUT

Indispensable

- C'est le bon moment pour acheter et planter les nouvelles variétés d'iris.
- Arrosez quotidiennement le jardin et le balcon si la température dépasse les 25 °C.
- Taillez les rosiers non remontants (anciens), en réduisant de moitié les pousses défleuries.
- C'est l'époque idéale pour tailler les haies régulières (thuyas).
- Installez un système d'arrosage automatique sur le balcon (goutte à goutte) et programmez celui du jardin avant de partir en vacances.

À faire

- Complétez les massifs avec des plantes d'arrière-saison : reine-marguerite, célosie, etc.
- Binez pour décroûter la surface du sol, ce qui permet à l'eau d'arrosage de bien pénétrer.
- Taillez la lavande après avoir récolté les fleurs, mais sans trop réduire le feuillage.
- Plantez tous les types de choux et les poireaux.
- Cessez pour un mois les apports d'engrais dans les jardinières et les potées du balcon.
- Taillez les Actinidia (kiwi) en coupant toutes les pousses latérales à quatre feuilles.

Si vous avez le temps

- Nettoyez les plantations d'artichauts.
- Bouturez les arbustes à feuillage persistant.
- Placez des pièges à guêpes dans les pêchers.
- Tuteurez les grandes vivaces d'automne (phlox, asters, hélianthus), ainsi que les dahlias et les glaïeuls.
- Éliminez régulièrement les fleurs fanées pour prolonger la durée des massifs.

SEPTEMBRE

Indispensable

- Rénovez les vieilles pelouses (scarification, fertilisation, aération), semez les nouvelles.
- Remplacez les fleurs d'été déjà fanées par des plantes plus tardives ou même d'automne.
- Effectuez la toilette générale de rentrée dans tout le jardin et sur le balcon. Désherbez bien.
- Plantez les vivaces rustiques et les bisannuelles.
- C'est le début des grandes récoltes. Préparez le local de conservation des fruits à pépins.
- Désormais, il fait plus froid, les arrosages doivent s'effectuer le matin.

À faire

- Terminez les boutures d'arbustes.
- Bouturez les pélargoniums et les fuchsias.
- Taillez court les arbustes d'été défleuris.
- Traitez les ronces avec un débroussaillant.
- Plantez conifères et rhododendrons.

Si vous avez le temps

- Greffez en écusson, avant le 15 septembre, les fruitiers et les rosiers que vous aimez.
- Effeuillez les tomates pour les faire mûrir.
- Achetez les premiers bulbes de printemps, e commençant pas les espèces les plus précoces. Semez les annuelles rustiques (nigelle, pavot, coquelicot).
- Plantez des fraisiers sur un film de paillage.
- Installez un système d'éclairage dans le jardin.

fruits — fleurs et rosiers — pelouse — légumes